THE FIFTIES
1950년대
현대 미국의 탄생

DAVID HALBERSTAM

THE FIFTIES
1950년대
현대 미국의 탄생

데이비드 핼버스탬 지음 | 안철흥 옮김

페이퍼로드
paperroad

※ 일러두기
1. 각주는 기본적으로 역자 주이다. 편집자 주의 경우는 별도로 안내했다.
2. 간단한 역자 주는 본문 안에 대괄호로 표기했다.

줄리아 샌드니스 핼버스탬에게 헌정합니다.
For Julia Sandness Halberstam

서문

1950년대의 모습들은 주로 사진작가들의 흑백 사진 속에서만 남아있다. 돌이켜보면 1950년대는 느리고 거의 나른해 보이는 시대로 여겨졌던 것 같다. 하지만 그렇게 평온해 보였던 표면 아래에서 사회적 변화가 움트고 있었다. 예를 들어, 피임약 개발을 위한 기초 연구가 1950년대에 시작되었다. 마치 보수적이고 조심스러웠던 성적 관습이 평론가들이 말하는 성 혁명으로 뒤집어진 게 불과 하룻밤 사이에 일어난 일 같지만, 1950년대의 기술적 진보가 사회에 깊은 영향을 미치기까지는 10년 이상이 걸렸던 것이다. 1950년대는 또한 텔레비전이 미 전역에 보급되면서 여러 정치인과 사회단체들이 이 새로운 매체에 적응하기 시작한 시기였다. 텔레비전이 국가의 정치적, 사회적 구조를 바꾸기까지는 역시 10년의 시간이 필요했다.

돌이켜보면, 1950년대는 사회적 갈등이 거의 없었던 질서정연한 시대였다. 당시의 사진들 속에서 사람들은 매우 단정한 옷차림을 하고 있다. 남성들은 정장에 넥타이를 매고 야외에서는 모자를 썼으며, 여성들은 페이지 보이 스타일로 머리를 단정하게 손질한 발랄하고 밝은 모습이었다. 무엇보다도 젊은이들은 '틀에 박힌' 모습이었고, 주어진 사회적 규범에 대체로 순응하는 것처럼 보였다. 1950년대 초반의 유행했던 음악 또한 대중들의 단조로운 취향을 반영하듯 느리고 감상적이었다. 대공황과 제2차 세계대전이라는 충격적인 경험 이후, 아메리칸 드림은 사회적, 정치적 자유보다는 경제적 자유의 추구를 뜻했다. 당시 급속히 늘어나던 중산층의 일원이 되기를 열망하던 젊은 남녀들은 특히 고용이 보장되는 형태의 물질적 풍요를 선택했다. 'GI 법안[1]'의 혜택 덕분에 대학을 마친 젊고 의욕적인 제대군인들에게 안정이란 양질의 대기업 사무직을 구해 결혼하고, 아이를 낳고, 교외에 집을 장만하는 것을 의미했다.

선의(good will)가 보편적이고 풍요가 확대되던 그 시대에, 미국 사회의 근본적인 선함을 의심하는 이는 거의 없었다. 당시의 책과 잡지는 물론, 특히 새롭게 등장한 텔레비전 가족 시트콤들이 더욱 강력하고 영향력 있게 이를 반영했다. 이러한 프로그램들은 스폰서의 상업적 목적과 시청자들의 열망을 동시에 반영한 것이었다. 하지만 대부분의 미국인들은 어떻게 살아야 할지를 따로 배울 필요가 없었다. 그들은 미래를 낙관했다. 3~4년간 해외에서 전투를 치른 젊은 남성들은 이제 자기의 삶을 살고 싶어 했고, 집에서 그들의 귀환을 기다리던 젊은 여성들도 마찬가지였다. 전후 출산율 급증 현상은 후에 '베이비 붐'이라 불리게 되었다. (미국의 모든 것이 호황을 누렸는데, 출산이라고 예외였겠는가?) 젊은이들이 가정을 꾸리고 경력을 쌓기에 좋은 시기였다. 물가와 인플레이션이 비교적 안정적으로 유지되었고, 괜찮은 직업을 가진 사람이라면 누구나 집을 소유할 수 있었다. 공산주의의 위협이 지평선 너머에 어렴풋이 드리워져 있었음에도, 미국인들은 지도자들이 진실을 말하고, 현명한 결정을 내리며, 전쟁을 막아줄 것이라고 믿었다.

한동안 전통적인 권위 체계가 유지되었다. 정계, 재계, 언론계를 이

1 　간단히 말하면, 1944년 군인 재적응법이다. 제2차 세계대전에 참전한 퇴역 군인들에게 사회복귀를 지원하기 위해 대학 등록금이나 주택 구입자금 등을 제공하고자 1944년에 제정한 특별법으로, 정식 명칭은 'Servicemen's Readjustment Act of 1944'이다.

끌던 이들은 대부분 남성들이었고, 그들 대부분은 이전 세기에 태어난 사람들이었다. 국가의 부가 널리 공유되는 강력한 사회의 출현은 그들이 상상했던 것 이상의 번영을 의미했다. 1950년대를 거치면서 공정한 몫을 얻지 못했다고 여겼던 젊은이들과 사회 각계각층이 힘을 얻게 되자, 기존의 정치적-사회적 계층 구조에 대한 도전과 압박이 불가피하게 커져갔다. 하지만 전체적으로 잘 돌아가는 것처럼 보이는 체제에 쉽게 도전할 수는 없었다. 일부 사회비평가들은 전반적으로 순응적인 태도와 끝없는 소비욕구를 보이는 '침묵하는 세대'를 비판적으로 묘사했다. 또 다른 이들은 중산층의 생활수준이 마치 현상 유지에 대한 맹목적 순응의 대가로 주어진 것처럼 보이는 사회 분위기에 불안감을 느꼈다. 그럼에도 그 시대는 겉으로 드러난 모습보다 훨씬 더 흥미로운 시기였다. 놀라울 정도로 광범위한 반체제 운동을 가능하게 할 혁신적인 신기술이 개발되고 있었으며, 많은 사람들이 이미 삶의 목적이 무엇인지, 그리고 그 목적이 알게 모르게 지나치게 물질적인 것에 치우친 것은 아닌지 의문을 제기하기 시작하고 있었다.

차례

제 3 부

# 제1부

제1장

루스벨트가 없는 시대
: 미국 정치, 전환점에 서다

새로운 시대가 시작되고 있었지만 더 이상 이 세상에 존재하지 않는 남자, 프랭클린 D. 루스벨트의 그림자는 여전했다. 1945년 사망한 그가 미국 정치에 끼친 영향이 너무 컸기 때문에 가장 유력한 공화당 지도자들마저 자신들이 영영 소수당에서 벗어나지 못할 수도 있다고 은근히 걱정할 정도였다. 루스벨트는 대공황과 제2차 세계대전이라는 두 초월적인 사건의 한 가운데를 뚫고 등장했다. 미국 경제와 사회는 대공황으로 대대적인 재정비를 해야 했고, 결과적으로 민주당을 위한 크고 새로운 기반을 만들었다. 루스벨트는 제2차 세계대전의 대 위기 상황에서 국제적인 지도자로 부상했으며, 대통령직을 (한 번의 연임에

이어서) 두 번 더 연장할 수 있었다. 이 시기에 민주당의 기반은 어느 때보다 강력해졌고, 루스벨트는 사법부에까지 영향력을 확장할 수 있었다.

루스벨트는 완벽한 현대 정치가였고, 민주주의와 현대적 매스컴을 최초로 접목한 인물이었다. 라디오를 마치 자신만의 도구처럼 효과적으로 이용할 수 있었던 그의 능력은 수백만의 가난한 미국인들, 새로운 이민자와 그들의 자녀들에게 특별한 공감을 일으켰다. 그들에게 루스벨트는 유일한 대통령이었을 뿐 아니라 미국식 정치를 상징하는 존재였다.

대공황과 제2차 세계대전, 그리고 라디오가 보급되기 이전 시대의 정치적 태도에서 헤어나지 못하고 있던 공화당으로서는 루스벨트가 만들어낸 이런 영향력이 너무 뼈아팠다. 해리 트루먼에게 충격적인 패배를 당한 토마스 E. 듀이(그에게는 루스벨트 정부가 끝없이 지속될 것을 단언하는 것처럼 보였을 것이다)는 대선이 끝난 지 9개월 후인 1949년 7월, 당시 컬럼비아 대학 총장이던 드와이트 아이젠하워를 만나 1952년 선거 때 공화당 후보로 나설 것을 종용하기 시작했다. 아이젠하워의 비망록에 이 회동과 관련한 공화당의 딜레마가 잘 드러나 있다. "교양 있는 중산층이라면 누구나 중앙집권과 가부장제 풍토를 멈추게 하고 바꿔야 한다는 공통된 믿음이 있다. 이런 견해를 밝히면서 당선된 사람은 아무도 없었다. 그(듀이)는 후버와 랜던, 윌키, 그리고 자신의 고군분투를 언급하고 또 언급했다. 결과적으로 우리는 대중적 인기가 있으면서도, 이러저러한 국가 계획 따위에 확고한 입장을 견지함으로써 자신의 정치적 역량을 허비하지 않을 사람을 찾아야 한다. 대통령으로 그런 사람을 선출하고, **그 후에**(아이젠하워의 강조) 그가 우리를 안전한 경로와 방향으로 되돌려 놓아야 한다." 사실상 듀이는 뉴딜 정책으로 인해 국가의 미래를 위한 올바른 결정을 내릴 수 있는 건고한 시민들이 소수자가 되었고, 국가는 어둡고 낯선 힘에 사로잡혔다고 말하고 있었다.

공화당이 충격을 받고 심각하게 분열된 것은 놀랍지 않았다. 물론 민주당도 진보적인 북부 도시연맹과 짐 크로우 계열의 보수적인 남부 세력 사이에서 분열하고 있었다. 그러나 많은 견해 차이에도 불구하고 민주당에게는 확실한 응집력이 있었다. 그들은 이겼고, 그 승리는 이데올로기를 넘어서는 지원과 능력, 단결력 덕분이었다. 공화당은 패배의 쓴 맛을 봤다. 그들은 1932년 이래 줄곧 집권에 실패했다. 대공황의 그림자가 여전히 그들에게 드리워져 있었고, 민주당은 허버트 후버를 상대하면서 여전히 공화당을 냉혹하고 인정머리 없는 은행가들의 정당으로 몰아붙이고 있었다. 공화당은 과거 20년 전의 사건들 속에 영원히 사로잡혀 있어야 할 운명이었을까?

공화당의 내부 분열 중 가장 뚜렷한 것은 역사적 지역적 분열이었다. 한쪽에는 월스트리트와 스테이트스트리트[1]의 변호사와 은행가들, 동부의 거대 산업 도시 출신의 동료들, 그리고 뉴욕에 기반해 미국 전역에 영향을 미치는 언론의 종사자들이 있었다. 그들은 전통적으로, 그리고 천성적으로 국제주의자들이었다. 그들은 노동자 세력이 막강했던 여러 주에서 뉴딜에 대항하여 싸웠지만, 결국 뉴딜의 전제들을 받아들였다. 반면, 핵심 지역의 공화당원들은 그들에게 큰 사건이 닥쳤다고 해서 변하지는 않았다. 오히려 그들은 제2차 세계대전에 분개하면서 루스벨트가 자기들을 전쟁에 끌어들였다고 의혹의 눈초리를 보내고 있었다. 특히 그 지역의 많은 독일계 미국인들이 그랬다. 원래부터 영국에 적개심을 갖고 있던 그들은 서유럽에 대한 미국의 개입이 확장되고 영국과의 동맹이 긴밀해지는 것을 경계했다. 그들에게 기독교의 경전(the Bible) 외에 또 다른 성경(a bible)이 있다면 그것은 아마

---

1   (편집자 주) 스테이트스트리트는 미국에서 두 번째로 오래된 은행이자 대표적인 자산운용사를 가리키는데, 보스턴의 거리 지명이 바로 이 이름의 연원이다.

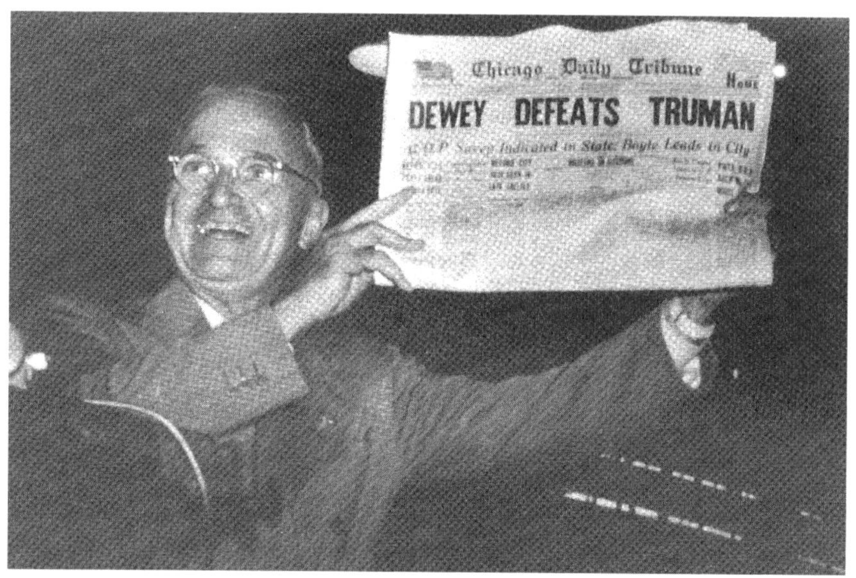

해리 트루먼에게 가장 기억에 남은 순간은 숙적이나 다름없던 〈시카고 트리뷴〉의 1면을 번쩍 들어 올리던 때였다. 신문은 듀이의 승리를 대서특필했지만, 실제 승자는 트루먼이었다. 이런 결과는 공화당 내부에서 큰 반발을 불러왔다. 많은 공화당 정치인들이 민주당을 상대로 체제전복 이슈를 꺼내 든 것은 거의 피할 수 없는 선택처럼 보였다. (사진 출처 BLACK STAR)

도 로버트 R. 맥코믹 대령이 이끄는 보수적이고 고립주의적인 성향의 일간지 〈시카고 트리뷴〉이었을 것이다. 그들은 뉴딜로 인해 노동조합이 힘을 가지기 이전, 항공 여행이 대서양을 한낱 연못으로 만들어버리기 이전, 그리고 과학자들이 대륙간 탄도미사일을 개발하여 핵탄두를 그들 한가운데로 떨어뜨릴 것이라고 생각하기도 전인 1920년대의 단순하고 안락한 세계로 되돌아가기를 갈망했다.

그들은 대양과 외지인들에게서 멀리 떨어진 땅, 즉 신의 나라[2]에서 살았고 자신들의 소도시 안에서만 전능했다. 많은 이들이 대학에 진학했다가도 가업을 잇기 위해 고향으로 되돌아왔다. 그들은 항상 자신들

---

2   (편집자 주) 원래 신의 나라(God's country)는 신의 통치를 지칭하는 기독교 용어지만, 여기서는 미국을 의미한다.

의 정치적, 경제적 운명을 지역 차원에서 통제해왔고, 다른 소도시의 자신과 비슷한 사람들과 연대함으로써 국가의 운명 또한 통제할 수 있다고 믿었다. 20세기 초반 그들은 태프트, 하딩, 쿨리지와 후버를 워싱턴에서 자신들의 가치를 지켜줄 수호자로 여겼다. 그들은 국가의 수도를 소도시들의 연장선에서 생각했다. 이제야 그들의 눈은 워싱턴으로 향했으며, 적을 응시했다. 하지만 자신들의 소도시에서조차 오만하고 무례한 노동조합의 성장으로 인해 그들의 영향력은 한계에 직면하고 있었다. 설상가상 그들은 자신들의 정당에서마저 통제력을 잃은 듯이 보였다. 그것은 결정적인 상처였다. 공화주의와 진정한 애국심을 대표한다는 믿음으로 그들은 뉴딜과의 협력으로 더럽혀진 반역자 무리, 즉 동부 지역의 공화당원들과 전쟁을 수행 중이었다. 보수 진영의 위대한 지도자 로버트 태프트(Robert Taft)는 동부의 당원들이 진보 언론과 노동조합의 희생자로 전락했다고 믿었다. 태프트는 한 친구에게 보낸 편지에서 톰 듀이에 대해 이렇게 썼다. "톰 듀이는 뉴딜에 반대하는 공화당원이면 가리지 않고 흠집을 내려고 하는 군중들에 맞서 싸울 용기가 없는 사람이었습니다."

동부 지역 당원들이 1940년 전당대회 말미에 웬델 윌키와 손을 잡으면서 보수파는 주도권을 상실했다. 그들은 인디애나 주 출신의 촌뜨기에 불과한 윌키가 자기 출신을 잊고 동부의 포로가 되었다고 생각했다. 윌키는 "월 스트리트 출신의 맨발 소년"으로 불렸다. 윌키는 앨리스 루스벨트 롱워드의 말대로 "미국의 모든 컨트리클럽에 뿌리를 내린 사람"이었다. 1944년, 윌키가 사실상 루스벨트를 지지하면서 자신의 정당에 맞서는 동안(물론 윌키에 관해 속속들이 알고 있다고 믿었던 보수파들은 놀라지도 않았다), 동부 지역의 유력 당원들은 현대적이고 개혁적인 뉴욕 주지사 토마스 E. 듀이를 중심으로 뭉치고 있었다. 마침내 동부 지역 당원들은 지금 시대에(in this day and age) 뉴욕 주의 주지사로 당선

되려면 노동자와 이민자 집단을 위한 정책 같은 것이 필요하다는 것을 깨달았다. 첫 번째 선거에서 듀이는 늙고 허약해진 루스벨트에게 너무 쉽게 패했고, 루스벨트는 그의 네 번째 대통령직을 획득했다. 그리고 마침내 1948년, 공화당은 루스벨트의 인간적인 매력으로부터 벗어날 수 있었다. 동부 지역 당원들은 듀이를 대통령 후보자로 재차 지명했다.

1948년 대선은 공화당에게는 하나의 분수령이었음이 입증되었다. 그들은 토마스 E. 듀이가, 루스벨트 같은 매력도 없고 보통의 공화당원만큼이나 라디오 마이크를 어색해하는, 마치 촌 동네의 양복점 주인처럼 보이는 트루먼을 꺾어버리리라 절대적으로 확신하고 있었다. 하지만 듀이의 완고함이 문제였다. 앨리스 롱워드는 듀이가 "웨딩 케이크 위에 올라간 작은 남자"처럼 보였다고 묘사했다. 〈시카고 트리뷴〉은 그를 "초콜릿 군인"이라고 불렀다. 그는 범죄를 때려잡는 지방검사로 유명세를 떨쳤고, 뉴욕의 유능한 주지사임이 입증된 터였다. 1940년대 내내 그는 진지한 국제주의자였고, 공화당 고립주의자들의 둘도 없는 공격목표였다. 〈시카고 트리뷴〉의 로버트 맥코믹 대령과 그의 추종자들에게 듀이는 사실상 뉴딜 민주당원이나 마찬가지였다. 듀이는 한때 "여러분이 〈시카고 트리뷴〉의 독자라면 내가 FDR(프랭클린 D. 루스벨트)의 직속 후계자라고 여길지도 모른다."고 밝힌 적도 있다.

듀이는 관료로서의 능력이 뛰어난 반면, 매우 냉정한 사람이었다. 그의 오랜 동료 중 한 사람은 그가 "2월의 고드름처럼 차가웠다"라고 말했다. 루스벨트는 사적인 자리에서 그를 "리틀 맨"이라고 불렀는데, 단순히 그의 작은 체구 때문만은 아니었다. 그와 가깝게 일하고 그를 존경하는 사람들조차도 그가 굽힐 줄 모르고 독선적이라고 여겼다. "그는 앉아서 활보했죠."라고 마사 태프트의 절친한 친구이자 그러나 편견이 아주 없는 건 아닌 소식통인 릴리안 다익스트라는 말했다. 듀이는 정치적 친밀감(political bonhomie) 자체를 불편해 했다. 그는 되도록 현역 정치인들과의 만남을 피하려고 했다(그리고 만나더라도 그들의 비위를 상하게 하는 경우가 많았다). 그는 또한 아일랜드계가 지배하는 뉴욕의 정치판에서 중요한 의식으로 통하는 기도회나 장례식 등에 참석하는 것을 힘들어 했다. 정치인들을 경원시하는 그의 태도는 공화당과 민주당 의원들 모두를 향했는데, 그는 사적인 자리에서는 그들을 "의사당의 건달들"이라고 불렀다. 자신의 대선 후보 지명을 위한 선거전을 치르던 중 코네티컷 주지사 등 지지자들과 함께 열차 유세를 다니면서도, 그는 아침과 점심을 혼자서 끝내고는 손님들에게 양해를 구하기 일쑤였다. 언젠가 한 번은 사진가가 "주지사님, 미소 좀 지어주세요."라고 요구한 적이 있었다. 그의 대답은 "지금 짓고 있잖아."였다.

듀이의 강점은 목표의식이 분명하고 성실하며 정치적으로 청렴하다는 점이었다. 윌리엄 알렌 화이트는 그를 "정직한 경찰 정신을 지닌 정직한 경찰"이라고 불렀다. 그는 서명할 일이 있으면 날짜를 함께 명기하곤 했는데, 이로 인해 그와 처음 만난 사람이라도 실제보다 그와 더 친밀하다고 느낄 수 있었다. 1948년, 정부 내부에 침투한 공산주의자 문제가 미국 정계의 뜨거운 이슈로 떠오르고 공화당 우파의 압력이 커지는 가운데서도 그는 이 문제를 정치적 무기로 사용하는 것에 반대했으며 어떤 식의 빨갱이 사냥도 거부했는데, 이는 그로서는 명예로운 행동이었다. 그는 뉴욕 시절의 동료 중 한 사람이 조지 마셜(George Marshall)과 그의 중국 정책을 비난하는 서한을 한 지방신문사 편집장에게 보내려고 할 때 이를 막았다. 헤럴드 스태슨이 듀이의 재지명을 막기 위한 다크호스로 떠올랐던 1948년 공화당 경선 때, 듀이는 그와 오리건 주 예비선거에서 공산당을 불법화해야 하느냐를 두고 토론했다. 듀이는 그렇게 해서는 안 된다고 주장했다. 그는 "사상(an idea)을 총으로 쏠 수는 없다."라면서 공산당 불법화에 반대했다. 그의 고문단 중 몇 명이 시민의 자유를 옹호하기에는 적절한 시기가 아니라며 주장을 조금 완화할 것을 조언했다. 그는 그들의 조언을 일축하며, "만일 내가 진다면, 내가 믿는 신념이 지는 것이다."라고 말했다. 두 사람 간 토론은 12년 후 텔레비전으로 방영된 대통령 후보자 토론회의 선도적인 모델이 되었으며, 대략 4,000~6,000만 명의 미국인들이 청취한 것으로 알려져 있다. 듀이는 오리건에서 압승을 거두었으며, 후보 지명전에서 승리했다. 공식 선거운동 중에 뉴햄프셔의 우익 성향 출판업자 윌리엄 로입과 그를 지원하는 스타일즈 브리지스 상원의원이 듀이에게 정부 내 공산주의 문제를 제기해줄 것을 요청했다. 당시 그의 선거운동 보좌관이었고 후에 상원의원이 된 스코트가 전한 바에 따르면, 두 사람의 말을 다 듣고 난 후 듀이는 "그 문제는 거론하지 않겠다."라고 말했다. 우파 진영은 격분했다. 그들이 보기에 듀이는 최상의 이슈를 내던져버린 꼴이었다. 그러나 듀이는 단호했다. 그는 미국 대통령이 공산주의에 유연한 입장을 취한다고 비난하는 것은 모욕적이라고 생각했다. 공화당 전국 선거대책 위원장을 맡은 스타일즈 브리지스에게 말한 바와 같이, 그는 "침대 밑이나 뒤지며 돌아다니는" 사람이 아니었다. 듀이의 수석 정치고문 허버트 브라우넬의 판단에 따르면 듀이의 부인이 당파적 공격이라는 아이디어를 싫어했기 때문에 보좌관들은 아무 것도 할 수 없었다. 그녀는, 그녀의 표현을 빌리자면, 그가 좀 더 대통령다워지기를 원했다. 그녀가 듀이 주변 참모들의 조언을 차단한 것은 이때가 처음이 아니었다. 수년 동안 브라우넬과 몇몇 참모들은 듀이의 트레이드마크인 콧수염(그에게 지방검사로서 결코 호락호락한 인물은 아니라는 인상을 심어준 것은 사실이지만)이 그를 차갑고 무심한 사람으로 보이도록 했기 때문에 국가적인 정치가로서는 손해라고 생각했다. 사진이나 뉴스에서 사람들이 그를 떠올리는 유일한 특징이 바로 그 콧수염이었다. "얼굴이 작은 것에 비해 콧수염이 너무 컸다."라고 브라우넬은 훗날 탄식했다. 그의 참모들은 콧수염을 깎도록 여러 차례 권유했지만, 듀이 부인에 의해 매번 묵살되었다.

듀이는 강력한 대선 주자였고, 유리한 길을 택했다. 외교 정책에 관해서는 트루먼과 듀이 사이에 별다른 차이점이 없었고, 국내 문제에서는 견해차가 존재했지만 듀이는 이를 애써 강조하려고 하지 않았다. 듀이는 또한 상대방에 대한 공격이 선을 넘지 않도록 늘 조심했다. 그는 예전의 검사시절 모습으로 보이길 원치 않았다. 그는 협량하지 않은, 당파성을 초월한 사람으로 보이고자 했다. 루스벨트와 트루먼의 연설문 작성자 사무엘 로젠만은 그의 공약은 뉴딜 정책에 충실한 누군가가 가져다 쓰더라도 문제 없이 딱 맞을 정도라고 말했다.

사실 듀이는 도전자라기보다는, 끝없는 여론조사와 분석으로 이미 대통령에 당선된 것이나 마찬가지인 상황에서 선거운동을 마쳤다. 그는 16년간의 민주당 집권이 초래한 워싱턴의 혼돈 상태를 일소할 훌륭한 행정가가 될 참이었다. 트루먼이 이길 수도 있다고 생각하는 사람은 거의 아무도 없었다. 심지어 조지 갤럽은, 결과가 너무나 뻔해서 선거운동을 계속하느라 돈을 쓰는 것은 당의 재정만 낭비하는 것이라고 공화당 지도부에 전할 정도였다. 그러나 해리 트루먼도 팬더가스트 머신(the Pendergast machine)[3]에 둘러싸여 허송세월만 한 것은 아니었다. 그해 여름 트루먼은 듀이에게 기습공격을 가했다. 그는 하원을 다시 소집하고, 현대적인 공화당원으로서 대통령 후보인 듀이와 여전히 막강한 힘을 과시하면서 뉴딜에 맞서 싸우고 있는 보수파 공화당 의원들 사이의 엄청난 간극이 드러날 수밖에 없는 법안 하나를 제출했다. 이때가 선거의 결정적인 순간이었다. 트루먼은 기사회생했고, 반격의 계기를 만들었다. 그럼에도 불구하고 그가 이길 수 있다고 믿는 사람은 없었다. 듀이 캠프의 핵심 전략은 어떤 실수도 하지 않고 누구

---

3   트루먼의 정치적 후원자였던 톰 팬더가스트가 이끌던 거대 정치 파벌.

에게도 인신공격을 하지 않는 것이었다. 〈루이스빌 쿠리어 저널〉은 그의 주요 연설이 "농업은 중요하다. 우리의 강은 물고기로 가득 차 있다. 법적 권리로 보장된 자유(liberty)가 없는 개인의 자유(freedom)는 있을 수 없다. 미래가 눈앞에 있다. 이 네 문장으로 요약될 수 있다."라고 전했다. 마지막 몇 주 동안 일부 공화당원들은 전세가 듀이에게 불리해졌음을 직감했다. 밥 태프트도 그중의 하나였다. 그는 자기 아내 마사가 듀이의 라디오 연설을 듣지 않고 텔레비전에 간혹 등장하는 그의 동정을 더 이상 지켜보려 하지 않자, 듀이의 패배를 예감했다고 〈뉴욕 타임스〉 기자 빌 화이트에게 말했다.

선거일 전날 저녁, 〈시카고 트리뷴〉은 듀이의 승리를 선언한 유명한 머리기사를 작성 중이었고, 앨리스테어 쿠크는 〈맨체스터 가디언〉에 "해리 트루먼의 패인 분석"이라는 제목의 기사를 미리 송고했다. 하지만 루스벨트가 사라지고 없음에도 공화당은 선거를 망쳤다. 트루먼이 이겼고, 공화당은 이제 4년 뒤를 기약해야할 처지였다. 비통한 기운이 당 안팎으로 퍼져나갔다. 미국 정치에서 가장 확실한 방법이 이제 사라졌다. 공산주의자 이슈가 가까운 미래에 좋은 목표물로 등장하게 될 것이었다. 그것만이 그들이 알고 있는 유일한 반격 수단이었다.

험악한 시대였다. 국가 차원의 마녀 사냥이 준비되고 있었다. 미국은 그 어느 시대보다 더 강하고 역량을 갖추고 부유해진 상태로 제2차 세계대전에서 빠져나오고 있었지만, 낯설고 불안한 나머지 세계는 많은 미국인들이 생각한 것 이상으로 절박해 보였다. 원하지 않았던 전쟁은 진짜 평화를 가져다주지 못했고, 전쟁은 이겼지만 평화는 잃었다는 비난이 민주당에 빗발쳤다. 데이비드 코트가 〈거대한 공포〉에서 썼듯이, 고립주의자들은 루스벨트가 미국인들을 "잘못된 전쟁 속으로, 즉 잘못된 동맹국과 잘못된 적들과 잘못된 결과 속으로" 이끌었다고 생각했다. 많은 미국인들이 동유럽 패권을 소련에게 넘겨주고 얻은 평화를 받아들이지 못했다. 누군가는 이에 응답해야 했고, 희생양이 있어야 했다. 정당하고 공정한 세상이라면 결코 쉽게 일어날 수는 없는 일이었다. 미국의 하원의원 그 누구도 소련이 연합국 중 가장 치열하게 베어마흐트[4]에 맞서 싸웠고, 약 2,000만 명의 사상자를 내는 끔찍한 대가를 치르고서 동유럽을 장악했다는 사실을 언급하면서 유권자들을 설득할 수는 없었다. 미국인들은 자신들이 알고 싶은 정도로만 전쟁에 대해 알았을 뿐이었다. 따라서 그들에게 전쟁은 1941년 12월 7일에 시작되었고, 유럽에서는 1944년 6월에 미군이 대륙에 상륙한 이후부터 시작되었을 뿐이었다.

프랭클린 루스벨트가 전쟁에 참전하기 위해 애써 쌓아올린 국내 단합은 생각보다 취약했고, 공화당 정치인들은 너무 오래 권력으로부터 멀어졌으며, 전후 그들의 정치적 수사는 근본적인 목표와 기조를 갖추었는데, 이는 바로 복수(getting even)였다. 전후 미국이 미국적 삶의 방식으로 돌아가 미국주의에 응답해야 할 필요성이나 공산주의와 사회주의가 미국에 끼치는 위험 등을 주제로 한 수많은 강연회가 미 전역의 시민 모임이나 상공회의소 등지에서 이어졌다. 이들 연설자들은 (그리고 청중들의 상당수도) 뉴딜 정책의 거의 모든 부분에 사회주의의 꼬리표가 달려있다고 확신했다. 1946년 테네시 주 하원의원 겸 공화당 전국위원회 위원장 B. 캐럴 리이스는 다가오는 선거가 "공산주의냐 공화주의냐"를 선택하는 선거가 될 것이라고 말했다. 배우와 가수, 댄서로 활동하다가 정치인으로 변신한 조지 머피는 한 공화당 기금 모금 행사에서 이렇게 말했다. "정당 명칭은 이제 중요하지 않습니다. 중앙에 선 하나만 그으면 됩니다. 한쪽에는 미국인이, 다른 쪽에는 공산주

4　나치 치하의 독일 정규군을 일컫는다.

의자들과 사회주의자들이 있으니까요." 전시와 전후의 드라마틱한 미국 경제 팽창 시기에 많은 기업들이 더욱 더 부유해졌다는 사실은 아무런 상관이 없었다. 뉴딜에 복수할 수 있는 시간이 왔으니까. 앨저 히스 사건의 주요 증인이 될 휘태커 챔버스는 그의 책 〈증언〉(Witness)에서 이렇게 썼다. "내가 작은 새총을 들어 공산주의를 겨냥했을 때, 나는 다른 것까지 맞추게 되었다. 내가 쏜 것은 거대한 사회주의 혁명 세력이었다. 그것은 진보주의라는 이름으로, 간헐적이고 불완전하며 대체로 정해진 틀도 없지만, 항상 같은 방향으로, 지난 20년간 국가의 머리 위에 씌운 혁명의 얼음 모자를 조금씩 움직이고 있었다."

집권 초기 트루먼은 성난 보수주의자들에게 이념적 표적이 되는 일은 거의 없었다. 트루먼은 중서부 소도시 취향에 가식이 없는 사람이어서 위태로울 정도로 가까와 마치 그들 중 하나인 것 같았다. 만일 과거로부터 쌓인 원한이나 계급, 지역, 교육 등 모든 면에서 긴장을 유발하는 적을 하나 꼽자면, 바로 딘 애치슨이다. 그는 그로튼, 하버드, 월 스트리트 그리고 국무부 출신으로 동부 기득권을 대표했다. 애치슨이 트루먼 행정부의 국무장관으로 임명된 시기는 그다지 이상적인 시기는 아니었다. 1949년 1월 21일 그가 장관으로 취임하던 날, 장제스(蔣介石)는 본토의 지휘권을 그의 사령관 중 한 명에게 넘겨준 뒤 포모사(formosa)[5]로 떠났다. 중국의 내전은 끝났고 공산주의자들이 승리했다. 불길한 징조였다.

애치슨을 향한 비난은 20세기 미국에서 공무원을 표적으로 한 것들 중에서도 가장 신랄한 편이었는데, 이에 대처하는 애치슨의 자세에는

---

5   (편집자 주) 포모사는 대만/타이완을 지칭하는, 서구에서 널리 사용되었던 명칭으로 아직도 통용된다. 1544년에 대만을 처음 보게 된 포르투갈 선원들이 '일랴 포르모자'(Ilha Formosa, '아름다운 섬'을 뜻하는 포르투갈어)라고 항해일지에 적은 데에서 유래했다. 이후 영어식 발음인 포모사로 널리 알려지게 되었다.

치명적인 결함이 있었다. 비난하는 이들과 그런 내용을 접할 때마다 경멸감을 드러냈기 때문이다. 한번은 태프트 상원의원이 미국의 외교 정책에 대한 재검토를 요구하자 애치슨은 태프트를 "매일 아침 밭에 나가 밤새 농작물이 얼마나 자랐을까 뽑아서 확인하는" 농부에 빗대기도 했다. 그는 자질이 많은 사람이었지만 천성인 잘난 체를 제어하는 자질까지는 갖추지 못했다. 우파들은 그의 영국식 옷차림과 매너조차 속물적인 허세로 여겼다. 이 말은 그의 옷차림과 헤어스타일이 미국의 유행과는 어울리지 않았다는 뜻이었다. "나는 그의 잘난 체와 영국식 옷차림, 뉴딜을 옹호하는 태도 등을 접할 때마다 꺼져버리라고 소리치고 싶어진다. 당신은 수년 동안 미국에서 잘못되어 온 모든 것을 대변한다."라고 네브라스카 주 상원의원 휴 버틀러는 말했다. 그의 콧수염조차 사람들의 비위를 상하게 했다. "트루먼한테 신세 진 사람으로서 수염부터 깎아라."라고 애버렐 해리먼은 언젠가 애치슨에게 말하기도 했다.

솔직히 애치슨에게는 앵글로필 성향이 있었다. 그의 부친은 얼스터 출신으로 14세 때 캐나다로 이주해, 거기서 부유한 캐나다 가정 출신의 젊고 아름다운 여성과 결혼했다. 부부는 딘이 한 살 때 코네티컷으로 이사했다. 그는 어머니의 영국풍 취향에 관해 훗날 이렇게 썼다. "그어떤 캐나다 국가주의도 제국과 군주를 향한 어머니의 열정을 희석시킬 수 없었다." 애치슨은 겁이 없고, 지적으로 뛰어났으며, 성실성과 명예심으로 잘 단련된 인물이었다. 그는 구질서가 무너지고 새롭고 위험한 적수들이 떠오르는 세계에서 미국이 직면한 도전, 즉 산산조각난 유럽을 재건하고, 이런 정책을 미국인들이 수용하도록 만드는 과업에 대한 분명한 견해를 가지고 있었다. 그는 후자보다 전자에 더 성공했다. 아시아나 아프리카 같은 낯선 곳에 대한 그의 관심은 유럽에 비해 훨씬 덜했지만, 그는 천성적인 국제주의자였다. 그는 중국의 붕괴에 놀라지 않았고, 의회가 그 결과를 과장하지 말 것을 촉구했다. 의원들을 향해 그는 중국이 "현대적이고 중앙집권적인 국가는 아니었으며, 공산주의자들은 이전 정권과 마찬가지로 중국을 통치하면서 많은 어려움을 겪을 것이다"라고 말했다.

국무장관으로 취임한 첫 해에 애치슨은 중국의 사태 변화와 공화당원들이 드러내는 적의 때문에 힘들어 했다. 하지만 그가 우파의 완벽한 표적이 된 것은 앨저 히스 사건이 터졌을 때였다. 그 사건은 당대 미국의 분열을 상징했다(혹은 그런 것처럼 보였다). 휘태커 챔버스라는 수상쩍은 인물이 히스가 정부에서 일하는 동안 공산당원으로 활동했다며 고발했다. 고발 사건은 일견 일회성으로 끝날 듯 보였다. 챔버스는 데이비드 브린, 로이드 캔트웰, 찰스 아담스, 아더 드와이어, 해결드 필립스, 칼 칼슨, 그리고 조지 크로슬리 같은 여러 가명으로 활동하던 전직 공산당 지하당원이었고, 커밍아웃한 동성애자(FBI 국장 J. 에드거 후버는 개인 비망록에서 챔버즈와 동성애자들을 "변태"로 지칭했다)였으며, 옷차림이나 위생 상태도 허술해보였다. 그의 정치적 과거는 변화무쌍한 노선과 이념으로 점철되어 있어서 친한 친구들조차 우려하고 있었다. 반면 챔버스가 공산주의자라고 고발한 남자는 눈에 띌 정도로 준수한 미남이었다. 그의 귀족적인 태도에서는 정치적으로 정당하다는 자신감이 드러났는데, 이에 더해 그는 존스홉킨스와 하버드 법대, 그리고 〈하버드 로 리뷰〉(Harvard Law Review) 출신이라는 완벽한 배경까지 지니고 있었다. 펠릭스 프랭크퍼터는 그를 위해 당대 최고의 법학자 올리버 웬델 홈스를 개인 변호사로 선임해주었다. 고발 당시 앨저 히스는 카네기재단의 책임자였고, 이사회 의장은 존 포스터 덜레스였다.

의심 많은 하원 반미활동조사위원회(HUAC) 위원들조차 챔버스를 하찮게 여겼다. 하원 위원회는 히스가 챔버스와 아는 사이였다는 고발 내용을 즉각적이고 완강하게 부인하자 긴장하고 두려운 나머지 사건에서 손을 떼려는 듯 보이기도 했다. 다만 캘리포니아 출신 공화당 하원의원으로 위원회 내에서 가장 소장파였던 리처드 닉슨만이 FBI로부터 기밀서류를 제공받고 있었기 때문에 위원회가 이 사건에서 완전히 손을 놓지 못하도록 노력하고 있었다.

사건의 배경은 이랬다. 1948년 8월 3일, 미국의 공직자들 가운데 가장 매력 없는 사람들, 즉 고집쟁이, 인종주의자, 반동주의자, 그리고 허풍쟁이 같은 사람들이 다수를 차지한 하원위원회는 청문회를 개최하고, 스스로 공산주의자였으며, 1930년대 말 정부 내에 공산주의자 그룹이 활동하고 있었고, 앨저 히스는 그 조직원이었다는 챔버스의 진술을 들었다. 선서를 마친 히스는 혐의 사실은 물론 그가 챔버스와 알고 지냈다는 사실조차 부인했다. 히스의 친구들도 가세했다. 앨저 히스의 형 도날드 히스의 법률 파트너였던 딘 애치슨은 초기의 법적 대응을 도왔다. 볼티모어의 유명 변호사이면서 절친한 친구였던 윌리엄 마버리 역시 유사한 혐의를 받고 있는 도날드 히스에게 이런 쪽지를 보냈다. "당신과 앨저가 공산당원이라면 내게도 가입원서 한 장 보내주시오." 히스 자신도 사건의 심각성을 과소평가하는 듯 그는 아내 프리실라에게 이렇게 말했다. "걱정 마, 여보. 곧 잠잠해질 테니. 내가 알아서 할게."

8월 5일, 그는 정확히 그 일을 해냈다. 위원회 증언대에 선 히스의 모습은 당당하고 조금은 거만한, 전형적인 특권층 인사처럼 보였다. 영국 언론인 앨리스테어 쿠크는 그의 모습을 이렇게 묘사했다. "미국 신사, 비길 바 없는 인간 산물의 하나, 수많은 패러디와 대도시의 반짝이는 신사복을 입은 우스꽝스러운 사람들로 인해 더욱 희귀해진 사람… 여기 헨리 제임스[6]의 주인공이 있다. 그는 날이 서 있거나 지쳐있거나

---

6   Henry James(1843~1916). 미국의 작가.

혹은 자만심으로 가득 찬 세속적인 영국인들과는 다른 온화한 행동거지와 따뜻하고 밝고 순진한 미덕을 갖추고 있다."

"나는 공산당원이 아니며, 공산당원이었던 적도 없다."라고 히스는 선서 뒤 말했다. 위원장 칼 문트가 챔버스의 사진을 알아보겠냐고 묻자 그는 "내가 그를 위원회의 위원장 대행으로 착각했던 것 같다."라고 대답했다. 좌중에서 웃음이 터졌다. 이때가 그에게는 절정의 순간이었다. 종일 그는 느긋하고 자신만만했다. 끝날 무렵 문트가 솔직한 증언이었다면서 히스를 치하했다. 미시시피 출신의 극단적 인종주의자 존 랭킨은 그에게 찾아와 악수를 청했다. "자, 이제 이 난장판을 끝냅시다."라고 루이지애나 주 출신 민주당원 애드워드 허버트가 말했다. 오직 리처드 닉슨만이 계속 밀어붙이고 싶어 했다. 히스에게는 기분 나쁘고 믿을 수 없는 무언가가 있었다. 듀크 법대 졸업 후 뉴욕의 일류 로펌들로부터 계속 거절당하면서 사회의 차별과 동부 해안도시의 속물근성에 늘 신경이 예민해 있던 닉슨은 히스의 도도한 태도에 감명을 받기보다 짜증이 났다. 누군가는 거짓말을 하고 있는 것이 분명했다. 두 사람을 대질 심문하는 것은 어떨까요, 라고 닉슨이 제안했다. 위원회의 수석 조사관 로버트 스트리플링은 후일 인터뷰에서 이렇게 말했다. "닉슨이 총대를 멨다. 이는 극히 사적인 감정 때문이었다. 히스가 공산당원인지 아닌지는 더 이상 그의 관심사가 아니었다." 대질 심문은 8월 17일로 정해졌다.

챔버스와 교류하면서 그를 좋게 보던 사람들조차 그의 편집증과 자신의 모든 행동을 극화하려는 그의 욕망에는 놀랐다. 친구들과 간단히 점심을 먹으러 나갈 때조차 그는 누군가 자신을 미행할 것에 대비해 교묘한 방법으로 건물을 빠져나가곤 했다. 대학생 시절 그는 쿨리지 공화당원[7]이었다가 말 많은 공산주의자로 변신했으며, 결국에는 미국에서 가장 용서할 줄 모르는 반공 지식인이 되었다.

훗날 그의 비망록 〈증언〉을 읽은 사람들이라면 그가 그토록 고통을 겪었던 이유를 이해할 수 있었다. 그는 끊임없는 고통 속에서 어린 시절을 보냈다. 그의 아버지는 알코올 중독자였고, 결국 동성애자로서 집을 나갔다. 어린 시절 챔버스는 스스로에게 이렇게 말하곤 했다. "나는 버림받았다. 내 가족도 버림받았다. 친구도, 사회적 연대도, 교회도, 그리고 우리가 권리를 주장하거나 우리에 대한 권리를 주장하는 어떤 조직도, 어떤 공동체도 우리에게는 남아있지 않다." 공산주의와 결별한 이후 그는 〈타임〉지의 중견 기자로 상당한 재능을 인정받았으며, 당시 루스출판사가 선정한 가장 뛰어난 작가 중 한 사람으로 떠올랐다. 언론인 머레이 켐튼이 언급한 것처럼, 그는 당시 서유럽 및 동서 진영의 미래에 관해 불길한 경고를 해주던 다소 비관적인 논조의 뉴스 잡지를 위한 완벽한 작가였다. "챔버스만큼 서구 문명이 벼랑 끝에 서 있다는 경각심을 제대로 불러일으킨 사람은 없었다."라고 켐튼은 말했다.

8월 16일, 히스는 처음으로 동요했다. 그는 자신에게 불리한 증언을 하고 있는 인물을 다른 사람으로 착각한 듯했다. 그는 챔버스의 사진을 보고 "아주 낯설지는 않다."라고 진술했다. 그리고 청문이 끝나갈 무렵 사진 속 인물로 생각되는 누군가의 이름을 적어놓은 적이 있다고 말했다. 그가 써낸 이름은 조지 크로슬리였다. 다음날 히스에게 미리 통보하지 않은 채 코모도 호텔 1400호실에서 대질 심문이 벌어졌다. 먼저 히스가 도착해 있는 가운데 챔버스가 방안으로 들어왔다. "당신이 조지 크로슬리요?"라고 히스가 물었다. "내가 알기로는 아니오."라고 챔버스가 응답했다. 이어 챔버스는 "당신이 앨저 히스죠?"라고 덧붙

---

7   캐빈 쿨리지(Calvin Coolidge) 대통령 재임 시절(1923~1929) 공화당에 입당한 사람들.

였다. 히스는 "당연히 그렇소."라고 답했다. 히스는 챔버스에게 말을 해 보라고, 더 크게 말하라고, 입을 더 크게 벌려보라고 거듭 요구했다. 당신 치과 치료라도 받고 있어요, 라고 묻기도 했다. 마침내 히스는 더 이상의 대질은 필요 없으며, 자기는 이 사람을 조지 크로슬리로 알고 있었다고 말했다. 그는 즉시 챔버스에게 위원회의 보호우산이 없는 공개적인 장소에서 자신을 정식으로 고발할 것을 요구했다. "나는 당신이 그렇게 하도록 촉구하오. 빨리 그렇게 되기를 바랄 뿐이오."라고 그가 말했다. 챔버스는 국영 라디오에 출연해서 그대로 따랐다.

8일 후 두 사람의 공개 대면이 이루어졌고, 히스 사건은 마침내 미국인들의 공동체 의식을 건드렸다. 사람들은 처음에 매우 존경스럽게 보이는 히스가 선한 역이고 매력이라고는 하나도 없는 챔버스가 악역이라고 생각했으나 증거가 늘어감에 따라 여론의 추이는 차츰 바뀌어 갔다. 닉슨은 처음부터 챔버스의 확고부동하고 침착하며 굽히지 않는 태도에 깊은 인상을 받았다. 챔버스는 히스처럼 변호사를 고용하지도 않았고, 사전에 원고를 검토하는 일도 없었으며, 히스가 종종 사용하는 "내 기억이 맞는다면" 따위의 단서를 붙이지도 않았다. 그는 히스와는 달리 기꺼이 거짓말 탐지기 심문에도 응했다.

8월 25일, 칼 문트가 히스를 향해 말했다. "당신은 이 사람(챔버스)을 너무나 잘 알고 있었소. 그랬기 때문에 당신은 그에게 아파트를 맡기고, 가구를 사용하게 했으며, 당신의 자동차를 쓰도록 하고, 아예 주기까지 했던 거요. 그를 뉴욕으로 데려갔던 일이 기억날 겁니다. 당신은 상원의 레스토랑에서 그에게 점심을 대접했죠. 그리고 그를 당신 집에 머무르게 했고, 돈도 조금씩 빌려 주었어요. 그런 사실은 의문의 여지가 없는 것 같군요." 히스에게는 절망적인 순간이었다. 청문회가 끝날 무렵, 파넬 토마스는 두 사람 중 한 사람은 위증죄로 재판에 넘겨질 것이라고 발표했다. 진보주의자들과 사건 전개를 우려했던 사람들은 딜레마에 빠졌다. 골치 아프고 우스꽝스러운, 개인의 권리 따위에는 무감각하면서 공산주의라는 혐의는 너무 쉽게 남발하던 이 위원회가 실제로 무언가를 꾸미고 있었던 것이었을까? 만약 그렇다면 더 큰 진실이 있지 않았을까? 히스 본인도 재빨리 주장했듯, 뉴딜 자체가 재판정에 섰던 것은 아니었을까? 히스를 위해 유리한 변론을 했던 이들은 바로 딘 애치슨과 애들레이 스티븐슨, 그리고 존 포스터 덜레스(적어도 초창기 거리를 두라는 닉슨의 경고를 받기 전까지는 그랬다)였다. 두 명의 대법관, 펠릭스 프랭크 피터와 스탠리 리드는 히스의 첫 공판에 참고인으로 출두했다.

사건은 그 누구도 상상하지 못했던 훨씬 복잡한 양상으로 전개되기 시작했다. 에릭 골드먼은 〈결정적인 10년〉(The Crucial Decade)에서 이렇게 회고했다. "1949년이 지나가기도 전에 휘태커 챔버스는 뒷전으로 밀려났다. 그의 구체적인 증언들도 차츰 토론장에서 사라졌다. 한 개인으로서 앨저 히스라는 존재도 희미해져 갔다. 앨저 히스를 둘러싼 모든 것은 상징으로 변하고 있었다." 앨리스테어 쿠크는 언젠가 "히스가 유죄라고 믿는 사람들이나 무죄라고 믿는 사람들 모두 그를 히스라는 개인보다는 루스벨트적 특성을 대변하는 인물로 만들려는 강한 욕망이 있었다."라고 기록한 바 있다. 사실 그는 국무부 내에서 케넌이나 존 패튼 데이비스, 또는 폴 니체처럼 핵심적인 인물은 아니었다. 그는 고위직 사무원이었을 뿐이었다. 쳄튼은 히스 사건에 관여한 양측 모두 정부 내 인사로서의 그의 중요성을 과장했다고 기록했다.

히스 사건은 냉전의 경계선이 명확해지던 순간에 터져 나왔다. 1948년 3월, 체코의 외무장관이자 체코 민주주의의 희망을 상징하던 이얀 마사리크가 자살했다. 그리고 1948년 여름, 자유주의 진영은 소련에 의한 베를린 봉쇄를 피해 베를린 공수를 감행했다. 이 두 사건은 다른 어떤 것만큼이나 소련과 자유주의 진영 사이의 전시 동맹 체계가 끝났음을 알려주는 신호였다. 새롭고, 더욱 날이 선, 정치의 시대의 시작되었다.

히스가 자신의 혐의를 부인하자 챔버스는 점점 수위를 높여 히스가 간첩 활동에도 가담했다며 비난하기 시작했다. 챔버스가 10여 년 전 공산당을 탈당할 때부터 이럴 경우를 대비하여 보관하고 있었다고 밝힌 극적인 문서들이 이를 뒷받침하고 있었다. 특히 히스의 자필과 히스가 타이핑한 것이라고 보일만한 국무부 문서 사본들이 그가 유죄임을 가리키고 있었다. 그러나 히스가 실제로 간첩 행위에 가담했는지 여부는 입증되지 않았고, 증거물들은 얼핏 봐도 결함이 많았다. 정부는 간첩 행위로 그를 조사할지에 대해 잠시 숙고했으나 그다지 심각한 정도는 아니라는 결론을 내리고, 좀 더 경미한 죄목인 위증죄를 적용했다.

이어진 두 차례 공판에서, 아무런 편견 없이 사건을 접했던 사람들뿐 아니라 자신의 정치 지향과는 별개로 사건 기록을 살펴보려 했던 사람들조차 뭔가 빠진 조각들이 있다는, 사건의 핵심인 두 사람이 무언가를 숨기고 있다는 느낌을 가지게 되었다. 히스의 변호사들은 히스가 아내를 보호하기 위해 무언가를 숨기고 있다고 생각했고, 다른 이들은 챔버스의 히스를 향한 동성애적 열정이 사건을 꼬이게 만들었다고 여겼다. 그 후 40년이 지났지만[8] 여전히 조각들은 완전하게 맞춰지지 않았다. 후에 두 사람에 관한 탁월한 글을 쓴 〈뉴욕 포스트〉 칼럼니스트 머레이 켐튼은 두 사람 사이에 로맨스가 있었다면 그것은 플라토닉한 것이었으며, 가족의 기대에 부응해야 한다는 끝없는 욕구와 함께 답답하고 귀족적이며 철저하게 통제된 환경에서 자랐던 히스와, 미스터리와 음모로 가득 찬 모험적인 비밀활동가로서의 챔버스라는, "타인"이

---

8   앨저 히스 사건에 대한 논란은 지금까지도 계속되고 있다.

주는 매력에 빠졌을 수는 있었을 것으로 봤다. 그러나 켐튼이 지적했듯, "두 사람은 서로 상대방을 오해하고 있었다. 히스는 사실 귀족이 아니었고, 챔버스는 그다지 모험가가 아니었다." 첫 번째 공판은 배심원단의 의견 불일치로 종료되었지만, 8대 4로 히스의 위증죄를 인정한 이들이 많았다. 히스의 친구이자 변호인단의 일원이었던 헬렌 버튼와이저는 그때처럼 앨저가 충격을 받은 모습은 처음 봤다고 말했

앨저 히스는 미국 주류 사회의 세련됨을 상징하는 인물이었다. 그는 명문 학교를 졸업했고 프랑크푸르터 대법관의 법률 서기관으로 일했다. 그러나 휘태커 챔버스가 그를 전직 공산주의 음모가로 지목하면서 상황이 역전되었다. 위증 혐의로 두 차례 기소된 히스는 두 번째 재판에서 유죄 판결을 받았다. (사진 출처 ELLIOT ERWITT, MAGNUM PHOTOS, INC.)

다. 히스는 배심원단 중 8명이나 자신을 믿지 않았다는 사실에 망연자실했다. 두 번째 공판에서 배심원단은 만장일치로 히스의 위증죄를 인정했고, 그는 5년형을 선고받은 뒤 연방교도소에 수감됐다.

히스는 1951년 3월 21일부터 5년 형기를 시작해서 44개월 동안 복역했다. 그는 복역 중에도 계속 자신의 무죄를 주장했다. 40년이 지났어도 이 사건이 만들어낸 오랜 분열의 불씨는 생생하게 살아있다. 히스가 무죄라고 믿는 이들은 여전히 존재한다. 그들은 1992년 히스의 무죄를 암시한 소련 정보기관 최고책임자의 발언이 나오자 환호했다. 그러나 몇 주 지나지 않아서 그 러시아인은 자신이 그런 말을 한 사실을 인정하면서도, 한 노인을 위로해달라는 히스 친구들의 간청에 못 이겨서 한 말이라고 둘러댔다. 챔버스의 비망록 〈증언〉은 1952년 출

간되었고, 전국적인 베스트셀러가 되었다. 챔버스는 여전히 앞날을 걱정하며 지냈고, 공산주의뿐 아니라 자유주의까지 적으로 간주했다. 〈증언〉의 서평을 쓴 시드니 후크는 챔버스에 대해 이렇게 언급했다. "그는 무모하게도 사회주의자, 진보주의자, 자유주의자와 모든 선한 의도를 지닌 인간들을 공산주의자와 같은 부류로 취급했다. 그는 이들 모두가 똑같은 하나의 신념으로 결속되어 있다고 봤다. 그러나 배짱과 탐욕으로 살며 또 그에 따른 대가를 치를 수 있는 이들은 오직 공산주의자들뿐이다. 지금 그가 자유주의자와 인본주의자들을 공산주의자들과 같은 부류로 구분하는 논리는 그가 공산주의자였을 때 이들을 파시스트와 같은 부류로 여겼던 논리와 다르지 않다."

히스의 유죄 판결은 체제전복이라는 이슈를 두고 점차 증폭되어가던 정치적 분열을 더욱 가속시키면서 그렇잖아도 황폐해진 시대를 더욱 어둡게 만들었다. 히스 사건 이전인 1946년 의회선거까지만 해도 얄타 협정은 공화당이 루스벨트와 뉴딜 정책을 자유롭게 편하게 공격할 수 있는 기회를 제공하는 비장의 카드이자 마법의 단어였다. 공화당은 얄타 협정이 기진맥진하고 중병에 걸린 루스벨트를 속이기 위한 거칠고 음흉한 스탈린의 작품이며, 비밀 흥정으로 가득 찬 이 합의의 결과로 우리는 자유 폴란드를 팔아넘겼다고 주장했다. 실상은 전혀 달랐다. 얄타 합의에 동조한 이들이 있었다면 그건 당시까지 원자탄의 위력을 전혀 예상하지 못했던 미국 군부였다. 일본 본토를 공격하면 100만 명 이상의 미국인이 희생될 수 있다는 두려움 때문에 연합군 사령부는 러시아가 대일 전쟁에 나설 수 있도록 루스벨트를 압박했다.

하지만 이제부터 얄타는 강력하고도 분열적인, "배신"을 뜻하는 새로운 정치적 어휘로 떠올랐다. 외교관 칩 볼렌이 언급했듯, 앨저 히스가 미국 대표단의 일원으로 얄타에 있었기 때문이다. 비중 있는 직책은 아니었지만 그건 중요하지 않았다. 히스는 곧 얄타 협정의 주요 설계자로 승격되었다. 극우 성향의 공화당원 중 한 명인 윌리엄 제너 상원의원은 "앨저 히스 그룹이 얄타 매각을 계획했다."라고 말했다. 조셉 매카시에게는 얄타와 히스가 손쉬운 먹잇감이었다. "우리는 얄타에서 배신당했다는 사실을 알고 있다. 우리는 얄타 회담 이후, 이 나라의 지도자들이 계획적이든 무지 때문이든 계속 우리를 배신해왔다는 것을 알고 있다. 우리는 또한 미국을 배신한 바로 그들이 여전히 미국을 이끌고 있다는 것을 알고 있다. 그 반역자들이 더 이상 배신당한 우리를 이끌게 두어서는 안 된다."

1949년 1월, 딘 애치슨의 국무장관 인준청문회가 열렸고 애치슨과 히스의 관계, 그리고 얄타에서의 히스의 역할에 관한 질문들이 쏟아졌다. 마지막 질문자로 애치슨의 지지자 중 한 사람인 톰 코널리 상원의원이 발언했다. "앨저 히스를 비난하면서 그가 얄타 현장에 있었다는 사실을 언급하는 게 일부에서 제기하는 유일한 쟁점이다. 그들은 고인이 된 미국 대통령에 관해 뭔가를 파헤치고 나서 얄타로 되돌아가야 할 것 같다."

그들의 주요 공격 목표는 이제 애치슨이었다. 히스가 위증죄로 유죄 판결을 받았을 때, 애치슨은 자신도 그와의 관계에 관한 질문이 쏟아지리란 걸 알고 있었다. 충성과 의무를 둘러싼 자신의 신념이 위기에 처했다고 느낀 애치슨은 질의에 앞서 무슨 말을 할지 생각했다. 그는 성공회 주교의 아들이었으며, 명예가 정치적 편의보다 중요하다는 믿음이 있었다. 시간은 점점 다가왔다. 그는 할 말을 신중하게 골랐다. "나는 앨저 히스에게 등을 돌릴 생각은 없다."라고 그는 〈헤럴드 트리뷴〉 기자에게 말했다. 나아가 그는 예수가 제자들을 모아놓고 곤경에 처한 사람에게 등을 돌리는 것은 곧 하느님에게 등을 돌리는 것과 같다고 가르친 성경 구절, 즉 마태복음 25장 36절(헐벗었을 때에 옷을 입혔고 병 들었을 때에 돌보았고 옥에 갇혔을 때에 와서 보았느니라)을 생각해보라고 말했다. 훗날 그는 "연민을 기독교도의 최고 의무로 내세운 예수의 말씀"을 따랐다고 말했다. 그의 말은 대단한 용기를 가진 사람만이 할 수 있는 말이었지만, 정치적으로는 다이너마이트와 같았다. 만약 그가 자기 생각을 보통 사람들이 이해할 수 있는 말로 표현했더라면, 그러니까 쓰러진 사람을 발로 차지 않겠다고 간단하게 말했더라면 그가 입은 정치적 상처는 훨씬 덜했을지 모른다고 〈뉴욕 타임스〉의 스카티 레스턴은 수년 후 회고했다. 역사학자 에릭 골드먼은 애치슨의 말들이 "트루먼 행정부의 외교정책이 공산주의에 관대한 사람들에 의해 만들어지고 있다고 주장하는 사람들에게는 굉장하지만 불필요한 선물"이었다고 썼다. 골드먼이 지적했듯 리차드 닉슨은 거의 즉각적으로 반응했다. "정부 내 고위직에 있는 반역자들이 외교 테이블에서 소련 쪽이 유리한 패를 쥐도록 했다."

한 달 후 애치슨은 어처구니없는 실수를 저질렀다. 그는 자신뿐 아니라 대통령에게까지 상처를 입혔음을 깨닫고는 스스로 해명하고자 노력했다. "누구나 삶에 충실해야 한다."라고 그는 말했지만, 자신의 의견을 바꾸지는 않았다. 딘 애치슨처럼 선천적으로 러시아의 의도를 의심하는 사람이 우익 고립주의자들의 주요 표적이 되어야 했다는 사실에서 "이상한 나라의 엘리스"와 같은 당시의 시대상이 드러난다. 몇 년 후 그는 소련과의 힘들고 까다롭고 불안한 평화를 설계한 전형적인 냉전의 전사로 부상했다.

선을 긋고 소련의 확장을 제한하는 정책을 입안하고, 정책 공감대를 형성하며, 동시에 소련의 움직임에 과도하게 반응하지 않고 맞서기 위해서는 기교와 결단 그리고 비전을 필요로 했다. 미국인들은 제2차 세계대전 이전과 비슷한 유럽을 꿈꾸었을지 모르지만, 이미 러시아가 동유럽을 차지하고 있었다. 1946년, 조지 케넌은 동유럽에 대한 소련의 야망을 인정하지 않는 질문에 이렇게 답했다. "유감스럽지만 사실을 말하자면 우리는 동유럽에서 회담 말고는 할 수 있는 게 없다." 많은 미국인들이 그런 현실은 받아들이기 힘들어 했다. 애치슨 스스로도 국제 지도자로서의 미국의 새로운 난제를 앞에 두고 좌절하고 있었다. "우리는 우리의 모든 삶이 위험과 불확실성, 기민함, 노력, 규율을 필요로 한다는 점을 이해해야 한다. 이는 우리에게 새로운 경험이다. 고된 시련의 시기가 올 것이다."

이 모든 것은 트루먼에게 깊은 영향을 미쳤다. 그는 대외 정책에 대한 준비 없이 대통령 직에 올랐고, 루스벨트 행정부의 사람들도 그에게 주요 외교 정책 문제에 대해 거의 설명하지 않았다. 그는 역사적인 순간에 도달했음을 깨달았다. 그와 그의 가까운 외교 정책 참모들에게 당시 상황은 마치 제2차 세계대전 직전의 재연처럼 여겨졌다. 1948년 3월, 대외 정책에서 일련의 재앙적인 사건들을 겪은 후 그는 딸 마가레트에게 보낸 편지에서 이렇게 썼다. "우리는 1938~1939년 영국과 프랑스가 히틀러와 맞섰던 때와 똑같은 상황에 직면해 있단다. 상황이 암울해 보인다. 이제 결단을 내려야겠다. 나는 잘 해낼 것이다."

제 2 장

핵무기의 딜레마

: 트루먼과 오펜하이머의 대립

미국 시민들은 기성 정치권과 언론의 예상을 완전히 뒤엎으면서 해리 트루먼을 대통령으로 선출했지만, 미국인들이 트루먼의 진면목과 장점을 진정으로 깨닫게 된 것은 그가 대통령 직에서 물러난 뒤였다. 그가 내린 많은 결정들, 이를테면 한국전쟁에 개입하는 것처럼 아주 어려운 상황에서 내린 결정들은 역사 속에서나 정당성이 입증되었을 뿐 당대의 열정이 사라지자 그는 언제 비상한 사람이었냐는 듯 범상한 사람 취급을 받았다.

처음에는 겉치레를 싫어하고 무뚝뚝한 그의 태도가 루스벨트의 완벽한 우아함과 대비되면서 그에게 불리하게 작용했다. 하지만 나중에는 두려움을 모르는 소도시 출신이 가지고 있는, 나아가서는 평범한 모든 미국인이 지닌 강인한 성격을 드러내는 유쾌한 증거로 여겨졌다. 대통령으로서 그는 오벌 오피스[9]를 미주리 주의 건달들과 버번을 마시며 상스러운 농담이나 지껄이는 포커 놀음판 운영자들에게, 그리고 공화당의 목소리를 대변한다고 여겨지던 〈타임〉에서 그의 "패거리들"이라고 부른 자들에게 넘겨줌으로써 백악관의 품위를 손상시켰다는 비난을 받았다. 비록 트루먼이 저속한 농담을 허용하지 않을 만큼 구식이긴 했지만, 그런 비난이 어느 정도는 사실이었다. 그는 자주 백악관을 "거대한 흰색 감옥"이라고 불렀다. 그의 그런 표현에서 인내심과 함께 약간의 장난기를 엿볼 수 있다. 국정의 난제들을 처리하며 힘든 일과를 보낸 뒤 휴식을 위해 옛 친구들을 찾는 즐거움을 누가 시기할 수 있겠는가. 그는 할 수 있는 한 무엇보다도 친구들과의 우정을 우선시하는 사람이었고, 대통령이 되기 전이나 이후에나 그의 태도는 변함이 없었다.

그는 아첨을 하지도, 그에 응하지도 않았다. 드물지만 그가 분노를 참지 못한 순간들이 있었는데, 보통은 국정에 관한 일보다는 개인적인 일로 화가 났기 때문이었다. 한번은 한 음악 평론가가 자기 딸의 콘서트에 관해 혹평하자 그는 그 평론가에게 사타구니를 걷어 차버리겠다는 협박성 편지를 보내기도 했다. 이때조차 그는 일반 사람들이 자기를 옹호할 것이라고 믿었다. "두고 봅시다. 미국에 사는 딸 가진 남자들이 모두 내 편이 될 테니까."라고 그는 편지에 관해 알고 난 뒤 화가 난 아내와 딸에게 말했다. 훗날 그는 사람들이 사실상 자기편을 들었다고 멀 밀러(Merle Miller)와의 인터뷰에서 말했다. 그는 잘난 체하는 사람들, 그의 표현에 따르면 "격식이나 따지"면서 "고리타분한 꼰대들"을 좋

<hr>

9 백악관 웨스트윙(West Wing)에 위치한 미국 대통령 집무실.

아하지 않았다. 그는 연설을 할 때 "현학적인 단어"나 "모호한 단어"가 아닌 모두가 알아듣기 쉬운 단어를 사용했다. 포병 장교로 군 생활을 했던 경험으로 그는 군 장성들을 대할 때 매우 신중했다. 그는 겸손한 장군들을 좋아했고, 맥아더나 패튼 같은 사람들은 커다란 황동 장식을 단 모자를 쓴 허풍쟁이쯤으로 여겼다. 딘 애치슨에게는 무척 곤혹스런 일이었지만 그는 국무부 사람들을 "줄무늬 바지를 입은 소년들"이라고 부르기도 했다.

그는 사실상 개인적인 수입이 없었고, 그와 그의 가족은 항상 검소하게 살았다. 그는 1달러의 귀중함을 알고 있었고, 1941년 11월 유명한 피바디 호텔의 조식 자리에서처럼 지나치게 비싸다고 느낀 청구서를 보면 커다란 소리로 불평을 늘어놓곤 했다. "아래층 커피숍에서 토마토 주스, 오트밀, 우유와 토스트를 먹었는데 55센트나 청구했어요. 경마나 친구들과의 포커 게임에서 100달러쯤 잃는 것은 괜찮지만, 25센트짜리 아침식사에 55센트를 내는 것은 정말 싫어요." 그의 솔직하고 직설적인 말투는 늘어난 참모진과 홍보 담당자, 그리고 여론조사 전문가들의 도움을 받으며 점점 더 이미지를 의식하면서 대중들로부터 고립되어간 백악관의 이후 거주자들의 말투와 비교했을 때 놀랍도록 인간적으로 보일 것이다.

그는 대학을 다니지 않은 마지막 미국 대통령이었지만, 아마도 현대의 미국 대통령 중에서 최고의 독서광일 것이다. 그는 비정상적으로 나쁜 시력 때문에(그의 표현에 따르면 "두더지처럼 눈이 멀었다.") 어렸을 때 스포츠에 참여할 수 없었으며, 그래서 대신 책을 엄청나게 읽었다. 그는 종종 역사에 대한 폭넓은 지식으로 백악관 참모들을 놀라게 했는데, 그들 중 상당수는 엘리트 기숙학교와 명문 대학 출신으로 처음에는 대통령보다 자기들이 더 나은 교육을 받았다고 생각하는 경향이 있었기 때문이다.

그는 늦게 꽃을 피웠다. 젊은 시절 실패를 거듭하던 그가 두각을 나타내게 된 것은 제1차 세계대전에 주 방위군 대위로 참전하면서부터였다. 그는 인생 후반기에 들어서면서 정계에 입문했다. 38세에 지방 공직에 입문하여 첫 승리를 거두었고, 팬더가스트 머신의 도움으로 50세에 간신히 상원 의석을 차지했다. 1942년 그는 베스와의 결혼 23주년을 맞아 그녀에게 이런 편지를 썼다. "우리가 지금껏 잘 살아온 것은 내 삶에서 훌륭한 반려자를 만난 덕분이오. 나는 농부로서, 광부로서, 석유 판매업자로서, 또 상인으로서는 실패했지만, 마침내 공무원이라는 제 자리를 찾았소. 이 모든 것이 당신, 즉 행운의 여신 덕분이었소."

캔자스시티 정계에서 그는 정직하기로 정평이 나 있었다. "남자를 망치는 세 가지가 있지요."라고 그는 말하곤 했다. "그것은 권력과 돈, 여자입니다. 저는 권력을 탐하지도 않았고, 돈을 가지지도 못했소. 제 인생의 여인은 단 한 명뿐인데 지금 집에 있어요." 그는 분명 대통령을 꿈꾸지는 않았지만, 팬더가스트 머신의 힘에 의해 상원의원이 되어 워싱턴으로 미끄러져 들어갔으며, 얼마 후 스스로 놀랍게도 1944년 부통령 후보로 지명되었다. 이후 취임한 지 몇 달 지나지 않아 루스벨트가 사망했고, 그는 돌발적으로 대통령 자리에 올랐다. 아무런 대비도 하지 못한 상태였지만 그가 적합한 능력을 갖추고 있다는 점은 곧 드러났다. 그에게는 상당한 압력을 감내해낼 수 있는 자질, 그리고 필요하다면, 눈앞의 정치적 이점을 제쳐두더라도 장기적으로 옳다고 생각하는 일을 추진할 수 있는 자질이 있었다. 어떤 면에서 젊은 시절 실패의 경험 덕분에 그는 동료 미국인들과 공감할 수 있었고, 성취만을 추구하는 사람들에게서 보이는 과도한 야망과 왜곡된 가치관을 드러내지 않고서도 백악관에 안착할 수 있었다.

임기 초부터 그는 자신이 야당인 공화당보다는 전임자인 루스벨트의 유령과 싸워야 한다는 것을 깨달았다. 루스벨트는 라디오를 활용하여 대통령이라는 자리를 혁신시켰다. 그의 매력적인 노변정담(Fireside Chats)은 마치 그가 평범한 미국인들의 집을 가가호호 방문해서 말하는 것처럼 들렸다. 루스벨트의 목소리는 따뜻하고 다정하며 자신감으로 가득 차 있어서 라디오라는 매체와 완벽하게 어울렸다. 반면 트루먼에게는 라디오를 활용할만한 재능이 없었다. 투박하고 단순한 그의 목소리는 거기에 적합하지 않았다. 그가 유권자들과 소통하기 위한 가장 효율적인 방식으로 휘슬 스탑(the whistle-stop), 즉 마을마다 정차하는 기차의 맨 뒤칸 승강대에서 연설하는 방식을 택한 것은 전혀 놀랍지 않다. 거기서 그가 짧지만 신랄하게 상대를 공격하면, 그가 자기들 편이라는 사실을 확인한 지지자들이 "그놈들에게 지옥 맛을 보여줘, 해리."라고 소리를 질러댔다.

저명한 언론인 존 건서(John Gunther)는 그를 상징하는 색깔로 회색을 꼽았다. "밝은 회색. 옷과 머리는 모두 단정했고 회색이었다. 회색 안경테가 회갈색의 눈동자를 돋보이게 만들었다. 하지만 그의 마음만은 회색이 아니었다." 그가 어린 시절을 보낸 미주리 촌구석 소년의 말투를 버리지 못했고 아프리카계 미국인을 "검둥이들(niggers)"이라고 부르는 식의 거친 표현을 자주 입에 담았음에도 불구하고, 그는 시민권을 위한 투쟁의 차원에서 전임자들보다 훨씬 앞서 있었다. 그가 쓴 편지에는 유대인을 향한 불평과 뉴욕을 "유대인 놈들의 도시(kike town)"라고 비하하는 표현들이 넘쳐났지만, 이스라엘은 세계의 어느 정치인보다도 바로 그가 있었기 때문에 건국할 수 있었다.

처칠조차 그에게, 특히 그가 스스로를 다독이고 책임감을 받아들이는 느긋한 태도에 깊은 인상을 받았다. "엄청난 투지를 가진 남자"라는 게 포츠담에서 그를 처음 대한 다음날 내린 처칠의 평가였다. "그는 직설적인 화법과 대단한 자신감, 결단력을 지니고 있었다." 딘 애치슨도 그와 면담을 한 직후 아들에게 보낸 편지에서 "솔직하고, 단호하고, 소박하며, 무엇보다도 정직하다."라고 썼다. 그의 걸음걸이와 삶을 대하는 태도에서는 경쾌함이 묻어났다. 그는 자기 회의에 빠지는 성격이 아니었다. 그는 참모들이 내민 증거와 최선의 조언을 경청하면서 빠르고 깔끔하게 결론을 내렸으며, 그런 후에는 뒤돌아보는 법이 없었다. 그는 특별히 내성적이지는 않았다. 정치는 가능성의 예술이었다. 포커판에서는 자신의 패를 쥐고 최선을 다하면 되는 법이다. 그러면 되는 것이다.

그가 당선되자 그의 대통령직 수행과 뉴딜을 둘러싼 반발은 더욱 격렬해졌다. 그는 책상 위에 '모든 결정에 대한 책임은 내가 진다(THE BUCK STOPS HERE)'라는 팻말을 올려놓았다. 그 힘든 날들이 계속되던 어느 날, 트루먼은 자신에게 닥친 여러 위기를 어떻게 극복해왔는지에 대해 국무부의 군축 전문가 아네슨 고든 앞에서 회상한 적이 있다. 아네슨은 후일 트루먼의 생각을 이렇게 기록했다. "그는 자신이 책임진 '결정'들을 찬찬히 되돌아봤다. 전후 동맹국들에 대한 갑작스런 전쟁물자 지원 중단은 형편없는 실수였으며, 그리스와 터키의 재건을 지원하기 위한 트루먼 독트린은 훌륭했고, 베를린 공수작전은 시기적절했으며, 마셜 플랜은 '10점 만점'의 결정으로 그는 전체적인 타율이 꽤 좋았다고 생각했다." 그런 도중에 대화가 흥미로운 방향으로 전환되었다고 아네슨은 기록했다. "그는 국방예산을 대폭 삭감하기로 한 결정이 어리석은 판단은 아니었을까 우려했다. 사실 그 결정에 대해 미국인들과 미 의회는 열렬히 환영했다. 그러나 불안정한 세계정세와, 특히 러시아의 협조를 이끌어내지 못한 점을 고려할 때 그런 결정이 신중한 것이었을까? 그는 한숨을 내쉬었다." 아마추어 역사가 트루먼이 직업 정치인 트루먼에게 내린 놀랍도록 기민한 평가였다.

그가 이해했으며 사람들에게 요구했던 단 한 가지는 충성심이었다. 그는 자신에게 충성하는 이들을 위해 조건 없이 나누었고, 어떤 대가도 기대하지 않았다. 그는 처음 만날 때부터 비범한 능력과 지성, 용기를 지닌 딘 애치슨을 존경했다. 두 사람 사이의 믿기 힘들 정도로 특별하게 친숙한 우정은, 공화당이 중간 선거에서 상하 양원 모두 압도적인 승리를 거두고 트루먼이 자신의 정치 경력에서 가장 큰 실패를 맛보면서 워싱턴으로 귀환한 1946년 11월의 어느 날 밤에 생겨났다. 그를 맞이하러 기차역에 나와 있던 유일한 인물이 애치슨이었다. 트루먼이 부통령으로 취임한 직후 톰 팬더가스트가 사망했다. 팬더가스트는 사망 직전 치욕적인 파산자 신세였는데, 소득세 탈루로 구속되었다가 풀려난 상태였으며, 한때 상당했던 재산은 경마로 날려먹고, 몸은 병으로 쇠약해져 있었다. 트루먼이 처음 워싱턴에 입성했을 때 그의 출세를 가로막던 것 중의 하나가 팬더가스트와의 관계였다. 그럼에도 트루먼은 장례식에 가는 걸 택했는데, 이는 공언한대로 인기보다 의무를 앞세우겠다는 그의 결의를 분명히 보여준 행위였다. 약 5년 후 애치슨이 "나는 앨저 히스에게 등을 돌릴 생각은 없다."라고 말한 후 서둘러 대통령에게 달려가 사과했다. 트루먼은 그에게 팬더가스트 장례식 사례를 언급하면서 걱정하지 말라고 말했다. "딘," 대통령이 말했다. "총을 쏘려면 항상 면전에서 쏘게나, 절대로 뒤에서 방아쇠를 당기면 안 되네."

미국은 1949년 여름까지 4년 동안 유일한 원자폭탄 보유국이었다. 폭탄은 독일을 상대로 사용하기에는 너무 늦게 개발되었다. 하지만 미국과 소련 사이에서 긴장이 증폭되어가고 있던 시점에 비장의 카드로 쓰기에는 제대로 때를 맞춘 셈이었다. 첫 번째 원폭 실험이 있기 몇 시간 전, 1945년 7월 포츠담에서 스탈린과의 만남을 코앞에 두고 트루먼은 참모들에게 말했다. "핵실험이 성공한다면 말이지, 나는 성공할 것으로 믿네만, 그럼 확실히 이 친구들에게 한 방 먹일 수 있을 거야." 회의 도중 윈스턴 처칠은 트루먼의 행동에서 무언가가 변했음을 눈치 챘다. 다음날, 앨라모고도(Alamogordo)에서 핵실험이 성공했다는 사실을 알고 난 뒤 처칠은 헨리 스팀슨(Henry Stimson) 미 육군장관에게 이렇게 말했다. "어제 트루먼에게 무슨 일이 일어났는지 이제는 알겠소. 실험 보고서를 읽은 뒤 회의장에 나타난 그는 완전히 달라져 있었어요. 그는 러시아인들이 무엇을 해야 하는지 알려주고 회의를 전반적으로 주재했어요."

유일한 원폭 보유국 미국은 전후 국제 질서에서 우위를 차지했다. 미국의 방어 계획은 핵폭탄에 대한 독점적 통제를 기반으로 했다. 미국 내 최고의 과학자들과 정보 분석가들의 초기 가설은 소련이 핵무기 개발에서 미국보다 5년 정도 뒤처져 있다는 것이었다. 그 예측은 바뀌지 않았다. 1950년대가 다가오고 있었지만 미국은 여전히 소련이 5년 정도 뒤처져 있다고 여기고 있었다. 미국 내 정보 전문가들의 생각은 더욱 확고했다. 육군은 소련이 1960년까지 원폭을 보유하지 못할 것이라고 생각했고, 해군은 1965년이 되어서야 원폭 보유가 가능하리라고 봤다. 공군만이 1952년을 기한으로 추정했다. 전반적으로 미국은 소련의 전문 지식, 특히 과학 분야에 대해 회의적이었다. 과학자 허버트 요크(Herbert York)가 적어놓은 당시 유행하던 농담은 이랬다. "러시아인들은 아직 완벽한 여행 가방을 만들기 못했기 때문에 핵폭탄을 여행 가방에 넣고 몰래 미국에 들어올 수 없다." 소련의 무능에 대한 확고한 믿음을 고수한 사람들 중에는 트루먼도 포함되어 있었다. 1946년 로스앨러모스의 책임자 J. 로버트 오펜하이머와 처음 만났을 때 트루먼은 러시아인들이 언제쯤 폭탄을 만들 수 있겠느냐고 물었다. 오펜하이머는 모르겠다고 대답했다. "나는 알고 있어요."라고 트루먼이 말했다. "언제죠?" 오펜하이머가 물었다. 대통령의 답은 이랬다. "절대 못 만들어요."

미국만이 핵무기를 독점하던 시대는 1949년 9월 3일에 끝이 났다. 그날 성층권의 공기를 채집하기 위해 떠운 미국의 장거리 정찰기에서 비정상적으로 높은 방사능 수치가 관찰되었다. 비행기의 필터에 기록된 수치는 분당 85였는데, 분당 50을 넘기면 경보가 울리게 되어 있었다. 두 번째 필터의 수치는 분당 153에 달했다. 이는 소련이 어떤 종류의 원자력 장치를 폭발시켰다는 증거로 충분했다.

이틀 후에는 괌에서 일본으로 향하던 또 다른 비행기에서 1,000을 넘는 수치가 관찰되었다. 워싱턴의 과학자들은 채집한 샘플에서 바륨과 세륨의 핵분열 동위원소를 발견했고, 얼마 지나지 않아 핵분열 동위원소 몰리브덴을 추가적으로 찾아냈다. 이제 마지막으로 이것이 러시아인들이 의도적으로 폭발시킨 장치의 결과물인지, 아니면 우발적 핵사고인지 가리는 것만이 남았다. 워싱턴에서 열린 원자력 전문가 토론회의 참석자들은 러시아인들이 앨라모고도에서와 똑같은 원폭 실험을 했으며, 8월 26일부터 29일 사이에 폭발이 있었다는 결론을 내렸다. 그들은 나아가 아시아 지역에 속한 소련 영토에서 폭발이 있었다고 계산해냈다. 미국은 이 폭발에 대해 소련 독재자 이오시프 스탈린의 이름을 따서 조 1(Joe 1)[10]이라는 코드명을 부여했다.

9월 19일까지 원자력 위원회의 5명의 위원들은 무슨 일이 일어났는지에 관해서는 의심의 여지가 없다고 대통령에게 보고했다. 트루먼은 여전히 의심을 거두지 못한 채 "확실합니까?"라고 계속 물었다. 그런 다음 그는 붙잡힌 독일 과학자들의 소행이 틀림없다고 추측했다. (트루먼은 러시아가 폭탄을 가지고 있다는 사실을 결코 받아들이지 않았다. 1953년, 대통령 임기를 마친 그는 기자들에게 이렇게 말했다. "나는 러시아가 폭탄을 가지고 있다고 믿지 않아요. 나는 러시아인들이 복잡한 기계장치를 조립하여 원자폭탄을

---

10   조 1은 1949년에 시행된 소련의 첫 원폭 실험을 가리키며, 이오시프 스탈린(Joseph Stalin)의 미국식 발음이 조세프 스탈린이다.

만드는 노하우를 얻었다고는 확신하지 않습니다.") 위원들은 이 뉴스가 미국 정부 내에서, 최악의 경우에는 러시아 측으로부터 먼저 새나가지 않도록 트루먼이 즉시 발표할 것을 촉구했다. 미국 원자력위원회 데이비드 릴리엔탈(David Lilienthal) 의장은 트루먼이 이 소식을 직접 발표한다면 충격을 완화시킬 수 있을 것이라고 주장했다. 하지만 이미 하루 전 영국 파운드화가 폭락했으며 세계의 금융 중심지들은 패닉에 빠져들고 있었다. 대통령은 며칠을 더 기다려야 했다.

1949년 9월 23일, 해리 트루먼은 소련이 원자장치를 폭발시켰다고 발표했다. 폭탄이라는 단어는 한 차례도 언급되지 않았을 뿐더러 표현 하나하나가 충격을 줄이기 위해 신중히 골라낸 것들이었다. "원자력 에너지가 인간에 의해 풀려났으니 이 새로운 힘이 다른 국가를 거치며 발전되어갈 수도 있다는 점은 예상된 일이었습니다. 우리는 항상 이 가능성을 고려해왔습니다."라고 대통령은 발표문에서 말했다. 어쨌든 미국만이 핵을 독점하던 시대는 끝났다. 릴리엔탈은 전날 밤 일기에 "우리가 1946년 1월 이후로 두려워했던 일이 벌어졌다."라고 썼다. 미국의 대외정책은 물론 국내 정치까지 즉각적이고 드라마틱하게 바뀌었다. 이를 두고 공화당의 핵심적인 국제문제 전문가 아더 반덴버그(Arthur Vandenberg) 상원의원은 "이제 세계가 달라졌다."라고 표현했다. 트루먼의 성명이 발표된 직후 톰 코넬리 상원의원은 의회에서 "러시아가 이빨을 드러냈다"면서 대통령의 계획을 지지하자고 주장했다.

비상사태를 대비한 계획 따위는 없었다. J. 로버트 오펜하이머가 상원에 출석하여 증언했는데, 난감해하던 반덴버그 상원의원이 거의 애원하듯 그에게 물었다. "박사님, 이제 우리는 무엇을 해야 합니까?" 오펜하이머가 대답했다. "힘내시고, 우리 친구들을 붙잡으세요." 전략항공사령부 커티스 르메이(Curtis LeMay) 사령관은 다른 군인들이라면 맘속으로만 생각했을 내용까지 큰 소리로 털어놓는 버릇을 가진 인물인데, 그의 말에 따르자면 조 1으로 인해 "우리 팔꿈치에 생채기 하나 남기지 않고서도 러시아를 완전히 파괴시켜버릴 수 있던 시대"는 종말을 고했다. 전쟁이 끝난 후 언젠가 대통령은 데이비드 릴리엔탈에게 우리가 원자력을 독점하지 않았더라면 "러시아인들이 아마 오래 전에 유럽을 모조리 집어삼켰을 것"이라고 고백한 적이 있었다. 그 말이 사실이든 아니든, 소련은 제2차 세계대전이 끝난 뒤에도 강력하고 승전의 경험을 가진 붉은 군대의 주력을 유지시키고 있었으며, 그들의 상당수가 중부 유럽의 중심부에 주둔하고 있었다는 점에서는 의심의 여지가 없었다. 반면 미국인들은 서유럽에 다국적군의 시초가 되는 부대를 여전히 주둔시키고 있었지만, 정작 최정예 군인들이 필요한 곳에서는 무서운 속도로 무장을 해제시켰다. 실제로 트루먼은 1945년 10월 각료회의에서 언급한 대로 미군의 무장 해제가 너무 빨라서 무장 해제라기보다는 군대가 해산되고 있는 꼴이었다.

1946년 어느 날, 어느 정도의 군사적 대비를 위한 의회의 지지를 얻지 못해 낙담해 있던 트루먼은 농업장관 헨리 월리스(Henry Wallace)에게 미국은 완전무장한 한 개 사단 정도밖에 안 남아있기 때문에 소련에 강하게 대처할 수 없다고 말했다. 1947년 초반 미군은 전시의 1,200만 명에서 150만 명으로 줄어들었으며, 1947년의 연간 군사 예산은 전시 최고치인 909억 달러에서 103억 달러로 삭감되었다.

미국 내부의 의견은 이 사안을 둘러싸고 교착 상태에 빠져 있었다. 주로 동부를 기반으로 한 외교정책 기득권층(민주당과 공화당 모두 포함)은 제2차 세계대전 이후에도 계속 힘을 잃어가는 영국으로부터 세계 민주주의 지도자의 지휘봉을 넘겨받아야 한다는 점을 분명하게 인식하고 있었다. 만약 위임장이 존재한다면 진정한 국제주의보다는 반공을 위해서라고 적혀 있을 것이었다. 반면 상당수의 미국인들은 전후 평화가 불안정하고 많은 비용이 든다는 사실을 받아들이기 힘들어했다. 연합군의 일원이던 소련과 중국은 적대국이 되어가고 있었다. 반면 주적이던 일본과 독일, 이탈리아는 동맹국으로 변모하고 있었다.

　한동안 원자력 독점은 미국에게 값싼 방위정책을 제공했다. 이 시기에 강성 목소리를 대표하던 이들, 특히 공화당 극우파들이 국방과 대외 원조비 지출에 완강히 반대했고, 복잡한 전후 시대의 현실을 다루는 데도 가장 주저했다. 하나의 일화가 있다. 나중에 하원 반미활동 위원회 위원장으로 명성을 얻게 된 J. 파넬 토마스(J. Parnell Thomas)는 스스로를 공산주의자들로부터 미국을 구하려는 사람으로 상상하면서도 동시에 그 일을 위해 많은 비용을 지불할 뜻은 없음을 분명히 했다. 제2차 세계대전 당시 저명한 군단장이었던 J. 로튼 콜린스(J. Lawton Collins)는 1946년 드와이트 아이젠하워 장군과 함께 토마스를 만나러 의회로 찾아갔던 일을 기억했다. 미군의 무장 해제, 당시 표현으로는 "소년들을 집으로 데려오기"의 진척 방안을 논의하기 위한 자리였다. 아이크[11]와 콜린스는 위원회의 방에 들어서자마자 토마스가 무언가를 연출해 놓았음을 알아챘다. 군인들의 아내로 보이는 젊은 여성들이 탁자를 둘러싸고 있었고, 탁자 위에는 엄청나게 많은 아기 신발들이 쌓여 있었다. 두 장군이 방에 들어서는 순간 토마스가 미리 불러놓은 사진기자들이 셔터를 눌러댔다. 이날의 사진들, 여성들, 신발 더미, 활짝 웃는 토마스와 분노한 아이크의 모습들은 후대를 위한 기록으로 남아 있다.

　군대의 무장 해제를 급속하게 추진하면서 칭송을 듣는 정당은 어디에도 없었다. 항구적이고 복잡하며 비용이 많이 들어가는 평화에 대해 감히 말할 수 있는 정치인들도 거의 없었다. 트루먼은 자신의 명예를 걸고 대규모 훈련된 예비군과 주 방위군을 동원하는 법안을 통과시키

11　　(편집자주) 아이크(Ike)는 아이젠하워의 애칭으로 그의 대통령 선거 구호가 "I Like Ike"였다.

려고 노력했다. 그는 이를 일반 군사 훈련, 즉 UMT라고 불렀다. 이것은 제1차 세계대전에 참전했을 때부터 가졌던 그의 꿈이었으며, 그는 이것을 항구적인 "시민 군대"의 중요한 일부로 여겼다. 18세부터 20세까지의 모든 젊은이들은 국가를 위해 1년간 복무하고 그 후에는 예비군이나 주 방위군으로 편성된다는 내용이었는데, 이는 오직 의회에서 법이 통과되어야만 가능한 일이었다. 그의 계획은 마셜, 아이젠하워, 스팀슨과 같은 사람들로부터 광범위한 지지를 받았으나 의회에서는 별다른 관심을 받지 못했다.

미국은 군사 강국이라고 스스로를 속이고 있던 셈이었고, 따라서 소련의 원폭 실험은 트루먼에게는 끔찍한 소식이었다. 이미 공산주의에 연약하다는 이유로 비판받던 그가 이제는 원자폭탄보다 훨씬 강력한 무기인 수소폭탄의 개발에 나서야 하느냐 그만둬야 하느냐를 결정하는 중차대한 순간에 직면했다. 소련의 실험으로 그에게는 움직일 여지가 거의 없었다. 수소폭탄 개발을 계속해야 하느냐 마느냐를 놓고 미국 과학계를 뜨겁게 달군 주요 논쟁을 인계받고 있었다는 사실을 당시의 트루먼으로서는 알 수 없었다.

독일이 승리할 수도 있다는 두려움은 맨해튼 프로젝트에 참여한 과학자들이 품고 있던 일말의 의심조차 누그러뜨려버렸다. 독일이 패배하고, 일본이 거의 패망해서 전쟁이 끝나갈 무렵에야 원폭 사용에 대한 의문이 되살아났다. 원폭의 시연이 그것을 실제로 사용하는 것만큼이나 효과적일 수 있다고 생각하는 사람들도 있었다. 그러나 훗날 냉전 시기에 온건해졌다는 비웃음을 받기도 했던 J. 로버트 오펜하이머(J. Robert Oppenheimer)가 그런 견해를 가진 동료 과학자들의 청원을 물리치는 역할을 맡았다. 원자폭탄이 성공적으로 투여된 직후 기자들이 오펜하이머에게 로스 앨러모스 팀이 이룬 일의 도덕성에 대해 질문을 던지자 그는 "과학자라면 자신의 발견으로 세상이 어떻게 될지 모른다는 두려움 때문에 갈 길을 멈출 수는 없습니다."라고 대답했는데, 이 말은 나중에 두고두고 그를 괴롭혔다.

대부분의 과학적 혁신은 거기 참여한 사람들에게 만족감을 가져다준다. 이 사건은 예외였다. 핵폭발이 일어난 순간부터 암흑의 도구 하나가 발견되었다는 자각이 일었다. 폭탄 제조에 큰 역할을 했던 조지 키스티아코프스키(George Kistiakowsky)는 트리니티[12] 실험을 보며 묵시록의 장면들이 스쳐갔다면서, "지구가 멸망하기 직전의 0.001초 동안, 최후의 인간들은 바로 우리가 봤던 것을 보게 될 것이다."라고 생각했다. 실험의 책임자 케네드 베인브리지(Kenneth Bainbridge)는 오펜하이머를 향해 "이제 우리 모두는 개자식들입니다."라고 말했다. 오펜하이머는 기지로 복귀하면서 평소 냉철했던 젊은 과학자 한 명이 사무실 밖에서 구토하고 있는 모습을 봤다. 반작용이 나타나기 시작한 것이라고 오펜하이머는 생각했다. 제임스 코넌트(James Conant)가 로스 앨러모스에서 워싱턴으로 돌아오자 그의 동료 조지 해리슨(George Harrison)은 "축하해요. 해냈군요."라면서 그를 환영했다. "해냈지요." 코넌트가 이어서 말했다. "축하받아야 하는지는 확신하지 못하겠어요. 그건 역사가 결정할 일이죠." 오펜하이머 또한 똑같은 의심을 떨쳐버리지 못했다. 몇 주 후 그는 고등학교 시절 은사 허버트 스미스에게 보낸 편지에서 이렇게 적었다. "선생님도 이 프로젝트가 아무런 두려움도 없이 수행되지는 않았다는 점은 믿으시겠죠. 그 두려움이 지금까지 우리를 짓누르고 있습니다. 미래는, 대단한 가능성의 요소들이 많지만, 절망 또한 코앞에 도사리고 있습니다…" 그럼에도 불구하고 일본이 여러 섬들에서 미군에 맞서 싸우던 방식을 고려했을 때 원자폭탄이 수백만 명의 생명을 구했다는 점에서는 고위 정치권의 의견이 일

---

12   당시 핵실험의 코드명이다.

수소폭탄의 아버지로 불린 에드워드 텔러 박사는 1958년 상원 군축 소위원회 청문회에 출석해 과도한 무기 실험 규제에 반대한다고 증언했다. (사진 출처 UPI/BETTMANN)

치했다.

수소폭탄를 둘러싼 논쟁은 모든 면에서 달랐다. 비록 불안정하지만 평화의 시대가 열리고 있었고, 원자폭탄과 달리 수소폭탄 개발은 엄밀하게 비밀에 부쳐진 것도 아니었다. 국방 차원에서, 그리고 과학자들 사이에서 슈퍼폭탄 혹은 줄여서 슈퍼라고 불린 그것의 별칭이 모든 것을 말해준다. 릴리엔탈은 일기장에 그것을 캠벨 수프[13]라고 적었다. 수프는 엄청난 파괴력과 함께 TNT 100만 톤이 폭발할 때와 같은 힘을 가지고 있었다. 제2차 세계 대전 내내 사용된 TNT 양이 3백만 톤이었다는 점을 고려하면 폭탄의 파괴력은 상상할 수 없을 정도였다. 그것은 원자폭탄을 대체하기에는 너무 강력해서 인류의 존립까지 위협할

---

13   캠벨 수프 회사(Campbell Soup Company)가 만들어 파는 유명한 통조림 수프.

정도였다.

이 무시무시한 무기가 만들어질 가능성은 이전에도 있었다. 1942년 원자폭탄 연구에 참가하고 있던 에드워드 텔러(Edward Teller)와 에밀 코노핀스키(Emil Konopinski)는 원폭을 이용하여 중수소의 열핵반응을 일으키는 것이 불가능하다는 점을 보여주리라고 믿었던 일련의 계산을 공식화했다. 하지만 텔러의 보고서에는 이렇게 적혀 있다. "우리가 보고서를 작성하면 할수록, 내가 (엔리코) 페르미의 아이디어를 위해 세운 장애물들이 결국 그렇게 높지 않다는 점이 더욱 분명해졌다. 우리는 그것들을 하나씩 제거하고 중수소가 원폭에 의해 점화되어 엄청난 폭발을 일으킬 수 있다는 결론을 내렸다. 캘리포니아로 향하면서 … 우리는 심지어 그 방법까지 정확히 알고 있다는 생각이 들었다." 처음에 텔러는 폭발로 인해 공기 중의 질소와 대양의 수소가 점화될 수도 있을 것이라고 조심스럽게 말했다. 이 말을 들은 오펜하이머는 매우 화가 났고, 업무상 전화사용뿐 아니라 비행 또한 금지된 상태였기 때문에, 그는 미시간에서 휴가를 보내고 있던 노벨 물리학상 수상자 아서 컴튼(Arthur Compton)과 상의하기 위해 기차에 올라탔다. 컴튼의 즉각적인 반응은 이랬다. "인류의 마지막 장을 닫느니 차라리 나치의 무릎 밑에서 노예로 사는 게 낫겠소."

1945년 8월, 원폭 즉 핵분열 폭탄의 투하로 전쟁이 갑자기 끝나자 핵융합 폭탄, 즉 슈퍼를 둘러싼 현안은 잠시 보류되었다. 핵분열 폭탄은 원자를 쪼개어 물질을 에너지로 바꾸는 방식이다. 반면 핵융합 폭탄은 원폭이 생성하는 엄청난 열(지구핵과 같거나 더 큰)을 이용하여 무기 내부의 중수소 리튬 화합물에 충격을 가해 중성자를 방출시키는 방식을 사용한다. 핵심은 중수, 혹은 중수소로 불리는, 즉 듀테륨이 수소를 대체한 물을 구하는 것이었다. 따라서 수천 톤의 일반 물을 정교한 공정을 통해 증류해야 했다. 중수소 1kg은 약 85,000톤의 TNT와 맞먹었다. 그러므로 리처드 로즈(Richard Rhodes)가 지적했듯 중수소 12kg은 26파운드였고, 하나의 원자폭탄에 의해 점화될 수 있었다. 이에 상당하는 핵분열 폭발을 일으키려면 약 500개의 원자폭탄이 있으면 되었다.

여기에 참여한 대부분의 과학자들이 자신들의 발명품을 보고 경악을 금치 못한 것은 결코 놀랄 일이 아니다. 1955년, 윈스턴 처칠은 이렇게 기록했다. "원자폭탄과 수소폭탄 사이에는 거대한 해협이 놓여 있다. 공포심을 유발한다는 점에서는 똑같지만, 원자폭탄은 인간이 통제할 수 있는 범위 밖으로, 또는 평시나 전시의 사고나 행동에 임할 때 감당할 수 있는 사건 밖으로 우리를 데려가지는 않는다."

오펜하이머 자신은 로스 앨러모스의 많은 과학자들이 쌓아올린 발전을 축약해놓은 것 같은 인물이었다. 그는 당대 과학계의 지도자였으며, 원자폭탄 개발에 성공한 이후 그의 인기는 절정에 달해 대중문화에서 신화적인 경지에 도달했다. 그는 1948년 〈타임〉의 표지를 장식했다. 그해 5월 새로 창간한 〈피직스 투데이〉(Physics Today)는 창간호 표지에 오펜하이머의 구겨진 포크파이 모자 사진을 실었다. 누가 제공했다는 정보도, 제목도 없었고, 오로지 모자뿐이었다. "폭탄의 섬광은 새로운 세계를 비추었을 뿐만 아니라 한때 모호했던 물리학자들의 동지애에도 기이하고도 새로운 동력을 불어넣었다."라면서 조셉과 스튜어트 앨솝 부자는 자신들의 책에 이렇게 썼다. "그들은 우리 사회에서 고대 마야 사회의 수학자, 천문학자, 사제들이 누리던 지위를 차지했다. 이는 그들이 계절의 신비를 아는 자로서, 그리고 생명을 부여하는 과정에서 별과 달의 조력자로서 두려움과 존경을 동시에 받는 대상이 되었음을 뜻했다." 앨솝 부자는 오펜하이머야말로 이 새로운 교단의 비공식적인 대사제였다고 덧붙였다. 그가 버클리에서 강연했을 때

로버트 오펜하이머는 과학자이자 시인이었다. 그의 얼굴에는 어떤 내적 고뇌가 늘 드리워져 있었지만, 수소폭탄에 대한 의구심을 공개적으로 제기하면서부터 그는 보수 세력의 집중 공격 대상이 되었고, 국가 안보에 위험한 인물로 분류되었다. (사진 출처 ALFRED EISENSTAEDT/LIFE/TIME WARNER. INC.)

는 청중이 너무 몰려서 많은 이들이 근처 강의실로 전송된 그의 목소리를 통해 강의를 들어야 했을 정도였다. 수척하고, 슬픔을 간직한 시인처럼 보이는 외모와 문학적 감성을 갖춘 그는 르네상스적 인간으로서의 현대 물리학자의 전형으로 받아들여졌다. 게다가 그는 미국 본토 출신으로 표준 영어를 구사하는 천재 과학자라는, 당시 과학계 내에서도 극히 희귀한 존재였다.

　미 정부 내에 과학과 원자력을 다루는 위원회가 설치된다면, 오피(Oppie)[14]가 위원회에 참여할뿐더러 그곳의 수장이 될 것임은 분명했다. 과학자들이 무슨 생각을 하고 무엇을 할 수 있는지 궁금한 정치인이라면 오펜하이머를 찾았고, 과학자들 또한 정치인들에게 응답이 필

14　　제자들이 붙인 오펜하이머의 별명.

요할 경우 오피부터 찾았다. 그는 노벨상 수상자가 되지는 못했다. 그가 자신의 특별한 과학적 재능을 완전히 만개시키지 못했다고 말하는 이들이 있다. 그는 아마도 자신의 삶에서 가장 치열하게 연구에 전념할 시기에 로스 앨러모스의 수석 과학자가 아닌 책임자가 되어 국가를 위해 스스로를 희생했을 것이다.

로스 앨러모스 관리자로서 그가 했던 역할은 미래의 모든 과학적 모험을 위한 훌륭한 모델이 되었다. 그는 세계 최고의 과학자들을 데려와서 한 팀으로 만들기 위해 최선의 노력을 다했다. 뉴멕시코의 사막에 고립되었고 엄격한 보안 조치에 숨 막히는 상황에서도 오펜하이머는 최대한 자유로운 분위기를 조성하는데 성공했다. 노벨상 수상자 이지도어 아이작 라비(I.I.Rabi)는 로스 앨러모스에는 낭만, 즉 손에 닿을 듯 느껴지던 어떤 마력 같은 게 존재했다고 말한 적이 있다. 세계에서 가장 위대한 수학자이자 〈게임이론과 경제적 행동〉[15]의 저자 존 폰 노이만(John von Neumann)은 항상 포커에 빠져 지냈다. 조지 키스티아코프스키(George Kistiakowsky)는 스키장을 만들기 위해 나무들을 잘라내는 대신 플라스틱 폭약(with Composition C explosive plastique[16])으로 나무들을 폭파시키고 있었다. 제임스 턱(James Tuck)은 그곳이 젊은 물리학자들이 자기 분야의 가장 위대한 이들과 함께 어울렸던 놀랍도록 개방적인 곳이었다고 기억했다. 턱은 로스 앨러모스를 가리켜 "아테네의, 플라톤의 정신"을 가진 곳이었다고 말했다.

오피 스스로도 모든 사람의 이야기에 귀를 기울였다. 명석하고 자기중심적이며 까다로운 사람들의 지도자로서 그는 절묘한 품위와 감수

---

15 (편집자 주) 원제는 *Theory of Games and Economic Behavior*이나 본 책의 원서에는 *Theory of Games*으로 소개되고 있다.

16 (편집자 주) 이 플라스틱(가소성) 폭약은 강력한 폭발물인 RDX(사이클로트리메틸렌트리니트라민)를 베이스로 하고 가소제를 첨가한 컴포지션 C 계열 폭약으로, 여기서는 특히 C4를 가리킨다.

성을 지니고 행동했다. 그는 자신을 포함해 그 누구도 이전까지는 깨닫지 못했던 관리자로서의, 그리고 정치적인 자질을 발휘했다. 위대한 이탈리아 물리학자는 언젠가 그에 관해 이렇게 말했다. "누군가 실험실의 관리자들에 대해 언급할 때마다, 나는 다른 관리자들과 함께, 아주 독특한 인물이었던 오펜하이머를 생각하게 됩니다."

로스 앨러모스에 오기 전 오펜하이머는 특권의식에 젖어 제멋대로인 사람처럼 보였다. 대학원생이었을 때는 물론 젊은 강사 시절에도 그는 참을 수 없을 정도로 거만했다. 어느 누구보다도 똑똑하고 예민했던지라 동료가 무언가 말을 꺼내놓기 무섭게 남은 내용들을 정리해버리곤 했다. 그는 자신이 이류로 여기는 사람들을 보면 참지 못했고, 경멸을 감추려고 하지도 않았다. 심지어 그를 좋아하는 사람들조차 그에게서 무례함을 발견했다. 그의 동료인 빅토어 바이스코프(Victor Weisskopf)가 어떤 주제에 대한 논문을 준비 중이라고 오피에게 말한 적이 있었다. 그러자 오피는 면전에서 "당신은 논문을 쓸 만큼 그것을 충분히 이해하지 못했소."라고 말했다. 바이스코프로서는 뺨을 한 대 얻어맞은 기분이었다.

1904년 오펜하이머는 뉴욕에서 부유한 유대인 상인의 아들로 태어났다. 하인과 하녀들, 요리사들, 운전기사들이 있는 집이었다. 벽에는 반 고흐의 그림이 걸려 있었다. 그는 과잉보호를 받고 자라서 자기 또래의 친구가 거의 없었다. 아홉 살 때 그는 자기보다 나이 많은 사촌에게 "라틴어로 물어봐, 그럼 그리스어로 답해줄게."라고 말했다. 열두 살 때 그는 뉴욕광물학회에서 강의했다(학회 임원들은 그가 썼던 논문을 읽고 그를 성인이라고 생각했다). 그는 나중에 이렇게 기록했다. "나는 말주변이 좋고 쌀쌀맞은 작은 아이였다. 내가 어렸을 때 세상이 잔인하고 쓰라린 것들로 가득하다는 사실을 아무도 가르쳐주지 않았다. 그런 환경에서 나는 사내자식으로 성장해 나가기 위한 평범하고 건강한 방법들을 배우지 못했다." 그가 겪은 사회부적응 증상의 원인 중에는 반유대주의에 대한 두려움도 상당했다고 고등학교 교사였던 그의 친구 허버트 스미스는 회고했다. 그 때문에 그는 자신이 어디서 환영받고, 어디서 환영받지 못하는지 늘 주의를 기울였다. (그가 하버드 대학에 입학하기 1년 전, A. 로렌스 로웰(A. Lawrence Lowell) 하버드 대학총장은 유대인 할당제를 주장했었다. 훗날 맨해튼 프로젝트를 이끌면서 얻은 엄청난 명성에도 불구하고 그는, 교수진에 유대인이 이미 충분하다는 로버트 밀리칸 칼텍 총장의 언급 때문에 자신의 칼텍 복귀가 가능할지 심각한 고민에 빠지기도 했다.)

그는 하버드 대학을 3년 만에 최우등으로 졸업했지만 동료들에게 별다른 인상을 남기지는 못했다. 그는 졸업 앨범에 케임브리지에서의 경험을 이렇게 적어놓았다. "하버드에서 학부생으로 3년을 보냈음." 그는 일곱 개의 언어를 구사할 수 있었으며, 그중 하나가 산스크리트어였는데, 이를 배운 이유가 〈바가바드기타〉를 원문으로 읽기 위해서였다. 빅토어 바이스코프는 오피에게는 누구를 사랑하거나 사랑받을 수 없다는 끔찍한 불행이 평생 지속되었다고 회고했다. 그의 개인적인 삶에서 쉬운 것이란 결코 없었다. 그는 순전히 지성의 힘으로, 그리고 아주 잠깐 동안은 그를 필요로 하는 나라의 부름 덕분에, 자신에게서 스스로를 구해내었다. 대학원생이 되어 그는 유럽으로 건너갔다. 그 역시 외국에서 공부 중이던 미국의 젊은 물리학자 에드워드 콘돈(Edward Condon)은 당시 그의 지적 오만을 이렇게 지적했다. "문제는 오피의 머리 회전이 너무 빨라 상대방을 불리하게 만들어버린다는 점이었죠. 제기랄, 그는 항상 옳거나, 적어도 충분히 옳았어요." 그는 괴팅겐 대학에서 박사학위를 받았다. 한 동료가 그의 구두시험 심사자 중 한 명이었던 제임스 프랭크에게 어떻게 되었는지 물었을 때 프랭크는 이렇게 답했다, "나는 마침 때맞춰 빠져 나왔죠. 그가 내게 막 질문을 던지기 시작했거든요."

그는 가르치기 위해 하버드로 돌아왔고, 그 다음에는 버클리로 옮겼다. 그는 일부 학생들로부터 사랑을 받았는데, 그들은 그의 복장과 말투를 모방하며 오피 동아리를 만들기도 했다. 그와 그의 동료 어니스트 로렌스(Ernest Lawrence)의 명성이 높아지면서 미국의 물리학은 진가를 발휘하기 시작했다. 당시 누군가가 이렇게 단언했다. "천재와 명석한 사람 사이에는 엄청난 차이가 있습니다. 오펜하이머가 그렇게 많이 아는 이유는 다른 물리학자들보다 10배나 빨리 배우고 모든 것을 쉽게 기억하기 때문입니다."

그는 그를 둘러싼 세상으로부터 놀라울 정도로 보호를 받았다. 그는 가족의 재산 덕분에 최악의 대공황 상황에서도 투자를 해서 당시로서는 엄청난 액수인 연간 10,000달러의 수입을 올렸다. 그는 라디오나 전화기를 지니고 있지 않았다. 신문이나 잡지도 읽지 않았다. 대공황 상황도 그는 친구에게서 이야기를 전해듣고서야 알았다. 사실 그는 정치에 관해서는 아는 것이 거의 없었다. 하지만 그는 대공황과 스페인 내전이 한창일 때 버클리라는 온실 속에 머물면서 동반자[17] 모임에 나가기 시작했다. 어떤 면에서 그는 당시의 많은 학자들과 크게 다르지 않았는데, 그의 동생 프랭크는 부부 모두 공산당 당원이었으며, 오피의 첫 번째 약혼자이자 결국 그의 부인이 된 키티도 마찬가지였다.

그러나 오피의 동반자 경력은 짧게 끝났다. 그의 동료 게오르그 플라체크(George Placzek)와 빅토어 바이스코프는 스탈린 독재가 정점으로 치닫던 때 소련에서 지냈다. 그 후 그들은 오피를 방문하여 스탈린 비판자들의 말이 모두 사실일뿐더러 사실상 최악의 상황이라고 전했다. 진보 성향의 신뢰할만한 친구들이었으므로 오피는 깊은 영향을 받았다. 하지만 바이스코프가 느끼기에 키티 오펜하이머는 스탈린 치하

---

17   fellow traveler. 공산당원은 아니지만 공산주의 사상과 운동에 공감하는 개인이나 집단을 묘사하기 위해 트로츠키가 만든 단어로, 러시아어 스푸트니크(sputnik)의 번역어이다.

의 러시아 상황을 설명하는 그의 말을 여전히 믿지 않는 눈치였다.

그에게는, 인류 역사상 가장 위험한 무기의 창조자이자 내면의 영적 진리를 찾는 순진한 낭만주의자이기도 했다는 점에서, 어느 정도 분열적인 인간처럼 보이는 면이 있었다. 로스 앨러모스에서 그는 산으로 피신해서 혼자 야영을 하며 시를 쓰곤 했다. 그는 최초의 핵무기 실험에 트리니티[Trinity, 삼위일체]라는 이름을 붙였다. 군사감독관 레슬리 그로브스가 그 이유를 묻자 오펜하이머는 이렇게 대답했다. "… 내가 왜 그 이름을 선택했는지는 분명하지 않아요. 그러나 내 마음 속에 무슨 생각이 떠올랐는지는 압니다. 존 던[18]이 죽기 직전에 쓴, 내가 잘 알고 좋아하는 시가 있어요. 거기 이런 구절이 있지요:

서쪽과 동쪽은

모든 평평한 지도에서 (나 역시 그런 지도이고) 하나이듯,

그렇게 죽음은 부활과 맞닿아 있습니다."

그의 말이 이어졌다. "그렇다고 삼위일체가 되는 것은 아닙니다. 하지만 존 던은 또 다른, 좀 더 알려진 종교시에서 '내 마음을 두드려주십시오, 삼위일체의 신이시여.'라고 노래하죠." 트리니티의 폭발이 일어나던 순간 오펜하이머는 〈바가바드기타〉의 한 구절을 인용했다. "1,000개의 태양이 하늘에서 한꺼번에 폭발한다면 이는 전지전능한 자의 빛과 같다…. 나는 죽음의 신이요, 세상을 산산이 부수는 자이다."

나가사키에 원자폭탄이 투하되던 다음날, 사이클로트론(cyclotron[19])의 발명자 어니스트 로렌스(Ernest Lawrence)는 오펜하이머가 넋이 나

---

18   17세기 영국 시인 겸 성직자. 오펜하이머가 인용한 구절은 존 던의 시 <질병 속에서 하느님, 나의 하느님께 드리는 찬송>(Hymn to God, My God, in My Sickness)의 일부이다.
19   (편집자 주) 사이클로트론은 입자를 나선 모양으로 가속시키는 입자 가속기의 일종이다.

간 표정으로, 과연 히로시마와 나가사키에서 죽은 자들이 살아난 자들보다 운이 더 없는 거 맞느냐며 소리 내어 중얼거리고 있는 것을 발견했다. "당시 내게 남겨진 일은 많지 않았다."라고 그는 훗날 말했다. 그가 관여한 업무는 끝이 났다. 그가 로스 앨러모스를 떠나자 다른 이들도 모두 떠났다. 그가 그곳에서 휘두른 권력은 순전히 그의 천재적인 능력에서 비롯한 것이었다. 그는 다른 사람들이 생각할 시간을 갖기도 전에 그들이 무슨 생각을 하는지 미리 아는 듯했다. 그래서 사람들은 오펜하이머의 동향을 살펴보고 당시 과학계의 변화하는 분위기를 예견할 수 있었다. 1945년 10월 16일, 맨해튼 프로젝트의 리더로서 마지막 공식 인터뷰를 소화하면서 오펜하이머는 이런 말을 남겼다. "만약 당신이 '우리가 그것들(원자폭탄)을 더 끔찍한 것으로 만들 수 있느냐?'고 묻는다면 내 대답은 그렇다는 것입니다. 당신이 '우리가 그것들을 많이 만들 수 있느냐?'고 묻는다면 그 대답 역시 그렇다는 것입니다. 한 번 더 당신이 '우리가 그것들을 훨씬 더 끔찍하게 만들 수 있느냐?'고 묻는다면 내 대답은 아마 그렇게 할 것이라는 겁니다." 그로브스는 훗날 "다음 팀이 인계받도록 하세요."라고 했다는 그의 말을 전했는데, 이 말로 뒤에 남아있던 사람들은 상처를 입었다. 1946년 7월 그와 함께 저녁을 보낸 데이비드 릴리엔탈은 이렇게 기록했다. "그는 대단한 매력과 명석한 지성에도 불구하고 진정 비극적인 인물이었다. 내가 그를 떠날 때 그는 무척 슬퍼 보였다. '나는 어디로든 가서 무엇이든 할 준비가 되어 있지만, 내 아이디어는 이제 고갈되어버렸어요. 물리학과 물리학을 가르치는 것이 내 삶이라고 생각하지만, 지금은 적절하지 않은 일처럼 보여요.'"

오펜하이머가 도덕적으로 지쳐 있었다면, 에드워드 텔러는 몹시 화가 나 있었다. 최고의 과학자들이 로스 앨러모스를 떠난다는 것은 슈퍼의 개발에 모든 자원을 투입하지 않겠다는 것을 뜻했다. 슈퍼 프로젝트의 책임자였던 텔러에게 이는 업무적으로는 물론 개인적으로도 쓰라린 경험이었다. 그는 훗날 핵분열 폭탄과 핵융합 폭탄의 도덕적 차이가 뭔지 이해할 수 없었다고 말했다. 그렇게 과학계에도 균열이 생기기 시작했고 해가 지나면서 틈은 더 벌어졌다.

과학자들은 자신들의 힘의 한계를 깨닫기 시작했다. C. P. 스노우(C. P. Snow)가 언급했듯, 그들은 "한 국가가 요청할 수 있는 가장 중요한 군사 자원"이었을 수는 있었겠지만 결국에는 자신들이 벌인 일조차 거의 통제할 수 없었다. 그들은 위대한 탐험가들처럼 미지의 것이 거기 있기에 그것을 추구했을 뿐이었다. 한 발짝 한 발짝씩, 그들은 순수한 두려움은 아닐지라도 도덕적 모호함으로 가득 찬 세상 속으로의 모험에 빠져들었다. 그러나 미국이나 소련의 권력자 중 어느 누구도 과학자들의 충심이나 죄의식에는 별로 관심이 없었다. 힘들게 얻은 교훈이었다. 처음에 그들은 교수들이었고, 정치인들이었으며, 학생들이었다. 애치슨은 2차 세계대전 직후 오펜하이머가 칠판을 빌려 자신과 존 메클로이(John McCloy)에게 원자 분열에 대해 설명하던 모습을 기억했다. "그는 칠판 위에 전자와 중성자, 양성자를 나타내는 작은 숫자들을 적었는데, 그것들이 서로 부딪히고, 쫓고, 나뉘면서 흔히 예측할 수는 없는 일들을 수행하고 있었어요. 우리의 당혹스러운 질문들이 그를 괴롭히는 것 같았죠. 마침내 그가 낙심한 표정으로 분필을 내려놓고는 '안 되겠군요! 나는 정말로 두 분께서 중성자와 전자를 작은 인간이라고 믿는 것 같아요.'라고 말하더군요. 우리는 아무 것도 받아들이려 하지 않았어요."

그들은 모두 당시 같은 팀이었다. 그러나 정치인들과 과학자들 사이의 새로운 긴장은 트루먼과 오펜하이머의 첫 만남에서부터 명백해졌다. 트루먼이 오래 기대해왔던 것과는 달리 만남의 결과는 좋지 못했다. 오펜하이머는 "대통령님, 제 손에는 피가 묻어 있습니다."라고 트루먼을 만나자 말했다. 트루먼은 "걱정 마시오. 다 잘 될 겁니다."라고 말해야만 했다. 하지만 그 순간 트루먼은 오펜하이머를 "겁쟁이"라고 단정했다. 만남이 끝난 뒤 대통령은 애치슨에게 이렇게 말했다. "그 친구를 다시는 데려오지 마세요. 결국 그가 하는 일이란 게 폭탄 만드는 것 아닙니까. 나는 그것을 발사하는 사람이고요."

핵무기를 다루는 과학이 정치적 압력의 지배 아래 놓이게 될 것이라는 확실한 신호는 1949년 여름에 나왔다. 공화당 우파들은 영국과 핵 정보를 공유하는 정부 정책을 방해하고자 애썼다. 이는 슈퍼 논쟁을 통해 드러날 진짜 분열의 예고편이었다. 저명한 화학자이자 하버드 대학 총장이던 제임스 코넌트(James Conant)는 슈퍼가 사용할 수 없는 무기이며 원자폭탄만으로도 침략을 억제하기에는 충분하다고 주장했다. 슈퍼는 더욱 큰 안전을 위해 필수적이지는 않으면서도 단지 더 강력한 무기 개발을 향한 끝없는 경쟁을 불러일으킬 것이었다. 그는 그것을 소유한 자들은 기묘하게도 그 때문에 무력해질 것이라고 주장했다. 균형 잡힌 무기 프로그램만이 더 큰 안전을 제공할 것이었다.

미국원자력위원회(AEC) 위원들이 슈퍼를 어떻게 처리할지 매듭짓기 위해 노력하고 있을 때조차 미군 최고 지휘부 구성원 중 일부는 소련과의 전쟁이 불가피하다고 생각하고 있었다. 군인과 정치인들만 극단적이지는 않았다. AEC 위원들은 원자력 법안을 기안했던, 온건파로 알려진 상하원 원자력합동위원회 소속 민주당 상원의원 브라이언 맥마흔(Brien McMahon)을 찾아갔다. 맥마흔은 당시 미국 내 기준으로 진보 성향이었지만, 많은 가톨릭 지지자를 가진 독실한 가톨릭 신자였으며, 강경한 반공주의자였다. 그는 핵무기 문제를 다루는 의회 내부의 가장 중요한 인물이었으며, 다른 과학자들과 달리 핵무기 사용에 대해 일말의 의구심도 가지고 있지 않았다. 그는 상원 회의석상에서 히로시마 원폭 투하를 "예수 그리스도의 탄생 이래 세계 역사에서 가장 큰 사건"이라고 말하기도 했다. 만약 러시아가 미국보다 핵무기 개발에 앞 선다면, 그의 표현에 따르자면, 그것은 "완전한 악의 손아귀에 완전한 권력을 내맡기는 격이며, 이는 완전한 파멸이나 마찬가지일 것이다." AEC를 이끌고 있던 데이비드 릴리엔탈은 맥마흔을 만난 뒤 상황이 매우 절망적이라는 사실을 깨달았다. "그(맥마흔)가 말한 요지는 러시아와의 전쟁이 불가피하다는 것이었어요. 나아가 그는 한 가지를 덧붙였는데, 그들이 선수를 치기 전에 우리가 그들을 이 지구상에서 재빨리 날려버려야 하며, 지금 시간이 많지 않다는 것이었어요."

슈퍼의 추진을 둘러싸고 트루먼 주변에서 조성된 정치적 압박은 가차 없이 진행되었다. 이미 공산주의에 유약하다고 비난받아온 그의 행정부가 최고의 무기라고 일컬어지는, 특히 소련이 결국 손에 넣을지도 모르는 무기 개발을 놓칠 수 있었겠는가. 애치슨에 따르면 그러한 실패는 "정부를 정치적 소용돌이 속으로 몰아넣을 것이었다." 나아가 과학계에서도 에드워드 텔러가 슈퍼를 지원하는 강력한 새로운 지원세력으로 부상하였다. 가족 대부분이 여전히 공산당 치하의 부다페스트에서 지내던 난민 처지였던 그는 조 1의 소식을 듣자마자 두려운 나머지 오펜하이머에게 전화를 걸었다. "우리는 어찌할까요? 어찌하면 좋을까요?" 텔러는 전화에 대고 연신 물어댔다. 텔러의 격앙된 목소리에 너무 짜증이 난 오펜하이머는 결국 그에게 "그만 화내고 진정 좀 하시오."라고 말했다.

그럼에도 텔러는 어느 길을 택할 것인가를 두고서 어떤 의심도 하지 않았을 뿐더러 좀 더 신중하게 접근하자는 사람들을 불신했다. 소련의 핵실험 직후, 그는 핵 정책에 관여하던 미 육군 고위 장교 케네스 니콜스(Kenneth Nichols)와 오후를 함께 보냈다. 텔러의 격정적인 반응에 놀란 니콜스가 깜짝 놀라서 왜 그렇게 돌아가는 상황을 걱정하는지 물어봤다. 그러자 텔러가 말했다. "나는 돌아가는 상황을 걱정하는 게 아닙니다. 그것을 걱정해야 하는 사람들에 대해 걱정하는 것이죠."

텔러는 로스 앨러모스에서 일할 젊은 과학자들을 모집하기 위해 미국 대학을 샅샅이 뒤졌지만 성과는 미미했다. 그의 계획은 미국 내 우수한 젊은 인재들의 상상력을 자극시키지 못했다. 그는 오펜하이머가 돌아와 주기를 바랐지만, 오펜하이머는 그럴 의향이 전혀 없었다. 오펜하이머를 초빙하는 데 실패한 그는 오펜하이머와 거의 비슷한 명성을 지닌 한스 베테(Hans Bethe)를 초빙하고자 노력했다. 그는 1949년 10월 코넬 대학으로 베테를 찾아갔다. 베테는 이 일로 극심한 내면의 갈등을 겪었다. 그는 어떤 사회라도 슈퍼와 같은 파괴적인 무기를 개발하려고 해서는 안 된다는 생각을 가지고 있었다. 그러나 그 역시 러시아가 미국을 위협할만한 위력을 가진 무기를 만들지도 모른다고 걱정하고 있었다.

베테는 그 중간에 서 있는 과학자로 보였다. 그는 이 문제를 놓고 아내와 상의했다. 그의 아내는 그가 이미 끔찍한 폭탄을 하나 개발했었고, 그것도 미국이 나치 독일과 전쟁중이기 때문에 그 일을 한 것이었다고 지적했다. 그런 다음 그녀는 어린 두 아이가 자고 있는 방을 가리켰다. 그녀는 저 아이들이 수소폭탄이 있는 세상에서 자라기를 원하느냐고 그에게 물었다. 여전히 확신에 이르지 못한 베테는 오펜하이머와 만나서 이야기를 나눠보기로 결심하고 다음날 프린스턴으로 향했다. 오펜하이머는 그의 말을 듣고 나서 슈퍼에 대해 신랄하게 비판한 제임스 코넌트의 편지를 건넸다. 우연히 빅토어 바이스코프도 그 주말에 프린스턴을 방문 중이었다. 다음날 그와 베티는 함께 차를 타고 뉴욕으로 갔다. 바이스코프는 오펜하이머보다 슈퍼에 대해 더욱 도덕적으로 반대했다. 그는 원자폭탄 투하 후 "히로시마는 실수였고, 나가사키는 범죄였다."면서 다시는 핵무기 개발에 나서지 않겠다고 다짐했다. 바이스코프는 소련의 군사적, 정치적 패권을 염려하는 베테의 논지를 반박했다. 설사 미국이 슈퍼를 개발하지 않고 소련이 개발한다 하더라도 러시아인들이 세계를 지배할 수는 없는데, 미국이 비축하고 있는 핵무기들(당시 200개)이 충분한 전쟁 억제력을 지니고 있기 때문이라는 것이었다. 당시 바이스코프는 베테에게 수소폭탄을 이용한 전쟁의 생생한 모습을 그림을 그려가며 설명했는데, "뉴욕과 같은 도시를 폭탄 하나로 파괴하는 것이 무엇을 의미하는지, 그리고 수소폭탄이 공격력을 더욱 강화시키고 방어력을 더욱 약화시키면서 군사적 균형을 어떻게 깨뜨리는지" 보여주는 그림이었다고 베테는 회상했다. 그날 밤 베테는 텔러에게 전화를 걸어 "에드워드, 곰곰이 생각해 봤어요. 아무래도 갈 수 없겠어요."라고 말했다. 텔러는 망연자실했다. 그는 점차 자신과 수소폭탄 프로젝트를 겨냥한 모종의 음모가 진행되고 있으며, 이를 오펜하이머가 주도하고 있다고 믿기 시작했다. (수년이 지난 뒤 베테는 이렇게 말했다. "나는 텔러에게 여러 차례 설명했죠. 하지만 그와 그의 동료들은 내가 로스 앨러모스로 복귀하지 않은 것이 오펜하이머 때문이라며 그를 여전히 비난했어요.")

그러나 슈퍼에 대한 과학자들의 저항감이 커져가면서 미군이 동요하기 시작했는데, 특히 처음부터 핵무기 공수를 자신들의 임무로 여겼고 소련이 이 무시무시한 신무기를 독점하도록 내버려둘 의도가 전혀 없었던 공군의 동요가 심했다.

심지어 트루먼 행정부 내에서도 정치인들의 면모가 바뀌기 시작하고 있었다. 뉴딜 자유주의의 소산이었던 릴리엔탈은 정치적으로 쇠퇴하고 있었다. 그가 핵 이슈에서 오펜하이머의 의견에 공감할 뿐만 아니라 다른 이슈에서도 그에게 많이 의존했기 때문에, 레슬리 그로브스는 릴리엔탈이 아침에 넥타이 고를 때조차 오펜하이머와 상의할 것이라며 비아냥댔다. 오펜하이머와 다른 의견을 가진 사람들도 늘어나고 있었는데, 그중 가장 주목할 만한 인물은 루이스 스트라우스(Lewis

Strauss)였다. 그는 이후 10년 동안에 원자력 에너지 문제에서 가장 중요한 정치적 조언자로 부상했다. 트루먼은 릴리엔탈에게 스트라우스가 미국원자력위원회 위원으로 참여할 것이라면서, 그에 대해 재산이 2,000만 달러에 달하며 그 돈을 모두 국채에 투자하고 있는 사업가라고만 소개했다.

스트라우스는 전형적인 월가 재벌 출신처럼 보였지만, 사실 그의 출신은 소박한 편이었다. 그는 대학에 다닌 적이 없었다. 그의 아버지는 버지니아 주 리치먼드에서 구두 판매상이었고, 루이스 스트라우스도 초년기에는 같은 직업을 가졌다. 근면함을 빼면 아무 것도 없었던 그는 20세가 되었을 때 당시로서는 상당한 액수인 20,000달러를 저축했다. 그는 대학에 진학할 작정이었다. 그러나 그가 21세가 되던 1917년, 제1차 세계대전 기간 중에 겪은 유럽 보통 사람들의 고통에 깊은 인상을 받았던 그의 어머니는 허버트 후버가 사람들에게 음식을 제공하는 구호 활동을 이끌 것이라는 소식을 들었다. 그녀는 아들에게 후버를 돕기 위해 워싱턴으로 갈 것을 제안했고, 얼마 후 루이스 스트라우스는 이에 따랐다. "언제부터 시작하겠어요?" 후버는 그에게서 찾아온 목적을 듣고는 물었다. "지금 당장 가능합니다."라고 스트라우스가 말했다. "외투부터 벗으세요."라고 후버가 권했고, 스트라우스는 허레이쇼 앨저의 소설 속 주인공처럼 일을 시작했다. 2년도 지나지 않아서 그는 후버의 개인 비서가 되었다. 이후 그는 투자은행 쿤롭에서 일했으며, 파트너의 딸과 결혼했고, 시간이 지나면서 월 스트리트에서 큰 재산을 모았다. 그는 하루에 두 번씩 기도하는 정통 유대교 신자였다. 젊어서 세일즈맨으로 일할 때 그는 유대교 회당을 찾기 힘든 작은 마을들을 돌아다녔지만, 안식일이면 일을 쉬고 호텔 방에서 성경을 읽었다. 한번은 어린 아들과 함께 어린이용 구약성경을 쓴 적도 있었다.

제2차 세계대전 중에 그는 해군에서 사무직으로 복무했고, 해군 제독까지 진급했다[20]. 그것은 그가 꽤 좋아했던 직함이어서 그는 이후에도 제독으로 불리는 것을 즐겼다. 그는 오랫동안 핵물리학에 관심이 있었는데, 이 학문을 통해 궁극적으로는 그의 양친 모두의 사망 원인이었던 암이 치료될 수 있기를 바랐다. 후버와 보낸 몇 년 동안 그는 능숙하고 강력한 관료조직 내부의 투사로 거듭났다. 그가 관료들과 싸워나가던 모습을 지켜본 한 비평가는 "그는 문어보다도 더 많은 팔을 가지고 있다."라는 말로 그의 투지를 묘사했다. 그는 아랫사람들이 자신에게 반대하는 것을 결코 용납하지 않았지만, 아이젠하워와 제임스 포레스탈(James Forrestal) 같은 상급자들 앞에서는, 조셉과 스튜어트 앨솝이 지적했듯, "아주 유연한 인물"이었다. 자신의 말에 따르면 그는 허버트 후버의 흑인 공화당원[21]이었고, 보수주의자들과의 인맥도 깊었다. 그는 소련과의 관계에서 강경파였으며, 러시아인들의 원자력 프로그램이 미국이 믿고 있는 것보다 훨씬 더 앞서있다고 확신했다. 소련의 첫 번째 핵실험 때 방사능 낙진을 찾기 위한 항공 정찰 프로그램이 그의 제안으로 만들어졌다.

스트라우스의 명성은 이미 과학자들 사이에서 자자했다. 텔러는 처음에 스트라우스가 미국원자력위원회에 참여한다는 말을 들었을 때 오펜하이머에게 그에 대해서 아는 것이 있느냐고 물어봤다. "매우 똑똑하고, 허영심도 많죠."라고 오피가 대답했는데, 아이러니하게도 이 말은 비평가들이 오펜하이머를 묘사할 때 쓰는 말이기도 했다.

스트라우스는 자신의 입장에서 과학자들을 경계했다. 에드워드 텔러를 처음 만났을 때 그는, 유대인이면서 정치적으로 천사 편에 속한다고 믿었던 텔러에게 진지한 종교적 헌신성이 결여되어 있는 것처럼

---

20   (편집자 주) 정확히 말하자면, 전쟁 후에 해군 제독이라는 명예 계급장을 받은 것이다.
21   (편집자 주) 허버트 후버는 1928년 대통령 선거에서 백인 남부인들의 지지를 얻고자 흑인 공화당원을 지도부에서 배제했다. 또한 루이스 스트라우스는 1917년에 후버 밑에서 일한 바 있다.

보여 불안해했다. 그는 공산주의에 대해 온건하다고 여겨지는 사람들을 싫어했고, 특히 오펜하이머에게 적의를 드러냈다. 앞서 영국과 핵정보를 공유할 것인지 아닌지에 관해 증언하는 동안 오펜하이머는 스트라우스가 매우 중요하게 생각하는 연구용 동위원소의 전반적인 군사적 가치를 묻는 질문을 받았다. "전자적인 장치들보다 훨씬 덜 중요합니다."라고 오펜하이머는 대답했다. 그리고 잠시 말을 멈췄다가 계속했다. "하지만 비타민보다는 훨씬 더 중요하죠. 그 중간쯤이라고나 할까요." 물론 답변으로 청문회장은 웃음바다가 되었고, 스트라우스는 얼굴을 붉혔다. 증언을 끝내고 오펜하이머는 AEC의 조력자였던 조셉 볼프에게 자신이 잘 했는지 물어봤다. 볼프는 스트라우스의 화난 표정을 상기하면서 "아주 잘 했어요, 로버트, 대단히 잘했어요."라고 대답했다.

조 1(Joe One)에 관한 발표가 이루어진 순간부터 스트라우스는 적색경보 상태에 돌입했다. 그가 10월 5일 동료 위원들에게 쓴 편지에 당시의 정치적 형세가 빠르게 분열되고 있었다는 점이 잘 드러나 있다. "(우리 과학자 친구들의 화법을 빌려서 말하자면) 우리 계획을 한 단계 발전시켜야 할 때, 즉 슈퍼를 진전시키기 위한 집중적인 노력을 해야 할 때가 온 것 같습니다. 나는 최초의 핵무기 생산 당시와 필적하는 재능과 돈을 집중적으로 투여하는 것에 대해 고려하고 있습니다. 그것이 앞서 가는 길입니다."

스트라우스는 이제 꾸준히 권력을 장악해가던 보수적인 과학자들과 정치인들의 지도자가 되었다. 반면, 미국원자력위원회 내에서는 과학 전문가들로 구성된 자문위원회(GAC)가 수소폭탄을 둘러싼 도덕적, 기술적 우려를 간직한 1세대 위원들의 최후의 보루였다.

한때 동료였던 이들이 이제는 철천지원수가 되어가고 있었다. 1949년 10월 21일, (소련의 핵실험에 놀란) 오펜하이머는 GAC 동료 제임스 코넌트에게 쓴 편지에서 그들에게 맞서 슈퍼에 찬성하기 위해 사람들이 결집하고 있다고 썼다. 그는 1942년 이후 실질적으로 슈퍼를 둘러싼 환경이 변화된 것은 없다고 지적했다. 그가 아는 한도에서 그것은 여전히 미지의 무기였다. 그러나 "여론의 기상도에서는 엄청난 변화"가 생겨났다. 그에게 동의하지 않고 슈퍼에 찬성하는 과학자들로부터 압력이 점점 가중되고 있었다. "다른 한편으로 두 명의 노련한 선동가, 즉 어니스트 로렌스(Ernest Lawrence)와 에드워드 텔러가 활약하고 있었죠. 텔러는 오랫동안 슈퍼 프로젝트를 간절히 생각하고 있었으며, 어니스트는 우리가 조 1을 통해 배워야 하는 것은, 소련이 조만간 슈퍼를 개발하리라는 점과 우리가 그들보다 앞서야 한다는 점이라고 확신했어요." 오펜하이머는 의회의 태도가 "슈퍼를 개발해야 하고, 되도록 빨리 해야 한다."라는 것 같다고 덧붙였다.

결정은 물론 트루먼이 내려야 했지만, 그의 운신의 폭은 점점 줄어들고 있었다. 1949년 9월부터 영국에서는 트루먼의 개입을 더욱 압박하는 시나리오 한 편이 무대에 올랐다. 누가 공산당원이며, 누가 동반자이고, 누가 진짜 스파이인가를 둘러싼 끝없는 고발이 이어지던 시대에 클라우스 푹스(Klaus Fuchs) 사건은 특수했다. 이 사건은 스파이 활동으로 인한 피해 정도가 의문스러운 다른 유명한 사건들만큼 관심을 끌지는 못했다. 영국은 푹스 사건으로 당황했고, 법률적인 종결을 서둘렀기 때문에 재판은 겨우 1시간 30분밖에 걸리지 않았다. 푹스는 재능 있는 물리학자였고, 모든 고급 비밀에 접근 가능했기 때문에, 1946년에 진행된 로스 앨러모스의 전체 연구가 완전히 위태로워졌다는 점은 끔찍할 만큼 명백했다. 심지어 푹스로 인해 미국의 수소폭탄 개발이 심각한 방해를 받을 수도 있다는 불안감까지 제기됐다.

푹스는 영국에 사는 독일계 망명자였다. 전쟁 발발 당시 그는 적국 국적의 거류 외국인으로 영국에 잠시 억류되어 있었다. 그의 전기 작가 로버트 차드웰 윌리엄스가 지적했듯, 그는 적국 국적의 거류 외국인으로서 자동차를 소유하거나 영국 민방위대에 가입할 수는 없었지만, 오래지 않아 핵물리학의 가장 비밀스러운 분야에서 일할 수 있었다.

푹스는 독일의 퀘이커교 성직자 집안 출신이었다. 한때 사회주의와 평화주의에 경도되었던 그의 가족은, 제1차 세계대전의 끔찍한 결과와 히틀러의 부상을 보며 깊은 충격을 받았다. 그들에게, 그리고 그들과 같은 사람들에게 공산주의는 나치에 대한 유일한 해법처럼 여겨졌을 듯하다. 푹스의 어머니는 1931년 자살했고, 그의 누이 엘리자베스도 곧이어 어머니의 뒤를 따랐다. 게슈타포에 의해 공산당원으로 수배된 푹스는 독일 공산당의 명령에 따라 다른 곳에서 연구를 계속하기 위해 독일을 떠났다. 그는 히틀러를 피해 미리 탈출한 수천 명 중의 하나로 1933~34년 겨울 영국에 도착했다. 그의 초창기 정치적 급진주의에 대해서는 많은 것이 영국에 알려져 있었지만, 아무도 그에 대해 언급하거나 보고서를 꼼꼼히 확인하지 않았으며, 영국 정보기관은 그가 고도의 연구를 수행할 때마다 이를 허가했다. 결국 일이 이렇게 흘러가던 와중에 소련이 영국의 동맹국이 되었다. 1941년 5월, 푹스는 영국의 원자폭탄 부문에서 연구를 시작했다. 그리고 몇 주 지나지 않아 그는 스스로의 판단에 따라 소련에 극비 정보를 넘겼다. 당에서 어느 누구도 그에게 강요하지 않았는데도 그는 이것을 자신의 의무로 여겼다. 1942년 6월에 그는 영국 시민이 되었으며, 1944년 중반에 많은 영국 과학자들과 함께 미국으로 건너왔다.

그는 로스 앨러모스에서 조용한 사람이었다. 엘프리데 세그레(Elfriede Segre)는 창백한 독신남이 지나가는 것을 보곤 했는데, 약간 구부정한 자세에 슬프고 외롭고 자신만의 세계에 사로잡혀 있는 듯이 보이는 그를 "포베리노(Poverino, 이태리어로 '불쌍한 사람')"라고 생각했다. 뛰어난 수학자 스타니스와프 울람(Stanislaw Ulam)은 푹스가 자신의 과거나 독일을 떠난 이유에 관해 이야기하는 것을 좋아하지 않았다고 훗날 기억했다. 어떤 사람들은 그가 자신의 슬픔에 압도된 사람이었다고 생각했다. 그는 고위직에 있지는 않았지만 유별나게 열심히 연구하는 훌륭한 물리학자로 여겨졌다. 1944년 후반에 그는 이 연구소에서 가장 민감한 분야인 핵폭탄 설계 및 조립 부서에서 일하고 있었다.

주기적으로 그는 낡은 차를 몰고 근처 산타페에 슬쩍 다녀오곤 했다. 그곳에서 그는 다른 사람들의 눈을 피해, 해리 골드라는 이름의 연락책과 접촉했다. 그는 골드에게 자세한 보고서를 넘겨주었다. 예를 들어, 앨라모고도에서의 핵실험이 있기 한 달 전인 1945년 6월 그는 플루토늄 폭탄에 대한 설명서를 건넸다. 그는 자신이 인류와 평화를 위해 일하고 있다고 믿었다. 골드가 그에게 경비(사실 경비라고 할 것도 없었다)로 1,500달러를 제안했을 때 푹스는 퉁명스럽게 거절했다. 그는 순전히 정치적인 이유로 스파이 행위를 한 것이었다. 1945년 가을, 대부분의 고위 인사들이 로스 앨러모스를 떠났는데도 푹스는 1년간 더 머물렀다. 1946년 그는 영국으로 돌아가 하웰에 있는 원자력 연구소의 책임자가 되었다. 그곳에서 영국 당국은, 언론과 의회, 동맹국인 미국에는 비밀에 부친 채 자체 원자폭탄을 만들기 위해 노력하고 있었다. 1949년 푹스는 권위 있는 영국왕립학회의 회원이 되었는데, 이는 영국 태생이 아닌 사람으로서 결코 작은 명예가 아니었다. 그가 케임브리지 대학이나 옥스퍼드 대학의 차기 학과장직을 맡을 것이라는 이야기도 있었다.

그러나 그해 여름, 미국의 암호 전문가들이 소련이 전시에 사용하던 암호를 해독해냈고, 1944년 클라우스 푹스가 작성해서 뉴욕에 있는 소련 사절단을 통해 모스크바로 보낸 맨해튼 프로젝트에 관한 완벽한 보고서를 찾아냈다. 이것이 푹스가 반드시 스파이라는 의미는 아니었지만, 그 후에도 로스 앨러모스에 공산당 첩자가 있고, 그가 과학자이며, 그의 여동생은 푹스처럼 미국에서 대학을 다녔다는 사실이 계속해서 드러났다. 이로써 그는 엄격한 조사 대상이 되었다. 9월 22일, FBI는 푹스를 상대로 특별 수사를 개시했다. 암호명은 푸케이스(Foocase)였다. 당국은 러시아인들이 자신들의 암호가 해독되었다는 것을 깨닫지 못하도록 조심스럽게 행동해야 했다. 그래서 푹스의 자백을 받아내는 것이 중요했다. 이 사건을 담당한 영국 방첩요원 윌리엄 스카든에게 이는 간이낚시대로 거대한 물고기를 낚는 일처럼 여겨졌다.

예상과 달리 푹스 사건을 진전시킬 첫 번째 단서는 푹스 자신에게서 나왔다. 10월 12일 그는 하웰의 보안 책임자 헨리 아놀드와 대화했다. 푹스는 자신의 아버지가 가르치기 위해 서독에서 동독으로 이사했다면서, 이 일이 자신을 위태롭게 하고 보안상의 위험에 빠뜨릴지도 모른다고 우려했다. 푹스가 이런 말을 꺼낸 이유가 전후 소련의 대유럽 정책에 환멸을 느꼈기 때문이었는지, 이중생활에 대한 피로감 때문이었는지, 또는 이런 소식을 스스로 발설함으로써 조사를 회피해보고자 한 희망 때문이었는지는 명확하지 않다. 그는 아놀드에게 자신이 사임해야 하는지 물었다. 아놀드는 스카든에게 이날의 이상한 대화 내용을 전달했다.

해리 트루먼은 영국 당국이 FBI의 도움을 받아가며 푹스 사건을 종결하려 하고 있음을 알지 못했다. 그럼에도 불구하고 미국에서 일어난 사건들은 그 자체로 무섭도록 역동적으로 움직이고 있었다. 10월 말, 오펜하이머는 슈퍼에 관해 다음과 같이 기록했다. "내가 진짜 우려하는 것은 기술적인 문제가 아니다. 나는 그 끔찍한 물건이 제대로 작동할 것이라고 확신하지 않는다. 우마차에 의지해서야 목표 지점까지 도달할 수 있다는 말을 하는 게 아니다. 나는 우리의 전쟁 계획의 불균형이 더욱 악화될 것으로 본다. 내가 우려하는 것은 의회와 군사 관련자들 모두에게 슈퍼가 러시아의 진전으로 인해 제기된 현안에 대한 해답으로 간주되고 있다는 점이다. 이 무기 개발에 반대하는 것은 어리석은 짓일 것이다. 언제나 우리는 그것이 개발되어질 것임을 알고 있었다. 비록 그것이 어떤 형태의 실험적 방법에도 반하는 특이한 증거라 할지라도 만들어져야만 한다. 그러나 조국과 평화를 구원하는 수단으로 우리가 그 작업에 뛰어든 것은 내가 보기에 위험천만한 일이었다."

슈퍼를 위한 미국원자력위원회의 위원 추천 마감 시한이 다가옴에 따라 GAC에 소속된 과학자들은 여러 차례 모임을 가졌다. 이 가공할 모임에는 위원장인 오펜하이머뿐만 아니라, I. I. 래비(I. I. Rabi), 페르미, 하버드 대학의 코넌트, 칼텍의 리 듀브리지(Lee DuBridge), 그리고 그 외의 다른 사람들이 참석했다. 급진적인 인물이 아닌 코넌트는 슈퍼 추진에 대해 GAC 내에서 특히 강하게 반대했다. 그는 일찍이 "내 눈에 흙이 들어간 뒤에나" 수소폭탄 연구를 진행하라고 오펜하이머에게 편지를 썼다. GAC 위원이면서 벨 연구소를 이끌던 올리버 버클리(Oliver Buckley)가 한 모임에서 원자폭탄과 수소폭탄 사이에는 도덕적 차이가 없다고 언급하자, 코넌트는 "도적적인 등급이 다르다."라며 강력하게 반박했다. 코넌트는 GAC 위원들과의 전체적인 토론을 마치고 "같은 영화를, 그것도 형편없는 영화를 두 번씩 보고 있다는 느낌이었다."는 소감을 남겼다. 코넌트를 비롯한 대부분의 사람들이 알고 있었지만, 그들은 이미 TNT 50만 톤의 위력을 지닌 무시무시한 핵분열 폭탄의 생산에 모든 힘을 쏟아붓고 있었다. 얼마나 더 큰 힘이 필요할까?

미군 최고위급 장성들을 포함한 다양한 증인이 GAC에 소환되었다. 오마 브래들리(Omar Bradley) 장군은 밀어붙이는 것 외에 다른 방법은 없다고 증언했다. 바로 그때 오펜하이머가 현재 50만 톤의 핵분열 폭탄이 설계 중임을 상기시키면서, 핵분열 폭탄의 위력이 계속 커지고 있는 것에 대해 브래들리에게 물었다. 그런 위력을 감안할 때 슈퍼가 군사적으로 무슨 이점이 있느냐는 질문이었다. "단지 심리적인 것이지요."라고 브래들리가 답했다. 분명 그 문제는 단순한 과학이나 심지어 논리적인 고려 사항에서 벗어나 있었다. 코넌트는 오펜하이머와 듀브리지, 그리고 몇 명의 다른 사람들과 합의하여 다수파의 결정 사항을 작성했다. 그들은 슈퍼를 잠재적인 대량 학살 무기로 불렀다. 페르미와 라비가 작성한 소수파의 보고서에는 미국이 먼저 폭탄을 제조해서는 안 되지만, 소련이 앞서 추진할 경우에 대비해 그 권리는 보존하고 있어야 한다는 내용이 담겨 있었다. 이는 곧 미국이 소련 및 다른 나라들과 함께 폭탄 개발을 상호 포기하는 합의를 이끌어내야 한다는 제안이었다.

물론 텔러는 두 종류의 GAC 보고서에 모두 화를 냈다. 그는 GAC의 보고서 내용을 이렇게 요약했다. "당신들이 더 좋은 폭탄을 만들기 위해 열심히, 그리고 부지런히 일하는 한 여러분은 좋은 일을 하고 있는 것이지만, 다른 종류의 핵폭발을 위한 연구에 성공한다면 무언가 부도덕한 일을 하는 것입니다. 로스 앨러모스에 있는 과학자들은 이에 대하여 심리적으로 반발했습니다. 그들을 화가 났습니다. 그리고 관심의 방향을 거기서 멀리 떨어지지 않은 수소폭탄으로 돌렸습니다."

과학자들이 어떻게 생각하고 있는지는 더 이상 문제가 되지 않았다. 국무부 고든 아네손(Gordon Arneson)의 주장에 따르면 과학자들이 히로시마의 결과를 보고 정신적으로 너무 지쳐있었기 때문에 정치인들은 이제 그들의 판단력을 기꺼이 믿으려 하지 않았다. 애치슨은 훗날 원자폭탄을 개발한 사람들의 분위기를 이렇게 요약했다. "과학계, 교육계, 행정부의 고위직에 있는 사람들은 엄청난 죄악이 인간의 삶 속으로 침투해 들어왔다고 주장했다. 미국이 막대한 자원을 이용해 그와 같은 핵폭발이 가능하다고 입증한다면, 다른 나라들은 스스로 자신들을 위한 길을 찾아 나설 수밖에 없을 것이다. 만약 아무도 방법이 존재한다는 것을 알지 못한다면, 연구 활동은 활기를 잃게 될 것이다. 내가 보기에는, 이런 견해를 공유하는 사람들은 그 논리(를 나로서는 이해할 수 없었는데, 무지를 유지하는 것이나 영원한 호의에 의존하는 것 모두 내게는 지속가능한 정책으로 보이지 않았기 때문이다)에 크게 호응했다고 보기보다는 그들 중 한 사람, 즉 동기의 순수성을 의심할 수 없는 사람으로부터 '완전히 타락한 사업'으로 묘사되는 것에 대한 엄청난 혐오감을 느끼고 있었다."

애치슨은 상황이 정치적임을 이해했다. 그는 슈퍼에 관한 결정 사항이나 비밀 토론 내용이 신문에 나지 않도록 하는 것이 중요하며, 이 문제가 의회로 넘어가는 순간 대통령은, 그의 표현에 따르면, 전기톱 속으로 빨려 들어갈 것이라고 믿었다. 그는 미국이 무장해제를 통해 모범을 보일 수 있다는, GAC 소수파가 제안한 아이디어를 언급하면서 "망상에 빠진 적을 상대로 모범을 보여 무장해제하도록 설득할 수 있다는 게 가능합니까?"라고 되물었다.

1949년 11월과 12월에 트루먼을 향한 압박 수위가 높아졌다. 권력이 보수 쪽으로 이동하고 있다는 점을 감지한 릴리엔탈은 대통령에게 슈퍼에 대한 의회 일부 등의 급습에 대비해야 한다고 경고했다. 트루먼은 "나는 쉽사리 당하지 않아요."라고 대답했다. 그럼에도 불구하고 트루먼의 측근들은 이 문제가 공론화되기 전에 가능한 한 빨리 결정을 내려야 한다고 생각했다. 오히려 결정을 비밀에 부쳐야 한다는 것이야말로 그 결정이 기정사실이라는 것을 의미했다. 릴리엔탈은 피할 수 없다는 사실에 두려워하며 일기에 이렇게 썼다. "우리는 계속 '다른 일이 없다.'고 말하지만, 우리가 말해야 하는 것은 '우리는 다른 길을 볼 수 있을 만큼 현명하지 않다.'는 것이다."

11월 말, 트루먼이 무척 존중했던 오마 브래들리 장군이 이끄는 합동참모본부가 개입했다. 러시아인들이 먼저 무기를 갖도록 놔두는 것은 "견디기 힘든" 일이었다. 미국이 제지하더라도 그들을 막지 못할 것이라고 브래들리는 말했다. 한편 런던에서는 스카든이 클라우스 푹스에게 접근하기 시작했다. 1949년 12월 21일, 두 사람은 처음으로 만났다. 스카든은 푹스에게 그의 개인사를 함께 복기해보자고 요구했고, 푹스는 한동안 이에 응했다. 복기를 마친 스카든이 푹스에게 당신이 러시아인들에게 비밀 정보를 넘긴 것으로 의심된다고 말했다. "나는 그렇게 생각하지 않아요."라고 푹스는 말했다. 그들의 대화는 긴 시간 이어졌고, 푹스는 재차 결백함을 주장했지만 난공불락 같던 그의 신념이 흔들리기 시작했다. 처음에는 가볍게 시작되었던 스카든의 압박 또한 점점 강도를 높여갔다.

12월 30일, 스카든은 푹스를 다시 방문하여 부친의 동독 이주로 인해 그가 하웰에서 자리를 잃을 가능성이 높다고 말했다. 스카든은 일밖에 모르는 삶을 살아온 푹스에게 이제 직장 생활도 끝장난 마당에 의도와 목적을 모두 고백하는 편이 낫지 않겠냐고 설득하는 중이었다. 부담감만 덜어버린다면 기분은 분명 나아질 것이라고 스카든은 말했다. 1950년 1월 10일, 하웰 원자력연구소 소장 존 콕크로프트(John Cockcroft)가 푹스에게 사임을 권했다. 사흘 후인 1월 13일, 푹스는 마침내 자신이 소련에 원자력 비밀을 넘겼음을 인정했다. 이 시점에 스카든은 뒤로 물러나서 푹스가 잠시 쉬도록 배려했다. 9일 후, 푹스는 하웰의 보안 담당자 아놀드에게 전화를 걸어 대화할 용의가 있다고 말했다. 그들은 다음날 점심을 함께 했고, 푹스는 자신의 예상보다 훨씬 더 잔인한 것으로 판명된 당시 소련의 동유럽 정책에 대한 불만을 털어놓았다. 그는 또한 스카든을 다시 보고 싶다고 말했다. 1월 24일, 푹스는 스카든에게 8년 동안 소련을 위해 스파이 활동을 했다는 사실을 시인했다. 점차, 후속 조사를 통해, 그가 정보를 전달한 횟수와 정보의 기술적 특성 등 모든 것이 명확히 드러났다. 1월 27일, 푹스는 스카든과 함께 육군성으로 찾아가 장시간에 걸쳐 자백했다. 2월 2일, 그는 체포되어 기소되었다. 1950년 1월 27일, 영국대사관에 근무하던 핵 전문가 한 명이 국무부 차관 로버트 머피(Robert Murphy)에게 푹스의 자백 내용을 보고했다. GAC 위원들에게 그 소식이 전달된 것은 1월 30일이었다. 1월 31일에는 국가안전소위원회에 소문이 도달했다. 트루먼이 그 사실을 확인한 것은 2월 1일이었다.

푹스의 체포 소식을 듣기 전부터 대통령은 이미 슈퍼의 추진을 결심했으며 오마 브래들리의 조언으로 일말의 의구심까지도 거둬들인 듯 보였다. 트루먼은 애치슨, 릴리엔탈과 국방장관 루이스 존슨(Louis Johnson)으로 구성된 3인 특별위원회를 구성해 최종 권고안을 마련했다. 그들의 보고일은 1월 31일로 정해졌다. 트루먼은 그들이 만장일치로 권고안을 마련하라고 요구했고, 이는 릴리엔탈에게는 위원회 내부에서는 의구심을 표명하되 이의는 제기하지 말라는 신호였다. 릴리엔탈은 군비 경쟁의 두려움에 관한 이야기를 꺼냈다. 애치슨은 사회 전반과 정치권에서 트루먼에게 가하는 압력이 증가하고 있음을 지적하며 반박했다. 릴리엔탈은 다시 자신의 "심각한 염려"를 언급했다. 트루먼이 그의 말을 서둘러 끊었다. 그는 수소폭탄이 사용될 것이라고 믿지는 않지만, 러시아인들의 행동 방식 때문에 다른 선택의 여지가 없다고 말했다. 회의는 7분 만에 끝났다. "러시아인들이 그 일을 할 수 있을까?"라고 트루먼이 물었다. 세 사람 모두 고개를 끄덕였다. 트루먼이 말을 이어갔다. "그렇다면 선택의 여지가 없지. 우리가 먼저 추진합시다." 그것은 트루먼이 10년 동안 내릴 결정 가운데 첫 주요 결정이었다.

이와 거의 동시에 클라우스 푹스에 관한 뉴스가 보도되었다. 그 뉴스는 슈퍼에 반대했던 사람들에게 충격을 주었다. 2월 2일자 일기에서 릴리엔탈은 "오늘 지붕이 무너졌다."라고 기록했다. 몇 년 후, 누군가가 GAC의 다수파처럼 영향력 있는 사람들을 제압할 만큼 힘을 가진 사람이 누구냐고 에드워드 텔러에게 물었다. 텔러는 "브라이언 맥마흔(Brien McMahon) 상원의원, 루이스 스트라우스, 그리고 클라우스 푹스."라고 대답했다. 스트라우스는 푹스 사건이 국내용으로 활용할 지렛대가 될 수 있음을 즉시 파악하고, 온건한 과학자들을 슈퍼로 끌어들이는 기회로 활용했다. 특히 스트라우스는 푹스의 스파이 행위에 관해 영국이 보내온 메모 중 일부를 한스 베테에게 보여주면서 그를 복귀시키고자 노력했다.

푹스는 1시간 반 동안 진행된 재판에서 유죄를 인정했다. 미국에서 비슷한 사건이 벌어졌을 때 재판 과정의 중요성이 크게 부각되곤 했던 것과 비교했을 때, 영국은 로버트 윌리엄스가 지적한 것처럼 보도를 최소화시키고자 했는데, 이는 푹스가 비밀취급인가권을 가지고 있었다는 사실 뿐만 아니라 영국의 핵폭탄 제조 사실이 공개적으로 문제를 일으킬지도 모른다는 우려 때문이었다.

원자 시대(atomic era)의 가장 중대한 스파이로 통했던 푹스는 자신의 체포(배신이 아닌)로 하웰 연구소가 앞으로 해를 입을지도 모른다는 염려를 하긴 했지만 후회나 뉘우침은 없는 것처럼 보였다. 그의 오만함은 놀라울 정도였다. 그는 스카든이 비밀취급인가권을 가지지 않았다는 이유로 스카든에게 모든 것을 자백하기 꺼려했다. 그의 순진함 또한 마찬가지로 놀라웠다. 체포된 다음 그는 한때 상사였던 루돌프 파이얼스(Rudolph Peierls)에게 이렇게 말한 적이 있다. "러시아가 모든 정보를 인수하도록 도왔을 당시, 제 의도는 항상 그들의 시스템 중 무엇이 잘못된 것인지를 정리해서 말해줘야 한다는 것이었습니다."

그는 징역 14년을 선고받았다. 그는 감옥에서 자신을 찾아오는 이가 아무도 없다는 사실에 놀란 것 같았다. 그는 왕립 학술원에서 제명되었다. 그는 감옥에서 동료 죄수들과 함께 우편 행낭을 꿰매면서 9년을 보냈고, 이후 모범수로 석방되었다. 그는 1959년 영국에서 동베를린으로 몰래 탈출했다. 그곳에서 그는 영국에 대한 아무런 원한도 없다고 기자들에게 말했다.

소련에서도 수소폭탄 개발 경쟁이 한창이었다. 푹스가 원자폭탄처럼 슈퍼에 대한 세부 정보를 소련에 제공할 수는 없었지만, 그럼에도 불구하고 그는 소련에 하나의 로드맵은 제공한 셈이었다. 소련의 위대한 물리학자 안드레이 사하로프(Andrei Sakharov)는 일찍이 소련 핵 프로젝트에서 일할 수 있는 두 번의 기회를 거절했다. 1948년, 그와 그의 동료 이고르 탐(Igor Tamm)은 공산당 원자력 분야 책임자 보리스 바니코프(Boris Vannikov)가 이끄는 부서로 호출되었다. 처음에 탐은 자신들의 인사이동에 대해 항의했다. 그 후, 사하로프가 자서전에서 밝힌 바에 따르면 그들이 바니코프와 함께 있을 때 크렘린으로부터 직통 전화가 걸려왔다. 바니코프가 수화기를 들고 "예."라고 말하던 그 순간, 탐과 사하로프는 바로 옆에서 원자력 연구를 진행할 러시아 내의 비밀 도시, 즉 군사시설의 설치에 반대하는 주장을 펼치던 참이었다. 바니코프가 전화로 상대방의 말을 듣는 동안 토론은 잠시 중단됐다. 그가 "예, 그렇게 전하겠습니다."라고 말하고 전화를 끊었다. "방금 라브렌티 파블로비치(베리아, 소련 KGB 의장)와 통화했어요. 그는 여러분이 우리 요구를 받아들일 것을 요구했습니다."

사하로프는 훗날 자신이 소련 프로젝트를 수행하면서 가졌던 것보다 더 많은 의구심을 갖는 일은 가능하지 않을 것이라고 말하곤 했다. 그가 후에 언급한 것처럼 미국 과학자들 중에서 그와 공감대를 형성했던 두 사람이 텔러와 오펜하이머였다. 결국 그는 오펜하이머와 마찬가지로 정치적 불신 때문에 자기 정부로부터 처벌을 받았다. 그가 텔러와 공감할 수 있었던 것은 두 가지 이유 때문이었다. 첫째, 사하로프가 보기에 텔러는 슈퍼를 밀어붙이던 초기에 자신의 주장을 지지받지 못했으며, 따라서 그를 동료의 인정을 받지 못하면서까지 자신의 양심에 따르는 과학자로 여겼다. 둘째, 그는 소련의 핵 의도에 대한 텔러의 의심이 전적으로 정당하다고 믿었다. "소련 정부(혹은 더 적절한 표현으로 스탈린, 베리아 등과 같은 권력자들)는 이미 새로운 무기의 잠재력을 깨달았으며, 그 어떤 것으로도 그 개발을 멈추게 할 수는 없었다. 수소폭탄 개발을 포기하거나 중단하려는 미국의 움직임은 교활하고 기만적인 책략, 또는 나약함과 어리석음의 증거라고 인식되었을 것이다. 어떤 경우에도 소련의 반응은 똑같았을 것이다. 즉, 가능한 한 함정을 피하고 초기에 적들의 어리석음을 이용한다는 것이다."

수소폭탄의 개발이 진행되면서 누군가가, 원자 시대를 연 최초의 방정식을 개발했던 알버트 아인슈타인에게 제3차 세계대전은 어떻게 전개될 것인지 물어봤다. 그러자 아인슈타인은 제3차 대전에서 어떤 무기가 사용될지는 알 수 없지만, 그 다음 전쟁은 돌멩이를 가지고 싸울 것이라는 사실은 보증할 수 있다고 침울한 표정으로 대답했다.

제3장

조지프 매카시와 반역의 시대

　매카시의 시대가 열리고 있었다. 1950년 2월 9일 목요일, 위스콘신 출신 공화당 상원의원 조지프 R. 매카시(Joseph R. McCarthy)는 사실상 이미 존재하던 현상에 자신의 이름을 빌려주는 행보를 시작했다. 그는 갑작스럽게 등장한 선동가였다. 그날 그는 웨스트버지니아 주 휠링에서 열린 링컨의 날 기념 주말 모임에서 연설했다. 그는 무심코 국무부 내에 공산주의자들이 있으며, 그들이 미국의 외교 정책을 조종하고 있다고 주장했다. 그를 잘 알고 있던 기자 중 한 명이 훗날 언급했듯, 매카시 자신도 연설이 그렇게 폭발적인 반응을 불러일으킬 것이라곤 생각하지 못했다. 한편, 〈시카고 트리뷴〉의 윌러드 에드워즈 기자는 매카시가 우파 성향의 몇몇 기자들 중 최소 한 명과 동행했으며, 그 기자가 그를 지도하고 연설문 작성을 도왔을 것으로 추정했다. 또한 그가 휠링보다 더 큰 도시와 오하이오 카운티의 여성 공화당원 클럽보다 더 저명한 그룹을 택하고자 했다고 덧붙였다. 국무부 내부의 공산주의자들에 대한 그의 언급은 별다른 의미 없이 내뱉은 말이었다. 그는 연설 도중에 이렇게 언급했다. "내가 시간이 없어서 국무부 사람들 중 누가 공산당원이며 누가 간첩인지 일일이 지목할 수는 없지만, 여기 내 손 안에는 공산당원이라고 국무장관에게 보고되었는데도 여전히 국무부에서 일하며 정책을 입안하고 있는 205명의 명단이 있습니다." 그것이 시작이었다. 〈휠링 인텔리젠서〉(The Wheeling Intelligencer)의 프랭크 데즈먼드 기자가 자신의 기사에 이 발언을 소개했다. 그날 밤늦게, 〈휠링 인텔리젠서〉의 편집장이자 AP통신 비상근 지방통신원으로 일하던 노먼 요스트가 찰스타운에 있는 AP 사무실로 전화를 걸어 데즈먼드의 기사 내용을 전했다. 찰스타운의 AP통신 담당자는 잠시 후 요스트에게 다시 전화해서 물었다. 정말로 공산주의자가 205명인가? 요스트는 데즈먼드에게 확인해보겠다고 말했다. 데즈먼드는 그렇다고, 205명이 맞는 숫자라고 확인했다. 이 기사는 목요일 밤에 AP 통신망을 타고 전송되었고, 금요일자 신문에 실렸다. 굿판이 시작된 것이다.

휠링을 떠난 매카시는 서쪽으로 날아가 덴버 공항에서 기자회견을 가졌고, 자신이 가진 공산주의자 명단을 보여주게 되어 기쁘지만 그 명단이 지금은 비행기에 두고 나온 그의 양복 안에 있다고 말했다(〈덴버 포스트〉(Denver Post)는 그날 신문 1면에 "공산주의자 명단은 다른 주머니에 뒀다."라는 사진설명과 함께 매카시의 사진을 게재했다). 그런 다음 그는 솔트레이크 시티로 건너가서 새로운 주장을 펼쳤다. 토요일 아침에 그는 리노에 도착했고, 그날 밤에는 동료이자 네바다 주 공화당원인 조지 (몰리) 말론이 주선한 연설이 잡혀있었다. 당시 〈리노 가제트〉(Reno

Gazette)의 정치부 기자는 훗날 〈타임〉의 저명한 기자이자 편집자가 된 프랭크 맥컬록(Frank McCulloch)이라는 청년과 그의 동료 에드워드 올슨(Edward Olsen)이었다. 그들은 휠링과 솔트 레이크에서 전송된 기사를 보고 무슨 일이 벌어졌음을 직감했다. 매카시의 주장에는 뭔가 애매모호한 대목들이 있었는데, 그게 그들의 구미를 당겼다. 그들은 공항으로 향했고, 매카시는 전에 그들을 전혀 만난 적이 없었는데도 마치 지난밤 함께 포커 게임을 한 오랜 친구라도 되는 듯이 올슨과 맥컬록의 어깨를 감싸 안았다. 상원의원이란 존재는 흔히 거리감이 있고 비현실적이기 마련이다. 매카시는 그렇지 않았다. 그의 태도 하나하나에서 마치 두 기자가 남성 클럽 가입을 허락받았다는 분위기가 묻어났다. 매카시와 맥컬록 둘 다 해병대 출신이라는 점이 밝혀졌다. 그 사실이 그들의 유대감을 강화시켰다. 그날 오후, 그들은 시에라 퍼시픽 파워 빌딩에 있는 몰리 말론의 사무실에서 매카시를 찾아냈다. 그는 참모와 통화 중이었다. 맥컬록이 생각하기에 다른 상원의원 같았으면 자신들을 당장 쫓아냈을 테지만, 매카시는 마치 그들이 지금 벌어지고 있는 사건의 일부라도 되는 것처럼 그들이 찾아온 걸 반기는 눈치였다. 그는 명단을 확보하기 시작했다는 이유로 매우 흥분한 상태였다. "아주 좋아, 아주 좋아." 그가 이름을 적으면서 중얼거렸다. "이름들을 좀 더 불러 봐." 맥컬록은 매카시가 받아 적고 있는 이름들이 좀 더 잘 보이도록 책상 뒤쪽으로 미끄러지듯 움직였다. 매카시는 그의 시선을 전혀 막으려고 하지 않았다. 매카시는 "하워드 시플리(Howard Shipley)"라고 쓰고 그 옆에 "하버드 에이에스티아르(HARVARD ASTR)"라는 주석을 달았다. "명단을 더 많이 확보해야 해. 내게 더 많은 명단을 불러줘야 한다고." 맥커시가 속삭였다. 그는 몇 개의 이름을 더 받아 적었다. 곧 그가 수화기를 내려놨다. "하버드 에이에스티아르가 대체 무슨 뜻이죠?" 맥컬록이 물었다. "하버드 점성술사(Harvard astrologer).”라고 매카시가 대답했다. 그럼 이 사람들이 공산주의자들인가요, 라고 두 기자가 동시에 물었다. “오늘 밤 모임에 오면 알게 될 거요.”라고 매카시가 대답했다. 그는 트루먼에게 보내는 전보 사본을 두 기자에게 주었는데, 거기에는 그가 정식 공산당원이거나 공산당에 충성을 바치는 자들이라고 주장하는 57명의 명단이 들어 있었다. 그들은 약 한 시간 동안 그와 함께 머물면서, 명단에 몇 명이나 들어 있으며 그들이 진짜 공산주의자들인지 그에게 질문을 퍼부었다. 그는 명확한 대답을 내놓지 않았다. 그러나 맥컬록은 매카시가 그날 밤 공산주의자 네 명의 이름을 공개할 것이라고 판단했고, 그래서 그런 내용으로 기사 하나를 작성했다. 마침내 취재가 끝났다. 맥컬록은 그날이 토요일이었음에도 불구하고 하버드 대학에 전화를 걸어 직원 한 명과 어렵게 통화했다. “하워드 시플리 교수에 대해 아십니까? 거기 근무하는 과학자 중 한 명일 텐데요.” 그가 물었다. 한참 후에 그 직원은 하버드 대학에 하워드 시플리라는 이름의 교수는 없다고 말했다. 하워드 시플리라는 이름이 분명히 있을 거라고 맥컬록은 주장했다. 글쎄요, 아마 착오가 생긴 것 같다, 라고 그 직원이 말했다. ‘아, 문제가 여기 있었군.’이라고 맥컬록은 생각했다.

그날 밤 그들의 눈에 비친 맥커시의 연설 모습은 매우 충격적이었다. 홀은 사람들로 가득 차 있었고, 맥컬록이 보기에 매카시는 군중들을 다루고 요리하는 법을 잘 알고 있었다. 그는 새플리를 포함한 네 명의 이름을 공개했지만, 올슨도 맥컬록도 그가 그 사람들의 어떤 점을 비난하는지 알 수가 없었다. 그들이 공산주의자라는 말일까? 그들이 공산주의 동조자라는 말일까? 그날 밤 늦게 그가 사용했던 좀 더 광의의 문구를 차용하자면, 그들이 공산주의라는 목적을 발전시키는 사람들이라는 말일까? 그는 의도적으로 모호한 단어들을 구사하고 있었다. (그들은 매카시라는 인물을 규명하는 것이 얼마나 어려운지 알아챘던 많은 이들 중에서 첫 번째 인물들이었을 뿐이다. "조(매카시)와 대화하는 것은 죽 그릇에 손을 집어넣는 것과 같았다."라고 매카시를 취재했던 UP통신 기자 조지 리디는 말했다.) 그 숫자가 205명이 될 수도, 혹은 57명이나 4명이 될 수도 있음을 맥컬록은 알아차렸다. 그렇지 않다면? 상원의원이 지닌 재능은 자신이 실제로 말한 것보다 훨씬 많은 것을 암시할 수 있는 능력임을 매컬리는 새삼 느꼈다.

그래서 그들은 그날 밤 그를 다시 붙잡고 당시 리노에서 최고급 호텔이던 메이프스 호텔로 갔다. 맨 꼭대기 층 바에서 세 사람은 술을 연거푸 들이키면서 격론을 벌였다. 맥컬록은 기자 신분으로 그동안 술 좀 마셨다는 남녀를 많이 만나봤지만, 그렇게 빨리 마시는 사람을 이전에도 그 후에도 본 적이 없었다. 술이 한 잔씩 돌았다. 공산주의자의 숫자가 4명인지 57명인지를 두고 빠른 논쟁이 이어졌다. 5분 후, 술잔이 또 한 차례 돌았고, 더 많은 논쟁이 이어졌다. 과연 그들이 공산주의자들인가, 아니면 공산주의자들의 목적을 도와주는 사람들인가? 그런 다음 버번과 물을 주문하고, 또다시 한 차례 술잔이 돌았다. 글쎄, 젠장, 매카시가 말하는 중이었다. 듣기에 그의 말은 단순했다. 청중으로 그 자리에 있었다면 그를 이해하는 데 아무런 어려움이 없었을 것이다. 그러나 두 기자의 주장에 따르면 그게 그렇게 단순하지가 않았다. 그의 말이 실제로 무엇을 뜻하는지 그들은 확신하기 어려웠다. 그러면서 그들은 더 많은 술을 마셨다. 술자리에 걸린 시간은 아마 30분 정도였을 것이다. "나는 그들이 공산주의자라고 말하는 것이 아닙니다."라고 매카시는 말했다. 그들의 토론은 점점 더 격해졌지만, 술자리에는 이상하게도 친밀감이 감돌고 있었다. 훗날 맥컬록은, 그들이 분명 동창회에서 재회한 세 명의 대학 룸메이트처럼 보였으리라고 생각했다. 올슨이 난처한 질문을 계속 던졌는데도 매카시 측에서는 적대감을 드러내지 않았다. 매카시는 그날 오전에 증거를 제시하겠노라고 약속했

공세를 펼치고 있는 조지프 매카시. 그는 냉전 시대의 가장 악명 높은 대중 선동가였으며, 그의 이름은 곧 하나의 거대한 현상인 매카시즘의 대명사가 되었다. 매카시즘은 정치인들이 자신이 반대하는 정책의 타당성을 문제 삼는 대신, 정책 입안자들의 충성심 자체를 공격했던 시대적 현상을 일컫는다. (사진 출처 HANK WALKER/LIFE/TIME WARNER, INC.)

었다. 그게 어디 있더라? 매카시는 명단을 찾기 위해 주머니를 뒤졌다. 명단은 없었다. 갑자기 매카시는 당신들이 명단을 훔쳐간 거 아니냐고 비난했다. 마시는 양이 늘어나면서 논쟁 또한 더욱 격해졌다. 메이프스의 사장 찰리 메이프스가 그들에게 다가와 언성을 낮추지 않으려면 나가달라고 경고했다. 리노의 최고급 호텔에서 쫓겨나는 일이 그렇게 쉽지는 않을 거라고 맥컬록은 생각했다. 술이 몇 순배 더 돌았다. 그러나 여전히 어떤 이름도 공개되지 않았다. 그날 밤 맥컬록은 이게 모두 사기극이며, 매카시는 공산주의자들에게 대해 전혀 아는 게 없다는 것을 확신하며 자리를 떴다. 모두 쇼였지만, 다만 한 가지, 즉 친구가 되고 싶다는 욕망만은 진짜였다. 매카시는 명사들 사이의 우정을 좋아하고, 즉석에서 친구를 만드는 능력이 탁월한 인물이었다고 맥컬록은 단정했다.

매카시가 4년 동안 벌인 비난과 고발, 협박극은 미국이라는 정치체(body politic)의 내밀한 부분을 건드렸으며, 그 영향은 무분별함과 부주의함, 그리고 음주벽으로 인해 그가 불명예를 뒤집어쓰고 은퇴한 후까지 한동안 지속되었다. 매카시즘은 위험한 새 시대를 살아가는 미국인들의 공포심을 구체적으로 끄집어내어 정치 이슈로 만들었다. 그는 정치적인 고지식함으로 인해 심한 죄의식에 빠져 있는 이들을 반역죄로 고발했다. 그는 아무도 상상할 수 없었던 일을 시작했는데, 놀랍게도 그것들은 상상 가능한 것들로 드러났다.

그는 국내 전복 세력이 민주당에 의해 용인되고 장려되고 있다는 사실이야말로 미국이 안고 있는 문제라고 말하고 있었다. 중국은 붕괴되었지만, 자신의 무게를 감당하지 못하고 무너져 내린 고대 봉건왕조처럼 역사의 대세에 밀려 붕괴된 것이 아니었다. 오히려 소련의 군사적, 정치적 패권이 작용했기 때문이었다. 세상에서 벌어지는 일들이 우리의 뜻대로 되지 않는다면 필시 거기엔 어떤 음모가 작용하고 있을 것이다. 하나 같이 고립주의자인 그와 가장 가까운 동료들이 다양한 외국 원조 법안에 반대표를 던졌다거나, 미국의 상비군 규모를 줄이고자 서둘렀거나, 미군을 아시아에서 벌어지는 전쟁터에 파견하는 것만큼은 무슨 일이 있어도 막겠다거나 하는 따위들은 아무런 문제가 되지 않았다. 정치의 영역에서 그런 것들은 보기 드물게 자유로운 주제였다. 그의 메시지는 단순했는데, 즉 민주당은 공산주의에 너무 나약했다는 것이었다. 이 한 마디로 그는 미국 정치의 본질을 바꿔버렸다. 불온 세력이 우리에 맞서고 있었으므로 사태를 바로잡기 위한 우리의 노력에도 한계가 있었다는 것이다.

민주당은 그들이 공산주의에 나약하지 않고, 공산주의자들에게 나라를 내주지도 않을 것이라는 사실을 증명하느라 그 후 30년을 보냈다. 매카시가 상원에서 불신임을 당하고 11년이 지난 후, 린든 존슨

(Lyndon Johnson)은 가까운 정치 참모들에게 매카시 시대에 대해, 즉 트루먼이 중국을 잃고 연달아 의회와 백악관까지 뺏겼다는 점을 지적하면서, 자신은 맹세코 베트남을 잃고 의회와 백악관을 넘겨주는 대통령이 되지는 않을 것이라고 말했다.

리처드 로베르(Richard Rovere)의 표현에 따르면, 매카시는 정치적 투기꾼으로서 자신의 확실한 지지층을 발견했다. 그는 자신의 뿌리와 선거구민들의 보호막 속에 완벽하게 자리 잡고 있었다. 그는 아일랜드계 가톨릭 신자로서 조지타운 대학의 한 간부로부터 이 문제를 쟁점으로 삼도록 압력을 받고 있었으며, 그의 지역구 위스콘신 주에는 독일계 미국인들이 많았는데 이들 중 상당수는 지역의 유력자이자 〈시카고 트리뷴〉의 발행인이던 로버트 맥코믹 대령의 영향력 아래에 있었다. 매카시의 공격에 대한 비판의 목소리가 동부 지역을 중심으로 자연스럽게 커지기 시작하자 〈애플턴(위스콘신) 포스트 크레센트〉의 편집장 존 리들은 이렇게 말했다. "우리는 뉴욕 시민들이나 동부인들이 우리가 상원에 누구를 보내야 하는지 참견하는 것을 원하지 않는다. 그건 우리들의 문제이지 그들과는 상관이 없다."

매카시는 영리하면서도 불안정하고 방어적인 인물이었다. 위스콘신 주 애플턴의 빈민가 출신으로 가난한 아일랜드계 꼬마였던 그는 온갖 역경을 헤치고 상원의원이 되었다. 그는 스스로를 뒷골목 싸움꾼이라고 부르곤 했다. 동시대에 그와 마찬가지로 자신의 약점을 건드리는 이들이 없지 않았지만, 매카시만큼 본능적으로, 직관과 정확한 감각을 가지고 이를 잘 활용하는 사람은 없었다. 그는 평범한 사람들의 내면에 잠재해 있는 분노를 놀랍도록 잘 파악하고 있었다. 왜냐하면 그 스스로 똑같은 분노에 차 있었기 때문이었다. 중요한 것은 계급의식으로, 그는 애치슨이나 히스와 같은 남자들에게서 은연중에 혹은 현실에서 드러나는 사회적 속물근성을 싫어했다. 그에게는 종종 공산주의 문제보다 그게 더 중요하게 보였다. 휠링을 떠난 이후 가졌던 초기 연설 중 하나에서 그는 "은수저를 입에 문 똑똑한 젊은이들"을 맹렬히 비난했다. 사실 반공은 지엽적인 문제였다. 그는 확보한 명단도 거의 없었고, 정확히 말하자면 후버와 FBI로부터 은밀한 사주를 받고 있었다. 거론되는 이름들은 대체로 1930년대부터 공산주의 동조자로 여겨지던 이들이었다.

심각한 술꾼이었던 매카시는 이내 중증의 알코올 중독자로 변했다. 그는 유리컵에 스카치를 가득 부어 단숨에 들이키고는 중탄산소다로 입가심을 하곤 했다. 술을 많이 마신 날에는 1/4파운드에 해당하는 버터 조각을 먹었는데, 그게 취기를 이겨내는 역할을 한다고 그는 주장했다. 애플턴 출신으로 그의 오랜 친구인 에드 하트에 따르면 매카시는 "사업가 차림새의 동네 술주정꾼"이었다.

술은 엄청난 불안감을 감추기에는 안성맞춤이었다. 그의 쾌활함은 거의 애처롭게 보일 정도였다. 그는 사람들과 친구가 되어 어울리는 것 말고는 바라는 게 없었다. 그는 낮에 약점이 있는 증인들을 호되게 꾸짖고, 저녁에는 신문기자들의 친구가 되었다. 그것은 마치 게임과 같았는데, 그들은 함께 그 게임에 참여했다. 그는 즉석 기자회견에서 기자 두 명을 지목한 뒤 "친구들, 자네들이 매카시를 상대하려면 말이야, 공산주의자가 되거나 망나니가 되어야 한다네."라고 말했다. 그런 다음 그는 큰 소리로 웃었다. 그는 기자들과의 관계가 멀어지고 좋은 친구 관계를 유지하지 못하는 경우 당황해하는 것 같았다. 그는 위스콘신에 있는 옛 친구들과 통화하는 것과, 전화교환원들이 워싱턴에 있는 딘 애치슨으로부터 수신자 부담 전화가 왔는데 받겠냐고 물어보는 순간을 즐겼다. 다른 많은 사람들처럼 그로부터 잔인하게 공격당했고, 그런 다음에는 아무 일도 없었던 것처럼 서로 친해졌던 폴 더글러스 상원의원은 "그는 재롱을 떨다가 이내 다리를 물어뜯으려고 덤벼드는 잡종견 같았다."라고 말했다.

그는 음모와 전복을 상상해내는 재능이 있었다. 인디애나의 빌 제너와 같은 이들이 과거에 그런 일을 시도했지만 실패했다. 매카시는 연극판의 모든 생리를 이해했고, 짧은 시간 동안 근사한 배우가 되었다. 그는 증인들의 항의를 무시하는 방법과 상처받고 겁에 질린 사람들을 모욕하는 방법을 본능적으로 알고 있었다. 그러나 그는 두려움과 신문에 게재될 헤드라인 이상의 성과를 만들어내지는 못했다. 많은 연설과 고발 끝에 그가 파악할 수 있었던 이 세상의 최종 문제는 누가 진짜 공산주의자였나, 혹은 스파이 조직이었나 하는 것이었다. 그를 위한 최고의 묘비명은 아마도, 그가 미 육군에 운명적이고 치명적인 공격을 가했고 결국 실수로 진급했던 한 좌파 성향 치과의사를 찾아냈던 아이젠하워 시절에 나왔을 것이다. 공화당 상원의원 랄프 플랜더스는 경멸하듯 말했다. "그는 전쟁의 색칠을 했다. 그리고는 전쟁의 춤판에 뛰어들었다. 그는 선전포고를 했다. 전투에 돌입했고, 한 좌파 치과의사의 머리가죽을 전리품으로 들고 자랑스럽게 돌아왔다."

모든 추문들 중에서도 진짜 심한 것은 워싱턴 기자단의 행동이었는데, 대개는 자신들이 더 잘 알고 있었다. 그들은 매카시가 벌이는 순회 로드쇼의 일원이 된 것을 기뻐했으며, 뒤에 남아서 진상을 추적하는 대신 다음 도시로 그를 계속 따라갔다. 그들은 매카시가 얼마나 부주의한 사람이며, 그에게는 그게 얼마나 무의미한 일일지 보도하는 것에는 거의 관심이 없었다. 부주의함이 곧 뉴스거리였고, 매카시라는 인물이 뉴스거리였을 뿐이다. "매카시는 엄청난 기사거리를 제공했죠. 나는 4년 동안 1면 기사를 썼으니까요."라고 〈시카고 트리뷴〉의 윌러드 에드워즈는 말했다. 에드워즈는 신문사의 허락을 받아 명단 제공을 도왔고, 연설문의 내용을 연구하고, 심지어 몇몇 연설문의 초안을 작성하기도 했다. 매카시에게 증거를 제시하도록 요구한 기자들은 거의 없었다. 애초에 매카시에게 도전하려고 한 기자도 거의 없었다. 매디슨에서 열린 기자회견 자리에서 칼럼니스트이자 매카시를 보도해왔던 〈저널〉의 논설위원 마일즈 맥밀란이 자리에서 일어나 매카시에게 명단 공개를 요구한 적이 있었다. "의원님은 〈저널〉지에 공산주의자들이 있다고 주장했습니다. 이름을 한 명만이라도 공개해 보십시오." 매카시는 침묵했다. 정적이 계속되었다. 현장에 있던 AP통신 기자이면서 매카시의 친구였던 아트 바이스트롬이 "자, 진정하고 계속합시다."라고 말했다. 그러자 〈저널〉의 또 다른 기자 밥 플레밍이 바이스트롬을 향해 "닥쳐!"라고 소리쳤다. 매카시는 "이 자리에 하루 종일 앉아 있더라도 나는 그 질문에 대답하지 않겠소."라고 말했다. 매카시가 일어나서 방을 떠날 때까지 15분 동안 기자들은 아무런 질문도 없이 앉아 있었다.

그는 특히 작은 도시에서 혐의를 제기하는 것에 능숙했는데, 지역의 AP통신 지국장이 이를 받아쓰면 사실이 아니더라도 기사가 될 수 있었다. 결국 상원의원이 한 말이었기 때문이다. 그는 언론인이라는 직업의 구조, 즉 마감시간이 뜻하는 바며, 그들이 언제 가장 기사감에 굶주려 이를 찾아 헤매는지, 그리고 고발 내용을 확인해볼 수 있는 최소한의 시간대가 언제인지 등을 잘 알고 있었다. 유나이티드 프레스[22] 기자로서 그를 담당했던 조지 리디(George Reedy)는 많은 내용을 AP 기사와 맞춰야 했고, 그 경험이 너무 끔찍해서 기자 생활을 그만두기로 결심했다. "조는 붉은 광장에서도 공산주의자를 찾을 수 없는 인물이었죠. 칼 마르크스와 그루초 막스[23]도 구별할 줄 몰랐으니까요. 하지만 그는 미국 상원의원이었습니다."라고 리디는 말했다. 그는 친절함이 몸에 밴 사람이었다. 그는 자신을 담당하던 기자들에게 나중에 자기

---

22   1958년 INS통신과 합병하면서 UPI로 개칭.
23   Groucho Marx, 미국의 코디미언.

방에서 위스키를 곁들인 리셉션 겸 기자 회견이 있다고 알리거나 함께 저녁을 먹으러 나가고 싶다는 신호를 보냈다. 그들이 기삿감을 원하면 언제든 기꺼이 한두 건의 고발 내용을 건네주었다. 기자들이 다른 이슈에 대한 공화당 지도부의 생각을 알고 싶어 하면, 그는 기꺼이 자기 사무실에서 로버트 태프트[24]에게 전화를 걸어 몇 가지 질문을 했고, 그동안 기자들은 수화기 스피커를 통해 그들의 대화를 들었다.

그가 하는 일에는 일관된 계획 같은 게 없었다. 한 번은 뉴욕의 출판업자가 〈워싱턴 포스트〉의 머레이 마더(Murrey Marder)에게 전화를 걸어 대통령이 되기 위한 매카시의 비밀 계획을 주제로 책을 써 달라고 요청했다. "조는 내일 누구와 점심을 먹을지에 대한 계획조차 갖고 있지 않아요. 그는 계획이란 것을 전혀 하지 않습니다."라고 마더는 답했다. 계획이 있다면 1면 머리기사를 차지하기 위해 매일 새로운 혐의와 새로운 고발을 찾아나서는 것이었다.

매카시는 혼자가 아니었다. 공화당 내의 보수파들은 이미 워싱턴에 입성해 있었다. 그중 몇몇은 매카시처럼 1946년에, 또 다른 이들은 1948년에 상원의원에 당선되었다. 그러나 매카시의 빨갱이 사냥이 성공을 거둔 1950년 선거는 특히 추악했다. 민주당 명문가 출신으로 메릴랜드주 상원의원이던 밀라드 타이딩스(Millard Tydings)는 과감하게 매카시를 공격했다. 상원 외교위원회 소위원회를 통해 매카시가 제기한 고발 내용들을 조사한 그는 "사기와 속임수, 미국인들을 대규모 광란과 공포의 도가니로 몰아 넣으려는 수작"이라고 말했다. 타이딩스는 상원 의석으로 대가를 치렀다. 매카시는 텍사스 석유업자들로부터 받은 돈으로 그의 뒷조사를 했고, 결국 성공했다.

플로리다에서 조지 스매더스(George Smathers)가 엄청나게 혼탁했

24　당시 공화당 3선 상원의원으로, 처음에는 매카시즘에 반대하는 입장이었다.

던 예비선거에서 그의 정치 멘토였던 상원의원 클로드 페퍼(Claude Pepper)를 꺾었다. "조(스탈린)가 그를 좋아하고, 그 또한 조를 좋아한다."라고 스매더스는 말했다. 캘리포니아에서는 페퍼에 대한 스매더스의 선거 전술을 연구했던 리처드 닉슨이 여성 하원의원 헬렌 가하간 더글러스(Helen Gahagan Douglas)를 물리치고 사실상 빨갱이 사냥 사례연구감으로 손색이 없었던 선거에서 승리했다. 심지어 뉴욕 주 상원의원 선거에서 허버트 리먼(Herbert Lehman)에게 패했던 존 포스터 덜레스(John Foster Dulles)는 상대방에 대해 이렇게 말했다. "나는 그가 공산주의자가 아니라는 것을 알고 있지만, 공산주의자들이 그를 지지하며 지난번 헨리 월리스(Henry Wallace)[25]가 얻었던 500,000명의 공산주의자들 표를 그가 가져갈 것이라는 것 또한 알고 있습니다." 일리노이 주에서는 에버릿 덕슨(Everett Dirksen)이 공산주의자들과 동반자들에 대한 청산을 공약으로 내걸고 상원의원 스콧 루카스(Scott Lucas)에게 승리했다. 공화당은 확실한 쟁점을 찾아냈고, 민주당은 수세에 몰렸다.

딘 애치슨은 그들을 가리켜 "원시인"이라고 불렀다. 트루먼은 좀 더 직설적으로 "짐승들"이라는 표현을 사용했다. 그들은 중서부 및 극서부 지역의 고립주의자들로, 미국 내에서 공산주의자 문제를 활용하기 위해 혈안이었다. 장제스의 몰락을 보며 그들은 자신들의 신념을 더욱 확고히 다졌다. 그들 중에는 훗날 아이젠하워를 격분시켜 그에게서 "얼마나 멍청해질 수 있냐"는 말까지 들었던 캘리포니아의 노울랜드(Knowland), 히스의 한 친구가 투신자살을 한 후 공산주의자의 이름을 공개해달라는 기자의 요청을 받고 "우린 그들이 창문에서 뛰어내리는 대로 이름을 불러주겠다."라고 답했던 인디애나 주의 문트(Mundt),

---

25   프랭클린 D. 루스벨트 대통령 시절 농무장관과 부통령을 지냈으나 1948년 대통령 선거 때는 진보당(Progressive Party)을 창당해 후보로 출마했다.

1946년 지지자들에게 "선거 후에도 뉴딜 정책이 의회 통제 하에 있다면 공산주의자들이 여전히 의회를 지배하고 있기 때문일 것이다."라고 말했던 네브래스카의 휴 버틀러(Hugh Butler), 조지 마셜을 반역자라고 부르면서 트루먼이 맥아더를 해임하자 "이 나라는 소련 요원들의 지시를 받는 비밀 내부 조직에 의해 움직이고 있다."라고 주장했던 인디애나의 빌 제너(Bill Jenner), 워싱턴의 기자단을 대상으로 한 조사에서 최악의 상원의원으로 뽑힌 오하이오 주의 브리커(Bricker), 베트남을 "인디고 차이나"라고 부르는 등 망언으로 유명한 네브래스카의 휘리(Wherry), 프로야구단 스카우터를 자처하면서 공산주의자 야구 선수는 본 적이 없다고 주장했던 아이다호의 웰크(Welke) 등이 포함되어 있다. 그런 사람들이 매카시를 지지하는 것은 결코 놀랍지 않았다. 정작 놀라운 일은 상원에서 가장 고상하고 원칙주의자 공화당원이었던 로버트 태프트가 초기 몇 개월 만에 매카시즘에 굴복했다는 사실이었다.

그 당시에는 두 명의 태프트가 존재하는 것처럼 보였다. 한 명은 초강대국 미국의 등장과 반공주의에 대한 집착이 커져가는 것을 우려하던 사려 깊은 보수주의자였다. 그 태프트는 유럽에서 소련을 견제하기 위한 노력 중 하나로 등장했던 북대서양조약(NATO)을 비롯한 여러 프로그램들에 반대했다. 연설을 할 때 그는 소련의 군사적 위협을 애써 강조하지 않았으며, 공산주의의 위협에 대한 과장된 수사가 러시아인들을 자극한다며 행정부를 비판하곤 했다. 그는 냉전의 역학 관계로 인해 미국이 세계의 경찰 역할을 맡으면서 민주주의 국가에서 제국주의 국가로 변화할 수 있음을 우려했으며, 이는 미국에게 적합한 역할은 아니라고 생각했다.

또 다른 태프트는 중국의 몰락을 이용하고 공산주의에 유화적이라는 이유로 행정부를 공격했다. 그는 장제스를 돕기 위해 해군을 파견하는 등 유럽에서는 하지 않았던 군사원조를 중국에게는 제공하겠다고 말했다. 서서히 그는 미국 내의 안보 이슈를 활용하기 시작했다. 그는 중국 국민당을 "청산"하려는 국무부 사람들을 언급하면서, 국무부가 "장제스의 제거를 명백히 바라고 적어도 이를 위해 중국을 공산주의자들에게 넘겨주려는 좌파 그룹에게 이끌려가고 있다."라고 말했다. 그는 조지 마셜의 국방장관 인준안에 반대표를 던졌다.

태프트 같은 인물이 공산주의자 문제를 활용한다는 것은 민주당이 수년간 공화당의 국내 정책을 차갑고 무자비한 것으로 묘사한 것에 대해 복수하는 방법이었다. 태프트 자신 또한 부자들의 앞잡이로 묘사되는 등 무자비한 공격의 대상이 된 바 있었다.

태프트를 비판하기 위해 사용된 두 건의 문헌이 특히 추잡했다. 하나는 그의 생애를 조롱하는 소책자였다. 필리핀에서 어린 시절을 보내면서 해파리에 쏘였다는 내용이었다. 소책자는 "이것 역시 태프트에게 깊은 인상을 남겼을 것이다. 모든 외국인과 이민자들, 그리고 3대가 모두 미국에서 태어난 명백한 미국인을 제외한 모든 것들에 대한 그의 공포와 불신, 혐오의 시초가 되었을 것이다." 소책자의 전반적인 어투가 이러했다.

나아가 노조 측은 〈로버트 알폰소 태프트 이야기〉라는 제목의 만화책도 제작했다. 150만 부가 인쇄되었다. 이 만화책은 태프트를 부잣집의 응석받이로, 약하고 인기 없는 소년으로, 운동 실력이 부족하며 일을 해본 적이 없는 사람으로, 특히 뚱뚱하고 탐욕스러운 J. 피니어스 머니백스(J. Phineas Moneybags)라는 부자를 섬기는 인물로 묘사했다. 이 책자는 당대의 정치·경제적 흐름을 대표하는 가장 조잡한 정치 선전물이었다. 좌파는 진정한 보수주의 지식인들까지 사악한 만화 속 주인공들로 등장시켰고, 우파는 뉴딜 정책을 공산주의의 전위대로만 여겼다.

태프트는 자신이 매카시의 편을 들면서 악마와 협정을 맺었다는 사실을 모르지 않았을 것이다. 진보적 칼럼니스트 도리스 플리슨(Doris Fleeson)은 태프트의 이런 태도를 비판했고, 태프트는 그녀와 다른 칼럼니스트들이 매카시를 대하는 태도가 지나치다고 비난했다. "당신은 나를 비방하고 파멸시키려고 하는 군요. 상원의원이 96명이나 있는데 왜 저만 공격하나요?"라는 태프트의 울분을 듣고 플리슨은 깜짝 놀랐다. 지금까지 고도의 원칙주의자로서 경력을 쌓아왔던 그가 바닥으로 추락하는 순간이었다.

태프트는 경제적으로는 보수주의자였지만 항상 시민의 자유를 지지하는 선량한 사람이었다. 그는 매카시의 휠링 연설을 듣고 큰 충격을 받았다. 매카시의 연설은 누구에게든 모호했고, 그 역시 딱히 만족하지 못했다. 그럼에도 불구하고 그는 그 연설의 가치를 알아차렸다. 미국 내의 안보 이슈는 뜨거운 쟁점이었고 공화당에게도 유리한 전략이었다. 태프트는 공산주의자를 한 명도 찾아내지 못하더라도 실망하지 않겠노라며 매카시를 격려했다. 나아가 "계속해서 발언해야 하고, 만약 한 번으로 효과를 보지 못하면 또 다른 방법을 써야 한다."라고 덧붙였다. 몇몇 친한 친구나 가족에게는 사적으로 의구심을 드러냈지만, 그의 공개적인 매카시 지지는 점차 분명해졌다. 그는 매카시에 대해 이렇게 말했다. "그는 미국의 자유를 지키기 위해 목숨 걸고 싸우는 해병과 같다. 우리 역사상 크렘린의 가장 큰 자산은 얄타와 포츠담에서 러시아의 모든 요구에 굴복하고, 공산주의가 아시아 전체를 장악하겠다고 위협하는 오늘날까지 중국 공산주의자들의 위상을 높이기 위해 온갖 노력을 경주하고 있는 국무부의 친공산주의자 그룹이었다."

애치슨과 같은 이들이 볼 때 그는 "원시인"의 대열에 합류했다. 애치슨은 훗날 예일 대학 이사회에서 태프트가 자신과 함께 사진을 찍히지 않으려고 어색한 동작을 취하던 것을 농담 삼아 말하곤 했다. 옛 친구

미키 스필레인은 독학으로 작가가 된 인물로, 마이크 해머가 주인공으로 등장하는 그의 하드보일드 탐정 소설은 당대 최고의 페이퍼백 베스트셀러였다. 해머는 두 주먹으로 부패한 정치인을 응징하는 거리의 사나이였다. 그러나 냉전이 절정에 달했을 때, 그는 일상적인 범죄자들을 응징하던 평소의 임무에서 벗어나 나라를 공산주의자들로부터 정화하는 일에 주력했다. (사진 출처 PETER STACKPOLE/LIFE/TIME WARNER, INC.)

들은 태프트가 자신의 새로운 노선에 대해 편치 않아 했으며, 거기서 아무런 즐거움도 얻지 못했다고 확신했다. 하지만 로베르는 훗날 태프트가 매카시와 대립하는 것은 마치 알코올 중독자가 중독에서 벗어나려는 것과 비슷했다고 묘사했다. 상황이 심각했지만 되돌릴 수는 없었다.

냉전에 대한 미국의 집착은 마이크 해머(Mike Hammer)가 조폭과 부패한 경찰관을 쫓는 것을 그만두고 미국의 공산화를 막는데 집중하도록 했다. 해머는 엄청난 화제를 불러일으키면서 출판계의 지각변동을 예고했던 미키 스필레인(Mickey Spillane)이라는 작가가 창조한 대중소설 속의 매우 강력했던 주인공 이름이었다. 스필레인의 성공은 격조 높은 양장본을 펴내던 출판계를 흥분과 두려움에 떨게 했다. 더튼 출판사가 스필레인의 첫 번째 작품 〈나는 배심원이다〉(I, the Jury)의 출간을 결정했을 때, 당시 편집장은 상사에게 "고급 독자들의 취향은 아니지만, 팔리기는 할 겁니다."라고 말했다. 양장본으로 출간된 스필레인의 책은 최고 15,000부라는 꽤 괜찮은 판매 실적을 보였다(혹은 누군가 지적했듯 3,000부 정도는 재고로 남았다). 하지만 페이퍼백이 시장에 깔리면서부터 그의 진정한 성공이 시작되었다. 그의 초기작 6권의 평균 판매부수는 250~300만부에 이르렀다.

액션과 폭력이 난무하고, 남자들의 거친 대화와 성적 풍자가 넘쳐나던 것은 1920~1930년대 대중소설의 공식과도 같았다. 해머는 부패한 경찰, 역겨운 지방검사, 매수된 판사들이라는 현실 세계에 염증을 느낀 올곧고 정직한 사립탐정이었다. 해머는 불의에 대한 복수심으로 가득차서 스스로 정의를 실현하던, 페이퍼백 혁명을 다룬 책 〈투비트 컬처〉(Two-Bit Culture)의 저자 케네스 데이비스(Kenneth Davis)에 따르면 "방아쇠부터 당긴 뒤 심문을 시작하던" 인물이었다.

그 어떤 미인도 해머 특유의 폭력을 동반한 정의(trigger-happy justice)를 멈추게 할 수 없었다. 처음에 마이크는 〈나는 배심원이다〉에 나오는 악당 샬롯에게 반했다("이봐, 맹랑한 아가씨, 나랑 결혼하겠소?" "오, 마이크, 그래요. 그래요, 당신을 너무 사랑해요."). 이들은 결혼식을 치르게 될까? 말도 안 되는 소리다, 샬롯이 살인범으로 밝혀졌으니까. 마지막 장면에서 해머가 그녀와 만났을 때, 그녀는 그가 맹세로 다짐한 책임을 단념케 하려고 자신의 성적 매력을 기꺼이 이용하지만, 해머는 망설인다. "샬롯, 내 아름다운 샬롯. 강아지를 사랑하고 공원에서 아기들 걸음마를 시키던 샬롯. 품에 꼭 껴안고 입술의 촉촉함을 느끼고 싶은 샬롯. 불처럼 뜨겁고, 생명력이 넘치고, 부드러운 벨벳과도 같은 예민한 몸을 가진 샬롯. 살인자 샬롯."

해머가 동요하고 있음을 직감한 샬롯은 지퍼를 내렸고, 치마가 바닥으로 흘러내리면서 "속살이 훤히 내비치는 팬티가 드러났다. 그녀의 체모는 금발이었다." 그러나 그는 미인이라는 이유로 할 일을 미루는 남자가 아니었다. 그는 그녀에게, 재판도 배심원도 없을 것이라고 말한다. "아니오, 샬롯. 내가 배심원이고 판사요. 그리고 나에게는 지켜야 할 약속이 있소. 당신은 아름답고, 내가 그만큼 당신을 사랑하지만, 당신에게 사형을 언도하는 바요."

그러나 샬롯은 한 번 더 시도한다. "그녀는 두 엄지손가락을 갈고리처럼 만들어 부드러운 실크 조각에 걸어 아래로 끌어내렸다. 마치 욕조에서 나오는 사람처럼 그녀는 우아하게 팬티를 벗었다. 그녀는 이제 애인에게 자신을 바치는 햇볕에 탄 여신처럼 완전히 알몸이 되었다." 그녀는 마이크에게 키스하기 위해 몸을 앞으로 기울인다. 그러나 마이크는 자신과 정의 사이를 미인이 가로막도록 가만히 있을 사람이 아니다. 그는 45구경 권총을 뽑아 방아쇠를 당겼다. "그녀의 눈은 불신에 대한 일종의 교향곡이요, 믿을 수 없는 진실의 증인이었다. 그녀는 총알이 관통한 벌거벗은 배에서 흉측하게 솟아나오는 액체를 천천히 내려다봤다. 가느다란 핏줄기가 흘러나왔다." 샬롯은 죽어가면서 마이크에게 마지막으로 묻는다. "'어떻게 다, 당신이?' 나는 죽어가는 상대를 보며 잠시 망설였지만, 이내 정신을 가다듬었다. '그건 쉬운 일이었소.' 라고 나는 말했다."

읽을거리에 굶주린 독자들은 스필레인의 해머 후속편을 기다리며 애를 태웠다. 후속편은 마치 대량 생산을 하기라도 하듯, 때로는 1년에 한 편 이상씩 쏟아져 나왔다. 1950년에 〈내 총이 빠르다〉와 〈복수는 나의 것〉이, 1951년에 〈중대한 살인〉과 〈어느 외로운 밤〉(그리고 마이크 해머 시리즈는 해머와 같은 부류의 탐정을 주인공으로 한 〈오랜 기다림〉)이, 그리고 1952년에는 〈강렬한 키스〉가 출간되었다. 스필레인 한 사람만으로도 출판산업이 유지될 수 있을 정도였다. 테리 서던(Terry Southern)은

앨리스 페인 해키트(Alice Payne Hackett)의 정보서 〈베스트셀러 60년〉
이 출간되었던 1956년, 미국에서 가장 많이 팔린 소설 10권 중 7권이
스필레인의 작품이었다고 언급했는데, 당시 스필레인이 쓴 책이 7권
에 불과했다는 점을 고려하면 이는 놀라운 성과였다.

스필레인이 놀라운 성공을 거둔 데에는 아마도 여러 이유가 있었을
것이다. 확실히 가격 면에서 매력적이었다. 가격이 처음에는 25센트
였고, 1950년대 초반에 슬그머니 인상되었지만 50센트였다. 책 표지
에는 옷을 벗고 있거나 막 벗으려는 표정의 가슴 큰 젊은 여자들이 등
장하곤 했다. 뉴 아메리칸 라이브러리 출판사의 편집자로 스필레인의
소설을 담당했던 빅터 웨이브라이트(Victor Weybright)는 그의 매력을
이렇게 설명했다. "스필레인의 책들은 미국적인 독특한 형태의, 새로
운 종류의 풍속이다." 그리고 마이크 해머가 얼마 지나지 않아 악당들
대신 공산주의자들과 싸우기 시작했다는 것은 시대의 중요한 반영이
었다. "그들은 공산주의자들이었다. …그들은 오래 전에 죽었어야 할
진짜 개자식들이었다. …그들은 이 나라에 나 같은 사람이 있다는 것
을 생각하지 못했다." 케네스 데이비스(Kenneth Davis)는 해머를 가리
켜 매카시 정신을 반영한 "최후의 냉전 투사이자, 갓난아기를 잡아먹
는 스탈린주의자들의 이야기를 듣고 겁에 질린 미국인들을 위한 초인"
이라고 불렀다. "해머의 방식은 충성의 맹세, 비방, 블랙리스트 작성 따
위로 그치는 것이 아니었다. 사악한 공산주의자들을 향해 해머는 그가
가진 무기, 즉 45구경 권총이나 뼈가 으스러질 정도로 강력한 발차기,
육중한 손을 사용한 목 조르기 등을 이용해 공격을 가했다."

물론 비평가들은 그를 싫어했다. 〈헤럴드 트리뷴〉의 제임스 샌도
(James Sandoe)는 그를 "어리석은 속물"이라고 불렀다. 〈뉴 리퍼블릭〉
의 말콤 카울리(Malcolm Cowley)는 그를 위험한 편집증 환자이자 사
디스트, 마조히스트라고 칭했다. 심지어 그의 편집자조차도 그를 약간

불안스레 봤던 것 같다. 빅터 웨이브라이트는 기자들에게 스필레인 현상이 지나치게 과대평가되고 있다고 여러 차례 말했다. 그런 비판들이 스필레인에게 크게 부담이 되지는 않았다. 그는 비평가들의 말에 신경을 쓰지 않으며, 자기가 염두에 두는 건 독자뿐임을 즐겨 말하곤 했다. 그는 문단이 다른 이류 작가들에 관해 쓰는 이류 작가들로 이루어져 있다고 생각했다. 그것은 패배자들의 세계였다. "패배자들이라고요?" 테리 서던이 물었다. "성공하지 못한 작가들 말입니다. 그들은 아무도 들어주지 않는 이야기를 쓴다니까요." 스필레인이 답했다. 왜 그들은 패배자들에 관한 글을 쓰려고 할까요, 라는 서던의 질문에 그는 이렇게 답했다. "패배자들에게 거들먹거릴 수 있기 때문이죠. 그들을 향해 어떤 멋진 말을 할 여유가 있거든요. 아시겠지만, 그런 책들은 보통 패배자, 즉 실패한 작가들이 쓰죠. 그리고 그런 작가들은 성공을 싫어해요. 그래서 그들은 승자들에 대해 당연히 좋은 말을 할 수 없는 거죠." "승자가 되기는 어렵습니까?" 서던이 다시 물었다. "아니죠, 누구나 승자가 될 수 있어요. 그렇기 위해서 해야 할 일은 패자가 아니라고 확신하는 것이죠." 스필레인이 말했다.

제4장

한국전쟁 I
: 아무도 원하지 않은 전쟁

황량하고 거친 땅에서 벌어진, 아무도 원하지 않은 전쟁이었다. 거기서 싸워야 한다고 말한 정치인들은, 불과 수개월 전에 거긴 전략상 가치가 거의 없으며 우리의 방어권 밖이라고 선언했던 이들과 같은 인물들이었다. "세계 최고의 지성들을 모아놓고 이 저주받을 전쟁을 치르기 위한 최악의 장소를 고르라고 하면 정치적으로나 군사적으로나 만장일치로 한반도를 선택했을 것입니다." 딘 애치슨은 작가 조셉 굴든(Joseph Goulden)에게 이렇게 말했다. 애버렐 해리먼(Averell Harriman)은 이 전쟁을 "시큼한 작은 전쟁"이라고 불렀다. 남한의 가치는 북한 공산주의자들이 한밤중에 기습을 감행하고 나서야 인정받았다. 그것은 전략적이라기보다 심리적인, 즉 적이 국경을 넘어왔다는 데서 비롯된 가치였다.

20세기 초반 한국은 일본에 정복당했고 잔혹한 식민 치하를 견뎌야 했다. 전쟁이 한창이던 어느 날 프랭클린 루스벨트가 전후의 자유롭고 독립적인 한국에 관해 언급했지만 큰 의미가 담긴 말은 아니었다. 얄타회담 때는 4대 열강이 관리하는 신탁통치가 거론되기도 했다. 1945년 7월 포츠담에서 미국의 전략가들은 일본과의 최후의 일전이 여전히 어려울 것으로 판단하고 스탈린에게 도움을 청했다. 4년 동안 태평양 전쟁에서 비켜나 있던 스탈린은 기꺼이 연합군의 일원으로 참전했다. 적은 비용으로 많은 것을 얻을 수 있는 기회를 누가 거절할 수 있을까? 그러나 원자폭탄이 성공적으로 투하되면서 미국의 생각은 바뀌었다. 극동 지역에서 소련의 도움이 필요 없게 된 것이다. 히로시마 원폭 투하 24시간 만에 워싱턴의 정책 수립자들은 한국에 대한 미국의 입장을 재천명했다. 마침 만주에 주둔하던 소련군이 한반도 북쪽으로 이동하자 미국 국방부(War Department)[26]는 한국을 공산주의와 반공주의 양 진영으로 분할한다고 통보했다. 미군 병력이 부족했고, 물리적 위치 또한 소련에 비해 유리하지 않았으며, 무엇보다도 시간이 촉박했다. 미리 통보하지 않았더라면 한반도 전체가 스탈린의 차지가 될 수도 있었다. 1945년 8월 10일 늦은 밤, 국방부 차관보 존 맥클로이(John J. McCloy)는 국방부의 두 젊은 대령에게 몇 가지 방식으로 분할선을 그어보라고 지시했다. 두 대령, 즉 딘 러스크(Dean Rusk)와 찰스 본스틸(Charles Bonesteel)은 학생용 한국지도를 펼쳐놓고 살폈다. 그들은 한반도의 중간 지점에서 비교적 좁은 지역을 가로지르는 선을 발견했다. 바로 북위 38도선이었다. 러스크와 본스틸은 지도에 다트를 던지

---

26 국방부 명칭은 1947년 Department of Defense로 바뀌었다가 2025년 트럼프 행정부 때 다시 War Department로 바뀌었다.

는 것보다는 좀 더 세련된 절차를 거쳐 이 선을 분할선으로 제안했다. 러스크가 생각하기에 이는 무척 위험한 시도였다. 만약 소련군이 이를 거부하고 계속 남하한다면 미국이 38선을 지키기 위해 할 수 있는 일이 거의 없었기 때문이었다. 하지만 놀랍게도 소련 측은 미국의 제안을 수락했다. 첫 번째 미군 부대가 한반도 남쪽에 도착한 것은 그로부터 한 달이 지나서였다.

한국 점령 과정만큼 미국이 전후의 새롭게 확장된 역할에 대해 얼마나 대비가 없었는지 잘 보여주는 사례도 없을 것이다. 초반의 어수선한 상황을 이끌어줄 지역 전문가가 미국에는 없었다. 미국은 자신들의 관심을 끌기 위해 경쟁하는 한국의 모든 단체를 경계하면서 우선 기존의 일본 식민통치 기구를 활용했는데, 이는 식민통치에서 해방되는 것을 기대했던 한국인들에게 실망을 안겼다. 불운하게도 미국이 마침내 찾아낸 한국인 대부분은 일본에 협력했던 사람들이었다. 초대 미군 사령관 존 하지(John Hodge) 소장은 그들에게 즉각적인 반감을 드러냈다. 그에 따르면 그들은 "일본인들과 같은 종류의 고양이"들이었다.

하지의 견해는 대다수 미국인의 생각과 비슷했다. 하지는 상관인 더글러스 맥아더의 한국 방문을 타진했지만 맥아더는 일본 총독으로서 황제와도 같은 화려한 생활을 희생할 생각이 없었다. 맥아더는 하지에게 "어떤 조치를 취할지는 당신이 판단하시오. 나는 당신에게 현명한 조언을 할 만큼 현지 상황을 잘 알지 못하며, 당신이 어떤 결정을 내리든 지지하겠소."라는 내용의 전보를 보냈다. 하지는 화가 나서 전출을 원했지만 맥아더는 받아들이지 않았다.

또 다른 미군 장성은 한국 군대를 훈련시키는 미 고문단을 지휘하라는 보직 명령을 받고는 아예 전역해버렸다. 당시 일본은 전쟁의 참화에서 막 벗어난 가난한 나라였지만, 미군 병사들에게 일본 근무는 달콤한 휴가처럼 여겨졌다. 미 달러의 가치가 높았고, 일본 여성들은 친절했으며, 일본에 주둔한 미군들은 때로는 두 명의 하인을 고용하면서 귀족처럼 생활했다. 반면 전후 한국에서 복무했던 대부분의 미국인들은 부족한 편의시설과 여름의 끔찍한 더위, 겨울의 혹독한 추위, 그리고 무엇보다도 농부들이 비료로 사용했던 인분에서 나는 악취를 곧바로 기억해냈다. 한국인들은 그것을 "똥거름"이라고 불렀다.

1949년 12월, 외무부는 미 육군부에 한국의 군사력을 평가해달라고 요청했다. 퍼거슨 이네스(J. E. Ferguson Innes) 소령은 북한이 남한보다 훨씬 강하다고 회신했다. 그는 이렇게 덧붙였다. "미국의 한반도 정책이란 게 실제로 존재한다면, 우리는 한국에 대해 거의 알지 못하며 그들이 장래 무엇을 할지에 대해서는 더욱 알지 못한다고 말할 수밖에 없습니다." 1947년 말, 당대 미국의 가장 뛰어난 전략가였던 조지 캐넌(George Kennan)은 한국을 희망이 없는 곳으로 묘사했다. "앞으로 한국의 정치는 정치적 미성숙과 편협함, 폭력에 지배당할 수밖에 없을 것이다. 이런 조건이라면 공산주의자들에게 유리하다. 그러므로 우리는 소련의 팽창을 저지하고 분할선을 유지하기 위해 현지의 군사력에 의존할 수는 없다. 이 지역은 우리에게 결정적으로 전략적으로 중요하지 않기 때문에, 우리의 주요 임무는 크게 체면이 깎이지 않으면서 거기서 빠져 나오는 것이다." 하지만 미국은 여전히 그곳에 머무르고 있었다.

결국 미국은 한반도 남쪽에서 이승만이 이끄는 정부를 출범시켰다. 이승만은 불같은 성미를 지닌 능수능란한 인물로, 미국으로서는 평생을 미국에서 망명 생활을 했다는 점이 가장 큰 매력이었다. 그는 훌륭한 영어를 구사했고, 미국 대학에서 학위를 세 개나 받았으며, 평생 해외에서 생활했기 때문에 일본에 협력한 전력도 없었다. 그는 전후 초기의 반공 독재자 중 한 사람으로, 자신에게 동의하지 않으면 누구든 잡아다가 가두는 성향의 인물이었다. 다만 상대인 북한의 김일성과 비교하면 그가 더 나았다. 김일성은 정적들을 체포하는데 그치지 않고 즉결 처형도 자주 했다. 이승만은 강력한 반공주의자로서 미국 의회에 어느 정도 정치적 기반을 가지고 있었지만, 워싱턴이나 서울에서 이승만을 직접 상대한 이들은 아무도 그를 좋아하지 않았고, 국무부나 국방부 사람들은 더더욱 그러했다. 그는 특히 38선을 무력화하고 한반도 전체를 통치하려는 욕망을 숨기지 않음으로써 그들을 긴장하게 만들었다. 필사적으로 군 병력을 감축 중이던 미국의 처지에서 볼 때 한국에 배치된 미군 30,000명은 불균형적인 숫자였다. 하지 장군은 (특히 자신을 포함한) 전투병력 철수를 끊임없이 요구했다. 1948년 가을, 미국은 소련과의 협상을 타결했다. 양국 모두 정규군을 철수하고 사실상 군사 고문단만 남겨두기로 했다. 미국은 이승만의 요청에 따라 1949년 6월까지 1개 연대 규모의 전투 병력을 유지했다. 미군은 군사 고문 역할에만 그치고 이승만 정부의 정규군이 전투 준비 태세를 갖추도록 하는 것이 목적이었지만, 이승만의 호전적인 애국주의 노선과 38선을 무력화하려는 지속적인 위협 때문에 미국은 의도적으로 전투기와 전차 숫자를 최소화함으로써 그의 힘을 억제시켰다.

미국의 양가감정은 그렇게 유지되고 있었다. 미국은 그 나라의 어느 한 부분도 원하지 않았으면서도 성조기를 꽂아두었던 것이다. 이승만 대통령의 취임식에 참석하기 위해 서울에 온 맥아더는 무심한 듯 거드름을 피우면서, "만약 한국이 공산주의자들의 공격을 받는다면 나는 캘리포니아를 지키듯이 한국을 지켜주겠다."라고 말했다. 하지만 미국은 군사자문단만 남겨둔 채 한국에서 급속히 철수하고 있었다. 우리는 대중의 지지를 받지 못하는 매력 없는 정부와 갓 조직된 불확실하고 질서가 잡히지 않은 군대를 뒤로한 채 떠나는 참이었다. 반면, 소련은 실질적인 것, 즉 잘 훈련받고 충분한 무장력을 갖춘 강력한 현대식 독재 체제를 남겨둔 채 철수하고 있었다. 특권 계급이 거의 남아있지 않은 나라에서 상류층을 대표했던 이승만과 달리 김일성은 특권 계급과 식민주의자를 혐오하던 아웃사이더였다. 그의 아버지는 학교 교사였고, 일본인들을 피해 가족들을 데리고 만주로 이주했다. 김일성은 이미 10대 시절에 동만주의 청년 공산주의 연맹에 가입했고, 여러 공산주의 게릴라 조직과 함께 일본군과 싸우며 평생을 보냈다. 그는 결국 한반도 북부 지역에서 게릴라 부대의 지도자였고, 스탈린그라드에서 소련군과 함께 싸운 두 개의 조선인 부대 중 하나를 지휘했다고 전해진다. 그는 스탈린이 직접 수여한 레닌 훈장을 받았다. 소련군이 한반도 북쪽으로 진입했을 때 그들이 그를 선택한 것은 당연한 결과였다. 처음에 그의 인기는 상당히 좋았는데, 그가 가증스런 일본군과 싸우는데 평생을 바쳤다는 사실이 널리 알려졌기 때문이었다. 하지만 그런 인기는 그가 이끄는 정부의 무자비하고 잔인한 면모가 드러나면서 점차 줄어들었다.

김일성은 소련의 도움으로 인민군으로 불리는 북한 군대를 창설했다. 인민군은 10개 사단, 약 135,000명으로 구성되었다. 지휘관 대다수는 중국 공산당이 장제스의 군대에게 역사적인 패배를 안겼던 전투에서 그들과 함께 싸웠던 조선인들이었다. 무엇보다 중요한 점은 소련군이 제2차 세계대전에서 독일군을 상대로 위력을 발휘했던 무기 중 하나였던 T-34 전차 150대를 남겨두고 떠났다는 사실이었다.

이승만이 한반도 전체를 정복하겠다고 큰소리 친 유일한 한국인 지도자는 아니었다. 김일성도 못지않게 대담한 인물이었다. 1949년 가을, 그의 호언장담은 더욱 커졌다. 불안해진 이승만은 미국에게 병력과 무기의 증파를 요구했지만, 이승만의 진정한 의도를 의심한 미국은 이를 거부했다. 1949년 말과 1950년 초에 국경 충돌이 늘어났다. 대부분은 북한군에 의한 것이었는데, 대한민국의 안보 태세를 시험하는 것처럼 보였다. 북한의 침공이 임박했다는 보고가 서울 주재 미 정보 장교들에게 쏟아지기 시작했다. 이는 6월 25일 새벽 사실로 밝혀졌다. 김일성이 왜 남침을 택했는지는 아직까지 아무도 모른다. 하지만 그가 남한의 지도자들과 군대를 얕잡아봤다는 점은 확실하다. 그가 소련과 중국의 부추김을 받았으리라는 증거도 있다(후르시초프는 회고록에서 김일성이 스탈린에게 빠른 승리를 약속했다고 언급했다). 마오쩌둥은 김일성에게 미국이 개입하지 않을 것이라고 말한 것으로 보인다. 1950년 1월 딘 애치슨의 내셔널프레스클럽 연설로 한반도가 미국의 아시아 방어선 바깥에 위치한다는 점이 분명해졌다. 애버렐 해리먼은 후일 "딘이 그 점에서 큰 실수를 저질렀다."라고 말했다. 이 연설로 트루먼 행정부와 극우파 사이의 긴장이 크게 고조되었지만, 아이러니하게도 애치슨이 한국에 관해 무슨 말을 했거나 하지 않았기 때문이 아니었다. 오히려 우익 진영의 영웅이었던 장제스를 무시하는 애치슨의 냉담한 태도가 문제였다. 제2차 세계대전이 끝난 시점에 장제스는 중국 역사상 가장 막강한 군사력을 보유하고 있었고, 제대로 장비도 갖추지 못한 비정규군과 싸우고 있었다고 애치슨은 지적했다. 4년 뒤 장제스의 군대는 사라졌고, 그는 작은 섬의 망명자 신세로 전락하고 말았다. 그의 비극적인 실패를 불충분한 외국 지원 탓으로 돌리는 것은 상황을 전적으로 잘못 판단하는 것이라면서 그는 이렇게 덧붙였다. "(중국 국민들이) 정부를 전복시킨 것이 아닙니다. 전복시킬 아무 것도 없었습니다. 그들은 다만 정부를 무시했을 뿐이죠." 이 말은 진실 여부를 떠나서 아무리 봐도 무례한 발언이었으며, 애치슨은 이 발언에 대해 쉽게 용서받을 수 없었다.

한국의 국경에서 긴장이 고조되는 동안에도 미군은 전시에 비해 계속 약화되고 있었다. 군대 규모가 축소되었을 뿐만 아니라 장비가 노후화되었고, 정예 병력의 상당수가 사라졌다. 오마 브래들리에 따르면 "종이봉투에서 빠져나오기조차 힘든 상태"였다. 1948년 베를린 위기가 끝날 무렵 미군은 677,000명, 즉 10개 사단으로 줄어들었다. 1949년 1월, 드와이트 아이젠하워는 새로운 합참의장 후보자 자격으로 워싱턴에 도착했다. 그는 144억 달러의 예산을 원했다. 그러나 트루먼이 합참의장 직을 제안했을 때 아이크는 123억 달러의 예산으로는 감당할 수 없다며 이를 거절했다. 뉴욕타임스 기자 카벨 필립스(Cabell Phillips)는 트루먼의 국방 예산에 대해 "지방과 함께 뼈와 근육을 베어냈다."라고 썼다.

아이크가 거절하자 트루먼은 브래들리에게 합참의장 자리를 제안했고, 브래들리는 마지못해 수락했다. 1949년 5월에 미 상비군 병력은 630,000명으로 줄었다. 13개월 후인 1950년 6월에는 군인들을 귀국시키라는 대중의 열망과 국제문제 개입에 신중한 보수 공화당의 태도, 트루먼 자신의 재정적 보수주의 등으로 인해 591,000명까지 줄어들었다. 이른바 미국의 세기가 바야흐로 열리고 있었지만 그 비용을 지불하고 싶은 사람은 아무도 없었다. 여기에는 어떤 이중성이 작용하고 있었다. 미국은 세계의 경찰이 되고자 했고, 특히 아시아에서 그렇게 되기를 바랐지만, 혼란스럽고 많은 비용이 드는 외국 전쟁에 관여하고 싶지는 않았다. 애치슨이 언급했듯이, 전후 미국의 외교 정책은 다음 세 문장으로 요약할 수 있었다. "1) 병사들을 귀국시킬 것. 2) 산타클로스가 되지 말 것. 3) 휘둘리지 말 것."

흥미로운 점은 공화당 우파가 미국 고립주의의 마지막 흔적을 대표하고 있었다는 점이다. 그들은 미국이 아시아에 더 강력히 개입하는 것을 지지했다기보다(누구도 장제스를 구하기 위해 미국의 젊은이들을 보내는 것을 원하지 않았다), 미국과 서유럽의 전통적인 유대 관계가 더 강화되는 것에 반대했다. 일반적으로 그들은 대서양보다는 태평양을, 유럽보다는 아시아를 선호했다. 그들은 확실히 중국(생글거리고 쾌활하며 무엇보다도 순종적인)을 영국(거만하고 속물적이며 허풍떨기 좋아하는)보다 선호했다. 아서 슐레진저(Arthur Schlesinger)와 리처드 로베르(Richard Rovere)에 따르면 태평양은 제국주의자들의 바다인 대서양(미국과 영국을 연결하는 바다)이 아니라는 점 때문에 공화당 우파가 가장 좋아하는 바다였다. 두 사람은 이번 세기에 태평양은 "공화당의 바다가 되었다."라고 적었다.

아시아를 향한 그들의 관심은 당대의 현실보다는 선교적인 꿈에 뿌리를 두고 있었다. 전후 다원론적 세계의 복잡성에 관한 진지한 연구가 그들의 강점은 아니었다. 장제스가 자신의 무능과 부패로 몰락하자 미국 내 친중 인맥의 리더였던 스타일스 브리지스(Styles Bridges) 뉴햄프셔 주 상원의원은 "중국이 검을 요청했는데 우리는 무딘 칼을 내줬다."라고 말했다. 트루먼은 이미 자신이 공산주의에 약하다고 주장하는 공화당 우파의 공격에 대한 방어 태세를 갖추고 있었다. 객관적으로 살펴보자면 미국은 그 어느 때보다 부유하고 강력해졌으며, 유럽과 달리 산업 기반이 손상되지 않은 상태였다. 그러나 전쟁으로 인한 실제적 고통도 겪지 않았고, 이어 찾아온 평화에도 만족하지 못한 우파들은 일종의 배신감을 느끼고 있었다.

따라서 북한군이 38선을 돌파해 내려오자 말로만 그럴듯했지 실제 대비책은 거의 없었던 미국은 경악했다. 경고가 있었음에도 불구하고 아무도 이런 공격이나 인민군의 강인함에 대비하지 못했다. 북한군이 국경선을 넘어선 순간부터 공황 상태가 시작되었다. 공격 부대는 10개 사단으로 구성되어 있었으며 그들은 크게 네 방향으로 전진하고 있었다. 고위급 지휘관들의 상당수는 대장정 기간 마오쩌둥과 함께 싸웠던 이들이었다. 선두에 선 정예 부대는 잘 훈련된 병력이었고, 상대적으로 허술한 한국군 방어선을 쉽게 돌파했다. 하지만 진정한 차이는 러시아제 T-34 전차로부터 비롯되었다. 전차는 넓은 차륜과 두꺼운 장갑, 낮은 차체, 그리고 85mm 주포 1문과 7.62인치 기관총 2문을 탑재하고 있었다. 이 전차는 1941년 7월 모스크바로 진격하던 독일군을 상대로 처음 등장했는데, 독일의 유명한 전차 사령관 하인츠 구데리안은 이 전차가 독일군의 진격을 저지했다고 인정했다. 그 전차 부대가 긴 무장 대열의 맨 선두에서 변변한 무기도 갖추지 못한 병사들을 향해 진군하고 있었다.

한국에 상주하던 미 군사고문단은 부족한 군사 훈련을 홍보로 대신하려는 듯 일찍이 한국군을 규모 면에서 아시아 최고라고 칭했지만, 진실은 그에 훨씬 미치지 못하는 수준이었다. 한국군은 인민군 정예 부대의 막강한 전력과 맞닥뜨리자 쉽게 격파되어 무너졌다. 서울은 온통 혼돈의 도가니였다. 서울을 가로지르며 자연적인 방어선 역할을 하던 한강의 다리는 한국군이 미처 후퇴하기도 전에 폭파되었다. 폭파 당시 다리 위에는 500명 이상의 사람들이 있었다. 6월 28일 서울은 함락되었다. 6월 29일 서울에서 남쪽으로 20마일 떨어진 수원의 작은 비행장에 도착한 더글러스 맥아더는 대부분이 무기도 없이 후퇴하는 한국군의 긴 행렬을 보고 깜짝 놀랐다. 맥아더는 "나는 그들 중에서 부상자를 한 명도 보지 못했소."라며 화를 냈다.

북한이 남침했다는 소식에 트루먼 행정부는 경악했다. 워싱턴에서는 공산주의를 단일체로 여기고 있었기 때문에 북한의 침공을 스탈린이 결정한 것이라고 생각했다. 따라서 다음 관심사는 공산주의자들이 한국이 아닌, 세계에서 무엇을 할 것인가로 모아졌다. 트루먼은 많은 사람들의 두려움을 반영하듯 일기에 "제3차 세계대전이 발발한 것 같다. 그렇지 않기를 바라지만, 우리는 무슨 일이 닥치든 맞서 싸워야 하고, 그렇게 할 것이다."라고 적었다. 매튜 리지웨이(Matthew Ridgway) 중장은 북한이 침공했다는 첫 보고를 접하고 생각에 잠겼다. "제3차 세계대전이… 아마겟돈이, 동서 양 진영의 최후의 결전이 시작된 것일까?"

트루먼은 처음부터 한국에서 공산주의자들과 맞서 싸우겠다고 결심했다. "우리는 싸울 것이다."라고 그는 딸 마거릿에게 말했다. 보좌관에게는 "맹세코 나는 공산주의가 승리하도록 내버려두지 않을 것이다."라고 말했다. 그의 보좌진 거의 모두가 같은 생각이었다. 이번이 뮌헨의 교훈[27]에서 배웠다는 것을 보여줄 수 있는 첫 번째 기회였다. 아마도 오마 브래들리만큼 당시의 국가 안보와 군사 복합체(the national security-military complex)의 분위기를 잘 반영한 사람은 없을 것이다. 브래들리는 북한의 침공을 "도덕적으로 충격적인 일"이라고 표현했다. 미국이 가만히 있으면 양보했다고 받아들여질 것이라고 그는 말했다. 미국은 어느 선까지 행동해야 할 것인지 결정해야만 했고, 한국은 "어떤 선을 그을 좋은 기회"를 제공했다.

한반도에서 선을 긋는 것은 트루먼과 맥아더가 동의한 몇 안 되는 일 중의 하나였다. 거의 즉시 맥아더는, 자신의 의지로, 권한을 넘어서서 북한에 대한 공중 폭격을 명령했다. 맥아더는 자신을 태평양의 최고 권력자로 여겼다. 대통령과 합참의장은 유럽에서는 권위를 지녔지만 아시아에서는 그렇지 못했다. 이게 그의 생각이었다. 본질적으로 그는 자신이 최고사령관의 권위보다 우위에 있다고 믿었다. 하지만 폭격으로 북한의 공세를 막을 수는 없었다. 6월 30일, 남한을 직접 둘러보고 돌아온 맥아더는 한국군이 완전히 혼란스럽게 후퇴하고 있다고 보고했다. 북한에 맞서 전선을 지킬 수 있는 유일한 방법은 미군을 투입하는 것뿐이었다. 그는 즉각적인 배치를 위해 2개 사단과 1개 연대의 전투 부대를 요청했다. 워싱턴에서 육군참모총장 조 콜린스(Joe Collins)는 미 지상군을 아시아로 파병하라는 운명적인 전보를 받았다. 그는 합동참모본부의 다른 구성원을 소집할 생각조차 하지 않았다. 그는 맥

---

27 1938년 9월 30일 영국, 프랑스와 독일은 뮌헨 협정을 체결했다. 영국과 프랑스는 충돌을 피하고자 나치 독일의 체코 점령을 용인했지만, 결국 제2차 세계대전으로 이어졌다.

아더에게 전화를 걸어 대통령의 승인이 필요하다고 말했지만, 그 사이에 연대 규모 전투 병력의 부산 이동을 허가했다. 맥아더는 지체 없이 명확한 명령을 내릴 것을 요구했다. 워싱턴 시각으로 6월 30일 새벽 5시였다. 트루먼은 이미 일어나 있었고, 프랭크 페이스(Frank Pace) 육군 장관이 상황을 보고하려고 그에게 전화를 걸었다. 트루먼은 즉시 연대전투단(RCT) 동원을 승인했지만, 추가 파병 결정은 뒤로 미뤘다. 그러나 본질적으로 이미 일이 벌어진 상태였고, 의회 승인 없이 미군이 한반도에서 싸우게 될 것이었다. 그날 아침, 합동참모본부는 나머지 투입 부대에 대한 논의를 위해 모였다. 맥아더에게 추가로 2개의 사단을 주는 데 대해 아무도 이의를 제기하지 않았다. 상황은 통제에서 벗어나고 있었다. 아무도 먼저 앞서 나가길 원하지 않았지만, 나중에 브래들리가 언급한 대로, "어떤 의미에서는 피할 수 없고 불가피한 일이었다." 잠시 후 참모들은 블레어 하우스에서 트루먼 대통령과 만났다. 놀랍게도 트루먼은 맥아더에게 주는 병력을 2개 사단으로 제한할 것이 아니라 필요한 만큼 보내주어야 한다고 말했다. 실제로 그 회의에서 트루먼은 장제스에게 이미 33,000명의 국민당 병력을 지원하겠다는 제안을 받았으며, 이를 받아들일 생각이라고 언급했다. 그러나 애치슨은 장제스 부대의 질적인 면과 그 제안의 함의를 모두 의심하면서 신속하게 거절해야 한다고 주장했다. 제안을 받아들이면 확전으로 이어질 수도 모르기 때문이었다.

처음에 트루먼은 전쟁 개입 사실을 축소하려고 노력했다. 그는 기자들과 만나 "우리는 전쟁 중이 아니다."라고 말했다. 전쟁에 개입했다는 것을 표현할 단어를 찾던 한 기자가 대통령에게 그러면 그것이 "치안 활동"이냐고 물었다. 대통령은 순간적으로 그렇다고, 그것이 적절한 표현이라고 나중에 후회하게 될 말을 내뱉었다. 일본에서 한국으로 이동 명령을 받은 미군 중 정예 병력인 82공수부대만이 전투 준비가 되어 있었다. 나머지는 점령군으로 쉬운 임무만 수행하며 약해져 있었다. 한국에서 초기에 그들을 지휘한 윌리엄 딘(William Dean) 장군에 따르면, 그들은 "일본인 여자친구, 넘쳐나는 맥주, 그리고 부츠를 닦아주는 하인이 있는 점령 병영에서 살이 차오르고 행복한 상태였다." 그들은 태평양의 작은 섬 전초기지들에서 끝없이 이어지던 격렬한 전투에서 일본의 정예 부대를 물리쳤던 전투로 단련된 병력이 아니었다. 전투를 경험한 이들은 여섯 명 가운데 채 한 명도 되지 못했다. 대부분은 전쟁이 끝난 후, 미국의 시골 동네에서 벗어나 세계를 여행할 수 있다는 모병 장교들의 말에 현혹되어 입대한 이들이었다. 중대장 중 한 명이었던 T. R. 페렌바흐는 "그들은 전투를 제외한 모든 이유로 입대했다."라고 적었다. 갑작스런 침공으로 인력이 절실히 필요했다. 그러자 어떤 이들은 수감되기 위해 미국으로 돌아가는 도중에 사면을 받고 여전히 수갑을 찬 채 요코하마로 향했다. 그들은 범행 기록을 말소해주는 조건으로 한국에서 전투에 참가해도 좋다는 허가를 받았다. 그리고 한국으로 가는 비행기와 배에 탑승할 때에야 그들의 수갑이 풀렸다. 북한의 침략 소식이 일본에 주둔해 있던 제34보병연대에 알려졌을 때, 병사들의 첫 반응은 "한국이 어디냐?"였다. 그리고 다음 반응은 "아시아 놈들끼리 서로 죽이게 놔둬라."라는 것이었다. 6월 30일 밤, 제24사단 제21보병연대 1대대 지휘관 찰스 브래드 스미스 중령은 사령관으로부터 대대를 한국으로 이동시키라는 지시를 받았다. 공항에서 윌리엄 딘 준장은 자신의 명령은 간단하다면서 말했다. "귀관은 부산에 도착하자마자 대전으로 향하라. 우리는 귀관의 부대가 북한군을 부산에서 최대한 먼 곳에서 막아내기를 바란다. 따라서 가능한 한 북쪽에 있는 주요 도로를 차단하라. (한밤중에 도쿄에서 대전으로 비행해 간) 처치(Church) 장군과 연락하라. 그를 찾을 수 없다면, 가능한 한 대전 너머까지 올라가라. 더 많은 정보를 줄 수 없어서 미안하다. 내가 가진 정보는 이게 전부다. 행운을 빈다. 귀관과 귀관의 병사들에게 신의 가호가 있기를 빈다."

일본에 주둔하던 미군 4개 사단 중에서 제24사단은 누가 봐도 전투 준비가 부족했다. 훈련은 대부분 전투 준비를 갖췄다는 보고서 작성용으로 수행되었다. 장비도 낡았다. 박격포 탄약은 불량품이 수두룩했다. 30구경 기관총은 낡아서 정확도가 떨어졌다. 소형 무기의 넷 중 하나 또는 절반 정도는 쓸모가 없었다. 3.5인치 대전차 바주카포도 부족했다. 대신 제2차 세계대전 때 사용됐던 구형 2.36인치 바주카포가 장착되어 있었는데, 당시에는 좋은 무기였지만 T-34 전차에는 전혀 쓸모가 없었다. 파병된 다른 연대는 조금 더 나은 편이었다. 한 장교는 후에 그런 부대들이 투입된 것은 "상당히 슬픈 일이자, 거의 범죄적인 일이었다."라고 썼다. 예산 삭감으로 인해 공군은 부산행 수송기를 구하는 일에서도 어려움을 겪었다. 그럼에도 미군은 쉽게 승리할 수 있으리라 확신하며 한국으로 떠났다. 북한군이 한국군이 아닌 미군과 싸우고 있다는 사실을 알게 되는 순간 혼비백산 줄행랑을 칠 것이라는 생각이 지휘관부터 병사들까지 모든 미군들 사이에 퍼져 있었다. 인종적 편견에서 비롯된 오만이었다. 제34보병연대의 헤럴드 에이어스 대령은 그의 부대가 한국으로 향하는 도중 병사들에게 이렇게 말했다. "우리 북쪽에는 북한 병사들이 있을 것이다. 이들은 형편없는 훈련을 받았다. 그들 중 절반 정도만 무기를 가지고 있을 테니, 우리가 그들을 막는 데 어려움이 없을 것이다."

그를 비롯한 미군들은 정신이 번쩍 들었다. 북한군은 만만찮은 상대였다. 그들은 거친 농민 출신들로 전투에서 뛰어난 규율을 갖추고 있었다. 그들의 위장술은 탁월했다. 헬멧과 군복 위에 그물망을 씌우고 거기에 나뭇가지와 나뭇잎을 매달고 있었다. 그들은 험준한 지형에서도 잘 움직였고 미군처럼 도로에 머무는 일이 없었다. 그들은 마오쩌

등의 군대에게서 빌려온 전술을 매우 능숙하게 활용했다. 그들은 전면에서 접근하는 동시에 측면으로 부대를 살짝 이동시킨 뒤 미군을 공격했다. 그들의 공격이 더욱 치명적이었던 이유는 미군 뒤쪽으로 소규모 부대를 침투시켜, 후퇴하기 시작한 미군이 사방에서 북한 인민군(NKPA)에게 포위되었다고 착각하도록 만들었기 때문이었다. 미군 지휘관들이 후방의 소규모 부대를 뚫고 나가는 법을 터득하기까지는 오랜 시간이 걸렸다. 북한군은 야간 전투를 선호했는데, 이는 미 공군력과 포격의 효과를 제한할 수 있었기 때문이다. 북한군 지휘관들은 새벽이 되면 미 공군력을 무력화하기 위해 미군과 좀 더 근접해서 전투를 벌이도록 병사들에게 명령했다.

처음에 파병된 미군들은 착륙조차도 쉽지 않았다. C-54 수송기가 너무 무거워 활주로를 파손하는 바람에 공군은 18명의 병사만 태울 수 있는 더 작은 C-47로 바꿔야 했다. 스미스 중령은 열 번째 비행에서야 도착할 수 있었고, 무반동소총 2개 팀과 박격포 2개 팀 등 중화기 화력의 대부분은 데려오지도 못했다. 전투에 참가하기 위해 기차를 타고 안성으로 이동하는 미군을 보며 한국인들은 열렬히 환영했는데, 미군 중위 윌리엄 와이릭은 지금 생각해보면 그들은 미군이 아니라 돌아가는 길에 자기들을 더 남쪽으로 피난시켜 줄 기차를 환영했던 것이라고 단정했다.

RCT(연대전투단) 사령관 딘 장군은 부대를 세 그룹으로 나누어 서로 간에 교신도 끊은 채 각기 다른 곳에서 싸우도록 했다. 딘 장군은 여전히 자신의 임무가 비교적 쉽고 간단할 뿐 아니라 미군 제복이 모든 것을 해결해낼 것이라고 믿었다. 스미스 중령이 이끄는 특수임무부대는 사기가 높았다. 그들은 전방으로 이동하면서 후퇴해야 할 경우를 대비해 다리에 폭탄을 설치하느라 분주한 한국군 공병부대를 통과했다. 그들은 한국군의 비겁함을 비난하면서 폭발물을 강물에 던져버렸다. 스미스 중령은 훗날 "우리들의 마음속에는 후퇴나 재앙에 대한 생각은 전혀 들지 않았다."라고 회고했다.

7월 5일 아침, 스미스 중령과 그의 병사 540여 명은 오산에서 북쪽으로 2마일 떨어진, 간선도로가 잘 보이는 고지대에 진지를 구축했다. 포병 지원단의 대부분은 여전히 부산에 남아 있었다. 오전 7시, 로렌 스미스라는 이름의 하사관이 8대의 적 전차를 발견했다. "이봐요, 중위님, 저기 좀 보세요. 믿어지십니까?!" 필립 데이 중위는 저것들이 뭐냐고 물었다. "저건 T-34 전차입니다, 중위님. 저들이 우리에게 친절하게 굴 것 같지 않은데요." 낮게 포복한 듯 위협적인 자세로 다가오는 그것들은 분명 T-34였다. 그 뒤로는 보병 부대가 열을 지어 따르고 있었고, 또 뒤에는 25대의 전차가 일렬로 따라오고 있었다. 이것은 단지 좁은 도로를 따라 6마일 정도 길게 늘어서 진군하던 대규모 부대의 선봉에 불과했다. 스미스 대령의 부하들은 포격을 준비했다. 오전 8시가 조금 지나서 전차가 1마일 정도 거리까지 다가오자 스미스 중령은 발포 명령을 내렸다. 하지만 4.2인치 박격포는 아무런 쓸모가 없었다. 스미스 중령 팀에게는 대전차 고폭탄(HEAT)이 겨우 6발뿐이었다. 미군은 계속 포격을 가했고, 점점 더 많이 명중시켰지만, 탱크는 여전히 다가오고 있었다.

탄약을 아껴야 했기 때문에 스미스는 적의 전차가 700야드 거리까지 접근하기 전에는 75mm 무반동포는 대기하고 있으라고 명령했다. 무반동포는 명중률이 높았지만 전차를 파괴하지는 못했다. 전차가 보병 진지에 접근하자 스미스의 바주카포병 일부는 위험을 무릅쓰고 30야드 거리까지 접근해 사격했다. 그러나 실질적인 직사거리 안에서 쐈는데도 아무 소용이 없었다. 105mm 곡사포와 대전차고폭탄을 사용한 다음에야 전차 두 대를 파괴할 수 있었다.

전투가 시작된 지 한 시간도 채 되지 않아 스미스의 병사 20명이 사망하거나 부상을 입었고, 29대의 탱크가 그들을 뚫고 지나갔다. 오후에 접어들면서 스미스는 후퇴 명령을 내렸고, 많은 병사들이 무기를 버리고 도망쳤다. 스미스 자신도 사망자와 부상자를 남겨둔 채 떠나야 했다. 한국전쟁이 시작된 것이다.

10년 후의 베트남전쟁과 달리 한국전쟁은 컬러TV로 생중계되지 않았다. 한국은 아직 전화선이 구축되지 않았고, 너무 먼데다 낯선 지명들 때문에 한국전쟁은 그 이전의 큰 전쟁들과 달리 라디오 뉴스의 관심권에서 벗어나 있었다. 한국전쟁의 주요 보도는 일간지 기자들에 의해 이루어졌다. 그들은 미국인 대부분이 관심도 없고, 이런 냉혹한 뉴스에 집중해야 할지 확신도 못하는 국가에서 벌어지는 극적인 사건이나 영웅담, 그리고 비극에 주목했다. 미국은 전쟁이 지속되는 동안에는 잘 참아냈지만, 전쟁이 끝나자마자 그것을 잊어버리고 싶어 했다. 제2차 세계대전이나 베트남전쟁과는 다르게, 한국전쟁은 소설이나 연극, 심지어 영화와 같은 예술계에 아무런 영감을 주지 못했다. 적절하게도, 전쟁을 다룬 가장 최근의 역사서 제목이 〈잊혀진 전쟁〉인데, 이는 원래 매튜 리지웨이 장군이 썼던 용어이다. 전쟁 발발 40년이 지난 현재까지 워싱턴에는 한국전쟁을 기리는 기념비가 존재하지 않는다.[28] 한국전쟁이 미국 대중문화에 기여한 가장 유명한 공헌은 영화와 텔레비전 시리즈 〈M*A*S*H〉였으나, 그마저도 대중들은 한국보다는 베트남을 떠올리곤 했다.

스미스가 부하들을 다시 집합시키는 데까지는 5일이 걸렸다. 한 미군 병사는 후에 이렇게 회고했다. "적군은 구식 소총으로 무장한 오합지졸이 아니라 잘 훈련되고 결연한 병사들이었으며, 그들의 무기 대부분은 우리들만큼이나 현대화된 것이었죠. 그들은 거칠게 돌격하는 대

신 중화기를 사용했고, 이중 포위망이나 후퇴 경로를 차단하는 경계 사격, 침투 등의 전법을 능수능란하게 구사했어요." 전쟁의 첫 몇 주는 그렇게 흘러갔다. 미군은 준비가 되어 있지 않았고, 하위 부대들의 지도력은 종종 끔찍할 정도로 형편없었다. 전설적인 울프하운드 연대장이자 전쟁 초기 영웅 중 한 명인 존 마이클리스 대령은 미군들이 자신들의 무기는 물론 보병 생활과 생존 법칙의 기본조차 모른다고 생각했다. "그들은 공산주의와 미국의 차이점에 관한 강의를 듣는 데 많은 시간을 할애하면서도 실탄이 날아다니는 전장에서 꼭 필요한 포복 훈련을 받는 데는 충분한 시간을 내지 못했죠. 그들은 철저한 보호와 보살핌을 받았고, 안전하게 운전하고, 전쟁 채권을 사고, 적십자사에 기부하고, 성병을 피하며, 고향의 어머니에게 편지를 쓰라는 말만 들어왔어요. 누군가는 기관총이 작동하지 않으면 이를 청소하는 방법을 알려주었어야 했습니다." 마이클리스는 미군 병사들이 장비의 포로가 되어 있다는 사실을 처음으로 깨달은 사람이었다. 그의 표현을 빌리자면, "그들은 도로에 너무 익숙해서 스스로 다리 쓰는 법을 잊어버렸어요. 정찰 임무를 위해 순찰대를 보내면 0.75톤 트럭에 올라타고 도로로 나서는 것부터 시작했죠."

단순한 게임처럼 시작된 전쟁이 미군들에게는 군사적 악몽으로 변해버렸다. 그들은 고향에서 수만 마일 떨어진 이 황폐한 나라의 누구도 전쟁이라고 부르지 않는 전쟁에서, 조국으로부터 버림받듯 내던져 있었다. 그들과 함께, 또 그들을 위해 싸우고 있는데도, 한국군은 끊임없이 무기를 내던지고 달아나는 것 같았다. 날씨 또한 견디기 힘들었다. 연중 가장 무더운 한국의 여름이 한창이었고, 대개 이 무렵이면 대지를 식혀주던 소나기마저 좀처럼 쏟아질 기미가 보이지 않았다. 마실 물이 없어서, 갈증에 허덕이던 병사들은 정수기를 사용하지 않고 논물을 퍼서 마시기도 했다. 처음에는 누그러질 줄 모르는 무더위와

장 질환으로 인한 사상자가 적군에 의한 사상자 숫자만큼이나 많았다.

미군들의 첫 일주일은 훌륭한 천연 방어선인 금강을 배후로 참호를 파면서 보냈다. 그 한 주 동안 나쁜 소식이 연이어 들려왔다. 미군 2개 연대가 거의 전멸당하면서 사상자와 실종자가 3,000여 명에 달했다. 북한 인민군으로서는 엄청난 심리적 승리를 거둔 셈이었다. 워싱턴은 여전히 충격에서 헤어나지 못하고 있었다. 맥아더는 필요하다고 생각한 방대한 병력 목록을 작성하기 시작했다. 해병전투연대, 제2보병사단, 82공수연대의 전투단, 11개 포병대대, 중형전차 3개 대대로 구성된 기갑부대 등이었다. 국방부의 매튜 리지웨이(Matt Ridgway)는 맥아더가 원하는 대부분을 주선해주었다. 또한 그는 3.5인치 바주카포와 탄약을, 특별 교육 팀과 함께 한국으로 급파하여 전쟁의 공포가 확산되는 것을 막았다. 그는 이를 자신의 사명으로 여겼으며, 자신의 부하들로 하여금 이 무기들을 공장으로부터 선적 장소, 그리고 부산까지 안전하게 인도하도록 조치했다. 통상적인 실수가 있어서는 안 된다는 것이 그의 판단이었다. 첫 충돌이 발생한 지 6일 만인 7월 10일, 3.5인치 바주카포 20여 문과 탄약 1,600발이 급송되었다.

워싱턴에서는 110억 달러에 달하는 새로운 추가경정예산이 서둘러 통과되었다. 방위군 4개 사단에 해당하는 92개 방위군 부대와 전체 해병대 예비군이 소집되었다. 제29보병연대의 2개 대대 등 몇몇 부대는 6주간 훈련을 받기로 되어 있었으나, 한국에 도착하자마자 10일간의 집중 훈련을 받는 것으로 지침이 바뀌었다. 하지만 부산에 도착하자마자 상황이 너무 위급하다는 말이 들려왔다. 그들은 집중 훈련을 받는 대신 3일 동안 장비를 배급받고 무기 조준을 마쳐야 했다. 그러나 그 명령조차 철회되었다. 장교들의 격렬한 항의에도 불구하고 그들은 즉각 진주로 배치되었다. 도착한 지 하루 만에 그들은 자신들이 최전방에 와있음을 깨달았다.

두 번째 맞은 일주일도 첫 주보다 나아진 것이 거의 없었다. 인민군은 계속 미군을 밀어붙였다. 제24사단은 심한 타격을 입었다. 부대는 연이어 끔찍한 참패를 당하며 후퇴한 후 재편성되곤 했지만 곧 또다시 패퇴했다. 3주간의 전투 끝에 제24사단의 전력은 절반으로 줄어들었고, 처음 파병되었던 16,000여 명 가운데 거의 절반쯤만 전투를 계속할 수 있었다. 병사 2,400여 명이 사망했거나 실종되었다. 미군 역사상 최악의 시기였다. 그러나 점차 새로운 병력이 미국으로부터 투입되고 있었다. 장비의 질도 개선되고 있었다. 중요한 문제는 이 소수의 미군 병력이 바다까지 밀려나기 전에 시간과의 싸움에서 승리할 수 있느냐는 것이었다. 자칫하면 아시아의 덩케르크[29]가 될 수도 있었다. 제8군 사령관에 취임한 월튼 워커(Walton Walker) 장군은 점점 더 촉각을 곤두세웠다. 그가 직접 권총을 들고 T-34 전차를 뒤쫓았으며, 적의 전차를 막기 위해 바주카포 부대를 이끌고 나가서 사거리 내에 들어온 전차 한 대를 실제로 파괴시켰다는 믿을 만한 뉴스도 있었다. 그는 "내가 직접 전차 한 대를 잡았다."라고 말한 것으로 보도되었다. 대대장 모건 히슬리가 도착했을 때, 워커는 공항에서 그를 맞이하며 "자네를 강으로 보내 죽게 할 참이네."라며 인사했다.

7월 말, 워커 장군은 상주에 위치한 지휘소로 여러 부대 지휘관들을 불러 모았다. 그는 도움이 절실하다며 말을 꺼냈다. "우리는 시간과의 싸움을 벌이고 있다. 더 이상은 후퇴나 철수, 전선 재조정 등 그 어떤 말도 쓰지 않겠다. 우리 뒤에는 물러설 수 있는 어떤 방어선도 없다. 모든 부대들이 적을 혼란에 빠뜨리고 균형을 깨뜨리기 위해 반격에 나서야 한다. 어떤 형태의 덩케르크도, 바탄[30]도 없을 것이다. 부산까지 후

29　프랑스 북부의 항구도시. 제2차 세계대전 초반인 1940년 5월말, 영국은 많은 선박을 동원하여 독일군에 쫓겨 덩케르크 해변까지 후퇴한 영국군 338,000명을 구출했다.
30　태평양 전쟁 초기인 1942년 4월, 일본군이 70,000명의 미군과 필리핀군 전쟁포로를 학대한 행

퇴한다면 역사상 가장 참혹한 학살극이 벌어질 것이다. 우리는 끝까지 싸워야 한다. 저들에게 붙잡히는 것은 스스로 죽는 것보다 더 끔찍한 일이다. 우리는 한 팀으로 싸울 것이다. 우리 중 누군가가 죽어야 한다면 함께 싸우다 죽을 것이다. 후퇴하는 자는 수천 명의 전우들의 죽음에 대한 책임을 면치 못할 것이다. …우리는 방어선을 지킬 것이다. 우리는 승리할 것이다."

워커의 부하 지휘관들은 그가 상황을 과장하고 있다고 생각했다. 물러설 수 있는 또 다른 방어선이 있으며, 북한군을 지치게 해서 더 큰 대가를 치르게 만들 수 있다고 그들은 판단하고 있었다. 서서히 미군이 반격에 나서기 시작했다. 거리가 좁혀지면서 미군들의 통신망은 개선되어갔고, 부대를 운용하는 워커의 능력도 자리를 잡아 갔다.

이와 반대로 북한군의 통신선은 이제 너무 길어졌고 끊임없는 폭격으로 부담이 가중되고 있었다. 유엔군은 8월 1일 낙동강을 건너 후퇴했고, 이것이 그들의 마지막 방어선이었다. 8월 2일에는 주요 고속도로와 철교를 폭파했다(이 과정에서 멀리 벗어나 있으라는 명령을 거부한 피난민 수백 명이 사망했다). 이곳이 부산 방어를 위한 배수진이었는데, 강이 북에서 남으로 100마일쯤 흐르다가 다시 동쪽으로 대략 50마일쯤 더 이어지는 지점이었다. 동쪽에는 일본해가, 남쪽에는 한국 해협이, 북쪽에는 인민군의 움직임을 제한하는 험준한 산이 가로막고 있었다. 미 8군은 서쪽으로 길게 걸쳐있는 전선을 따라 강력한 적군과 대치하고 있었다. 미군들은 군데군데 흩어져 있었지만 뛰어난 기동력을 보유하고 있었다. 철도와 도로를 통해 부대를 이동시킬 수 있었으며, 부산항에서 막 하역한 보급품을 전방으로 급히 수송할 수 있었다. 또한 미군은 암호를 부주의하게 다룬 북한군 덕분에 적의 움직임을 자세히 파악

위를 일컫는다. 당시 포로로 잡힌 70,000여 명 중 10,000여 명이 죽임을 당했다.

하고 있었다. 그들은 간단한 암호를 일주일에 한 번씩만 바꾸면서 사용하고 있었다. 미군은 단 하루 정도면 그들의 암호를 해독할 수 있었다. 따라서 워커는 북한군의 거의 모든 작전 계획을 미리 알고 있었으며, 병력을 이동시켜 공격을 막아낼 수 있었다.

서서히 전세가 바뀌고 있었다. 8월 초가 되자 한국군을 포함한 유엔군은 수적으로 인민군보다 우세해졌다. 미 8군은 6,000명이 넘는 끔찍한 사상자를 냈지만 북한군도 마찬가지였다. 미군이 추정한 인민군 사상자 수는 35,000명 정도였다. 하지만 이후 포로 심문을 통해 면밀히 분석한 결과 너무 조심스럽게 판단한 것으로 판명되면서 사상자 숫자는 58,000명으로 상향 조정되었다. 북한군은 기습적으로 진행된 첫 번째 총공세에서 최정예 병력과 장비의 대부분을 써버렸다. 이제 그들은 정예 병력을 새파란 신병들로 대체하고 있었는데, 그들 중에는 부산으로 진격하는 과정에서 자의반 타의반으로 징집된 남한 출신 병사들도 포함되어 있었다. 150여 대에 달하던 전차도 40여 대로 줄어들었다. 전세가 역전되고 있었지만 모두가 이를 인지하지는 못했다. 만약의 상황을 위한 덩케르크 방식의 대규모 부산 철수 계획도 여전히 극비리에 준비되고 있었다. 1950년 여름, 미국은 한 번도 경험해보지 못했던 세계로 마지못해 끌려 들어가고 있었고, 당시의 한반도 상황은 미국인들 사이에서 최악의 공포심을 확대시키고 있었다. 이 작은 전쟁이 확전으로 이어질 위험성은 여전히 존재했다. 애버렐 해리먼과 리지웨이 장군은 도쿄로 맥아더를 찾아가 그런 일이 일어나지 않도록 해달라고 요청했다. 맥아더는 확신에 차 있었다. 중국이 이 전쟁에 개입한다면 그들에게 충격적인 타격을 가해, "아시아를 뒤흔들고 공산주의를 끝장내버리겠다."라며 큰소리를 쳤다. 겸손이 결코 그의 장점은 아니었다.

제5장

한국전쟁 II
: 맥아더의 승리와 오만

더글러스 맥아더는 13년 동안 귀국하지 않았다. 트루먼은 두 번씩이나 그에게 감사장을 수여하겠다며 초청했지만, 맥아더는 도쿄의 일이 너무 바쁘다며 사양했다. 대통령의 요청은 사실상 명령이었기 때문에 트루먼과 조지 마셜은 몹시 격분했다. 트루먼은 맥아더가 귀국하지 않는 배경에는 정치적 이유가 있다고 생각했다. 대통령 예비선거에 맞춰 극적으로 귀국해서 공화당 지지층을 결집시키려는 의도라는 것이다. 맥아더의 설명은 간단했지만 예상대로 자만심이 넘쳤다. 그는 보좌관에게, "몇 주만이라도 귀국해 있으면 미국이 동양을 포기한다는 소문이 태평양 전역에 퍼질 것이기 때문에" 귀국할 수 없었다고 말했다.

1950년 당시 일흔 살이었던 그는 장기간의 군복무를 통해 자신의 신화를 이어온 비범한 인물이었다. 트루먼이 의심했던 것처럼 그는 백악관 입성을 갈망했지만 정치 분야에서는 의외로 서툴렀다. 그는 극우파의 사랑을 한 몸에 받으며 다양한 극우적 인물들과 정기적인 연락을 주고받았을 뿐만 아니라, 자신은 뉴딜이 서구 문명의 종말을 뜻한다는 그들의 견해에 동조하고 있다고 믿도록 함으로써 그들을 고무시켰다. 1944년 초, 존 맥카튼(John McCarten)이라는 작가는 〈아메리칸 머큐리〉(The American Mercury) 기고문에서 "가장 노골적인 미치광이들을 포함한 정치적 극우파들이 맥아더에게 열광하는 게 그의 잘못은 아닐지라도, 분명 그에게는 불운이었다."라고 썼다.

모든 사람이 그가 이 특별한 전쟁에 적합한 지도자라고 생각한 것은 아니었다. 그의 나이는 전투 사령관으로서 일반적인 기준보다 많았고, 그의 명성은 그가 보고해야 할 민간인들보다 높았다. 그는 야전 사령관이라면 전술뿐만 아니라 전략적으로도 의사 결정권을 가져야 한다는 생각을 고수하고 있었다. 그는 자신이 수행하려는 계획을 정당화하기 위해 상사에게 정보를 꾸며서 전달하는 사람으로도 동료들 사이에서 유명했다. 맥아더의 부관으로 필리핀에서 함께 근무하던 시절부터 아이젠하워는 "워싱턴에 제공해야 할 정보와 보류해야 할 정보"를 놓고 올림포스의 신들처럼 결정을 내리던 맥아더의 스타일을 잘 알고 있었다. 이런 스타일은 한국에서 벌어진 새로운 종류의 제한된 전쟁, 즉 다양한 정치적 결정과 맥아더의 사명감과는 상관없이 확실한 실용성이 요구되는 전쟁에서는 특히 문제일 수 있었다. 아이젠하워는, 그의 표현을 빌리자면 "건드릴 수 없는 인물(an untouchable)"보다는 젊은 사령관이 그 자리에 훨씬 더 적합했다고 생각했다. 또한 맥아더에게는 아시아에서 자신의 임무를 신을 믿지 않는 적에 대항하는 성전의 지도자로, 거의 종교적인 시각에서 바라보고 있었다는 위험성도 있었다.

그럼에도 불구하고 1950년에 더글러스 맥아더는 미국 역사상 가장 찬란한 경력의 정점에 서 있었다. 그는 18세에 미 의회의 명예훈장을 받은 남북전쟁의 영웅이자 나중에 필리핀 반란 당시 미군을 지휘했던 아서 맥아더의 아들이었다(그의 부관 중 한 명은 "아서 맥아더는 그의 아들을 만나기 전까지 내가 겪어본 사람 중 가장 과시적이고 자기중심적인 사람이었죠." 라고 말했다).

그의 어머니 핑키는 군대가 남편을 제대로 존중해주지 않는다면서 남편의 진급과 더 나은 보직을 위해 남편의 상관들과 끊임없이 연락했다. 그녀는 그 일에 큰 성과를 내지는 못했는데 말년에는 그 에너지를 젊은 아들에게 쏟았다. 웨스트포인트 최종 입학시험을 앞두고 아들이 구토증에 시달리자 그녀는 이렇게 다독였다. "더그, 용기만 잃지 않으면 합격할 거야. 네가 스스로를 믿지 않는다면 아무도 너를 믿어주지 않아, 아들아. 자신감과 자립심을 갖고 임하면, 비록 실패하더라도 최선을 다했다는 것을 깨달을 거야. 자, 힘을 내자." 그는 수험생 가운데서 최고 성적으로 합격했다.

그녀는 아들과 웨스트포인트까지 동행했고, 4년 동안 인근 호텔에 머물며 그를 보살폈다. 그녀는 아들이 어떤 여성과 진지하게 사귀려 할 때마다 대부분 차단시켰다. 사실 그의 첫 번째 결혼 생활도 핑키 때문에 파경을 맞았다. 그녀는 아들에게 "너는 반드시 네 아버지처럼 훌륭한 남자로 성장해야 한다."라고 말하곤 했는데, 그 말은 당연히 그의 책임감을 상기시키는 역할을 했다. 그녀는 아들의 출세를 위해 남편의 오랜 군복무로 맺어진 인맥을 천연덕스럽게 총동원했다. 젊은 맥아더가 제1차 세계대전 당시 여단장으로서 영광을 누리고 있을 때조차도 핑키는 육군부 장관 뉴턴 베이커(Newton Baker)에게 편지를 썼다. "저는 맥아더 대령이 준장으로 진급할 수 있기를 간절히 바랍니다. 그의 진급은 오직 당신을 통해야만 바랄 수 있는 것이죠." 베이커가 답장을 보내지 않는다고 해서 그녀의 의지가 꺾일 리는 없었다. 몇 주 후, 그녀는 다시 편지를 보냈다. "그가 자부심과 열정으로 이뤄낸 훌륭한 업적과 실제 전투에서 얻은 명성을 고려할 때, 그를 장군으로 진급시키면 군 전체가 거의 예외 없이 박수를 보낼 것이라고 믿습니다."

얼마 지나지 않아 그는 진급하여, 서른여덟 살에 육군 최연소 사단장이 되었다. 당시부터 그는 자신을 아버지와 대등하게 만들 수 있는 명예훈장 수여를 본부의 동료들이 거부한 일에 대해서 다소 피해망상적인 반감을 가지고 있었다. 1930년에 그는 육군참모총장이 되었는데, 그 과정에서 자신은 물론 핑키의 입김도 적지 않게 작용했다. 그녀는 당대 최고의 미군 장성이었던 블랙 잭 퍼싱(Black Jack Pershing)에게 이런 편지를 보냈다. "당신은 군에서 막강한 영향력을 지니고 있기 때문에 펜대 한 번만 휘두르면 그를 진급시킬 수 있을 겁니다. 당신은 저를 한 번도 실망시킨 적이 없었죠." 아들이 참모총장이 되었을 때, 그녀는 그를 이렇게 칭찬했다. "네 아버지가 지금 널 볼 수만 있다면, 더글러스, 넌 네 아버지의 가장 소중한 존재일 텐데!" 이제 그녀는 아예 그의 숙소에서 함께 거주하면서 안주인 노릇을 했고, 그는 매일 그녀와 점심을 함께 하기 위해 숙소에 들렀다.

맥아더는 완전한 나르시시스트였다. 그는 영리하고, 재능 있고, 까다롭고, 능수능란하며, 매우 정치적이며, 과장이 심하고, 감정 기복이 심한 인물이었다. 그가 가장 좋아하는 대명사는 1인칭 대명사였다. 언젠가 필리핀으로 다시 돌아오겠다는 약속을 담은 그의 유명한 성명서를 보자면, 우리는 돌아올 것이라는 문장 대신 내가 돌아올 것이라고 되어 있다. 그는 부하 지휘관들과 영광을 나누지 않았으며(그걸 약점이라고 생각했다), 그의 참모본부는 항상 모든 승리를 그에게 돌려야 했다. 한번은 그가 로버트 아이첼버거(Robert Eichelberger) 장군을 불러, 아이젠하워가 왜 브래들리나 패튼 같은 부하들에게 많은 인기를 누리도록 허용하는지 이해할 수 없다고 말한 적도 있었다. 태평양에서는 결코 있을 수 없는 일이었다.

대부분의 자기 중심적(Narcissistic) 인물들과 마찬가지로 그 또한 자신의 삶과 그 속에서 자신의 역할을 이상화했다. 그는 스스로 완벽함을 추구했으며, 실수를 할 때면 이를 인정하거나 책임지려고 하지 않았다. 그런 실수에 대한 비난은 대부분 그의 몰락을 노린다고 의심받는 라이벌에게 전가하기 일쑤였다. 한국전쟁이 발발하고 도쿄에서 한국으로 건너간 첫 미군 병력의 수준이 형편없다고 드러났을 때도 맥아더는 자신의 휘하 부대였음에도 불구하고 책임을 지지 않았다. 오히려 그는 국방부를 비난했다. 마치 다른, 형편없는 장군들이 망쳐놓은 부대를 지휘하기 위해 먼 행성에서 불려 나온 사람처럼 행동했다.

그는 밖으로 드러나는 자신의 외관에 집착했는데, 그러한 집착은 이 외관이 자신의 신화 형성에 얼마나 기여하는 지에도 마찬가지였다. 그는 늘 멋진 모습을 연출했으며, 심지어 제1차 세계대전 때는 규정에서 벗어난 옷을 입고 다니기도 했다. 당시 그와 만났던 한 유명한 초상화 화가는 그가 〈젠다 성의 포로〉(The Prisoner of Zenda)[31]의 페이지 속에서 튀어나온 것 같다고 생각했다. 언젠가 드와이트 아이젠하워는 한 여성으로부터 맥아더를 만난 적이 있느냐는 질문을 받고 이렇게 말했다. "만났다 뿐입니까, 부인. 워싱턴에서 5년, 그리고 필리핀에서 4년 동안 맥아더 밑에서 연극학을 배웠죠." 제2차 세계대전 중에 아이첼버거는 아내에게 암호 편지를 보냈다. 그 편지에서 맥아더의 암호명은 사라 베른하르트[32]에서 따온 '사라'였다. 맥아더는 인기와 명성에 중독되어, 자신이 정한 기자와 사진작가 없이는 아무 데도 가려고 하지 않았다. 포즈를 취하지 않은 그의 사진을 찍기란 사실상 불가능했다. 그

---

31   영국 소설가 앤서니 호프가 쓴 모험 소설.
32   19세기말부터 20세기 초반에 활동했던 프랑스 연극배우.

는 매순간 빛을 가장 잘 받는 곳이 어디이며, 턱을 어떻게 내밀어야 하는지, 모자를 어떤 각도로 써야 하는지 등을 꿰뚫고 있었다.

1950년 당시에 찍은 그의 사진들을 살펴보면, 그는 완벽한 시력을 지닌 날씬하고 매력적인 남자의 모습이다. 사실 그는 안경을 쓰고 다녔지만, 사진작가들에게는 그 모습을 결코 보여주지 않았다. 그의 공식적인 모습이 다소 인위적이고 드라마틱하게 보였다면, 그것은 그의 말투 때문이었다. 그가 하는 말을 들으며 어떤 사람들은, 빅토리아 시대의 억양으로 역사를 대변하는 것 같다고 생각했다. 군 경력을 끝마치면서 워싱턴에 보낸 그의 전보문은 지나치게 자의적이고 자기 정당화로 점철되어 있어서, "후손들을 위한 연설"로 불렸다. 그는 찾아오는 사람들과 간단한 점심을 하면서조차 서구의 미래와 동양의 부상을 주제로 이야기를 나눴다.

맥아더처럼 자기 신화를 창조하는 데 뛰어난 사람이라면 사실과 전설을 구별하는 게 때로는 어려울 수도 있을 것이다. 그럼에도 불구하고 그는 미 육군에서 가장 뛰어난 전략가이자 위대한 전사였으며, 조지 마셜의 냉정하고 동정심 없는 눈에도 "우리의 가장 뛰어난 장군"으로 보였다. 제2차 세계대전 중 태평양에서 그의 리더십은 동료는 물론 정치 지도자와 군사학자 등 모두를 놀라게 했다. 1942년 초부터 시작된 전투에서 그는 공군이나 해군의 지원이 거의 없는 매우 열세인 연합군을 이끌고 독창적인 작전을 펼쳤다. 그의 전략은 단순했다. 그는 일본군의 전력이 강한 지역에서는 거의 맞서지 않았고, 대신 일본군의 힘이 분산된 열도 지역에서 그들을 공략했다. 그는 와이키키에서 열린 회의에서 루스벨트에게 거칠게 정면 공격을 밀어붙이던 시대는 이제 끝났다고 말했다. 현대식 무기들이 그런 식의 공격을 구식으로 만들고 말았다는 것이다. 수많은 사상자를 낸 제1차 세계대전의 비인도적인 전투는 이제 종말을 고했다. 단지 이류 지휘관들만 정면 공격을 시도

했다. 그는 점점 늘어난 폭격기들을 첨병으로 활용했으며, 이를 위해 좋은 활주로를 제공할 만한 섬을 물색했다. 제2차 세계대전 동안 그 어떤 장군도 그보다 공군력을 더 잘 활용하지는 못했다.

그는 또한 병력을 활용하는 데에서도 비상한 재능을 가지고 있었다. 그는 일본군이 무엇을 할 것인지, 어디가 취약한지를 육감으로 꿰뚫어 보는 것 같았다. 그의 재능과 연합군의 기술력 향상, 그리고 적군의 자원 고갈이 겹쳐지면서 그의 작전은 완벽한 성공을 거두었으며, 그 덕분에 미군은 손실을 최소화할 수 있었다. 아이러니하게도 고정된 일본 기지와 대규모 일본군 수송부대라는 특정 공격 목표를 향한 성공적인 폭격은 그로 하여금 공군력의 전략적 능력을 과신하게 만들었다. 그는 그 대가를 한국에서 치러야 했다.

제2차 세계대전이 끝난 후 약 5년 동안 그는 일본에서 총독 역할을 수행했다. 그 일은 그와 일본인들의 욕구가 완벽하게 일치한 일이었는데, 일본인에게는 정복자를 숭배할 필요성이 있었으며 그에게는 숭배 받고 싶다는 갈망을 충족시켰다는 점에서 그랬다. 그는 스스로 아시아 전문가임을 자부했지만, 실제 능력에 대해서는 의문의 여지가 있다. 제2차 세계대전 직전에 그는 일본의 군사적 영향력을 심각하게 과소 평가한 바 있었다(맥아더의 정치적 야심을 항상 경계했던 루스벨트는 제2차 세계대전 직전에 맥아더가 작성한 오래된 보고서를 보관하고 있었는데, 맥아더는 이 보고서에 일본은 공군력의 한계로 인해 필리핀을 지킬 능력이 없다고 자신 있게 적어놓았다).

조 스틸웰(Joe Stilwell)과는 달리 그에게는 아시아에서 일어나고 있는 거대한 변화에 대해 자신에게 보고할 수 있는 명석한 지역 전문가가 없었다. 그의 연설과 대화 속에는 아시아 여러 나라들의 방대한 민족적, 역사적, 사회적 차이를 모호하게 만드는 "아시아인의 정신"과 "동양인의 정신"에 관한 단순하고도 인종차별적인 언급이 가득했다. 빅토리아 시대의 사고방식으로 아시아, 특히 중국에서 반식민주의 혁명의 열망이 커져가는 것을 볼 수는 없었다. 그가 잘 알고 있다고 생각했던 중국은 더 이상 존재하지 않았다.

부산 방어선에서 전세가 역전되기 시작했다. 8월이 지나가면서 미군의 입지는 나날이 강화되었다. 북한군은 실제적으로, 그리고 비유적으로도 병력과 탄약은 물론 기름까지 바닥나고 있었다. 이때가 바로 맥아더가 기다려온 순간이었다. 북한의 침공 직후 한국을 처음 방문한 순간부터 맥아더의 머릿속에는 하나의 전략이 자리 잡고 있었다. 한 번의 대담한 작전으로, 적의 전선보다 훨씬 뒤에서 상륙을 감행하겠다는 것이었다. 병력 대부분이 남쪽에 투입되어 있었기 때문에 적군은 준비되지 않았을 것이었다. 미군은 북쪽으로, 그리고 폭이 좁은 한반도의 동쪽으로 동시에 재빨리 진군하여 적군을 포위할 것이었다. 맥아더는 서해안에 있는 인천이라는 천혜의 항구도 이미 점찍어 두었다. 맥아더는 의구심을 품는 이들에게 이렇게 말하곤 했다. "이건 마치 선풍기와도 같네. 귀관이 벽에서 플러그를 뽑으면 선풍기는 멈출 수밖에 없네. 우리가 인천 앞바다에 상륙하면, 북한군은 철수하거나 항복할 수밖에 없을 것이네."

실상은 아무도 그의 견해에 동의하지 않았다. 해군은 자연적인 해변이 없기 때문에 이 계획이 비현실적이고 실제로 불가능하다고 생각했다. 배가 한 척만 침몰해도 항구 전체를 막아버릴 수 있었다. 조수간만의 차가 최대 32피트에 이를 정도로 격심했다. 이보다 더 심한 해변을 찾는다면 펀디 만 정도가 있었다. 앞으로 두 달 동안 해안선 전체가 뻘밭으로 변하기 전에 대형 상륙정을 깊숙이 밀고 들어갈 수 있을 만큼 조수가 높은 날은 단 3일, 즉 9월 15일과 27일, 10월 11일뿐이었다. 한 해군 장교는 "해상상륙작전에서 '하지 말아야 할 것'들의 목록을 작성해보라, 그러면 인천상륙작전의 정확한 실체를 알게 될 것이다."라고 말했다. 더구나 소련이 항구를 보호하기 위해 기뢰를 보내 북한을 돕고 있다는 증거도 있었다. 그럼에도 맥아더는 자신의 구상을 확고히 유지했다. 대안이 있다면 속도는 느리지만 지속적으로 전진하면서 매우 심각한 피해를 감당해야 하는, 한반도에 뼈와 살을 갈아 넣는 전쟁을 치르는 것뿐이었다. 그는 이를 "도살장의 소"에 비유했다.

8월 23일, 도쿄에서 인천상륙작전을 주제로 중대 회의가 열렸다. 합참의장 조 콜린스와 포레스트 셔먼(Forest Sherman) 제독이 맥아더를 설득하기 위해 도쿄로 향했다. 상륙작전을 꼭 해야 한다면 인천 남쪽에서 소규모로 진행하자는 안이 제기되었다. 8월 회의에서 해군 장교들은 차례로 일어나 인천상륙작전이 불가능한 이유와 위험성에 대해 설명했다. 마침내 맥아더가 연단에 섰다. 해군은 한 번도 자신을 실망시킨 적이 없다는 말로 그는 연설을 시작했다. 의구심을 표한 이들을 일축한 뒤에는 1인극 무대에 선 배우처럼 목소리가 높아졌다. "나는 운명의 초침 소리를 듣습니다. 우리는 당장 행동해야 하며, 그렇지 않으면 죽을 것입니다. 우리는 인천에 상륙할 것이고, 그들을 패퇴시킬 것입니다." 그의 독백이 끝나고 잠시 침묵이 흘렀다. 그때 셔먼 제독이 말했다. "감사합니다. 충분한 근거가 있는 훌륭한 발언이었습니다." 상륙작전을 지휘했던 제임스 도일(James Doyle) 제독은 후일 이렇게 회고했다. "만약 맥아더가 연극 무대로 진출했다면, 우리는 존 배리모어(John Barrymore)[33]의 이름조차 들어볼 수 없었을 것이다." 다음 날 셔먼의 긴장감은 그 어느 때보다 높아졌지만("나도 그처럼 낙관적이었으면 좋을 텐데."), 맥아더는 승리했다. 인천은 그의 것이었다.

9월 15일 아침, 미 해병대는 인천항 초입의 작은 섬 월미도에 상륙했

---

33   20세기 초반 무성영화와 브로드웨이에서 활약했던 미국의 유명 배우.

인천상륙작전 명령을 내리는 더글러스 맥아더 장군. 이 작전은 대다수 전문가의 조언을 무시한 채 강행되었으며, 맥아더의 마지막 위대한 승리로 기록되었다. 미군은 작전 성공의 후유증을 크게 겪어야 했는데, 작전의 성공은 맥아더에게 문민 통제를 초월했다는 과도한 확신을 심어주었고, 결과적으로 1950년 11월 말 압록강 근처에서 마주할 참혹한 패배를 사실상 피할 수 없게 만들었기 때문이었다. (사진 출처 CARL MYDANS/LIFE/TIME WARNER, INC.)

다. 어리고 경험 없는 병사들이 지키던 북한군 진지는 이내 와해되었다. 그날 오후 13,000명의 미 해병대가 미미한 저항을 물리치고 해안에 상륙했다. 전사자는 21명에 불과했다. 북한군은 서둘러 퇴각했고,

인천과 서울 사이의 차단 지점들까지 최대한 물러났다. 유엔군에게는 인민군이 부산에서 북쪽으로 후퇴하기 전에 서둘러 서울을 점령하여 그들을 포위하는 일만이 남아 있었다. 이때가 맥아더에게는 최고의 순간이었다. 인천상륙작전 직전까지의 그가 '건드릴 수 없는 인물'이었다면, 이제는 신과 같은 반열에 올라 있었다. 미군 전사에서 최악의 패배 중 하나가 하룻밤 사이에 엄청난 성공으로 뒤바뀐 것이었다. 딘 애치슨은 맥아더 숭배자는 아니었지만, 훗날 그를 가리켜 "인천의 마법사"라고 불렀다. 매튜 리지웨이는 빈정대는 어조로, 맥아더가 "어느 부대원들에게 물 위로 걸어서 항구까지 진입하라고 명령했다면 누군가 그렇게 시도하는 사람도 나왔을 것이다."라고 말하기도 했다.

서울은 상륙작전 11일째 되던 9월 26일에 탈환되었다. 연합군이 멈추지 않고 진격했음에도 불구하고 대부분의 북한군은 무사히 퇴각하고 있었다. 미군은 일망타진을 노렸으나 실패했고, 40,000명의 북한군이 빠져나갔다. 맥아더의 군대는 38선까지 추격을 계속했다. 10월 1일, 유엔군 최초로 한국군이 38선을 넘어 진격했다. 상황이 급박하게 돌아갔고, 적군이 붕괴될 조짐을 보이는 상황이어서 워싱턴의 다수는 이 사실에 크게 동요하지 않았다. 다만 조지 캐넌(George Kennan)과 칩 볼렌(Chip Bohlen)을 비롯한 몇몇 중국 전문가들은 북한이 위성 국가이며, 38선을 침범한다면 베이징이나 모스크바에서 묵과하지 않을 것이라고 경고했다. 하지만 공산주의에 유화적이라는 비난을 받고 있던 트루먼으로서는 재빠르고 극적인 진격을, 달리 말하면 북한군의 사실상의 완벽한 패배를 늦출 수 있는 처지가 아니었다. 애버렐 해리먼은 이렇게 회고했다. "(휴전선을 넘지 않으려면) 초인적인 노력이 필요했을 것이다. 심리적으로 진격 작전을 포기한 채 일을 마무리한다는 것은 거의 불가능에 가까웠다." 사실 그 누구도 이 일이 무엇을 뜻하는지 파악하려는데 시간을 할애하지 않았다. 더 큰 문제는 최고위층, 특히 맥아더 사령부가 마오쩌둥의 군대에 대해, 그리고 그들이 장제스에게 거둔 놀라운 승리 이후 얼마나 엄청난 현대식 전투 기계로 거듭났는지에 대해 거의 완전히 무지했다는 점이다.

그렇게 미국은 당시까지의 냉전 중 가장 극적인 대립 상황으로 나아가는 과정에서 실수를 저질렀다. 한국군이 38선을 넘어선 순간부터 베이징에서 경고음이 울리기 시작했다. 연합군이 압록강을 향해 밀고 올라갈수록 경고는 점차 날카롭게 변해갔다. 영국군의 우려감은 점점 커졌지만, 맥아더는 그들을 겁쟁이 취급했다. 미군은 10월 7일 휴전선을 돌파했다. 다음 날 마오쩌둥은 그의 군대에 전투 준비 명령을 내렸고, 드디어 대규모 병력이 만주와 휴전선을 향해 움직이기 시작했다.

그제야 트루먼도 긴장하기 시작했다. 베이징의 경고음은 아득하지만 멈추지 않고 들려오는 북소리와도 같았다. 게다가 명민한 그로서는, 미군이 큰 성과를 거두고 있지만 대가를 치른 결과였으며, 이제부터는 보급선에서 점점 멀어져 적진 깊숙이 들어가고 있으며, 날씨 또한 추워지고 있다는 점을 알고 있었다. 10월 말, 그는 웨이크 섬에서 맥아더와 만났다. 두 사람은 자연스럽게 어울리는 사이는 아니었다. 한국전쟁이 발발하기 훨씬 전, 전통적이고 꾸밈없는 대중정치인이었던 트루먼은 맥아더를 상대해야 하는 어려움에 대해 이런 메모를 남겼다. "미스터 프리마돈나, 과시적인 고급장교, 오성장군 맥아더를 어떻게 다뤄야 할까. 그는 캐벗 가문이나 로지 가문의 인물들보다 더 까다로운 인물이다. 적어도 그들은 신에게 무엇을 고할지 말하기 전에 서로 대화를 나눴다. 그러나 맥아더는 신에게 곧바로 고하는 자이다. 주요 요직에 그런 꼰대들이 있다는 것은 매우 유감이다. 어떻게 로버트 E. 리, 존 J. 퍼싱, 아이젠하워, 브래들리 같은 이들을 배출해낸 국가에서 동시에 커스터, 패튼, 맥아더 같은 자들이 나올 수 있는지 도무지 모를 일이다." 물론 이 메모는 두 사람이 서로 알기 전에 쓴 것이다.

레이크 호지 상병이 자신이 직접 만든 부대 깃발을 들고 단장의 능선을 오르고 있다. 이 고지는 유엔군과 북한군 사이에 29일간 치열한 전투가 벌어졌던 곳으로, 이 전투에서 북한군 약 4개 사단이 궤멸되었다. (사진 출처 CULVER PICTURES)

웨이크 섬에서 두 사람이 만났을 당시 트루먼의 지지율은 극도로 낮았다. 따라서 중간 선거를 앞둔 마지막 몇 주 동안 그는 인천상륙작전 영웅에게 기대어 조금이라도 반사 이득을 얻기를 바랐다. 그는 맥아더가 면담 장소에 올 때 기자단을 대동하지 못하게 했다. 대신 백악관 기자단만 참석을 허용했다. 맥아더는 웨이크 섬에 먼저 도착했다. 트루먼의 조심성은 너무 지나쳐서, 그는 마지막 순간까지도 맥아더가 비행기로 다가와 자신을 맞이할지, 아니면 자신이 맥아더에게 걸어가야 할지 결정하지 못하고 있었다. 맥아더는 트루먼을 맞으러 비행기까지 찾아왔지만, 평소에 입던 대로 목이 훤히 트인 셔츠와 구겨진 야전 모자 차림새였다. (트루먼은 당시 상황을 이렇게 회고했다. "만약 그가 내 부대에서 그런 복장으로 돌아다녔다면, 그가 무슨 일인지 깨닫기도 전에 서둘러 체포했을 것이다.")

두 사람 모두 서로를 경계했지만 둘의 만남은 비교적 순조롭게 진행되었다. 트루먼은 중국의 의도를 우려했지만 맥아더는 그를 안심시켰다. 한국에서의 승리는 이미 결정되었으며, 북한의 저항은 추수감사절까지는 끝날 것이라고 맥아더는 말했다. 그리고 아마도 크리스마스까지는 미 8군을 철수시킬 수 있을 것이라고 덧붙였다. 트루먼은 중국의 개입 가능성을 두고 좀 더 강하게 몰아붙였다. 맥아더는 다시 그럴 가능성을 부인했다. 기껏해야 50,000~60,000명 정도가 압록강을 건너올 수 있으며, 그들이 평양까지 내려오려고 시도한다면 "엄청난 대 학살극이 벌어질 것"이라고 말했다. 이런 허풍은 명석한 지휘관으로서는 어울리지 않았다. 무엇보다도 이런 발언은 그가 중국 군대나 장제스를 패퇴시켰던 마오쩌둥의 전술을 연구해본 적이 없다는 것을 보여준다.

트루먼에게 승리를 약속했을 당시 그는, 장제스에게 승리를 거두며 강력한 중화민족주의의 힘을 내뿜고 있던 새롭게 현대화된 중국 군대를 염두에 두고 있지 않았다. 봉건사회로부터 벗어나지 못한 허약한 중국 군대의 모습만 그의 머릿속에 자리 잡고 있었다.

제6장

수소폭탄의 아버지들

: 에드워드 텔러와 스탠 울람

에드워드 텔러는 슈퍼(수소폭탄)의 개발을 추진하기로 하면서 자신이 한편으로는 원하고 다른 한편으로는 피하고자 했던 과학적, 정치적 명성을 다 얻을 수 있었다. 과학적 역할에 관한 텔러의 모순된 태도는 그가 수소폭탄 개발의 공로를 인정받고 싶으면서도 동시에 그것의 아버지로 불리는 것을 싫어했다는 점에서 특징적이었다. 텔러는 오펜하이머보다 네 살 아래였다. 오펜하이머처럼 그는 일찍부터 천재성을 드러냈으며, 그 사실을 숨기려고 하지도 않았다. 어린 시절 그는 가족들과의 저녁 식탁 자리에서 이렇게 말했다. "나한테 말 걸지 마세요. 해결해야 할 문제가 있거든요." 물론 그는 머릿속으로 수학 문제를 풀던 중이었다. 여섯 살 때 그는 분(60), 시간(3,600), 하루(86,400)의 초 단위를 계산하며 잠들곤 했다.

부다페스트의 부르주아 가정에서 자란 그는 어린 시절에 오펜하이머의 어린 시절만큼이나 보호받고 특권을 누렸다. 집안에는 요리사와 가정부, 유모가 있었다. 어린 에드워드의 놀라운 지적 성취도와 다른 분야의 성숙도 사이에는 분명 큰 격차가 있었다. 에드워드는 8세 때까지 양말을 신겨달라고 유모를 졸라댔다. 유모가 싫어하는 기색을 보이면 그는 유모가 자기보다 여동생을 더 편애한다고 비난했는데, 나중에 성인이 된 뒤에 그를 아는 사람들도 그의 이런 반응에 결코 놀라지 않을 것이다. 헝가리계 유대인으로서 텔러는 늘 지속적인 불안감을 지닌 채 살았다. 유대인은 헝가리 인구의 5%에 불과했지만, 언론인의 4분의 1, 의사의 절반, 변호사의 절반을 차지하고 있었다. 레닌의 제자였던 벨라 쿤(Béla Kun)은 1919년 모든 산업과 토지를 국유화하면서 헝가리에 첫 번째 공산주의 정권을 세웠다. 쿤과 그의 측근 대부분은 유대인들이었다. 쿤이 몰락하자 반유대주의가 극심하게 확산되었다. 몇 달 만에 미클로시 호르티(Miklós Horthy) 제독이 이끄는 우익 파시스트 정부가 탄생했다. 변호사였던 막스 텔러와 은행가 겸 면화 제조업체의 딸이었던 일로나 텔러는 쿤 치하에서보다 호르티 치하에서 경제적으로 더 나은 삶을 살았지만, 그 어느 때보다 문화적으로 고립되고 차별에 취약한 처지에 놓이게 되었다.

쿤이 집권했을 때 에드워드는 불과 11세였다. 당시 학교에는 반유대주의 정서가 상당했고, 사회성이 부족한 그는 더욱 심한 차별을 받았다. 한번은 수학 교사가 문제를 풀고 있을 때 그가 틀린 점을 지적하고 해답을 풀어냈다. 그러자 교사가 말했다. "그래 텔러 군, 넌 천재야. 하지만 나는 천재들을 좋아하지 않아." 또 다른 교사는 "신사 여러분, 유대인 여러분, 그리고 폴락(Pollack) 군[34]"이라고 학생들을 부르곤 했는데, 그는 폴락이 유대인 성씨인지 확실치 않다는 이유로 그렇게 부르고 있었다. 막스 텔러는 아들에게 가능한 한 빨리 헝가리를 떠나라고 권유했다. 18세 생일을 2주 앞두고 그는 카를스루에 공과대학으로 떠났다. 당시 독일은 신흥 자연과학 연구의 메카였을 뿐만 아니라 적어도 중부 유럽에 비하면 유대인에게는 오아시스와도 같은 곳이었다.

그 피난처는 오래 지속되지 못했다. 곧 히틀러가 등장했고, 나치 선전 조직은 아인슈타인과 함께 이른바 유대계 물리학자들을 공격하기 시작했다. 1933년 히틀러가 정권을 잡았을 때 텔러는 25세였다. 1년 후 그는 미국으로 건너왔다. 그의 탁월함을 의심하는 사람은 아무도 없었다. 언젠가 코펜하겐을 방문했을 때, 그는 또 다른 망명객 물리학자 오토 프리쉬(Otto Frisch)와 함께 닐스 보어(Niels Bohr)의 시골집에서 주말을 보내도록 초대받았다. 훗날 프리쉬는 불과 이틀 동안 연구 활동을 중단하게 되었는데도 텔러는 불안해했으며, 코펜하겐으로 돌아오는 기차 안에서 두뇌 게임을 하자며 졸랐다고 회고했다. 프리쉬는 그의 요청을 수락하면서, 그에게 8명의 퀸이 서로를 공격할 수 없도록 배치해놓은 체스 판을 상상해보라고 말했다. 텔러는 20여 분 동안 곰곰이 생각한 후 배치를 마쳤다고 프리쉬에게 답했다. 그런 다음 두 사람은 각자가 생각한 수를 외치면서 체스 판 없는 체스를 두기 시작했다. 프리쉬 또한 천재였지만, 텔러의 적수가 되지는 못한다는 사실이 이내 드러났다.

미국에서 텔러는 얼마 되지 않아 세계 최고의 물리학자들로 구성된 엄선된 그룹의 일원이 되었다. 그는 워싱턴에 거주하며 대학 강의를 했는데, 거기서는 전문가들의 회합이 자주 열렸고, 그런 모임은 종종

---

34 보통 학생들의 성만 보면 유대인 여부를 판별할 수 있는데 '폴락'이라는 성은 애매해서 별도로 분류해 불렀다는 뜻.

그의 집에서 마무리되곤 했다. 당시 그는 사교적이었고 음악 연주를 좋아했다. 상냥하고 외향적인 아내 미시 덕분에 그의 집은 동료 과학자들을 위한 살롱과도 같았다. 전쟁이 시작되기 수개월 전에 이들 과학자들은 보통 사람들보다 훨씬 강한 유대로 결속되어 있었다. 그들은 단순히 같은 직업을 가졌을 뿐만 아니라 대부분이 새로운 땅에서 망명 생활을 하고 있었고, 당시 대다수 미국인들과는 달리 유럽 전역에 드리운 어둠을 예민하게 인식하고 있었다. 그들은 함께 여행하고 숙소를 공유했다. 그토록 친밀한 사이였기에 텔러와 오펜하이머의 결별은 더욱 고통스러웠고, 긴밀하게 결속되어 있던 과학자들을 갈라놓았다. 몇 년 후, 한스 베테는 텔러와 오펜하이머의 결별을 화제에 올렸는데, 한때 공통점이 많았던 두 사람이 어찌 그리 가혹할 정도로 결별할 수 있었는지 이해하려고 노력했다면서 그 둘은 보통 사람들과 아주 달랐다고 묘사했다. "바이스코프와 저, 그리고 플라체크(Placzek) 같은 사람들은 전통적인 과학자들이었죠. 우리가 비록 완벽하게 이성적인 인간은 아니었지만, 우린 합리성을 가진 인간이었으며, 우리의 연구가 그런 결과물이었어요. … 하지만 오피와 텔러는 달랐어요. 둘 다 훨씬 더 감정적인 사람들이었는데, 텔러는 감정을 공개적으로 드러냈고, 오피 또한 똑같이 감정적이었지만 그는 감정을 좀 더 능숙하게 조절할 줄 알았죠. 그리고 그들이 더 감정적인 인물이었기 때문에, 그룹 내의 다른 사람들보다 히로시마 원폭 투하 이후에 그들에게 가해진 엄청난 압박감을 견디기 힘들어했어요. 게다가 핵물리학자로서의 정치적 중요성이 명백해지면서 더욱 그러했죠."

베테는 텔러가 여러 면모를 지니고 있었지만 팀 플레이어는 결코 아니었다고 지적했다. 처음에 그는 물리학계의 거장들 가운데 유일한 미국인으로 똑똑하고, 매력적이며, 무엇보다도 미국적이었던 오펜하이머에게 거의 매료된 듯했다. 겉으로 보기에 텔러만큼 오펜하이머와 다른 사람도 없었다. 그의 어두운 얼굴은 크고 덥수룩한 눈썹 때문에 더 사납게 보였다. 또한 그는 사교적인 성격에 변덕이 심했고, 로스 앨러 모스에서는 빠른 걸음으로 주변을 배회하면서 사람들을 혼란스럽게 하곤 했다. 텔러는 특별하고 명석한 인물이었지만, 제어되기 힘든 인 물이라는 느낌을 줬다. 오직 그에게 아버지 같은 존재였던 엔리코 페 르미(Enrico Fermi)만이 그를 진정시키거나 어두운 기분에서 벗어나게 할 수 있었는데, 그저 "에드워드, 에드워드!"라고 부르기만 하면 충분했 다. 페르미만이 유일하게 텔러를 놀릴 수 있었고, 또 그렇게 했다. 스탠 울람(Stan Ulam)은 훗날 페르미가 특유의 악센트로 "에드워드, 왜 헝 가리인들은 아무것도 발명하지 못했지?"라며 놀리던 일을 떠올리곤 했다.

텔러와 오펜하이머 사이의 특별한 관계가 오래 지속되기 힘들다는 건 거의 필연적이었다. 많은 사람들은 오펜하이머가 이론 부서의 책임 자로 한스 베테를 지명한 순간부터 그들 사이에 균열이 생겨났다고 믿 었다. 텔러는 그 자리가 자신의 것이라고 예상했었다. 베테는 훗날 이 렇게 회상했다. "내가 그 부서의 책임자로 지명되었다는 사실로 인해 텔러는 치명적인 상처를 받았습니다. 그는 원자폭탄 프로젝트가 시작 된 날부터 거의 모든 일에 참여해 왔고, 자신이 로스 앨러모스에서는 오펜하이머를 포함해 어떤 누구보다도 선배라고 여기고 있었습니다." 설상가상으로 빅토어 바이스코프가 부소장으로 임명되었다. 텔러는 자신이 바이스코프보다 과학자로서 더 낫다고 여기고 있었고, 그에게 그렇게 말하기도 했다. 그러자 바이스코프는 그게 맞는 말일 수도 있 지만, 동료들과의 관계는 자신이 더 낫다고 반박했다.

1942년 봄, 텔러는 수소폭탄 개발 허가를 얻기 위해 베테를 상대로 로비를 벌였다. 베테는 훗날 이 일을 냉정하게 지적했다. "과학적인 면 에서 텔러는 지나치게 풍부했어요. 그의 두뇌에서는 새 아이디어와 오랜 아이디어의 새로운 조합이 수시로 튀어나왔죠." 베테는 텔러에게 핵분열 폭탄에 집중해달라고 요구했지만 별다른 효과를 거두지 못했다. 전쟁 중에도 텔러는 핵융합 폭탄에 몰두했다. 베테는 오펜하이머를 비롯한 고위급 인사들과 텔러에 관한 대책을 논의했고, 잠시지만 그를 내보내야 한다는 말까지 나왔다. 결국 다른 이들이 핵분열 폭탄을 연구하는 사이 텔러에게 별도의 공간을 주어 핵융합 폭탄을 연구하도록 하자는 타협안이 나왔다. 한동안 로스 앨러모스에서는 텔러의 반대 의견과 남을 자극하는 성향, 사소한 모욕에도 민감하게 반응하는 모습 등이 농담 소재가 되기도 했다. 그러나 빅토어 바이스코프가 돌아본 바에 따르면, 실제로는 그때부터 커다란 정치적, 과학적 분열이 시작되고 있었다. 텔러는 수소폭탄을 둘러싼 입장 차이 때문에 전문가들 내부에서 고립되자, 과학계로부터 눈을 돌려 정치권에서 동조자를 찾기 시작했다. 그 시기부터 베테와 바이스코프는 텔러가 변해가는 것을 지켜봤다. 외향적이고 열정적이던 청년은 점점 더 어둡고, 더 신경질적이며, 더 강하게 반응하는 사람으로 바뀌고 있었다.

제2차 세계대전 직후 몇 년 동안 텔러는 미래에 대해 낙관한 듯 보였지만, 그런 날들은 점점 끝나가고 있었다. 헝가리로 돌아간 그의 가족은 부다페스트에서 권력을 장악한 가혹한 새 꼭두각시 정권에 의해 처벌을 받고 있었고, 텔러는 동유럽 전역에서 전개되고 있는 새로운 전체주의 체제의 실상을 맨 먼저 파악한 사람 중 하나였다. 그는 하나의 적이 또 다른 적으로 대체되었을 뿐이라고 믿었기 때문에 그의 정치적 입장은 동료들보다 훨씬 더 보수적으로 변해갔다. 엔리코 페르미는 전쟁 직후의 그를 두고, "그는 극도로 반공산주의자였고, 끔찍할 정도로 소련을 싫어했다."라고 말했다.

그에게는 격렬한 정치적 신념뿐 아니라 수소폭탄을 향한 과학적 집착이 대단했다. 수년 후, 텔러는 FBI 요원과 비밀리에 만나 오펜하이머가 허영심 때문에 슈퍼에 반대했으며, 이는 자신의 업적이 사장되는 것을 보고 싶지 않다는 욕망 때문이었다고 말했다. 동료들은 그의 진술이 오펜하이머에 관한 사실보다는 텔러 본인에 대해 더 잘 드러냈다고 여겼다. 텔러에게 자신의 경력과 정신 상태는 슈퍼와 함께 얽혀 분리될 수 없는 관계였다. 그래서 그가 볼 때 폭탄 개발에 반대한다는 것은 자신에게 반대하는 것이나 마찬가지였다. 동료였던 로버트 서버(Robert Serber)는 그가 완벽한 집착에 빠져 있었다고 말했다. 로스 앨러모스의 초창기 시절, 그가 슈퍼에 관한 계산을 하면 누군가, 아마도 한스 베테가 그가 한 계산의 허점을 지적하곤 했다. 그러면 다음 날 텔러는 아무 일 없었다는 듯 다시 계산을 시작했다. 서버는 1946년 4월 로스 앨러모스에서, 슈퍼의 계산을 검토하기 위해 개최했던 중요한 학회 하나를 기억해냈다. 서버를 비롯한 대부분은 슈퍼를 둘러싼 텔러의 예측이 지나치게 낙관적임을 발견했다. 서버가 보기에 텔러의 계산은 반쪽짜리, 사실상 추정에 불과했다. 서버는 텔러를 만나 최종 보고서를 수용할 수 없다고 밝혔고, 두 사람은 함께 보고서를 검토하고 수위를 상당히 낮췄다. 몇 달 후, 서버는 버클리 대학 도서관의 한 사서로부터 자신의 이름이 적힌 문서가 들어왔다는 전화를 받고 깜짝 놀랐다. 바로 학회 보고서의 원본이었다.

텔러는 H 폭탄에 집착하면서 처음에는 직업적으로, 나중에는 정치·사회적으로 동료들과 멀어지기 시작했다. 그는 영향력 있는 상원의원이나 공군 장성들과, 그리고 누구보다도 루이스 스트라우스와 친해졌다. 그는 갑자기 강인하고 유능한 정치 투사로 변신한 것 같았다. 정치적 환경은 텔러에게 유리하게 변했으며, 그는 이제 오펜하이머가 과거에 누렸던 접근 권한을 가지게 되었다. 1950년 봄, 텔러는 다시 한 번 오펜하이머에게 H 폭탄 프로젝트에 참여해 자신을 도와달라고 요청했지만 오펜하이머의 답변은 이랬다. "당신이 알다시피 나는 이 문제에 관해서는 중립입니다." 텔러는 분노했다. 과거의 일들이 떠올랐고, 오래된 상처가 다시 벌어졌다. 그는 오펜하이머가 고의적으로 자신을 방해하고 있으며, 오펜하이머는 과학계에서 누구보다도 더한 자신의 반대자라고 믿기 시작했다. 이는 그가 잘못 안 것이었다. 다른 주요 물리학자들은 훨씬 더 적극적으로 반대 목소리를 냈으며, 젊은 동료들이 이에 동참할 수 있도록 자신의 영향력을 공개적으로 행사했다. 하지만 오펜하이머 본인만큼 개인적인 명성의 중요성과, 자신이 로스 앨러모스로 돌아간다면 "내가 아무 것도 안하고 손가락만 튕기더라도" 큰 성공을 거둘 수 있으리라는 사실을 잘 알고 있었던 사람은 없었다.

그럼에도 불구하고 소련과의 긴장감이 고조되던 상황에서, 로스 앨러모스는 새로운 과학자 그룹과 함께 서서히 다시 재건되고 있었다. 한때 슈퍼 구상에 반대했던 많은 고위급 연구자들이 조언을 위해 복귀했다. 페르미는 개인적 선호와는 별개로 대통령이 정치적 결단을 내린 이상 과학자들이 방해할 일이 아니라고 생각했다. 한국전쟁이 발발한 후 베테는, 여전히 확신은 가지지 못한 채, 수소폭탄 제조가 불가능하다는 것을 입증할 수 있기를 반쯤 기대하며 돌아왔다. 하지만 수소폭탄 제조의 길은 쉽지 않았다. 아직 수학 방정식도 제대로 풀리고 있지 않았고, 텔러는 특별히 재능 있는 리더도 아니었다. 동료 연구자들은 텔러의 명석함을 인정하면서도, 그가 충분한 증거를 기다리지 않고 앞서 나간다는 느낌을 항상 가지고 있었다. 스스로 증명할 수 있다고 확신하기 전에는 어떤 발언도 하지 않던 조지 플라체크는 텔러가 구체적인 증거 없이 아이디어를 제시할 때면 그를 이렇게 놀리곤 했다. "그래, 에드워드. 당신 말이 맞을 수도 있고 중요할 수도 있지만 아직 증명하지 못했잖아." 펠릭스 블록(Felix Block) 또한 이렇게 말하곤 했다. "에드워드! 당신은 또 너무 앞서 나가고 있어요. 확실해질 때까지 기다립시다." 텔러는 수석 수학자 울람이 회의에서 자신을 비판하는 것을 싫어했다. 텔러와

비슷한 정치적 견해를 공유했음에도 불구하고 울람은 텔러가 비정상적
으로 어렵고, 고집스럽고, 외골수이며, 지나치게 야심적이고, 추종자들
에 둘러싸여 있을 때만 편안함을 느끼는 인물이라고 생각했다.

　슈퍼 개발에는 엄청나게 복잡한 수학 방정식들이 요구되었다. 슈퍼
개발이 완료된 지 수년 후, 안드레이 사하로프는 미국으로 건너가 미
국 과학자들과 만났다. 아이젠하워와 케네디의 과학 고문이었던 제롬
와이즈너(Jerome Weisner)는 클라우스 푹스의 첩보가 소련의 수소폭
탄 개발 과정에서 얼마나 도움이 되었는지 물었다. 놀랍게도 사하로프
는 "우리도 당신들이 받은 것과 같은 도움을 받았지만, 모두 잘못된 정
보였다."라며 반박했다. 실제로 슈퍼에 대한 계산은 마지막 순간까지
잘못된 것으로 남아있었다. 당시에 기계식 계산기만으로 무장한 수학
자 팀은 울람의 지휘 아래 길고 힘든 시간을 보내야 했다.

　수소폭탄을 연구하는 물리학자들에게 필요한 것은 높은 수준의 연
산을 엄청난 분량으로 처리할 수 있는 기계였다. 바로 그 순간, 한 수학
자 그룹이 우연하게도 구식 전기 계산기에 진공관을 장착하여 고속,
고성능 연산을 할 수 있는 현대적 기계로 탈바꿈시키려는 시도를 하
고 있었다. 이 새로운 발명품을 인간의 두뇌라고 부르는 이들도 있었
고, 컴퓨터라고 부르는 이들도 있었다. 초기 군용 컴퓨터 ENIAC는 너
무 늦게 도입되어 핵분열 폭탄 개발에는 활용되지 못했지만(로스 앨러
모스에서의 첫 계산은 1945년 12월에 수행되었다), 핵융합 폭탄 개발의 중요
한 시기였던 1950~1952년에는 상당한 도움을 받을 정도로 초기 컴퓨
터 모델의 구동이 진전되어 있었다. 선도적인 컴퓨터 이론가였던 프린
스턴 대학의 존 폰 노이만(John von Neumann)은 로스 앨러모스를 이끌
던 과학자들과 절친한 관계였다. 그는 컴퓨터의 논리 구조는 물론, 컴
퓨터가 무엇을, 어떻게 할 수 있는지에 대한 이해도에서 누구보다 앞
서 있었다.

새로운 기술의 핵심은 전자 기술의 등장이었다. 레이더는 전쟁에서 전자공학을 응용한 첫 번째 중요한 사례였으며, 전후 이 분야는 초기의 진공관에서 나중에는 트랜지스터에 이르기까지 혁명적인 변화가 있었다. 그것은 모두 중량과 속도에 관한 것이었다. 전통적인 전기 회로에는 전기로 움직여야 하는 작은 금속 스위치가 있었다. 이 스위치는 작고 무게도 거의 나가지 않는 것처럼 보였다. 하지만 그것과 대체될 것인 전자에 비하면 터무니없이 무거웠다. 전자의 무게가 훨씬 가벼워서, IBM의 톰 왓슨 주니어(Tom Watson, Jr.)에 따르면 "빛의 속도에 가까운" 속도로 훨씬 더 빠르게 이동할 수 있었다. 1940년대 후반에는 IBM 업무용 컴퓨터의 가장 빠른 전기 릴레이 시스템조차 초당 4회의 연산만 할 수 있었지만, 전쟁 중에 생산된 원시적 형태의 새로운 컴퓨터로는 약 5,000회의 연산이 가능했다. 이것의 과학적인, 그리고 산업적인 의미는 엄청난 것이었다. 공학적인 측면에서 볼 때 라이트 형제의 비행기가 마하3 제트기로 발전한 것과도 같았다.

존 모클리(John Mauchly)와 프레스퍼 에커트(Pres Eckert)라는 두 명의 젊은 엔지니어가 펜실베이니아 대학 무어 스쿨에서 최초로 작동하는 컴퓨터 에니악(ENIAC)[35]을 만들었는데, 그것은 주로 군사적으로, 즉 애버딘 시험장에서 탄도 궤적을 도표화하기 위해 사용되었다. 그것은 매우 불편한 기계였으며, 약 15,000평방 피트나 되는 공간을 차지하고 있었다. 1945년 톰 왓슨 주니어가 처음으로 ENIAC를 찾아갔을 때, 그는 방이 왜 이렇게 더운지 물었다. 그러자 에커트가 말했다. "이 공간에 18,000개의 라디오 진공관이 있기 때문이죠." 당시 31세에 불과했던 에커트는 이것이 바로 미래의 기계이며, IBM의 전기를 기반으로 한 기계들이 곧 계산기 세계의 공룡이 될 것임을 확신하고 있었다. 당시 왓

35　전자식 숫자 적분 및 계산기(Electronic Numerical Integrator and Computer).

초기 컴퓨터는 크고, 투박했으며, 느렸다. 그러나 컴퓨터의 발명과 사용 증가는 국방부와 일부 대기업에 막대한 가치를 제공했을 뿐만 아니라, 장차 소규모 기업과 일반 대중에게까지 기술 혁명의 시대가 열릴 것임을 예고했다. (사진 설명 CULVER PICTURES.)

슨은 그의 말을 믿지 않았지만, 곧 생각이 바뀌게 되었다.

그러나 컴퓨터의 잠재력을 예견한 진정한 선구자는 폰 노이만이었다. 그는 전쟁 중에 컴퓨터에 관심을 갖기 시작했다. 이미 당대 최고의 수학자로 평가받던 그는 경력 중반에 자신의 관심사를 완전히 새로운 방향으로 전환했다. 그는 1943년, 친구였던 오스왈드 베블렌(Oswald Veblen)에게 보낸 편지에서, 자신이 이 새로운 기계에 대해 지나칠 정도로 흥미를 가지고 있으며, 이 기계가 인간의 수학적 능력을 천문학적으로 확장시켜줄 것으로 믿고 있다고 썼다. 이런 집착으로 인해 그는 영국으로 돌아온 자신이 "더 나아지고, 더 불순해졌다."고 생각했다. 1944년 미 정부를 대표하여 ENIAC 계획에 참여했던 허먼 골드스타인(Herman Goldstine)은 애버딘에서 폰 노이만을 만나 모클리와 에커트의 연구에 관해 언급했다. 골드스타인은 폰 노이만이 이미 많은 지식을 갖고 있으며, 짧고 가벼운 대화에서조차 컴퓨터의 미래 기능에 대해 한발 앞선 생각을 하고 있다는 사실에 놀랐다.

그는 모클리, 에커트와 후속 기계인 EDVAC[35]를 개발하기 위해 긴밀한 공동 작업을 시작했다. 그 작업의 하나로 그는 어느 날 하루 만에 기계의 작동 원리를 이론적으로 설명한 101페이지 분량의 논문을 작성했다. 이 논문은 매우 독창적이고 설득력이 있었기 때문에 사실상 컴퓨터 사용에 관한 표준 입문서가 되었다. 이는 또한 모클리와 에커트를 화나게 했는데, 그들은 그가 자신들의 연구 공적을 가로채려 한다고 믿었기 때문이었다. (사실을 말하자면, 폰 노이만은 출판될 것이라는 기대를 전혀 하지 않은 채 논문을 가볍게 작성했다.)

폰 노이만은 재능이 매우 뛰어나서, 그의 동료들은 그를 특이한 억양을 가진 헝가리 사람으로 위장한 외계인이라고 놀리곤 했다. 초기 컴퓨터의 설계자 중 한 명인 그의 친구 허먼 골드스타인은 노이만에 대해 이렇게 회상했다. "그는 모든 것을 손쉽게 해치웠고, 모든 사람보다 훨씬 앞서 있어서 마치 모차르트와 같았다. 또한 그가 대단히 기민하고, 어디든 끼기 좋아하며, 수학과 관련된 것이면 무엇이든 해냈다는 점에서 체르나 미켈란젤로와도 같았다." 로스 앨러모스에서는 존 폰 노이만이 된다고 하면 반드시 되는 것으로 받아들여졌다. 존이 안 될 거라고 하면 안 되는 것이었다.

폰 노이만은 부다페스트에서 자랐는데, 에드워드 텔러와 유진 위그너(Eugene Wigner)가 그와 동창이자 학교 친구였다. 똑같은 유대인 상류층 부르주아 출신임에도, 폰 노이만은 텔러와는 달리 활기차고 재치가 넘쳤다. 그도 텔러처럼 어린 시절 반유대주의를 체험하고 결국 헝가리를 떠나야 했음에도 불구하고 그런 상황이 그의 비전까지 어둡게 만들지는 못했다. 그는 항상 최고 점수를 받은 모범생이었으며, 10세 때부터 수학 실력이 뛰어나 교사들은 그의 부친에게 개인교습을 받아 보도록 제안했다. 이후 8년 동안 그는 부다페스트 대학의 한 교수와 함

---

36 전자식 이산 변수 산술 계산기(Electronic Discrete Variable Arithmetic Calculator).

께 공부했고, 고등학교를 졸업할 무렵에는 그 교수와 공동으로 논문을 쓰기 시작했다.

허먼 골드스타인은 학생 시절 폰 노이만이 아무리 어려운 법칙이라도 45분 안에 풀 수 있다고 자랑하던 전설적인 인물 헤르만 바일(Hermann Weyl)의 강의를 수강했던 일화를 회고했다. 바일은 정말 45분 만에 문제를 풀었는데, 강의가 끝난 후 폰 노이만이 다가와 "바일 교수님, 보여드릴 것이 있습니다."라고 말했다. 그는 단 네 줄로 문제를 해결해버렸다. 골드스타인은 당대에 폰 노이만만큼 뛰어난 수학자는 있었을 수 있지만, 그보다 빠른 수학자는 없었다고 덧붙였다.

한 동료는 그의 연구실이 마치 치과 대기실 같았다면서, 젊은 수학자들이 폰 노이만에게 자신들의 방정식 풀이에 대한 도움을 얻기 위해 줄을 서 있곤 했다고 말했다. 한 번은 폰 노이만이 연필이나 종이도 사용하지 않고 즉석에서 방정식을 풀어준 일이 있었다. 며칠 후, 폰 노이만이 콘서트 장에 갔을 때 그 청년이 다가와서는, 그가 문제를 해결하는 모습에 너무 정신이 팔린 나머지 풀이 방법을 적지 못했노라고 수줍게 말했다. 폰 노이만은 다시 답을 적어 주었다. 청년은 그에게 감사 인사를 하고 사라졌다. 폰 노이만은 옆에 있던 허먼 골드스타인에게 말했다. "저 멍청이가 내가 방금 알려준 내용을 각주 하나 달지 않고 출판하려 한다는 것을 알아주셨으면 합니다."

그는 매사에 안절부절못하고 이내 싫증을 느꼈다. 친구들과 저녁 식사를 할 때조차 종종 핑계를 대고 연구를 계속하러 옆방으로 들어가버리곤 했지만, 그래도 친구들의 대화를 엿듣다가 관심 있는 내용이 있으면 끼어들었다. 그래도 친구들은 불쾌해하지 않았다. 그저 조니가 그런 친구라는 걸 그들은 이미 알고 있었다.

그는 매력적인 인간이었고, 미국 과학계라는 금욕적인 세계에 옛 시대부터 이어져온 열정적인 삶의 태도를 전파했다. 그는 수많은 농담과 이야깃거리를 기억할 수 있었을 뿐만 아니라 어떤 상황에서든 기꺼이 꺼내놓았다. 그는 항상 사람에 맞게 적절한 풍자시를 떠올릴 수 있었다. 그는 가끔 음담패설을 내뱉기도 했고, 언제나 게임을 즐겼다. 특히 자동차를 타고 갈 때 마주 오는 차의 번호판을 이용해 다양한 수학적 가능성을 계산하는 걸 좋아했다. 그는, 자신의 가장 친한 친구이자 동료였던 스탠 울람이 지적했듯, 수학자는 25세에 최고의 업적을 이룬 후 내리막길을 걷는다는 말을 자주 입에 올렸다. 폰 노이만이 이 말을 처음 했을 때 그의 나이는 25세를 갓 넘긴 상태였다. 울람은 폰 노이만이 오랫동안 명석함의 한계 나이를 체계적으로 연장해가면서, 항상 자신을 실제 나이보다 더 젊게 유지하려고 했었다는 점에 주목했다. 울람은 이것이야말로 폰 노이만의 유머 감각을 보여주는 사례이자 그가 자신을 겸손하게 표현하는 능력의 일부였다고 생각했다.

옛 동창인 텔러와 마찬가지로, 그 또한 정치적으로 보수주의자였으며 냉전이 전개될 때는 소련에 대한 극도의 의심을 유지한 강경파였다. 그는 처음부터 슈퍼를 통해 미국의 무기 기술을 발전시켜나가야 한다고 믿었으며, 이후에는 탄도 미사일 프로그램의 핵심 인물로 참여하기도 했다. 그는 오펜하이머를 무척 싫어했다. 오펜하이머가 건방지고 독선적인 인물이었을 뿐 아니라 슈퍼에 대한 태도 또한 너무 좌파적이고 잘못된 것이었다고 생각했다. 그럼에도 불구하고 그는 나중에 안보 청문회에 출석하여 오펜하이머를 위해 증언하기도 했다. 사실 그는 오펜하이머가 정부로부터 부당한 대우를 받았다고 생각했다. 폰 노이만은 동료인 허먼 골드스타인에게 미국과 같은 평등주의 사회는 진정한 재능을 가진 사람들에게는 매우 잔인한 곳이라고 말했다. "영국 사회였다면 그는 백작 작위라도 받았을 겁니다. 제 멋대로 성기를 드러내고 학생들 사이를 돌아다니더라도 모두 그가 괴짜라며 매료되었을 거요."

1946년에 모클리와 에커트는 개인 사업을 시작하기로 결심하고 UNIVAC의 다음 모델을 만들려고 했다. 폰 노이만은 프린스턴의 고등 연구소(IAS)로 자리를 옮기면서 골드스타인을 포함해 초기 컴퓨터 개발에 참여했던 유능한 인재들을 대거 데려갔다. 이로 인해 에커트와 모클리는 당대 가장 뛰어났던 이론가와 함께 일하던 많은 인재들을 잃게 되었고, 사업의 성과 면에서도 한계에 부딪혔다.

프린스턴에서 폰 노이만은 자신의 컴퓨터를 만들기 위한 자금을 모으기 시작했다. 쉽지 않은 일이었다. 미국에서 과학과 산업의 접목은 아직 요원했다. 가장 앞서가는 기업은 전자 산업 기계 회사인 IBM이었다. 그러나 이 기업을 주도하고 있던 톰 왓슨(Tom Watson, Sr.)은 전자 혁명이 자신의 사업에 영향을 미치지 못할 것이라고 믿고 있었다. 톰 왓슨 주니어는 이렇게 회고했다. "아버지는 옆 나라에서 혁명이 일어나고 있는 것을 보고 신하들이 불안해하자 놀라는 왕과도 같았다. 그는 새로운 시대가 시작되었다는 사실을 깨닫지 못했다. IBM은 성공으로 인해 주변 환경의 변화를 간과하고 기회를 놓친 전형적인 기업이었다." 젊은 왓슨은 자신의 기업이 항공 여행의 혁명을 대비하지 못한 철도 산업이나 텔레비전 혁명을 놓친 영화 산업처럼 커다란 위험에 처해 있었다고 지적했다.

그럼에도 불구하고 폰 노이만은 미래에 대한 확신을 가지고 계속 나아갔다. 그는 프로젝트 자금을 조달하기 위해 연구소나 다른 기관들을 대상으로 동분서주했으며, 그 과정에서 약간의 성공을 거두었다. 1950년에 그는 로스 앨러모스와 방위 산업의 몇몇 다른 부서로부터 더 많은 계산 능력 확보를 위한 압력이 커지고 있음을 느꼈다. 연구소 컴퓨터를 완성하기 위한 경쟁과 슈퍼 계산을 완성하기 위한 경쟁이 함께 진행되었다. IAS 컴퓨터는 1952년 6월에 완성되었고, 이것은 당대의 가장 중요한 모델이 되었다. 이 모델은 IBM사의 첫 번째 컴퓨터 시제품인 IBM 701 뿐만 아니라 랜드 연구소가 제작했으며 폰 노이만이 자신의 이름을 붙인 첫 컴퓨터인 JOHNIAC의 선구자 역할을 했다. 몇 년 후, 톰 왓슨 주니어는 뒤늦게 컴퓨터 시대에 도전했지만 냉전 덕분에 IBM이 컴퓨터 산업의 제왕으로 떠올랐다고 말하면서, 냉전으로 인해 컴퓨터가 현대에 꼭 필요한 기술이 되었다는 것 또한 중요한 사실이라고 말했다.

곧 등장할 컴퓨터로 인해 슈퍼를 위한 계산은 용이하게 될 것이었다. 하지만 여전히 엄청난 난제가 남아있었다. 수학자 스탠 울람은 핵융합 폭탄을 세상에 내놓는 것을 그다지 반기지 않았지만, 운명적인 일로 받아들이고 있었다. 그는 핵폭탄 개발이 가능하다고 입증된 이상 개발은 조만간 이루어질 것이고, 그렇게 되면 도덕적 고뇌는 줄어들 것이라고 믿었다. 1950년 2월, 울람은 삼중수소의 필요량에 대한 텔러의 초기 추정치가 틀렸다고 확신했다. 울람이 삼중수소의 양을 더해 계산해봤지만 이번에도 폭탄은 작동될 것 같지 않았다. 울람은 텔러를 상대하는 일이 갈수록 어렵다고 느꼈다. 자신의 계산이 틀렸다는 사실을 받아들이지 못하는 텔러의 태도에도 짜증이 났다.

1950년 4월이 되자 울람은 수학 문제를 논의하기 위해 프린스턴 대학으로 폰 노이만과 페르미를 찾아갔다. 오펜하이머도 그 자리에 합류했는데, 울만이 느끼기에는 그가 그런 중요한 문제들을 함께 논의하는 것에 대해 만족스럽게 생각하는 것 같았다. 폰 노이만이 계산의 또 다른 오류를 지적하는 순간 오펜하이머가 울람을 향해 윙크를 보냈다. 이로 인해 울람은 슈퍼 계획에 대한 오펜하이머의 반대가 무의식적으로나마 자존심 문제, 즉 원자폭탄 혁명을 일으킨 사람으로서 더 강력한 혁명이 도래하고 있음을 목격하면서 나온 자존심 문제였다는 것을 확신할 수 있었다. 프린스턴에서 그들이 가진 토론은 이론적 설계 과정에서 삼중수소의 양을 늘려야 한다는 점을 시사하고 있었다.

난관이 지속되면서 텔러는 점점 더 힘들어졌다. 로스 앨러모스의 분위기는 긴장되고 적대적이었다. 텔러는 더욱 고립되었고, 오펜하이머의 뒤를 이어 연구소장으로 부임한 노리스 브래드버리(Norris Bradbury)는 계속되는 실패에 화를 냈다. 어느 누구보다도 텔러와 사이가 원만했던 한스 베테는 텔러가 의기소침해 있다고 생각하고는 있었지만, 과학적인 의견을 주고받는 학회에도 참석하지 않고 방에 처박혀 혼자 있을 정도로 심하게 우울해하는 텔러의 모습에 낯설어 했다. 시간은 흘러서, 그린 하우스라는 암호명으로 불리던 첫 번째 실험이 다가오고 있었다. 사람들이 압박할 때 텔러가 할 수 있는 것은 실험을 많이, 더 많이 해야 한다는 말뿐이었다. 그와의 토론은 단순한 토론보다는 격렬한 논쟁으로 이어질 가능성이 높았다. 아이러니하게도 텔러는 워싱턴의 관료들에게 코넌트와 오펜하이머 등이 과학계에서 적대적인 태도를 조성하면서 자신의 노력을 평가절하하고 있다고 불평하고 있었다. 그러나 과학계 동료들은 텔러의 계산 오류로 프로젝트가 실패하고 있다는 점을 분명하게 알고 있었다.

울람이 다른 계산 방식이 필요하다는 소식을 가지고 프린스턴에서 돌아왔을 때 텔러는 이를 순순히 수용하려고 하지 않았다. 울람은 폰노이만에게 "그는 어제는 말 그대로 분노에 사로잡혀 창백해 보였지만, 오늘은 진정된 것 같습니다."라는 내용으로 편지를 썼다. 한동안 텔러는 울람의 의도를 의심하기도 했다. 베테가 후일 언급했듯, 프로젝트에 대한 원자력위원회 내부 자문위원회(GAC)의 회의론은 "1949년 10월에 GAC가 예상했던 것보다 훨씬 더 정당한 것으로 판명되었다." 베테에 따르면 텔러의 상태는 절망적이었다. 그의 자기중심주의는 로스 앨러모스의 다른 과학자들 사이에서 농담거리가 되었다. 울람은 폰노이만에게 새로운 아이디어를 생각해냈고 그것을 텔러에게 전달했지만, 텔러가 그것을 좋아한다는 것을 보니 "아마도 그것도 제대로 작동하지 않을 것 같다."라고 편지를 보냈다.

마침내 1951년 2월, 그들은 울람의 추정 덕분에 큰 진전을 이루었다. 심지어 오펜하이머조차 새로운 계산에 깊은 인상을 받았다. 그는 슈퍼의 실현 가능성을 회의하던 도덕주의자에서 미지의 세계로 모험을 떠날 열정에 가득 찬 물리학자로 순식간에 돌아섰다. "바로 그거요." 그는 울람의 새로운 계산을 보며 말했다. "달콤하고 사랑스럽고 아름답군요."

그때까지도 텔러는 긴장을 늦추지 않았다. 그는 성공한 후에도 여전히 외톨이로 남았다. 그는 특히 울람과의 공동 연구 성과를 절대 인정하려고 하지 않았으며, 미국 정부가 두 사람에게 공동 특허를 발급할 의향이 있다고 하자 텔러는 이를 거부했다. 울람과 함께 폭탄을 발명했다고 선서한다는 것 자체를 도저히 받아들일 수 없었기 때문이었다. 그러면 위증이 될 수 있다고 그는 실제로 지적했고, 그래서 그는 결코 특허를 신청하지 않았다. 울람에게 이는 놀랍지도 않은 일이었다.

1952년 11월 1일 에니웨톡 환초에서 첫 번째 열핵 실험이 실시될 때, 텔러는 이미 로스 앨러모스를 떠나 있었고, 대부분의 동료들과 소원해져서 심지어 참석조차 하지 않았다.

첫 번째 폭발의 코드명은 마이크였다. 마이크는 폭탄이 아니라, 조그마한 엘루겔라브 섬의 실험실 건물에 설치된 장치였다. 이 장치는 무게가 약 65톤에 달해, 전쟁에서 슈퍼를 사용하려면 소달구지로 운반해야 한다는 오펜하이머의 농담을 떠올리게 할 정도였다. 이 장치는 약 1,040만 톤의 TNT를 방출했는데, 이는 히로시마 원폭의 1,000배나 되는 위력이었다. 폭발을 목격한 리오나 마샬 리비(Leona Marshall Libby)는 다음과 같이 기록했다. "화염은 직경 3마일까지 퍼져나갔다. 목격자들은 40마일 이상 떨어진 곳에서 수백만 갤런의 바닷물이 수증기로 변해 거대한 거품처럼 솟아나는 것을 목격했다. 수증기가 증발하자 폭탄(또는 건물)이 설치되어 있던 엘루겔라브 섬도 증발해 사라지고 없었다. 그 자리에는 깊이 0.5마일, 폭 2마일의 분화구가 환초 속에서 생겨나 있었다."

텔러는 버클리의 리버모어 연구소에 있는 지진계를 통해 폭발을 지켜보면서, 일반적으로 보수적인 과학자 집단과 함께 있는 편이 즐겁다는 느낌을 가졌다. 그 당시 그는 "회유하는 사람들을 떠나 파시스트들에게 합류하고 있다."는 농담을 하곤 했다. 지진계의 바늘이 격렬하게 흔들릴 때 텔러는 소원해진 로스 앨러모스의 동료들에게 "아들이 태어났군."이라고 적은 암호 메시지를 보냈다.

실험 직후 텔러는 라비, 오펜하이머와 셋이서 점심을 함께 했다. "자, 에드워드. 이제 당신의 수소폭탄이 생겼으니 한국 전쟁을 끝내는 데 사용해 보는 건 어떨까?"라고 오펜하이머가 말했다. 텔러는 그 말에 이렇게 답했다. "무기를 사용하는 건 내 일도 아니고, 앞으로도 관여하지 않을 겁니다."

소련도 그리 뒤처지지는 않았다. 1953년 여름, 소련은 첫 번째 열핵 실험 계획을 완성했다. 그러나 사하로프는 7월에 그들이 낙진 처리 계획을 거의 세우지 않았음을 발견했다. 마지막 순간에 소련은 주로 미국 문헌을 참고하여 긴급 예방조치를 취했다. 소련의 열핵 실험은 1953년 8월 12일, 자신들의 첫 번째 원폭 실험이 있은 지 약 4년 후에 실시되었다. 그 광경은 미국 과학자들이 봤던 것과 비슷했다. 원자폭탄 실험 때보다 훨씬 커다란 "불길한 흑청색"의 먹구름이 솟아올랐다. 워싱턴에서는 그것에 조 4(Joe Four)라는 이름을 붙였다. 2년 후인 1955년 11월 22일 소련은 마침내 수소폭탄 실험을 했다. 이날 사하로프는 반드시 착용하도록 되어 있는 보안경을 쓰지 않은 채 폭발 반대 방향을 바라보고 있다가 마주보고 있던 건물에 반사된 섬광을 본 후에

◀ 1952년 라스베이거스의 한 거리에서 평범한 시민들 수십 명이 모여 엄청난 핵폭발로 생긴 거대한 버섯구름을 지켜보고 있다. (사진 출처 UPI/BETTMANN)

▼ 1951년, 라스베가스 인근 미국원자력위원회 실험장에서 제11공수사단 장병들이 핵무기를 동원한 사상 최초의 군사훈련 도중 핵폭발 장면을 지켜보고 있다. (사진 출처 UPI/BETTMANN)

야 고개를 돌렸다. 몇 분 후, 그는 충격파가 다가오는 것을 보고 동료들에게 뛰라고 소리쳤다. 폭탄을 만든 사람들조차 그 위력에 경악을 금치 못했다. 100마일이나 떨어져 있는 육류 포장 공장의 창문까지 박살이 났다. 더 멀리 떨어진 한 작은 마을에서는 그을음이 사람들의 집 안까지 날아들었다.

사하로프도 많은 미국인 동료들과 마찬가지로 자신이 이룩한 일로 인해 괴로워했다. 많은 미국의 과학자들처럼 그 또한 자신의 연구 결과물에 대한 통제력을 상실했다고 느꼈다. 실험의 군사 책임자 마샬 미트로판 네델린(Marshall Mitrofan Nedelin)이 주최한 축하 만찬에서 사하로프는 건배사를 했다. "우리의 모든 장치들이 오늘처럼 성공적으로 폭발하되, 항상 실험장 상공에서만 폭발하고 도시 상공에서는 폭발하지 않기를 바랍니다." 사하로프에 따르면 만찬장에 한동안 적막이 흘렀다. 그때 네델린이 우화 하나를 들려주고 싶다며 일어섰다. "속옷만 입은 노인이 성상 앞에서 기도하고 있었어요. '저를 인도하시고, 강하게 만드소서. 저를 인도하시고, 강하게 만드소서.' 그러자 난로 옆에 누워있던 그의 아내가 말했어요. '영감, 그냥 강하게만 해달라고 기도하세요. 인도는 내가 할 수 있으니까.' 자, 우리 모두 강해지도록 건배합시다." 사하로프는 그 순간 마치 채찍으로 얻어맞은 기분이었다. 그 이야기는 조잡할 뿐만 아니라 불경스럽기조차 했다. 요점은 과학자들을 그 자리에 계속 묶어두려는 것이었다. 그는 훗날 이렇게 기록해두었다. "우리 발명가들, 과학자들, 엔지니어들과 기술자들은 인류 역사상 가장 끔찍한 무기를 만들었다. 그런데 그것의 사용은 전적으로 우리의 통제 밖에 놓여 있었다. 결정은 당과 군의 고위층 인사들이 내릴 것이기 때문이었다. 물론 나는 그렇게 순진하지 않았고, 그걸 이미 알고 있었다. 하지만 추상적으로 무언가를 이해하는 것과 온몸으로 그것을 직접 느끼는 것은 차이가 있다. 마치 생과 사의 현실처럼 말이다."

제7장

한국전쟁 III
: 중공군의 개입과 전환점에 선 전쟁

더글러스 맥아더는 중공군이 한국전쟁에 참전하기 않을 것이며, 설령 참전하더라도 자신이 모두 몰살시켜 버릴 것이라고 해리 트루먼에게 약속했다. 하지만 이미 중국 제4야전군은 국경을 넘어서고 있었다. 제4야전군은 주로 농민들로 구성되어 있었고 무기도 형편없었지만 당대의 가장 뛰어난 보병부대 중의 하나였다. 그들은 일찍이 훨씬 막강한 화력을 보유했던 장제스의 군대를 상대로 눈부신 승리를 거둔 바 있었다. 이 군대는 가장 초보적인 현대식 통신장비도 갖추지 못한 채 차량도 없이 도보로 이동했고, 나팔 소리로 공격을 조율했다. 오히려 이는 적을 겁에 질리게 만드는 추가적인 이점이 있었다. 이들은 항상

적이 하늘을 장악하고 있는 세계에서 활동했다. 그래서 그들은 비행기가 머리 위를 지나갈 때는 전혀 움직이지 않도록 훈련받았다. 그들이 다부지고 노련하다고만 말하는 것은 그들을 지나치게 과소평가한 말이었다. 그들은 총기 한 자루, 수류탄 한 발, 탄약 80발, 쌀 일주일 분량, 그리고 약간의 고기와 생선 등 8~10파운드의 장비와 보급품만을 챙긴 채 18일 동안 압록강 집결지까지 286마일을 행군했다(아니, 뛰어갔다). 반면 미군 병사는 60파운드의 짐을 짊어지고 다녔다. 한국 겨울의 혹독한 추위에 익숙한 중공군은 두툼하게 솜을 넣은 누비옷을 입고 있었다. 그들은 숙련된 사수는 아니었다. 대신 적에게 가까이 접근해 자동 사격을 퍼붓는 훈련을 받았는데, 이 때문에 엄청난 희생을 감수해야 했다.

어떤 이들은 제4야전군을 중공군 가운데 최고의 부대로 칭했다. 이 부대는 6개 그룹으로 편성되어 있었는데, 각 그룹은 30,000명 규모의 4개 군단으로 구성되었고, 각 군단은 약 8,000~10,000 명 규모의 3개 사단으로 이루어져 있었다. 그들은 10월 13일에 압록강을 건너기 시작한 것으로 보인다. 그들은 기존 교각을 이용하거나 모래주머니를 사용하여 물속에 보이지 않는 수중 포드(underwater fords)[37]를 만들어 강을 건넜다. 그들의 위장 기술이 워낙 뛰어났을 뿐더러 맥아더의 정보력이 형편없었기 때문에 아무도 그들의 움직임을 감지하지 못했다. 맥아더가 트루먼에게 중공군을 몰살시키겠다는 무모한 약속을 하고 있을 무렵에 이미 130,000명의 중공군이 한반도에 진입해 있었다.

미군은 중공군에 대해 잘 몰랐지만 그들은 미군에 대해 많은 것을 알고 있었다. 그들은 첫 전투가 시작되기 직전에 미군을 다룬 안내책자를 받았다. 그 책자의 요지는 미군을 과소평가하지 말라는 것이었다.

---

37   (편집자 주) 포드란, 강이나 개울을 도보나 차량 등으로 건널 수 있게 설치한 얕은 지지대를 가리킨다.

미군은 훌륭한 병사들이고, 잘 갖춰진 장비에, 기동성과 현대식 화력의 이점을 잘 살려서 전광석화처럼 빠르게 공격할 수 있다고 했다. 하지만 약점도 있었으니, 궁지에 몰리면 잘 싸우지 못하며, 야간 공격을 받으면 당황하여 중장비를 두고 도망친다고 적혀 있었다.

양쪽 군대가 압록강에서 대치할 수밖에 없는 상황으로 치달으면서, 맥아더는 더 이상 미군 사령관이 아닌 유일한 정책 결정권자가 되었다. 워싱턴은 그가 38선을 넘는 것은 허용했지만, 너무 멀리 북상하거나 중공군을 지나치게 자극하는 행동은 하지 않도록 금했다. 압록강에서 멀리 떨어져 있으라는 명령이었지만 그는 인천상륙작전의 포위망에서 벗어난 북한군을 추격하기 위해 그 명령을 지키지 않았다. 이 시점부터, 맥아더의 마지막 영광을 장식하기 위해 투입되었던 유엔군은 보급품도, 의복도, 식량도 부족해지기 시작했으며, 베이스캠프로부터 멀리 떨어지기 시작했다. 유엔군은 앞으로 나아갈수록 점점 더 고립감을 느꼈다. 불길한 기운이 감돌았다. 11월 말, 한 영국군 장교가 몇 주만에 처음으로 목욕을 하다가 여단 본부 근처에서 말에 올라탄 기마병 네 명을 발견했다는 보고를 들었다. 그는 서둘러 옷을 입고 그들이 사라지기 전에 살펴보려고 뛰어갔다. 그는 그들이 북한군이 아닌 중공군이라는 것을 즉시 알아차렸다. 나중에 그는 그들을 죽음의 네 기수라고 부르게 되었다.

도쿄에 주둔하고 있던 맥아더는 그의 두 주력 부대에게 압록강의 지정된 장소까지 진격하라고 독려했다. 맥아더 사령부의 낙관론은 최고조에 달했다. 맥아더는 브리핑에서 기자들에게 전쟁은 사실상 끝났다고 말했다. 크리스마스에는 병사들을 귀국시키자는 이야기도 나왔다. 워싱턴에서는 국방부가 한국으로의 병력 파병 계획을 취소하기 시작했다. 그러나 인민군은 10월에 북쪽으로 도주했고, 일부 미군 야전 지휘관들은 이를 불안한 상황으로 간주했다. 거의 하룻밤 사이에 적이 사라진 것처럼 보였기 때문이다.

맥아더와 합동참모본부(JCS) 사이에는 압록강에 가까이 다가갈수록 모든 부대의 이동을 서로 협의하기로 합의가 되어 있었다. 10월 중순, JCS는 정주-영원-함흥 라인까지 올라가는 것을 흔쾌히 승인했다. 그러나 합참이 자신의 진격에 제동을 걸 수도 있다고 우려한 맥아더는 덜 솔직해지기로 했다. 10월 17일, 그는 30마일 더 북쪽에 위치한 선천-평원-성진 라인으로 새로운 전선을 정한다는 전문을 워싱턴에 보냈다. 이는 분명 그의 명령 범위를 벗어난 지시는 아니었다. 하지만 그의 의도는 이 라인을 최종 목표가 아니라 더 북쪽으로 진격하기 위한 발판으로 이용하려는 것이었다.

10월 24일, 그는 북진 명령을 내렸다. 맥아더는 이 사실을 합동참모본부에 보고하지 않았지만, 합참은 육군 비공식 채널을 통해 이 사실을 듣고 나서 북진 명령이 그들이 합의한 이전 지침과 일치하지 않는다고 그에게 경고했다. 그러자 맥아더는 그렇게 한 데는 군사적 이유가 있으며, 웨이크 섬 회의에서 조지 마셜로부터 받은 지시에 근거하여 추진할 권리가 있다고 맞받아쳤다. 워싱턴은 아연실색했다.

10월 25일, 압록강에 도착한 한국군이 첫 중국인 포로를 생포했다. 이들은 너무 쉽게 붙잡혀서 거의 조기 경고 신호로 자신들을 제공하는 것처럼 보였다. 한국군 제11군단의 일부 부대는 북한군보다 훨씬 더 사나워 보이는 적군의 공격을 받았다. 점점 더 많은 중공군 포로가 잡혔다. 그들은 북한군과는 다른 군복 차림이었고, 남부 지역 억양의 중국어를 사용하고 있었다. 임시 한국군 사령관 백선엽 장군은 유창한 중국어를 구사했다. "여기에 너희 군인들이 많이 왔나?" 그가 물었다. "그렇다."라고 한 사람이 대답했다. 월튼 워커 장군은 중공군이 참전했다는 사실을 여전히 받아들이지 못한 채 중국인 포로 몇 명이 중요한 것은 아니라고 지적했다. 그리고는 이렇게 말했다. "어쨌든, 텍사스에 가면 멕시코 인들이 많이 사니까요."

중공군이 참전했다는 증거가 늘어나고 있음에도 불구하고 맥아더 사령부는 중공군과 마주친 적이 없다는 단호한 태도를 유지했다. 10월 29일, 제24사단 제5연대장 존 스록모턴(John Throckmorton)은 압록강을 향해 올라가던 중 북한군의 방어선에서 이례적으로 거센 저항에 부딪혔다. 스록모턴은 전투의 치열함에서 이전과는 다름을 느꼈고 불안감이 엄습했다. 그는 포로 89명을 잡았는데 그중 2명이 중국인이었다. 압록강에서 불과 40마일 떨어진 곳이었다. "그때쯤 목덜미에서 소름이 확 끼치기 시작했다."라고 그는 말했다. 10월 30일, 10군단 사령관 에드워드 알몬드(Ned Almond)는 헬기를 타고 중국인 포로 16명을 붙잡고 있는 한국군 부대를 방문했다. 포로들을 살펴보고 한국군 병사들과 대화를 나눈 후, 그는 맥아더 사령부에 잘 조직된 중공군이 한반도에 들어와 있다는 메시지를 보냈다. 하지만 그의 메시지는 별다른 영향을 미치지 못했다.

11월 1일 해가 저물자 중공군은 처음으로 미군 부대를 향해 맹공을 펼쳤다. 공격을 당한 부대는 운산의 북서쪽에 진지를 구축한 제8기병 연대였다. 미군이 애초에 거기 주둔했던 이유는 한국군을 지원하기 위해서였다. 그러나 갑자기 그들은 스스로를 구하기 위해 필사적으로 애쓰고 있었다. 훗날 추정한 바에 따르면 미군은 아마도 2개, 혹은 3개 사단의 중공군과 맞서고 있었다.

전에 볼 수 없었던 종류의 전쟁이었다. 중공군은 미군이 공격 속도를 늦췄다고 느껴질 때마다 인간 파도처럼 끝없이 밀려들었다. 미군 방어 진지에서는 숫적으로 열세한 병사들이 완벽한 사격 자세를 갖추고 중공군 수백 명을 사살했다. 그러나 나팔 소리가 울리면 공격은 또다시 시작되었다. 마침내 지원군이 제8연대 제3대대가 공격을 받은 현장에 도착했을 때, 그들은 마치 유령과도 같은 광경을 목격했다. 한쪽에는 파괴된 포열이 늘어서 있었고, 155밀리 포와 트랙터들이 방어선을 따라 가지런히 배치되어 있었다. 미군 시체가 사방에 널려 있었다. 살아 있는 사람을 찾을 수 없었다. 한 부사관은 그 현장이 또 하나의 리틀빅혼[38]과 비슷하다고 생각했다. 참혹한 패배였다. 연대 소속 600여 명의 병사가 모두 목숨을 잃었다.

그러나 맥아더는 계속해서 북진을 명령했고, 병사들은 위험 부담과 혹독한 추위에도 불구하고 앞으로 나아갔다. 도쿄에 머물고 있었던 맥아더는 전쟁의 양상이 달라졌다는 사실을 받아들이지 않았다. 이는 그의 동료들에게는 놀랍지도 않은 일이었다.

제2차 세계대전 중에 한 번은 맥아더가 조지 마셜에게 "내 참모가 말하기를"이라며 말을 꺼낸 적이 있었다. 마셜은 그의 말을 끊고 이렇게 말했다. "장군, 당신에게는 참모가 아니라 궁정이 있겠지요." 맥아더의 참모진이 아첨군들의 집단이었다면, 그중에서도 가장 큰 아첨꾼은 맥아더의 정보 장교였던 찰스 윌러비(Charles Willoughby) 장군이었다. 그는 이 중요한 시점에서 전세가 갑자기 바뀌었다고 경고하던 이들의 탄원을 무시해버렸다. 그의 판단은 자신의 상관이 원했던 바와 일치했다. 중공군은 결코 쳐들어오지 않을 것이며, 시기 또한 이미 지났다는 것이었다. 참전하려면 훨씬 더 일찍 참전하여 북한이 수도 평양을 방어하도록 도왔으리라는 것이었다. 현장 지휘관들의 절망감이 커져가고 있음에도 맥아더는 꿈쩍도 하지 않았다. 맥아더 사령부의 사정을 훤히 꿰뚫고 있던 알몬드의 작전 장교 잭 칠레스는 이렇게 말했다. "맥아더는 중국이 한국전쟁에 개입하는 것을 원치 않았어요. 맥아더가 원하면 윌러비는 정보를 조작하기까지 했죠. …이 때도 윌러비는 그렇게 했죠. …그는 감옥에 갔어야 했습니다."

---

38   Little Big Horn. 1876년 6월 25~26일 지금의 몬태나주 리틀빅혼 카운티에서 미육군 제7기병연대가 라코타-샤이엔 원주민 연합에게 대패한 전투를 일컫는다.

최전방 부대는 계속 전진하라는 명령을 받았다. 맥아더는 압록강까지 자신의 병력을 밀어붙이려는 계획을 포기하지 않았다. 11월 3일, 트루먼은 연이어 들리는 중공군의 개입 소식과 제8기병연대의 패배에 관한 보고를 받고 걱정하기 시작했다. 합동참모본부는 맥아더에게 전보를 보내 중공군의 개입 정도를 물었다. 다음 날 맥아더는 중국이 이제 북한을 은밀하게 지원한다는 "명백한 가능성"이 있다고 답했다. 그렇게 그들은 "침몰선에서 무언가를 건져내려고" 한다는 것이었다. 맥아더는 조지 스트레이트메이어(George Stratemeyer)에게 압록강을 가로지르는 다리의 12개 교각 중 한반도에 가장 가까이 있는 교각을 폭파하라고 명령했는데, 이는 만주 국경에 접근하지 말라는 합동참모본부의 앞선 명령을 위반한 것이었다. 그의 결정에 워싱턴은 대경실색하며 작전을 중단하라고 지시했다. 그러자 그는 즉시 사임하겠다는 위협조의 서한을 작성했다. 한 측근이 이를 보내지 말라고 설득했다. 대신 그는 다음과 같은 전보를 보냈다. "이 명령이 지연되는 동안 미군과 다른 유엔군들은 값비싼 피의 대가를 치르게 될 것입니다. …여러분이 가하는 압력으로 인해 초래될 물리적, 심리적 재앙의 결과는 실로 엄청납니다." 그는 노골적인 위협으로 전보문을 마무리했다. 자기 말대로 따르지 않을 경우 "사태에 대한 그(트루먼)의 개인적이고 직접적인 이해가 없이는 내가 책임을 받아들일 수 없는 중대한 재앙"이 초래되리라는 것이었다.

맥아더의 입장 변화는 놀라웠다. 지금까지 그는 중공군이 쳐들어오지 않을 것이라고 경멸조로 말했었다. 하지만 이제는 휘하 병력의 대학살을 예견하는 것 같았다. 그 스스로 결코 일어나지 않을 것이라고 말했던 일들이 현실화되고 있었다. 더군다나 맥아더는 치명적인 대실수라고 할만한, 즉 중국의 의도를 간과했을 뿐 아니라 이를 감지하고 대처하지 못한 자신의 실수에 대해 전혀 사과하지 않았다. 오히려 중국의 위협을 새롭게 깨달은 그는 그 어느 때보다 더 오만하고 불안해 보였다. 정책 결정은 워싱턴의 몫이며, 자신은 더 이상 책임을 지지 않겠다고 말하는 것 같았다. 한마디로 책임을 전가한 것이었다. 합동참모본부와 행정부는 한 발 물러나 맥아더가 교각을 폭파하도록 내버려두었다. 이는 중국을 향한 엄청난 도발이었다. 어차피 몇 주 후면 압록강이 얼어붙을 것이었기 때문에 전술적으로도 현명치 못한 작전이었다.

트루먼, 애치슨, 마셜 등 워싱턴의 최고위급 지도자들은 사태가 통제 불능의 상황으로 치닫고 있음을 느꼈다. 중공군은 무슨 속셈이었을까? 그들의 공격은 성공적이었다. "그런데도 그들이 이 지구상에서 사라져버린 것처럼 보였다고?"라고 애치슨은 적었다. 애치슨의 회고록은 이렇게 이어진다. "그리고 맥아더는 우리의 눈앞에서 믿을 수 없이 놀라운 군사작전이 펼쳐지고 있을 때 뭘 하고 있었던 것일까?" 훗날 애치슨은 11월 초가 코앞으로 닥쳐온 파국적 대결을 피할 수 있는 마지막 순간이었다고 단언했다. 중국은 자신들의 의도에 관한 분명한 경고장을 보냈다. 하지만 애치슨은 "맥아더가 이 악몽을 실현시켜나가는 동안 우리는 마치 마비된 토끼들처럼 가만히 앉아 있었다."라고 지적했다. 11월 17일 맥아더가 압록강을 향해 최후의 진격을 하겠다고 선언하자, 워싱턴은 맥아더에게 압록강 계곡이 내려다보이는 고지를 점령하되 더 이상 진격하지는 말라고 경고했다.

그것은 운명의 순간이었다. 오만과 어리석음, 허영심으로 맥아더는 이미 종식으로 치닫던 소규모 전쟁을 확대시켜 공산주의 초강대국을 적으로 만드는 길을 걷게 되었고, 이로 인해 전쟁은 2년 이상 연장되었다. 그는 미국과 중국의 관계에 심각한 타격을 입혔으며, 국내 정치 차원에서도 치명적인 일련의 사건들이 발생나는데 일조했는데, 그것은 정치적 편집증을 조장하고 편집증 환자들이 가장 필요로 하는 것, 즉 실제적인 적을 제공해준 것이었다. 그의 군대는 계속 전진했다. 그는 11월 1일 공습 이후 중공군의 침묵을 그들이 지쳤다는 신호로 해석했다. 그는 자신의 공습으로 인해 이미 한반도에 들어와 있던 중공군의 추가 파병 능력이 약화되었다고 확신했다. 그는 11월 17일 주한 미국 대사에게 한국에 들어와 있는 중공군의 병력이 30,000명에 불과하다고 말했다(실제로는 이 무렵에 최소 300,000명이 들어와 있었다). 11월 24일 맥아더는 진격 작전을 살펴보기 위해 최전선으로 날아갔다. 그는 최전방을 둘러본 후 도쿄로 돌아갔다. 그리고 미 공군력이 전장을 완전히 고립시켰다면서 자신이 펼쳤던 작전을 설명하는 성명서를 발표했다. "이 작전이 성공한다면 사실상 전쟁을 종식시킬 수 있을 것입니다."라고 그는 말했다. 성명서는 맥아더조차도 놀랄 정도로 오만한 내용으로 가득 차 있었다. 클레이 블레어(Clay Blair)가 지적했듯이, 이 성명서는 중국에게 대규모 공세가 곧 있음을 알려주면서 동시에 미군이 중공군의 규모나 의도를 전혀 알지 못하고 있다는 사실을 알려준 꼴이었다. 아무도 맥아더를 막을 수는 없었다. "완전한 승리가 눈에 보이는 것 같았다."라면서, 그에게 상당히 동정적이었던 그의 후임자 매튜 리지웨이(Matt Ridgway)는 이렇게 회고했다. "훌륭한 군 경력의 정점을 멋지게 상징해주는 황금 사과가 눈 앞에 있었다. 맥아더는 그 상이 손에 잡힐 만큼 다가오자 어떤 지연도 충고도 용납하려들지 않았다. 대신 그는 사라져가는 적을 쫓아 북쪽으로 돌진했다. 재앙이 닥칠지도 모른다는 어두운 암시에도 아랑곳하지 않고 진격 속도를 높이기 위해 주마다 작전 계획을 변경했다."

압록강으로의 진격은 추수감사절 다음 날인 11월 24일 시작되었다. 날씨는 끔찍했다. 바람과 한파가 겹쳐 영하 20~30도까지 내려갔다. 소총이 얼어붙어 대원들은 소총에 오줌을 누어 녹여야 했다. 차량의 배터리가 얼어붙어 지프와 트럭의 시동이 걸리지 않았다. 첫날 반나절 동안 공세는 비교적 순조롭게 진행되었다. 저항도 별로 없었다. 하지만 11월 25일 저녁, 중공군은 다시 공격을 감행해 왔다. 악몽같은 순간이었다. 미군 병사들이 계곡 안쪽의 가늘고 좁은 빙판길에 달라붙어 있는 반면, 그들 위쪽의 고지대에서는 충분한 무장을 갖추고 좋은 지휘를 받으며 잘 차려입은 중공군이 살인적인 포격을 퍼붓고 있었다. 중공군은 '하치시키'라고 불리는 일종의 V자 진형으로 미군을 향해 다가왔다. 점차 가까워지자 중공군은 V자 진형을 펼치면서 양 측면에서 미군 진지를 포위하기 시작했다. 인민군과 마찬가지로 그들 또한 소규모 부대를 뒤쪽으로 보내 후퇴하려는 미군들을 공격했다. 미군 진영은 공황 상태에 빠져들었고, 많은 병사들이 중화기를 버리고 도망쳤다.

이 공격이 초반부터 엄청난 파괴력을 가진 것은 명백했다. 많은 미군 부대가 절체절명의 위기에 처했다. 그럼에도 불구하고 11월 27일, 네드 알몬드는 두 번째 공세, 즉 제8군과의 연계를 위한 또 다른 협공 작전인 10군단의 공세를 개시했다. 거기에는 어떤 광기 같은 게 서려있었다. 조 콜린스가 나중에 쓴 것처럼 맥아더는 "냉혹하고 가혹한 운명과 맞서는 고대 그리스의 영웅처럼" 앞으로 전진하고 있었다. 최전방 부대들은 수적으로 훨씬 우세한 적군의 공격을 받아내고 있었다. 일부 지휘관들(예를 들어 해병대 지휘관)은 본능적으로 병력을 후퇴시키고 재편성했다. 11월 28일 아침, 알몬드는 헬리콥터를 타고 전방 부대 여러 곳을 방문했다. 그는 진격을 독려했다. 중공군은 북쪽으로 도망치는 몇 개 사단의 잔당들에 불과하다고 일축했다. "우리는 여전히 공세를 펼치고 있으며 압록강까지 진격할 것이다. 세탁소나 하는 중국놈들이 여러분을 막아서지 못하게 하라."라고 그는 외쳤다. 제4야전군에서도 마찬가지였다. 그는 훈장을 수여하며 사기를 북돋으려 노력했다. 대대장이던 돈 카를로스 페이스에게는 은성 훈장을 수여하면서 원하는 병사가 있으면 두 명에게 훈장을 더 주라고 지시했다. 페이스는 충격을 받았다. 페이스는 불만을 표현하기 위해 가장 가까이에 있는 두 명, 즉 부상당한 하사와 본부 취사병을 지목했다. 알몬드가 돌아가자마자 페이스는 재킷에서 훈장을 떼어내 눈밭에 던져버렸다.

11월 28일이 되자 이번 공세가 엄청난 재앙이었고, 위대한 맥아더 장군이 중공군에게 대패했다는 사실이 분명해졌다. 이제 문제는 제2보병사단과 제1해병사단 중 얼마나 많은 병력이 살아서 빠져나갈 수 있느냐는 것이었다. 가장 무거운 짐은 제2보병사단에게 지워졌다. 사방이 함정처럼 보이는 곳에서 탈출하기 위해 제2보병사단 지휘관들은 중대급 방어 병력이 매복하고 있는 것처럼 보였던, 그래서 감당할만하다고 여겼던 남쪽부터 공략을 시작했다. 하지만 그들은 전쟁사에서 가장 잔인한 매복 공격의 하나로 불리는 현장으로 들어서는 참이었다. 전쟁의 제일 원칙은 고지를 점령하는 것이 중요하다는 것인데, 이 전투에서는 중공군이 모든 고지를 차지하고 있었고 미군은 아래쪽 협곡의 좁은 도로 위에 자리잡고 있었다. 중공군의 집중 포격을 받고 나서야 미군은 자신들의 머리 위에 중공군 한두 연대급에 해당하는 병력이 매복하고 있을지도 모른다는 사실을 깨달았다.

혹독한 시련이었다. 군사역사학자 S.L.A. 마샬은 그의 저서 〈강과 건틀릿〉(The river and the gauntlet)에서 이 전투를 이렇게 묘사했다. 중공군은 기관총 40여 문과 박격포 10여 문을 6마일이 넘는 구간에 걸쳐 배치해놓고 있었다. 미군은 길을 따라 이동하면서 비처럼 쏟아져내리는 기관총탄 뿐만 아니라 버려진 자신의 차량들로 인한 새로운 도로 장애물과도 싸워야 했다. 길을 따라 5마일쯤 가자 '패스'라는 이름으로 알려진 무시무시한 고개가 나타났다. 그것은 언덕에 생긴 4분의 1마일 정도의 짧은 통로였다. 통로를 따라 50피트 높이의 가파른 제방이 이어져 있었다. 몰래 빠져나가거나 언덕을 넘어 탈출할 가능성은 전혀 보이지 않았다. 사방에 죽거나 죽어가는 사람들 천지였다. 사단장 로렌스 더치 카이저(Laurence Dutch Keiser)가 정오쯤 패스에 도착했을 때, 그는 고갯길이 미군 차량의 잔해로 가로막혀 사실상 통행이 불가능하다는 사실을 목격했다. 그는 트럭 뒤에 모여 있던 병사들에게 다가가 "여기 지휘관이 누군가?"라고 물었다. 아무도 대답하지 않았다. 어느 순간 카이저는 시체에 걸려 넘어졌다. 그러자 시체가 살아서 꿈틀거리더니, "이런 빌어먹을 자식아."라며 장군을 저주했다. "이보게, 미안하네." 사단장은 이런 말밖에 할 수 없었다.

　그날 약 3,000명의 병사가 죽거나 다치거나 목숨을 잃었다. 더 나빠지지 않았던 것이 기적이었다. 11월의 마지막 며칠 동안에만 제2사단은 병력의 약 3분의 1에 해당하는 5,000여 명의 사상자를 냈다. 12월도 마찬가지로 끔찍했다. 영국의 전쟁사가 맥스 헤이스팅스(Max Hastings)는 "미8군 병력의 대부분이 1940년의 프랑스군이나 1942년 싱가포르에서 영국군이 괴멸한 것고 비슷한 방식으로 전투력이 붕괴되었다."라고 적었다.

　중국의 공격 이후 몇 주 동안, 맥아더는 대통령에게 큰 전쟁을 택해 자신이 주장한 최종적인 승리를 거두거나 아니면 완전하게 패배하는 것 외에는 다른 선택지가 없다고 제안하는 것처럼 보였다. 트루먼 행정부는 목숨을 걸지는 못하더라도 최소한 정권의 정당성을 지키기 위해 싸우고 있었다. 11월 30일, 백악관 기자회견에서 한 기자가 트루먼에게 미국이 군사적 의무를 다하기 위해 모든 조치를 취할 것이라고 말했는데, 여기에는 원자폭탄도 포함되는지 물었다. 대통령은 "우리가 가진 모든 무기를 포함한다."고 답했다. "대통령님," 기자가 계속해서 질문했다. "'우리가 가진 모든 무기'라고 하셨죠. 원자폭탄 사용을 적극적으로 고려하고 있다는 뜻입니까?" "원자탄 사용에 대한 적극적인 고려는 항상 있었습니다."라고 그는 답했다. 절망적인 시기였다. 맥아더의 오만함은 미국인들에게 전장에서의 참혹한 패배뿐 아니라 심리적인 패배까지 안겨주고 있었다.

펜타곤에서 개최된 회의는 누구에게나 가장 암울한 순간으로 기억될 것이다. 덩케르크라는 단어가 끊임없이 좌중을 맴돌았다. 합동참모본부는 전선에서 계속 전해지는 나쁜 소식으로 업무가 마비될 지경이었다. 합참은 더 이상 맥아더를 신뢰하거나 믿지는 않았지만, 그에게 맞서는 것을 두려워했다. 마침내 육군참모차장 매튜 리지웨이가 애써 동료들의 용기를 북돋기 위해 나섰다. 그는 자신이 엄밀하게 최고 책임자는 아니지만 발언을 허락해달라고 요청했다. "마침내 제 양심이 신중함을 이겨냈습니다." 불쑥 말을 꺼낸 그가 발언을 이어나갔다. "즉각적인 조치가 필요합니다. 우리는 전장의 병사들과 그들의 생명에 대해 신에게 응답할 의무가 있습니다. 이제 말을 멈추고 행동에 나서야 합니다." 회의가 끝나갈 무렵 리지웨이는 호이트 반덴버그(Hoyt Vandenberg) 장군을 붙잡고 왜 합참이 맥아더에게 명령을 내리지 않았는지 물었다. 밴덴버그는 고개를 저었다. "그게 무슨 소용이 있겠습니까? 맥아더는 명령을 따르지 않을 겁니다. 우리가 뭘 할 수 있겠습니까?" "명령에 복종하지 않는 사령관은 해임할 수 있지 않나요?" 리지웨이가 물었다. 반덴버그는 당황하고 놀란 표정으로 그를 한참 쳐다보았다. 애치슨은 후일 "그때가 황제가 옷을 입지 않고 있다는, 누구나 생각하던 사실을 누군가가 말로 표현한 첫 번째 순간이었다."라고 회고했다. 이제 대립의 길이 정해졌다.

12월 초에 유엔군은 평양에서 패하며 후퇴했고 중공군이 그 지역을 점령했다. 나흘 후에는 제10군단의 대규모 병력이 원산에서 해로를 통해 철수했고, 이틀 후에는 흥남에서도 철수했다. 12월 15일, 트루먼은 국가 비상사태를 선포했다.

미군과 유엔군을 구하게 된 계기는 우연하게 찾아왔다. 12월 23일, 평소에도 무모한 운전으로 악명이 높았던 월튼 워커(Walton Walker)

장군이 지프 사고로 사망한 것이다. 미군이 처음 한국에 주둔할 때부터 제8군 사령관을 맡았던 워커 장군은 강인하고 용맹한 인물이었지만, 까다로운 임무를 수행하는 데 필요한 능력은 부족하다는 평가를 받고 있었다. 미군 내부의 최고위급 인사들은 훨씬 이전부터 그를 해임하고 싶어했지만 여론에 미칠 파장이 두려워 주저하고 있었다. 이제 매튜 리지웨이가 제8군을 지휘하게 되었다. 그는 12월 23일 워싱턴에서 이 소식을 들었다. 다음 날 그는 함 헤이슬립(Ham Haislip) 육군참모차장을 만나 아내에게 크리스마스를 함께 보내지 못하게 되었다는, 차마 자기 입으로는 할 수 없었던 말을 전해달라고 부탁한 뒤 도쿄로 떠났다. 도쿄에서 그는 더글러스 맥아더와 만났는데, 맥아더는 중공군 보병의 용맹함과 전술을 높이 평가하면서 미 공군력으로 전장을 고립시키고 적의 침투를 막기에 는 이제 한계에 달했다고 말했다. 그러더니 이렇게 덧붙였다. "제8군단은 이제 자네가 맡게 됐군, 매튜. 최선을 다해 지휘해보게."

　매튜 벙커 리지웨이는 아마도 20세기의 가장 뛰어난 미국 군인으로 평가받을 것이다. 그는 상류층 출신 미국인이었다. 부친은 브루클린에서 판사를 지냈고, 삼촌은 뉴욕 지하철의 설계에 참여했으며, 어머니 줄리아 스타벅 리지웨이는 콘서트 피아니스트였다. 매튜 리지웨이에게 군대는 단순한 직업이 아닌 소명이었다. 그의 소명감에는 신비로운 면이 있었다. 웨스트포인트의 동창이었던 러셀 리더(Russell Reeder)는 "그는 20세기의 두뇌를 가진 12세기 기사였다."라고 말했다. 평화가 이어지던 시대의 군대에서도 그는 남달랐는데, 다른 사람들보다 더 많이 읽고 더 진지했으며 더 헌신적이었다. 그를 부하로 두었던 조지 캐틀릿 마셜(George Catlett Marshall)은 그에게 자신을 너무 혹사하지 말라며 여러 차례 경고했을 정 도였다. 제2차 세계대전이 발발하자 리지

매튜 리지웨이(왼쪽)는 한국전쟁의 진정한 영웅 중 한 명이었다. 미군이 압록강 전선에서 패퇴한 뒤 그는 지휘권을 넘겨받아 전선을 안정시켰고, 병사들에게 차량에서 내려 싸우도록 독려하며 그들의 잃었던 자부심을 되찾아 주었다. 사진은 리지웨이 장군이 C. 터너 조이 해군 중장과 함께 있는 모습이다. (사진 출처 BLACK STAR)

웨이는 당시 '올 아메리칸 사단'으로 불리던 제82사단을 지휘했다. 리지웨이가 군단장으로 진급한 후 제82사단장을 이어받은 짐 개빈(Jim Gavin)은 이렇게 회고했다. "그는 훌륭한 전투 지휘관이었죠. 용기도 대단했어요. 그는 언제나 선두에 섰습니다. 그가 부싯돌처럼 단단하고 거의 이를 갈아낼 정도로 강렬한 기운에 사로잡혀 있었기 때문에 저는 그가 전투가 끝나기도 전에 심장마비로 쓰러지면 어쩌나 생각할 정도였죠. 가끔은 전투가 개인적인 대결, 즉 리지웨이와 독일군의 싸움처럼 보이기도 했죠. 그는 도로 한복판에 버티고 서서 소변을 보곤 했어요. 그러면 제가 이렇게 말하곤 했죠. '매튜, 저리 비키세요. 그러다간 총에 맞아요. 어서요!' 그는 반항적인 인물이었어요. 심지어는 자기 성기를 가지고도 그랬죠."

한국에 도착하자마자 그는 자신의 트레이드마크인 수류탄을 한쪽 어깨끈에 매단 채로 며칠에 걸쳐 모든 최전방 부대를 시찰했다. 많은 병사들이 그가 수류탄을 두 개나 달고 다니는 것으로 오해했지만, 사실 하나는 의료용 키트였다. 이 때문에 그는 '늙은 강철 가슴'이라는 별명을 얻었다. 그는 맥아더가 전장에서 멀리 떨어져 있고, 사단 및 연대의 지휘관들이 자리를 비우고 있으며, 충분한 정찰이 이루어지지 않아 적에 대한 일일 정보가 부족하다는 사실에 놀라움을 금치 못했다.

이 군대는 완전히 자신감을 상실했다고 그는 단정했다. 사기라고는 전혀 찾아볼 수 없었다. 병사들은 "집으로 돌아갈 수송기의 호각 소리가 언제나 들릴지" 궁금해하며 멍한 표정으로 돌아다니는 것 같았다. 고국의 부유함에 비하면 병사들은 놀라울 정도로 헐벗고 굶주린 상태였다. 더 심각한 점은 그들이 차량이 없는 적과 싸우면서도 자신들의 차량에 지나치게 의존하고 있었다는 사실이었다. 그가 생각하기에 병사들은 사실상 위험할 지경으로 군기가 빠져 있었다. 후일 그는 이렇게 회고했다. "오로지 편하고 싶은 마음이 우리를 도로 위에 묶어두고 있었다. 우리도 차에서 내려 언덕으로 걸어올라갈 수도 있었다." 그는 "육체뿐만 아니라 영혼의 강인함"을 만들고자 했다. 그는 새해가 시작되자마자 사단과 연대의 지휘관들을 질타했다. 그들은 전선에 대해 아는 게 너무 없었고, 너무 많은 시간을 CP(전투지휘소)에서 보내고 있었다. 병사들의 군기가 빠졌다면 그것은 지휘관들이 그렇게 되도록 방치했기 때문이었다.

그는 자신이 하고자 하는 일을 정확히 인지했다. 고지를 점령하고,

포병을 효과적으로 활용하며, 훨씬 강력한 방어 진지를 구축하고, 조명탄을 대대적으로 사용해 심야 전투에 효과적으로 대응하는 것이었다. 그는 미군의 우월한 화력을 바탕으로 숫적으로 우세한 중공군을 약화시켜 그들을 무너뜨리고자 했다. 그는 중공군의 강점과, 그들이 부족한 물자를 어떻게 조달하는지를 분석했다. 그는 C-47기의 조명탄으로 야간 전장을 환하게 밝혀 중국군의 공세를 무력화시켰다. 그의 자신감은 나날이 커졌다. 그는 도착한 지 2주 만에 오랜 친구인 함 헤이슬립에게 편지를 써서 임무를 완수할 수 있을 것 같다고 전했다. "여기에 힘이 있네."라면서 그는 편지에 이렇게 썼다. "우리가 가진 무력과 수단들로 충분히 가능하네, 소련의 군사 개입만 없다면 말이지. 다른 모든 것을 떠나서 지금 내게 가장 중요한 문제는 이 사령부의 잠재력을 일깨우는 것이라네. 하느님이 그걸 내게 허락하신다면, 우리는 사람들이 생각하는 것보다 훨씬 더 많은 것을 이룰 수 있을 것이네. 그리고 아마도 중국에게, 그들이 오랫동안 잊지 못할 피비린내 나는 패배를 안겨줄 수 있을 것이네." 혹시 그럴 수도 있겠지만, 그는 일부의 우려처럼 자신의 군대가 바다까지 내몰릴 수 있는 위험을 내버려두지 않았다. 그는 부산으로 돌아와 부산항에 철조망과 강력한 포진지를 갖춘 초강력 방어선을 구축했다. 만약을 대비해서였다.

동시에 그는 마이크 마이켈리스(Mike Michaelis) 같은 부하들에게 더욱 공격적으로 행동하라고 독려했다. 그는 마이켈리스가 지휘하는 연대 본부를 방문했다. "마이켈리스, 전차는 어디에 쓸 건가?" 그가 물었다. "적을 섬멸할 것입니다." 마이켈리스가 대답했다. "전차를 북쪽으로 가져가게." 리지웨이가 말했다. "알겠습니다, 장군님." 마이켈리스가 대답했다. "거기로 가져가는 건 쉽습니다. 힘든 것은 복귀하는 것이죠. 그들은 항상 상대방 뒤편에서 길을 차단합니다." "누가 돌아오라고 했나?" 리지웨이가 말했다. "자네가 거기서 24시간만 버틴다면 그땐 제

25사단을 보내주겠네. 그리고 그들이 24시간을 더 버티면 그땐 제1군단을 보내겠네."

그의 발길이 닿지 않는 곳은 없었다. 아무리 작은 부대라도 그의 방문을 피할 수는 없었다. 제1군단 사령부의 한 고위 장교는 그를 "저녁 식사를 하러 온 사람"이라고 비꼬듯 불렀다. 또 다른 고위 장교는 "세상에! 그는 매일 아침 모든 브리핑에 참석했어요."라고 말했다. 하지만 효과는 나타나기 시작했다. 그는 단순한 패배만이 아닌 굴욕을 당한 군대에 서서히 생기를 불어넣고 있었다. 그의 목표는 소박했다. 리지웨이에게 영토는 유엔이 최종적인 평화협상에 나설 때 쓸 수 있는 지렛대 정도의 역할만큼만 중요할 뿐이었다. 그러나 리지웨이가 군대를 강화시켜나가고 있을 동안에도 맥아더는 전쟁을 확대하지 않으면 미국이 한반도에서 쫓겨날 것이라는 비관적인 내용의 전보를 워싱턴에 계속 보내고 있었다.

1월 중순, 조 콜린스와 호이트 반덴버그는 제8군을 방문하고 깊은 감명을 받았다. 콜린스는 나중에 미국으로 돌아가 트루먼과 내각, 그리고 합동참모본부에 대단히 낙관적인 보고를 했다. 완전히 다른 군대가 되었다는 것이었다. "리지웨이 혼자 해낸 일입니다."라고 콜린스는 말했다. 이는 찾아보기 힘든 종류의 개인적인 승리였다. 오마 브래들리는 그의 자서전에서 이렇게 적었다. "전쟁 중에 전투 사령관 한 명이 결정적인 차이를 만들어내기는 쉽지 않다. 하지만 한국전에서 리지웨이는 예외적인 일을 해내었다. 그의 뛰어나고 추진력 있는, 불굴의 리더십은 우리 전쟁사에 나오는 어느 장군과도 비교할 수 없으며, 전세를 바꾸어냈다." 워싱턴에서는 한반도에서 철수한다거나 원자 폭탄을 사용한다거나 하는 논의가 중단됐다. 수년 후, 영국의 전쟁사가 맥스 헤이스팅스는 미국이 당시 원자 폭탄의 사용을 고려했었다고 밝히면서, 리지웨이와 그의 지휘관들에 대해 이렇게 언급했다. "1951년 새해 몇 주 동안에 한국전의 판도를 바꿔낸 그들이 아시아에 새로운 히로시마가 생겨날 악몽으로부터 세상을 구해냈다고 봐야 할 것이다."

당연한 것이지만 매튜 리지웨이가 잘할수록 더글러스 맥아더의 처지는 더 어려워졌다. 제8군의 초기 실패는 사령관의 실패였다는 것이 분명해지고 있었다. (1954년 맥아더는 자신이 아끼던 기자였던 짐 루카스에게 리지웨이가 야전 지휘관 중 최악이었다고 말했다. 맥아더의 이런 언급은 그의 사후에, 압록강 전투의 패배로 명성에 큰 타격을 입은 한 남자의 비통한 심정을 담은 발언으로 포장되어 출판되었다.) 맥아더는 중대한 승전이 있을 때면 여전히 기자단을 대동하고 한국을 잠깐씩 방문하곤 했다. 리지웨이는 결국 맥아더의 한국 방문이 대개는 새로운 공격 개시와 맞물려 있음을 중국에서 파악했다는 이유를 들어, 온갖 미사여구를 섞은 방문 자제 메시지를 보내야 했다. 동시에 행정부를 향한 맥아더의 도발은 점점 심해져갔다. 맥아더는 도쿄에서 언론인들과 정기적으로 인터뷰하면서 제한적인 승리를 비판했다. 그에 따르면, 진정한 승리는 한국을 통일시키는 것이었다. 이 무렵 영국군 수뇌부는 맥아더가 개인적으로 중국과의 전쟁을 원한다고 확신했다.

그런 의심을 품은 것은 영국만이 아니었다. 오마 브래들리는 이렇게 회고했다. "그의 전설적인 자존심이 상처를 입었던 것이다. 중공군은 무오류의 '군사 천재'를 바보로 만들어버렸다. …이제 맥아더에게 잃어버린 자존심과 군사적 명성을 되찾기 위해 남은 유일한 방법은 자신을 바보로 만든 중공군 장군들에게 압도적인 패배를 안기는 것이었다. 이를 위해 맥아더는 우리를 중공, 나아가 소련과의 전면전으로 몰아넣으면서 제3차 세계대전과 핵으로 인한 대학살까지도 감수할 각오가 되어 있었던 것이다."

트루먼 행정부가 3월 24일 중국과의 협상을 위한 첫 단계로 휴전을 추진할 계획이라는 사실을 알아챈 맥아더는 자신의 주장을 공표함으로써 대통령을 궁지에 몰아 넣었다. 그는 중공군을 사실상 패배한 군대라고 부르면서 중국이 "과장되게 자랑하는 군사력"은 현대전에 필요한 산업적 기반이 결핍되었다고 조롱했다. 이어서 그는 자신에게 가해진 제재가 해제되면 강력한 공격을 퍼부을 것이며, 그럼 중국은 군사적으로 붕괴할 것이라고 말했다. 이는 중국에 대한 모욕을 떠나 평화 수단을 모색하던 대통령을 정면으로 공격하는 것이었다.

트루먼은 격노했다. 맥아더를 해임해야겠다는 그의 결심을 굳힌 것은 바로 이 시점이었다. "나는 극동에 주둔 중인 대장군을 소환해야 한다는 결론에 도달했다."라고 그는 일기에 썼다. 대통령의 의중을 뻔히 알고 있던 맥아더는 며칠 후 자신의 관에 마지막 못을 박았다. 공화당 원내총무 조 마틴(Joe Martin)에게, 장제스의 군대를 전쟁에 투입해야 한다는 그의 견해를 자신은 지지한다는 서한을 보낸 것이다. 맥아더는 마틴이 이 편지를 공개하리라는 점을 잘 알고 있었다. 서한은 실제 전쟁터인 아시아에 관한 진술들로 넘쳐났다. 하지만 마지막 문장, 즉 "승리를 대신할 것은 아무 것도 없습니다."라는 표현이 그를 파멸로 이끌었다.

트루먼은 고위 참모진과 이 문제를 논의했는데, 그들은 맥아더를 해임하면 행정부가 가장 큰 정치 투쟁에 휩싸일 것이라고 경고했다. 트루먼은 개인 사절을 통해 장군에게 해임 소식을 전하는 방식으로 비난을 무마하고자 했지만, 소문이 새어나가 맥아더는 라디오를 통해 이 소식을 듣게 되었다. 이로써 결정의 냉혹함은 더욱 강조되는 듯했다. 그럼에도 도발적이고 복종하지 않는 지휘관을 전장에서 상대하는 것보다는 스캔들이 낫다고 여겨졌다.

도쿄에서 소식을 접한 맥아더는 두 번째 아내를 돌아보며 "지니, 마침내 집으로 가는 거야."라고 말했다. 다음 날 맥아더는 자신을 대신하러 온 리지웨이에게 자신이 해임된 이유는 트루먼이 정신적으로 불안정하기 때문이라고 말했다. 그러면서 트루먼의 주치의와 친한 친구가 있어서 이런 사실을 잘 안다고 덧붙였다. 맥아더는 대통령이 6개월 이상 살지 못할 것이라고 주장했다. 리지웨이는 이날 대화를 극한적인 자기중심주의자의 마음을 엿본 흥미로운 기회로 여겼다. 맥아더에게는 이 세상에서 가장 비이성적인 사람이 트루먼이었다.

그의 해임은 계급이나 종교, 문화, 지역을 망라해 모든 미국인들이 기억할만큼 커다란 분열상을 가져왔다. 모든 이들이 의견을 가지고 있었을 뿐만 아니라, 모두가 목소리를 내야 했다. 술집에서는 낯선 사람들 사이에서 싸움이 벌어졌고, 통근 열차 안에서는 서로 인사하고 친구로 지내면서도 정치적 차이를 드러내지 않던 이들 사이에서 싸움이 벌어졌다. 우파의 공격에도 늘 유머 감각을 잃지 않던 애치슨은 분노가 폭발한 직후 택시에 탈 일이 있었다. 운전사는 고개를 돌려 그를 뻔히 쳐다보았다. "혹시 딘 애치슨이신가요?" 그가 물었다. "네, 그렇습니다만." 애치슨이 대답했습니다. "내려달라고요?" 그는 이날 경험을 즐겨 이야기하곤 했다.

온 나라를 뒤덮은 격정의 소용돌이 속으로, 맥아더는 돌아왔다. 처음에는 끝이 보이지 않는 거대한 퍼레이드처럼 보였다. 퍼레이드는 1951년 4월 16일 아침 도쿄에서부터 시작되었는데, 약 250,000명의 일본인들이 일장기와 성조기를 흔들면서 전후 통치자에게 작별을 고하려고 거리를 가득 메웠다. 다음 기착지는 하와이였는데, 히캄 필드에 모인 인파는 기자들이 추산한 바로 100,000명에 달했다. 샌프란시스코에서는 약 20,000명의 군중이 공항으로 나왔다. 군중이 앞으로 밀려들면서 행진 중이던 주지사 얼 워런(Earl Warren)을 덮쳐버릴 정도였다. 다음 날 아침에는 시청에서 500,000명에 가까운 사람들이 그의 짧은 연설을 지켜봤다. 거기서 그는 청중들 뿐만 아니라 텔레비전을 시청하는 수백만 명의 시청자들을 향해 자신은 정치에 입문할 생각이 없다고 밝혔다. 또한 그는 자기 이름이 정치적으로 이용되지 않기를 바란다면서 이렇게 말했다. "내가 가지고 있는 유일한 정치는 여러분 모두가 잘 알고 계시는 한 마디, '미국에게 하느님의 가호가 있기를!'이라는 말 속에 담겨 있습니다."

귀환한 맥아더의 마지막 목적지는 워싱턴이었다. 자정 무렵에 도착했음에도 공항에 모인 군중의 수는 엄청났다. 하지만 트루먼 행정부에서 보낸 인물은 전혀 보이지 않았다. 워싱턴에 도착한 맥아더는 상하원 합동회의에서 연설하기로 되어 있었다. 맥아더의 연설은 경외롭고 강력했으며 연극적인데다 흡입력이 강했고, 나아가 기록을 선택적으로 다루는데도 능숙했다. 무엇보다도 그는 연설에서 합동참모본부가 자신의 한반도 정책에 동의했다고 주장했는데, 이는 새빨간 거짓말이었다. 그는 중국과의 직접 대결에서 한 발 물러서는 듯 보였지만("제정신을 가지고 우리 지상군을 중국 대륙에 파견하는 것에 옹호할 사람은 없습니다."), 동시에 전쟁 행위로 간주되는 봉쇄는 물론, 장제스의 군사 행동 제한 해제, 국민당의 본토 공격을 위한 군수 지원 등을 요청했다.

이어서 그는 추억과 순수한 향수로 가득찬 말로 퇴임사의 마지막을 이어갔다. "저는 이제 52년간의 군 생활을 마무리짓고자 합니다. 저는 세기가 바뀌기 전에 군에 입대했는데, 그 일은 제가 소년 시절에 간직했던 모든 희망과 꿈을 이룬 것이었습니다. 웨스트포인트의 운동장에서 선서를 한 이후 세상은 여러 번 바뀌었고, 그때의 희망과 꿈은 사라진 지 오래되었습니다. 하지만 당시 병사들 사이에서 가장 인기가 있었던 노래들 가운데 하나의 후렴구를 여전히 기억합니다. '노병은 죽지 않는다. 다만 사라질 뿐이다.' 그 노랫속의 노병처럼 저도 이제 군 생활을 마감하고, 하느님이 주신 사명을 다하기 위해 노력했던 노병의 모습으로 사라지고자 합니다. 안녕히 계십시오."

반응은 당파에 따라 나뉘는 듯 보였다. 미주리주 출신 공화당 하원의원 듀이 쇼트(Dewey Short)는 "우리는 육신을 입은 하느님의 모습을 봤고, 하느님의 음성을 들었다."라고 말했다. 허버트 후버 전 대통령은 맥아더를 "성 바오로의 환생이자 동방에서 온 위대한 육군 대장"으로 묘사했다. 하지만 트루먼의 반응은 훨씬 직설적이었다. "빌어먹을 헛소리일 뿐입니다."

제8장

대량소비의 마법사 할리 얼

: 디자인이 이끈 GM 혁명

"미국보다 더 멋진 나라는 없었다."라고 1948~49년 겨울 미국을 방문한 영국의 역사학자 로버트 페인(Robert Payne)은 말했다. "미국은 거인처럼 세상 위에 군림하고 있다. 세계 역사상 그 어떤 강대국도 다른 국가에 이렇게 다양하고 거대한 영향력을 행사한 적은 없었다. … 세계의 부의 절반과 생산 물량의 절반 이상, 그리고 지구상에 존재하는 기계의 3분의 2가 미국에 집중되어 있다. 나머지 세계는 미국 산업의 그림자 안에 있다." 헨리 포드의 혁명적 비전에 힘입어 미국은 전쟁 전부터 대량 생산의 선두 주자로 떠올라 있었다. 평범한 미국인들이 모델 T[38]를 구입할 수 있었던 반면, 계급 격차가 뚜렷했던 유럽에서는 다소 구식인 제조업체들이 부자들을 위한 값비싼 자동차를 만드는 것을 선호했다. 또한 그들은 모델 T의 독일 버전인 폭스오토(Volksauto), 즉 국민차를 만들고자 했던 페르디난트 포르쉐(Ferdinand Porsche)와 같은 이단자들과 싸웠다. 제2차 세계대전은 이미 존재하던 격차를 더욱 벌렸다. 전쟁은 유럽을 황폐화시켰지만, 미국 산업의 경영자들에게는 수년 전까지 불가능하다고 여겨졌을 혹독한 일정과 기준을 준수하는 법을 가르쳤다. 전쟁은 경제의 중심을 소비자에서 군대로 전환시켰지만, 전쟁이 끝난 후에는 소비자를 외면할 수 없었다.

헨리 루스(Henry Luce)는 미국의 세기가 도래할 것이라고 언급한 최초의 인물이었다. 약 40년 후 일본의 지식인이자 정치인 아마야 나오히로(Naohiro Amaya)는 미국의 세기는 석유의 세기, 즉 석탄이 아닌 석유에 의해 경제가 주도되면서 노동자가 최초로 소비자가 된 시대와 같다고 말했다. 다니엘 예르긴(Daniel Yergin)은 이 해방된 노동자, 즉 소비자를 탄화수소인간(Hydrocarbon Man)이라고 표현했다. 석탄 시대의 노동자와 달리 탄화수소인간은 스스로 노동의 수혜자였다. 그는 자동차와 집을 소유하고 전반적으로 개선된 생활 방식을 즐겼다. 아마야가 지적한 바에 따르면 석탄 시대에는 많은 노동자가 낮은 임금으로 일하면서 증기기관과 같은 거대한 기계를 생산했으며, 산업의 발전으로 부유해진 것은 공장 소유주들뿐이었다. 석유의 세기에는 사람들이 포드나 GM 공장에서 일했는데, 거기서는 기계를 만든 바로 그 사람들이 살 수 있을 정도로 저렴한 가격으로 기계를 대량 생산했다. 칼 마르크스는 석탄 시대의 마지막 위대한 철학자로, 그의 노동자들은 노예와 같은 상태에 갇혀 있었다고 아마야는 말했다. 만약 마르크스가 석유 세기의 산업적인 폭발과 보통 노동자들의 생활 수준이 높아지는 것을

39　포드 자동차에서 1908년부터 1927년까지 대량생산된 자동차.

목격했다면, 그는 아마 다르게 썼을지도 모른다.

예르긴에 따르면 석유의 세기는 1949년에 막 시작되었고, 접근성이 좋고 저렴한 국내 석유 자원을 보유한 미국은 그 혜택을 누린 첫 번째 국가였다. 전쟁 중에 광대한 새로운 파이프라인과 거대한 정유소들이 건설되면서 석유에 더욱 쉽게 접근할 수 있게 되었다. 따라서 훨씬 효율적인 에너지원이던 석유의 가격은 전쟁이 끝난 후에도 낮게 유지되었다. 이것은 단순히 추상적인 경제 개념을 떠나 엄청난 영향을 미쳤고, 모든 수준에서 경제가 급성장하는 원동력이 되었다. 주유소들 사이에서는 자신들의 가격이 인근 주유소보다 0.5센트 낮다고 광고하는 기름 가격 전쟁이 빈번하게 일어났다.

나아가 당시 대부분의 산업가들은 석유를 보다 안정적인 사회정치적 여건을 조성하는 수단으로 여겼다. 지하에서 석탄을 캐내는 작업은 어렵고 위험한 과정이어서 노동자들은 힘들어 하면서 불만을 토로하곤 했다. 이에 노동자들은 당대의 가장 전투적인 노동운동 지도자였던 존 L. 루이스(John L. Lewis)가 이끄는 광산노조(United Mine Workers)처럼 노조를 조직하여 맞섰다. 루이스는 광산 소유주는 물론이고 언론이나, 심지어는 프랭클린 루스벨트나 해리 트루먼 같은 진보적인 대통령까지도 두려워하지 않았다. 심지어는 노조의 투쟁이 전쟁 수행에 방해가 된다는 비판에도 아랑곳하지 않았다. 그와 같은 인물들과 노동자들이 끈질기게 생산을 방해할 수도 있다는 두려움이 산업가들에게 석탄에서 석유로 전환하도록 하는 강력한 동기를 제공했다. 이는 미국이 주도하는 국제적인 트렌드가 되었다. 1949년부터 1972년까지 미국의 석유 소비량은 하루 580만 배럴에서 1,640만 배럴로 증가했다. 1949년에는 석탄이 전 세계 에너지의 3분의 2를 차지했지만, 1971년에는 석유가 3분의 2를 차지했다.

제2차 세계대전 직후 미국에는 인류 역사상 가장 큰 규모의 시장이 형성되었다. 처음에는 대공황으로, 그에 이은 제2차 세계대전으로, 약 15년 간의 긴 가뭄이 지속된 끝에 제품을 향한 절박한 목마름이 등장했다. 처음에는 자동차 구매에 프리미엄이 붙었다. 상대적으로 부족한 신차를 사려던 고객들이 대기자 명단에 이름을 올리기 위해 딜러에게 웃돈을 줘야 하는 경우가 종종 발생했다. 조만간 미국 최고의 대량 주택 건설업자가 될 윌리엄 레빗(William Levitt)도, 수많은 귀환한 퇴역 군인들처럼, 어머니에게 선물할 내쉬 자동차를 구입하기 위해 정가의 절반에 가까운 1,000달러를 추가로 지불해야 했다.

당시 미국 산업의 힘을 상징하는 기업이 있다면, 그곳은 바로 너무 강력해서 단순히 기업으로 부르기에는 뭔가 적절하지 않아 보였던 제너럴 모터스(General Motors)였다. 제너럴 모터스는 세계에서 가장 크고 부유한 기업이었으며, 앞으로 10년 안에 인류 역사상 최초로 10억 달러의 매출을 달성하는 기업이 될 것이었다. 주요 경쟁자였던 포드 자동차는 창업자의 광기와 편집증으로 인해 전후에 파산 직전까지 몰렸다. 포드 자동차는 헨리 포드 2세가 제너럴 모터스로부터의 최고 경영진 영입을 허용한 이후에야 위기에서 벗어날 수 있었는데, 이는 포드가 망한다면 GM이 법무부로부터 반독점 혐의로 고발당할 것을 우려한 GM 이사회 의장 알프레드 P. 슬론(Alfred P. Sloan)의 개인적인 조치 덕분이었다. 제너럴 모터스가 시장을 완전히 지배하고 있었기 때문에 최고 경영자 중 한 명인 찰리 "엔진" 윌슨[40]이 아이젠하워 행정부의 국방장관으로 발탁되어 GM을 떠날 때, 제너럴 모터스에 좋은 것은 국가에도 좋다는 그의 말이 널리 인용되었다. 그가 그렇게 생각했을지는 모르지만 실제로 그가 한 말은 이랬다. "우리 제너럴 모터스에서는 항상 국가를 위해 좋은 일이 곧 제너럴 모터스에게도 좋다고 생각해 왔

---

40 본명은 Charles Erwin Wilson. GM 엔지니어 출신으로 국방장관을 지낼 때 Charlie "Engine" Wilson이란 별명으로 불렸다.

습니다." 경기가 좋았던 시절 GM은 사실상 모든 경쟁사의 자동차를 합친 것보다 더 많은 자동차를 제조했다.

제너럴 모터스에게 사실상의 무한 이윤을 추구하는데 장벽이 있다면 노동 불안의 가능성뿐이었다. 1945년부터 1946년까지 제너럴 모터스에서는 임금 문제로 약 100일 간의 격렬한 파업이 벌어졌다. 시간당 1페니의 임금 차이가 쟁점이었는데, 이는 GM이 충분히 감당할 수 있는 수준이었다. 경영진은 무엇보다도 전미자동차노동조합(UAW)에게 교훈을 주고자 선을 그었다. 동시에 이는 파업으로 인해 회사의 생산량과 수익 또한 크게 줄었다는 점에서 GM 경영진에게도 교훈이 될 만한 일이었다. 경영 책임자 윌슨과 노조 대표 월터 루더(Walter Reuther)는 이례적으로 좋은 사적 관계를 유지하고 있었으며, 윌슨은 제너럴 모터스 임원치고는 유난히 노동자들의 처지에 동정심이 많았다. 미래를 예측하면서 노동 불안을 빼면 무제한적인 매출과 이윤을 가로막는 게 없다고 생각한 윌슨은 1948년 루더가 이끄는 노조와 일반적인 임금 인상뿐 아니라 생활비 지수에 연동된 임금 인상까지 보장하는 역사적인 합의에 서명했다. 사실상 노조를 회사의 하위 파트너로 만들어 임금을 생산성뿐만 아니라 인플레이션과 같은 다른 요소와도 연계시킨 것이다. 이 합의는 경제적 파이가 너무 크기에 이념적 본능을 버리고 가능한 한 빨리 파이를 나누고 싶어했던 굳건한 보수주의자의 절대적인 자신감을 반영한 것이었다. 업계 내의 일부 보수주의자들은 이 합의가 미래에 미칠 영향을 달가워하지 않았지만, 단기적으로는 원하는 효과를 거둘 수 있었다. GM에게 사실상 한 세대에 걸친 노조와의 평화 시대를 가져다준 것이다. 포춘은 이를 "디트로이트 조약"이라고 부르면서, "제너럴 모터스는 평화를 위해 10억 달러를 지불했을지 모르지만, 그것은 좋은 거래였다."라고 덧붙였다. 당시 GM의 힘은 막강했기 때문에 인건비 상승에 따른 부담을 고객에게 전가할 수 있다는 점을 알고 있었다. (또한 이런 계약이 자원과 생산 규모에서 그들보다 소규모인 포드 및 크라이슬러의 기본 인건비를 결정짓는 것으로 이어지면서 그들에게 훨씬 더 큰 부담을 안길 것이라는 사실도 잘 알고 있었다. 포드와 크라이슬러는 GM이 먼저 결정한 뒤에야 자신들의 새로운 자동차 가격을 책정할 것이다.)

제너럴 모터스는 전후 몇 년 동안 계속해서 더욱 큰 자동차를 제조했다. 이는 야수의 본성이었고, 그들은 그 방향으로 나아갔다. 윌슨이 1940년대 후반 쉐보레에서 저가형 자동차를 만들고자 했을 때 회사 내부에서 짧은 갈등이 있었다. 그는 1,000달러 미만의 자동차를 염두에 두고 있었다. 새 차의 브랜드 명을 '카데트'로 정했고, 엔지니어링 작업도 비교적 고도의 단계까지 진행되었다. 회사에서 가장 뛰어난 개발자였던 찰스 케터링(Charles Kettering)은 윌슨의 아이디어에 공감하는 소수의 최고 경영진 중 한 명이었는데, 결과적으로 케터링이 개발한 고옥탄가스를 사용하는 고압축 엔진은 소형차에 대한 관심을 줄이는 데 커다란 영향력을 끼치고 말았다.

소형차는 더 적은 이윤을 의미했지만, 기본적인 생산 비용은 동일했다. GM 분석가들은 대형차의 차체 제작 비용이 소형차보다 더 들지는 않는다고 지적하곤 했다. 재무 담당자들은 3년 동안 매년 카데트 300,000대씩을 팔아야 공구와 금형 비용을 상환할 수 있다고 보고했다. 더 큰 문제는, 카데트 구매자 가운데 얼마나 GM이 더 큰 수익을 내는 대형차로 갈아탈지 아무도 알 수 없다는 점이었다. 카데트는 1947년 단종되었다. 1949년 12월, 한 기자가 윌슨에게 1,000달러 미만의 저렴한 자동차가 다시 나올 수 있겠느냐고 물었다. 윌슨은 그건 과거의 일이라고 대답했다. "사람들은 1,000달러 미만의 가격을 책정하기 위해 만들어야 하는 그런 종류의 자동차를 원하지 않아요. 가격을 낮추려면 너무 많은 부분을 제거해야 하는데, 제거할 수 없는 것들이 있거든요."

제너럴 모터스는 이 풍요로운 시장을 오랫동안 기다려 왔다. 실제로 이 기업의 설계자인 알프레드 P. 슬론은 약 25년 동안 이를 계획해 왔지만, 풍요로운 사회를 만들기 위한 슈퍼 기업에 대한 그의 꿈은 대공황과 전쟁으로 인해 지연되었다. 슬론이 75세가 되어서야 미국은 마침내 GM에 대한 그의 비전을 실현시킬만큼 풍요로워질 수 있었다. 그는 20대 중반부터 미국 시장을 경제적, 사회적 지위에 따라 몇 가지 필수적인 틈새 시장으로 나눌 수 있다고 믿었다. 슬론의 꿈에 결정적인 역할을 한 것은 자동차 소유주들이 현재 갖고 있는 자동차에 만족하지 않고 새로운 제품을 갈망하도록 고안된 연식 변경이었다. 하지만 핵심적인 성공 요인은 GM의 분류 체계에서 찾을 수 있었다. GM은 자동차 소유주들의 더 큰 포부를 자극하는 방식으로 그들을 흥분하게 만들었다. 쉐보레는 안정된 블루칼라나 돈 관리에 신경 써야 하는 갓 결혼한 젊은 부부들을 위한 차였고, 폰티악은 미래의 경제 상황에 자신감이 있고 스포티한 차를 원하는 성공한 사람들, 즉 로스쿨을 갓 졸업한 젊은이들을 위한 차였다. 올즈모빌은 이 시기의 초반에는 좀 더 차분한 느낌의, 화이트칼라 관료나 구식 관리자를 위한 차였다. 또한 뷰익은 동네 의사나 파트너가 될 젊은 변호사 또는 관리직 엘리트에게, 캐딜락은 공장의 최고 경영자나 소유주에게 어울리는 차였다. 전형적인 사례를 딕과 맥 맥도날드(Dick and Mac McDonald) 형제에게서 찾을 수 있는데, 평생 실패를 거듭하다가 마침내 샌버너디노에서 연 작은 햄버거 가게로 큰 성공을 거두었을 때 그들이 가장 먼저 한 일은 새 캐딜락을 구입하는 것이었다. 이는 그들이 자산 계급에 합류했음을 알리는 신호였다. 지역내 다른 유지들처럼 그들 또한 매년 최신 모델로 바꾸기 위해 차를 반납하는 충성 대열에 합류했다. 캐딜락의 가격은 약 5,000달러였고, 캐딜락의 장점 중 하나인 중고차 보상 판매 가격은 연간 700달러에 달했다.

알프레드 슬론보다 풍요로운 소비자 혁명을 이끌 가능성이 낮은 인물을 찾기는 어려웠다. 그는 자동차를 좋아하지 않았다. 그의 직원들은 그가 최신 인기 모델을 운전하기 위해 회사의 시험용 트랙에 방문하는 일을 상상조차 할 수 없었다. 젊은 시절 그는 자동차를 "실용적이지 않은 장난감이자 위험한 골칫거리"로 여겼다. 슬론은 늘 그랬듯이 실내에 머물며 책상에서 벗어나지 않았는데, 늘 정장 재킷에 넥타이 차림이었으며, 큰 키에 금욕적이었다. 그는 스스로 약점이라고 여기던, 우정에 의해 의사 결정이 영향 받는 일이 없도록 늘 냉정한 자세를 유지했다. 그가 사무실을 비운다는 것은 상상하기 어려웠다. 그와 그의 아내는 여흥을 즐기지 않았다. 오락은 천성적으로 그에게 낯선 단어였다. 그는 사무실에 있을 때가 가장 행복했다. 그곳에서 숫자와 조직 도표를 들여다보며, 오직 그것들을 통해서만 드러나는 진실을 찾을 수 있었기 때문이다. 그는 이런 도표들을 보는 일에서 기쁨을 느꼈다. 도표를 통해 회사가 복잡한 산업 업무들을 능숙하고 공정하게 배분하는 걸 볼 수 있었을 뿐만 아니라, 그 안에 미묘하게 포함된 재무 모니터링 기능을 솜씨 있게 확인할 수 있었다. 그에게 이런 차트들은 기업의 질서와 산업적인 역동성 사이의 아름다운 조화를 표현하는 것이었다. GM과 같은 곳에서 제품은 중요하지만, 알프레드 슬론이 가장 중요하게 여긴 것은 제품이 아니었다. 기업은 언제나 제품을 만들 수 있는 유능한 젊은이들을 많이 배출할 것이며, 그들이 제품을 창조할 수 있을 것이라고 슬론은 믿었다. 슬론이 사랑한 것은 시스템이었다. 그는 질서를 중시하는 사람이었고, 1920대 초반의 혼돈기에 제너럴모터스의 권력을 잡은 사람이었다. 제너럴 모터스의 설립자 빌리 듀란트(Billy Durant)는 명민한 인물이었다. 그는 여러 소규모 회사를 하나로 묶는 것이 유리하다는 점을 간파하고, 알프레드 P. 슬론이라는 젊은이가 이끄는 볼 베어링 회사를 비롯해 자동차 회사와 공급업체를 잇달아

사들였다. 듀란트는 잠재적인 자동차 대기업을 만들었지만, 너무 많은 회사와 동일한 시장 점유율을 놓고 경쟁하는, 빚더미에 올라탄 회사이기도 했다. GM의 전신인, 듀란트의 초기 유나이티드 모터스 코퍼레이션에 속해 있는 일곱 개의 자동차 회사 중에서 캐딜락과 뷰익, 두 회사만이 수익을 냈고, 두 회사 모두 확실한 틈새 시장을 확보하고 있었다. 슬론은 듀란트의 치명적인 결점이 창조 역량은 있되 경영 능력은 없는 점이라고 생각했다. 슬론이 회사의 대표가 되었을 때, 파산이 코앞에 다가왔다.

슬론은 훗날 이렇게 회고했다. "제가 대표로 취임했을 때보다 더 커다란 성취의 기회가 업계에서 한 개인에게 주어진 적은 없었다고 말하는 것이 합리적이라고 생각합니다. …저는 그때 제가 가진 모든 것을 거기에 바치기로 결심했습니다. 시간이나 노력, 제 자신의 편의까지 모든 것을 감수했습니다. 어떤 미련이나 변명도 있어서는 안되었죠." 그는 나중에 등장할 모든 경영자들의 원형이었고, GM에서의 그의 성공은 미국에서 새로운 경영자 계급이 부상하고 있다는 사실을 상징했는데, 일부 인사들은 이것이 미국의 기업가 정신에 미친 부정적인 영향을 지적했다. J. P. 모건의 파트너 러셀 레핑웰(Russell Leffingwell)은 1935년 상원 재무위원회에 출석한 자리에서 이렇게 경고했다. "미국에서 기업 법인의 성장이 개인의 독립성과 주도성을 말살하고 있습니다. 미국은 거대 자본 집단에 고용된, 고용인의 나라가 되어가고 있습니다."

슬론의 첫 번째 임무는 강하지만 정체되어 있던 포드 자동차에 도전하는 것이었다. 대중적인 자동차의 시대는 헨리 포드가 모델 T를 최초로 출시하면서 시작되었다. 그 이전까지 자동차는 부유층의 전유물이었다. 포드는 자동차를 대량으로 생산하여 가격을 꾸준히 낮추는 방법을 알아냈고, 가격을 1달러 내릴 때마다 1,000대의 자동차를 더 팔 수 있다고 자랑했다. 그렇게 함으로써 그는 미국 경제의 본질을 변화시켰다. 헨리 포드가 이끈 자동차 산업의 첫 번째 시기는 청교도적이었다고 할 수 있다. 모델 T는 심플하고, 박스 형태였으며, 기능적이었다. 포드는 구매자들이 원하면 어떤 색이든 선택할 수 있다고 자랑했지만, 그게 검은 색이라면 가능했다. 그 밖에 어떤 장식도 없었다.

1920년대 후반부터 슬론과 GM의 동료들은 자동차 시대의 두 번째 단계를 열었다. 이제 자동차는 단순한 이동 수단이 아니라 지위를 반영했으며, 대부분의 미국인들은 중산층으로, 그리고 중상류층으로 올라가기 위해 노력하면서 이 개념에 열광적으로 반응했다. 슬론의 시대에 구매자들은 더욱 화려하고 더욱 비싼 차를 갈망해야 했다. 그런 차는 영구적인 소유물이 아니었기 때문에 지위 상승을 향한 인생의 여정에서 경제적 기준이 되었다. 슬론은 헨리 포드가 혼자서만 가지고 있던 선택권을 구매자들에게 제시했다. 그는 헨리 포드의 엄격하고 고집스러운 방식에 대해 별로 공감하지 않았다. 슬론은 후일 "우리는 구 시대의 자동차 비즈니스와 어떠한 이해관계도 없었으며, 변화는 곧 기회를 의미했다."라고 말했다.

제2차 세계대전 후, 슬론은 미국인들이 원하는 것이 무엇인지 고민한 끝에 첫 번째가 스타일이며, 두 번째가 자동 변속기이고, 세 번째가 고압축 엔진이라는 결론을 내렸다. 그는 최고의 디자이너 할리 얼(Harley Earl)에게 전권을 위임했다. 가난했던 시절 헨리 포드가 칼빈주의 시대를 대표했다면, 할리 얼은 부유하고 풍족한 새 시대의 표준을 제시하는 사람이었다. 그만큼 1950년대 미국의 스타일과 취향에 커다란 영향을 끼친 사람도 없었고, 미국의 변화를 가장 정확하게 반영한 사람도 없었을 것이다. 비평가 스티븐 베일리(Stephen Bayley)는 그가 1950년대에 생산한 자동차에 관해 이렇게 평했다. "그것들은 꿈을 장려하는 의도적인 기업 정책의 산물이었다. 할리 얼은 미국 역사에서 미래가 위협적이기보다는 장밋빛으로 보였고, 더 나은 미래가 계속해서 변화하는 스타일을 더 많이 소비함으로써 더 빨리 도래할 것이라는 확신이 있었던 시기에 드림카를 발명했다."

얼은 1927년 슬론과 로렌스 피셔(Lawrence Fisher)에게 발탁되면서 할리우드에서 빠져나왔다. 그의 아버지는 거기서 마차 제작자였고, 할리 얼은 새로운 자동차 사업 초창기의 맞춤형 개조업자 중 한 명으로, 디트로이트의 가장 보수적이지 않은 고객인 영화배우들을 위해 자동차를 개조해주는 일을 시작했다. 그가 할리우드를 떠나기 전부터 얼이 개조한 자동차에는 독특한 특징이 있었다. 더 길고, 더 낮고, 더 매끈하고, 더 둥글고, 가만히 서 있을 때조차도 역동적인 인상을 주는 것이었다. 그는 표준 프레임의 높이를 낮추고, 프레임에 중간 부분을 추가했다. 그가 전쟁 전에 개조한 자동차들은 독창적이고 스타일리시했으며, 1920~30년대 디트로이트에서 대세로 자리 잡았던 박스형 디자인에서 크게 벗어나 있었다.

이미 알려진 것처럼, 그는 슬론의 특명으로 미술 및 색상 부서라는 새로운 부서를 만들었다. 조그맣게 만들던 신차 모형이 이제는 실물 크기로 제작되었다. "작은 모형의 문제는 당신의 눈이 모형과 함께 줄어들지 않는다는 것입니다."라고 얼은 말하곤 했다. 그가 디트로이트에 도착할 때까지만 해도 엔지니어링 부서는 막강한 힘을 가지고 있었고, 자동차 광고는 발전기의 용량처럼 기능을 강조하는 것이 전부였다. 하지만 슬론의 지시에 따라 스타일링 부서로 점차 권력이 이동했다. 처음에 그는 엔지니어링 부서 출신의 부서장들과 싸워야 했는데, 그들 중 상당수는 그의 새로운 방식과 자동차를 멋지게 꾸미려는 시도를 경멸했다. 그들과의 싸움에서 그는 항상 승리했다. 그는 사실 매우 뛰어난 내부 투사였다. 평소 얼의 비전을 공유하던 회사 대표 할로우 커티스(Harlow Curtice)도 이 사실을 깨닫게 되었다. 한 번은 둘이 함께 스타일링 룸에 있었는데, 특정 차량이 커티스의 맘에 들지 않았다. 둘은 언쟁을 벌였지만 오래가지 않았다. 얼은 전화기를 들고 다이얼을 돌렸다. "안녕하세요, 알프레드." 그가 말했다. 짧은 인사말이 빠르게 오갔다. 그런 다음 본론으로 넘어갔다. "할로우와 함께 있는데 의견이 일치하지 않는 부분이 있습니다. 할로우를 바로잡아 주실 수 있을까요?"

할리 얼의 자동차를 찾는 것은 쉬웠다. 그는 미래를 향해 질주하는 것처럼 보이는 길쭉한 제트기에 매료되었고, 길고 날렵하며 강력한 상어를 동경했는데, 그의 미래형 자동차는 그 모양을 바탕으로 한 것이었고, 뒤쪽에는 금속 등지느러미 한 개가 달려있었다. "내 비율 감각에 따르면 직사각형이 정사각형보다 더 매력적이다. 마치 사각형의 3층짜리 평지붕 집보다 목장집이 더 매력적인 것처럼, 그리고 불독보다 그레이하운드가 더 매력적인 것처럼 말이다."라고 그는 쓴 적이 있다.

얼은 훌륭한 쇼맨이었다. 회의적인 임원들과 부서장들 앞에서 특정 디자인을 밀어붙이기 위해, 그는 자동차를 자신이 원하는 위치보다 4인치 높은 곳에 자리잡도록 했다. 임원들은 차 주위를 돌며 고개를 끄덕였다. 그런 뒤에 얼이 미리 준비된 신호에 따라 손수건을 꺼내 이마를 닦으면 자동차가 지지대에서 풀려나 적절한 높이로 내려왔다. 그 차이는 놀라웠다. 차고가 낮아진 자동차는 마치 블록에서 튀어나온 것처럼 보였다. 임원들은 감탄했다. 그의 주된 목적은 정지 상태에서도 자동차가 움직이는 것처럼 보이게 하는 것이었다. 그는 지우개로 발판을 지워버렸다. 뒤타이어는 보이지 않게 숨겼다.

개인은 항상 기업의 이익에 종속되고, 익명성이 점점 더 중시되는 기업 문화 속에서 할리 얼은 의도적으로 차별화를 꾀했다. 세실 B. 드밀

(Cecil B. DeMille)[41]이 승마용 채찍과 장화 차림으로 돌아다니며 자신만의 신화를 창조하는 걸 봤기 때문이었다. 얼은 키가 6피트 6인치(약 198cm)나 되었고, 직원들보다 항상 우뚝 서있기 위해 자신보다 큰 사람은 고용하지 않기로 결정했다고 전해진다. "세상은 자신이 어디로 가는지 아는 사람을 위해 길을 양보해준다."라고 그는 말하곤 했다. 회의실에 들어섰을 때의 그에게서는 대접받는 사람의, 남들이 당연히 자신의 말을 경청할 것이라는 점을 전혀 의심하지 않는 태도가 묻어났다. 할리 얼은 안경을 필요로 했지만, 안경이 자신의 이미지를 손상시켜 권력을 약화시킨다고 믿었기 때문에 거의 착용하지 않았다. 다른 GM 임원들은 캐딜락(또는 쉐보레 임원들은 캐딜락을 타지 말라는 할로우 커티스의 명령이 내려진 뒤에는 해당 사업부에서 생산한 자동차)을 탔지만, 할리 얼은 자신이 직접 디자인한 미래형 자동차 르세이버(LeSabre)를 몰았다. 전형적인 제트기인 F-86 세이버 제트기를 기반으로 제작된 이 자동차의 프로토타입을 제작하는 데 드는 비용은 약 700만 달러로 추산된다. 하지만 적어도 그것은 미국차였다. 그는 자신이 미국 회사를 위해 디자인을 하면서도 외제차를 몰고 다니는 스타일리스트가 아니라는 점을 분명히 했다. 아들 제리가 페라리를 몰겠다고 했을 때 얼은 단호하게 말렸다. "내 아들은 절대로 그 망할 페라리를 타면 안된다."라고 그는 말했다. 그는 즉시 디자인실에 아들을 위한 특별한 콜벳을 제작해 달라고 주문했다.

　다른 임원들은 제너럴 모터스의 베이스 캠프인 블룸필드 힐스에서 거주했던 반면, 얼은 자산가들의 주거지로 유명한 그로스 포인트에서 살았다. 곧 그로스 포인트 인근 워렌에 얼의 편의를 위해 새로운 제너럴 모터스 디자인 샵이 들어섰다. 얼은 린넨 소재의 정장 수백 벌을 다

<hr>

41　20세기 초반에 활동한 미국의 영화 감독.

양한 색상으로 구비하고 있었다. 다른 임원들에게는 감색과 밝은 회색, 짙은 회색 등 세 가지 색상의 정장만 허용했다. 얼은 낮에 옷이 구겨지면 바로 새 옷으로 갈아입을 수 있도록 사무실의 커다란 옷장에 똑같은 양복 한 벌씩을 넣어두었다. 심지어 신고 있던 구두조차 마치 슈트리가 그대로 들어있는 듯 구김살 하나 없었다. GM 이사회에 참석할 때의 옷차림은 평소보다 훨씬 더 특이하고 화려했다. 직원들은 크림색 린넨 정장에 감색 셔츠(GM 임원들이 일반적으로 입는 색상과 반대되는)와 파란색 스웨이드 구두를 신고 이사회에 참석하는 그를 지켜보곤 했다. 직원들은 그가 복장을 통해 자신을 드러내고 있으며, 그가 예술적인 인물이며, 디자인과 취향에 관해 자신들보다 더 많이 알고 있고, 궁극적으로는 자신들의 손길에서 벗어나 있을 뿐만 아니라 어느 누구에게도 휘둘리는 인물이 아니라는 사실을 잘 알고 있었다. 포드 임원 돈 프레이(Don Frey)가 돌이켜 생각해봤을 때, 할리 얼의 자동차는 그의 옷차림과 똑같아 보였지만 당시는 그게 바로 스타일이라고 받아들여졌다. 프레이는 얼이 옷에도 크롬을 입힐 수 있었다면 분명 그렇게 했을 것이라고 생각했다.

그는 함께 오래 일했거나 성취를 이룬 직원들에게까지 항상 미스터 얼이었지, 한 번도 할리로 불린 적이 없었다. 그는 폭압적인 상사였다. 소리를 지르거나 몰아붙이고, 항상 더 많은 것을 요구했다. 그의 말은 곧 법이었다. 1950년대 후반 GM이 레이싱에 참가하기로 잠정적인 결정을 내렸을 때, 얼은 도색이 훼손될 수 있다는 이유로 쉐보레 드라이버 팀이 레이싱카로 연습하는 것을 허용하지 않았다. 그는 부하 직원들을 긴장시키는 것을 즐겼다. 예를 들어, 그는 점심 전에 뷰익 디자인실을 방문해서 스케치를 보곤 했다. 얼굴이 점점 어두어지던 그가 마침내 "이건 누가 그린 거지?"라고 물었다. 결국 한 불운한 보조 디자이너가 자신의 아이디어였음을 인정해야만 했다. "글쎄, 다음에 올 때는 형편없는 이것을 정말 보고 싶지 않네." 얼은 점심을 먹으러 나갔지만, 경고를 듣고도 즉각 행동하지 않은 불운한 디자이너들이 있다면 조심해야 했다. 얼이 몇 시간 후 문제의 스케치가 실제로 삭제되었는지 확인하러 다시 돌아올 것이 분명했기 때문이다. 만약 그대로 있었다면 그는 벽에서 그 그림을 뜯어냈을 것이다. 그의 또 다른 특기는 작업 중인 스타일리스트의 어깨 너머에 서서 함께 온 디자인위원회의 일행들(스튜디오의 디자이너들은 얼과 자신을 둘러싸고 서있는 아첨꾼들을 가리켜 "마법의 초승달"이라고 불렀다)을 향해 "저걸 이쪽 끝에서 저쪽 끝까지 32분의 1인치만 높이면 더 나아보이지 않을까, 어때?"라고 아무렇지도 않게 말하는 것이었다. 그는 아무도 눈치채지 못할 작업을 하기 위해 몇 시간 더 일하자고 제안하는 중이었다. 젊은 디자이너 로버트 컴버포드(Robert Cumberford)는 승산이 별로 없다고 생각했다. 수정한 척하고 넘어갈 수도 있지만, 수정한 후 얼이 기분이 나빠서 실제로 수정했다는 사실을 믿지 않을 수도 있었다.

그는 동료들이 보는 앞에서 직원들에게 폭언을 서슴지 않는 성격이었지만, 같은 날 사교 모임에서 다시 만나면 그렇게 친절할 수가 없었다. 그는 특히 젊은 비서의 아내들에게 인기가 많았는데, 그를 만나본 아내들은 남편에게 이렇게 말하곤 했다. "어떻게 그에게 폭군이라며 불평할 수 있어요? 그는 내가 만난 이들 중 가장 자상하고 예의바른 사람이에요."

모든 사람이 얼에게 찬사를 보낸 것은 아니다. 일부 비평가들은 그의 자동차가 전후 미국 사회의 과잉을 반영한다고 생각했다. 그들이 보기에 자동차는 나아진 게 없이 크고 화려하기만 했다. 의심하는 이들에게 그는 '고프(Gorp)' 왕자(당시 자동차 산업을 상징하는 지느러미와 크롬의 조합)였다. 포드에서는 그를 한편에서는 존경의 의미를 담아, 다른 한편에서는 비아냥의 의미로, '크롬의 첼리니'라고 불렀다. 그의 가장 중요한 동료 중 한 명인 저명한 산업 디자이너 레이먼드 로위(Raymond Loewy)는 1955년 자동차엔지니어협회에서 한 연설에서 얼의 자동차에 담긴 철학 전체를 비판하며 바퀴 달린 주크박스와 같다고 말했다. "미국에서 가장 뛰어난 기계 중 하나를 화려한 상품으로 위장하는 것이 책임 있는 일입니까?"라고 비판하면서 로위는 이렇게 덧붙였다. "기계적 우수성이 명료하게 표현되어야 하는데, 감각적이고 유기적인 것으로 변질되어버렸습니다." 로위는 형태가 기능을 추월했다고 디트로이트를 향해 경고를 보내고 있었던 것이다. 얼의 디자인이 지식인들을 항상 만족시키지는 못했지만, 자동차 구매층 사이에서는 놀라울 정도로 성공을 거두었다. 신기하게도 그가 직접 한 스케치는 거의 없었다. 그는 잡지 광고나 비행기 사진에서 아이디어를 얻어 직원들에게 작업을 권유했다고 한다.

얼은 부서장들의 자율성을 꾸준히 빼앗아갔다. 디자인이 중요한 결정 사항이 되었고, 그 결정은 얼의 몫이 되었다. 엔지니어링의 중요성은 점점 줄어들었다. 사실 얼과 슬론 때문에 3대 주요 자동차 기업 모두, 구식이 더 나음에도 신식을 숭배하고 구식을 희생하는 악순환에 빠지게 되었다. 연례적인 모델 변경으로 기업들은 단순한 변화를 위해 덜 효율적이고 덜 매력적인 자동차를 선택해야 했다. 또는 포드의 스타일링 책임자였던 조지 워커(George Walker)가 얼의 시대가 끝나갈 무렵에 언급했듯이, 이런 과정 자체가 파멸의 씨앗을 품고 있었다. "1957년형 포드는 훌륭했지만, 우리는 곧바로 그것을 묻어버리고 다른 차를 만들어야 했어요. 우리는 자동차를 디자인하고 완성되자마자 싫증을 냈죠. 그리곤 또 다른 차를 만들어야 했어요. 1958년 말까지 1957년형 포드가 마음에 들지 않는 남자를 위해 자동차를 디자인해야 했습니다."

얼 자신도 상당히 냉소적이 되었다. 1950년대 중반에 회사에서 일하며 그의 초기 작품을 동경했던 젊은 디자이너들은 그의 태도에 놀라움을 금치 못했다. 로버트 컴버포드는 젊은 스타일리스트들과 함께 한 초기 오리엔테이션 회의를 기억했다. 얼은 학생들 앞에 서서 그들을 오랫동안 뚫어지게 바라보더니, 이렇게 말했다. "제너럴 모터스가 사업을 하는 이유는 단 한 가지입니다. 돈을 벌기 위해서입니다. 그러기 위해 우리는 자동차를 만듭니다. 하지만 쓰레기통으로 돈을 벌 수 있다면 우리는 쓰레기통을 만들었을 것입니다."

컴버포드의 절친한 친구 스탠 모트(Stan Mott)도 비슷한 경험을 했다. "주목해봐." 얼은 모트를 포함한 디자이너들에게 말했다. "자동차를 더 많이 팔 수 있다면 저 망할 놈의 한 가운데다가 연통을 꽂아넣어도 좋아." 이 모든 과정에서 프로세스는 점점 더 무기력해지고 있었다. 이는 단순히 변화를 위한 변화라기보다도 일종의 유사 변화에 가까웠다. 자동차 업계의 엔지니어들은 자신의 기술을 무시당한 채 대부분 휴무 상태였다. 이렇게 미국의 자동차 산업은 외국의 경쟁업체에 대한 기술적 우위를 확보할 수 있는 시기에 그렇게 하지 못했다. 대신 자동차 업계는 스커트를 올리거나 내리고, 지느러미를 추가하거나 늘리고, 색상 조합을 바꾸는 등 스타일링 디테일에만 신경을 썼다. 당시 자동차의 가장 유명한 디테일인 지느러미는 기술적 진보를 상징하는 것이 아니라 자동차를 더 날렵하고, 더 크고, 더 강력하게 보이게 하는 디자인 요소일 뿐이었다. "값비싼 자동차에 대한 눈에 보이는 명성을 표현해주는 형태로 그들(고객들)에게 추가 영수증을 제공했다."라는 말로, 얼은 지난 10년간 자동차 업계의 본질을 요약했다. 이 실패는 1970년대에 자동차 업계 전체를 괴롭히게 될 것이었다. 실제로 그 시대를 상징하는 "계획적인 구식화"라는 문구를 만든 것도 얼이었다.

1950년대에는 클수록 좋은 것이었고, 미국인들은 매년 더 큰 자동차를 원했다. 제너럴 모터스가 더 큰 자동차로 새로운 미국 시장을 공략했다면, 그 시대를 기술적으로 뒷받침한 사람은 찰스 케터링(Charles Kettering)이었다. 케터링은 GM의 연구 책임자이자 전속 천재 기술자였다. 그는 시골 소년 같은 발명가였다("나는 렌치와 펜치를 다루는 사람입니다."라고 그는 겸손하게 말하곤 했다). 그의 발명품은, 무거운 크랭크 대신 셀프 스타터를 시동 장치에 사용한 스타터 모터를 시작으로 회사의 성공, 나아가 업계의 성공에 결정적인 역할을 했다. 1912년 캐딜락에 최초로 탑재된 이 장치는 여성과 노년층의 운전을 장려했다. 그 외에도 자동차 히터, 도장 공정을 현대화하여 자동차 페인트가 마르는 데 걸리는 시간을 17일에서 3시간으로 단축한 다목적 듀코 페인트, 녹 방지 연료 등 매우 실용적인 주요 혁신이 줄줄이 이어졌다. 무엇보다도 케터링이 고압축 엔진과 고옥탄가 연료를 개발함에 따라 더 크고, 더 무겁고, 더 많은 장비를 장착한 자동차 시대가 열릴 수 있었다.

1946년 고압축 엔진 제작에 전념하기 시작했을 때, 그는 회사에서 은퇴한 지 3년이 지났지만 여전히 오랜 목표를 추구하고 있었다. 그는 고압축 엔진과 고옥탄가 연료를 결합하면 훨씬 더 강력한 엔진을 만들 수 있으리라고 확신했다. 연료가 기화되어 폭발하기 전에 실린더에 더 단단히 갇혀서 피스톤을 더 큰 힘으로 밀어낼 수 있기 때문이다. 케터링은 수년 동안 석유 회사들에게 옥탄가가 더 높은 연료의 개발을 촉구했지만, 석유 회사들은 별다른 반응을 보이지 않았다. 그들의 안일한 태도는 그를 크게 자극했다. "대자연이 지구에서 석유를 만들어냈을 때는 돼지가 자신의 억센 털을 칫솔모로 삼으려던 것만큼이나 자동차를 염두에 두지 않았을 것이며, 휘발유에서 가장 좋은 분자가 원유에서 발견되리라고 기대하는 것은 어리석은 일입니다."라고 그는 말했다. 케터링은 고옥탄가 연료를 직접 개발했고, 1947년 71세의 나이에 동료들 앞에서 새로운 V8 엔진과 고옥탄가 연료의 새로운 고압축비

찰리 윌슨이 국방부의 최신 무기 모형들과 함께 포즈를 취하고 있다. 그는 제너럴 모터스 (GM) 최고경영자에서 국방장관으로 자리를 옮겼는데, 두 자리는 별로 다를 게 없어 보였다. 그는 인사청문회에서 "GM에 좋은 일은 곧 미국에도 좋은 일이다"라고 말한 것으로 알려졌지만, 실제로 그런 말을 하지는 않았다. 다만, 그가 그렇게 믿고 있었다는 점만큼은 분명했다. (사진 출처 HANK WALKER/LIFE/TIME WARNER, INC.)

에 대한 기술 논문을 발표했다. 이 새로운 엔진은 1949년형 캐딜락에 처음으로 탑재되었다. 케터링은 효율성 향상을 추구했을지 모르지만, GM의 동료들이 목격한 것은 더 크고, 더 강력하고, 더 많은 액세서리를 장착한 자동차였을 뿐이었다. 이렇게 파워 스티어링과 파워 브레이크, 에어컨을 장착할 수 있는 방법이 열렸다.

이 모든 것이 1950년대 들어서 기업 문화가 바뀌고 있다는 신호였다. 엔지니어였던 찰리 윌슨(Charlie Wilson)은 정부에서 일하기 위해 회사를 떠났다. 그의 후임 할로우 커티스는 세일즈맨으로 더 크고 화려한 자동차에 대한 열정으로 카데트와의 싸움을 주도했다. 커티스는 미시간주의 작은 마을 페트리빌에서 자랐고, 인근의 페리스 인스티튜트 경영대학원을 다녔다. 미국 상원의원이었던 우드브리지 페리스(Woodbridge Ferris)가 설립한 이 학교는 근면을 강조했다. 청년들은 아침 6시에 야외에서 종이도 칠판도 없이 수학 문제의 답을 외치며 계산 연습을 해야 했다. 졸업 후 커티스는 제너럴 모터스의 자회사였던 AC 스파크 플러그의 경리 업무를 맡았다. 커티스는 회계 담당자로 승진했고 결국 AC의 사장이 되어, 뷰익의 경영 책임을 맡는 커다란 기회를 갖게 되었다. 당시 GM의 모든 사업부서 중에서 가장 큰 경영난을 겪고 있던 뷰익은 연간 245,000대에 달하던 자동차 판매량이 45,000대 이하로 떨어지고 있었다. 그곳은 야망을 가진 젊은이에게 완벽한 회사였다. 커티스는 숫자에 강했지만, 그의 많은 후배들과 달리 자동차 또한 좋아했다. 그의 절친한 친구이자 GM의 동료 임원이었던 토니 드 로렌조(Tony De Lorenzo)의 말을 빌리자면, "그는 수치 너머까지 볼 줄 알았다. 그는 수치들이 단순히 종이 위에서 죽어있는 작은 숫자들이 아니며, 트렌드와 취향의 관점에서 그것들이 무엇을 의미하는지 이해하고 있었다."

1933년, 커티스가 뷰익에 부임한 후 그가 전화를 걸었던 첫 통화 상대가 할리 얼이었다. "할리, 당신은 무슨 차를 타고 있습니까?" 그가 물었다. "캐딜락입니다." 얼이 대답했다. 커티스는 "뷰익을 당신이 타고 싶은 차로 디자인해줬으면 좋겠어요."라는 말로, 더 새롭고 섹시한 뷰익 부서라는 방향성을 제시했다. 커티스는 뷰익을 빠르게 회생시켰고, 불황 속에서도 이를 해냈다. 그는 슬론과 얼 철학의 신봉자였고, 스타일링이 지위를 드러냈다고 믿었다. 얼은 그에게 깊은 인상을 받았다. 얼은 커티스가 다른 어떤 부서의 책임자들보다 항상 디자인실에 머물며 스타일리스트들이 어떤 방향으로 나아가고 있는지 파악하려고 애썼다고 말하곤 했다. 커티스는 뷰익의 매출을 연간 200,000대까지 4배로 끌어올리며 회사에서 스타로 떠올랐다. 1953년 1월, 윌슨이 워싱턴으로 떠나자 뷰익은 커티스의 회사가 되었다.

아이젠하워 정부는 20년 만에 집권한 공화당 정권이었고, 대기업에 대한 더 큰 관용을 약속했다. GM은 시장점유율이 50%를 넘으면 법무부 반독점법 담당자들이 개입해 회사를 해체할지도 모른다는 두려움 때문에 수년 동안 시장 점유율이 높아지지 않도록 자제해 왔다. 이제 모든 제약이 사라졌다. 커티스는 이런 세련된 제약을 믿지 않았다. 연방 정부가 GM을 막고 싶다면, 직접 그를 찾아와야 했다. "이 사업에서는 절대 제자리에 서 있을 수 없습니다. 올라가거나 내려갈 뿐이지요."라고 그는 말했다. 그는 GM을 완전히 지배하려고 했으며, 약 20년 후 존 델로리안(John DeLorean)이 약간의 향수를 담아 지적한 대로, GM을 실제로 경영한 마지막 인물은 할로우 커티스였다. 1953년 GM이 시장점유율 45%를 기록 중일 때, 커티스는 1954년에는 48%로 늘리고 싶다고 발표했다. 1956년에는 51%까지 올랐지만 여전히 충분하지 않았다. 로버트 시한(Robert Sheehan)이 1956년 포춘에 게재한 커티스 관련 기사에서 언급한 것처럼, 회사 안에서는 이런 농담이 오갔다. "사장이 무슨 말을 하는지 알지? 10건의 거래 중에서 5건을 잃고 있다는 뜻이야." "50%라고! 젠장." 커티스 본인이 슬론을 위해 쉐보레를 회생시킨 장본인이자 자신이 폰티악 수장으로 발탁한 지몬 (벙키) 크누드센(Semon (Bunkie) Knudsen)에게 이렇게 말했다. "나는 시장의 75%를 원합니다."

제9장

교외의 탄생
: 윌리엄 레빗이 일으킨 주택 건설 혁명

미국 자동차의 크기가 커지고 스타일과 고급스러움이 강조되기 시작한 것은 이 시대의 새로운 풍요로움을 보여주는 한 단면이었을 뿐이다. 제2차 세계대전 이후 대부분의 미국인들은 미래의 삶이 더 나아질 것이라고 상상했다. 그 핵심에 내 집 마련이 있었다. 헨리 포드의 발명품과 도로 및 고속도로 네트워크의 급속한 발전으로 미국 도시 주변의 광활한 농지가 개방되면서 그 꿈은 실현되기 시작했다. 바로 교외 지역의 등장이다. 나아가 사람들은 자신들의 첫 집을 사기 위해 얼마까지 쓰고 싶은지도 알고 있었다. 5,000달러, 이는 당시 한 가정의 평균 2년 치 임금과 비슷한 액수였다. 전쟁 직후 자동차 산업 노동자의 주급은 약 60달러, 연봉으로 치면 3,000달러였고, 다른 제조업 분야 노동자의 연봉은 약 2,400달러였다. 새 차가 중요한 지위의 상징이었다면, 집은 또 달랐다. 과거에 집을 가지려는 사람들은 흔히 아파트를 임대하는 경우가 많았는데, 아파트는 단순히 공간 뿐만 아니라 독립성과 안전성 면에서도 부족함을 상징했다. 내 집 마련은 새로운 아메리칸 드림이 구현되었음을 의미했다. 수많은 할리우드 영화에서 약속했듯, 자신감 넘치는 아빠, 활기찬 엄마, 그리고 좋은 학교에 다니고, 나중에는 대학에 다니는 빛나는 아이들이 살고 있는 집은 성취와 만족을 대표하는 상징물이었다. 집은 미국 가족을 하나로 묶어주었다(물론 자동차와 텔레비전이 가족을 해체하기 시작한 바로 그 순간에). 미국의 세기에서 첫 번째 위대한 사업가가 헨리 포드였다면, 두 번째 인물은 윌리엄 J. 레빗이었다.

윌리엄 레빗은 포드의 대량 생산 기술을 당시까지 미국 산업 중 가장 소외된 분야였던 주택 산업에 처음 도입한 사람이었다. 그가 등장하기 전까지 건축업자들은 여러 하청업체(레빗은 이들을 "교육 과정을 마친 목수와 벽돌공"이라고 불렀다)를 고용하여 소규모로 사업을 운영했다. 전쟁 전의 일반적인 건축업자는 연간 5채 미만의 집을 지었다(대공황 이후 연간 2채 이상의 집을 짓는 경우는 거의 없었다). 레빗은 놀라운 계획과 뛰어난 관리 기술을 통해 주택 건설 과정을 혁신했다. 이러한 기술 덕분에 이전에는 중산층이라고 생각하지 못했던 일반 시민들에게 저렴하고 매력적인 단독 주택을 제공할 수 있었다. 윌리엄 레빗은 그 누구보다도 아메리칸 드림을 실현 가능하게 만든 인물이다. 〈뉴욕 타임스〉의 폴 골드버거(Paul Goldberger)가 몇 년 후에 지적한 것처럼, "레빗타운 주택은 건축적인 것 이상의 사회적 창조물이었다. 그들은 수천 명의 미국 중산층 가정에게 독립된 단독주택을 향한 먼 꿈을 현실의 가능성으로 바꿔놓았다." 레빗이 자주 자랑스럽게 말했던 것처럼, 이것은 매우 개

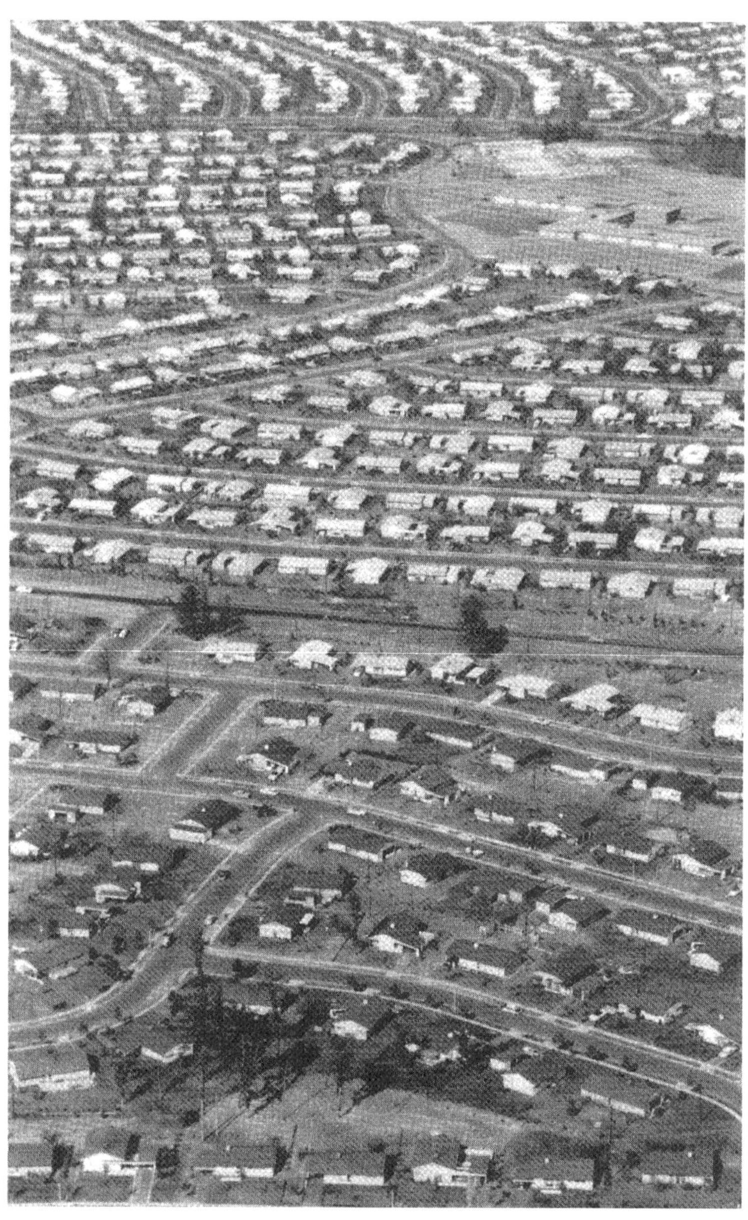

레빗타운은 전후 미국에서 가장 위대한 성공 스토리 중 하나였다. 최종적으로 17,000채의 주택이 건설되었으며, 비평가들은 취향의 획일화를 우려했지만 주택을 구매한 젊은 세대는 자신들의 새 보금자리를 매우 만족스러워 했다. (사진 출처 BURT GLINN, MAGNUM PHOTOS, INC)

인적인 의미에서 자본주의였다. "자기 집과 땅을 소유한 사람은 공산주의자가 될 수 없습니다. 할 일이 너무 많기 때문이죠."라고 그는 말했다.

전쟁을 통해 레빗은 미래의 약속과 거기에 도달하기 위한 방법을 배웠다. 1941년, 레빗은 동생 알프레드와 함께 버지니아 주 노펔에 2,350채의 전쟁 노동자 주택을 짓는 정부 계약을 따냈다. 처음에는 모든 것이 잘못되어 재앙과도 같았다. 그들이 보기에, 너무 많은 것을 요구하고 정작 생산량은 많지 않은 노조원들로 인해 수익을 낼 수도, 촉박한 납기를 맞출 수도 없는 형편이었다. 레빗 부부와 관리자들은 납기를 맞추기 위해서는 주택 건설의 근본 철학을 바꿔야 한다는 사실을 깨달았다. 그들은 건축 공정을 분석하여 기본 구성 요소로 세분화했다. 그 결과 27개의 공정이 있다는 것을 알아냈고, 27개의 팀을 구성해 각 팀이 한 공정을 전문적으로 담당하도록 훈련시켰다. 이 솔루션을 통해 숙련된 목수 부족 문제를 해결할 수 있었을 뿐만 아니라 전체 공정의 속도를 높일 수 있었다. 또한 그들은 노동자에게 시간당 임금과 초과 근무 수당을 지급하는 전통적인 방식이 생산량을 극대화하는 데 적합하지 않다는 사실도 파악했다. 그들은 각 작업에 대해 어떻게 하면 잘 할 수 있는지, 얼마나 많은 시간이 소요되는지 면밀히 연구했다. 그런 다음 평균적인 일정에 따라 기본급을 책정하고 이를 초과하면 추가 수당을 지급하는 방식으로, 사실상 높은 수준에서 작업량에 따른 인건비를 지급하고 있었다. 이를 통해 노동자들은 단순히 더 오래 일하는 대신 더 많은 성과를 달성하며 기본급을 늘릴 수 있었다. 전쟁이 계속되면서 레빗 팀은 대량 건설 분야에서 점점 더 전문가가 되었다.

결국 윌리엄 레빗은 태평양 지역의 해군 공병대로 배치되어 해군을 위한 임시 비행장 건설의 임무를 부여받았다. 노조나 기존의 건축 제한에 얽매이지 않고, 비행장이 완공되지 않으면 인명피해가 발생할 수 있는 가혹한 납기 조건 속에서 레빗은 누구도 할 수 없다고 생각한 일을 맡아 해냈다. 밤이 되면 레빗은 해군 공병대의 다른 젊은이들(모두 건축이나 계약 분야에서 일했던)과 함께 둘러앉아 그날의 작업과 어떻게 하면 공정을 단축시킬 수 있는지, 전쟁이 끝나면 어떻게 할지 등을 놓고 토론하곤 했다. 수년 후, 윌리엄 레빗은 해군이 자신에게 저비용 대량 주택을 실험하고 동료들과 함께 분석할 수 있는 멋진 실험실을 제공했으며, 이는 민간인 생활에서는 결코 가질 수 없을 기회였다고 말했다.

장래의 할 일에 관해, 윌리엄 레빗은 한 번도 의심하지 않았다. 그것은 자신과 같은 사람들을 모아 하룻밤 사이에 민간인의 삶으로 돌아갈 젊은 퇴역 군인들의 가족을 위해 대규모 주택을 짓는 일이었다. "자금을 구걸하거나, 빌리거나, 훔쳐서라도 짓고 또 지어야 한다."라고 그는 친구들에게 계속 말했고, 그중 12명 정도가 그를 따라 회사로 들어왔다. 일부 친구들이 사업의 위험성을 이야기하면 그는 자신의 욕망과 필요를 살펴보라고 말하곤 했다. 그들은 무엇을 원했을까? 자동차였다, 그리고 또 뭐가 있었을까? 당연히 집이었다. 그들은 전후의 계획에 대해 뭐라고 말했을까? 그들 모두는 가장 먼저 할 일로 결혼하는 것, 혹은 기혼자라면 아이를 낳는 것을 꼽았다. 그들 중 대부분은 몇 년 동안 부모님과 함께 살 예정이었는데, 그들 중 아무도 자신만의 살 집이 없었기 때문이었다.

전쟁 전에도 윌리엄 레빗은 롱아일랜드 헴스테드 인근에서 농지 1,000에이커에 대한 옵션을 획득한 적이 있었다. 비교적 저렴한 가격이었기 때문에 그는 태평양 지역에 가있는 동안 동생 알프레드에게 이 옵션을 계속 유지할 것을 권유했다. 건축가인 알프레드 레빗은 가족 중 예술에 관심이 많았다. 그는 형의 전후 그랜드 디자인을 이해하지 못하는 듯했다. 알프레드는 헴스테드 땅을 보며 집을 몇 채 지으려고 감자 농장을 파헤친다고 생각했지만, 윌리엄 레빗은 그 땅에서 거대하고 사실상 독립적인 교외 커뮤니티를 구상하고 있었다.

대공황과 제2차 세계대전을 거치며 주택 산업만큼 큰 타격을 입은 산업은 없었다. 주택 착공 건수는 연간 100만 건에서 100,000건 이하로 감소했다. 하지만 같은 기간 결혼율과 출산율은 급격히 증가했고, 1943년 출산율은 1,000명당 22명으로 20년 만에 최고치를 기록했다. 사람들이 전쟁터에서 돌아오면서 주택 사정은 단순한 부족을 넘어 위기 상황으로 치달았다. 약 50,000명이 육군 콘센트 막사에서 생활하고 있다고 보도되었다. 시카고에서는 중고 트롤리 차량 250량이 주택으로 팔릴 정도로 상황이 심각했다. 당장 500만 채의 새 주택이 필요한 것으로 추산되었다. 연방 주택 법안이 졸속으로 통과되었는데, 규제는 거의 없고 연방 모기지 보증을 통해 건축업자를 보호하기 위한 연방 보험만 포함된 것이었다. 존 키츠(John Keats)라는 이름의 작가는 그 순간을 이렇게 기록했다. "부동산 업자들은 법안을 읽고 서로를 쳐다보며 놀랍고 행복한 표정을 감추지 못했는데, 그들이 손바닥을 비비며 내는 건조한 소리가 태평양 너머 타위타위까지 들릴 정도였다." 20년간 축적된 에너지가 분출한 것이다. 1944년에 새로 착공된 단독주택은 114,000 채에 불과했지만, 1946년에는 937,000 채, 1948년에는 118만 채, 1950년에는 170만 채로 급속히 늘어났다.

윌리엄 레빗은 자신이 미래의 물결을 타고 있다고 확신했다. "맞춤 양복과 같은 맞춤형 주택 시장은 더 이상 존재하지 않는다고 생각합니다. 그런 옷을 사고 싶은 사람들은 언제든 살 수 있겠지만, 진짜 시장은 대량 생산된 평범한 양복을 사고 파는 곳에 있습니다. 그리고 6,000달러로 30,0000달러짜리 집을 지을 수는 없습니다."라고 그는 첫 개발을 시작하면서 말했다. 1946년, 레빗 부부는 이미 소유하고 있던 헴스테드 부지에 땅을 더 추가해 자신만의 커뮤니티를 만들겠다는 윌리엄 레빗의 꿈을 실현하기 위한 첫 개발에 착수했다. 맨해튼에서 약 20마일 떨어진 이곳에서 그들은 미국 역사상 가장 큰 주택 프로젝트를 시작했다. 처음에는 아일랜드 트리로 불렸지만 결국 레빗타운이라는 이름을 붙였다. (그는 명칭 변경 이유에 대해 훗날 이렇게 말했다. "원래 이름은 좀 쑥스러웠죠. 아일랜드 트리라는 화려한 이름의 새롭고 멋진 장소가 생겼는데, 보이는 건 그 이름을 부여받은 왜소한 나무 두 그루뿐이었으니까요.")

레빗타운은 처음부터 놀라운 성공을 거두었다. 첫 번째 레빗 하우스는 이보다 더 단순할 수 없을 정도로 단순했다. 방이 4개 반으로, 젊은 가족을 염두에 두고 설계되었다. 부지는 60×100피트였는데, 레빗은 집이 부지의 12%밖에 차지하지 않았다는 사실을 자랑스러워했다. 거실 크기는 12×16피트. 침실 2개와 욕실 1개가 있었다. 가족은 다락방을 개조하거나 외부에 추가하여 집을 확장할 수 있었다. 주택은 엄마가 마당에서 노는 아이들을 볼 수 있도록 부엌을 뒤쪽에 배치하여 재설계되었다. 케네스 잭슨(Kenneth Jackson)은 그의 저서 〈크랩그래스 프론티어〉(Crabgrass Frontier)에서 초기의 레빗 주택은 단순성, 내구성, 가치 면에서 모델 T와 다르지 않았다고 지적했다. 기본형 레빗 케이프코드는 7,990달러에 판매되었고, 이후 확장된 런치 스타일 주택이 9,500달러에 판매되었다. 레빗 부부는 처음에 인센티브로 무료 TV와 벤딕스 세탁기를 제공했다. 처음에는 퇴역 군인만 구매할 수 있었다. 그들이 둘러볼 수 있도록 뉴욕시 인근에 작은 모델하우스가 지어졌다. "여기가 레빗타운입니다!"라는 광고가 뉴욕 타임스에 실렸다. "58달러에 모든 것을 소유할 수 있습니다. 퇴역군인 여러분, 여러분은 운이 좋은 사람입니다. 미국 정부와 세계 최대의 건축업자가 눈먼 돈으로 집값을 지불하지 않고도 유쾌한 커뮤니티를 갖춘 매력적인 집에서 살 수 있게 해줬으니까요." 광고는 월요일에 게재되었다. 화요일에 윌리엄 레빗은 모델하우스를 살펴보러 갔다. 약 서른 명 정도의 사람들이 줄을 서 있었다. "여기서 뭐 하세요?" 그는 줄을 서 있던 한 남자에게 물었다. "레빗 하우스를 둘러보고 하나 사려고 왔어요." 남자가 대답했다. "그런데 다음주 월요일까지는 구매할 수 없어요."라고 레빗이 이의를 제기하자, 젊은 남자는 "상관없어요."라고 말했다. 레빗은 1944년 태평양의 작은 섬에 둘러앉아 전후 주택의 필요성에 대해 머리를 맞대고 고민하던 것과 직접 부딪히는 것은 완전히 다른 일이라는 것을 깨달았다. 줄은 갈수록 길어졌고, 전역한 병사들은 스스로 질서 유지 방법을 찾아내어 사람들이 줄을 서지 않고도 휴식을 취하고 식사를 할 수 있는 시스템을 만들었다. 실제로 줄을 선 사람들 사이에 일종의 커뮤니티가 형성되기 시작했다. 이들은 어쨌든 서로의 이웃이 될 것이었다. 1949년 3월에 사무소의 문이 열리자, 하루만에 1,400건의 계약이 체결되었다.

대량 생산된 주택을 판매하는 것은 어렵지 않았다. 집을 짓는 게 어려운 일이었지만, 레빗은 준비가 되어 있었다. 그가 노픽에서 배운 가장 중요한 교훈은 슬래브 기초 공사를 위해 집에서 가장 어렵고 복잡한 부분인 지하실을 포기해야 한다는 것이었다. 이는 불도저로 기존 지형을 평평하게 다듬은 다음 콘크리트 슬래브를 깔기만 하면 된다는 것을 의미했다. 슬래브는 어차피 쓰지도 않을 물건을 보관할 수 있는 눅눅하고 어두운 지하실에 관한 고대로부터 내려오던 권리를 박탈하는 동시에 건축업자에게는 공사의 시작을 알리는 신호탄이 되었다. 대체 누가 지하실을 필요로 했을까? 레빗은 의문을 품었다. 고대 로마인들은 지하실을 만들지 않았다는 사실을 그는 질문이 제기될 때마다 지적했는데, 레빗이 로마인들에게 물어볼 수도 없었다. 지하실 애호가인 헴스테드 지역 공무원은 처음에 "일반 원칙"에 따라 건축 허가를 거부했다. 일반 원칙이 도대체 뭐야? 레빗은 분노했다. 며칠 후 헤럴드 트리뷴에서 헴스테드 지역의 일반 원칙을 격렬하게 공격하는 사설이 실렸고, 공무원은 한 발 물러섰다.

　레빗은 디트로이트의 그레이트 루즈 공장에서 시행했던 헨리 포드의 생산 시스템을 차용한 사실을 즉시 인정했다. 하지만 그의 응용 방식은 정말 천재적이었다. 자동차는 조립 라인을 따라 이동할 수 있을 만큼 작았고 작업자들은 움직이지 않았다. 주택은 물론 그렇게 할 수 없으니, 작업 팀을 고정된 주택에서 다른 주택으로 이동시키면 어떨까? 그렇게 해서 그는 각자의 업무를 수행하고 이동하는 전문화된 노동자 그룹으로 구성된 새로운 조립 라인을 만들었다. 레빗의 표현대로 현장은 공장이 되었다. 레빗 부부는 집을 조립식으로 짓는 방식을 신뢰하지 않았다. 그건 너무나 경직된 방식이라는 것을 알고 있었기 때문이다. 대신 그들은 자체적인 사전 조립 시스템을 구축했다. 윌리엄 레빗은 모든 것을 단순하게 만들어야 한다고 말했다. 그가 보기에 미국은 숙련공의 나라가 아니었다. 아무리 좋은 조건으로도 숙련공을 찾기가 어려웠고, 아무도 개별적이고 우아한 기술보다는 주어진 시간 내에 최대한 많은 주택을 짓고자 하는 레빗의 회사에서 일하려고 하지 않았다. 직원들의 숙련도가 낮았기 때문에 레빗은 많은 주요 부품을 다른 곳에서 미리 조립해 두었다. 덕분에 현장 조립이 더 쉬워졌기 때문에 당시 막 사용되기 시작한 전동 공구의 도움을 받은 일반 노동자들이 조립을 진행할 수 있었다. 알프레드 레빗은 이렇게 기계화된 공정에 따르는 지루함에 대해 이렇게 말한 적이 있다. "똑같은 사람이 매일 같은 일을 합니다. 심리학자들의 우려처럼, 그건 지루하고, 나쁜 일이죠. 하지만 돈으로 주어지는 보상이 작업의 지루함을 덜어주는 것 같습니다."

　처음에는 건설 트럭들이 진흙투성이 감자밭에 계속 빠져들었기 때문에 레빗 부부는 문제를 피하기 위해 먼저 트럭이 다닐만한 도로부터 만들어야 했다. 그런 다음에야 트럭이 진입해서 60피트 간격으로 건축 자재를 내려놓을 수 있었다. 바닥재는 아스팔트, 벽재는 시트락이었다. 바닥 작업자, 벽 작업자, 타일 작업자, 흰색 페인팅 작업자와 빨간색 페인팅 작업자가 각각 있었다. 1948년 7월까지 그들은 일주일에 180채, 사실상 하루에 36채의 집을 완공했다. 윌리엄 레빗은 그야말로 시계추처럼 움직였다고 말했다. "8시부터 정오까지 오전 근무 시간에 18채의 집이 완공되었고, 12시 20분부터 4시 30분까지 오후 근무 시간에 18채의 집이 추가로 완공되었습니다." 시스템은 완벽해야 했다. 하청 노조가 파업하거나 못이나 목재 등이 부족하여 작업 속도가 늦어질 경우 전체 일정에 차질이 생기고 손해를 볼 수 있었기 때문이다. 그래서 그들은 못 제작기 13대와 고철을 대량으로 구매해서 못을 직접 만들었고, 시멘트도 손수 만들었으며, 오리건 주에 수천 에이커의 삼림을 사서 제재소를 짓고 목재를 직접 생산했다.

첫 번째 레빗타운에는 약 17,000채의 주택이 지어졌고, 82,000명이 거주했다. 주택 1,000채 당 하나씩의 수영장도 만들어졌다. 카운티에서는 5개의 공립학교를 개교했는데, 레빗타운 이전부터 살던 주민들은 새로운 주민들을 지원한다는 생각으로 달가워하지 않았다. 교회는 레빗 부부가 제공한 땅에 세워졌다. 그는 침실 외엔 아무 것도 제공하지 않았음에도 사실상 자신만의 공동체를 만든 셈이었다. 그곳은 남자들이 매일 자동차나 기차를 타고 20마일 떨어진 뉴욕의 일터로 출근하는 이상한 신세계였다. 남자들은 몇 달씩 정기적으로 사냥을 나가고, 아내들은 공동체를 돌보던 옛날의 포경항과 다르지 않았다. 하지만 이곳의 남자들은 매일 저녁 6시면 귀가했다.

전쟁이 끝났을 때 빌 레빗은 38세였다. 그는 아브라함 레빗의 아들로, 그의 부모는 러시아계 유대인 이민자였다. 롱아일랜드에서 부동산 사업가로 자수성가한 아브라함은 1929년경 처음 건축 사업에 진출하기 전까지 약 25년간 부동산업에 종사했다. 1920년대에 레빗 가족은 브루클린의 베드퍼드스타이베선트 지역에 위치한 멋진 브라운스톤에서 살았다. 그런데 이 지역에 흑인 지방검사가 이사온다는 소식을 들은 아브라함은 가족들을 모아놓고 말했다. "이 사람이 이사 오면 이 동네는 곧 흑인 동네가 될 것이고, 그러면 우리에게 남은 문제는 집을 팔 수 있을지, 얼마에 팔 수 있을지 여부뿐이다. 기다릴수록 가격은 더 내려갈 거야." 그렇게 아브라함 레빗은 브라운스톤을 팔고 가족을 롱아일랜드로 이주시켰는데, 이는 곧 다가올 대이동, 곧 흑인들이 남부의 시골에서 북부의 도시로 이주하고 백인들은 도심에서 교외로 빠져나가는 현상의 앞장을 선 격이었다. 1934년까지 레빗 가문은 롱아일랜드에 2백 가구 규모의 주택단지를 건설했다. 스트라스모어라고 불린 이 지역의 주택은 9,000달러에서 18,000달러 사이로 판매되었다.

빌 레빗은 젊고 자신감이 넘쳤으며 야심가였다. 에릭 레러비(Eric Larrabee)는 그의 외모를 두고 "은퇴한 마르크스 형제가 낡은 나이트클럽의 사회자로 변신한 것 같다."고 묘사했다. 그는 자아가 부족한 타입은 아니었다. 그는 회사를 마치 사람처럼 '레빗'이라는 3인칭으로 지칭하곤 했다. "레빗은 여기에 건설 계획이 있다."거나 "레빗은 당신이 쉽게 다룰 수 있는 회사가 아닙니다."와 같은 식이었다. 물론 윌리엄 레빗은 "레빗"의 실제 주인이었다. 세 번째 레빗타운을 지을 때쯤 아브라함은 은퇴했고, 형과 사이가 좋지 않았던 알프레드는 주식을 팔고 회사에서 손을 뗐다.

빌 레빗은 터프함을 빼면 남는 게 없는 사람이었다. 그는 자신을 건축업자로 여기지 않았다. "아버지는 항상 건축업자와 대화를 할 때는 손을 주머니에 넣어두라고 가르쳤다."라고 그는 말했다. 그는 여러 가지 면에서 대세를 거스르는 행동을 했다. 노조에 우호적인 시대가 도래하고, 노조의 경제적-정치적 영향력이 확대되는 상황에서 레빗은 사사건건 노조와 싸웠다. 레빗은 평범한 사람들의 후원자가 될 수도 있었다. 하지만 그는 토머스 제퍼슨이 모든 사람은 평등하다고 말해서 역사상 가장 큰 실수를 저질렀다고 말하는 사람이었다. 인간은 평등하게 태어났을지 몰라도 평등하지 않으며, 더 재능 있는 사람도 있고, 더 열심히 일해서 재능 부족을 보완하는 사람도 있으며, 재능도 없고 노력도 하지 않는 사람도 있는데, 바로 거기서 노동조합이 등장했다고 그는 말했다. 그는 노조의 역할을 단순화하면 가장 느리고 효율성이 낮은 근로자를 보호하는 것이라고 주장했다. 그래서 윌리엄 레빗은 노조에 가입하지 않은 노동자만 고용했다. 이들에게는 최고 수준의 임금을 지급하고 추가 수익을 올릴 수 있는 온갖 인센티브를 제공했다. 레빗의 직원들은 비슷한 일을 하는 다른 노동자들보다 주당 수입이 두 배나 많았지만, 레빗이 정한 조건을 지키며 일했다.

레빗은 자신이 소유한 자회사에서 가전제품을 구매하면서 중간상인에게 지불할 비용이 줄었다. 윌리엄 레빗은 중개인의 역할, 다시 말해 사람들이 한 번 본 적도 만져본 적도 없는 상품으로 이윤을 남길 수 있다는 개념 자체에 분노했다. 그는 중개인의 수가 줄어들면 가격을 상당히 낮출 수 있을 것이라고 말하곤 했다. 전송해야 할 서류 작업이 줄어들기 때문에 "3센트짜리 우표만 있으면" 된다는 것이다. 레빗은 가전제품 구입 시 대량으로 구매했다. 에릭 래러비(Eric Larrabee)는 하퍼스 매거진에 기고한 글에서, 전체 작업이 매우 효율적이었기 때문에 레빗 부부는 경쟁사보다 목공과 자재비에서 15,000달러를 절감할 수 있었다고 지적했다. 이런 방식은 모두에게 낯선 것이었다. ("어떻게 하루에 40채의 주택(연간 4,000만 달러 상당)을 지을 수 있을까? 답은 레빗이 가지고 있다." 1952년 10월 포춘 매거진에 실린 기사의 사진에는 이런 설명이 달려 있었다.) 레빗 부부는 첫 주택을 구매하는 많은 이들이 서류 작업 과정에서 변호사와 사업가들에게 사기를 당할까 봐 두려워한다는 사실을 알고 구매

절차를 간소화했다. 계약금도, 마감 비용도, 그리고 공개되지 않은 추가 비용도 없었다. 첫 번째 레빗 주택을 계약한 퇴역군인들은 100달러의 보증금을 내야 했는데, 결국은 나중에 돌려받았다. 특이하고 매력적인 개념이었다. 즉, 가격은 달라지지 않았던 것이다.

주택을 구매한 이들은 레빗 주택에 꽤 만족해 했으며, 이 주택들은 수년에 걸쳐 무척 견고하다는 것이 증명되었다. 레빗타운에서 사는 이들은 생활 수준 면에서 부모 세대보다 나은 경우가 많았다. 그러나 업무의 성격과 엄청난 성공으로 인해 레빗은 전후 사회의 새로운 대중문화를 싫어하고 심지어 두려워하는 사람들의 표적이 되었다. 존 키츠의 말이다. "문자 그대로 한 푼도 내지 않고도, 여러분도 미국 도시 주변의 신선한 공기가 흐르는 빈민가에서 여러분만의 작은 공간을 찾을 수 있습니다. …거기에는 나이, 수입, 자녀 수, 문제, 습관, 대화, 복장, 소유물, 심지어 혈액형까지 여러분과 거의 똑같은 사람들이 살고 있습니다. …(이러한 집들은) 그 안에 갇힌 많은 주부들을 사실상 미치게 만듭니다."

레빗 부부를 향한 공격에는 속물적인 부분이 적지 않았는데, 대부분의 공격은 불만을 품은 고객이 아니라 집안 덕택에 전통적인 중산층 주택을 살 수 있을 만큼 운이 좋았던 사람들로부터 나왔다. 이들에게 주택은 직업을 선택하는 것처럼 선호와 선택의 문제였다. 새로운 교외 지역에 대해 가장 가차 없이 비판한 사람은 당대의 가장 저명한 건축 및 사회 평론가로 꼽혔던 루이스 멈퍼드(Lewis Mumford)였다. 멈퍼드는 레빗이 "옛날의 실수를 증폭시키기 위해 새로운 방법을 사용하고 있다."라고 주장했다. "기계적으로는 훌륭하지만, 사회적으로는 퇴보한 디자인이다."라고도 말했다. 레빗은 멈퍼드의 공격이 근본적으로 불공평하며 무지에 근거한 것이라고 느꼈다. 그는 멈퍼드에게 이 젊은 이들이 새로운 레빗 주택을 사기 위해 비워둔 주택에 대해 알아볼 생각이라도 했느냐고 물었다.

멈퍼드는 한두 편의 기사로 그치지 않았다. 그의 공격은 지속적이었고 다소 잔인하기까지 했다. 마치 레빗과 그가 분양한 지역은 당시의 풍요로움과 대량생산 기술의 결합에 의해 형성된 미국 문화의 동질화(및 민주화)에 대해 멈퍼드가 싫어했던 모든 것을 상징하는 것처럼 보였다. 그에 따르면 레빗타운은 미국의 미래에 대한 최악의 상상, 즉 평범한 사람들이 평범한 집에서 평범한 삶을 영위하는 모습을 상징하는 것이었다. 집들이 물리적으로 비슷하다는 것은, 먼퍼드의 가설에 따르면, 마치 쿠키 커터를 사용해 전체 커뮤니티를 만들어놓은 것처럼 내부에 사는 사람들도 똑같이 비슷할 수밖에 없다는 것을 의미했다. 첫 번째 레빗타운이 완공된 지 약 10년 후인 1961년, 멈퍼드는 레빗타운을 이렇게 묘사했다. "획일적이고 서로 식별 불가능한 수많은 집들이 일렬로 늘어서 있고, 도로는 일정한 간격에 맞춰 획일적으로 놓여져 있는, 나무 하나 없는 횡한 황무지에서, 같은 계급, 같은 소득, 같은 연령대의 사람들이 같은 텔레비전 공연을 보고, 같은 냉동고에서 나온 같은 맛없는 가공 식품을 먹으며, 안팎으로 똑같은 중앙 대도시에서 만들어진 공통의 틀에 순응하며 살고 있다. 따라서 우리 시대 교외 탈출의 궁극적인 효과는, 역설적이게도, 탈출이 불가능한 저급하고 획일적인 환경이다." 다른 비평가들도 이에 동의했다. 영화 〈외계의 침입자〉(The Invasion of the Body Snatchers)의 원작 소설을 썼던 작가 론 로젠바움(Ron Rosenbaum)은 이 작품이 "교외에 사는 공포를 다룬 작품"이라면서 말을 이었다. "이 작품은 개성을 잃어버린 채 외계의 식물 꼬투리에 점령당하고도 전혀 깨닫지 못하는 이웃들에 관한 이야기입니다. 외계인을 품고 있으면서 인간의 영혼을 훔쳐가는 사악한 꼬투리는 레빗타운 등에 있는 작은 오두막에 대한 은유였죠. 즉 그것들은 그 안에 갇힌 인간들의 개성을 빨아들이면서 성장, 번식하고 있는 것 아닐까요?”

그러나 멈퍼드가 공정하지 않다고 생각하는 사람들도 있었다. 젊은 사회학자 허버트 갠스(Herbert Gans)는 세 번째 레빗타운에서 젊은 가족들과 함께 살 집을 사기로 결정했는데, 그곳이 풍요롭고 다양한 삶의 질을 갖추고 있다는 사실에 놀랐다. 레빗은 멈포드와 같은 비평가들을 혐오했다. 사람들이 커뮤니티의 질감을 논할 때면 그는 차갑게 돌아섰다. 자신은 싸고 좋은 주택을 짓는 사업가이지, 건물이 완공된 후의 인간관계를 책임지는 사람이 아니라는 것이었다. 이는 실천가와 비평가, 전통적인 미국과 새로운 기업가 정신으로 무장한 미국 사이의 전형적인 대립이었다. 윌리엄 레빗과 같은 배경을 가진 사람에게 비판이란, 그가 아무리 성공하고 돈을 많이 벌고 원하는 사람들을 위해 얼마나 많은 좋은 집을 지었는지와 상관없이, 그는 특권층과 교육받은 계층이 받아들이기에는 왠지 충분하지 않다는 말을 듣는 것과 같은 것이었다. 1956년, 레빗 그룹이 더 다양한 주택을 공급하기로 결정한 회의에서 레빗은 “이제 루이스 멈퍼드는 더 이상 우리를 비판할 수 없다.”라고 말했다. 세 번째 레빗타운의 보도자료를 내면서 레빗은 “우리는 획일성이라는 오래된 걱정거리를 완전히 끝내고 있습니다. …새로운 레빗타운에서는 다양한 주택을 … 같은 구역 내에서도 서로 다른 주택을 바로 옆에 지어놓고 있습니다.”라고 말했다. (거의 30년이 지난 후, 론 로젠바움은 에스콰이어 매거진에 지난 반세기 동안 가장 중요했던 남녀 인물을 소개하는 기사를 쓰면서 레빗에게 전화를 걸었지만, 건축업자가 여전히 루이스 멈퍼드에게 화가 나있다는 사실을 알게 되었다. 레빗은 로젠바움에게 “지금쯤이면 루이스 멈퍼드와 같은 비평가들이 틀렸다는 것이 증명된 것 같습니다.”라고 말했다. 그러고 나서 그는 이런 쓴소리로 자신의 말을 마무리했다. “루이스 멈퍼드는 명예를 얻지 못한 예언자로 판명되었다고 생각합니다.”)

그러나 레빗타운에서는 특정한 다름은 결코 환영받지 못했다. 흑인들은 구매할 수 없었고, 이런 레빗의 정책은 미국이 합법적인 인종 차별을 없애려고 법적으로 노력한 한참 후까지 20년 동안 지속되었다. "미국의 흑인들(Negroes)은 전 세계 유대인들이 600년 동안 온전히 이루지 못한 일을 400년 만에 해내려 하고 있습니다. 유대인으로서 저는 인종적 편견을 가질 이유는 전혀 없습니다. 그러나 …이런 사실을 알게 되었습니다. 흑인 가정에 집을 한 채 팔면 백인 고객의 90~95%는 그 커뮤니티에 들어가지 않을 겁니다. 그것은 우리와는 상관없는 그들의 태도입니다. …회사로서 우리의 입장은 간단합니다. 주택 문제를 해결하거나 인종 문제를 해결하려고 노력할 수는 있지만 이 둘을 결합할 수는 없습니다." 이는 레빗이 1950년대 초반에 한 말이다. 처음에 레빗 회사는 울타리를 금했지만 시간이 지나면서 울타리가 생겨났다. 한동안은 레빗 회사에서 잔디 깎는 일을 감독하고 가족들에게 청구서를 보냈지만, 곧 주택 소유자들이 그 일을 맡게 되었다. 소유자들은 특별히 디자인된 건조대를 사용하지 않고서는 바깥에 빨래 너는 것을 금지했다. 그러나 많은 규칙과 똑같은 집과 부지에 내재된 획일성에도 불구하고, 미국인의 독창성과 개성은 억누를 수 없었다. 천천히, 꾸준히, 레빗 개발지의 소유자들과 거기 사는 사람들은 자신들만의 특성을 쏟아부으면서 집을 개조하기 시작했다.

레빗은 사회가 점점 더 풍요로워지면서 가장 싼 주택을 짓는 건축업자라는 명성이 부담으로 작용하고 있다는 것을 깨달았다. 그는 주택을 업그레이드하면 고객도 업그레이드되고, 따라서 자신의 명성도 업그레이드될 것으로 생각했다. 그는 롱아일랜드에서는 주로 젊은 퇴역군인들을 위해, 두 번째 개발지인 벅스 카운티에서는 블루칼라 구매자들을 위해 주택을 지었었다. 그는 세 번째 레빗타운은 좀 더 부유한 계층을 대상으로 하여 수익률을 높여보기로 결정했다.

새로운 지역에서는 레빗이 학교는 짓고, 그 비용을 집값에 포함했다.

그는 유명 건축가 두 명에게 새 주택의 설계도를 제출해 달라고 요청했지만, 그들이 약 50,000달러 짜리 주택 설계도를 내밀자 완전히 혐오감을 느꼈다. 레빗은 곧바로 자사 소속 건축가들에게 돌아갔다. 이제는 주택 모델이 하나가 아니라 세 가지로 늘어났다. 침실 4개가 있는 '케이프 코드'는 11,500달러, 침실 3개가 있는 단층 '랜처'는 13,000달러, 침실 서너개가 있는 2층 '콜로니얼'은 침실이 3개일 경우 14,000달러, 4개일 경우 14,500달러였다.

그는 물가가 오르더라도 청약금을 낮게 유지했다. 연 소득이 6,000~7,000달러인 젊은 중산층 가족들을 겁에 질리게 만들고 싶지 않았기 때문이다. 하지만 좀 더 부유한 구매자를 찾기 위한 노력을 의식적으로 계속했다. 허름한 옷차림에 수염을 기른 채로 방문했다가 거절당하고, 며칠 후 깔끔하게 면도한 뒤 정장을 입고 돌아와서 환영을 받은 고객이 있을 정도였다. 허버트 갠스(Herbert Gans)는 레빗이 영업사원들에게 그들이 흔히 입는 화려한 옷 대신 은행원처럼 어두운 정장을 입게 했다고 지적했다. 영업사원들은 구매자를 압박하지 않도록 교육받았으며, 일부는 스피치 교사에게 레슨을 받기도 했다.

레빗타운의 주민들 사이에는 모험심과 흥분이 감돌고 있다고 갠스는 생각했다. 그는 이렇게 기록했다. "모든 사람이 새 집에 입주할 날을 고대하고 있었으며, 사람들 사이에 낙관적인 분위기가 퍼지면서 서로 신뢰를 나누었다. 결국 레빗타운은 새로운 커뮤니티가 될 것이며, 미국 문화에서 새로움은 종종 완벽함과 동일시된다."

도시에서 도시 주변의 교외로 대규모 이주가 시작되고 있었다. 1950년부터 30년 동안 미국 25개 대도시 중 18개 도시에서 인구가 감소했다. 동시에 교외 지역의 인구는 6,000만 명이 증가했다. 미국 인구 증가의 약 83%가 교외 지역에서 이루어졌다. 1970년에는 처음으로 교외 지역에 사는 사람들이 도시 거주민보다 많아졌다. 윌리엄 레빗은 교외에 대규모 신도시를 개발하는 혁명을 성공시켰는데, 곧 10%의 건축업자가 전체 주택의 70%를 짓게 되었다. 1955년에는 레빗식의 개발이 신규 주택 공사의 75%를 차지했다. 미국 전역에서 계약금 없이도 교외 지역에 입주할 수 있다는 광고가 등장했고, "1달러만 내면 입주가 가능하다."라고 말하는 업자들도 생겨났다. 도심의 일렬로 늘어선 주택들은 과거의 것이 되었다. 케네스 잭슨이 지적한 것처럼, 자동차로 연결된 새로운 교외 지역은 노면전차로 도시와 연결되었던 이전의 교외 지역에 비해 인구 밀도가 절반에 불과했다. 이러한 변화는 미국 사회의 본질을 바꾸어 놓았다. 가족들은 과거보다 친척들과의 연대감이 약해졌고, 과거처럼 그들과 생활 공간을 공유하는 일이 거의 없어졌다. 교외로의 이주는 또한 전쟁 전에 여성들이 직장에서 이뤄놓은 진전을 일시적으로 방해했다. 새로운 교외 지역은 여성을 직장과 물리적으로 분리시켜, 적어도 한동안은 다른 엄마들과 아이들, 스테이션 왜건들의 세계에 고립되어 있게 만들었기 때문이다.

제10장

할인점의 개척자 유진 퍼카우프의 성공 신화

점점 더 많은 사람들이 교외로 이주함에 따라, 수천 채의 새로운 집에 채워넣을 새로운 물건을 쇼핑할 장소와 쇼핑 방법에 대한 갈구가 생겨났다. 이는 사소한 현상이 결코 아니었다. 새로운 풍요의 파급 효과가 경제 전반으로 퍼져나가면서 쇼핑과 구매는 미국인들의 주요 소일거리가 되었다. 1953년 여름, 유진 퍼카우프(Eugene Ferkauf)는 차를 타고 롱아일랜드의 예쁜 농지 지역을 지나가고 있었다. 이 지역(웨스트베리)은 아직 윌리엄 레빗이 주도하여 롱아일랜드 전역을 휩쓸던 대규모 이주의 영향을 받지 않은 상태였지만, 퍼카우프는 농부들의 트랙터가 개발업자들의 중장비로 대체되는 것은 시간 문제라는 것을 알고 있었다. 사방에서 개발업자들이 농부들을 매수하고 있었으며, 일부 개발업자들은 젊은 가족들이 정착하러 몰려든다는 이유로 이곳을 '옥토'라고 부르기도 했다.

퍼카우프는 이미 뉴욕시 전역에서 큰 성공을 거둔 할인 매장 다섯 곳을 소유하고 있었다. 그중 두 곳은 교외 지역, 즉 화이트 플레인스와 롱아일랜드의 헴스테드에 있었는데, 퍼카우프는 그 매장들에 불만이 컸다. 헴스테드 점은 퍼카우프에게는 상당히 전형적인, 가능하면 뭐든 취한다는 방식으로 선택된 매장이었다. 이로 인해 위치나 건물 모두 일반적으로 이상적인 모습과는 거리가 멀었다. 퍼카우프는 개인적으로 헴스테드 매장을 쓰레기장이라고 여겼는데, 폐업한 그랜드 유니언 식료품점 터에 자리잡았을 뿐아니라 공동묘지를 마주보고 있었기 때문이다. 그럼에도 퍼카우프의 놀라운 할인 정책과 더 많은 가전제품을 사고 싶어하는 젊은 고객들의 끝없는 욕망 덕분에 매장은 번창하고 있었다. 사실 퍼카우프의 모든 매장이 경이로운 성공을 거두고 있었다. 1948년에 문을 연 첫 번째 매장은 첫날부터 매출이 폭발적으로 증가했다. 고객들은 광고가 아닌(처음에는 광고를 하지 않아서) 입소문을 통해 매장을 찾았다.

퍼카우프는 새로운 고객들의 취향을 이해했고, 그들이 전쟁 이전의 고객들과 어떻게 다른지도 파악했다. 여러 면에서 자신도 그들과 똑같았기 때문이다. 그들은 젊고 구매 욕구에 굶주려 있었는데, 이는 사실상 그들이 아무것도 가진 게 없기 때문이었다. 그들은 경제적으로 성공했지만 아직 부자는 아니었다. 무엇보다도 그들은 자신과 미래에 대한 확신이 넘쳤는데, 더 어려운 시절에 가난한 동네에서 자란 퍼카우프에게는 이점이 놀라웠다. 그들은 부모들과 달리 빚 지는 것을 두려워하지 않았다. 이탈리아와 아일랜드, 혹은 유대계 이민자들이었던 그들의 조부모는 로어 이스트 사이드의 다가구주택에서 살았으며, 그들의 부모들은 마침내 브롱크스와 브루클린, 퀸즈의 좀더 나은 아파트로 이사를 했었다. 그들은 이제 교외로 이주하여, 아메리칸 드림을 위해 홀로 서고 있었다. 그들은 얼마나 벌고 무엇을 소유했는가 하는 측면에서 뿐만 아니라 미래가 이미 도래했다는 믿음에서도 부모 세대와 달랐다. 가족 중 처음으로 주택을 소유하게 된 이들은 설렘과 자부심을 가지고 가구나 가전제품 매장을 찾았다. 다른 시대였다면 젊은 부부가 첫 아기를 위해 옷을 사면서 그런 감정을 느꼈을 것이다. 마치 내 집을 갖게 되었다는 성취감 자체가 엄청난 돌파구가 되어, 그것을 위해서라면 뭘 사도 아깝지 않다고 여기는 듯했다. 퍼카우프는 그들의 이주 패턴을 잘 알고 있었다. 브롱크스 출신은 웨스트체스터로 가고, 때때로 뉴저지로 이주했다. 브루클린과 퀸즈 출신은 섬으로 옮겨갔다. 퍼카우프 자신도 초창기에 성공한 덕분에 브루클린의 월세 75달러짜리 작은 아파트를 떠나 퀸즈 자메이카에 있는, 그가 다소 빈정대는 투로 "대저택"이라고 부른, 큰 집을 75,000달러에 샀다.

퍼카우프는 이 새로운 중산층에게서 상업적 가능성을 깨달은 최초의 사람 중 한 명이었다. 그는 그들과 거래하는 것을 좋아했다. 그들은 현명했고, 자신이 무엇을 원하는지 알고 있었으며, 그의 할인 판매에 고마워했고, 따지는 일도 거의 없었다. 그들은 그의 시간을 허비하지 않았고, 그도 그들의 시간을 낭비하지 않았다. 그들과 거래하는 것은 아버지 시대처럼 교묘한 의식, 즉 장시간 밀고 당기며 고객이 진정으로 원하는 것을 기민하게 읽어내야 하는 판매의 기술이 아니었다. 거래 과정이 곧 거래의 끝이었다.

퍼카우프는 웨스트베리의 감자밭을 쳐다보며 대형 주차 시설을 갖춘 번쩍거리는 대형 매장이 들어설 근사한 교외 지역의 광경이 떠올랐다. 90,000평방 피트에 달하는 매장에는 가전제품 판매점과 슈퍼마켓, 장난감 매장, 남성복 매장을 비롯해 다양한 상점이 들어서게 될 것이었다. 이제는 부동산 중개업자가 제시하는 대로 받아들이고, 자신의 필요에 맞지 않는 건물을 개조하는 일 따위는 없을 것이다. 그는 사실 로드 앤 테일러[42]처럼 성공적이면서 고객들도 감탄할 만한 아름다운 매장을 늘 원했다. 웨스트베리는 그런 매장을 열기에는 최적의 장소였다. 공간이 넉넉하고 롱아일랜드와 뉴욕시를 연결하는 고속도로에 쉽게 접근할 수 있으며, 무엇보다도 레빗타운에서 10분 거리였다.

퍼카우프는 건축가와 도급업자, 페인트공 등을 상대로 새 매장 건설을 빠르게 밀어붙였다. 시간이 곧 돈이었고, 무엇보다도 1953년 크리스마스 시즌을 놓치고 싶지 않았기 때문이었다. 건축업자들은 퍼카우프가 무리하게 제시한 일정을 지켜 90일 만에 기적적으로 매장을 완공했다. 평소 자신감이 넘쳤던 퍼카우프도 이번에는 자신이 과욕을 부린 것은 아닌지, 사업 규모가 너무 커진 것은 아닌지 불안해했다. 사실 그는 자기 점포 중에서 가장 큰 매장을 오픈했다가 실패라도 하지 않을까 두렵기도 했다. 퍼카우프가 싫어하는 게 있다면 바로 빈 매장이었다. 그건 시체나 다를 바 없다고 그는 생각했다.

퍼카우프는 뉴욕의 재래 소매상들이 처음에 그와 그의 할인점을 조롱했다는 사실로 여전히 상처받고 있었다. 그의 초창기 매장들에는 뭔가 에너지가 흘러 넘쳤다. 하지만 매장 규모나 수가 늘어났음에도 여전히 그의 매장들은 주먹구구식으로 운영되고 있었다. 편의시설이 부족했고, 서비스는 엉망이었다. 그의 철학은 가능한 최단 시일 내에 최소한의 이익만 남기고 가능한 많은 상품을 판매하는 것이었다. 어떤 제조업자가 매장을 염탐하는 낌새라도 보이면 퍼카우프는 판매를 멈추지 않은 채 그가 들으라는 듯 소리를 질렀다. "세탁기 1백 대가 다 나가버렸네." "토스터기 200대, 이미 팔리고 없어."

<hr>

42　미국의 고급 백화점 체인.

이스트 46번가에서 최초의 코르베츠 매장이 문을 열었을 때는 아주 작은 거래조차도 열광적인 분위기 속에서 이루어졌다. 판매원은 다음 고객을 맞이하려고 혈안이었으며, 고객은 고객대로 수많은 인파에 시끄럽고 좁은 공간에서 빨리 빠져나가고 싶어하는 것처럼 보였다. 처음에는 퍼카우프를 포함해 누구도 직함을 갖지 않았다. 결국 회사가 성장하자 그의 친구들은 그에게 E. J. 코르베츠의 집행이사회 이사장을 맡아야 한다고 주장했다. 하지만 이사장 직함에도 불구하고 그에게는 사무실도, 비서도 없었다. 그는 재킷과 넥타이를 입지 않았고, 대신 스포츠 셔츠와 스웨터를 즐겨 입었다. 변호사나 은행원들과 만날 일이 있을 때는 플라자 호텔 로비를 약속 장소로 정했다. 플라자의 투숙객이 아니면 거기에 머물러서는 안되었지만, 그는 호텔 로비에 있는 호화로운 안락의자에 앉아서 업무를 처리했다.

사업이 계속 확장되자 퍼카우프는 브루클린 시절의 옛 친구들을 계속 고용했다. 이들 대부분은 사무엘 틸든 고등학교 출신이었고, 서로를 학창 시절 별명으로 불렀다. 퍼카우프는 '유제(Euje)'로 불렸고, '슈말치', '쿠지', '랍스터', '리키', '김프' 등이 있었다. 친구들은 퍼카우프의 직원 채용으로 브루클린의 모든 당구장이 텅 비었다고 말했다. 매장 분위기는 뉴욕 로어 이스트 사이드의 오차드 스트리트에 있는 오래된 유대인 행상들의 노점상 분위기와 크게 다르지 않았다. 실제로 퍼카우프의 판매원 중 한 명인 윌리 샤피로는 가끔 오차드 스트리트의 행상들처럼, "여사님들, 여사님들, 이리 오세요, 이리 오세요, 물건이 좋아요, 아주 좋아요."라고 외치곤 했다.

때로는 문화적 차이에서 오는 갈등도 있었다. 한번은 퍼카우프가 잘 차려입은 여성에게 "무엇을 도와드릴까요, 아가씨?"라고 물은 적이 있었다. 아가씨라는 말은 그의 고향에서는 예의를 차린 표현이었다. 그 여성은 "저를 또 아가씨라고 부르면 당신 따귀를 때리겠다."라고 말했다. 사람들은 매장에 들어오기 위해 줄을 서서 번호표를 받았다. 퍼카우프는 고객 누군가가 "이건 내가 본 것 중에서 가장 저급한 상술이야."라고 말하는 소리를 들었다. 그는 뺨을 한 대 얻어맞은 기분이었다. 모두가 소리를 질러대는 바람에 성대가 성할 날이 없었다. 퍼카우프는 목을 보호하기 위해 종일 사탕을 물고 다녔고, 밤에는 사탕 때문에 입 안이 쓰라려 저녁 식사를 할 수 없을 정도였다. 결국 그는 성대 폴립을 제거하기 위해 여러 차례 수술을 받았다.

틸든 고등학교 출신들은 '진의 아이들'[43] 또는 그냥 '아이들'로 불렸다. "그건 키부츠[44] 같은 것이었다."라고 수년 후 퍼카우프는 회상했다. 그들은 서로를 오랫동안 알고 지냈다. 몇몇은 친척이었다. 초창기에 합류한 이들은 이내 자기 친구나 친척을 데려왔다. 이들은 매일 아침 브루클린에서 함께 차를 타고 출근했다. 결국, '아이들' 중 많은 수가 부자가 되었다. 퍼카우프는 자신을 포함한 모든 직원에게 적당한 봉급을 책정했지만, 뛰어난 성과를 거두면 보너스를 두둑하게 지급했고, 나중에 회사가 상장된 후에는 주식으로 보상해 주었다. 하지만 주식은 절대 팔아서는 안된다는 무언의 합의가 있었다. 퍼카우프는 이를 어기면 소년 클럽의 비밀 서약을 외부인에게 알리는 것과 비슷한 배신 행위로 간주했다. 그는 누가 주식을 팔았는지 반드시 알아냈고, 그 사람은 코르베츠와도 끝장이었다. '아이들'에게 문제가 발생하거나 필요한 것이 있으면 당사자가 퍼카우프를 직접 찾기로 되어 있었다. 한번은 아이들 여러 명이 이야기를 나누다가 자신들에게 공통의 문제가 있다는 것을 깨우쳤다. 그들은 여러 해 동안 비교적 적은 돈을 받고 일했고, 여전히 브루클린의 비좁은 아파트에 살고 있었다. 그들은 모두 결혼했고, 몇몇은 아이가 있거나 태어날 예정이었다. 그들은 롱아일랜드에 자신들

43　Gene's Boys. 진(Gene)은 퍼카우프의 이름인 유진(Eugen)의 애칭이다.
44　이스라엘의 집단농장을 뜻하며, 여기서는 공동체와 같았다는 비유적인 표현으로 쓰였다.

만의 집을 장만하고 싶어서 단체로 퍼카우프를 찾아갔다. 그는 그들의 이야기를 들은 후 은행에 전화를 걸어 150만 달러를 요청했고, 그는 그 돈을 이들의 새 집 마련을 위해 나눠주었다.

성실함은 그 어떤 것보다 우선시되었다. 한번은 폭우가 뉴욕 지역을 강타한 적이 있었다. 퍼카우프는 화이트 플레인스 매장에 전화를 걸어 근무 당번이던 친구를 찾았다. 하지만 친구는 자리를 비우고 없었다. 지하실이 침수되었다는 아내의 부름을 받고 집에 갔기 때문이었다. 퍼카우프에게는 배신과도 다름없는 행위였다. 그는 분노했고, 그의 1년 치 상여금에 대한 지급을 보류했다. 퍼카우프는 어릴 적 알고 지낸 아이들 가운데 단 한 명에게만은 일자리를 주지 않았다. 어린 시절 동네 소프트볼 경기를 할 때, 칠판의 대기 선수 명단에서 퍼카우프의 이름을 지우고 자신의 이름을 적어넣어 게임의 명예를 훼손시켰던 사람이었다.

그의 회사 E. J. 코르베츠(E. J. Korvettes)의 상호명은 자신의 이름 유진([E]ugene)과 친구이자 파트너였던 조 스윌렌버그([J]oe Swillenberg)의 이름 첫 글자에서 따왔다. 코르베츠는 제2차 세계대전 당시 캐나다의 잠수함 코르벳(Corvette)을 변형한 것이다(이미 코르벳이라는 이름의 의류 브랜드가 있었다). 퍼카우프 체인점은 한국전쟁이 끝나면서 눈부시게 성장했고, 매장을 운영하던 젊은이들이 모두 유대인이었기 때문에 가게의 많은 직원들과 쇼핑객들은 그 상호가 '여덟 명의 유대인 한국전 퇴역군인들'([E]ight [J]ewish [Kor]ean War [Vet]erans)의 약자라고 잘못 알고 있었다.

퍼카우프는 맨해튼 미드타운에서 여행용품점 두 군데를 운영하던 아버지와 함께 일하면서 사업을 시작했다. 그의 아버지 해리 퍼카우프는 뛰어난 세일즈맨이었으며 고객 응대에 능했다. 그러나 그는 대공황으로 큰 타격을 입은 이민자 출신답게 신중하고 보수적이었다. 1931

년, 그는 가죽 서류가방을 만드는 소규모 회사였던 첫 번째 사업장의
문을 닫아야 했다. 그가 뒤이어 문을 연 두 개의 소박한 매장 중 첫 번
째 매장의 상호는 '터미널 여행용품점'이었는데, 그랜드 센트럴 근처
렉싱턴 애비뉴의 지하에 위치해 있던 매장의 간판에는 '두 걸음만 내려
오면 두 배로 절약할 수 있습니다.'라고 적혀 있었다.

처음 몇 년은 정말 힘들었다. 매장은 매출이 좋아서라기보다는 아버
지의 직원 중 한 명인 프랭크 토마시니가 유능한 수선공이었던 덕분에
버텨나갈 수 있었다. 상황이 너무 나빠져서 해리 퍼카우프가 토마시니
에게 급료도 줄 수 없었지만, 수선공은 개의치 않고 출근해 여느 때처
럼 열심히 일한 후 무료 급식소에서 식사를 해결했다. 대공황이 완화
되면서 사업이 회복되기 시작했고 1937년에 해리는 두 번째 매장을
열었다. 얼마 지나지 않아 그의 어린 아들도 매장에서 함께 일하기 시
작했다.

그들의 단골 고객 중 한 명이 텍사코의 임원이었는데, 하루는 해리
퍼카우프가 그에게 아들의 여름 일자리를 주선해줄 수 있는지 조심스
럽게 물어보았다. 그러자 그가 말했다. "해리, 내가 당신과 진에 대해
어떻게 생각하는지 알잖아요. 하지만 텍사코는 유대인을 고용하지 않
아요." 그날부터 유진 퍼카우프는 성공하려면 오로지 스스로 일어서야
한다는 사실을 깨달았다. 세계 유수의 기업들은 자신과 같은 사람에게
는 관심조차 없었던 것이다.

유진 퍼카우프가 고등학교를 졸업하자 아버지는 그에게 두 매장 중
더 잘되는 곳의 열쇠를 맡겼다. 대학 진학 논의는 일절 없었다. 하지만
유진은 곧 싫증이 났다. 손님이 오기만을 기다리며 매일 매장에 나와
앉아있는 일이 부질없다고 그는 생각했다. 그것은 너무 무기력한 삶이
었다. 유진은 그 지역에 할인 매장 형태로 운영되는 또 다른 여행용품
점이 있다는 것을 알고 있었다. 그는 이런 할인 매장을 운영하는 사람

들의 도전적이고 공격적인 에너지에 흥미를 느꼈다. 그들은 자기들의 운명을 스스로 개척해 나갔다. 반면에 그의 아버지는 매일 넥타이와 바지를 다리고, 양복을 입기 전에는 정성껏 솔질을 하는 구식 신사였다. 유진은 정장 입는 것을 싫어했다. "양복을 한 벌 더 사야 되지 않겠니?"라고 해리가 말하면 유진은 "인간에게 도대체 양복이 몇 벌이나 필요한 거죠?"라고 되묻곤 했다. 해리는 종종 오전 11시가 넘어서야 매장에 출근했으며, 보고 싶은 오후 공연이 있는 날이면 아예 쉬기도 했다. 매장에 대한 그의 자긍심은 대단했다. 그는 벨트 걸이에서 벨트를 빼낸 다음 계산대로 가서 금전출납기에 2달러를 집어 넣었다. "왜 그렇게 하세요? 여긴 아버지 가게니까 원하는 건 뭐든 가지실 수 있잖아요." 아들이 묻자, 해리는 이렇게 대답했다. "네가 가게에 정성을 쏟으면 가게도 너를 이롭게 해줄 게다."

해리 퍼카우프는 사람들과 잘 어울렸다. 그의 화술은 타고난 것이었다. 반면 그의 아들은 병적일 만큼 수줍음이 많았고 화술도 부족했다. 그렇기 때문에 유진은 조만간 할인점을 운영하겠다는 생각을 굳혔다. 할인점 경영에는 다음과 같은 공식이 있었다. 매장 주인들은 도매가에 취급 수수료 10%를 더하고, 이 가격의 두 배를 소매가로 책정했다. 그런 다음 그 가격의 25%를 할인해서 팔았다. 그는 제2차 세계대전에 참전하기 위해 육군에 입대했을 때부터 좀 더 색다르고 활기찬 매장에 대한 구상을 가지고 있었다. 그는 필리핀 전선에서 일본군의 공세를 기다리는 와중에도, 고등학교 친구 조 스윌렌버그와 함께 이 구상을 가다듬곤 했다.

1946년, 그는 뉴욕으로 돌아와 여행용품 할인 판매 사업을 시작했다. 그는 매장 명칭과 주소, 그리고 대폭 할인을 약속하는 문구가 적힌 명함을 찍어 오피스 빌딩을 찾아다니며 뿌리기 시작했다. 그 지역의 다른 상인들이 그의 아버지에게 항의했다. 해리는 할인 매장 업주들을 적으로 간주하고 있었다. 이런 자들은 버릇없고, 자신과 같은 진지한 사업가들의 정통성을 훼손시킨다고 생각했기 때문이었다.

아버지와 아들 사이에 매일 언쟁이 오가기 시작했다. 유진 퍼카우프는 자신을 둘러싼 이런 상황 자체가 달갑지 않았다. "왜 이러는 거니? 그렇게 하지 않아도 충분히 이윤을 남기고 있잖아." 그의 아버지는 이렇게 말하곤 했다. 유진 퍼카우프는 아버지의 불만이 커질수록 할인 품목을 더 늘렸다. 펜, 시계, 장갑에 이어 소형 가전제품들이 할인 품목에 추가되었다. 다른 상인들의 불평은 계속 이어졌다. "해리, 유진이 왜 그러는 거죠? 왜 우리한테 이런 짓을 하는 거죠?" 물론 아들은 요지부동이었다. "아버지, 난 상관하지 않아요. 잊어버리세요. 그 사람들이 뭐라 하든 상관 마시라고요. 절 그냥 내버려 두세요."

언쟁은 더욱 악화되어 갔다. "누가 아버지를 보냈죠? 아버지 가게나 잘 지키시라고요." 유진이 아버지에게 이렇게 말하면, 해리는 "함부로 떠들어대지 마라."라고 응수했다. 이제 유진은 염가 판매를 넘어서 지금껏 아무도 시도해본 적이 없는 대폭 할인을 단행하기로 결심했다. 이 방식이 효력을 발휘했다. 사람들이 점심시간을 이용해서 그의 비좁은 가게로 몰려들기 시작했다. 그는 곧 하루에 500달러 이상의 매출을 올리게 되었다. 아버지의 하루 매출액은 50달러 정도였다. 1948년 4월 어느 날, 해리가 가게 문을 열고 들어왔다. 화창한 날이었다. "오늘 하루는 쉬고 영화나 한 편 보러 가지 그러니?" 해리가 말했다. 아버지의 말이 떨어지기가 무섭게 유진은 열쇠꾸러미를 가게 바닥에 내던지고는, 가게를 나가버렸다.

몇 년 후, 그는 아버지에게 했던 자신의 행동을 후회했다. 그는 "뭐가 됐든 제가 나쁜 놈이었어요."라고 말했다. 해리는 채 1년도 지나지 않아 사망했다. 한동안 앓다가 죽었지만, 유진은 항상 자신이 아버지의 죽음을 재촉했다고 믿었다. 그럼에도 불구하고 그는 아버지의 가게를 그만두던 날 점심 전에 이미 매출이 500달러를 넘어섰던 일을 회상했다.

유진은 홀로서기가 두려웠다. 그에게는 아내와 어린 딸이 있었다. 그는 대학을 다닌 적이 없었는데, 당시는 그의 나이 또래 사람들이 점점 더 많이 대학에 진학하거나, GI법의 수혜를 받아 대학 진학을 준비하고 있던 때였다. 그는 자기 사업을 시작할지, 메이시스 백화점의 훈련 프로그램(Macy's training program)에 들어갈지 고민 중이었다. 마음속 깊은 곳에는 "절대 다른 사람을 위해 일하지 마라, 만일 일해야 한다면 최소한 수수료를 받고 일해라, 봉급쟁이는 되지 마라."라는 아버지의 말씀이 생생하게 자리잡고 있었다. 그는 록펠러 센터의 야외 스케이트장 바깥에 걸터앉아, 자신이 실패를 두려워하고 있을 뿐 아니라 장래의 포부 따위도 갖고 있지 않으므로 뭐든 하는 편이 낫겠다는 사실을 깨닫고 있었다. 그는 스스로를 격려했다. 모두들 전쟁터에서 돌아와 뭐든 하고 있지 않느냐고 스스로를 다독였다. 다른 퇴역군인들은 모두 그들만의 생활에 적응해가고 있었다. 가게를 임대하고 너도 할 수 있다는 것을 보여줘, 그는 스스로에게 말했다. 그날 오후 그는 이스트 46번가 6번지에 있는 작은 가게를 월 440달러에 임대했다. 그 가게는 비행기가 없던 시절 도시의 중심지였던 그랜드 센트럴 역 근처에 있었다. 그날 늦게 그는 자신이 메이시스 백화점의 훈련 프로그램에 합격했다는 사실을 알게 되었다.

그는 자신의 저축액 4,000달러 중에 1,500달러를 가게 수리에 쓰고 나머지 돈으로 상품을 구입했다. 그가 아버지에게 새 가게 이야기를 꺼내자 해리는 상심했다. 그의 눈에 그건 배신 행위였다. "네가 나한테 어떻게 이럴 수 있니?" 아버지는 힐난조의 한 마디를 던지고는 더 이상 아무 말도 하지 않았다(하지만 그의 아버지는 유진에게 알리지도 않고 그의 첫 번째 가게에 대한 보증을 서주었다). 그의 첫 번째 직원은 육군 보급부대 시절 사귀었던 친구 머레이 베일렌슨이었다. 그는 퍼카우프가 부족했던 회계에 능통했다. 퍼카우프 부부는 주요 브랜드 상품들을 33.3% 할인해 주겠다는 내용을 담은 전단 수천 장을 인근 오피스 빌딩에 뿌렸다. 그의 사업 초창기에 도시의 상권이 그랜드 센트럴 역을 중심으로 집중되어 있었던 것이 자신에게 유리하게 작용했다는 사실을 그는 나중에 깨달았다. 유진의 철학은 단순했다. 과거 남들이 했던 것보다 더 큰 폭으로 할인을 하겠다는 것이었다. 처음부터 그는 냉장고 1대를 팔아 1달러의 수익을 올릴 수 있다면 기꺼이 그렇게 하겠다고 말했다. 그러면 냉장고 100만 대를 팔았을 때는 100만 달러를 벌 수 있기 때문이었다.

개장 당일이 되자 그는 두려움에 휩싸였다. 하지만 사람들이 가게 안으로 몰려들기 시작했다. 첫날 하루 동안 그는 3,000달러어치의 물건을 팔았다. 그가 한꺼번에 네 명의 손님과 상대하고 있는 듯이 보일 때도 있었다. 며칠 후, 그의 아버지가 가게로 찾아와 하루 매출이 얼마나 되는지 물었다. 아들은 "3,000달러요."라고 대답했다. 아버지는 "네가 해냈구나."라고 말하면서 그간의 불화에도 불구하고 기뻐했다. 첫 크리스마스 시즌에 그는 하루 평균 13,000달러어치의 물건을 팔았다. 그조차 자신의 성공이 믿기지가 않았다.

유진 퍼카우프가 하룻밤 사이에 아버지와 의절하고 자신의 비전과 용기만으로 아버지를 뛰어넘은 것처럼 보이지만, 사실 이는 부모 세대보다 더욱 유연하고 야망이 컸던 미국 전후 세대에서는 전형적인 모습이었다. 이들은 전통적이지 않은 다양한 직업에 기꺼이 도전했으며, 더 큰 보상을 추구했고, 인종이 다르거나 종교적 배경이 다른 사람과도 결혼했으며, 필요하다면 고향을 떠나 대륙 저편으로 이주해가기도 했다. 미국은 점점 더 새로운 것을 추구하는 나라, 과거를 잊고 젊은이들을 존중하는 나라가 되어가고 있었다. 사람들은 예사롭게 직업을 바꾸었고, 다른 지역으로 옮겨 갔다.

　퍼카우프는 그런 초창기 광풍을 타고 번창했다. 직원이 부족할 정도였다. 퍼카우프와 베일렌슨이 손수 가전제품을 층계 위로 나르기도 했다. 고객들이 도와줄 때도 있었다. "카메라는 안 팔아요?" 화요일에 한 고객이 이렇게 물으면, 그들은 어김없이 다음 날에는 카메라를 확보해 놓았다. 고객들은 아침부터 줄을 섰기 때문에 한 번에 일정한 인원만 입장시켰다. 휴일에는 줄이 5번가까지 이어지기도 했다. 퍼카우프와 그의 친구들은 너무 열심히 일하느라 가끔은 집에도 못갈 정도였다. 그들은 밤늦게 문을 닫고서도 아침 장사를 준비하기 위해 가전제품을 위층으로 옮기느라 서너 시간을 보내기 일쑤였다. 그들은 미드타운에 있는 호텔에서 잠시 눈을 붙이고는 여전히 멍한 상태로 아침 일찍 일터로 돌아왔다. 커다란 압박감 때문에 식사를 제대로 할 수 없었던 퍼카우프는 종일 우유를 마셔가며 버텼다. 그는 짐을 운반하거나 묶인 짐을 푸는 동안에 손을 보호하기 위해 늘 장갑을 끼고 있어야만 했다.

　그는 1년 만에 할인 매장 업계를 석권했다. 어떤 대형 가전제품의 가격이 대부분의 매장에서 300달러 정도였다면, 코르베츠에서는 210달러면 살 수 있었다. 이 가격은 퍼카우프가 물건을 구입할 때 지불했던 200달러에 이윤 10달러를 더해서 매겨진 것이었다. 금전등록기는 현금으로 가득 찼고, 그 돈은 은행으로 입금되었다. 그가 성공한 것은 순전히 본능 덕이었다. 첫해에 그는 100만 달러의 매출을 올렸고, 그중 80,000달러가 순이익이었다. 그는 재고보다 30배나 많은 물량을 회전시켰는데, 이는 당시 대부분의 점주들은 꿈도 꾸지 못했던 것이다. 다른 할인 매장에서 25% 할인을 할 때 퍼카우프는 33.3% 할인율을 유지했다. 그는 33.3% 할인을 적용하기 힘든 상품은 취급하지 않겠다는 강경한 방침을 세웠다. 그는 이익이 1~2달러에 불과하거나 심지어 전혀 없을 때조차도 할인을 제공했다. 지역 최고의 할인 매장이라는 이미지를 구축하면 물량을 확보할 수 있고, 물량이 확보되면 수익이 발생한다는 것을 그는 잘 알고 있었다. 그의 매장에서 최고의 인기 상품은 대형 가전제품이었는데, 할인 덕분에 고객들은 100달러나 정가에서 그만큼 할인된 가격으로 구매할 수 있었기 때문이다. 그러나 실제로 매장을 지탱하는 것은 토스터나 헤어 드라이어, 주스 추출기(업계 용어로는 '작은 사과들') 같은 소형 가전제품들로 판명되었다.

그의 사업에 제약이 될만한 게 있다면, 그건 공간과 시간이었다. 그는 한 유통업체와의 거래를 성사시켜 즉시 이 문제를 해결했다. 그는 그 유통업체로부터 자신의 창고에 물건을 보관해준다는 조건으로 세탁기를 60대씩 구매하곤 했다. 이로 인해 세탁기는 퍼카우프의 매장을 들르지 않아도 되었고, 배달은 유통업자의 몫이었다. 제조업체들은 난리가 났다. 일부는 가격을 올려달라고 간청했고, 일부는 그와의 거래를 거부했다. 그러던 어느 날, 그의 판매 정책에 저항하던 한 영업사원이 매장에 들어오자 퍼카우프는 그에게 10,000달러짜리 수표를 내밀며 소리쳤다. "받아요, 당신 돈이요. 당신이 원하는 거면 뭐가 됐든 보내주세요." 어떤 영업사원이라도 그 정도로 큰 금액의 주문을 거부하기는 힘들었을 것이다. 그는 즉시 대량의 제니스 라디오를 배송했다.

코르베츠의 성공은 어느 누구도 일찍이 보지 못한 것이었다. 퍼카우프는 현재에 충실하자는 친구들의 만류에도 불구하고 빠르게 사업을 확장해 나갔다. "유진, 우리는 이미 너무 잘하고 있잖아. 왜 모험을 하려는 거야?" 한 친구가 말했다. 퍼카우프는 그 말을 들으려 하지 않았다. 공급업체들도 역시 긴장하고 있었다. 퍼카우프가 소규모 경영자로서는 확실히 잘 해왔지만, 그렇게 변덕스럽고, 항상 고함이나 쳐대던 사람이 대형 매장을 운영할 수 있을까? 그들은 의심했다. 한 공급업체는 그에게 "유진, 당신이 매장을 하나 더 열면 우리는 더 이상 당신에게 물건을 공급할 수 없습니다."라고 말했다. 그러자 퍼카우프는 이렇게 맞받아쳤다. "그럼 우린 웨스팅하우스를 찾아갈 겁니다."

1951년, 퍼카우프는 42번가와 43번가 사이의 3번 에비뉴에 위치해 있던 카페테리아 자리에다 두 번째 매장을 열었다. 세 번째 매장은 화이트 플레인즈에, 네 번째 매장은 5번 에비뉴와 6번 에비뉴 사이에 자리잡은 록펠러 센터에, 다섯 번째 매장은 헴스테드에 열었다. 그 다음에 예정된 매장이 웨스트버리에 위치한 칼 플레이스 매장이었는데, 이매장을 통해 새로운 코르베츠 시대가 도래하게 되었다. 여기가 바로 미래의 원형이었던 것이다. 개점일은 1953년 12월 2일로 결정되었다.

개장 첫날 1,000명이 넘는 사람들이 몰려와 판매원들을 완전히 당황하게 만들었다. 처음 몇 주 동안 직원들은 점심 식사를 하기 위해 건물 밖으로 나가는 것조차 허락되지 않았다. 만약 나갔더라도 엄청난 군중 때문에 들어오기도 쉽지 않았을 것이다. 대신 퍼카우프는 심부름꾼을 통해 수백 명 분의 샌드위치와 커피를 사오게 했고, 판매원들은 지하실에서 그 음식들을 꾸역꾸역 삼켰다. (수년 후, 퍼카우프는 장난감 가게 토이저러스의 눈부신 성공을 보고 깜짝 놀랐다. 그 가게는 자신의 아이디어에서 많은 것을 차용했으면서도, 고객이 직접 상품을 골라 카운터로 가져와서 계산하는 셀프 서비스라는 혁신적인 요소가 더해져 있었다.)

개장 첫날 그들은 무려 138,000달러라는 엄청난 매출을 올렸다. 12월 2일부터 크리스마스까지의 매출은 200만 달러였다. 이듬해 웨스트버리 매장의 총 매출은 2,800만 달러에 달했다. 퍼카우프는 이제 거물급 사업가 중 한 명이 되어 있었다. 매장을 새로 개설할 때마다 이전 매장보다 더 크고 화려해졌지만, 그의 판매 공식은 여전히 통했다. 그는 뉴욕을 넘어서서 뉴저지, 코네티컷, 펜실베이니아 등 교외 지역으로까지 사업을 확장시켜 나갔다. 1956년 가을, 포춘 매거진에서 퍼카우프와 코르베츠에 대한 긴 기사를 실었는데, 그 기사는 잊을 수 없는 도표

하나를 보여주었다. 1950년부터 6년 만에 총 매출액이 2,650%나 증가한 것이다.

1955년 12월, 지속적인 사업 확장을 위해 자금이 필요했던 퍼카우프는 기업 공개를 실시했다. 주식 상장가는 10달러였고, 퍼카우프와 그의 가족은 40.4%인 502,420주를 보유했다. 주가가 곧 60달러를 넘어서면서 그는 정작 수중에 돈은 없는데도 부자가 된 것 같은 야릇한 기분이 들었다. 그는 이 모든 것이 부두교의 주술 같은 것이라고 생각했다. 그것은 현실이 아니었다. 가끔 그의 머릿속에서 어떤 작은 목소리로 자신은 3,000만 혹은 4,000만 달러의 가치가 있다고 속삭이곤 했지만, 사실은 성공의 이런 측면, 즉 돈과 돈으로 살 수 있는 모든 것들이 그를 위협했다. 그는 부와 함께 따라온 고상함을 즐길 시간이 없었다. 처리해야 할 주문이 더욱 많아졌고, 더 많은 매장을 열어야 했기 때문이다. 1956년, 그는 칼 플레이스 매장을 모델로 세 개의 대형 매장을 건설했고, 그후 몇 년 동안 미국 소매업 역사상 가장 큰 규모의 확장을 이루었다. 코르베츠는 3년 동안 25개의 매장을 열었다. 동시에 그는 시내에 있는 낡고 작은 매장들의 문을 닫았다. 10년 만에 E.J. 코르베츠의 연간 총 매출은 1억 5,770만 달러에 이르렀다.

제11장

패스트푸드의 혁신가들

: 맥도날드 형제와 레이 크록

두 형제는 처음에 자신들이 시도했던 거의 모든 분야에서 실패했지만, 미국 사회에서 벌어지고 있는 일자리 및 주거지와 관련한 근본적인 변화가 사람들의 식생활에도 영향을 미칠 것임을 일찌감치 파악한 소수의 몇 사람 중 하나였다. 그때부터 딕과 모리스(맥) 맥도날드의 운명은 놀랍게 방향 전환을 시작했다. 맥도날드 형제는 1930년, 북동부 전역에 걸쳐 섬유와 신발 공장의 문을 닫게 만들었던 암울한 경제 침체에 밀려 고향인 뉴햄프셔에서 캘리포니아로 이주했다. 그들은 영화 산업 주변에서 다양한 잡일을 시도했지만 눈에 띄는 성공은 거두지 못했다. 딕 맥도날드는 당시를 이렇게 회상했다. "우리 형제는 컬럼비아 스튜디오에서 조명 일을 맡아 하고 있었는데, 시간이 지나면서 아무도 맥도날드 형제를 제작자로 받아들이지는 않으리라는 사실이 매우 명확해졌죠." 그들은 큰 회사에 속해 일하는 것을 좋아하지 않았고, 자기들만의 회사를 운영하고 싶다는 이야기를 종종 나누곤 했다. 그들이 큰 회사를 불신하는 데는 충분한 이유가 있었다. 그들의 아버지 팻 맥도날드는 연금이나 휴가가 없던 시대에 뉴햄프셔 주 맨체스터의 신발 공장에서 42년간이나 일했다. 마지막 해가 지나갔을 때 그는 상사에게 불려가 이런 말을 들어야 했다. "팻, 자네는 이제 우리에게 쓸모가 없어진 것 같네. 이제 좋은 시절이 다 갔으니, 안됐지만 더 이상 자네가 할 일은 없네."

대공황이 절정이던 때, 형제는 작은 영화관을 운영했지만 곧 파산하고 말았다. 당시에 돈을 버는 곳은 워커 와일리라는 사람이 운영하는 인근의 핫도그 가판대뿐이었다. 그래서 형제는 1937년에 산타아니타 경마장 근처에서 핫도그 매점을 열었다. 하지만 처음에 잘 되던 사업은 경마 시즌이 끝나면서 한풀 꺾였다.

마침내 맥 맥도날드는 100,000명 정도의 노동자가 모여 사는 샌버나디노에 보다 큰 매점을 열기로 결심했다. "우리는 부유층을 상대로 장사할 생각은 없었어요."라고 딕 맥도날드는 말했다. 문제는 자금으로, 7,500달러가 소요될 것으로 추정되었다. 그들은 은행 여러 곳을 찾아갔지만, 담보가 얼마나 있느냐는 질문만 반복해서 들었을 뿐이었다. 담보라고? 딕 맥도날드는 생각했다. 우리가 가진 것이라곤 친절 뿐인데. 마침내 그들은 절박한 심정으로 뱅크 오브 아메리카를 찾아갔다. 거긴 거대 은행으로, 뻔히 거절당할 것을 우려해 찾아갈 엄두도 내지 않았던 곳이었다. 그런데 다른 은행들과는 달리 이 은행의 지점장 S. P. 배글리는 그들의 이야기를 주의 깊게 듣더니 은행 재정위원회에서 논의해볼 것이니 일주일 후에 다시 오라고 말했다. 일주일 후 그들은 긴장한 모습으로 다시 찾아갔다. 지점장은 재정위원회에서 열광적인 반응을 보이지는 않았지만, "가끔은 직감을 믿는데, 맥도날드가 성공해서 크게 될 것이라는 직감이 들어요."라고 말했다. 이어서 그가 말했다. "7,500달러 전액을 내줄 수는 없지만 5,000달러 정도면 어떻겠어요?" 그렇게 해서 두 형제는 1940년, 샌버나디노에 작은 드라이브인 레스토랑을 열었다.

형제는 이내 자신들도 놀랄 정도로 큰 성공을 거두었고, 연간 40,000달러의 수익을 올렸다. 그들의 고객은 두 유형으로 나뉘었다. 한 부류는 처음 중고차를 구입한 뒤 예쁘장한 카홉[45]들과 노닥거리려고 이곳을 들락거리던 10대 청소년들이었고, 또 한 부류는 젊은 맞벌이 부부들이었는데, 그들은 비교적 저렴하고 빨리 식사할 수 있다는 이유로 이곳을 찾고 있었다. 분명한 점은 두 형제가 첫 번째 부류가 줄어들고, 두 번째 부류가 늘어나기를 기대했다는 점이다.

맥도날드 형제는 더욱 빠른 서비스가 필요하다고 생각했다. 평균적으로, 고객들은 음식을 받기까지 약 20분을 기다려야 했다. 딕 맥도날드는 이렇게 회고했다. "원, 세상에, 카홉들이 꽤나 느렸어요. 우리는 더 빠른 방법을 찾아야 한다고 말하곤 했죠. 자동차들이 주차장을 가득 메우고 있었죠. 손님들이 요구한 것은 아니었지만, 우리는 직감적으로 그들이 빠른 서비스를 원한다는 것을 알 수 있었어요. 모든 것이 빠르게 변화하고 있었거든요. 슈퍼마켓이나 구멍가게들은 이미 셀프 서비스로 전환했을 때였기 때문에, 드라이브 인의 미래 역시 셀프 서비스로 바뀌어야 한다는 점은 분명했어요."

맥도날드 형제는 미국인의 삶에서 중요한, 새로운 트렌드를 파악하고 있었다. 미국인들은 그 어느 때보다 더 많이 이동하고 있었고, 직장

45 　드라이브 인 레스토랑에서 롤러스케이트를 타고 다니며 차에 탄 사람들에게 패스트푸드를 배달하던 여종업원.

과 멀리 떨어져서 살고 있었다. 그들은 출퇴근 거리가 멀어짐에 따라 시간적 여유가 없이 항상 쫓기는 듯 보였다. 미국의 삶은 빠르게 변화하고 있었고, 그에 따라 옛날 방식의 개인 서비스는 설 자리를 잃고 있었다. 고객들은 신속하게 식사하길 원했다.

따라서 두 형제는 지연을 일으키는 운영상의 약점을 찾기 시작했다. 카홉을 없애야 한다는 점은 분명했는데, 놀랍게도 형제는 더 빠른 서비스를 방해하는 또 다른 장애물을 발견했다. 햄버거, 핫도그, 바비큐, 각종 샌드위치 등 메뉴가 놀라울 정도로 많다는 사실이었다. 영수증을 확인한 결과, 햄버거가 매출의 80%를 차지하고 있다는 사실이 드러났다. 딕 맥도날드의 회고에 따르면, "바비큐 사업을 열심히 할수록 햄버거만 더 많이 팔렸다." 그래서 그들은 손이 많이 가는 바비큐와 샌드위치를 없애고, 메뉴를 전통적인 미국식 햄버거 하나로 줄이기로 결정했다. 이를 통해 음식 준비 과정을 기계화할 수 있었다.

당시는 워낙 바빴기에 시간이 훨씬 지난 후에야 자신들이 매우 중요한 새로운 현상의 정점을 포착했다는 사실을 깨닫게 되었다. 그것은 미국인들의 생활이 크게 빨라지고 있었다는 점이었다. 이에 따라 미국 가족의 본질이 바뀌고 있었으며, 가족 식사도 변화하고 있었다.

불현듯 맥도날드 형제는 자신들이 알고 있는 분야, 즉 패스트 푸드 사업에서 뛰어난 혁신가로 거듭나고 있다는 사실을 깨달았다. 1948년 가을, 그들은 몇 달 동안 문을 닫으면서, 모든 카홉을 해고하고, 전 과정을 새로 개발하기 시작했다. 3피트짜리 작은 무쇠 그릴을 6피트짜리 스테인리스 스틸 그릴 두 개로 교체했다. 새 그릴은 주문 제작한 것으로, 스테인리스 스틸은 청소하기 쉬울 뿐만 아니라 열을 더 잘 유지했다(무쇠 그릴은 햄버거를 많이 올려놓을 경우 열손실이 발생했다). 그들은 손실되기 쉬운 접시와 은제 식기류들을 종이 봉투와 포장지, 종이컵으로 교체했다. 덕분에 식기 세척기를 사용할 필요가 없게 되었다. 25개나

딕과 맥 맥도널드 형제는 캘리포니아 샌버나디노에 작은 패스트푸드점을 열기 전까지 사업에서 큰 성공을 거두지 못했다. 그러나 그 식당이 문을 연 지 불과 며칠 만에, 그들은 미국식 햄버거의 대량 생산 시스템을 개척한 천재 형제로 떠올랐다. (사진 출처 TIME)

되던 메뉴는 햄버거와 치즈버거를 중심으로 9개로 줄였고, 햄버거의 크기도 조금 줄여서 10파운드의 고기로 기존의 8개가 아닌 10개의 햄버거를 만들었다. 그들은 케첩, 머스터드, 양파와 두 가지 피클로 구성된 양념도 고객이 아닌 자신들이 선택하여 사용하기로 결정했다(사방에 캐첩이 흘러넘쳐 있던 양념 스테이션은 그들에게 항상 눈엣가시였다). 아울러 형제는 패티를 만들기 위한 기계가 필요하다고 결정했다. 딕은 고심 끝에 페퍼민트 패티를 만드는 캔디 회사에 적합한 장치가 있을 것이라고 생각했다. 그는 프리랜서 작가로 위장하고서 캔디 회사 여러 곳을 방문하여 그들이 어떻게 매번 패티를 완벽하게 만들어내는지 물어보았고, 마침내 작업자가 버튼 하나만 누르면 정확한 양의 혼합물을 만들어내는 소형 기계를 찾아냈다. 바로 그 기계로 햄버거 패티도 만들 수 있었다.

새로운 시스템에서는 고객이 햄버거에 추가 요청을 할 경우 서비스가 상당히 지체되었다. 맥도날드 형제는 선택권을 주는 것 자체가 지체와 혼란을 의미한다고 믿었다. 두 형제는 일반적인 백열등을 이용한 보온에 실패하고 난 뒤 얼마 동안의 실험을 거쳐 적외선등으로 햄버거를 따뜻하게 보관할 수 있다는 것을 알아냈다. 딕 맥도날드의 말이다. "우리의 모든 원칙은 신속한 서비스와 저렴한 가격, 대량 생산에 기초하고 있었습니다." 그들은 드라이브인 앞에 스피디라는 이름의 요리사를 그린 광고판을 세워 놓았다. 그 광고판에는 '맥도날드의 유명한 햄버거, 봉지에 담아 가세요.'라는 글자와 함께, 그보다 더 큰 글씨로 '가격 15센트'라고 적혀 있었다.

놀랍게도 맥도날드 형제의 사업은 처음에는 성공하지 못했다. 사업이 시험대에 오르자, 예전의 카홉들과 청소년들이 찾아와 두 형제를 놀려댔다. 한동안 맥도날드는 항상 손님이 있는 것처럼 보이도록 직원들이 주차장에 차를 대도록 했다. 하지만 밀크셰이크와 감자튀김을 추가하면서 맥도날드는 그 어느 때보다 큰 성공을 거두기 시작했다. 1950년이 되자 10대들은 좀 더 재미있는 장소를 찾아 떠났고, 맥도날드의 저렴한 가격 덕분에 처음으로 가족에게 레스토랑 식사를 대접할 수 있게 된 노동계급 가족들이 손님의 대부분을 차지하게 되었다. 주방이 유리창을 통해 들여다볼 수 있었기 때문에 아이들은 스테인리스 스틸 그릴에서 햄버거가 익어가는 모습을 흥미롭게 지켜보곤 했다. 아이들은 처음부터 주요한 고객으로 대접받았다. 모든 종업원은 아이들을 친절하게 대하라는 지침이 있었는데, 아이들 뒤에는 항상 부모가 있기 때문이었다.

맥도날드 형제가 음식에 일으킨 변화는, 존 러브(John Love)가 지적했듯이 헨리 포드가 자동차 생산에서 한 일(그리고 윌리엄 레빗이 주택 건설에서 한 일)과 같은 것이었다. 그들은 자신들의 주방을 조립 라인처럼 바꿔버렸다. 그들은 개척자나 다름없었기 때문에 주방 장비의 상당 부분을 직접 고안해내야 했다. 이 과정에서 두 형제는 작은 공구점을 운영하면서 마멀레이드를 만들기 위해 오렌지 껍질을 갈아주는 작은 장치를 발명한 것을 빼고는 식품 사업에 아무 경험도 없던 동네 친구 에드 토먼(Ed Toman)의 도움을 많이 받았다. 샌버나디노에 있는 그의 가게는 에어컨도 없는 원시적인 공간이었다. 이 가게의 열기는 토먼을 제외한 모든 사람을 압도하는 듯 보였다. 그는 햄버거 빵 24개를 양념과 함께 준비하는 데 사용되는 회전 테이블(물론 스테인레스 스틸로 만든)을 디자인하는 데 도움을 주었다. 그리고 더 크고 튼튼한 스레인레스 주걱과 정량의 머스타드나 케첩을 햄버거 위에 뿌려주는 스테인레스 스틸 펌프를 개발하기도 했다. 그러나 존 러브에 따르면 토먼은 이에 대한 특허 등록을 하지 않아 백만장자가 될 기회를 놓치고 말았다.

주방 내부는 모든 것이 기계화되어 있었다. 세 명의 그릴 담당자는 패티를 굽는 일 외에는 다른 일을 하지 않았다. 그밖에도 두 명은 밀크쉐이크만을, 다른 두 명은 감자튀김만을 만들었으며, 또 다른 두 명은 햄버거를 포장했다. 그리고 카운터에서는 세 명이 서서 주문을 받았다. 대부분의 음식은 미리 준비된 것이었다. 손님이 몰리는 한창 때의 중간에 생기는, 비교적 한가한 시간은 다시 다가올 바쁠 때를 대비한 준비 시간이었다.

그들의 음식점은 새로운 미국을 위한 완벽한 레스토랑이었고, 대성공을 거두고 있었다. 바쁜 시간대에는 긴 줄이 늘어섰다. 1951년이 되자 연간 매출이 277,000달러나 되었는데, 이는 기계화되기 이전보다 약 40%나 증가한 것이었다. 1950년대 중반에 이르러 형제는 연간 100,000달러의 수익금을 나눠가졌는데, 이는 개당 15센트짜리 상품을 파는 사람에게는 실로 엄청난 액수였다. 곧 온갖 직종의 잠재적 경쟁자들이 성공 비결을 알아내려고 그들을 연구하기 시작했다. 1952

년, 그들은 〈아메리칸 레스토랑〉 매거진의 표지를 장식했다. 그때부터 두 사람에게는 성공 비결을 묻는 편지가 매달 300통씩 쏟아졌다. 사업가를 꿈꾸는 이들이 찾아와서 자기를 소개하면, 두 형제는 아주 너그럽게 자신들의 전문 지식을 알려 주었다.

훗날 켄터키 프라이드 치킨(KFC)의 최대 프랜차이저이자 시즐러 레스토랑의 대표를 역임한 제임스 콜린스(James Collins)는 1952년에 이제 막 커피숍을 시작하려던 젊은이였다. 그는 맥도날드 형제의 성공 소식을 듣고는 자신이 직접 확인해보고자 샌버나디노로 차를 몰고 가보기로 결심했다. 그는 손님이 막 몰려드는 바쁜 점심 시간에 그곳에 도착했다. 그는 후일 이렇게 회상했다. "나는 그렇게 숨막히는 광경을 생전 처음 봤어요. 도로변까지 사람들이 길게 줄지어 서 있었고, 주차장은 초만원이었어요. 어디서도 보지 못한 광경이었죠. 사람들이 두 줄로 늘어서 있었고, 판매원들은 10초마다 한 명씩 사람들을 상대하고 있었죠. 나는 커피숍 계획을 접고 햄버거 사업에 뛰어들었는데, 햄버거를 19센트에 팔았다는 것만 빼면 모든 것이 맥도날드 방식과 똑같았죠."

실제로 너무 많은 사람들이 이 작은 햄버거 가게를 찾았기 때문에 맥도날드 형제는 조만간 프랜차이즈 사업을 해야 한다는 것을 알고는 있었다. 1952년, 그들은 확신을 가지지 못한 상태에서 첫 번째 프랜차이즈 사업권을 팔았다. 사실 그들은 꿈꿔왔던 것보다 더 많은 돈을 벌고 있었고, 테니스 코트가 있는 멋진 집에서 살며 매년 새 캐딜락을 사들이는 등 이미 자신의 삶에 만족하고 있었기 때문에 사업을 확장할 이유가 없다고 생각했다. 두 사람 모두 자녀가 없었기 때문에 후손에게 막대한 재산을 물려줄 생각도 없었다. 그들은 맥도날드를 일회성 사업으로 여겼으며, 자신들의 이름을 딴 햄버거 매장을 전국적인 판매망으로 키우는 데는 거의 관심이 없었다.

첫 번째 프랜차이즈는 수수료를 한 번만 받는 것으로 해서 1,000달러에 팔렸다. 피닉스에서 주유소 자영업을 하던 닐 폭스(Neil Fox)가 자신의 가게에 맥도날드 간판을 계속 붙이고 싶다고 했을 때 그들은 놀랐다. "안그래도 되는데, 왜요? 피닉스에서 맥도날드란 이름은 아무런 의미도 없을 텐데요." 딕 맥도널드는 의아해했다. 맥도널드의 성공에서 깊은 감명을 받은 식음료 기업 카네이션 컴퍼니는 형제에게 사업을 전국적으로 확대하자고 제안했다. 샌프란시스코에서 시작하여 캘리포니아 해안을 거쳐 동부 지역으로 진출한다는 계산이었다. 제안을 따르면 사업이 빠르게 성장할 것처럼 보였지만, 형제는 크게 관심이 없었다. "그렇게 되면, 우리는 온종일 길바닥에서 시간을 보내며 모텔을 전전하거나 적합한 장소를 물색하고 매니저를 찾아 나서야만 할 거야. 골치 아플 게 뻔해." 모리스 맥도날드는 동생에게 이렇게 말했다.

수년 후, 맥도날드 형제가 자신들의 사업권을 예상보다 훨씬 낮은 가격에 처분한 것에 대해 후회하지 않느냐고 누군가가 딕 맥도날드에게 물었다. 그는 전혀 후회하지 않는다면서 이렇게 말했다. "나는 어딘가의 고층 빌딩에서 위궤양에 시달리며 여덟 명의 세무사들에 둘러싸여 소득세를 얼마나 납부해야 할지를 두고 씨름하고 있었을 겁니다."

맥도날드 형제가 자신들의 한계를 알고 있었다면, 레이 크록(Ray Kroc)은 항상 자신의 미래는 무한하다고 생각했던 사람이었다. 그는 전형적인 미국 베이비붐 세대로, 고등학교를 중퇴하고 자수성가한 인물이었다. 그는 대학이 사업가들을 그들이 상대해야 할 대중들에게서 분리시키고, 더 나아가 그들을 게으르게 만든다고 생각했기 때문에 대학 졸업자들에 대한 불신을 가지고 있었다. 비즈니스 업계의 거물로 대중적인 인물이 되어가면서 그는 비즈니스 스쿨이 학생들을 오만하게(arrogant) 만든다고 믿기에 이르렀다. 그래서 맥도날드는 오랫동안 MBA 출신이 없다는 이유로 유명세를 탔다. 크록은 자신감이 강했으며 아메리칸 드림, 즉 꾸준히 노력하면 언젠가는 서광이 비치고 부자가 되어 성공할 수 있다는 꿈을 믿었다.

젊은 시절 크록은 다양한 직업을 가졌다. 종이컵 판매를 하기도 했고, 플로리다에서 부동산 중개업에 종사하기도 했으며, 생활이 어려워지자 밴드에서 피아노를 연주하기도 했다. 그의 추진력은 놀라울 정도였다. 전신 회사인 웨스턴 유니온의 지점을 성공적으로 운영하면서 1920년대에 부동산 투자로 큰 돈을 벌었던 아버지가 대공황으로 모든 것을 잃고 말았다는 사실에서 항상 자극을 받고 있었다. 그의 부친이 사망하던 날, 부친의 책상 서랍에는 전신 회사로부터 받은 마지막 임금 지불 수표와 그 임금에 대한 압류 통지서가 들어 있었다. 보통 사람들의 본능을 파악하는 능력을 가진 사업가가 있다면 그가 바로 레이 크록이었다. 그는 대중의 취향을 예측하는 탁월한 능력이 있었는데, 틀리는 법이 거의 없었다(물론 예외도 있었는데, 맥도날드에서 출시했던 훌라 버거가 그러했다. 그것은 빵 사이에 치즈 두 장과 구운 파인애플 한 조각을 넣은 것으로 크록이 좋아했지만 성공적인 제품이 되지는 못했다).

크록의 초기 직업 중 하나는 종이컵을 판매하는 일이었다. 그는 자신이 파는 종이컵을 비롯한 종이 제품들이 빠른 소비, 테이크아웃 음식의 가능성, 설거지를 없애는 것으로 인한 인건비 절감 등을 가져와 미국인의 삶에서 확실한 역할을 하기 시작했다는 점을 이해하고 있었다. 그는 항상 돈을 벌 수 있는 아이디어나 발명품을 찾고 있었다. 그 과정에서 그는 유제품 가게 체인을 운영하던 엔지니어 얼 프린스(Earl Prince)라는 사람과 사귀게 되었다. 프린스는 1930년대 후반, 크록의 적극적인 후원에 힘입어 하나의 모터로 각각 떨어져 있는 다섯 개의 스핀들을 동시에 구동시키는 기계를 개발했으며, 이를 통해 밀크셰이크 제조 공정을 크게 개선했다. 그는 이 기계를 멀티믹서라고 불렀는데, 강력한 성능 덕분에 레이 크록이 자랑삼아 말했던 것처럼 "이걸로

콘크리트를 섞어도 될 정도였다.” 크록이 다니던 릴리 튤립 종이컵 회사에서 이 기계를 전국적으로 판매하자던 크록의 제안을 거절하자, 그는 이 문제를 스스로 해결하기로 결심했다. 1939년, 크록은 몰트어믹서(Malt-A-Mixer)라는 이름으로 자신의 사업을 시작했다.

크록은 이 놀라운 기계를 미 전역에서 판매하기 시작했고, 판매 촉진을 위해 델리카도를 포함해 멀티믹서로 만들 수 있는 환상적인 칵테일 음료들의 장점을 찬양하는 뉴스레터를 만들어 술집에 뿌렸다. 뉴스레터에는 이런 문구가 쓰여져 있었다.“저녁 식사 후에는 델리카도를 마시면 좋을 겁니다. 브랜디나 당신이 좋아하는 음료와 아이스크림을 이 멀티믹서로 섞어서 드세요.” 전쟁으로 인해 멀티믹서 제조에 필요한 재료 구입이 힘들어지자 잠시 침체되어 있던 그의 사업은 전후 폭발적으로 성장하기 시작했다. 그와 두 동업자는 연간 9,000대의 멀티믹서를 판매했고, 크록은 연간 25,000달러를 벌어 들였다. 그가 기대했던 만큼은 아니었지만, 당시의 수준에서 부자 반열에 들어선 것은 확실했다. 하지만 1950년대 초반이 되자 멀티믹서의 인기가 시들해지기 시작했다. 매출이 급감했고 경쟁도 치열해졌다. 크록은 제품보다는 주요 고객인 동네 약국(drugstore)[46]이 문제임을 깨닫는 안목(the foresight)도 지니고 있었다. 사람들이 대규모로 교외로 이주함에 따라 작은 마을의 약국들은 치명적인 타격을 입고 있었다.

1954년, 대체 수입원을 찾고 있던 크록은 친구와 함께 폴드어누크(Fold-A-Nook)라고 부르는, 작은 주방을 널찍하게 활용할 수 있도록 테이블과 벤치 두 개를 벽에 부착시켜서 폈다 접었다 할 수 있도록 만든 간이 가구를 고안해 냈다. 그는 이 제품을 로스앤젤레스에서 열린 무역박람회에 출품했지만 단 한 대도 팔지 못했다. 그는 당시까지도

---

46   지역의 작은 약국들은 의약품 뿐만 아니라 커피나 주스 등의 음료도 함께 팔았다.

여전히 멀티믹서를 판매하고 있었는데, 샌버나디노의 한 작은 햄버거 가게가 전국적인 추세를 거스르는 듯한 성공을 거두고 있는 것이 그를 당혹스럽게 만들었다. 멀티믹서의 수요가 전국적으로 줄고 있는 것과 반대로 맥도날드라고 불리는 곳에서는 더 많은 멀티믹서를 필요로 하고 있었다. 대부분의 약국에서는 기껏해 봐야 멀티믹서 두 대면 충분했지만, 1954년 초에 맥도날드 형제는 아홉 번째와 열 번째의 기계를 주문했던 것이다. 이는 한 번에 50개의 밀크셰이크를 만든다는 것을 의미했다. 또한 크록은 다른 패스트푸드 사업자들로부터 맥도날드에서 사용하는 것과 같은 종류의 믹서를 원한다는 전화를 받기도 했다.

1954년 초에 크록은 직접 가서 살펴보기 위해 샌버나디노로 향했다. 그는 어안이 벙벙했다. 점심 시간 한 시간 전에 도착했는데 벌써 긴 줄이 늘어서 있었다. 종업원들은 깔끔한 흰색 셔츠와 바지 차림에 머리에는 흰 종이 모자를 쓰고 있었다. 주방 쪽에는 파리가 한 마리도 보이지 않았다. 크록은 이 모습이 즉시 마음에 들었다. 그는 줄을 서서 기다리는 손님들과 이야기를 나누었다. 그는 햄버거를 먹기 위해 줄을 서서 기다려본 적이 없다고 순진한 척 말했다. 그러자 단골들은 그의 기대대로 자발적인 비평을 하기 시작했다. 가게가 깨끗하고, 서비스가 빠르며, 값이 저렴할 뿐만 아니라, 햄버거가 맛있다는 것이었다. 게다가 팁을 안줘도 된다는 말까지 덧붙였다. 이런 말들이 크록의 맘에 쏙 들었다. 그는 주문이 15초면 완료된다는 점에서 한 번 더 놀랐다. 햄버거는 개당 15센트, 치즈는 한 장에 4센트, 쉐이크는 20센트, 커피는 5센트였다. 고객 세 명 중 한 명이 쉐이크를 주문했는데, 자세히 보니 맥도날드는 크록이 자랑하던 멀티믹서를 개량해서 사용하고 있었다. 맥도날드 소속 발명가 에드 토먼이 레이 크록의 기계를 가져다가 스핀들을 각각 4인치씩 잘라냈다. 이로써 믹서에서 컵으로 옮길 필요 없이 12인치 종이컵에서 바로 쉐이크가 만들어질 수 있게 된 것이었다. 크록은 오후 내내 앉아서 지켜보았다. 맥도날드 형제는 그를 보고 반가워했다. 크록은 비즈니스 업계에선 유명 인사였기 때문이다. 그들은 그를 미스터 멀티믹서라고 불렀다. 그들은 그에게 날마다 이렇게 손님들이 줄을 선다고 말했다. 크록은 언제쯤 한가해지는지 물었다. "오늘 밤 문 닫을 때쯤이면 그렇게 되겠죠."라고 딕 맥도날드가 말했다. 처음에 레이 크록은 맥도날드 매장을 늘려나가면 어려움에 처한 자신의 멀티믹서 사업에 도움이 될 것이라고 생각했다. 그런데, 생각하면 할수록 그에게는 미래가 확실하게 보였다. 그 미래는 바로 햄버거였다.

레이 크록이 맥도날드의 세계에 들어선 순간, 마침 형제는 아홉 개의 프랜차이즈점을 허가해 주고, 프랜차이즈를 관리할 새로운 매니저를 찾고 있던 중이었다. 방문 직후 크록은 딕 맥도날드에게 전화를 걸었다. "아직 프랜차이즈를 관리할 사람은 찾았습니까?" "아뇨, 레이, 아직 못 찾았어요." 맥도날드의 대답을 듣자마자 크록이 말했다. "그렇다면, 내가 어떻겠소?"

크록이 프랜차이즈 관리를 맡았을 때, 그는 52세로 이미 담낭을 잃은 당뇨병 환자였다. 대부분의 남자들이 은퇴를 생각하던 나이에 그는 전혀 새로운 분야에 뛰어들었다. 그는 믿을 수 없을 정도로 열심히 일했고, 포부도 대단했다. 사무실의 모든 직원을 능가하는 그의 능력은 이내 하나의 신화가 되었다. 처음에는 멀티믹서를 판매하면서 벌었던 돈의 절반 수준인 12,000달러를 벌었다. 하지만 그는 이 사업이야말로 자신이 늘 꿈꾸던 절호의 기회임을 확신하고 있었다. 그는 언젠가 "이 사업은 사실상 나에게 생사가 걸린 일이었다."라고 말한 적이 있다.

몇 년이 지난 후에 그는 아주 쉽게 맥도날드 시스템을 도용할 수 있었는데 왜 맥도날드 형제와의 동업을 택했었느냐는 질문을 받았다. 그 이유 중의 하나가 상호 때문이었다. 맥도날드만한 상호 명이 없다고 그는 생각했다. 크록이라는 이름의 체인점은 아무래도 그만큼의 매력이 있을 것 같지는 않았던 것이다. 게다가 종이컵과 믹서를 팔면서 수년간 수천 개의 주방을 드나들었던 그에게 맥도날드의 체계는 그가 본 것 중에서 최고였다. 그는 맥도날드가 수많은 시행착오 끝에 제대로 일하는 법을 터득했으며, 어떤 댓가를 치르더라도 그런 실수를 반복하지 않는 것이 충분한 가치가 있다는 점을 그는 알고 있었다.

그는 자신의 주요 고객이 주로 가족 단위의 젊은 커플이며, 이들은 여유로운 편이 아니면서 자녀를 동반하는 경우가 많다는 사실을 바로 알아차렸다. 이 가족들은 전통적인 레스토랑에서와는 달리 맥도날드에서는 편안하게 식사할 수 있었다. 맥도날드에 와서 주문한 뒤 자신의 차 안에서 식사할 수 있었으며, 아이들이 버릇없이 굴어도 다른 손님들에게 피해를 주지 않았기 때문이었다. 그것은 가족을 위한 값싸고 편안한 외식이었다. 초창기에는 네 명의 가족이 맥도날드에 오면 약 2달러 50센트에 식사를 할 수 있었다. 처음에는 여러 가맹점들이 가장 많은 매상을 올리는 날이 토요일 밤이었고, 그 다음이 금요일 밤이었다. 그때만 해도 고객들은 맥도날드 방문을 하나의 특별한 경험으로 여겼다. 그러다가 일요일 오후에도 장사가 되기 시작했고, 마침내 평일 밤의 매상도 올랐다. 곧이어 이 사업의 취지를 반영하는 광고가 등장했다. "엄마에게 특별한 밤을 선물하세요." 그리고 "엄마에게도 휴식을 주세요." 이 광고는, 훗날 크록의 후계자가 된 프레드 터너(Fred Turner)가 언급했듯이, 맥도날드의 유명한 광고 문구인 "당신은 오늘 쉴 자격이 있습니다."의 시초라고 할 수 있다.

크록은 맥도날드가 이제는 수백만 명의 미국인이 살고 있는 교외 지역이라는 하나의 현상을 이용하고 있다는 사실을 잘 파악하고 있었다. 그는 새로운 매장 부지를 물색할 때 고속도로를 따라 교통량을 측정하기보다는 교회 첨탑이나 학교의 숫자를 통해 지역 사회의 규모와 안전성을 판단했다고 자랑하곤 했다. 그는 도심 지역에는 별로 관심이 없었다. 그는 외관상 패스트푸드 매장이 들어서기에 완벽해보이는 시카고의 루프 같은 지역에는 맥도날드가 들어서는 일은 결코 없으리라고 장담했다. 통근자들은 저녁 피크 시간대에는 그 지역을 빠져나가고 남아 있지 않을 것이라고 생각했으며, 남아 있는 이들에 대해서도 별 흥미가 없었다. 그들은 어느 모로 보나 가정적인 사람들은 아니었으며, 크록은 맥도날드를 패밀리 레스토랑으로 여겼기 때문이다. 저녁 시간에 시내의 맥도날드 매장에서 식사하는 사람이라면 부랑자일 수도 있었고, 더 나쁘게 생각한다면 레스토랑의 이미지를 손상시킬 수도 있었다. 그는 여성을 종업원으로 두는 것도 원하지 않았는데, 이는 여종업원들이 일보다는 남자를 유혹하려 할 것이며, 이는 패밀리 레스토랑의 이미지와 상충될 수 있다고 생각했기 때문이다. 카운터 뒤에서 짧은 치마를 입고 일하는 여종업원이라면 옛날 카홉 시절처럼 검은 가죽 자켓 차림의 젊은 남성들을 끌어들이게 될 텐데, 그는 그런 게 싫었다. "모든 햄버거 매장에 주크박스와 공중전화, 담배 자판기를 설치하기로 했죠. 그럼 부인들이 가죽 재킷을 입은 남자들과 담배 연기가 자욱한 곳으로 갈 필요가 없어지거든요."라고 그는 말한 적이 있다.

　모든 소동의 중심에는 머지않아 맥도날드 핸드북에 1.6온스로 표준화될 아주 작은 고기 조각이 있었다. 그것은 양질의 소 어깨 부위 고기를 갈아 만든 3.625인치 크기의 패티였다. 지방 함량은 17~20% 정도였다. 햄버거에는 양파 4분의 1온스, 겨자 한 티스푼, 케첩 한 큰술, 지름 1인치짜리 오이 피클이 함께 들어가 있었다. 크록은 내심 핫도그와는 달리 햄버거에는 아름다운 무언가가 포함되어 있다고 생각했다. 그는 뉴욕과 필라델피아 등 일부 지역에서만 인기를 끄는 핫도그에는 별로 관심이 없었다. 게다가 그는 핫도그를 식사(a full meal)라기보다는 간식(a snack) 정도로 여겼다. 햄버거에서 매력을 발견한 그는 핫도그가 미학적으로도, 상업적으로도 매력적이지 않다고 생각했다. 햄버거는 자신의 방식대로 만들면 되었지만, 핫도그는 사람들 각기 자기만의 방식으로 먹기를 바란다고 그는 곧잘 말했다. 그래서 핫도그를 팔려면 양념 스테이션이 꼭 필요했는데, 맥도날드 형제는 이 양념 스테이션을 아예 치워버렸다. 크록 또한 이는 잘 한 것이라고 생각했다.

무엇보다도 그는 일관성을 원했으며, 이에 따라 캘리포니아에서 파는 햄버거가 시카고나 뉴욕에서 파는 햄버거를 위한 선전이 될 수 있었던 것이다. 맥도날드 형제가 완벽한 햄버거 가게를 만들었다면, 레이 크록은 완벽한 전국 체인을 구상했다. 그 비결은 독립 매장의 소유주들에게 자신의 의지를 받아들이도록 하는 것이었는데, 이는 순수한 민주주의적 본능과 전체주의적 의지가 묘하게 결합된 것이었다. 크록은 의견 차이를 거의 허용하지 않았고, 모두가 자신처럼 열심히 일하기를 기대했다.

처음에 크록은 캘리포니아 내에서만 대부분의 프랜차이즈 매장을 허가해 주었는데, 캘리포니아가 자동차를 소유한 가구가 압도적으로 많았을뿐더러 연중 내내 온화한 기후로 인해 외식 산업의 발상지로 적합했기 때문이었다. 그러나 시카고 교외에 거주하던 크록은 곧 그렇게 먼 거리에서는 캘리포니아에 있는 프랜차이즈 업주들을 통제하기가 어렵다는 것을 깨달았다. 실제로 그들은 정해진 메뉴에 없는 음식을 내놓거나, 정한 가격보다 비싸게 파는 등 터무니 없는 짓을 저지르면서 그가 정한 표준화 규칙을 어기려는 가상의 음모를 꾸미는 사람들처럼 보이기도 했다. 가끔 그렇게 보였을지라도, 그들은 사악한 사람들은 아니었다. 그들은 크록처럼 청결을 중요하게 생각하지 않았거나, 햄버거 가격을 좀 더 비싸게 받고 싶어했을 뿐이었다. 바로 여기에 한 가지 모순이 있었다. 크록은 전형적인 미국식 기업가 스타일로 모든 위험을 감수할 줄 아는 극히 개인적인 소규모 자영업자를 원한 동시에, 바로 그들이 시카고 본사로부터 전달되는 모든 규칙을 준수하기를 원했던 것이다. 후자가 가장 중요한 자격 요건임은 명백했다. 그의 철학에는 거의 조지 오웰적인 요소가 있었다. 1958년 그는 맥도날드 형제에게 이렇게 말했다. "당신들도 아다시피, 우리는 규칙을 따르지 않는 사람들은 신뢰할 수 없다고 깨닫고 있습니다. 그들이 우리의 뜻을 잘 따르도록 서둘러야 합니다. 심지어 우리와 개인적으로 친한 친구들조차 우리의 뜻을 거리낌없이 위반하려 하고 있어요. 그들은 상품의 질이나 생산 과정에 대해 우리와 다른 의견을 가지고 있어요. …그들에게 조그마한 틈도 보여서는 안됩니다. 조직이 개인을 신뢰할 수는 없어요. 개인이 조직을 신뢰해야 하며, 그렇지 않으면 이런 종류의 사업에 뛰어들어서는 안되는 법이지요." 자신의 통제력이 상실될까 두려워서 크록은 한동안 캘리포니아에서 프랜차이즈 사업을 중단했고, 대신에 보다 더 순응적인 중서부 사람들에게 프랜차이즈 매장을 내어주기 시작했다.

크록은 1955년 4월, 시카고 교외 데스 플레인스에 자신의 첫 번째 햄버거 매장을 열었는데, 당시 현금이 부족했기 때문에 맥도날드 매장 건립을 위해 필요한 돈을 빌려야 했다. 그는 고작 25,000달러를 빌리기 위해 자기 회사의 주식 절반을 저당 잡혔다. 그 자신의 재정적인 미래나 맥도날드의 미래를 위해서는 다행스럽게도 그 주식의 인수자는 나타나지 않았다.

그는 실질적인 소유자로서 매일 아침 가장 먼저 출근하여 매장을 세팅하고 물건을 확인한 다음, 시카고 시내의 본사로 가서 하루 종일 일하며 체인점을 늘리기 위해 노력했으며, 밤에는 다시 매장으로 돌아와 문을 닫고 청소를 했다. 크록의 매장에서 처음에 고기 굽는 일로 시작해서 나중에 맥도날드의 최고 경영자까지 올랐던 프레드 터너(Fred Turner)는 이렇게 회고했다. "매일 밤, 그가 배수로 옆길을 따라 내려오면서 맥도날드의 포장지와 종이컵을 모두 줍는 것을 볼 수 있었지요.

그는 양손 가득 종이컵과 포장지를 든 채 매장에 들어서곤 했어요. 그가 사실상 매장 외부를 청소하고 있었던 셈이었죠." 청결과 질서는 그가 실로 중요하게 여기는 것이었다. 그는 동료의 사무실 벽에 걸린 그림이 조금이라도 비뚤어져 있으면 바로 잡아 주었다. 또한 소파에서 실이 풀어져 나온 것을 보면 이를 잘라내어 정리하곤 했다. 그는 간부들에게 손톱깎이와 빗, 칫솔이 들어 있는 작은 꾸러미를 나누어 주었고, 콧수염이 너무 길다고 생각한 한 간부에게는 작은 가위도 함께 넣어주었다. 그는 모든 직원에게 손톱까지 단정하게 유지할 것을 요구했고, 때로는 양치질을 더 꼼꼼히 하도록 당부하기도 했다. 그는 턱수염이나 콧수염을 싫어했고, 구겨진 옷을 입거나 껌을 씹는 행위를 금지했다. 몇 년 후 광고업자 배리 클라인(Barry Klein)이 몇 가지 제안을 들고서 본사를 찾아왔다. 클라인은 직업 특성상, 그리고 시대적 유행에 따라 머리를 길게 기르고 있었다. 크록이 분노를 터뜨릴 것이라고 모두들 생각했다. 하지만 크록은 분노를 삼키며 이렇게 중얼거릴 뿐이었다. "저 빌어먹을 자식이 좋은 결과를 가져와야 할 텐데." 본사 간부들은 매일 퇴근 전에 책상을 깨끗하게 치워야 했다. 맥도날드 매장의 모든 유리는 매일 깨끗하게 닦였고, 주차장은 매일 물청소를 했으며, 쓰레기통도 깨끗하게 관리되었다. 내부 바닥을 걸레질하는 작업은 수시로 이어졌다.

그는 데스 플레인스 매장을 개설하기 전부터 맥도날드에서 큰 성공을 거두리라는 것을 알고 있었다. 그는 코카콜라의 지역 판매책 와디 프랫(Waddy Pratt)에게 전화를 걸었다. "나는 레이 크록이라고 합니다. 레스토랑을 개업하려는데 코카콜라가 가장 좋은 제품이라 함께 팔고 싶어서요." 프랫은 데스 플레인스 매장을 방문했고, 두 사람은 마치 싱클레어 루이스의 소설 주인공들처럼 주차장에 마주 섰다. 크록은 재차 말했다. "나는 코카콜라의 가능성을 믿어요. 그래서 사려는 것이오." 그

리고는 이렇게 덧붙였다. "오렌지 소다와 루트 비어도 구매하겠소." 그
말에 프랫이 대답했다. "우리는 다른 탄산음료는 취급하지 않아요." 그
러자 크록이 말했다. "당장 들여놓는 게 좋을 거요. 내가 조만간 이런
매장을 1천 개까지 늘릴 테니까 말이오." 프랫은 주위를 둘러보았다.
그는 레스토랑이 들어설 땅 위에 서 있었는데, 이 남자는 매장을 앞으
로 999개나 더 지을 것이라고 말하고 있었다. 이 남자는 허풍쟁이 기
질이 농후하다고 그는 생각했다. (훗날, 크록은 프랫에게 그날 일을 상기시
키곤 했다. "그날 당장 오렌지 소다와 루트 비어를 들여놨더라면 수백만 달러는 더
벌었을 텐데, 그렇지 않나, 와디?") 크록은 탄산음료를 어떤 용기에 담아 전
달해야 하는지까지 정확히 알고 있었다. 그는 일반적인 유리병이 아닌
캔에 담아 전달해줄 것을 요구했다. 프랫은 코카콜라는 캔을 취급하지
않는다고 말했다. 크록이 "내게 거짓말하지 마시오."라고 반박하자, 프
랫은 그제서야 군용 콜라가 캔에 담겨 해외로 배송된다는 이야기를 어
디선가 들었던 기억을 떠올렸다. "미국 내에서는 캔에 담긴 콜라를 구
할 수 없다는 거죠."라고 그는 말했다. 크록이 계속 캔을 고집하자 프랫
은 타협안을 내놓았다. 크록의 종업원들이 병을 씻어놓으면 프랫이 이
를 수거해서 시내의 다른 상인에게 판매하고, 그 대가로 병 하나당 5센
트를 크록에게 되돌려 주겠다는 것이었다. "그렇다면 한 병당 5센트를
절감할 수 있다는 뜻이오?" 크록이 믿을 수 없다는 표정으로 물었다.

그의 레스토랑은 처음부터 성공적이었다. 두 번째 해에는 총
200,000달러의 매출을 기록했는데, 세전 수익이 매출의 약 20%인
40,000달러에 달했다. 그의 노력은 회사 내에서 신화적인 것이 되었
다. 그는 자기 재능만을 믿거나 교육 받은 사람들을 늘 경계했다. "세상
의 그 어떤 것도 노력을 대신할 수는 없어요. 천재도 노력을 대신할 순
없죠. 능력 발휘를 못하는 천재는 골칫거리나 다름없어요. 재능도 그
렇지요. 세상은 재능을 가지고 있더라도 실패한 사람들로 가득 차 있

어요. 교육만으로는 안되지요. 세상은 교육 받은 낙오자들로 우글거리
거든요." 그는 곧잘 이렇게 말하곤 했다.

그의 동료들은 누군가가 그에게 성공의 비결을 물을 때마다 웃음을
참지 못했는데, 대답을 뻔히 알고 있었기 때문이다. 그는 늘 이런 식으
로 대답을 시작했다. "저는 보헤미안 출신이죠. 그리고 항상 열심히 노
력하는 것이 중요하다는 것을 믿어요." 그런 다음 자신이 좋아하는 이
야기를 들려주곤 했다. 그건 한 보헤미안의 사회적 지위 상승과 관련
한 이야기였는데, 내용은 이러했다. 한 보헤미안이 자기 건물의 지하
에 살고 있었다. 그가 1층과 2층을 방문하는 경우는 오로지 집세를 받
으러 갈 때 뿐이었다. 그가 아는 유일한 윤리라면 열심히 일하는 것뿐
이었다. 그는 아무리 적은 돈이라도 번 돈은 모두 저축했다. 크록에 따
르면 가족을 책임지는 것은 보헤미안 윤리의 중요한 부분이었다. 그래
서 부모와 조부모가 노쇠해지면 정부가 아니라 자식이 그들을 돌보는
것은 당연했다. 레이 크록은 사회보장제도에 대한 불만 때문에 죽는
날까지 프랭클린 D. 루스벨트 대통령에 대해 좋지 않은 감정을 품고
지냈다.

큰 성공을 거두면서 회사는 특유의 대중친화적인 문화를 유지했다.
아무리 중요한 직책을 맡고 있더라도 모든 직원들은 자신의 전화를 직
접 받도록 되어 있었다. 고객들과 맥도날드 간부들 사이의 대화에 비
서가 끼어 있어서는 안된다는 것이었다. 한 번은 크록이 애틀랜타 지
점에 전화를 걸었는데 비서가 누구냐고 물었다. 크록은 화를 내며 그
비서를 당장 해고하라고 요구했다. 지점장은 사건이 잠잠해질 때까지
1년 동안이나 크록에게 비서의 존재를 숨겨야 했다.

크록의 보헤미안 윤리에서 가장 중요한 요소가 노력이었다면, 두 번
째로 중요한 요소는 절약이었다. 케첩은 큰 캔에 담겨 나왔고, 직원들
은 캔이 비면 뚜껑을 따서 남은 케첩을 모두 긁어내라는 지시를 받았

다. 숟가락 하나 정도에 불과하더라도 수천 개의 캔에서 긁어낸 양이 합쳐지면 엄청났다. 백만장자가 된 후에도 크록은 여러 맥도날드 매장을 방문해서 식탁 위에 사용하지 않고 남겨진 설탕이나 소금, 후추 등이 그대로 버려지지 않도록 확인하곤 했다. 레이 크록은 사업뿐만 아니라 사생활에서도 이런 식이었다. 말년에 미국에서 가장 부유한 사람 중 한 명이었던 그는 벨 에어의 고급 레스토랑에서 송어 요리를 주문하고 절반 정도만 먹은 후 식사를 마치면서 웨이트리스에게 남은 음식을 포장해달라고 부탁했다. "레이, 도대체 그걸 어디에 쓸 건가요?" 저녁 식사를 함께 했던 와디 프랫이 물었더니 크록은 이렇게 대답했다. "집에 가져가서 내일 아침 식사로 먹을 거요."

맥도날드 직원의 아내들은 절약할 것을 당부하는 그의 편지를 자주 받곤 했다. 편지에는 담배는 보루로 사야 하며, 양말이나 화장지, 치약 등은 세일할 때 구입하라는 것 등이 세세하게 적혀 있었다. 한 편지에서는 다음과 같은 내용도 덧붙여 있었다. "쇠고기와 스테이크, 갈비의 가격이 매우 높을 때는 생선과 닭고기, 캐서롤 요리 등을 더 많이 활용하는 것이 풍미를 더하고 돈도 절약할 수 있는 합리적인 방법입니다. 제빵도 마찬가지죠. 버지니아 리가 만든 호박빵은 호박 통조림과 오렌지 주스, 밀가루, 대추야자, 견과류를 넣고 구워낸 것인데, 먹어보니 맛이 정말 좋았어요. 한꺼번에 한 달치를 구워낼 수 있죠. 조림용 닭이 세일할 때는 치킨 팟파이를 만들어 먹는 것도 추천합니다. 이것을 처리하여 냉동실에 넣는 데까지 하루 정도가 걸릴 겁니다. 아무튼 제가 말씀드리고 싶은 말은 여러분이 현명하게 처신하면 할수록 보다 많은 돈을 절약할 수 있다는 것입니다."

많은 유사한 프렌차이즈에서 본사는 비싼 장비를 판매하거나 높은 가맹비를 통해 선불로 돈을 벌었다. 이는 프렌차이즈 가맹점주들에게 크게 부담을 주었고, 자신의 가게를 성공적으로 운영할 수 있는 인센티브를 상당 부분 앗아갔다. 레이 크록은 그런 것을 원치 않았다. 그는 초기에 맥도날드 프랜차이즈의 가입비를 80,000달러 정도로 유지했는데, 이는 독립적인 소규모 레스토랑 창업 비용의 약 3분의 1에 해당하는 금액이었다. 처음부터 그는 프랜차이즈 본사와 소규모 가맹점은 단순한 서류상의 파트너가 아니라 실질적인 동업자이고, 서로가 서로를 무너뜨릴 수 있으며, 개개 매장에서 약점이 생기면 전체를 위험에 빠뜨릴 수도 있다고 믿었다.

크록의 회사는 가맹점들로부터 매출의 1.9%라는 아주 미미한 수수료를 거뒀다. "레이, 자네는 제 정신이 아니구먼. 1.9%로 언제 돈을 벌려고 하나?" 크록의 컨트리 클럽 동료이자 난방 회사를 운영하던 토니 와이즈뮬러(Tony Weismuller)가 말했다. 크록은 사업을 시작하면서 어떤 사람들이 완벽한 가맹점주에 어울릴지 생각해 보았다. 그는 우선 시카고 교외의 컨트리 클럽으로 친구들을 찾아갔다. 거기에는 미국의 비즈니스 업계에서 성공했다는 친구들이 모여 있었다. 그러나 크록은 시간이 지나면서 그들에게는 자신이 건설하는 새로운 제국을 위한 진정한 근성과 절대적인 헌신이 부족하다는 점을 깨달았다. 그들은 이미 성공한 사람들이었고, 햄버거 사업 따위는 하찮은 일로 치부했다. 식당 운영에 필요한 장시간 노동을 기꺼이 감수하거나 크록이 요구하는 자율성을 포기할 의향이 있는 사람은 거의 없었다. 한 오랜 친구는 햄버거를 15센트가 아닌 18센트에 팔기로 했고, 심지어 크록이 싫어하는 수염을 기르기도 했다. 한번은 크록이 규정을 어긴 친구에게 맥도날드 아치를 내릴 것을 명했지만, 그 친구는 이를 거부하기도 했다. 크록은 오랜 친구들 상당수와 사업상의 문제로 불화를 겪었으며, 이로 인해 크록은 그들의 이름을 언급하기가 어려워졌다.

훌륭한 가맹점주는 아직 성공하지 못했지만 찾아온 기회에 인생을 걸 준비가 되어 있는, 즉 자신과 같은 사람들이라는 사실을 크록은 깨달았다. 그들은 평생 열심히 일했고, 상당한 돈을 모았으며, 항상 자신의 사업을 소유하는 것을 꿈꿔왔던 사람들이었다. 그들은 대개 부부가 함께 사업에 뛰어든 경우가 많았는데, 그들은 매장에서 열심히 일했다라기보다는 열심히 살았다는 표현에 어울릴 사람들이었다. 크록은 사업 초기에 샌디와 베티 어게이트 부부에게 워키건의 매장을 맡겼는데, 그들 부부의 소박한 배경과 놀라운 결단력에 자극을 받았기 때문이었다. 샌디는 야간 학교에 다니며 검안사 자격증을 취득한 인쇄공이었고, 유대인이었던 베티는 성서의 방문 판매원이었다. 이들 부부가 운영하는 가맹점은 사업 초기에 모델이 된 매장 중 하나였다. 잠재적인 가맹점주가 나타나면 크록은 그들을 어게이트 부부의 매장으로 견학을 보냈다. 그러면 부부는 자신들의 성공 스토리를 들려줄 뿐만 아니라 소득 신고서까지 보여 주었다. 크록은 이러한 가족들의 성공에서 희열을 느꼈고, 그들이 사업 초기 시절의 자신보다 훨씬 더 많은 돈을 벌고 있어도 전혀 신경 쓰지 않았다. 그는 항상 자신의 재정적인 이윤 추구보다는 프랜차이즈의 성공을 위해 자기 자신을 다 바쳤다.

그는 품질 관리에 관해 거의 광신적이었다. 그래서 어느 가맹점주가 기준 이하의 재료를 구입한다는 생각이 들 때면 매우 화를 냈다. 농무부는 햄버거 패티의 지방 함량을 33%까지 허용했지만 크록은 그보다 훨씬 낮게 유지했고, 소고기 첨가물도 사용하지 않았다. 그는 곧 지역 가맹점들에서 사용하는 고기의 품질을 알아낼 수 있는 장비를 개발했다. 그는 가맹점주들에게 최고의 감자만을 사용하도록 독려했고, 감자 도매상들이 질 낮은 감자를 다시 포장하여 납품하지 못하도록 열심히 관리했다. 그는 납품업자들을 제대로 대우했으며, 많은 프랜차이즈 업체들과는 달리 그들과의 관계를 악용하려 들지 않았다. 실제로 크록은 대량 구매로 인한 가격 인하를 받았을 경우 그 절감액의 대부분을 가맹점주에게 돌려 주었다. 이런 일은 외식 산업 같은 치열한 비즈니스 업계에서는 전례가 없는 일이었다.

그는 1955년에 프랜차이즈 사업을 시작했는데, 당시만 해도 그는 자신이 허가해 준 두 개의 매장 중 하나를 자신이 직접 운영하고 있었다. 처음에 그는 매우 천천히 사업을 추진했다. 1956년에는 가맹점 12곳을 더 허가했다. 가맹점은 1957년에는 40곳, 1958년에는 79곳, 1959년에는 145곳, 1960년에는 228곳까지 늘어났다. 1960년대에 들어서면서 그들은 1년에 1백개의 새 가맹점을 개설한다는 계획을 세웠다. 소문이 나자 사람들은 몰려들기 시작했다. 얼마 안 가서 맥도날드는 맥도날드 형제보다 레이 크록과 동일시되었다. 1959년 레이 크록은 "내가 햄버거를 조립 라인 위에 올려놓았다."라고 말했는데, 큰 틀에서 보면 맞는 말이었다.

고속도로가 미국 사회의 일부로 자리 잡으면서 그 또한 성공가도를 달리기 시작했다. 강력한 경쟁자들이 이 분야에 새롭게 뛰어들었지만, 크록은 대체로 그들을 경멸했다. 그들은 햄버거를 만들고 서비스를 제공하기보다는 돈을 벌기 위해 사업을 시작한 사람들이라고 크록은 말했다. 그들은 품질 관리 시스템도 없었고, 제품에 대한 애정도 없었으며, 작은 매장 하나 하나를 전체 프랜차이즈 차원에서 잘 관리하려는 열망도 없었다.

맥도날드 형제와 달리 크록은 경쟁심이 강했고, 자신의 영역을 넘보려는 이들을 결코 용납하지 않았다. 크록은 오랫동안 외식 산업 대표자들의 모임에 나가지 않았는데, 이는 자신의 성공 비결이 새어나갈까봐 두려워서였다. 그는 이렇게 말하곤 했다. "여기는 산업이라고 부를 만한 곳이 못 되죠. 이건 산업이 아닙니다. 쥐가 쥐를 잡아먹고 개가 개를 잡아먹는 곳과 같아요. 그들이 나를 잡아먹기 전에 내가 그들을 잡아먹어야 하는 거죠. 이게 바로 미국식의 적자생존입니다." 언젠가 다른 경쟁자들에 대해 어떻게 생각하느냐는 질문을 받았을 때, 그는 크록시즘(Krocism)의 창시자다운 답변을 내놨다. "그들이 물에 빠져 허우적댄다면, 그들의 입에 호스를 꽂아넣을 것이오."

그에게는 삶 자체가 곧 맥도날드였다. 그는 맥도날드 이외의 것에 대해서는 거의 말하지 않았으며, 자신의 이런 집념과 함께 하지 않는 사람들에 관해서는 아무런 관심이 없었다. 전하는 바에 따르면, 그의 첫 번째 결혼이 실패한 이유는 그의 아내가 맥도날드를 그다지 좋아하지 않았기 때문이었다. 세 번째 결혼은 성공적이었는데, 이미 맥도날드의 사내 문화에 푹 빠진 여성과 결혼한 것이 결정적인 이유였다. 마침내 그에게 대화 상대가 생긴 것이었다. 그는 회사와 관련한 모든 것을 순수한 예술로 여겼다. 그는 한때 이렇게 말했다. "예를 들어 햄버거 빵을 생각해 보세요. 그 빵에서 아름다움을 보기 위해서는 특별한 마음이 필요하죠. 낚시용 인공 미끼에 달린 깃털을 사랑스럽게 쳐다보는 것보다는 햄버거 빵의 질감과 부드러운 곡선 실루엣에서 우아함을 발견하는 것이 더 특별하지 않겠어요? 그게 아니라면, 나비 날개의 배열과 질감, 색감에서 우아함을 느끼실까요? 맥도날드맨이라면 그렇지 않습니다. 빵을 수많은 양의 식사를 빠르게 제공하는 예술의 필수 재료로 본다면, 이 통통한 효모 덩어리는 진지하게 연구할 가치가 있는 대상이 되니까요."

말년에 그는 뇌졸중으로 몸의 일부가 마비되는 장애를 얻고 나서 샌디에고에 있는 자신의 사무실에 앉아 망원경으로 근처의 맥도날드를 드나드는 차량들을 지켜 보면서 시간을 체크하곤 했다. 그리고 서비스가 너무 느리다고 생각되면 전화를 걸어 매니저에게 호통을 쳐댔다.

1961년이 되자 크록은 맥도날드를 완전히 인수하는 문제를 두고 맥도날드 형제와 예비 협의를 시작했다. 맥도날드 형제는 사업을 잘 운영하고 있었다. 자신들이 운영하는 매장의 수익이 연간 100,000달러였고, 1960년에는 프랜차이즈를 통해 189,000달러를 추가로 벌어 들였다. 그들은 프랜차이즈 전체 매출의 0.5%를 수익으로 가져갔는데, 당시 전체 매출은 3,780만 달러에 달하고 있었다. 크록과 맥도날드 형제의 관계는 점점 더 소원해지고 있었다. 맥도날드 형제는 늘 자신들이 직접 운영하는 매장에만 관심을 두었다. 크록은 그들 형제가 부주의하고 게으르며 시야가 좁은 데다가 뒷전에 가만히 앉아서 그가 힘든 일을 도맡아 하는 동안 쉽게 이익만 챙기려 한다고 생각하게 되었다. 맥도날드 형제도 회사를 매각하고 싶는데, 크록에게 맥도날드라는 이름과 회사를 양도하는 대가로 270만 달러를 요구했다. 이는 두 형제가 세금을 공제한 후 각각 100만 달러씩을 갖겠다는 계산이었다. 이는 큰 돈이었고, 크록은 이미 사업을 확장하면서 빚을 많이 지고 있었다. 그럼에도 불구하고 크록은 충분히 받아들일만한 액수라고 생각했다. 프랜차이즈 가맹점은 매년 대략 100개 씩 늘어나고 있었고, 1960년대가 끝날 무렵이면 자신이 세운 꿈의 목표였던 1,000개 달성도 가능할 것으로 믿었기 때문이다.

크록은 재정 전문가들의 도움으로 여기저기서 융자를 받아 맥도날드 형제들로부터 회사를 매입했다. 결코 쉽지 않은 일이었다. 맥도날드의 분명한 성공에도 불구하고, 대부분의 은행과 월스트리트의 자본가들은 외식 산업에 돈을 투자하는 것을 원치 않았기 때문이다. 거래가 성사된 후 맥도날드 형제들을 향한 크록의 오랜 분노가 표면화하기 시작했다. "아트, 난 복수심에 불타는 사람은 아니네만,"이라는 단서를 붙이면서도 그는 새크라멘토에 매장을 가지고 있던 친구 아트 벤더에게 이렇게 말했다. "이번만은 녀석들에게 복수를 해야겠네." 이제 그에게 기회가 찾아온 것이었다. 그는 맥도날드 형제가 직접 운영하던 샌버나디노의 레스토랑에서 그들의 이름이 적힌 간판을 내리도록 명했다(맥도날드 형제는 간판 이름을 빅 엠[Big M]으로 바꿨다). 그리고 한 블록 떨어진 거리에 새로운 맥도날드 매장을 세웠다. 맥도날드 프랜차이즈의 진정한 전성기가 이제 막 시작되는 참이었다. 크록이 꿈꾸었던 1천개의 매장은 너무 소박한 것이었다. 그가 프랜차이즈 사업을 시작한 지약 37년 만에 미국에서만 8,600개의 매장이 설립되었다. 전 세계적으로 보면 매장 수는 12,000개에 달했다. 그는 막연하게 꿈꾸었던 것보다 훨씬 많은 거의 6억 달러로 추정되는 재산을 축적했지만, 부가 그에게 가져다 줄 수 있는 것에 관해서는, 그가 항상 원해 왔던 야구 팀을 사는 것을 빼고는 전혀 관심이 없었다. 그는 한 기자에게 이렇게 말했다. "저는 결코 돈을 숭배한 적이 없어요. 돈을 위해 일한 적도 없고요. 저의 동기는 자부심과 성취였죠. 돈이란 성가신 존재입니다. 돈은 소유하기보다는 쫓는 쪽이 훨씬 더 재미있어요. 재미는 경주하는 과정 그 자체에 있지요."

제12장

미국식 모텔 체인의 개척자 케몬스 윌슨과
홀리데이 인의 탄생

미국 도로망의 모습을 바꾸어놓은 바캉스 바람이 일기 시작한 것은 1951년 여름이었다. 테네시 주 멤피스에서 건축업으로 성공한 케몬스 윌슨(Kemmons Wilson)은 아내와 함께 다섯 자녀를 데리고 워싱턴 DC의 국가 기념물들을 보러 가기로 했다. 당시만 해도 고속도로가 생기기 전이라 여행 산업의 규모는 지금보다 훨씬 작았다. 항공 여행은 엄두도 못낼 정도로 비쌌고, 철도는 쇠퇴하고 있었다. 자가용 자동차가 새로운 여행 산업의 핵심으로 떠오르고 있었다. 윌슨 가족은 당시의 전형적인 미국 가정에 속했다. 그들의 신형 올즈모빌은 전쟁 전의 자동차들보다는 타이어가 튼튼했고 고장도 적었지만, 아이들을 위해 휴게소와 화장실을 자주 들러야 했기 때문에 하루에 300마일 이상을 여행하기는 어려웠다. 윌슨 부부는 매일 오후마다 미국 도로의 새로운 랜드마크 중 하나로 떠오른 모텔 표지판을 찾아다니곤 했다. 젊은 부부들은 일반적으로 시내 호텔에서 묵는 것을 꺼려했다. 너무 비싸거나, 그렇지 않으면 쇠락한 도심의 주거 지역마냥 관리가 안되어 엉망이었기 때문이다.

하지만 당시에는 모텔들도 그리 믿을 만한 곳은 아니었다. 주요 도로변에 위치한 모텔들은 보통 낡은 호텔에 비해 편리하고 현대적이었으며, 어둡고 퀴퀴한 셋방보다는 나았다. 하지만 당시의 모텔 사업은 아직 초기 단계였고, 업계 표준이라고 할 만한 것도 없었다. 어떤 모텔이 깨끗하고 편안한지, 혹은 간판은 화려하지만 불결하고 낡은 상태인지 구분할 수 있는 방법이 없었다. 종일 운전하느라 피곤하고 짜증이 난 이들은 하루가 끝날 때쯤 모텔 앞에 차를 세우고 내려서는, 방을 직접 둘러보며 거기가 검사에 합격한 곳인지 살펴봐야 했다. 끔찍한 모텔도 많았지만, 매우 쾌적한 곳도 있었다고 윌슨은 후일 회상했다. 어떤 모텔인지 알 수 있는 유일한 방법은 직접 눈으로 확인하는 것뿐이었다. 당시 하룻밤 숙박비는 8달러에서 10달러 사이였다. 그렇게 비싼 가격은 아니었으나, 모든 모텔이 아이들에게는 추가 요금을 받는다는 사실에 윌슨은 분노했다. 아이들이 각자의 침구를 가져왔음에도 불구하고 보통 아이 한 명당 2달러의 추가 요금이 부과되었다. 따라서 그의 가족은 매일 20달러 쯤의 비용을 지불하는 셈이었다. 설상가상으로 근처에 식당이 거의 없었기 때문에 그들은 다시 차에 올라타고 괜찮은 패밀리 레스토랑을 찾아다녀야만 했다.

여행을 하는 내내 윌슨은 치밀어 오르는 화를 참을 수가 없었다. 마침내 그는 아내 도로시에게 모텔 사업에 뛰어들겠노라고 선언했다. 이 나라의 대부분의 사람들이 가족과 자동차를 가지고 있으니, 그들 모두가 조만간에 여행을 떠날 것이라고 그는 생각했다. 도로시 윌슨은 점점 더 떨리는 마음으로 그의 말을 들었다. 케몬스 윌슨은 무언가를 하겠다고 말하면 바로 실행에 옮기는 사람이었기 때문이다. "모텔을 몇 채나 지을 생각인가요?" 그녀는 긴장해서 물었다. 그는 아내가 자신을 비웃고 있다고 생각했다. "아, 한 400채쯤? 그 정도면 전국을 커버할 수 있지 않을까?" 그는 대답하고 나서, 이렇게 덧붙였다. "앞으로 내가 이보다 더 기억할만한 일을 할 수 있을지는 모르겠지만, 내 모텔에서 묵는 아이들에게는 숙박비를 추가로 받지 않고 맘껏 지낼 수 있도록 할 거야."

월슨의 자녀들은 결국 워싱턴 기념탑과 링컨 기념관을 구경했다. 하지만 그들의 아버지는 다른 것, 즉 여행을 다니는 미국인 가족들의 모습을 보고 있었다. 그는 자신의 구상이 성공하리라는 확신이 들었다. "제가 지극히 평범하기 때문에 저는 제가 좋아한다면 다른 이들도 좋아할 것이라고 생각해요. 제 예감이 틀렸다는 생각은 전혀 들지 않아요." 그가 언젠가 했던 말이다. 이렇게 해서 미국의 현대식 모텔 체인망이 시작되었다. 미국인들이 점점 더 여행을 많이 하고 고속도로에 대한 의존도가 높아지면서 생겨난 필연적인 현상이었다.

윌슨은 자신의 아이디어를 실행에 옮기는데 조금도 지체하지 않았다. 당시 나이가 서른 여덟이고 고등학교 중퇴자였지만, 그는 무한한 자신감의 소유자였다. 그는 무언가를 거래하고 판매하는 것을 좋아했다(젊은 시절 월리처사의 주크박스 세일즈맨으로 일했던 그는 신혼여행으로 아내를 데리고 회사의 신상품 발표회에 다녀온 적이 있을 정도였다). 가족과 함께 워싱턴을 여행했을 무렵 그는 이미 건축업으로 백만장자가 되어 있었다. 하지만 너무 소박하게 살았기 때문에 그의 담당 은행원을 빼면 그가 부자인지 아는 사람이 거의 없을 정도였다. 그가 모텔 사업의 성공으로 2억 달러 상당의 자산가가 되었을 때 그의 한 친구는 이렇게 말했다. "돈을 가진 지금 그가 하는 일은 돈이 없을 때 했던 일들과 전혀 다를 게 없어요."

윌슨은 워싱턴에서 집으로 돌아가는 길에 가족이 묶었던 모든 모텔들의 방 크기를 측정해 보았다. 그래서 멤피스로 도착할 무렵에는 모텔 방의 크기가 얼마나 되어야 할지 정확히 알게 되었다. 방은 가로 12피트, 세로 30피트 정도는 되어야 했고, 욕실이 딸려 있어야 했다. 그는 예술가도 건축가도 아니었지만, 자신이 지을 건물의 기본적인 스케치는 항상 본인이 직접 하곤 했었다. 그는 제도사로 일하던 친구 에디 블루스타인(Eddie Bluestein)에게 전화로 방의 사양을 알려주고는 설계도를 그려 달라고 부탁했다. 윌슨은 간단한 집을 지어본 사람이라면 누구나 모텔을 지을 수 있도록 모든 것을 가능한 한 단순하게 만들고 싶다고 강조했다. 며칠 후 블루스타인은 설계도를 가져 왔는데, 설계도 위쪽에 '홀리데이 인(*Holiday Inn*)[47]'을 이라고 쓰여 있었다. 윌슨은 그에게 그 이름을 어떻게 생각해 냈느냐고 물어 봤다. "어젯밤 텔레비전에서 빙 크로스비의 홀리데이 인을 봤지." 블루스타인이 대답했다. "멋진 이름이군. 이 이름을 우리가 사용하면 되겠어." 윌슨이 말했다.

구식의 미국식 성공담을 구현한 사람이 있다면, 그게 바로 케몬스 윌슨이었다. 1913년 아칸소주 오세올라에서 태어난 케몬스의 아버지는 보험 중개업자였는데, 케몬스가 생후 9개월이 되었을 무렵 루게릭병으로 사망했다. 하지만 그의 어머니 돌 윌슨은 재혼하지 않았다. 그녀는 아들에게 하고 싶은 일은 무엇이든 할 수 있다고 가르쳤고, 해낼 수 있도록 끊임없이 도왔다. 40여 년이 지나 60대 후반의 나이에도 그녀는 홀리데이 인에 취업해서 온종일 일했다. 어린 시절 케몬스는 다양한 직업을 섭렵했다. 주간지 〈새터데이 이브닝 포스트〉의 판매원을 하

---

47   (편집자 주) '홀리데이 인'은 빙 크로스비와 프레드 아스테르가 주연을 맡은 1942년작 뮤지컬 영화를 가리킨다.

홀리데이 인의 창업자 케몬스 윌슨이 1958년경 테네시 주 멤피스에 위치한 홀리데이 인 아메리카 본부 '홀리데이 시티' 건물에 들어서고 있다. (사진 출처 COURTESY OF KEMMONS WILSON, INC.)

기도 했고, 영화관에서 팝콘을 팔기도 했으며, 멤피스에서 핀볼 기계를 가장 많이 판 사람이기도 했다. 그는 이런 모든 일을 성공적으로 수행했다. 그리고 스무 살이 되기 전에 어머니에게 집을 지어드리겠다는 오랜 약속을 지켰다. 두려움을 모른다는 것이 그의 유일한 무기였다. 그는 핀볼 기계를 팔아서 번 수익금 1,000달러로 땅을 구입한 다음, 1,700달러를 들여 직접 집을 지었다. 하지만 너무 열정적이었던 탓에 그만 남의 땅에다가 집을 짓고 말았고, 결국 집을 지은 땅과 자신의 땅을 교환해야만 했다. 그후 얼마 지나지 않아 월리처 지역 대리점이 6,500달러에 매물로 나왔다. 윌슨은 집을 담보로 돈을 빌릴 수 있는지 알아보기 위해 모기지 회사를 찾아갔다. 은행은 지체없이 대출을 승인했다. 이를 계기로 케몬스 윌슨은 고작 2,700달러로 집을 지었으나 최악의 상황에서도 6,500달러를 빌릴 수 있다는 생각을 하게 되었다. 이때 그는 자신의 미래가 핀볼 머신이나 주크박스가 아닌, 건축업에 달려 있겠다는 확신을 가졌다.

2차 세계대전이 발발하고 군에 입대하기 전 3년 동안, 윌슨은 백만장자가 되기 위한 길을 순조롭게 걸어 나가고 있었다. 그의 성공에는 분명한 이유가 있었다. 그는 항상 같은 비용으로 경쟁업체보다 더 큰 집을 짓거나, 아니면 비용을 낮춰서 집을 지었다. 당시에는 누구에게도 말하지 않았지만, 그 비결이란 집의 가운데 공간을 늘리는 것은 큰 비용이 들지 않고도 가능하다는 것이었다. 큰 방을 가진 집이나 작은 집이나 창문과 욕실의 숫자는 같았다. 배관 비용이나 전기 배선을 까는 비용 등 다른 모든 것은 본질적으로 동일했다. 당시 멤피스의 건축 비용은 1평방 피트당 10달러 정도였다. 그러나 집의 가운데 공간은 1평방 피트당 2달러나 3달러 정도면 충분하다고 그는 확신했다.

전쟁이 끝난 후 수년 동안 윌슨은 큰 성공을 거두었는데, 7,500달러에서 12,000달러에 달하는 주택 200채 정도를 매년 신축했다. 그는 멤피스에서 내슈빌로 이어지는 간선도로 주변에 목재소를 소유하고 있었는데, 입지가 아주 좋은 곳이었다. 그가 생각하기에 그곳이야말로 120개의 객실을 갖춘 그의 첫 번째 모텔을 짓기에 완벽한 장소였다. 레스토랑을 비롯해 모든 시설을 제대로 갖추는데 약 32만 5천 달러의 비용이 들 것이라고 그는 생각했다. 그는 그 액수만큼의 대출을 받았지만, 총 건축비로 280,000달러를 쓰고 나머지는 다음 프로젝트를 위해 남겨두었다. 건물은 90일 만에 완공되었고, 윌슨이 워싱턴으로의 운명적인 여행을 떠난 지 정확히 1년 후인 1952년 8월에 문을 열었다. 대부분의 사람들은 이런 일정에 만족했을 테지만 윌슨은 여름 휴가 시즌의 대부분이 지나가버렸다는 사실에 짜증이 났다. 최초의 홀리데이

인에는 레스토랑, 선물 가게, 수영장이 있었고 각 방에는 에어컨과 무료 시청이 가능한 텔레비전이 설치되어 있었다(당시 다른 모텔에서는 텔레비전 시청을 위해 1달러를 내야 했다). 윌슨은 하룻밤 숙박비로 싱글 룸은 4달러, 더블 룸은 6달러를 받았다. 그의 다짐대로 아이들은 무료였다. 2년 만에 그는 멤피스로 이어지는 세 개의 다른 간선도로 변에 세 개의 모텔을 더 지었다.

그는 간판의 중요성도 깨닫고 있었다. 어린 시절 영화관에서 일했던 그는 눈에 띄는 간판과 간판을 걸어놓는 구조물이 얼마나 중요했는지 기억하고 있었다. 모텔 간판은 멀리서도 시선을 확 잡아 끄는 강력한 랜드마크 역할을 해야 했다. 그리고 양방향에서 모두 눈에 띄어야 했다. 이런 점을 모두 고려한 간판이 마침내 제작되었고, 50피트 높이에 내걸렸다.

도로시 윌슨은 남편의 초기 성공에 기뻐했지만, 아직은 전국적인 규모까지는 아니라는 사실에 흥미를 느꼈다. 정확히는 그가 원래 자랑했던 숫자에 비해 396개가 모자랐다. 바로 이 시점에 윌슨은 자신이 가장 잘 알고 가장 편안하게 느끼는 사람들, 즉 주택 건축업자들에게 도움을 청했다. 모텔 사업에 뛰어드는 것은 즐거운 모험이며, 막대기와 벽돌만 있으면 된다고 그는 친구들에게 말했다. 여태껏 잘 해오고 있는 일만 잘 하면 된다는 것이었다. 그는 전미주택 건설업협회 부회장이던 친구 월리스 존슨에게 미국 최대 모텔 체인의 기초를 바로 그들이 쥐고 있다고 말했다. 윌슨의 구상은 간단했다. 윌슨의 그룹에 가입하려는 건축업자는 각자가 거주하는 도시에서 홀리데이 인의 소유권을 얻기 위해 500달러를 지불하고, 사용자 수수료로 객실당 1박에 5센트를 추가 지불하면 되는 것이었다.

그들이 회의를 소집하자 70명 가량의 건축업자들이 모여들었다. 윌슨은 흥분했다. 그는 그의 친구들이자 건축업자들, 허무맹랑한 망상 따위 없이 실행하는 이들로 둘러싸여 있었다. 1년 안에 미국의 모든 주요 도시와 주요 고속도로 교차로에 홀리데이 인이 들어서리라고 그는 확신했다. 그러나 그것은 착오였다. 한 해가 지날 때까지 윌슨의 제안을 받아들인 것은 단 세 명 뿐이었다. 돌이켜봐도 그것은 역대 최고의 파격적인 제안 중 하나였으며, 동료 건축업자들이 그의 제안을 수락하지 않아서 윌슨으로서는 다행이었다. 그는 자신의 제안이 아주 간단했다고 확신했기 때문에, 왜 그렇게 소수만 동참했는지 늘 의아해 했다.

윌슨은 시간이 지나면서 건축업자들이 주변의 변화, 즉 고속도로가 늘어나고 자동차 여행이 증가하고 있다는 점을 인지하지 못하고 있다는 사실을 깨달았다. "그들은 자신들의 사업이 궤도에 올라 있어서 새로운 모험에는 관심이 없었던 거죠. 한마디로 인생을 개척하고 싶어 하는 사람들이 아니었어요." 그는 나중에 이렇게 회고했다. 그래서 그는 새로운 대안을 마련했다. 바로 홀리데이 인의 대표가 되어 다른 사람들에게 프랜차이즈를 제공하는 것이었다. (그는 증거가 없어 확신하지는 못했지만, 자신이 미국에서 이런 종류의 프랜차이즈 소유권을 분양하는 최초의 사람일 것이라고 생각했다.) 윌슨은 이제 멤피스에서 현금 동원력이 큰 의사, 치과의사, 변호사 등에게로 관심을 돌렸다. 소문이 퍼지자 곧 내슈빌에 거주하는 의사들이 계약하자며 케몬스 윌슨에게 전화를 걸어왔다. 윌슨은 방 하나에 3,000달러의 비용을 들여 모텔을 짓고, 이를 방 하나당 3,500달러에 분양했다. "우리는 이미 건물을 짓는 것만으로도 방 하나에 500달러의 순이익을 내고 있었죠." 윌슨은 이렇게 말했다.

모텔 사업은 처음부터 성공적이었다. 객실은 항상 만원이었다. 1954년에는 11개의 홀리데이 인이 추가로 문을 열었고, 윌슨과 그의 직원들, 투자자들 사이에서는 자신들의 선택이 옳았다는 자신감이 날로 커져 갔다. 바로 그 해에 분양권 판매로 자금을 마련한 첫 번째 홀리데이 인이 세워졌다. 1956년, 미국은 대규모의 연방 고속도로 건설 계획을 세우고 760억 달러 규모의 예산을 통과시켰다. 바야흐로 미국 전체가 케몬스 윌슨의 문전을 향해 달려오고 있는 꼴이었다. 점점 더 많은 고속도로가 건설되었을 뿐만 아니라, 입체 교차로와 우회도로가 생겨나면서 여행자들은 원하면 도시를 통과하지 않아도 되었다. 이는 도심 호텔이 쇠퇴하는 또 다른 요인이 되었다. 그의 회사는 스스로 통제하기 힘들 정도로 커졌고, 마침내 1957년에 그는 기업 공개를 결정했다. 그리고 윌슨과 소수의 파트너들은 기업 공개 첫 날 주당 9.75달러에 12만 주의 주식을 상장했다.

윌슨은 오랫동안 모텔 사업 분야에서 절대 강자로 군림했다. 그의 특별한 능력 중 하나는 뛰어난 안목이었다. 그는 어느 도시에 가더라도 홀리데이 인을 지을 수 있는 최적의 부지를 본능적으로 찾아냈다. 그는 "부지 선정은 마치 부활절 달걀 찾기와 같아서 가끔 황금알을 발견하기도 하죠."라고 말했다. 그가 말한 최적의 부지란 눈에 잘 띄고, 도시로 향하는 도로변에 위치하고 있으며, 확장할 경우를 대비해 여분의 땅이 많은 곳이었다.

그는 이 분야에서 점점 더 전문가가 되어 갔다. 한번은 미시시피 주 메리디안에 사는 친구가 자기 땅에 홀리데이 인을 지을 수 있는 지 살펴봐달라고 부탁했다. 윌슨은 비행기를 타고 가서 그 땅이 입지로서는 끔찍하다는 것을 확인했지만, 그리고 나서 주변을 돌아다니다가 완벽하게 보이는 다른 장소를 찾아냈다. 그러자 친구는 자신은 앞서 본 땅의 소유자라며 강력하게 이의를 제기했다. "그 땅을 소유하고 있기 때문에 거기에 건물을 지어야 한다는 것은 지금껏 들어본 소리 중에서 가장 터무니없는 소리네. 자, 내 말을 듣게. 이건 성패가 달린 중대한 문제일세. 자네의 땅을 팔고 내가 골라준 땅을 사게나. 그렇게 되면 모든 일이 다 잘 될걸세." 그 친구는 윌슨의 말을 따랐고, 훗날 네 개의 잘나가는 홀리데이 인을 소유하게 되었다.

윌슨은 부지를 선정하고, 프랜차이즈 가맹주를 선택하는 일이 진정 재미있다는 것을 나중에 깨달았다. 그는 최상의 지역을 골라내고, 최상의 가맹주를 선택한 다음 멤피스에서 서쪽으로 아칸소, 텍사스, 뉴멕시코에 이르는 여행을 계획했다. 이때는 자신의 단발 엔진 비행기 보난자를 애용했다. 그는 이른 아침과 초저녁에 비행기를 타고 작은 마을과 소도시들을 관찰하면서 식사를 하곤 했다. 그 시간대를 고른 이유는 교통의 흐름을 정확하게 파악할 수 있기 때문이었다.

그의 안목은 업계에서 정평이 나 있었다. 몇 년 후 모텔 체인 사업의 경쟁이 훨씬 치열해졌을 때, 윌슨은 하워드 존슨, 쉐라톤, 라마다의 임원들과 함께 뉴저지에서 열린 컨퍼런스에 참석했다. 한 젊은이가 자리에서 일어나 라마다의 설립자 마리온 이스벨(Marion Isbell)에게 질문을 던졌다. "이스벨 씨, 입지를 고를 때 어떤 기준을 사용하십니까?" 그러자 이스벨이 대답했다. "정말 간단한 일이죠. 제가 하는 일은 어느 도시든지 찾아가서 케몬스 윌슨이 그의 훌륭한 홀리데이 인을 어디에 세웠는지 알아 내고, 바로 그 옆에 라마다 인을 짓는 거죠. 아주 좋은 전략이고, 정말 효과적입니다."

케몬스 윌슨의 모텔 체인은 빠르게 성장하여 모텔 수가 1,500개에 달했다. 한창 때는 이틀 반나절마다 새로운 모텔이 세워지고, 15분마다 객실이 하나씩 늘어나기도 했다. 1970년대 초반에는 홀리데이 인의 객실 수가 주요 경쟁사인 라마다와 쉐라톤보다 3배 이상 많은 208,939개에 달했고, 분양권 신청 건 수도 연간 10,000건에 달했다. 윌슨은 분양권을 신청하는 사람들이 자신과 같은 사람들, 즉 대학을 나오지는 않았지만, 자신들의 능력을 믿고, 그가 즐겨 말한 것처럼, 이를 아메리칸 드림을 이룰 수 있는 좋은 기회로 여기는 바로 그런 사람들이라는 것을 알고 있었다.

제13장

이제부터는 텔레비전 시대

: 미디어의 격변기가 시작되다

전후 경제의 호황으로 미국 산업계의 판도가 바뀌었듯이, 기술 혁신은 사회 전반에 걸쳐 강력한 충격파를 던지면서 통신 산업을 변모시켰다.

1949년, 라디오는 상업적 대중 매체로서의 역할을 텔레비전에 추월당할 위기에 처해 있었다. 20여 년 이상을 라디오는 사실상 돈을 찍어내는 것이나 다름 없을 만큼 호황이었으나 이제는 새로운 역할을 찾기 위해 고군분투하면서 변화하고 있었다. 쇠퇴의 징조는 어디에서나 찾아볼 수 있었는데, 가장 놀라운 사건 중 하나는 1949년 6월에 발생했다. 당대 최고이자 가장 세련된 라디오 프로그램이었던 '프레드 앨런

쇼(Fred Allen Show)'가 18년만에 방송을 중단한 것이다. 프레드 앨런은 텔레비전에 관해 알게 된 순간부터 그것을 증오했다. 그는 텔레비전을 "아무 할 일이 없는 사람들이 아무 것도 못하는 사람들을 구경하게 하는 장치"라고 불렀다. 앨런은 앞으로 불길한 일들이 벌어질 것이라는 걸 이미 알고 있었다. 그는 이렇게 썼다. "텔레비전은 도발적인 행동으로 라디오를 압박해 가면서 죽음의 입맞춤을 유도하고 있다. 머리를 짧게 깎은 젊은이들이 TV 카메라를 스튜디오로 끌고 들어와서는 늙은 라디오 배우들을 복도로 몰아내고 있었다."

10년이 넘도록 앨런은 자신의 시간대를 고수하고 있었다. 그는 라디오 코미디의 선두주자였으며, 라디오 방송의 산 증인이었다. 그는 일반 대중과 지식층을 모두 사로잡았던 보기 드문 연예인이었다. 그는 장모나 여성 운전기사를 비꼬는 식의 유머는 하지 않았다. 오히려 그의 유머에는 건조하면서도 어떤 슬픔 같은 것이 묻어났다. 그는 말솜씨가 세련된 사람은 아니었다. 실제로 그의 목소리는 브로드웨이 칼럼니스트 매킨타이어(O. O. McIntyre)가 지적했듯이 "틀니로 석필을 씹는 소리처럼 들렸다." 그는 불손했고, 여러 번 무례한 모습을 보이기도 했다. 그는 자신을 검열하려 드는 방송사 간부진과 아주 불화를 겪었다. 그는 자신이 방송하고 싶은 위험한 농담을 살리기 위해 검열에서 삭제당할 게 뻔한 터무니없는 농담 두세 개를 의도적으로 대본에 끼워넣곤 했다. 항상 상대를 내려다보는 듯 쳐다보는 한 방송사 간부에게 앨런이 물었다. "왜 올려다보지 않으세요? 부끄러워서 그러시는 겁니까? 아니면 예일 대학 다닐 때 쿼터백을 하셨나?"

방송 중에도 그는 종종 방송국 경영진을 웃음거리로 만들었다. "저는 틴컨입니다. 방송국의 금연 담당 부사장이죠. 부사장을 찾으셨습니까?" 그는 이런 식의 흉내를 잘 냈다. 한번은 부사장 중 한 명이 그를 방송에서 하차시키겠다고 협박했다. 그러자 앨런은 항의 차원에서 난쟁

이들을 동원해 피켓 시위를 하도록 했는데, 거기에는 이렇게 쓰여 있었다. "이 방송국은 작은 사람들을 부당하게 대우하고 있습니다."

앨런이 던지는 유머의 대부분은 시사적인 것이었다. 한 영화배우가 검은색 선글라스를 끼고 교회에 출석하자 앨런은 이런 촌평을 날렸다. "하느님이 자신을 알아보고 사인을 요청할까 봐 겁이 났던 모양입니다." 당시는 민족적인 특징을 풍자하는 것이 아직 허용되던 시대였다. 이를 누구보다 잘 활용한 사람이 프레드 앨런이었다. 그는 '앨런의 골목'(Allen's Alley)이라는 코미디극에서 다양한 캐릭터를 통해 이를 잘 표현했다. 이 촌극에서 앨런은 사회자 역할을 맡아 골목을 돌아다니며 주민들이 사는 집 현관문을 두드렸다. 클래혼 상원의원은 남부 출신의 허풍쟁이 정치인이었고, 누스바움 부인은 유대인 억양이 심한 유대인 회의주의자였으며, 타이터스 무디는 뉴잉글랜드 출신의 짠돌이였고, 아이작스 캐시디는 전문직에 종사하는 아일랜드인이었다. 뒷골목 방문극은 캐릭터당 1분씩 5분간 진행되었다. 이 촌극의 대본은 대부분 앨런이 직접 썼다. 나중에는 컬럼비아 대학을 졸업한 허먼 우크가 집필을 도왔지만, 여전히 가장 중요한 대목은 앨런이 그때 그때 삽입했다.

앨런이 한창 인기를 누리던 시절에는 전 국민이 라디오 앞에 모여 앉아 그가 입을 벌리기 전부터 그가 뱉어낼 개그들을 기대하며 웃고 있었다. '시간의 행진(The March of Time)'이라는 기록영화가 방송되자 앨런은 '잡동사니들의 행진(March of Trivia)'을 공연했다. '보우 대장의 오리지널 아마추어 시간(The Major Bowes' Original Amateur Hour)'을 진행한 에드워드 보우가 여러 도시를 순회하며 그곳의 놀라운 특징들을 과장해 떠들면서 인기를 끌었다. 그러자 앨런은 '크로우 장군의 아마추어 시간'을 만들어 보우를 풍자했다. "오늘 밤 우리는 저 평화로운 언덕에 자리 잡은 고풍스러운 옛 도시에 경의를 표합니다. 우리 모두가 사랑하고 존경해 마지않는 도시죠. 200마일 정도 떨어진 다정한 곳이죠. 또한 최초의 검안기가 만들어진 곳이기도 하고요. 바로 그곳에서 존 브런들이 창문에서 뛰어내려 고무 뒤축으로 착지한 뒤 최초의 스카이 콩콩에 대한 아이디어를 얻은 곳이기도 하죠. 겨자 소스 값을 받지 않는 최초의 핫도그 가판대가 이곳에서 문을 열었죠. 미국에서 두 번째로 큰 호수의 기슭에 위치한 세계에서 가장 큰 치실 공장도 여기에 있죠. …그곳은 …오늘 밤 …오늘 밤 영예의 우리 도시는 … (잠시 멈춤) 누가 그 대본을 가져갔어? 맙소사! …제발 거기 멍하니 입 벌린 채 서 있지 말라구! 부사장을 데려 오든지 아니면 아스피린이라도 가져 오란 말이야!"

그가 사람들의 이목을 가장 많이 끌었던 사건은 당대 최고의 라디오 코미디언이었던 잭 베니와의 위장된 싸움이었을 것이다. 이 일은 우연하게 시작되었다. 앨런은 베니를 소재로 농담을 한 적이 있었다. 이에 베니는 새로운 소재의 가능성을 감지하고 이 일을 호기로 삼았다. 이내 상황은 고조되었다. 두 사람은 서로 상대방의 쇼에 출연해 모욕을 주고받았다. "만약 내 작가들이 여기 있었다면 나에 대해 그런 식으로 말하지 못했을 것이다."라고 베니는 말했다. 두 사람은 심지어 결투까지 계획했다. 세계 헤비급 챔피언 조 루이스가 무서운 적수인 베니와의 결투 준비를 도와준다는 명목으로 앨런 쇼에 출연하기도 했다. 한 무리의 어린 학생들이 앨런의 어린 시절 집 앞에 모여 매사추세츠 주 도체스터를 위해 베니를 때려 눕히라고 외쳤다. 마침내 두 사람은 베니의 쇼에서 맞붙었다. 물론 결투가 실제로 벌어지지는 않았지만, 역사적으로 가장 높은 청취율을 기록했던 루스벨트 대통령의 노변정담(Fireside Chat)을 제외한다면, 이보다 더 높은 청취율을 기록한 프로그램은 없었다.

하지만 텔레비전의 등장으로 앨런의 인기는 급격히 하락했다. 그의 전기 작가 로버트 테일러(Robert Taylor)가 지적했듯이, 시대가 변했기 때문일 것이다. 사회적으로 성공한 인물들을 조롱하면서 사회의 부조리를 꼬집어내던 음울하고 어두운 앨런식 유머는 미국이 어려웠던 시절에는 효과가 있었다. 하지만 미국이 전례 없는 번영을 누리기 시작하자 사람들은 더 이상 성공한 사람들을 조롱하기보다는 자신도 그 성공의 대열에 함께 하고 싶어했다. 또 하나의 이유는 앨런 자신이 지적했듯이 프로그램이 너무 오래 방송되었기 때문이었다. 앨런은 이렇게 회고했다. "텔레비전의 등장과 상관 없이 청취율이 점점 떨어지고 있다는 조사 결과가 나오고 있었죠. 청취자들도, 매체도, 모두 지쳐가고 있었어요. 똑같은 프로그램에 똑같은 코미디언, 똑같은 상업광고까지, 심지어는 똑같다는 것 자체까지도 똑같아 보일 정도였으니까요."

막바지에 다가갈수록 그는 더욱 지쳐갔다. 18년 동안 그는 자신의 쇼의 대본 작가이자, 제작자이며, 출연자로 일했다. 1년 중 방송이 진행되는 39주 동안 그는 하루도 쉬어본 적이 없었다. 그는 이렇게 회고했다. "하루 18시간씩, 그것도 일주일 내내 오락거리를 필요로 하는 라디오라는 매체는 성실한 기술자와 연기자를 지치게 할 수밖에 없는 것이다. 라디오는 부적합한 사람들이 살아남을 수 있는 유일한 직업이었다."

하지만 1948년 당시 그의 인기는 절정에 달해 있었다. 그러자 ABC 방송은 그를 상대하기 위해 '음악을 멈춰라!(Stop the Music!)'라는, 실패해도 괜찮을 정도로 작은 규모지만 흥미 요소는 있는 라디오 쇼를 편성했다. 이 프로그램은 게임 쇼의 초기 버전으로, 놀라울 정도로 진부했다. 사회자 버트 파크스(Bert Parks)는 최신 히트곡을 연주했다. 음악이 몇 소절 끝나면 파크스는 "음악 멈춰!"라고 외친 뒤 청취자에게 전화를 걸었다. 그리고 청취자가 곡을 알아맞추면(물론 모차르트 피아노 소나타를 연주하는 것은 아니었으니까), 파크스는 큰 소리로 축하하면서 청취자가 방금 획득한 상품의 이름을 신나게 열거하곤 했다. 온 나라가 열광했다. 앨런은 충격을 받았다. "퀴즈쇼를 한 마디로 정의하자면, 가급적 이빨을 잘 터는 사회자 한 명과 퀴즈의 질문거리를 고안해서 만들어내는 값싼 여성 인력 두 명, 그리고 스튜디오 객석에 채운 채 마이크 앞에 모여 상품을 놓고 경쟁하는 한 무리의 바보들만 있으면 충분한 것이죠." 어쨌든 반응은 폭발적이었다. '음악을 멈춰라!'의 점유율은 1949년 1월에 20.0%까지 치솟았고, 앨런 쇼는 1948년 28.7%에서 같은 기간 11.2%로 떨어졌다. 그는 반격을 시도했다. 그는 보험회사와 계약을 맺고, 앨런의 방송을 듣느라 전화를 놓쳐 엄청난 상품을 받지 못한 '음악을 멈춰라!'의 애청자들에게 5,000달러를 지급하기로 했다. 그는 '멜로디를 멈춰라'라는 패러디극을 통해 많은 상품을 나눠주었고, 1등 상품은 텔레비전이었다. 당시에는 바에 가야 텔레비전을 볼 수 있었기 때문에 1등 상품을 받으면 바텐더가 있는 술집을 집안에 들여놓는 것이나 마찬가지였다. 하지만 너무 늦었다. 포드 자동차가 그의 쇼에 대한 후원을 중단하면서 그는 몇 달만에 물러나야 했다. 미국의 위대한 유머 작가 제임스 서버(James Thurber)는 앨런의 쇼가 "내게는 린드버그의 비행보다 더 흥미로웠다."라고 표현했다. 앨런은 나중에 자신의 쇼가 조금 더 지속될 수도 있었지만, 자신의 혈압이 청취율보다 더 올라가자 그만둘 때가 되었다는 것을 알았다면서 이렇게 회고했다. "오랫동안 선술집에 죽치고 있던 텔레비전이 뒤늦게 집으로 들어왔을 때, 광고주들은 자신들이 더 강력한 판매 수단을 갖고 있음을 깨달았어요. 라디오는 바베큐 파티장의 뼈다귀처럼 버려졌습니다."

　라디오 코미디언 중 일부는 텔레비전으로 전향했지만 앨런은 그렇게 하지 않았다. 그의 유머는 너무 건조했다. 그가 라디오를 사랑했던 이유는 청취자의 상상력에 의존해 말로 하나의 세상을 창조할 수 있었기 때문이었다. 텔레비전에서는 그 세상이 예산, 조경 디자이너, 목수에 의해 결정된다고 그는 지적했다. 또한 NBC에서 10년 넘게 경영진을 조롱해 왔기에 그에 대한 평판은 좋지 못했다. 앨런은 손턴 와일더(Thornton Wilder)의 희곡 '우리 읍내(Our Town)'의 형식을 빌려 '앨런의 골목'을 텔레비전 극으로 만들어보자고 제안했다. 어쩌면 인기를 얻었을 지도 모른다. 그러나 경영진은 제작비가 너무 많이 들거라고 보았고, 따라서 이를 제작하려는 시도조차 하지 않았다. 대신 앨런은 에드 설리번(Ed Sullivan)과 경쟁할 새로운 버라이어티 쇼의 여러 진행자 중 한 명이 되었다(앨런은 "설리번은 재능 있는 출연자들이 이어지는 한 텔레비전에서 계속 살아남을 것이오."라고 비꼬듯 말했는데 결국은 그의 말대로 되었다). 그는 처음부터 텔레비전 출연을 마뜩잖아 했다. 그의 스태프들은 리허설에서 이미 그의 농담을 들었기 때문에 쇼가 생방송될 때는 아무도 웃지 않았다. 1950년 가을에 첫 방송을 시작했던 그는 12월이 지나기도 전에 방송에서 하차했다. 라디오 프로그램을 그만둔 후 그는 오랜 친구인 허먼 워크(Herman Wouk)에게 보낸 편지에서 여러 만찬에서 연설하고 요리책의 서문을 썼다고 말했다. "하지만 제가 순간의 인기를 위해 이 모든 일을 하고 있다고는 생각하지 마세요. 난 단지 인기 없는 사람이 되지 않으려고 노력하고 있을 뿐입니다. 잊혀지지 않기 위해 애쓰고 있는 것이죠." 그는 또한 워크에게 자신의 저서 〈망각으로 가는 러닝머신〉(Treadmill to Oblivion)에 대해서도 설명했다. 그 책은 사실상 그의 자서전이나 다름없었다. "이 책은 라디오 쇼에 대한 이야기입니다. 라디오 프로그램은 사람과 다르지 않습니다. 그것은 잉태되고, 태어나며, 운명이 그에게 부여한 경험을 통해 살아갑니다. 마침내 프로그램은 죽고, 사람처럼 잊혀집니다. 단지 거기 의존해서 생계를 유지하던 몇몇 사람들이나 그 프로그램이 있었기에 삶이 더 밝아졌던 이들을 제외하고는 말이죠." 1956년 3월, 그가 심장마비로 세상을 떠나자 그 특유의 유머도 함께 사라졌다.

라디오 프로그램의 성공에는 세련된 특성이 있었다. 에릭 바누우 (Erik Barnouw)[48]는 1950년 당시 10년 이상 지속된 라디오 프로그램이 108개에 달했고, 20년 이상된 프로그램도 12개나 있었다고 지적했다. 텔레비전의 경우에는 성패의 폭이 이보다 훨씬 넓고 유동적이었다. 이 친근한 매체에서는 훨씬 빨리 성공할 수도, 빨리 사라질 수도 있었다.

1950년대가 시작될 무렵까지 미국의 텔레비전 방송망은 제대로 틀이 갖춰지지 않았는데, 트루먼 행정부가 신규 방송국 허가를 4년 동안 동결했기 때문이었다. 1953년 드와이트 아이젠하워가 대통령에 취임하면서 동결을 풀자 108개의 방송국이 생겨났다. 하지만 복수의 방송국이 있는 도시는 24개에 불과했다. 당시에는 헤비급 챔피언 경기나 월드 시리즈와 같은 특정한 대형 이벤트가 있으면 여러 방송사가 함께 중계를 했다. 동축 케이블은 1951년 가을이 되어서야 미 전역에 깔렸다. 하지만 미국인들은 이미 자신이 좋아하는 프로그램을 챙겨보는 습관에 적응하기 시작했다. 연구에 따르면 특정 도시에서 인기 프로그램이 방영될 시간이면 마치 사람들이 신호에 따르듯 광고 시간이나 프로그램이 끝나는 순간에 맞춰 한꺼번에 화장실 물을 내렸다. 라디오 청취율은 현저히 떨어졌다. 사람들은 더 이른 시간에 식당으로 몰려갔다. 텔레비전에서 광고하는 제품은 불티나게 팔려 나갔다. 책 판매량은 감소했다. 도서관들도 대출이 줄었다고 불평했다. 무엇보다도 영화 산업이 위기에 처했다. 1951년 연구에 따르면 도시에 텔레비전 방송국이 생기면 영화 관람객이 20~40%나 감소했다. 텔레비전이 등장하는 곳마다 영화관이 문을 닫기 시작했는데, 뉴욕시의 경우 1951년까지 55개의 극장이 문을 닫았고, 남부 캘리포니아에서는 134개의 극장이 문을 닫았다고 에릭 바누우는 지적했다.

---

48   (편집자 주) 에릭 바누우(1908-2001)는, 미국의 라디오와 텔레비전 역사를 주로 다루는 저명한
      연구자이다.

텔레비전 초창기의 슈퍼스타였던 밀턴 베를이 '텍사코 스타 극장'이라는 초창기 텔레
비전 프로그램에서 화려한 복장을 갖춘 채 공연하고 있다. 베를은 보드빌 순회공연단
출신이었던 덕분에 텔레비전 무대에 자연스럽게 안착할 수 있었다. (사진 출처 UPI/
BETTMANN)

텔레비전의 전례 없는 힘을 보여주는 첫 번째 사례는 밀턴 베를(Milton Berle)의 혜성 같은 등장에서 볼 수 있다. 베를은 전형적인 보드빌 슬랩스틱 코미디언(the quintessential vaudeville slapstick comic)[49]이었다. 다행인지 불행인지, 아무도 그를 우스꽝스럽다고 비난하지는 않

---

49   (편집자 주) 보드빌은 19세기에서 20세기 초 사이에 미국에서 인기있던 쇼 엔터테인먼트 장르로서, 코미디와 연기를 결합한 공연무대이다. 무성영화 등장 이후로 인기가 떨어진 보드빌 공연은 뮤지컬로 장르를 옮겨 명맥을 이었다.

았다. 주로 시각적 요소에 의존했던 그의 코미디에 열광하는 이들도 있었지만, 대개는 저속하다는 평을 들었다. (1950년에 마침내 텔레비전을 구입한 뒤 베를의 쇼를 본 프레드 앨런은 쇼의 조악함에 충격을 받았다.)

베를은 1948년 아주 우연한 기회로 텔레비전에 출연했다. 그는 텍사코 사람들이 '텍사코 스타 극장'이라는 텔레비전 프로그램의 사회자를 찾고 있다는 소식을 들었다. 베를은 본능적으로 텔레비전이 자신에게 맞다는 것을 알아챘다. 텍사코는 여러 명의 진행자를 시험해 봤지만 베를이 단연 돋보였다. 그가 방송에 등장할 무렵 미국 전역을 통틀어 텔레비전 수상기는 단지 500,000대에 불과했다. 그가 진행한 NBC 화요일 저녁 쇼의 인기는 처음부터 대단했다. 텔레비전의 초기 역사와 베를 쇼의 역사는 사실상 같았다. 텔레비전 수상기가 없는 사람들은 텔레비전을 볼 수 있는 집으로 찾아갔다. 베를 쇼의 성공은 텔레비전 수상기의 판매를 가속화했다. 아직 수상기를 사지 않은 미국인들은 이웃집에서 베를 쇼를 본 후 집으로 돌아와서 마침내 '그래, 이제 과감하게 텔레비전 수상기를 살 때가 되었어.'라고 결심했다.

방송 1년 후, 베를의 얼굴이 〈타임〉과 〈뉴스위크〉의 같은 주 표지에 동시에 실릴 정도로 그의 명성은 대단했다. 그는 텔레비전 최초의 슈퍼스타였다. 1950년에 마흔두 살이었던 그는 평생을 극장에서 보냈다. 여섯 살 때 그는 아버지의 옷과 신발에다 어머니의 모피에서 잘라낸 콧수염을 달고서 찰리 채플린 닮은꼴 콘테스트에 나가 우승했다. 당시 그의 어머니는 백화점 경비원(detective)이었는데, 곧 자신의 진정한 소명이 무대 뒤에서 아들을 돌보는 일임을 깨달았다. 그녀는 아들을 보호하기도 하고 무자비하게 밀어붙이기도 하면서, 관객이 조금만 지루해하는 것 같으면 먼저 나서서 크게 웃음을 터뜨리곤 했다. 베를은 열 살이 되기도 전에 보드빌 순회공연 무대에 섰고, 열두 살에는 인기 쇼 '플로라도라'에 출연하여 주당 45달러의 출연료를 받았다. 그때부터 그는 늘 일을 찾아나선 듯했다. 그는 사람들을 웃기는 일이라면 뭐든 했는데, 이를 통해 인정받고 싶어 했다. 그는 나중에 자기 어머니의 자녀 양육법이 반드시 최선은 아니었다고 슬픈 어조로 회상했다. "다섯 살짜리 아이를 집안의 스타로 만든 다음, 그 아이를 세상에 내보내고선, 마치 그 아이가 평범한 인간들과는 다른 그 무엇이라도 되는 것처럼 모든 사람들이 따르는 스타로 만들었어요. 그런 아이가 카사노바와 아인슈타인, 예수 그리스도를 하나로 합쳐 놓은 존재라고 스스로 믿는 사람으로 자라지 않는다면, 그거야말로 기적이죠."

그는 10대 시절에 보드빌 공연장 중 최고로 꼽히는 팰리스에서 공연했고, 스물세 살이 되던 해에는 2년 동안 오락 프로그램의 사회자로 일했다. 스타가 된 그는 전국의 극장을 돌며 공연했다. 그는 자신의 일에 거의 정신병자로 보일 정도로 에너지를 쏟어넣었다. 그는 속도를 늦추는 일이 절대 없었다. 웃기는 일이라면, 가발을 뒤집어 쓰거나, 치마를 입거나, 의치를 끼거나, 앞으로 넘어지고 파이를 얼굴에 뒤집어 쓰는 등 무슨 일이든 다 했다. 관객이 숨 돌릴 틈도 없이 액션이 이어졌다. 그는 라디오에서는 자신의 성공을 재현할 수 없었다. 자신의 라디오 쇼를 여러 차례 시도했지만 모두 실패했다. 그에게는 바로 눈 앞에 있는 청중이 필요했다. 앨런의 경우는 그를 둘러싼 세상을 풍자하는 지적인 유머를 구사한 반면, 베를의 유머는 자기 자신을 대상으로 한 것이었다. 그는 자신을 지켜봐 줄 관객이 필요했다. 그를 봐야 웃을 수 있었다.

1948년 늦가을에 방영된 그의 텔레비전 쇼는 94.7%의 시청률을 기록했는데, 이는 미국 전역에서 동시에 켜져 있는 텔레비전 수상기 가운데 94.7%가 그의 쇼에 채널을 맞추고 있었다는 뜻이다. 초기에 NBC는 텔레비전 쇼에서 적자를 냈지만, 1950년에 상황이 반전되면서 방송 시간 매출이 3배로 증가했다. 1952년에는 4,100만 달러의 수익을 올렸다.

초창기에 텔레비전 수상기는 주로 도시 지역에 집중되어 있었다. 〈버라이어티〉 지에 따르면 1949년 미국 가정에 보급된 108만 2,100대의 텔레비전 수상기 중 약 450,000대가 뉴욕에 설치되어 있었고, 나머지 대부분은 필라델피아, 워싱턴, 보스턴, 시카고, 디트로이트, 로스앤젤레스에 분포되어 있었다. 베를의 코미디는 보르시 벨트(Borscht Belt)로 불리던 유대인들의 인기 휴양지에서 유행하던 스타일이었다. 그의 라이브 관객은 주로 유대인과 도시 지역 거주민들이었기 때문에, 그의 쇼는 본거지 팬들이라고 부를 만한 이들을 염두에 두고 진행되었다. 매일 밤 500만 명의 시청자가 그를 지켜봤고, 그중 35%는 뉴욕에 거주했다.

그에게는 꿈같은 시간이었다. 그는 자신이 가장 잘 하는 일을, 아마도 돈을 받지 않더라도 기꺼이 했을만한 일을 하면서 주당 5,000달러를 벌었다. (그의 집에 전화를 건 사람들은 용건을 꺼내기도 전에 그로부터 농담 대여섯 마디는 우선 들어야 했을 정도로 그는 농담하기를 좋아했다.) 1951년, NBC는 그가 경쟁 방송사로 옮길까봐 두려워 연간 200,000달러에 30년 전속 계약을 체결했다. 바로 그때가 그에게는 절정의 순간이었다. 동축 케이블의 보급도 그의 인기 하락에 영향을 끼쳤다. 동축 케이블의 등장은 작고 먼 촌구석에서도 텔레비전을 시청할 수 있다는 것을 의미했다. 그곳 사람들은 원래부터 베를의 팬이 아니었다. 그가 아무리 재치있게 뉴욕 사람들이나 상점들을 놀려대도 그들에게는 낯선 이야기일 뿐이었다. 시청률이 떨어지자 그는 그 어느 때보다 흥분해서 무대를 뛰어다녔고, 다른 공연을 방해하는 일이 잦아졌다. 다섯 번째 시즌인 1952~53년에는 쇼의 형식이 바뀌었다. 재능 있는 코미디 작가인 굿맨 에이스(Goodman Ace)가 기용되면서 고정 코너가 늘어났고, 초기에 쇼의 인기를 이끌었던 베를 자신의 자유분방한 공연

은 줄어들었다. 그해 시청률이 5위에 그치자 텍사코는 후원을 중단했
다. 1954~55년에 그의 쇼는 13위로 밀려났고, 이듬해에는 3주마다
방영되는 처지로 전락했다. 1955년, 그는 쇼 진행에서 하차했다. 결국
NBC는 그의 연봉을 120,0000달러로 삭감하는 대신 타 방송국 출연
을 허용하는 새로운 계약을 체결했다. 베를은 텔레비전의 위력과 변동
성을 모두 경험한 최초의 인물이 되었다. 텔레비전이라는 매채는 과거
의 어떤 매체보다 높은 인기를 가져다 주었으며, 공연자와 관객 사이
에도 놀라운 친밀감을 형성시켰다. 하지만 그 친밀함 때문에 관객은
변덕스러워질 수 있었고, 스타는 상승세만큼이나 빠르게 추락할 수 있
었다. 이는 많은 연예인, 배우는 물론 심지어 정치인들도 어렵게 배워
가게 될 교훈이었다.

제14장

텔레비전이 바꾼 정치
: 케포버 청문회와 새로운 정치의 시작

텔레비전이 코미디나 엔터테인먼트 산업의 모습만 바꾼 것은 아니었다. 정치가 곧바로 변화의 흐름에 동참했고, 그때부터 정치도 적잖이 엔터테인먼트와 비슷한 면모를 띄게 되었다. 텔레비전 시대 최초의 스타 정치인은 테네시 출신의 초선 상원의원이었는데, 지적이고 영리했지만 어색하고 어설픈 면도 있는 인물이었다. 누구도 에스테스 케포버(Estes Kefauver)를 텔레비전을 장식한 수많은 스타들처럼 또 한 명의 미남 스타가 탄생했다고 말하지는 못할 것이다. 그의 얼굴은, 온건하게 말해서(to be kind), 평범했다. 케포비는 특별히 웅변가도 아니었다. 크고 작은 모임에서 연설할 때 그는 자주 실수를 저질렀다. 단어를 잊어버려서 어색한 침묵이 흐를 때도 있었다. 동료 상원의원이었던 앨버트 고어(Albert Gore)는 그의 연설이 너무 어색하고 불편해서 청중들에게 가엾은 에스테스를 도와야겠다는 책임감을 느끼도록 한 점이 그의 성공 요인 중 하나가 아닐까 생각할 정도였다.

얼핏 보면 워싱턴에 등장한 촌놈처럼 보였지만, 사실 그는 테네시주의 오래된 명문가 출신이었다. 그는 테네시 대학을 거쳐 예일 대학 로스쿨을 졸업할 정도로 교육 수준도 높았다. 그의 친구이자 〈리포터〉(The Reporter) 지의 편집장을 지낸 맥스 아스콜리(Max Ascoli)는 그를 두고 "내 평생 자신을 갈고 닦은 엘리트들을 수없이 만나봤지만, 에스테스는 평범해지기 위해 자신을 갈고 닦은 최초의 인물이었다."라고 말했다. 그는 또한 대단한 야심가였다. 1939년 처음 하원의원에 당선되었을 때, 케포버의 지역 민주당 위원회 위원장 리 앨런은 그에게 "대단합니다, 에스테스. 이제부터 당신이 하원의원입니다."라며 인사를 건넸다. 케포버는 잠시 생각에 잠기더니 이렇게 대꾸했다. "리, 흔하게 널린 게 하원의원이예요."

그는 처음부터 인종적 편견을 불쾌하게 여겼고, 시민권에 대한 보수주의자들의 전통적인 태도를 받아들이지 않았다는 점에서 다른 남부 상원의원들과는 달랐다. 사실 그는 인종 차별이 심하지 않던 경계주 출신이었고, 시민권을 양심의 문제로 봤다. 하지만 무엇보다도 그가 상대적으로 진보적인 입장을 견지한 가장 큰 이유는 공직을 맡으려는 그의 야망과 열망 때문이었다. 초선 하원의원 시절이던 1942년 초, 그는 인두세(the poll tax)[50]에 반대표를 던짐으로써 하원의 남부 출신 민주당 의원들과 결별했다. 이 일은 미시시피 주 출신의 악랄한 인종

---

50 (편집자 주) 인두세는 20세기 초반까지 미국의 몇몇 주에서는 투표권 행사 전에 인두세를 납부해야 했다. 주로 남부에서 빈곤한 아프리카계 미국인 유권자들을 배제하기 위한 수단으로 활용되었다.

차별주의자 존 랭킨(John Rankin)을 격분시켰는데, 그는 하원 의석에서 일어나 케포버를 손가락으로 가리키며, "에스테스 케포버, 부끄러운 줄 알아라."라고 소리쳤다.

그는 1948년 테네시 주 내 진보적인 신문사들의 지원을 업고 톰 스튜어드(Tom Steward) 상원의원에 도전하여 출마하기로 결심했고, 그 과정에서 멤피스에서 가장 강력한 정치 머신(the powerful machine)을 이끌고 있던 에드 크럼프(Ed Crump)와 맞서게 되었다. 크럼프 머신(The Crump machine)은 케포버를 빨갱이로 몰아가면서 그의 정치 활동이 급진파 하원의원 비토 마르칸토니오(Vito Marcantonio)와 비슷하다고 공격했는데, 당시에는 이런 식의 공격이 흔했다. (당시 크럼프의 하수인 윌 게버(Will Gerber)는 정치적 음모에만 능했지 철자법은 엉망이어서, 자신의 동료 케네스 멕켈라(Kenneth McKellar)에게 보낸 편지를 보면 이런 문장이 있다. "우리는 케포버가 마크 안토니오(Marc Antonio)와 함께 투표해 왔다는 것을 보여주기 위해 가능한 한 모든 자료를 구하고자 노력하고 있습니다.") 이때 크럼프는 케포버가 동반자(fellow traveler)이자 "소련의 애완 동물(pet coon)[51]"이라고 주장하는 치명적인 실수를 범했다. 케포버는 이 발언을 놓치지 않았다. 그는 너구리(coon)는 미국에서만 볼 수 있는 동물이라며 "소련에서는 너구리를 찾을 수 없을 것"이라고 반격했다. 또한 너구리는 강인한 동물이며 자기 몸집의 네 배나 되는 개를 이길 수 있다고 덧붙였다. 크럼프가 이 주장을 계속하자 케포버는 "내가 애완 동물이 맞을 수도 있겠지만, 크럼프의 애완 동물은 아니다."라고 말했다. 이내 너구리는 그의 상징물이 되었다. 한동안 케포버는 살아있는 너구리를 데리고 다녔는데, 유세 도중 죽어버릴까 걱정이 되자 너구리 모피 모자를 쓰는 걸로 바꾸었다. 너구리 모피 모자는 데비 크로켓(Davy

---

51   쿤(coon)은 북미산 너구리를 뜻하는데, 동시에 흑인을 멸시해서 부르는 데에 쓰이기도 했다.

Crockett)과 샘 휴스턴(Sam Houston)[52]을 떠올리게 하는 강력한 상징이기도 했다. 그는 선거에서 손쉽게 승리하여 크럼프에게 심각한 타격을 입혔다. 경계주 출신으로 인맥이 풍부하고 진보적 성향의 상원의원이었던 그는 더 높은 공직, 즉 최소한 부통령 직을 향해 나아갈 수 있는 완벽한 위치에 서 있었다.

1950년 1월 5일, 그는 미국의 조직 범죄를 조사하기 위한 법안을 발의함으로써 그 방향으로 첫발을 내디뎠다. 그는 하원 사법위원회 위원으로 여러 도시의 시장들과 면담하면서 이 문제에 관심을 갖게 되었는데, 그가 면담한 시장들은 공갈 협박 범죄가 매우 조직적으로 퍼져 있으며 범죄 조직들이 전국 단위로 활동하고 있기 때문에 지역의 법 집행 기관들이 다루기에는 너무 버겁다고 호소했다. 케포버가 주목한 조직 범죄는 모든 대도시에 깊게 뿌리를 내리고 있었으며, 그 도시들은 민주당 정치 머신들이 장악하고 있었기 때문에, 이를 건드리는 것은 매우 민감한 이슈였다. 자기 당에서 가장 강력한 킹메이커들과의 관계가 악화될 위험을 감수해야 했기 때문이다. 케포버는 무엇보다도 〈워싱턴 포스트〉 발행인이면서 워싱턴의 정치 거물이자 권력 브로커인 필 그레이엄(Phil Graham)으로부터 이 문제에 나서 달라는 압박을 받고 있었다. 그레이엄은 케포버 같은 사람이 먼저 나서지 않으면 조만간 공화당이 조사에 착수할 것이고 이는 민주당에 엄청한 정치적 망신을 안겨줄 것이라고 우려했다. 주저하던 케포버에게 그레이엄이 마법의 말을 던졌다. "부통령이 되고 싶지 않으세요?"

한편으로는 정치적 위험을 인지하면서도, 미국 민주당의 최고위급 지도자들로부터 승인을 받았다고 생각한 케포버는 범죄 조사를 진행했다. 위원회는 14개 도시의 청문회 일정을 잡았고, 조사는 92일 동안

52   두 사람은 미국 텍사스 독립 전쟁의 영웅들로 테네시 주 출신이다.

케포버 청문회는 미국인들에게 텔레비전의 정치적 힘을 처음으로 각인시킨 사건이었다. 조직 범죄를 조사하기 위한 법안을 발의하기 전까지 테네시 주 출신의 케포버 상원의원은 거의 알려지지 않은 인물이었다. 그러나 그의 청문회는 마치 최면을 거는 듯한 마력을 지녔고, 미국민들 대부분이 화면에서 눈을 떼지 못했다. 사진은 한 영화관의 광고판에 청문회 광고가 걸려 있는 모습이다. (사진 출처 MICHAEL ROUGIER/LIFE/TIME WARNER, INC.)

이어졌다. 청문회를 통해 새로운 주요 자료들이 발견되었는데, 거기에는 일정한 패턴이 있었다. 그가 가는 곳마다 조직 범죄 또는 마피아라고 불리는 집단이 있었고, 그것들은 자의든 타의든 항상 지역 민주당 조직과 연관되어 있었다. 청문회가 길어질수록 그의 동료인 민주당원들의 표정은 어두워졌다. 그들 중에는 민주당에 오랫동안 충성을 바쳐 왔으면서 스스로 대도시의 정치 머신 출신(a big-city machine himself)인 해리 S. 트루먼도 끼어 있었다.

1951년 3월 12일, 케포버는 드디어 뉴욕에 도착했다. 뉴욕 청문회가 특별히 중요할 것으로 예상한 사람은 없었다. 하지만, 뉴욕 청문회는 범죄의 역사나 범죄와의 전쟁의 역사 측면에서보다는 텔레비전의 역사와 사실상 전국적인 정치 극장이 열렸다는 점에서 획기적인 사건으로 기록되었다. 텔레비전에서 청문회를 다룬 적은 몇 차례 있었지만 (예를 들어, 3년 전 상원 군사위원회가 국민개병제를 두고 토론했던 때와 앨저 히스에 대한 하원 반미활동 위원회의 청문회 등), 케포버 청문회는 전국적으로 생방송된 최초의 청문회였다.

케포버는 대중의 주목을 싫어하지 않았지만, 자신의 청문회가 텔레비전으로 방송되도록 요청하지 않았을 뿐더러 송출되는 순간까지도 그 사실을 알지 못했다. 1951년 3월 12일, 다분히 원시적인 방식이었지만, 청문회의 전국 생중계가 시작되었다. 동부와 중서부의 20개 도시에서 텔레비전을 통해 청문회를 지켜보았다. 텔레비전은 아직 신기술에 속했기 때문에 모든 프로그램이 여전히 상당히 제한적으로 송출되고 있었고, 특히 낮 시간대에는 더욱 그러했다. 방송사들은 아침과 오후는 고사하고 저녁 시간대의 방송조차 채우지 못하고 있었다. 한 통계에 따르면, 1.5%의 미국 가정에서만 아침 시간대에 TV를 시청하고 있었다. 이것은 어떤 회사든 그 시간대에는 싼 가격에 광고 시간을 확보활 수 있었다는 뜻이다. 우연히도 당시 구독 캠페인을 계획 중이던 〈타임〉 지에서 청문회의 텔레비전 중계 후원사로 나서기로 결정했다. 그리고 처음에는 뉴욕에서, 그 다음에는 워싱턴에서, 중계 방송은 15일간이나 이어졌다.

어떻게 보면 케포버에게 이보다 더 좋은 타이밍은 없었다. 한두 해 전이었다면 시청자가 없었을 것이고, 몇 년 후였다면 사람들의 관심도가 떨어졌을 수도 있었다. 직전 12개월 동안 뉴욕 지역에서만 텔레비전 보유 가구 수가 약 29%에서 51%로 증가했다. 이는 뉴욕이 전세계

도시들, 특히 대도시권에서 최초로 텔레비전이 없는 집보다 있는 집이 더 많아졌다는 것을 의미했다. 청문회가 이어지는 동안, 뉴욕 전역은 물론 다른 도시에서도 주부들은 친구들에게 전화를 걸어 이 흥미진진한 새로운 쇼에 대해 이야기를 나누었다.

케포버 청문회는 태생적으로 폭발적인 드라마를 담고 있었다. 생중계되는 흑백 화면의 한 쪽에는 딱 봐도 악당처럼 보이지만 말투와 태도에서는 자신들이 지하세계의 일원이라는 사실을 전혀 깨닫지 못하고 있는 자들이 있었고, 다른 한 쪽에는 선량한 시민이라면 누구나 궁금해할 만한 범죄에 관한 질문을 해대는 케포버와 그의 수석 변호사 루돌프 할리(Rudolph Halley)가 있었다. 에스테스 케포버는 남부 출신의 배우 지미 스튜어트(Jimmy Stewart)처럼, 정부의 부패에 지쳐 스스로 뭔가를 해결하기 위해 나선 고독한 시민 정치인처럼 보였다.

3월 13일, 뉴욕 범죄 조직의 리더로 알려진 프랭크 코스텔로(가명은 프란시스코 카스타글리아)가 증언에 나섰다. 코스텔로는 실제 전과 기록은 없었지만, 똘마니로 시작해 밀수업자와 슬롯머신 운영자를 거쳐 도박장을 소유하기까지 단계적으로 성장한 인물이었다. 그는 럭키 루치아노의 최측근이었으며, 루치아노가 추방된 후에는 미국 최대의 범죄 조직을 이끌고 있었다. 1950년 무렵 그의 영향력은 태머니 홀(Tammany Hall)[53]에 널리 퍼져 있었다. 사업이 번성하면서 그는 사업 영역을 다각화하여 보다 합법적인 분야로 진출했다. 그 무렵 그는 완벽하게 존경받는 사람으로 보이고자 노력했다. 따라서 코스텔로는 카메라에 자신의 얼굴이 찍히는 것을 거부했다. 그의 변호사는 "코스텔로 씨는 자신을 구경거리로 만드는 것을 원하지 않는다."라고 말했다. 위원회는 협상 끝에 코스텔로의 얼굴을 공개하지 않기로 합의했다. 그

---

53   뉴욕 시를 기반으로 1960년대까지 활동했던 민주당 계열 정치 파벌.

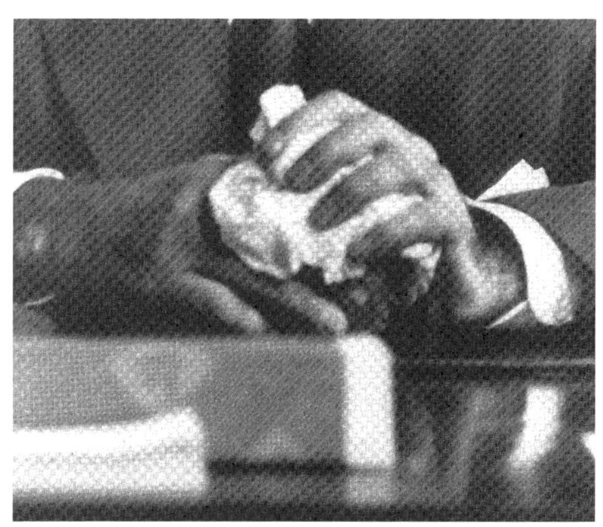

미국 범죄조직의 리더로 알려진 프랭크 코스텔로가 청문회 증언대에 섰을 때, 그의 변호인단은 카메라에 얼굴이 찍히지 않도록 요청했다. 하지만 한 카메라맨의 기지로 코스텔로의 손에 포커스가 맞춰졌고, 이로 인해 극적인 장면이 연출되었다. 화면에는 긴장으로 손을 비틀고, 땀을 닦고, 종이를 찢거나 떨리는 그의 손 동작들이 생생하게 담겼다. (사진 출처 ALFRED EISENSTAEDT/LIFE/TIME WARNER, INC.)

러자 텔레비전 제작진의 누군가가 코스텔로의 손을 보여주자고 제안했다. 그 장면은 정말 충격적이었다. 테이블을 두드리는 손, 물잔을 꽉 움켜쥔 손, 종이를 잘게 찢는 손, 땀을 흘리는 손 등이 코스텔로의 긴장과 유죄를 반영하는 듯했고, 이런 손의 모습은 청문 위원들의 집요한 추궁과 함께 끊임없이 화면에 비춰졌다. 코스텔로는 자신을 새로운 세계에서 성공한 사업가일 뿐이라고 변명했지만 설득력이 없었다. 그는 텔레비전 조명 때문에 눈이 불편하다고 주장했다. 집에 갈 시간이 되자 그는 나가버렸고, 의회 모독에 관련한 소환장(a contempt subpoena)이 그의 뒤를 쫓아갔다.

당시 뉴욕시 전체 텔레비전 수상기의 약 70%가 청문회에 맞춰져 있었는데, 이는 전년 가을에 열린 월드시리즈의 두 배에 달하는 시청률이었다. 다른 도시의 시민들도 청문회에 매료되었다. 남편이 퇴근할 때까지 집안일도 끝내지 않은 채 텔레비전 앞에 붙어앉아 마피아 세계의 동향을 궁금해하는 아내들의 이야기가 신문 기사에 실리기도 했다. 뉴욕시의 에너지 공기업은 텔레비전 방송에 필요한 전력을 공급하기 위해 발전 시설을 추가해야 했다. 〈라이프〉 매거진의 편집자들은 미국 정치가 바뀌었다는 것을 즉시 알아차렸다. 다음은 〈라이프〉지의 당시 기사 내용이다. "1951년 3월 12일은 역사에서 특별한 위치를 차지할 것이다. 미국과 세계는 지금껏 이런 경험을 한 적이 없었다. …텔레비전 케이블을 따라… (사람들은) 거실, 술집, 클럽 룸, 강당, 사무실 등 실내로 순식간에 모여들었다. 희미한 조명 속에서 수백만 개의 작은 서리가 내리는 듯한 화면을 쳐다보며 사람들은 마법에 걸린 듯 앉아 있었다. 며칠 동안, 그리고 밤새도록, 그들은 완전히 몰입하여 시청했다. …그것은 자신들의 정부가 벌인 중요한 사건에 대한 최초의 대규모 텔레비전 방송이었으며, 향후 모든 공공 사안에서 텔레비전이 활용된다면 기준이 될 만한 방송이었다. …전 미국인의 관심이 한 가지 사건에 이렇게 완전히 집중된 적은 없었다. 국내 범죄에 대한 상원의 조사는 거의 유일한 국가적 대화의 주제가 되었다."

에스테스 케포버는 청문회 덕분에 텔레비전에서 주목받은 미국 최초의 정치인이 되었다. 비록 자신이 속한 정당에는 치명적인 타격을 입혔음에도 말이다. 트루먼에 의해 멕시코 대사로 임명된 빌 오드와이어(Bill O'Dwyer) 전 뉴욕 시장은 자신이 고의적으로 조직 범죄와 연루된 인물을 고위 공직에 임명했음을 시인했다. (트루먼의 일부 보좌관들은 오드와이어가 즉시 사임해야 한다고 생각했지만, 고전적인 충성심을 중요시하던 트루먼은 그럴 생각이 없었다.) 케포버는 청문회 직후 순회 강연을 다니며 상당한 추가 수입을 올렸다. 잡지들은 그를 표지 모델로 섭외하고자 경쟁했다. 그는 텔레비전 쇼 '왓츠 마이 라인'에 미스터리 게스트로

케포버(오른쪽에서 두 번째)는 단숨에 전국적 유명인사가 되었다. 그는 처음에는 더 큰 정치적 야망이 없다고 했지만, 1952년 민주당 대선 후보 경선에 강력한 도전자로 나섰으며, 1956년에는 부통령 후보로 지명되었다. (사진 출처 ALFRED EISENSTAEDT / LIFE / TIME WARNER, INC.)

출연한 뒤 출연료 50달러를 자선단체에 기부했다. 그는 험프리 보가트 주연의 영화 '집행자'(The Enforcer)에 특별 출연해 달라는 헐리우드의 러브콜을 받기도 했다. 그는 대필 작가가 4부 연작으로 작성한 '내가 지하세계에서 찾은 것'을 〈새터데이 이브닝 포스트〉에 자신의 이름으로 기고했다. 시드니 샬렛(Sidney Shalett)과 공동 집필한 그의 저서 〈미국의 범죄〉는 12주 동안이나 뉴욕타임스 베스트셀러 리스트에 있었다. 변덕스러운 남편이자 바람둥이(상원 엘리베이터 안에서 여성의 몸을 더듬던 습관 때문에 의사당에서 그의 별명은 '갈퀴손'이었다)였던 그는 올해의 아버지로 선정되기도 했다. 워싱턴 특파원 128명을 대상으로 한 설문조사에서 그는 폴 더글러스(Paul Douglas) 상원의원에 이어 두 번째로 뛰어난 인물로 선정되었다.

텔레비전은 그를 민주당의 가장 중요한 인물 중 하나로 부상시켰는데, 당시 민주당은 청문회 여파로 큰 곤경에 처해 있었다. 1951년 가을, 선출직 정치 초년생이었던 그의 젊은 수석 변호사 할리가 진보적인 개혁 후보로 뉴욕 시의회 의장직에 출마했고, 모든 주요 정당 후보를 물리치고 당선되었다. 케포버는 그 즉시 자신이 대선 출마 선언을 하지 않은 상태에서도 선거 캠페인을 진행할 수 있는 이상적인 위치에서 있다는 점을 깨달았다. 그는 도시를 순회하면서 기자회견을 개최했고, 자신의 야망에 대한 질문 대신 전국적인 도시 범죄의 심각성에 대해 이야기할 수 있었다. 케포버는 공직 출마에는 관심이 없다고 주장했다. 그는 부패한 정치 머신들(the corrupt machines)이 배출하는 부패한 정치인들과 맞서 싸우는 아웃사이더였다. 그는 어느샌가 자기도 모르게 그의 대적자들이 아니라 정치 시스템 자체에 맞서 싸우는 새로운 유형의 정치인의 원형이 되어 있었다.

결국 에스테스 케포버는 대통령 후보 출마를 선언하고, 뉴햄프셔 주 예비경선에 등록했다. 공교롭게도 거의 같은 시기에 〈타임〉지가 텔레비전 방송 업계를 대상으로 연례 시상식 투표를 실시한 결과 케포버 청문회는 두 개의 상을 수상했다. 또한 그는 미국 텔레비전 예술과학 아카데미로부터 "우리 정부의 활동을 일반 미국 시민들에게 충실히 전달한" 특별한 공로로 에미상을 수상하기도 했다. 그는 시상식에는 참석하지 못하고 선거운동으로 바쁜 뉴햄프셔에서 전화로 에미상을 수상했다.

제15장

"아이 러브 루시", 텔레비전이 바꾼 일상과 연예계

1952년이 되면서 텔레비전은 미국인의 일상 생활에 점점 더 깊숙이 자리 잡기 시작했다. 그해 말에는 미 전역에 1,900만 대의 텔레비전 수상기가 보급되었고, 매달 1,000개씩의 매장이 새로 문을 열었다.

정치가 최초로 텔레비전을 통해 전국으로 중계되기 시작했다. 이제 사람들은 단순히 사건을 읽거나 듣는 데 그치지 않고, 직접 보고 싶어 했다. 동시에 현실에서 일어나는 일과 텔레비전에서 보는 것 사이의 경계가 흐려지기 시작했다. 당시의 많은 미국인들은 가족들과 멀리 떨어진, 이웃과의 소통이 거의 없는 새로운 교외 지역에서 살고 있었다. 이들에게는 이웃이나 멀리 떨어져 있는 가족보다 텔레비전에서 보는 사람들이 때로는 더 가깝게 느껴지기도 했다. 1954년, 캔자스에 위치한 유명한 메닝거 재단의 연구 책임자 가드너 머피(Gardner Murphy)는 시카고의 광고 회사들을 대상으로 설명회를 열었다. 그는 시카고의 드레이크 호텔 스위트룸을 빌려 8대의 텔레비전을 설치한 후 사회과학 연구자들로 (구성한) 집단(a team)에게 광고주와 그들이 후원하는 프로그램을 연구하도록 지시했다. 당시 시청률 최고의 아침 프로그램이던 '아서 갓프리 쇼'에 대한 연구팀의 결론은 흥미로웠다. "심리적으로 갓프리 씨의 아침 프로그램은 가족 구조에 관한 환상을 만들어냅니다. 가족 생활의 모든 갈등과 복잡한 상황을 제거하면 가족들이 다정하고 편안하게 지내는 모습만 남는데요, 중요한 것은 갓프리 가족에는 어머니가 없다는 점입니다. 이는 주부 시청자들에게 그 역할을 대신할 수 있는 기회를 제공하죠. 그녀의 상상 속에서 갓프리는 가족 구성원 중 한 명으로 집에 들어오고, 그녀는 스스로를 특별히 초대받은 가족 구성원으로 상상하는 거죠."

루실 볼(Lucille Ball, 루시)의 등장만큼 현실과 환상의 경계를 흐리게 만드는 새로운 매체의 힘을 잘 보여준 사례는 없었다. 루실 볼의 연예계 경력은 마흔 살이던 1951년까지 그다지 화려한 편이 아니었다. 영화에서 그녀는 배우보다는 코미디언으로 더 많이 알려져 있었으며, 제작자들에게서 흔히 "두 번째 바나나 역할(second-banana roles)[54]"로 불리던, 일반적으로 톱스타에게 돌아가지 않는 저예산 배역을 주로 맡았다. 그녀는 "B급 영화의 여왕"으로 불리기도 했다. 때로는 다른 사람이 그 배역을 원하지 않아서 대신 맡게 된 사람처럼도 보였다. 캐스팅 에이전트와 감독들의 의견에 따르면 그녀의 연기는 약간 거칠고 상투적이어서 캐서린 헵번처럼 세련된 역할을 맡기기에는 어울리지 않았

---

54   (편집자 주) 두 번째 바나나는 조연이나 보조 역할을 하는 사람을 가리키는 표현이다.

루실 볼과 그녀의 남편 데지 아너스. 루실 볼은 진짜 남편과 함께 출연해야 시트콤이 성공할 수 있다고 믿으면서, CBS 경영진을 끈질기게 설득했다. (사진 출처 UPI/BETTMANN)

다. 그녀는 라디오에서 어느 정도 성공을 거두었으며, 1948년에는 쿠바 밴드의 리더 데지 아너스(Desi Arnaz)와의 8년 간의 결혼 생활이 위기에 처하자 집을 많이 떠나 있지 않아도 되는 라디오 코미디 쇼 '내가 가장 좋아하는 남편'에 출연하기로 결정했다. 그녀의 라디오 속 남편은 미니애폴리스 출신의 유쾌한 중서부 은행가였는데, 나중에 루시는 "에이, 쿠바 출신의 데지 아너스는 확실히 아니었죠."라고 말했다. 1950년, CBS 경영진은 주간 텔레비전 시트콤에 루시를 캐스팅하면서 그 누구도 큰 기대를 하지 않았다. 그러나 이는 그들의 실수였는데, 왜냐하면 루실 볼은 텔레비전에 나올 운명이었으며, 거기서 그녀의 슬랩스틱 코미디의 재능이 제대로 인정받을 수 있었기 때문이다. 루시는 놀라운 유머 감각을 가지고 있었지만, 베를과 마찬가지로 그녀의 재능은 비주얼 코미디에서 빛났다. 그녀는 완벽한 타이밍 감각과 놀랍도록 풍부한 표정을 지니고 있었고, 그녀의 다소 엉뚱하고 순진한 연기는 짜증보다는 동정심을 불러왔다. 초기 시트콤에서 그녀는 매주 스스로 저지른 위기에 봉착하지만, 항상 재앙 직전에 살아남아 남편과 친구인 프레드와 에델 머츠 부부에게 사랑받는 역할을 맡았다.

루시와 데지 아너스는 텔레비전뿐만 아니라 실제 생활에서도 보기 드문 커플이었다. 루시의 극중 캐릭터가 어리석은 주부라면 적어도 그녀의 남편 역에는 그녀의 어리석음을 인내할 수 있는 책임감 있는 캐릭터를 캐스팅해야 한다는 게 CBS 경영진의 생각이었지만, 루시는 아너스를 남편 역에 캐스팅해야 한다고 고집했다. 빌 페일리(Bill Paley)를 비롯한 CBS 경영진은 분개했다. 캐스팅에 큰 영향력을 행사하던 광고 담당자들도 마찬가지였다. 데지 아너스는 무명이었을뿐만 아니라 영어도 서툴렀다. CBS의 한 임원은 그녀에게 주인공이 쿠바 출신의 밴드 리더와 결혼했다는 내용의 쇼라면 누구도 믿지 않을 거라고 말했다. "누구도 믿지 않는다니 무슨 말이죠? 우리는 정말 결혼했어요." 그녀의 태도는 단호했고, 주저하던 페일리는 마침내 받아들였다. 파일럿 영상이 완성되어 뉴욕의 정상급 연예계 인사들에게 보여주자, 그들은 아너스에게 거부감을 표했다. 작사가 오스카 해머스타인(Oscar Hammerstein)은 "빨강머리는 유지하되 쿠바인은 버리는 게 낫겠어요."라고 말했다. 그리고 아너스와 함께 출연하는 게 루시의 계약 조건이었다는 것을 들은 후에 그는 이렇게 덧붙였다. "맙소사, 제발 아너스한테 노래는 시키지 마세요. 아무도 그를 이해하지 못할 겁니다."

루시 또한 제작자들이 처음에는 이해하지 못하리라는 것을 알고 있었다. 하지만 시청자들은 데지가 그녀의 진짜 남편이라는 사실을 확실히 알고 있었고, 그런 사실이 쇼 자체를 더욱 그럴 듯하게 만들고 있었다. 데지가 자신의 실제 직업인 쿠바 밴드 리더를 연기했기 때문에, 시청자들은 어디까지가 현실이고 무엇이 쇼인지 헤갈릴 수밖에 없었다.

처음에 루시와 프로듀서, 작가들은 스토리 라인을 두고 고민했다. 루시를 할리우드 스타로 만들어야 한다는 이야기가 있었지만, 루시는 여주인공이 스타가 되어서는 안 된다고 생각했기 때문에 이를 거부했다. 누가 여배우와 자신을 동일시하겠는가? 하지만 스타가 되기를 갈망하는 평범한 주부라면 다른 문제였다. "누구나 루시처럼 쇼 비즈니스에 종사하고 싶어 하며, 그런 점에서 공감할 수 있는 주제였죠."라고 후일 그녀는 쇼의 주제에 관해 언급했다. 컨셉은 서서히 진화했다. 그들은 평범한 삶과 평범한 결혼을 꿈꾸는 음악가 리키와 루시 리카르도 부부로 분했다. 그는 파일럿 프로그램에서 "나는 그냥 가정적인 아내를 원해요(I want a wife who's just a wife)."라고 말했다. 그녀는 스타를 꿈꾸는 주부였다. 제작진은 우여곡절 끝에 필립 모리스를 스폰서로 찾아냈고, 마침내 쇼를 제작할 수 있었다. 첫 방송은 1951년 10월 15일 월요일에 송출되었다. 첫 번째 에피소드의 제목은 "여자들은 나이트클럽에 가고 싶어해"였다. 존 스티븐슨이라는 아나운서가 리카르도 부부의 거실에서 방송을 소개했다. "안녕하세요, 환영합니다. 잠시 후 루실 볼과 데지 아너스를 만나보겠습니다. 하지만 그 전에 아주 개인적인 질문 하나 드려도 될까요? 질문은 간단합니다. 담배 피우시나요? 전 피웁니다. 그리고 여러분도 피우시겠죠. 담배를 피우신다면 필립 모리스 담배를 피우시는 편이 더 나은데요, 그럴 만한 이유가 있습니다. 필립 모리스 담배는 다른 어떤 브랜드의 담배보다 확실히 덜 자극적이고 순하다고 입증된 유일한 담배입니다. 그렇기 때문에 피우실 거면 필립 모리스 담배를 피우시는 편이 더 좋습니다. …그럼, 이제부터 루실 볼과 데지 아너스가 출연하는 '아이 러브 루시'를 보시겠습니다."

첫 번째 에피소드는 앞으로 극이 어떤 모습으로 전개될지 미리 가늠해볼 수 있게 해주었다. 리키와 그의 친구 프레드는 프레드와 에델의 결혼 기념일임에도 불구하고 격투기를 보러 가려고 하고, 반면 루시와 에델은 나이트클럽에 가고 싶어 한다. 남자들은 소개팅에 나갈 준비를 한다. 루시와 에델은 이 사실을 알게 되자, 화려한 의상을 차려입고 소개팅 상대인 것처럼 위장한다. 쇼에 대한 전반적인 평가는 괜찮았지만, 〈뉴욕 타임스〉는 평론에서 저속한 쇼라고 혹평했다. 이는 필립 모리스 최고경영자의 신경을 자극하기에 충분했고, 그는 바로 다음날 광고 대행사에 전화해 스폰서를 중단하라고 요구했다. 그러나 광고 대행사는 그에게 시간을 좀 더 주는 게 좋겠다고 조언했다. 그는 그 조언을 따랐고, 얼마 지나지 않아 쇼는 닐슨 시청률 순위에서 10위에 올랐다.

실상 이 쇼는 완벽한 정점으로 올라섰다(In fact, the show had perfect pitch). 유머러스하면서도 다양한 사람들에게 어필할 수 있었던 탓에 쇼를 시작한 지 4개월 만에 뉴욕에서 시청률 1위를 차지했다. 곧 텔레비전 세 대 중 두 대가 그녀에게 맞추어졌다. 시카고의 유명 백화점 마샬 필드는 월요일 밤에 정리 세일을 했었지만, "우리도 루시를 사랑하기 때문에 월요일 밤에는 문을 닫습니다."란 간판을 내걸고 정리 세일 날짜를 목요일로 바꿨다.

루시는 실제 관객을 앞에 두고 쇼를 촬영하자고 요구했다. 영화와 라디오에서 일한 경험을 통해 그녀는 관객이 있을 때 연기를 더 잘할 수 있다는 것을 알고 있었다. 경쟁 방송국인 NBC에서는 당시 최고 시청률의 미스터리 앤솔로지 쇼였던 '라이츠 아웃(Lights Out)'을 방송하고 있었다. 이 프로그램을 제작하던 NBC의 프로그래머 마이크 댄은 이렇게 회고했다. "우리는 매우 빠르게 무너졌어요. 무슨 일이 일어났는지 깨닫기도 전에 무너져 내렸죠. 그들은 홍보를 하지도 않았어요. CBS가 괴상하게 생긴 빨강머리와 함께 새로운 쇼를 홍보하기 위해 수십만 달러를 들인 것이 아니었단 말이죠. 그건 그냥 발생한 사건이었어요." 루시가 어떤 프로그램과 경쟁했는지는 중요하지 않았다. 그녀가 이긴 것이었다. 이렇게 그녀는 시트콤의 본질을 다시 정의하기 시작했다. 지금까지의 시트콤은 고전적인 스토리텔링과 음향 효과를 강조하는 라디오 방송의 특성을 잇고 있었다. 잭 서라는 이름의 텔레비전 작가와 그의 아내 마릴린은 루시 쇼의 가장 큰 강점은 미국의 모든 부부들에게 거울을 제시하는 데 있었다며 이렇게 말했다. "그건 진실을 비추는 일반적인 거울도, 환상을 비추는 마법의 거울도 아니었어요. 결혼 생활의 모든 사소한 사건, 우스꽝스럽거나 특이한 일들을 왜곡하고 과장하면서 재미를 주는 코니 아일랜드 같은 데서나 볼 수 있는 거울이었죠."

루시는 모든 연령대에서 인기를 누렸다. 아이들은 그녀를 좋아했고, 그녀의 일상을 쉽게 이해할 수 있었으며, 어린아이처럼 보이는 어른의 모습을 좋아했다. 다음 세대였다면 그녀의 쇼는 성차별적인 것으로 여겨졌을 것이고, 실제로 그런 면이 있었다. 쇼에서 그들은 어떤 식으로든 여성 운전자를 비꼬았다. 루시는 정말 제대로 할 줄 아는 게 하나도 없었다. 그녀에게는 타고난 사고뭉치의 면모가 있었다. 루시는 와인을 만든다면서 발로 포도를 으깨거나, 입안에 마시멜로를 너무 많이 쑤셔 넣거나, 사이즈가 맞지 않는 슬리퍼를 신으려 하거나, 파이로 얼굴을 짓이기기도 했다. 그런 행위를 그녀보다 더 잘하는 사람도, 그렇게 하기 위해 자신의 몸과 얼굴을 아무렇지도 않게 희생하는 사람도 없었다. 무대 위에서 그녀는 연기하는 바보가 되었지만, 사실 무대 위에는 그녀만이 아니라 또 한 명의 괴짜가 출연하고 있었다.

놀랍게도 데지는 코미디 상대역으로 진지한 역할을 잘 수행했는데, 그가 마냥 진지한 역할만 잘 한 것은 아니었다. 그는 충격을 받거나, 짜증을 내거나, 놀라야 하는 시점을 정확히 파악하고 있었다. 전통적으로 진지한 상대역은 웃음을 유발해서는 안 되었다. 그들은 상대역의 반응을 불러일으키기 위한 존재였지만, 데지는 늘상 발음을 실수하고 어색한 표현을 사용하면서 웃음을 유발할 수 있었다는 점에서 특이한 존재였다. 루시만 엉뚱한 게 아니라 두 사람, 그리고 이웃들까지 모두 엉뚱한 인물들이었는데, 이 점이 쇼를 더욱 편안안 볼거리로 만들어 주었다. 하지만 극의 마지막이 되면 데지는 루시를 이해하고 포옹했다. 그럼 다 용서되고, 다 괜찮아졌다.

1952년 4월 7일까지 루시의 쇼를 1,060만 가구에서 시청했는데, 이는 텔레비전 프로그램 사상 최초의 사례였다. 1954년에는 특정한 에피소드의 시청자 수가 5,000만 명에 달하는 경우도 생겼다. 쇼는 광고주뿐만 아니라 CBS와 엔터테인먼트 업계 전체의 위상을 동반 상승시켰다. 1953년 CBS-TV는 처음으로 순이익을 기록했으며, 1년 후 텔레비전은 세계에서 가장 큰 광고 매체로 떠올랐다.

1952년 봄, 루시가 실제로 임신을 하자 현실과 쇼 비즈니스의 희비가 교차했다. 프로듀서와 작가들은 기뻐하며 즉시 임신 내용을 스토리라인에 포함시키기로 결정했다. 하지만 CBS와 밀턴 비우 광고대행사, 필립 모리스는 확신하지 못했다. 당시는 지금보다 더 청교도적인 시대였다. 그때까지는 영화나 텔레비전에서 임신부를 볼 수 없었다. 임신한 코미디언은 특히나 호감을 주기 어려웠다. 방송 관계자들과 필립 모리스 측은 루시의 임신을 소재로 한 한두 개의 에피소드는 괜찮을 거라고 생각했지만, 그 이상은 허용하지 않았다. 그때부터 그녀는 테이블과 의자 뒤에 숨어야 했다. 그리고 그녀의 임신과 관련한 어떤 이야기도 해서는 안 되었다.

하지만 데지는 필립 모리스의 알프레드 라이언스(Alfred Lyons) 대표를 찾아가, 시청률 1위를 유지하기 위해서도 자신과 루시가 콘텐츠를 통제해야 함을 역설했다. 라이언스는 깊은 감명을 받아 CBS 사장 짐 오브리(Jim Aubrey)에게 쪽지를 보냈다. "친애하는 짐에게"라고 시작하는 쪽지에는 "쿠바인을 괴롭히지 마세요."라고 적혀 있었다. 그러나 임신이라는 단어는 쓰지 말아야 했다. CBS는 그 선을 유지했다. 이제부터 루시는 예비 엄마가 되었다. 그게 더 고상한 표현이었다. 루시의 임신을 다룬 첫 방송은 1952년 12월 8일에 방영되었다. 쇼는 전형적인 방식으로 진행되었다: 루시는 데지에게 가장 로맨틱한 방식으로 임신 소식을 전하고 싶었지만, 데지는 너무 바쁘다. "할 말이 있어요." 그녀가 말한다. "저런, 은행 잔고가 또 부족해?" 그가 대답한다. 뭔가를 하느라 그는 정신이 없다. 결국 그녀는 그의 클럽으로 찾아가 관객 중 한 명이 곧 아기를 낳을 예정이라는 메모를 건네며 세레나데를 불러달라고 부탁한다. 나이트클럽의 관객들이 지켜보는 가운데, 그는 자신이 아버지이고 아내가 임신했다는 사실을 깨닫는다. CBS는 이 대본이 적절한지 검토하기 위해 신부와 목사, 랍비를 섭외했다. 루시는 이 상황을 "마치 부흥회를 하는 것 같았다."라고 회고했다.

매주 전 미국민이 루시의 배가 커져가는 모습을, 현실에서 벌어지는 일과 드라마 대본이 평행선처럼 전개되는 모습을 흥미진진하게 지켜보았다. 루시는 방송에서 실제와 마찬가지로 입덧을 경험했다. 마침내 출산 예정일이 다가오자 방송('루시, 병원에 가다'라는 제목의 프로그램)에서는 루시가 병원에 가는 여정이 그려졌다. 이 에피소드 역시 코믹한 오해와 슬랩스틱으로 가득했다. 루시는 출산을 기다리는 동안 침착함을 유지한 반면, 데지는 혼란스러운 감정을 주체하지 못했다. 이런 모습은 루시가 데지를 휠체어에 태우고 병원에 도착하는 장면으로 그려졌다. 데지 아너스 주니어는 예정대로 1953년 1월 19일에 태어났다. 일부 통계에 따르면, 미국 텔레비전의 68%가 이 쇼에 맞춰졌으며, 4,400만 명이 이를 시청했다. 이는 다음날 드와이트 아이젠하워 대통령의 취임식을 시청한 사람의 두 배에 달하는 숫자였다. 텔레비전을 불편해하던 아이젠하워 대통령은 텔레비전이 미국인들의 삶에서 더욱 지배적인 영향력을 행사하는 시대를 이끌게 되었다.

초창기의 '아이 러브 루시'는 대부분의 초기 텔레비전 쇼들과 마찬가지로 도시를 배경으로 했다. 하지만 몇 년 후 시청률이 약간 하락하자 루시와 데지는 많은 시청자처럼 교외로 이사해야 했다. 그렇지 않았다면 미국의 주부들이 루시에게 계속 공감할 수 있었을까? 프레드와 에델도 그들과 함께 코네티컷 주 웨스트포트로 이사했다.

그들의 실제 관계는 텔레비전에서 묘사된 이상적인 이미지와는 달랐다. 결혼 생활은 위기의 연속이었다. 데지는 술꾼이자 바람둥이였다. 루시는 "데지와 바람을 피운 모든 여자에게 계속 발광했다면 할리우드에서 가장 멋진 여자 절반에게 화를 냈을 것"이라고 말하기도 했다. 텔레비전극 중에 태어났던 아들 데지 아너스 주니어는 이렇게 말했다. "나는 아주 어린 시절부터 '아이 러브 루시'를 텔레비전 쇼로, 부모님을 그 쇼에 출연하는 배우로 이해하는 법을 배웠다. …TV에서 본 것과 실제 집안에서 벌어지는 일들은 달랐다. 힘든 시기였다. 매주 텔레비전에서는 부모님처럼 보이는 사람들이 재미있는 일들을 벌이고 있는데, 같은 사람들이 집에서는 끔찍하고 불행한 시간을 보내며 괴로워하고 있었고, 서로 상대방이 잘못했다며 저와 여동생을 설득하려고 했다."

프레드 앨런이 깨달았던 것처럼 텔레비전은 변덕스러운 도구였다. 그것은 누군가에게 즉각적인 명성을 부여하거나 유행에 따른 인기를 주기도 하고, 그 명성이나 인기를 빠르게 빼앗아 가버리기도 했다. 이는 모든 종류의 코미디언, 배우, 정치인들이 어렵게 배우기 시작한 교훈이었다. 이 새로운 매체의 가장 큰 위험성은 새로운 것을 선호하면서 오래된 것들을 희생시킨다는 것이었는데, 이는 과도한 노출로 인한 것이었다.

텔레비전은 국민과 정치인의 관계를 변화시켰다. 지금까지 대통령은 소수의 미국인들을 제외하면 거의 본 적도 없는 먼 존재였고, 라디오의 시대였음에도 그의 목소리를 듣기는 거의 힘들었다. 그러나 텔레비전은 그를 집안으로 끌여들였다. 대통령이 이렇게 가까운 존재라면 먼 거리감에서 오는 영웅적 이미지를 잃어버릴 위험이 있었다. 동시에 텔레비전은 어떤 사건이 벌어지면 시청자들에게 이를 빠르게, 나아가 흥미롭게 전달하도록 요구받았다. 텔레비전 저널리즘의 힘이 커지면서 국가적인 의제도 서서히 이런 변화에 대응하기 시작했다. 텔레비전의 어두운 이면을 먼저 이해한 것은 프레드 앨런, 밀턴 베를, 그리고 앨런의 오랜 라디오 라이벌이었던 잭 베니와 같은 코미디언들이었다. 베를과 마찬가지로 베니도 처음에는 새로운 매체의 수혜자였다. 그는 상당한 성공을 거두었고 1950년부터 15년 동안 라디오를 진행했다. 그러나 다른 쇼에 밀려나기 시작하면서, 베니는 자신과 다른 많은 연예인, 정치인, 운동선수들이 경험했던 텔레비전의 모습에 대해 다음과 같이 예리한 분석을 내놓았다. "텔레비전 방송 2년 차에 접어들면서 나는 카메라가 인간을 잡아먹는 괴물이라는 것을 알아차렸어요. 그것은 출연자를 매주 너무 가깝게 노출시키면서 흥미로운 엔터테이너로서의 존재를 위협했어요. 누구나 마찬가지예요. 결국 너무 과도한 관심을 받게 되면 사람들의 신경을 건드릴 수밖에 없어요. 얼마나 멋지고, 잘생기고, 똑똑하고, 매력적인지는 상관 없어요. 대중들은 너무 많이 알게 된 사람에게서는 곧 지루함을 느끼거든요. 텔레비전이 코미디언의 행동을 하나 하나 자세히 보여주고 시청자와의 감정 교류를 촉진할수록 코미디 예술의 본질은 진부해질 수밖에 없죠. 관객이 우리의 몸과 정신까지 속속들이 알게 되는 거니까요. 목소리 톤, 제스처, 작은 트릭, 전달 상의 리듬, 다른 출연자의 움직임에 반응하는 방식, 얼굴의 특징 같은 모든 것들이 참신할 때는 관객에게 흥미를 주지만 곧 지루하고 밋밋해지고 말죠." 라디오에서는 사람들이 다른 방식으로 자신을 사랑했다면서 그는 이렇게 말을 이었다. "나는 사람들에게 부드럽게

다가갔어요. 조용하게, 그들의 귀를 통해서 말이죠. 그리고 그들의 섬
세한 상상력을 이끌어내면서 은유적인 농담을 던졌어요. 나는 친근한
삼촌, 약간 괴팍하고 미친 삼촌 같은 존재였죠. 그런데 이제는 너무 흔
한 존재가 되어버렸죠. 텔레비전 카메라는 돋보기와 같아서, 너무 오
랫동안 확대해서 보다보면 재미가 없어져요."

제16장

1952년 대선의 주역들

: 맥아더의 퇴장과 아이젠하워의 등장

귀국 후 맥아더 장군은 자신을 향한 지지 열풍이 불기를 기다렸다. 하지만 그런 움직임은 없었다. 여론조사에는 그의 개인적 승리와 그의 정책에 대한 미국 국민들의 경계심이 똑같이 반영되어 있었다. 갤럽 조사에 의하면 응답자의 54%가 맥아더의 공격적인 대 중국 전술을 선호했지만, 전쟁 확전에 대해서는 30%만이 찬성했다. 의회가 맥아더를 응원하는 동안에도 로버트 커(Robert Kerr) 상원의원은 상원 연단에서 맥아더 장군과 그의 공화당 지지자들이 위선적이라고 주장했다. 커는 그들에게 좀 더 솔직하게 중국에 선전포고를 하고 중국과도 전면전을 벌이자고 촉구하지 않느냐고 비난했다. "그렇게 하지 않는다면 맥아더

해리 트루먼 대통령에게 해임된 더글러스 맥아더가 미국으로 귀국하던 순간은 1950년대의 가장 극적인 장면 중 하나로 꼽힌다. 당시 미국은 인종 및 계층별로 국론이 극명하게 갈리며 그 어느 때보다 분열되어 있었지만, 맥아더의 인기는 오래 가지 않았다. 아무도 더 큰 전쟁을 원하지 않았기 때문이다. (사진 출처 WAYNE MILLER, MAGNUM PHOTOS, INC.)

에 대한 그들의 지지는 조롱일 뿐"이라고 커는 말했다. 그의 도전에도 상대쪽은 묵묵부답이었다. 맥아더의 연설에 이어 열린 상원 청문회는 심각했는데, 특히 합참의장 오마 브래들리는 맥아더의 정치가 "잘못된 장소와 잘못된 시간에 잘못 설정된 적과의 잘못된 전쟁으로 우리를 끌어들일 것"이라고 일갈했다. 이는 논쟁의 핵심을 꿰뚫은 것이었다.

맥아더는 실로 빠르게 정치적 내리막 길에 들어섰다. 그것은 부분적으로 미국인들의 군인 출신에 대한 경계심 때문이기도 했다. 군인들에게 환호하면서도 그들에게 표를 던지는 것은 망설였던 것이다. 만약 군인 출신을 공직에 뽑아야 한다면, 미국인들이 선호하는 인물은 더 조용하고 겸손하며 외교적인 아이젠하워였다. 얼마 안되는 짧은 기간 동안에는 맥아더가 연설을 하면 많은 청중이 모여들었다. 맥아더는 전국을 돌며 연설회를 가졌다. 하지만 그는 여전히 군복을 입고 다녔기 때문에 미국 대통령에 대한 그의 공격은 미국인들을 불안하게 만들었다. 점차 그의 청중은 줄어들었고, 미온적으로 변해갔다. 그의 지지자들은 권력을 쥔 부유하고 보수적인 고립주의자들로 줄어들었다. 공화당 후보가 되려던 그의 노력은 놀라울 정도로 힘을 받지 못했다. 보수적인 일반 대중이 진정으로 원하는 후보는 로버트 태프트였다. 맥아더에게는 그가 1952년 공화당 전당대회에서 기조연설을 했을 당시가 마지막 기회였다. 그의 열성적인 지지자들은 그가 과거 의회에서 했던 연설과 비슷하게 연설하면서 전당대회장을 열광의 도가니로 만들기를 바랐다. 하지만 연설은 성공적이지 못했다. 그는 분열된 공화당이라는 지뢰밭을 헤쳐나가는 일이 몹시 거북한 듯 보였다. 청중들은 잠잠했고, 객석의 많은 대의원들은 자리를 떠나 자기들끼리 수다를 떨었다. 열기가 사라진 것이다. 놀랍게도 그는 자신의 약속을 지켰다. 사라져버린 것이다. 한 해의 흥분이 가라앉으면서, 그에게는 레밍턴 랜드의 이사회 의장 직함만이 남게 되었다. 〈뉴요커〉에 실린 한 만평에 그의 몰락의 진부함이 잘 포착되어 있다. 이 만평은 랜드에 있는 장군의 사무실을 묘사하고 있었는데, 문 손잡이에는 이런 팻말이 걸려 있었다. "점심 외출 중. 곧 돌아오겠음."

트루먼이 맥아더를 해임한 일은 1952년 대통령 선거에 큰 영향을 미쳤는데, 장군보다는 대통령에게 더 큰 상처를 안겨 주었다. 또한 이 일은 드와이트 아이젠하워로 하여금 정치적 기회를 포착하게 해주었다. 미국인들은 고립주의로 회귀하고 싶어하지 않았다. 그들은 위협받으며 살기보다는 맘 편히 살아가고 싶어했다. 이런 국면에서 영웅이자, 국제주의자이며, 민간인(a civilian)됨으로의 전환을 성공적으로 이뤄낸 장군보다 더 나은 적임자가 있었을까? 아이젠하워는 맥아더의 숙적(sworn enemy)이었다. 윌리엄 맨체스터(William Manchester)가 지적했듯, 아이크에 대한 맥아더의 감정은 카인이 아벨에게 느꼈던 감정과 매우 흡사했다. 아이젠하워는 맥아더의 보좌관으로서 상관을 능가하는 최악의 실수를 저질렀던 것이다. 맥아더는 가끔씩 아이크를 "내가 데리고 있던 최고의 보좌관"이라고 불렀다. 백악관을 향한 더글러스 맥아더의 필사적인 욕망이 오히려 아무런 욕심도 없는 듯이 보였던 드와이트 아이젠하워에게 백악관으로 가는 길을 쉽게 닦아 주었다는 것이야말로 궁극적인 아이러니였다.

사람들은 1952년 공화당의 대통령 후보 지명자는 로버트 태프트가 될 것으로 당연시 했다. 태프트를 저지할 유일한 인물이 아이젠하워였음에도 불구하고, 1951년 말까지 사람들은 그가 정치인이라는 것은 물론이고 공화당원이라는 사실조차 모르고 있었다. 태프트는 12년을 기다려왔고, 당에 대한 충성심도 남달랐다. 하지만 그의 강점은 또한 그의 약점이기도 했다. 그는 특정 유권자 계층에서만 인기가 있었고, 그래서 전국 선거에서는 승리하기 힘들다는 전망이 나돌았다. 그는 출마 선언을 하기 전에 자신의 강점과 약점을 적어낼 기회가 있었다. 어쩌면 나이가 좀 많고, 건강 상태가 최선이 아닐 수도 있다는 점이 약점이라고 그는 밝혔다. 하지만 자신의 강점으로 "미국의 자유를 수호할 수 있는 가능성(Opportunity)"이라고 적었다.

동부 출신들은 앞선 세 번의 후보 지명에서 연속 승리했다. 하지만 태프트는 두 번이나 후보로 나섰다가 두 번 다 패배했던 톰 듀이보다 자신이 평균적인 공화당원들의 생각에 더 가깝다고 생각하고 있었다. 그러나 태프트는 과거에 얽매여 있었다. 그래서 제2차 세계대전에 참전했던 퇴역 군인들이 대다수를 차지하고 있던 젊은 유권자 층에서는 별 매력이 없는 인물로 통했다. 그해 〈워싱턴 포스트〉의 만평가 허블록(Herblock)은 그가 뛰어난 지성을 갖췄음에도 불구하고 이미지 변신에 실패하고 있다는 뉘앙스의 만평을 게재했다. 만평에는 태프트의 얼굴을 한 공룡이 엉클 샘에게 "멍청한 소리 좀 하지마. 이제 더는 아무도 공룡이 아니야."라고 말하는 장면이 담겨 있었다.

태프트는 미국 정계에서 마지막 남은 주요 고립주의자였다. 그의 정치적 기반은 과거의 미국, 즉 전쟁 이전, 초강대국이 되기 전의 미국에 뿌리를 두고 있었다. 듀이의 친구였던 존 프랭클린 카터(John Franklin Carter)는 그에 대해 이렇게 썼다. "나는 말하자면 1925년처럼, 질서 정연한 세계 속의 안정되고 부유한 나라에서라면 그가 훌륭한 대통령감이라고 믿는다. 하지만 다른 많은 유능하고 애국적인 인물들이 그랬던 것처럼, 그의 정치적 효능은 제2차 세계대전과 제3인터내셔널(즉, 이오시프 스탈린)의 등장으로 인해 폐기되었다고 생각한다."

태프트는 매우 지적인 사람이었다. 그와 의견을 완전히 달리하는 사람들조차도 그에게 존경심을 가지고 있었다. 그러나 그는 동료들의 비위를 맞추거나 그들의 마음을 얻으려는 노력은 전혀 하지 않았다. 그는 냉담했고, 무례하기까지 했으며, 매우 고집이 셌다. 그는 자신의 이기적인 태도로 인해 전통적으로 긴밀한 연고와 인맥으로 얽혀 있는 상원 내에서 비싼 대가를 치러야만 했다. 당시 상원의 기준으로 보면 태프트는 몹시 깐깐한 인물이었다. 그러나 당파심이 강한 해리 트루먼 같은 인물도 그에 대해 "정직하고 지적이며 매우 유능한, 품격이 높은 사람"이라고 평했다.

그는 법무장관, 대법원장, 그리고 미국 대통령을 배출한 오하이오 최고의 명문가 태프트 가문의 자손이었다. 이 가문은 중서부에 뿌리를 둬서 그런지 재물보다는 책임과 의무를 중요하게 여겼다. (태프트의 숙부 알폰소는 젊은 시절 뉴욕을 잠시 여행한 적이 있었는데, 그곳에서 본 이기심과 탐욕, 그리고 "돈이 전부(the all and all)"라는 사실에 경악을 금치 못했다고 한다.)

로버트는 태프트 스쿨이라는 대학 예비 학교를 다녔는데, 이곳은 또 다른 숙부 호레이스가 운영하는 곳이었다. 그는 반에서 1등으로 졸업한 후 태프트 스쿨과 태프트 가문 모두가 선호하던 예일대에 입학했는데, 태프트 스쿨 졸업생 25명 중 21명이 그곳에 함께 진학했다. 그는 예일대에서도 수석을 차지했다. 그의 하버드 법대 입학은 그가 현직 대통령의 아들이라는 점에서 약간의 센세이션을 일으켰다. 입학 첫날부터 그는 기숙사까지 찾아온 기자들에게 이렇게 대답해야 했다. "저는 공부를 하러 여기 온 것이지, 운동 선수가 되거나 사회 활동을 하거나, 선교 사역에 뛰어들거나, 인터뷰를 하러 온 것이 아닙니다." 그의 전기 작가 제임스 패터슨은 당시에도 그에게는 유연한 재치가 부족했다고 언급했다. 한 동급생은 이렇게 말했다. "내가 태프트에 대해 언급한 적이 있던가요? 그는 아주 차분하면서도, 전혀 자만심이 없는 듯 보이지만, 사람들이 어떻게 생각하든 전혀 개의치 않고 자기가 하고 싶은 대로만 하는 것 같았어요. 그는 고고한 이상과 확신에 대해 한없는 용기를 가진 사람처럼 보여요. 아주 수수하고 소박한, 유행에 뒤쳐진 듯한 옷을 입고 다녔지요."

하버드 법대에서 그는 다시 한 번 수석을 차지했고, 졸업 후에는 오하이오로 돌아와 주의회 선거에 출마해 당선되었다. 그의 결혼은 전형적인 계급 내 결혼을 넘어서, 극도로 제한된 세계 안에서 치러졌다. 그의 아내가 된 총명하고 매력적이며 고도로 정치적인 여성 마사 바워스(Martha Bowers)는 윌 태프트의 예일대 동창의 딸로서[55], 그 동창은 아버지 태프트의 정권에서 법무부 장관을 역임했다.

---

55 (편집자 주) 윌 태프트는 로버트 태프트의 아버지이며, 윌 태프트의 예일대 동창이자 마사 바워스의 아버지는 로이드 휘튼 바워스(Lloyd Wheaton Bowers, 1859-1910)이다.

초창기에는 그가 하는 모든 일이 옳은 것처럼 보였다. 그의 명성이 중서부, 특히 오하이오에서는 워낙 대단했기 때문에 그는 전통적인 정치라는 의미에서 인기를 얻으려고 애써 노력할 필요가 없었다. 그는 유권자들, 특히 자신에게 동의하지 않는 유권자를 다루는 기술이 부족했다. 그는 거만하기보다는 뻣뻣하고 수줍음이 많은 사람이었다. 그의 연설은 지적이었지만 건조했다. 그는 사소한 호의 따위를 배푸는 인물이 아니었다. 그는 의회 출입기자와 몇 시간씩 이야기를 나누고도 2주 후 우연히 마주치면 전혀 알아보는 기색이 없었다.

1938년 상원의원에 당선되어 워싱턴의 등장한 로버트 태프트는 아마도 당대의 가장 지적인 정치인이었을 것이다. 그는 여론에 휘둘리지 않고 자기 주장을 펼쳤다. 그는 현대적 기준으로 보면 자유주의자였다. 그는 징병제가 단순히 군국주의를 고취시킬 뿐 아니라 젊은이들의 선택의 자유를 제한한다고 믿었기 때문에 징병제를 혐오했다. 그는 교육에 관한 연방 정부의 지원을 반대했는데, 교육 문제를 중시하지 않아서가 아니라, 이런 지원이 주 정부의 권리를 침해한다고 생각했기 때문이다.

유럽의 전운이 미국 정계에도 드리우자 그의 경계심은 커져 갔다. 그는 미국을 제2차 세계대전으로 끌어들일 어떤 종류의 확전에도 반대하면서 이렇게 말했다. "현대 전쟁은 우리가 어린 시절 전쟁과 연관지어 배웠던 화려함이 전혀 없습니다. 전쟁은 공포와 기계적 파괴일 뿐이죠. 패자만큼이나 승자도 탈진시켜 버리거든요." 그는 영국이 최악의 고전을 겪고 있을 때조차 영국을 지원하기 위한 무기 대여 법안에 반대했다. 유럽의 전통적인 동맹국에 대한 그의 관심 회피는 그의 가족에게도 충격적인 것이었다. 숙부 호레이스 태프트는 그를 두고 "세계에서 가장 훌륭한 친구지만, 외교 정책에 대해서는 완전히 잘못 알고 있다."라고 말했다. 그를 좀 더 국제주의자로 만들려는 압력은 실로 굉장했다. 그의 몇 안 되는 언론계 친구 중 한 명인 〈뉴욕 타임스〉의 터너 캐틀리지(Turner Catledge)는 1940년 기차 안에서 태프트가 안경을 반쯤 벗은 채 "난 결코 그렇게 하지 않을 거야."라면서 홀로 되뇌이는 것을 목격했다.

물론 그는 미국의 세기(American Century)라는 루스의 이념(the idea)을 혐오했다. 공화당 국제주의자들의 리더였던 헨리 루스는 전쟁이 한창인 동안에도 전 세계에 민주주의와 부를 전파하는 강력한 미국을 상상했다. 태프트가 보기에 이는 미국인들의 이상에 반하는 것이었다. 다음과 같은 그의 말은 거의 예언적이다. "그것은 미국이 세계 그 자체보다도, 세계를 위해 무엇이 더 유익한지 더욱 잘 알고 있다는 이론에 기초하고 있습니다. 그것은 우리가 항상 옳고, 우리에게 동의하지 않는 사람은 틀렸다는 가정을 하고 있습니다. 그것은 모든 미국인의 삶을 그들이 가장 좋다고 생각하는 방식으로 규제하고자 하는 워싱턴 관료들의 이상주의를 상기시킵니다. …다른 사람들은 지배당하는 것을 좋아하지 않으며, 미국은 이제 19세기에 영국이 그랬던 것처럼 반란을 무력으로 진압해야 하는 처지에 놓이게 될 것입니다."

그에게 전후 시대의 위기는 여전히 고립주의 대 국제주의가 대처하는 위기였다. 태프트는 소련 공산주의에 대해 호의적이지 않았지만, 천성적으로 고립주의자인데다 군사 개입에 대한 두려움이 너무 강했기 때문에, 제2차 세계대전 직후 몇 년간 양당을 결속시켰던 봉쇄 정책에 관한 광범위한 초당파적 합의에는 동참하지 않았다. 1946~1947년 〈포춘〉 지(헨리 루스가 발행인이었다)는 그의 이미지를 "다른 나라를 단지 불안한 배관 시설, 이상한 색깔의 화폐, 이해할 수 없는 언어를 사용하는 사람들로 가득찬 이상한 곳으로만 보는 거대한 미국인 집단 중의 하나"로 묘사했다.

1948년에 그의 정치력은 절정에 이르렀다. 그가 상원에서 얼마나 두드러진 활약을 보였던지 〈뉴 리퍼블릭〉은 "미 의회는 이제 하원, 상원, 밥(로버트의 애칭) 태프트로 구성된다."라고 썼을 정도였다. 그의 경력 또한 정치 현실과 부딪히고 있었다. 측근들이 그의 이미지를 개선하기 위한 홍보를 강화하고자 노력했음에도 불구하고, 그는 자신의 대중적 이미지를 형성하려는 어떤 시도에도 경계심을 가졌다. 한번은 그가 직접 사냥해서 잡은 것으로 보이는 죽은 칠면조와 함께 사진을 찍을 수 있는 기회가 마련되었다. 그는 정장을 한 채 죽은 새와 포즈를 취했고, 그와 칠면조는 서로 아무런 연관이 없는 것처럼 보였다. 또 한번은 부두에 묶여 있는 배에서 죽은 돛새치를 하역시키는 그의 사진이 찍힌 적이 있었다. 그걸 보고 숙부 호레이스 태프트가 "밥의 혈색이 좋지 않다"고 사람들이 난리법석인 이유를 모르겠다고 말했다. "그가 물구나무 서기나 공중제비라도 해야 된다고 생각하는 것 같아."

그는 1948년 전당대회 때 대선 후보로 출마했지만 듀이에게 패배했다. 지역적 분열 양상이 뚜렷했다. 중서부의 충성파 보수주의자들과 남부의 많은 대의원들이 태프트를 지지했지만, 뉴잉글랜드, 뉴욕, 중부 대서양 주를 중심으로 한 대의원들은 듀이를 선택했다. 듀이는 결국 대선에서 패배했고, 이로 인해 당은 오히려 분열이 심화되었다. 듀이 측에서는 그가 보수적인 의회 지도부에 의해 저지당했고, 그것이 트루먼에게 대의명분을 부여했다고 생각했다. 태프트 측은 듀이가 유권자들에게 진정한 선택의 기회를 부여하지 못했다고 확신하고 있었다.

태프트에게 최고의 기회는 1952년에 찾아온 것 같았다. 이전에 그를 대신하여 지명받았던 인물들은 이미 사라졌다. 윌키는 제2차 세계대전이 임박함에 따라 인기를 얻었다가 사라진 혜성 같은 존재였고, 듀이는 이미 두 번이나 기회를 잡았었다. 진보파 쪽에도 강력한 대적자는 없었다. 스타센(Harold Stassen)은 심야 텔레비전 프로에서 조롱거리가 될 정도로 정치적 입장을 자주 바꿨고, 얼 워런(Earl Warren)은 자신의 지역구인 캘리포니아 밖에서는 뚜렷한 기반이 없었다.

그의 정치적 미래에 유일한 장애물이 있다면 드와이트 데이비드 아이젠하워 장군뿐이었다. 아이크는 어떤 사람인가? 그는 공화당원인가? 그는 대통령직을 원하는가? 이 질문들에 대해 장군 자신은 말을 아꼈다. 전쟁 직후 맥아더는 도쿄에서 그를 위해 성대한 만찬을 베풀었다. 손님들이 모두 떠나자 맥아더는 그들 중 어느 한 명이 대통령이 될 것이라고 예측했다. 그렇지만 자신은 아닐 거라고 태평양 사령관[맥아더]은 예측했다. 자신은 너무 오랫동안 미국을 떠나 있었고, 공화당 지도부와도 소원했기 때문이라는 것이었다. 아이젠하워는 그의 말에, 그리고 은밀한 정치적 의도라도 가지고 있는 듯한 그의 암시에 짜증이 났다. 아이젠하워는 군대와 정치는 분리되어야 한다는 긴 연설을 늘어놓으면서 자신은 출마할 생각이 없다고 말했다. 말을 마치자 맥아더는 그의 무릎을 두드리며 "괜찮아, 아이크. 그렇게 계속하면 반드시 될 걸세."라고 말했다.

당내 두 정파의 수뇌부는 아이젠하워를 자기들의 후보로 원했다. 1948년 패배 직후 톰 듀이는 장군의 동생 밀턴 아이젠하워에게 아이크의 매력이 너무 크기 때문에 그를 "공동의 소유물"로 여긴다고 말했다. 그후 4년 동안 아이젠하워는 셔먼처럼 성명을 발표하지는 않았다[56]. 하지만 맥아더에게 말했던 것처럼 아이크에게 대권 욕심은 없었다. 그는 이미 유럽 침공[57]이라는 더 중요한 과업을 이미 완수한 터였다. 결국 그는 나치 독일을 물리친 막강한 군대를 지휘했던 것이다. 정치적인 면에서 그는 공화당원이었고, 본질적으로 보수주의자였으며, 유력한 사업가들과 사귀는 것을 그들을 비난하는 진보 성향의 비평가

---

56   남북전쟁의 영웅 윌리엄 테쿰세 셔먼 장군은 1884년 대통령 후보 추대 움직임이 일자 "후보로 지명되어도 출마하지 않고, 당선되더라도 직무를 수행하지 않을 것이다."는 성명서를 발표했다.
57   1944년 6월의 노르망디 상륙작전을 뜻한다.

들과 만나는 것보다 편안하게 여기는 사람이었다. 그러나 그는 국제주의에 대해 확고한 신념을 가지고 있었다. 그래서 그는 공화당이, 그리고 미국 전체가 고립주의로 바뀌는 것을 꺼려했다.

1951년 말, 공화당의 당내 동부파(the Eastern wing)는 나토(NATO) 초대 사령관이던 그를 근무지인 파리에서 미국으로 데려오기 위해 그 어느 때보다 열심히 노력하고 있었다. 그의 지지자들은 공화당에서 후보 지명을 받아내는 것이 쉽지는 않으며, 그가 서둘러 입당한다면 이길 확률이 크지만, 열정적이고 견고한 기반을 지닌 공화당 보수파와의 전면적인 싸움이라고 할 수 있는 공화당 내의 후보 지명전이 본 선거보다 어려울 것이라고 했다. 아이젠하워는 서서히 출마 쪽으로 기울기 시작했다. 그의 주저함이 계산된 것이라는 징후들도 보였다. 그는 자신을 찾아온 수많은 공화당 동부파의 실력자 중 한 명이자 친구인 빌 로빈슨(Bill Robinson)에게 이렇게 말했다. "먼저 나서는 자는 사람들이 찾는 자보다 인기가 없는 법일세. 사람들은 가질 수 없는 것을 원하는 법이거든." 또한 그는 공화당 후보로 유력시되던 다른 두 사람, 즉 더글러스 맥아더("항상 기회주의자였다."고 그는 사이 설즈버거에게 말했다)와 로버트 태프트("매우 어리석은 사람으로, 그에게는 지적 능력은 물로 국제 현안에 대한 이해도가 없다.")를 극도로 혐오했다.

1951년 5월에 아이젠하워가 동생 밀턴에게 보낸 편지에는 그의 마음이 계속 흔들리고 있음이 드러나 있다. 편지에서 그는 정치 경력을 원하지 않았으며, "더 큰 의무가 나에게 지워졌다는 확신이 들지 않는 한 중대한 의무(NATO 초대 사령관)를 자발적으로 포기할 생각은 없다."라고 적었다. 어쩔 수 없는 힘에 의해 정계로 발을 들여 놓고 나서도 그의 유보적인 태도는 변하지 않았다. "대통령이 되려고 스스로 노력하는 사람은 정말이지 바보일세."라며 그는 친구들에게 이렇게 덧붙였다. "인생에서 가장 좋은 4년을 포기하는 거니까 말일세. 그거야말로 자기 희생이지. 어떤 이들은 대통령직에 엄청난 권력과 영광이 따른다고 생각하네만, 사실은 민주주의 시스템이 작동한다는 것 자체가 대통령의 힘을 극도로 제한하거든."

그럼에도 불구하고 그가 공화당원이었고, 1932년, 1936년, 1940년에는 프랭클린 루스벨트에게 반대표를 던지다가 1944년에만 전시였기 때문에 그를 찍었으며, 직전 선거에서는 트루먼 대신 듀이에게 투표했다는 사실들이 하나 둘씩 알려지기 시작했다. 월간지 〈맥콜스〉의 대표가 찾아와서 "당신은 공화당원입니까?"라는 질문에 예나 아니오로만 답한다는 조건으로 40,000달러를 제의한 일도 있었다. 정치적 압력이 심화되면서 아이크는 점점 더 긴장했고, 장군의 주치의이자 그의 브릿지 게임 멤버 중 한 명이던 하워드 스나이더 박사는 그의 긴장을 풀어주기 위해 더 독한 칵테일을 제조하곤 했다. 그러나 그가 출마 선언을 하게 될 시점이 다가왔는데도 그가 실제로 공화당원이었는지에 대한 의문은 완전히 해소되지 않았다. 첫 번째 예비선거가 열리는 뉴햄프셔 주의 셔먼 애덤스(Sherman Adams) 주지사는 후보 등록을 위해 법률에 따라 아이크가 공화당원임을 확인해야 했다. 애덤스 뉴햄프셔 주 법무장관에게 아이젠하워의 고향인 캔자스 주 애빌린의 지역 사무관에서 서신을 보내 아이크가 어느 정당에 등록한 적이 있는지 확인해 달라고 요청했다. 연로한 사무관 C. F. 무어는 서신에 대한 답장으로 아이젠하워는 유감스럽게도 1927년 이후에는 아빌렌 카운티에서 투표한 적이 없다면서 이렇게 덧붙였다. "드와이트의 부친은 공화당원이었고, 타계할 때까지 공화당 후보에게 투표했지만, 그것이 아들하고는 상관 없는 일이죠. 많은 아들들이 유감스럽게도 부친과는 다르지 않습니까. 제가 보기에 그는 정치에 관심이 없는 것 같습니다."

1월 초, 아이젠하워는 캐봇 로지(Cabot Lodge)[57]에게 뉴햄프셔 예비선거에 자신의 이름을 올릴 수 있도록 허락했다. 1월 27일 마침내 그는 자신이 공화당원이라고 발표했다. 뉴햄프셔 예비선거가 있던 3월 11일 밤, 그는 평소처럼 파리에 있는 친구들과 함께 브리지 게임을 즐겼다. 스나이더 박사는 집에 가서 선거 결과를 알아보겠다며 일찍 일어났다. 스나이더는 중요한 소식이 있으면 전화하겠다고 약속했다. 아이젠하워가 말했다. "전화하지 말게나. 난 관심이 없네. 누구랑 얘기하고 싶으면 앨(Al, 알프레드 그룬더-Alfred Gruenther-를 가리키는데, 그는 거의 모든 것에 베팅하는 인물이었다)에게나 전화하게. 그는 돈을 걸었을 테니까." 뉴햄프셔 예비경선에서 참석하지도 않았던 그는 태프트를 46,661표 대 35,838표로 꺾었다. 원하든, 원하지 않든 이렇게 경선은 시작되고 있었다.

아이크를 출마로 이끈 진정한 추진력은 듀이에게 있었는데, 그는 후보보다는 선거운동 매니저로서의 자질이 더 뛰어난 인물이었다. 그는 대서양 횡단 전화를 통해 아이크와 정기적으로 통화했다. 듀이는 아이크를 움직이도록 하려면 무슨 단추를 눌러야 하는지 정확하게 알고 있었고, 마침내 4월 초 그가 등록하지 않으면 더글러스 맥아더가 후보 지명을 받을지도 모른다고 설득하여, 결국 그를 선거전에 나서게 할 수 있었다. 일주일 후인 4월 12일, 드와이트 아이젠하워는 미국으로 돌아가 공화당 후보 지명전에 나설 수 있도록 자신을 전역시켜줄 것을 요청했다.

아이크는 6월 초에 애빌린으로 돌아왔다. 그는 후보 지명을 받는 것이 쉽지만은 않을 것이며, 자신이 너무 늦게 선거전에 뛰어들었다는 사실을 잘 알고 있었다. 그의 귀향 환영 행사는 폭우로 인해 사실상 무산되는 등 순조롭게 진행되지 못했다. CBS가 행사 장면을 생중계했는데, 카메라에 모자 달린 비옷을 입고 단추를 모두 채운 아이크의 모습

---

58   당시 메사추세츠 주 상원의원으로 1952년 아이젠하워의 대선 캠프를 이끌었으며, 1952년 대통령 선거와 동시에 치러진 상원의원 선거에서 존 F. 케네디에서 패배했다.

이 잡혔다. 어쩌면 날씨뿐 아니라 정치인으로서의 고된 새 역할에 대한 부담감이 아이크의 항상 웃는 표정과 엄청난 활기를 지워버린 것 같았다. 그는 하기 싫은 일을 마지못해 하는 피곤하고 다소 의기소침한 노인처럼 보였다. 그가 비옷의 모자를 벗자 몇 올 남지 않은 머리카락이 바람에 휘날렸다. 그는 더욱 외롭고 상실감에 빠진 사람처럼 보였다. 이튿날 그는 생방송 기자회견을 열었지만 상황은 별로 나아지지 않았다. 공화당의 내부 균열에 대한 질문을 받을 때마다 그는 개개인의 인물평은 하지 않겠다고만 대답했다. 전반적으로 그는 불만이 많은 것처럼 보였다. 항상 다른 이들로부터 사랑을 받았던 따스함과 자신감이 갑자기 사라진 듯했다. 그의 매력, 혈색 좋은 외모, 거의 만져질 듯 선명했던 내면의 힘이 텔레비전에서는 전혀 드러나지 않았다. 그는 나치 독일의 영웅적인 정복자 대신 골골하고 연로한 중서부의 공화당원처럼 보였다. 사실상 그의 모습은 로버트 A. 태프트와 무척 흡사했다.

이후 미국 역사상 가장 격렬한 후보 경선이 시작되었다. 태프트와 아이젠하워에 맞대결을 펼쳤고, 워런과 스타센은 전당대회가 교착 상태에 빠지기를 기대했다. 정치판은 평소보다 더욱 추악해 보였다. 한국전쟁은 계속되고 있었으며, 매카시즘은 절정에 달해 있었다.

전당대회 몇 주 전, AP통신은 태프트가 458명의 대의원을 확보해 아이젠하워의 402명을 앞서고 있다고 보도했다. 후보 지명을 위해서는 604명을 확보해야 했다. 전당대회 바로 전날 밤, 태프트는 504명을 확보하고 있었다. 문제는 그 이상의 대의원 확보가 매우 힘들다는 것이었다. 더 이상 대의원을 늘릴 여력이 없었다. 태프트를 지지하는 사람들은 모두 표를 던진 상태였다. 워런을 자기 지역의 대표로 지지하는 한편, 리처드 닉슨이라는 젊은 상원의원이 아이젠하워를 대신해서 워런의 아성에 도전하고 있던 캘리포니아에서는 태프트가 더 많은 득표를 위해 파고들 여지가 거의 없었다. 워런은 이미 부통령 후보로 출마한 적이 있었는데, 그는 그 경험을 별로 달가와하지 않았다.

결국 태프트는 아이젠하워의 대중성과 듀이의 정치력이 연대함에 따라 패배하고 말았다. 아이젠하워의 지지자들은 더 잘 조직되어 있었고, 더 능숙하게 행동했으며, 그들의 의사소통 장비는 상대보다 더 현대적이었다. 그들은 텔레비전을 비롯한 미디어를 능수능란하게 활용했다. 하지만 분위기는 아주 험악했다. 한번은 태프트 지지자였던 존 웨인이 타고가던 택시에서 내려 아이젠하워의 육성 방송을 틀어놓고 있던 늙은 트럭 운전사를 향해 "차라리 붉은 깃발을 가져다 흔들지 그래?"라고 소리친 적도 있었다. 태프트 캠프에서 보기에 문제는 장군의 정치적 입장이 무엇이냐는 것이었다. 아이젠하워 지지자들이 달고 다니는 배지에는 "나는 아이크를 좋아한다."라고 적혀 있었다. 그러자 태프트 캠프에서는 "하지만 아이크는 뭘 좋아하죠?"라는 배지를 만들어 맞받아쳤다. 전당대회장에서 선거 규정을 놓고 논쟁이 벌어지는 가운데 발언대에 선 에버릿 덕슨 상원의원은 자신이 "동부 해안에서 온 우리의 모든 좋은 친구들"을 향해 연설하고 있다고 운을 뗐다. 그러더니 듀이를 향해 쓴소리를 퍼부어댔다. 그는 뉴욕 주지사, 즉 듀이를 똑바로 쳐다보며 "우리는 전에 당신을 따른 적이 있는데, 당신은 우리를 패배의 길로 이끌었죠."라고 말했다. 덕슨의 이 발언은 마치 실내의 모든 분노에 불을 붙인 것과도 같았다. 사람들은 상대편을 향해 소리를 질러 댔고, 주먹다짐까지 오갔다. 태프트 자신은 얼어붙은 듯이 꼼짝도 안했다. 첫 투표가 시작되기 직전 그는 보좌관을 시켜 캘리포니아 대표단의 보수주의자인 빌 노랜드(Bill Knowland) 상원의원에게 전갈을 보냈다. 어쩌면 1차 투표가 끝난 뒤 그와 노랜드가 만나 모종의 협상을 할 수도 있을 거라는 내용이었다. 이내 답신이 왔다. "노랜드가 2차 투표는 없을 거라고 합니다." 아이크가 후보로 지명된 것이었다.

태프트에게는 매우 쓰라린 순간이었다. 그는 결코 대통령이 될 수 없었다. 그것은 자신이 부친의 업적에 미치지 못한다는 것을 의미했다. 그가 비록 공화당의 정신과 영혼을 구현할 수는 있었는지는 몰라도, 그의 동료들조차 그가 이길 수 있으리라고는 믿지 않았던 것이다. 그러나 그는 아이젠하워가 자신을 방문하자, 매우 정중히 대했다. 얼마 후 존 포스터 덜레스(John Foster Dulles)도 그를 찾아와 분위기를 환기시키려고 "웹스터, 클레이, 칼훈이 활동하던 시절 누가 대통령이었는지 기억하는 사람이 몇이나 되겠습니까?"라고 말했다. 그러자 태프트는 웃으면서 "제 친구들 몇은 저를 부통령으로 퇴진시키려고 했는데, 포스터 당신은 저를 역사의 뒷전으로 퇴진시키려 하는군요."라고 대꾸했다. 사실 그는 이미 암투병 중이었으며 남은 수명이 1년도 채 남지 않은 상태였다.

리처드 닉슨(Richard Nixon)이 아이젠하워의 부통령 후보로 지명되었다. 그는 공화당의 이중성을 반영하는 인물이었다. 1946년 제리 부르히스(Jerry Voorhis) 의원을 이겼던 하원 선거, 앨저 히스에 대한 집요한 추적, 그리고 헬렌 가하간 더글러스(Helen Gahagan Douglas) 상원의원을 꺾은 이례적인 승리 등에서 드러난 그의 열렬한 반공주의 덕분에 그는 공화당 우파들 사이에서 명성이 자자했다. 닉슨은 당시 미국을 뒤흔든 체제 전복 이슈에 대해서는 매우 당파적인 인물이었지만, 고립주의자는 아니었다. 그는 중서부 출신이 아니라 새로운 미국이라 할 수 있는 캘리포니아에서 성장했고, 제2차 세계대전 때는 해군에 복무한 경험이 있었다. 이런 상황에서 그는 오랫동안 집권하지 못한 정당의 모순을 여실히 반영하고 있었다. 그는 반공주의 우파 사이에게 인기가 높았지만, 당내 고위층 중에서 그를 옹호한 인물은 톰 듀이였다. 1952년 5월 초, 닉슨은 뉴욕에서 열린 공화당 연례 기금 모금 행사에 연설자로 초청받아 민주당원과 무당파층의 흥미를 끌 수 있는 사람이 공화당 후보로 지명되어야 한다고 강력히 주장했다. 그 자리는 사실상

드와이트 아이젠하워의 인기는 즉각적이고 본능적이었다. 사진은 1952년 롱아일랜드 맨해셋에서 유세 중인 아이젠하워의 모습이다. (사진 출처 UPI/BETTMANN)

아이젠하워의 부통령 자리를 놓고 벌이는 오디션과도 같았고, 듀이는 깊은 인상을 받았다. 연설이 끝난 후 그는 닉슨과 악수하면서 말했다. "정말 훌륭한 연설이었소. 자신을 관리하고, 열정을 잃지 마시오. 그것만 약속하면 당신은 언젠가 대통령이 될 수 있을 겁니다." 듀이는 그날 밤 닉슨을 자신의 방으로 초대해 술을 마시며 아이젠하워 측에서 그에게 관심이 있음을 알렸다. 그때부터 닉슨은 듀이의 사람이 되었다. 듀이는 닉슨에 대해 반공 현안에 통달해 있으면서도 "세상이 둥글다는 것을 아는 사람"이라고 칭찬했다. 닉슨은 국가적 인물로 발돋움하기 위해서는 아이크와 행동을 같이 하는 것이 최선이라는 계산을 이미 하고 있었다. 캘리포니아는 동향 출신 후보인 얼 워런에게만 눈길을 주고 있었지만, 닉슨은 전당대회 전 몇 주 동안 아이젠하워를 위해 암암리에 열심히 일했다. 듀이 측근들의 표현을 빌리자면, 그는 워런 진영에서 암약하는 아이크의 '제5열'이었다. 이 당시 그의 활동은 메우기 힘든 격차를 좁히고, 극심하게 분열된 당원들을 하나로 모으는 그의 재능을 보여준 첫 번째 사례였다.

아이젠하워가 자신의 러닝메이트로 특별히 점찍어둔 사람은 없었다. 그가 후보로 지명된 날 밤에 그의 최측근 중 한 명인 허버트 브라우넬이 부통령 후보로 누구를 선택하겠느냐고 물었다. 아이크는 "그 문제라면 전당대회에서 결정될 것으로 생각했다."라고 말했다. 아이젠하워의 선거 참모들은 후보 지명 후의 첫 번째 회의에서 부통령감에 대해 논의했다. "닉슨이 어떨까요?" 듀이가 물었다. 닉슨은 분열된 공화당의 어느 편에도 속하지 않은 중립적인 인물이었고, 매카시를 포함한 거의 모든 사람이 받아들일 수 있는 인물이었다. 아이크의 공식 선거운동 본부를 책임지고 있던 헨리 캐봇 로지는 조기 기자회견으로 닉슨이 노출되는 것을 막기 위해 조심하면서도, 기자들 앞에서 그를 팔로 감싸안으며 이렇게 말했다. "이분은 이 나라에서 공산주의자를 몰아내기 위해 내가 아는 어떤 사람보다도 많은 일을 했습니다." 리처드 닉슨은 이렇게 처음으로 전국적 후보로서 미국에 소개되었다.

미국의 새로운 국제주의에 대한 대부분의 저항이 미국의 광활한 중서부 지역을 중심으로 분출된 것은 우연이 아니었다. 어떤 면에서 이 미국의 심장부는 여전히 다른 지역과 분리되어 있었고, 미국이 유럽에 더 많이 개입하는 것에 본능적으로 저항했으며, 전통적인 동맹국이든 아니든 유럽의 국가들과 가깝게 지내려는 동부의 지도자들을 경계했다. 이런 저항의 이유 중에는 지리적인 요소도 부분적으로 작용했는데, 미국 중서부는 바다와 접해 있지 않은 광활하고 고립된 땅덩어리였기 때문에 여전히 자신감을 갖고 스스로 보호받고 있다고 느꼈기 때문이었다. 그레이엄 헐튼이 지적했듯이 이곳은 "둘러싸여 있고, 차폐되어 있고, 고립되어 있는" 지역이었다. 중서부 사람들은 자신들의 문화가 동부에 비해 더 미국적이고, 영국을 덜 모방하고 있으며, 외국과의 교류 등에 의한 훼손이 덜하다는 확신에 차 있었다. 로버트 맥코믹 대령의 표현을 빌리자면, 그들에게 중서부는 "미국 정신의 중심지"였다. 그들은 동부 사람들을 본질적으로 기생적인 존재로 여겼는데, 정신은 순수하지만 거친 손을 가진 선량한 중서부 사람들이 중서부를 위한 제품을 만들어내면, 동부 사람들은 돈이나 벌기 위해 돌아다닌다는 것이었다. 이러한 원한은 깊고 쓰라린 것으로, 먼 식민지의 사람들이 식민지 모국의 권력자들을 향해 느끼는 원한과도 비슷했다.

그런 태도는 부분적으로 이 지역 사람들의 민족적 구성에서 비롯된 것이기도 했는데, 유럽을 떠나 미국 중서부에 정착한 그들로서는 유럽에서 벌어지는 사건들과 거리를 두고 싶어 했다. 그들의 민족 구성을 보면 우선 본질적으로 평화주의자인 스칸디나비아계 이민자와 독일에 동조하는 독일계 미국인들이 있었다. 또한 아일랜드계 이민자들을 살펴보면 일부는 영국에 반감을 가지고 있었으며, 또 일부 독일계 이주민들은 영국 편에서 싸우고 싶어하지 않았다. 또한 일부 폴란드계 이주민들도 있었는데 이들은 러시아와 함께 싸우는 것을 싫어했다.

중서부 고립주의를 대표하는 인물은 로버트 맥코믹 대령이었는데, 그는 스스로 "세계 최고의 신문"이라고 부르는 〈시카고 트리뷴〉의 발행인이었다. 〈시카고 트리뷴〉은 기술적 진보로 인해 고립주의의 가능성이 완전히 사라진 후에도 고립주의의 감정을 공유 및 조종하고 있었다. 당대 최고의 외신 특파원 중 한 명이던 존 귄터(John Gunther)는 전후 미국의 변화에 관한 기사를 쓰려고 미국에 돌아왔을 때 고립주의의 문제가 완전히 해결되었다고 믿었다. "점심과 저녁 사이에 대서양을 횡단할 수 있고, 원자폭탄이 어떤 이데올로기도 분쇄해 버릴 수 있는 시대에 고립주의자가 될 수 있는 사람은 아무도 없을 것"이라고 그는 생각했다. "시카고는 뉴욕만큼이나 모스크바에서 가깝다. 중서부 지역에서 외교 정책은 옥수수 시세만큼이나 생존과 관련한 중요한 문제이고, 적어도 그렇게 되어야 한다."라고 봤기 때문이다. 그러나 귄터는 곧 자신의 생각이 틀렸고, 반발하는 세력이 여전히 강력하며, 지역의 고립주의가 생각 이상으로 뿌리깊다는 것을 알게 되었는데, 그 이유가 바로 최고의 선전가이자 출판업자였던 맥코믹 대령의 비타협적인 태도 때문이었다.

제1차 세계대전 직후 몇 년 동안, 중서부 지역에서 트리뷴 지의 발행 부수와 지역 내 영향력은 실로 엄청나 보였다. 매일 100만 부 이상씩 팔렸고, 일요일에는 150만 부 이상이 판매되었다. 중서부에서 그에 필적할 만한 신문은 없었다. 중서부 주민들에게 트리뷴은 단순한 신문이 아닌, 그 지역의 태도와 선호도, 편견을 정확하게 반영하는 문화의 중요한 일부였다. 이 신문은 매일같이 지역의 규율들을 재확인시키면서, 독자들에게 누가 그들의 편이고 누가 적인지를 끊임없이 상기시켜 주었다. 지역 내에서 맥코믹 대령과 그의 신문이 가진 독보적인 힘은 귄터에게 스탈린의 소련을 떠올리게 했다. 귄터는 그곳이 "불변의 교리가 존재할 뿐만 아니라, 광활하고, 전체주의적이며, 성공적이고, 현재로선 한 사람이 지배하고 있으며, 외부인을 의심하고, 괴팍하며, 엄청난 양의 천연자원이 묻혀있다는 점에서" 소련과 유사하다고 썼다. 귄터가 지적했던 것처럼, 맥코믹의 힘은 그의 신문 발행 부수를 훨씬 뛰어넘는 것이었다. 그 신문은 특히 공화당의 핵심 당원들로 구성된 로타리 클럽과 키와니스 클럽 회원들에게 일종의 바이블과 같은 역할을 하면서, 신문을 한 번도 읽지 않은 많은 사람들에게까지 깊은 영향을 미쳤다. 귄터는 "신문을 직접 읽지 않더라도 그 영향력을 피부로 실감할 수 있을 정도로 그것의 위력은 대단히 강력했다."라고 적었다.

트리뷴은 뉴스를 신중하게 필터링하여, 그들의 편견을 강화하는 뉴스는 전달하고, 신도들 사이에서 의구심을 불러일으킬 수 있는 뉴스는 대부분 삭제해 버렸다. 제1차 세계대전 당시에는 텔레비전이 존재하지 않았고 라디오가 이제 막 대체 정보원으로 자리 잡기 시작했을 때여서, 트리뷴의 목소리는 그야말로 압도적인 것이었다. 한동안 이 신문은 지역의 편견과 두려움을 놀랄만큼 정확한 시각으로 표현했다. 이후 제2차 세계대전이 임박할 당시와 전쟁 이후에 이 지역의 젊은이들, 특히 제2차 세계대전에서 참전했다가 돌아온 사람들 사이에서 새로운 차원의 국제주의가 나타나기 시작했다. 트리뷴은 여전히 영향력을 유지하고 있었지만, 그 영향력은 감소하고 있었고, 편집인들은 변화하는 지역 정세에 어두웠다. 루스벨트 대통령과의 쓰라린 결별과 뉴딜 정책에 대한 증오, 전후에도 고립주의를 고수하는 그의 태도 등으로 인해 대령은 많은 구독자를 잃게 되었다. 그의 외국인 혐오증은 때때로 우스꽝스럽게 보이기까지 했다. 그는 자신의 눈에 미국인보다 훨씬 더 탐욕스럽고 물질만능주의적인 사람들로 가득 차 보이는 보이는 유럽을 싫어했다. 그곳은 모두가 항상 전쟁을 시작하고 싶어 하는 곳이라고 그는 지적했다. 그는 유럽을 싫어하는 것보다 영국을 더 싫어했다. 단순히 속물적이고 위선적이라고 여겼기 때문만이 아니라, 미국의 외교부서 전체가 자국민보다는 영국의 명분을 위해 봉사하려는 친영파들로 가득 차 있다고 확신했기 때문이었다. 영국인들은 미국인들을 속이는 데 능숙하며, 소련과 손잡고 일한다고 그는 믿었다. 트리뷴에 실린 전후의 전형적인 만평에는 영국의 클레멘트 애틀리 총리가 지쳐서 다소 어리석게 보이는 엉클 샘과 함께 등장한다. 만평에서 애틀리는 엉클 샘에게 이렇게 말한다. "스탈린에게 20억 달러짜리 원자폭탄을 뇌물로 줍시다. 그럼 소련은 영국이 유럽을 지배하도록 허용할 거요. 그리고 당신은 그걸 위해 우리에게 무이자로 50억 달러를 빌려주면 됩니다." 대령은 자신을 동부의 다른 많은 이들처럼 외국의 영향에 오염되지 않은 보다 더 애국적인 미국인의 원형이라고 생각했다. 그는 생을 마감해갈 무렵에 한 영국 기자와 인터뷰를 했다. "당신은 고립주의자? 아니면 영국 혐오주의자?" 그는 질문에 이렇게 대답했다. "난 단지 애국자일 뿐이오." 존 귄터에 따르면 그는 "격렬한 미국주의자이자 애국주의자"였다. 그는 영국 혐오증 환자였음에도 불구하고 영국 재단사가 만든 신화복, 영국제 모자와 구두를 좋아했고, 말할 때는 약간의 영국 억양을 사용했다. 또한 롤스로이스를 탔고, 시카고 외곽의 영국풍 주택에서 살았다. 그의 아버지가 한동안 런던에서 근무한 외교관이었던 관계로, 어린 맥코믹은 영국 학교를 다녔을 뿐만 아니라 미국으로 돌아와서도 그로튼과 예일 같은 동부의 명문 학교들을 다녔다. 그로튼에 다닐 때 맥코믹은 워싱턴과 링컨을 제외한 "나머지 영웅들은 모두 뉴잉글랜드 출신이었다."며 혐오감을 드러냈다. 이어서 "학생들의 뉴잉글랜드 지역주의는 그들이 그곳 출신 이류 시인들의 시를 탐독하는 것으로도 나타났다."라고 그는 덧붙였다.

그는 후버 대통령을 싫어했다. 1929년 후버의 취임 연설을 듣자마자 대령은 자기 신문의 워싱턴 지국에 "이자는 부적절한 인물임(THIS MAN WON'T DO)."이라고 전보를 쳤다. 그러나 이런 혐오감은 곧이어 대통령이 된 프랭클린 루스벨트에게 품게 된 악감정과 비교하면 아무 것도 아닌, 순수하고 단순한 증오에 불과했다. 그는 개인적으로 루스벨트를, 정치적으로는 뉴딜 정책을 경멸했다. 그의 신문에서는 뉴딜 정책과 관련된 모든 기관 앞에 '이른바'라는 수식어를 붙였다. 그래서 NRA(국가부흥청)는 트리뷴 지면에서는 '이른바 NRA'라고 통칭되었다. 그는 프랭클린 루스벨트가 처음 대통령 선거에 출마했을 때까지는 다소 중립적인 태도를 보였다. 두 사람은 그로튼 고등학교 동창이었으며, 한동안은 '친애하는 프랭크에게/친애하는 버티에게'라고 적은 편지를 주고받는 사이였다. 하지만 뉴딜 정책의 방향이 점점 명확해지면서 그는 루스벨트에게 등을 돌렸다. 그에게는 뉴딜 정책이 극도로 혐오스러웠다. 시간이 지나면서 루스벨트와 뉴딜을 향한 그의 증오는 바이러스처럼 퍼져나갔다. 그는 루스벨트 행정부를 히틀러나 스탈린의 정부와 별로 다르게 여기지 않았다. 루스벨트가 추진한 대부분의 개혁들이 기본적으로 인기가 있었기 때문에, 그들의 대립은 결국 대령 자신에게 훨씬 더 독이 되었다. 두 사람의 불화는 더욱 격렬해지고, 더욱 사적이고, 더욱 강박적으로 변했다. (루스벨트는 이를 거의 즐거워하는 듯 보였다. 그래서 루스벨트는 기자회견장에서 트리뷴 지의 기자가 질문을 하면, 버티(맥코믹의 애칭)에게 가서 침대 밑에 뭐가 숨어있다고 상상하지는 말라고 전하게, 라고 말했다.) 루스벨트 사후 10년이 지나고 맥코믹 자신도 죽음을 앞두고 있는 와중에도 그는 루스벨트에 관한 이야기를 멈추지 않았다.

그는 자신이 루스벨트 재임시 공화당을 살려준 사람이라고 곧잘 말했는데, 그것은 농담이 아니었다. 그가 의미하는 공화당이란 듀이와 윌키, 캐봇 로지의 당이 아니라, 중서부의 소도시에 뿌리를 둔, 반노동적이고, 모든 재정 문제에 보수적이며, 모든 공적 사안에 대한 정부의 개입을 경계하고, 세계가 더 위험해졌다는 사실을 외면하는 옛 공화당을 의미했다. 그의 반발은 사설뿐 아니라 신문의 모든 지면에서 드러났다. 대령은 나름 순수한 사람이었다. 그는 저널리스트라기보다는 선동가에 가까웠다. 그는 사설 뿐만 아니라 뉴스 지면에도 자주 자신의 의견을 관철시켰다. 그는 편집자들에게 (절대 고쳐서는 안 되는) AP통신의 기사를 가져다가 자신의 입맛에 맞게 고치고 원하는 내용을 삽입한 다음, AP통신발 기사임을 그대로 명시한 채 인쇄하도록 하는 것으로 유명했다. 이런 행위와 또다른 잘못들로 인해 그를 AP 회원사에서 탈퇴시키려는 움직임이 주기적으로 일어났다. 그래서 트리뷴 지가 지지한다는 말은, 이 신문을 향한 편향적인 시선을 감안하면, 양날의 칼과도 같은 효과를 낳았다. 그것은 항상 극단적인 두 감정을 모두 자극했다. 트리뷴 지의 정치적 영향력을 많은 이들이 싫어했기 때문에, 선거전에 임하는 정치인들은 그 신문의 지지를 받으면 안된다고 했지만, 그렇다고 그 신문의 눈밖에 나도 안된다는 말들이 심심찮게 나돌았다.

뉴딜 정책에 반대했던 다른 많은 사람들은 유럽에서 일어난 사건들이 미국에 큰 영향을 미치고 있으며, 좋든 싫든 미국의 운명이 영국과 프랑스의 운명과 함께 묶여 있다는 것을 이해하는 더 큰 집단의 일원으로 점차 흡수되어 갔다. 맥코믹은 내면 깊숙이 자리잡은 분노로 인해 그 전제를 받아들이지 않았다. 독일의 침략 가능성이 증가하는 현실에서 대책을 묻는 질문을 받고 그가 내놓은 답변은 독단적이고 직설적인 사람치고는 신기할 정도로 온건했다. 그가 한 상원 위원회에서 증언할 때, 클로드 페퍼가 어떻게 하겠느냐고 독촉하자 맥코믹은 이렇게 답했다. "독일군은 그렇게 강하지 않습니다. 나는 그들과 맞서 싸워봤고, 그들을 두려워할 필요가 없습니다." 전쟁이 임박했을 때, 그리고 종전 후에, 그는 점점 더 현실을 망각한 사람처럼 보였다. 트리뷴 지의 전직 해외 특파원 제이 쿡 앨런(Jay Cooke Allen)은 그를 가리켜 "14세기 최고의 지성 중 한 명"이라고 불렀다. 전후의 미국은 전쟁에 처음 참전했던 당시의 미국과 달라져 있었다. 대단히 중요하고, 애국심이 충만했던 시기에 그의 고립주의는 자신을 해치는 결과로 이어졌다. 그의 자부심은 점점 더 조롱거리가 되어갔다. 경쟁사인 〈시카고 데일리 뉴스〉는 그를 맥코스믹(McCosmic)[59] 대령으로 부르면서, 그가 ROTC를 대학에 도입시키고 미군에 기관총을 제공하여 군을 현대화했다고 떠벌리고 다닌 것을 조롱했다. 데일리 뉴스의 지면에는 그가 말을 탄 채

---

59 McCormick을 McCosmic으로 철자를 바꿔 불렀는데, Cosmic(우주의)이란 단어에서 느껴지는 것처럼 맥코믹의 비현실적인 성향을 비꼬듯이 표현한 것이다.

1952년 민주당 전당대회에 참석한 해리 트루먼과 애들레이 스티븐슨. 트루먼은 개인적으로 스티븐슨에게 대선 후보로 나설 것을 제안했으나, 아이젠하워에 맞서 출마할 뜻이 없었던 스티븐슨은 거절했고, 이로 인해 트루먼의 분노를 샀다. 스티븐슨은 이후 스스로 후보 지명을 따냈다. (사진 출처 GEORGE SKADDING/ LIFE/TIME WARNER, INC.)

자동차에 이끌려 가면서 "내가 기병대를 최초로 기계화한 인물이다." 라고 말하는 만평이 실렸다. 또한 그가 엉클 샘의 엉덩이를 걷어차며 "당신 같은 힘센 사람은 내가 전쟁에서 승리하는 데 큰 도움이 될 수 있어."라고 말하는 만평도 있었다.

중서부 지역은 내륙에 속해 있었고 보수적인 지역이었지만 그 지역에도 변화의 바람이 불고 있었다. 참전했던 젊은이들은 자신들의 대의를 믿었고, 맥코믹의 고립주의를 받아들이지 않았다. 전후 몇 년 동안 그는 일련의 사건에 휩싸였다. 그의 추종자 중 한 명인 에버릿 덕슨이 1952년 공화당 전당대회에서 그를 대신해 톰 듀이를 맹렬하게 비난했을 때가 그의 정치에서 마지막 절정이었다. 그것은 또 하나의 실패한 선거 운동, 당내에서 또 한번 패배의 고배를 마신 최후의 달콤한 순간이었다. 1952년 아이젠하워에게 태프트가 패배한 것이 그에게는 치명적 타격이었다. 맥코믹은 이렇게 썼다. "그 사람이 그 사람인 듀이를 아이젠하워로 바꿔 봤자 이득될 게 없다. 아이젠하워는 국익에는 관심

없고 사리사욕만 채우려는 자들에게 둘러싸여 있다." 그는 제3당을 창당하고자 했으나, 이미 늦은 때였다.

한편, 민주당은 거의 절망 직전의 상황에 처해 있었다. 그들은 20년이라는 아주 긴 세월 동안 집권했다. 현직 대통령인 해리 트루먼의 공적은 언젠가 수정주의 역사가들에게 아주 어려운 시기에 용기 있게 활동한 인물을 재조명할 수 있는 풍부한 자료를 제공할 수는 있겠지만, 당시의 그는 인기 없는 전쟁의 짐을 지고 있는 인기 없는 당의 인기 없는 대통령이라는 사실에서 벗어가기 힘들었다. 그해 민주당은 개혁 성향의 일리노이 주지사로서 첫 임기를 막 끝낸, 키가 작고 약간 뚱뚱하며 다소 귀족적인 인물 애들레이 스티븐슨(Adlai Stevenson)에게로 눈길을 돌렸다.

아이러니하게도, 스티븐슨은 미국 정치사에서 가장 엄격하고 냉정한 정치 조직 중 하나로 불리는 시카고의 쿡 카운티 머신에서 활동을 시작했다. 당시 이 조직의 가장 계몽적인 리더였던 제이크 아베이(Jake Arvey)는 제2차 세계대전에 참전하고 막 돌아와 시카고 정치권에 좀 더 활발한 기풍을 부여하겠다는 결심을 하고 있었다. 스티븐슨은 뉴딜 정책 초창기에 루스벨트 행정부에서 일했고, 전쟁 중에는 조지 마셜의 보좌관으로 일했으며, 전후에는 유엔 창설을 위한 회의에 대표단으로 참여한 경험이 있었다. 아베이는 당시 국무장관이었던 제임스 번스(James Byrnes)로부터 스티븐슨을 처음 소개받았다. 번스는 이렇게 말했다. "스티븐슨을 꼭 붙잡게나. 그는 금덩이(a gold nugget)일세."

그 무렵 스티븐슨은 자신의 삶을 돌아보며 썩 만족해하지 않고 있었다. 그는 일기에 이렇게 적었다. "오늘 47세가 되었는데, 여전히 불안하고 나 자신에 대해 불만족스럽다. 무엇이 문제일까? 아내, 자녀, 돈, 성공 등 모든 것을 다 가졌는데…. 하지만 법조계에서는 성공하지 못했다. 공적인 인정 욕구가 너무 크고, 관심사가 너무 분산되어 있다. 시카고에서 변호사로 사는 삶과 외교 문제에 대한 강렬한 열정, 즉 공적인 업무와 자기 분야에서 인정받고 지위를 얻고자 하는 욕망을 어떻게 조화시킬 수 있을까?"

아베이는 스티븐슨이 화려한 경력을 가진 후보라는 생각에 흥미를 느꼈지만, 더 자세히 확인한 결과 그가 부자일 뿐만 아니라 옥스퍼드 출신이라는 사실에 경악을 금치 못했다. 아베이의 우려가 스티븐슨에게까지 전해졌고, 스티븐슨은 아베이에게 전보를 쳤다. "옥스퍼드는커녕 이튼에도 간 적이 없음." 그 순간 아베이는 스티븐슨의 재치 있고 자학적인 위트를 처음 맛보았다. 두 사람이 만났을 때 아베이는 큰 감명을 받았다. 그는 스티븐슨이 민주당 지지층뿐 아니라 상류층 공화당 지지층까지 끌어들일 수 있는 강력한 후보가 될 수 있겠다는 생각을 하게 되었다. 처음에 스티븐슨은 자신이 상원의원에 출마하고, 시카고 대학 경제학 교수이자 시의원이며 제2차 세계대전에서 훈장을 받은 해병대 영웅 폴 더글러스가 주지사가 될 것이라고 믿었다. 그러나 갑자기 역할이 바뀌었다. 머신은 독립적인 성향의 더글러스에게 (머신에 손실을 끼치지 않고 일할 수 있는) 상원의원을 맡기고, 스티븐슨에게 좀 더 섬세한 주지사직을 맡기기로 결정했다.

스티븐슨은 자신이 일리노이 주지사로서의 자질을 갖추고 있는지 걱정했지만, 머신은 그런 결정을 내린 이유를 후보자들과 공유하지 않았다. 아베이가 방문했을 때 스티븐슨은 그에게 물었다. "잭, 주지사 일이 좀 걱정이 됩니다. 저한테 뭘 기대하는 거죠? 다들 당신이 더글러스를 지지하길 꺼려한다고 하던데요." 물론 그것은 사실이었다. 한동안 스티븐슨은 아베이의 제안을 받아들일지 망설였지만, 시카고 비즈니스계의 거물이자 스티븐슨의 친구였던 허먼(더치) 스미스가 그를 설득했다. "그들은 올해엔 당신을 필요로 해요. 그들이 당신을 필요로 할 때 거절하면, 나중에 그들이 당신을 필요로 하지 않을 때는 다시 받아들이지 않을 겁니다." 스티븐슨은 처음부터 대단한 성공을 거두었다. 아베이는 스티븐슨의 첫 번째 연설문(전문 연설가에게 부탁하려 했지만, 결국 후보자인 그가 직접 작성했다)을 읽고 나서 동료들에게, "그 누구든 단어 하나 고치지 못하게 하시오."라고 말했다.

1948년 첫 공직에 출마했을 때 그의 나이는 48세였다. 그는 똑똑하고, 유머러스하고, 박식했으며, 세련되지 않은 문장은 한 마디도 내뱉지 않았다. 그의 말에서 직업 정치인들의 상투적 표현 같은 것은 도무지 찾아볼 수 없었다. 상투적인 표현이 청중들을 불쾌하게 하지는 않더라도, 그는 확실하게 그런 표현을 싫어했다. 그는 특히 교우 관계나 사회적 태도에서 속물적인 면모가 있었다(그에게서는 은근하게 반유대주의적인 태도가 엿보였다). 그는 연설문 작성을 제외하고는 기꺼이 다른 사람들의 공로를 인정했다. 그러나 연설문만큼은 다른 민주당원들의 개입을 용납하지 않았다. 한번은 절친한 친구였던 작가 빌 애트우드(Bill Attwood)와 심각한 불화를 겪었는데, 애트우드가 그의 연설문 중 하나를 자기가 썼다고 언급했기 때문이었다.

스티븐슨의 선조들은 일리노이주의 지주 계급이었고, 정치에 참여했다. 그의 증조부 제시 펠은 링컨의 선거 운동 참모였으며, 애들레이 스티븐슨 1세는 미국 부통령이었다. 애들레이 스티븐슨(the current Adlai)은 그의 부모에게 사랑받는 아들(the adored son)이었으나, 부모들 자신은 스스로에게 다소 낙심했었다. 그의 부친 루이스 스티븐슨은 자신의 야망과 부유한 아내의 꿈을 실현시키지 못했다. 그래서 그들의 결혼 생활에는 상당한 갈등이 있었다. 한번은 루이스가 헬렌 스티븐슨에게 "좋든 나쁘든 당신은 날 받아들였잖소."라고 말하자, 그녀는 "당신은 내 생각 이상으로 나빠요!"라고 대꾸했다.

자학적인 성격에도 불구하고, 애들레이 스티븐슨은 자신이 특권층이라는 배경에서 나오는 정치적 특권을 어느 정도는 누릴 자격이 있다고 생각했다. 일반적인 정치 초보자라면 시의원이나 하원의원에 출마하는 것이 통상적이었겠지만, 스티븐슨은 정치 일선의 책임자들이 자신을 주지사라는 중책에 앉히려 하자 그것을 지극히 정상적인 과정으로 여겼다. 당대 정계의 명석한 젊은이 중 한 명이던 조지 볼(George Ball)은 스티븐슨이 자기-극화(self-dramatization)에 탁월한 자질을 가지고 있다면서 이렇게 말했다. "제가 애들레이에게서 흥미를 느낀 부분은 그가 일찌감치 자기 자신을 역사라는 무대를 종횡무진하는 위대한 역사적 인물(a great historical figure)로 받아들였다는 점이었어요. 그는 항상 에이브러햄 링컨을 염두에 뒀던 것 같아요."

스티븐슨은 경력의 대부분을 일리노이주에서 변호사로 일하면서 보냈지만, 외교 분야야말로 그의 첫사랑이었다. 그는 많은 돈을 벌어 민주당 전국위원회에 25,000달러(인플레이션 이전)를 보내면서, "여기 25,000달러가 있소. 난 대사가 되고 싶소."라고 말할 수 있는 날을 꿈꾸곤 했다. 하지만 주지사 선거에 출마하면서 자신의 외교 문제에 대한 관심과 유엔에서 일한 경력을 드러내는 데에 신중해야 했다. 시카고는 맥코믹 대령의 본거지였고, 대령은 그의 그런 경력을 얼마든지 정치적으로 불리하게 만들어버릴 수 있었기 때문이었다. 아베이는 스티븐슨의 주지사 선거 운동을 탁월하게 지휘했다. 그와 그가 이끄는 선거 전문가들은 경제 문제와 인종 문제를 여전히 중시하는 민주당의 핵심 유권자 층을 붙잡아 두었고, 스티븐슨은 높은 시민적 덕목과 경제 문제를 지나치게 강조하는 것에 대해 신중한 태도를 취함으로써 공화당과 무소속 표를 흡수하는 데 이례적인 성공을 거두었다. 초반에 열세였던 그는 572,067표 차로 승리했다. 이는 더글러스가 상원의원 선거에서 얻은 표보다 약 170,000표나 많았고, 트루먼 대통령이 일리노이주에서 33,000표 차이로 승리했을 때보다 500,000표 이상 더 많이 얻은 것이었다. 이 승리로 그는 순식간에 전국적인 유명 인사가 되었고, 1952년 민주당 대통령 후보 경선에 나설 수 있었다.

그는 곧 대규모 기금 모금 행사의 연사로 자주 불려다녔다. 그의 연설은 웃기고, 예측할 수 없으며, 불경스럽고, 지학적이었다. 한번은 쿡 카운티의 모금 행사에 참석하여 이렇게 말하기도 했다. "아, 쿡 카운티에서 깊고 진한 민주주의의 냄새가 나네요." 훗날 미국의 신문 발행인들이 사설을 통해 그에게 반대 입장을 표명했을 때, 그는 신문 발행인의 역할에 관한 질문을 받자 이렇게 비꼬듯 말했다. "그들의 역할은 알곡과 쭉정이를 분리하고, 쭉정이를 인쇄해내는 거죠[60]." 언론인 드류 피어슨이 스티븐슨의 초기 결혼 생활이 이혼으로 끝난 후 스티븐슨과 인연이 있는 유명 여성들 가운데 도로시 포스딕이 그와 재혼할 것이라고 썼을 때, 스티븐슨은 이런 성명을 발표했다. "신문에서는 지난 3개월 동안 저를 세 명의 여성과 결혼시켰습니다. 그들은 여러 배우자를 거느리는 것이 모든 걸 더 흥미진진하게 만든다고 생각하는 모양입니다. 그런데 피어슨 씨가 또 한 명을 추가했어요. 숙녀분들에게는 그렇지 않겠지만, 저에겐 매우 영광스러운 일입니다! 이런 글을 쓴 작자들이 숙녀분들에게 당혹감을 안겨드린 점에 대해서는 제가 대신 사과드립니다."

그가 대통령 선거에 출마해야 한다는 압박이 점차 집요하게 거세어져 갔다. 1951년 초부터 아베이가 트루먼과 정치 문제에 대해 의논할 때마다 대통령은 "당신의 주지사[애들레이 스티븐슨]는 어떻게 지내나요?"라고 묻곤 했다. 사실상 스티븐슨은 민주당의 권력 진공 상태 속으로 걸어 들어가고 있었다. 트루먼의 인기는 바닥을 쳤다. 다른 후보들은 미미한 수준이었다. 남부 출신인 리처드 러셀(Richard Russell)은 분

---

60   (편집자 주) 첫 번째 신약성경인 <마태복음>에서 세례 요한의 경고(3장 12절)와 예수님의 비유 (13장 24-30절, 특 히 30절)에 등장하는 알곡과 쭉정이 비유를 패러디한 문장이다.

리주의자였고, 애버렐 해리먼은 외교 정책 면에서는 강력했지만 대중적 매력은 거의 없었으며, 에스테스 케포버는 여론조사에서 매우 선전하고 있었지만 그의 범죄 수사 때문에 당 조직을 분노케 했을뿐더러, 대중 연설에 서툴렀다.

대법관 프레드 빈슨(Fred Vinson)이 대통령의 후보 지명 제의를 거부하자 트루먼은 스티븐슨을 지명하기로 결심했다. 그는 후보가 되는 것을 몹시 주저했다. 그는 일리노이 주지사직을 좋아했고, 유권자들에게 연임을 약속한 상태였다. 또한 그는 민주당이 너무 오랫동안 집권했기 때문에 백악관의 주인이 바뀌는 것도 좋겠다며 공화당 친구들의 의견에 동조하던 터였다. 일찌감치 그는 공화당 후보가 로버트 태프트가 아닌 드와이트 아이젠하워가 될 것이라고 예측했고, 명백한 국제주의자인 아이젠하워야말로 좋은 대통령이 될 수 있을 거라고 생각했다. 물론 자신이 아이젠하워를 이길 수 있다고는 전혀 생각하지 않았다. 언젠가 대통령 선거에 출마하고는 싶었지만, 아직은 때가 아니라고 생각했다.

대통령이 그에게 대통령 후보 지명을 제안하자, 그는 그것을 원하지 않는다고 말했다. 대통령은 처음에는 그를 설득하려고 노력했다. 트루먼은 이렇게 말했다. "애들레이, 나 같은 멍청이가 대통령이 되어도 어느 정도는 잘 해낼 수 있는데, 교육을 아주 잘 받고 똑똑한 당신같은 사람은 그 일을 얼마나 잘 할 수 있을지 생각해 보게." 그러나 스티븐슨이 진정 대통령직을 원하지 않는다는 사실이 분명해지자 트루먼은 격노했다. 대통령이면서 헌신적인 당원이기도 했던 트루먼이 겨우 초선의 주지사에게 국가 최고위직을 제안했다가 거절당한 것이었다. 아베이는 훗날 이렇게 회고했다. "그는 이 점을 이해할 수 없어했죠. 어떻게 사람이 대통령 후보 지명과 같은 중대한 문제를 가지고 꾸물거릴 수 있는지를 말이죠." 〈뉴욕 타임스〉의 가장 영향력 있는 워싱턴 특파원 스코티 레스턴(Scotty Reston)이 트루먼과 스티븐슨이 회동한 직후에 스티븐슨과 만나 이야기를 나누었다. 이때 스티븐슨은 거의 정신이 나가고 신경질적인 상태였다. 그는 자신의 경력을 망치는 중대한 잘못을 저질렀지만, 그게 자신의 잘못이라고는 생각하지 않고 있었다. 그가 레스턴에게 물었다. "도대체 무슨 말을 하려는 거요? 아이젠하워로부터 서구 문명을 구하는 것이 내 의무라도 된다는 거요?" 하지만 그를 향한 압력은 사라지지 않았다. 오히려 그의 주저함이 그의 매력을 더욱 돋보이게 만들었다. 갑자기 그는 모두가 원하는 후보가 되어 있었다. 그가 가는 곳마다 출마 여부를 묻는 질문이 쏟아졌다. 3월 말, 그는 '미트 더 프레스'[61] 쇼에 출연했는데 〈시카고 데일리 뉴스〉의 에드 라헤이(Ed Lahey) 기자로부터 질문을 받았다. "1952년 민주당 후보가 될 기회를 회피한다면 당신의 조부 스티븐슨 부통령이 무덤 속에서 상심하지 않겠습니까?" 스티븐슨이 대답했다. "조부님에 대한 언급은 삼가 주시죠."

흥미롭게도 스티븐슨은 선거 운동에 참여하지 않으면서도 선거 운동을 하고 있었고, 또한 무당파 유권자층과 개혁론자들의 흥미를 자극할 수 있는, 민주당 내의 전문가들에 의해 만들어진 대통령 후보가 되어 있었다. 만약 그가 후보로 지명된다면, 그것은 트루먼 행정부의 후보가 아니라 자기 자신으로 인정 받는 후보가 될 것이었다. 그는 자신이 구상 중인 전략에 대해 잘 알고 있었다. 그것은 간단했다. 예비 선거에는 참여하지 않되 당에서 그를 지명하기로 결정하면 전당대회에서 후보를 수락한다는 것이었다. 실제로 일이 그렇게 되어갔다. 에스테스 케포버는 전당대회에서 가장 많은 340명의 대의원을 확보했지만, 그에게는 또한 가장 많은 수의 강력한 적들이 있었다. 트루먼은 앨번 바

61   NBC의 주말 토크쇼.

클리(Alben Barkley)을 지지하는 쪽으로 기울었지만, 현직 대통령에게는 곤혹스럽게도, 결국 전당대회는 세 번째 투표에서 스티븐슨을 후보로 지명했다.

그는 예비 선거의 험한 전투를 피할 수 있었지만, 불행히도 바로 이 점이 정치인으로서 그의 약점으로 작용했다. 그는 무소속으로 지명된 셈이었기 때문에 자신이 정말로 무소속이라고 믿게 되었다. 그래서 민주당을 구성하는 다양한 그룹과 세력들의 비위를 맞출 필요성을 느끼지 않았다. 일찍이 그는 당내에서 처음으로 경력을 쌓기 시작하던 시절에도 그런 일을 한 번도 한 적이 없었다. 그는 후보가 해야 하는 잡다한 일 가운데 특수 이익 집단의 비위를 맞추는 것을 혐오했다. 나중에도 그는 "일본 딱정벌레를 맹렬히 비난하고, 지중해 초파리를 겁없이 공격했다."라고 농담을 하곤 했다.

하버드대 역사학자이자 스티븐슨의 초기 연설문 작성자였던 아서 슐레진저 주니어(Arthur Schlesinger, Jr.)는 가장 큰 문제 중 하나가 스티븐슨을 그가 속한 보수적인 사교계에서 전통적인 민주당 유권자가 속한 좌파 쪽으로 유도하는 것이었다고 회고했다. 만약 스티븐슨이 공화당을 공격하면 바로 다음 날에 그의 친한 친구들이 그의 꼴사나운 당파심을 비난할 거라고 슐레진저는 생각했다. 슐레진저가 보기에 스티븐슨은 존 W. 데이비스(John W. Davis) 이후 가장 보수적인 민주당 후보였다. 가장 큰 과제는 그가 자신의 귀족적 성장 배경을 극복하도록 하는 것이었다.

제17장

텔레비전 정치 광고가 바꿔낸 1952년 대선의 모습들

광고회사 BBDO의 직원들은 텔레비전에서 아이젠하워의 이미지가 잘 먹혀들지 않자 처음에는 충격을 받았다. 회사 대표이자 장군의 절친한 친구였던 벤 더피가 특히 더했다. 당시 미국에서 세 번째로 큰 광고 회사였던 BBDO는 공화당의 공식 광고 대행사였다. 더피는 아이크를 새롭게 정의해야겠다고 결심했다. 아이젠하워는 공식 석상에서 딱딱하고 어색한 모습을 보여왔기 때문에, 광고에서는 다른 사람들에게 감흥을 주는, 모두가 알고 사랑하던 매력적이고 카리스마 넘치는 아이크를 보여주는 것이 중요했다. 또한 여전히 기술과 장비를 장악하고 있던 뉴스 필름 제작자들이 평소에 맞춰 놓은 거친 텔레비전 조명도 손봐야 했다. 아이크의 모습은 조명 때문에 더 늙고 쇠약해 보였기 때문이다. BBDO는 아이젠하워가 텔레비전에 출연하려면 미리 자신들의 승인을 거치도록 조치했다.

모든 좋은 광고 캠페인에는 테마가 필요하다는 것을 깨달은 BBDO는 하나의 테마를 개발하기로 결정했다. 그것은 국민의 환영을 받으며 귀환한 영웅의 이미지를 극대화하여 대중 연설에 약하다는 정치인 아이크의 약점을 최소화시키는 것이었다. 그의 30분짜리 텔레비전 특집은 라디오 시대의 선거 방송처럼 30분짜리 연설로 채워진 것이 아니었다. 텔레비전에서는 드라마가 아이디어만큼 중요했고, 이미지가 내용만큼 중요했다. 이것이 아이크에게는 행운이었는데, 그가 아무리 애써도 애들레이 스티븐슨보다 더 뛰어난 연설가가 될 수는 없었기 때문이었다. 사실 그해 가을 민주당이 텔레비전 방송 시간을 확보했을 때, 스티븐슨은 마치 연설의 포로가 된 것처럼 보였고 시간이 끝날 때까지 연설을 마치지 못할 때도 많았다. 반면 아이젠하워의 연설은 대본에 따라 진행되었다. 깃발로 가득 찬 홀에 아이크가 등장하면 군중들이 환호하면서 그를 보기 위해 자리에서 일어선다. 그런 다음에는 아이크가 연단에 오르는 장면, 그의 부인 마미가 자랑스러운 표정으로 쳐다보는 장면, 그리고 짧은 연설 장면들이 이어진 뒤, 마지막은 영웅이 열광하는 군중을 뒤로 하며 떠나는 장면으로 끝났다. 그의 연설은 마치 왔노라, 보았노라, 이겼노라 선포하는 것처럼 보였다. 이는 텔레비전이 미국의 선거 운동에서 영향력을 발휘하기 시작한 신호탄과도 같았고, 두 후보 모두 이런 상황에 대해 불만이 많았다.

BBDO가 아이크 선거 운동의 전체 테마를 개발하는 동안, 테드 베이츠 에이전시(Ted Bates Agency)의 로저 리브스(Rosser Reeves)는 아이크의 텔레비전 광고를 만들고 있었다. 미국인들은 선거 운동 내내 드와이트 아이젠하워와 애들레이 스티븐슨을 주의 깊게 관찰하고 있었지만, 그해 가을 아이크의 핵심 고문이 된 로저 리브스를 눈여겨 본 사람은 거의 없었다. 반면에 그는 미국인들을 주의 깊게 관찰했고, 그 과정에서 1952년 정계에 등장한 가장 영향력 있는 두세 명 중의 하나가 되었다. 하지만 선거 운동을 다룬 수많은 기사에서도 그의 이름은 거의 등장하지 않았다. 로저 리브스는 정치인이 아니었고, 평소에는 정치인들에게 별로 관심을 두지 않았다. 그는 광고인으로서 1952년 선거 때 텔레비전 광고를 도입하여 미국 정치의 본질을 바꿔버렸다. 그는 테드 베이츠 에이전시의 대표였고, 그의 존재감은 압도적이었다. 그는 대중을 대상으로 한 광고 분야에서 당대의 가장 성공적인 광고인이었다. 그는 버지니아 주 댄빌에서 자랐고, 버지니아 대학에서 역사를 공부한 후 저널리즘과 은행업계를 전전하다가 1934년 뉴욕의 광고계에 입성했다. 그는 종종 필명으로 시를 발표했으며, 은퇴 후에는 특권적인 삶을 거부하고 종교와 철학에 대해 사색하며 세계(the universe)를 방황하는 그리니치 빌리지의 괴짜에 관한 소설을 썼다-후에 그는 이를 "나의 은밀한 자아"라고 설명했다. 하지만 다른 사람들이 텔레비전이라는 흥미진진한 새 매체를 통해 우아하고 세련된 광고로 이름을 날렸다면, 리브스의 아이디어는 광고의 초기 시절로 돌아가 가능한 한 직설적으로 사람들의 뇌리를 강타하는 식이었다. 광고는 아름답거나 예술적이어야 하는 것이 아니었다. 그것은 제품을 구매하지 않을 수도 있는 시청자를 즐겁게 하기 위한 것이 아니었다. 광고의 목적은 팔기 위한 것이었다. 로저 리브스는 경력 초기부터 가장 효과적인 광고 캠페인을 위해서는 큰 예산의 투입보다도 더 중요한 것이 하나의 주제를 끈질기게 고수하는 것이라고 생각했다. 특히 텔레비전 시대의 광고는 원초적이어야 한다고 그는 믿었다. 리브스는 고집스런 노새를 다루기 위해 불려온 조련사의 이야기를 좋아했는데, 처음에 막대기로 노새의 머리를 후려 갈긴 뒤 놀란 주인에게 "우선 주의를 끌어야지요."

라고 말했다는 이야기였다. 그가 만든 아나신(Anacin) 광고 중 하나가 전형적인 사례였다. 두통 환자의 머릿속을 묘사한 광고였다. 머리 안을 채우고 있던 망치와 엉킨 코일, 뾰족한 전기 볼트 따위가 뱃속으로부터 올라오는 작은 거품에 녹아서 사라지는 광고였다. 아나신 광고는 그가 나중에 인정했듯이 "광고 역사상 가장 혐오스러운 광고"였다. 하지만 이 광고 덕분에 아나신 매출은 18개월 만에 연간 1,800만 달러에서 5,400만 달러로 증가했다. "점심 때 칵테일 한 잔 마시면서 쓴 것 치고는 나쁘지 않았다." 그는 나중에 이렇게 회고했다.

그와 동서 관계였던 데이비드 오길비(David Ogilvy)가 슈웹스 토닉, 롤스로이스, 헤서웨이 셔츠(마지막 광고에서 안대를 쓴 남자가 등장한다) 등의 광고를 제작하는 동안 리브스는 비누, 치약, 탈취제 등 대량 소비품을 다루고 있었다. 리브스는 자신과 오길비의 다른 점이 뉴요커에 게재되는 엘리트를 위한 속물적인 광고를 하느냐, 미국에서 가장 중요한 소비재를 위한 대중 광고를 하느냐의 차이라고 여겼다. 오길비가 리브스에게서 광고의 많은 것을 배웠지만 그에게 아무것도 가르쳐주지 못한 것이 아쉽다고 말하자, 리브스는 "우리가 패키지 상품에서 벗어나 명품으로 넘어가게 되면 기꺼이 데이비드의 발치에 앉아 그의 말을 경청하겠다."라고 응수했다. 친구들이 그의 광고가 조잡하다고 불평하면, 리브스는 그들의 욕실에 들어가 약장을 열어서 여러 브랜드의 제품을 꺼내 보이며 광고의 효과가 여기 있지 않느냐고 반박하기도 했다. 그의 좀 더 신사적인 경쟁자 중 한 명이었던 페어팩스 콘(Fairfax Cone)은 리브스에 대해 이렇게 평했다. "그의 광고에는 세심함도, 누군가의 공감대를 건드리는 장치도 없었다. 그는 하지만 광고가 효과가 있음을 증명한 인물이었다."

리브스는 테드 베이츠를 존경했으며 결국에는 회사를 물려받기까지 했는데, 그의 말에 따르면 베이츠는 "내가 본 사람 중 가장 혼란스럽지 않은 정신을 가진 사람"이었기 때문이었다. 그는 베이츠로부터 광고는 무엇보다도 핵심을 잘라내야 한다고 배웠다. 대부분의 광고는 너무 길고 반복적이어서 시청자의 시간(그리고 호의)과 광고주의 돈을 낭비하고 있었다. 수년 후 그는 초창기의 텔레비전 광고가 엄청나게 소모적이었다고 회고했다. 광고주들은 프로그램 전체를 사서 시작할 때와 중간, 그리고 마지막에 긴 광고를 반복해서 내보냈다. 결국 그는 스팟, 즉 빠르게 치고 빠지는 짧은 광고가 더 효과적이라고 판단했다. 텔레비전이라는 새로운 매체 자체가 너무나 강력했기 때문에 더 적은 것이 더 효과적일 수 있었다. 그는 USP, 즉 고유 판매 제안의 원칙을 점차 발전시켰다. 리브스는 제품의 본질을 파악하고 그것을 경쟁 제품과 극적으로 다르게 보이게 만드는 놀라운 능력을 가지고 있었다(사실 그 차이는 미미한 경우가 많았다). USP의 핵심은 제품에서 고유하다고 여겨지는 한 가지 특징을 찾아내어 대중에게 강력히 호소하는 것이었다. 그는 "하드셀의 제왕"으로 불렸다. 그의 광고는 현실적이었고, 단순하고 반복적이었다. 광고에서 주장하는 바가 항상 사실인 것은 아니었지만, 그렇다고 엄밀히 따지면 거짓도 아니었다.

리브스는 사회가 풍요로워지면서 광고가 전반적으로 잘 나가던 시대에 더욱 큰 성공을 거두었다. 1945년 1,600만 달러의 매출을 기록하면서 업계 10위권에 명함도 내밀지 못하던 테드 베이츠를 1960년에는 매출액 1억 3,000만 달러의 업계 5위 기업으로 끌어올렸다. 리브스는 제품을 종종 할리우드 B급 영화에서 영웅과 악당을 묘사하던 방식으로 묘사하곤 했다. 그가 광고하는 제품에는 효과적으로 보이는 흰색 모자를 띄우고, 다른 제품(약효나 세척력이 떨어지는 제품)에는 검은색 모자를 씌우거나 때로는 브랜드 X로만 불렀다. 리브스가 광고하는 일반 의약품 광고를 보면 흰색 가운을 입은 사람이 의사 역할로 나와 유사 의학적 주장을 하곤 했다. 이에 대해 그의 경쟁자들은 "검증할 수 없는 주장"을 한다면서 달가워하지 않았다.

1948년 선거 운동 당시 리브스는 톰 듀이에게 일련의 라디오 광고를 제안했지만, 듀이는 품위에 어울리지 않는다며 거절했다. 이를 보며 리브스는 생각을 더욱 굳혔다. 듀이가 좀 더 현대적이고 좀 더 소박했더라면 그해 대통령으로 당선되었을 것이라고 그는 확신했다. 그래서 1952년 텍사스의 석유 사업자들(리브스는 "당시 나도 석유 지분을 갖고 있었다."라고 말한 적이 있다)이 아이젠하워를 지지하면서 민주당이 내세우고 있는 "그래도 지금이 가장 좋은 때입니다(You Never Had It So Good)."라는 슬로건에 맞설 수 있는 슬로건을 만들어 달라고 요청했을 때, 그는 필요한 것은 슬로건이 아니라 광범위한 이슈에 관해서 장군이 미국인들에게 전하는 짧고 강렬한 텔레비전 광고 캠페인이라고 그들에게 응답했다. 리브스는 몇몇 직원들과 함께 "11월에 아이젠하워의 승리를 보장하는 방법"이라는 계획을 세웠다. 이 계획은 마지막 3주 동안 200만 달러를 "가장 짧은 시간에 메시지를 전달할 수 있는 가장 빠르고 효과적이며 저렴한 수단"인 스팟 광고에 투자하도록 권고하는 것이었다. 이로써 미국 정치와 미국의 텔레비전 광고는 시청자들의 지능과 집중력을 과대평가하지 않는 한 남자에 의해 맺어질 준비를 하고 있었다.

정치에 비교적 문외한이었던 리브스는 공부를 시작했다. 그는 미국의 인종 투표를 분석한 최초의 연구자 중 한 명으로 명성을 얻고 있던 새뮤얼 루벨(Samuel Lubell)의 책을 읽고 나서 듀이 캠프의 선거 운동이 헤아릴 수 없을 정도로 어리석었음을 확신했다. 몇몇 핵심 주에서 아주 소수의 표만 움직였어도 듀이는 승리했을 것이었다. 리브스는 루벨의 연구에서 깊은 감명을 받아 루벨의 제자이자 여론조사의 가치를 확고하게 신뢰하는 마이클 레빈(Michael Levin)이라는 뛰어난 청년을 고용했다. 루벨의 연구와 레빈의 조사를 통해 리브스는 스팟 광고야말로 공화당의 해법이라는 확신을 더욱 굳혔다. 선거는 접전으로 치닫고 있었고, 따라서 그는 주요 12개 주의 49개 카운티, 즉 스윙 스테이트의 핵심 지역 공략에 최선을 다해야 한다고 판단했다. 스팟 광고를 활용하는 것의 여러 이점에 대해 그는 설득에 나섰다. 우선 값비싼 새로운 매체를 비교적 저렴한 비용으로 활용할 수 있으며, 아직 마음을 정하지 않은 유권자에게 다가가기 위한 미세 조정이 가능하고, 지지자나 후보의 실언이 나오지 않도록 후보자를 통제할 수 있을 뿐만 아니라, 마지막으로는 선거 운동 책임자가 중요한 지역에 자금과 노력을 집중할 수 있다고 주장했다. 선거 운동의 막바지 몇 주 동안에 이런 광고가 쏟아지면 민주당으로서는 대처하기 어려울 것이었다. 석유 사업자들은 그의 아이디어가 마음에 들었다. 얼마 지나지 않아서 42세의 리브스는 '아이젠하워를 위한 시민들'의 후원 아래 테드 베이츠로부터 6주 무급 휴가를 받고서 아이젠하워의 선거 운동에 뛰어들었다.

연초에 리브스는 진보 성향의 칼럼니스트 드류 피어슨(Drew Pearson)을 비롯한 몇몇 친구들과 자리를 함께 했다. 더글러스 맥아더가 공화당 전당대회에서 기조연설을 마쳤을 때였다. 피어슨과 다른 친구들은 맥아더의 연설이 강력했다고 평했지만, 리브스가 보기에 맥아더의 연설은 화려한 문장들로 꾸며져 있었지만 그가 미국 사회에서 대표하는 핵심 이슈들을 극화하는 데는 실패한 것 같았다. 리브스는 자신의 주장을 입증하기 위해 조사팀을 동원하여 250명을 대상으로 연설에 대한 인터뷰를 진행했다. 조사 결과, 장군의 연설 내용을 인지하고 있는 이들은 2%에 불과했다. 리브스의 주장이 옳았다는 것이 증명된 셈이다. 그해 9월, 세인트 레지스 호텔에 앉아서 전국 신문에 실린 아이크의 기사를 체크하던 그는 아이크의 상황이 맥아더만큼이나 나쁘다는 결론을 내렸다. 그는 자신을 포장하고 파는 일에 끔찍하리만큼 소질이 없었다. 그는 유명하고 인지도가 높다는 이점을 가지고 있었지만, 너무 많은 주제를 온갖 방향에서 건들면서 모든 것을 놓치고 있었다. 이건 재앙이었다. "광고에서는 그렇게 하면 안 됩니다." 그는 말했다. "침투력을 잃게 되죠." 리브스는 세 가지 핵심 테마에 집중했다. 부패를 청산하는 아이크, 사실은 평화주의자였던 군인 아이크, 정부에서 공산주의자들을 청산할 아이크. 그런 다음 그는 중도 성향의 주류 미국인을 위한 최고의 메일링 리스트를 가지고 있는 리더스 다이제스트(Reader's Digest)를 방문했다. 그리고 어떤 테마가 가장 효과적인지 묻는 메일을 각각 다른 구독자 10,000명씩에게 세 차례에 걸쳐 발송하도록 요청했다. 아이크에 대한 대다수의 반응은 전쟁을 잘 알지만 이제는 평화를 가져올 사람이라는 것이었다. 리브스는 또한 조지 갤럽(George Gallup)을 만나 여론 조사를 의뢰했다. 결과는 비슷했다. 미국인들은 무엇보다도 한국을 걱정하고 있었다. 이를 통해 리브스는, 말하자면 그의 USP를 찾아냈다고 생각했다: "아이젠하워, 우리에게 평화를 가져다줄 사람." 그는 장군에게 이 슬로건의 승인을 요청했지만, 놀랍게도 리브스와 그의 스태프들의 바람과는 달리 장군은 망설이고 있었다. 그 누구도 평화를 보장할 수는 없다는 것이었다. 그래서 슬로건은 더 간결하고, 좋게 바뀌었다: "아이젠하워, 평화의 사나이."

곧 리브스는 스팟 광고에 대한 전체적인 전략을 세웠다. 그들은 매우 인기 있던 두 정규 프로그램의 사이 시간대를 광고 방송을 내보낼 적정 타이밍으로 점찍었다. (아이젠하워 캠프에 보낸 메모에 그는 "다른 이들이 막대한 비용을 들여 구축해 놓은 잠재 고객들을 확보하는 겁니다."라고 적었다.) 광고가 시작되면 아나운서가 이렇게 외친다. "아이젠하워가 국민에게 답합니다!" 그리고 일반 시민이 질문하면, 아이젠하워의 연설문을 바탕으로 리브스가 작성한 답변을 아이크의 입으로 말하는 방식이었다. 후보자는 이런 정치 게임에 능숙한 사람들이 그렇게 하라고 해서 따르기는 하겠지만, 전적으로 동의하지는 않는다고 분명하게 말했다. 무엇보다도 그는 이들이 자신의 이마가 너무 빛난다고 말하고 다니는 게 마음에 들지 않았다.

그의 대머리가 텔레비전에 어떻게 비칠 것인지에 대한 논의로 이미 후보자는 상당히 짜증이 나 있었다. 이 문제를 처음으로 지적한 사람은 CBS 파리 특파원 데이비드 쉰브룬(David Schoenbrun)이었다. 아이크는 그에게 자신이 대머리라는 점을 잘 알고 있지만 뭘 어떻게 할 수 있는 문제는 아니라고 대답했다. 그러자 쉰브룬이 말했다. "당신에게는 고개를 숙이는 버릇이 있어서 대머리가 더욱 강조돼 보여요. 고개를 뒤로 조금 젖히면 어떨까요?" 아이크는 그렇게 시도해 보았지만, 문제는 그가 텔레비전 출연 자체를 싫어하다는 점이었다. 한번은 쉰브룬이 머리의 광택을 줄이는 메이크업을 받아보라고 하자 아이크는 이렇게 말했다. "그냥 배우를 구하지 그래요. 그게 당신이 진짜로 원하는 거잖아요." 하지만 리브스와 그의 스태프들은 아이크가 의심을 떨쳐버릴 수 있도록 차츰 설득해 나갔다.

아이크와 그의 최측근 보좌관들이 스팟 광고 촬영을 위해 리브스에게 허용한 시간은 9월 초의 단 하루였다. 이 결정에서도 후보가 모든 과정을 얼마나 못마땅해 하고 있는지 드러나고 있었다. 리브스는 자신을 마뜩찮아 하는 후보와 함께 일하고 있으며, 이런 제약을 수용해야 한다는 점을 알고 있었다. 그는 20초 길이의 스팟 광고 50개를 만들고 싶었다. 하지만 제한된 시간 내에서는 22개만 만들 수 있었다. 그는 모든 대본을 직접 썼다. 스튜디오에 도착한 아이크는 이 낯선 곳이 불편했다. 그는 신뢰하는 동생 밀턴을 데리고 와서 검열관 역할을 맡겼다. 밀턴의 임무는 대본을 살펴보고 후보가 수용할 것과 수용하지 않을 것을 선별하는 것이었다. "이건 안됩니다. 아이크는 이런 말은 절대로 하지 않을 거요." 밀턴은 아이크의 연설문에서 직접 따온 단어들을 콕 집어내며 리브스의 신경을 자극했다. "하지만 이미 연설 때 한 말들이잖아요." 리브스가 항의했다. 그러자 밀턴은 단호하게 대답했다. "그는 다시는 이런 말을 하지 않을 겁니다."

기술적으로 보면 모든 것이 상당히 원시적이었다. 텔레프롬프터가 등장하기 전이었고, 리브스는 안경을 쓰지 않는 아이크를 촬영하고 싶었지만 그는 안경 없이는 프롬프터 보드를 읽을 수가 없었다. 그래서 리브스는 아이젠하워가 안경 없이도 볼 수 있도록 거대한 필기판을 즉석에서 만들었다. 이제는 아이크가 늙고 지친 정치인이나 은행가의 모습이 아니라, 최소한 사진에서처럼 건강하고 활기차게 보일 것이었다. 불안해 하던 아이크는 일단 광고 촬영이 시작되면서 긴장을 풀었다. 예상보다 일이 잘 풀리자 리브스는 18개의 대본을 추가로 작성했고 장군은 그것까지 마저 찍었다. 하지만 장군의 마음은 여전히 흡족하지 않은 상태였다. "늙은 군인이 이런 짓까지 할 줄이야." 촬영 중간에 그는 고개를 저으며 이렇게 말했다.

아이크의 답변은 확보했으니, 이제는 질문자가 필요했다. 리브스는 제작진을 라디오 시티 뮤직홀로 보내 가장 전형적인 외모와 목소리를 가진 미국인, 즉 "미국인처럼 입고 멋진 네이티브 억양을 지닌 실제 사람들"을 수소문했다. 여성들은 보통 이렇게 말하도록 연출되었다. "요즘 물가를 아십니까? 물가가 너무 비싸서 미치겠어요." 그러면 아이크가 대답한다. "네, 마미가 생활비가 많이 든다며 저를 괴롭히곤 하죠. 이게 제가 변화가 필요한 때라고 말하는 또 다른 이유입니다. 이제는 정직하게 돈을 벌고 정직하게 일하는 시대로 돌아가야 합니다." 이어서 한 남성은 이렇게 묻는다. "아이젠하워 씨, 우리는 다시 전쟁을 치러야 합니까?" 그러면 아이크가 대답한다. "아뇨, 우리에게 평화를 위한 탄탄한 프로그램이 있다면 그렇지 않습니다. 그리고 한 마디만 덧붙이겠습니다. 우리는 수백억 달러를 지출하겠지만, 그럼에도 불구하고 한

1952년 공화당 전당대회는 보수 세력이 지지하던 밥 태프트가 또다시 패배하면서 극심한 내홍을 겪었다. 사진은 승리자들이 연단에 올라가 축하하는 모습이다. 아이크와 그의 부인 마미, 그리고 아이젠하워로부터 부통령 후보로 지명된 리처드 닉슨과 그의 아내 팻이 함께 기뻐하고 있다. (사진 출처 GEORGE SKADDING/ LIFE/TIME WARNER, INC.)

국을 위한 탱크와 비행기는 충분하지 않습니다."

리브스는 광고를 완성한 후, 매디슨 애비뉴에서 스티븐슨을 지지하는 소수의 사람 중 한 명인 데이비드 오길비에게 이를 보여줬다. 그는 이 광고가 광고인의 재능을 남용한 최악의 사례라고 생각했다. "로저," 오길비가 말했다. "자네를 위해서도, 그리고 나라를 위해서도 일이 잘 풀리길 바라겠네." 이 스팟 광고들은 원초적이고 효과적인 로저 리브스 특유의 스타일을 대표하고 있었다. 광고 속에서 아이크는 착하고 평범한 미국인처럼 보였다. 스티븐슨(이 경우에는 브랜드 X)은 언급조차 되지 않았다.

로저 리브스는 이 광고가 고밀도 캠페인을 통해 특정 시장을 공략하면서도 최소한의 시간과 비용을 들인 선구자적인 작업이었다고 말했다. 광고는 접전을 벌이고 있는 주를 중심으로 집행되었으며 이를 위해 150만 달러가 지출되었다. 민주당은 분노했다. 당시 젊은 스티븐슨의 연설문 작성자였던 조지 볼(George Ball)은 공화당의 위기는 돈은 많은 반면 제대로 된 후보가 없다는 점이라고 꼬집었다. "이런 딜레마에 직면하자 그들은 새로운 종류의 캠페인을 고안해 냈는데, 이 중요한 시대에 중대한 이슈들과 직면하고자 하는 사람들이 아니라 매디슨 애비뉴의 고급 마케팅 전문가들에 의해서였죠." 진보 성향의 〈리포터〉지에 기고한 글에서 마리야 매니스(Marya Mannes)는 매디슨 애비뉴와 미국 정치 시스템의 새로운 결합을 이렇게 조롱했다. "아이젠하워가 딱이지/장군은 한 명, 그것으로 충분해/기운이 없고 몸이 안 좋나?/아이크와 딕[62]을 한 대 피워봐/필립 모리스, 럭키 스트라이크처럼/알카셀처는 어때? 난 아이크가 좋아." 리포터 지의 편집장 할런 클리블랜드(Harlan Cleveland)는 우연히 리브스의 옆집에 살고 있었다. 어느 날 리브스는 클리블랜드에게 잡지에서 비판하는 요지가 뭔지 물었다. "대통령을 치약처럼 팔고 있잖아요." 클리블랜드가 대답했다. 리브스는 정보화된 대중이야말로 민주주의의 본질이라고 반박했다. "20분 연설에 문제가 있나요? 아니면 10분 연설? 아니면 5분 연설은 어떤가요?" "문제가 없죠." "그럼 1분 연설이나 15초 연설은 뭐가 문제죠?" 리브스가 말했다. "15초 동안에는 아무 말도 할 수 없다는 거죠."라고 리브스는 클리블랜드의 말투를 빌려 자답을 한 뒤 자신의 주장을 덧붙였다. "5억 달러 상당의 광고를 책임졌던 사람으로서 나는 당신보다 이 문제에 대해 더 많이 알고 있습니다." 대화가 잠시 끊겼지만, 리브스는 이제 자신이 원하는 사람을 찾았다고 확신했다. "할런, 프랭클린 루스벨트의 첫 수락 연설, 그 라디오 연설을 기억하십니까?" 그가 묻자 클리블랜드는 기억한다고 말했다. "그리고 우리가 두려워해야 할 것은 두려움 그 자체뿐이라는 구절 말이죠?" 클리블랜드는 다시 고개를 끄덕였다. "할

---

62   부통령 후보인 리처드 닉슨의 별명이 '트리키 딕(교활한 녀석)'이었다.

런," 리브스의 목소리에 힘이 들어갔다. "15초였습니다." 이제 그는 한 걸음 더 나아갔다. "처칠이 미주리주 풀턴에 있는 웨스트민스터 대학에서 한 연설을 기억하십니까? 거기서 뭐라고 말했죠?" "유럽에 철의 장막이 쳐졌다고 했죠." 클리블랜드가 대답했다. 그리고 뭐라고 말했나요? 리브스는 밀어붙였다. 클리블랜드는 기억하지 못했다. "그건 처칠의 15초 스팟이었죠." 리브스가 말을 이었다. "그는 '이토록 많은 이들이 그렇게 적은 수의 사람들에게 그토록 많은 빚을 졌던 적은 없었다.'라는 말로 전쟁 영웅들에게 감사를 표했죠. 이 말 역시 처칠의 스팟이었습니다. 그는 스팟에 매우 능한 인물이었지요." 리브스는 클리블랜드가 매우 불편해했다고 기억했다. 클리블랜드는 "그건 선동주의로 이어질 수 있습니다."라고 말했다. 리브스는 자신이 하고 있는 일이 유권자들에게 정보를 제공하는 데 도움이 된다고 확신한다면서, "정보를 갖지 못한 유권자들은 선동주의에 더 빨리 휩쓸릴 수 있습니다."라고 반박했다.

아이크가 다소 불편해하면서도 새로운 커뮤니케이션 기술에 적응해 갔다면, 스티븐슨은 그렇지 못했다. 그는 광고를 정치에 활용하는 것을 싫어했다. 아이젠하워의 광고 소식을 들었을 때 그는 선거 캠프에 파견된 CBS 간부 루 코원(Lou Cowan)에게 이렇게 말했다. "내가 들어본 것 중에서 최악이군요. 대통령직을 시리얼처럼 팔아먹고 있어요. 대통령직의 상품화죠. 1분짜리 스팟으로 어떻게 진지한 이슈를 이야기할 수 있겠어요!" 미국에는 이미 1,700만 대의 텔레비전이 보급되어 있었지만 스티븐슨은 본질적으로 미디어를 인정하지 않았다. 아이러니한 점은 그럼에도 그가 미디어를 잘 활용했다는 사실이다. 매체들은 그의 가식 없는 모습, 자연스러운 우아함, 그리고 무엇보다도 그의 매력을 있는 그대로 포착해 냈다. 그는 텔레비전에 자신을 잘 노출시키지 않았고, 그걸 진지하게 받아들이지도 않았기 때문에, 방송에 출연했을 때도 긴장하지 않았다. 당시 최고의 텔레비전 비평가였던 존 크로스비(John Crosby)는 9월 초에 이렇게 평했다. "애들레이 스티븐슨 주지사가 지금까지 볼 수 없었던 텔레비전형 인물이라는 것이 공화당원과 민주당원 모두에게 이제는 매우 분명해졌다." 하지만 그는 보이지 않는 수백만 명의 청중 앞에서 연설하는 것을 좋아하지 않았다. 참모들이 새로운 매체의 중요성에 대해 그를 아무리 설득해도 소용이 없었다. 엘리트 계층 특유의 속물적 자만심이 몸에 배어 있던 그는 스스로 텔레비전을 찾아서 보는 인물이 아니었다.

측근들이 그를 변화시키기는 어려웠다. 세대 차이도 존재했지만, 그의 속물적 자만심이 문제였다. 그와 가까운 사람들은 대부분 텔레비전을 소유하기는커녕 텔레비전을 시청한다는 사실조차 인정하려 들지 않았다. 한번은 스티븐슨이 텔레비전으로 중계되는 주요 연설을 하기로 예정되어 있었을 때, 루 코원은 스티븐슨의 이혼 문제를 완화시킬 수 있는 아이디어를 생각해 냈다. 무대 위로 올라온 그의 충직한 세 아들에게 카메라를 맞추는 방법이었다. 연설 직전에 그들이 "아빠, 행운을 빌어요." 같은 정다운 말을 건네는 장면을 넣자는 것이었다. 스티븐슨은 그 계획을 듣는 즉시 거절했다. "루 이 친구야, 우리 가족은 그런 짓은 하지 않아." 그를 따라다니던 선거 취재단이 그의 인간적인 모습을 스케치할 수 있도록 비공식적인 촬영을 제안한 적이 있었다. 선거 운동용 자동차 안이나 연설문을 작성하는 그의 작업실에 카메라를 들여보낼 수 있도록 허락해 달라는 것이었다. 그의 대답은 항상 같았다. "절대 안 됩니다."

그러나 연설의 주제와 진지함 이외의 다른 것들에 초점을 맞추려던 모든 시도를 배격했던 스티븐슨의 태도는 선거 운동에 특별한 위엄을 부여했다. 수년 후에 그의 열렬한 지지자들은 그의 연설이 웅변적이고, 두려움이 없었으며, 힘이 넘쳤다고 기억했다. 하지만 흥미롭게도 시간을 내어 다시 읽어보면 실망스러운 경우가 많았다. 연설은 의심의 여지가 없을 정도로 훌륭했지만, 연설을 그토록 감동적으로 만들었던 이유는 따로 있었다. 그는 바로 어려웠던 시기에 용기를 보여줬던 사람이었다. 매카시즘이 절정으로 치닫던 시기에, 핵 위험과 전후 두 강대국의 대립이 불러온 끔찍한 공포 속에서 그는 연설하고 있었다. 당시 미국의 공적 담론의 수준은 밑바닥을 기고 있었다. 칼 문트(Karl Mundt) 상원의원이 말한 승리의 화학 공식은 KC2, 즉 한국과 공산주의, 부패(Korea, Communism, corruption)를 강조하는 것이었다. 당시 많은 정치인들의 연설은 조잡했고, 상대를 비난하는 것에 초점을 맞추고 있었다. 그렇지 않은 이들은 매카시의 공격이 두려워서 개인의 자유에 대한 언급을 꺼리고 있었다. 아이젠하워는, 유감스럽게도 침묵했다. 그러나 스티븐슨은 침착했으며 두려움이 없었다. 그는 다른 사람들이라면 쇠퇴와 취약성, 그리고 실제로 배신만을 보았던 미국의 상황에서 힘을 얻는 것처럼 보였다.

10월 중순에 솔트레이크시티의 몰몬교 성전(the Mormon Tabernacle)[63]에서 한 그의 연설이 전형적이었다. 그는 긴 여행으로 피곤한 상태였고, 연설에 앞서 열리는 리셉션에 참석할지 여부를 놓고 비서들과 설전을 벌였다. 그는 방에서 연설문을 작성하는 것을 선호했고, 할당된 시간을 넘기지 않기 위해 원고를 줄이고 싶어 했다. 결국 그는 리셉션에 참석한 후 방으로 돌아왔다. 그는 너무 피곤해서 술을 한 잔 더 마시기로 결정했다. "오늘 밤에는 내가 무슨 말을 하는지 모를 거야." 그는 농담을 던졌다.

그날 밤, 피곤함에도 불구하고 그는 최상의 상태였다. 그는 이렇게 연설을 시작했다. "오늘 밤, 저는 위대한 자신감으로 뭉친 대다수의 미

---

63 (편집자 주) 솔트레이크시티는 몰몬교의 총본산이며, 몰몬교 성전(지금은 솔트레이크 성전이라 불린다)은 솔트레이크시티의 중심지인 템플스퀘어에 자리한다.

국 시민들, 관대하고 두려움이 없는 이들, 우리의 힘에 자부심을 느끼고 우리의 선함에 확신을 가지며 서로의 신뢰를 바탕으로 일하고 싶어 하는 사람들과 이야기를 나누고 싶습니다." 그는 그러나, 유감스럽게도 공화당의 선거 연설가들은 자신이 말한 자신감 넘치는 다수에 포함되지 않는다고 말했다. 미국을 바라보는 그들의 시각을 지적하며 그는 연설을 이어갔다. "그들은 우리 중의 일부를 향해 목적도 없고 마음도 없는 동반자[64], 즉 바보들이라고 부릅니다. 그들은 항상 우리를 무가치하고 겁에 질린, 어리석고 무정한 사람으로 묘사합니다. 그들은 그렇게 여러분과 제가 알고 있는 희망찬, 실용적이면서도 매우 도덕적인 미국을 배신하고 있습니다." 이어서 그는 매카시즘의 위험성에 대해 이야기를 꺼냈다. 그는 우리 같은 사회에서는 하느님의 영역과 카이사르의 영역이 정당하게 구분되어야 한다고 말했다. 마음과 양심의 자유, 국가의 사상 통제로부터 벗어날 수 있는 자유는 하느님의 영역이고, 최저임금, 농산물 가격, 군비 지출과 같은 것은 카이사르의 관할권이라는 것이었다. "우리가 경제적, 사회적 의무를 다하는 것을 막으려는 사람들은 반대자들을 겁주거나 침묵시킬 기회가 보이는 즉시 비난과 중상모략을 서슴지 않습니다. 그들은 무례하고 부주의하게 양심과 사상의 영역, 즉 하느님의 영역을 침범합니다. 거긴 상원의원들의 영역이 아닙니다." 건국의 아버지들은 정부를 폭압적인 권력이 아닌 온화한 권력으로 여겼으며, 그에 따라 우리를 통치할 사람들에게 큰 자유를 허용했다고 그는 주장했다. "따라서 자신이 옳다고 믿는 한 그들(매카시와 그의 지지자들)은 무슨 말이나 할 수 있으며, 또한 나의 상대편이 옳다고 믿는다면 그는 그들 모두가 재선되도록 도울 수도 있습니다." 미국에서 가장 보수적인 주에서 그의 연설은 우레와 같은 박수갈

64   fellow traveler. 공산주의에 동조하는 이들을 일컫는 말이다.

채를 받았고, 그 덕분에 몇 차례나 중단되었다.

선거운동 기간에 특정한 새로운 계급이 형성되고 있었다는 점도 눈에 띄었다. 스티븐슨은 전후 새롭게 부상한 지식인 엘리트층, 작가 마이클 알렌(Michael Arlen)이 수년 후 "새로운 G.I. 빌 지식인"이라고 칭한 이들에게 엄청난 인기를 얻었다. 당시만 해도 마치 미국이 지적 수준에 따라 양분되는 것처럼 보였다. 스티븐슨이 지명되던 날 밤에, 아이젠하워는 콜로라도의 한 농장에서 친구 조지 앨런과 함께 상대 후보의 수락 연설을 지켜보았다. 연설이 끝나자 앨런은 그를 돌아보며 이렇게 말했다. "그는 너무 뛰어난 연설가야. 쉽게 이길 수 있겠어." 장군은 상대적으로 보수적인 미국, 즉 전통적인 부유한 공화당원들과 소도시의 착실한 시민들에게 호소력을 발휘했다. 스티븐슨이 〈뉴요커〉, 〈하퍼스〉, 〈애틀랜틱〉 독자들의 후보였다면, 알렌의 말처럼 아이크는 〈새터데이 이브닝 포스트〉와 〈리더스 다이제스트〉 독자들의 후보였다.

미국의 일부 지역에서는 스티븐슨이 대통령으로서 충분히 남성적이지 않다는 믿음이 있었다. 실제로 그의 성 정체성을 의심하는 의도적으로 유포된 소문도 상당했다. 강력한 보수 성향의 〈뉴욕 데일리 뉴스〉는 그의 이름을 애들레이드(Adelaide)로 바꿔 불렀다. 그러나 반대로 그는 주지사 시절에, 그리고 후보 시절에도 열정적인 외도를 경험했다. 그는 애들레이의 하렘으로 불릴 정도로 많은 여성들에게 둘러싸여 있었다.

다음은 CBS 해설자 에릭 세바레이드(Eric Sevareid)가 그해 가을에 쓴, 유권자들에게 호소하는 두 후보의 차이점을 날카롭게 포착한 편지의 일부이다. 여기에는 선거운동 과정에서 표면화된 계층과 교육의 엘리트주의가 분명히 드러나 있다. "고통스러울 정도로 정직한 그는 … 주장하기보다는 분석해 왔습니다. 그는 유능한 아버지나 형제의 이미지가 아니라, 도덕적이고 지적인 감독관, 양심의 양심이라 불리는 등에(the gadfly)[65] 같은 모습을 보여왔습니다. 그렇게 함으로써 그는 미국 정치에서 보기 드문 진실성과, 오늘날 정치 현장에서 타의 추종을 불허하는 지성의 광채를 드러냈습니다. 그는 지식인들과 실로 많은 정보를 가진 이들의 상상력을 사로잡았으며, 지적 열정을 자극했지만, 제대로 정보를 갖추지 못한 대다수 유권자들의 감정을 자극하지는 못했습니다. 그래서 그가 어디로 가고 있으며 무엇을 해야 하는지에 대한 신뢰와 권위, 확신을 만들어내지는 못했습니다. 반면 아이젠하워는 그런 느낌이나 환상을 줬는데, 정작 그 자신은 아이디어나 확신이 전혀 없었기 때문입니다."

공화당은 스티븐슨이 지식인과 언론인에게 호소하는 것에 거의 신경 쓰지 않았다. 그해 9월 칼럼니스트 스튜어트 올숍(Stewart Alsop)은 코네티컷 주의 공화당 유력 인사인 동생 조셉에게 전화를 걸어 스티븐슨이 만나는 사람들과 잘 지내고 있다고 전했다. "그렇겠지." 조셉 올숍이 말했다. "먹물(egghead)들은 다들 스티븐슨을 지지하지. 그런데 먹물들의 숫자가 얼마나 될까?" 그렇게 스티븐슨은 먹물들의 후보가 되었다.

험한 시기임에도 선거 운동은 꽤 괜찮게 진행되었다. 매카시즘의 음침한 소란이 계속되고 있었으나(모든 형태의 민주적 행동에 대한 전문가인 위스콘신 상원의원은 곤봉을 들고 스티븐슨의 선거 운동 행렬에 가담해 주지사를 훌륭하고 충성스러운 미국인으로 만들고 싶다고 말했다) (또한 닉슨은 공화당 우파를 주무르고 있었다), 아이젠하워는 인격자(a decent man)였고 스티븐슨은 정치 담론의 수준을 높인 우아한 선거 후보(campaigner)였다. 스티븐슨은 조지 마셜에 대한 우파의 비난이 "가장 천박한 접근 방식"이라고 비판했다. 스티븐슨이 더 나은 후보라고 여기는 이들 중에서는

---

65   소크라테스가 자신을 등에에 비유한 것을 염두에 둔 표현이다.

공화당이 매카시에 대한 책임을 지도록 만들기 위해 아이젠하워를 선출할 필요가 있다고 생각하는 사람들도 있었다. 또 다른 이들은 공화당이 더 오래 집권하지 못하면 양당 체제가 위태로워질 것을 우려했다. 이런 우려는 칼럼니스트 조셉 올솝(Joseph Alsop)이 이사야 벌린(Isaiah Berlin)에게 보낸 편지에 가장 잘 표현되어 있다. 올솝은 선거 운동을 통해 스티븐슨은 대통령이 될 자격을 충분히 보여줬지만 아이젠하워는 그렇지 못했다고 확신한다면서도 이렇게 덧붙였다. "만약 공화당이 이기지 못한다면 미국에 일류 파시스트 정당이 들어설 것이라는 가상적인 확신에 끊임없이 협박당하는 것 같습니다. 이 나라에 변화가 필요한 진정한 이유는 민주당의 부패 때문이 아니라, 공화당에게 책임감이라는 경각심을 심어줄 필요가 있기 때문입니다."

스티븐슨 스스로 당선 가능성이 조금이라도 있다고 생각했다면 타협하고 싶은 유혹을 더 많이 느꼈을지도 모른다. 후보 지명 직후, 그는 자문단으로부터 해상 유전의 권리 문제를 놓고 텍사스 보수주의자들과 타협하라는 조언을 받았다. 그렇지 않으면 텍사스 선거에서 패배할 수도 있다는 경고였다. "하지만 꼭 이길 필요는 없습니다."라고 그는 대답했다. 대신 그는 애국주의와 정치적 반동의 본거지인 미국 재향군인회 앞에서 청중들에게 매카시 식의 애국심은 수치스러운 것이라고 연설했다. 스티븐슨 자신은 필연적으로 패배할 수밖에 없었지만, 그는 20년 이상 집권해온 민주당이 완전히 불명예스러운 상황에 처해져야 했을 시점에 당에 활력을 불어넣었을뿐만 아니라, 정치 후보를 위해 일할 생각조차 하지 않던 젊은 미국인 세대들이 민주당을 개방적이고 흥미로운 곳으로 여기도록 만든 인물이었다.

그는 한 기억할 만한 연설에서 이렇게 말했다. "미국인이 조국을 사랑한다고 말할 때는 뉴잉글랜드의 언덕이나 햇살에 반짝이는 대초원, 넓게 펼쳐진 평원, 산이나 바다만을 사랑한다는 의미가 아닙니다. 자유가 살아 숨 쉬고 인간이 자존감의 느낄 수 있는 내면의 공기, 내면의 빛까지 사랑한다는 의미입니다." 자유당[66] 당원들 앞에서 한 연설에서 그는 아이젠하워와 함께 정권을 잡으려는 우익 인사들에 대해 이렇게 말했다. "그들은 야생동물보호구역에서 공산주의자들을 사냥하면서 유럽과 아시아 전선에서 진짜 공산주의자와 맞서 싸우고 있는 용감한 남녀들을 돕는 것에는 주저하는 자들입니다. …그들은 결국 우리 자신을 죽을 정도로 겁주는 것으로 크렘린을 당황시킬 수 있다고 믿는 자들입니다." 스티븐슨이 미국에 남긴 선물이 있다면 우아하고 잘 다듬어진, 사려 깊고 차분한 그의 언어일 것이다.

선거운동은 예의를 갖춘 채 진행되었지만, 후보들 사이의 호감도를 상승시키지는 못했다. 스티븐슨은 아이젠하워가 당내 매카시 진영과 거리를 두지 않고, 텔레비전 광고로 자신을 포장하도록 동의한 것에 분노했다. 그는 선거운동 초반 아이젠하워를 "존경하는 상대방"이라고 언급했지만, 나중에는 그냥 "장군"으로 불렀다. 아이젠하워 역시 상대방에게 환멸을 느꼈다. 처음에는 조지 마셜과의 인연 때문에 스티븐슨을 인상 깊게 여겼지만, 선거운동이 진행되면서 그가 아무리 고상한 척을 해도 결국은 또 다른 정치인일 뿐이라는 결론에 이르렀다. 장군은 정치인이라는 직업을 존경하지 않았다.

선거운동의 가장 극적인 순간은 선거 초반에 찾아왔고, 텔레비전과도 연관되어 있었다. 9월 중순, 리처드 닉슨이 자신의 재정적 압박을 해소하기 위해 캘리포니아의 부유한 사업가들을 대상으로 기금을 조성한 사실이 밝혀졌다. 이 기금은 젊은 상원의원의 여행 경비와 크리스마스 카드 및 기타 소소한 비용을 위해 사용될 예정이었다. "그들은 너무 가난해서 가정부조차 없으니 우리가 가정부를 구해줘야지요." 기

---

66 Liberal party. 1950년대 초반에 활동했던 진보 성향 정당으로, 현재의 제3당인 자유지상주의 성향의 자유당(Libertarian Party)과는 다른 정당이다.

금 모금 책임자 중 한 명인 데이나 스미스(Dana Smith)는 이렇게 말했다. 닉슨 기금은 특별한 것이 아니었다. 애들레이 스티븐슨을 비롯한 다른 정치인들도 비슷한 기금을 사용해왔다는 사실이 밝혀졌다. 많은 의원들이 다양한 행정직이나 비서직에 자신의 아내를 고용하여 급여를 늘리는 방법을 사용했지만, 닉슨은 그렇게 하지 않았다. 닉슨이나 주최 측 모두 기금 모금을 특별한 비밀로 여기지 않았다. 9월 중순, 기자들이 닉슨에게 처음 이 문제를 물었을 때, 그는 매우 밝고 편안한 태도로 데이나 스미스를 만나보라고 제안했다. 스미스 역시 자신들이 하는 일을 열정적으로 설명하면서 다른 사람들에게도 모델이 될 수 있을 것이라고 말했다. 그는 또한 뉴딜 정책을 "공산주의자들로 가득 차 있다."면서 강하게 비판했다. 그리고는 이렇게 덧붙였다. "우리의 생각은 세일즈는 세일즈로 맞서야 한다는 것이었고, 닉슨은 사회주의화에 반대하기 위해 가용할 수 있는 최고의 세일즈맨으로 보였습니다. 그것이 그의 재능이죠, 진정한 세일즈맨 기질 말입니다."

기금은 총 16,000달러가 넘는 것으로 보였다. 기부액은 100달러에서 500달러까지 다양했다. 초기 보도는 큰 반향을 일으키지 않았다. 대부분의 신문이 안쪽 지면에 조그맣게 배치하거나, 아예 다루지 않았기 때문이었다. 그러던 9월 18일, 닉슨에게 호의적이지 않던 진보 성향의 〈뉴욕 포스트〉가 이 사건을 대서특필했다. "닉슨의 비자금"이라는 제목과 함께 "비밀 부자들의 신탁 기금이 닉슨의 호화 생활을 지원"이라는 부제가 크게 달려 있었다. 닉슨은 전형적인 방식으로 대응했다. 그는 북부 캘리포니아에서 기차를 이용한 선거 유세를 하던 중이었는데, 군중 속에서 누군가가 "16,000달러에 대해 해명하라!"라고 외쳤다. 닉슨이 움찔하는 게 보였다. "저쪽에서 질문이 들립니다. 기차를 멈춰보세요. 멈춰요." 기차는 수백 피트 쯤 움직이다가 멈춰섰다. 닉슨은 군중이 다시 모여들기를 기다리면서 옆에 있던 기자들에게 속삭이

듯 말했다. "앨저 히스의 지지자들이죠." 그리고 다시 군중들을 향해 말했다. "거기서 질문이 들렸어요. 16,000달러에 대해 말해 달라고 하더군요. 저는 지금부터 그 문제에 관해 이야기하려고 합니다. 여러분은 제가 미국의 공산주의자들을 조사했던 일을 알고 계시죠. 그때부터 공산주의자들과 좌파들은 온갖 험담을 구사하면서 저를 공격해 왔습니다." 〈뉴욕 포스트〉의 보도는 쉽게 마무리될 수도 있었다. 기금은 다소 의심스러울 수 있지만 매표를 했다는 증거는 없었다. 게다가 〈뉴욕 포스트〉의 기사는 명백히 적대적이었다. 아이크의 공보 비서관 짐 해거티(Jim Hagerty)는 즉시, "우리는 〈뉴욕 포스트〉 기사에 대해 논평하지 않겠습니다."라고 말했다. 하지만 이 일로 인해 아이젠하워 지지자들은 궁지에 몰렸다. 전체 선거 운동이 아이젠하워의 청렴함을 전제로 하고 있었기 때문이었다. 그는 말하자면 워싱턴의 난장판을 정리할 사람이었다. 아이젠하워가 타고 있던 기차 안에서는 장군을 보호해야 하며, 닉슨이 피해를 입는 한이 있더라도 이 일로 장군이 오물을 뒤집어써서는 안 된다는 결정이 내려졌다. 장군은 곧 비공개 기자회견에서 기자들에게 수사학으로 포장된 질문을 던졌다. "우리 자신이 사냥개 이빨처럼 깨끗하지 않다면, 워싱턴에서 벌어지고 있는 일들에 대한 우리의 성전을 계속하는 것이 무슨 의미가 있겠습니까?"

따라서 닉슨은 아이크의 눈에서 자신을 지워야 하는 부담을 안게 되었다. 닉슨이 이를 어떻게 해낼지는 불분명했다. 양 후보 모두 일관된 상호 전략을 마련하는 데 많은 노력을 기울이지 않았다. 아이크는 기차로 중서부를 돌고 있었는데, 애초에 닉슨이 부통령 후보가 되는 것을 원하지 않았던 동부 지역 당원들에게 둘러싸여 있었다. 닉슨은 기차를 타고 캘리포니아를 돌고 있었는데, 이 기차에는 장군의 정치적 통찰력 부족에 분노하는 사람들이 탑승하고 있었다. 두 기차 사이의 의사소통은 거의 이루어지지 않았다. 아이크는 닉슨이 스스로 위기에서 빠져나와야 한다며 앉아서 기다렸고, 그러는 사이에 언론 보도는 점점 증가했다.

후보들은 이제 자신의 성격대로 행동하고 있었다. 사령관인 아이크는 냉담했고, 참모들 사이에 조심스럽게 숨어 있었기 때문에 자신의 무반응이 보도에 추진력과 타당성을 부여하고 있다는 사실을 깨닫지 못했다(사실 그의 참모들은 닉슨에 대한 짜증과 함께 장군이 그를 거의 알지 못했다는 사실을 누설하고 있었다). 닉슨이 탄 기차의 분위기는 어두웠고, 후보는 침울한 표정으로 자기 연민에 빠져 있었다. 그의 참모들은 모든 것을 단숨에 잊을 수 있었음에도 그렇게하지 않은 장군을 저주했다. 닉슨은 나중에 아이크가 자신을 "얼굴에 잼을 가득 묻힌 채로 잡혀온 어린아이"처럼 느끼도록 만들었다고 말했다.

이야기가 퍼져나가면서 기차에 동승해 있던 기자들은 정신 없는 나날을 보내야 했다. 완벽하게 조율된 선거 운동에서 첫 번째 틈새가 발견된 것이었다. 인류 역사상 가장 위대했던 상륙 작전의 지도자가 국내 정치에서는 능숙하지는 않다는 것을 지켜본 기자들은 약간의 희열을 느끼고 있었다. 닉슨의 입지는 점점 더 위태로워 보였다. 하와이에서 휴가 중이던 빌 노랜드(Bill Knowland)는 본토로 돌아가서 닉슨을 대체할 준비를 하라는 경고를 받았고, 이 소식이 곧 유출되면서 닉슨의 몰락에 대한 소문은 더욱 확산되었다. 닉슨에게 호의적이었던 유일한 동부 출신인 듀이 주지사는 부통령 후보에게 아이크의 주변 인물들이 대체로 교수형을 준비하고 있는 배심원단 같다고 전했다. 점차 닉슨에게 동정적인 사람들 사이에서 닉슨이 스스로 해명하기 위해 특별한 텔레비전 프로그램에 출연해야 한다는 구상이 떠오르고 있었다.

닉슨 자신도 아이젠하워가 주저하는 것에 분노했다. "장군님," 닉슨은 절박한 상황에서 그를 찾았다. "제 지위에 있는 사람이 장군님 같은 지위에 계신 분에게 이런 말을 할 줄은 몰랐습니다만, 때로는 일을 해내든지 아니면 물러나야 할 때가 있습니다." 그래서 닉슨은 텔레비전에 출연하여 주도권을 잡기로 결심했다. 아서 서머필드(Arthur Summerfield)와 밥 험프리스(Bob Humphreys)는 텔레비전 중계를 위해 75,000달러를 모금하라는 지시를 받았다. NBC 텔레비전의 64개 채널과 CBS 라디오의 194개 채널, 그리고 뮤추얼 방송 시스템 상의 560여 개 라디오 채널을 모두 연결할 계획이었다. 텔레비전 방송을 진행하기로 결정한 것은 9월 21일 일요일이었다. 시간대를 놓고 약간의 논쟁이 있었다. 텔레비전 관계자들은 월요일 밤 루시 쇼가 끝난 직후에 방송하면 많은 시청자를 확보할 수 있을 것이라고 했다. 하지만 닉슨은 24시간 안에 준비를 마치기 어렵다고 생각했다. 결국 방송 시간은 9월 23일 화요일, 밀턴 베를 쇼가 끝난 직후로 잡혔다. 비록 밀턴 베를이 루시만큼의 시청률은 나오지 않았지만 어쩔 수 없었다.

　그날 밤 닉슨은 전 국민을 상대로 마치 자신의 영혼을 드러내는 듯했다. 적어도 재정적인 측면에서는 그랬다. 그로서는 정치 경력이 위태로운 상황에서 더 이상 잃을 것은 아무 것도 없었다. 그는 적대적인 배심원단의 심판을 받게 될 것으로 보였다. 그는 듀이로부터 연설 말미에 후보직 사임을 언급하면서 결정권을 장군에게 넘기라는 조언을 들었다. 아이크의 측근들은 닉슨이 방송을 시작하기 전에 연설문 사본을 원했지만, 부통령 후보는 이에 응하지 않았다. 결국, 닉슨의 수석 전략가 머리 초티너(Murray Chotiner)는 아이젠하워 진영의 셔먼 아담스에게 연락했다. "셔먼, 무슨 말이 나올지 알고 싶으면 내가 하라는 대로 하세요. 텔레비전 앞에 앉아서 들어보세요." 닉슨은 자신이 이해하고 극복할 수 있는 종류의 도전이라는 점에서 흥분된 상태였다. 이 연설은 이후 그의 반려견 체커스의 이름을 따서 체커스 연설로 알려졌지만, 닉슨 자신은 이 연설 순간을 자신의 커리어에서 최고 정점으로 여기며 "기금 연설"로 부르는 것을 훨씬 더 선호했다. 그럼에도 불구하고 닉슨은 딸들의 반려견 이름이 언급되는 것을 자랑스러워했는데, 작은 반려견 팔라가 등장하는 유명한 루스벨트의 연설을 연상시켰기 때문이었다.

그는 자신이 어떻게 보여야 할지 정확히 알고 있었다. 그는 자신을 제2차 세계대전에서 돌아온 다른 많은 퇴역 군인들처럼 이제 막 사회생활을 시작한 평범한 미국인으로 묘사하고자 했다. 나아가 자신의 국가에 대한 봉사를 언급할 때는 다소 겸손한 자세를 취했다("제 복무 기록이 특별한 것은 아니라고 말씀드리고 싶습니다. 저는 남태평양에 있었죠. 무공 훈장 몇 개는 받을 자격이 있었던 것 같아요. 표창장도 몇 개 받았지만, 폭탄이 떨어질 때 그저 거기에 있었던 것 뿐이죠."). 그는 청중들에게 자신이 한 번도 부유했던 적이 없었고, 평범한 미국인들을 위해 공산주의자와 싸우는 과정에서 누명을 쓰고 있음을 알리고 싶어 했다(그리고 이 상황이 어떻게 마무리되든 그는 계속 그렇게 할 것이었다). 연설은 사전 원고 없이 진행되었고, 그는 메모를 보며 즉석에서 연설을 이어갔다.

닉슨의 텔레비전 방송을 담당했던 테드 로저스(Ted Rogers)는 방송 스튜디오 직원들에게 최대한 자연스러운 분위기를 내도록 지시했다. 로저스는 후보들이 시청자들의 가정에 찾아가서 이야기하는 것같은 편안한 분위기를 만들고 싶었다. 성조기도 내걸지 않았고, 어떤 기교도 부리지 않았다. 아내 팻과 함께 출연하자고 주장한 사람은 닉슨이었다. 그녀는 그들이 전형적인 미국의 젊은 부부임을 상기시켜주는 유일한 소품이었다. 로저스는 팻의 등장이 적절치 않을 수 있다고 의구심을 표했지만, 닉슨은 단호했다. 로저스는 방송이 닉슨에게 단순한 정치를 넘어서는, 그가 전 세계를 상대로 치르는 전쟁과도 같은 것임을 깨달았다. 연출자는 로저스에게 닉슨이 언제 연설을 끝낼지 알 수 있냐고 계속 물었지만, 로저스는 "알게 될 거예요. 그냥 알 수 있을 겁니다."라고만 대답했다. 로저스는 바닥에 분필로 동그라미를 그려 카메라가 잡을 수 있는 범위를 지정하고 닉슨에게 원을 벗어나지 말라고 말했다.

닉슨의 연설은 30분 동안 이어졌다. 그는 가족의 재정 상황을 매우 상세하게 설명했다. 팻 닉슨은 그들의 과거 가난했던 삶이 파헤쳐졌다는 이유로 이 연설을 싫어했다. "왜 우리가 가진 것이 얼마나 적고 빚이 얼마나 많은지까지 사람들에게 설명해야 하나요?"라고 그녀는 항변했다. 연설은 실제로도 구차하게 들렸다. "팻에게는 밍크 코트가 없습니다. 하지만 팻은 매우 단정한 공화당의 천 코트를 입고 있죠. 저는 항상 팻에게 무엇을 입어도 잘 어울린다고 말해주곤 합니다." 그리고 반려견을 언급했다. "아이들이 그 개를 정말 좋아하는데요, 지금 이 자리에서 바로 말하겠습니다. 그들이 뭐라 하든 우리는 그 개를 키울 겁니다." 그러나 무엇보다도 강조된 것은 아이젠하워를 향한 존경과 복종이었다("여러분, 아이젠하워는 위대한 분입니다. 저를 믿으세요, 그는 위대한 사람입니다."). 그리고 시청자들에게는 아이크에게 적대적이고 닉슨에게 동정적이던 보수 색채의 공화당 전국위원회에 전보를 보내달라고 말하기도 했다. 그는 자신의 문제를 정치적인 측면이 아닌 개인적인 상황으로 규정했다. 그는 미국 국민들에게 자신이 궁지에 몰렸음을 고백하고 구해달라고 요청했으며, 대다수 국민이 이제는 자신을 구해줄 것이라고 내다봤다.

연설을 마친 닉슨은 눈물을 흘리며 자신이 연설을 망쳤다고 생각했다. 공화당 전국위원회의 주소를 제대로 언급하지 못한 것에 대해서도 후회했다. 하지만 로저스는 닉슨이 의도하지 않았음에도 연설을 절묘하게 마무리했다며 놀라움을 금치 못했다. 그는 후에 "닉슨은 워너 브라더스 영화의 마지막 장면처럼 세트장을 걸어 나갔다."라고 말했다. 전화 반응은 로저스의 판단이 옳았음을 보여주었다. 클리블랜드에서 연설을 지켜본 아이크는 닉슨이 주도권을 완전히 가로챈 방식에 기분이 좋지 않았다. 그는 서머필드에게 이렇게 말했다. "이봐, 아서, 75,000달러의 가치는 확실히 챙겼겠군."

아이크 주변의 광고 담당자들은 닉슨의 비자금 문제를 어떻게 처리해야 할지 몰랐지만, 닉슨의 연설에 대해서는 사전에 철저히 준비하고 있었다. BBDO의 고위 간부 중 한 명인 브루스 바튼(Bruce Barton)은 동료 벤 더피(Ben Duffy)에게 이렇게 전보를 쳤다. "벤, 오늘 밤 역사를 만들 것이네. 선거 운동의 전환점이 될 거야. 장군은 전문가의 무대 연출을 받아야 하며, 연설할 때는 하느님의 이해와 자비, 믿음을 언급해야 하네. 내 생각에는 …닉슨의 연설이 끝난 후 …장군이 다음과 같은 내용의 메모를 자필로 써서 발표하는 게 좋을 것 같네. '나는 용감한 사람들이 용감한 임무를 수행하는 것을 많이 보았습니다. 하지만 오늘 밤, 전국적인 명성을 얻게 된 한 젊은 해병대 병사가 텔레비전 화면 앞에 서서 자신의 영혼을 드러내는 것을 보았을 때보다 더 용감한 행동은 본 적이 없는 것 같습니다(바튼은 닉슨이 해군 장교가 아니라 해병대 사병이었다고 잘못 알고 있었다).'" 실제로 아이젠하워는 이 전보문과 매우 흡사하게 말했다. "저는 어려운 상황에 처한 용감한 사람들을 많이 봤습니다만, 오늘 밤 닉슨 상원의원이 보여준 것보다 더 멋지게 대처해낸 사람은 본 적이 없습니다."

닉슨은 부통령 후보 자리를 지켰다. 물론 대가를 치러야 했다. 아이크는 다시는 그를 전적으로 신뢰하지 않았고, 닉슨 또한 아이젠하워의 정치적 판단력을 점점 더 경멸하게 되었다. 또한 미국의 여론 주도층은 이 사건 전반에 대해 약간의 혐오감을 느끼고 있었다. 특히 자기연민을 드러내고, 아내와 자식, 개까지 이용한 것에 대한 반감이 컸다. 리처드 로베르는 "그는 퀘이커 교도의 은혜와 고귀함을 갈망할지 모르지만, 그렇다면 아직 신앙의 핵심을 이해하지 못한 것"이라면서 이렇게 지적했다. "그의 아내가 밍크 코트를 소유하지 않았다는 이유로 사람들의 연민과 동정에 호소하는 것은 퀘이커교의 정신과 완전히 상반되는 일입니다." 월터 리프만(Walter Lippmann)도 "현대 전자 기기의 증폭으로 인해 단순한 군중의 법이 통하게 된… 불안한 경험이었다."라며 불편함을 표시했다. 연설이 있은 지 며칠 후, 프레드 시튼(Fred Seaton), 버나드 샌리(Bernard Shanley) 등 아이젠하워의 측근 몇 사람이 모여 술을 마실 때 듀이 밑에서 일했던 장군 톰 스티븐스(Tom Stephens)가 합류했다. "아이젠하워가 한 가지 빼먹은 것이 있어요."라고 스티븐스가 말했다. 그게 뭐였죠? 누군가가 묻자 그는 이렇게 말했다. "닉슨의 개 체커스가 그의 무릎 위로 기어 올라 얼굴에 묻은 눈물을 핥던 장면이요."

이 사건의 가장 큰 승자는 닉슨이 아니라 텔레비전이었다. 닉슨은 텔레비전의 강력한 영향력을 보여주는 실례를 보여줬다. 사실상 리처드 닉슨은 자신만의 즉석 전당대회를 소집했고, 집에 앉아 있는 수백만 명의 시청자들이 대의원 역할을 한 셈이었다. 그는 영리하고 감성적인 연설로 아이젠하워를 우회하고 압박하면서 자신의 명예를 회복했다. 과거에는 정치인들이 수천 명의 청중밖에 모을 수 없었지만, 텔레비전은 수백만 명의 청중을 확보할 수 있었고, 게다가 적대적인 질문에 응답해야 할 위험성도 없었다.

이 교훈을 가장 잘 배운 사람이 바로 닉슨 자신이었다. 그때부터 그의 선거 운동의 전체적인 톤이 바뀌기 시작했다. 버스가 출발할 준비가 되어 있는데도 비자금 스캔들에서 자신의 적이었던 신문 기자들이 아직 나타나지 않으면, 그는 이제 "빌어먹을 놈들, 우리에게는 필요 없어."라는 태도였다고 테드 로저스는 생각했다. 그는 텔레비전을 통하면 인쇄 매체의 기자들이 가하는 어떤 장애물도 뛰어넘을 수 있다는 확신을 갖게 되었다. 그는 새로운 전자 시대의 새로운 전자인이었다.

제18장

아이젠하워 대통령 시대의 개막과 매카시즘의 종말

흔히 아이젠하워 시대로 불리는 그의 대통령 재임 기간은 1950년대 대부분에 걸쳐 있다. 비평가들은 이 명칭을 대개는 안일하고 자기만족적인 시기를 암시하는 경멸적인 뜻으로 사용한다(1956년 민주당 전당대회 기조연설에서 테네시 주지사 프랭크 클레멘트(Frank Clement)는 "무관심의 긴 녹색 페어웨이를 내려다보며"라고 비꼬듯 말했는데, 이 표현은 대통령이 주로 미국 재계의 가장 부유한 인사들과 함께 골프를 쳤다는 사실을 언급한 것이었다). 사실 미국은 놀라운 속도로 변화하고 있었고, 제2차 세계대전과 전후 경제의 활황으로 자신감과 야망이 고조된 새로운 세대가 곧 권력을 잡게 될 것이었다. 하지만 실제로 미국을 운영하고 있는 이들은 드와이트 아이젠하워와 그 세대의 사람들이었고, 그들이 기억하는 미국은 20세기가 시작되던 무렵인 자신들의 유년기 시절에 머물러 있었다. 따라서 미국이 과학, 기술, 비즈니스 측면에서 폭발적으로 성장하고 지구상에서 가장 강력한 국가로서 새로운 국제적 역할을 맡게 되었음에도 불구하고, 그들의 통치는 여전히 옛날의 단순했던 시절에 뿌리를 두고 있었다. 이 시기에 벌어진 갈등의 많은 부분들이 이러한 모순에서 비롯되었다.

드와이트 아이젠하워는 19세기에 태어난 마지막 미국 대통령이었다. 1950년대는 그에게 별다른 영향을 주지 못했다. 오히려 그는 20세기 초반 미국 소도시의 삶이 빚어낸 인물이었다. 그는 그 세대의 인물 중에서 가장 뛰어났는데, 잘 교육받고, 지적이며, 야심만만했다. 그는 자존심이 상당했지만, 자신의 성격을 스스로 통제할 수 있었다. 덕분에 그는 화를 잘 참았으며, 패튼이나 몽고메리처럼 자기중심적인 장군들과 원만한 관계를 유지했다. 또한 그는 쇠락해가는 영국에서 새롭게 떠오르는 미국으로의 권력 이양과 같은 민감한 업무도 능숙하게 처리할 수 있었다. 양국의 감정이 격하게 부딪혔던 시기에도 아이크는 항상 자신의 기분을 잘 다스릴 줄 알았다(특히, 아이크는 참을 수 없을 정도로 자기중심적일 뿐만 아니라 공공연하게 무례했던 몽고메리 장군과 끊임없는 불화를 겪었다). 한번은 몽고메리 장군이 그를 심하게 모욕했을 때, 아이크는 몽고메리의 무릎에 손을 얹더니 이렇게 말했다. "진정하세요, 몬티. 나한테 그런 식으로 말하면 안 됩니다. 난 당신 상관이니까요." 아이젠하워는 자존심을 지키는 것보다 동맹 관계를 유지하는 것이 더 중요하다는 점을 결코 잊지 않았다. 평범한 영국 시민들에게 그는 이제 막 성년이 된, 신선하고 강인하며 현대적이고 품위 있고 관대한 새로운 미국의 모습을 대변하는 존재로 비춰졌다.

새로운 세기가 시작되었을 때 그는 열 살이었다. 그의 고향인 캔자

드와이트 D. 아이젠하
워의 대통령 재임 시
절 공식 사진. (사진 출
처 UPI/BETTMANN)

스주 애빌린은 당시만 해도 소박한 곳이었다. 마을 중심부에는 여전히 마차를 끄는 말들을 매기 위한 기둥과 물통이 남아 있었다. 1891년 그의 가족이 텍사스에서 애빌린으로 이사왔을 때, 이 마을에는 아직 가로등이나 포장 도로가 없었다. 폭우라도 내리면 길이 진창으로 변해 통행이 불가능할 정도였다. 아이크가 소년 시절을 보내는 동안 마을은 변화하기 시작했다. 처음엔 목재 보도가 만들어졌고, 1904년경에는 도로에 포장이 깔렸다. 곧 전기와 상하수도 등 다른 편의시설이 뒤따랐다. 애빌린에는 경찰이 한 명뿐이었는데, 지역 내의 범죄가 거의 없었기 때문에, 이 경찰관은 지역 내 범죄보다는 외부에서 온 사기꾼과 카드 도박꾼을 단속하기 위해 순찰을 돌았다. 아이젠하워도 나중에 언급했지만, 마을의 몇 개 안되는 가게 주인들은 손님들이 꼭 필요할 때만 찾아와 꼭 필요한 것만 사 간다는 것을 알고 있었다. (훗날 미국 대통령이 된 후 처음으로 주머니에 돈이 좀 생기자, 아이젠하워는 전설적인 쇼핑광이 되었다.) 당시에는 라디오가 없었다. 그래서 애빌린의 전신 기사는 월드 시리즈 기간에는 주민들을 위해 늦게까지 전신선을 열어 놓아, 마을 당구장인 스모크 하우스에 모여 있던 젊은이들이 하프 이닝마다 점수를 전달받을 수 있도록 했다. 아이젠하워는 어린 시절에 테니스 코트를 본 적은 있었지만 테니스 코트에서 플레이하는 사람을 본 적은 없었다. 골프에 대해서는 들어본 적도 없었다.

　세금을 내는 사람도 거의 없었다. 주민들은 흔히 말하듯이 살기에 여념이 없었다. 대다수의 주민들은 공화당에 투표했다. 중서부 지역은 라디오, 텔레비전, 자동차, 그리고 고속도로 시스템이 생기기 이전까지는 미국의 여타 지역으로부터 고립되어 있었다. 밀턴 아이젠하워는 언젠가 이렇게 말했다. "정치적으로나 경제적으로나, 그 지역의 정신 상태를 지배하는 정서가 있다면 고립이었어요. 자급자족이 표어였고, 개인의 주도권과 책임감이 중요시 되었죠. 급진주의는 들어본 적도 없었습니다." 애빌린에는 미묘한 계층간의 구분이 있었다. 철로가 마을 가운데를 지나고 있었는데, 북쪽에 위치한 거대한 현관이 달린 빅토리아풍의 넓은 저택에는 상인과 의사, 변호사들이 살고 있었고, 철로의 남쪽에는 그들을 위해 일하는 철도 노동자, 목수, 벽돌공 등이 살고 있었다. 아이젠하워의 부모는 점잖은 사람들이었지만, 상류층은 아니었다.

　마을 생활의 중심은 오락이 아닌 종교였다. 나중에 아이젠하워는 이렇게 썼다. "내가 아는 모든 사람이 교회에 다녔다. 유일한 예외가 있다면 우리가 당구장 건달이라고 부르던 불량배들 정도였다." 아이젠하워 가문은 종교적 박해를 피해 18세기 중반 미국으로 건너온 독일 라인란트 출신의 메노나이트 교도의 후예였다. 그들은 펜실베니아의 메노나이트 공동체에 정착했다. 1878년 제이콥 아이젠하워(제이콥은 강철 조각가나 예술가에서 유래된 이름이다)는 서부로 더 들어가면 비옥한 땅이 있다는 말을 듣고, 그의 가족을 비롯한 메노나이트 교도들을 이끌고 캔자스로 이주했다. 그는 펜실베니아에 있는 자신의 농장을 8,500달러에 팔아 이주 경비를 마련했다. 캔자스 땅이 비옥하다는 소문은 사실로 밝혀졌다. 1년 만에 그는 펜실베이니아에 있을 때보다 여섯 배나 많은 1,000파운드의 버터를 생산했다. 게다가 이 새로운 개척지는 땅값도 쌌다. 펜실베니아에서는 에이커당 175달러였는데, 캔자스에서는 7.5달러였다.

드와이트의 부친 데이비드 아이젠하워는 농사를 싫어했다. 대신 그는 기계 만지는 것을 좋아해서 엔지니어가 되고 싶어 했다. 그의 부친은 농사야말로 하느님의 일이라고 주장했지만, 결국 뜻을 굽히고 데이비드가 인근의 메노나이트 교단에서 세운 대학에 진학할 수 있도록 허락했다. 그곳에서 데이비드는 비슷한 배경을 가진 아이다 스토버를 만나 결혼했다. 그녀는 그보다 훨씬 더 신앙심이 깊었고, 성경 구절 1,325개를 외워 상을 탄 적도 있었다. 결혼 선물로 제이콥은 다른 자식들에게처럼 160에이커의 농장과 2,000달러를 주었지만, 데이비드는 그 땅을 저당 잡히고 애빌린에서 남쪽으로 28마일 떨어진 캔자스 주 호프시에서 잡화점을 열었다. 얼마 지나지 않아 메뚜기 떼가 그 지역을 습격했고, 그로 인해 지역 경제는 황폐화되었다. 데이비드의 동업자는 그나마 남은 돈을 가지고 도주해버렸고 가게는 파산했다. 그는 지역의 농부들에게 외상을 주었기 때문에, 농부들이 파산하자 그 또한 무일푼이 되었다.

쓰라린 실패였다. 실패의 그림자는 아이젠하워 가족을 덮쳤다. 데이비드는 의기소침하고 염세적으로 변했으며, 아무도 믿지 못했다. 그는 주급으로 10달러를 받으며 텍사스의 철도 노동자로 일하다가 처남이 운영하는 유제품 가게로 옮겨 일하기 시작했다. 생활은 어려웠고, 여유 돈은 전혀 없었다. 가족 모두가 열심히 일해야 했다. 아이젠하워 가족은 대부분의 식량을 직접 재배했다. 외상은 일체 금지되었다. 파산 이후 데이비드는 누구에게도 빚을 지고 싶지 않았다. 한번은 아이크가 동네 가게에서 바지 살 돈이 모자라 외상을 하게 되었다. 가게 주인은 비밀을 지켜주겠다고 했지만 어떻게 된 일인지 청구서가 날아왔다. 데이비드 아이젠하워는 격노했으나 놀랍게도 아들에게 벌을 주지는 않았다.

아이다 아이젠하워는 집안 일을 여섯 아들에게 돌아가며 맡겼다. 아들들은 각자 자신의 채소밭을 가지고 있었다. 사업 실패로 면목을 잃은 데이비드는 항상 냉랭하고 가까이하기 힘든 아버지였다. 아무도 그의 말을 거역하지 못했다. 아들들은 새벽 5시에 번갈아 일어나 아궁이에 불을 피우고 아버지의 아침 식사를 준비했다. 그는 매일 아침 6시 30분에 출근해 오후 5시면 퇴근해서 돌아왔다. 매일 아들 중 한 명이 그에게 따뜻한 점심을 날라다 주었다.

그들은 아주 종교적인 가족이었다. 데이비드는 식사 전에 성경을 읽었고, 식후에도 다시 성경을 꺼내 읽었다. 성경에 나오는 일화들이 무엇을 뜻하는지에 대한 토론은 없었다. 하느님의 말씀은 그 자체로 충분하다고 데이비드는 생각했다. 아이다 아이젠하워의 성격이 유쾌하고 너그럽지 않았더라면 아들들은 암울한 소년 시절을 보냈을지도 모른다. 하지만 그녀는 신앙심이 깊으면서도 명랑한 성격이었기 때문에 자녀들을 위해 가혹한 가정 환경을 어떻게든 부드럽게 만들어 주고자 노력했다.

드와이트 아이젠하워는 리틀 아이크로 불렸고, 그의 큰 형은 빅 아이크로 불렸다. 어렸을 때 그는 성격이 사나웠다. 열 살이 되던 해의 할로윈 밤, 그는 형들처럼 사탕 바구니를 들고 이웃집을 돌아다니도록 허락받지 못했다. 화가 난 그는 손에서 피가 날 때까지 늙은 사과나무를 두들겼다. 아버지는 화가 나서 회초리를 들었다. 그날 밤 아이다 아이젠하워는 그를 방으로 데려가 손에 붕대를 감아주며 성경 구절을 읽어 줬다. "자기 영혼을 정복하는 자는 한 도시를 정복하는 자보다 위대하단다." 인류 역사상 가장 강력한 군대를 이끌게 될 그에게 매우 유익한 교훈이었다.

아이크의 아버지는 아들과 놀아주거나 감정적인 친밀감을 보이는 일이 결코 없었다. 어린 아이젠하워는 밥 데이비스라는 동네의 덫 사냥꾼과 친구가 되었다. 문맹이던 데이비스는 아이크에게 자신의 뛰어난 사냥과 낚시 기술(합법적인 것도 있었지만 일부는 불법적인 것이었다)을 전수했고, 포커 게임도 가르쳐 주었다. 아이크는 포커에 타고난 재능이 있었다. 그는 수학적인 확률을 냉정하게 계산하면서 포커 게임을 했기 때문에, 젊은 육군 장교 시절에는 자신의 빼어난 실력으로 인해 동료 장교들에게 원한을 살까 봐 포거를 그만두어야 했던 적도 있었다.

아이크는 부자는 아니었지만, 인기와 존경을 한 몸에 받았다. 그에게는 타인의 마음을 끄는 미소와 타고난 매력이 있었다. 일생 동안 그를 묘사하기 위해 가장 자주 사용된 단어는 '승리'였다. 그는 고전적이고 솔직한 야심가였지만 아첨꾼은 아니었다. 그는 관심 있는 과목에서는 성적을 잘 받았다. 그는 전쟁사를 가장 좋아했는데, 이로 인해 평화주의자였던 어머니를 걱정시켰다. 그는 그리스와 로마의 전쟁사로부터 현대 유럽과 미국의 전쟁에 이르기까지 전쟁사에 관한 책을 닥치는 대로 읽었다. 한동안 어머니는 그의 책을 벽장에 감추고 자물쇠를 채웠으나 그는 열쇠를 찾아내곤 했다. 어머니는 그 싸움에서 결코 이길 수 없었다.

아이크는 형 에드거가 다니던 미시건 대학에 진학하기를 희망했다. 그러던 중 친구로부터 아나폴리스 해군사관학교에 대해 들었다. 그는 거기 지원했지만 합격하지 못했다. 결국 그는 웨스트포인트 육군사관학교에 입합했다. 그러나 아이다 아이젠하워는 마음에 들지 않았다. 아이크가 뉴욕까지 사흘이나 걸리는 기차를 타고 떠난 날, 그녀는 역에서 집으로 돌아와 울음을 터뜨렸다. 아이크의 동생인 밀턴 아이젠하워에 따르면 어머니가 운 것은 그때가 처음이었다. 아들이 다시는 돌아오지 않으리라는 사실을 그녀는 알았던 것이다. 애빌린에 있어봐야 아들이 할 수 있는 게 기껏 가게 점원 정도밖에 없었을 테니까 말이다.

웨스트포인트에서 아이크는 자신과 비슷한 소도시 소년들에게 둘러싸여 있었다. 데이비드 아이젠하워의 엄격한 규율에서 벗어난 그는 흡연과 같은 사소한 위반들을 끊임없이 저질렀고, 학업도 그다지 열심히 하지 않았다. 그가 유일하게 관심을 보인 것이 있다면, 그건 미식 축구였다. 무릎을 다치기 전까지 그는 동부에서 가장 뛰어난 하프백이 되는 듯했다. 그는 동기생 162명 중 125등으로 졸업했고, 120,000명에 달하던 직업 군인의 대열에 합류했다. 유럽은 이미 제1차 세계 대전의 소용돌이 속으로 휘말려 들어가고 있었다. 그는 필리핀에서 근무하기를 원했지만, 1915년 포트 샘 휴스턴으로 발령받았다. 그해 그는 샌안토니오에서 가족과 함께 휴가 중이던 마미 다우드라는 젊은 여성을 만났다. 다우드 집안은 부자였다. 시카고 정육업자의 아들이었던 존 다우드는 현명한 투자로 수백만 달러를 벌어들였다. 그는 30대 초반에 현역에서 물러나 가족들을 데리고 변경 도시인 덴버로 이주했다. 그들에게는 운전기사와 가정부가 있었다. 존은 아내에게 지출한 돈은 한 푼도 빼지 말고 가계부에 적도록 시켰다고 한다.

아이크는 마미에게 데이트를 신청하고자 전화를 걸곤 했다. 그때마다 가정부는 그녀에게 "미스터 아이 뭐시기가 종일 전화했어요."라고 말했다. 마미는 제복 차림의 그를 이미 눈여겨 보고 있었다. 그녀는 한 친구에게 저 잘생긴 청년이 누구냐고 물어보았다. 친구의 대답은 그가 이 주둔지의 여성 혐오자라는 것이었다. 마미는 그에게 시간이 없다고 말했다. 아이크는 그렇다면 다음날 밤에 만나자고 청했다. 그녀는 사교상의 약속들로 바빠서 4주 후에나 만날 수 있다고 답했다. 결국 그는 그녀에게 바쁜 일정 중 일부를 취소하도록 설득했다. 그는 한 달에 141.67달러를 벌고 있었고, 미식 축구 코치와 포커로 수입을 보충하고 있었다. 두 사람은 요금이 싼 작은 합승 버스를 타고 샌안토니오로 가서 팁을 포함해 1.25달러면 충분한 멕시코 음식을 먹었다. 몇 달 후 그는 그녀에게 청혼했다. 그는 아직 소위에 불과했지만, 존 다우드에게는 곧 승진할 것이라고 말했다. 다우드는 아이젠하워가 맘에 들었지만, 딸이 부유한 생활에 익숙해져 있었기 때문에 걱정이 되었다. 다우드 부인은 그들이 아이크의 수입 범위 내에서 생활해야 한다고 경고했다. 그들은 미국이 곧 유럽의 전쟁에 참전하게 될 것같은 조짐이 농후해지던 1916년 7월에 마침내 결혼했다.

마미에게 젊은 군인 아내로서의 삶은 쉽지 않았다. 그녀는 즐거움과 안락함이라고는 거의 없는 군 주둔지에서 자신의 삶을 전적으로 남편에게 헌신하며 살았다. 그들은 결혼 생활 35년 동안 서른 다섯 번이나 이사를 다녔다. 1953년, 그가 63세에 미국 대통령이 되고 그녀가 56세가 되어서야 부부는 비로소 자기 집을 소유할 수 있었다. 군 재직 당시 드와이트 아이젠하워는 현대전의 양상을 바꿀 새로운 무기에 즉시 매료되었다. 처음에 그는 신설된 육군 항공단에서 근무하기를 원했지만, 존 다우드는 그 일이 너무 위험하다면서 아이크가 평생 비행기를 조종하면서 지내고자 한다면 결혼을 반대하겠다고 엄포를 놓았다. 그래서 선택한 것이 전차 부대였다. 전쟁이 유럽 전역으로 확산되자 그는 전차 대대의 지휘관을 맡고 싶어 했다. 몇 번의 기회가 있었지만 그때마다 그는 훈련 부대로 전출되었다. 그가 프랑스로 파병된 것은 1918년 10월, 그의 나이 28세 때였다. 그의 전차 부대는 1919년 봄 대규모 공세에 투입될 예정이었다. 하지만 독일군은 아이크가 진짜 전투를 구경하기도 전에 항복해버렸다. 그는 한 친구에게 "우리는 이제 평생 왜 이 전쟁에서 싸워보지도 못했는지 변명하면서 보내야 할 거야."라고 말했다.

　종전 후 육군은 전쟁 전 수준으로 축소되었다. 1920년 7월 아이크는 대위가 되었고, 3년 후 소령이 되어 16년 동안 그 계급을 유지했다. 평화 시기에 육군의 진급은 극도로 더뎠다. 그럼에도 그는 유능한 신참으로 이름을 알려졌고, 캠프 미드의 보병 전차 학교에서 조지 패튼 2세와, 그리고 당시 육군에서 가장 재능 있고 지적인 장교였던 폭스 코너(Fox Conner)와 친하게 지냈다. 아이젠하워와 패튼은 육군이 전차의 미래 가치를 과소평가하고 있다고 생각했다. 아이크는 결국 파나마에서 코너의 선임 장교로 근무하게 되었는데, 거기서 코너는 아이크가 자신의 경력을 더 진지하게 생각하도록 가르침을 주었다. 그때 이후로 아이젠하워는 다른 사람이 되었다. 그는 육군 중급 장교를 위한 가장 중요한 학교인 포트 레번워스의 지휘관 및 일반 참모 학교에 입학하여 수석으로 졸업했다.

　하지만 그 모든 것에도 불구하고, 평화 시기의 군 생활은 힘들었다. 특히 마미에게는 더욱 그랬다. 그녀에게 파나마는 벌레와 열대성 폭풍우, 혹독한 더위가 가득한 세상일 뿐이었다. 저녁 식사용 닭을 잡는 소리가 자신에게 들리지 않도록 하라는 명령을 하인들은 잘 따르지 않았다. 숙소의 환경도 형편 없었다. 그녀의 묘사에 따르면, "천막 위에 지붕만 얹은 격"이었다. 물론 이상적인 군인의 아내로서, 강건하고 모험을 좋아하는 여성들도 있었지만, 마미는 그렇지 못했다. 아이크의 전기 작가 스티븐 앰브로즈(Stephen Ambrose)는 "그녀는 전형적인 미국 여성으로서, 많은 아이오와 출신들처럼 뉴욕과 샌프란시스코 같은 곳에서 깔끔하게 살고 있을 때라야 세상을 멋진 곳이라고 생각했다."라고 썼다. 설상가상으로 그들은 첫 아들 드와이트 데이비드 2세를 성홍렬로 잃는 고통을 겪었다. 하지만 마미는 그 세월을 견뎌냈다. 아이젠하워가 아버지의 실패를 유산으로 물려받아 검소했듯 그녀도 검소해졌다. 그녀는 포트 샘의 관사에서 가구를 구입하고도 상환을 받지 못하자 대단히 역정을 냈다.

아이젠하워와 패튼 같은 젊은 장교들이 이미 다음 전쟁을 생각하고 있을 때도, 여전히 구태의연한 군대 의식이 강조되고 있었다. 아이크는 일요일 아침 줄무늬 바지와 더비 모자로 정장을 갖추고 상급자를 의전상 방문해야 하는 등의 의식을 싫어했다. 그는 현대식 군대는 전차와 비행기 같은 구체적이고 실용적인 것들이 본질을 이룬다는 것을 알고 있었다. 하지만 그는 서두르지 않고 군 복무를 하면서 꾸준히 기다렸다. 인내와 노력은 반드시 보상을 받는다고 믿었던 것이다. 스티븐 앰브로즈는 이런 점에서 아이크가 동생 밀턴과 다르다고 날카롭게 지적했다. 밀턴은 수년간 워싱턴에서 일했고, 정부가 시민을 위해 무엇을 해야 하는지 고민했다. 반면 군대에서 삶의 대부분을 보낸 드와이트 아이젠하워는 정치인들을 경계했고, 시민이 국가를 위해 힘써야 한다고 믿었다. 장기간 희생하며 보낸 세월 덕분에 그는 강인하고 감상적이지 않은 인간으로 변모했다. 제2차 세계대전이 발발하고, 전쟁 초반 마침내 그가 오랫동안 자신의 상관이었던 사람들보다 직위가 높아지기 시작했을 때, 조지 마셜은 트로이 미들턴(Troy Middleton)을 소장으로 임명하자고 그에게 제안했다. 미들턴은 제2차 세계대전 직전

육군을 떠나 루이지애나 주립대학의 감사관이 된 아이크의 오랜 친구였다. 아이크는 거절했다. "그는 힘든 시기에 우리를 떠났다."는 게 거절 이유였다.

　매카시에게 아이젠하워의 당선은 종말의 시작을 의미했다. 선거 당일 밤, 개표 결과가 나오자 〈워싱턴 포스트〉의 발행인 필 그레이엄은 매카시에 대한 지적이고 철저한 취재로 명성을 얻었던 머레이 마더 기자를 돌아보며 그의 담당 영역이 곧 사라질 것 같다고 말했다. 그레이엄은 아이크가 대통령이 되면 결국 매카시는 고립될 것이며, 이제 공화당이 백악관을 장악했으니 더 이상 매카시가 필요하지 않을 것이라고 확신했다. 하지만 마더는 무모할뿐더러 권위에 대한 혐오감이 큰 매카시의 성격을 잘 알고 있었다. 그에게 당에 대한 충성심은 중요한 게 아니었고, 누가 대통령이 되는지 따위는 관심도 없었다. 마더는 자신의 특종이 아직 끝나지 않았음을 직감했다. 오히려 이제는 매카시 상원의원을 취재할 기자가 한 명 더 필요하리라고 생각했다. 두 사람의 생각은 결론적으로 모두 옳았다.

　물론 결말은 다가오고 있었다. 매카시는 자신의 진정한 가치가 간첩 조직을 적발하는 데 있는 것이 아니라(물론 이 일도 그가 한 것은 아니었지만), 더 가치 있는 정치인들의 손을 더럽히지 않으려는 당파적 책략에 있었음을 이해하지 못했다. 오하이오주 출신 존 브리커(John Bricker) 상원의원은 "조, 당신은 정말 개자식이야. 하지만 가끔은 더러운 일을 시킬 개자식들이 옆에 있는 게 유용할 때도 있지."라고 말했다. 매카시 쇼는 지나치게 오래 지속되었다. 아이젠하워가 취임할 무렵에는 증거도 거의 없는 데다가 3년이나 끌고 있는 끝없는 고발들이 점차 설득력을 잃어가고 있었다. 매카시는 그를 싫어했던 드와이트 아이젠하워에 의해 구심력을 잃고 있었다. 아이젠하워는 그를 "진보의 길목에 가로 놓인 뽀루지"라고 불렀으며, 그보다 훨씬 더 심한 표현을 쓸 때도 있었다. 매카시가 자신의 큰 후원자였던 조지 마셜을 악의적으로 공격하자 아이젠하워는 위스콘신 유세에서 사실 관계를 바로잡으려고 했다. 아이젠하워는 이미 인디애나 주 유세에서 윌리엄 제너(William Jenner)[67]의 포옹을 받고 질색한 바 있었다. 그 일로 불쾌감을 느낀 아이젠하워는 서둘러 자리를 떴다. 선거 운동 기간에 아이젠하워를 가장 힘들게 했던 것은 매카시가 반역죄로 고발했던 조지 마셜을 변호하는 일이었다. 그는 연설문 작가들로 하여금 마셜 장군과 그의 애국심을 옹호하는 연설문을 작성하도록 지시했다. "과거에 조지 C. 마셜 장군에 대해 불충의 혐의가 제기된 적이 있음을 알고 있습니다. 저는 35년 동안 마셜 장군과 개인적으로 알고 지내는 영광을 누렸습니다. 그는 한 인간으로서, 그리고 군인으로서 헌신적인 이타심과 깊은 애국심으로 미국에 헌신했습니다. 그리고 이번 사건은 자유가 스스로를 방어해서는 안 된다는 냉철한 교훈을 던져주고 있습니다." 그러나 이 발언은 널리 울려 퍼지지 못했다. 매카시의 보복을 두려워한 아이크의 참모들이 이 문구를 생략하도록 그를 설득했기 때문이었다. 아이크는 이 대목을 삭제했다. 그렇지만 그는 참모들에게, 또 매카시에게, 그리고 누구보다도 자신에게 몹시 화를 냈다.

선거 운동 기간에 매카시를 다루는 그의 방식은 무엇보다도 드와이트 아이젠하워가 순수성과 결단력보다는 정치적 편의를 위해 실제보다 덜 인간적인 사람이 되는 쪽을 택했다는 것을 보여준 것이었다. 그의 민주당 내 정적들 뿐만 아니라 오마 브래들리 장군 등 그의 오랜 친구들조차, 아이크의 부관이었던 해리 버처(Harry Butcher)의 표현처럼 "부자 관계"와도 같았던 마셜을 그가 제대로 옹호하지 못한다는 것에

---

67   당시 공화당 상원의원으로 매카시의 강력한 지지자였다.

몹시 놀랐다. 훗날, 브래들리는 아이크가 한때 숭배하다시피 했던 마셜을 대통령 후보가 된 후에 제대로 배려하지 못하자 "속이 뒤집히는 것 같았다."라고 말했다. 그에 따르면, "어느 누구도 아이크만큼 마셜에게 신세를 진 사람은 없었다." 나아가 브래들리는 1952년 대통령 후보로서 아이크가 "자신이 수립하거나 승인했거나 실행했던 정책들에 대해 위선적으로 의문을 제기하는 모습을 반복적으로 보였다."라고 지적했다. 흥미롭게도 이 소동에 별로 신경을 쓰지 않은 유일한 인물을 꼽자면 마셜 자신이었다. 그는 스토아 철학자처럼 개인적인 의무감은 강한 반면 정치 과정에 대한 기대는 별로 없던 인물이었다. 그는 당시 자신의 대녀에게 윌 로저스(Will Rogers)의 말을 인용하면서, 정치의 세계에는 감옥만큼이나 자유가 없다고 말했다.

그러나 매카시를 향한 아이젠하워의 증오는 엄청났다. 매카시 청문회가 열리던 어느 날, 그는 크렘린에서 매카시에게 월급을 줘야 한다고 말했다. 오랫동안 아이크의 보좌관을 지냈던 제리 퍼슨스(Jerry Persons)는 그의 상사를 이렇게 평했다. "그는 누가 밀어붙이면 절대로 참지 못했죠!" 아이젠하워는 매카시를 항상 밀어붙이는 사람으로 여겼다. 그래서 그는 사석에서 측근들에게 매카시가 텍사스 석유 기금으로 살아간다느니, 그가 대통령이 되고 싶어 한다느니 하면서 심한 욕설을 늘어 놓았다. 아서 라슨(Arthur Larsen)이 내각 회의에서 다른 사람을 위해 가입할 수 있는 새로운 종류의 생명 보험, 즉 돌연사 보험에 대해 설명하던 도중에 아이젠하워는 "꼭 그렇게 되었으면 하는 자를 내가 한 명 알고 있지."라고 심상치 않은 표정으로 말하기도 했다. 그러나 보좌관들이 매카시와 직접 맞서보라고 말하면 그는 항상 "그 작자와 함께 시궁창에 빠질 수는 없지."라고 말하곤 했다.

매카시는 아이젠하워를 고립시키지 못했다. 상원에서의 그의 권력 또한 점차 약화되고 있었다. 살 날이 얼마 남지 않은 태프트는 그와 거리를 두기 시작했다. 그는 매카시를 견제하기 위해 윌리엄 제너에게 국내 안보 소위원회를 넘겼다. 매카시는 정부 운영 위원회를 자신의 공개 토론장으로 삼아 대응했다. 태프트는 자신에 관한 모든 조사를 종결하라고 요구했지만, 당연히 매카시는 어느 누구에 관해서도 조사를 종결할 의도가 없었다. 1953년 3월 초, 아이젠하워가 칩 볼렌을 모스크바 주재 대사로 지명하면서 첫 번째 큰 돌파구가 열렸다. 볼렌은 분명 유능한 인물이었지만 얄타 회담 때는 그다지 중요한 역할을 맡지 못했었다. 신임 국무장관 존 포스터 덜레스는 볼렌의 지명을 달가워하지 않았다. 덜레스는 볼렌에게 그가 얄타에서 통역밖에 한 일이 없었다는 것을 밝히라고 요구했다. 의회에 출석하는 날 아침에 덜레스는 두 사람에 함께 사진에 찍히지 않도록 자동차를 따로 타고 가자고 제안했다.

물론 매카시는 아이크가 볼렌의 지명을 발표한 날부터 그를 공격했고, 결국 이는 볼렌을 보증할 의무가 있는 덜레스가 공격 대상이 된다는 것을 의미했다. 매카시는 덜레스에게 증인 선서를 요구했다. 매카시가 자신이 속한 당을 겨냥한 것은 그때가 처음이었다. 태프트는 분노했다. "내가 보기에 선서하지 않은 덜레스 씨의 진술이나 선서한 덜레스 씨의 진술이나 똑같아요."라고 그는 말했다. 그 직후 기자들이 태프트에게 지금 상황이 매카시와의 결별을 의미하는 것인지 물었다. "아닙니다, 아니에요, 아니에요." 그는 급히 부인했다. 그러나 결별은 기정 사실이었다.

종말은 예상보다 빨리 찾아왔다. 매카시는 미 육군을 공격했고, 그에 따른 대치 상황이 ABC TV를 통해 생중계되었다. 모든 국민이 이 장면을 지켜보았다. 매카시는 자신의 추악함으로 인해 스스로 좌초했다. 어쨌든 육군을 대상으로 한 매카시 청문회는 그의 쇠퇴를 보여주었다. 그리고 이런 현상을 승자와 패자에 관한 굉장한 권위자인 FBI 국장 J. 에드거 후버도 똑같이 지켜보고 있었다. 과거에 매카시의 중요한 협조자였던 후버는 항상 승자의 편이었다. 청문회 도중 후버는 가차없이 그를 버렸다. 매카시는 자기 힘을 과신하면서 설치다가 망신을 당했다. 그는 점점 폭음을 하기 시작했다. 오랜 친구인 어번 반 서스테른이 "제기랄, 이러다가 술로 죽겠다."라고 말할 때마다 그는 "참견 말게, 벤."이라고 대답하곤 했다. 1954년, 상원은 그에 대한 불신임안을 통과시켰다. 하지만 상원의 불신임보다 그에게 더욱 가혹했던 것은 언론이 그를 무시하기 시작했다는 점이었다. 그는 도무지 이해할 수가 없었다. 그는 밀워키 주재 AP 통신의 외근 기자이자 절친한 친구였던 디온 헨더슨에게 1950년에는 뉴스 거리였던 것이 왜 1955년에는 그렇지 않은지 계속 물었다. 마침내 1955년, 그는 빨갱이 색출가로서의 자신의 경력 전체가 잘못된 것이었다면서, 이제는 완전히 태도를 바꾸어 시민의 자유를 옹호하는 연설을 하기로 결정했다. 매카시는 자신이 토머스 제퍼슨에 대해 읽었으며, 그 영향을 받았노라고 핸더슨에게 말했다. 그러나 그가 무엇보다도 바란 것은 항상 자신에게 반대했던 〈밀워키 저널〉의 헤드라인을 장식하는 것이었다. 매카시는 헨더슨에게 저널이 자신의 기사를 싣지는 않을 것이라며 내기를 걸었다. 핸더슨과 〈밀워키 저널〉의 에드 베일리가 모두 기사를 송고했다. 헨더슨의 기사는 몇몇 신문에서 게재했지만, 베일리의 기사는 편집장 데스크에서 사장되고 말았다. "시민 자유주의자로 다시 태어난 조 매카시." 이런 기사가 매카시로서는 신문 헤드라인을 장식할 수 있는 마지막 기회였다. 상원에서 불신임을 받은 지 3년 후, 첫 연설을 한 때로부터는 7년 후, 그는 간경화로 사망했다. 그의 나이 겨우 48세였다. 다른 건 몰라도, 그가 일깨워 준 점이 있다면 이 세상은 겁쟁이들로 가득 차 있다는 사실이었다.

제19장

아웃사이더들의 만남

: 윌리엄스, 카잔, 브란도와 <욕망이라는 이름의 전차>

1951년 여름, 말론 브란도(Marlon Brando)는 테네시 윌리엄스 (Tennessee Williams)의 〈욕망이라는 이름의 전차〉를 극장용으로 제작한 영화에서 첫 주연을 맡았다. 브로드웨이 공연 이후 그가 영화 주연을 맡을 것이라는 데에는 의심의 여지가 없었다. 그는 무대 위에서 거친 성적 매력을 발산했으며, 이는 엄청난 흥행으로 이어졌다. 브란도는 당시 처음으로 영화 주연을 맡은 사람치고는 꽤 많은 액수인 75,000달러를 출연료로 받았다.

브란도만큼 정통 연극 무대에서 할리우드로의 진출을 경계한 배우도 찾기 어려울 것이다. 뉴욕에서 고군분투하던 젊은 배우 시절, 그는 연극이 진정한 사랑이며 영화 배우가 되기 위해 자신을 결코 팔아넘기기 않을 것이라고 자랑하곤 했다. 그는 영화 배우가 되는 것을 덜 고귀한 소명처럼 여겼다. 브로드웨이에서 〈욕망이라는 이름의 전차〉 공연을 마친 후, 그는 스탠리 크레이머(Stanley Kramer)로부터 편지를 받았다. 크레이머는 그에게 하반신이 마비된 참전 용사들을 다룬 영화 〈더 맨〉에 출연해달라고 요청했다. 크레이머는 브란도가 존경하는 드문 제작자였고, 주제도 그의 흥미를 끌었다. 그는 다소 마지못해 이 요청을 수락했다. 그리고 6주 동안 재향군인병원의 병동에 머물면서 그들의 삶을 직접 체험했다. 그는 최선을 다했고, 영화도 훌륭했다. 그렇지만 그는 할리우드 언론, 특히 우익 성향의 두 유력한 가십 칼럼니스트 헤다 호퍼(Hedda Hopper)와 로엘라 파슨스(Louella Parsons)를 화나게 만들었다. 그는 호퍼를 "모자 쓴 그 여자"로, 파슨스를 "뚱뚱한 그 여자"로 부르길 좋아했고, 그들도 그의 경멸에 같은 방식으로 보복했다.

할리우드가 낯설었던 그는 브로드웨이에서 〈욕망이라는 이름의 전차〉를 연출했던 엘리아 카잔(Elia Kazan)이 감독을 맡을 것이라는 사실 때문에 그래도 안심이 되었다. 비비안 리(Vivien Leigh)가 블랑슈 역을 맡았다. 당시 로렌스 올리비에 경과 결혼했던 비비안 리가 도착하자 현지 기자들은 그녀를 계속 레이디 올리비에라고 불렀다. 그녀는 일찍이 한 기자회견에서 "레이디라는 형식적인 호칭에 지쳤으니 미스 비비안 리라고 불러주세요!"라고 말한 바 있었다. 이는 브란도와의 관계가 좋아질만한 징조였지만, 처음부터 그는 그녀를 의심하고 있었다. 특히 그녀의 훌륭한 매너가 거슬렸다. 그녀는 영국인이었고, 모든 사람에게 친절했다. 그것이 그를 짜증나게 했다. 그의 매너는 기껏해야 유연한 정도였고, 최악의 경우에는 끔찍했다. 이때 이후 10년 동안, 그는 특히 권력자들에게 무례하게 구는 특유의 행동을 자주 선보였다. 그는 처음부터 리를 향해 이렇게 힐난했다. "젠장, 당신은 왜 그리 빌어먹게 정중해요? 왜 모두에게 빌어먹을 아침 인사를 해야 하냐고요?" 촬영장에는 다른 문제들도 있었다. 예를 들어 올리비에와 카잔은 비비안 리의 연기를 두고 자주 다투었다. 카잔이 자기 방식으로 연기 지도를 하여 리를 블랑슈로 만들어 놓으면, 그녀는 집에 가서 올리비에와 함께 연기 연습을 한 뒤 다른 블랑슈가 되어 돌아오는 식이었다. 하지만 더 심각한 문제는 윌리엄스 연극의 일부 내용이 할리우드의 영화 심의 기준에서 벗어나고 있다는 점이었다. 브로드웨이의 엘리트 관객들은 이 새롭고 개방적인 전후 시대에 성적인 소재로 새로운 지평을 열고자 하는 의지가 어느 때보다 강했다. 하지만 할리우드는 달랐다. 카잔과 극본을 쓴 윌리엄스는 과거의 기준을 고집하는 공중 도덕의 수호자 조셉 브린(Joseph Breen)[68]과 싸워야 했다. 카잔은 내키지 않고 고통스러웠지만 매 장면마다 브린과 상의해야 했다. 동성애 관련 내용은 모두 삭제해야 했다. 블랑슈는 더 이상 젊은 소년들에게 관심을 가져서는 안 되었다. 그리고 브린은 강간 장면을 삭제하도록 요구했다. 이 대목에서 카잔은 자신의 입장을 고수했다. 그는 어떤 형태로든 강간 장면이 허용되지 않는다면 영화를 만들지 않을 생각이었다. 브린 사무소는 결국 스탠리가 마지막에 아내에게 버림받는다는 조건으로 한발 물러섰다. 이는 카잔과 윌리엄스에게는 혐오스러운 과정이었다. 브란도에게도 이 일은 할리우드에 대한 그의 지독한 공포를 확인시켜주기에 충분했다. 카잔은 영화에 대한 믿음이 있었기에 버틸 수 있었다. 극본이 너무나 강렬했고, 배우들도 연기를 잘 살려냈기 때문에, 그는 영화가 엄청난 성공을 거둘 것이라고 확신했다. 하지만 영화가 완성되었을 때, 카잔은 워너 브라더스 사가 가톨릭 심의회로부터 승인을 받기 위해 그에게 아무런 말도 없이 중요한 몇 장면을 추가로 삭제했다는 사실을

---

68   미국 영화 제작 및 배급자 협회에서 지명한 영화 검열관.

알고 깜짝 놀랐다. 이미 벌어진 일이었고, 자신과 상의조차 하지 않은 일이었다. 카잔은 분노했다. 하지만 그는 무력했다. 그는 잭 워너 사장에게 다시는 그의 회사에서 영화를 찍지 않겠다고 말했다. 그는 〈뉴욕 타임스〉 일요판에 신랄한 칼럼을 기고했지만, 이미 끝난 일이었다. 그렇지만 애초에 영화로 만들겠다는 카잔의 본능과 이를 위한 타협은 여전히 옳았음이 입증되었다. 윌리엄스의 극본(play)과 원초적인 연기의 강렬함은 검열의 범위를 넘어섰기 때문이었다. 영화는 고전이 되었다. 하지만 검열이 없었다면, 영화가 어떻게 완성되었을지 궁금하지 않을 수 없다.

〈욕망이라는 이름의 전차〉는 단순한 한 편의 연극이 아니라 하나의 사건이었다. 통속적인 성적 주제를 노골적으로 다룬 이 작품은 미국 사회와 문화 생활에서 하나의 강력하고도 새로운 흐름의 일부로 자리 잡았다. 블랑슈의 점잖은 빅토리아 풍의 허세가 스탠리의 원초적인 성적 매력에 의해 잔인하게 공격당한다는 줄거리조차 상징적으로 보였다. 브로드웨이에서는 매일 밤 관객들이 눈에 띄게 충격을 받은 모습으로 극장을 떠났다. 블랑슈의 비극적인 파멸에 놀랐기 때문만은 아니었다. 아마도 어쩌면 자신들의 문화와 생활에서 막 변모하기 시작한 폭력적인 변화의 일면을 엿보았기 때문일 수도 있었다.

이 작품이 처음에는 브로드웨이에서, 그 다음에는 영화로, 단순한 성공을 넘어 문화의 한 이정표가 될 수 있었던 것은 당시 최고의 전성기를 구가하던 세 명의 뛰어난 재능 덕분이었다. 미국 최고의 극작가 테네시 윌리엄스, 당대의 가장 독창적인 미국 배우 말론 브란도, 그리고 마지막으로 위대한 감독 엘리아 카잔이 바로 그들이다. 이 세 사람의 합쳐진 힘이 미국 생활의 평온한 관습들을 산산조각 내버리는 폭발을 일으켰다. 여러 면에서 달랐지만, 세 사람 모두 아웃사이더들이었고, 변화하는 시대에 걸맞게 자유분방했으며, 기존의 관습을 타파하고 싶

테네시 윌리엄스가 1956년 자신의 시나리오로 제작된 영화 <베이비 돌>의 시사회에 참석한 모습. 이 영화는 프랜시스 스펠먼 추기경과 가톨릭 심의회로부터 거센 비판과 공격을 받았다. (사진 출처 UPI/BETTMANN)

어했다.

　윌리엄스는 동성애자였고, 그의 사생활은 공공연한 비밀이었다. 카잔은 그리스계 미국인으로, 내부를 들여다보는 아웃사이더의 열정으로 활동하고 있었다. 브란도는 스스로 아웃사이더를 지향하면서 중산층의 생활 관습을 경멸한 중산층 출신 미국인이었다. 〈욕망이라는 이름의 전차〉는 이 세 사람 모두의 재능으로부터 활력을 얻었다. 그리고 처음부터 이를 깨달은 사람이 바로 윌리엄스였다. 극작가로서 길고 고된 수습 기간을 거친 그는 〈유리 동물원〉으로 큰 성공을 거두었다. 당시 카잔은 브로드웨이에서 가장 유명하거나 저명한 연출가는 아니었지만, 윌리엄스는 〈욕망이라는 이름의 전차〉를 무대에 올리기 위해 카잔을 열심히 설득했다. 윌리엄스는 카잔이 자기 희곡의 시적 비전을 연극에 담아낼 수 있으리라고 확신했다. 자신의 한계를 인식하고 있던 윌리엄스는 카잔에게 이런 내용의 편지를 보냈다. "나와 같은 몽상적인 사람에게는 보다 객관적이고 정열적인 사람이 보내주는 격려의 눈길이 필요합니다. 나는 당신도 몽상가라고 믿습니다. 당신의 연출에는 몽환적인 터치가 있어 매우 자극적이지만, 당신에게는 내 작품이 필요로 하는 역동성이 있습니다."

윌리엄스는 〈욕망이라는 이름의 전차〉를 통해 말할 수 없던 것을 말할 수 있도록, 즉 금지된 것을 합법적인 것으로 만들었다. 극작가로서 그는 관습을 깨뜨리는 데 필요한 천부적 재능을 가지고 있는 것처럼 보였다. 뉴헤이븐에서 이 연극을 개막하기 전날 밤, 그는 당시 미국 연극계에서 다소 보수적인 인물이었던 손턴 와일더(Thornton Wilder)를 찾아갔다. 윌리엄스의 기억에 따르면 그때 와일더는 마치 "신도의 알현을 받는 교황"이라도 되는 것처럼 설교를 늘어놓았다. "이 작품은 기본적인 전제부터 완전히 잘못되어 있어요. 그처럼 훌륭한 숙녀(스텔라를 지칭)였던 여성이 스탠리 같은 저속한 사람과 결혼할 리가 없습니다." 자기 작품을 깎아내리는 와일더의 비난을 들으면서 윌리엄스는 "이 작자는 제대로 된 잠자리를 한 번도 가져본 적이 없겠군."이라고 생각했다.

테네시 윌리엄스는 미시시피에서 태어났다. 그의 어머니 에드위나 데이킨은 성공회 목사의 딸이었다. 그녀는, 적어도 자기 마음 속으로는 위대한 남부의 숙녀가 되도록 교육받고 자라났지만, 유감스럽게도 남부 숙녀에게 필요한 재력을 갖추지는 못했다.

아버지가 목회를 하던 작은 마을에서 에드위나는 최고의 신부감으로 대우받았다. 비록 재력은 갖추지 못했지만 좋은 집안과 외모, 그리고 우아한 자태를 지녔기 때문이었다. 그녀는 자신에게 구애하는 청년들이 내뱉는 순진하고 공허한 찬사의 말들로 자신의 일기장을 가득 채웠다. 그녀는 이들을 '신사 방문객들'이라고 불렀는데, 그 용어를 윌리엄스는 나중에 〈유리 동물원〉에서 써먹었다. 그러던 어느 날 코넬리우스 코핀 윌리엄스가 그녀 앞에 나타났다. 허영심이 많은 사람들이 종종 자기와 비슷한 사람들에게 속아 넘어가듯이 그녀도 그에게 빠져들었다. 그녀도 아마 그가 자신과 떨어져 있을 때면 불량배이자, 술꾼이고, 도박꾼이며, 난봉꾼이기도 하다는 걸 느꼈을 테지만 어쩔 수 없었다. 그녀는 1907년 6월 1일 일기에 이렇게 적었다. "많은 남자들이 사랑한다고 말했지만 나와 결혼해 주겠느냐고 물은 사람은 단 세 명뿐이었다. 나는 그들 중 한 남자와 다음 월요일에 결혼할 것이다. 끝. 안녕."

결혼 생활은 처음부터 재앙이었다. C. C. 윌리엄스는 결혼으로 자신의 인생이 바뀌리라고는 생각하지 못했었다. 방문 세일즈맨이라는 직업 때문에 그는 맘대로 쏘다니며 집에 틀어박히지 않아도 되는 자유를 구가했다. 그는 자신의 직업을 십분 활용했다. 이로 인해 부부 싸움은 불가피해졌다. 에드위나는 임신하자 자신의 부모와 함께 살기 위해 남부 미시시피에 있는 아파트를 처분하고 콜럼버스로 다시 이사했다. 거기서 첫 아이 로즈가 태어났다. 이혼은 상상할 수도 없는 일이었기 때문에 이사하는 것이 일종의 해결책이었다. C. C. 윌리엄스는 대부분의 시간을 길 위에서 보냈고, 에드위나는 또 다시 교구 목사의 딸로 돌아갔다. 아버지가 이사하면 그녀의 가족도 함께 이사했다. 그리고 1911년 3월, 토마스 레니어 윌리엄스(테네시 윌리엄스로 알려진)가 교회의 제의실에서 태어나면서 그녀의 가족에 아들 한 명이 추가되었다.

C. C. 윌리엄스는 주기적으로 집에 돌아왔는데, 그때마다 가족을 멸시했다. 그의 아들은 아버지가 보여주는 허세 가득한 남성성을 경멸하게 되었다. 윌리엄스는 훗날 탈의실에서 동성애 반대론을 펼치던 남성들을 떠올리면서 이렇게 말했다. "그 자들은 모두 똑같아요, 형편없는 영업 구역에다가, 같이 살 수 없는 마누라를 가진 구두 판매원들이죠. 그래서 우리에게 화풀이를 해대는 거예요."

테네시 윌리엄스가 일곱 살이 될 때까지는 부모의 결혼 생활이 유지되었다. 그러던 중 C. C. 윌리엄스는 세인트루이스에 있는 인터내셔설 구두 판매점의 영업 매니저를 맡았다. 그건 모두에게 치명적이었다. 그는 자유를 상실했고, 에드위나는 원치 않는 남편을 얻은 꼴이었다. 그때부터 어린 윌리엄스의 생활은 줄곧 공포의 연속이었다. 에드위나가 사회적 지위를 되찾겠다는 가망 없는 노력의 일환으로 좀 더 나은 이웃을 찾아 찾아다닌 탓에 가족은 끊임없이 이사를 다녔다. 남편은 술과 도박으로 월급을 탕진했다. 에드위나는 20년 전의 꿈 많던 소녀 시절의 환상 속으로 빠져들기 시작했다. 그녀는 귀족적이고 품위 있는 세상을 꿈꿨다. 따라서 외형을 매우 중요시했다. 그녀는 자식들에게 사랑을 쏟아 부었으며, 함께 놀만한 친구들 모두를 자기 자식들에게는 어울리지 못한다고 생각했다. 사내 아이들은 너무 거칠었고 여자 아이들은 너무 평범했다. 자기 인식이 결코 그녀의 강점이 아니었다. 자신이 만든 환상의 세계에서 살았던 어머니의 모습을 그린 〈유리 동물원〉이 시카고에서 개막했을 때, 에드위나는 개막 전야제 파티에 참석했다. 윌리엄스 부인을 모티브로 한 캐릭터를 연기한 배우 로레트 테일러(Laurette Taylor)가 "저, 윌리엄스 부인, 자신의 모습이 어땠어요?"라고 물었다. "저라고요?" 에드위나는 충격을 받은 듯이 되물었다.

어린 토마스 레니어 윌리엄스는 자신이 성적으로 다르다는 사실을 숨기느라 몹시 힘들었다. 부친은 종종 경멸적인 투로 그를 "미스 낸시"라고 불렀다. 그는 어렸을 때 누군가가 자신의 눈을 똑바로 쳐다보면 부끄러워 어쩔줄 몰라했다. 그는 "내 마음 깊은 곳 어딘가에 어린 소녀가, 부끄럼을 잘 타는 여학생이 숨어 있었다."라고 썼다. 1929년 대공황으로 그는 대학 진학을 포기할 뻔했지만, 다행히 외조부에게 1,000달러를 빌려서 컬럼비아에 있는 미주리 대학에 입학할 수 있었다. 그러나 그는 곧 대학에 환멸을 느꼈다. 그는 그곳에서 자신이 사회적으로 실패한 사람이라는 생각을 갖게 되었다. 나중에 그는 이렇게 썼다. "나는 고개를 들고 길거리를 활보하는 청년이 아니었다. …내 왼쪽 눈동자는 백내장 초기 증세가 나타나 회색으로 변해 있었다. 나는 술에 취했을 때를 빼면 여전히 수줍음이 많았다. 그런데 술이 몇 잔만 들어가면 정반대로 변했다." 그는 부친이 자신을 세인트루이스로 데려와 인터내셔널 구두 판매점의 월 65달러를 받는 회계사로 취직시킬 때까지 3년간 미주리에서 보냈다.

세인트루이스로 돌아온 그는 정신 분열 증세를 겪는 누나 로즈를 지켜봐야 하는 끔찍한 경험을 해야 했다. 그의 가족들이 안고 있던 문제들이 그녀에게 가장 큰 타격을 주었다. 테네시와 그의 누나는 항상 친했다. 다른 놀이 친구들이 없었던 둘은 서로에게 의지했고, 그는 누나의 온화함과 생생한 상상력을 좋아했다. 그녀는 어머니가 자신에게 바라는 계획들이 희망이 없다는 것을 항상 알고 있었다. 그녀는 결코 밴더빌트와 수와니의 멋진 청년들이 쫓아다니는 인기 있는 남부 사교계의 미인이 될 수 없었다. 아직 어렸을 때 그녀는 두 이모와 함께 지내며 사교계에 데뷔하기 위해 녹스빌로 갔지만, 그것은 참담한 실패로 끝났다. 테네시 주 멤피스로 돌아왔을 때 그가 어떻게 되었는지 묻자 그녀는 이렇게 답했다. "엘라 이모와 벨 이모는 매력적인 사람만 좋아해. 그런데 난 매력이 없잖아."

그녀의 정신 분열 증세는 서서히 드러나기 시작했다. 그녀가 점점 더 연약해지고 소외될수록, 에드위나 윌리엄스는 그녀에게 절대로 불가능한 사교계의 꽃이 되라고 압박했다. 에드위나는 친정 어머니에게 "로즈가 제정신이 들게 할 수만 있다면"이라고 편지를 썼다. 1930대 중반이 되자 로즈는 점점 더 사람들에게서 멀어지고 도피했으며, 심각한 정신 분열 증세를 드러내기 시작했다. 그녀는 오로지 캠벨 사의 토마토 수프만 먹기로 결정하고, 그 상표를 떼내어서 모았다. 그녀는 자기 자신에게나 타인에게나 위험한 존재가 되었다. 한번은 조각칼을 소지한 채 의사와 면담하러 가려는 것을 어머니가 발견했다. 그녀는 자신에게 무슨 일이 일어나고 있는지 알고 있었다. 그래서 남동생이 정신 질환을 가볍게 여기자, 그녀는 "정신병은 죽음보다 더 비참한 거야."라며 그를 꾸짖었다. 1937년, 그녀는 극심한 정신 분열 증세를 보여 전두엽 절제 수술을 받았다.

테네시 윌리엄스를 구한 것은 창작이었다. 그가 아직 어렸을 때 에드위나는 그에게 타자기 한 대를 선물했다. "그것은 곧바로 나에게 은신처이자, 동굴이며, 피난처가 되었다."라고 그는 회고했다. 그는 글을 쓰면서 현실로부터 도피하여 자신만의 세계를 창조할 수 있었다. 창작은 또한 집에서, 그리고 세인트루이스를 벗어날 수 있다는 희망을 그에게 안겨 주었다. 가족들의 삶은 거기서 벗어난 사람에게는 풍부한 창작의 소재를 제공했다. 자신의 삶을 회고하고, 그 삶을 검토하고, 그것을 글로 써내려갈 수 있는 능력을 통해 윌리엄스는 보기 드문 정서적 강인함을 지니고 있음을 보여주었다.

엘리아 카잔은 항상 자신과 윌리엄스 모두 창작의 힘으로 버텨낼 수 있었다고 믿었다. 카잔은 친구 윌리엄스에 대해 이렇게 회고했다. "그는 매일 아침 글을 썼으며, 아무도 방해할 수 없었다. 그는 조용히 일어나서, 누가 함께 있든 상관없이 조용히 거리를 둔 채, 실내 가운을 걸치고, 더블 드라이 마티니를 만들고는, 길고 하얀 담뱃대에 퀼런 한 개비를 끼워 넣고, 타자기 앞에 앉아서 종이 한 장을 끼워 넣었다. 이런 과정을 통해 그는 테네시 윌리엄스가 되었다. 글을 쓰기 전까지 그는 자신을 '늙어가는 호모(faggot, 그가 카잔에게 한 말)'라고 여겼으며, 세상이 자신에게 적대적이라고 믿었다."

성공은 더디게 찾아왔다. 윌리엄스는 20대와 30대를 웨이터로, 엘리베이터 기사로, 또 수위로 일했다(그는 이전에 수위 유니폼이 자신에게 어울린다고 생각했기에 이 직업을 택했다). 또 한때는 로스앤젤레스에서 닭 털 뽑는 일을 했는데, 닭 한 마리의 털을 뽑을 때마다 깃털 하나씩을 병에 넣었다. 그 깃털 숫자는 곧 그가 받을 그날의 품삯을 표시해 주었다. 하지만 그 순간에도 그는 글을 쓰고 있었다. 서서히 성공의 조짐이 보이기 시작했다. 1939년 3월, 드디어 돌파구가 열렸다. 뉴욕의 그룹 씨어터에서 후원한 희곡 경연 대회에 참가한 것이다. 참가자의 나이가 25세 미만이어야 했기 때문에 그는 대회에 참가하기 위해 나이를 세 살이나 줄였다. 심사위원 중 한 명이 몰리 데이 태처 카잔(Molly Day Thacher Kazan)이었다. 그녀는 엘리아 카잔이라는 젊은 배우 겸 연출가의 아내였는데, 윌리엄스의 작품에 깊은 인상을 받은 나머지 그에게 100달러의 상금이 걸린 특별상이 돌아갈 수 있도록 로비를 펼쳤다. 또한 그녀는 뉴욕의 젊은 에이전트 오드리 우드에게 윌리엄스를 대리해 줄 것을 제안했다. "자전거를 타고 남부 캘리포니아를 돌아다니는 굉장한 젊은 작가가 있다."라고 몰리는 남편에게 말했다. 곧 그는 록펠러 재단으로부터 1,000달러의 보조금을 받게 되었다(이후 그는 "내 친구 록펠러"라고 말하곤 했다). 하지만 이후에도 상황이 어렵기는 마찬가지였다. 초기 작품인 〈천사들의 싸움〉이 보스턴에서 공연되었으나, 당시로서는 주제가 너무 노골적이었다. 이 연극은 비평가와 관객들 사이에서 부정적인 반응을 불러일으켰고, 지역 검열관들은 연극 대본을 수정하려고 안달이었다. 논란을 우려한 제작자들은 연극의 막을 내린다는 조건으로 윌리엄스에게 100달러를 지불했다.

윌리엄스는 어느 한 곳에 정착하지 못했다. 그는 뉴올리언스, 뉴욕, 로스앤젤레스, 프로빈스타운, 키웨스트 등 갈 수 있는 곳이면 어디서든 살았다. 단지 세인트루이스는 예외였다. 포크너의 작품처럼 그의 걸작들도 남부에 뿌리를 두었으며, 등장 인물들은 종종 남부의 전형적인 인물을 대표하는 것처럼 보였다. 그러나 그는 다시 자신의 뿌리로 돌아가고 싶은 마음은 전혀 없었다. 그는 자신만의 작은 집을 빌려 살기도 했고, 때로는 친구들과 함께 지내기도 했다. 그의 개인적인 습관은 괴팍했다. 하지만 그는 글을 쓰고자 하는 욕구를 잃은 적은 한 번도 없었다. 그의 친구 도널드 윈덤(Donald Windham)은 "그는 잠자리나 다음 끼니보다 글쓰기를 먼저 생각했다."라고 회고했다. 개인적으로 암울했던 혼돈의 와중에서도 그는 항상 열정적으로 많은 작품을 생산했다.

오드리 우드는 그에게 250달러를 받을 수 있는 MGM의 시나리오 작가 자리를 구해 주었다. 한 달에 250달러라고? 그는 횡재했다고 생각하며 되물었다. "주당 250달러예요." 그녀가 대답했다. 비록 그가 하는 작업과 영화사의 일이 공통점은 거의 없었지만, 그는 할리우드에서의 짧은 시간이 그의 인생에서 가장 행복했던 시간 중의 하나였다고 나중에 회상했다. 그는 대부분의 시간을 자신의 작품을 쓰거나, 서부 해안을 찾아다니면서 기쁨을 만끽했다. 이 시기에 그는 〈유리 동물원〉이라는 희곡을 탈고했다. 10년 이상을 알코올 중독자로 지내고 있던 여배우 로레트 테일러가 캐스팅되었는데, 그녀는 대사를 외우지 못할 뿐아니라 술을 끊기도 어려울 것 같아 보였다. 개막일이 다가오자 재앙이 다가오는 듯했다. 그런데 개막식날 밤에는 기적처럼 모든 일이 잘 풀렸고, 그녀는 영감을 받은 듯 열연을 펼쳤다. 그럼에도 불구하고 관객들은 불편해했다. 이 연극은 다른 연극들과 달랐기 때문이다. 하지만 두 명의 현지 비평가가 열렬히 그의 작품을 옹호했다. 공연은 계속되었고, 결국 히트작이 되었다. 뉴욕으로 무대를 옮겼을 때는 더 큰 성공을 거두었다. 마침내 그의 앞길이 열리기 시작했다.

그가 자신의 첫 프로듀서로 아이린 셀즈닉(Irene Selznick)을 찾아낸 것은 행운이었다. 그녀는 당시 브로드웨이에서 프로듀서로 입지를 다지기 위해 노력하고 있었다. 전설적이고 무시무시한 루이스 B. 메이어의 딸인 그녀는 할리우드 프로듀서 데이비드 셀즈닉과 길고 힘든 이혼 소송을 벌이고 있던 와중이었다. 뉴욕에서 그녀는 젊은 작가들을 대리하는 여러 에이전트들과 접촉했는데, 그 중 한 사람이 오드리 우드였다. 우드가 그녀에게 말했다. "저의 가장 소중하고도 중요한 고객이 당신에게 꼭 맞을 만한 희곡을 가지고 있어요. 그의 최고 작품이죠. 그의 이름은 테네시 윌리엄스입니다." 셀즈닉은 기쁘면서도 당황스러웠다. 어찌됐든 그녀는 초보자에 불과했기 때문이다. "왜 저죠? 왜 저에게?" 그녀는 우드에게 물었다. 그리고는 "저에게 다른 작가를 찾아주세요." 라고 에이전트에게 부탁했다. 윌리엄스에게는 여전히 어려운 시기였다. 그의 작품은 상업적이지 않았고, 주제도 어려웠다. 또한 그는 다루기 힘든 작가라고 알려져 있었다. 셀즈닉은 희곡이 마음에 들었지만, 곧바로 경험이 많지 않은 자신이 감당하기에는 너무 벅차다고 우려했던 것이다. 그녀는 윌리엄스를 만났다. 둘이 나눈 첫 대화는 제목에 관한 것이었다. 윌리엄스는 그녀가 원제인 '포커 나이트'를 좋아하는지, 아니면 대안 제목인 '욕망이라는 이름의 전차'를 좋아하는지 물어보았다. 어쨌든 그들은 그녀가 연출을 맡는다는 것에 동의했다.

그녀는 윌리엄스에게 깊은 인상을 받았다. 그녀는 그의 재능이 단순히 대단하다는 것을 뛰어넘어 위대하다는 느낌을 받았다. 게다가 평생 부유하게 살았던 그녀에게 그의 가난은 인상적이었다. 한 번은 제작에 들어가기 직전에 윌리엄스가 셀즈닉에게 자신은 평생 주급 250달러만 보장받을 수 있다면 연극에 대한 모든 권리와 로열티를 포기하겠다고 말했다. 하지만 그녀는 확신컨대 앞으로 엄청난 부가 그를 기다리고 있을 것이라고 말했다.

셀즈닉이 우선적으로 해야 할 일은 그 작품을 무대에 올리기 위해 필요한 100,000달러를 모으는 것이었는데, 그녀는 이 때문에 무척 고생했다. 그 다음으로 할 일은 그녀와 윌리엄스가 연출가 선정에 합의하는 일이었다. 윌리엄스는 카잔을 원했다. 그는 카잔이 연출한 아서 밀러의 〈나의 모든 아들들〉을 본 적이 있었다. 카잔이 승낙할지는 미지수였다. 윌리엄스는 카잔에게 편지를 보내 제안을 수락해 달라고 간곡하게 요청했다. "대본을 보고 망설이셨을 것입니다. 이 작품에 대한 제 의도를 분명히 밝혀 드리고 싶습니다. 이 작품의 가장 큰 장점은 삶에 대한 진실성이나 충실성에 있다고 생각합니다. '좋은' 사람이나 '나쁜' 사람이란 없습니다. 상대적으로 좀 더 낫거나 좀 더 나쁜 사람들이 있을 뿐이죠. 사람들은 모두 악의보다는 오해에 의해 행동합니다. 서로의 마음속에서 무슨 일이 일어나고 있는지 알지는 못하는 거죠. 스탠리는 블랑슈를 궁지에 몰린 절망적인 존재보다는, 속셈이 있어서 '꼬리를 치는' 음탕한 여자로 여기고 있습니다. …아무도 서로를 제대로 보지 못합니다. 모두들 자기 자아의 빈 틈으로 타인을 들여다 볼 뿐이죠. 우리는 평생 그런 식으로 타인을 바라봅니다. 허영심, 두려움, 욕망, 경쟁 같은 우리 자신의 자아 속에 있는 온갖 왜곡적 요소들이 우리 주변 사람들에 대한 우리의 생각을 결정합니다. 우리 자아 속에 있는 왜곡적 요소들에다 타인의 그것들까지 더해보면, 사람들이 서로를 바라보는 유리가 얼마나 뿌옇게 될 수밖에 없는지 알 수 있습니다. 서로를 강렬히 사랑해서 모든 불투명한 막을 불태워버리고 서로의 진심을 볼 수 있는 드문 경우를 제외하고는 모든 살아있는 관계가 그렇게 되어 있습니다. 그런 경우는 저에게는 순전히 이론적으로나 가능한 이야기일 뿐입니다."

이 편지로 카잔의 마음이 움직였다. 연출을 맡았을 때 그는 37세였으며, 처음에는 연극에서, 그 다음에는 영화에서, 미국의 가장 중요한 젊은 감독으로 막 떠오르기 시작하고 있었다. 〈욕망이라는 이름의 전차〉가 흥행하자 그는 브로드웨이와 할리우드 양쪽에서 모두 원하는 감독이 되었고, 중요한 작품, 특히 기존 도덕성에 도전하는 작품을 제작하려는 사람들이라면 누구나 탐내는 연출가가 되었다. 테네시 윌리엄스의 판단이 전적으로 옳았다. 카잔은 윌리엄스 작품의 시적인 이미지를 강력한 드라마로 바꾸는 방법을 알고 있었다. 그의 아내가 언젠가 말했듯이, 그는 전화번호부를 가지고도 히트작을 만들 수 있는 사람이었다.

윌리엄스와 마찬가지로, 엘리아 카잔도 일과 성공에 대한 욕구가 강했으며, 이를 통해 과거의 굴욕을 되갚고 싶어했다. 1988년에 출간된 그의 자서전은 그의 직업적, 개인적 성공을 상세히 기록한 책이다. 그의 자서전은 매우 솔직하고 자기 폭로적인 면이 있는 동시에, 이성을 정복한 수 많은 이야기들로 인해 약간은 탈의실에서 벌어지는 남자들의 허풍 같은 면도 있는 기묘한 책이다. 그는 자신을 아웃사이더, 그리스 이민자의 아들로 여겼으며 미국 생활의 관습에 대해 거부감을 가지고 있었다. 그의 가정과 가정의 규율들 가운데서 오직 주소만이 미국식이었다. 그는 이렇게 회고했다. "우리 가족은 여행자들이었다. 백부와 아버지는 떠돌이였는데, 이는 성향보다는 필요에 의한 것이었다. 그들은 불안정했고, 그럴 수밖에 없었다. 추억의 세계 속에서 자란 그들은 운명을 불신하며 컸다. 백부는 항상 말하곤 했다. '모든 것이 나빠질 거야.' …이러한 본능은 내가 태어날 때부터 내 안에 있었다."

카잔과 윌리엄스는 태도나 성적 취향 등에서 완전히 달랐지만, 두 사람 모두 서로가 남들과 다르다는 느낌을 공유하고 있었다고 카잔은 생각했다. 카잔의 표현을 빌리자면 둘은 "괴짜"였기 때문에 너무나 자연스럽게 어울렸다. 1950년대 미국에서 단순히 그리스계 이민자일 뿐만 아니라, 그리스인들이 삶의 한 방편으로 본심을 감추는 방법을 터득했던 터키에서 성장한 그리스계 이민자 조지 카잔(본명은 이오르고스 카잔지오글라우)의 아들이 되는 것보다 더한 변종은 없었을 것이다. 조지 카잔은 구시대적 가치관을 가진 사람이었으며, 새로운 시대의 타락을 경계했다. 구시대에서 여성은 미리 정해진 남자와 결혼해야 했다. 카잔 부인은 터키에서 남편을 처음 만났을 때, 그의 친구들과는 달리 남편에게 콧수염을 깎으라는 말을 하지 않음으로써 그를 기쁘게 했다. 그녀는 "수염이 멋있어요. 깎지 말고 그냥 놔둬요."라고 말했다. 훗날 그는 아들에게 "네 엄마에 대한 첫 번째 기억이 그 일이란다."라고 말했다. 그 시대에는 남자들이 생활 규칙을 정했다. 남자들은 일을 끝내고 집에 돌아와 저녁 식사를 대접받은 뒤 친구들과 카드 놀이를 했다. 조지 카잔의 미국인 친구 중 한 명이 그들의 집에 놀러와 카잔 부인이 얼마나 좋은 사람인지에 대해 언급하자 조지는 이렇게 말했다. "괜찮은 여자지. 자기가 할 일은 잘 해."

그러나, 아테나 카잔은 결혼 초부터 남편에 대항할 음모를 꾸몄다. 그 음모는 위험한 것이었는데, 그들 가족이 상상할 수 있는 가장 신성한 것, 즉 남성 후계자의 미래와 관련된 것이었기 때문이었다. 아테나 카잔은 새로운 세계로 여행을 꿈꿨다. 그것이 자신을 구하고 자신의 운명을 결정지을 수는 없을지 모르지만, 아들에게만큼은 새로운 세계의 멋진 자유를 경험시켜 주고 싶었다. 남편이 일에 몰두해 있었기 때문에 자식들의 교육을 책임졌던 그녀는 아들을 몬테소리 학교에 보냈다. 그 학교는, 말하자면 터키 출신 그리스인들의 전통과는 부합되지 않는 곳이었다. 그런 다음 카잔 부인은 고등학교 교사 한 사람과 의논하여 어린 엘리아를 남편이 매우 선호하는 비즈니스 스쿨이 아닌 귀족적인 분위기의 학부 중심 인문교양 대학(liberal arts college)인 윌리엄스 칼리지로 진학시킬 계획을 은밀히 세웠다. 그녀는 이 문제를 조지 카잔과는 한 마디도 상의하지 않았다. 결국 엘리아 카잔은 윌리엄스 칼리지에 지원하여 합격했다. 아테나 카잔이 이 소식을 조지에게 전하자, 그는 그녀의 입을 주먹으로 때려 그녀를 바닥에 쓰러뜨렸다. 카잔은 1학년 때 처음으로 집에 다니러 와서야 부모님이 각방을 쓰기 시작했다는 사실을 알게 되었다. 이는 엘리아의 교육 문제에서 아내가 자신을 배신했다는 아버지의 견해로 인해 촉발된 상황이었다. 엘리아가 대부분이 인문학 과목인 자신이 배우는 수업 내용에 대해 설명하자 조지는 "넌 왜 유용한 것을 배우지 않느냐?"고 물었다. 엘리아는 아버지가 이미 오래 전에 자신을 포기했음을 눈치챘다. 한 번은 어느 여름에 아버지를 도와 일하던 그가 양탄자를 둘둘 말지 않고 그냥 접으려고 했던 적이 있었다. 그때 백부가 아버지에게 소리쳤다. "이봐, 조지, 여기 쓸모 없는 놈이 하나 있구나!" 그렇게 아버지와 아들의 세계는 결별했다. 엘리아는 더 이상 그리스인이 아니었다. 문제는 그가 과연 미국인이 되었느냐는 것이었다.

매사추세츠 주 윌리엄스타운에 있는 윌리엄스 칼리지는 당시 이민자의 아들이 다니기에는 그리 호의적인 곳이 아니었다. 1920대 후반에 그곳은 미국 상류층의 아성이었다. 카잔이 보기에 거기 학생들은 모두 키가 크고, 금발에, 사교적인 품위가 있어 보였다. 그는 키가 작고, 흑발인 데다가, 사교적으로도 서툴렀다. 그는 이전까지는 자신이 이방인 같다는 생각을 뼈저리게 해본 적이 없었고, 그런 느낌 때문에 기분이 상했던 적도 없었다. 그는 미식 축구 선수들의 시합 장면이나 연습 장면을 지켜보는 것을 좋아했다. 심지어는 그들이 자주 드나들던 한 즉석 요리 식당에 찾아가기도 했는데, 식당의 구석 자리에서 그들을 바라보면서 식사할 수 있었기 때문이었다. "그들은 정말이지 자신만만하고, 우람하고, 위엄이 있었다. 그들은 마치 자기들의 영광이 절대로 사라지지 않을 것이라고 생각하는 것 같았다." (후에 그가 유명한 영화 감독이 되어 윌리엄스를 방문했을 때, 그날의 미식 축구 선수들이 그를 찾아왔으며, 그중 한 명은 자신의 삶이 얼마나 공허한지 털어놓기도 했다. 카잔은 자신이 복수에 성공했다는 사실을 깨달았다.)

처음에 그는 자신이 대학 사교 클럽의 초대장을 받게 되리라고 착각했다. 하지만 곧 자신이 어리석었음을 알아챘다. 그는 어렵게 사교 클럽에 들어갈 수 있었는데, 그곳에서 서빙하는 사람으로서였다. 그는 사실상 자기에게는 친구가 없다는 것을 절감했다. 며칠이 지나도록 자기에게 말을 거는 사람이 없었다. 대학 캠퍼스에서 그는 일부러 사람들이 다니지 않는 길만 골라서 다녔다. 유일하게 가까운 관계라면 어머니 뿐이었다. 그녀는 일주일에 한 번씩 깨끗한 세탁물을 그에게 보내 주었다. 그는 아메리칸 드림에서 그 어느 때보다 멀어진 기분을 느끼며 윌리엄스를 떠났다. "그때부터 어떤 특권이 눈에 띌 때마다 나는 그것을 무너뜨리거나, 아니면 그것을 누리고 싶었다."라고 그는 회고했다.

그는 대학을 졸업하고 예일 드라마 스쿨에 진학했다. 이는 뜻밖의 선택이었다. 이전까지 그는 연극에 별다른 관심이 없었다. 하지만 윌리엄스 칼리지에서 사귄 몇 안 되는 친구 중 한 명인 앨런 박스터(Alan Baxter)가 예일 드라마 스쿨 진학을 앞두고 있었다. 별달리 할 일도 없었던 카잔은 전통적인 미국의 비즈니스 세계에 발을 들이고 싶지 않았기 때문에 자기도 여기 도전해보리라 결심했다. 이 결정은 예일 대학 내에 식기 세척기를 조작할 수 있는 사람을 위한 일자리가 있다는 사실로 인해 더욱 빨라졌다. 조지 카잔은 자신의 가망 없는 아들이 내린 이 비현실적인 결정을 전해 듣고 경악을 금치 못했다. 그는 엘리아의 동생을 향해 "네 형은 매사추세츠에서 4년 넘게 공부하고도 전혀 배운 게 없는 것 같구나."라고 말했다.

예일에서 그는 배우가 되고 싶었지만, 그의 외모가 불리하게 작용했다. 하지만 그는 야심이 있었고, 곧 부유한 학생들이 경시하던 무대 기술과 프로덕션 분야에서 빠르게 실력을 쌓았다. 그는 물건을 만들고 고칠 수 있었으며, 조명을 다루고 무대 세트를 설치할 수도 있었다. 이는 초반에 그의 트레이드마크가 되었다. 가제트[Gadget, 작은 도구나 간단한 기계장치]를 줄인 갯지(Gadge)라는 그의 별명도 여기서 유래했다.

아웃사이더로서의 그의 역할은 그가 이해하지 못하는 방식으로 그를 매력적으로 만들었다. 그는 자신이 하는 모든 일에 특정한 에너지와 목적을 부여했다. 그의 친구 클리포드 오데츠(Clifford Odets)에 따르면 젊은 시절 그는 굶주린 늑대와도 같았다. 그는 결코 지루해하지 않았고, 어떤 것도 당연한 것으로 여기지 않았다. 그는 예일대 동창인 몰리 데이 태처와 결혼했는데, 그녀는 그에게서 풍기는 삶의 에너지를 높이 평가했으며, 그를 재능 있고 고뇌에 찬 인물로 여겼다. 귀족 가문 출신인 그녀는 그가 미국의 주류 사회로 진출할 수 있는 가교 역할을 했다. 조지 카잔은 다소 의심스런 목소리로 그녀에 대해 "아주 상류층이야. 사교계 사람처럼 보여."라고 말했다.

극장이 근사한 상류층 사람들로 분장한 배우들이 응접실 극을 연기하는 유쾌하고 격식 있는 장소라는 통념을 카잔은 완전히 거부했는데, 이는 결코 놀랄 일이 아니었다. 그런 것은 그가 주변에서 본 세상과는 아무런 관련이 없었다. 그는 실험적인 단체인 그룹 씨어터에 가입했는데, 그곳은 뉴욕시에서 새로운 극장과 새로운 좌파 미국을 동시에 건설하려는 뉴욕의 재능 있고 자기중심적인 좌파 인사들이 모인 곳이었다. 그곳의 주요 인물로는 위대한 연출가이자 비평가인 해롤드 클루먼(Harold Clurman)과 당대 최고의 연기 교사 중 한 명이었던 리 스트라스버그(Lee Strasberg)가 있었다. 카잔이 클루먼과 스트라스버그에게 오디션을 보러 갔을 때, 스트라스버그는 그에게 "우리에게 당신이 원하는 것을 말해 보시오."라고 말했다. 그러자 카잔은 "제가 원하는 건 당신의 일자리입니다."라고 답했다. 카잔은 자존심 하나는 대단한 사람이었다. 그룹 씨어터는 그야말로 아이디어와 모험의 산실이었다. 거의 본능적으로 여기 회원들은 반항하며, 규칙을 깨고자 했다.

대공황의 절정기에, 그리고 개인적으로 반항심이 최고조에 달했을 때, 카잔은 짧은 기간 공산당에 입당했었다. 하지만 기존 관습을 거부하고 독창적인 성향이 강한 그로서는 충실한 당원이 되기엔 한계가 있었다. 그는 자신을 노동계급 출신의 급진주의자라고 생각했지만, 사실 나중에 그 자신이 언급했듯이 그보다 더 중산층에 가까웠던 사람은 없었다. 일은, 그가 후에 썼듯이, 그의 마약이었다. "일이 나를 온전하게 만들었다. 나를 지탱해 주었다. 일을 하지 않고 있으면, 나는 내가 누구인지, 무엇을 해야 하는지 몰랐다. …일은 내가 개인적인 문제에 골몰하지 않아도 되도록 만들었다. 일을 멈추는 순간, 그 즉시 불안감이 엄습해 왔다. 그런 현상은 무수한 찬사를 받고 있는 지금도 마찬가지다."

"그들은 단지 무대 조수를 원하는 거야." 그의 아내 몰리 카잔은 그룹 씨어터의 리더십에 대해 불평했다. "그래, 내가 무대 조수를 하지 뭐." 그가 대답했다. 결국, 그는 작은 역할들을 맡기 시작했다. 다시 한번 그는 외모 때문에 한계에 부딪혔다. "내가 성공적으로 연기할 수 있는 배역은 세상에 화가 나 폭력을 휘두르는 철부지 역이었다."라고 그는 회고했다.

그러던 중 그룹 씨어터의 젊은 극작가 로버트 아드리(Robert Ardrey)가 그에게 자신의 연극을 연출해 달라고 요청했다. 카잔은 그때 이미 연극이 어떠해야 하는지에 대한 자신만의 비전을 발전시키기 시작했다. 예일 출신 전문가들은 비전과 감정이 없이 연극에 접근했기 때문에 부적절했고, 그룹 내 사람들은 감정은 풍부했지만 기술이 없어서 부적절했다. 그는 이렇게 회고했다. "나는 상반되고 종종 대립하는 이 두 전통을 통합할 수 있었고, 또 그렇게 되어야만 했다."

그의 재능은 처음부터 의심의 여지가 없었다. 그는 대본에서 드라마를 끌어내고, 단어에서 감정을 찾아내는 데 천부적인 재능이 있었다. 그는 아웃사이더였기에 다른 사람들이 보지 못한 곳에서 도전과 갈등을 보았다. 제2차 세계대전이 발발하자 연출가들의 고갈 현상은 더욱 심해졌다. 그는 곧 중요한 연극을 맡아달라는 요청을 더 많이 받게 되었다. 1941년 12월, 그는 손턴 와일더(Thornton Wilder)의 새 희곡 〈위기일발〉의 연출을 제안받았다.

이 연극에는 프레드릭 마치, 플로렌스 엘드리지 마치, 탈룰라 뱅크헤드, 그리고 몽고메리 클리프트라는 젊은 배우가 출연했다. 이상하게도 뱅크헤드는 끊임없는 불화의 근원지였다. 그녀는 끊임없이 카잔을 자극했다. 마침내 그는 폭발하고야 말았다. 카잔은 그녀에게 "더 이상 당신의 헛소리를 참지 않겠다."라고 말했다. 후일 그는 이 연극이 자신을 연출가로 성공하게 만든 작품이었다고 확신했다. 연극은 대단한 성공을 거두었고, 이제는 할리우드에서도 그를 원했다. 그는 승리한 것이었다. 그는 자신만의 아메리칸 드림을 만들어냈다.

〈욕망이라는 이름의 전차〉를 준비할 때만 해도 그는 전통적인 방식의 캐스팅을 생각하고 있었고, 그래서 고전적인 터프가이인 존 가필드에게 배역을 제안했다. 하지만 가필드는 불가능한 조건을 내걸었다. 스탠리 코왈스키 역을 4개월 동안만 맡겠으며, 영화 제작 시에는 출연을 보장해 달라는 것이었다. 카잔은 가필드가 이 배역을 원치 않는다는 뜻을 할리우드 방식으로 점잖게 표현했다고 생각했다. 그래서 브란도에게로 눈을 돌렸다. 카잔은 그를 〈트럭라인 카페〉이라는 작은 연극에 단역으로 기용한 적이 있었는데, 그가 무대에서 뿜어내는 원초적인 성적 에너지를 목격했었다. 그는 스탠리 배역으로 브란도를 고려하기 시작했다. 하지만 전통적인 오디션은 불가능했다. 카잔은 이미 브란도를 잘 알았고, 그가 역할의 본질을 이해하기 위해서는 시간이 더 필요하다는 것을 인식하고 있었다. 브란도는 오디션 장에서 말을 거듭거나 감정 조절을 못하는 등 평판이 좋지 않았다. 또 다른 문제는 24세의 브란도가 윌리엄스가 상상했던 스탠리보다 훨씬 젊은 나이라는 점이었다. 브란도는 전화기를 갖는 걸 경멸했기 때문에, 카잔은 그리니치 빌리지의 비공식 채널을 통해 배우를 찾는다는 소식을 전해야 했다. 그런 다음 브란도에게 대본을 건네주었다. 처음에 브란도는 마음이 편치 않았다. 그는 코왈스키라는 캐릭터를 증오했는데, 그런 남자들의 잔인성에 진저리를 쳤다. 그는 배역을 맡지 않겠다고 말하려고 카잔에게 전화했지만 연결되지 못했다. 하지만 이 작품에는 저항할 수 없는 힘이 있었다. 마침내 그들은 서로 연락이 닿았다. "그래 생각해 봤나? 예스인가, 노인가?" 카잔이 물었다. 브란도는 "예스."라고 대답했다. 카잔은 그에게 20달러를 빌려주고는, 당시 프로빈스타운에 머물고 있던 윌리엄스에게로 가서 미리 대본 연습을 시작하라고 했다.

사흘 후 카잔은 윌리엄스에게 전화를 걸어 자신이 보낸 젊은 배우에 대해 어떻게 생각하는지 물었다. "무슨 배우요?" 윌리엄스가 물었다. 브란도는 아직 나타나지도 않았던 것이다. 그는 빌린 돈으로 음식을 사먹으며, 여자 친구와 함께 히치하이킹 여행을 하고 있었다. 마침내 그가 위기의 한가운데로 들어섰다. 윌리엄스의 집은 하수관이 막혀 변기가 흘러 넘쳤으며, 퓨즈가 끊겨 전기까지 나간 상태였다. 그때 청바지와 티셔츠 차림의 브란도가 윌리엄스의 집에 나타났다. 청바지에 티셔츠 차림의 남자라면 변기 고치는 것쯤은 손쉬웠다(적어도 당시에는 그랬다). 그는 배관을 뚫고 퓨즈를 새로 갈아 끼웠다. 윌리엄스는 나중에 이렇게 말했다. "그는 내가 본 사람 중에서 가장 멋진 젊은이였어요. 한두 명을 제외하고는 말이오." 브란도는 실제로 스탠리 코왈스키처럼 행동했으며, 대본 읽기에서도 훌륭한 소질을 보여줬다. 윌리엄스는 감탄했다. 그의 친구이자 댈러스에서 프로듀서로 일하던 마고 존스(Margo Jones)가 그에게 소리쳤다. "당장 카잔에게 전화 해! 이건 텍사스 안에서건 밖에서건 내가 지금까지 들어본 것 중에서 가장 감동적인 대본 읽기야." 다음날 윌리엄스는 카잔에게 전화했다. 그는 히스테리에 가까울 정도로 감격하고 있었다. 브란도는 합류했다. 뉴욕으로 돌아온 브란도는 할리우드를 깎아내리는 말투로 셀즈닉 부인을 자극하려 했다. 하지만 그녀는 그의 도발에도 아랑곳하지 않은 채 주당 550달러의 출연료로 그와 계약을 맺었다.

물론 브란도는 대단히 독창적인 사람이었다. 그는 새로운 미국의 반항아였는데, 육체적 고난이나 가혹한 경제적 여건보다는, 중서부에서 보낸 소년 시절과 엄격한 아버지로 인해 야기된 고루한 관습과 따분함 등이 그의 반항심의 대상이었다. 오마하에서 석회석 세일즈맨으로 일했던 말론 브랜도 1세는 엄격한 가정 규율에 관심이 많았다. 하지만 그 자신은 정작 시카고나 그 밖의 다른 지역으로 출장갈 때마다 청교도적 윤리관에서 탈선하여 술을 마시고 여자들의 뒷꽁무니를 쫓아다녔다. 브란도의 어머니 도디는 재능 있고 매력적이며 거의 요정 같은 인물이었다. 그녀는 지역 아마추어 연극계의 리더이자 배우 지망생이었다. 불행한 결혼 생활에 갇혀 지내던 그녀는 술에서 자신만의 자유를 찾았다. 후에 도디가 뉴욕에 있는 자녀들을 방문할 때, 그들은 그녀의 술병을 감추곤 했다. 하지만 그녀는 욕실 바닥에 놓인 목욕 타월 속에 술병을 감추는 방법으로 그들을 따돌렸다. 그녀는 거기야말로 완벽한 은신처였다고 했다. "내가 한 가지 알고 있는 게 있다면, 내 자식들 중 누구도 욕실 바닥에 떨어진 수건을 줍지 않는다는 것이었어요." 말론과 그의 여동생 조슬린은 배우가 되었으며, 프랜시스는 화가가 되었다는 사실에서 그들의 부모가 세 자녀에게 미친 영향을 짐작할 수 있다. 그들 가운데 누구도 비즈니스맨이나 세일즈맨 같은 전통적인 직업에 투신하지 않았다.

아버지의 권위주의에 대한 브란도의 분노는 일생 동안 계속되었다. 나중에 말론은 "저는 극단적인 말은 싫어한다."라고 말하곤 했다. 이는 그의 일이나 경력에서 처음부터 분명하게 드러났다. 학교에서 그는 여러 편의 연극에 출연했고, 1943년 열아홉 살이 되던 해에 뉴욕으로 왔다. 그는 배우가 되고자 했다. 자기 또래의 젊은이들 대부분이 독일과 일본에 맞서 싸울 수 있는 기회를 열망했지만, 브란도는 그렇지 않았다. 그는 친구들에게 "나는 42번가와 브로드웨이의 트랜스 룩스 극장에서 전쟁을 지켜봤다."라고 말했다. 그에게 진짜 전쟁은 해외에서 벌어지는 것이 아니라, 많은 가정에서 세대 간에 벌어지는 것이었다.

1940년대와 1950년대 초반의 미국에서 저항 문화가 존재했다면, 그곳은 바로 그리니치 빌리지였다. 오래된 키안티 와인병에 촛대를 꽂아 놓은 이탈리안 레스토랑, 시인과 예술가들이 모이는 커피하우스, 모던 재즈를 연주하는 소극장과 클럽들이 거기 모여 있었다. 그리고 서로 다른 피부색을 가진 커플과 동성애 커플이 아무렇지도 않게 살아가는 곳이었다. 그곳의 슬로건은 상업주의와 물질주의에 대한 거부였다. 자신의 초기 주요작 중 하나인 〈와일드 원〉에서 브란도는 오토바이 클럽의 멤버를 연기했다. "당신은 뭐에 반항하고 있는 거죠?" 작은 마을의 한 소녀가 묻자, 브란도는 이렇게 내뱉었다. "뭐든 상관 없어."

그는 처음부터 그리니치 빌리지를 사랑했다. 그곳은 오마하와는 완전히 달랐다. 거기서 그는 티셔츠와 청바지, 낡은 운동화, 그리고 필요할 땐 가죽 재킷을 입고 지낼 수 있었다. 빌리지에서 그는 집시처럼, 끊임없이 옮겨 다니며 자기 집 없이 살았다. 그를 만나고 싶은 사람은 누구든지 그를 찾아 나서야 했다. 그의 주변에는 항상 여자들이 있었지만, 주로 가볍게 만나는 사이여서, 1960년대에 유행할 남녀 관계의 선구자라 할만 했다. 그는 우연히 돈이 생기면 그걸 탕진해 버리거나 남에게 줘 버렸다. 그리고 돈이 없으면 남에게 빌렸다. 물질적 소유가 그에게는 아무런 의미가 없었다. 그는 뭔가 다른 것을 갈망하는 것 같았다. 그것은 바로 개인의 자유였다. 그에게 개인의 자유란 사유 재산을 갖지 않고, 개인적인 책임으로부터 벗어나는 것이었다. 그의 반항은 정치적인 것이라기보다 미국 중산층의 관습에 대한 불안감에서 비롯한 것이었다. 그는 주변의 세상을 의심했고, 기회가 있을 때마다 규칙을 어겼다. 후에 그는 자신이 다녔던 모든 학교에서 퇴학당했다고 자랑삼아 말하곤 했다. 그는 권위를 경멸했는데, 그것을 다른 것으로 대체하고 싶어서가 아니라 본능적으로 권위를 싫어했기 때문이었다.

하지만 이 시절에도 이미 그가 성공할 것이라는 느낌이 있었다. 처음부터 그는 일을 얻었고, 그가 필요로 하거나 원했던 것보다 더 많은 일을 얻는 것 같았다. "이 풋내기가 언젠가는 미국의 연극계에서 최고의 배우가 될 것이다." 배우이자 그의 연기 교사였던 스텔라 애들러(Stella Adler)는 이렇게 말했다. 대부분의 젊은 배우들과 달리 그는 일찍이 일류 에이전트인 에디스 반 클레브(Edith Van Cleve)와 만났다. 뉴욕에 도착한 지 1년 만에 그는 〈한넬의 천국 가는 길〉이라는 연극에 출연했고, 곧 이어 〈아이 리멤버 마마〉에서 좋은 배역을 따냈다.

그럼에도 불구하고 그는 자신의 재능과 성공을 추구하는 것에 대해 묘하게 양가적인 태도를 보였다. 그는 오디션을 싫어했는데, 권력자의 비위를 맞추는 자리라는 이유 때문이었다. 그는 야망을 가지고 있으면서, 동시에 야망이 없었다. 그는 대본을 읽을 때면 거의 의도적으로 도발적인 태도를 보였다. 마치 가능한 한 서툴게 읽으려고 노력하는 것 같았고, 때로는 대본 낭독 후에 친구들과 모여 자신이 얼마나 형편없이 했는지 자랑하기도 했다.

이러한 양면성은 실패에 대한 두려움과 성공에 대한 두려움 모두에서 비롯한 것이었다. 성공은 그가 이미 거부하고 있는 세계로 그를 밀어넣고 너무 많은 선택지를 안겨줄 것이었다. 그는 성공이 필연적으로 물질주의로 이어진다고 확신했고, 그것은 그가 추구하는 바가 아니었다. 그러니까 그는 제임스 딘(James Dean)과 잭 케루악(Jack Kerouac)[69]으로 대표되는 새로운 미국 반항아들의 흐름에서 선두에 서 있는 인물

---

69   1950년대 미국 비트 제너레이션을 대표하는 작가. 대표작으로 <길 위에서>(1957)가 있다.

이었다. 기본적으로 브란도와 다른 반항아들이 반기를 든 동기는 정치적이라기보다 사회적인 것이었다. 이들은 전통적인 사회의 외곽에 머물면서 자신들이 얼마나 많은 오해를 받고 있는지 보여주었다. 여기에는 사실상 더 많은 인정에 대한 욕구가 함축되어 있었다. 브란도에 대해 글을 쓴 적이 있던 배우 트루먼 카포티(Truman Capote)는 이렇게 말했다. "말론은 항상 자신이 출연하는 작품은 싫어했어요. 그 작품 가운데 어떤 요소, 즉 대본이나 감독 또는 출연진 중 누군가에 대해서 말이죠. 타당한 이유가 있어서가 아니에요. 그저 불만족스러워하고 뭔가에 대해 불평하는 것이 그를 편안하게 하는 것 같아서 그러는 거죠. 그게 바로 그의 생활 방식의 일부거든요."

브랜도는 나르시시즘에도 새로운 장을 열었다. 기존의 규칙들이 그를 만족시키지 못했기 때문에 그는 자신이 규칙을 정하는 사회를 재창조했다. 이로 인해 그는 필연적으로 점점 더 자아 도취에 빠져들었다. 그는 누구에게도 빚진 게 없다고 생각했고, 어떠한 의무도 받아들이지 않았다. 언젠가 한 토크쇼에 출연한 배우 로버트 미첨(Robert Mitchum)은 브란도와 함께 영화를 찍어본 적이 있느냐는 질문을 받았다. 그는 "브란도는 결코 다른 사람과 함께 영화를 찍은 적이 없어요."라고 독설을 날렸다.

어떤 면에서 그는 자신의 그런 행동이 자기에게 유리하게 작용한다는 것을 알고 있었다. 도발적인 행동은 그의 외모와 성적 매력을 더욱 두드러지고 강하게 보이게 만들었다. 그로 인한 전반적인 효과로 인해 그는 자신이 원하는 것을 얻을 수 있었다. 그렇기에 그는 자신을 그토록 쉽게 성공할 수 있게 해준 바로 그 카리스마와 그것에 그토록 쉽게 영향을 받는 사람들 모두를 경시했다. 그는 마치 자신의 지성으로 알려지길 원하지만 대신 외모로만 알려진 미소녀와도 같았다.

하지만 아무도 그의 재능과 매력을 의심하지 않았는데, 이는 강인함

영화 <욕망이라는 이름의 전차>에서 말론 브란도와 비비안 리가 연기하고 있다. 감독 엘리아 카잔의 분노에도 불구하고 영화는 심한 검열을 받았지만, 브란도의 관능적인 매력만큼은 여지없이 스크린을 뚫고 전달되었다. (사진 출처 THE BETTMANN ARCHIVE)

과 천사 같은 아름다움이 거의 완벽한 균형을 이루고 있었기 때문이었다. 그의 강인한 근육질 체격 뒤에는 묘하게 섬세한 감성이 숨어 있었다. 그는 자기 집착이 심했을지 모르지만, 타인의 약점을 잘 알아차렸고, 뛰어난 모방 능력을 가지고 있었다. 스텔라 애들러는 말론에 대해 이렇게 말한 바 있다. "말론은 연기를 배울 필요가 없었어요. 그는 알고 있었죠. 처음부터 그는 보편적인 배우였어요. 인간적인 것이라면 어떤 것도 그에게는 전혀 낯설지가 않았어요." 그녀는 나중에 이런 말도 했다. "나는 그에게 아무것도 가르치지 않았어요. 나는 단지 생각하고, 느끼고, 경험할 수 있는 가능성의 문을 열어주었을 뿐이죠. 그는 그 문을 통해 걸어 들어갔죠. 그 후로 그는 내가 필요 없었어요. …그는 하루 24시간 내내 배우의 삶을 살고 있어요. 만약 그가 당신과 이야기를 나눈다면, 그는 당신의 모든 것을 파악할 겁니다. 당신의 미소 뿐만 아니라 당신의 치열 구조까지 말이죠. 그의 스타일은 직관과 지성이 완벽한 조화를 이루고 있어요." 뉴욕 극장가에서 그는 규칙을 깨뜨리고 보다 자연스러운 연기를 선보인, 한 줄기 신선한 바람과도 같은 존재였다. 물론 모든 사람이 그를 이해한 것은 아니었다. 스텔라 애들러가 극작가 클리포드 오데츠에게 브란도의 천재성을 언급하자 그는 완전히 당황스러워했다. "제 눈에는 단순히 식료품 배달하는 애송이처럼 보이는데요."

〈욕망이라는 이름의 전차〉는 1947년 12월에 개봉했다. 이 세 명의 아웃사이더들이 만남으로써 변화하는 미국과 변화하는 감성들이 반영될 수 있었다. 그것은 한때 금지되었던 말과 이미지들이 이제는 허용되는, 새롭고 보다 관대한 사회 질서를 대변하는 것이었다. 10년 전만 하더라도 미국은 윌리엄스의 연극을 받아들일 준비가 되어 있지 않았을 것이고, 카잔 같은 이민자가 최고의 대학을 나와서 브로드웨이에서 자신의 진로를 찾게 될 수도 없었을 것이며, 브란도는 극장을 운영하는 사람들로부터 거부당했을 것이다. 하지만 이제 그들이 함께, 같은 시대에 같은 분야에서 만나게 된 것이었다.

세 사람의 재능이 합쳐진 힘은 놀라웠다. 서로가 서로의 재능을 강화하고 증폭시켰다. 카잔이 없는 윌리엄스는 너무 시적이고 충분히 드라마틱하지 않았을 것이다. 윌리엄스가 없는 카잔은 너무 정치적이고 날것 그대로였을 것이다. 그리고 브란도가 없었다면 두 사람은 그들의 작품을 미국 문화 생활의 중심으로 옮겨다 준 스타를 확보하지 못했을 수도 있었을 것이다. 처음에는 연극으로, 그리고 더욱 주목할 만하게는 할리우드를 통해, 작품은 협소한 문화 엘리트층을 훨씬 넘어서는 성공을 거두었다. 세 사람은 각자의 방식으로 미국인의 청교도적 삶과 관습적인 아메리칸 드림에 반항하고 있었다. 할리우드 덕분에 그들은 이제 수백만 명의 관객에게 이를 전달할 수 있게 되었다.

제20장

킨제이 보고서

: 성의 혁명이 시작되다

〈욕망이라는 이름의 전차〉를 보고 깊은 감동을 받은 사람들 중에 인디애나주 블루밍턴에 거주하던 대학 교수 한 명이 있었다. 그의 이름은 알프레드 킨제이(Alfred Kinsey)였다. 1950년 브로드웨이에서 이 연극을 처음 보았을 때, 그는 이미 자신의 두 선구적인 저작 중 첫 번째 저서인 〈남성의 성적 행동〉을 출판해 놓고 있었다. 이 책은 흔히 '킨제이 보고서'로 널리 알려져 있었다. 킨제이는 자신과 윌리엄스가 방법은 다르지만 매우 비슷한 일을 하고 있다는 사실을 즉각 알아챘다. 그것은 미국인들이 자신의 성적 자아를 숨기기 위해 사용했던 가면을 벗겨내는 일이었다. 연구를 진행하면서 킨제이는 사회가 믿고 싶어 하는 미국인의 성행위와 실생활에서 이뤄지는 성적 관행 사이에는 엄청난 차이가 있음을 알아냈다. 이는 한편으로는 흥미로우면서도 다른 한편으로는 당혹스러운 결과였다. 그러니까 성행위를 하는 것과 그것을 인정하는 것은 전혀 다른 문제였다. 예를 들어, 그의 인터뷰에 따르면, 성공한 사업가 중 최소한 80%가 혼외 정사를 경험한 적이 있었다. 그는 이렇게 기록했다. "맙소사, 사회의 겉면과 실제가 이렇게 다르다니!"

그랬기 때문에 윌리엄스의 연극에 대한 그의 반응은 단순히 감정적인 차원 이상이었다. 그는 윌리엄스에게 만남을 제안했고, 두 사람은 꾸준히 서신을 주고받기 시작했다. 그는 윌리엄스에게 이런 내용으로 편지를 썼다. "당신도 아시다시피, 우리는 예술에서의 에로틱한 요소들에 대해 광범위한 연구를 하고 있습니다. 여기에는 미술, 음악, 창작과 연극 등이 모두 포함되죠. 지금까지 우리가 비교적 자세하게 연구했던 연극 중 하나가 바로 〈욕망이라는 이름의 전차〉였습니다. 우리는 운 좋게도 이 연극을 공연한 두 극단과 배우들로부터 사례를 충분히 수집할 수 있었고, 이를 통해 그들의 연기를 그들의 성 경험과 연관시킬 수 있었습니다. 연극에는 작가와 의논하고 싶은 대목들이 많습니다. 토론을 통해 당신의 원래 아이디어와 의도를 알아내려고 합니다. 이것이 우리가 함께해야 하는 이유 중 하나입니다." 결국 킨제이와 윌리엄스는 좋은 친구가 되었다. 킨제이는 여러 면에서 전형적인 미국 중산층이었지만, 윌리엄스의 동성애에 대해서는 전혀 문제삼지 않았다. 그는 모든 성적 다양성에 대해 매우 관대했지만, 그의 직원들이 동성애에 대해 진행한 인터뷰를 'H 사례집'이라고 알려진 서류철에 보관시킬만큼 보수적인 인물이었고, 실제로도 동성애라는 단어를 입에 올린 적이 없었다.

알프레드 킨제이는 보헤미안적인 기질이 전혀 없었다. 그는 평생 중서부에서 살았고, 최초로 사귄 여성과 결혼했으며, 평생 그녀와 함께 살았다. 그와 가까운 친구들은 그가 혼외 정사를 경험해본 적이 전혀 없었을 것이라고 생각했다. 곤충학자로서 벌레 채집을 좋아했던 그는 신혼여행으로 신부와 함께 캠핑을 갔다. 인디애나 대학에서 수업할 때면 그는 항상 나비넥타이를 맸고, 머리를 단정히 깎았다. 그는 평생 낡은 뷰익을 타고 다녔으며, 100,000마일 이상을 주행했다는 사실을 매우 자랑스러워했다. 일요일마다 그와 그의 아내는 교수들과 대학원생들을 집으로 초대해 클래식 음악 레코드를 들었다. 그때 킨제이 부부는 감으로 만든 푸딩과 같은 간단한 디저트를 대접했다. 그들은 이런 저녁 모임을 매우 진지하게 여겼으며, 킨제이는 자신의 레코드 컬렉션을 대단히 자랑스러워했다. 한 교수의 아내가 부기우기를 듣자고 제안한 적이 있었는데, 그 부부는 그날 이후로 다시는 초대받지 못했다.

그의 구식의 가치관을 지녔으며, 남에게 빚지는 것을 좋아하지 않았다. 그의 집은 그가 현찰로 지불하지 않은 유일한 물건이었다. 그는 약간의 계약금만 치른 뒤, 3,500달러의 모기지 대출을 받아서 집을 구입했다. 그는 자신의 획기적인 저서인 〈남성의 성적 행동〉을 출간했을 때도 인디애나 대학에서 5,000달러 이상의 급여를 받은 적이 없다고 자랑했다. 실제로 연말에 소득세를 신고할 때면 자신의 급여가 얼마인지 기억하지 못해서 학과장을 깨워 확인해야 했다(이는 'W-2 소득세 양식'이 나오기 이전의 일이었다). 그는 돈 문제뿐 아니라 매사에 극도로 신중했다. 한번은 그가 결혼을 앞둔 젊은 동료 랄프 보리스에게 다음과 같은 빅토리아 풍 충고를 건넨 적도 있었다. "몇 년 전, 내 은행 담당자가 투자와 저축에 대해 내게 이런 충고를 해줬다네. '투자 대상을 분산시키세요. 보험과 연금에 가입하세요. 집값을 갚으세요. 비상시에 인출할 수 있는 현금이나 즉시 전환 가능한 증권을 1,000달러 정도 준비하세요. 이 모든 항목을 (순서대로) 달성한 다음에는, 수천 달러 정도를 3%의 수익이 보장되는 투자신탁에 넣어두세요(이보다 더 큰 수익을 바라지 말고, 주식이나 채권을 살 경우에는 소액 투자자에게도 대형 투자자가 누리는 것과 동일한 분산 효과를 주는 투자신탁 주식을 구매하세요).' 나는 자네가 이상의 원칙을 잘 이행할 때까지는 저축에 심각한 영향을 주는 행위는 삼가라고 조언하고 싶네." 한번은 생식 과정을 보여주는 대형 모형을 차에 싣고 뉴욕에서 돌아오는 동료 학자 워델 포메로이(Wardell Pomeroy)에게 시속 35마일로 운전해서 돌아오라고 말한 적도 있다. "그 이상의 속력을 내면 무거운 짐 때문에 안전하지 않다네. 쉽게 멈출 수도 없고, 겨울철 결빙으로 손상된 도로에서 덜컹거리면 감당하기도 어렵다네." 포메로이는 그를 수녀원장이라고 불렀다.

킨제이는 담배를 피우지 않았고 술도 거의 마시지 않았다. 그는 말년에 흡연을 시도해보기로 결심했는데, 그 이유는 그가 인터뷰하는 남성들과 더 비슷해 보이고 그들을 편안하게 만들 수 있을 것 같았기 때문이었다. 하지만 아무리 노력해도 담배를 제대로 피우지 못했다. 결국 그의 조수들은 흡연이 도움이 되기는커녕 오히려 방해가 된다며 극구 말리고 나섰다. 그가 술을 마시게 되었을 때도 비슷했다. 그가 세상을 떠난 후 워델 포메로이는 이렇게 회고했다. "그가 저녁 식사 전에 달콤한 리큐어 한 잔을 쟁반에 얹어 가져오는 모습을 보는 것은, 천재이자 세계적인 인물인 알프레드 찰스 킨제이가 말 그대로 단순하고 때묻지 않은 사람이라는 사실을 새삼 깨닫게 하는 쓸쓸하고도 행복한 순간이었다."

소년 시절의 그는 매우 종교적이었고 매주 가족과 함께 교회에 출석했지만, 나이가 들면서는 제도화된 종교와 하느님에 대한 신앙으로부터 멀어졌다. 그럼에도 불구하고 그는 자녀들이 주일학교에 정기적으로 다니도록 했다. 물론 그는 언제나 과학자였다. 한번은 아들 브루스가 꽃을 가리키며 하느님이 이 꽃을 만들었다고 말했다. 그러자 킨제이가 물었다. "자, 브루스, 저 꽃이 실제로는 어디에서 생겨났지?" "씨앗에서요." 브루스 킨제이는 수긍했다. 킨제이는 편견이 아닌 호기심에 이끌렸다. 그는 선입견을 가지고 찾아오는 사람들을 거부했다. 연구원으로 지원한 한 청년에게 그는 이렇게 말했다. "자네는 혼전 성관계가 나중에 결혼 생활에 어려움을 줄 수 있고, 혼외 정사가 결혼을 파경으로 이끌 것이며, 동성애는 비정상적이고, 동물과의 교접은 말도 안 된다고 말했네. 자네는 모든 답을 가지고 있는 것 같군. 연구는 도대체 왜 하려는 건가?"

그가 가장 큰 열정을 쏟아부은 분야는 자신의 일이었다. 그는 선조들의 칼빈주의적 정신에 뿌리를 둔 열의를 가지고 일에 임했다. 젊은 시절 그는 친구들과 휴가를 떠났던 적이 있었다. 그렇지만 훗날 그는 휴가 시간을 일에 투자했더라면 더 유익했을 거라고 투덜했다. 실제로 그는 성탄절을 빼면 연중 무휴로 일했다. 그의 전기를 쓴 포메로이가 날카롭게 지적했듯이, 그는 항상 수집가였다. 어렸을 때 그는 우표를 수집했지만, 그것은 그가 수집한 것 중에서 유일하게 유용하지 않은 것이었다. 어렸을 때 류머티스성 열병을 앓아 병약했던 그는 또래 친구들과 어울려 놀 수가 없었다. 대신 그는 자연을 연구하는 학생이 되었다. 그는 10대 때 처음으로 소논문을 썼는데, '비가 올 때 새들은 무엇을 할까?'라는 제목이었다. 보우도인 대학에 다닐 무렵부터 그는 식물과 동물 수집을 좋아했다. 보우도인 대학 졸업 앨범에는 "킨제이의 방에 들어서는 사람은 자기를 반길 상대가 킨제이 씨일지, 아니면 크고 힘 센 뱀일지 절대 알 수 없었다."라고 적혀 있다.

하버드 대학원에 재학 중이던 그는 미국 전역을 여행할 수 있는 장학금을 받았다. 그는 후일 고등학교 은사에게 그 장학금을 받게 된 기쁨을 편지로 써 보냈다. "여행의 처음과 끝을 보냈던 여름철을 더한다면, 저는 장장 15개월 동안 꼬박 집 밖에서 보냈답니다! 생각해 보세요, 그런 삶을요! 세상의 그 어떤 직업도 저에게 곤충 채집하는 일만큼 기쁨을 줄 수 없다는 생각을 하면 저는 더욱 만족스럽습니다. 선생님께서 저를 이 길로 인도해 주셨어요. 그 은혜를 결코 잊지 않겠습니다!" 그는 처음부터 일류 학자였으며, 식물들과 동물들이 가진 아름다움을 결코 놓치지 않았다. 샌프란시스코의 산부인과 의사 얼 마치(Earle March)는 그의 진귀한 능력이 "추한 것을 통해 그 이면에 자리한 사랑스러운 것을 들여다볼 수 있는 것"이라고 말한 바 있다. 마치는 "나는 종종 그를 정신(the spirit)의 운동 선수라고 생각했다."라고 덧붙였다.

이 때까지만 해도 그가 자기 세대의 가장 논쟁적인 인물이 되기에는 가장 거리가 먼 사람처럼 보였다. 1940년대 초반에 〈북미의 식용 야생 식물〉을 출간했는데, 이 책은 매사추세츠 원예 학회 이사회가 뽑은 그 해의 가장 중요한 책으로 선정되었다. 그는 인디애나 대학의 유망한 학과에서 존경받는 동물학 교수였다. 그는 어리상수리 혹벌을 세계에서 가장 많이 채집하여 동료들의 존경을 받았을 뿐 아니라, 강의 시간에는 항상 시간을 아끼지 않는 친절하고 인간적인 교수로 학생들에게 인기가 많았다.

그렇게 지내던 1938년, 한 무리의 제자들이 그를 찾아와 결혼에 대해 질문했다. 그는 그들의 순진함에 놀랐다. 처음에 그는 자신이 아는 게 별로 없다고 생각해서 답변을 자제했다. 그는 이 주제를 다룬 모든 자료를 찾아 읽었고, 이용 가능한 자료의 양과 질이 턱없이 부족하다는 사실에 놀라움을 금치 못했다. 일부 학생들은 대학 당국에 성과 결혼에 관한 강좌를 개설해 달라고 청원했다. 처음부터 그것은 킨제이의 강좌였다. 그는 그 강좌를 담당한 8명의 교수들 가운데 한 사람으로, 세 번의 기초 강의를 맡았다. 이 강좌는 대단히 성공적이었다. 그리고 이내 그의 마음을 사로잡았다. 그의 아내 클라라는 친구들에게 가끔 이렇게 말하곤 했다. "그가 섹스를 연구하기 시작한 이후로 밤에 그를 거의 볼 수가 없어요." 그의 동료들은 그가 곤충 연구에 지쳐서 더 큰 도전, 즉 새롭게 채집을 시작할 새로운 분야를 찾고 있는 것이라고 생각했다.

그가 인간의 성에 대한 연구를 시작했을 때, 그의 가장 오랜 친구 중 하나이자 당시 세인트루이스의 미주리 식물원 원장이었던 에드거 앤더슨(Edgar Anderson)은 그에게 이런 편지를 보냈다. "자네의 평생의 업이 될 일에 정착하는 모습을 보니 내 가슴이 벅차오르네. 자네가 자네의 모든 재능들을 필요로 할 만큼 대단한 프로젝트를 찾을 수 있을 거라고는 아무도 믿지 못했을 거네. 나는 자네가 가진 스코틀랜드 장로교파의 개혁가(the Scotch Presbyterian reformer)[70]의 기질과 산더미 같이 쌓여 있는 수많은 데이터들을 상자와 서랍 속에 깔끔하게 정리하고자 하는 광적인 과학자 기질이 마침내 합쳐지게 된 것을 보게 되어 기쁘기 그지 없다네. 학술 저자(The monographer)[71] 킨제이, 자연과학자(the naturalist)[72] 킨제이, 그리고 캠프 지도자(the camp counsellor)[73] 킨제이가 마침내 하나로 뭉쳐 나아가는구면. 자네의 이런 모습을 지켜보게 되어 기쁘다네. 이런 일이 진행된다는 것 자체가 대단한 거야. 그리고 자네가 그런 일을 하고 있다는 사실이 너무 기쁘네."

그는 학생들의 성행위 사례를 조사하는 것으로 연구를 시작했다. 학생들과의 인터뷰는 그의 작은 사무실에서 진행되었다. 그는 인터뷰 중에는 문을 잠그고 조수들까지 모두 밖으로 내보냈다. 강좌의 등록자 수는 매년 늘어났다. 처음에는 3학년을 대상으로 수업했으나, 다음 해에는 1~2학년까지 수강을 허용했다. 곧 400명의 학생이 그의 수업을

---

70 (편집자 주) 스코틀랜드 장로교의 창시자이자 열렬한 가톨릭 신자인 메리 여왕에 맞서 싸운 존 낙스를 가리킨다.
71 (편집자 주) 모노그래프는 심층적으로 연구한 결과를 담아낸 긴 논문을 뜻하므로 모노그래퍼는 연구논문 집필자를 가리킨다.
72 (편집자 주) 정확히는 동식물 연구자를 지칭한다.
73 (편집자 주) 캠프 지도자는 학생들의 방학 중 특별활동을 지원하는 관리자이며, 여기서는 학생들을 가르치는 교육자를 의미한다.

들었다. 그렇지만 그의 마음은 점점 더 사례 연구에 집중되기 시작했다. 1939년 그는 친구에게 보낸 편지에서 인터뷰를 "과학적 금광"이라고 표현했다. 그는 학생들뿐만 아니라, 주말이면 시카고를 시작으로 중서부의 다른 지역까지 돌면서 더 많은 이들의 성행위 사례를 수집하기 시작했다. 프로젝트에 점점 더 많은 시간이 소요되면서 인디애나주에서는 불가피하게 그에 대한 보수적인 반응이 나오기 시작했다. 학부모와 지역 목회자들로부터 불만이 쏟아지기 시작했다. 초기 비평가 중 한 명인 인디애나 대학 의과대학의 서먼 라이스(Thurman Rice) 교수는 킨제이가 강의 중에 혼전 성관계를 비난하지 않았다는 이유로 격분했다.

1940년, 킨제이와 그의 연구에 매우 호의적이었던 인디애나 대학 총장 허먼 웰스(Herman Wells)가 그를 호출했다. 웰스는 지역 내 목사들의 항의를 언급하며 킨제이에게 강의와 사례 연구 중 하나만을 선택할 것을 요구했다. 두 가지를 병행할 수는 없다는 것이었다. 웰스는 킨제이가 강의를 좋아했기 때문에 사례 연구를 포기할 것이라고 생각했다. 하지만 킨제이는 자신의 비판자들이 성교육 강의보다 연구를 더 두려워한다고 확신하였기에 강의를 그만두기로 결정했다. 그는 자신이 그렇게 하지 않을 것이라고 생각한 사람들은 "나를 모르는 사람들"이라고 말했다. 그때부터 그는 오로지 연구에만 전념했다.

미국인의 성 습관을 연구하는 것은 실로 민감한 사안이었다. 킨제이는 자신의 연구원들이 중립적이고 객관적인 태도를 유지하도록 요구했다. 그래서 수염이나 콧수염을 기르지 못하게 했으며, 한 연구원이 너무 어려 보여서 적절한 신뢰를 주지 못할까봐 걱정하기도 했다. 그는 관대하고 관용적인 사람임에는 변함이 없었지만, 유대인이나 흑인 또는 앵글로색슨계가 아닌 이름을 가진 사람들은 고용하지 않았다. 그는 당시의 편견에 민감했고, 그래서 아주 민감한 정보를 얻어내야 하는 상담원들이 어떠한 방해 요소도 되지 않기를 원했다.

많은 미국인들이 전쟁에 참여했던 1940년대에 알프레드 킨제이와 그의 조수 몇 사람은 가능한 많은 남성과 여성들을 상대로 그들의 성 습관에 관한 인터뷰를 시작했다. 처음에는 재원이 한정되어 있었기 때문에, 킨제이는 자신의 적은 봉급을 떼어서 다른 사람을 고용하는 데 사용했다. 전쟁으로 인해 상황이 더 어려워졌고, 그는 닳은 타이어로 여기저기 다닐 수 있을지 걱정해야 할 정도였다("지금은 타이어 상태가 괜찮습니다. 현재 상태로는 30,000~40,000마일은 갈 수 있을 것 같습니다만, 재생 타이어를 구하지 못하면 사례 조사를 위한 제 여행은 중단되고 말겠죠.").

1941년에 그는 한 재단으로부터 처음으로 16,000달러의 보조금을 받았다. 1943년에는 록펠러 재단의 의과학부로부터 23,000달러의 보조금을 받았으며, 1947년에는 그 금액이 40,000달러로 늘어났다. 록펠러 재단은 이 때부터 그의 연구의 주요 재정적 후원자가 되었다. 1947년에 그는 그간의 연구 결과를 담은 첫 번째 책을 출간할 준비를 하고 있었다. 그 책은 인간이라는 동물의 가장 중요한 생물학적 행위 중 하나를 연구한 간단한 보고서였다. 오늘날에는 그의 결론들이 놀랍지 않게 보일 수 있는데, 보고서의 주요 내용은 다음과 같았다. 건강한 성생활이 건강한 결혼 생활로 이어졌다. 남녀 모두 인정하고 싶은 것보다 더 많은 혼외 성관계를 맺고 있었다. 애무와 혼전 성관계가 더 나은 결혼 생활을 만드는 경향이 있었다. 미신을 믿는 사람들이 주장하는 것처럼 자위 행위가 정신적 문제를 일으키지는 않았다. 사람들이 인정하고 싶어하는 것보다 더 많은 동성애가 행해지고 있었다.

인디애나 대학 총장 허먼 웰스는 킨제이에게 몇 가지 작은 요청을 했다. 인디애나 주의회가 열리는 61일 간을 포함하여 회기 직전에는 출간하지 말 것과 함께, 선정성 시비를 최소화하기 위해 의학 전문 출판사에서 책을 내 달라는 것이었다. 킨제이는 필라델피아의 오래된 출판사인 W. B. 손더스를 선택했다. 초판은 10,000부로 예정되어 있었다.

하지만 출판 전에 관심이 고조됨에 따라 손더스는 발행 부수를 25,000부로 늘렸다. 책의 가격은 6.50달러로 당시로서는 비싼 편이었고, 804페이지에 무게는 3파운드에 달했다. 킨제이는 출판사로부터 선인세를 받지 않았으며, 책의 모든 수익금은 자신이 설립한 싱크 탱크, 당시에는 인디애나 대학의 성 연구소로 알려진 연구 기관의 재원으로 귀속되도록 했다.

그는 편지에서 '알프레드 킨제이, 동물학 교수'라는 서명을 계속 사용했지만, 이미 단순한 교수가 아니었다. 그의 이름은 한순간에 유명해졌다. 모든 사람들이 그를 섹스 박사로 알고 있었다. 〈뉴요커〉에는 유명한 피터 아르노(Peter Arno)의 만화가 실렸는데, 보고서를 읽던 한 여성이 겁에 질린 표정으로 남편에게 "킨제이 부인도 있나요?"라고 묻는 장면이었다. 책이 출간된 지 열흘 만에 출판사는 6쇄를 주문해야만 했는데, 인쇄 부수는 놀랍게도 185,000부에 달했다. 모든 사람들에게, 특히 킨제이에게 더더욱 놀라운 일은 이 책이 베스트셀러 목록에 올랐다는 것이었다. 이는 처음에 킨제이의 책 광고는 물론 리뷰조차도 거부했던 〈뉴욕 타임스〉를 다소 당황하게 만들었다. 출간 초기 비평가들의 반응은 괜찮았다. 초기의 논평들은 그가 제시한 표본이 적절하고, 과학적 판단이 겸손하며, 어조가 진지하다고 평가했다. 일반 미국인을 대상으로 실시한 설문조사에 따르면, 미국인들은 그의 증거에 동의할 뿐만 아니라 그러한 연구가 도움이 된다고 생각했다.

그러자 그를 비판하는 이들도 논쟁에 가세했다. 그들은 혼전 성관계 통계, 혼외 성관계 통계, 동성애 통계 등 킨제이가 제시한 거의 모든 것들을 격렬하게 반박하고 나섰다. 무엇보다도 그들이 문제 삼은 것은 킨제이가 자신이 발견한 현상들을 비난하지 않았다는 점이었다. 그의 연구는 전통적이고 보수적인 사회 관습의 보루였던 우파 개신교 교회와 가톨릭 교회 뿐만 아니라, 자유주의 성향의 개신교 성직자들

알프레드 킨제이(1953년 모습)는 미국인의 성 관습을 연구하면서 과학적 기준을 도입하려 했다는 이유로 많은 비난을 받았다. (사진 출처 UPI/BETTMANN)

중에서 가장 영향력 있는 이들까지 분노하게 만들었다. 유니온 신학교 교장 헨리 피트니 반 두센(Henry Pitney Van Dusen)과 라인홀드 니부어(Reinhold Niebuhr)가 공격의 선두에 나섰다. 리버사이드 교회 담임 목사이자 당시 록펠러 재단 이사장의 형이었던 해리 에머슨 포스딕(Harry Emerson Fosdick)은 책 광고가 선정적이라고 불평했다. 프린스턴 대학 총장 해롤드 도즈(Harold Dodds)는 "이 보고서를 담장에 더럽게 낙서하는 어린 소년들의 작업에 비유한 대학 신문이 아마도 보고서에 가득 실린 시시한 그래프들보다 더 심오한 과학적 진실을 담고 있는 것처럼 보였다."라고 말했다. 킨제이는 우리의 성적 패턴을 연구한 대가로 우리의 도적적 기준을 낮추려고 한다는 비난을 받았다.

킨제이는 처음에는 이런 반응에 놀랐고, 그 다음에는 분노했지만, 결코 좌절하지는 않았다. 그는 다른 과학자들과 의사들이 자신을 옹호하지 않는 것에 놀라움을 금치 못했다. 그는 자신에 대한 지지 부족이 일

428

부는 직업적인 질투심에서 비롯된 것이라고 느꼈다. 시간이 지나고 공격이 더욱 거세지면서, 그는 친구들과 이야기할 자리가 생기면 주저하지 않고 자신을 당대의 신화와 무지에 도전했다는 이유로 비난받았던 갈릴레오와 같은 과학자들에 비유하곤 했다. 무엇보다 그가 가장 놀랐던 것은 대부분의 공격이 과학과는 상관이 없었다는 점이었다. 그는 자신을 비판하는 사람들이 "과학적 근거보다는 자신의 감정을 드러내면서 공격하고 있다."라고 지적했다.

곧 그의 친구들은 비판에 대한 그의 반응을 걱정하기 시작했다. 그는 심지어 가장 온건한 비판에도 상처를 받는 것처럼 보였다. 그를 전폭적으로 지지하거나, 그게 아니라면 적이 되어 버리는 식이었다. 하지만 그는 대중 앞에서는 좌절감이 드러나지 않도록 자제했다. 그는 비판에 직면하면 대부분은 버클리 대학 강연 때 야유했던 이에게 대하던 방식으로 대처했다. 그날의 대처는 훌륭했었다. 수천 명의 청중이 그의 강연을 듣기 위해 모였다. 그가 강연에서 가장 민감한 부분에 도달했을 때, 즉 한 사람에게는 일주일에 최대 일곱 번 정도의 성적인 해소가 필요하다는 대목에서 청중석의 누군가가 길고 낮게 휘파람을 불었다. "물론 방금 휘파람을 불은 분처럼 성적 욕구가 낮은 사람도 있습니다." 그의 말에 청중석은 웃음바다가 되고 말았다. 그것이 그날 밤 강연이 잠시 중단된 마지막 순간이었다.

킨제이는 공격적인 발언들로 상처를 입었지만, 이를 공개적으로 드러내지는 않았다. 게다가 그에게는 마무리해야 할 두 번째 책이 있었다. 가장 큰 두려움은 주요 후원자인 록펠러 재단의 지원이 끊길지도 모른다는 것이었다. 불행하게도, 헨리 피트니 반 두센은 유니온 신학교의 교장일 뿐 아니라 록펠러 재단 이사이기도 했다. 킨제이에게는 록펠러 재단 관계자들을 향한 조직적인 공격이 그에 대한 지원을 중단하도록 만들기 위한 의도로 보였다.

록펠러 재단의 입장은 처음에는 확고했다. 반 두센, 포스딕 등의 비판에도 재단 내에서 킨제이의 입지는 손상되지 않았다. 재단에서 사실상 킨제이의 편이던 앨런 그레그(Alan Gregg)는 킨제이가 독한 비판에도 불구하고 잘 대처해 나가고 있다고 격려했다. 그러나 그레그의 태도는 얼마 지나지 않아 바뀌기 시작했고, 킨제이는 이것이 재단에 대한 압박이 가중되고 있음을 반영한 것이라고 확신했다. 그레그는 킨제이에게 다음 책에서는 더 많은 통계적 증거를 제시하라고 요구하기 시작했다. 곧이어 자금 지원을 유지하는 것이 예상보다 더 어려울 수 있다는 통보를 보내 왔다. 아마도 책의 인세로 연구비를 충당할 수 있을 것이라고 그레그는 말했다. 킨제이에게 그레그의 말은 그럴듯한 설득에 불과했다. 킨제이는 그레그에게 보낸 편지에서, 록펠러 가문의 지원이 중단되거난 삭감된다면 이는 곧 자신에 대한 불신임 투표나 마찬가지라고 썼다. 인세로 연구비를 충당하기에는 한계가 있었다. 오히려 킨제이는 연구비의 증액을 원하고 있었다. 할 일이 너무 많았던 것이다.

킨제이는 록펠러 재단의 새 이사장 딘 러스크(Dean Rusk)가 가장 큰 문제라는 사실을 알게 되었다. 러스크는 국무부의 극동 문제 담당 차관보를 역임한 후 새 이사장으로 부임했다. 지나치게 신중한 인물로 의회 내 보수파의 힘을 경계하던 그는, 자신이 보기에 별로 대소롭지 않아 보이던 킨제이의 섹스 연구 같은 것 때문에 심각한 정치적 부담을 감수하고 싶지 않았다. 테네시 출신의 보수적인 공화당 하원의원 B. 캐롤 리스(B. Carroll Reece)는 록펠러 재단을 조사하겠다고 위협하고 있었는데, 그 이유 중 하나가 킨제이 보고서 때문이었다. 킨제이는 러스크가 조용히 연구소와 거리를 두고 있다는 사실을 감지했다.

두 번째 책인 〈여성의 성적 행동〉은 1953년 가을에 출간되었다. 킨제이는 이 책이 첫 번째 책보다 훨씬 더 폭발력이 크다는 사실을 잘 알고 있었다. 이 책에는 그가 아내들과 어머니들, 그리고 딸들과 인터뷰한 내용이 실려 있기 때문이었다. 킨제이는 예방 조치의 하나로 여러 명의 기자들을 블루밍턴으로 초대해 며칠 동안 데이터를 설명하고 해석하도록 했다. 에드워드 머로(Edward R. Murrow)는 킨제이에게 자신의 텔레비전 프로그램 〈인간 대 인간〉에 출연해 달라고 요청했다. 킨제이는 라디오, 텔레비전, 영화에 출연하지 않는 것이 연구소의 방침이라면서 그에게 거절 편지를 보냈다.

첫 번째 책과 마찬가지로, 이 책도 센세이션을 일으켰다. 초판은 25,000부였다. 열흘 만에 출판사는 6쇄를 주문했고, 185,000부를 인쇄했다. 최종 집계된 판매 부수는 약 250,000부에 달했다. 초기 반응은 역시 대체로 긍정적이었다. 몇몇 잡지는 사려 깊은 기사를 내보냈다. 그러나 다시 불똥이 튀기 시작했다. 빌리 그레이엄(Billy Graham)은 "이 책이 이미 타락하고 있는 미국의 도덕성에 입힐 피해를 가늠하기란 불가능하다."라고 성토했다. 반 두센(Van Dusen)은 이 보고서의 가장 심각한 문제점은 킨제이의 주장들이 과연 믿을 만한 가치가 있는가 하는 것이 아니라, 그것들이 "로마 제국 시절 최악의 퇴폐상과 견줄 만큼 확산되고 있는 미국인의 도덕적 타락상을 드러냈다는 것"이라고 말했다. 나아가 그는 "가장 우려되는 점은 이 연구의 전제에 대해 사람들이 즉각적인 윤리적 거부감을 느끼지 않는다는 것과, 독자들이 그 전제의 허구성을 제대로 짚어내지 못한다는 것이다. 킨제이 보고서의 전제들은 순전히 동물적이기 때문이다."라고 지적했다. 다시 한 번 킨제이는 낙담했다. "나는 아직도 우리를 향한 신랄한 공격의 근본적인 이유가 대체 무엇 때문인지 모르겠다. 여성의 성을 연구한 이번 책의 출간으로 공격은 더욱 심해졌다. 이 책에서 구체적인 결함을 찾으려 할 때의 그들의 논거는 터무니없는 수준이다. 기본적으로 그들은 기존 가치관에 입각해서 공격하고 있다고 생각한다."

새 책이 록펠러 재단에게는 최후의 일격을 가한 셈이었다. 1953년

11월, 재단 내의 킨제이 지지자들은 그를 열렬히 옹호했다. 그들은 킨제이의 연구가 재단이 후원하는 가장 중요한 연구 중 하나라고 주장했다. 그들은 80,000달러의 지원금을 신청했다. 냉정한 러스크는 그 신청을 받아들이지 않았다. 희망이 산산이 무너져 내리는 순간이었다. 킨제이는 러스크에게 편지를 보내, 블루밍턴을 방문하여 그들이 무슨 일을 하고 있으며, 그 일이 얼마나 미래 지향적인지 봐 달라고 간청했다. 나중에 러스크에게 보낸 또 다른 편지에서 그는 이렇게 적었다. "이 분야에서 15년 동안 축적된 데이터가 출판되지 못한다는 것은 연구소와 후원자, 그리고 이 연구에 시간과 물질적 자원을 제공한 다른 모든 사람들을 기소하는 것과 같습니다." 러스크는 그의 간청에도 흔들리지 않았다. 대신 록펠러 재단은 유니온 신학교에 520,000달러를 기부했다. 킨제이는 큰 충격을 받았다. "빌어먹을 러스크!" 그는 때때로 이렇게 중얼거리곤 했다.

　킨제이는 더욱 더 연구에 몰두했다. 이전의 그가 일 중독자였다면, 이제는 거의 일에 미친 사람 같았다. 친구들은 그의 건강을 걱정하기 시작했다. 그의 친구 에드거 앤더슨은 연구소가 그를 1~2년이 아니라 앞으로 10년은 더 필요로 한다면서, "현 상황에서 합리적인 생활 방식"을 찾기 위해 의사와 면담해 보자고 설득했다. 그는 불면증에 시달렸고, 수면제를 복용하기 시작했으며, 아침에 졸린 상태로 출근하기 시작했다. 그의 심장 질환은 더욱 악화되어 갔다. 그는 여러 차례 병원에 입원했으며, 1956년 중반에는 집에서 휴식을 취해야 했다. 1956년 여름, 그는 7,984번째와 7,985번째 인터뷰를 진행했다. 인터뷰에서 그는 이렇게 말했다. "계속 자료를 수집하는 대신 그것들을 정리하고 출간해야 하는 시기가 온다는 것이 안타깝습니다. 솔직히 말해서 저는 자료 수집을 매우 즐깁니다." 그는 언제나 발견의 기쁨을 만끽하는 과학자였다. 1956년 8월 25일, 그는 62세의 나이로 세상을 떠났다.

제21장

피임약 개발의 선구자들

: 생어, 맥코믹, 핀커스의 혁명적 여정

1950년대의 산아제한 혁명은 그 운동의 위대한 전사 마거릿 생어 (Margaret Sanger)가 캐서린 맥코믹(Katharine McCormick)이라는 영향 력 있는 미망인과의 오랜 우정을 재개하면서 시작되었다. 두 여성의 삶은 대부분 성교육과 산아제한의 대의를 위해, 그리고 그러한 노력 을 저지하려는 가톨릭 교회에 맞서 싸우는 데 바쳐졌다. 생어는 평생 급진적인 소수 집단에 속해 있었으며, 끊임없는 괴롭힘과 투옥의 위 협 속에서 살았다. 그러나 40년 동안이나 이 투쟁을 이끈 결과, 성 위생 과 인구 조절을 위한 그녀의 아이디어는 미국 중산층의 바이블이라 불 리는 〈리더스 다이제스트〉에 소개될 정도로 사회적 여론의 주류로 자리 잡았다. 이제부터 그녀는 자신의 일생의 꿈인 피임약 개발을 위한 과학적 노력을 본격적으로 시작하고 싶었다. 그녀가 가장 먼저 필요로 한 것은 부유한 후원자였고, 이때 캐서린 맥코믹이 등장했다.

생어의 삶은 평범하지 않았다. 기숙학교를 다니던 열 살 짜리 아들 그랜트가 추수감사절에 다른 아이들은 모두 집에 가는데 자신은 뭘 해야 하는지 묻는 편지를 보냈을 정도로, 그녀는 예측 불가능하고 무관심한 엄마였다. 그녀는 그랜트에게 그리니치 빌리지로 돌아오면 가정부 데이지가 맛있는 저녁을 차려줄 것이라는 답장을 보냈다. 그녀는 아이들이나 명절 저녁 식사 같은 사소한 일에 신경 쓸 시간이 거의 없었다. 그녀는 미국의 사무라이였고, 평생을 전쟁터에서 살았다. 그녀의 목표는 여성이 자신의 몸을 통제할 수 있는 권리를 갖는 것이었다. 그녀의 주요한 적들(그녀는 적이 많았다)은 가톨릭 교회와 성직자들이었다. 여성들을 상대로 산아제한을 교육하기 위한 투쟁 과정에서 가톨릭 교회와 성직자들이 가톨릭 신자인 도시 빈민들에게 접근하는 것을 자주 방해했기 때문이었다.

그녀는 자연스럽게 급진주의를 받아들였다. 그녀는 1879년 뉴욕 코닝에서 11남매 중 여섯째로 태어났다. 그녀의 어머니는 결핵을 앓다가 50세에 세상을 떠났다. 그녀는 아버지의 성욕이 어머니의 죽음을 앞당겼다고 믿었다. 그녀의 아버지는 대담하고 전통적인 아일랜드계 급진주의자였지만, 여성 문제에는 관심이 없었다. 그는 기성 체제와 맞서 싸울지언정 가족에 관해서는 딸들을 사실상 계약 노예처럼 부렸다. 그녀는 19세에 뉴욕 화이트 플레인스에서 간호사 교육을 받기 시작했다. 그녀는 결혼을 자살이나 다름없이 여겼지만, 22세 때 빌 생어라는 매력적인 화가이자 건축가를 만났다. 그녀는 그의 열렬한 구애를 받았고, 그를 만난 지 6개월 만에 스스로에게 한 다짐에도 불구하고 결혼했으며, 곧 임신을 했다. 어머니와 마찬가지로 자신도 허약했기 때문에, 그녀는 첫 임신 기간의 대부분을 요양원에서 보냈다. 이후 그녀는 두 명의 아이를 더 낳았다.

하지만 빌과 마거릿 생어는 곧 화이트 플레인스에 싫증을 느끼고 뉴욕으로 이사했다. 빌은 예술가를 꿈꾸는 다른 젊은이들에게 매력을 느꼈지만, 그의 젊은 아내는 그리니치 빌리지의 정치적 분위기에 더 매료되었다. 곳곳에서 모임과 파티, 시위가 이어졌다. 그녀는 세계산업노동자연맹(IWW)의 '빅 빌' 헤이우드와 같은 급진주의자들과 깊숙이 사귀었지만, 동시에 빠르게 자신만의 의제를 가다듬었다. 그것은 전통적인 정치적 의미에서가 아니라, 성적인 측면에서 급진적인 것이었다.

당시 가장 유명한 급진적인 살롱 중 하나를 운영했던 메이블 닷지(Mabel Dodge)는 그녀에 대해 이렇게 기록했다. "그녀는 우리들에게 피임의 개념을 소개했으며, 피임은 성에 관한 다른 아이디어들과 함께 그녀가 열정을 쏟는 대상이었다. 그녀는 마치 피임에 관한 성 지식뿐만 아니라 성 관계와 그것의 본질적인 중요성을 둘러싼 성 지식이라는 새로운 복음을 대변하기 위해 운명적으로 선택받은 사람과도 같았다. 내가 알던 사람들 중에서 육체적 즐거움을 공개적으로 열렬히 옹호한 사람은 그녀가 처음이었다. 이는 당시로서는 정말 급진적이었다. …마거릿 생어는 개인적으로 성에 대한 사회적 인식을 바꾸기 위해 나섰다."

1913년에 접어들면서 그녀의 결혼 생활은 무너지기 시작했다. 그녀는 더 큰 성적 자유에 관한 이론을 실천에 옮기고 싶었지만, 빌 생어는 그렇지 않았다. 그녀는 점점 그를 지루하게 여기기 시작했고, 심지어 그에게 정부를 두라고 제안하기도 했다. 그는 경악했다. "내가 무정부주의자이긴 하지만, 일부일처주의자이기도 해. 그게 나를 보수주의자로 만든다면, 그렇다면 나는 보수주의자야." 뉴욕의 빈곤층 여성들의 삶을 접하면서 그녀의 열정과 긴박감은 더욱 커졌다. 그들은 새로운 이민자로서의 고통을 온몸으로 겪고 있었다. 그녀는 로어 이스트사이드의 빈민가를 걸으며 그들의 처지를 몸소 체험했다. 빈곤과 비참함의 깊이는 그녀를 압도했다. 뉴이스라엘로 알려진 로어 이스트사이드의 한 유대인 구역에는 1,179개의 연립주택에서 76,000명이 몸을 부대끼며 살고 있었다. "오, 줄리엣, 이보다 더 중요한 대의명분은 없었습니다." 그녀는 몇 년 후 도시 빈민을 위해 일하는 친구에게 이렇게 편지를 썼다. "이 불쌍하고 창백한 얼굴을 한 비참한 아내들을 보세요. 남편들은 그들을 구타합니다. 그들은 매질 앞에 움츠러들면서도, 더럽고 지저분한 아기를 안고서 다시 그를 섬기러 돌아갑니다." 그들의 유일한 가족 계획 방법은 토요일마다 5달러를 들고 줄을 서서 무자격 낙태 시술자에게 몸을 맡기는 것이었다. 그녀는 그들이 피임과 기본적인 위생에 대해 거의 아무것도 모른다는 사실에 놀랐다. 그들은 자신의 몸에 대해 전혀 무지했다. 그녀는 급진파 신문 〈더 콜〉(The Call)에 기고할 글을 쓰기 시작했고, "모든 소녀들이 알아야 하는 것"이라는 제목으로 성병과 기타 생식 문제에 관한 일련의 기사를 보냈다. 그러나 곧바로 우정 당국으로부터 콤스톡 법을 위반했다면서 전체 원고를 압수한다는 통보를 받았다.

이 법률은 19세기 후반 미국에서 성에 관한 모든 정보를 억압하기 위해 이례적으로 성공적인 캠페인을 벌였던 근본주의자 앤서니 콤스톡(Anthony Comstock)의 이름을 따서 명명되었다. 너무나 청교도적이었던 콤스톡은, 다른 것을 떠나서 상점 진열창에 옷을 입히지 않은 마네킹을 전시한 상점 주인을 체포하도록 법원에 요청했던 인물이었다. 회기 마지막 날, 레임덕 상태의 하원을 통과한 이 법률은 우편물을 이용한 음란물, 특히 외설적인 엽서의 운송을 금지하기 위한 것이었다. 콤스톡은 음란물의 정의를 확대하여 성에 관한 모든 정보, 특히 피임에 관한 정보까지 음란물에 포함시켰다.

1914년, 생어는 자신의 신문 〈여성의 반란〉(The Woman Rebel)을 창간했다. 제호에는 "신도 없고, 주인도 없다."라는 구호가 새겨져 있었다. 그녀는 창간호에서, 여성들은 "지옥에 갈 듯한 눈빛으로 온 세상을 똑바로 바라봐야 한다. 이상을 가져야 하며, 관습에 도전하는 말과 행동을 해야 한다."라고 썼다. 신문은 주로 피임에 관한 기사를 다뤘다. 생어는 도서관에서 이 주제에 관한 모든 정보를 연구하는 데 상당한 시간을 보냈다. 처음부터 콤스톡은 그녀의 신문을 문제로 삼았고, 우체국장에게 이를 압수할 것을 요구했다.

이는 이후 40년 동안 벌어질 사건의 예고편 같은 것이었다. 그녀의 강의는 폐쇄되었고, 그녀와 동료들은 체포되었으며, 진료소가 약탈되는 일이 벌어졌다. 신문을 발간한 지 몇 달 후, 그녀는 콤스톡 법 위반으로 기소되었다. 재판 일정이 다가오자 그녀는 판사에게 피임 팜플렛 사본을 보낸 뒤 미국을 떠나버렸다. 유럽에서 그녀는 초기 성 연구자 중 한 명인 해블록 엘리스(Havelock Ellis)와 열정적인 연애를 했다. 그녀는 널리 여행하며 성에 대해 관대한 나라에서 사용되는 피임법을 연구했다. 1915년 가을에 그녀는 미국으로 돌와왔는데, 빌 생거가 체포되었기 때문이었다. 그녀는 남편이 영광을 가로채는 것을 원치 않았다. 그녀는 재판을 받으면서 유명한 급진주의자 존 리드(John Reed)로부터 홍보에 관한 조언을 받았다. 리드는 그녀가 매우 아름다웠기 때문에, 유명 사진작가에게 자신의 초상화를 찍게 할 것을 제안했다. 대부분의 사람들은 개혁운동가를 아마존 여전사처럼 상상한다고 리드는 그녀에게 말했다. 그래서 그녀는 넓은 퀘이커 칼라가 달린 평범한 드레스에 머리를 올려 묶은 차림으로 두 아들과 함께 포즈를 취했다. 이 사진은 수백 개의 신문에 실릴 정도로 효과가 컸다. 사건에 대한 여론이 그녀에게 유리하게 돌아가자 지방 검사는 재판 연기를 요청했다. 그리고는 곧 그녀가 순교자가 되는 것을 막기 위해 소송을 취하했다.

그녀의 활동이 점차 존경을 받기 시작하면서 그녀는 새로운 동맹자들을 끌어들이기 시작했다. 급진주의자들이 아닌 상류층 부인들이었다. 이들은 대개 명문가 출신의 대학 교육을 받은 여성들로, 사회 사업에 관심이 많았다. 그녀는 '100인 위원회'를 결성하는 데 도움을 주었고, 펜실베이니아 주지사의 부인 거트루드 핀초트가 위원장이 되었다. 1916년, 그녀는 전국을 순회하는 대규모 연설 투어를 시작했다. 그녀가 가는 곳마다 많은 청중이 모여 들었다. 세인트루이스에서는 연설하기로 한 극장이 폐쇄되었다. 오리건 주 포틀랜드에서는 체포되었다. 보스턴에서는 당국이 그녀가 연설하는 모든 모임을 폐쇄하겠다고 위협했기 때문에, 그녀는 입에 재갈을 문 채 무대에 섰고, 아서 슐레진저 시니어(Arthur Schlesinger, Sr.)가 그녀의 연설문을 대신 읽었다.

1916년 말, 그녀는 첫 번째 피임 클리닉을 개설했는데, 모든 여성들에게 피임에 관한 정보를 제공하기 위해서였다. 영어, 이디시어[74], 이탈리아어로 된 전단지가 빈민층에게 배포되었다. 경찰은 즉시 움직였고, 그녀와 그녀의 여동생이 체포되었다. 하지만 이 시점에서 체포는 이제 승리로 여겨졌다. 그녀는 천천히, 그리고 꾸준히 관심의 초점을 자신에게서 기본적인 자유를 위협하는 이들에게로 옮겨갔다.

1921년, 그녀는 뉴욕 플라자 호텔과 타운 홀에서 사흘 간의 산아제한 컨퍼런스를 개최했다. 마지막 날은 생어와 영국의 전직 하원의원 해롤드 콕스(Harold Cox)의 연설이 예정되어 있었다. 그들이 도착했을 때 타운 홀 밖에는 수많은 군중이 모여 있었고, 뉴욕 시 경찰이 문을 잠근 채 건물 주변을 둘러싸고 있었다. 경찰이 이미 안에 들어가 있던 사람들을 내보내기 위해 문을 잠시 열었을 때, 생어와 콕스는 안으로 휩쓸려 들어갔다. 그녀는 연설을 시도했지만, 경찰에 의해 끌려 나갔

---

74   주로 동유럽 출신 유대인 공동체에서 사용하던 언어.

다. 군중들은 점점 더 화가 났고, 경찰은 이들로부터 경찰서를 보호하기 위해 경찰 예비대를 동원해야 했다. 이 사건은 그녀의 투쟁에서 전환점이 되었다. 그녀에게서 언론의 자유를 앗아간 방식은 뉴욕은 물론 미 전역에 충격을 주었다. 경찰에 따르면 뉴욕의 로마 가톨릭 대주교는 뉴욕 시장이나 시의 다른 당국자들에게 아무런 문의조차 하지 않았다. 단지 지역 경찰서장에게 전화를 걸었을 뿐이었고, 서장은 자신의 권한으로 집회를 중단시켰던 것이었다.

〈뉴욕 타임스〉가 이 사건에 대한 기사를 실었다. 생어는 후일 이렇게 회고했다. "이제는 더 이상 저 혼자만의 싸움이 아니었습니다. 이제 그것은 로마 가톨릭 교회 조직의 음모에 대항하는 공화국의 싸움이었습니다."

그녀의 목표에 대한 집중력은 놀라울 정도였다. 그녀는 한 친구에게 "내 종교, 즉 산아제한이 마음에 든다면, 우리는 친구가 될 수 있다."라고 말하기도 했다. 그녀는 많은 동료들이 "가족계획연맹"이라는 타이틀 뒤에 숨는 것을 싫어했다. 그런 표현은 너무 완곡한 것이었다. "우리가 사랑하는 조직에 너무나 만연해 있는 회유 그룹을 묵인하는 것은 내 영혼과 내 안의 모든 아일랜드적인 것들을 짜증나게 한다."라고 그녀는 적었다.

가톨릭 교회의 반대에도 불구하고 그녀를 응원하는 대중들의 지지는 계속 늘어났다. 1925년에 열린 제6차 연례 산아제한 컨퍼런스에는 1,000명이 넘는 의사들이 참가를 신청했다. 1931년, 그녀는 세관을 시험해보고자 일본산 다이어프램(질 삽입 피임 기구) 100개를 우편으로 주문했다. 이어진 법정 소송에서 그녀는 중요한 승리를 거두었다. 어거스터스 핸드(Augustus Hand) 판사는, 콤스톡 법의 명확한 의도에도 불구하고 1873년 의회는 임신의 위험성과 피임의 잠재적 유용성에 대한 현대적 정보를 접할 수 없었다고 판결문에 썼다. 이 판결로 인해 우편을 통한 피임 기구의 판매가 가능해졌다. 1937년까지 피임 사업의 연간 매출액은 2억 5,000만 달러에 이르렀다.

1940년대에 이르자 그녀는 승리했지만 그 사실을 아직 모르는 지휘관과도 같은 처지였는데, 여전히 전장에는 적들이 남아 있었기 때문이다. 하지만 가톨릭을 믿는 중산층 가정 내에서도 어떻게 자녀 수를 제한할 것인지, 어떻게 정상적인 성생활을 할 것인지, 그리고 어떻게 좋은 가톨릭 신자로 남을 것인지 등의 질문들이 점차 고민거리가 되어가고 있었다.

1950년 무렵부터 그녀는 피임 문제에 관한 논의의 중심에 자리 잡았고, 반대자들의 주장은 점점 더 극단적인 소수 의견으로 몰렸다. 새로운 도시 중산층이 형성되고 있었는데, 이들은 부모 세대와는 독립적인 사고 방식을 가지고 있었고 사회적, 과학적 진보에 점점 더 공감했다. 이제 그녀는 피임법이 여전히 끔찍할 정도로 원시적이며, 지난 한 세기 동안 어떤 중요한 진전도 없었다는 사실을 꾸준히 강하게 비판했다. 그녀에게 이런 현상은 남성들이 과학과 의학 세계를 지배하고 있다는 증거였다.

이 무렵 그녀는 지난 40여 년 동안 자신을 존경해 온 캐서린 덱스터 맥코믹과의 오랜 우정을 새롭게 다졌다. 산부인과 전문의 존 록(John Rock)이 한때 언급했듯이, 맥코믹은 "크로이소스 왕처럼 부자였다. 그녀는 막대한 재산을 가지고 있었다. 그녀의 변호사는 내게 그녀가 이자의 이자조차도 다 쓰기 힘들 것이라고 말했다." 그녀는 명문가의 일원이었고, 그녀의 총명함을 알아본 부친은 그녀가 MIT에 진학하도록 했다. 그곳에서 그녀는 1904년에 여성으로는 두 번째로 졸업생이 되었다.

얼마 지나지 않아 그녀는 인터내셔널 하베스터의 창립자인 사이러스 맥코믹의 아들 스탠리 맥코믹과 결혼했다. 그들은 지성, 교양, 외모

캐서린 덱스터 맥코믹은 피임 혁명에 필요한 자금을 지원하며 결정적인 역할을 했다. (사진 출처 THE MIT MUSEUM)

를 모두 갖춘 완벽한 부부로 보였을 것이다. 하지만 스탠리 맥코믹은 심각한 조현병에 시달렸고, 이로 인해 행복의 기회는 산산조각이 나버렸다. 캐서린이 피임에 관심을 갖게 된 것은 조현병이 유전된다는 믿음과 자신이 남편과 같은 병을 가진 아이를 낳을 수 있다는 두려움 때문이었을 수 있다. 그녀는 1954년 남편이 사망할 때까지 스탠리 맥코믹과의 결혼 생활을 유지했다.

그녀는 1948년부터 생어와 서신을 주고받기 시작했다. 남편의 재산을 관리하게 되자마자, 그녀는 1951년에 5,000달러, 그 후로는 매년 150,000달러를 기부하는 등 아낌없는 기부를 시작했다. 캐서린 맥코믹은 생어와 마찬가지로, 피임 문제를 여성이 자신의 몸과 삶을 통제할 권리의 일부로 보았고, 이를 통해 빈곤과 원치 않는 자녀로 인한 일종의 예속 상태에서 벗어날 수 있다고 생각했다. 그녀는 피임 그 자체에는 관심이 없었다. 오직 피임이 여성에게 미치는 영향에만 관심을 가졌다. 1958년 한 과학자가 남성이 복용할 수 있는 피임약 개발 가능성을 언급했을 때, 그녀는 생어에게 쓴 편지에서 이렇게 말했다. "내가 남성 피임에 대해서는 전혀 관심이 없고 여성 관련 연구에만 관심이 있다고 말했을 때 그는 꽤 충격을 받았어요."

1952년 3월, 생어는 맥코믹을 그레고리 굿윈(구디) 핀커스(Gregory Goodwin(Goody) Pincus)와 만나게 했다. (그녀는 핀커스와 만나보겠냐는 생어의 문의를 접한 뒤 이런 답장을 썼다. "핀커스 박사의 연구에 대해 아무 것도 들을 바가 없습니다. …이 분야에 대한 소식을 접하게 되어 기쁩니다.") 핀커스는 유전학 분야의 뛰어난 개척자였고, 그의 동료인 오스카 헥터(Oscar Hechter)가 생각하기에 생어의 도전은, "당신은 이 일을 함으로서 세상을 바꿀 수 있는 힘을 가지고 있다."라는 식으로 그의 가장 기본적인 본능을 건드리는 것이었다. 당시 40대 후반이던 구디 핀커스는 결코 도전을 거절하는 사람이 아니었다. 그는 경쟁을 좋아했고 지는 것을 싫어했다. 그의 우아하고 매력적인 태도 뒤에는 전문가로서의 강철 같은 강인함이 숨겨져 있었다. 사실 그는 과학뿐만 아니라 자신이 하는 모든 일에서 이기기를 원했다. 심지어는 아들과 모노폴리나 진 러미 게임을 할 때조차 종종 우스운 말다툼을 벌이거나 서로 속임수를 썼다는 악의 없는 비난으로 게임을 끝내곤 했다. 그는 40대 중반이 되어서야 운전을 배웠지만(그 전에는 차를 살 여유가 없었다고 한 친구는 말했다), 그 후에는 복수하듯 운전했다. 그는 다른 모든 자동차를 잠재적인 경쟁자로 여겼고 그들을 추월해야 한다는 강박관념에 사로잡혔다. 아내가 불평하며 속도를 줄이라고 하면 그는 "하지만 이건 그저 순항 속도일 뿐이야."라고 말하곤 했다.

1903년 뉴저지 우드바인에서 태어난 구디 핀커스는 독일계 유대인 자선 단체인 바론 드 허쉬 기금이 설립한 유대인 집단 농장에서 살던 러시아계 유대인 이민자의 아들이었다. 이 기금은 러시아계 유대인 이민자들이 행상인으로서 암울한 삶을 살지 않도록 하기 위한 것이었지만, 기금 수혜자들은 후원자들이 자신들을 "만족스러운 유대인 농민"이 되도록 계획한 미래에 대해 다소 불안해했다. 구디의 아버지 조셉 핀커스는 지역 농장을 운영하고, 동부 전역의 유대인 농부들에게 강의를 했으며, 한때는 이디시어 신문인 〈유대인 농부〉의 편집장을 맡기도 했다. 조셉의 아내 엘리자베스 립먼 핀커스는 공동체 농무 감독관의 비서였다. 어린 시절 구디는 동물에 매료되어 커서 농부가 되고 싶다고 아버지에게 말했지만, 아버지는 농사는 돈이 되지 않는다며 말렸다. 6남매 중 장남이었던 구디는 항상 공부하거나 책을 읽고 있었으며, 대체로 즐겁게 몰두하는 모습이었다. 한번은 여동생 소피가 "구디, 지금 몇 시야?"라고 물었다. 그는 책에서 고개도 들지 않은 채 "뭐가 몇 시냐고?"라고 대답했다. 핀커스 집은 지적 에너지와 호기심으로 가득했고, 구디는 항상 그 중심에 있는 것 같았다. 사촌인 에블린 아이작슨이 기억하는 가족들의 전형적인 저녁 시간은 이랬다. 당시 6세 정도였던 막내 존이 16세 정도였던 구디를 향해 "구디, 나한테 세 가지 질문이 있어."라고 말했다. "뭐니, 존?" 상냥한 형이 물었다. "첫째, 우리는 왜 여기 있는 거야? 둘째, 우리는 왜 태어났어? 그리고 셋째, 신은 없어." 가족들은 구디가 천재라고 믿었다. 그의 아이큐는 210이라고 알려졌다. 그는 동물을 좋아했고, 결국 코넬 대학에서 생물학을 전공했다. 그는 하버드 대학원에서 미국 1세대 유전학자들의 리더인 윌리엄 캐슬(William Castle)과 저명한 생물학자 자크 로브의 제자인 W. J. 크로지어(W. J. Crozier) 밑에서 공부를 계속했다. 유전학은 핀커스와 같은 엄청난 재능을 가진 사람에게 완벽한 직업처럼 보였다. 당시 이 분야는 과학자들이 획기적인 발견을 거듭하면서 막 폭발적으로 성장하기 시작하고 있었다.

구디 핀커스의 초기 연구는 단성생식(즉, 아비 없이 태어난) 토끼와 관련되어 있었다. 1934년 핀커스는 토끼 난자의 체외(즉, 시험관 내) 수정에 성공했다고 발표했다. 핀커스는 자신의 연구에서 큰 기쁨을 얻었고, 이에 대해 흔치 않게 솔직했다. 이러한 솔직함이 다른 분야에서라면 그에게 도움이 되었을지 모르지만 유전학에서는 오히려 그를 곤경에 빠뜨렸다. 제임스 리드(James Reed)의 말처럼, 그의 연구는 "사람들을 겁에 질리게 했고, 프랑켄슈타인이 나오는 〈멋진 신세계〉 같은 악몽을 떠올리게 만들었다." 〈뉴욕 타임스〉는 기사 제목을 이렇게 달았다. "유리관에서 태어난 토끼들: 올더스 헉슬리의 환상이 하버드 생물학자들에 의해 현실이 되다." 리드가 지적한 것처럼, 〈뉴욕 타임스〉는 핀커스를 "병에서 인간을 부화시키려는 불길한 인물로 묘사했다."

하지만 그것은 주간지 〈콜리어스〉에 실린 "그들을 인도할 아버지가 없다."라는 제목의 기사에 비하면 아무것도 아니었다. 리드가 지적했듯이, 이 기사는 반페미니즘, 반유대주의와 과학 공포증이 뒤섞인 기사였다. 기사에서 핀커스는 악행을 일삼는 과학 실험실의 라스푸틴으로 묘사되었다. 한 사진에는 담배를 입에 문 채 곧 희생될 것이 분명한 토끼를 들고 있는 그의 모습이 담겨 있었다. 작가 J. D. 랫클리프(J. D. Ratcliff)는 핀커스의 세계에 대해 이렇게 묘사했다. "남성의 가치는 줄어들 것이다. 이 과정이 심지어 남성을 전혀 만들어내지 않을 수도 있다고 생각할 수 있다. 그렇게 되면 신화 속 아마존 여전사의 땅이 현실이 될 것이다. 여성이 자급자족할 수 있는 세상이 되면, 남성의 가치는 정확히 0이 될 것이다."

사실 핀커스는 매우 온화하고 정통적인 남성이었으며, 아침에 실험실로 출근하면서 아내를 위해 베개에 작은 시를 남기고 갈 정도로 헌신적인 남편이자 아버지였다. 하지만 이런 보도는 하버드에 좋지 않은 영향을 끼쳤다. 그 전부터 핀커스는 논란 속의 인물이었다. 그는 미국 학계에 여전히 반유대주의가 성했던 시대에 유대인이었고, 그의 비판자들은 그가 자신과 유대인들의 이익을 위해 너무 야심적이라고 주장했다. 1936년, 개교 300주년을 맞이한 하버드는 핀커스의 연구를 대학 역사상 가장 뛰어난 과학적 업적 중 하나로 꼽았다. 하지만 이듬해, 하버드는 32세가 된 핀커스의 종신 교수 임용을 거부했다. 그는 대학의 정치적 상황 때문이라는 것을 알고 있었음에도 큰 충격을 받았다. 다행히도 그의 오랜 동료 허드슨 호글랜드(Hudson Hoagland)가 매사추세츠 주 우스터에 있는 클라크 대학의 생물학과 학과장으로 막 부임한 상태였다. 클라크 대학은 과학 분야의 우수성을 자랑하던 오랜 전통의 작은 학교였다. 하버드의 비겁함과 소심함에 분노한 호글랜드는 핀커스를 객원 교수로 초빙했다.

호글랜드는 처음부터 교수 세 명의 작은 생물학과를 훨씬 뛰어넘는 비전을 갖고 있었다. 그는 자신과 핀커스의 명성에 이끌린 재능 있는 젊은 과학자들과 함께 연구 센터를 구축하기 시작했다. 예를 들어, 장밍줴(M. C. Chang)는 우스터에 오게 된 것을 매우 기뻐했다. 1941년 케임브리지에서 박사 학위를 받은 재능 있는 젊은 중국인 장은 1936년에 핀커스의 책 〈포유류의 난자〉를 읽었다. 장은 몇 년 후 이렇게 말했다. "그가 겨우 33세 때에 쓴 선구적인 책이었죠. 우리 분야의 모든 사람들이 그에 대해 알고 있었습니다. 그때까지 포유류에게 난자가 있다는 사실을 아무도 몰랐다는 점을 기억해야 합니다." 곧 클라크 대학의 연구팀은 15명의 과학자로 늘어났다. 그들 모두는 서로의 능력을 존중했으며, 그중 몇몇은 전국적으로 명성을 떨친 이들이었다. 그들의 급여는 호글랜드가 우스터 지역 사회에서 활발하게 모금 활동을 펼친 덕분에 지급될 수 있었다. 그들의 실험실은 헛간을 개조한 곳이었다. 그러나 호글랜드의 연구원들은 교수 신분이 아니었기 때문에 교수 식당에서 식사를 할 수 없었다. 비교적 보수적인 인물이던 클라크 대학 총장 월레스 애트우드(Wallace Atwood)는 호글랜드의 규칙 위반을 싫어했고, 일반적으로 캠퍼스에서 가장 저명한 사람들이던 호글랜드의 연구원들에게 그런 작은 호의를 거부함으로써 그에게 보복했다.

애트우드는 호글랜드와 핀커스가 떠나고 싶어했던, 위원회 회의, 학과 내 정치, 그리고 자잘한 시기와 질투로 가득찬 학문적 분위기 같은 것들을 선호했다. 클라크 대학이 그들에게 기여한 것이라고는 호글랜드는 적은 급여와 제한된 공간 뿐이었기 때문에, 그들은 1944년 대학을 나와 우스터 실험생물학 재단을 설립했다. 두 사람은 공동 이사로서 연간 예산을 약 100,000달러로 추산하고, 새로운 생물학을 실용적인 의학과 연결하는 것이 목표라고 선언했다.

두 사람은 서로를 보완했다. 호글랜드의 아들은 수년이 흐른 후 굿디 핀커스와 직접 일할 때처럼 아버지가 행복해 보인 적은 없었다고 회상했다. 호글랜드는 우스터 지역 사회에서 자금을 확보하는 데 매우 능숙했다. 그는 사업가들을 설득해 25,000달러를 기부받아 오래된 저택을 구입했고, 그곳이 그들의 본부가 되었다. 그들 자금의 대부분은 신발 끈의 끝을 단단하게 감싼 하드 타이의 특허를 보유한 지역 사업가로부터 나왔고, 그래서 우스터 지역에서는 그들이 '신발끈으로 운영되고 있다.'는 우스갯소리가 돌았다. 직원들은 젊고 자신감이 넘쳤으며, 무엇이든 할 수 있다는 흥분으로 가득 차 있었다.

핀커스는 놀라운 과학적 성취와 호기심으로 직원들에게 아버지 같은 존재이자 멘토의 역할을 했다. 한 번은 한 직원이 토끼를 수술하는 핀커스를 발견하고 무엇을 하고 있는지 물었다. 핀커스는 "토끼에게 소의 난자를 넣는 중이네."라고 대답했다. "왜요?" 직원이 물었다. "무슨 일이 일어날지 궁금해서지." 핀커스가 대답했다. 처음에는 예산이 너무 부족했기 때문에 핀커스가 동물 실험실을 청소하고, 호글랜드 부인은 회계 업무를 맡았으며, 호글랜드는 잔디를 깎았고, 장은 야간 경비원으로 일했다. 우스터의 한 지역 사업가가 허리를 드러낸 채 잔디를 깎고 있던 호글랜드를 보고는 예산에 관리인 급여를 추가했다. 1950년, 장은 미국 불임학회에서 토끼 난자 수정에 관한 논문으로 1,000달러를 상금을 받았다. 이 상금 덕분에 그는 첫 차를 살 수 있었다. 같은 해 또 다른 연구원 오스카 헥터도 내분비학회에서 상을 받았다. "이제 우리는 더 이상 돈과 급여에 대해 걱정할 필요가 없네."라고 핀커스는 호글랜드에게 열정적으로 말했다. "우리 직원들은 자신들의 상금으로 생활할 수 있어."

그들은 미국에서 스테로이드 연구의 초기 리더들 중 하나였다. 40대 후반에 헥터는 부신 호르몬 생산에 관한 논문으로 CIBA 상을 수상했지만, 코티손 생산 경쟁에서는 우스터 그룹이 제약회사 업존(Upjohn)의 과학자들에게 밀렸다. 이는 적어도 부분적으로는 우스터의 주요 후원자인 제약회사 시얼(Searle)이 별로 지원하지 않았기 때문이었다. 다음의 큰 도전, 즉 피임약 개발이 다가왔을 때, 강력한 경쟁심을 가진 핀커스는 다시는 지지 않겠다고 맹세했다.

핀커스는 포유류 생식 연구를 통해 호르몬이 생식을 조절하는 데 사용될 수 있다는 사실을 이미 알고 있었다. 젊은 실험실 조교 시절, 그는 너무 많은 쥐를 한 우리에 넣으면 서로를 공격하는 현상을 보고 흥미를 느꼈다. 친구들은 인간 과밀화 문제에 대한 그의 아이디어가 이 실험에서 비롯되었다고 생각했다. 그는 시얼 연구소 측에 피임 연구 자금을 지원해 달라고 요청했지만, 이번에도 긍정적인 답변은 돌아오지 않았다. 실제로 시얼의 연구 책임자 앨버트 레이몬드(Albert Raymond) 는 핀커스를 강하게 비판했다. 핀커스의 회의 기록에 따르면, 레이몬 드는 그에게 이렇게 말했다. "당신은 우리가 당신에게 투자한 500,000 달러를 정당화할 만한 근거를 하나도 제시하지 못했습니다. …그런데 도 연구 자금을 더 요구할 용기가 있나 보군요. 운이 좋게도 당신 그룹 에서 우리에게 이익을 가져다 줄 무언가가 나올 때만 더 많은 자금을 받을 수 있을 것입니다. 우리가 무제한의 자금을 가지고 있다면 스테 로이드 분야에서 대규모 프로그램을 진행할 수 있겠지만, 그런 자금은 없고 지금까지의 실적으로도 대규모 프로그램을 정당화하지는 못합 니다."

시얼의 태도가 피임 연구처럼 민감한 분야에 대처하는 대기업의 경 계심을 반영한 것이었다고 본다면, 우스터 재단은 시대의 편견으로부 터 놀라울 정도로 벗어나 있었다. 재단의 자금원은 다양했고, 지역 사 회의 기부자들은 대체로 진보적인 인사들이었으며, 재단은 이사회에 보고할 필요조차 없었다. 그렇다고 해서 재단 사람들이 경계심이 없었 던 것은 아니었다. 1950년대 초 어느 날 밤, 한 여성이 핀커스의 집 문 을 두드렸다. 그녀는 거의 통제 불능의 절망적인 상태였다. 그녀는 임 신 중이었고 도움이 필요하다고 말했다. 그녀를 그는 도와줄 수 있었 을까? 핀커스는 그녀를 매우 부드럽게 대했지만 거리를 유지했다고 그의 아들 존은 기억했다. 그는 다른 유사한 사건을 알고 있었기 때문 에, 이것이 함정이라고 확신했다.

그래서 생어 여사와 맥코믹 여사가 나타난 것이 그로서는 천운이었 다. 핀커스는 처음부터 무엇을 언제까지 이룰 수 있는지에 대해 낙관 적이었다. 그의 기억에 따르면, 그는 1950년 겨울 가족계획연맹의 친 구와 동료들의 집에서 생어 여사를 만났고, 생어 여사는 그에게 임신

마거릿 생어는 당대 여성의 성적 자유 확대를 위해 투쟁한 위대한 개혁가 중 한 명이었다. (사진 출처 THE BETTMANN ARCHIVE)

을 막을 수 있는 약이 가능한지 물었다. 그는 약간 망설이며 가능하다고 대답했다. 그 대화 후에 가족계획연맹으로부터 첫 번째 보조금이 나왔다. 핀커스는 생어 여사와 맥코믹 여사를 만난 후 처음으로 알약 형태의 피임 기구를 구상했고, 아마도 배란을 차단하기 위해 프로게스테론을 사용할 수 있을 것이라고 생각했다. 집에 도착하자 그는 너무 흥분한 나머지 아내에게 새로운 피임 기구를 발견했다고 말했다. 아내는 그에게 주의를 주려고 노력했다. 생어 여사 같은 여성들은 똑똑하고 지적이지만, 환상 속에 살고 있다고 그녀는 말했다. "리즈스카!" 그는 아내 엘리자베스를 러시아식 애칭으로 부른 뒤 이렇게 말했다. "과학에서는 모든 것이 가능해."

핀커스는 공격을 주도한 팀의 리더로서, 처음부터 탐색을 이끌고 모

경구 피임약 개발에서 핵심적인 역할을 했던 그레고리 굿윈 핀커스는 낙태에 관해 조언을 구하는 사람들 중 일부가 자신을 곤란하게 만들 수도 있다는 가능성을 경계했다. (사진 출처 UPI/BETTMANN)

든 사람을 하나로 묶어주는 비전을 제시했다. 그의 친구 장은 그의 두뇌가 두 개의 작업을 동시에 수행할 수 있는 능력을 가지고 있다고 생각했다. 그는 핀커스가 동료와 고급 대화를 이어가면서도 동시에 전혀 다른 생각을 하고 있을 수도 있다고 확신했다. 핀커스가 자신의 콧수염을 신경질적으로 잡아당기기 시작할 때가 이것이 일어나고 있다는 확실한 신호라고 장은 생각했다.

그에게 개인의 정치적 견해는 중요하지 않았다. 중요한 것은 오로지 과학 뿐이었다. 이를 위해서 그는 매우 냉정해질 수 있었다. 그는 자신이 소중히 여기는 보조 직원이 다른 곳에서 더 좋은 자리를 얻으려는 시도를 비밀리에 방해할 수 있었다. 프로젝트에 이익이 된다고 판단되면, 그는 특별히 좋아하지 않는 직원을 승진시키고, 특별히 좋아하는 직원을 해고할 수도 있었다. 한번은 오스카 헥터가 그에게 어떻게 그런 어려운 결정을 내릴 수 있었는지 물었다. "구디, 어떻게 해서 그렇게 되셨어요?" "배워야 했지."라고 그는 대답했다. "부도덕해지는 법로 배워야 했어."

그는 문제가 아무리 복잡해도 핵심 이슈에 집중할 수 있는 능력이 있었다. 과학자들 중에는 비전은 가지고 있지만 문제를 분석적으로 접근하는 능력이 부족한 이들이 많다. 하지만 핀커스는 비전과 분석 능력을 모두 갖추고 있었다. 그는 마치 훌륭한 탐정처럼 자신이 무엇을 찾고자 하는지 정확히 파악할 수 있었다. 그는 임신 중의 호르몬 상태를 모방하여 임신을 예방하는 알약을 구상했다. 임신 상태에서는 몸이 자연적인 본능에 따라 배란을 차단하는데, 만약 배란을 억제할 수 있다면 수정도 억제할 수 있을 것이라고 그는 믿었다. 이전의 주요 연구들은 프로게스테론이 배란을 효과적으로 억제할 수 있으며, 경구 복용이 가능하다는 점을 시사하고 있었다.

프로게스테론은 1940년에 멕시코 사막에서 자생하는 야생 참마의 뿌리에서 값싸고 풍부한 공급원을 발견한 러셀 마커(Russell Marker)라는 괴짜 과학자의 초기 연구 덕분에 널리 사용되게 되었다. 이전까지 프로게스테론은 동물에서 극소량만 얻을 수 있었기 때문에 인간에게 사용하기에는 너무 비싸서, 세계적인 경주마의 생식력 향상에만 사용되고 있었다. 하지만 마커는 다른 사람들의 지원이나 응원을 거의 받지 못한 채 원시적인 실험실을 차렸고, 1943년에 오픈 마켓에서 약 150,000달러에 판매할 수 있는 가루가 가득 담긴 피클 통 두 개를 들고 멕시코시티의 작은 약품 도매상을 찾아갔다. 그리고 약품 도매상 주인들에게 프로게스테론이 필요한지 물었다. 프로게스테론이 토끼의 배란에 미치는 영향에 대한 첫 번째 실험은 1951년 4월 25일 시작되었다. 실험실에서의 실제 실험은 장이 수행했다. 장은 여전히 급여가 너무 적어서 실험실에서 살고 있다는 농담을 즐겨 하곤 했는데, 이웃들 사이에서는 중국인이 미친 과학자들에 의해 지하실에 사슬로 묶여 있다는 끊임없는(그리고 인종차별적인) 소문이 퍼져 있었다.

생어 여사와 맥코믹 여사는 핀커스에게 빠른 결과를 요구했지만, 그는 과학이 반드시 그런 식으로 작동하는 것은 아니라는 점을 설명하고자 했다. 그럼에도 불구하고 작업은 놀랍도록 잘 진행되었다. 맥코믹 여사 덕분에 충분한 자금 여유가 있었기 때문이다. 장은 뛰어난 연구원이었고 핀커스의 완벽한 파트너였다. 그는 끝이 보이지 않는 실험실 작업을 견딜 수 있는 인내심을 가지고 있었다. 맥코믹 여사가 하루 종일 실험실에 머물며 즐겁게 일하는 그를 부러워한다는 말을 들었을 때, 장은 이를 악물어야 했다. 언젠가는 위대한 과학적 돌파구로 이어질지도 모르지만, 당시 그의 눈으로 볼 때 단지 끝이 보이지 않는 실험의 연속일 뿐이었다.

처음부터 핀커스는 낙관적이었지만, 장은 자신의 말에 따르면 처음부터 비관적이었다(하지만 그도 1941년 12월 7일에 박사 학위를 받은 행운을 누린 사람이었다[75]). 실험이 연이어 성공했음에도 장은 여전히 의심스러워했다. 가끔 작업이 지루해지면, 장은 자신이 하는 일이 사회적으로 어떤 이득을 가져올지 곰곰이 생각해보곤 했다. 실제로 그룹의 모든 사람들은 세계 인구 폭발이라는 관점에서 이 프로젝트의 중요성을 이해하고 있었다.

75   1941년 12월 7일은 일본의 진주만 공습이 벌어진 날이다.

제22장

비트 세대의 탄생과 반문화 운동의 선구자들

그들은 미국 중산층 생활의 단조로움, 순응, 그리고 진지한 사회적, 문화적 목적의 부재에 대해 맨 먼저 저항한 사람들이었다. 많은 미국인들이 교외로의 대이주에 열광적으로 동참하고 있을 때, 그들은 중산층의 풍요로운 새로운 삶을 의식적으로 거부하고 새로운 대안적 라이프 스타일을 창조하고 있었다. 그들은 결국 반문화의 선구자들이었다. 같은 세대의 다른 젊은이들이 결혼하고, 아이를 낳고, 재산과 자동차를 소유하고, 이웃과 어울리는 것을 자랑스러워했다면, 이 젊은 남녀들은 교외를 감옥으로 여겼다. 그들은 연금이 보장된 미래를 원하지 않았고, 대신 마음만 먹으면 언제든 전국을 돌아다닐 수 있는 자유를

앨런 긴즈버그와 그레고리 코르소는 비트 세대를 대표하는 초기 시인들이었으며, 그로브 출판사의 바니 로셋(오른쪽)은 이들을 적극적으로 후원한 최초의 출판업자 중 한 명이었다. 이들은 반문화의 선구자를 자임하면서 전통 사회에서의 성공 가능성을 의도적으로 거부했다. (사진 출처 BURT GLINN, MAGNUM PHOTOS, INC.)

추구했다. 그들은 스스로를 속물들의 땅에서 시인으로, 물질적 운명보다는 영적인 운명을 추구하는 사람들로 여겼다.

그들의 저항은 중대한 정치적 함의를 띠게 되었지만, 그 내용은 본질적으로 사회적이고 문화적인 것이었다. 당시의 정치는 그들에게 별 의미를 주지 못했고, 두 주요 정당 간의 차이도 거의 없다고 봤다. 하지만 그들의 불만을 상징하는 한 인물이 있다면, 바로 드와이트 아이젠하워였다. 1950년대 중반의 어느 날 밤, 작가 잭 케루악(Jack Kerouac)은 친구와 함께 술을 마시다가 취한 상태에서 대통령에게 보내는 메시지를 작성했다. "존경하는 아이젠하워 대통령님께, 우리는 당신을 사랑합니다. 당신은 위대한 백인 아버지입니다. 당신과 섹스하고 싶어요."

맨처음에 이들 집단이 형성된 것은 맨해튼 북부에 위치한 컬럼비아 대학에서였다. 컬럼비아에서 가장 성공적인 학생들, 즉 아이비리그 명문 대학의 분위기에 쉽게 적응한 학생들은 이들을 이방인으로 여겼다. 옷차림, 태도, 배경 등에 이르기까지 그들의 모든 것이 잘못된 것처럼 보였다. 사실, 그들은 서로가 전혀 어울릴 것 같지 않은 친구들이었다. 앨런 긴즈버그(Allen Ginsberg)는 뉴저지 출신의 어색하고 수줍지만 열정적인 17세 소년이었는데, 컬럼비아의 분위기에 감명을 받아야 할지 아니면 조롱해야 할지 결정하지 못하고 있었다. 1943년 12월, 그는 시카고 대학에서 전학 온 루시엔 카(Lucien Carr)를 만났다. 카가 자신의 방에서 브람스를 듣고 있을 때, 외롭고 지루했던 긴즈버그가 카의 방문을 두드렸다. "음악 소리가 들려서요." 긴즈버그가 말을 걸었다. "마음에 들었어요?" 카가 물었다. "브람스 클라리넷 4중주였죠?" 긴즈버그가 말했다. "이런, 이런!" 카가 말을 이었다. "이 불모지에도 작은 오아시스가 있었군요." 카는 와인 한 병을 땄다. 긴즈버그는 눈이 휘둥그레졌는데, 특히 금발에 미남인 카의 외모에 매료되었다.

순수하고 감수성이 풍부한 긴즈버그에게는 19세라는 꽉 찬 나이의 카가 세상물정에 밝은 사람처럼 보였을 것이다. 카는 세인트루이스의 상류층 가정 출신이었다. 그의 아버지는 그가 어린 아이일 때 그의 어머지와 사별했다. 그는 똑똑하지만 다루기 힘든 학생들을 위한 여러 중등학교를 들락거렸다. 그는 영리하고 냉소적이었으며, 일찍부터 그에게는 일종의 가혹한 자기 비판적인 태도가 있었는데, 젊고 관찰력이 뛰어났던 긴즈버그는 일기에서 그에 대해 이렇게 기록해 놓았다.

"그(카)는 글을 쓸 수 없다고 말했다. 그는 완벽주의자였다. 그는 자신을 주변 사람들이 아니라 상상 속의 자신과 비교했다. 그는 자신이 창의적이지 않을까 봐, 상상했던 잠재력을 발휘하지 못할까 봐 두려워했다. 그는 자신의 실패를 합리화했지만, 인정받기 위해서 지식인의 자세와 태도를 취했다. 카와 그의 상처받은 자존심. 그는 천재이거나 아무 것도 아니어야 했고, 창의적일 수 없었기 때문에 보헤미안적 생활, 괴짜, 사회적 다재다능함, 정복으로 눈을 돌렸다."

카는 긴즈버그가 간절히 들어가고 싶어 했던 보헤미안 세계의 문을 여는 열쇠를 쥐고 있었다. 그의 대화는 도스토예프스키, 플로베르, 보들레르, 랭보에 대한 언급으로 가득했다. 긴즈버그는 일기에 이렇게 적었다. "다음 단어들을 알면 카의 언어를 말할 수 있다: 과일, 남근, 음란, 음핵, 카코에테스(cacoethes, '글쓰기의 갈망'과 같은, 나쁜 습관이나 충동), 대변, 태아, 자궁, 랭보." 카는 미식축구 장학생으로 컬럼비아에 입학한 잭 케루악이라는 눈에 띄게 잘생긴 청년을 포함해 알 만한 사람은 모두 알고 있는 것 같았다. 케루악은 1학년 때 무릎을 다쳐 미식축구 팀을, 그 다음엔 컬럼비아를 그만두었다. 작가가 되기로 결심한 그가 카에게는 "매우 낭만적인 관점에서, 잭 런던 스타일의 소설가나 시인, 또는 작가"처럼 여겨졌다. 쉽게 운동선수가 될 수 있었던 사람이 시인과 작가의 세계에 속하는 길을 선택했다는 사실에 긴즈버그는 즉시 매료되었다. 젊은 긴즈버그에 대한 케루악의 첫인상은 "뿔테 안경을 쓰고 귀가 엄청나게 튀어나온, 17세의 마른 유대인 소년으로, 타오르는 검은 눈을 가졌다."는 것이었다. 서로가 다소 놀랐지만, 두 사람은 친구가 되었다.

카는 이미 뉴욕에서 캠퍼스 밖 탐험을 해본 적이 있었고, 긴즈버그에게 그리니치 빌리지에 함께 가보자고 제안했다. 그리니치 빌리지는 20세기 초부터 미국 보헤미안 생활의 중심지였다. 긴즈버그는 형에게 쓴

소설 <길 위에서>의 실제 모델인 닐 캐서디와 작가 잭 케루악이 1949년 함께 여행하던 중 캘리포니아주 산호세에서 포즈를 취하고 있다. (사진 출처 CAROLINE CASSADY/ALLEN GINSBERG ARCHIVES)

편지에 이렇게 적었다. "토요일에 저는 '지식인'(좀 케케묵은 느낌이 들죠?)을 자처하며 제 친구와 함께 그리니치 빌리지에 가려고 합니다. 그가 거기 사는 동성애자들과 재미있는 이들을 알고 있대요. 가능하면 토요일 저녁에는 술에 취해볼 계획입니다. 무슨 일이 있었는지는 알려드리겠습니다."

카는 또한 긴즈버그에게 당시 그리니치 빌리지에 살고 있던 세인트루이스 출신의 괴짜 친구 윌리엄 버로스(William Burroughs)를 소개해주었다. 버로스는 할아버지가 계산기를 발명한 명망 있는 가문 출신으로, 1936년 하버드를 졸업했다. 하지만 그는 자신의 깊은 소외감과 동성애 성향으로 인해 정신병원과 감옥, 마약 중독을 오가며 일종의 지

1953년, 작가 윌리엄 S. 버로스가 그의 조수 알렌 리와 함께 앨런 긴즈버그의 집 옥상 위에 앉아있다. (사진 출처 ALLEN GINSBERG/ALLEN GINSBERG ARCHIVES)

하 생활자가 되어 있었다. 그는 정기적으로 정신과 의사를 찾아가는 조건으로 가족으로부터 월 200달러의 용돈을 받고 있었기 때문에, 다른 이들은 그가 부자라고 생각했다. 긴즈버그가 1943년에 그를 처음 만났을 때, 버로스는 빌리지에서 바텐더로 일하고 있었는데, 이는 그가 "경험"이라고 부르는 것을 찾아 전전했던 몇몇 주변적인 직업들 중의 하나였다.

버로스는 다른 이들보다 나이가 많았고, 속물적인 과시욕이 강했다. 그는 주로 쓰리피스 정장을 입었는데, 이는 당시에 그들이 만들어가던 새로운 반문화 운동과는 어울리지 않는 복장이었다. 명석하고 냉철하게 논리적이었던 그는 이 새로운 젊은 친구들보다 더 자신감이 넘쳤다. 긴즈버그는 그의 책 컬렉션에 깊은 인상을 받았고, 직접 읽어보려고 연필로 몇몇 제목을 적어오기도 했다. 긴즈버그와 케루악의 눈에 버로스는 "영혼을 찾아 도시를 탐험하는 위대한 사람"이었다. 긴즈버그는 케루악이 그를 "최후의 파우스트적인 인간"으로 칭했다고 생각했다.

긴즈버그가 얼마 지나지 않아 컬럼비아 대학 당국과 갈등을 빚은 것은 놀라운 일이 아니었다. 창작 수업에서 그는 자신들 그룹 내의 사건을 소설화하기로 선택했는데, 이미 유명해져 있던 이 사건은 컬럼비아 대학 당국이 특히 민감해 하는 주제였다. 이 사건의 중심에는 루시엔 카가 있었다. 카가 동부로 왔을 때, 그보다 열 네 살 연상이던 데이브 캐머러라는 남자가 그의 뒤를 따라왔다. 캐머러는 세인트루이스에서 어린 소년들을 위한 놀이 그룹을 운영했었고, 카는 거기 등록되어 있었다. 그때부터 카에게 매료된 캐머러는 처음에는 시카고로, 그 다음에는 뉴욕으로 그를 따라 옮겨왔다. 1944년 8월 어느 날 밤, 캐머러가 지나치게 관심을 표하자, 카는 그를 칼로 찔러 죽였다. 카는 케루악에게 범행 사실을 고백했고, 두 사람은 칼을 지하철 배수구에 버린 뒤 영화를 보러 갔다. 그러고 나서 카는 자수했다. 결국 카는 뉴욕 엘미라 교도소에서 2년간 복역했다.

이러한 선정적인 사건을 소설로 써보려던 긴즈버그의 시도는 담당 교수를 크게 불쾌하게 만들었다. 교수는 그의 글이 "외설적"이라면서 학장에게 이를 알렸다. 학장은 긴즈버그에게 이 사건에 대해 쓰지 말라고 명령했고, 케루악 같은 친구들과 어울릴 권리에 대해서도 의문을 제기했다. 이는 시작에 불과했다. 몇 달 후, 긴즈버그는 어리석은 장난으로 상황을 더욱 악화시켰다. 기숙사의 하녀가 반유대주의자라고 의심한 그는 창문에 "유대인들은 꺼져라."라고 쓰고 두개골과 십자뼈를 그려넣었다. 하녀는 이 낙서를 학장에게 보고했고, 학장은 그날 밤 긴즈버그의 방으로 찾아가 긴즈버그뿐만 아니라 (더 이상 학생이 아닌) 케루악까지 그 방에서 자고 있는 것을 발견했다. 부연하자면, 두 사람이 함께 잔 것은 아니었다. 긴즈버그는 그때까지 총각이었다. 긴즈버그는 이 사건 때문에 학장실로 불려갔다. 학장은 그를 쳐다보며 말했다. "긴즈버그 군, 자네가 저지른 일이 얼마나 엄청난 일인지 깨닫길 바라네!" 컬럼비아 대학은 그가 기숙사에 외부인을 들여서 재운 것에 대해 2.35달러를 청구하고, 1년 간의 정학 처분을 내렸다. 그는 정신과 의사를 만나기 전까지는 복학할 수 없었다. 그의 친구들 중 일부는 대학 당국이 그에게 그토록 가혹하게 대응한 것은 그가 동성애자라는 소문과 함께, 이미 불명예스러운 인물이 된 케루악과 가깝게 지냈기 때문이라고 여겼다. 컬럼비아 대학 영문과에서 유대인 최초로 종신 교수에 임명되었던 라이오넬 트릴링(Lionel Trilling)이 정학 처분에 항의하러 학장실을 찾아갔을 때, 학장은 너무 당황한 나머지 긴즈버그의 모욕적인 낙서 내용을 말로 내뱉지 못하고 대신 그것을 적어서 보여주었다.

그룹의 일원이었던 할 체이스(Hal Chase)의 회고에 따르면, 이 젊은 반항아들은 배우는 것보다는 "감정을 표현하고, 세상에 흠뻑 빠져들고 싶어 했다." 그들은 앨런 긴즈버그의 말처럼, "지적일 뿐 아니라 멜빌[76]처럼 밤 거리의 방랑자"가 되기를 열망했다. 그들 중 몇몇은 작가가 되었다. 긴즈버그, 케루악, 버로스, 그리고 종종 최초의 비트 소설로 불리는 〈고〉(Go)를 쓴 존 클레론 홈스(John Clellon Holmes) 등이 그들이다. 기성 사회의 초기 반응은 이들을 정신과 의사에게 보내려는 것이었다. 버로스는 자신이 건강할수록 본질적으로 병에 걸렸다고 생각하는 기성 사회가 자신을 병자로 보려 한다고 믿었다. 정신과 의사들이 이런 음모의 일부라는 것은 명백했다. 버로스는 언젠가 이렇게 말했다. "이 얼간이들은 조금이라도 정신이 온전한 사람이면 모두 정신병원에 가봐야 한다고 생각해요. 그들이 원하는 것은 다른 이들이 자신을 싫어

76　〈모비딕〉의 작가 허먼 멜빌.

한다고 느끼는 데에는 어느 정도 이유가 있는 그런 지치고 무기력한 직장인들이죠."

그 당시 그들의 삶에는 큰 열정이 있었다. 그들은 어떻게 살아야 하는지, 어떻게 일상에서 벗어날 수 있는지에 대해 끊임없이 이야기했다. 그들은 평범하고 불안한 젊은이들의 기준으로 볼 때 유난히 자기중심적이었다. 그들은 자신들의 생각과 꿈, 감정을 마치 그런 것들을 처음 경험한 사람처럼 꼼꼼하게 기록했다. 그 결과, 그 시절에 대한 놀라운 기록이 지금까지 남아 있다. 케루악은 가장 많은 작품을 쓴 작가 중 한 명인데, 통신사의 전신기에서 빼온 종이를 쌓아 두고 밤을 꼬박 새우며 책을 썼다. 트루먼 카포티는 훗날 케루악을 회고하면서, 그는 글을 썼다기보다는 타자기를 쳤다고 말했다. 그들은 작가였을지 모르지만, 책보다는 삶 자체에 더 큰 가치를 뒀던 사람들이었다. 그들은 예이츠에게서 아이디어를 얻은 개념인 '새로운 비전'을 언급했었는데, 내용인즉 그들이 리더가 되는 예술가-시민의 사회에 관한 것이었다.

그들의 뿌리는 대체로 중산층이었다. 긴즈버그의 아버지 루이스는 어느 정도 성공한 시인으로, 아들에게 잘난 척하는 친구들을 버리고 인생에서 뭔가 해낼 것을 계속 권유했다. "자유롭고 진보적이며 민주적인 사회를 향한 너의 예전의 그 훌륭했던 열정은 어디로 갔느냐?" 루이스 긴즈버그는 아들이 대학생일 때 편지에 이렇게 썼다. 긴즈버그는 카가 교도소에 간 다음, 그를 대신해서 그룹 내의 사회적 접착제 역할을 맡았다. 그는 지적이고 관대했으며, 모든 사람과 모든 일에 관심이 많았다. 또한 그는 자신이 청소년 시절의 외로움과 자괴감을 딛고 일어나 이토록 재능 있는 친구들과 함께 하고 있다는 사실에 경외감을 느꼈다.

하지만 그룹의 중심 인물을 한 사람만 꼽으라면, 그가 바로 케루악이었다. 그는 작가가 되기를 갈망했는데, 명성보다는 사람들이 자신의 말에 귀를 기울이고, 자신의 글과 생각을 진지하게 받아들이기를 바랐기 때문이었다. 그는 종일 노트를 들고 도시 곳곳을 돌아다니며, 주변의 삶을 관찰하고 기록했다. 그는 그것을 스케치라고 불렀다. 사람들은 그가 쓴 글을 읽을 때마다, 어휘와 문장에서 드러나는 타고난 재능에 감동을 받곤 했다.

그는 매사추세츠 주 로웰에서 프랑스계 캐나다인 부부의 아들로 태어났다. 영어는 그에게 제2언어였다. 어린 시절 그가 주로 사용한 언어는 프랑스계 캐나다인의 방언인 주알이었다. 고등학교 졸업을 2년 남겨놓았을 때, 미식축구 코치는 케루악을 선수로 많이 기용하지 않는 이유 중 하나로 그가 영어를 이해하는 데 어려움을 겪어 경기 전술을 배우지 못했다는 점을 들었다. 그의 유년기는 가혹했다. 대공황 시기는 힘들었고, 가족이 믿고 있던 얀센주의 가톨릭 신앙은 특히나 억압적이었다. 그는 뉴잉글랜드 마을에서 이주민으로서 겪는 편견에 더해, 미국에서 이등 시민이 되었다며 끊임없이 화를 내던 아버지로 인해 힘든 시간을 보냈다. 이런 피해망상은 잭 케루악의 내면에도 깊게 자리 잡았고, 성인이 되어 일이 잘 풀리지 않을 때면 아버지를 괴롭혔던 두려움과 분노가 그에게서도 드러났다. 결과적으로 그는 이중적인 인간이 되었다. 한편으로는 가족과 책임에 얽매이지 않고 떠돌이 생활을 하는 현대판 힙스터 비순응주의자의 영웅적 원형이 되었지만, 다른 한편으로는 부모로부터 물려받은 뿌리 깊은 두려움과 편견을 떨쳐버리지 못했다.

존 클레론 홈스의 소설 〈고〉에서, 주인공은 그리니치 빌리지에서 밤새도록 놀다가 아침에 졸린 눈을 한 채 지하철을 타고 자신의 아파트로 돌아간다. 그가 탑승한 지하철 칸에는 즐겁고 활기에 찬 걸스카우트 대원 무리가 함께 타고 있다. 안티히어로인 주인공은 미국의 전통적인 건전한 가치관으로 무장한 이들 명랑하고 낙천적인 사절단을 쳐다보며 생각한다. "저들처럼 되는 것과 우리처럼 되는 것, 그 밖의 다른 선택지는 없을까?"

비트족으로 알려지게 된 그들은 자신과는 다른 사람들, 제도권 밖에서 살아가는 사람들, 특히 법의 테두리 밖에서 사는 사람들을 숭배했다. 그들은 범죄자의 삶에 매료되었고, 감옥에 다녀온 사람들이 제도권에서 벗어나 자유의 본질을 경험했다고 믿었다. 〈고〉에서 홈스는 그들의 세계를 이렇게 묘사했다. "그곳은 지저분한 뒷계단 '패드', 타임스퀘어의 카페테리아, 비밥 재즈 클럽, 밤샘 배회, 길모퉁이에서의 만남, 히치하이킹, 도시 곳곳의 무수히 많은 '힙'한 바들, 그리고 거리 자체로 이루어진 곳이었다. 그곳에서는 마약과 다른 습관에 '빠진' 사람들이 새로운 차원의 광기를 찾아 헤매었고, 보이지 않는 욕구, 오래 전의 사소한 범죄, 또는 기묘한 친밀감으로 연결되어 있었다. 그들은 항상 밤을 지새우며, '접촉'하기 위해 분주히 돌아다니다가, 갑자기 감옥이나 길거리로 사라졌다가는 다시 나타나 서로를 찾곤 했다. 그들은 인생이 지하 세계이자 신비롭다고 보았으며, 거래의 현실, 머물 수 있는 패드, '광란의 재즈를 즐기는 것', 그리고 이 모든 것을 계속 유지하는 것 외에는 어떤 것도 인식하지 못하는 것 같았다."

그들은 도시의 흑인 문화에도 매료되었으며, 그들이 쓰는 표현들을 가져다 썼다. 'dig'(이해하다), 'cool'(멋진), 'man'(친구), 'split'(떠나다) 같은 것들이 대표적이다. 그들은 스스로를 백인 밥스터, 즉 재즈 애호가로 여겼다. 그들은 흑인이 어떤 면에서는 더 자유롭고, 보수적인 미국 사회의 제약에 덜 구속받는다고 믿었으며, 흑인의 이러한 상태를 모방하고자 했다. 재즈 뮤지션들 사이에서 전설로 여겨지는 찰리 파커, 마일스 데이비스 등의 새로운 사운드를 비롯하여 당시 흑인 음악에 대한 관심은 거의 비트 사회로 들어서는 입장권과도 같았다.

나중에 그룹의 신화적인 인물이 되는 닐 캐서디(Neal Cassady)가 덴버에서 캐롤린 로빈슨(Carolyn Robinson)이라는 젊은 여성을 만났을 때 처음 한 말은 이랬다. "빌(톰슨)이 그러는데 당신이 레스터 영의 음반을 엄청나게 많이 소장하고 있다고 하더군요." 로빈슨은 이것이 일종의 시험이라는 것을 본능적으로 알아차렸다. 불행히도 그녀는 레스터 영의 음반을 단 한 장도 가지고 있지 않았고, 더 큰 문제는 그의 이름조차 들어본 적도 없었다는 것이었다. 그녀는 사과하면서 베닝턴 대학 시절에 들었던 스윙 재즈 앨범을 몇 장 가지고 있다고 말했다.

약물 또한 중요했다. 그것들은 영적 세계로 가는 열쇠로 여겨졌다. 가장 싸고 구하기 손쉬운(가장 까다로울 때도 있었지만) 약물은 벤제드린 이었는데, 완벽하진 않았지만 동네 약국에서도 구할 수 있었다. 당시에는 '차'로 불렸던 마리화나가 베니(a benny)[77]보다 더 선호되었다. 소설 〈고〉에서 하트 케네디(닐 캐서디를 모델로 한 인물)는 베니와 티의 도취감 차이에 대해 이렇게 말한다. "그래, 그래, 친구! 네 말이 맞아! 하지만 차를 하면 모든 게 대단해 보여. 모든 게 최고로 느껴지지. 그게 핵심이야, 알겠어? 넌 모든 것을 즐기게 돼. 젠장, 내가 2년 전쯤 베니를 했을 때는, 난 화가 나고 …강박적이었지, 알겠어? 항상 걱정하고 매달렸어. 물론이지. 그때 난 정말 진지한 지식인이었고, 항상 책을 들고 다니며 정신분석학적인 용어로 모든 것을 생각하고 그랬지."

그들 그룹을 지칭하는 비트(Beats)는 타임스퀘어의 절도범이자 남성 매춘부였던 허버트 헌크(Herbert Huncke)에게서 빌려온 것이다. 헌크는 일상 대화에서 비트라는 단어를 사용했다. 배리 기포드와 로렌스 리가 케루악의 구술 전기인 〈잭의 책〉(Jack's Book)에서 언급했듯이 이 단어는 마약 문화에서 유래한 것으로, "속은, 강탈당한 또는 정서적으로나 육체적으로 지친"이라는 의미를 가지고 있다. 나중에 케루악은

77　(편집자 주) 베니는 대표적 각성제인 벤제드린(Benzedrine)을 가리키는 속어다.

이 단어의 정의를 "지극히 행복한(beatific)"이라는 의미로 재해석하여, 당시 만연했던 물질주의와 개인적 야망 추구에 반항하던 사람들을 묘사하는 데 사용했다.

저명한 편집자이자 비평가였던 말콤 카울리(Malcolm Cowley)는 당시 다른 비평가들보다 그들에게 더 동정적이었는데, 그는 그들이 "믿을 만한 것을, 즉 본질적으로 세상과 평화롭게 살 수 있게 해줄 종교적 믿음을 찾고 있었다."라고 썼다. 그들이 정규직을 포기하고도 비교적 편안한 삶을 살 수 있게 해준 마법의 재료가 바로 그들이 그토록 경멸하던 주류 문화의 풍요로움이었다는 사실, 다시 말해 국가가 너무나 부유해서 규칙에 따라 살지 않기로 선택한 사람들조차 보호받을 수 있었다는 사실은 작지 않은 아이러니였다. 케루악만큼 그들 삶의 모순을 생생하게 보여준 사람도 없었다. 그는 성인이 된 후에도, 친구들 사이에서 '메메르'[Mémère, '할망구'라는 뜻의 프랑스어 속어]라고 불리던 그의 어머니와 함께 살았다. 메메르는 케루악의 친구들을 싫어했고, 대체로 그들도 그녀를 싫어했다. 케루악은 이런 사실을 매우 민감하게 받아들였다. 그가 잔인할 정도로 솔직하게 쓰고자 했던 자전소설 〈길 위에서〉(On the Road)에서, 화자가 함께 사는 사람은 어머니가 아니라 이모이다. 메메르는 특히 긴즈버그를 싫어했는데, 그가 유대인이자 동성애자라는 이유 때문이었다. 긴즈버그는 사실상 케루악의 집을 방문할 수 없었고, 케루악에게 편지를 쓸 때는 가짜 이름과 주소를 사용해야 했다. 그렇지 않으면 그녀가 편지를 읽고 폐기해버렸기 때문이었다. 케루악 자신도 메메르가 잠든 후에야 소설을 쓸 수 있었다. 그때 그는 창문을 활짝 열고 마리화나를 피우며 타자기에 자신의 말을 쏟아 부었다. 존 클레론 홈스는 〈길 위에서〉의 문장이 만연체로 쓰여졌던 이유 중 하나로 케루악이 대마초를 피면서 감각의 폭발을 경험했기 때문이라고 생각했다.

쾌락주의는 케루악의 집 문턱을 넘을 수 없었다. 그의 집을 방문한 친구들 가운데 결혼한 친구들만 그의 집 침대에서 성관계를 할 수 있었다. 그레고리 코르소(Gregory Corso)는 이것이 메메르가 아닌 잭의 청교도주의였다고 말하곤 했다. 홈스는 케루악이 내면적으로는 여전히 "뉴잉글랜드의 한 공장 도시 출신의 매우 매우 보수적인 중산층 소년이었다."라고 지적하면서 이렇게 말했다. "그는 삶이 어떻게든 열릴 수 있다고 믿었다. 그는 삶이 열리기를 원했지만, 스스로 열어제낄 용기는 없었다. 그는 스스로 그렇게 할 방법을 알지 못했다." 물론 케루악 자신도 자신의 경험이 얼마나 일천한 것인지 잘 알고 있었다. 초기에 그는 롤모델로 삼을 만한 진정한 모험가를 필사적으로 찾았다. 그는 닐 캐서디에게서 그것을 발견했다.

캐서디는 케루악이 다른 사람들에게 그랬던 것처럼, 미국 중산층의 굴레에서 벗어난 사람이었다. 케루악은 〈길 위에서〉에서 그를 "젊은 진 오트리(Gene Autry)[78]처럼 날씬하고 좁은 엉덩이, 푸른 눈에 오클라호마 억양을 구사하는, 구레나룻을 기른 눈 덮인 서부의 영웅"으로 묘사했다. 가끔 케루악과 캐서디가 함께 포즈를 취할 때면 두 사람은 형제처럼 보였다. 캐서디는 케루악이 그토록 동경하고 원했던 삶을 자연스레 살아왔다. 그의 부모는 그가 여섯 살 때 헤어졌고, 그는 알코올 중독자인 아버지와 함께 살았다. 그는 아버지가 전날 밤에 마신 위스키에서 깨어나는 동안 아침에 스스로 학교 갈 준비를 했다. 그는 놀랍도록 어린 나이에 잔꾀를 써서 살아남는 법을 배웠고, 음식과 돈을 구걸했으며, 법적으로 운전할 수 있는 나이가 되기도 전에 자동차를 훔쳤다. 그가 뉴욕에 나타났을 때 그의 나이는 20세로, 케루악보다 네 살이나 어렸지만, 그 자신의 말에 따르면 이미 500여 대의 자동차를 훔친

78　당시 인기를 누리던 싱어송라이터.

경력이 있었다.

　그는 덴버 출신의 비트족 할 체이스를 통해 케루악의 그룹과 인연을 맺었다. 뉴욕 그룹의 모든 사람들은 캐서디가 도착하기 훨씬 전부터 그에 대해 듣고 있었다. 미식축구공을 70야드나 던질 수 있고, 100미터를 10초 안에 주파하며, 그가 원하면 어떤 여자와도 잘 수 있다는 이 황금 같은 젊은이에 대해서 말이다. 그의 마초적인 매력에 빠져들지 않는 사람들에게 그는 그저 소소한 사기꾼에 불과했지만, 이들 그룹에게는 로맨틱한 선(禪)의 힙스터같은 존재로 다가왔다. 환경이 더 관습적일수록, 캐서디는 자신의 불우한 배경으로 인해 더욱 취약함을 느꼈다. 그래서 그는 항상 광적일 정도로 계속 움직여야 했다. 전기작가 테드 모건(Ted Morgan)은 이렇게 썼다. "그가 보여준 것은 순수하고 추상적이며 의미 없는 움직임이었다. 강박적이고 헌신적이었던 그는 가족, 친구, 심지어 자신의 자동차까지도 기꺼이 희생할 준비가 되어 있었다. 아내와 아이가 굶주릴 수도 있고, 친구들은 단지 기름값을 벌기 위해 이용될 뿐이었지만, 닐은 반드시 움직여야만 했다." 그는 분명 똑똑한 사람이었고, 덴버 공립 도서관에서 스스로를 교육시키기 위해 오랜 시간을 단련했던 터라 뉴욕 그룹의 세련됨에 경외감을 느꼈다. 그는 작가가 되기를 갈망했고, 컬럼비아 대학에 가고 싶다고 말했다. 할 체이스는 심지어 여러 교수들과 함께 그를 위해 특별 구술 입학 시험을 치를 수 있도록 주선하기도 했다. 하지만 그는 나타나지 않았다.

　그는 남녀 모두에게 강력한 매력을 발산했고, 그 힘을 무차별적으로 사용했다. 온갖 남녀가 그를 사랑했다. 그는 자주 아내를 바꿨다. 그는 20대 후반까지 세 번 결혼해 세 명의 자녀를 두었지만, 그 중 누구도 잘 알지 못했다. 그는 훌륭한 정신과 너그러운 마음을 가진 긴즈버그가 자신에게 많은 것을 가르쳐 줄 수 있는 사람이라는 것을 느꼈고, 기꺼이 그와 잠자리를 함께 했다. 결국 긴즈버그는 열렬히 사랑에 빠졌다. 존 클레론 홈스는 이렇게 썼다. "닐이 처음 나타났을 때는 그야말로 완벽했다. 아내들과 여자 친구들은 닐을 적으로 여겼는데, 아마도 자신의 남자들이 닐에게 너무 끌렸기 때문이었을 것이다. 동성애적인 의미에서가 아니라, 그가 가진 활력과 에너지, 그리고 그가 보여주는 단순함에 끌렸다는 뜻이다. '자, 할렘으로 올라가서 무슨 일이 일어나는지 보자고!'라는 말처럼 말이다. 닐은, 그가 의도한 것은 아니었겠지만, 어떤 종류의 사람들을 진정성이 없다고 느끼게 만드는 능력이 있었다. 나는 항상 제대로 대응하지 못할까 봐 두려웠다. …닐은 결코 '이봐, 친구, 넌 고지식해.'라고 말하지는 않았다."

케루악은 첫 만남부터 그에게 매료되었다. 케루악은 그와 함께 여행하고 언젠가는 '닐'이라는 제목의 책을 쓰고 싶어 했다. 홈스는 둘 사이에 기묘한 관계가 형성되었다고 생각했다. 케루악은 중심이 없는 사람처럼 보였고, 캐서디는 "중심이 아닌 궤적"을 제시했다. 캐서디는 책을 쓰고 싶어 했고, 케루악은 캐서디가 되고 싶어 했으며, 결국에는 캐서디의 이야기를 책으로 썼는데 캐서디를 완전히 만족시키지는 못했다. 1949년, 두 사람은 함께 한 여러 번의 여행 중 첫 번째 여행을 떠났다. 1950년에 케루악의 첫 작품 〈마을과 도시〉(The Town and the City)가 출판되었다. 그는 이 책을 쓰기 전에 1,000달러를 선불로 받았다. 하지만, 작품에 대한 평가는 밋밋했고, 많이 팔리지도 않았다. 토마스 울프의 영향을 강하게 받은 이 작품은 산만하고 집중력이 부족했지만, 가치가 없지는 않았다. 케루악은 이 실패에 비통해 했고, 여전히 캐서디와의 경험을 어떻게 작품화할 것인지 고민하고 있었다.

1951년 초, 존 클레론 홈스는 소설 〈고〉를 완성했다. 이 책은 스크리브너스 출판사에서 1952년 가을에 출간할 예정이었다. 홈스는 출판사의 편집자 및 변호사들과 문구를 놓고 실랑이를 벌였다. 편집자와 변호사는 홈스에게 애거슨이라는 등장인물이 "엿 먹어(Fuck you),"라고 말하는 대사 여섯 개 중 세 개를 삭제하도록 요구했다. 홈스는 끝까지 자신의 입장을 고수했다. "세 번과 여섯 번의 차이가 뭐죠?"라고 그는 물었다. 〈고〉는 〈마을과 도시〉에 비해 훨씬 더 전통적인 소설에 가까웠지만, 여전히 서점 판매에 어려움을 겪었고, 초판 부수도 2천 5백 부에 불과했다. 당시까지는 약물 사용과 성적인 어둠의 세계에 대해 이야기하면서 주류 문화에 도전하는 기발한 언어와 캐릭터가 등장하는 책이 등장할 만한 적합한 환경은 아니었다.

그러나 홈스의 작품에 자극받은 (그리고 자신이 더 나은 작가라고 말하곤 했던 자신의 믿음에 자극받은) 케루악은 결국 〈길 위에서〉의 초고를 집필하기 시작했다. 당시 케루악은 28세였고, 무직이었으며, 이미 두 번이나 결혼한 상태였다. 그는 분노에 찬 상태로 작품을 써내려갔다. 작품은 하나의 긴 단락으로 되어 있었고, 허구와 논픽션이 혼합된 형태였다. 그는 아무 것도 바꾸지 않았다. 심지어 친구들의 이름도 그대로 사용했다. 그의 친구 존 클레론 홈스는 "그저 자신의 머릿속에 있는 영화를 따라가면서" 작품을 썼다고 말했다. 그는 탈고한 지 일주일도 되지 않아서 자신도 다시 읽어보지도 않은 초고를 홈스에게 건넸다. 홈스의 표현을 빌리자면 원고뭉치는 "커다란 살라미 조각처럼" 말려 있었다. 케루악은 전통적인 소설가들이 상상할 수도 없는 캐릭터들의 기분과 감정을 정확하게 포착할 수 있는 재능이 있었다. 홈스는 그의 초고가 매우 훌륭하다고 느꼈지만, 전통적이고 보수적인 출판계에서 작품의 가치를 인정받기는 거의 불가능할 것이라고 생각했다.

물론 모두가 좋은 작품이라고 생각한 것은 아니었다. 평소 동료들의 작업에 대해 관대했던 긴즈버그는 캐서디에게 보낸 편지에서 이렇게 썼다. "완전 엉망진창이야. 훌륭한 면도 보이지만, 의미 없는 헛소리로 작품을 망쳐버렸어." 그리고는 "페이지마다 초현실주의적인 자유 연상이 가득 차 있어서 잭을 잘 아는 사람이 아니면 이해할 수 없겠어. 현재 상태로는 출판되기 힘들 것 같아."라고 덧붙였다. 그것은 거의 예언에 가까운 말이었다. 비록 잃어버린 세대의 존경받는 기록자로 불리던 말콤 카울리가 케루악의 목소리에서 새롭고 흥미로움을 감지했지만, 출판사의 관심을 끌지는 못했다. 〈길 위에서〉가 출판되기까지는 대략 5년이 걸렸다.

하지만 서서히 상황이 개선되기 시작했다. 〈뉴욕 타임스〉 북 리뷰의 재능 있고 괴짜 같은 젊은 편집자이자 작가였던 길 밀스타인(Gil Millstein)은 홈스에게 전화를 걸어 물었다. "도대체 이 '비트 세대'란 게 뭐죠? 이게 뭐죠? 들어와서 얘기 좀 합시다." 두 사람의 대화 결과, 1952년 11월 〈타임〉 지에 비트 제너레이션을 다룬 기사가 실렸다. 그리고 카울리의 후원으로 〈길 위에서〉의 두 섹션이 지면을 얻을 수 있었는데, 하나는 〈파리 리뷰〉 지였고, 다른 하나는 당시 실험적인 글쓰기를 위한 중요한 포럼 역할을 했던 〈뉴 월드 라이팅〉 지의 아라벨 포터에 의해서였다.

거의 동시에 긴즈버그의 경력도 쌓이기 시작했다. 그는 닐 캐서디와 가까이 지내기 위해 샌프란시스코로 갔다. 당시 샌프란시스코는 비트 문화의 서부 해안 중심지가 되어가고 있었다. 그 문학의 본거지가 바로 시티 라이트 서점이었다. 찰리 채플린의 위대한 영화에서 이름을 딴 이 서점은 미국 최초로 양질의 페이퍼백을 전문으로 취급하는 서점이었다. 시티 라이트는 주중에는 자정까지, 주말에는 새벽 2시까지 문을 열었다. 소유주 중 한 명인 로렌스 퍼링게티(Lawrence Ferlinghetti)는 그 자신이 상당히 주목받는 시인이었고, 서점을 출판 사업과 연계시키고 싶어 했다. 1955년 8월, 그는 포켓 시인 시리즈 중 첫 번째 시집을 출간했다.

그해 긴즈버그는 인생의 중요한 순간을 맞이했다. 이제는 순진한 젊은이에서 벗어나야 할 때라고 그는 결심했다. 그는 29세였고, 시장 조사원 같은 임시직을 전전하며 "이파나 치약이 당신의 치아를 반짝반짝 빛나게 합니다."와 "이파나 치약이 당신의 치아를 매력적으로 만듭니다." 중에서 어느 쪽이 광고 문구로 더 나은지 고민하는 일에 지쳐 있었다. 그는 케루악에게 편지를 썼다. "나도 다른 이들처럼 청춘을 지나 세상으로 나아가고 있네. …해결해야 할 재정 문제에 직면해 있네. 도대체 유럽에 갈 여비를 어떻게 마련할 수 있을까? 그리고 그 돈이 떨어지면 우리는 어떻게 될까? 미래가 보장되지 않은 상태에서 살아갈 수 있을까? 이런 문제들이 나를 괴롭히고 있네." 그해 여름, 그는 영문학 석사 학위를 위해 버클리 대학원에서 수업을 듣기 시작했다. 그는 샌프란시스코 시단의 주요 인물인 케네스 렉스로스(Kenneth Rexroth)에게 자신의 시 한 편을 보냈는데, 렉스로스는 긴즈버그가 컬럼비아에 너무 오래 다녔고 그의 작품이 너무 형식적이라는 답장을 보냈다. 이는 사실상 긴즈버그에게 아직 자신의 목소리를 찾지 못했다고 말하는 것이었다.

긴즈버그는 렉스로스의 말이 옳다고 생각했다. 그는 그저 모든 것을 내려 놓고, 시라는 것을 의식하지 않은 채, 자신의 생각과 감정을 마음껏 쏟아내기로 결심했다. 그 결과 현대 재즈의 리듬과 구절에 맞춘 듯한 시가 태어났다. 그의 표현을 빌리자면, 그것은 "거친 문구들의 비극적인 커스터드 파이 코미디, 추상적인 마음의 시의 아름다움을 위한 무의미한 이미지들, 찰리 채플린의 걸음걸이처럼 어색한 (이미지의) 조합을 만들어가며 계속 이어지는, 케루악이 들을 수 있을 거라고 생각한 긴 색소폰 선율같은 합창 구절들, 케루악 자신의 영감 어린 산문에서 출발한, 정말로 새로운 시"였다. (돌이켜보면, 월트 휘트먼의 시와는 우연 이상의 유사성이 있는 것 같다.) 퍼링게티는 출판에 동의했고, 흥분한 긴즈버그는 케루악에게 편지를 썼다. "여기 시티 라이트 서점에서 …내년에 '하울(Howl)'을 제목 그대로 출판할 걸세. 다른 건 없이, 그 시로 책 한 권을 모두 채울 걸세."

1955년 10월 13일, 앨런 긴즈버그는 자동차 정비소를 개조한 갤러리 식스에서 〈하울〉의 역사적인 낭독회를 가졌다. 지금은 미국 시에서 가장 유명한 첫 구절 중 하나가 된 첫 줄은 진정한 비트 세대를 향한 찬가였다. "나는 내 세대 최고의 영혼들이/광기로 파괴되는 것을 보았다./허기와 신경증으로 헐벗은 채,/스스로를 이끌고 새벽녘 흑인 구역으로 가/분노의 한 방을 찾으러 다니는…." 그날 밤 긴즈버그는 공연자로서 눈부셨다. 케루악은 관객석에 있었는데, 와인 한 병을 들고 긴즈버그를 응원하며 저녁 내내 "가자, 가자!"를 외쳤다. 테드 모건은 후에 이렇게 썼다. "그것은 절대적으로 강력한 주문 같은 것이었고, 1950년대의 모든 부적응자들, 거부당한 자들, 일탈자들, 범죄자들, 그리고 정신이상자들을 위한 선언문 같았다. 그들은 그의 깃발 아래 단결할 수 있었다." 기쁨에 찬 케루악은 나중에 긴즈버그에게 말했다. "긴즈버그, 이 시로 자네는 샌프란시스코에서 유명해질 거야." 케네스 렉스로스가 덧붙였다. "아냐, 이 시로 그는 다리 너머까지 유명해질 거야" 퍼링게티는 에머슨이 〈풀잎〉을 읽은 후 휘트먼에게 했던 말을 상기시키는 전보를 긴즈버그에게 보냈다. "위대한 경력의 시작을 축하합니다."

이는 단순히 긴즈버그 개인의 승리가 아니라, 비트 세대 전체의 더 큰 승리이기도 했다. 항상 관대했던 긴즈버그는 말콤 카울리에게 한 번 더 케루악을 추천했으며, 1955년 12월 바이킹 출판사는 〈길 위에서〉를 출판하기로 결정했고, 1957년 마침내 출간되었다. 〈길 위에서〉는 그 힙한 첫 문장부터 미국인의 삶에 대한 새로운 비전을 제시했다. "딘을 처음 만난 것은 아내와 헤어지고 얼마 되지 않아서였다. 당시 나는 심한 병을 앓다가 겨우 나은 참이었는데, 이 병에 관해서는 끔찍할 정도로 지긋지긋했던 결별 과정과 세상만사에 무감각해진 나 자신과 관계가 있다는 사실 외에는 더 이야기하지 않도록 하겠다." 이는 대안적인 삶의 방식에 대한 찬가가 되었다. 테드 모건이 지적한 것처럼, 케루악이 한 일은 "소유권이 아닌 이동성을 통해 태생적 권리를 주장하는 것이었다. 이 책은 위대한 미국의 지리적, 정신적 풍경을 가로지르는 서정적 지침서였다."

구체제는 반격을 시도했다. 1957년 5월, 윌리엄 한라한 경감의 명령을 받은 샌프란시스코 경찰관 두 명이 시티 라이트 매장에 들어가 〈하울〉 한 부를 구입했다. 그들은 또한 퍼링게티와 서점 매니저에 대한 체포 영장도 가지고 있었다. 하지만 긴즈버그와 퍼링게티는 이미 강력한 지지자들을 확보하고 있었다. 영향력 있는 비평가 리처드 에버하트(Richard Eberhart)가 〈뉴욕 타임스〉에 긍정적인 서평을 기고했고, 저명한 시인 윌리엄 카를로스 윌리엄스(William Carlos Williams)가 이 시집의 서문을 썼다. 문단의 온갖 유명 인사들이 이 시의 중요성, 힘, 정당성에 대해 증언할 준비가 되어 있었다. 1957년 10월, W. J. 클레이튼 혼 판사는 〈하울〉이 외설적이지 않다고 판결했다. 판결문의 내용은 오히려 반대였다. "〈하울〉의 첫 부분

은 악몽 같은 세계의 모습을 보여주며, 두 번째 부분은 인간 본성의 가장 좋은 특질들을 파괴하는 현대 사회의 요소들에 대한 고발이다. 그러한 요소들은 주로 물질주의, 순응, 그리고 전쟁으로 이어지는 기계화로 확인된다. …마무리는 성스로운 삶에 대한 호소로 끝난다."

모든 것이 그들에게 유리하게 돌아가기 시작했다. 출판 계약, 잡지 기고 요청, 그리고 하룻밤 강연에 500달러라는 전례 없는 액수의 강연 제안 등이 이어졌다. 케루악은 결국 명성이 힘들고 파괴적이라는 사실을 깨달았고, 알코올 중독으로 인한 분노와 비통함 속에서 삶을 마감했다. 하지만 어렸을 때부터 자신을 못생기고 매력이 없다고 느꼈던 긴즈버그는 성공과 애정 행각을 즐겼다. 무엇보다도 그들의 성공은 기존 질서가 변화하고 있다는 확실한 징후였다. 장벽들이 무너지고 있었다.

제2부

제23장

흙수저 출신 부통령 닉슨의 고독한 권력

하나의 목표로서의 고립주의는 이제 막을 내렸다. 공화당은 국제적인 면모를 갖추었고, 공동 안보 및 유럽과의 제휴에 가장 합당한 인물을 지도자로 선택했다. 그러나 세계 정세에 관여한다는 진정한 의미에서의 국제주의보다는 공산주의를 봉쇄하기 위해 추진되고 있던 국제 정책이 더욱 중요해지고 있었다.

하지만 공화당의 내분은 아이젠하워의 당선으로도 끝나지 않았다. 공화당 내에는 여섯 번 내리 패배하는 것보다는 어떤 식이로든 이기는 편이 더 낫다는 이유로 아이젠하워의 후보 지명에 동의한 사람들이 많았다. 하지만 그렇다고 그들이 아이크를 좋아하는 것은 아니었다. 아이크 자신도 때때로 느꼈듯이, 그들은 아이크를 자기 주관 없이 얼굴이나 내세우는 이른바 얼굴마담으로 여겼다. 1952년 8월, 공화당 정치인들과의 첫 만남에서 셔먼 애덤스는 아이크의 얼굴에 스치는 냉정한 표정을 봤다. 애덤스는 후보가 그들의 거만한 태도에 점점 짜증을 내고 있다는 것을 알았다. 다른 사람들이 방을 나간 후 애덤스는 무슨 문제가 있느냐고 물었다. "저들은 단지 어떻게 하면 내 인기를 이용해 선거에서 승리할 수 있는가에 대해서는 이야기했소. 내 생각을 물어보는 사람은 아무도 없더군요." 아이젠하워가 대답했다. 사실 아이젠하워를 이상적인 대통령 후보로 만든 것은 그가 당파에 속해 있지 않았으며, 이와 더불어 그가 정치적으로 참신한 신인이었다는 사실 때문이었다. 그는 극도로 분열되고 겁에 질린 미국인들을 치유하는 역할을 했던 것이다.

리처드 닉슨은 공화당 내에서 대립 관계에 있는 사람들을 화해시키라는 임무를 부여받았다. 일찍이 듀이는 반공을 표방한 동부쪽 당원들의 국제주의와 옛 고립주의파의 보수주의를 균형있게 조화시키는 닉슨의 능력을 인정했었다. 그의 경제 정책은 자유주의 성향의 공화당 중도 노선에 가까웠다. 옛 고립주의파 일부에서 그가 동부 지역에 매수당했다거나 지나치게 실용주의적이라는 의구심을 거두지 않으면, 그는 즉시 이런 비판을 잠재우기 위해 나섰다. 당의 일꾼이 되어, 지역 공화당이 주최하는 만찬에 빠짐없이 참석해 연설하고, 정치 자금을 모금하고, 궁극적으로 당에 매우 충실한 인물이 되는 것이었다. 그는 이런 방면에서는 성공적이었다. 하지만 그 결과, 공화당의 모순이 곧 자신의 모순이 되어 버렸다.

미국에서 냉전과 그것이 국가에 미친 영향을 반영한 정치인이 있다면, 그가 바로 리처드 닉슨이었다. 닉슨이 그 시대를 만들었고, 또 그 시대가 닉슨을 만들었다. 그의 기질 가운데 중요한 부분을 차지했던 분노와 원한은 국가에 새로운 불안이 커가면서 국가를 관통하는 긴장과 크게 다르지 않았다. 그는 미국의 어떤 중도 정치인보다 더 일찍, 그리고 더 집요하게 반공 문제에 매달렸다. 사실 바로 그것이 그가 처음에 공화당 부통령 후보로 지명된 이유였다. 1946년, 제리 부르히스라는 온화하고 진보적인 현역 의원을 상대로 한 선거전은 부어히스를 완전히 경악하게 만들 정도로 심각한 '빨갱이 낙인찍기'로 유명했다. 당선되자마자 닉슨은 하원 반미활동조사위원회에 위원으로 합류했다. 거기서 그는 겉보기에는 아무런 죄가 없어 보이는 히스 사건의 모순을 처음으로 발견했으며, 후일 이 사건을 자신이 거둔 가장 큰 승리의 하나로 여겼다. 겉보기와는 다른 사람이자 그가 증오하는 동부 엘리트를 대표하는 사람에게 도전하고 결국 물리쳤다고 생각했기 때문이었다.

하지만 그의 경력은 모순으로 가득 차 있었다. 많은 보수적인 동료들처럼, 그는 일부 미국인들이, 심지어는 야당의 최고위 관리들까지도 적대적인 외국 세력에 충성하고, 자국민을 배신하려 한다고 주저없이 말했다. 그러나 말년에 이르러, 그는 중국과의 관계 정상화의 문을 열었고(일부 비평가들은 아마도 그가 리처드 닉슨 즉, 자기 자신의 공격을 받지 않고 그렇게 할 수 있었던 유일한 미국 정치인이라고 생각했다), 소련과 중국 공산당 지도부 모두와 친분이 있었다.

그가 후에 모스크바와 베이징 방문으로 그를 오랫동안 지켜봐 왔던 많은 비평가들을 놀라게 했다면, 그는 이미 당내 계파 간의 요구를 조율하는 과정에서 진정한 외교 능력을 훨씬 이전부터 보여주었다. 그는 결코 호감을 얻거나 인기를 얻으려 하지 않았다. 단지 인정받기를 바랐을 뿐이다. 특히 캘리포니아에서는 그를 싫어하는 공화당원들이 많았다. 얼 워런은 수년 동안 그와 불화를 겪었다. 심지어 캘리포니아주의 상원의원이자 구식 보수주의자였던 빌 노랜드조차도 그를 경멸했다. 1952년 전당대회 당시 노랜드는 닉슨이 캘리포니아 대표단에서 아이젠하워를 도우려 시도했음에도 불구하고 워런 지지를 유지했다. 닉슨을 위한 지명 연설을 해달라는 요청을 받았을 때도 노랜드는 달가워하지 않았다. "내가 그 더러운 개자식을 후보로 지명해야 합니다."라고 그는 친구들에게 말했다.

닉슨이 공화당 내의 간극을 메울 수 있었던 이유는 그에겐 정치가 결코 이데올로기에 관한 것이 아니었기 때문이다. 그에게는 정치가 자기 자신을 위한 것이었다. 그는 어느 쪽 진영에서도 인기가 없었지만, 양쪽 모두에게 받아들여질 수 있는 미묘한 입장을 협상해냈다. 그는 이 일에 온정이나 우정을 끌어들이지 않았다. 그가 이런 감정들에 호소하고자 할 때는 대개는 과장되거나 어색했기 때문이었다. 대신 그는 '내가 싫으면 당신에게 더 가까우면서도 승산이 있을 것 같은 사람을 찾으라.'는 식의 확실한 선택을 제안했다. 그가 어느 한쪽으로 기울었다면, 그것은 그 쪽이 당장 더 강해 보였거나, 그가 상대해야 할 후보보다 더 강력한 후보를 내세웠을 경우였다. 이런 경우에 해당하는 전형적인 사례가 1960년 초에 있었다. 그는 공화당 보수파 지도자인 배리 골드워터(Barry Goldwater)에게 전당대회에서 노동권 조항을 지지하겠다고 말했다. 그리고는 몇 주 후 당시 골드워터보다 더 강력한 국가적 인물이자 공화당 혁신파 지도자였던 넬슨 록펠러(Nelson Rockefeller)와의 비밀 회동에서 태프트-하틀리 법에 따라 노동권 조항을 철회해달라는 요청도 수락했다. 골드워터는 당시 자신의 개인 일기에 닉슨을 가리켜, "이 작자는 두 주먹을 불끈 쥐고 열성적으로 거짓말을 하는 자이다."라고 적었다.

닉슨의 확고한 실용주의가 누구에게나 먹혀든 것은 아니었다. 워싱턴에 입성한 순간부터 그가 너무 강하게 개인적 야심을 드러냈기에 기존 실력자들은 불쾌감을 느꼈다. 밥 태프트(Bob Taft)는 그가 아이크의 지명에 도움을 준 것을 결코 용서하지 않았다. 그러나 그런 개인적인

J. 에드거 후버(오른쪽)와 그의 친구 클라이드 톨슨이 1955년 FBI 야구팀 경기를 함께 관람하며 응원하고 있다. 후버의 맹렬한 동성애 혐오 성향을 잘 알고 있던 사람들에게 두 사람 사이의 끈끈한 우정과 항상 함께 다니는 모습은 흥미로운 볼거리였다. (사진 출처 UPI/BETTMANN)

원한을 차치하고서라도, 태프트는 닉슨이 상원에서 새롭고 날것의 무언가를 대변하는 것처럼 보였기 때문에 그를 좋아하지 않았다. 태프트에게 닉슨은 "매우 조급한 작은 남자"였다. 골드워터는 훗날 닉슨을 가리켜 "내 평생에 걸쳐 만난 사람 중에서 가장 정직하지 않은 사람"이라고 평가했다. 히스 사건 당시 닉슨에게 큰 도움을 주었고, 닉슨 자신도 그의 환심을 사려고 열심히 일한 바 있었던 J. 에드거 후버조차도 일찍부터 닉슨이 너무 자기 자신의 명예에만 급급하는 경향이 있다고 단정했다. 후버의 최측근 보좌관인 클라이드 톨슨(Clyde Tolson)은 닉슨이 "양쪽을 서로 반목시키고 중간에서 어부지리를 얻으려 한다."라고 적은 메모를 국장에게 보내기도 했다. 그러자 후버는 바로 그 메모에 "동감이야."라고 적었다.

닉슨이 포스트 뉴딜, 포스트 페어딜[1] 시대에 공화당의 정치적 중심을 재정립하려는 인물이 되고자 했더라도, 그는 다른 젊은 공화당 정치인들처럼 뉴딜 정책 이전의 미국으로 돌아가자고 주장하면서 선거운동을 하지는 않았다. 뉴딜 정책의 국내 개혁을 공격하는 가장 근접한 표현을 찾자면 '사회주의가 서서히 진행되고 있다.'라는 문구 정도였다. 오히려 이 슬로건은 미국주의로의 회귀 필요성을 역설하는 쪽에 가까웠다. 뉴딜 정책의 경제적 재분배를 뒤집는 구체적인 언급보다는 공산주의를 공격하고 국내 반역을 언급하는 것이 더 나았다. 사실상 모든 이슈에 대처하는 닉슨의 주된 방법은 공산주의라는 유령을 불러내는 것이었다. 닉슨은 1950년 헬렌 가하간 더글러스를 상대로 치열한 상원의원 선거전을 치르던 중 〈시카고 트리뷴〉의 시모어 코먼에게 이렇게 말했다. "공산주의자들은 내가 히스 사건의 은폐 시도에 대해 트루먼을 강하게 비난할 때 좋아하지 않습니다. … 하지만 공산주의자들이 더 큰 소리로 외칠수록, 나는 내가 정직하게 미국의 선거 운동을 하고 있다는 확신이 더 커집니다." 그는 자신이 미국 내 공산주의자들의 최우선 표적이라고 자주 즐겨 말했다. 초기 선거운동에서 그는 적이 필요했고, 세상이 자신에게 적대적일수록 자신의 능력을 더 잘 발휘하는 사람처럼 보였다. 그런 사람들은 거의 확실히, 결국 자신들이 그토록 간절히 원하던 적을 얻게 된다.

미국처럼 강력한 국가의 지도자들에게 무엇보다도 필요한 것이 개인적 자신감이라면 ― 올리버 웬델 홈스(Oliver Wendell Holmes)는 한때 젊은 프랭클린 루스벨트에 대해 지성은 삼류지만 기질은 일류라고

---

1   페어딜(Fair Deal)은 1949년 트루먼 대통령에 뉴딜을 계승하면서 제안한 경제 정책으로, 경제적 평등과 사회보장 확대를 주요 내용으로 한다.

말한 적이 있다. ― 닉슨은 미국 정치의 긴 여정을 위한 준비가 부족했다. 그에게는 정서적 힘과 자신감이 결여되어 있었다. 닉슨에게는 모든 것이 개인적인 문제로 다가왔다. 다른 이들이 그와 의견을 달리할 때, 그는 그들을 마치 자신이 어렵게 얻은 성공의 외피를 벗겨내고 자신을 과거의 불행했던 소년으로 되돌려보내려는 사람처럼 여겼다. 정치적 측면에서 이는 쓰라린 결과를 가져왔다. 그는 당파성의 용인 가능한 규범을 훨씬 뛰어넘는 공격으로 다른 이들을 비난했고, 다른 이들이 자신에게 반격하면 자신을 피해자로 여겼다. 이 현대적인 젊은 정치인의 표면 바로 아래에는, 밥 태프트의 표현을 빌리자면, "긴장과 갈등을 발산하는 것 같은" 사람이 있었다. 그는 뉴딜 민주당원에게서 기대할 법한 계급적 분노로 가득 차 있었다.

그는 매우 사적인 사람이었고, 진정으로 외로운 사람이었으며, 대부분의 성공한 정치인들이 가진 본능적인 친화력과 사교성이 부족했다. 사람들은 그를 후보라기보다는 전략가로 생각했다. 그는 평범한 사람들과 만나 악수하고 대화하는 것을 싫어했다. 그는 남성들이 모여 있는 의사당에서 항상 어색해했다. 그가 성공할 수 있었던 것은 상대보다 더 열심히 일하고 더 영리하게 생각했기 때문이며, 무엇보다도 항상 더 많은 것을 원했기 때문이었다. 닉슨은 반드시 이겨야 했다. 그에게 선거 패배는 모든 걸 잃는다는 것을 의미했다. 그에게는 만사가 도박과도 같았고, 매우 사적인 일이었다. 태프트는 유쾌하고 외향적이지는 않았지만, 뛰어난 지적 능력으로 동료들의 존경을 받았다. 아이크는 외모, 운동 능력, 자연스러운 매력으로 다른 이들에게 영감을 주었다. 반면 닉슨은 항상 아웃사이더였다. 1968년의 성공적인 대선 캠페인에서 그의 텔레비전 고문이었던 로저 에일스(Roger Ailes)는 그를 두고 자신이 만난 어떤 정치인보다도 카리스마에 어울리지 않는 사람이었다고 말했다. 에일스가 말하는 카리스마란 어떤 방에 들어가 그곳에 모여 있는 사람들의 관심을 사로잡는 능력을 의미했다. 성공조차도 그에게 자신감을 가져다주지는 못했다. 닉슨이 대단히 어색해하는 표정을 담은 1952년의 한 사진이 있다. 부통령 후보로 막 지명된 닉슨이 콜로라도의 한 낚시터에 가 있던 아이젠하워를 방문했을 때 찍힌 사진이다. 낚시 도구를 들고 있는 아이젠하워는 환한 표정이었고, 매우 편안한 차림이었다. 반면에 케주얼 복장을 준비해 오지 않았던 닉슨은 재킷과 정장, 넥타이 차림이라 우스꽝스럽고 경직되어 보였다. 성공을 위한 매뉴얼에는 낚시터에서 사진 찍을 때 입어야 할 옷차림에 대한 항목은 없었다. 몇 년 후 그가 대통령이 되었을 때, 의식적으로 샌클레멘트 해변을 거닐던 그의 사진도 비슷한 사례로 들 수 있다. 이 사진은 케네디가 하이애니스포트에서 찍었던 모습과 아주 흡사했는데, 다만 케네디가 맨발로 해변을 거닐던 것과 달리 닉슨은 여전히 양복에 구두 차림이었다.

닉슨은 우울한 소년기를 보냈다. 닉슨의 전기 작가 중 한 명인 스티븐 앰브로스가 지적했듯이, 닉슨의 가족은 농장에서 살았지만 개나 고양이 등 애완동물을 키운 적이 없었다. 그의 고향인 휘티어는 로스앤젤레스 외곽에 위치한 퀘이커 교도들이 세운 작은 마을이었다. 마을은 종교 지도자와 마을 내 지도자들에 의해 의도적으로 고립되었으며, 지극히 보수적이었다. 대표적인 사례로, 그 지역 공립학교에 교사가 채용된 한 여교사는 담배를 피우지 않겠다고 약속해야만 했고, 후버 호텔에 최초의 칵테일 라운지가 개장했을 때는 마을에서 큰 논란이 있었다. 마을 인구의 대부분이 한 민족 집단 출신이었기 때문에, 이 마을은 성공과 실패에 대한 명확한 기준을 갖고 있는 극도로 위계적인 사회였다.

닉슨의 어머니 한나는 밀하우스 가문 출신이었다. 밀하우스 가문은 휘티어의 주요 가문 중 하나로, 일가가 많고 부유하며 다소 젠체하는 집안이었다. 닉슨의 사촌인 작가 제사민 웨스트(Jessamyn West)가 언급했던 것처럼, 밀하우스 가문은 생물학적 이유로 밀하우스 가문 외부의 혈통을 집안에 받아들이길 꺼려했다. 그래서 한나 밀하우스는 가족의 반대를 무릅쓰고 프랭크 닉슨과 결혼했다. 프랭크는 퀘이커 교도가 아니었고, 개종했음에도 불구하고 그녀의 가족 대부분에게 여전히 아웃사이더로 여겨졌으며, 퀘이커 교도로서 그래서는 안 될 만큼 목소리가 크고 논쟁을 좋아했다. 상황을 더 악화시킨 것은, 프랭크가 부유한 장인으로부터 상당한 유산을 받았음에도 처음에는 성공하지 못했다는 점이다. 그는 10에이커의 땅에 레몬 나무를 심었다. 그 땅은 척박했다. 이웃인 폴 라이언은 이렇게 말했다. "요바 린다에서 가장 딱딱한 땅이었어요. 붉은 점토였죠. 그런 곳에 물을 대봤자 도움이 되지 않죠." 레몬 나무가 수익을 내기까지는 오랜 시간이 걸렸다. 그 지역의 대부분의 성공한 레몬 농장주들은 많은 자금과 더 좋은 땅, 그리고 이미 기반이 다져진 과수원을 소유하고 있었기 때문에 새로 심은 나무가 자라기를 기다릴 수 있었다. 프랭크는 돈을 벌기 위해 여러 가지 잡일을 해야 했고, 한나는 하숙생들을 위해 요리를 했다. 10년 간의 고된 노동 끝에 프랭크는 파산했고, 손해를 보고 땅을 팔았다. "그는 한 푼도 벌지 못했습니다. 그는 안 해본 일이 없었죠." 이웃인 랄프 슈크의 말이다. 그는 휘티어 고속도로에 있는 작은 주유소를 샀다. 그 주유소가 점차 하나의 매장으로 성장해가면서 그는 마침내 상당한 성공을 거두었지만, 가족 모두가 장사에 참여해서 거둔 성공이었다. 젊은 리처드는 새벽 4시에 일어나 과일과 채소를 사러 로스앤젤레스까지 가야 했고, 한나는 하루에 열 개의 파이를 구워야 했다. 모든 가족 구성원이 가게에서 일해야 했다. 리처드는 이른 아침부터 로스앤젤레스에 다녀오는 것을 마다하지 않았고, 가게의 장부 정리를 좋아했지만, 사회적 시선에는 극도로 민감했다. 그는 매장에서 일하며 손님을 상대하는 것을 싫어했다. 몇 년 후 그가 대통령에 입후보했을 때, 그는 그 시절을 언급하면서 야채 가판대를 지나갈 때마다 썩은 농산물을 골라내야만 하는 사람들에게 동정심을 느꼈다고 말했다.

주유소와 상점의 경영 상태가 점점 더 나아지고 있었음에도 불구하고, 닉슨 가족은 밀하우스 가문의 기준으로 볼 때 사회적으로 하락했다. 프랭크 닉슨은 밀하우스 가족 모임을 피하기 시작했고, 리처드 닉슨은 이 폐쇄적이고 경직된 작은 세계에서 아버지가 처가와 지역 사회의 냉대 속에서 어떻게 몰락했는지 예민하게 파악했다. 원래도 까다로운 성격에 변덕스러운 기질이었던 프랭크 닉슨은 이전보다 화를 더 많이 냈다. 리처드는 처가의 모욕에 아버지가 어떻게 반응하는지 알고 있었기에, 특히 아버지의 기분이 나빠질 것 같으면 형제들에게 아버지와 부딪히지 말라고 경고하곤 했다. 프랭크 닉슨은 평생 공격적이고 의심이 많은 사람으로 살았다. (심지어 아들이 미국 부통령으로 취임할 때조차도 그는 필수 예복인 연미복을 입지 않겠다며 불평을 늘어놓았다. "나는 이런 망할 놈의 옷을 입지 않겠다.") 그 지역에 석유 붐이 일어났을 때, 이웃 농부들은 서둘러 땅을 팔았고, 거기서 석유가 발견되었다. 프랭크는 대단히 좋은 조건에 땅을 사겠다는 제안이 들어왔음에도 이를 거절했다. 자기 땅에서도 석유가 나오리라고 기대했기 때문이었다. 하지만 그의 땅에서는 석유가 발견되지 않았다. 부드럽지만 의지가 강한 퀘이커 교도였던 한나는 그 어려운 시절을 불평 한마디 없이 받아들였다. 그녀는 닉슨이 나중에 언급했듯이 "성자", 그것도 자제심 강한 성자였다. 그녀는 한 번도 목소리를 높이지 않았다. 하지만 자식들을 위하여 규범과 목표를 정해주는 사람은 바로 그녀였다. 그녀의 자녀 중 두 명이 결핵으로 죽었기 때문에 집안에는 늘 슬픔의 분위기가 감돌았다. 살아남은 세 자녀 중 가장 나이가 많고 가장 똑똑하고 재능이 있었던 리처드 닉슨은 어떻게든 성공해서 가족들의 희생을 보람있게 만들겠다는 큰 부담감을 느꼈다. 그의 형 해롤드가 죽었을 때를 기억하며 한나 닉슨은 이렇게 말했다. "리처드는 이 때부터 마치 두 형의 몫까지 감당하겠다는 듯이 행동했어요. 나와 프랭크의 상실감을 보상해주려는 듯 이전보다 더 열심히 노력하는 것 같았어요. … 리처드 역시 해롤드와 아서가 죽고, 자신만 살아남았다는 일종의 죄책감을 느낀 것 같다는 생각이 들어요." 어린 시절의 리처드는 주로 일하거나 공부하는 모습으로, 성취하기 위해 노력하고, 또한 어머니의 기대에 부응하기 위해 노력하는 모습으로 기억되었다. 그녀는 자신의 아들에 대해 "그는 항상 무거운 짐을 지고 다녔다."라고 말했다. 그녀는 그가 항상 과중한 부담감을 느꼈으며, 어린 나이에 너무 힘든 고통을 겪고 있다고 생각했다. 그녀는 그와 그의 형제들이 좀 더 즐겁게 지낼 수 있었으면 좋겠다고 생각했다. 닉슨이 휘티어 대학을 다닐 때 교수로 있었던 폴 스미스(Paul Smith)를 포함해 닉슨 가족과 알고 지냈던 오랜 친구들은 두 부모의 매우 다른 성격에 흥미를 느꼈다. 프랭크가 분노를 달고 다녔던 반면, 한나는 부드러움이 넘치고 조용하면서도 의지를 굽히지 않는 여성이었다. 한나에게 밀하우스 가문의 일원이라는 것은 여전히 특별한 것이었는데, 그녀에게 아들은 필경 밀하우스 가문 사람이어야 했다. 그러니까 아주 성공적이면서도 아주 도덕적인 사람이 되어야 했던 것이다. 스미스는 이것이 닉슨에게 강력한 영향을 미쳤다고 생각했다. 닉슨은 불의에 대한 아버지의 분노와 생각, 그리고 어머니의 고상한 도덕성, 야망, 옳은 행동에 대한 관심 사이에서 갈등하는 젊은이였다. 스미스의 관점에서 볼 때는 바로 이런 것, 즉 두 측면을 조화시키지 못하는 닉슨의 무능함이야말로 바로 그의 성격을 이해할 수 있는 핵심 요소였다. 물론 다른 아이들은 아무도 입지 않는 풀먹인 셔츠를 매일같이 입고 학교에 가도록 한 것도 한나였고, 처음부터 선생님과 다른 아이들로 하여금 그를 딕이 아닌 리처드라고 불러달라고 요청한 것도 한나였으며, 체커스 사건 당시 아이크가 아직 마음을 정하지 못했을 때 그에게 "리처드를 누구보다 오랫동안 알아온 사람, 그의 어머니 한나 닉슨"이라고 서명한 전보를 보낸 사람도 한나였다.

고등학교 시절 닉슨은 인기를 끌기 위해 필요한 매력, 외모, 운동 능력 같은 자질이 전혀 없었기 때문에 더 열심히 공부했고, 또래들의 호감을 얻지는 못했지만 최소한의 존경을 받았다. 학급 임원 선거에서 그는 거의 항상 뽑혔는데, 그 이유는 그가 남을 위해 아낌없이 일해 온 것처럼 보였기 때문이다. 그것은 하나의 패턴으로 굳어졌다. 대학과 로스쿨에서 그는 대체로 외롭지만 매우 유능한 노력파로 여겨졌고, 지역의 휘티어 대학과 듀크 로스쿨에서 모두 학생회장으로 선출되었다.

닉슨은 듀크 대학 로스쿨에 장학금을 받고 입학했다. 그는 다시 한번 쉴 새 없이 공부했다. 친구도 거의 사귀지 않고 오로지 성취에만 집중한 끝에 그는 3등으로 로스쿨을 졸업했다. 졸업 후 그는 뉴욕의 유명 로펌에 도전했지만, 흠잡을 데 없는 학업 성적에도 불구하고 그곳의 문턱을 넘을 수 없었다. 뉴욕 최고의 로펌인 설리번 앤 크롬웰에 지원했을 때, 젊은이들의 면접을 담당했던 파트너 데이비드 호킨스(David Hawkins)는 메모장에 "정직하지 않아 보임"이라고 적었다. (후에 워터게이트 사건이 터졌을 때, 설리번의 누군가가 이 메모를 발견했고, 파트너들의 만찬에서 큰 소리로 낭독함으로써 모두를 즐겁게 했다.) 같은 학년의 다른 학생들은 취업 제안을 받았지만 닉슨은 그렇지 못했다. 그는 FBI에 취직하려고 했지만 거기서도 거절당했다. 충분히 도전적이지 않다는 이유였다. 듀크 대학 로스쿨이 휘티어의 답답한 소도시 생활로부터의 탈출을 약속한 것 같았다면, 로스쿨 졸업 후의 경험들은 그런 희망을 완전히 무너뜨렸다. 이런 경험들이 그가 후일 끊임없이 노력하도록 만든 동기가 되었다. 세상에는 뉴욕의 엘리트 로펌에 모여 있는 것 같은 권력자들이 있었고, 그들은 그와 같은 사람들에게 기회를 주지 않았다. 그는 휘티어에서 벗어나고 싶었지만 실패했다.

뉴욕이나 워싱턴에서 일자리를 구하는 데 실패한 그는 휘티어로 돌아왔다. 그곳에서는 한나가 이미 그 마을에서 유력한 변호사였던 톰 불리(Tom Bewley)를 찾아가 한두 마디 부탁을 해놓은 상태였다. 리처드는 불리 밑에서 일하고 싶지 않았고, 불리도 닉슨을 고용할지 확신이 들지 않았기 때문에 휘티어 대학 총장 폴 스미스에게 이 젊은이를 고용할 가치가 있는지 물어보았다. 결국 리처드는 4년 동안 휘티어에 머물렀고, 2년 만에 불리의 파트너가 되었다. 이 시기에 그는 자신과 비슷한 야망을 가지고 있고, 아주 매력적인 젊은 여교사 팻 라이언(Pat Ryan)을 만나 결혼했다. 그녀는 휘티어의 공립 학교에서 상업 과목을 가르치며 연간 약 2,000달러의 수입을 올렸는데, 이 돈은 당시 그녀에게는 엄청난 액수처럼 보였다.

두 사람은 1938년 2월, 휘티어 지역 연극단의 오디션 자리에서 처음 만났다. (그 연극에서는 지방 검사 역을 맡을 사람이 필요했는데, 한 친구가 닉슨에게 그 역을 맡아보라고 권했다. 무대에서 검사 역을 설득력 있게 연기한다면 실제로 그의 법률 업무에 도움이 될 것이라는 제안이었다.) 그는 그녀를 보자마자 반했지만, 그녀는 그렇지 않았다. 연극이 개막하자 그는 자신이 결혼하고 싶은 여성을 살펴볼 수 있도록 부모님을 초대했다. 며느리감을 한 번 만나보고는 라이벌 의식을 느낀 닉슨의 어머니 한나는 아들이 팻을 만나 본 소감을 묻자, "그저 자기 역할을 잘 해내는 애더구나."라는 말밖에 할 수 없었다.

팻은 닉슨의 야심과 열성을 좋아하긴 했지만, 그의 데이트 신청을 두 번이나 거절했다. 대신 그녀는 그를 자신의 룸메이트와 맺어 주려고 노력했다. 하지만 그는 그녀의 룸메이트와는 팻 이야기만 나누며 데이트 시간을 다 보냈다. 팻이 일이 있다는 핑계로 그를 떨쳐내려 할 때면, 그는 자진해서 그녀의 시험지 채점을 도와 주었다. 그녀가 집에 없는 것처럼 가장할 때도 그는 현관 문은 잠겨 있지만 안에 그녀가 있다는 것을 알았다. 그는 끈질겼다. 한번은 그가 "그래요, 제가 미쳤다는 것도 알고, 이게 진부한 얘기라는 것도 알며, 제가 암시를 알아채지 못한다는 것도 알지만, 그래도 팻, 전 당신을 좋아해요!"라는 사춘기 감성으로 가득 찬 편지를 보내기도 했다.

마침내 그의 끈기가 이겼다. 그녀는 부모의 삶보다는 더 나은 삶을 살겠다고 항상 다짐해 왔다. 그녀는 몇 년 전 로스앤젤레스 백화점에서 일할 때 스크린 테스트를 보자는 제의를 여러 번 들을 정도로 미모가 뛰어났지만, 영화계에 진출할 생각은 추호도 없었다. 리처드 닉슨의 끝없는 야망은 마침내 그녀의 의구심을 극복해 냈다. 다른 무엇보다도 그는 남은 여생을 휘티어에서 보낼 생각이 없었고 그녀도 마찬가지였다. 약혼 시절 그가 그녀에게 보낸 편지에는 그들이 세운 계획들로 가득 차 있었다. "우리가 할 일은 함께 발전함으로써 위대한 목적들을 달성하는 것이며, 우리는 그렇게 하게 될 것이오." 결혼 직전에 두 사람은 자동차를 사기로 결정했다. 닉슨은 자동차를 가장 싸게 사는 방법이 버스를 타고 디트로이트까지 가서, 거기서 자동차를 사가지고 운전해서 돌아오는 것임을 알고 있었다. 그는 그녀가 저축한 돈으로 자동차를 샀다(당시 그녀는 닉슨보다 네 배나 많은 돈을 벌고 있었기 때문이다). 그들은 결혼반지를 사는 데 324.75달러를 썼다. 그 돈은 두 사람의 저축액을 모두 합친 금액의 대부분을 차지했다. 신혼여행은 멕시코로 갔다. 그들은 돈을 아끼기 위해 여행 가방을 아침과 점심에 먹을 통조림으로 가득 채웠다. 하지만 신혼여행을 떠나기 위해 옷을 갈아입는 동안 친구들이 가방을 열어 캔의 상표를 모두 뜯어버리는 바람에, 정작 통조림을 딸 때마다 무엇을 먹게 될지 알 수 없었다.

이듬해, 워싱턴에 있는 친구로부터 물가관리국의 말단 직책을 맡아달라는 편지를 받았을 때, 그 제안을 받아들이도록 그를 설득한 사람이 바로 팻 닉슨이었다. 소도시에서의 과거를 뒤로 하고 워싱턴에서 새로운 삶을 살 수 있는 기회였다. 그들에게는 돈도, 연줄도 없었다. 그들에게 유일한 동력이 있다면 자신의 야망과 미래를 위해 열심히 일하고 희생하려는 의지뿐이었다. 그는 제2차 세계대전 중 해군에 입대했고, 전쟁이 끝나갈 무렵 해외에서 그녀에게 편지를 보내 휘트너에 정착하지 않겠노라고 분명히 밝혔다. "제약이 너무 많아요. 안정보다는 조금 자유가 훨씬 더 중요하지 않겠어요?" 그들은 친숙한 고향과 오랜 친구들, 심지어 가족들까지 뒤로한 채 떠나고 싶어 했다. 익숙하다는 것은 제약이기도 했다. 그들은 지역적, 배경적 제약에서 벗어나 새롭고 현대적인 중산층의 라이프스타일을 추구했다. 그들은 항상 서로에게 조금씩 어색해 했다. 해군에서 제대하고 돌아올 준비를 하면서, 그는 그녀에게 이렇게 편지를 썼다. "그랜드 센트럴 호텔 로비가 됐든 세인트 프랜시스 바가 됐든, 나는 당신에게 곧장 걸어가서 키스할 거요. 대중 앞에서 그런 모습을 보인다 해도 싫어하지 않겠죠?"

그들은 수백만 쌍의 다른 커플들처럼 새로운 도시에서 새로운 일자리를 찾으려고 노력했고, 자신들이 과거에 그런 일을 줄곧 해왔던 사람들만큼 유능하다는 것을 깨달았다. 그들은 미래를 전적으로 낙관하고 있었다. 하지만 그들이 다음 번에 해야 할 일을 정하기도 전에 닉슨은 그의 고향 선거구에서 제리 부르히스와 맞붙을 공화당 하원의원 후보 지명전에 출마해 보라는 요청을 받았다. 지역 신문에는 똑똑한 젊은 후보를 모집한다는 광고가 실려 있었다. 게다가 닉슨은 지역 은행가이자 휘티어 은행의 대표이고, 친구의 아버지인 허먼 페리로부터 편지 한 통을 받았다. 그 편지는 지방 출신 소년에게 유리한 내부 정보를 제공하는 것처럼 보였다. "나는 자네가 1946년도의 공화당 후보가 되고 싶은지 알기 위해 이 편지를 쓰네. 제리 부르히스가 출마하리라 예상되는데, 확률은 대략 반반이네. 공화당 지지표가 늘어나고 있네. 관심 있으면 항공 우편으로 답장을 보내주게나." 그는 이미 공화당원이었다. 1944년 남태평양에 주둔하고 있을 때는 듀이에게 투표한 적도 있었다. 그렇다, 그는 아주 관심이 많았다.

처음에 팻은 정치에 대해 반신반의했다. 정치는 공적인 직업이었고, 불우한 어린 시절을 보냈던 탓에 그녀는 매우 개인적인 사람이 되어 있었다. 정치는 그녀가 생각했던 것과는 다른 종류의 직업이었다. 그것은 거의 부부가 함께 하는 직업과도 같은 것이었기에, 그녀는 자신이 감당해야 할지도 모르는 요구 사항들이 있을 것 같아서 마음이 편치 않았다. 그들은 비행기를 타고 후보 선출에 영향력이 큰 보수적인 공화당 그룹을 만나러 갔다. 딕이 남자들과 만나는 동안 팻은 중상류층의 유복한 요조숙녀들인 그들의 부인들과 점심을 함께 했다. 팻은 그녀들에게 좋은 인상을 남기지 못했다. 그녀들의 눈에 비친 팻의 차림새는 형편없었다. 심지어 한 여성은 팻이 매니큐어 색깔도 제대로 고르지 못한다는 불평을 늘어 놓았다. 하지만 해군 제복을 입고 간 딕은 좋은 인상을 남겼다. 휘티어에서 살았던 경험 덕분에, 그는 그들이 어떤 사람들이며, 그들이 무엇을 두려워하고 어떤 편견을 가지고 있는지, 그리고 그들이 듣고 싶어하는 말이 무엇인지 정확히 알고 있었다. 그들은 소도시의 사업가들이었고, 뉴딜 정책을 몹시 싫어했다. (사실 그는 뉴딜 정책을 싫어하지 않았다. 뉴딜이 너무 멀리 나아갔다고 생각했을 수도 있지만, 그게 그에게 감정적인 문제는 아니었다.) 그래서 그는 자유로운 기업 활동에 대해, 그리고 귀환하는 제대군인들이 그것을 얼마나 원하고 있는지에 대해 이야기했다. 그들은 그를 후보로 선택했다.

한 번 정치를 시작하자 그는 멈출 수 없었다. 항상 출마해야 할 또 다른 공직이 기다리고 있었기 때문이었다. 그 어떤 것도 그의 앞길을 가로막을 수 없었다. 그는 열정에 사로잡힌 사람이었다. 그는 성공을 원했고, 필요로 했는데, 그에게 성공은 보상, 나아가서는 복수를 의미했다. 패배는 단지 지워야 할 하나의 오점일 뿐이었다. 팻의 야망은 매우 달랐다. 그녀가 원하는 것은 단지 존경을 받는 것과, 자신이 경험했던 것보다 더 부드러운 환경에서 아이들을 키우는 것 뿐이었다.

그렇게 그는 자신의 첫 번째 선거로 이끌려 들어갔다. 부부는 처음 계획대로 저축한 돈을 모두 주택 구입에 사용하는 대신 절반은 선거 운동에, 나머지 절반은 주택 구입에 사용했다. 팻은 자신도 의식하지 못하는 사이에 새로운 정치인 아내의 전형이 되어 갔다. 그녀는 항상 남편 곁에서 선거 유세를 함께 하고, 함께 세인의 주목을 나누었다. 그녀는 단 한 가지만을 요구했다. 연설은 절대 하지 않겠다는 것이었다. 그녀는 남편을 위해 일했지만, 수줍음을 너무 많이 타서 연설은 할 수 없었다. 그녀가 임신 중일 때도 그들은 함께 선거 운동을 했다. 1946년 2월, 그들의 첫째 아이 트리샤가 태어났다. 생후 몇 주 만에 아이는 할머니인 한나 닉슨에게 맡겨졌다. 팻은 다시 남편과 함께 나가서 여성들에게 닉슨의 홍보 기념물을 나눠주고, 악수하고, 커피 타임에 참석하고, 선거 사무실을 운영했다. 또한 그녀는 자신의 가족 소유의 아르테시아의 부동산을 3,000달러에 처분하고 마련한 돈을 선거 운동에 곧장 투입했다. 그녀의 적극적인 참여는 큰 도움이 되었다. 그녀는 젊고 예뻐서, 마치 할리우드에서 젊은 정치인의 아내 역할에 캐스팅된 여배우 같았다. 처음에 그녀는 본능적으로 참여했지만, 닉슨의 정치 경력이 쌓이면서 그들 부부의 공식적인 협력 체계는 점점 강화되었다. 특히 1950년, 닉슨이 좌파로 인식되는 배우와 결혼한 전직 여배우 헬렌 가하간 더글러스(Helen Gahagan Douglas)를 상대로 상원 선거에 출마했을 때 더욱 그러했다. 닉슨 부부는 소박한 배경을 가지고 있었기 때문에 미국인의 표준에 더 가까워 보였다. 그해 가을 〈로스앤젤레스 이그제미너〉지는 "영화 시나리오 같은 닉슨의 인생 이야기"라는 제목의 기사를 실었다. 이 기사에서 칼 그린버그 기자는 닉슨 후보가 "너무나 평균적인 미국인이라서 누구나 스스로 깨닫지 못하는 한 선거 참모가 상상력으로 고안해 낸 이미지처럼 생각될 것이다."라고 썼다.

이 새로운 미국의 후보자는 점점 더 한 팀의 일원처럼 보이기 시작했다. 텔레비전 덕분에 온 가족이 공개되었고, 닉슨 부부는 여느 부부들처럼 이 점에 신경을 썼다. 사람들은 이제 팻 덕분에 닉슨에게 친밀감을 느끼기 시작했다. 1946년에 휘티어에 살던 중년 지도층 부인들이 그녀를 다소 경멸했다면, 전쟁 직후 캘리포니아로 이주해 온 젊은 부부의 아내들은 그녀와 동질감을 느끼고 있었다. 닉슨 부부는 당시 자신들이 지극히 미국적인 일을 하는 전형적인 미국인 부부라는 정치적 이미지가 돋보일 수 있도록 특별한 신경을 썼다. 특히 그들은 이제 갓 전장에서 돌아온 다른 젊은 부부들과 마찬가지로 경제적 어려움을 겪고 있었다. 팻은 닉슨이 해내는 것만큼, 혹은 그 이상으로 자신의 역할을 익혔다. 그녀는 한 유세 장소에서 다른 장소로 이동하는 동안 자동차 안에서 머리를 말아 올리는 전문가가 되었다. 그녀는 어떤 행사에서 어떤 옷을 입었는지 기록하기 위해 노트 작성하는 법을 배웠다. 그녀는 훗날, 그 시절에 산 옷들은 모두 자신의 취향이 아니라 자신이 생각하는 정치적 위상에 맞춘 것들이었다고 회상했다. "저는 늘 생각했어요. 이 옷이 효과가 있을까? 충분히 보수적으로 보일까? 오랫동안 입을 수 있을까? 이 옷을 액세서리들로 치장할 수 있을까?" 그녀는 또한 연단의 닉슨 옆에 앉아서, 그가 열 번도 넘게 같은 연설을 하는 것을 들으면서도 마치 처음 듣는 것처럼 사랑스러운 표정을 짓는 기술도 터득했다. 그녀는 인쇄물에서도 똑같이 남편을 사랑했다. 그녀가 1952년 〈리더스 다이제스트〉에 기고한 글의 제목은 "그는 멋진 남자입니다."였다. 그들은 1950년대 후반에 이르러 이상적인 젊은 미국인 부부의 상징이 되었다. 그래서 나이트클럽 코미디언 모트 살(Mort Sahl)은 그들이 집에 앉아있는 모습을 묘사하면서, 팻은 성조기를 뜨개질하고 덕은 헌법을 신중하게 읽으며 "살펴보고 있습니다."라며 농담했다. 그러면서 살은 잠시 뜸을 들이다가 이렇게 이렇게 덧붙였다. "빠져나갈 구멍을 말이죠."

초창기에는 두 사람 중 팻이 훨씬 강인했다. 그녀는 트리샤가 깨어나서 남편이 방해를 받는 일이 없도록 하기 위해 아이와 함께 다른 방에서 잠을 자곤 했다. 그 시절 그녀는 정치인의 생활을 받아들이고 때로는 즐기기도 했다. 남편이 우울한 기분에 빠질 때 그녀만큼 그를 잘 회복시킬 수 있는 사람은 없었다. 설령 그가 다른 사람들 앞에서 자신에게 화를 내 일행을 당황하게 만들었을지라도 그녀는 전혀 개의치 않을 수 있었다. 그녀는 점차 정치 업무에 능숙한 전문가가 되어 갔다.

어렸을 때 그녀는 아버지가 감정적으로 폭발하는 모습을 보고 겁을 먹었기 때문에, 자신의 감정을 잘 드러내지 않는 성격이 되었다. 나중에 퍼스트 레이디가 되었을 때, 작가 제사민 웨스트(Jessamyn West)가 그녀를 인터뷰했는데, 그날 팻 닉슨은 너무 많은 행사에 참석하느라 식사를 거의 하지 못한 상태였다. 웨스트가 시간을 많이 빼앗아서 미안하다면서 매우 피곤하겠다고 말하자, 팻 닉슨은 "저는 전혀 피곤하지 않아요."라고 대답했다. 웨스트는 그녀의 이런 대답이 가족을 보살피면서 돈을 벌어 학교에 다녔던, 힘들었던 어린 시절에서 비롯되었을 것이라고 생각했다. 마치 "피곤할 수 없으며 피곤해서도 안된다. 모든 것이 너에게 달려 있다. 너는 결코 피곤하지 않다."라고 스스로에게 다짐하는 것 같았다는 것이다.

그녀는 1950년대의 여성들 중에서 가장 많은 사진이 찍히고 기사화된 인물이었지만, 동시에 가장 알려지지 않은 사람이기도 했다. 그녀는 닉슨의 옆에 앉아서 미소를 지었다. 그녀의 삶은 공적으로 매우 노출되어 있었지만, 동시에 사생활은 감춰져 있었다. 그녀는 끝없이 몰려드는 기자들에게 자신은 그가 믿는 것을 믿고, 그를 지지하며, 자신들은 모든 일을 함께 하고 있다고 대답했다. 그것은 너무도 철두철미한 연기라서 아예 멍할 지경이었다. 그녀의 미소는 얼굴에 붙박힌 것처럼 보였고, 그녀의 표정은 모든 고통이나 스트레스와는 무관한 것처럼 보였다. 〈런던 스펙테이터〉지의 한 기자는 그녀가 1958년 런던을 방문하고 간 뒤에 이런 기사를 썼다. "그녀는 수다를 떨고, 질문에 답하고, 미소를 지었다. 모든 표정이 인형처럼 섬뜩했으며, 감정이 결여되어 있는 것 같았다. 그녀는 아마 세상이 무너져도 여전히 인형처럼 웃고 있을 것이다. 어둡고, 좌우로 움직이며, 긴장된 듯한 그녀의 눈동자만이 검은색 정장과 진주 목걸이 안쪽에 인간이 들어 있음을 알려주었다." 〈스펙테이터〉 기자에게 그것은 거의 비인간적인 인간의 연기처럼 보였다. "회색 머리카락 한 올, 두려워하는 기미 하나, 페르시아산 카펫 위에 엎질러진 금빛 찻잔 한 개라도 있었더라면 그녀를 사랑했을 텐데…." 그녀는 후일 자식들에게 이렇게 말했다. "나는 짜증내고 소란피우는 것이 싫단다. 아버지에게서 그런 모습을 봤었거든. 그래서 난 불행한 장면들을 피하려고 다른 사람들에게 맞춰갔던 것 같아."

그녀의 공적 이미지가 흔들린 몇 순간 중 하나가 1968년 그녀의 남편이 대통령 선거에 출마했을 때 드러났다. 그녀가 탄 비행기에는 글로리아 스타이넘(Gloria Steinem)이라는 젊은 기자가 탑승해 있었다. 스타이넘은 여성운동의 리더 중 한 명이었고, 분명 그녀 남편의 상대후보를 지지하고 있었다. 스타이넘은 매우 매력적인 젊은 여성이었고, 어린 시절 상당한 역경을 겪었지만, 당시 팻 닉슨에게 그녀는 남편의 업적이 아닌 자신의 힘으로 성공의 모든 즐거움을 누리는, 새롭게 해방된 미국 여성의 전형처럼 보였을 것이다. 스타이넘은 유명인으로서 매우 주목받는 삶을 살았고, 그녀의 남자 친구 목록은 눈부시게 화려했다. 그녀와 팻 닉슨 사이에는 단순히 20년의 세대 차이를 넘어서는 깊은 간극이 있었다.

자신의 공적 역할에 한 번도 편안해 하거나 행복해 하지 않았던 팻 닉슨이 1956년 공화당 여성 모임에 참석해 굳게 결심한 듯한 미소를 짓고 있다. 그녀는 공인의 역할을 성실히 수행했지만, 사실은 더 단순하고 개인적인 삶을 갈망하고 있었다. (사진 출처 CORNELL CAPA / MAGNUM PHOTOS, INC.)

그것은 기억에 남을 만한 순간이었다. 아마도 이른 아침 7시에 만난 스타이넘의 침착함 때문이었을 수도 있고, 그녀의 차분하고 우아한 태도가 닉슨 여사에게 거만함으로 다가왔을 수도 있다. 아니면 스타이넘이 그곳에 온 목적이 자신의 남편에게 해를 끼치는 것 외에는 다른 것이 없다는 확신 때문이었을 수도 있다. 스타이넘이 닉슨 여사에게 그녀의 젊은 시절과 롤 모델, 생활 방식 등에 대해 물었을 때, 언제나 차분했던 팻 닉슨은 폭발했다. "저는 그런 것들을 생각할 시간이 전혀 없었어요. 내가 누가 되고 싶은지, 누구를 존경하는지, 또는 어떤 생각을 가질지에 대해서 말이죠. 다른 누군가가 되는 꿈을 꿀 시간도 없었어요. 저는 일을 해야만 했어요. 저는 가만히 앉아서 내 자신이나 내 아이디어, 내가 하고 싶은 일에 대해 생각해본 적이 없어요. … 계속 일만 했죠. 제가 누구를 존경하는지, 저를 누구와 동일시할지 고민할 시간도 없었어요. 저는 결코 쉽지 않은 삶을 살았죠. 저는 당신과 전혀 달라요. … 모든 것이 쉬웠던 사람들과는 말이죠."

미국에서 비교적 편안했던 시기인 1950년대와 1960년대에 팻 닉슨의 어린 시절보다 더 힘든 유년기를 상상하기는 어려울 것이다. 그녀는 1912년 3월 16일, 네바다 주 일라이의 광부 오두막에서 태어났다. (나중에 그녀의 법적 이름이 된 팻이라는 별명은 그녀의 생일이 성 패트릭의 날과 가까웠기 때문에 생겼다.) 그녀의 아버지는 1866년 코네티컷에서 태어난 광부 윌 라이언이었다. 그의 행운은 항상 한 발짝 앞서 있는 것처럼 보였다. 그는 포경선에서 일했고, 측량사였으며, 인생의 대부분을 금을 찾아다니며 보냈다. 팻이 태어났을 당시 그는 은광에서 시간 관리인으로 일하고 있었다. 그녀의 어머니 케이트 할버슈타트 벤더는 독일에서 태어났고, 첫 남편을 광산 사고로 잃었다. 케이트가 윌 라이언을 만났을 때, 그녀는 아주 어린 두 자녀를 둔 미망인이었다. 그녀는 첫 번째 결혼에서 낳은 아이를 친정 부모에게 맡겨 키워야 했기 때문에 역경의 시간을 너무나 잘 알고 있었다. 케이트와 라이언은 막내인 팻을 포함해 세 명의 자녀를 낳았다.

네바다의 고된 광산 생활에 지친 케이트 라이언은 윌에게 가족을 데리고 캘리포니아로 가서 농사를 짓자고 끊임없이 요구했고, 윌은 결국 그렇게 했다. 로스앤젤레스에서 남동쪽으로 18마일 떨어진 아르테시아에 정착한 그는 자신을 목장주라고 불렀다. 하지만 실제로는 소규모로 채소 농사를 지었다. 집에는 전기도, 수도도 들어오지 않았다. 그의 가족은 극심한 빈곤 속에서 살았다. 그는 고추, 비트, 콜리플라워, 양배추, 옥수수, 토마토를 재배했다. 그의 양배추는 너무 커서 그는 "양배추 왕"으로 불렸다. 때때로 아버지가 양배추를 팔러 시내에 나갈 때면 팻도 따라갔다. 그곳에서 아버지는 친구들과 농담을 하며 팻을 경매에 부쳐 팔아치울 것처럼 행동했다. 아무 것도 할 수 없는 어린 아이에게 이런 상황은 공포 그 자체였다. 그녀는 아버지가 진짜로 자신을 팔 아넘길까봐 정말 무서웠다. 아버지는 약간의 돈을 벌면, 그녀를 동네 약국으로 데려가 아이스크림 콘을 사주곤 했다. 그녀에게는 황홀한 순간이었다. 왜냐하면 그녀의 어린 시절은 대부분 사치품과는 상관 없는 삶이었기 때문이다.

월은 낙심하면 언제나 그런 감정을 드러내는 사람이었다. 일이 잘 안 풀리면 그는 술을 마셨다. 그의 아내는 그가 너무 일찍 들어오는 날을 두려워했는데, 그런 날은 그가 술을 마셨다는 것을 의미했기 때문이다. 그런 날이면 그는 아내와 아이들에게 폭력을 휘둘렀다. 팻의 어린 시절 유일한 위안이었던 어머니 케이트는 팻이 겨우 10대 초반일 때 간암으로 세상을 떠났다. 팻은 어머니를 대신해 요리와 청소를 하고 집안을 돌봐야 했다. 어머니가 돌아가셨을 때 팻은 자신이 어머니를 거의 알지 못했으며 어머니와 대화할 시간이 거의 없었다는 것을 깨달았다. 어머니의 죽음과 함께 그녀의 고단한 삶은 더욱 힘들어졌다. 아침에는 농사일을 돕고, 자신과 오빠들을 위해 아침 식사를 준비했다. 그런 다음에야 학교에 갔다. 오후에 집에 돌아오면 집안 청소와 빨래를 하고 저녁 식사를 준비했다. 그럼에도 불구하고 그녀는 학교에서 좋은 성적을 유지했다.

케이트가 사망한 직후 월 라이언은 결핵 진단을 받았다. 사실 그것은 광부들의 질병인 진폐증이었다. 아버지가 점점 쇠약해져 가자, 팻은 인근 풀러튼 주니어 칼리지에 다니면서 그를 돌봤으며, 오후에는 지역 은행에서 한 달에 30달러를 받고 청소부로 일했다. 팻과 두 오빠는 지역 당국이 그들을 후견인에게 맡기지 않도록 함께 일하기로 약속했다. 세 명 모두 고등학교를 졸업하고 장학금을 받았지만, 수중의 돈이라곤 한 명 분의 대학 등록금 밖에 안 되었다. 그들은 돌아가면서 서로를 지원하기로 했다. 톰 라이언은 미식축구 장학금을 받았기 때문에 먼저 대학에 가기로 했다. 팻은 아버지의 입원비를 마련하기 위해 은행에 취직했다. 1930년 5월, 윌 라이언이 사망했다. 팻은 아직 18세에 불과했다.

1934년 가을, 그녀는 USC(남캘리포니아 대학)에 입학했다. USC 캠퍼스 근처 로스앤젤레스에 있는 작은 아파트에서 오빠들과 함께 살던 그녀는 단호하고, 강인하며, 유달리 매력적이고 매우 조용했다. USC에 다니면서 그녀는 여러 가지 일을 했는데, 그 중에는 로스앤젤레스의 불록 백화점에서 판매 모델로 일한 것도 포함되어 있었다. 당시 그녀는 이렇게 기록했다. "우리 부서 매니저는 항상 내가 멋진 벨벳 가운을 걸치고 뚱뚱하고 부유한 고객들에게 미소를 지으면 그들이 사버린다고 말하곤 한다. 그건 사실이다. 나는 다른 어떤 아가씨들보다 더 많이 판다. 토요일에는 200달러어치 이상을 팔았다. … 사실 돈벌이가 괜찮은 편이다. 지난 몇 넌처럼 사람들이 그저 구경만 하는 게 아니라 실제로 구매하는 걸 보면 기분이 좋아진다." 대학을 졸업하고 휘티어에서 학교 교사로 일하게 되었을 때, 그녀는 어린 시절을 잊어버릴 수 있게 된 것에서 커다란 안도감을 느꼈다.

리처드 닉슨의 정치적 부상은 혜성처럼 빨랐지만, 그 대가 또한 만만치 않았다. 부르히스 및 더글러스와 경합한 두 번의 선거는 상대 후보를 비방하기 위해 당연한 사실까지 왜곡할 정도로 잔인하게 진행되었다. 이 과정에서 닉슨은 실질적이고 지속적인 적들을 만들었다. 민주당 출신으로 오랜 기간 하원의장을 지냈던 샘 레이번(Sam Rayburn)은 닉슨이 민주당을 반역 집단으로 몰아간 것에 분노하며, 닉슨이 자신과 함께 일했던 5,000여 명의 사람들 가운데서 가장 증오스러운 얼굴을 가졌다고 말하곤 했다. 그가 닉슨을 향해 왜 이렇게까지 비난을 퍼부었는지는 아직까지도 흥미로운 의문이다. 마치 돈많은 권력자들은 모두 성공을 위해 규칙들을 맘대로 조정해 왔는데, 레이번은 닉슨도 똑같은 사람이라고 믿고 있는 것 같았다. 1950년 선거운동 때 닉슨의 텔레비전 출연을 담당했던 테드 로저스는, 닉슨이 텔레비전 기사들에게 거의 강박적인 두려움을 느끼고 있는 데다가, 그들이 노조원이기 때문에 그가 출연하는 동안 플러그를 뽑거나 마이크를 꺼버릴 것이라고 믿는 것을 보고 큰 충격을 받았다. 로저스는 그들이 전문가라고 주지시켰지만, 닉슨은 전혀 개의치 않았다. 나중에 로저스는 다른 사람들이 마치 아무런 규칙도 없는 듯이 행동할 거라고 닉슨이 생각했던 배경에는 때때로 그 자신도 규칙과 무관하게 행동했기 때문이었을 것이라는 흥미로운 결론을 내렸다.

헬렌 더글러스는 수년 후 닉슨이 그토록 추하게 선거운동을 한 것은 어리석었기 때문이라고 말했다. 닉슨은 어찌했든 이길 것이었다. 더글러스에게는 모든 상황이 불리하게 돌아갔다. 조간대 개발 이슈로 인해 캘리포니아 주로 쏟아져 들어오던 석유 자금이 그녀를 반대하고 있었으며, 새로운 젊은 유권자들은 그녀를 너무 늙은 진보주의자로 여겼다. 그녀 스스로는 한국전쟁의 발발이 자신의 운명을 결정지었다고 확신했다. 그녀는 닉슨을 그토록 극단적으로 밀어붙인 것은 정치보다는 분노가 아니었을까 의심했다. 다른 모든 사람들이 못된 짓을 하고도 벌을 받지 않으니까 결국 그도 그렇게 해야 했다는 것이다. 닉슨은 상대 후보를 공격할 때 가장 편안해 했고, 심지어는 굳이 공격할 필요가 없는 상황에서도 공격을 했다고 그녀는 생각했다.

1952년에 있었던 닉슨의 부통령 지명은 팻이 처음에는 강력히 반대했음에도 불구하고 닉슨 스스로 노력해서 얻어낸 것이었다. 결국 그녀도 마음을 돌려 그를 지원했다. 그녀는 "또 다른 선거도 치를 수 있을 것 같아요."라고 말했다. 하지만 체커스 연설은 그녀의 기쁨을 단숨에 앗아가 버렸다. 팻은 닉슨에게 연설에 나서라고 독려했고, 연설 전날 저녁에는 그의 의구심을 진정시키기까지 했다. "난 이번 연설을 잘 해낼 것 같지 않아."라고 닉슨이 말하자, 그녀는 "당신은 잘 해낼 거예요." 라고 대답했었다. 하지만 그녀는 이 연설을 혐오했다. 자신의 사생활이 완전히 침해당했다고 여겼기 때문이다. 그는 전국 방송에 출연해서 자신의 은행 계좌를 공개해버렸다. 간신히 벗어났지만 여전히 고통스러운 지긋지긋한 자신의 가난을 남편이 온 미국인들 앞에서 까발려버린 것이었다. 그녀는 이후에도 훌륭한 병사, 더 정확하게는 훌륭한 팀의 일원 자리를 지켰으나, 그들의 전문적인 협력 관계에는 냉기가 감돌기 시작했다. 닉슨의 공보 비서를 역임했던 〈로스앤젤레스 타임스〉 기자 짐 바셋(Jim Bassett)과 같은 오랜 동료들은 닉슨이 팻을 함부로 대하는 것을 보고 깜짝 놀랐다. 그는 그녀에게 차갑고 무례했으며 때때로 폭언을 퍼부었지만, 공식 석상에서는 늘 그녀를 훌륭한 아내라고 칭찬했다. 그렇게 해서 이후 20년 동안 두 사람의 선거 유세 장면을 특징짓는 이상한 패턴이 생겨났다. 공식석상에서 그는 항상 그녀를 아낌없이 치켜세웠지만, 공식 행사를 마치고 비행기로 돌아간 후에는 마치 그녀가 존재하지 않는 것처럼 자기 일에만 몰두하곤 했다. 1974년 그가 불명예스럽게 백악관을 떠나게 되었을 때, 그는 즉석 연설을 하면서 자기 부모에게는 경의를 표했지만 팻에 대해서는 아무런 언급도 하지 않았다. 팻이 견뎌왔던 무수한 고통과 그의 정치 경력 후반기에 그녀가 기쁨을 거의 느끼지 못했다는 점을 감안하면, 그가 팻에 대한 언급을 생략한 일은 그를 가장 잘 아는 대다수의 사람들을 불쾌하게 만들었다.

남편의 정치 경력이 주는 압박 속에서, 영화배우 같던 그녀의 얼굴은 점차 '아메리칸 고딕'[2] 같은 모습으로 변해갔다. 그녀는 마치 원점으로 돌아간 것 같았다. 한때 그녀가 즐겼던 남편의 정치적 성공들도 조금씩 자취를 감추었다. 결국 비통한 결말이 찾아왔다. 탄핵을 피해 백악관을 떠나는 불명예스러운 대통령의 모습을 전 세계가 텔레비전으로 지켜본 것이다. 백악관에서의 마지막 밤에 그들은 가족 사진을 찍었는 데, 팻은 이 사진을 특히 싫어했다. 사진은 자신의 사생활을 침범했던 정치가 그녀에게 안겨준 최후의 모욕이었다. 그녀는 사진을 가리키며 딸에게 "우리 가슴은 찢어지는데, 사진 속에서 우리는 웃고 있구나."라 고 말했다.

　부통령으로 취임하자마자, 닉슨은 자신의 과거에 사로잡힌 포로가 되어버렸다. 그는 공화당 우파의 눈치를 보며 매카시를 견제하고, 당 파 정치에 별 관심이 없는 대통령을 위해 당파적 역할을 수행했다. 말 하자면 아이크가 하늘이면, 닉슨은 땅이었다. 대통령은 정치의 추한 면을 극히 경멸했지만, 그것이 필요하다는 사실을 받아들였다. 비록 자신을 위해 일한 사람을 특별히 좋아하지는 않았지만 말이다. 사실 닉슨이 아이크를 위해 더 많은 일을 하면 할수록, 대통령의 눈에서 닉 슨은 점점 더 형편없는 '정치꾼'으로 전락해 갔다. 셔먼 애덤스가 이끄 는 백악관 참모들은 닉슨의 평소 불만을 더욱 악화시켰다. 닉슨이 보 기에, 참모들은 그를 정책에서 최대한 멀리 떼어 놓고, 오직 하기 싫은 일을 처리할 때만 그를 부르고자 했다. 초기 몇 년 동안 그 일은 매카시 를 보살피는 일을 의미했고, 그 다음에는 결국 매카시가 자멸하면서 생긴 공백을 메우는 일을 의미했다.

　1953년 12월, 닉슨은 빌 로저스와 함께 백악관의 지시에 따라 조지 프 매카시 상원에게 그의 공산주의자 공격을 포기하도록 설득하는 임 무를 맡았다. (이 문제로 인해 매카시는 공화당 및 아이젠하워 행정부와 충돌하 고 있었다.) 1954년 3월, 애들레이 스티븐슨이 방송에 출연하여 공화당 을 "반은 아이젠하워 편이고, 반은 매카시 편"이 되어 가고 있다고 비

2　미국 화가 그랜트 우드가 1930년에 그린 유명한 회화 작품으로, 미국식 농가주택을 배경으로 매 우 엄숙하고 경직된 표정으로 서 있는 두 남녀를 그렸다.

난한 후, 스티븐슨의 비난에 대응하도록 선택된 사람은 바로 닉슨이었다. 아이크의 생각에 닉슨은 히스 사건의 승리자로 완전히 자리를 굳혔기 때문이었다. 닉슨은 자신이 대응해야 한다는 사실이 싫었다. 그 일은 그가 아주 기꺼이 잊고 싶었던 과거의 일부였기 때문이다. 처음에 그는 단호히 거절했다. 그러자 아이크는 그를 백악관으로 불러서 그렇게 하도록 지시했다. 닉슨과 함께 연설을 준비했던 짐 바셋은 닉슨이 그렇게 화를 내는 모습을 거의 본 적이 없었다. 바셋이 생각하기에, 그는 이미 자신이 행정부에서 일종의 청부업자로 인식되고 있으며, 그 오명에서 벗어나기가 점점 더 어려워지고 있고, 나중에 대가를 치르게 될 것이라는 사실을 알고 있었다. 그가 말로 표현하지는 않았지만, 한마디로 그는 함정에 빠진 것이었다. 그는 충성을 하면 할수록 대통령으로부터 점점 더 인정받지 못하게 되었다. 그의 정치적 조언은 아이젠하워 측근들보다 현명할 때가 많았음에도 불구하고 거의 채택되지 못했다.

1956년, 아이젠하워는 닉슨을 부통령 후보 명단에서 제외시키고 싶었다. 그래서 그는 당시 공화당 수장이었던 렌 홀(Len Hall)에게 닉슨에 대한 나쁜 소문을 퍼뜨려 달라고 부탁했다. 이 소식을 들은 닉슨은 충격을 받았다. 홀은 그의 얼굴이 매우 어두워졌다고 기억했다. 닉슨은 홀에게 이렇게 말했다. "그는 나를 좋아한 적이 없었죠. 그는 항상 나를 적대시했어요." 홀은 닉슨을 후보에서 제외시키는 결정이 이미 분열된 당을 아예 와해시킬 우려가 있다고 판단했다. 그는 닉슨이 부통령 후보로서 누구보다 앞서고 있다는 것을 보여주는 일련의 여론조사를 의뢰함으로써 닉슨의 구명 작업에 착수했다. 이로 인해 닉슨이 후보에서 제외될 수 있다는 염려는 사라지게 되었다.

하지만 이미 상처를 받은 후였다. 이 일로 인해 닉슨은 자신이 백악관에서 이등 시민이라는 기분을 떨쳐버릴 수 없었다. 사실이 그랬다.

아이젠하워 시절에는 사회적 구분이 무시할 수 없을 정도로 뚜렷했으며, 닉슨 부부는 동료라기보다는 하인처럼 취급받았다. 닉슨은 자신과 아내가 버림받았다고 느꼈다. 닉슨은 가끔 자신이 부통령임에도 불구하고 백악관의 사교 모임에 한 번도 초대받은 적이 없었다고 심하게 불평했다. 아이젠하워 부부는 닉슨 부부를 경멸했다. 1958년 닉슨 부부가 중남미 순방을 앞두고 있을 때, 팻 닉슨은 유명한 의상 디자이너 몰리 파니스를 불러 옷을 몇 벌 만들어 달라고 부탁했다. 파니스는 마미 아이젠하워를 비롯해서 워싱턴과 뉴욕의 유력 인사 부인들에게 옷을 조달하고 있었다. 파니스는 이 사실을 마미 아이젠하워에게 보고했다. 그러자 마미는 즉각 반대하고 나섰다. "안돼, 안돼요, 그러지 마세요. 그런 보잘 것 없는 여자는 그냥 가핀켈에서 기성복을 사다 입으면 돼죠."

아이젠하워는 닉슨을 진정으로 이해할 수 없었다. 어떻게 다 큰 성인에게 친구가 그렇게 적은지 도무지 이해할 수 없었다. 친우 관계에서, 그리고 많은 다른 면에서, 두 사람은 극도로 달랐다. 아이크는 쉽고 자연스럽게 친구를 사귀었지만, 닉슨은 동료들을 대부분 경계하고 불신했다. 그는 우정보다는 일시적인 동맹을 추구했다. 한번은 아이젠하워가 병원에 입원 중인 닉슨을 병문안했는데, 백악관으로 돌아온 후 그는 부통령이 매우 외로워 보였다고 말했다. 아이크는 자신의 비서 앤 휘트먼(Ann Whitman)에게 그렇게 높은 지위에 있는 사람이 어떻게 그럴 수 있느냐고 큰 소리로 의문을 표했다.

제24장

냉전 시대의 두 얼굴

: 오펜하이머의 몰락과 수소폭탄 시대의 개막

J. 로버트 오펜하이머의 보안 파일은 항상 악몽과도 같았다. 그는 과학 분야에서는 최고의 전문가였지만, 정치 문제에 관해서는 아주 순진했다. 그는 1930년대의 전형적인 동반자(fellow traveler)[3]였으며, 한때 스스로 농담 삼아 서부 해안의 모든 공산주의 성향 조직에 가입했었다고 말했다. 그러나 매카시 시대가 정치적 기류를 완전히 바꿔버렸다. 이제는 경제 공황 시대의 미숙하고 경솔한 정치 활동을 이해하거나 동정하는 사람은 거의 사라지고 없었다. 그는 과거를 정당화하고 옛 친

---

3   (편집자 주) 문자적으로는 길동무를 뜻하지만, 공산주의의 동조자를 가리키는 데에 자주 사용된다.

구들을 보호하기 위해 작은 거짓말을 했었다. 그의 이런 태도가, 로스앨러모스에서 추진했던 중대한 일에 그가 끼친 지대한 공헌 때문에 전쟁 기간에는 묵인되고 있었다. 하지만 일부 보안 요원들은 오펜하이머를 안보상 위험 인물로 여기고 있었다. 그래서 그들은 지속적으로 그를 감시했고, 그가 참석하는 회의에 도청기를 설치하고, 그의 전화를 도청했다. 오펜하이머는 나중에 정부가 그의 보안 위반을 감시하느라 자신에게 지급한 급여보다 더 많은 돈을 썼을 것이라고 농담했는데, 그 말은 거의 정확한 것이었다.

오펜하이머의 기밀 취급 허가권을 박탈하려는 움직임은 1954년 봄, 육군-매카시 청문회와 동시에 발생했다. 매카시에 대한 비난이 일기 시작하면서 매카시즘은 수명을 다한 듯 보였다. 아이러니하게도 오펜하이머를 공격했던 주요 인물들(궁극적으로 아이젠하워까지도 포함한)까지 매카시에 반대한다는 것을 자랑스럽게 여겼고, 그를 저지하려 하고 있었다. 하지만 분명한 것은 그들이 여전히 매카시가 설정해 놓은 규범들을 상당 부분 수용하고 있었다는 점이다. 어떤 추악함이 이미 미국의 혈관 속에 스며들어 있었다.

1954년에 로버트 오펜하이머는 다양한 보수 단체들의 표적이 되어 있었다. 이는 그가 1930~1940년대 기간에 보안 위반을 저질렀다는 것을 넘어서서, 정치-과학계에서 거의 도전받지 않는 입지를 누리고 있었고, 행정부의 수소폭탄 정책에 대한 강력한 반대자로 부상하고 있었기 때문이었다. 당시의 용어로 말하자면 그는 '팀에 속해 있지 않았다.' 그는 정치적 보수주의자들뿐만이 아니라, 핵무기 수송을 자신들의 임무로 여기던 공군의 비위를 점점 더 건드리기 시작했다.

오펜하이머의 정치적 입장은 그가 막연히 급진적인 학생이자 젊은 학자였던 시절과는 크게 달라져 있었다. 그는 스탈린의 잔인함과 잔혹함을 깨닫고 있었고, 소련의 의중에 대한 신뢰도 거의 남아있지 않았다. 오히려 전후 몇 년 동안 그는 과학계에서 자신의 위상을 굳히고 있었다. 그는 1948년, 자신의 과학상 수상을 축하하는 〈타임〉 지의 특집 기사에 등장해 과거 자신의 좌익 시절에 대해 가볍게 사과하기도 했다. "당시 제가 믿었던 것들 대부분은 지금 보면 완전히 말도 안 되는 것처럼 보입니다. 그렇지만 그것은 온전한 인간이 되어가는 과정에서 반드시 거쳐야 할 시간이었습니다. 만약에 그때 교훈을 얻지 못했더라면, 저는 로스 앨러모스에서 그 일을 해내지 못했을 것입니다." 수소폭탄에 대한 그의 반대에는 도덕적 문제와 실용적 문제가 미묘하게 섞여 있었다. 도덕적 측면에서 보자면, 그는 원자폭탄을 제조한 이후 지쳐 있었고 심리적으로 고갈된 상태였다. 실용적 측면에서 그는, 제임스 코넌트나 조지 케넌처럼 슈퍼(수소폭탄)가 사실상 더 사용 가능한 무기들로부터 자원을 빼앗아가는 것은 아닌지, 그래서 결국 쓸모 없는 무기에 너무 많은 자원을 투입하고 있는 것은 아닌지 걱정했다. 그의 반대자들로서는 그의 논리를 반박하기보다는 그의 과거를 공격하는 것이 더 쉬웠다.

그의 옛 동료들 중 일부는 이 무렵 오펜하이머가 자기 신화에 갇힌 포로가 되었다고 느꼈다. 빅토어 바이스코프의 생각으로는, 로스 앨러모스 시절에도 오펜하이머는 다른 과학자들이 원자폭탄의 정치적 결과에 대해 토론하거나 생각하지 말아야 한다고 믿었다. 그들은 그 문제를 오피에게 위임했다. 오피는 정치권과의 관계에서 그들을 대표했고, 정치인들을 다루는 방법을 잘 알고 있었다. 전쟁이 끝난 후, 오랜 친구들은 오펜하이머가 변했다고 불평했다. 그는 자만해졌고, 방금 만난 고위 관리들의 이름을 자주 언급했다. 바이스코프는 그가 놀랍도록 위계적인 사람으로 변했으며, 그가 만나는 정치인들의 영특함에 무작정 감명을 받은 것 같다고 생각했다. 바이스코프는 무미건조한 어투로 이렇게 말했다. "그는 자신을 찾아온 정치인들의 목적에 곧장 감명을 받았어요."

오펜하이머의 친구이자 동료 I. I. 래비는 이렇게 말했다. "그는 늘 정치적으로 불가능한 일을 하려고 했습니다. 그와 나의 차이점이 있다면, 나는 항상 가능한 일을 하려 했다는 점이지요." 그의 오랜 친구 필립 모리슨은 오피가 전쟁이 끝난 후 마치 신처럼 행세하기 시작했다고 생각했다. 심지어는 오펜하이머를 지지하는 사람들 중 일부도 그가 설정한 방향과 그 이유에 대해 의구심을 가졌다. 울람은 오펜하이머가 원자폭탄 제조 과정에서 자신이 차지하는 역할을 지나치게 과장했으며, 그에 따라 죄책감도 과장했기 때문에, 자신을 〈바가바드 기타〉에 나오는 세계의 파괴자인 죽음(Death the destroyer of worlds)으로 여겼다고 생각했다. 폰 노이만도 이 점에 동의했다. 폰 노이만은 울람에게 이렇게 말하곤 했다. "어떤 사람들은 죄에 대한 공적을 주장하기 위해 죄인인 척 고백하기도 하지."

그럼에도 불구하고, 국가에 그토록 지대한 공헌을 한 출중한 인물이 곧 국가보안기관 앞에서 자신의 애국심을 항변하게 되리라고 생각한 사람은 아무도 없었다. 1949년 6월, 오펜하이머는 하원 반미활동조사위원회에 출석했고, 그 자리에서 한 솔직한 증언으로 그는 이 위원회의 가장 적극적인 젊은 위원이던 리처드 닉슨의 칭송을 받았다. 그러나 1950년대 초, 원자력 정치의 중심에서 매우 중요한 직책을 맡고 있던 한 남자는 J. 로버트 오펜하이머가 단순한 정치적인 문제 인물을 넘어서 안보상의 문제 인물이라고 믿기 시작했다.

그 남자는 상하원 원자력합동위원회 소속 의원이던 브라이언 맥마흔의 수석 보좌관 윌리엄 보든(William Borden)이었다. 예일 대학과 예일대 로스쿨을 졸업한 보든은 제2차 세계대전 당시 폭격기 조종사로 활동했는데, 그때 처음으로 V-2 로켓이 공중에서 날아가는 것을 목격했다. 그는 훗날 "우리 비행기는 정지해 있는 것 같았다."라고 회고했다. 그 일은 보든에게 강한 인상을 남겼다. 그는 현대 로켓 공학의 등장으로 미국이 지금까지 누렸던 안보가 종말을 맞이했다고 보았다. 바다는 더 이상 예전과 같은 보호막을 제공하지 못했다. 소련의 폭격기는 유럽에 있는 목표물을 타격하는 데 2시간 30분이 걸렸지만, 로켓은 같은 거리를 5~6분 만에 도달할 수 있었다. 그는 이 주제를 가지고 〈시간이 없다: 전략의 혁명〉이라는 책을 썼다. 아울러 그는 수소폭탄을 가능한 한 빨리 개발해야 한다는 신념을 가지게 되었다.

보든의 관심은 집착으로 바뀌었고, 그는 오펜하이머를 점점 더 의심하게 되었다. 그는 오펜하이머만큼 똑똑한 사람이 어떻게 다른 결론에 도달할 수 있는지 이해할 수 없었다. 그는 곧 이것이 그저 선의를 가진 두 사람 사이의 단순한 의견 불일치가 아니라는 결론을 내렸다. 대신 그는 오펜하이머의 행동과 슈퍼에 대한 그의 반대에는 무언가 석연치 않은 점이 있다는 결론을 내렸다. 1950년, 보든은 오펜하이머의 보안 파일을 검토하기 시작했다. 이 무렵 그의 태도는 의심에서 확신으로 굳어져 갔다. 보든은 미국 핵 정책의 고위직에 있는 누군가가 클라우스 푹스를 배후에서 조종했다고 믿었다. 이제 보든은 그 사람이 오펜하이머라고 단정했다.

1953년 7월, 루이스 스트라우스가 미국원자력위원회(AEC) 의장이 되었다. 그는 자신의 의제를 가지고 부임했는데, 그 중 가장 중요한 것은 AEC를 로버트 오펜하이머의 영향권에서 분리해내는 것이었다. 전직 AEC 변호사이자 오펜하이머의 절친한 친구 허버트 막스(Herbert Marks)는 당시 AEC 직원으로 있던 옛 친구로부터 전화 한 통을 받았는데, 그는 "네 친구 오피에게 해치를 닫고 폭풍우에 대비하라고 말해놓은 것이 좋을 거야."라고 말했다.

1953년 여름과 가을, 해롤드 그린(Harold Green)은 AEC에서 보안 검사를 수행하던 젊은 변호사였다. 그는 당시 31세였고, AEC에서 3년째 근무 중이었다. 그는 자신의 일을 사랑했고, 사건들을 능수능란하게 처리했다. 위원회는 정부의 다른 기관들과 달리 그가 "총체적 인간론"이라고 부르는 개념을 도입했다. 그것은 공직자가 자신의 품위를 손상시키는 비난을 받으면 이에 답변할 권리가 있다는 것을 의미했다. 아울러 어떤 사람을 전체적으로 평가할 때, 단 하나의 에피소드도 예외로 취급해서는 안된다는 것을 의미했다. 이러한 관점에서 중요한 것은 누구나 살다보면 한번쯤은 실수를 저지를 수 있다는 믿음이었다. 예를 들어 공공장소에서 술에 취하거나, 수표를 부도내거나, 자신에게 어울리지 않는 친구를 사귀는 등의 실수를 저지를 수 있다는 것이었다.

그린은 자유롭게 품위 있는 사회를 보존하고, 그 사회에서 개인의 기본 권리와 국가의 이해가 균형을 이루게 돕는 것이 자신의 역할이라고 생각했다. 한번은 그가 로젠버그 재판 때 연방 대법원에 출두하여 변론하도록 소환받은 적이 있었다. 그는 암호 해독자들의 개인 파일과 비밀 보고서를 검토하고 나서 그들의 유죄를 확신했다. 나중에 그는 자신이 로젠버그 부부를 사형에 처하는 데 중요한 역할을 했다고 믿게 되었다. 그는 그 역할을 맡은 것에 대해 양심의 가책을 거의 느끼지 않았다.

하지만 그린은 스트라우스가 부임한 후 AEC 안에서 보안을 대하는 태도가 바뀌고 있음을 발견했다. 그린은 이 새로운 방식을 "시저 아내의 규칙⁴"이라고 불렀는데, 그는 이 방식이 불안한 사회의 반영물이라고 생각했다. 즉 새로운 시대에 보안은 권리가 아닌 특권이었다. 누군가를 비방하는 첩보만 있더라도 그에게는 기밀 취급 허가권을 부여하지 않았다. 또한 그에게는 고발에 대한 항변 기회조차 주어지지 않았다. FBI 파일은 온갖 소문으로 가득 차 있었기 때문에 이는 끔찍한 문

---

4   줄리어스 시저는 아내의 무죄를 알고 있으면서도 "시저의 아내는 한 점의 의심조차 받아서는 안된다."라며 이혼을 선언했다.

제를 야기했다. 스트라우스 시절 초기에 지역 담당자가 누군가의 기밀 취급 허가권을 신청하자, 그린은 아무런 단서도 달지 않고 이를 승인한 일이 있었다. 그러자 그린이 보기에는 전임자보다 개인의 자유에 대해 훨씬 무뎠던 그의 상사 해리 트레이너가 격분했다. 그가 그린의 사무실로 뛰어와 소리쳤다. "어떻게 그를 통과시켰지? 그의 변호사가 누군지 봐. 공산주의자를 변호사로 내세웠다고." 그 변호사는 미국시민자유연합 소속이었다. "해리, 미국시민자유연합은 반공 단체입니다."라고 그린은 반박했다.

스트라우스는 처음부터 자신이 훨씬 더 강력하고 실질적인 권력을 행사하는 의장이 될 것임을 보여주었다. 그가 가장 강조한 것은 보안이었다. 그리하여 해롤드 그린은 이른 아침부터 AEC 총괄 책임자 켄 니콜스의 전화를 받는 것으로 하루를 시작할 때가 많았다. 니콜스는 그린에게 보안 파일을 가지러 자신의 사무실로 와달라고 요청하곤 했다. "이 문제를 어떻게 처리할 수 있을지 살펴보세요."라고 니콜스는 말했고, 이는 그린이 혐의 목록을 작성해야 한다는 것을 뜻했다.

갑자기 위원회의 보안 담당자가 이전에 허가를 받았던 사람들의 파일을 검토하느라 긴 시간을 보내기 시작했다. 스트라우스는 이에 대해 어떤 이의도 용납하지 않았다. 그의 동료 위원 중 한 명은 저널리스트인 올솝 형제에게 이렇게 털어놓았다. "만일 당신이 어떤 문제에 대해 루이스와 다른 의견을 낸다면, 그가 처음에는 단순히 당신을 바보 취급할 거예요. 하지만 계속해서 의견이 다르다면, 그는 반드시 당신을 반역자라고 결론지을 겁니다."

스트라우스가 AEC에 부임한 직후 기존의 임직원 상당수를 해고하려 한다는 것이 분명해졌다. 이들 상당수가 지나치게 진보적이라고 생각했기 때문이다. AEC는 이들을 조사하기 위해 많은 인력을 급히 증원했다. 거의 하룻밤 사이에 AEC와 연방수사국(FBI) 사이에 새로운 관계가 형성되었다. AEC를 담당하던 FBI 요원 찰리 베이츠(Charley Bates)는 사실상 AEC 직원처럼 일하고 있었다. 그가 후버 밑에서 일하는지 스트라우스 밑에서 일하는지 분간하기 어려울 정도였다. 그는 전형적인 FBI 요원이었는데, 하원의장 샘 레이번의 비서가 그의 이모라는 연줄로 인해 유례없는 특권을 누렸다. 같은 직급에 있던 대부분의 FBI 요원들과 달리 그는 워싱턴을 떠나 주기적으로 현장 사무소에서 근무할 필요가 없었다. 베이츠는 "국장이 원해서"라든지 "보스가 원해서"라는 식으로 후버를 끊임없이 언급했는데, 이는 후버와 스트라우스의 관계가 밀접하다는 것을 강조하는 것 같았다. 해롤드 그린은 루이스 스트라우스가 보안을 중시해서 스스로 보안 절차를 강화했을 수도 있지만, 후버의 마음에 들기 위해서도 그렇게 했을 것이라고 판단했다. 사실 그린은 그런 상황을 모니터링할 수 있는 특별한 위치에 있었기 때문에 섬뜩한 생각이 들 정도였다. FBI가 알게 된 사실을 스트라우스도 거의 동시에 알고 있었고, 그 반대의 경우도 마찬가지였다. 이처럼 매우 강한 협력 관계가 유지되었기 때문에 그린은 놀랍게도 오펜하이머에 대한 FBI의 불법 도청 자료들을 직접 살펴보게 되었다. 후버는 경계심이 많은 사람이어서 자신의 측근이 아니면 그런 불법 증거물을 보지 못하도록 세심한 주의를 기울였는데, 이는 피조사자들보다 FBI에게 더 치명적인 증거였기 때문이었다.

스트라우스는 거친 관료적 싸움에 능숙한 인물이었다. 그는 가능한 한 고상한 태도를 유지하면서도 언제든 도끼를 휘두를 태세를 갖추고 있었다. 그가 가장 좋아하는 전략은 비즈니스 세계의 힘깨나 쓰는 친구들을 이용해 자신이 제거하고 싶은 사람에게 민간 업계의 매력적인 일자리를 제공하는 것이었다. 당시의 공직자들 가운데 스트라우스만큼 많은 뒷거래를 한 사람은 없었다. 모두가 가난했던 시절에도 그는 부유했고, 잠재적인 적들을 침묵시키는 방법을 알고 있었다. AEC를 떠난 변호사 중에서 루이스 스트라우스에게 좋지 않은 감정을 가지고 있는 사람이 있을까? 스트라우스는 누가 곧 변호사 개업을 한다는 사실을 알게 되면 그 사람에게 일감을 보냈다. 스트라우스의 회고록 내용에 대해 잘 알고 있으면서 적대적인 태도를 취하는 비평가가 있을까? 스트라우스는 잠재적 비평가가 발견되면 원고의 오류를 수정한다는 명목으로(물론 수정되지는 않았지만) 확실한 보수를 제공하는 사람이었다. 하지만 그린이 주목했던 것처럼, AEC에서 일어나고 있던 일들은 "최고의 기술을 동원해" 수행되던 숙청에 다름 아니었다.

그린은 주목할 만한 예외가 있다면 로버트 오펜하이머였다고 지적했다. 오펜하이머는 자신이 쉽게 매수되지 않는 사람이라는 걸 보여주었다. 하지만 J. 에드거 후버는 그를 쫓아내길 원했다. 이 FBI 국장은 자신이 정의한 미국주의라는 잣대로 사람들을 판단하길 좋아했다. 그가 정의한 미국주의란 더 관습적이고, 자신과 생각이 비슷하며, 자신과 편견을 공유하는 사람들일수록 더 좋은 미국인이라는 것이었다. 로버트 오펜하이머보다 후버와 덜 닮은 사람을 찾기는 어려웠을 것이다. 오펜하이머는 직업적으로도, 개인적으로도 후버의 신경을 건드렸다. 그의 동반자적인 태도, 지적이고 도덕적인 오만함, 좌파 유대인이라는 배경, 그가 다녔던 명문 학교들, 후버 눈에 비친 그의 허세적인 삶들, 그리고 옛 좌파 친구들을 보호하기 위해 기꺼이 거짓말을 한다는 사실 등 모든 것이 다 눈에 거슬렸다. 최근 수년 간 오펜하이머를 옹호하는 세력은 점점 약해졌고, J. 에드거 후버는 기회를 포착했다.

그린은 스트라우스가 후버에게 AEC를 대대적으로 정비하겠으며, 특히 오펜하이머를 제거하겠다는 모종의 약속을 했다고 확신했다. 후버는 다른 때, 다른 기관에 근무하던 시절에는 오펜하이머의 기밀 취급 허가권을 묵인했지만, 클라우스 푹스 사건 이후에는 AEC에 대해 점차 불만을 키우고 있었다. AEC 보안 요원들의 말에 따르면 오펜하이머는 "후버의 목에 걸린 가시"와도 같았다.

당시의 사건들으로부터 한 세대 이상이 지난 다음에 살펴보면, 후버가 한때 미국에서 가장 강력한 권력자 두세 명 중의 하나였다는 사실이 믿기지 않는다. 그는 공포가 가중되던 시기에 가장 성공한 관료 중한 명이었고, 자신의 권력을 확장하기 위해 능수능란하게 그 공포를이용했기 때문에, 그의 이름만으로도 미국에서 가장 강력한 정치인들의 두려움을 불러일으킬 수 있었다. 그는 오랫동안 국장 자리를 지켰고, 그에 따라 많은 비밀 문서를 갖게 되었다. 그의 비밀 문서는 해마다늘어났고, 더 많은 비밀이 수집되면서 그의 권력도 커져갔다. 그 비밀들은 범죄 세계나 조직 범죄에 대한 정보, 심지어 공산주의자 색출 같은 평범한 것들이 아니었다. 물론 그런 정보도 일부 있었지만, 그의 파일을 그토록 강력한 무기로 만든 자료는 그의 동료 미국인들, 특히 권력자들의 도덕적 결함에 관한 것들이었다.

그는 파일들의 관리자였기 때문에 함부로 거슬리면 안 되는 사람이었다. 그는 두려움을 다루었다. 워싱턴 이너서클의 권력자들(그들 대부분은 어떤 식으로든 성적으로나 금전적으로 범죄 행위를 저질렀다)은 그의 파일속에 자신들에 대한 어떤 내용이 담겨 있는지 두려워했다. 한편 일반미국인들은 그에 의해 어떤 크고 위협적인 적을 두려워하도록 만들어졌다. 존 딜린저와 같은 하찮은 은행 강도들이든, 나치를 지지하는 독일계 미국인 동맹이든, 혹은 이웃집에 숨어 있는 공산주의 스파이 요원이든 간에, 국민들이 두려워하는 대상이 존재한다면 그의 입지는 강화되었고, 그의 예산 요청은 의회를 더욱 쉽게 통과할 수 있었다.

그는 규칙적인 일과를 보냈다. 매일 아침 같은 시간에 전속 운전기사가 그를 태우러 왔다. 그 차는 방탄 장치가 되어 있었고, 차체가 너무무거워 트럭 엔진을 탑재했다. 운전기사는 제임스 크로포드라는 흑인이었는데, 그는 후버의 차를 약 20년 동안, 일주일에 7일, 필요한 경우에는 하루 15시간씩 운전했다. 그는 또한 인권 단체들이 FBI의 인종 차별 성향을 항의할 때면 정장을 차려입고 후버의 사무실 밖에 있는 책상에 앉아 있으면서 아무 것도 모르는 방문객들에게 FBI의 수석 흑인 요원으로 소개된 적도 있었다. 자동차가 후버의 집에 도착할 때면 차 안에는 이미 FBI의 2인자이자 후버의 가장 가까운 친구였던 클라이드 톨슨(Clyde Tolson)이 타고 있었다.

연방수사국의 국장에게 아첨하고, 다른 사람들도 그에게 아첨하도록 만드는 것이 톨슨의 일이었다. 그는 이 일을 노골적으로 해냈는데, 이러한 직무에는 교묘함이 필요하지 않았기 때문이다. 또한 톨슨은 후버가 듣지 못하는 곳에서 다른 사람들에게 국장이 얼마나 위대한 사람인지 이야기하는 데 많은 시간을 보냈다. 이러한 충성의 표현들은, 기적적으로(miraculously), 거의 항상 후버의 귀에 들어갔다. 날씨가 좋으면 운전기사가 그들을 FBI 사무실에서 가까운 거리에 내려주었고, 그려면 그들은 마지막 몇 블록을 빠른 걸음으로 걸어가곤 했다.

두 사람은 매일 같은 식당인 하비 레스토랑에서 함께 점심을 먹었다. 그들로부터 합석을 제의받은 사람은 한 명도 없었다. (한 번은 리 보드맨이라는 사람이 연방수사국 서열 3위로 승진되어 왔는데, 그는 대담하게도 하비 레스토랑에서 함께 식사를 하자고 제안했다가 곧 해임되고 말았다.) 후버와 톨슨의 자리는 정해져 있었고, 아첨꾼이나 구경꾼의 접근을 막기 위해 주변 테이블은 비워져 있었다. 그것도 모자라서 식당 주인은 커다란 서빙 카트를 배치해 사람들은 접근을 막았다. 후버의 점심 메뉴는 자몽, 코티지 치즈, 블랙 커피 등으로 거의 변함이 없었다. 그들은 저녁 식사도 보통 하비 레스토랑에서 해결했는데, 저녁에는 프라임 립과 함께 큰 냅킨으로 감싸서 보이지 않는 미니어처 병에 담긴 위스키를 마셨다. 후버는 매일 주인으로부터 무료 식사를 제공받는 특별 대우를 받았지만, 이를 거절하지 않았다. 그러나 그는 매일 하루도 빼지 않고 음식값의 10%를 팁으로 남겼다. 국장은 공개적으로 술을 마시거나 도박하는 모습을 보이는 것을 좋아하지 않았다. 그가 푹 빠져 있던 경마장에 갈 때면 그는 2달러 배팅만 한다고 자랑했다. 실제로는 종종 100달러 이상을 베팅했지만, 이런 큰 금액을 베팅할 때면 FBI 요원들이 대신 은밀하게 처리해 주었다.

그는 또한 휴가를 한 번도 가지 않았다고 자랑하길 좋아했다. 사실, 톨슨과 함께 하는 그의 휴가는 점심 식사만큼이나 의례적이었고, 비용도 거의 비슷했다. 휴가는 경마 시즌에 맞춰져 있었다. 검소하기로 유명했던 그는 (그의 집 수리는 FBI 요원들이 담당했고, 소득세 신고는 또 다른 요원이 담당했다) 톨슨과 함께 정부 비용으로 기차를 타고 여행을 다녔다. 표면적인 이유는 FBI 지방 사무소를 시찰하는 것이었다. 후버와 톨슨은 친구들이 운영하는 호텔을 무료로 이용했다. 샌디에이고에서 묵었던 호텔 델 차로는 석유로 돈방석에 앉은 우파 백만장자 클린트 머치슨(Clint Murchison)의 소유였다. 후버는 매년 같은 방갈로에 머물렀는데, 이 방갈로는 머치슨이 특별히 그가 존경하던 후버와 톨슨을 위해 지은 것이었다. 여기 묵으면서 그는 매일 오후 델 마르 경마장에 갔다.

그는 당시의 정치적, 사회적 편견을 본능적으로 받아들였고, 이에 도전하는 사람들, 특히 자신에게 도전할 가능성이 있는 사람들과 끊임없이 싸웠다. 그는 미국의 가정을 신성시했으며, 그 가치를 높이 평가하는 연설을 자주 했다(실제로 공산주의의 악을 다룬 그의 저서 〈속임수의 명수들〉에서, 그는 칼 마르크스가 추잡한 가정 생활을 영위했다고 비난하는 정보를 인용했다. "아파트 전체에 깨끗하고 좋은 가구는 하나도 없었다. 모든 것이 부서지고, 낡고, 너덜너덜했다. 집안 곳곳이 손가락 굵기만한 두께의 먼지로 덮여 있었다. 온통 난장판 투성이였다"). 하지만 실제로 그는 미국 가정에 대해 놀라울 정도로 무지했다. 그는 결혼한 적이 없었고, 조카들과의 왕래도 거의 없었다. 그가 알고 있는 가정이라곤 할리우드 영화에서 이상화된 것들이었다. 그는 자신의 삶에 여성을 전혀 들이지 않았다. 그가 하는 일은 남자들만이 하는 일이었고, 그가 가는 곳도 오직 남자들만 가는 곳이었다. 그는 고독한 청교도였고, 도덕적으로 엄격했으며, 자신이 전혀 알지 못하는 것을 지키기 위해(to protect something he knew nothing of) 적색 경계를 늦추지 않는 사람이었다. 그는 감염을 두려워해서 세균을 박멸하기 위해 화장실에 항상 자외선 램프를 켜두는 공포증 환자이기도 했다.

후버는 평생을 워싱턴 D.C.에서 살았다. 그의 어머니는 강하고 지배적인 인물이었다. 반면 허약했던 아버지는 그가 어렸을 때 의기소침하게 지내다가 결국 "우울증"으로 사망했다. 어머니의 의지와 야망 덕분에 그는 항상 열정적이고 성실하게 일했다. 소년 시절에는 식료품을 배달하며 빠르고 효율적인 일처리로 "스피드"라는 별명을 얻기도 했다. 그는 낮 시간에 일하면서 학비를 벌어 야간 로스쿨을 졸업했다. 그에게는 집안의 재산도, 명문 대학의 학위도 없었다. 야망과 민첩함 외에는 아무런 가진 것이 없었던 그는 1917년 법무부에 사무관으로 입사했으며, 자신의 현실을 직시한 덕분에 성공할 수 있었다.

그는 어머니와 함께 살았으며, 그의 나이 43세 때 어머니가 사망한 후에야 독립했다. 제1차 세계대전 중 그는 전시 비상사태 부서의 적성국가 출신 외국인 담당국에서 일했다. 그의 효율적인 일처리와 관료 조직을 장악하는 능력이 상사들의 눈에 띄었고, 전쟁 후 그는 FBI 내의 급진주의자 담당 부서 책임자로 임명되었다. 그는 법무장관 미첼 팔머(Mitchell Palmer)와 함께 일하면서 1920년대 급진주의자들에 대한 공격을 주도했다. 1921년, 그는 26세의 나이로 연방수사국 부국장이 되었다.

1940년대 후반과 1950년대에는 극좌파를 공격하는 것이 상당한 정치적 이득을 가져다줬지만, 1920년대에 이 일을 시작했을 당시 후버는 순수한 본능에 이끌렸다. 그는 자신과 다른 사람들, 자신이 믿는 가치관에 반대하는 사람들, 이름이 다른 사람들을 좋아하지 않았기 때문이었다. 지적으로 볼 때, 그는 신화 속에서나 존재하던 극도로 단순했던 미국의 생존자와도 같았다. 작가 리처드 기드 파워스(Richard Gid Powers)는 후버의 정신을 이렇게 묘사했다. "그가 가진 미국의 비전은 20세기 초반, 즉 자신들의 성취에 자부심을 느끼며, 비판을 못견디고, 변화에 격렬히 반대하던 이웃들로 이루어진 작은 공동체에 머물러 있었다. 20세기 대중사회의 기준이 전통적인 미국을 휩쓸면서 옛 가치관을 전복시키고, 오래된 관습을 파괴하며, 기존의 지도자들을 몰아내자, 자신들의 공동체를 잃을까봐 두려워하던 미국인들은 후버에게서 자신들의 우려를 이해하고 분노를 공유하는 사람을 발견했다. 그들은 후버가 강력한 수호자로서, 자신들이 기억하는 미국을 이질적인 힘과 낯선 사람들, 위험한 사상의 세계로부터 지켜줄 것이라고 보았다."

후버를 유명하게 만든 사람은 딜린저(John Dillinger)였다. FBI는 1934년, 이 유명한 은행 강도를 사살하면서 언론의 주목을 받았다. 그 사건 이후, 후버의 집무실 앞 대기실은 일종의 딜린저 박물관처럼 변했다. 거기에는 딜린저의 데스 마스크를 본뜬 석고 모형과 그가 사망 당시 쓰고 있던 밀짚모자, 그가 소지했던 구겨진 소녀의 사진, 변장용 안경, 셔츠 주머니에 넣고 다니다가 끝내 피우지 못한, 여전히 비닐에 싸여 있는 시가 등이 전시되어 있었다. 후버 국장과의 면담을 기다리는 권력자들은 후버의 가장 빛났던 순간을 보여주는 유품들을 들여다보며 충분한 시간을 보낼 수 있었다. 30여 년 후까지 후버는 사무실에서 낯선 사람들과 이야기를 나눌 때면 어떻게든 딜린저 이야기를 꺼내곤 했다.

딜린저 사건은 대중의 상상력과 후버, 그리고 그의 수사국을 이어주는 중요한 연결고리였다. 후버는 언론의 주목이 곧 권력이라는 것을 배웠다. 실제로는 멜빈 퍼비스(Melvin Purvis)라는 유능한 요원이 딜린 저를 체포하는 데 핵심적인 역할을 했다. 나중에 그는 유명한 은행강도 프리티 보이 플로이드(Pretty Boy Floyd)도 사살했다. 하지만 후버는 언론이 퍼비스를 영웅으로 만들려는 시도를 막아냈다. 파워스가 지적한 바와 같이, 후버가 영광을 자신의 것으로 만드는 데 성공한 것은 "J. 에드거 후버의 가장 위대한 홍보 승리"였을 것이다.

이와 비슷한 사건들에서 얻은 교훈은 수사국의 다른 사람들에게도 분명히 전해졌다. 수사국은 거대하고 헌신적인 익명의 팀으로 구성된 회색 지대가 되어야 했다. 수사국에서 이름을 가진 사람은 오직 한 명 뿐이었다. 후버의 언론 노출에 대한 갈망은 너무나 컸기 때문에, 1940년 상원의원 조지 노리스(George Norris)는 그를 "아메리카 대륙에서 가장 많이 언론의 관심을 끌고 싶은 자"라고 불렀다. 노리스는 이렇게 꼬집어 말했다. "워싱턴에서 모이는 어떤 조직도 FBI가 얼마나 위대한 조직인지 말해주는 사람 없이는 회의를 하지 않습니다. 그 모든 것의 정점에 서 있는 가장 위대한 사람은 작은 실수든, 큰 실수든 결코 범하는 법이 없죠. 그의 손에 우리의 제도와 정부의 미래와 영속성이 달려 있으니까요."

연방수사국의 모든 발표는 그의 이름으로 이루어졌다. 모든 보도자료가 그의 이름으로 시작되었으며, 최소한 두 번 이상은 그를 언급해야 했다. 윌리엄 설리번(William Sullivan)이 젊은 나이에 수사국에 들어갔을 때, 그는 찰리 윈스테드(Charlie Winstead)라는 베테랑 요원과 짝을 이루었다. 윈스테드는 그에게 이렇게 조언했다. "어떤 경우에든 절대로 후버와 함께 하는 회의를 주도하지 말게. (만약 국장이 어떤 이유로든 감명을 받지 않는다면) 그날로 자네 경력은 끝날 수 있으니까. 만약 후버가 자네를 부른다면, 멋지게 차려입고 노트를 들고 다니면서 후버가

입을 열 때마다 열심히 적게나. 나중에 그 메모를 내버려도 상관없네. 그리고 그에게 아첨을 하게. 본부의 모든 사람들은 후버가 자아도취자라는 걸 알고 있고, 모두가 계속해서 그에게 아첨을 한다네. 자네가 그렇게 하지 않으면, 자네는 이내 감시 대상이 될 걸세."

후버와 잘 협력하고, 정보를 충실히 받아들여 적절한 관점으로 보도하는 기자들은 그 보상으로 수사국 내의 더 많은 내부 정보를 얻어냈다. FBI의 범죄 사건 파일은 때때로 우호적인 기자에게 특종을 제공할 수 있었고, 수사국의 협조는 영화나 책의 판매를 돕는 데 도움이 되기도 했다. 이런 방식으로 후버는 점차 호의적인 기자들을 확보해 나갔다. 그들은 후버와 함께 출장을 다니면서, 수사국의 파일이나 직원들과 마음대로 접촉할 수 있었다. 그들의 작업은 늘 후버의 승인 하에 이뤄졌다. 그들은 본능적으로 자기 검열을 실천하고 있었다.

후버가 프랭클린 루스벨트 밑에서 일하기는 아주 용이했다. 루스벨트는 그가 불법적인 감시(주로 친독일 단체에 대한 것이었지만)를 하도록 허용했다. 그럼에도 불구하고, 후버는 루스벨트를 전적으로 신뢰하지는 않았다. 그는 루스벨트가 지나치게 진보적이며 교활하다고 여겼으며, 엘리너 루스벨트와 그녀가 흑인 및 다른 좌파 인사들과 교류하는 것을 매우 싫어했다. 후버는 말년에 왜 결혼을 하지 않았느냐는 질문을 받고서는 이렇게 말했다. "신이 엘리너 루스벨트 같은 여자를 만들었기 때문이죠."

루스벨트가 사망했을 때, 후버는 처음으로 아무런 대비책을 세워놓지 않았다는 사실을 깨달았다. 부통령과는 그 어떤 연결고리도 없었다. 그는 직원 명부에서 모리스 차일즈 3세라는 사람을 찾아 냈다. 그 직원은 트루먼과 오랜 친구였던 사람의 아들이었다. 후버는 그에게 새 대통령과 만나고 오라고 시켰다. 트루먼은 차일즈를 반기며 찾아온 이유를 물었다. 차일즈는 후버와 수사국이 앞으로 대통령에게 협조할 것이라는 말을 전하기 위해서라고 대답했다. 트루먼은 "FBI의 협조가 필요하면 언제든 법무장관을 통해 요청하겠네."라고 말했다. 훗날 후버 밑에서 연방수사국의 3인자 자리까지 올랐던 윌리엄 C. 설리번의 기록에 따르면, 그 순간부터 국장의 트루먼에 대한 증오는 끝날 줄을 몰랐다. 트루먼은 대통령 중에서 유일하게 후버와 특별 관계를 맺지 않은 사람이었다. 이는 트루먼의 사생활이 흠잡을 데가 없었음을 의미했다.

1940년대 후반, 후버는 트루먼과 국내 안보 문제로 대결해서 이겼다. 당시 대통령은, 여러 스캔들과 함께 미국 내에서 반 공산주의 분위기가 고조되면서 진퇴양난에 빠져 있었다. 대통령이 이런 문제에 대해 충분한 경계심을 가지고 있지 않다고 생각하던 차에 대세가 다른 방향으로 흘러가고 있음을 감지한 후버는, 초당적이던 그의 평소 입장을 버리고 공화당 우파와 손을 잡았다. 1947년 초에 그는 하원 반미활동 조사위원회에 출석하여 트루먼에 대해 극도로 적대적인 증언을 했는데, 이는 사실상 선전포고나 다름없었다. FBI의 파일은 새로운 조사관들에게 제공되었고, 대부분의 경우 매카시가 주장하는 것들의 근거가 되었다. 설리번은 후에 "우리는 매카시에게 우리가 가진 모든 것을 넘겼지만, 우리가 가진 것은 단편적인 정보 뿐이었고, 그의 주장을 입증할 만한 것은 없었다."라고 말했다.

그가 매카시를 돕기로 한 것은 자연스러운 수순이었다. 후버는 항상 외부의 위협으로부터 기존 질서를 수호하는 사람이었다. 〈샌디에이고 이브닝 트리뷴〉의 한 기자가 후버에게 매카시를 어떻게 생각하느냐고 물었을 때, 후버는 마치 아버지같은 말투로 이렇게 말했다. "매카시는 전직 해병대원입니다. 그는 아마추어 복서였죠. 그는 아일랜드인입니다. 이런 배경들을 합쳐 보면, 그가 결코 무시할 없는 강인한 사람임을 알게 될 것입니다. … 조사위원회는 귀중한 일을 합니다. 그들은 소환권을 가지고 있는데, 그게 없으면 일부 중요한 조사들이 이루어질 수 없을 겁니다. … 나는 그를 친구로 생각하며, 그도 나를 그렇게 여긴다고 믿습니다. 물론 그는 논란의 여지가 있는 인물이죠. 그는 열정적인 인물이고 정직합니다. 그는 적들에게 둘러싸여 있어요. 만약 여러분이 공산주의자, 파시스트, 심지어는 KKK단(the Ku Klux Klan)처럼 국가를 전복하려는 자들을 공격한다면, 여러분은 가장 극단적이고 악의적인 비판의 대상이 될 수도 있어요."

아이젠하워가 당선될 무렵, 후버는 누구도 건드릴 수 없는 인물이 되어 있었다. 그는 오랫동안 국장으로 재임하고 있었고, 그의 권한을 제한할 수 있는 법률적 근거가 부재했으며, 무엇보다도 많은 의원들이 그의 파일에 담긴 내용들을 두려워했기 때문이었다. 그의 파일에 대한 공포심이 워낙 커서 실제로 그가 그것들을 사용할 일이 거의 없었기 때문에, 워싱턴 정가에서는 일부에서 생각하는 것처럼 광범위한 파일들이 실제로 존재하는 것인지를 두고 지속적인 논쟁이 있었다. 1972년 2월, 하원 법사위원회 소위원회는 FBI가 상원의원에 관한 파일 883개와 하원의원에 관한 파일 722개를 보유하고 있다고 보고했다. 이는 후버가 그런 파일들을 보관하고 있지 않다고 공식적으로 부인했음에도 불구하고 밝혀진 사실이었다.

워싱턴은 결국, 사람이 권력을 가지면 가질수록 그만큼 특권 의식 또한 더 커지는 도시였다. 섹스 스캔들, 알코올 중독, 그리고 금전 문제 등 인간이라면 누구나 겪을 수 있는 일탈로 가득 찬 권력자들의 도시에서는 파일이 존재한다는 것만으로도 충분한 위협이 될 수 있었다. 후버는 누구에게나 어느 정도의 스캔들은 존재한다고 믿었다. 그는 자신을 미국 체제의 위대함, 힘, 도덕적 품위를 지키는 수호자라고 여겼을지 모르지만, 그의 진정한 권력은 국가를 통치하는 사람들의 도덕적 일탈로부터 비롯된 것이었다.

후버가 자신의 장갑차에 올라타 민주주의 사회의 거리를 지나가는 모습은 상징적인 의미를 지녔다. 그 장갑차는 엔진이 엄청난 무게를 감당하지 못해 자주 고장이 났다. 그의 방문객들은 철저하게 선별되었다. 보좌관들의 통제에 따라, 그는 이미 자신에게 공감하고 경의를 표하러 온 사람들만 만났다. 그가 우편물을 찾을 때면, 보좌진은 그의 활동을 과도하게 칭찬하는 서신들을 맨먼저 볼 수 있도록 의도적으로 배열해 놓았다. 사실상 그는 놀랍게도 전체주의 국가의 수장과 비슷했다. 언론인 빅터 나바스키(Victor Navasky)가 한때 지적했듯이, 그는 프레드 그린스타인(Fred Greenstein)이 정의한 권위주의적 성격에 완벽하게 부합하는 인물이었다. 그는 상급자에게는 아첨하고, 부하 직원에게는 절대적으로 군림했다. 그는 종신 국장이었다.

오펜하이머 사건에서, 후버는 언제나 그렇듯 신중한 관료였다. 그는 소송에서 지는 것을 좋아하지 않았고, 수사국을 비난에 빠뜨릴 수 있는 어떤 것에도 항상 민감했다. 그는 FBI의 불법 도청이 얼마나 광범위하게 진행되는지 알려지는 것을 원치 않았고, 이 사건이 어떻게든 역효과를 일으켜 유능한 과학자들이 국방 업무에서 물러나게 된다면 FBI가 비난받는 것을 원치 않았다. 하지만 스트라우스가 전면에 나서고 있었다. 후버의 역할은 단지 파일과 도청을 제공하는 지원군일 뿐이었다. 그들만이 아니었다. 1953년이 되자 오펜하이머의 정적들이 대거 합류하기 시작했다. 의회와 언론계의 유력 인사들이 오펜하이머를 적으로 지목하기 시작했다.

1952년 여름, 〈월스트리트 저널〉에 수소폭탄에 관한 기사가 실렸는데, 이는 공군 고위 관계자가 제공한 것으로 보였다. 기사는 과학자들을 두 부류로 나눠 놓았다. 어니스트 로렌스, 해롤드 우레이(Harold Urey) 등이 핵무기를 빨리 개발하고자 하는 훌륭한 과학자들라면, 오펜하이머와 코넌트, 리 듀브리지 등은 나쁜 과학자들에 속했다. 1952

년 가을, 국방부 장관 로버트 러벳(Robert Lovett)은 한 동료에게 이렇게 말했다. "오펜하이머의 보안 파일을 읽어봤나? 방금 살펴봤는데 악몽 같더군." 그러면서 그는 "오펜하이머를 빨리 국외로 내보낼수록 우리에게 좋을 거야."라고 덧붙였다. 1953년에는 매카시와 매캐런, 제너[5]가 그를 추적하고 있다는 소문이 돌았다. 백악관은 매카시가 원자폭탄 프로그램에 대한 조사에 착수할까봐 두려워하기 시작했다. 오펜하이머의 친구들 중 일부는 이들 상원의원들이 후버로부터 자료를 제공받고 있다고 확신했다.

1953년 5월, 〈포춘〉 지는 공군 예비역인 찰스 머피(Charles J. V. Murphy)가 쓴 글을 게재했다. "수소폭탄을 둘러싼 숨겨진 투쟁: 미국의 군사 전략을 뒤집기 위한 오펜하이머 박사의 끈질긴 캠페인 이야기"라는 제목이었다. 미국 원자력의원회 의장 데이비드 릴리엔탈은 이 기사가 오펜하이머를 겨냥한 전면적인 캠페인의 신호탄이라고 확신했다. 비난의 북소리는 점점 더 커지고 있었다. 1953년 8월, 스트라우스는 윌리엄 보든을 만나 오펜하이머에 대한 의혹을 표명했다. 보든은 스트라우스에게 그가 혼자가 아니라고 안심시켰다. 보든은 오펜하이머가 분명히 적이며, 그에 대해 뭔가 조치를 취해야 한다고 판단했다. 얼마 지나지 않아 보든은 로스쿨 동창인 존 휠러를 고용하여 오펜하이머의 보안 파일을 자세히 살펴보도록 했다. 휠러는 곧 오펜하이머가 슈퍼(수소폭탄) 프로젝트에 참여하고 있는 과학자들의 열의 부족에 책임이 있다고 결론지었다.

오펜하이머가 자국의 정책, 또는 최소한 자국 내 특정 기관들의 정책과 비교하면 지나치게 비둘기파에 속했던 것은 사실이다. 오펜하이머는 그의 엄청난 지성뿐만 아니라 일반인이 이해할 수 있는 용어로 자

---

5   당시 공화당 상원의원이었던 팻 매캐런과 윌리엄 제너는 매카시의 강력한 후원자였다.

신의 지식을 표현하는 능력과 동료 과학자들 사이에서의 그의 입지 때문에 그토록 강력한 인물이 될 수 있었다. 그의 반대자들과 수소폭탄에 열광하는 사람들에게, 그는 몇 단계 끌어내려져야 할 인물이었다. 이미 슈퍼를 추진하기로 결정한 정부로서는 그를 제거하는 것만으로는 충분하지 않았다. 공공 정책에 대한 그의 목소리를 신뢰할 수 없게 만드는 것이 중요했다. 어떻게 보면, 이제는 그를 공격하는 영예를 차지하기 위한 경쟁이 벌어지고 있었다. 칼 문트 같은 일부 공화당 상원의원들은 매카시가 오펜하이머를 공격할 것인지 아닌지를 놓고 토론을 벌였다. 매카시는 관심을 보였지만 백악관에서 이 문제를 조사할 것이라는 말을 듣고 나서는 주저했다. 아이젠하워와 공화당 우파 사이의 중개자는 아마도 리처드 닉슨이었던 것으로 보인다.

곧 스트라우스와 미국원자력위원회는 의장의 요청에 따라 오펜하이머의 파일에서 모든 기밀 자료를 삭제할 것이라고 발표했다. 스트라우스는 이것이 기술적인 문제일 뿐이라고 말했지만 불길한 기운이 감돌고 있었다. 1953년 가을, 곧 양원 합동위원회를 떠날 구상을 하고 있던 윌리엄 보든은 J. 로버트 오펜하이머 문제가 자신에게 남은 미완의 업무임을 확신했다. 그는 1953년의 여러 날 동안 밤을 세워가면서 오펜하이머에 대한 모든 자료를 검토했다. 검토 작업을 끝마칠 무렵, 그는 무려 400개가 넘는 의문점들을 모아놓은 상태였다.

이 드라마의 주인공이라기보다는 방아쇠를 당긴 사람에 가까웠던 보든은 자신의 자료를 편지로 정리하여 1953년 11월 7일, J. 에드거 후버와 양원 원자력 합동위원회에 사본을 한 부씩 보냈다. 그는 후버에게 보낸 사본에 "J. 로버트 오펜하이머가 소련의 요원일 가능성이 그렇지 않을 가능성보다 더 높다."라고 적어 넣었다. 후버는 이 사본을 백악관으로 보냈다. 아이젠하워의 입장은 매우 단순하고 본질적으로 방어적이었다. 그는 가능한 한 빨리 오펜하이머 문제에서 벗어나고 싶었다. 그는 매카시 같은 사람이 주도하는 대대적인 조사를 원치 않았고, 국가의 핵무기 체계를 무너뜨릴 수 있는 스캔들도 원하지 않았다. 아이젠하워는 "오펜하이머와 민감하거나 기밀인 정보 사이에 '보호막'을 설치하라."라고 지시했다. 이 문제는 거기서 끝날 수도 있었다. 오펜하이머는 더 이상 미국원자력위원회(AEC)의 GAC(자문위원회) 일원이 아니었고, AEC가 자문을 구하지 않을 수도 있는 컨설턴트에 불과했다. 하지만 스트라우스는 피를 원했다. 로스 앨러모스의 최고 보안 책임자 중 한 명으로 오펜하이머가 보안 위험이 없다는 것을 알고 있던 잭 랜스데일(Jack Lansdale)은 오펜하이머의 보안 허가가 취소될 것이라는 소식을 듣고 오랜 동료인 켄 니콜스(Ken Nichols)에게 개입해 달라고 요청했다. "이 일을 막을 방법이 있을 거야, 켄." 그가 말했다. "오피와 위원회의 계약 기간이 얼마 남지 않았으니 그냥 계약이 만료되도록 놔두고 갱신하지 않으면 되잖아." "잭, 미안하네." 니콜스가 대답했다. "내가 할 수 있는 일은 없네."

미국원자력위원회가 오펜하이머에 대해 조치를 위하기 시작하면서, 위원회가 어디쯤에서 손을 떼고 FBI가 개입했는지 구분하기 어려웠다. 과거에는 FBI가 어떤 사람에 대한 보안 서류를 작성한다면 파일을 제출하는 것으로 일이 끝났었다. 하지만 오펜하이머의 경우는 달랐다. FBI의 이 과학자에 대한 감시는 지속적으로 이루어졌다. FBI와 스트라우스의 협력은 매우 긴밀했으며, 오펜하이머가 처음으로 자신의 혐의에 대해 들었을 때는 FBI가 이미 그가 틀림없이 방문할 것으로 예상되는 두 곳, 즉 전 AEC 법률 고문인 조 볼프와 허버트 마크스의 법률 사무소에 도청 장치를 설치해 놓고 있었다.

해롤드 그린에게 오펜하이머 사건은 그의 공직 경력에서 단순한 후회를 넘어 자신에 대한 혐오감까지 들게 만든 사건이었다. 그는 자신이 편파적인 배심원단과 불공정한 재판을 위한 고발장을 준비 중이라고 느꼈다. 그럼에도 불구하고 그린은 오펜하이머가 1930년대 후반에 오랫동안 동반자 성향을 보였으며, 로스 앨러모스 시절에는 보안 요원들의 질문에 솔직하지 못한 답변을 했다는 사실에 놀랐다. 무엇보다도 그린은 오펜하이머가 의도적으로 수소폭탄 제조를 늦췄다는 혐의에 흥미를 느꼈다. 그러던 중 한 문서가 그의 눈에 띄었는데, 약 18개월 전 에드워드 텔러와 FBI가 나눈 인터뷰였다. 이 비밀 대화에서 텔러는 오펜하이머를 한때는 위대한 과학자였지만 교묘한 심리적 책략과 상당한 설득력을 이용해 다른 애국적인 물리학자들이 슈퍼 프로젝트에 참여하지 못하도록 설득한 인물로 묘사했다. 텔러는 오펜하이머가 국가를 전복하기 위해서라기보다는 질투심 때문에, 즉 텔러가 더 큰 폭탄을 만들어 더 큰 과학적 성공을 거둘 것이라는 두려움 때문에 그렇게 행동했다고 믿었다.

1953년 12월 21일, 루이스 스트라우스는 J. 로버트 오펜하이머를 소환하여 미국원자력위원회(AEC)가 그를 보안 위험 인물로 여기고 있다고 알렸다. 스트라우스는 오펜하이머에게 24시간 안에 AEC의 혐의에 대해 이의를 제기하거나, 인정하고 받아들일 것을 요구했다. 오펜하이머는 고위층에서 자신에 대한 반감이 커지고 있다는 것을 알고 있었음에도 불구하고 충격을 받았다. 그는 소환 첫날 두 명의 변호사와 함께 앉아 있었는데(FBI가 전자도청 장치로 듣고 있었다), 고개를 저으며 말했다. "내게 무슨 일이 일어나고 있는지 믿을 수가 없어!"

선이 그어졌다. "맞서 싸우지 마세요, 이길 수 없어요." 그의 오랜 친구 빅토어 바이스코프가 오펜하이머를 말리며 그에게 말했다. "만약 그들이 당신의 기밀 취급 허가권을 취소한다면, 당신이 해야 할 말은 그게 그들에게 손실이라는 점을 인식시키는 것입니다." 하지만 오펜하이머는 궁지에 몰린 느낌이었다. 그의 혐의들은 과학자로서의 그의 진실성을 난도질하는 것이었다. 그는 청문회가 얼마나 고통스러울지 어느 정도 짐작하고 있었다. 그는 자신이 정부를 위해 봉사하기에 부적합한 인물이라는 생각을 받아들이지 않겠다는 내용의 답변서를 루이스 스트라우스에게 보냈다. "제가 그렇게 부적합한 인물이라면, 제가 지금껏 노력해 온 것처럼 이 나라를 위해 봉사할 수도 없었을 것이고, 프린스턴 연구소의 소장이 될 수도 없었을 것이며, 과학과 국가의 이름을 걸고 여러 차례 연설할 수도 없었을 것입니다." 물론 그는 자신의 혐의들과 맞서 싸울 생각이었다.

이제 사건들은 기묘한 이중성을 띠게 되었다. 미국이 수소폭탄 실험을 앞두고 있을 때 원자력위원회에서 고용한 변호사들은 J. 로버트 오펜하이머를 보안 위험 인물로 재판에 회부할 준비를 하고 있었다.

J. 로버트 오펜하이머에 대한 재판은 1954년 4월에 시작될 것으로 보였다. 한편 수소폭탄 실험은 1954년 3월 1일 마셜 제도의 비키니 환초에서 실시되었다. 최초로 수소폭탄 폭발 실험이 실시되었으며, 폭탄은 과학자들이 정확하게 피해를 측정할 수 있도록 비행기가 아닌 150피트(약 45미터) 높이의 탑에서 투하되었다. 폭발을 통제하던 사람들은 폭발력이 7메가톤에 달할 예상했다. 그러나 실제 폭발력은 예상치의 두 배인 15메가톤이었다. 히로시마에 투하된 폭탄보다 1,000배나 더 강력한 수준이었다.

정부가 고용한 최고 수준의 기상학자들은 폭발 후 방사성 낙진의 움직임을 예측하기 위해 그 지역의 풍향을 연구했다. 하지만 바람은 예상대로 북동쪽으로 불지 않고, 예상 경로의 남쪽 지역으로 방향을 바꾸었다. 낙진은 미군 구축함을 가로지르며 날아갔는데, 그 배의 선원들은 어떤 예방 조치를 취해야 하는지 잘 교육받은 상태였다. 그들은 옷의 단추를 잠그고 신속히 갑판 아래로 내려갔다. 이후 그들은 낙진으로 생긴 재를 씻어내기 위해 몇 시간 동안 물로 배를 청소했다. 배를 타고 있던 사람 중 중상을 입은 사람은 없었다.

모두가 운이 좋았던 것은 아니었다. 비키니 섬에서 동쪽으로 약 100마일 떨어진 세 개의 작은 섬들이 큰 피해를 입었다. 론게릭 섬에 기상 관측을 위해 주둔하고 있던 26명의 미국 해군들은 즉시 씻고, 옷을 더 껴입고, 텐트 안에 머물러야 한다는 것을 알고 있었다. 하지만 아무도 마셜 제도 주민들에게는 이 가장 끔찍한 현대식 무기에 의해 피해를 당할 위험에 놓여 있다는 사실을 알려주지 않았다. 미국 의료팀들이 세 섬 모두에 급파되었다. 다행히도 론게릭 섬에서 방사능이 가장 심각한 수치로 검출된 지역에는 민가가 없었다.

가장 운이 나빴던 희생자들은 후쿠류 마루 또는 "행운의 용"이라고 불린 일본 국적의 소형 어선에 탑승했던 어부들로 밝혀졌다. 이번 여행에서 행운의 용은 정말 운이 나빴다. 출항 초기인 5주 전부터 거의 매사가 잘못 돌아가고 있있다. 정식 선장은 병이 났고, 엔진은 끊임없이 문제를 일으켰다. 어획량은 최저 수준이었고, 어부들은 산호초 때문에 가지고 있던 낚시줄의 절반을 잃었다. 그들은 연속적인 재앙에서 벗어나기 위해 필사적으로 노력하면서, 항로를 마셜 제도 동쪽 해역으로 돌리기로 결정했다. 충분한 어획량에 이르려면 40톤의 참치를 잡아야 했지만, 당시까지 그들의 어획량은 9톤에 불과한 상태였다. 3월 1일, 그들은 이번 출항의 마지막 그물을 던지기로 결정했다. 행운의 용 관리 책임자들은 과거 미국인들이 원자력 실험을 실시했던 마셜 제도 주변 지역에 대한 세심한 주의를 기울이고 있었다. 그들은 자신들의 건강을 염려하기보다 강대국 당국의 기분을 상하게 할 수도 있다는 있다는 것에 대해 더 염려했다. 일본 해상보안청에서 3월 1일 경 핵실험 가능성을 경고하는 통지를 발행했지만, 이 소식은 대형 항구에 정박 중인 일부 일본 어선들에게만 전달되었다. 소형 항구인 야이주에서 출항한 행운의 용에게는 이 경고가 전달되지 않았다.

3월 1일 새벽, 행운의 용은 비키니 섬에서 동쪽으로 약 100마일 떨어진 곳에 있었다. 신조 스유키라는 한 젊은 선원은 잠이 오지 않아 갑판 위를 걷다가 우연히 서쪽을 쳐다봤다. 오렌지 모양을 한 희고 노란 색깔의 거대한 불꽃이 보였다. 그는 동료들에게 알리기 위해 선실로 뛰어 내려갔다. "태양이 서쪽에서 뜨고 있어요!" 그가 소리쳤다. 잠자리에서 일어난 선원들의 눈에도 이글거리는 오렌지색 불빛이 보였다. "피카돈이다!" 한 선원이 소리쳤다. 이 말은 원자폭탄을 뜻하는 새로운 일본어 표현이었다. 히로시마에 원폭이 투하된 날 아침에 생겨난 이 말은 "천둥과 번개"를 의미했다. 몇 분 후 바다가 크게 흔들렸고, 엄청난 충격의 폭발이 두 번 더 이어졌다. 곧 선원들은 성층권 높이까지 뻗어 있는 거대한 구름을 볼 수 있었다. 일부 선원들은 즉시 그 지역을 떠나고 싶어 했지만, 다른 이들은 어획량이 너무 적어 하루를 더 조업해야 한다고 생각했다. 그래서 그들은 그물을 펼쳤다. 선원들 중에서 가장 고학력이었던 무선 통신사 아이키치 쿠보야마는 도대체 이게 무슨 일인가 하고 곰곰이 생각해 봤다. 그리고는 선실에 있는 책들 가운데서 음속에 관한 책을 한 권 꺼내 들었다. 그는 폭발이 목격된 후 폭발음이 들리기까지 약 7분이 경과했다고 추산했다. 쿠보야마가 최선을 다해 계산한 결과 7분이면 대략 87마일에 해당한다는 결론이 나왔다. 그는 지도를 보고 배가 비키니 섬에서 정확히 87마일 떨어진 곳에 있다는 것을 확인했다. 이제 선원들은 동요하고 있었다. 그들은 빠르게 그물을 거두어들였습니다. 그들의 운세는 여전히 나빴다. 그날 그들이 잡은 물고기는 단 9마리에 불과했다.

두 시간이 지나자 하늘이 바뀌었다. 갑자기 짙은 안개가 끼고, 가벼운 이슬비가 내리기 시작했다. 하지만 평범한 비가 아니었다. 빗속에 작은 잿가루가 섞여 있었기 때문이다. "하늘에서 흰 모래 같은 것들이 떨어지고 있어요." 선원 중 한 명인 타카시 스즈키가 말했다. 재는 그들의 머리카락과 눈에 들어붙었다. 선원들은 조심스럽게 재의 맛을 봤다. 어떤 이들은 소금 맛이 난다고 했고, 다른 이들은 그냥 모래 같다고 했다. 놀랍게도 선원들은 그날 오후 식욕이 전혀 나지 않는다는 사실을 깨달았다. 일부는 심한 메스꺼움을 느꼈다. 다른 이들은 눈에 통증을 느꼈고, 다음 날 아침에는 거의 눈을 뜰 수조차 없었다. 밧줄을 다뤘던 손에서도 통증이 생기기 시작했다. 사흘째 되던 날, 일부는 열이 나는 것을 느꼈다. 그들의 피부는 점점 검게 변하기 시작했고, 죽음의 비에 노출됐던 손가락과 목에 염증이 생기기 시작했다. 그럼에도 불구하고, 그들 대부분은 미국인들에게 잡히지 않고 비키니 해역을 빠져나온 것에 안도했다.

3월 13일, AEC는 핵실험에 관한 짧은 성명을 조용히 발표했다. ("마셜 군도에서 있었던 일상적인 핵실험 과정에서 예기치 않게 일부 사람들이 약간의 방사능에 노출되었다. 화상 환자는 없고, 모두 건강한 것으로 보고되었다.") 성명은 솔직함과는 거리가 멀었다. 28명의 미국인과 236명의 마셜 제도 주민들이 방사능 치료를 받았다는 사실만이 간단히 언급되었다. 이 기사는 일본에서 1면 톱뉴스를 차지했지만, 다음 날 항구에 귀항한 후쿠류마루(해운의 용) 호의 선원들에게는 아무런 도움이 되지 못했다. 승선자 중 많은 이들이 매우 아팠음에도 불구하고, 그들은 일본으로 돌아오는 항해 동안 도움을 요청하는 무선 연락을 하지 않았다. 그들이 여전히 미국 당국에 알려지는 것을 두려워했기 때문이었다. 당시 상황을 가장 민감하게 의식했던 쿠보야마는 오츠카라는 친구를 찾아가서 말했다. "오츠카 상, 나를 좀 보게. 나는 이제 끝장났네." 그의 친구는 그의 검은 피부를 한 번 쳐다보고는 말했다. "자네, 꼭 흑인같군."

선원들은 병원으로 이송되었다. 대다수는 중상이었다. 쿠보야마는 자신이 방사능에 오염된 것을 알게 된 후 일기에 이렇게 적었다. "오늘부터 우리 가족의 불행은 시작되었다." 선원들은 격리 수용되었다. 야

이주의 어떤 이발사도 그들의 머리를 깎아 주려고 하지 않았다. 젊은 여성들은 텔레비전 뉴스 쇼에 나와 인터뷰하면서, 그들과는 절대 결혼하지 않겠노라고 말했다. 선원 중의 한 명이 독일 기자에게 말했다. "제발 세상이 이 운명의 소리에 귀를 기울이기 바랍니다."

사태가 전개되면서 쿠보야마는 중심 인물로 떠올랐다. 그는 선원들 가운데 자기 표현이 가장 명료한 편이었고, 알고 보니 가장 아픈 사람이기도 했다. 당시 일본 언론들은 그의 상태가 수백만 명에게 경각심을 불러 일으켰다고 지적했다. 그는 미국인들이 뭔가를 숨기고 있다고 확신했다. 히로시마에서 죽거나 부상당한 사람들은 폭발 중심지에 비교적 가까이 있었던 반면, 그의 배는 폭발이 일어난 곳에서 약 90마일이나 떨어져 있었기 때문이다.

일본 당국은 미국 정부가 폭발의 성격에 대해 충분히 설명하지 않고 있다고 생각했다. 그래서 일본의 의사들은 미국 의료진의 예비 방문에 무척 신경을 썼다. 그들이 보기에 미국 의료진은 도착 즉시 성명을 내고, 질병의 심각성을 무시한 다음, 다른 문제로 넘어가려고 하는 것처럼 보였다. 마침내 어부들은 미국 의료진으로부터 검진을 받겠느냐는 질문을 받았다. 쿠보야마를 포함해서 선원들은 그 제안을 거절했다. 미국인들이 자신들을 진정으로 돕기보다는 기니피그처럼 연구 대상으로 삼으려는 데 훨씬 더 관심이 있음을 느꼈기 때문이었다.

그 해 여름 쿠보야마의 건강은 계속 악화되었다. 그의 상태는 극도로 쇠약해졌다. 백혈구 수치는 매우 낮았고, 간염을 앓고 있었다. 9월에 접어들면서 그가 사경을 헤매자 온 국민이 그의 상태를 지켜보고 있었다. 그는 통증이 엄청나다며 절규했다. "몸이 전기로 타는 것 같아요. 몸 밑에 고압선이 있는 것 같아요." 9월 23일, 그는 사망했다. 익명을 요구한 미국 당국자들은 쿠보야마가 간염으로 사망했다고 언론에 밝혔다. 점점 갈수록, 사건을 은폐하려는 것이 미국의 중요한 정책인 것처럼 보였다.

행운의 용 선원들이 겪은 끔찍한 고난에 대한 추가 보고가 일본에서 계속 흘러나오자, 루이스 스트라우스는 너무나 화가 나서 어부들이 아니라 오히려 자신이 피해자라고 믿기 시작했다. 그의 생각은 당시의 과대망상증을 반영하는 것이었다. 그는 일본 어부들이 미국을 염탐하고 혼란에 빠뜨리려는 음모를 꾸미던 공산주의자들이라고 아이젠하워에게 보고했다. 그는 아이젠하워의 공보 비서 짐 해거티에게 이렇게 말했다. "내가 만약 빨갱이라면, 나는 전 세계의 모든 바다를 방사능에 오염된 물고기로 가득 채울 것이오. 그렇게 하는 건 매우 쉬운 일일 거요!"

1954년 4월 2일, 짐 해거티는 냉전과 함께 현실에서 점점 더 고립되어 가는 상황에 대한 주목할 만한 통찰을 보여주는 일기를 남겼다. "여기에 3월 1일 수소폭탄 폭발의 낙진으로 '화상'을 입었다고 주장하는 일본 어부들의 이야기를 적어놓는 게 좋겠다. 루이스 스트라우스와 다른 이들은 어선이 빨갱이 스파이 조직이라고 의심한다. 이유는 다음과 같다. (1) 방사능에 오염되었다고 추정되는 물고기들은 낙진이 발생했을 때 이미 냉동실 안에 있었다. (2) 일본 정부는 우리측이 어부들을 검진하도록 허용하지 않았다. (3) 그들이 밝힌 혈구의 수치는 낙진에 같이 노출되었지만 화상을 입지 않은 우리 기상관측소 직원들의 수치와 같다. (4) '선장'은 22세로, 선원 경력이 전혀 없었다. 이런 점 때문에 러시아 스파이 조직이라는 혐의가 의심되지만, 우리는 이를 공개적으로 밝히고 싶지는 않다. 그렇게 하면 우리가 알고 있는 다른 정보들이 노출될 것이기 때문이다. 흥미로운 이야기이며, 언젠가는 밝혀지기를 바란다."

비슷한 시기에, 오펜하이머를 논박할 증언을 청취하기 위한 3인 소위원회의 위원 선정 작업이 진행되고 있었는데, 보안 사건에 대한 경험보다는 정치적 성향이 중요시되었다. 오펜하이머에게 조금이라도 동조하는 것으로 의심되는 사람들은 제외되었다. 스트라우스는 오펜하이머 반대 세력을 규합하느라 바빴다. 그는 텔러에게 자신이 어떻게 연구소를 얻는 데 도움을 주었는지, 그리고 그가 외롭게 반대 목소리를 내고 있을 때 자신이 얼마나 그를 지지했는지 상기시켰다. 또한, 사람들은 텔러가 스트라우스에게 개인적으로 빚을 지고 있다고 생각했는데, 스트라우스가 제2차 세계대전 후 비밀 작전을 통해 텔러의 노부모를 공산 치하의 헝가리에서 탈출시키는 데 도움을 주었기 때문이었다. 오펜하이머의 또 다른 반대자였던 물리학자 루이스 앨버레즈(Luis Alvarez)는 증언대에 서고 싶지 않았다. 하지만 훗날 앨버레즈의 기록에 따르면, "루이스 스트라우스는 나에게 조국을 위해 봉사할 의무가 있다고 반박했다. 나는 전쟁 중에 이미 조국을 위해 헌신했다고 말했다. 루이스는 논리적으로 설득되지 않자 감정이 격해졌다. 마침내 그는 다음 날 내가 워싱턴으로 오지 않는다면 평생 수치심에 부끄러워할 것이라는 예언을 남기고 떠났다."

오펜하이머의 친구 릴리엔탈과 바이스코프는 이런 절차가 미친 짓이라고 생각했다. 바이스코프는 오펜하이머에게 이런 편지를 보냈다. "어쩐지 운명의 신이 당신을 이 투쟁에서 가장 무거운 짐을 짊어질 사람으로 선택한 것 같습니다. … 만약 내가 이 일을 누가 감당할지 정해야 한다면, 당신 말고는 선택할 수 없을 것입니다. 이 나라에서 누가 당신보다 우리가 살아가는 모든 것의 정신과 철학을 더 잘 대표할 수 있겠습니까. 기분이 우울할 때는 우리를 생각해 주세요. 당신의 곁에서 당신에게 의지하고 있는 모든 친구들을 생각해 주세요."

하지만 현실은 바이스코프의 희망과는 전혀 달랐다. 청문회는 사실상 검찰과 변호인이 있는 재판이나 다름 없었고, 미국의 정치사에서 가장 저열한 순간 중의 하나였다. 증언의 규칙은 검찰측에 매우 유리했다. 스트라우스는 정상적인 절차였다면 당연히 청문회를 담당할 변호사를 AEC 내부에서 차출했을 테지만 이번에는 그렇게 하지 않았다. 대신 그는 보수적인 소송으로 명성을 날리던, 우익 논평가 풀턴 루이스 2세(Fulton Lewis, Jr.)의 절친이던 로저 로브(Roger Robb)라는 강경한 성향의 변호사를 선임했다. 로브는 난폭한 검사처럼 행동했다. 그러나 오펜하이머의 변호사는 특별히 그를 잘 대변하지 못했다. 그의 변호사는 너무나 신사적이었다. 페르미, 라비, 폰 노이만, 맥클로이, 케넌, 코넌트 같은 과학계와 정치계의 엘리트들이 오펜하이머의 충성심과 헌신에 대해 증언했지만, 소용없는 일이었다. 아마도 미국의 유명 인사 중에서 로버트 오펜하이머만큼 오랜 기간에 걸쳐 FBI의 미행과 도청을 당한 사람을 없었을 것이다. 오펜하이머의 도청 기록 중에는 14년 전으로 거슬러 올라가는 기록들도 있었다. 그러다보니 상황을 설명해주는 대화의 전후 맥락은 사라지고 없었다. 그는 로스 앨러모스에서 조국을 위해 수많은 것들을 희생했지만, 그 세월 역시 전혀 참작되지 않았다. 마치 그는 빠져나올 수 없는 미로에 갇힌 것 같았다. 10년 전에 보안 요원에게 왜 사소한 거짓말을 했느냐는 질문에 그는 체념하듯 대답했다. "내가 바보였기 때문이죠."

어떤 특별한 사항을 심문할 경우에 오펜하이머 측 변호사들은 퇴장하지 않으면 안되었다. 그들에게 고급 기밀 사항을 취급할 허가권이 없었기 때문이다. 릴리엔탈은 "스페인 종교재판 이후로 이런 재판은 없었다."라고 말했다. 오펜하이머는 무자비한 사흘 간의 반대 심문을 포함하여 약 20여 시간 동안 기진맥진한 채 증인석에 서 있었다. 결국 그는 친구들의 예상과는 달리, 과학적 주장을 개진할 자유를 누린 강력한 증인이 되기는커녕 오히려 과거의 사소한 흥허물로 인해 위축된 사람처럼 보였다.

결국에 오펜하이머를 무너뜨린 것은 아마도 에드워드 텔러의 증언이었을 것이다. 오펜하이머에 대한 비난이 불거진 직후, 두 사람은 뉴욕 로체스터에서 열린 과학 컨퍼런스에서 마주쳤다. 텔러는 오펜하이머에게 곤경에 처해 유감이라고 말했다. 오펜하이머는 텔러에게 그 시절 자신이 한 일 중에 잘못된 것이 있었는지 물었다. 텔러는 아니라고 대답했다. 이에 오펜하이머는 텔러에게 자신의 변호사 로이드 개리슨 (Lloyd Garrison)과 만나달라고 부탁했다. 어쩌면 텔러가 자신을 위한 증인이 될 수도 있겠다는 생각이 들었기 때문이었다. 개리슨과 텔러의 만남은 순조롭지 않았다. 개리슨은 텔러가 오펜하이머를 위험 인물로 여기고 있으며, 그에게 강한 반감을 지니고 있다는 확신을 갖고 돌아왔다. 그렇지만 텔러는 오펜하이머의 애국심에 대해서만은 의심할 여지가 없다고 개리슨에게 말했다.

FBI 문서들에서 나중에 분명해진 바에 따르면, 스트라우스에 의해 반대 증언자로 차출된 후 텔러는 자신의 역할에 대해 혼란스러워하고 양가적인 감정을 느꼈다. 오펜하이머에 대해 증언하는 것 자체보다는, 그렇게 함으로써 자신이 미국 과학자들 사이에서 왕따가 될 것을 두려워했기 때문이었다.

텔러는 훗날 자신은 워싱턴에 도착할 때까지도 증언을 해야 할지 말지 확신하지 못한 채였으며, 로브가 오펜하이머의 비밀 문서를 보여준 뒤에야 비로소 증언하기로 결정했다고 주장했다. 하지만 기록에 따르면 이는 사실과 다르다. 기록은 스트라우스와 로브, 텔러 사이에 협의가 이루어졌으며, 텔러가 다른 과학자들과의 관계를 깨뜨리지 않으면서 오펜하이머에게 최대한의 타격을 줄 수 있는 방법을 찾기 위해 많은 노력을 기울였음을 보여준다. 그래서 그들은 매우 복잡미묘한 방식을 택해야만 했다. 로브가 텔러에게 오펜하이머가 국가에 불성실했음을 시사하고 싶은지 물었을 때, 텔러는 재빨리 대답했다. "저는 그런 식으로 언급하고 싶지는 않습니다. 저는 오펜하이머가 지적으로 매우 명석하며, 매우 복잡한 인물이라고 알고 있습니다. 제가 어떤 식으로든 그의 동기를 분석하려 한다면 그건 주제넘고 잘못된 일이라고 생각합니다. 저는 항상 그가 미국에 충성을 바쳤으며, 지금도 그러리라고 생각합니다. 저는 그를 믿으며, 반대되는 결정적인 증거를 보기 전까지는 계속 그렇게 믿을 것입니다."

로브는 자신의 역할을 정확히 알고 있었고, 텔러의 증언 효과를 극대화시키기 위해 움직였다. "자, 그럼 이제 결론적으로 여쭤보겠습니다."라는 말로 그가 질문을 시작했다. "당신은 오펜하이머 박사가 안보에 위험한 인물이라고 생각합니까, 아니면 그렇지 않다고 생각합니까?" 이는 결정적 순간이었고, 로브는 전날 밤의 대화를 통해 무슨 말을 듣게 될지 알고 있었다. "저는 오펜하이머 박사의 행동을 수없이 지켜봐 왔습니다만, 오펜하이머 박사가 제가 납득하기 어려운 방식으로 행동한다고 생각했습니다. 저는 많은 문제에서 그와 전적으로 의견이 달랐습니다. 솔직히 그의 행동들은 제게 혼란스럽고 복잡해 보였습니다. 이런 의미에서 저는 국가의 중대사들이 보다 더 납득할만하고 신뢰할 수 있는 사람들의 관리 하에 놓여야 한다고 생각합니다. 그러니까 저는 매우 제한적인 의미에서, 공적인 문제들이 그가 아닌 다른 사람들의 손에 맡겨진다면 더 안전할 것이라는 개인적인 느낌을 말씀드리고 싶습니다." 증언의 내용은 교묘했다. 텔러는 오펜하이머를 위험 인물이라고 직접 부르지 않으면서도 사실상 그를 호되게 처벌한 셈이었다.

마침내 대단원의 막이 내렸다. 텔러는 오펜하이머가 결코 의도적으로 국가의 안전에 반하는 일을 하지는 않을 것이라고 말하면서도, "1945년 이후 그가 보인 행동들로 입증된 지혜와 판단력의 문제라면, 보안 허가를 내주지 않는 것이 더 현명할 것입니다."라고 말했다.

그는 증언을 마치고 오펜하이머가 앉아 있던 소파로 걸어가 악수를 청했다. "미안합니다." 텔러가 말했다. 오펜하이머는 믿지 못하겠다는 듯 텔러를 쳐다보고는, 정중한 목소리로 이렇게 답했다. "방금 하신 말씀을 들었으나, 무슨 뜻인지 모르겠군요."

이 증언은 두 사람 모두에게 치명적이었다. 3인 소위원회는 2대 1로 오펜하이머에게 불리한 판결을 내렸다. 오펜하이머의 편에 선 사람은 노스웨스턴 대학의 과학자 워드 에반스(Ward Evans)였다. 청문회 초반 확실한 오펜하이머 반대자로 여겨졌던 그는 학계의 의견을 접한 후 옹호자로 바뀌었다. 오펜하이머가 맨해튼 프로젝트를 이끌어달라는 요청을 받았었다는 사실을 지적하면서 에반스는 말을 이었다. "그는 보안 심사를 통과했습니다. 그의 특별한 재능 때문에 그에게 기회를 주었고, 그는 계속해서 좋은 성과를 냈습니다. 그리고 프로젝트가 완료된 후, 우리는 과거와 거의 동일한 부정적인 정보를 근거로 그를 조사하라는 요청을 받고 있습니다." 과학계의 많은 사람들이 이 결정에 충격을 받았다. 그들 중에는 당시의 미국 우주 프로그램에서 일하고 있던 독일 출신의 재능 있는 과학자가 있었다. 그의 이름은 베르너 폰 브라운(Wernher von Braun)이었다. 그는 오펜하이머의 이른바 기밀 누설 의혹이 제기되던 시기에 나치 독일을 위해 일하고 있었다. 미국은 정말 이상한 나라라고 그는 생각했다. 영국이었다면 오펜하이머는 분명 그의 과학적 업적으로 기사 작위를 받았을 것이었다.

고발장을 작성했던 AEC의 보안 담당 젊은 변호사 해롤드 그린은 텔러의 증언에 격분했다. 그는 혼자서 중얼거렸다. "이런 이중적이고 거짓말이나 일삼는 개자식! 네놈은 FBI에서 진술했던 내용, 즉 내가 이 청문회의 근거를 마련하는 데 일조했던 언급을 공식적으로 밝힐 배짱조차 없구나." 그린이 결국 이 청문회를 설명하기 위해 사용한 단어는 '린치'였다. 청문회 내용은 비밀에 붙이는 것이 상례였다. 하지만 스트라우스는 청문회 사본을 공개하라고 지시했다. 그린은 스트라우스가 단순히 오펜하이머 개인에게 피해를 주기 위해서만이 아니라, AEC에 남아있는 3명의 트루먼 시대 잔존자들에게 추가 압력을 가해 그레이 위원회[Gray board, 3인 소위원회]에서 내린 2대 1 판결을 확정하기 위한 수단으로 기록 공개를 지시했다는 것을 알아차렸다.

그린은 1954년 8월에 사임했다. 루이스 스트라우스가 사임 이유를 묻자 그린은 대답을 주저했다. 결국 스트라우스는 그의 사임이 오펜하이머 사건과 관련이 있는지 물었다. 그린은 그렇다고 대답했지만, 그것은 단지 부분적인 이유일 뿐이며, 위원회의 성격이 완전히 바뀌었기 때문이라고 대답했다.

미국 정부는 결과에 만족했다. 정부는 오펜하이머를 공직에서 제거하되 매카시가 이 사건에 끼어들지 않기를 바랐다. 하지만 사건이 신문에 대서특필되고 오펜하이머가 공개적으로 반격에 나서면서 아이젠하워는 불안해졌다. "우리는 우리 과학자들이 모두 빨갱이로 몰리지 않도록 이 문제를 잘 처리해야만 합니다. 아무래도 빌어먹을 매카시가 그런 짓을 벌일 것만 같으니 말이오." 나중에, 재심 위원회에서도 패소 판결을 받은 오펜하이머가 위원회의 결정을 공개하기로 결심하자, 아이젠하워는 격노했다. "이 오펜하이머란 작자는 정말 공산주의자처럼 행동하는군. 이 작자는 사람들이 누구를 순교자로 만들고 싶을 때 대중의 정서를 자기편으로 끌어모으기 위해 사용하는 수법들을 모두 사용하고 있단 말이야."

오펜하이머는 심적으로 큰 상처를 받았다. 그는 프린스턴 고등연구소를 그만두지 않겠다고 공언했다. 연구소 이사회 멤버였던 스트라우스는 자신이 개인적인 감정으로 행동하지 않았노라 말했다. 그는 자신의 선의를 보여주기 위해 방금 오펜하이머의 급여를 25% 인상했다고 기자들에게 전했다. 하지만 오펜하이머는 보안 허가가 취소되었기 때문에 자기 분야의 첨단 연구에서 배제될 것이었다. 이제 그는 더 이상 동료들과 어울리거나, 그들의 연구에 대해 비공식적인 토론조차 할 수 없게 되었다. 불가피하게 그는 옛 직장 동료들과의 우정을 끊고 외톨이가 되었다. 그는 갈수록 고립되었고, 슬픔 또한 커져갔다. 그는 이제 줄담배를 끊임없이 피워댔다. FBI는 여전히 그를 계속 감시했다. 한번은 한 친구가 아이들와일드 공항에서 그와 우연히 마주쳤는데, 오펜하이머는 주변에 있는 세 남자를 가리키며 저 사람들이나 저들과 비슷한 사람들이 항상 자신을 따라다닌다고 말했다. 작가 존 메이슨 브라운(John Mason Brown)이 한번은 오피에게 "피를 흘리지 않은 십자가형"을 당했다고 위로하자, 오펜하이머는 웃으며 대답했다. "자네도 아다시피, 피 한 방울 흘리지 않은 건 아니라네. 여전히 내 손에 흐르는 뜨끈한 피를 느낄 수 있으니 말일세."

그해 말, 모든 진영과 연줄이 있던 엔리코 페르미가 암으로 죽어가고 있었다. 수소폭탄 시대의 도래와 그로 인한 정치적 논쟁들로 매우 낙담해 있던 페르미는 병상에서 성명을 발표했다. "로스 앨러모스 연구소는 원자폭탄과 수소폭탄을 모두 개발한 공로를 인정받아야 합니다." 페르미의 절친 에밀리오 세그레(Emilio Segre)는 이 성명이 오펜하이머에게 시련을 안겨준 후에 어느 정도의 정의감을 회복하고자 한 페르미 나름의 노력이었다고 생각했다.

에드워드 텔러는 과학계 내에서 천덕꾸러기 취급을 받았다. 그의 동료들로 구성된 배심원들은 사건의 내막을 가장 잘 알고 있었기에 텔러에게 극도로 분노했다. 설상가상으로 수소폭탄 개발이 지연되었고, 그들은 개발 지연이 이 프로젝트에 대한 오펜하이머의 냉담함 때문이 아니라 텔러의 계산 착오 때문이었다고 믿고 있었다. 오펜하이머의 판결이 있었던 해의 여름에 텔러는 로스 앨러모스에서 열린 핵 과학자 회의에 참석했다. 첫날, 그는 점심을 먹으러 식당에 갔다. 그는 사람들로 붐비는 식당 건너편에 앉아있던 로버트 크리스티와 I. I. 라비를 발견하고, 그들과 합석하기 위해 부지런히 그들 쪽으로 다가갔다. 오랜만에 재회한 옛 동료들과 편안하게 담소를 나누고 싶었다. 하지만 크리스티와 라비는, 식당에 가득 찬 저명한 과학자들이 보는 앞에서 텔러가 내민 손을 뿌리쳤다. 나아가 라비는 텔러의 증언이 극도로 영리한 방식이었다며 빈정거림이 섞인 축하를 건넸다.

텔러는 뺨을 얻어맞는 기분으로 뒤로 물러나, 곧바로 자기 방으로 되돌아갔다. 그는 그 날 나머지 시간 내내 자기 방에서 울었다. 이후 9년 동안 그는 로스 앨러모스를 방문하지 않았다. 한때 사교적인 성격으로 유명했던 그는 이제 말이 없어지고 고독한 사람처럼 보였다. 주변에 대한 그의 불신은 커져갔다. 그는 인터뷰를 위해 기자와 만날 때면 먼저 수소폭탄에 대한 기자의 입장부터 밝히라고 요구했다. 그는 대장염을 앓았다. 그의 아내 미시는 아이들에게 아버지가 우울한 기분일 때에는 가까이 가지 말라고 경고해야 했다. 친구들은 그의 어린 딸이 "아빠를 좀 괴롭히지 마세요. 아빠 머리 속에는 검은 벌레들이 들어 있단 말이에요."라고 말하는 것을 들었다. 약 8년 후, 프린스턴의 역사학자 에릭 골드먼이 텔레비전 프로그램을 위해 텔러를 인터뷰했다. 인터뷰 도중 골드먼은 텔러에게 오펜하이머의 기밀 취급 허가를 복원시키는 것에 찬성하느냐고 물었다. 텔러는 그 질문을 듣자 매우 당황해 했다. 카메라가 계속 돌아가고 있었지만 그는 아무 말도 하지 못한 채 가만히 앉아 있었다. 카메라는 그의 압도적인 침묵을 더욱 강조하는 것 같았다. 나중에 텔러는 녹화 내용에서 그 질문을 삭제해달라고 간청했고, 골드먼은 그의 요청을 들어주었다. 하지만 이 소문은 금방 퍼져나갔고, 결국에는 전국지에까지 실리게 되었다.

텔러와 스트라우스 같은 인물들이 부상하면서 드러난 워싱턴의 정치 지형 변화는 미 전략공군사령부(SAC)의 중요성 증대로까지 이어졌다. 아직 대륙간 탄도 미사일이 등장하기 전이었고, 소련이 여전히 유럽에 대규모 지상군을 주둔시키고 있었기 때문에, SAC는 세계 각처에서 발생하는 도발에 대응할 수 있는 미 군사력의 핵심으로 여겨졌다. SAC는 미군 내에서 신화적인 존재였고, 공군의 조지 패튼으로 불렸던 커티스 르메이(Curtis LeMay)가 지휘했다. 그는 외골수에다 엄격하고 용맹하며 독창적인 지휘관이었다. 그는 조 1과 스푸트니크[1957년에 소련이 발사한 최초의 인공위성] 사이 기간에 엄청나게 팽창한 SAC를 책임졌다. 전후 얼마 동안 항공 기술은 SAC의 임무 범위를 따라가지 못했지만, 1951년 가을에 첫 B-47 폭격기들이 인수되기 시작했다. 이는 제트 시대와 장거리 폭격기의 결합을 의미했다. B-47은 구형 B-36을 대체했다. B-36은 6기의 엔진을 장착한 매우 무거운 프로펠러 비행기였는데, 최대 항속 거리가 7,500마일에 달할 정도로 엄청났지만 최고 속도는 시속 430마일로 제한적이었다. 반면에 B-47은 가벼우면서도 강력한 힘을 갖고 있었다. B-47은 시속 600마일의 속도로 비행할 수 있었는데, 이는 그 어떤 소련 폭격기보다 빠른 속도였다. 또한 최대 고도 45,000피트까지 상승할 수 있었다. 한 번의 급유로 약 3,000마일밖에 비행할 수 없었지만, 1951년 여름에 KC-97 급유기가 인수됨에 따라 공중 급유가 가능해졌다. 따라서 실제 항속거리는 6,000마일에 가까웠다.

1949년부터 1955년까지 르메이는 SAC의 규모를 4배 이상 늘렸는데, 비행기와 장비의 수량 뿐만 아니라 조종사와 승무원의 자질도 향상시켰다. 르메이는 1948년 말 SAC에 부임했을 당시에 깜짝 놀랐었다. 비행기들의 상태는 엉망이었고, 조종사들은 평화시라 그런지 살이 찌고 나태하기 그지 없었다. 그가 내린 평가는 "도무지 형편 없음."이었다. 1948년 10월 SAC에 부임하자마자, 르메이는 오하이오 주 데이튼에 대한 모의 공격 명령을 내렸다. 이는 SAC라는 작은 조직 안에서도 전설적인 사건이 될 정도로 완전한 실패로 끝났다. 비행기들은 야간 비행을 하면서 레이더를 사용해 목표물을 선정해야 했다. 승무원들은 전투 고도 비행에 익숙하지 않았고, 비행기들은 출전 태세가 되어 있지 않았다. 상당수 비행기들의 가압 장치가 작동하지 않았다. 작전에 참가한 150명의 승무원 중 단 한 팀도 지시받은 임무를 수행하지 못했다. 폭격 오차는 상상을 초월한 수준이었다. 르메이는 데이튼 작전을 통해 조종사들에게 그가 생각했던 것만큼이나 그들의 상태가 형편없다는 것을 보여줬다는 사실에 내심 만족했다. 그래서 그는 이 작전을 미국 항공 역사에서 가장 어두운 밤이라고 명명했다.

그는 처음부터 SAC를 미군 내에서 가장 우수한 부대로 만들고자 했다. 그는 성과를 내지 못한 지휘관들을 해임하고, 성과를 낸 이들은 포상했다. 장교들이 장교 클럽에서 술을 마시며 너무 많은 시간을 보낸다고 생각했던 그는 부하들에게 SAC에서 새롭게 설정한 기준에 따라 강의를 듣도록 했을 뿐 아니라, 그들의 아내들도 회의에 소집하여 이제부터는 승진이 연공서열이 아닌 성과를 기준으로 이루어질 것이라고 전했다. 같은 조의 승무원 전원을 동시에 함께 승진시킬 것이며, 따라서 남편들이 매일 아침 숙취에 시달리지 않고 국가를 위해 종일 일할 준비가 되도록 만드는 것이 아내의 몫이라는 것이었다.

몇 년에 걸쳐 르메이는 현대 공군 조종사의 모습을 완전히 바꿔냈다. 제2차 세계대전 당시의 조종사들은 일종의 득의양양한 젊은이들이었다. 대담하고 영웅적이었으며, 기꺼이 싸우고 마시며 사랑하기를 열망했고, 곧잘 군법을 위반하여 종종 군사재판에 처해질 뻔하다가 마지막 순간에 더 많은 일본 전투기를 격추시키거나 독일 상공에서 더 위험한 폭격 임무를 수행함으로써 용서를 받곤 했다. 구 세대들은 르메이의 새로운 세대들을 아주 경멸조로 바라봤다. 매일 밤 일찍 잠자리에 들고, 계산자와 서류 가방을 들고 다니며, 태양 빛 너머에서 나타나는 적기를 발견하는 재능보다는 수학을 잘하는 능력이 뛰어난 사람들이라는 것이었다. 이런 지적은 맞는 부분도 없지 않았다. 새로운 비행기들은 점점 더 복잡한 기계가 되어 갔고, 더욱 정교한 수학적 기술을 요구했기 때문이다. 새로운 조종사들은 더 높은 고도로 비행했고, 목표물과의 접근 거리를 점차 컴퓨터로 계산해냈다. 그들은 폭격 임무 외에도, 14~15시간이나 걸리는 단조로운 연습 비행 임무를 계속 수행했다. 이러한 임무는 심신을 지치게 만드는 것이어서, 전날 밤에 잠을 잘 잔 조종사들이 최상의 컨디션을 유지할 수 있었다.

르메이와 그의 새로운 세대에 대한 비판들이 있었지만, 어느 누구도 그의 면전에서 그런 말을 내뱉지는 못했다. 그렇게 대하기에는 그가 워낙 대단한 인물이었다. 제2차 세계대전 중에 그는 부하들이 출정하기 전에 폭격할 도시의 사진을 보며 모의 연습을 하도록 함으로써 독일에 대한 기습 폭격의 정밀도를 크게 향상시켰다. 그는 소총과 사수를 탑승시키지 않아 경량화된 비행기를 이용하여 도쿄와 다른 일본 도시들에 대한 저고도 야간 소이폭탄 공습을 도입하면서 명성을 떨쳤다. 그는 저고도 폭격이야말로 정확도를 높여 주고, 가벼워진 비행기의 비행 거리를 늘려 주며, 엔진의 부담을 줄여줄 것이라고 확신했다. 그렇게 낮은 고도로 비행하면 폭격기의 70%를 잃게 될 것이라는 참모들의 경고에도 불구하고, 르메이는 이를 강행했다. 손실률이 5%를 넘지 않을 것이라는 게 그의 추정이었다.

첫 출전은 놀랄 만큼 성공을 거두었다. 많은 미국인들에게는 특별히 기억될 만한 날이 아닐 수도 있겠지만, 일본으로서는 한 세대에 걸쳐 잊을 수 없는 악몽의 밤이었다. 마치 거대한 손으로 도시 전체에 불질러버린 것과도 같았다. 수천 개의 작은 목조 건물로 이루어진 도쿄는 순식간에 불길에 휩싸였다. 불길은 좁은 거리들을 넘나들며 점점 더 커져갔다. 약 83,000명이 사망했고, 40,000명이 부상을 입었다. 나중에 보고된 바에 따르면, 사상자의 절반은 끔찍한 화재가 공기 중의 산소를 빨아들이면서 질식사했다. 르메이의 비행기들을 겨냥한 대공포는 미약했고, 전투기의 저항도 무시할 만한 수준이었다. 약 17평방 마일의 도쿄 시내가 파괴되었다. 이는 한 도시에 가해진 그 어떤 공격보다도 가장 완벽한 파괴 행위였다. 르메이의 전기 작가 토마스 코피가 언급한 것처럼, "르메이는 단 14대의 B-29를 희생시켜 일본의 전쟁 수행 능력을 파괴할 수 있는 방법을 찾아냈다." 이후 다른 일본의 산업 기지들에 대해서도 똑같이 파괴적인 공습이 이어졌다.

그가 하는 일을 그보다 더 잘하는 사람은 없었지만, 복잡한 정치적 분석이 필요한 상황에서는 그보다 더 빨리 부적절해지는 사람도 없었다. 공군 내의 모든 사람이 그를 좋아한 것은 아니었다. 많은 동료 장교들에게 그는 사교적인 품위가 없는 투박한 사람이었고, 대화도 할 줄 모르고, 식사 중에도 시가를 피우겠다며 고집을 피우는 무례한 사람이었다. 그는 상상할 수 있는 가장 단순한 관점으로 세상을 봤다. 양쪽이 투쟁을 벌이고 있고, 그의 편에 선 사람들은 다른 편의 사람들을 죽이려고 했다. 그는 대부분의 정치인들을 극도로 긴장시켰다. 그의 동료 장교들이 붙인 그의 별명은 아이러니하게도 '외교관'이었다. 그가 사령부 예정지인 오마하를 처음 방문했을 때, 한 지역 기자가 사령부 이전이 오마하 경제에 미칠 영향을 생각하며 물었다. "장군님, 오마하에 좋은 일이 될 것이라고 생각하지 않으십니까?" 그러자 르메이가 대답했다. "그건 오마하에도 아무런 의미가 없고, 나한테도 아무런 의미가 없소."

그는 정부와 군대가 복잡 미묘한 관계에 처했던 시대에 어울리는 사람은 아니었다. 1952년 그는 생애 처음으로 투표를 했는데, 애들레이 스티븐슨 대신 드와이트 아이젠하워를 선택했지만, 아이크는 곧 그를 실망시켰다. 아이젠하워는 르메이가 바랐던 만큼 보수적이지도 않았고, 공산주의의 위협에 대해 걱정하지도 않았다.

미 공군의 위력을 완벽하게 만드는 데 성공한 르메이는 이를 사용해 볼 기회를 갈망하는 것 같았다. 그는 단 한 번의 엄청난 폭격으로 소련군을 파괴시키고 싶어 했다. 그는 1950년대 중반이 될 때까지도 "SAC가 자신들의 방어력에 전혀 손상을 입지 않고서도 소련을(소련의 전쟁 수행 능력을 의미함) 파괴시킬 수 있다."라고 믿었다. 그는 상관들에게 이런 주장을 직접 하지는 않았지만, 그들이 스스로 이런 생각을 해내지 못하는 것을 유감스러워했다. 그는 이렇게 덧붙였다. "우리 중 일부는 나중까지 기다리기보다는 그때 그렇게 하는 것이 더 나았을 수도 있다고 생각했다."

그는 소련이 선제 공격을 할 수도 있다는 사실을 무엇보다도 두려워했다. 그것은 최악의 악몽이 될 것이었다. 그는 공격을 받으면 즉각적인 보복을 할 수 있도록, SAC의 모든 계획을 충분한 수의 폭격기가 항시 출격 준비를 마치도록 하는데 맞추었다. 그에게 제3차 세계대전은 결코 상상할 수 없는 사태가 아니었다. SAC는 끊임없는 적색 경보 태세에 돌입했다. 그러나 커티스 르메이는 자신이 SAC를 지휘하지 않았더라도 잠재적 적들, 특히 공산주의자들에 대한 경계를 늦추지는 않았을 것이다. 조셉 매카시가 미군 내에 동조자를 가지고 있었다면, 그건 바로 커티스 르메이였을 것이다. 당시 미국 정부나 군대의 고위직에 있으면서 그처럼 유별나게 반공주의자였던 사람은 아마 한 명도 없었을 것이다. 그는 소련 자체의 위협에 대해서는 걱정하지 않는다고 말하곤 했다. 그것은 공격 한 방으로 평정할 수 있다고 생각했기 때문이다. 그는 내부 전복의 위협을 더 걱정했다. 그는 비밀 공산주의 세력이 미국의 어떤 기관을 겨냥해 공작을 벌인다면 그 대상은 바로 SAC일 것이라고 확신했다. 그는 비행기들을 보호하는 기지의 방위가 형편없다고 생각했다. "공군에서 가장 멍청한 자들이 헌병대에 배치되어 있다."라고 그는 말했다. 그래서 그는 공군 헌병대의 위상을 격상시켰다. 그들은 베레모와 흰 벨트, 그리고 권총을 착용하도록 하였다. 그는 이런 것이 사기를 높이는 데 도움이 된다고 믿었다. 얼마 지나지 않아 모든 SAC 소속 장교들은 물론 병사들도 항상 권총을 차고 다녔다. 공군 헌병은 항상 장전된 카빈 소총을 소지했다. 지상 정비사들이 비행기를 정비할 때도 권총을 휴대했다. 한번은 르메이가 SAC 기지를 순찰하다가 점심 시간에 무기를 옆에 두고 식사를 하는 정비사를 발견했다. 르메이는 즉시 기지의 모든 지상 정비사들을 소집했다. "오늘 오후 나는 햄 샌드위치를 들고 격납고를 지키는 자를 발견했다. 이런 일은 다시는 없어야 한다." 그는 부대원들이 적들의 보안 침투에 대응하기 위한 훈련을 받아야 한다고 결정했다. 이는 곧 훈련받은 공군 요원들이 부대의 보안을 테스트하는 이른바 보안 게임으로 발전했다. 은밀히 위장한 팀들이 SAC 기지에 몰래 침투하여 고위 장교를 납치하거나, 최소한 가짜 폭탄을 설치하려 시도했다. 그중 미키 마우스와 이오시프 스탈린의 이름으로 출입증을 발급받은 한 팀이 기지 보안을 쉽게 뚫고 들어가 한 장교에게 모의 폭탄으로 밝혀진 커피 용기를 건넸다. 동시에 팀의 다른 요원들은 SAC 폭격기에 이것은 폭탄이며 15분 후에 폭발할 것이라는 메시지가 적힌 화장지를 묶어놓았다. 르메이는 격노했다. 비행단장은 해임되었고, 전체 부대원들은 오전 5시부터 시작하는 5일간의 특별 보안 훈련을 받으라는 명령이 떨어졌다.

심지어 르메이 자신을 생포하려는 시도까지 모의되었다. 한번은 전화 수리공이 군복 바지를 입고 있다는 사실을 눈치친 르메이가 그를 격퇴한 일도 있었다. 르메이가 먼저 재빨리 그에게 권총을 들이댄 것이었다. 또 한번은 르메이 부인이 뒤뜰에서 일하고 있었는데, 관사 경비병이 그녀에게 신분증 제시를 요구했다. 그녀는 뒷문으로 나올 때는 신분증을 가지고 다니지는 않는다고 말했다. 그러자 그녀보다는 그녀의 남편을 훨씬 더 두려워한 경비병이 한사코 그녀를 초소로 연행하려 했다. 두 사람 사이에 매우 격렬한 말다툼이 벌어졌고, 결국 헬렌 르메이는 집안으로 들어가 신분증을 갖고 나와야 했다.

제25장

CIA가 주도한 첫 번째 쿠데타

: 1953년 이란 작전

저개발 국가들의 세계는 아이젠하워의 정책 입안자들이 상상했던 것보다 훨씬 더 어렵고 복잡한 곳으로 드러나고 있었다. 1952년 선거에서 공화당은 공산주의자들에게 세계의 많은 부분을 빼앗겼다고 민주당을 비판했다. 하지만 공화당이 집권한 지금, 그들은 자신들의 임기 중에도 쉽게 공산화될 수 있는 문제 지역들로 가득 찬 세계를 물려받았음을 깨달았다. 인도차이나에서는 프랑스가 토착 공산주의-민족주의 세력과 식민지 전쟁을 벌이고 있었고, 프랑스 군 사령부의 낙관론에도 불구하고 전쟁은 잘 풀리지 않고 있었다. 프랑스 국민들은 지쳐갔고, 프랑스 정치인들은 미국에 더 많은 원조를 요청하기 시작했

미국의 지원을 받는 이란 샤(Shah)의 지지자들이 자기들 지도자의 초상화를 들고 전차에 올라탄 채 테헤란 거리를 지나고 있다. 1953년 CIA가 지원한 쿠데타로 모하메드 모사데크 총리의 정부가 전복되었고, 샤가 이란의 단독 통치자 자리를 차지하게 되었다. (사진 출처: UPI/BETTMANN)

1953년 반역죄로 기소된 모하메드 모사데크가 이란 법정에 끌려 들어가고 있다. (사진 출처 UPI/BETTMANN)

다. 세계 곳곳에서 식민지 질서가 무너지고 제2차 세계대전으로 인해 전통적인 식민지 종주국들이 크게 약화되면서 마르크스주의는 새롭고 비옥한 토양을 발견했다. 공화당은 진정한 딜레마에 직면했다. 그들은 어떤 국가도 공산주의에 "잃고" 싶지 않았지만, 해외에서 미국의 군사력과 정치력에는 명백한 한계가 있었다. 게다가 한국전쟁이 증명했듯, 제3세계에 대한 미국의 군사적 개입을 반대하는 국내의 목소리도 있었다. 아이젠하워 행정부는 정보 수집이라는 본연의 역할에 더해 비밀작전 능력까지 발전시켜온 중앙정보국(CIA)에서 신속한 해결책을 찾았다. 준군사적 작전이나 기타 비밀 작전에 CIA를 활용하겠다는 의지를 내보인 것부터 트루먼 시대의 정책과는 현저하게 달랐는데, 첫 번째 단절은 아이젠하워가 취임한 지 불과 5개월 후인 1953년 6월에 이루어졌다.

합법적으로 선출되었지만 좌파 성향의 이란 총리 모하메드 모사데크를 축출할지 여부에 대한 최종 회의가 1953년 6월 22일 국무장관실에서 열렸다. 그 자리에 참석한 모든 이들은 이것이 결정된 사안이라는 점을 알고 있었다. 책임자들이 이를 이미 결정한 후였고, 이날 회의는 사실상 마지막 검토 회의에 불과했다. 하지만 국무장관 포스터 덜레스는 회의 멤버들이 자신의 집무실에 도착하는 순간까지 바쁘게 전화 통화를 계속하며 자신의 중요성을 알렸다. 실제로 그는 두 대의 전화기로 계속 통화를 이어갔다. 이는 그가 그 방에서 가장 중요한 인물임을 분명히 보여주었다.

그 방에 모인 고위 관리들이 대기하고 있는 동안에도 그는 연거푸 수화기를 바꿔가며 통화를 이어 나갔다. 대기 중인 이들 중에는 포스터의 동생이자 중앙정보국(CIA) 국장인 앨런과 국무부 차관, 그리고 국방장관 등이 포함되어 있었다. 이날 쿠데타 계획을 설명하고 테헤란에서 이를 지휘할 젊은 CIA 요원 커밋 루스벨트(Kermit Roosevelt)는 당시 대부분의 워싱턴 정가 인물들처럼 포스터 덜레스의 태도에서 깊은 인상을 받지는 못했지만, 포스터가 이 특별한 팀을 주도하고 있다는 사실 만큼은 은근히 즐기고 있었다. 포스터 덜레스는 공개적으로 강경파일 뿐만 아니라, 합법적으로 보이는 정부를 전복하고자 하는 이 민감한 사안에 대해서도 열렬한 지지자였기 때문이다. 루스벨트의 상관이자 그의 동생인 앨런도 마찬가지였다. 이는 국무부의 어떤 관료들도 루스벨트의 발표에 반대하거나 미국이 국제 공산주의와 맞서 싸우기 위해 새로운 미지의 영역으로 접어들고 있다는 사실을 지적할 가능성은 없다는 것을 의미했다. 덜레스 형제는 정부의 느리고 지루한 절차를 우회할 수 있을 만큼 강력한 팀이었기 때문이다. 훗날 워터게이트 사건에 연루된 전 CIA 요원 하워드 헌트(Howard Hunt)는 이렇게 말하기도 했다. "두 사람 중 누군가가 다른 형제에게 한 마디 하는 것으로 몇 주간의 기관 간, 기관 내 논의가 대체되기도 했다."

쿠데타의 세 번째 강력한 지지자는 월터 베델(비틀) 스미스(Walter Bedell (Beetle) Smith)였는데, 그는 덜레스 형제들보다는 대중에게 덜 알려진 인물이었다. 그의 직함이 국무부 차관이라는 설명만으로 그의 영향력을 판단하기에는 충분하지 않다. 그는 제2차 세계대전 동안 드와이트 아이젠하워의 참모였으며, 많은 동료들의 의견에 따르면, 아이크가 사방에서 전달되는 끊임없는 압박을 견딜 수 있었던 것은 비틀 스미스의 단호하고 강철 같은 성격 덕분이었다. 아이크는 그를 "전쟁의 총지배인"이라고 불렀다. 한때 영국 육군참모총장이었던 앨런 브룩(Alan Brooke) 경이 아이크를 해임하려 했을 때, "빌어먹을, 지금 당장 끝장을 봅시다."라며 브룩과 맞섰던 이가 비틀 스미스였다. 그는 아마도 아이크의 전시 동료 중 알 그룬더(Al Gruenther) 다음으로 그와 가까운 인물이었다. 비틀 스미스만큼 아이크를 존경하는 사람은 없었다.

그는 한때 "나는 그를 좋아합니다. … 나의 모든 것은 그를 중심으로 돌아갑니다."라고 말했다. 스미스의 역할은 아이크의 거칠고 냉혹한 면을 대변하는 것이었다. 영국의 이중 스파이 킴 필비(Kim Philby)는 스미스를 "냉정한 눈빛과 정밀 도구 같은 두뇌를 가진 사람"이라고 묘사했다. 그는 아이크의 최측근 중에서 유일하게 웨스트포인트 출신이 아니었다. 그는 인디애나 주방위군 출신이다. 그는 1950년 트루먼의 요청으로 CIA 국장을 맡았기 때문에, 신생 정보기관에 대한 높은 기대를 본능적으로 이해하고 있었다. CIA 국장 시절 그는 직원들에게 "미국 국민들은 당신들이 신처럼 모든 것을 알고 있으며 이오시프 스탈린과도 소통할 수 있는 사람들로 생각합니다. 그들은 당신들이 다음 주 화요일 오후 5시 32분부터 전쟁이 시작될 것이라는 식으로 말해주기를 기대하고 있습니다."라고 말했다. 항상 다혈질이던 그는 제2차 세계대전 이후 끔찍한 위궤양을 앓으면서 더욱 공격적으로 변했다. 위장의 절반을 떼어내는 수술을 받았지만, 그에게서 통증은 사라지지 않았다. 그는 1947년부터 1950년까지 냉전이 가장 극심했던 시기에 모스크바 주재 대사로 재직했으며, 이때의 경험으로 골수 강경파가 되었다. 넬슨 록펠러가 한때 노동조합에 우호적인 발언을 했다는 이유로 그를 급진 좌파로 여길 정도였다.

이란 쿠데타를 담당하고 있던 젊은 CIA 요원 커밋 루스벨트는 개인적으로 비틀 스미스를 좋아하지 않았다. 그가 보기에 스미스는 신경질적인 표정에 체구가 작고, 성격도 그에 걸맞게 까칠한 사람이었다. 그들은 이웃에 살았는데, 1년 전 루스벨트의 비글들이 스미스의 잔디밭을 파헤친 적이 있었다. 당시 CIA에서 루스벨트의 상사였던 스미스는 그를 쏘아보며 말했다. "루스벨트, 너의 빌어먹을 개들을 당장 내 정원에서 끌어내지 않으면 내가 쏴버리겠어." 루스벨트는 스미스가 그 말을 할 때 자기까지 쏴죽이겠다고 덧붙일 것 같은 기분이 들었다.

회의에서 비틀 스미스는 아이젠하워의 대리인이었다. 두 통의 통화를 끝마친 포스터 덜레스는 커밋 루스벨트가 준비한 보고서를 손에 들고 "이것이 저 미치광이 모사데크를 제거하는 방법이라는 거지!"라고 말하며 회의 시작을 알렸다. 계획은 간단한 전제에 기반을 두고 있었다. 이란 국민들이 샤(Shah)[6]와 모사데크 중 한 명을 선택해야 한다면, 그들은 정치인에 불과한 모사데크보다는 역사적인 지도자인 샤를 선호할 것이라는 가정이었다. 따라서 쿠데타는 샤가 모사데크를 해임하고 서방에서 수용 가능한 인물로 교체하는 것으로 완성될 참이었다. CIA의 계획은 결정적인 순간에 샤를 지지하는 시위대로 거리를 채워 모사데크와 그의 동맹인 투데 당(이란 공산당)의 보복 시위를 차단한다는 것이었다. 루스벨트는 이 지역에서 소련의 영향력이 커지고 있으며, 1948년 체코슬로바키아에서 일어났던 것과 같은 친 소련 쿠데타의 가능성이 높아지고 있다고 설명했다. 이란의 막대한 석유 매장량과 전략적으로 중요한 위치를 감안할 때 이를 방치하면 위기로 이어질 가능성이 컸다. 루스벨트는 쿠데타의 실패 가능성은 거의 없다고 생각했다. 그는 모사데크나 투데 당의 권력이 강고하거나 깊게 뿌리 내리지 않았다고 판단했다. 게다가 쿠데타 비용도 200,000달러 정도로 상대적으로 적었는데, 대부분이 시위대를 동원하는 데 쓰일 돈이었다. 덜레스 형제들의 의지대로 회의에서 반대 의견은 거의 없었다. 당시 이란 주재 미국 대사 로이 헨더슨(Loy Henderson)은 루스벨트의 표현에 따르면 "우리 세계의 현실을 이해한 그 시대의 소수 정예 외교관 중 한 명"이었는데, 그는 이런 종류의 작전을 특별히 좋아하지 않지만 우리에게는 다른 선택의 여지가 없다고 말했다. 헨더슨의 판단에 따르면, 모사데크는 정신 상태가 불안정한 미치광이에 가까운 인물이었다. 헨

554

더슨은 이렇게 썼다. "그의 말을 들으면서, 이토록 감정과 편견에 의해 지배되며 안정성이 결여된 인물이 이란과 공산주의 사이의 유일한 방벽이라는 사실에 좌절감을 느끼지 않을 수 없었다." 국방부를 대표해서 참석한 찰리 윌슨(Charlie Wilson)도 동의를 표했는데, 루스벨트는 그에 대해 "여전히 서툴렀지만 열정적이었다."라며 경멸적으로 표현했다. 비틀 스미스는 "진행합시다. 당연히 그래야죠!"라며 강력히 찬성했다. 앨런 덜레스는 자신의 젊은 요원을 거의 아버지처럼 옹호했다. 마침내 포스터가 회의 분위기에 매우 만족해하며 결론을 지었다. "그럼 됐군. 시작합니다!"

커밋 루스벨트, 대부분의 사람들에게 "킴"으로 알려진 그는 테디 루스벨트의 손자였고, 따라서 워싱턴에서 매우 좋은 인맥을 가지고 있었다(프랭클린 루스벨트는 그에게 "사촌 프랭클린"이었고, 언론인 조셉 올솝도 그의 사촌이었다). 그는 하버드를 졸업하고 제2차 세계대전 직전 캘리포니아 공과대학(칼텍)에서 역사를 가르쳤다. 많은 동시대인들처럼, 그는 전후 시대에 미국이 소련의 팽창주의에 맞서 서구 민주주의를 안정시키는 역할을 주도해야 한다고 믿었다. 전쟁 직전에 그는 미국이 제2차 세계대전에 참전할 경우 필요하게 될 비밀 선전 조직의 종류를 설명하는 글을 쓰기도 했다. 킴 루스벨트는 이 글을 조셉 올솝에게 보여주었고, 올솝은 그에게 원고를 발표하는 대신 당시 OSS[7]를 조직 중이던 빌 도노반(Bill Donovan)에게 보여주라고 권유했다. 도노반은 루스벨트를 자신의 팀으로 영입했다. 전후 시기의 중동은 루스벨트의 무대였다. 그는 〈아랍, 석유, 그리고 역사〉라는 책을 쓰기 위해서라는 이유로 중동을 자주 방문했다. 저명한 아랍 전문가의 아들이었던 킴 필비는 루스벨트를 상당히 겸손한 사람으로 여겼다. 필비는 그에 대해 "음모에

---

7   제2차 세계대전 중의 미국 정보기관.

깊이 연루되리라고는 전혀 예상할 수 없었던 사람"이라고 언급하기도 했다. 필비는 심지어 그에게 "조용한 미국인"이라는 별명까지 지어주었는데, 훗날 영국의 작가 그레이엄 그린(Graham Greene)은 베트남에서 활동하는 순진하면서도 위험한 젊은 CIA 요원을 주인공으로 한 소설의 제목으로 이 별명을 가져다 썼다.

제2차 세계대전 동안 연합국은 이란과 그 유전을 독일의 손아귀에서 지켜냈지만, 전후 수년 간 이란은 매우 취약한 상황에 처해 있었다. 국민들은 가난에 허덕였고, 현대적인 사회 제도는 자리를 잡지 못하고 있었다. 프랭클린 루스벨트가 한때 지적했듯이, "인구의 1%가 통치 세력이었는데, 그들은 대부분 부패한 사람들이었고, 나머지 99%는 최악의 봉건 지배 하에서 살고 있었다."

영국은 미국과의 상호 합의에 따라, 제2차 세계대전 이후에도 이란에서 가장 영향력이 큰 서방 국가로 남아 있었다. 테헤란의 영국 대사관은 웅장한 건축물로, 부지가 도심의 16개 블록을 차지할 만큼 넓었다. 이와 대조적으로 미국 대사관은 훨씬 소박해서, 작가 배리 루빈의 표현에 따르면, 미국 중서부의 중등학교처럼 보였다. 실제로 이 대사관은 당시 대사였던 로이 헨더슨의 이름을 따서 "헨더슨 고등학교"로 불리기도 했다.

1909년에 이란에서 최초로 유전 개발에 성공한 이후, 영국인들은 이란의 석유를 마치 자신들의 것처럼 취급해 왔다. 제2차 세계대전 이후 수년 동안, 그들은 관계 정상화를 원하던 이란 정부의 반복된 호소와 항의에도 무시하는 태도로 일관했고, 결국에는 1940년대 후반과 1950년대 초반에 부상하기 시작한 이란 민족주의의 의도치 않은 설계자가 되고 말았다.

1950년, 영국은 석유세만으로 약 5,000만 파운드를 벌어들인 반면, 이란 정부는 그 중 3분의 1만을 이익으로 챙길 수 있었다. 이란인들은 영국인들이 관리하는 장부를 볼 수조차 없었고, 식당, 병원, 수영장 같은 회사 시설도 이용할 수 없었다. 하지만 분명히 시대가 변하고 있었다. 1951년 2월, 미국의 석유 회사들은 사우디아라비아와 새로운 관계를 맺고 사우디가 자국 유전에서 얻은 이익의 50%를 가져가도록 했다. 영국이 마침내 기존의 경제적 지배 체제가 더 이상 작동하지 않을 것임을 인정하고 이란에게 50대 50 분할을 제안했을 때는 이미 너무 늦은 뒤였다. 영국과 이란의 협상은 점점 더 험악해졌다. 1951년 5월, 영국에 완전히 환멸감을 느낀 이란 정부는 석유 회사를 국유화했다.

이란 민족주의 운동의 지도자로 부상한 인물이 변덕스러운 모하메드 모사데크였다. 그는 총리가 되었고, 젊은 샤보다 훨씬 유능했다(당시의 서방 지도자들은 샤를 약하다고 여겼고, CIA가 붙인 그의 코드명은 '보이스카우트'였다). 1951년 10월, 모사데크는 영국 석유 회사의 직원들에게 모두 본국으로 돌아갈 것을 명령했다. 이란 군대가 아바단의 거대한 정유소를 점령했다. 소련이 이를 기회로 개입해 들어올 수도 있다고 우려한 미국은 영국과 이란에게 합의점을 찾으라고 촉구했다.

긴장이 고조되던 시기에, 애버렐 해리먼(Averell Harriman)이 이끄는 미국 대표단이 모사데크와 샤를 만나기 위해 이란을 방문했다. 샤의 궁전의 화려함, 그곳에서 쉽게 접할 수 있던 보드카와 캐비어, 그리고 그것과 대비되는 모사데크의 검소한 생활 방식은 미국 대표단에게 깊은 인상을 남겼다. 모사데크는 너무 허약해서 침대에 누워 있었고, 해리먼의 보좌관이자 통역이었던 버논 월터스(Vernon Walters)는 그의 말을 듣기 위해 최대한 가까이 앉아야 했다. 모사데크는 말했다. "당신들은 그들(영국인들)이 얼마나 교활한지 모릅니다. 당신들은 그들이 얼마나 사악한지 모릅니다. 당신들은 그들이 손대는 모든 것을 어떻게 더럽히는지 모릅니다." 미국 대표단은 이란의 미래에 대해 낙관하지 못한 채 떠났다.

얼마 후 모사데크가 미국을 방문했는데, 그때까지도 여전히 어떤 형태로든 합의가 이루어질 수 있다는 희망이 남아 있었다. 워싱턴 방문 마지막 날 저녁, 모사데크는 호텔 방에서 버논 월터스의 방문을 받았다. 월터스는 다시 한번 협정의 필요성을 강조했다. 이에 모사데크는 이렇게 답했다. "빈손으로 이란에 돌아가는 것이, 극단주의자들을 설득해야 할 협정문을 가지고 돌아가는 것보다 내 입지에 훨씬 더 도움이 된다는 사실을 모르십니까?"

서방 세계는 이란 석유에 대한 보이콧으로 대응했다. 모사데크는 영국과의 외교 관계를 단절했다. 미국인들은 그가 점점 더 좌경화되고 있다고 우려했다. 모사데크는 매우 극적인(a highly dramatic) 정치인이었다. 서구의 많은 이들은 그의 도발적인 연설과, 그가 종종 잠옷 차림으로 돌아다닌다는 이유로 그를 조롱했다. 하지만 그조차도 계산된 것이었다. 그는 자신의 과장된 행동을 이용했는데, 중동 전문가 배리 루빈(Barry Rubin)에 따르면, "이란을 개인적으로 구현하고, 문제점들과 요구 사항들을 드러내기 위해서였다. 그의 민족주의적 대의에 담긴 고도로 감정적인 요소들은 특히 도시 지역의 이란인들 사이에서 호응을 얻었다. 그의 카리스마는 수줍고 어색한 샤와는 비교할 수 없을 정도였다." 그는 쉽게 과소평가될 수 있는 인물이었다. 앤서니 이든은 그를 "늙은 모시(Old Mossy)"라고 불렀다.

딘 애치슨은 모사데크가 처음 워싱턴에 도착했을 때의 인상적인 장면을 즐겨 묘사하곤 했다. "그는 작고 허약했으며, 당구공 같은 두상 위에는 머리카락 한 올 보이지 않았다. 마른 얼굴에서 길게 튀어나온 부리 같은 코 양옆으로 반짝이는 구두 단추 같은 두 눈이 자리잡고 있었다. 그의 전체적인 모습과 행동은 새처럼 빠르고 신경질적이어서, 마치 횃대에서 튀어 오르는 것처럼 보였다." 모사데크는 지팡이를 짚은 채 아들의 팔에 의지해 기차에서 내렸지만, 애치슨을 발견하자 지팡이를 던져버리고 경쾌한 걸음으로 그를 맞이했다. 그런 다음 모사데크는 비통한 어조로 이렇게 말했다. "저는 매우 가난한 나라를 대표하고 있습니다. 온통 사막이죠. 모래와 약간의 낙타, 양들이 있을 뿐이죠." 그러자 애치슨이 그의 말을 끊으며, 그의 나라에는 텍사스처럼 모래뿐이 아니라 석유도 있다고 지적했다. 하지만 이렇게 뻔한 술책이 드러나는 상황조차도 모사데크는 기쁘게 받아들이는 것 같았다. 트루먼과 애치슨은 그의 연기에 어느 정도 매료되었다. 그들은 나중에야 모사데크의 음흉한 면을 과소평가했다고 느꼈다. 애치슨의 말을 빌리자면, 그는 "실제로는 부유하고 반동적인 인물이었고, 영국인들에 대한 광적인 증오심과 더불어 그들과 그들의 모든 업적을 어떤 대가를 무릅쓰더라도 나라에서 추방하려는 욕망에 사로잡힌 봉건적 사고방식의 페르시아인"이었다. 사실, 그의 가문은 엄청나게 부유했으며, 이란에서 가장 큰 지주들 가운데 하나였다.

1952년 11월, 영국 정보부는 여전히 이란과 선이 닿아 있던 킴 루스벨트에게 찾아와 모사데크를 실각시키기 위한 놀라울 정도로 상세한 쿠데타 계획을 제시했다. 한동안 루스벨트는 그들과 거리를 두었는데, 트루먼 행정부가 중동의 위협에 대해 충분히 우려하지 않고 있다고 느꼈기 때문이었다. 하지만 그는 그들에게 공화당이 곧 백악관을 차지할 가능성이 있으며, 그렇게 되면 비밀 작전에 대한 미국의 정책이 극적으로 변할 수 있을 것이라고 말했다.

루스벨트의 예측은 정확했다. 아이젠하워 행정부가 취임식도 치르기 전부터 비틀 스미스는 모사데크에 대한 비밀 작전을 준비하라고 밀어붙이기 시작했다. 스미스가 매우 공격적이라고 루스벨트는 생각했다. "그 빌어먹을 영국놈들은 언제 우리를 찾아온다는 거지? 비밀 작전은 언제나 시작되는 건가?" 스미스가 물었다. "취임식 직후에 당신과 JFD(포스터 덜레스)가 그들을 만날 수 있을 겁니다. 그들도 당신만큼이나 빨리 시작하고 싶어 합니다. 하지만 우리가 이 작전을 성공적으로 수행할 수 있을지는 상당한 검토가 필요합니다." 루스벨트는 대답했다. 비틀 스미스는 결정을 내리면 주저하거나 망설이는 사람이 아니었다. "당연히 성공할 수 있지."라면서 그가 짜증섞인 목소리로 루스벨트에게 말했다. "젊은이, 어서 정신 차리고 시작하게." 루스벨트는 성공의 열쇠는 군대의 충성심에 달려 있다고 생각했다. 샤는 젊고 미숙했지만, 이란의 역사와 연결되어 있는 인물이었다. 모사데크의 인기는 두텁지 않았다. 물라들(the mullahs)[8]은 그를 경계했고, 투데 당은 단지 그를 이용하고 있었으며, 학생들의 행동은 예측이 어려웠다. 오직 소수의 고위 군인들만이 그를 지지하고 있었다.

이 무렵부터 모든 측면에서 긴장감이 고조되고 있었다. 이란에서는 경제적 보이콧의 영향으로 모사데크의 인기가 하락하면서, 그는 점점 더 투데 당의 지지에 의존하게 되었다. 영국은 그를 전복시키기 위해 초조해 하면서 안간힘을 썼다. 루스벨트가 생각하기에, 처음부터 이 지역에 대한 이해 관계에서 두 서방 동맹국의 입장은 매우 다르다는 점이 분명했다. 영국은 이란 석유에 대한 통제권을 되찾으려는 열망으로 움직였지만, 미국은 자체적으로 방대한 국내 석유 자원을 보유하고 있었고, 사우디와도 긴밀한 관계를 맺고 있었기 때문에, 주로 이란을 소련의 영향권에서 벗어나게 하는 데 관심이 있었다. 1953년 2월 초부터 영국과 미국의 정보 요원들 사이에서 이 문제에 대한 정기적인 회의가 열리기 시작했다.

작전명은 아약스(Ajax)였다. 루스벨트와 영국 정보부가 끊임없이 연락을 주고받으면서 점점 더 구체적인 형태가 갖추어졌다. 루스벨트는 테헤란을 정기적으로 오가면서, 샤와 모사데크의 사이가 점점 더 벌

---

8   (편집자 주) 물라는 이슬람의 율법에 정통한 학자에 대한 존칭으로서, 이란에서는 성직자를 가리키는 칭호로 사용된다.

어지고 있음을 알게 되었다. 새로운 소련 대사가 부임해 왔는데, 그는 1948년 체코 쿠데타 당시 프라하 주재 소련 대사관을 책임졌던 바로 그 인물이었다. 여름이 시작되면서, 이제 누가 먼저 행동을 취할 것인지가 점점 더 분명해졌다. 서방과 샤가 모사데크를 상대로 먼저 나설지, 아니면 모사데크와 소련이 샤를 상대로 나설지, 또는 소련이 지원하는 또 다른 세력이 행동할지 알 수 없는 상황이었다.

1953년 7월 19일, 커밋 루스벨트는 비밀 작전을 지휘하기 위해 베이루트에서 바그다드로 직접 차를 몰고 갔다. 그는 당시 제임스 록리지라는 가명을 사용했는데, 이는 그가 사용하던 여러 가명 중 하나였다. 그는 오랫동안 기대해 왔던 대모험의 시작을 앞두고 흥분된 상태였다. 그는 1909년 자신의 아버지가 할아버지 테디 루스벨트와 함께 동아프리카에 도착했을 때 썼던 글을 떠올렸다. "위대한 모험이었고, 온 세상이 젊었다!' 나는 당시 아버지가 느꼈을 것과 똑같은 감정을 느꼈다. 다마스쿠스로 가는 산길을 오르면서 나는 신경이 곤두서고 기운이 솟구쳤다." 하네킨에 위치한 이란 국경 검문소의 경비병은 루스벨트가 생각하기에 유난히 무기력해 보였다. 그는 거의 문맹이었고, 루스벨트가 내민 출입국 신고서에 적힌 "오른쪽 이마에 흉터"라는 설명을 루스벨트의 이름으로 착각하고 출입국 기록에 그대로 적어 넣었다.

테헤란에 진입한 다음, 루스벨트는 도시 주변을 조용히 돌아다니며 이란 요원들이 샤를 지지하는 군중 시위를 일으킬 수 있도록 준비했다. 또한 샤와 만날 필요가 있었는데, 샤는 도시를 자유롭게 이동하는 것이 어려웠고, 특히 CIA 안전가옥을 방문하는 것은 더욱 어려웠다. 그래서 루스벨트가 궁전으로 몰래 들어가야 했다. 평범하게 생긴 검은색 자동차가 작전용 안전 가옥 앞에 서자, 루스벨트가 뒷좌석으로 들어가 바닥에 앉았고, 그 위로 담요가 덮였다. 차는 궁전 경내로 진입했지만 루스벨트는 차에서 내리지 않았다. 대신 샤가 궁전에서 나와 차에 슬그머니 올라탔다. 루스벨트는 자신이 드와이트 아이젠하워와 윈스턴 처칠의 개인 대리인이라고 설명했다. 그는 영미 양국의 약속을 입증하기 위해 라디오를 통해 특정 신호가 전달될 것이며 샤가 이를 들어야 한다고 말했다. 예를 들어, 다음 날 밤 BBC 해외 방송에서 진행자가 "지금은 자정입니다."라고 말하는 대신, "지금은"이라고 말하고 잠시 멈춘 뒤에 "정확히 자정입니다."라고 말할 것이라고 했다. 아이젠하워가 조만간 샌프란시스코에서 연설을 할 때에도 비슷한 비밀 메시지가 포함될 예정이었다.

이런 음모는 앨런 덜레스와 루스벨트가 좋아하던 것이었다. 제2차 세계대전 당시의 OSS 시절을 떠올리게 했기 때문이었다. 루스벨트의 암호명은 RNMAKER였는데, '비를 내리게 하는 사람(Rainmaker)'에서 따온 것이었다. 샤의 암호명은 KGSAVOY였고, 그의 별명 보이스카우트에서 따왔다(루스벨트는 "불쾌하게 여기지 않으시길 바랍니다."라면서 이 별명을 설명했다). 모사데크의 별명은 '올드 버거'였다. 루스벨트는 100만 달러 상당의 이란 화폐를 가져왔는데, 이 가운데 약 100,000달러는 시위대를 고용하고 중요한 인물들을 매수하는 데 사용되었다.

쿠데타가 발생할 시점에는 샤가 국외로 나가 있는 것이 중요했다. 사태에 대한 그의 책임을 줄이고, 또한 일이 잘못될 경우 그를 위험에서 벗어나게 하기 위해서였다. 모든 준비가 마무리되어 있었다. 샤는 준비를 마쳤고, 열망했다. 궁전에서의 마지막 비밀 회동에서, 루스벨트는 샤에게 아이크가 보낸 전문을 읽어주었다(실제로는 루스벨트가 그의 책에서 언급했듯이 자신이 지어낸 전문이었다. 이 상황에서는 워싱턴에서 온 대통령의 전문이 필요했지만, 아이크가 이를 잊었기 때문에 루스벨트는 아이크가 말했을 법한 내용을 지어냈다). "폐하의 여정에 행운이 있기를 바랍니다. 팔레비 가문과 루스벨트 가문이 함께 힘을 합쳐 이 작은 문제를 해결하지 못한다면, 어디에도 희망은 없습니다. 폐하께서 이 일을 해내실 것이라고 전적으로 믿습니다!"

쿠데타 자체는 불길하게 시작되었다. 메시지가 제때 전달되지 않았고, 8월 16일 테헤란 라디오는 CIA가 기대했던 대로 샤가 모사데크를 해임했다는 발표를 내보내지 않았다. 오히려 모사데크가 먼저 선수를 친 것 같았다. 그는 샤가 "외국 세력의 사주를 받아" 자신을 총리직에서 축출하려 했다고 발표했다. 그는 따라서 모든 권력을 자신에게 집중시킨다고 선언했다. 투데 당이 그를 지지했고, 하루 동안 모사데크-투데 세력이 거리를 장악한 것처럼 보였다. 쿠데타의 균형추가 어느 쪽으로 기울지 예측하기 힘든 상황이었다. 그러던 8월 19일, 루스벨트 측이 체육관과 레슬링 클럽에서 모집한 친샤 군중들이 모여들더니 구호를 외치기 시작했다. 상황은 순식간에 역전되었다. 훗날 루스벨트는 쿠데타가 주춤한 듯 보였던 그 순간 비틀 스미스가 자신에게 보낸 전문을 공개하며 크게 즐거워했다. "포기하고 빠져나오기 바람." 하지만 그 전문이 도착할 때쯤에는 쿠데타가 이미 성공한 뒤였다. 루스벨트는 워싱턴으로 전문을 보냈다. "당신이 보낸 8월 18일자 전문을 받았습니다. 보고드리게 되어 기쁩니다. … KGSAVOY가 곧 테헤란으로 승리의 귀환을 할 예정입니다. 팀원 모두에게 사랑과 키스를 보냅니다." 친샤 세력이 움직이자 군대는 샤에 대한 충성을 유지했고, 모사데크는 도주했다. 모든 것이 너무나 쉬웠다. 중동 전문가도 아니었고, 페르시아어를 구사하지도 못했던 루스벨트는 단 다섯 명의 미국 요원과 소수의 이란인 조직원들만을 데리고 성공을 거두었다.

루스벨트에게 그것은 승리의 순간이었다. 8월 23일, 샤가 그를 접견했다. "나는 내 왕좌를 신과 국민, 군대, 그리고 당신에게 빚졌소!" 루스벨트는 샤의 발언이 루스벨트 본인을 의미하는 것이 아니라 미국과 영국, 양국의 개입을 의미한다고 생각했다. 그리고 샤는 그에게 금으로 만든 담배 케이스를 선물하며 "우리의 최근 모험을 기념하는 선물"이라고 했다. 루스벨트가 보낸 것으로 보이는 전문이 비틀 스미스에게 전달되었고, 이는 다시 아이젠하워에게 전달되었다. 서방 국가들의 개입을 고려하면, 그 내용은 꽤 아이러니했다. "샤는 새로운 사람이 되었습니다. 그는 처음으로 자신을 믿고 있습니다. 그 이유는 자신이 외국 세력의 임의적인 결정이 아닌 국민의 선택으로 왕이 되었다고 느끼기 때문입니다." 작전에 참여한 모든 사람들이 기뻐했다. 신속하고, 깔끔하게, 그것도 적은 비용으로 작전이 성공했기 때문이었다. (9년 후, 앨런 덜레스는 드물게 CBS 텔레비전 쇼에 출연해 이란 쿠데타에 대해 질문을 받았고, 우리가 모사데크를 축출하는 데 수백만 달러를 썼다는 것이 사실이냐는 질문을 받았다. 그는 "누가 그래요? 우리가 많은 돈을 썼다는 말은 완전히 거짓이라고 말할 수 있습니다."라고 말했다.)

킴 루스벨트는 런던으로 날아가 처칠을 만났다. "이보게 젊은이, 내가 몇 년만 더 젊었더라면, 이 위대한 모험에서 자네의 지휘를 받으며 일하는 것보다 더 재미있는 일은 없었을 거네!" 연로한 총리가 그에게 말했다. 1953년 9월 23일, 드와이트 아이젠하워는 비공개 행사에서 루스벨트에게 국가안보훈장을 수여했다. 2주 후, 아이크는 그의 일기에 이렇게 적었다. "그곳의 우리 요원은 CIA의 일원으로서 지적이고, 용감하며, 지칠 줄 모르고 일했다! 나는 그의 활동에 대한 상세한 보고를 들었는데, 그것은 사실이라기보다는 꼭 소설과도 같았다."

그 사이 영국은 다시 사업을 재개했다. 새로운 협정에 따라 앵글로-이란 석유회사(후에 브리티시 페트롤리엄으로 알려짐)가 이란 석유의 40%를 소유하게 되었고, 저지 스탠다드, 모빌, 텍사코, 걸프, 캘리포니아 스탠다드로 구성된 미국 신디케이트가 40%의 권리를 갖게 되었다. 모하메드 모사데크는 군사 법정에서 재판을 받았다. 그의 혐의는 샤에게 충성하지 않았다는 것, 투데 당이 권력을 얻도록 용인했다는 것, 그리고 샤와 군부의 관계를 약화시켰다는 것이었다. 그는 3년형을 선고받았고, 그 중 2년 6개월을 복역했다.

그 후 수십 년 동안, 샤는 이란의 지정학적 중요성과 군사력에 대해 점점 더 과신하게 되었다. 워싱턴은 그에게 최신의 미국 군사 장비를 제공함으로써 그의 그런 인식을 부추겼다. 하지만 그는 많은 이란인들에게 서방의 꼭두각시로 여겨졌고, 그의 정부는 결국 1979년에 붕괴되었다. 그는 자신에게 충성하는 육군과 공군을 만들기 위해 수십억 달러를 썼음에도 불구하고, 정작 그의 정권이 무너지는 순간에는 거의 아무런 군대의 지원도 받지 못했다.

이란 쿠데타의 손쉬운 성공은 아이젠하워 행정부가 더 많은 비밀 작전을 수행하도록 하는 강력한 동기가 되었다. 유럽에서는 냉전이 교착 상태에 빠져 있었고, 취약한 정치 제도와 비교적 강력한 군사 조직을 가진 제3세계 국가들은 미국의 정책 입안자들에게는 뿌리치기 힘든 표적이 되었다. 나아가 이는 CIA의 활동 영역을 넓히는 계기가 되었다.

제26장

냉전 시대 비밀 공작의 모델이 된
과테말라 쿠데타와 CIA

킴 루스벨트는 승리의 기쁨을 안고 귀국하자마자 자신의 성공이 초래한 문제를 감지했다. 그는 쿠데타 초기 단계부터 관여했던 그룹은 물론 아이젠하워(쿠데타가 실패할 경우 자신의 관여를 부인할 수 있도록 모의 과정에서 배제되었다)에게도 브리핑을 해달라는 요청을 받았다. 루스벨트의 보고서는 회의에 참석한 모든 사람에게 호평을 받았다. 사실 그는 과분한 호평을 받았다고 생각했다. 포스터 딜레스는 의자에 기대 앉아 있었고, "그의 눈은 … 반짝거렸다. 그는 듣는 것을 즐기고 있었을 뿐만 아니라, 내 직감으로는 앞으로의 계획도 세우고 있는 것 같았다. 그가 마음 속으로 무슨 생각을 하는지 나는 짐작할 수 없었다. 앞으로도 똑같은 반혁명적, 또는 혁명적인 접근법을 다시 사용하려는 것일까?"

사실, 포스터 덜레스의 열의에 루스벨트는 너무 불안해져서 브리핑의 마지막을 경고의 말로 마무리했다. 이번 시도가 너무나 순조롭게 성공한 이유는 현지 상황이 유리했기 때문이었다면서, 샤의 역사적 정통성이 모사데크의 인기보다 훨씬 더 설득력 있었기 때문에 자신의 노력이 순조롭게 진행되었다고 지적했다. 하지만 루스벨트는 덜레스가 자신의 보고서 중에서 이 대목에는 그다지 관심이 없다는 것을 느꼈다.

사실은 루스벨트가 국가 안보의 최고 책임자들에게 이란에 대한 브리핑을 하고 있을 때조차 다음 쿠데타 계획이 진행되고 있었다. 다음 목표는 과테말라의 좌파 정부인 하코보 아르벤스 정권을 전복시키는 것이었다. 실제로 루스벨트는 귀국 직후 이 새로운 비밀 작전을 지휘하는 역할을 제안받았는데, 이는 포스터 덜레스가 이 분야에 엄청난 열의를 가지고 있다는 그의 의심을 확인시켜 주었다. 루스벨트는 이란 쿠데타의 성공이 아이젠하워 행정부에 뿌리치기 힘든 유혹을 제공했다고 느꼈다. 쿠데타는 신속했고, 고통스럽지 않았으며, 비용도 적게 들었기 때문이다. 잠재적인 적은 거의 우스꽝스러울 정도로 쉽게 제거되었다. 미국 신문에는 공식 보도자료에 기반한 이야기들만 실렸지만, 다른 국가의 언론과 이란 국민들은 CIA의 역할에 대해 공개적으로 이야기하고 있었다.

행정부 관료들은 자신들의 역할이나 미국 언론과 국민을 속이는 것에서 거의 양심의 가책을 느끼지 않았다. 그들은 자신들이 공산주의와의 종말론적 투쟁을 벌이고 있으며, 그런 투쟁에서 공정한 규칙 따위는 적용되지 않는다고 여겼다. 소련은 독재자가 지배하고 있었고, 신문은 정부의 통제를 받았으며, 서구와 같은 언론 자유나 공개 토론은 존재하지 않았다. 미국에서 비밀 작전에 대한 민주적 감시를 허용한다면 국익을 상당히 해칠 수 있었다. 따라서 국가 안보 복합체는 아이젠하워 시대에 공개적으로 할 수 없는 일을 비밀리에 할 수 있게 해주는 장치로 급성장했다. 이는 거기에만 국한된 현상이 아니라, 워싱턴에서 일어나고 있는 더 큰 변화의 일부였다. 미국은 고립주의에서 국제적 초강대국으로 변모하고 있었고, 제퍼슨식 민주주의에서 제국주의적 대국으로 변하고 있었다. 진정한 민주주의 사회라면 거대한 비밀 보안 시스템을 필요로 하지 않지만, 제국주의 국가에서는 그것을 필요로 했다. 미국의 국제적 영향력과 의무감이 커짐에 따라, 워싱턴 내부의 정책 입안자들 사이에서 전통적인 민주적 절차를 따르려는 본능은 줄어들었다. 우리의 새로운 세계적 역할은 우리를 공산주의자들뿐만 아니라 우리 자신의 전통과도 충돌하게 만들었다. 개방된 국가 안에서 또 하나의 폐쇄된 국가가 진화하고 있었다.

루스벨트는 과테말라 계획이 이미 상당히 진척된 상태임을 알게 되었다. 그는 스스로 몇몇 문제를 확인해 본 후, 과테말라에서의 성공 조건이 이란에서만큼 유리하지 않다고 판단했다. 그는 제안을 거절했고, 결국 CIA에서 사임했다. 피그스 만 침공이 있기 직전이었는데, 그는 자신의 초기 경고가 정당했다는 결정적인 증거로 이 사건을 들곤 했다.

아르벤스 정권을 전복시키기 위한 쿠데타가 점차 구체화되면서, 미국의 외교 정책 또한 바뀌고 있었다. 변화는 매우 조용히 진행되었고, 토론도 거의 없었다. 사실상 공론화 과정이 생략되었는데, 논란이 될수록 적에게 이로울 수 있다고 여겨졌기 때문이다. 대통령 자신과 그의 주변 인물들, 특히 과거 트루먼을 보좌했던 인사들은 자신들이 실제로는 전시의 연장선상에서 활동하고 있다고 믿었다. 전시에 미국은 독일과 일본의 전체주의 정부들과 맞서 싸웠고, 이제는 소련의 팽창주

의에 맞서 같은 싸움을 이어가고 있다는 것이다. 적이 잔인하고 전체
주의적이었기 때문에, 우리도 같은 방식으로 대응하는 것이 정당화되
었다. 우리의 생존이 그것을 요구했다. 상대편은 아무런 제약을 받지
않았기 때문에, 우리도 아무런 제약이 없어야 했다.

이 새로운 철학을 주도한 세력들, 즉 덜레스 형제와 비틀 스미스, 그
들의 부하들, 그리고 대통령 자신은 고립주의적인 미국이 외세의 공격
에 얼마나 취약한 지를 뼈저리게 느꼈던 세대였다. 진주만 공격이 이
를 입증한 바 있었다. 그들은 민주주의의 본질, 즉 국민의 동의를 필요
로 한다는 특성 때문에 이 나라가 전체주의적 적 앞에서 취약해질 수
있다고 끊임없이 걱정했다. 따라서 적과 싸우기 위해서는 민주주의 국
가의 지도자들이 자국의 자유를 어느 정도 희생하고 적대국을 모방해
야 한다고 생각했다. 워싱턴의 국가 안보 기구는 사실상 미국이 공산
주의 세계와 경쟁할 수 있도록, 그리고 의회와 언론의 불필요하고 서
툰 감시 없이 그렇게 할 수 있도록 창설된 것이었다.

냉전의 성격과 국내 정치적인 불안 등을 고려할 때, 국가 안보 기구
들은 점차 규모와 영향력을 키워갔으며, 별도의 법률 체계 하에서 운
영되었다(때로는 아무런 법률의 적용도 받지 않았다). 어떤 위기 상황에서
든, 합법성에 대한 의심의 여지가 생긴다면 그냥 밀어붙이는 것이 최
선이었다. 상대방 또한 그렇게 할 것이라고 여겼기 때문이다. 비밀 활
동을 위한 규범은 우리들의 적들에 의해서 정해지고 있었고, 그들은
어떠한 규범도 따르지 않는다고 확신했다.

이 세계의 핵심 인물들, 즉 CIA와 정부 내 다른 비밀 부서를 실질적
으로 움직이던 핵심 실세들은 곧 그들만의 문화와 관습을 발전시켰다.
그들은 대외 정책을 논의하는 공개 토론 석상에는 거의 나타나지 않았
지만, 그것이 오히려 그들을 더욱 강력하게 만들었다. 그들은 신문이
나 의회의 토론 석상에 등장하는 세계가 아닌, 실제 세계의 진짜 주역

앨런 W. 덜레스 중앙정보
국 국장이 1958년 미의회
합동 원자력 위원회의 비
공개 회의에 출석했을 때
의 모습이다. (사진 출처
UPI/BETTMANN)

들이었다. 그들은 유쾌하고 상냥하며 자신들의 권력을 쉽게 드러내지
않았지만, 필요할 경우 왕과 총리, 군부 독재의 장군을 만들거나 무너
뜨릴 수 있는 힘은 항상 그들 손에 있었다. 이집트의 나세르가 화제에
오른 한 국무부 회의 때, 앨런 덜레스는 동료에게 이렇게 말했다고 한
다. "저 대령이 우리를 너무 몰아붙이면, 우리는 그를 반으로 쪼개버릴
겁니다." 진짜 권력을 가진 사람만이 그렇게 말할 수 있다. 과테말라 쿠
데타를 계획하던 중, 한 국무부 관료가 비틀 스미스에게 CIA가 쿠데타
를 후원하는 게 과연 현명한지 의문을 제기하자, 비틀 스미스는 그를
재빨리 제지하며 말했다. "자네가 무슨 말을 하는지 모르겠군. 그런 멍
청한 생각들은 잊어버리고 일이나 계속 하게."

초창기에는 정부 내 비밀 부서들에서 무슨 일을 벌이는지 알려달라는 의회나 언론의 요구가 강하지 않았다. 그들은 알아야 할 것과 비밀로 지켜야 할 것이 있다는 통치 논리를 그대로 받아들였다. "나는 딕(러셀)에게 진실을 말할 것입니다. 항상 그래왔어요. 물론, 딕이 알고 싶어 한다면 말이죠!"라고 앨런 덜레스가 한번은 러셀이 의장으로 있던 상원 군사위원회에 출석하기 전에 말했다. 그래서 일을 은밀하게 처리하려는 유혹은 더욱 커져갔다. 그것이 더 쉽고 덜 복잡했기 때문이다. 이 권력과 비밀의 세계에서 앨런 덜레스 같은 사람이 CIA의 수장이 되었다는 점은 워싱턴의 기존 권력자들에게는 특히 위안이 되었다. 그의 직책은 권력을 남용할 가능성이 매우 높은 자리였지만, 그는 1950년대의 워싱턴 정가에서 신뢰감을 주는 인물이었다. 그는 한때 농담을 섞어 자신을 "적대적인 국가들을 위한 그림자 국무장관"이라고 말하기도 했다. 그는 그의 형 포스터 덜레스와는 달리 친화적이었다. 더 중요한 것은, 그에게는 포스터의 교조주의와 독선, 그리고 경직된 확신이 없었다는 점이다. 오히려 그는 첩보 세계보다는 학계가 어울리는 인물처럼 보였다. 그는 키가 컸고, 매력적인 몸매에 험상궂은 얼굴을 가졌다. 파이프 담배를 피우고 트위드 양복을 입었으며, 워싱턴의 사교계 인물들 사이에서 인기를 끌던 테니스를 즐겼다. 워싱턴에서 그보다 사교적으로 발이 넓은 사람은 없었다. 한 친구가 그에게 말했다. "앨런, 내가 언급하는 이름 중에서 자네와 테니스를 치지 않은 사람이 있기는 하나?" 그가 쓴, CIA에서의 경험을 담은 책의 제목은 〈첩보의 기술〉(아르벤스 쿠데타와 피그스 만 침공 사건, 워터게이트 사건 등의 핵심 요원이었던 E. 하워드 헌트와 공동 집필)이었다. 앨런 덜레스는 사교적이었고 좋은 음식, 좋은 와인, 매력적인 여성을 좋아했다. 그는 워싱턴의 사교계를 주름잡던 여성들이 즐겨 찾는 조지타운 고급 저녁 모임의 단골 참석자였다. 실제로 그는 바람둥이이기도 했다. (한번은 누가 작가 레베카 웨스트(Rebecca West)에게 당신이 앨런 덜레스의 정부였냐고 묻자, 그녀는 "아쉽게도 아니에요. 하지만 그랬으면 좋았을 것 같아요."라고 대답했다.) CIA의 한 보좌관은 "그는 사무실에서 지친 하루를 보낸 후 파티에서 자신을 재충전했다."라고 말하기도 했다. 바로 그런 모습이 오히려 그의 이미지에 도움이 되었다. 즉 그가 비밀스러운 세계에서 온 불길한 인물일 수 있다는 생각을 줄여주는 듯했다. 그렇게 접근하기 쉽고, 개방적이고 사교적인 사람이 거짓 신분으로 어둠 속에서 일하는 보이지 않는 사람들의 세계에 속해 있을 리는 없었다. 오히려 그는 사려 깊고 공정하며 인간적인 공직자로 보였고, 그의 부하들이 무슨 일을 하든 그것은 파티에 참석한 모든 사람들이 승인할 만한 종류의 일이라는 확신을 주는 것 같았다. 그는 폐쇄 사회의 수장이었을 뿐만 아니라, 거기서 개방 사회로 파견한 대사이기도 했다.

두 형제는 정서적으로 달랐다고 그들의 누이 엘리너는 생각했다. 포스터는 외롭고 굽히지 않는 성격으로, 마치 항상 신의 사명을 수행하는 사람과도 같았다. 앨런은 남녀 모두를 매혹시키는 사람이었다. (그의 외도는 너무나 유명해서 그가 외도를 할 때마다, 그의 아내 클로버는 그저 카르티에 매장으로 가서 비싼 물건을 사곤 했다. 그것이 자신에 대한 보상이라고 그녀는 말하곤 했다) 엘리너 덜레스는 앨런이 계명 한두 가지를 어겼을 때의 '달콤한 죄의식'을 맛보기 위해서 교회에 나간다고 생각하기도 했다. 앨런은 지적이라기보다는 교활한 사람이라고 믿는 이들도 있었다. 비틀 스미스와 대조적으로, 킴 필비는 덜레스가 자신의 전문 분야 외의 주제에 대해서는 빠른 반응을 보이지 못했다고 생각했다. 물론 비밀 작전을 논할 때는 예외였다. 이런 주제라면 그를 흥분시켜 밤새도록 이야기할 수 있게 만들 수 있었다. 킴 필비는 앨런 덜레스가 지적인 문제를 다룰 때는 충분한 주의를 기울이지 않았다고 생각했다. 그는 특정 질문에 대해 "정보에 기반해서 추측컨대"라고 대답하는 경향이 있있는데, 필비가 생각하기에 이는 보통 "나는 모르지만"을 의미했다.

앨런 덜레스가 가장 행복했던 시절은 제2차 세계대전 동안 OSS(전략정보국)의 일원으로 제네바에 파견되었을 때였다. 제네바는 온갖 첩보 활동으로 가득한 도시로, 미국인들과 독일인들이 서로를 감시하고, 독일인들끼리도 서로를 감시하던 곳이었다. 전후에 그는 개인 법률사무소를 열었지만, 비틀 스미스에 의해 다시 정보기관으로 복귀했다. 스미스는 덜레스에게 자신의 후임 자리를 약속했지만, 1953년 다소 지루함을 느끼던 스미스가 국무부로 자리를 옮겨 포스터 덜레스 밑에서 2인자가 되고자 했을 즈음에는 앨런 덜레스가 자신의 후임이 되어야 하는지에 대해 의구심을 품었던 것으로 보인다. 스미스는 덜레스가 직책의 본질인 연구와 분석에 많은 시간을 투자해야 함에도 불구하고, 비밀 작전의 매력에 너무 빠져 있다고 생각했던 것 같다.

1950년대 초반까지만 해도 앨런 덜레스는 매우 인기가 많고 존경받는 인물이었으며, 워싱턴에서는 CIA가 어느 정도 진보적인 기관이라는 인식이 널리 퍼져 있었다. 이런 시각이 존재했던 이유 중에는 부분적으로 명문 대학을 나오고, 진보적인 친구를 둔 똑똑한 사람들이 그곳에서 많이 일하고 때문이었다. 또한 앨런 덜레스가 포스터와는 달리 자신의 부하들을 조 매카시로부터 보호했기 때문이기도 했다. 하지만 그 진보적인 정서가 실제로 얼마나 깊이 뿌리내리고 있었는지는 또 다른 문제였다.

CIA의 다음 목표였던 과테말라는 작고 매우 가난한 중앙아메리카 국가로, 대통령을 포함한 행정부의 고위 관리들은 이미 이 나라가 공산화되었다고 판단한 상태였다. 미국과 과테말라 사이의 긴장은 1940년대 후반, 호르헤 우비코 카스타네다의 가혹하고 잔인했던 독재 정권이 무너지고 과테말라 정부가 민주주의를 실험하기 시작하면서부터 고조되었다. 과테말라 사회 혁명은 결과적으로 새로운 민족주의 의식을 불러 일으켰고, 유나이티드 프루트 컴퍼니가 경제적인 측면에서 표적이 되었다. 유나이티드 프루트를 '라 프루테라'[La Frutera, '과일 회사'라는 뜻의 스페인어]라고 부르는 사람들도 있었지만, 일부 사람들은 이 회사를 '엘 풀포'(문어)라고 불렀다. 가난한 약소국 과테말라에서 유나이티드 프루트는 부유하고 강력한 기업으로, 전국에서 가장 큰 고용주였다.

앨런 덜레스는 처음부터 골칫거리 아르벤스 정권을 전복시키는 쿠데타에 열정적이었다. 덜레스 형제들과 비틀 스미스 모두 유나이티드 프루트와 밀접한 관계를 맺고 있었고, 유나이티드 프루트의 로비스트 토미 코코란('코르크 토미'로 불리던)은 유명한 뉴딜 정책 지지자이자 워싱턴 정가와 인연이 깊은 인물이었다. 스미스는 자신이 정부에서 퇴임하면 유나이티드 푸르트의 훌륭한 사장이 될 수도 있을 것이라고 떠벌리곤 했는데, 코코란은 그의 말을 자신의 고객에게 진지하게 전달했다. 그는 유나이티드 프루트 사람들을 만나면 "스미스는 CIA와 관련한 훌륭한 배경을 가지고 있습니다."라고 말하면서, 그들이 이런 인맥을 쌓는 것이 얼마나 중요한지 즉시 이해할 것이라고 생각했다. 하지만 유나이티드 프루트는 스미스가 바나나에 대해 얼마나 알고 있는지 물었다. "제발 좀, 당신들의 문제는 바나나가 아니지 않습니까. 정치적인 문제를 해결해야죠." 코코란은 과일 회사 사람들에게 강조했다. 유나이티드 프루트는 스미스에게 회사의 사장 자리를 주지는 않았지만, 1955년 그가 국무부를 떠나자 이사직을 마련해 주었다. "내가 과일 회사를 위해 마지막으로 한 일은 비틀을 이사회에 들인 것이었다."라고 코코란은 회고했다.

아이젠하워는 처음부터 CIA가 후원하는 과테말라 쿠데타에 동의했다. 그는 점점 더 공산주의를 하나의 거대한 세력으로 봤고, 이를 저지하기 위해 비합법적인 수단이라도 사용해야 한다고 생각했다. 아이크의 이러한 강경한 면모는 대중에게 거의 드러나 있지 않다. 그는 온화하고 공정하며 침착한 성품으로, 결코 냉전의 열성적인 지자자나 극단적인 애국주의자로 보이지 않았다. 오히려 그는 전 세계를 향해 군비 경쟁을 끝내기 위한 '오픈 스카이'[9] 정책을 촉구한 사람이었다. 그는 제3세계에서 빈곤과 민족주의가 강력한 힘이라는 사실을 모르는 사람이 아니었으며, 특히 임기 후반부에는 군비 경쟁이 위험할 뿐만 아니라 세계의 빈곤 국가들에서 더 잘 사용될 수 있는 수십억 달러를 낭비하는 것이라고 이해하고 있었다. 그러나 사적인 자리나 소규모 모임에서는 세상을 공산 진영과 자유 진영으로 나누는 단순한 세계관에 동의하는 듯 보였다.

하지만 과테말라의 경우에는 너무 좌경화되었고, 대륙에서 공산주의의 교두보가 될 수 있다고 아이젠하워는 확신했다. 그는 자신보다 더 진보적인 성향을 가진 동생 밀턴을 그 지역에 보내 조사를 시켰고, 밀턴도 그의 의견에 동의하는 듯했다. 아이크가 덜레스 형제들과 비틀 스미스로부터 들은 내용은 과테말라가 미국의 정책과 돌이킬 수 없을 정도로 결별했다는 것이었다. 그 명백한 증거가 아르벤스의 토지 개혁 법령이었는데, 이는 유나이티드 프루트의 재산을 몰수할 수 있도록 한 것이었다. 워싱턴 정부는 점점 더 강경한 입장을 취했고, 결국에는 아르벤스가 구제 불능이며 그를 제거해야 한다는 결론에 이르렀다. 그의 정부가 공산주의자들의 손에 넘어갔다는 것이었다.

쿠데타 계획을 세우던 초반의 한 회의에서, 아이젠하워는 앨런 덜레스에게 과테말라에서의 성공 가능성이 얼마나 되는지 물었다. 덜레스는 40%는 넘지만 50대 50에는 미치지 못한다고 대답했다. 그 정도면

---

9   "오픈 스카이(Open Skies)"는 아이젠하워가 제안한 군비 통제 방안으로, 미국과 소련이 서로의
     영공을 개방하여 상호 감시 비행을 허용하자는 내용을 담고 있다.

카를로스 카스티요 아르마스 대령의 지지자들이 과테말라 치퀴물릴라에 위치한 그의 본부 밖에서 방송을 진행하는 동안 한 병사가 경계를 서고 있다. 아르마스는 CIA가 주도한 쿠데타로 집권했으며, 미국 당국은 전임 하코보 아르벤스 정부를 지나치게 좌파적이라고 판단했다. (사진 출처 UPI/BETTMANN)

충분하다고 생각한 아이젠하워는 덜레스에게 계획을 진행하라고 지시했다. 그리고 과거와 마찬가지로, 마지막 순간에 자신이 옳지 않다는 판단이 들면 작전을 취소하겠다고 덧붙였다.

1953년 8월, CIA는 플로리다 주 오파-로카와 온두라스의 캠프에서 '국가 해방군'으로 이름 붙인 수백 명의 과테말라 망명자들과 용병들을 훈련시키기 시작했고, 이들을 지원하기 위한 소규모의 공군 부대도 편성했다. 1954년 6월 중순까지 쿠데타의 모든 준비가 완료되었다. 비행기들이 준비되었고, 반군을 대신해 방송할 라디오 방송국도 마련되었다. 과테말라의 해방자로는 카를로스 엔리케 카스티요 아르마스라는 군인이 선택되었다. 하워드 헌트는 그에 대해 "대중에게 좋은 인상을 줄 수 있는 인디언 같은 외모를 가지고 있었다."라고 언급했다. 이제 필요한 것은 아이젠하워의 최종 승인뿐이었고, 그는 6월 16일 회의에서 이를 승인했다. 포스터 덜레스, 앨런 덜레스, 찰리 윌슨 등 주요 인사들이 참석한 회의였다. 앨런 덜레스가 계획을 설명했고, 아이젠하워는 주의 깊게 듣다가 입을 열었다. "이 계획이 정말 성공할 것이라고 확신합니까?" 회의 참석자들은 자신감을 내보였다. "여러분 모두가 반드시 성공한다는 것을 확실히 해주길 바랍니다. 나는 성공을 위해 필요한 모든 조치를 취할 준비가 되어 있습니다. 국기를 내건 이상, 반드시 승리해야 합니다." 이틀 후 '성공 작전'의 막이 올랐다.

과테말라는 서반구에서 가장 가난한 지역 중 하나였다. 미국의 정책 입안자들이 이곳이 공산주의가 뿌리내리기 좋은 비옥한 땅이라고 우려한 것도 당연했다. 소수의 특권층이 대부분의 토지를 소유하고 있었고, 임금은 극도로 낮았다(그즈음 몇 달 동안 유나이티드 프루트의 바나나 농장에서 일하던 노동자들이 하루 1.5달러의 임금을 요구하며 파업을 벌였다). 유나이티드 프루트는 뇌물과 로비로 과테말라의 정부를 장악했다. 역사학자 스티븐 슐레진저(Stephen Schlesinger)가 작가 스티븐 킨저(Stephen Kinzer)와 함께 쓴 〈비터 프루트〉(Bitter Fruit)에서 언급했듯이, 유나이티드 프루트는 과테말라에서 약 40,000개의 일자리를 직간접적으로 통제하고 있었으며, 그곳에 대한 투자액은 6,000만 달러에 달했다. 과테말라의 거의 모든 철도는 유나이티드 프루트의 자회사 소유였고, 그 외에도 유나이티드 프루트는 전화와 전신 시설을 소유하고, 대서양으로 통하는 가장 중요한 항구를 직접 운영했다. 사실상 과테말라에서 현대적인 것은 모두 '라 프루테라'의 소유였고, 낡고 고장난 것들은 국가의 몫이었다.

라 프루테라는 광활한 토지를 소유하고 있었지만, 시장에 바나나가 넘쳐나 가격이 떨어지지 않도록 일부만 경작에 이용했다. 1950년까지 이 회사는 연간 6,500만 달러의 수익을 보고했는데, 이는 과테말라 정부 총 수입의 두 배에 해당하는 금액이었다. 과테말라 정부 내에서 중요한 인물은 유나이티드 프루트의 승인을 받지 않고서는 존재할 수 없었다. 그 결과 이 나라는 전통적으로 반공주의 군부 독재자들에 의해서 통치되었으며, 이들은 국내의 사회 불안을 진압하기 위해 즐겨 경찰력을 사용했다. 중앙아메리카와 카리브해 지역의 독재자들의 이름이 그 지역에서 가장 악명 높은 폭군들의 명단처럼 보이는 것은 우연이 아니었다. 소모사, 트루히요, 바티스타, 과테말라의 우비코, 온두라스의 갈베스 등은 모두 미국 정부와 이 지역의 파트너였던 유나이티드 프루트의 지원을 받았다.

우비코 정권은 1930년에 과테말라에서 권력을 잡았다. 이 정권은 잔혹하고 거의 사디스트적인 정부였으며, 특히 인디언 농민들을 대하는 방식이 매우 잔인했다. 편집증적이고 무지한 우비코는 자신의 이름이 불러일으키는 공포를 즐기는 것 같았고, 자신을 "야생의 위험한 짐승"으로 묘사하는 대중적 이미지를 즐기는 듯했다. 한번은 미구엘 이디고라스 푸엔테스라고 하는 한 보수적인 하급 공무원이 종종 사흘 씩이나 도로 위에서 운전하는 과테말라의 트럭 운전사들에게 여비를 지급하자고 제안하자, 우비코는 그에게 소리쳤다. "그래! 네놈도 공산주의자구나!" 또 한번은 이디고라스 푸엔테스[10]가 공산주의 문헌을 읽고 있다며 비난한 적도 있었다. 그가 교황의 회칙을 읽고 있었다고 항변하며 그것을 보여주자, 우비코는 대충 훑어본 뒤 말했다. "그렇다면 사실이군! 공산주의자 교황이 있었던 거야!"

보수적 성향의 미국인 정치 고문들이 유나이티드 프루트의 수장 샘 새뮤레이에게 회사의 억압적인 정책 때문에 가난한 노동자들과의 정치적 충돌이 일어날 수 있다고 경고했을 때, 그는 이런 말을 일축했다

---

10   과테말라의 친미 성향 정치인으로 1958년부터 1963년까지 대통령으로 재임했다.

(샘의 별명은 "바나나맨"이었는데, 이는 가난한 소년 시절 뉴올리언스 항구에서 일하며 바나나 시장을 장악했던 데서 유래한 것이었다). 그는 정치 혁명이 일어날 가능성은 전혀 없다고 일축했다. 농민들이 너무 무지하기 때문에 그런 일은 일어나지 않을 것이라는 이유에서였다.

1944년, 과테말라의 신생 중산층이 반란을 일으켜 후안 호세 아레발로 베르메호를 망명지에서 귀국시켰다. 그는 교사이자 작가였으며, 우비코 정권에 대해 공개적으로 반대하면서 거의 10년 동안 자발적으로 망명 생활을 하고 있었다. 아레발로는 진정한 민주주의자였으며, 경제 발전은 평범한 시민들의 정치 참여를 통해 이루어진다는 강력한 신념을 가지고 있었다. 그의 영웅은 볼리바르, 링컨, 그리고 프랭클린 루스벨트였다.

역사학자 리처드 임머맨(Richard Immerman)이 지적했듯이, 아레발로는 너무나 이상주의적이었고, 일종의 현대판 돈키호테같은 인물이었지만, "그의 이상주의는 당시 그의 나라에 만연했던 혁명적 열기와 일치했다." 그의 성향은 본질적으로 자유주의에 가까웠지만, 그의 행정부가 거둔 성과는 다소 복합적이었다. 갈 길이 너무나 멀었다. 그가 취임했을 때 국민의 70%(그리고 인디언의 90%)가 문맹이었다. 그가 무지와 불의를 종식시키기 위해 취한 모든 조치들은 유나이티드 프루트와 같은 강력한 이해관계자들을 점점 더 불안하게 만들었다. 특히 뉴딜 정책에서 차용한 노동법이 의심을 샀는데, 이 법률은 근로 조건을 개선하고 업무 관련 상해에 대한 일종의 보상을 제공하려는 것이었다. 더욱 심각한 것은, 새로운 법률이 노동자들에게 노동조합을 결성하고 필요하다면 파업할 권리를 주었다는 것이었다. 과테말라에서 자신들의 모든 변덕이 법률로 만들어지는 데 익숙했던(그리고 어쨌든 루스벨트의 국내 개혁에 불만이었던) 유나이티드 프루트의 고위 임원들에게는, 중앙아메리카에서 경제적 권력을 공유한다는 생각은 상상도 할 수 없는

것이었다. 개혁에 대한 그들의 저항과 과테말라 국민들이 미국 시민과
같은 자유를 누릴 자격이 없다는 그들의 믿음은 결국 아레발로를 화나
게 만들었다. 1951년 3월 퇴임 연설에서 그는 "루스벨트의 동포인 바
나나 거물들이, 자국민들에게 수출업자의 명예로운 가문과 동등한 법
적 지위를 부여한 중앙아메리카 대통령의 대담함에 반기를 들었다."라
면서 조롱 섞인 어조로 지적했다.

　아레발로 시대부터 시작된 긴장은 그의 후계자인 하코보 아르벤스
행정부 시기에 빠르게 고조되었다. 아레발로가 교육 기회 개선에 초점
을 맞췄다면, 아르벤스는 토지 개혁을 원했다. 그는 취임하기도 전에
유나이티드 프루트가 노동과 경영 사이의 모든 분쟁에서 과테말라 정
부를 중재자로 인정해야 한다고 발표했다. 이는 매우 혁명적인 개념이
었는데, 경제적 분쟁을 규제할 권리를 기업이 아닌 국가에 부여했기
때문이었다. 아르벤스는 이 외에도 그가 새롭고 완고한 적임을 분명히
보여주는 다수의 요구사항들을 내놓았다. 노동자들과 회사 사이에 파
업이 있었고, 회사는 이를 해결하려 하지 않았다. 과테말라 법원은 노
동자들에게 유리한 판결을 내렸지만, 유나이티드 프루트는 자신들이
어떤 관할권에도 구속되지 않음을 보여주고자 4,000명의 노동자들을
해고했다. 이에 과테말라 법원은 노동자들의 체불 임금을 보전하기 위
해 유나이티드 프루트 소유 26,000에이커의 농장을 몰수하도록 했다.
이는 양측의 불만이 고조되는 계기가 되었다. 1952년 3월, 회사는 노
동자들에게 650,000달러를 지불하기로 합의했다.

　1952년에도 쿠데타 작전이 모의된 적이 있었다. 이 작전은 "포춘 작
전"이라고 불렸으며, 니카라과의 독재자 소모사에 의해 추진되었다.
소모사는 과테말라 정부의 새로운 방향성에 극도로 불만을 품고 있었
는데, 그것이 자신의 독재 통치에 위협이 된다고 봤기 때문이었다. 그
는 미국에 "무기만 대주면 금방 과테말라를 정리하겠다."라고 말했다.

CIA의 비틀 스미스와 트루먼 대통령은 처음에 이 아이디어를 승인했던 것으로 보인다. 유나이티드 프루트 회사의 배를 통해 미국에서 니카라과로 '농업 기계'라는 라벨을 붙인 무기 상자를 운송한다는 것이 당초 계획이었다. 그러나 배가 니카라과로 출항한 직후, CIA 요원이 미주 담당 국무부 차관보 에드워드 밀러에게 찾아가 국무부 군수품 부서를 대신해 무기 수령증에 서명해 달라고 요청했다. 밀러는 즉시 국무부 차관 데이비드 브루스에게 보고했고, 브루스는 이를 애치슨에게 알렸으며, 결국 애치슨이 트루먼에게 이를 보고하면서 작전을 중단시켰다.

1952년 6월, 과테말라 국회에서 법령 900호로 알려진 아르벤스의 중요한 토지 개혁이 통과되었다. 아르벤스의 지지자들에게 이 법령은 미래를 위한 열쇠였다. 비옥한 경작지는 소작농 한 가족 당 8.5에이커에서 17에이커까지, 그리고 휴경지였다면 26에이커에서 33에이커까지 분배될 예정이었다. 이후 18개월 동안, 대토지 소유자들의 반대에도 불구하고 약 10만 과테말라 가구(거의 대부분이 원주민)가 150만 에이커의 토지를 받았고, 정부는 토지 수용에 대한 보상으로 대지주들에게 830만 달러를 장기 채권으로 지급했다. 아르벤스도 본인 소유의 1,700에이커를 내놨다. 아르벤스는 토지 수용이 미국에서는 거의 전쟁 선포로 여겨질 것이라는 미국 관리들의 경고를 무시했다. 1953년 2월까지 태평양 연안의 유나이티드 프루트 소유지 234,000에이커가 수용되었다. 이는 워싱턴으로서는 충분한 이유가 되었다. 그 때부터 쿠데타 계획이 본격적으로 진행되었다. 1954년 2월에는 카리브해 연안에서 추가로 173,000에이커가 수용되었다. 사태를 더욱 악화시킨 것은 과테말라 정부의 보상액이 118만 5천 달러에 불과했다는 점이었다. 이 액수는 유나이티드 프루트가 탈세를 목적으로 토지 가격을 교묘하게 평가절하한 데 따른 금액이었다. 유나이티드 프루트는 격분했고, 1954년 4월 미국 국무부는 유나이티드 프루트를 대변해 아르벤스에게 1,580만 달러를 토지 보상비로 제시했다.

이 모든 과정에서 아르벤스 정부가 공산주의자들에 의해 지배받고 있다는 증거는 거의 없었다. 하지만 워싱턴은 아르벤스를 점점 압박하기 시작했다. 우선 무기 판매를 거부하며 그를 고립시키려 했다. 1953년 10월, 잭 퓨리포이(Jack Peurifoy)가 대사로 파견되었다. 이는 쿠데타가 준비 중일 수 있다는 중요한 신호였다. 퓨리포이는 그리스 공산당을 무너뜨리는 데 중요한 역할을 했을 뿐만 아니라, 그 나라의 여러 분열된 우익 그룹들을 반공 연합으로 묶는 데도 기여했기 때문이다. 또한 그는 민주당원이었기 때문에 작전이 실패할 경우를 대비해서도 적당한 인물이었다. 만약 누군가 책임져야 한다면, 애치슨과 가까운 인물이어야 했다. 퓨리포이는 보수주의자이자 강경한 반공주의자로, 스스로를 "성조기를 사랑하는 사람"이라고 표현했다.

퓨리포이는 정책의 미묘한 차이에 크게 신경 쓰는 사람이 아니었다. 그가 이해하기로 자신의 임무는 아르벤스를 제거하는 것이었다. 그는 CIA와 연계되어 있던 부유한 과테말라 지주 마리안 로페스-헤라르테를 만나 첫 질문으로 아르벤스를 무너뜨리려면 무엇이 필요하냐고 물었다. 미국이 과테말라 커피를 보이콧하면 충분할까요? 로페스-헤라르테는 아니라고 대답했다. 정부는 여전히 엘살바도르를 통해 충분한 양을 밀반출할 수 있다는 것이었다. 하지만 미국이 과테말라의 모든 석유 공급을 차단한다면, "정부는 일주일 안에 무너질 것"이라고 퓨리포이가 언급했다. 로페스-헤라르테는 퓨리포이가 "내게는 국무부 직원보다는 CIA 요원에 더 가까워 보였다."라고 생각하며 감탄했다.

퓨리포이는 아르벤스와의 만남을 서두르지 않았다. 그가 워싱턴에 보낸 전문에 따르면, "저는 새로 부임한 사람으로서 심리적 우위를 점하고 있고, 과테말라 정부는 제가 자신들을 압박하기 위해 부임했다고 느끼고 있습니다. 우리는 그들을 애타게 만들고 있습니다." 워싱턴이 아르벤스 정부의 토지 개혁에 대해 어떻게 생각하고 있는지는 퓨리포이가 토리엘로 외무장관과의 첫 만남에서 경고한 말로 분명히 드러났다. "중국에서도 농지 개혁이 시행되었고, 오늘날 중국은 공산주의 국가가 되었습니다." 과테말라 정부로서는 자신들의 사회 혁명을 종식시키는 것 외에는 다른 선택의 여지가 없었다. 미국은 말할 수 없이 가난한 나라에 가혹한 최후통첩을 보낸 것이나 다름없었다.

사실 미국은 아르벤스가 변할 것이라고는 생각하지 않았다. 오히려 과테말라를 사례로 다른 라틴 아메리카 국가들을 통제하려는 의도를 숨기지 않았다. 퓨리포이가 부임한 지 몇 달 후, 누군가가 그에게 아르벤스의 미래에 대해 물었을 때, 대사는 이렇게 대답했다. "우리는 7월 4일 리셉션 초대장을 작성 중인데, 현 정부 인사들은 포함시키지 않고 있습니다." 그때부터 그는 반체제 군부 지도자들에게 아르벤스에 대항해 봉기할 것을 공개적으로 독려했다. 12월에 그는 아이젠하워 대통령에게 긴 전문을 보내 대통령의 남은 의구심을 해소했다. "아르벤스가 공산주의자가 아니라면, 그는 확실한 공산주의자가 등장할 때까지 그 역할을 할 것입니다." 아르벤스의 정책을 바꿀 수 있는 방법은 없다면서 그는 전문에 이렇게 덧붙였다. "촛불이 천천히, 그러나 확실하게 타오르고 있으며, 미국의 대규모 이익이 완전히 쫓겨나는 것은 시간 문제일 뿐입니다."

미 행정부에게 남은 것은 이제 미국의 행동을 정당화할 근거를 찾는 것뿐이었다. 기회는 1954년 4월 중순에 찾아왔다. 폴란드에 있던 CIA 요원이 알프헴(Alfhem)이라는 이름의 스웨덴 선박이 폴란드의 슈체친 항구에서 수상한 화물을 싣고 있는 것을 발견했다. 요원은 그 화물이 체코산 무기라고 생각했다. 앨런 덜레스는 다른 요원에게 선박이 킬 운하를 통과할 때 검사해보도록 했고, CIA는 그 선박이 무기 운반선임을 확신하게 되었다. 5월 17일, 알프헴 호는 과테말라 동부 해안의 주요 항구인 푸에르토 바리오스에 도착했다. 그곳에는 퓨리포이와 미 대사관 직원들이 기다리고 있었다. 서방으로부터 무기를 구입할 수 없었던 아르벤스 정부는 워싱턴에서 여러 차례 필사적으로 요청했음에도 불구하고, 주변의 적대적인 독재 정권들로부터의 압박이 거세질 것을 우려해 비밀리에 동구권에서 무기를 구매하기로 결정했다. 이는 중대한 실수였다. 워싱턴이 원하던 결정적 증거, 즉 아르벤스가 공산주의자들과 손을 잡았다는 증거가 바로 그것이었기 때문이다. 의회는 격분했다.

쿠데타가 다가오고 있다는 것은 이제 과테말라에서는 공공연한 비밀이었다. 두 곳의 CIA 훈련 캠프에 주둔하고 있던 용병들은 한 달에 약 300달러, 즉 유나이티드 프루트 노동자들의 10배에 달하는 높은 임금을 받고 있었고, 수도 침공 계획을 대놓고 자랑하며 떠들고 다녔다. 쿠데타가 일어나기 전날 아침, 퓨리포이는 대사관 직원들에게 "자, 여러분, 내일 이 시간이면 우리는 파티를 열게 될 겁니다."라며 인사를 건넸다. 사실, 퓨리포이의 아들이 오후 5시면 혁명이 일어날 것이기 때문에 오후 수업은 없다는 말을 듣고 학교에서 일찍 돌아올 정도로 쿠데타 소문은 너무나 공공연하게 퍼져 있었다.

쿠데타의 성공을 위해서는 한 가지 중요한 요소가 남아 있었는데, 바로 자발적이든 비자발적이든 미국 언론의 협조가 필요했다. 이는 언론에서 쿠데타가 과테말라 내부 세력의 소행임을 보도해줘야 한다는 것을 의미했다. 일반적으로 냉전의 긴장, 동유럽 공산주의의 명백한 죄악상, 그리고 공산주의에 유화적이라는 비난에 대한 두려움 때문에, 대부분의 편집자와 기자들은 공산주의와 관련된 모든 분쟁에서 워싱턴의 입장을 수용하는 경향이 있었다. 사실상 이런 작전을 지휘하는 사람들은 제2차 세계대전 당시 언론과 국가 기관 사이에 존재했던 것과 같은 신뢰를 원했다. 유나이티드 프루트는 이미 적극적인 홍보를 통해 자신들의 입장을 성공적으로 전파하고 있었는데, 여기에는 인쇄 미디어 업계에 잘 알려진 현대식 홍보의 선구자 에드워드 버네이즈(Edward Bernays)의 역할이 컸다. 그는 유나이티드 프루트로 하여금 선별된 기자들을 과테말라로의 취재 여행에 초청하도록 설득했다. 이 여행은 과일 회사의 선의와 아르벤스 정부의 불길한 목적을 드러내는 데 이용되었다.

그러나 1954년, 아이젠하워 행정부는 한 재능 있는 〈뉴욕 타임스〉 기자의 과테말라 현장 취재를 불허하면서 언론과 마찰을 빚었다. 시드니 그루슨(Sydney Gruson)은 당시 38세였고 멕시코시티에 주재하고 있었는데, 이는 그의 취재 구역에 과테말라가 포함되어 있었다는 뜻이었다. 그루슨은 특별한 이념적 성향을 가지고 있지 않았다. 그는 이전에 동유럽 취재를 경험했고, 그곳에서 공산주의자들이 권력을 공고히 하는 가혹한 방식을 목격하면서 다소 강경한 입장을 갖게 되었다. 아일랜드계이자 유대인인 그루슨은 더블린에서 태어났으며, 〈뉴욕 타임스〉 특파원들에게서 좀처럼 볼 수 없는 유쾌한 성격으로 특이한 개인적 매력을 소유한 사람이었다. 그가 과거에 상사들과 마찰을 빚은 적이 있었다면, 그것은 그의 보도 태도가 급진적이라서가 아니라 그의 상사들이 그가 너무 즐겁게 지내고 있다고 느꼈기 때문이었습니다. 그루슨이 처음 멕시코시티에 도착했을 때만 해도 〈뉴욕 타임스〉는 중앙아메리카에 특별히 관심이 없었기 때문에, 그는 큰 어려움 없이 취재 활동을 즐길 수 있으리라고 생각했다. 그는 한때 멕시코시티가 "고된 임지가 아니다."라고 언급하기도 했다. 그는 호화로운 생활을 시작했고, 도시의 가장 부유한 시민들 중 일부와 어울렸는데, 그 중에는 말 몇 마리를 소유하고 있으면서 현지 경마장을 사기로 결정한 듀폰 가문의 여성도 포함되어 있었다. 경마장 소유주는 동시에 말을 소유하면 안된다는 규정 때문에, 그녀는 캔디스 앤이라는 말 한 마리를 그루슨에게 선물로 주었다. "당신 미쳤어요? 당신은 한 마리만으로 만족하지 않을 거란 걸 스스로도 잘 알잖아요." 그루슨의 아내이자 함께 기자로 일하던 플로라 루이스(Flora Lewis)가 그에게 말했다. 그녀의 말은 정확했다. 그루슨은 곧바로 나가서 말 네 마리를 더 샀다. 얼마 지나지 않아서, 〈뉴욕 타임스〉 편집국장 터너 캐틀리지(Turner Catledge)가 현장 점검을 위해 나타났다. 그루슨은 공항에서 캐틀리지를 맞이하고 그가 살고 있는 호화로운 저택으로 데려간 뒤 이렇게 말했다. "터너, 우리는 지금 둘 중 하나를 선택할 수 있습니다. 하나는, 매일 사무실로 출근해서 당신이 여기 나타나지 않았다면 인터뷰하지 않았을 멕시코 관료들에게 수없이 전화를 걸어, 당신이 여기 나타나지 않았더라면 작성하지 않았을 기사를 쓸 수도 있어요. 아니면, 제가 늘 하는 일을 할 수도 있죠. 저는 경주마 다섯 마리를 소유하고 있어서 매일 경마장에 가고, 일주일에 네 번 골프를 치며, 일주일에 한 번 투우를 보러 갑니다." 캐틀리지는 그루슨이 살고 있던 진정한 멕시코 생활을 선택했고, 완전히 즐거운 시간을 보냈으며, 떠날 때 그루슨에게 그렇게 좋은 시간을 보여준 것에 대해 따뜻한 말로 칭찬을 건넸다. 하지만 곧 그루슨은 뉴욕으로 소환되었다.

멕시코시티에 머무는 동안 그루슨은 아르벤스 정부를 비판하는 여러 건의 기사를 썼는데, 이는 과테말라 주재 미 대사관을 기쁘게 한 대신 아르벤스 정부를 자극했다. 그는 1953년 11월 아르벤스에 의해 과테말라에서 추방되었다. 퓨리포이 대사는 그루슨의 재입국을 주장했고, 시간이 지나 그는 다시 과테말라로 돌아올 수 있었다. 그러나 이번에는 그가 쓴 기사들이 퓨리포이를 화나게 했는데, 특히 알프헴 사건 이후 라틴 아메리카 국가들이 아르벤스 편에 서고 있다는 암시가 담긴 기사들이 그랬다. 이는 대사관의 입장과 정면으로 충돌했다. 그루슨의 보도에 따르면, 아르벤스에 대한 미국의 공격이 반드시 라틴 아메리카에서 과테말라 지도자, 즉 아르벤스의 입지를 약화시키지는 않았으며, "이런 (그들에 대한) 반응은 과테말라 지식인 사이에서 지배적인 감정이 친공산주의나 반공산주의, 또는 친미나 반미가 아니라 열렬한 민족주의라는 것을 관찰자들에게 상기시키는 역할을 했다." 대사관 사람들은 이 기사를 통해 그루슨을 급진주의자로 여기게 되었다.

기사를 송고한 뒤 그루슨은 멕시코로 돌아갈 수밖에 없었지만, 쿠데타 날짜가 가까워지자 과테말라로 복귀할 수 있도록 허가를 요청했다. 그는 놀랍게도 외신 편집장 엠마누엘 프리드먼(Emmanuel Freedman)이 그에게 멕시코에 머물면서 이 사건에 대한 멕시코의 관점을 취재하라고 지시한 것을 알게 되었다. 그루슨은 쿠데타에 대한 멕시코의 특별한 입장은 없다는 것을 알고 있었다. 그는 이 주제를 놓고 프리드먼과 전화로 격렬하게 다투었다. "시드니, 우리는 당신이 멕시코에 머물면서 그곳의 현장 분위기를 취재하기를 원합니다." 프리드먼이 말했다. "매니, 나는 멕시코와 과테말라를 잘 알아요. 멕시코에서는 아무런 움직임도 없을 겁니다." 그가 반박했다. "하지만 발행인은 당신이 멕시코에 남아서 취재하기를 원합니다." 프리드먼이 재차 말했다. 갑자기 그루슨은 자신이 매우 중요한 사건, 그것도 당연히 자신이 다루어야 할 사건에서 배제되고 있음을 깨달았다. "제기랄, 매니," 그루슨이 소리쳤다. "나는 발행인보다도 과테말라와 멕시코 상황에 대해 더 잘 알고 있고, 나는 과테말라로 돌아가고 싶다고요." "시드니," 프리드먼은 이렇게 말하며 대화를 마무리지었다. "내가 할 수 있는 일은 없습니다. 이건 내 권한 밖의 일입니다. 당신을 거기로 돌려보낼 수 없어요."

엠마누엘 프리드먼이 지시를 끝까지 고집한 데는 이유가 있었다. 그루슨은 알지 못했지만, CIA 국장 앨런 덜레스가 그의 기사를 주목하고 있었고, 퓨리포이 대사가 보낸 전문들로 인해 덜레스의 경계심은 더욱 높아졌다. 덜레스는 〈뉴욕 타임스〉에 볼일이 있으면 종종 만났던 프린스턴 동창 줄리어스 오크스 애들러(Julius Ochs Adler) 장군을 찾아갔다. 애들러는 타임스 창립자의 조카이자 당시 발행인 아서 헤이스 설즈버거(Arthur Hays Sulzberger)와는 사촌지간이었다. 애들러는 타임스의 경영 분야에서 일했고 편집에는 거의 관여하지 않았다. 제1차 세계대전 때 중대장이었던 그는 제2차 세계대전 때 더글라스 맥아더와 함께 복무했고 소장 계급으로 예편했는데, 여전히 장군이라는 호칭을 좋아했다. 전후의 그의 모습에 대해 언론인 해리슨 솔즈베리(Harrison Salisbury)는 이렇게 회고했다. "그는 여전히 소장이었고, 단호한 애국자이자 열렬한 반공주의자였다. 때로는 미국판 블림프 대령[고지식한 장교를 풍자한 만화 캐릭터]처럼 보이기도 했지만, 내면은 따뜻해서 자녀들에게 사랑받았다. 언젠가 한 친구가 지적했듯 '그가 가족을 전투 중인 연대처럼 대했음에도 불구하고' 말이다." 줄리 애들러는 〈뉴욕 타임스〉의 많은 해외 특파원들에 대해 그다지 좋지 않은 인상을 갖고 있었고, 그들이 적과 공모하고 있을지도 모른다는 자신의 생각을 발행인에게 종종 전하곤 했다.

앨런 덜레스는 쿠데타 예정일로부터 약 2주 전인 6월 초에 애들러를 워싱턴으로 초청해 만났다. 저녁 식사 자리에서 덜레스는 과테말라에서 곧 매우 민감한 사건들이 일어날 것이며, 시드니 그루슨이 이 사건을 취재하지 않는다면 자신과 그의 형 포스터 덜레스가 훨씬 더 안심할 수 있을 것이라고 설명했다. 덜레스는 CIA가 그루슨에 대한 특정 정보를 가지고 있으며, 이로 인해 CIA 고위 간부들이 그루슨의 정치적 신뢰성에 의문을 제기하고 있다고 덧붙였다. 덜레스의 말을 듣고도 애들러는 크게 놀라지 않았다. 자신도 이미 그루슨이 위험한 급진주의자라고 판단한 상태였기 때문이다. 애들러는 이 정보를 설즈버거에게 전달했고, 설즈버거는 매우 화가 나서 뉴스 부서에 직접 개입하지 않는다는 평소 행동에서 벗어나, 매니 프리드먼에게 그루슨을 과테말라 취재에서 배제하라고 지시했다.

그루슨은 과테말라에서 쫓겨나 중요한 사건을 놓치게 된 것에 대해 분노했고, 며칠 후 쿠데타가 발생하자 〈뉴욕 타임스〉 간부들의 이상한 행동 배후에는 퓨리포이가 있다고 확신했다. 덜레스의 말을 곧이곧대로 받아들였던 설즈버거도 점차 불편함을 느끼기 시작했다. 해리슨 솔즈베리가 후에 언급했듯이, 그는 정중하고 이해하려는 자세로 CIA 국장에게 더 많은 정보를 요구하기 시작했다. 그는 쿠데타가 일어나기 전부터 이런 태도를 유지했으며, 더 많은 정보를 얻을 때까지 이 문제를 그냥 넘어가지 않을 것임을 분명히 했다. 설즈버거는 만약 그루슨이 정말로 전복 세력에 가담한 자라면 그를 신문사에 두고 싶지 않았다. 하지만 그렇지 않다면 그가 과테말라나 다른 어떤 나라에서도 취재하는 걸 배제할 이유가 없었다. CIA가 주도한 쿠데타는 6월 18일에 시작되었는데, 쿠데타군은 무장도 제대로 갖추지 못한 오합지졸 같았다. 해방자로 불리던 카스티요 아르마스는 온두라스 국경을 몇 마일 넘었을 뿐 더 이상 움직이지 않았다. CIA의 주요 임무 중 하나는 미국 기자들을 이 지역에서 쫓아내는 것이었는데, 이는 기자들이 카스티요 아르마스의 군대가 얼마나 형편없는지 알아내지 못하도록 하기 위해서였다. 해방군 공군이 보유한 세 대의 비행기 중 두 대는 곧 작전 불능 상태가 되었으며, 그 중 한 대는 미국인 조종사가 연료 게이지에 주의하지 않고 이륙했다가 불시착해야만 했다. CIA 공군은 초라하고 극도로 원시적이었다. 한 CIA 조종사는 낡은 비행기에서 몸을 내밀고 아래쪽 군사 시설을 향해 직접 수류탄을 던지기도 했다. 상대가 발달된 나라의 군대였다면 침략군은 금방 무너졌을 것이다. 하지만 과테말라의 국가 시스템은 너무나 허약해 아르벤스 정부는 거의 마비 상태였고, 자신들의 (똑같이 빈약한) 공군기를 이륙시키는 것조차 못했다. 그럼에도 불구하고 쿠데타는 사흘이 지나자 실패할 가능성이 커 보였다. 현장의 CIA 요원들은 추가 공중 지원이 없으면 패배할 것 같다면서 공군기의 투입을 요청했다.

이 요청을 처리하기 위해 백악관 회의가 소집되었다. 쿠데타에 반대했던 국무부 관료 헨리 홀랜드(Henry Holland)는 두툼한 국제법 관련 서적 세 권을 들고 나타났다. 하지만 결국, 아이크는 앨런 덜레스의 추가 전투폭격기 요청을 수락하기로 결정했다. "대통령님, 헨리가 그 커다란 법전 세 권을 들고 회의실로 들어오는 것을 봤을 때, 그가 이미 졌다는 걸 알았습니다." 덜레스는 회의를 마친 뒤 웃으며 이렇게 말했다.

6월 23일, 두 대의 비행기가 새롭게 배정되었고, 미미하기는 했지만 이는 전세를 뒤집는 데 도움이 되었다. 구식 비행기들이 과테말라 시 상공을 연일 날아다니는 것을 무력한 시민들은 공포에 떨며 지켜보았다. 아르벤스의 군대는 반란군에 가담하지도, 그들과 싸우지도 않았으며, 전사자도 거의 없었다. 나중에 아이크는 CIA 요원들에게 얼마나 많은 인원을 잃었는지 물었다. 단 한 명이라고 한 요원이 대답했다. 사망자는 침공 전에 과테말라에 미리 침투해 게릴라 그룹과 합류하려 했던 전령이었다. 전쟁에서 경험했던 엄청난 인명 피해를 떠올리고 있던 아이젠하워는 잠시 말을 멈추었다가 한 마디 했다. "믿을 수가 없군."

승리의 열쇠는 CIA가 해외에서 운영한 라디오 방송국에 있었다. CIA는 과테말라 정부의 방송을 방해하는 한편, 정부군이 무너지면서 싸우기를 거부하고 있으며 해방군이 끊임없이 과테말라 시를 향해 진격하고 있다는 가상의 전쟁을 교묘하게 만들어냈다. 이 쿠데타의 영웅을 한 사람만 꼽자면, 전직 배우였던 데이비드 아틀리 필립스였다. 그는 잘생긴 외모와 스페인어 구사 능력 덕분에 CIA에 고용되었다. 방송을 통한 전쟁은 실제 전쟁이 거의 일어나지 않았기 때문에 더욱 중요해졌다. 6월 27일 밤, 라디오는 두 개로 나뉜 카스티요 아르마스의 대군이 과테말라 시 외곽에 도달했으며 곧 최후의 전투가 시작될 것이라고 주장했다. 이에 아르벤스는 즉각 사임했다.

퓨리포이는 이 모든 상황을 즐겼다. 그는 쿠데타가 진행되는 동안 과테말라 시내를 돌아다니며 권총을 휘두르고, 도시에 들어와 있는 몇 안되는 외국 기자들에게 자신의 용기와 대담함을 과시했다. (사실 퓨리포이는 언제 어디서 폭격이 일어날지 정확히 알고 있었기 때문에 두려워할 이유가 거의 없었다.) 쿠데타가 완료된 후, 그는 "사람들이 내가 일정보다 45분이나 늦었다며 불평하고 있다."라고 자랑하듯 말했다. 그러나 그는 공식적인 역할을 끝까지 수행했다. 아르벤스 정부의 외무장관 기예르모 토리엘로가 항복 조건을 협상하러 와서는 반군이 미국제 무기를 사용했다면서 퓨리포이와 미국이 쿠데타에 공모했다고 비난하자, 퓨리포이는 매우 분개한 것처럼 항의했으며, 나중에 워싱턴에 이런 자신의 행동을 자랑했다. 그는 미국제 무기들은 세계 어디에서나 구입할 수 있다고 맞서면서, "나는 당신의 그런 비난을 들을 의무가 없으며, 만약 그런 상황이라면 언제든 대화를 중단하겠다."라고 말했다.

얼마 동안은 군 참모총장이자 과도 정부 수반 카를로스 엔리케 디아스 대령이 아르벤스의 후계자가 될 것처럼 보였다. 그는 퓨리포이에게 공산당을 불법화하고 모든 공산당 지도자들을 추방하겠노라 약속했다. 하지만 디아스의 첫 연설이 끝난 후, 미국은 그가 충분히 반공적이지도, 반아르벤스적이지도 않은 인물이라고 판단했다. CIA 요원 존 도허티가 그에게 물러날 것을 통보하는 역할을 맡았다. 도허티가 디아스에게 아르벤스 통치의 악폐에 대한 설교를 늘어놓자 디아스가 반론을 제기하려 했지만, 지쳐서 논쟁을 길게 끌고 싶지 않았던 또 다른 CIA 요원 엔노 호빙이 디아스의 말을 끊고 말했다. "대령님, 당신은 그저 미국 외교 정책이 요구하는 인물에 적합하지 않습니다." 디아스는 퓨리포이에게 항의했지만, 퓨리포이는 그에게 24시간 내에 처형해야 할 공산주의자들의 명단을 건넸다. 디아스는 퓨리포이에게 "그런 경우라면 차라리 당신이 대통령 자리에 앉고 성조기를 대통령궁 위에 휘날리는 편이 낫겠다."라고 말해주었다고 나중에 회고했다.

미국 내에서는 과테말라 쿠데타에 분노하는 목소리가 거의 나오지 않았다. 사실, 대부분의 미국인들이 실제로 무슨 일이 일어났는지 잘 몰랐다. CIA는 적어도 초기에는 이 작전을 상당히 성공적으로 세탁했다. 쿠데타는 친서방 반공주의자들이 고의적이든 무의식적이든 크렘린의 대리인들에 맞서 일으킨 것으로 널리 알려졌다. 드와이트 아이젠하워는 과테말라 쿠데타를 그런 작전의 모범 사례로 즐겨 언급했다. 포스터 덜레스는 너무나 만족한 나머지, 자신의 언론담당관 칼 맥카들(Carl McCardle)에게 모든 방송국 네트워크와 라디오 방송국을 연결하도록 지시했다. 그는 맥카들에게 이것이 "지난 5년간 공산주의에 맞서 이룬 가장 큰 성공에 대해 이야기할 기회"라고 말했다. 그는 방송을 통해 미국 국민들에게 이 쿠데타가 "모든 아메리카 대륙 사람들을 위한 새롭고 영광스러운 장"을 열어주었다고 말했다. 그는 이어 "테러와 폭력에 직면하고, 극복할 수 없을 것 같았던 역경 속에서도 외국 독재자들[소련의 지도자들]의 반역적 도구들을 제거할 용기와 의지를 가진 과테말라의 충성스러운 시민들"에게 감사를 표했다. 덜레스는 나중에 행정부의 심리전 전문가 C. D. 잭슨(C. D. Jackson)에게 과테말라 사건을 바탕으로 역사 소설을 쓸 작가를 주선해달라고 요청했다. 그는 〈톰 아저씨의 오두막〉이나 〈아이다 타벨〉 같은 작품을 염두에 두고 있다면서, 그 작가에게 CIA가 수행한 역할을 제외한 모든 자료를 제공하겠다고 약속했다.

쿠데타 발생 1년 후, 포스터 덜레스는 국무부 차관보 파크 암스트롱(Park Armstrong)에게 아르벤스와 모스크바를 연결지을 단서를 발견한 적이 있는지 물었다. 암스트롱은 결정적인 증거는 없었다고 대답했다.

뉴욕에서, 아서 헤이스 설즈버거는 자신의 신문이 이용당한 방식과 자신이 가장 유능한 기자 중 한 명을 정당한 취재에서 배제시켰다는 사실에 대해 불만을 품었다. 그는 앨런 덜레스에게 "당신과 포스터의 판단을 존중했기 때문에" 그루슨을 과테말라에 보내지 않았다고 썼지만, 그는 이 문제를 그대로 끝내고 싶지 않았다. 그는 더 많은 정보를 원했다. 그는 과거에도 두 차례나 〈뉴욕 타임스〉 기자들이 불충성 혐의를 받은 적이 있었고, 한 건은 사실이 아니었으며, 다른 한 명은 오래 전에 회사를 떠난 인물이었다고 지적했다. 따라서 그는 시드니 그루슨의 충성심과 명예에 관한 문제를 명확히 해결하는 것이 매우 중요하다고 느꼈다.

덜레스는 애매모호하게 대응했다. 그는 설즈버거에게 "(그루슨처럼) 특정 국적과 배경, 인맥을 가진 사람이 특정 장소와 특정 시기에 당신을 대표하는 것이 적절하지 않다고 생각한다."라고 썼다. 그 이상으로 덧붙인 말은 없었다. 설즈버거는 자신이 이용당했다는 것을 깨닫기 시작했고, 해리슨 솔즈베리의 기록에 의하면, 그와 CIA 국장과의 서신 교류는 점점 더 냉랭해졌다. 설즈버거는 덜레스에게 보낸 마지막 편지에 이렇게 적었다. "우리의 경험과 (그루슨이 타임스 최고의 외신 기자라고 생각하는) 내 조카 사이러스 설즈버거의 보고서를 바탕으로 내린 내 판단에 따르면, 그루슨은 훌륭한 기자이며, 그가 쓴 몇몇 기사를 당신들이 좋아하지 않았을 뿐입니다. 당신들은 그의 기사가 발표되기를 원하지 않았던 것이죠." 이는 '비밀 정부'의 의제와 진지한 언론인들의 의제가 항상 일치할 수는 없다는 경고를 신문사 최고 경영진이 깨닫게 된 중요한 순간이었다.

제27장

딜레마에 빠진 미국의 인도차이나 정책

　나중에 미국의 외교 정책을 연구하는 학생들은 딘 애치슨과 존 포스터 덜레스 중 누가 더 호전적인 반공주의자였는지 판단하는 데 꽤 어려움을 겪을 것이다. 그러나 덜레스가 국무부를 장악하고 있던 시기에는, 그 누구라도 둘 중 누가 더 독선적이고 누가 미국의 대의명분에 대해서 더 과장된 수사를 구사하는지 쉽게 알 수 있었다. 라인홀드 니부어(Reinhold Niebuhr)는 그에 대해 이렇게 언급했다. "덜레스 씨의 도덕적 세계관에서는 모든 것이 꽤, 아니 지나칠 정도로 명확하죠. … 그의 독선은 단순한 도덕적 판단의 필연적 산물이니까요."

　유감스럽게도 존 포스터 덜레스는 공화당의 과장된 선거 유세, 특히 공화당 우파 진영의 가치관에 치중한 최근의 연설과 미국이 직면한 대외적인 영향력의 한계 사이에 생긴 틈을 메워야 하는 책임을 떠맡게 되었다. 게다가 그는 전통적인 공화당 보수파들, 즉 태프트를 지지하고 있었으면서도, 위험할 정도로 국제주의적이고 어쩌면 진보적으로 보이는 아웃사이더, 즉 아이젠하워를 위해 자신들이 지지하던 후보를 버렸다는 것에 대해 아직까지도 죄의식을 느끼는 핵심 지지층들의 상처받은 자존심을 달래야 했다. 포스터 덜레스가 나약한 사람이었다면 그런 성가신 일에서 꽁무니를 뺐을지 모르지만, 그는 결코 그렇지 않았다.

전쟁이 끝날 무렵, 덜레스는 공화당의 주요 외교 정책 대변인이자 예비 내각의 국무장관으로 부상했다. 그는 1948년 톰 듀이와 친분을 맺었고, 그해 듀이가 패배했을 때 그는 상당한 충격을 받았다. 바로 전해인 1947년, 그는 모든 이들로부터 차기 국무장관으로 거명되고 있었다. 1948년 선거일에 마침 파리를 방문했던 덜레스는 선거 다음 날 CBS의 데이비드 쉰브룬과 인터뷰하기로 약속한 상태였다. 이 인터뷰는 신임 국무장관 지명자와의 인터뷰로 계획된 것이었다. 듀이가 패배하자 쉰브룬은 덜레스에게 여전히 프로그램에 출연할 것인지 물었다. 덜레스는 수락하면서, 쉰브룬이 자신을 "전직 차기 국무장관"이라고 소개한다면 출연하겠노라고 평소 안하던 농담까지 덧붙였다.

그의 당내 기반은 굳건했다. 그는 듀이와 태프트가 심각하게 불화를 겪고 있던 당에서 중도 노선을 능숙하게 이끌었다. 이는 그 자체만으로 상당한 성과였는데다가, 많은 중서부 보수파들과 긴밀한 관계를 맺게 되는 계기가 되었다. 이런 인연으로, 만약 공화당원이 대통령으로 당선된다면 국무장관 자리는 당연히 덜레스의 차지가 될 것 같았다. 사실 그는 약 30년 동안 이를 위해 준비해 왔다. 그는 영향력 있는 동부 출신 엘리트 변호사의 전형이 될 수도 있었지만, 항상 당에 대한 강한

존 포스터 덜레스 미 국무장관이 1956년 기자회견을 갖고, 러시아와 인도가 제기한 미국의 수소 폭탄 추가 실험 중단 요구를 거부하고 있다. (사진 출처 UPI/BETTMANN)

충성심을 보여주면서 보수파들의 지지를 확보할 수 있었다. 대통령에 당선된 후 아이젠하워는 마지막 순간까지 동부 출신 엘리트 변호사 존 J. 맥클로이를 국무장관으로 고려했지만, 태프트 지지자들의 반발이 두려워 이를 철회했다. 여전히 태프트 진영에 유화책을 쓸 필요가 있었기 때문이다.

덜레스와 아이젠하워의 스타일은 정반대였다. 아이젠하워는 신중하고, 실용적이며, 겸손했으며, 절제된 표현을 사용했다. 반면 덜레스는 호언장담을 잘했고, 말이 많았으며, 거만했다. 심지어 그는 자기가 모시는 대통령의 지적 능력을 과소평가하는 경향이 있었다. 그의 보좌관들이 보기에, 덜레스는 남을 쉽게 믿는 대통령의 성격, 즉 경우에 따라서는 소련에게 이용당할 수도 있는 대통령의 약점으로부터 그를 구해 내는 것이 자신의 본분이라고 믿는 사람이었다. 그는 자신의 한 측근에게 아이크가 위기에 대처하는 능력이 부족하다는 불평을 늘어놓기도 했다. 그럼에도 불구하고, 그는 아이젠하워가 자신을 선택한 것은 현명한 판단이었다며 경탄했다. "저는 세계 여러 민족간의 복잡한 관계에 대해 잘 파악하고 있고, 각하는 그에 따른 정치적 중요성에 민감하시니, 우리는 역사상 가장 성공적인 팀이 될 것입니다."라고 그는 취임 초에 아이젠하워에게 말했다.

적어도 공개적으로는 덜레스가 복잡하거나 미묘한 사안을 잘 다루는 사람으로 보이지는 않았다. 대신 그는 핵무기 사용조차도 미국의 미덕에 포함된다는 자신의 생각을 인정하지 않는 사람이라면 그게 누구이든 위협하는 듯한 어조로 자신의 신념을 강조하는 사람이었다. 그럴 때 그는 타인의 의견 따위는 안중에도 두지 않았다. 덜레스에 비판적인 전기 작가 타운센드 후프스가 지적했듯, "스타일이 모든 차이를 만드는 때가 있다. 덜레스의 강고한 태도는 자신이 주장하는 전쟁 억제 이론에 달라붙은 강박적 요소처럼 보였다. 반면 아이젠하워는 핵전력을 은밀하면서도 강력한 억제력으로 인식했으며, 따라서 핵 전력과 이에 따른 정책은 좀더 조심스럽게 다뤄져야 한다고 생각하는 편이었다." 덜레스의 미국 외교 정책은 끝나지 않고 질질 끄는 설교와도 같았고, 이는 친구와 적 모두를 지치게 했다. 윈스턴 처칠은 한때 "덜레스 씨는 매일 연설하고, 이틀에 한 번 기자회견을 하고, 일요일에는 설교를 합니다. 이런 것 때문에 그의 진짜 중요한 발언이 희석되기 쉬운 겁니다."라고 지적하기도 했다. 완고함과 독선, 교활함과 당파성으로 유명한 도시[워싱턴 D.C.]에서조차, 포스터 덜레스는 눈에 띄는 인물이었다.

대통령과 덜레스 간의 긴밀한 관계는 두 사람이 얼마나 다른지 알고 있는 사람들을 놀라게 했다. 두 사람과 친했던 〈라이프〉 지의 편집장 에밋 존 휴즈(Emmet John Hughes)는 아이젠하워 대통령의 임기 초반에 열린 한 회의에서 덜레스가 계속 장황하게 말하는 동안 아이크의 얼굴을 관찰했고, 그가 지루함을 겨우 참고 있는 모습을 봤다. 휴즈는 두 사람의 관계가 오래가지 못할 것이라고 생각했다. 하지만 놀랍게도 두 사람의 파트너십은 꽤 잘 작동되었고, 두 사람은 개인적으로는 친하지 않았지만 업무적으로는 가까워졌다. 아이젠하워가 덜레스를 자신과 공화당 우파 사이의 완충 장치로 여겼을 수도 있고, 언론과 민주당에 좋은 아이크와 나쁜 포스터의 이미지를 심어준 그를 높이 평가했을 수도 있다. 결국, 모든 미사여구의 이면에는 정치적 모순이 본질적으로 작용하고 있었다. 아이크는 단지 공화당원들이 그토록 신랄하게 비난해 왔던 민주당의 봉쇄 정책을 그대로 이어가고 있었기 때문이다.

덜레스는 특히나 트루먼과 애치슨 통치 기간 중에 공산주의에 대한 봉쇄가 약화되었던 점을 공략하는 데 전문가였다. 그의 주장들은 매우 타당한 것이었다. 그리고 분명히 거의 모든 사람들은 공산주의자 없는 세상을 원했다. 하지만 동유럽의 소련군은 정말로 강력해 보였고, 아시아에서 미군을 잘못 운용하다가는 수렁에 빠질 위험성도 있었다. 1952년 초, 에밋 휴즈는 덜레스와의 인터뷰를 통해, 공화당의 공격적인 새 외교 정책과 과거 민주당의 매우 유약했던 방어 정책 간의 근본적인 차이점에 관한 그의 기고문 작성을 도와주라는 지시를 받았다. 휴즈에 따르면, 델레스는 유럽 해방에 관한 많은 주장을 했는데, 그의 모든 말들이 이상스럽게도 애매모호했다. "우리가 해야 할 일이 뭐라는 겁니까?" 휴즈는 계속해서 덜레스에게 물었다. 휴즈는 회고록에서 이때의 상황을 "그가 '봉쇄'에 대해 비판하거나 '해방'에 대해 권고할 때 실질적인 내용을 명료하게 밝혀달라고 설득하는 것이 특히 어려웠다."라고 아주 객관적으로 서술했다. 이전의 다른 많은 기자들처럼, 휴즈는 덜레스야말로 자기가 만났던 사람들 중에서 가장 정의롭고도 동시에 가장 교활한 사람이라는 결론을 안고서 인터뷰를 마쳤다.

덜레스는 해방에 대한 모호한 태도 때문에 1952년 선거 운동 과정에서도 어려움을 겪었다. 그는 젊은 시절의 월터 크롱카이트(Walter Cronkite)가 진행하던 텔레비전 프로그램에서 애버렐 해리먼과 논쟁을 벌였다. 덜레스는 아이크 행정부에 의해 주도되는 미국의 외교 정책을 "순수한 방어 정책에서 심리적 공세 정책으로, 즉 소련 제국 내에서 희망과 저항 분위기를 조성하려는 해방 정책으로 전환"하는 것이라고 말했다. "좋은 말씀이긴 합니다만, 말의 의미를 이해 못하겠군요."라고 해리먼이 응수했다. 그 순간 덜레스는 자신이 이미 이 주제에 대해 〈라이프〉 지(에밋 휴즈와 인터뷰했던 바로 그 기사를 가리킨다)에 "꽤 짧은 글"을 기고한 바 있다고 언급했다. "저는 그것을 두 번 읽었습니다만, 무슨 얘기인지 이해할 수 없더군요."라고 래리먼이 말했다. 그러자 덜레스는 "세 번은 읽으셨어야죠."라고 응답했다. "물론 그랬지요. 그래도 여전히 모르겠던데요." 해리먼이 반박했다. 이때 크롱카이트가 끼어들었다. "해리먼 씨, 공정하게 말하자면, 우리는 덜레스 씨가 글을 못 쓰는 건지 아니면 당신이 글을 잘 못 읽는 건지 알 수가 없군요."

영국인들은 제2차 세계대전 중 덜레스가 작은 임무를 부여받고 처음 영국을 방문했을 때부터 그를 싫어했다. 1942년 7월, 그는 외무장관 앤서니 이든(Anthony Eden)과 점심을 함께 했다. 이든의 보좌관 알렉산더 케도건(Alexander Cadogan)은 덜레스가 "가장 모호하면서도 훈계하기 좋아하는 전형적인 미국인이었다. … 하느님 맙소사!"라고 회고했다. 아이젠하워가 그를 국무장관으로 선택하려 한다는 소식을 듣고, 영국인들은 대통령 당선자에게 그러지 말라는 비공식 메시지를 여러 차례 전달했다. 아이크는 후일 영국인들의 그런 메시지에 이렇게 답했다고 말했다, "아닙니다. 내가 그에 대해 좀 알고 있는데, 다소 무뚝뚝한 성격 때문에 일부에서는 그가 지적으로 오만하다고 생각합니다만, 사실은 그렇지 않아요. 그는 매우 겸손한 사람이고, 매우 합리적이며, 힘 대신에 논리와 이성과 상식을 사용하고 싶어한답니다." 그러나 영국인들은 여전히 납득하지 못했다. 세력이 줄어들고 있던 영국으로서는 덜레스가 미국의 새로운 패권이 발현되는 최악의 징후로 보였기 때문이다. 그는 비교적 예측 가능하지만 다소 경직된 기준으로 세계를 나누는 경향이 있었다. 자유 세계는 공산주의보다 낫고, 백인들의 세계는 비백인들의 세계보다 더 믿을만 하고 가치가 있으며, 기독교도가 이교도보다 낫다는 식의 논리였다.

비록 덜레스가 독일인들을 확고부동하고, 근면하며, 신앙심이 강하고, 훌륭한 반공주의자들이라고 칭찬하긴 했지만, 그가 보기에는 유럽이라고 결점이 없는 것은 아니었다. 그는 하원 위원회에 출석해서 "독일 사람들은 한 세대 동안 두 번이나 세계를 파멸시킨 바 있지만, 독일 땅은 아주 중요하죠."라고 말했다. 그는 프랑스인들도 경계했다. "프랑스는 정부들(mistresses)이 활개치는 유일한 나라이며 곳곳에서 음란물을 팔고 있지만, 독일로 통하는 운하와 고속도로를 갖추고 있기 때문에 아주 중요한 땅입니다." 물론 이탈리아는, "모든 전쟁에서 적들에게 도움이 된 땅"이었다는 점에서 프랑스보다 더 나빴다. 그는 가장 순수한 형태의 국수주의자였다.

그는 검소한 환경에서 자라났다. 목사의 아들이었던 그는 어린 시절 내내 찬물로 목욕했다. 그의 아버지 앨런 메이시 덜레스는 장로교 목사였는데, 처음에는 뉴욕 주 워터타운에서, 그 후에는 뉴욕 주 오번에서 목회 활동을 했다. 덜레스 목사는 그 당시로서는 놀라울 정도로 자유주의적인 사람이었다. 성경의 가르침과 어긋나는 현대 과학을 어떻게 수용할 것인가를 두고 뜨겁게 논쟁을 벌이던 당시에 그는 근대주의자들의 편에 섰다. 그는 두 번이나 성직에서 쫓겨날 뻔했는데, 하나는 동정녀 탄생에 의문을 제기했기 때문이었고, 또 하나는 이혼한 여성의 재혼을 자신의 교회에서 허용했기 때문이었다.

덜레스 목사는 온화하고 사색적인 사람이었다. 그의 추진력과 야망은 아내인 에디스 포스터 덜레스 덕분이었는데, 그녀의 아버지 존 왓슨 포스터는 벤자민 해리슨 대통령이 재임할 당시 국무장관이었다. 비록 남편이 작은 마을의 목사로 연봉 3,500달러밖에 벌지 못했지만, 그녀의 생각에 자신들은 여전히 훌륭한 가문 출신이었고, 그래서 그녀는 자신의 자녀들이 우수한 혈통을 입증할 것이라고 믿었다. 에디스가 첫 아들인 포스터를 임신했을 때, 그녀는 뉴욕 주에 있는 소박한 집에서 아버지가 살던 워싱턴의 대저택으로 한동안 거처를 옮겼다. 그녀의 아버지는 국무장관을 그만둔 뒤 여러 유력한 기업의 이사회 멤버로 합류했고, 온타리오 호수 옆에 여름 별장을 지어 앤드류 카네기, 윌리엄 하워드 태프트, 존 W. 데이비스, 버나드 바루크 같은 가까운 친구와 동료들을 자주 초대했다. 에디스 덜레스는 어린 포스터가 거기 머물면 일을 거들기도 하고, 낚시 여행에 동행할 수도 있을 것이라고 확신했다.

포스터가 다섯 살이 되었을 때, 그의 어머니는 이렇게 썼다. "그는 나이에 비해 정신적으로 뛰어났다. 그의 논리적 통찰력은 사상가가 될 조짐을 보였고,… 그는 나이를 훨씬 뛰어넘는 명석함을 지녔다." 포스터는 조숙하고, 감상적이지 않았으며, 독선적인 소년이었다. 여동생 엘리너가 원하던 모자 띠를 못 사서 우는 것을 보고는 "너는 슬퍼서 우는 게 아니야. 네가 우니까 슬픈 거야."라고 말하기도 했다. 나중에 아버지가 된 그는 아이들이 우는 것을 싫어했다. 우는 것은 감정적인 것이고, 감정적인 것은 나약한 것이며, 나약함은 쓸모가 없다는 논리였다. 그의 냉정함은 가족들에게도 그대로 전해져, 그들 역시 나약함이나 불완전함을 견디지 못했다. 포스터의 동생 앨런 덜레스는 선천적으로 발바닥이 안쪽으로 휜 내반족 기형을 가지고 태어났는데, 이는 처음에 가족의 비밀이었다. 가족들은 그를 조용히 시라큐스의 의사에게 데려가서 수술을 받게 했다.

또래들과 잘 어울리지 못하고 거만했던 포스터는 어린 시절의 대부분을 어른들과 함께 보냈다. 왕성한 독서광이었던 그는 15세에 고등학교를 졸업하고, 16세에 프린스턴 대학에 입학했다. 대중적인 인기를 경멸했던 그는 프린스턴에서 성공적인 사교의 상징이던 이팅클럽[11]에도 가입하지 않았다. 그는 프린스턴에서 인기 있는 학생이 될 수도 있었다고 종종 말하곤 했다. 하지만 만약에 그랬다면 너무 많은 시간을 소모했을 것이라고 했다. 그는 '파이 베타 카파'(Phi Beta Kappa)[12]의 회원으로 선발되었고, 1908년 프린스턴을 2등급(second in the class)으로 졸업했다. 한동안 그는 성직자가 될 것인지, 아니면 법률가나 정치가가 되어야 할지 고민했다. 마치 어머니의 세계와 아버지의 세계 사이에 갇힌 것 같았다. 결국 그는 둘을 결합하기로 결정했다. 그는 그저 단순한 변호사가 아니라 "기독교적 변호사"가 되기 원했다.

그는 일반적으로 3년 과정이던 조지 워싱턴 법대를 2년 만에 마쳤는데, 거기서 그는 시라큐스 근처 오번 출신의 젊은 여성 자넷 에이버리를 만나 결혼을 결심했다. 처음에 그녀의 부모는 그들의 결혼을 달가와하지 않았다. 덜레스 가족은 그들의 기준으로 볼 때 너무 가난했기 때문이다. 하지만 에이버리는 포스터에게 완전히 빠져 있었고, 포스터가 자신의 뛰어난 능력을 자인하는 것 못지않게 그녀 또한 그의 능력을 인정했다. 세월이 흐른 후, 그녀는 그의 장단점을 이야기해달라는 요청을 받았을 때 이렇게 대답했다, "무슨 단점이요? 포스터는 완벽했

---

11   (편집자 주) 프린스턴 대학을 대표하는 전통 중 하나인 이팅 클럽(eating club)은 식사를 하며 친교를 나누는 공간이자 커뮤니티다. 현재 프린스턴 대학에는 11개의 이팅 클럽이 있다.
12   (편집자 주) 미국의 가장 오래된 명예 학술 단체로서, 통상 3.8/4.0 이상의 높은 GPA(성적)의 학부생만 받는다.

어요." 그녀가 자신의 일생을 온전히 그에게 헌신했기에, 당연히 그도 그녀를 아꼈다. 지적 재능이 뛰어나고 야심이 있던 그의 여동생 엘리너가 대학에 가고 싶다고 말하자, 그는 정색했다. 그에게는 여자가 대학에 가야 한다고 생각 자체가 없었다. 그는 나중에 다른 사람들에게 말했다. "대학은 여성들을 잘난 체하거나 빈둥거리게 하고 독선적으로 만들었죠. 마치 엘리너처럼 말이죠."

조지 워싱턴 법대의 명성이 높지는 않았기 때문에, 졸업 후 그의 할아버지는 그가 지역에서 가장 큰 법률 회사인 설리반 앤 크롬웰에서 일할 수 있도록 자신의 연줄을 동원해야 했다. 그 법률 회사의 주된 기능은 미국의 유수한 기업들이 가능한 한 아무런 제약 없이 일할 수 있도록 가능한 한 모든 법적 장벽을 제거하는 것이었다. 그 회사의 변호사들은 결국 엄청난 보상을 받았지만, 경력 초기에는 그렇지 않았다. 포스터 딜레스는 월 50달러로 시작했다. 그의 직장 생활은 시작부터 성공적이었다. 끝없이 힘든 일에 날마다 시달려도 그는 자기가 하는 일에 대해 도덕적인 거리감을 전혀 느끼지 않았다. 그의 여동생은 훗날 이렇게 회고했다. "그는 자신의 인생관이 완전히 옳지 않더라도, 적어도 자신이 아는 대부분의 사람들만큼은 옳다는 것을 알고 있었죠. 그는 거의 의심을 품지 않았어요. 그는 자신이 하는 모든 일에 대해 확신에 차 있었어요."

연줄은 항상 존재했다. 제1차 세계대전이 끝날 무렵, 버나드 바루크(Bernard Baruch)는 유럽게 가면서 오랜 친구인 존 포스터의 손자를 보좌관으로 데리고 갔다. 이는 포스터 딜레스가 국제 정치에 입문하는 계기가 되었다. 그는 잘 해냈고, 떠오르는 젊은 국제주의자로서의 명성을 쌓았으며, 장 모네(Jean Monnet)와 존 메이나드 케인스(John Maynard Keynes) 같은 인물들과 사귀었다. 뉴욕으로 돌아온 그는 설리반 앤 크롬웰에서 빠르게 승진했다. 그는 성공한 변호사의 요령을 일찍이 터득했다. 그것은 다른 사람들이 지쳐 있을 때 마지막으로 발언하고, 그들의 주장을 자신의 방향으로 유도해가면서 요약하는 것이었다. 1925년에서 1926년 사이에, 설리반의 두 최고 책임자가 갑자기 사망하자 회사는 당시 38세에 불과했던 포스터 덜레스에게 사령탑을 맡겼다. 여전히 뉴욕의 엘리트들과 완전히 편한 관계는 아니었지만, 곧 그는 그곳의 문화계에서 막강한 인물로 떠올랐다. 그의 여동생은 그가 "그때까지도 뉴욕 사람이라기보다는 워터타운 사람으로 남아 있었다." 라고 생각했다.

당시 덜레스는 중요한 외교 정책가가 되기를 열망하던 사람치고는 이상하리만치 히틀러의 부상에 대해 둔감했다. 아마도 이는 설리반 앤 크롬웰이 독일 산업계 지도자들과 밀접한 관계를 맺고 있었기 때문일 것이다. 많은 이들이 그에게 시대가 변하고 있으며, 독일에서 끔찍한 일들이 일어나고 있고, 설리반 앤 크롬웰이 독일과의 관계 때문에 반유대적 회사라는 평판을 받고 있다는 점을 경고했다. 그러나 그는 터무니없다고 생각했다. "어떻게 우리가 반유대적이라는 평판을 받을 수 있지? 설리반 앤 크롬웰이 유대인 파트너를 둔 첫 번째 대형 로펌이라는 걸 알고나 하는 소리야?" 그는 친구들에게 반문했다.

전쟁 중에 유럽에 주재하고 있던 그의 동생 앨런은 악화되는 국제 정세에 대한 형의 무관심에 경악했다. 포스터 덜레스는 심지어 앨런이 보기에 히틀러의 부상을 합리화하는 것처럼 보이는 소책자를 쓰기도 했다. 포스터는 독일의 재무장에 핵심 요소인 니켈의 자유로운 유통을 보장하기 위해 은밀히 노력했다. 하지만 점차 전쟁이 닥쳐옴에 따라 그는 중도적 입장으로 이동했고, 전쟁 중에는 여러 임무를 수행함으로써, 나중에 그가 비꼬는 듯한 뉘앙스로 "승리의 설계자"라고 불렀던 루스벨트를 도왔다.

그는 대공황이 최악에 달했던 시기에도 기업 변호사로서 놀라운 성공을 거두었다. 1930년대 중반 그의 연봉은 377,000달러였다. 전쟁이 끝나갈 무렵, 그는 이미 행정부의 한 자리에 눈독을 들이고 있었다. 그의 세계관은 점차 완성되어 갔다. 그것은 당대의 또 다른 위대한 칼빈주의자 헨리 루스(Henry Luce)의 세계관과 비슷한 것으로, 기독교적 자본주의, 미국식 국제주의, 그리고 열렬한 반공주의를 대변하는 것이었다. 그는 공화당원들이 민주당원들보다 더 믿을 만하다고 생각했는데, 결국은 공화당원들이 더 많은 돈을 벌었고, 따라서 현실 세계에서 더 성공했다고 볼 수 있었기 때문이었다. 그는 민주당원들은 인구통계학적 이유로 약자 집단에 편승하는 경향이 있어서 면밀한 감시를 받아야 한다고 생각했다. 게다가, 그들은 너무 오랫동안 권력을 잡고 있었고, 소련의 모험주의에 그다지 적극적으로 대응하지 못했다.

1953년 가을, 아이젠하워 행정부는 후에 "뉴룩(New Look)"으로 불리게 될 미국 외교 정책과 군사 체계의 재편을 추진하고 있었다. 이는 미국의 진정한 힘은 건강한 경제에서 비롯되며, 과도한 국방 예산은 그 힘을 감소시킬 것이라는 대통령의 신념을 반영한 것이었다. 국방 지출을 줄인다는 것은 핵무기에 더 크게 의존한다는 것을 의미했다. 아이크가 취임했을 때, 군사 예산은 한국 전쟁으로 인해 420억 달러로 부풀려진 상태였다. 애치슨과 러벳, 해리먼은 사임하면서 소련에 대항할 공군 방위비로 70억에서 90억 달러를 추가로 투입할 것을 건의했다. 재무장관 조지 험프리(George Humphrey)가 태프트의 도움을 받아 한 첫 번째 일 중 하나는 국방 예산을 345억 달러로 삭감하는 것이었다.

아이크의 지지를 받고 있던 험프리는 1955년 2월, 국방비에서 45억 달러를 추가로 삭감하고 다른 부서에서도 더 많은 예산을 삭감하여 국민에게 감세 혜택을 주고자 했다. 반면 1953년 10월, 국방장관 찰리 윌슨(Charlie Wilson)과 합동참모본부 신임 의장으로 임명된 아서 래드퍼드(Arthur Radford) 제독은 350억 달러의 국방 예산을 제출했는데,

이는 소폭 증가한 규모였다. 300억 달러 규모의 국방 예산을 기대했던 아이젠하워와 험프리는 실망했다. 래드퍼드는 합동참모본부가 선택의 폭을 좁히고, 불시의 사태에 대비하며, 거의 모든 분쟁에서 핵무기의 신속한 사용을 가정한다면 원하는 만큼의 삭감이 가능할 것이라는 교묘한 제안을 내놓았다. 몇 주 후, 아이젠하워는 새로운 국가안전보장회의(NSC) 문서를 승인했는데, 이 문서는 사실상 한국전쟁에서 핵무기가 사용되지 않았던 것과는 달리 제한전 상황에서도 핵무기의 사용이 가능하다는 것을 가정하고 있었다. 험프리는 1953년 10월 30일 NSC 회의에서 아이젠하워의 재정 보수주의를 대변하는 듯한 발언을 했다. "우리 경제의 자원과 문제를 무시하고, 파산한 국가를 보호하기 위해 거대한 방벽을 세우는 군사 프로그램에서는 국가 방위가 없고, 오직 재앙만이 있을 것입니다."

'뉴룩' 정책의 후속 조치로, 1954년 1월 덜레스가 처음 제시한 것은 "대량보복"이라는 독트린이었다. (덜레스의 실제 발언은, 이제는 전 세계에서 지역 방어가 "대규모 보복 능력을 통한 추가적인 억제"로 대체된다는 것이었다.) 이는 아무리 작은 도발에도 즉각 핵무기로 대응할 것이며, 따라서 어떤 적도 우리를 감히 도발하지 못할 것임을 의미했다. 이 정책은 미래의 모든 전쟁 기간이 짧아지고 비용도 적게 들 것이라는 보장을 해주는 듯했다. 하지만 매트 리지웨이 같은 군사 평론가들을 납득시키지는 못했다. 리지웨이는 온갖 종류의 위협과 적들로 인해 세계가 점점 질서를 잃어가고 있으므로, 우리가 대응해야 할 방식도 유연성이 필요하다고 생각했다. 뿐만 아니라 그는 이미 세계 도처에서 발생하고 있는 많은 혼란 상황에서 핵무기가 실용적인 선택이 될 수는 없다고 봤다.

리지웨이를 비롯한 전문가들은 강대국들이 이미 사실상의 핵 교착 상태에 빠져 있다고 주장했다. 그러나 초강대국들의 핵 공식에 반드시 부합하지 않는 폭동이나 국지전의 경우에는 어떻게 할 것인가? 그런 상황에서도 '뉴룩' 전략이 실행 가능할까, 아니면 허세에 불과한 것 아닐까? 덜레스의 대량보복 발언은 해외에서는 큰 성공을 거두지 못했다. 미국의 동맹국들은 겁에 질렸다. 미국이 소규모 전쟁을 훨씬 더 큰 전쟁으로 확대시키겠다고 위협하는 것처럼 보였기 때문이다. 그러자 곧 덜레스의 발언을 해명하려는 행정부의 다양한 시도가 이어졌는데, 작가 월터 리프먼은 이렇게 회고했다. "'뉴룩'에 대한 공식 설명들이 너무 방대해져서 그것들을 따라가는 것 자체가 거의 하나의 직업이 될 정도였다."

그 전 해 여름에 진행된 미군의 조직 재편을 보면 또 하나의 중요한 변화가 있었는데, 아서 래드퍼드 제독을 오마 브래들리 대신 '합동참모본부 의장에 임명한 것으로, 이는 공화당 우파의 입장을 상당히 수용한 조치였다. 브래들리는 온화한 성격으로, 겉보기에는 투사보다는 학교 선생님처럼 보였다(그러나 현대 미국 역사상 어떤 장군보다도 많은 대대장들을 해임한 사람이었다). 제2차 세계대전에 참전한 위대한 장군들 중 한 명인 그는 대중의 마음 속에서 아이젠하워와 밀접하게 연관되어 있었지만, 공화당 우파의 입장에서 볼 때 그는 유럽 중심의 봉쇄 정책을 지지하는 인물이었다. 설상가상으로 그는 누구보다 맥아더에 반대했던 인물이었다. 하지만 아이젠하워가 전통적인 군사력을 감축하고 핵 대응에 모든 것을 걸 때, 그가 이를 지지하지 않았던 것이 결정적인 계기가 되었다.

1953년 5월 초, 아이크는 새로운 참모들을 임명했는데, 이는 태프트와 협의해서 결정한 것이었으며 태프트는 이들 모두에 동의했다. 그렇게 공화당 우파가 원했던 아서 래드퍼드가 합동참모본부 의장이 되었다. 결과적으로 구식 인물인 브래들리와 현대적이고 열정적인 젊은 아서 래드퍼드 사이에는 엄청난 차이가 있었다.

래드퍼드는 현대식 해군이 배출한 인재였다. 아나폴리스

(Annapolis)[13]를 졸업하고 항공모함에서 근무했던 그는 현대 기술의 발전에 힘입어 빠르게 승진할 수 있었다. 그는 마셜 제도와 길버트 제도에서의 해군 작전 중 제58항공부대의 작전 책임자로 큰 성공을 거두었다. 해군 항공부대에서 일본을 상대로 거둔 그의 성공은 그에게 무슨 작전이라도 수행할 수 있을 것 같은 무한한 가능성을 열어 주었고, 특히 핵무기가 결합된다면 더욱 그러할 것 같았다. 그는 동남아시아에 특별히 관심이 컸고, 그 지역이야말로 서방과 공산권 사이의 다가올 격전장이 될 것이라고 판단했다. 그는 스스로를 그 지역 전문가로 여겼다.

트루먼-애치슨 시대의 비평가들이 비교적 단순한 세계, 즉 어느 누구도 미국의 힘을 제한할 수 없으며 핵무기가 모든 군사적 딜레마에 대한 손쉬운 해법이 되는 세계를 상상하는 것처럼 보였다면, 이제 그들은 래드퍼드 제독이라는 자신들과 견해를 공유하는 합동참모본부 의장을 얻게 되었다. 그들이나 래드퍼드 모두 공산주의 세계가 하나의 거대한 단일체이며, 핵 위협으로 쉽게 굴복시킬 수 있다고 가정했다. 현실 세계의 복잡성을 고려하지 않고 국내 상황에 맞춰서 만들어진 군사 정책의 문제점은 결국 현실 세계와 직면하면 문제를 일으킬 수밖에 없다. 1954년 봄, 아이젠하워, 덜레스, 그리고 래드퍼드 제독도 예상치 못한 곳에서 문제에 봉착했다. 그곳은 인도차이나였다. 여전히 힘들게 식민지 전쟁을 치르고 있었던 프랑스는, 1954년 봄에 라오스 국경 근처 타이 산맥의 작은 몽타냐르 족 마을들이 모여 있는 디엔 비엔 푸에서 결정적인 패배를 당하는 것처럼 보였다.

약 500,000명에 이르는 프랑스 원정군은 프랑스인과 베트남인, 북아프리카인, 그리고 프랑스 외인부대 소속 유럽인들로 구성되어 있었

---

13   (편집자 주) 미해군사관학교의 소재지로 유명하기에 미해군사관학교의 별칭으로 아나폴리스가
      사용되기도 한다.

는데, 이들은 논과 정글에서 진퇴양난에 빠져 있었다. 그들의 적인 베트민(공산주의-민족주의 반군)은 자신감을 얻고 점점 더 대담하게 싸우고 있었다. 이는 필연적으로 새로운 공화당 행정부에 문제가 될 수밖에 없었다. 후에 베트남으로 알려진 프랑스령 인도차이나는 아직까지 미국의 전쟁터는 아니었다. 하지만 전쟁은 여러 측면에서 미국이 후원하는 전쟁으로 변해가고 있었다. 한국전쟁이 발발하기 전부터, 트루먼은 아시아 공산주의에 대해 더욱 강력한 입장을 취하고자 프랑스의 전쟁을 재정적으로 지원하기 시작했다. 1953년 말까지 미국은 10억 달러 이상을 원조했고, 베트민과 프랑스의 싸움을 식민지 전쟁이 아닌 공산주의에 대항하는 서구 민주주의의 더 큰 투쟁으로 격상시켰다. 미국은 인도차이나 전쟁을 지속시키고자 프랑스보다 더 큰 관심을 기울였다.

게다가 미국 정책 입안자들의 시각에서 보면, 모든 악의 근원은 베트민이 아니라 호전적이고 군국주의적이며 제국주의적인 중국 공산당이었다. 프랑스와 미국은 지난 4년 간 인도차이나에 대한 관심을 공유해 왔지만, 1954년에 이르자 서로의 입장이 다르다는 점이 점차 분명해지고 있었다. 프랑스가 점차 이 전쟁에서 발을 빼고 싶어한 반면에, 미국은 전쟁을 지속하는 것에 전보다 훨씬 더 큰 관심을 기울이고 있었다. 1953년 5월 말, 프랑스는 전쟁 사령관으로 자국 내 최고의 참모(top staff officers) 중 하나로 꼽히던 앙리 나바르 장군을 파견했다. 나바르의 임무는 어떤 형태로든 해법을 만들어내는 것이었다. 하지만 나바르는 아직 패배를 인정할 준비가 되어 있지는 않았다. 나바르 보좌관의 말을 인용한 〈타임〉 지의 기사는 이렇게 끝났다. "1년 전만 해도 우리 중 누구도 승리를 예견할 수 없었다. 기도할 여지조차 없었다. 하지만 이제는 승리가 명확해 보인다. 마치 터널 끝에서 빛나는 빛처럼 말이다." 이 말은 후일 베트남전에 참전한 미군들을 두고두고 괴롭했다.

　현실은 프랑스 군이 베트민의 게릴라전 수행 능력을 체계적으로 과소평가하고 있었다는 점이었다. 사실 베트민은 특정 전투에서 프랑스를 물리친다는 목표를 세운 적도, 정해진 시간표에 따라 전투를 벌인 적도 없었다. 그들의 전략은 프랑스 군을 기진맥진하게 만들고, 이기더라도 큰 손실을 입도록 만드는 것이었다. 그들은 시간이 자기 편이라고 믿었다. 이런 전략은 훌륭하게 성공하고 있었다. 프랑스 군에 비해 비행기와 탱크, 대포 등 중화기가 부족했던 베트민은 자신들의 병력을 아껴서 수적으로 우세할 때만 공격하고, 프랑스 군이 취약할 때만 공격했는데, 가급적이면 매복이나 야간 공격을 선호했다. 이런 전략은 호치민과 그의 매우 유능한 군사 지휘관 보 응우옌 지압의 지시에 따른 것이었다.

　이 전쟁은 당시 프랑스에서 "더러운 전쟁"으로 불렸다. 전쟁이 길어질수록 관심은 줄어들었다. 1950년 초 프랑스 의회는 인도차이나에 징집병 파병을 중단하기로 결정했다. 이제 전쟁터에는 유럽 출신의 직업 군인들과 아시아의 가난한 지원병들만 남아있게 될 판이었다. 한마디로 전문가들이 벌이는 전쟁이었다. 프랑스는 매년 베트남에서 생시르 사관학교 졸업생의 3분의 1을 잃었다. 일부 프랑스 장교들 사이에서는 프랑스에서 식민지에 대한 열정이 명백히 식어버린 지금 인도차이나는 단지 수렁에 불과한 땅이라는 탄식이 흘러나오고 있었다. 1946년 드골은 자크 필리프 르클레르 장군을 인도차이나로 파견했다. 그는 그곳을 둘러본 후 자신의 정치 고문 폴 뮈스에게 이렇게 말했다. "전쟁을 치르려면 500,000명의 병력이 필요할 것 같은데, 그래도 이길 수 있을지는 잘 모르겠소." 1953년 중반까지 대부분의 군사 관측통들은 프랑스 군이 수세에 몰렸다는 것을 분명히 알 수 있었다. 프랑스 군의 출혈이 계속되고 있었고, 프랑스 국내의 전쟁에 대한 지지 여론은 계속 줄어들고 있었다.

정보에 따르면 전체 베트민의 병력 규모는 7개 사단 정도로 추산되었지만, 그들이 병력을 한 군데로 집중할 가능성은 적었다. 설상가상으로 한국전쟁이 끝나면서 중국 공산당이 (베트남 민족주의자들과의 역사적 긴장관계에도 불구하고) 중화기를 공급하고 있다는 징후가 나타났다. 나바르는 자신의 임무에 대해 열성적이지 않았다. 특히 그의 생시르 사관학교 동기 곤잘레스 드 리나레스가 그를 맞이하면서 "앙리, 뭐하러 이런 똥구덩이에 왔나? 난 이제 빠져날 거야."라고 말하자 심경이 더욱 복잡해졌다. 나바르와 교대하게 될 라울 살랑 장군의 경고는 더욱 심했다. "장군, 조심해야 합니다. 베트민이 대규모 부대를 조직하고 유럽식으로 훈련받고 있습니다." 나바르는 이 나라에 새로 부임한 프랑스 장교 특유의 오만함으로 이렇게 대꾸했다. "그렇다면 그들은 이제 끝장났군요." 나바르는 살랑의 경고에 개의치 않는 것 같았다. 나중에 그는 참모들에게 특유의 프랑스식 허풍을 섞어 이렇게 말했다. "승리는 여자와 같아서, 자신을 취할 줄 아는 사람에게만 몸을 허락하는 법이다."

나바르는 본국의 지원으로 자신의 군대를 재건하는 동안 최소한 1년 이상 베트민과의 교전을 어떻게든 피할 수 있는 방법을 모색하느라 여념이 없었다. 그는 부대를 그렇게 재건한 다음, 1954년 가을부터 베트민을 공격할 계획이었다. 주목할 만한 점은 그가 승리를 목표로 하지 않았다는 것이다. 그의 목표는 프랑스 군이 얼마나 강한지 보여줌으로써, 결국에는 베트민이 협상 테이블에 나오도록 하는 것이었다. 하지만 나바르의 계획은 프랑스 내각이 추가 병력 파견과 인도차이나에 대한 추가 지출을 주저하면서 난관에 봉착했다. 나바르는 3억 달러의 추가 비용을 원했다. 하지만 포레 재무장관은 동교 장관들에게 "나바르의 계획을 위해서는 단 한 푼도 쓸 수 없다."라고 말했다.

미국은 프랑스가 인도차이나에서 철수할까봐 극도로 긴장하고 있었다. 1953년 9월 9일 열린 국가안전보장회의(NSC)는 합동참모본부에서 권고한 나바르 계획의 자금 지원 여부를 논하는 자리였다. 덜레스의 평가는 전반적으로 비관적이었다. 그는 모든 정보를 종합해보면 프랑스의 승산이 적다고 생각했다. 하지만 그는 현재의 라니엘 내각이 미국의 이익에 가장 부합하는 정부라는 점에서 프랑스를 지원하는 것이 최선의 선택이라고 주장했다. 재무장관 조지 험프리는 마치 소상공인처럼 말했다. "자, 보세요. 우리가 과거에 엄청난 돈을 투자한 사업이 있습니다. 덜레스 씨에 따르면 지금이 그 투자금을 회수할 수 있는 마지막 기회입니다. 따라서 저는 우리가 추가 자금을 제공해야 한다고 생각합니다." 그리하여 미국은 나바르 계획에 들어가는 비용 대부분을 지불하기로 결정했다.

라오스 국경 근처에 흩어져 있는 작고 별볼일 없는 전초기지를 차지하기 위한 전투는 나바르의 계획에서 당연히 배제되었어야 했다. 그러나 디엔 비엔 푸를 칠 계획은 이미 나바르가 도착하기 전부터 세워져 있었다. 어쩔 수 없이 나바르와 그의 사령부는 이를 자신들의 계획에 포함시켰고, 대대 규모의 프랑스 군을 디엔 비엔 푸로 보내기로 결정했으며, 거기서 베트민이 자신들을 공격해오기를 바랐다. 그렇게 되면 이 전투는 프랑스가 오랫동안 원했던 정규전이 될 것이었다. 밤마다 사라지는 유령 같은 군대와 싸우는 대신, 베트민은 정면 승부로 유인될 것이고, 프랑스는 마침내 그들의 우수한 무기를 사용할 수 있을 것이었다. 프랑스는 자신들이 덫을 놓았다고 믿었다. 미끼를 문 베트민은 잘 구축된 프랑스 군 진지를 공격할 것이고, 시간이 지나면 프랑스 군의 우수한 화력 앞에서 무릎을 꿇게 될 것이라고 생각했다. 프랑스는 이 전투가 어른과 아이의 싸움, 전문가와 아마추어의 싸움이 될 것이라고 믿었다.

이런 생각은 서구적 오만함의 소치였다. 전쟁은 이미 7년 동안 계속 이어지고 있었고, 상대방을 아무리 건성으로 살폈다 하더라도 프랑스 군 지휘관들은 베트민의 용기나 전투 기술, 그리고 무엇보다도 그들의 힘을 보전하는 능력에 대해 높게 평가했어야 했다. 나바르는 베트민 사령관 지압 장군이 이 지역에 지껏해야 재정비된 1개 사단 정도만을 투입할 수 있을 것이라고 믿었다. 그러나 이는 끔찍한 오산이었으며, 이번 전쟁에서 저질렀던 최악의 실수 중 하나로 판명되었다. 지압은 결국 3개 사단을 투입했던 것이다. 덫을 놓은 것은 확실했지만, 문제는 누가 덫을 놓았으냐는 것이었다.

프랑스 군 지휘부가 편견을 가지지 않았다면, 이 전쟁을 연구한 다른 이들처럼 베트민이 세계 최고 수준의 보병 부대를 가졌으며, 매우 뛰어난 지휘관 아래서 힘든 자연 지형에 익숙해져 있다는 사실을 이해했을 것이다. 베트민 병사들은 하루에 20마일(약 32km)을 이동할 수 있을 정도로 육체적으로 강인했다. 그들은 가장 원시적인 신발을, 때로는 타이어에서 잘라낸 고무로 만든 샌들을 신고 다녔지만, "우리의 발은 강철로 만들어졌다."라고 말하곤 했다. 한국에서 미군과 싸웠던 중국 군인들처럼, 그들은 무기와 약간의 물, 그리고 소금만을 지닌 채 가볍게 이동했다.

지압은 나중에 20세기의 가장 위대한 군사 전략가 두세 명 중의 하나로 평가받았지만, 살랑 장군은 사실상 그를 군사 참모 대학교(military staff college)조차 가보지 못한 부사관 정도로만 여겼다. 프랑스 공문서에서 지압의 이름이 언급될 때면, 그를 조롱하기라도 하듯 '장군'이라는 칭호에 따옴표가 찍혀 있었다. 이 전쟁에 프랑스 군 장교로 참전했던 역사가 쥘 로이는 프랑스의 오만함에 대해 훗날 이렇게 썼다. "나바르는 몽고메리가 이집트 전선에서 롬멜의 사진을 항상 붙여놓고 봤던 것처럼, 지압의 사진을 지니고 다녔어야 했다."

디엔 비엔 푸는 "국경의 큰 행정 중심지"를 뜻하며, 이렇게 불리는 마을들은 남북 축을 따라 약 8마일(약 13km), 동서로 약 5마일(약 8km)에 걸쳐 뻗어 있었다. 디엔 비엔 푸는 거친 산악 지형 한가운데에 고립된 지역이기 때문에 물자 보급이 어렵고, 공격에 매우 취약했다. 무엇보다도 불리했던 점은 이 지역이 계곡에 위치해 있어서 프랑스 군은 사실상 움직일 수가 없었다는 것이었다. 원래 프랑스가 이 지역을 중시했던 이유는 여기서 다른 지역으로의 물자 보급을 위한 공군 기지가 있었기 때문이었다. 하지만 병력을 보호해야 할 필요성이 커짐에 따라 이 지역의 전략적 가치는 떨어졌다. 사실 당시로서는 전략적 가치가 전혀 없었다.

프랑스 군 지휘부가 이 지역에서 적과 교전하는 것에 만장일치로 찬성했던 것은 아니었다. 인도차이나 북부 지역 사령관 르네 코니 장군은 이 지역을 잘 알고 있었고, 그래서 그는 계획을 듣자마자 아연실색했다. 1953년 11월, 참모들의 경고에 따라 코니는 나바르에게 이번 작전이 모든 면에서 의심스러운 모험이라고 메모를 보냈다. "여기서는 도로를 차단할 수 없습니다. 그건 유럽식 개념으로, 여기서는 전혀 쓸모 없는 작전입니다. 베트민은 어디든 통과할 수 있습니다. … 나는 우리가 원하든 원하지 않든 디엔 비엔 푸가 1개 대대의 고기 분쇄기로 변할 것이라고 확신합니다. 베트민 한 개 연대면 이 지역을 봉쇄하는 것이 가능하고, 그렇게 되는 순간 (프랑스군의) 대규모 전투 활동은 불가능해질 것입니다." 종군기자이자 역사학자 버나드 폴(Bernard Fall)이 지적했듯, 코니는 자신의 최정예 병력을 미끼로 사용하는 것은 단순한 군사적 실수를 넘어서서 병사들을 배신하는 것이라고 생각했다. 하지만 그는 상관들에게 문제점을 제시하면서도 명령을 수행하지 못하겠다고까지는 말하지 않았다.

1953년 11월 20일, 프랑스 군 2개 대대가 디엔 비엔 푸에 낙하산으로 착륙했다. 낙하 지점은 악천후로 악명이 높은 곳이었고, 당일 일기 예보가 좋지 않았다면 낙하 작전 전체가 취소될 뻔한 상황이었다. 수년 후, 작전에 투입되었던 유명한 프랑스 공수부대 지휘관 마르셀 비기어드 소령은 그날 날씨가 좋았던 사실을 저주했다. "아, 왜 그날은 비가 오지 않았을까!" 낙하는 예정대로 진행되었다. 끔찍한 비극이 서서히 드러나기 시작했다. 전투가 있기 몇 주 전 이 기지를 방문했던 여러 사람들이 프랑스 부대가 포위된 것 같으며, 주변 고지대를 베트민이 점령하고 있다는 점을 지적했다. 하지만 주둔지 포병 사령관 샤를 피로스 대령은 이런 지적에 조롱 섞인 반응을 보였다. 그는 베트민이 이 먼 기지까지 포병을 보낼 수 없을 것이며, 설사 어떻게든 포병을 보낸다 해도 충분한 탄약을 공급할 수 없을 것이라고 주장했다. 그리고 프랑스 군이 그들을 격파할 것이라고 덧붙였다. 전투가 시작되기 몇 주 전, 추가 포병이 필요하냐는 질문에 피로스는 필요한 무기는 모두 갖추고 있다며 자신만만해 했다. 나바르가 직접 기지를 방문해 같은 질문을 던졌을 때도 피로스는 그를 안심시켰다. "장군님, 어떤 베트민 대포라도 단 세 발도 발사하기 전에 우리 포병에 의해 파괴될 것입니다."

무엇보다도 프랑스 군은 베트민의 보급 능력을 불신하고 있었다. 프랑스 군이 비행기 단위로 수천 톤 규모의 보급 능력을 측정하고 있었던 반면 지압의 측정 단위는 "한 사람이 몇 파운드나 운반할 수 있는가"라는 것이었음에도 불구하고, 한 번 더 치명적인 실수를 저지른 것이다. 지압은 프랑스가 생각했던 것보다 훨씬 더 유능한 인물이었다. 그의 능력은 자전거라는 다소 원시적이지만 비밀스러운 신무기 덕분에 배가되었다. 베트민 군은 2,000대의 자전거에 추가로 지지대를 보강한 다음, 농민들이 디엔 비엔 푸까지 이르는 밀림의 오솔길을 통해 짐을 운반할 수 있도록 했다. 이 자전거들은 500파운드(약 227kg)의 짐을 실을 수 있었는데, 이는 대부분의 농민들 몸무게보다 다섯 배나 무거웠으며, 코끼리가 운반할 수 있는 양의 두 배 이상이었다. 보급은 그들에게는 프랑스 군이 상상했던 것처럼 큰 문제가 되지 않았다. 천천히, 꾸준히, 주로 밤에 이동하면서, 약 50,000명의 베트민 병사들이 프랑스 군 기지 주변의 고지대로 모여들었다. 이는 프랑스 군이 소집한 병력의 네 배이자, 나바르가 예상한 병력의 네 배에 달하는 규모였다. 또한 추가로 100,000명의 농민들이 전투 병사들의 보급을 지원하기 위해 그곳에 있었다. 게다가 그들은 105mm 곡사포 20문을 포함하여 프랑스 군의 네 배에 달하는 중화기를 보유하고 있었다. 프랑스 전쟁부의 고위 관료였던 피에르 드 세비네는 포위 공격을 당하기 약 5주 전인 1954년 2월 7일 디엔 비엔 푸에 도착했고, 프랑스 군 요새를 보고는 경악을 금치 못했다. 그는 그곳이 요새가 아니라고 판단했다. 프랑스 주둔군이 아래쪽에 위치해 있고 베트민 군이 위쪽 가장자리에 배치되어 있는, 마치 변기와도 같은 모습이었기 때문이다. 〈르몽드〉 특파원 로버트 기앵의 눈에는 프랑스 군이 바닥에 있고 베트민 군이 위쪽 관중석을 차지한 축구 경기장과 비슷해 보였다. 기지를 둘러본 국방장관 르네 플레벵이 프랑스 공군 참모총장 피에르 페이 장군에게 여기서 철수하라고 간청할 정도로 프랑스 군의 상황은 좋지 않아 보였다.

3월 13일, 디엔 비엔 푸 포위 공격이 시작되었다. 버나드 폴은 이를 "아주 작은 지옥(Hell in A Very Small Place)[13]"이라고 불렀다. 이틀 만에 피로스 대령은 절망에 빠졌다. 그는 프랑스 군이 이토록 심하게 화력에서 밀리고 있다는 것을 믿을 수가 없었다. 상관 중 한 사람이 베트민의 대포가 어디에서 발사되느냐고 묻자, 그는 본부에 있던 지도의 한 지점을 가리키며 "아마도 여기 같습니다."라고 말했다. 그리고는 곧바로 다른 지점을 가리켰다. "아니면 저기에…" 그는 저들을 잠재울 수 없겠느냐는 질문을 받자 어깨를 으쓱했다. 그리고 곡기를 끊었다. "난 완전히 망신당했네, 드 카스트리(야전사령관)에게 적의 대포가 우리를 건드리지 못하게 하겠노라 장담했지만, 이제 우리는 전투에서 패배하고 있네. 난 끝났네." 피로스는 동료에게 이렇게 말하고는, 잠시 후 수류탄의 안전핀을 뽑아 자살하고 말았다.

첫째 날 밤에 북동부 지역의 주요 요새인 베아트리스가 함락되었고, 이튿날 밤에는 또 다른 요새인 가브리엘도 무너졌다. 이는 베트민에게 계곡 가장자리에 있는 세 곳의 주요 거점 중 두 곳을 넘겨준 것이었다. 타이 부족 출신 병사들이 안 마리에서 탈영한 셋째날 밤에 베트민은 세 번째 거점마저 차지했다. 나바르는 둘째날 밤에 참모들을 모아놓고 말했다. "절대로 환상을 갖지 말자. 나는 베트민 군이 오늘 밤 다시 공격해오지 않기를 바란다. 우리는 다른 해결책을 찾아야 할 것 같다."

악몽과도 같은 밤이었다. 음식, 물, 의료 지원은 거의 끊겼고, 엄폐물도 부족했다. 피로스 대령의 견해와는 달리, 베트민 군은 대포를 능숙하게 다루었을 뿐만 아니라 실제 포병 부대의 배치도 훌륭했다. 그들은 일부 프랑스 장교들이 예상했던 것처럼 언덕의 뒤편에 포대를 배치하지 않았다. 대신 엄청나게 숙련된 굴착 기술과 위장술을 이용해 프랑스 군 바로 코 앞에, 주둔지를 향해 포대를 배치했다. 베트민 포병들은 분지 아래쪽에 위치한 프랑스 군을 완벽하게 조망할 수 있었고, 동시에 그들은 아래쪽의 프랑스 포병과 주둔지를 보호하려는 프랑스 폭격기로부터 안전했다. 베트민은 일종의 농민 공학적 기적을 일궈낸 셈이었다. 이러한 상황에서 전투는 시작하자마자 이미 끝난 것이나 다름없었다.

작은 교전만 끊임없이 이어지던 전쟁이 갑자기 하나의 극적이고도 심각한 전쟁으로 탈바꿈했다. 이제는 디엔 비엔 푸를 모르는 사람이 없게 되었고, 포위된 프랑스 주둔군의 생존 여부가 국제적인 이슈로

14　(편집자 주) 이 전투를 다룬 버나드 폴의 논픽션 저서 제목이다.

떠올랐다. 프랑스는 포위된 병력을 구출할 자원이 부족했다. 어떤 형태로든 미국이 개입하는 것이 그들에겐 유일한 희망이었지만, 보수적인 의회 지도자들조차 개입을 꺼려했다. 미시시피주 출신으로 민주당소속 상원 군사위원회 위원이었던 존 스테니스(John Stennis)는 1954년 2월 프랑스가 사용하던 미국 항공기를 정비하기 위해 소수의 지상요원을 파견하기 시작했을 때 매우 불편해 했다. "먼저 비행기를 보낸다음에는 사람들을 보내게 될 것이다."라고 그는 경고했다.

이제부터는 '뉴룩' 정책과 아이젠하워-덜레스의 새로운 독트린이 첫시험 무대에 오르게 되었다. 독트린의 핵심은 어떤 아시아 국가도 더이상 공산주의로 넘어가서는 안 된다는 것이었다. 이후 2개월 동안, 존포스터 덜레스는 동맹국들을 달래고, 위협하고, 구슬리기도 하면서 끊임없이 움직였다. 또한 덜레스는 아직 초대를 수락하지도 않은 귀빈이 참석할 것이라면서 파티 참가자들을 끌어모으는 디너 파티의 안주인처럼 동맹국들 서로간에 대해 거짓말을 늘어 놓고 다녔다. 겉으로는 일종의 연합군이 인도차이나에 개입하여 프랑스 주둔군을 구출해내는 방식을 바랐지만, 그가 가장 가능성이 크다고 생각한 것은 미 공군을 이용하여 해당 지역을 폭격하는 것이었고, 이때 필요하다면 핵무기도 사용할 수 있었다. (회의에 참석한 공군참모총장 네이선 트이닝(Nathan Twining)은 단 한 발의 원자폭탄이면 충분하다고 생각하는 것 같았다. 그는 훗날디엔 비엔 푸에서의 딜레마 상황을 회고하며 이렇게 말했다. "핵무기 하나를 투하하여 제자리에 떨어졌는지 확인하고, 공산주의자들을 몰아낸 뒤, 군악대가 마르세예즈를 연주하는 가운데 프랑스 군이 위풍당당하게 행진하는 데 하루면 족할 것이었다.")

그러나 여러 나라의 협력을 이끌어내는 것은 보통 큰 일이 아니었다. 디엔 비엔 푸에서의 비극으로 인해 프랑스는 모든 전투 의욕을 상실한것 같았다. 영국은 말레이시아에서 힘든 전쟁을 막 끝낸 참이었고, 또한 인도를 총 한 발 쏘지 못하고 포기했기 때문에, 프랑스를 위한 식민지 전쟁에 자국민의 피를 흘리는 것에는 별반 관심이 없었다. 뿐만 아니라, 아이젠하워 역시 아시아에서의 또 다른 전쟁을 원하지 않았다. 한국전쟁을 끝낸 지 얼마 되지 않았을뿐더러, 미국인들은 처음부터 한국전쟁에 개입하는 것을 찬성하지 않았었다. 그러니 인도차이나 전쟁에 개입하는 것은 상황을 더욱 악화시킬 것이 틀림없었다. 민주당 의원들은 공화당이 처한 딜레마를 잘 알고 있던 데다가 공산주의에 유화적이라는 공격을 받고 있던 터라 행정부가 이 문제를 처리하는 모습을 냉정하게 지켜보고 있었다. 당시 하원 의원이었던 프랭클린 루스벨트 주니어가 한 의회 브리핑이 끝난 다음, "빌어먹을 공화당이 우리 때문에 중국을 잃었다고 비난했는데, 이제 우리가 동남아시아를 잃었다고 그들을 비난할 수 있겠군."이라고 말하는 소리가 들리기도 했다.

4월 초, 행정부 지도자들과 의회 지도자들 간의 회의 자리에서 상원의 소수당 원내 대표였던 린든 존슨(Lyndon Johnson)은 한국전쟁에서 미국이 병력과 재정의 약 90%를 부담했었음을 지적했다. 그리고는 덜레스에게 프랑스를 빼고 몇 개의 동맹국들과 협의했느냐고 물었다. 잠시 침묵이 흘렀고, 덜레스는 어떤 동맹국과도 협의하지 않았다고 인정했다.

덜레스는 이제 매우 어렵고 미묘한 균형 잡기를 수행하는 단계에 처해 있었다. 그가 실제로 무엇을 원했는지는 이 시기를 연구하는 역사가들을 늘 사로잡았던 주제다. 확실히, 매트 리지웨이처럼 군사 개입에 반대했던 이들은 덜레스가 개입을 원한다고 생각했다. 분명한 것은 공산주의에 대해 미온적이라거나, 인도차이나를 잃어버렸다거나 하는 말로 행정부가 비난당하는 것을 그가 원치 않았다는 점이다. 따라서, 가장 중요한 것은 최악의 상황이 벌어졌을 때 비난이 다른 곳, 즉 동맹국들이나 의회에 돌아가도록 확실히 해두는 것이었다.

그렇게 정교한 그림자 춤이 시작되었다. 미국은 개입할 수도 있고, 안할 수도 있었다. 프랑스를 돕고 싶기도 하고, 돕고 싶지 않기도 했다. 그들에게 무조건적인 군사 지원, 특히 미국 항공기를 제공하겠다고 제안했을 수도 있고, 또 그렇지 않았을 수도 있었다. 프랑스에게 핵무기를 제공할 수도, 그렇지 않을 수도 있었다. 이 모든 과정에서 존 포스터 덜레스가 주연을 맡았다. 표면적으로 그는 개입을 선호하는 것처럼 보였고, 그 주제로 소집된 회의에서 열정적으로 발언했다. 심지어 그는 프랑스 외무장관에게 핵무기를 원하는지 물어보기까지 했다. 그러나 프랑스는 핵무기가 베트민뿐만 아니라 프랑스 주둔군도 모두 파괴할 수 있기 때문에 도움이 되지 않을 것이라며 이를 거절했다.

전쟁에 개입하려는 생각이 그리 쉽게 가라앉지는 않았다. 합동참모본부 의장 아서 래드퍼드가 누구보다도 개입을 강력히 지지하는 것 같았다. 래드퍼드는 양당 의회 지도자들과의 회의에서 인도차이나에 대한 대규모 미 공군 투입을 주장했다. 얼 클레멘츠(Earle Clements) 상원의원이 다른 참모총장들도 그의 주장에 동의하는지 물었고, 래드퍼드는 다소 주저하다가 아니라고 대답했다. 클레멘츠가 몇 명이나 동의하냐고 되묻자, 래드퍼드는 아무도 동의하지 않았다는 사실을 인정했다. 클레멘츠는 그렇다면 왜 혼자서 그렇게 주장하느냐고 추궁했다. 그는 "나는 어느 누구보다도 극동에서 많은 시간을 보냈고, 이 상황을 더 잘 이해하고 있다."라고 대답했다.

래드포드는 수 차례에 걸쳐 프랑스에 승인받지 않은 약속을 한 것으로 보였다. 이 모든 상황에서 아이젠하워는 모호한 태도를 유지했다. 4월 초 어느 날, 그는 처칠에게 연합작전에 동참해 달라는 놀랍도록 열정적인 편지를 보냈다. "다시 한 번 역사를 언급하자면, 우리는 통일된 행동을 적시에 취하지 않음으로써 히로히토, 무솔리니, 히틀러를 막지 못했습니다. 그것이 수년 간의 끔찍한 비극과 절박한 위험의 시작이었습니다. 우리들은 그 교훈에서 무언가를 배워야 하지 않겠습니까?" 며칠 후, 기자회견에서 그는 후에 도미노 이론으로 알려진 내용을 처음으로 소개했다. 인도차이나에 관한 질문을 받자 그는 이렇게 답했다. "도미노를 일렬로 세워놓았다고 가정해 봅시다. 첫 번째 것을 쓰러뜨리면, 마지막 것은 아주 쉽고 빠르게 쓰러지게 됩니다. 따라서 결정적인 결과를 초래하는 붕괴의 시발점을 잡아야 하는 겁니다." 그는 디엔비엔 푸를 잃는다면 호주, 뉴질랜드, 심지어 일본에게까지도 끔찍한 결과를 초래할 것이라고 말했다.

덜레스는 점차 다른 국가들이 군사 개입에 반대하도록 몰아가고 있었고, 그럼으로써 비난이 그들에게 가도록 유도하고 있었다. 만약 아이젠하워가 정말로 인도차이나에 개입하고 싶었다면, 그는 쉽게 의회의 지지를 끌어낼 수도 있었을 것이다. 덜레스와 다른 이들이 지지를 요청하고 나설 수 있었기 때문이다. 하지만 그들은 결코 강력히 밀어붙이지 않았다. 그렇다면 진짜 문제는 미 지상군 투입이 아니라, 미 공군력 활용에 관한 것이었다.

매튜 리지웨이 장군은 군사 개입에 반대하는 자신의 의지를 굽히지 않았다. 그는 또한 '뉴룩' 정책이 내포하고 있는, 전쟁을 빠르고, 쉽고, 위생적으로 치를 수 있다는 암시에 대해서도 변함없이 반대했다. 그는 제2차 세계대전과 한국전쟁을 통해 최악의 전투를 경험한 바 있었다. 특히 그는 한국에서 공군이 전략 폭격으로 무엇을 얻을 수 있으며, 전략 폭격이 실제적인 정책 수단으로 얼마나 큰 한계가 있는지 목격했다. 그는 미국이 폭격을 시작하면 결국에는 지상군을 투입할 수밖에 없게 될 것이라고 주장했다. 리지웨이는 공군력을, 당장 어느 정도는 안도감을 주지만 근본적인 치료는 할 수 없는, 일종의 효과 빠른 아스피린으로 생각했다.

리지웨이는 인도차이나 전쟁이 정치적으로나 군사적으로나 완전히 엉망이라고 생각했다. 하지만 그가 단순히 이런 일반적인 측면에서만 반대한 것은 아니었다. 대통령이 군인 출신이었기 때문에, 그는 군인이면 이해할 수 있는 용어로 개입에 반대하는 주장을 펼쳤다. 그는 기획팀을 베트남에 보내 승리를 위해 필요한 인력을 파악하게 했다. 그 결과는 충격적이었다. 최소 5개 사단에서 많게는 10개 사단과 공병 55개 대대가 필요하다는 것이었다. 이는 모두 합해 50~100만 명의 병력이 필요하다는 의미였다. 한국전쟁에는 6개 사단이 투입된 바 있었다. 그렇다면 징병 규모는 한국전쟁 때보다 훨씬 더 커야 할 것이었다. 인도차이나의 사회 기반 시설이 형편없었기 때문에, 건설 비용도 엄청날 것이었다. 더 나쁜 것은, 현지의 정치적 상황이 한국보다 훨씬 더 열악했다는 점이었다. 한국에서는 일반적으로 현지 주민들이 미군의 개입을 지지했었다. 그러나 인도차이나에서는 그렇지 않을 것이었다.

리지웨이에게 보고서 작성을 명령한 사람은 아무도 없었다. 그 스스로, 젊은이들을 전장에 보내려면 먼저 정확히 어떤 상황에 처하게 될지 알아야 한다는 신념을 가지고 직접 작성한 것이었다. 그가 아이젠하워에게 소요될 비용에 대해 브리핑하자, 대통령의 입에서 신음 소리가 흘러나오는 것 같았다. 리지웨이가 후일 간략하게 언급한 바 있지만, 아이크는 린든 존슨보다 남의 말에 더 진지하게 귀를 기울이는 사람이었다.

영국의 반대도 군사 개입을 주저하게 만드는 또 다른 제약 요인이었다. 덜레스가 아무리 밀어붙여도 처칠이나 외무장관 앤서니 이든은 결코 굽히려 들지 않았다. 래드퍼드의 압박은 4월 내내 계속되었다. 래드퍼드가 영국만 동참한다면 미국은 개입할 준비가 되어 있다는 뜻을 프랑스에 내비쳤기 때문에, 프랑스도 영국에 상당한 압력을 가했다. 4월 26일, 래드퍼드는 처칠과 만찬을 함께 했다. 래드퍼드는 자신이 원하던, 영국이 군대를 보내겠다는 확답을 정확히 얻지는 못했지만, 그보다 더 중요한 결과를 얻었다. 그것은 바로 인생의 황혼기에 자국의 힘이 쇠퇴하는 것을 지켜보고 있던 당대의 가장 위대한 인물 중 한 명으로부터 권력의 한계에 대한 현명한 강의를 들었다는 것이었다.

처칠은 1947년 인도를 포기하기로 한 영국의 결정에 대해 언급하면서 이야기를 시작했다. 그는 250년 동안 지배해온 중요한 나라를 포기한다는 생각 때문에, 당시에는 반대했었다고 말했다. 그는 그 결정이 자신의 긴 공직 생활 중에서 가장 고통스러운 결정 중 하나였으며, 결국에는 받아들였다고 했다. 래드퍼드는 인도차이나에 대한 영국의 결정을 이해해야만 했다. 래드퍼드는 단 한 발의 총성도 없이 자국의 가장 귀중한 부분을 포기한 국가에게 프랑스 식민주의를 지키기 위해 싸울 것을 요청하고 있었다. 그것은 불가능한 일이었다. 처칠은 영국 국민들이 자신들의 한정된 자원을 인도차이나에 투자한다는 생각을 받아들이지 않을 것이라고 말했다. 래드퍼드가 이 지역 전체에 대한 위험성을 주장하려 하자, 처칠은 지역적으로 심각한 결과가 초래될 수도 있다는 점을 인정하면서도, 예언적인 말로 래드퍼드에게 경고했다. 가장 중요한 것은 소련과의 긴장을 완화하는 것이며, "한정된 자원을 변방에서 낭비하지 말아야 한다."라는 것이었다.

개입에 대한 생각이 사그라들기 시작하자 딜레스는 주둔군의 중요성에 대해 공공연히 언급하기 시작했다. 그러나 4월 23일 파리에서 아이젠하워에게 보낸 비밀 전문을 보면 그는 절망적인 상황이긴 하지만 "디엔 비엔 푸의 패배가 프랑스의 붕괴로 이어져야 할 군사적, 논리적 이유는 없다."라고 적었다. 그러고 나서 딜레스는 미 전역으로 방송되는 텔레비전 프로그램에 출연해서 영국을 비난했다. 그는 마치 동맹국들만 아니었으면 미국이 벌써 개입했을 것이라고 말하는 듯했다. 이것으로 국내 정치 문제는 해결되었다. 미국이 전쟁에서 진 것이 아니라, 미국의 동맹국들이 진 것이었다. 요새는 5월 7일 함락되었다. 그 소식은 당일 아침 늦게 파리에 도달했다. 조셉 라니엘 총리는 검은 정장 차림으로, 간신히 목소리를 가다듬고서 의회에 이 소식을 전했다. 그것은 지구 건너편에서 전투를 벌이고 있는 병사들을 배신한 국가의 깊고 쓰라린 수치심으로 가득 찬 끔찍한 순간이었다. 그날 밤 모든 프랑스 텔레비전과 라디오 네트워크는 정규 프로그램을 중단하고 베를리오즈의 '레퀴엠'을 방송했다.

모든 것이 끝났다. 미국의 주요 동맹국들은 비통함을 느꼈다. 특히 요새를 함락당한 프랑스는 유독 더 그랬다. 영국은 미국이 자신들의 능력을 넘어서는 정책을 시도했을 뿐만 아니라 오만하게 행동했다고 생각했다. 그해 4월, 런던에서 발행하는 〈더 타임스〉는 디엔 비엔 푸에 대한 미국의 개입을 촉구하는 듯했던 덜레스의 연설 중 하나를 날카롭게 비평하는 기사를 실었다. "덜레스 씨의 연설을 있는 그대로 해석하기가 항상 쉽지는 않았다. 그가 국무장관이 된 이후, 그는 종종 외교 책임자의 전통적인 관행을 뒤집는 듯했다. 즉, 공개 발언을 통해 정책을 암시하는 대신, 그는 실제 정책 자체보다도 더 강하게 발언하곤 했다."

제네바 협정으로 베트남은 분할되었다. 북쪽은 호치민 치하의 공산주의 국가가 되었고, 남쪽은 응오딘지엠(Ngo Dinh Diem)이 통치하는 반공 사회가 되었다. 응오딘지엠은 가톨릭 신자로 전쟁 기간에 미국에 체류했으며, 이제는 미국에 의해 지도자로 선택되었다. 아이러니하게도 양측 모두 제네바 합의에 불만을 품었다. 북쪽은 완벽한 승리를 눈앞에 두고 있었지만 소련의 압력으로 반쪽짜리 승리로 만족해야 했다. 반면, 미국에서는 프랑스가 어떤 식으로든 배신을 했고 공산주의자들에게 협상 테이블에서 승리를 안겨주었다고 느끼고 있었다. 덜레스는 위기를 모면했고, 디엔 비엔 푸가 우리에게는 축복이었다고 믿게 되었다. 그는 1956년 선거전 도중에 에밋 휴즈에게 놀라울 정도로 순진한 어조로 이렇게 말했다. "우리는 이제 식민주의의 오명 없이도 그곳에 깨끗한 기지를 갖게 되었습니다. 디엔 비엔 푸는 위장술로 가려진 축복의 땅이었어요." 참 대단한 축복이고, 대단한 위장이었다.

모든 공화당원들이 덜레스의 연설에 만족한 것은 아니었다. 우파에서는 새 행정부가 세계에서 미국의 입지를 강화하지 못했다는 불만이 터져 나왔다. 따라서 1955년 말 행정부 정책을 강력히 옹호할 필요가 있다는 결정이 내려졌으며, 관련 내용을 새 행정부에 우호적인 매체인 〈라이프〉 지에서, 친정부 성향의 작가 제임스 셰플리(James Shepley)의 기사 속에 덜레스의 발언 형식으로 삽입해 넣기로 했다. 1956년 1월에 발표된 기사의 제목은 "덜레스는 어떻게 전쟁을 막았는가?"였다. 이 기사에 따르면, 아이젠하워와 덜레스가 표방한 외교 정책의 핵심은 일부 비평가들이 비난하는 것처럼 단순히 과거의 (비겁한) 정책들을 지루하게 연장시킨 것이 아니었으며, 오히려 덜레스는 핵무기의 엄호를 받아 가며 전쟁 직전까지 나아가서 국가의 적들을 물러서게 만들었고, 그렇지 않았다면 달성할 수 없었을 평화를 회복했다.

덜레스가 평화를 구해냈다고 주장하는 세 곳 중 하나인 인도차이나 (다른 두 곳은 한국과 대만의 금문도)에서, 그는 남중국해로 두 척의 항공모함을 출동시켜 성공을 거두었다고 말했다. 그에 따르면 이 일은 "인도차이나에 대한 중국 공산당의 공격을 억제하고 즉각적인 보복 무기를 제공하기 위해 고안된 고전적인 무력 시위의 현대적 적용 사례였다." 그러나 사실, 이 항공모함들은 일종의 허세였을 뿐 베트민에게 어떤 영향도 끼치지 못했다. 덜레스는 기사에서 셰플리에게 이렇게 말했다. "전쟁 때와 마찬가지로, 평화를 위해서는 위험을 감수해야 합니다. 어떤 이들은 우리가 전쟁 직전까지 갔었다고 말합니다. 물론 우리는 전쟁 직전까지 갔었죠. 전쟁 속으로 뛰어들지 않고 주변에서 머물 수 있는 능력 또한 필요한 기술입니다. 이것에 숙달하지 못하면 불가피하게 전쟁 속으로 휘말려들어가게 되는 거죠. 물론 전쟁을 피하려고 하거나 두려워만 하면 패배하고 맙니다. … 우리는 벼랑 끝까지 나아갔고, 전쟁과 정면으로 맞섰습니다. 그리고 강인하게 대처했습니다." 이 기사 속에서 덜레스의 외교 정책을 일컫는 '벼랑 끝 전술(brinkmanship)'이라는 유명한 용어가 처음으로 쓰였다. 훗날 덜레스가 벼랑 끝으로 내몰린 자신의 여정과 그에 따른 계산된 위험에 대해 자랑하는 것을 들은 전 프랑스 외무장관 조르주 비도는 씁쓸한 표정을 감추지 못한 채 "많은 계산이 필요했지만 위험은 전혀 없었다."라고 말했다.

다음 세대의 미국 정책 입안자들은 미국이 식민주의의 오명에서 벗어났다고 한 덜레스의 주장이 얼마나 잘못된 것인지 알게 될 것이다. 호치민과 지압 장군의 입장에서는 전투의 절반만 이겼을 뿐이었다. 8년간의 혁명 전쟁이 베트남에 미친 영향과, 그 전쟁이 초래한 운명적인 미래의 정치적 관계에 대해 미국인들은 전혀 이해하지 못했다. 미국은 프랑스에 거의 30억 달러에 가까운 원조를 제공했지만, 그 돈은 블랙홀로 사라져버린 것이나 다름없었다. 베트민 군은 현대적이고 자신감 넘치는 군대였고, 그곳의 젊은이들은 농민 출신이었음에도 능력만으로 진급했다. 반면 곧 미국인들에 의해 만들어질 남쪽의 군대는 계급과 특권을 반영하는 식민 시대의 연장선상에 있었다. 이 군대에서 농민이 지휘관이 되는 것은 사실상 불가능했다. 친미 진영은 낡은 봉건 질서를 반영하고 있었고, 그들의 반대 편은 반식민지 전쟁 과정에서 강력한 민족주의를 분출했다. 친미 진영이 민족주의적이라고 여겨진 것은 단지 미국인들이 응오딘지엠을 민족주의자라고 소개했기 때문이었다. 미 행정부는 심지어 이를 미국인들에게 납득시키기 위해 홍보 전문가를 고용하기까지 했다. 반면 상대편은 자신들의 민족주의를 선전할 필요가 없었다. 오랜 기간 힘든 투쟁을 통해 그 자격을 실제로 얻어냈기 때문이었다.

미 행정부의 정책 입안자들은 국내 정치가 만들어낸 편견에 사로잡혀 베트남 문제를 있는 그대로 보지 못했다. 포스터 덜레스가 반복해야 했던 말은 베트남이 중국과의 더 큰 투쟁의 일부라는 것이었다. 미국은 농민들로 이루어진 군대가 어떻게 강력한 서방 국가의 군대를 패퇴시켰는지 이해하려는 노력을 기울이지 않았다. 상대방이 왜 승리했는지 이유를 설명하려던 사람은 그가 누구라도 공산주의에 유화적이라는 비난을 들어야 했다. 미국은 베트남의 갈등과 투쟁을 냉전의 프리즘을 통해 바라봤고, 작고 인위적인 국가[남베트남]에 대한 개입을 사실상 시작하고 있었다. 하지만 상대방은 그 지역에서 이미 민족주의에 관한 한 완벽한 권리를 장악하고 있었다. 미국은 인도차이나 전쟁이 끝났다고 생각했지만, 미국의 상대방은 전쟁이 이제 막 시작되었다는 것을 잘 알고 있었다.

제28장

브라운 판결과 인종 분리 정책의 종식을 향한 첫걸음

1950년대 초반, 연방 대법원은 아이러니하게도 루스벨트가 임명한 네 명의 판사 사이의 오랜 분열로 인해 혼란에 빠져 있었다. 이 갈등은 적어도 그들을 임명한 사람의 정치적 모순과 교활함을 어느 정도 반영하고 있었다. 네 사람의 지적으로 탁월한 인물들, 즉 펠릭스 프랑크푸르터(Felix Frankfurter), 로버트 잭슨(Robert Jackson), 휴고 블랙(Hugo Black), 윌리엄 O. 더글러스(William O. Douglas) 사이의 개인적인 다툼은 때때로 정치적 갈등보다 더 심각해 보였다. 1946년 대법원장이었던 할란 피스크 스톤(Harlan Fiske Stone)이 사망했을 때, 잭슨은 자신이 후임으로 선택되지 않은 것에 너무나 분개한 나머지, 블랙이 자신을 거부한 음모의 주모자라고 공개적으로 비난했다. 한편 블랙의 경우, 잭슨은 물론 끊임없이 인맥을 만들고 정치적 책략을 꾸미던 프랑크푸르터가 자신이 대법원장이 되는 기회를 막기 위해 배후에서 움직였다고 믿었다. 대법원은 정부 기관 중에서도 예의와 품위를 구현해야 할 유일한 기관으로 여겨졌기에, 이들 사이의 적의는 특히 보기에 흉했다.

당시 대법원에는 두 개의 뚜렷한 정치적 파벌이 있었다. 블랙과 더글라스는 진보파를 대표했고, 잭슨과 프랑크푸르터는 보수파를 대표하고 있었다. 젊은 시절 대단한 진보주의자였던 프랑크푸르터는 대법원이 보수적인 기관이어야 한다는 신념을 가지고 있었고, 마치 자신의 법률적 견해가 개인적 직관보다는 대법원의 과거에 더 속한 것처럼 판례를 재확인하려는 경향을 보였다. 프랑크푸르터는 편지에서 블랙과 더글라스를 "위대한 자유주의자들"이라고 비꼬았고, 그와 절친이면서 자신도 대법원에서 일하기를 열망하던 러니드 핸드(Learned Hand) 판사는 프랑크푸르터에게 보낸 답장에서 그들을 "예수 성가대(the Jesus Choir)"와 "성인들(the Holy Ones)"로 표현했다. 잭슨 또한 그들 못지않게 악의적이었다. 그는 블랙에 대해 "동료를 이해하려는 노력을 포기했으며, 그가 이제는 정신과 의사를 만나봐야 한다고 생각한다."라고 말했다. 블랙의 법률적 견해에 대해 프랑크푸르터는 한때 "나를 토하게 만들었다."라고 말했다. 자신이 프랑크푸르터를 얼마나 자극하는지 알고 있던 블랙은 한때 "오늘은 펠릭스가 너무 화가 나서 나를 때릴 것 같았지만, 그는 곧 진정할 것"이라고 말하기도 했다. 프랑크푸르터(그리고 잭슨)가 미워한 것은 블랙뿐만이 아니었다. 1954년 핸드에게 보낸 편지에서 프랑크푸르터는 더글러스를 "내가 알고 있는 가장 냉소적이고 부끄러움을 모르는 비도덕적인 인물"이라고 표현했다. 더글러스도 프랑크푸르터를 "거짓말쟁이"라고 칭하면서 비슷한 감정을 되돌려주었다. 한번은 특별하게 길었던 프랑크푸르터의 강의를 들은 더글러스가 회의실에 들어와서는, 자신은 프랑크푸르터가 지지하는 결론에 동의할 준비가 되어 있었지만 "그가 방금 나를 설득해서 그렇게 하지 않게 만들었다."라고 말하기도 했다. 그들 사이의 전반적인 분위기는 험악했다. 트루먼이 임명한 해롤드 버튼(Harold Burton), 셔먼 민턴(Sherman Minton), 톰 클라크(Tom Clark)는 업무적인 역량 면에서는 네 사람보다 덜 뛰어났을지 모르지만 훨씬 온화한 성격이었는데, 그들의 싸움을 경악스러워 하면서 지켜보았다.

트루먼은 대법원을 좀 더 화합하는 조직으로 만들기 위해 1946년, 스톤의 후임으로 자신의 오랜 친구 프레드 빈슨(Fred Vinson)을 대법원장으로 선택했다. 빈슨이 사교적이고, 호감이 가며, 조정 능력이 매우 뛰어나다고 믿었기 때문이었다. 대통령과 마찬가지로, 빈슨도 중남부(켄터키) 소도시 출신이었고, 그곳에서 변호사로 일했다. 트루먼처럼, 그도 뉴딜 정책 지지자로서 워싱턴으로 올라와 의회에서 일한 경험이 있었다. 진짜 결정이 이루어지는 의사당의 뒷방에서 그는 초기 뉴딜 법안 중 일부 중요한 초안들을 작성했으며, 전쟁 중에는 일종의 국내 경제를 총괄하는 역할을 수행했다.

그러나 의회에서는 사람들을 하나로 만드는 데 탁월했던 빈슨의 능력이 대법원에서는 발휘되지 못했다. 그곳에서 그는 의회에서라면 무난했던 구식의 타협적 방식으로 해결하기에는 너무 복잡하고 미묘한 문제들과 직면했다. 게다가 지금 그가 상대하는 사람들은 재선을 위해 뛸 필요가 없는 이들이었고, 성격도 빈슨이 과거에 다루었던 사람들과는 전혀 달랐다. 프랑크푸르터, 블랙, 잭슨, 그리고 더글라스는 엄청난 재능과 지성을 갖춘 사람들이었으며, 그에 못지않게 자아 또한 대단히 강했다. 그들은 빈슨을 동류로 받아들이지 않았을뿐더러, 그를 이류라며 멸시했다. 더구나 그가 이전에 가졌던 정치적 강점들이 지금은 오히려 약점이 되었다. 프랑크푸르터의 서기로서 영향력을 발휘했던 필립 엘먼(Philip Elman)은 그의 상관에게 "이 사람은 도덕적으로나 정신적으로나 난쟁이입니다. 그리고 너무 무례합니다."라고 보고했다. 물론 대단한 지적 속물이었던 프랑크푸르터에게는 많은 설득이 필요하지 않았다. 빈슨이 이끄는 대법원은 더욱 분열되었다. 초기 매카시 시대에 시민의 자유와 관련한 문제들이 법원에 제기되자 빈슨은 이를 보호해야 한다는 단순한(혹자는 비겁하다고도 할 수 있는) 입장을 취했다. 그는 공산주의자들처럼 끔찍한 적들이 존재하는 상황에서는 대통령과 의회가 가장 잘 알고 있으며, 대법원의 역할은 그들의 의견을 존중하는 것이라고 믿었다. 당대를 대표하는 위대한 언론 자유 옹호자 중 한 명이었던 휴고 블랙은 이 문제에 대한 빈슨의 견해를 크게 경멸했다. 그는 빈슨의 견해가 미신과 무지로 가득 차 있다고 봤으며, 공산주의와의 투쟁에서 자유를 희생해야 한다는 생각은 "도깨비들(the goblins)이 너를 잡아갈 거야"라는 정도의 수준에 불과하다고 여겼다.

　이 모든 상황에서 가장 안타까웠던 점은 몇 가지 중대한 문제들이 법정으로 향하고 있었다는 점이었다. 그중에서도 가장 중요한 이슈는 남부의 '분리되었지만 평등한(separate but equal)' 학교 시설에 관한 문제였다. 실제로 프랑크푸르터는 인종 차별 소송의 진행 속도를 늦추려 했는데, 이는 빈슨이 공감 능력이 없다고 느꼈을 뿐만 아니라, 더 심각하게는 그가 이번 세기에 직면한 가장 감정적이고 광범위한 사건들을 다루는 데 있어서 법원을 이끌 능력이 부족하다고 여겼기 때문이었다. 이 즈음에 주 정부의 학교 인종 분리 권한에 도전하는 여러 사건들이 사법 절차를 거쳐 대법원에 도달해 있었는데, 그 중에는 (남부 지역이 아님에도) 인종 차별이 매우 심했던 캔자스 주 토피카에서 제기된 사건도 포함되어 있었다. 캔자스 사건은 1951년 올리버 브라운(Oliver Brown)이라는 흑인 용접공에 의해 제기되었는데, 그는 여덟 살이 된 딸 린다가 집에서 7블록 거리에 백인 학교가 있음에도 불구하고 버스를 타고 21블록이나 떨어진 흑인 학교에 다녀야 한다는 사실에 반대했다. 온화하고 종교적인 사람이었던 브라운은 결코 지역 내 급진주의자가 아니었다. 그는 백인 전용 섬너 학교에 딸을 등록시키려고 열심히 노력했지만 결국 지역 교육위원회를 고소하기로 결정했다. 이 사건은 브라운 대 토피카 교육위원회(*Brown v. Board of Education* of Topeka)라는 제목으로 제기되었다.

남부에서 분리되었지만 평등하다는 개념은 항상 허구였다. 분리되어 있을지는 몰라도 결코 평등하지는 않았다. 제2차 세계대전 이전에는 흑인 단체들의 주장이 미약했고, 인력이 부족했으며, 자금 또한 부족했다. 그럼에도 불구하고, 인종 차별 철폐 노력은 1930~1940년대부터 시작되었다. 1944년에는 경제학자 군나르 뮈르달(Gunnar Myrdal)의, 인종 차별의 참혹한 실상을 고발하는 〈미국의 딜레마〉가 출간되었다. 뮈르달은 분리되었지만 평등한 학교 시설의 끔찍한 허구를 폭로했다. 남부 주들은 백인 아이들을 교육하는 데 흑인 아이들보다 두 배나 많은 돈을 쓰고 있었고, 학교 시설에는 네 배나 많은 돈을 쓰고 있었다. 백인 교사의 급여는 30% 더 높았고, 흑인 아이들의 등하교를 위한 교통수단은 사실상 전무했다. 대학 수준에서는 격차가 더욱 벌어졌다. 남부 주들은 백인 대학에 8,600만 달러를, 흑인 대학에는 500만 달러를 지출했다. 정치학자 랄프 번치(Ralph Bunche)의 연구에 따르면, 투표세는 흑인들을 정치 과정에서 배제하는 데 매우 효과적이었다. 1940년 대통령 선거에서 남부 지역의 흑인 인구 중 단 2.5%만이 투표에 참여했다.

작가 리처드 클루거(Richard Kluger)의 말을 빌리자면, 법원을 통한 인종 차별 소송의 진행 속도가 "빙하처럼 느린 과정"이었다면, 전후에는 마침내 꾸준한 진전의 기미가 보이기 시작했다. 명민하고 소탈했던 흑인 변호사 서굿 마셜(Thurgood Marshall)은 1936년에 연봉 2,400달러와 경비를 받고 NAACP(전미흑인지위향상협회)에서 일하기 시작했으며, 소송의 대부분을 직접 담당했다. 마셜은 초기 민권 소송의 대부분을 남부의 작은 법정에서 변론했으며, 신체적 위협은 물론 자신 또한 최악의 인종 차별을 겪었다. 그가 변론한 어떤 도시에도 흑인을 위한 호텔이나 식당이 존재하지 않았기 때문에, 그는 대부분 현지 흑인들의 집에 머물러야 했다. 법정에서는 마셜 씨라고 불리는 경우가 거의 없었다. 대신 남부의 관습에 따라 마치 아이처럼 이름으로 불리웠다. 종종 그는 미시시피의 한 작은 마을에서 현지 주민에게 들었던 말을 회상하곤 했다. "어이 흑인, 이 마을에선 해가 진 후에 살아남은 흑인은 없다는 걸 알아둬야 할 거야." 이어서 그는 "그래서 난 내 헌법상 권리를 셀로판 지에 싸서 뒷주머니에 쑤셔넣고는, 그곳을 떠나는 다음 기차를 탔지."라고 말했다. 마셜과 소수의 동료들은 인종차별주의자들이 가장 취약한 곳, 즉 인종차별이 덜 심한 접경 주와 남서부 주에서부터 공세를 가했다. 하지만 항상 더 큰 질문이 남아 있었다. 설령 주 정부가 진정으로 동등한 시설을 제공한다 하더라도, 인구의 한 부분을 분리된 학교로 몰아넣는 것은 여전히 차별적이지 않은가?

1950년에 이르러 대법원은 인종 분리에 반대하는 쪽으로 기울기 시작했고, 대학원에서의 인종 분리를 불법화했다. 마셜과 그의 소수의 동료들은 신중하고 조심스럽게, 처음에는 인종 분리의 주변부에 대한 단편적인 공격으로 시작했던 것을 인종 분리의 핵심에 대한 전면적인 공격으로 확대시켰다. 이는 약 60년 전에 내려진 중요한 선례인 '플레시 대 퍼거슨 판결'에 대한 도전을 의미했다. 남북전쟁 이후, 흑인들에게 완전한 시민권을 부여하려는 상당한 추동력이 있었다. 미 헌법의 제13차 수정 조항은 노예제를 불법화했고, 제14차 수정 조항은 주 정부가 흑인 시민들의 적법 절차나 평등한 보호를 거부할 수 없다고 규정했다. 서굿 마셜은 "제14차 수정 조항은 유대교-기독교 윤리를 성문화한 것 그 이상도 이하도 아니었다."라고 말하곤 했다. 하지만 그후 서서히, 그리고 꾸준히, 시계추는 백인 기득권 층의 편견을 반영하는 방향으로 다시 움직였다. 19세기 후반에 이르러서는, 일련의 '분리되었지만 평등한' 법률들이 남부 전역에서 인종 분리를 승인했다. 이들 대부분은 법률적으로나 정신적으로나 제14차 수정 조항과 직접적으로 충돌하는 것처럼 보였다. 그중에는 모든 열차에는 분리되었지만 평등한 시설을 갖추어야 한다고 명시한 루이지애나 주법도 포함되어 있었다. 1892년 6월, 호머 아돌프 플레시(Homer Adolph Plessy)라는 이름의 밝은 피부색을 가진 흑인이 뉴올리언스에서 루이지애나 주 코빙턴으로 가는 여행길에 의도적으로 이 법률을 시험해보기로 했다. 그는 차장으로부터 자리에서 떠나달라는 요청을 받았고, 이후 체포되어 뉴올리언스의 존 퍼거슨(John Ferguson) 판사 앞에서 재판을 받았다. 플레시는 자신의 체포가 제14차 수정 조항에 따른 그의 권리를 침해했다고 주장했지만, 퍼거슨 판사는 그에게 불리한 판결을 내렸다. 이 사건은 결국 대법원까지 올라갔고, 그곳에서 헨리 빌링스 브라운(Henry Billings Brown) 대법관은 플레시에게 불리한 판결을 내렸다(브라운은 북부 매사추세츠 주 출신의 평범한 판사였으며, 남북전쟁 때는 대리인을 사서 자기 대신 북군에 보내기도 한 인물이었다). 브라운은 제14차 수정 조항이 실제로 어떤 권리를 다루는지 명확하지 않다고 주장했고, 정부가 시민들에게 섞여서 살기를 강요할 수 없다고 지적했다. 다소 위선적으로, 브라운은 인종분리법이 반드시 어느 한 인종의 열등함을 의미하지는 않는다고 주장했다. 이는 남북전쟁 이후 시작된 법적 평등의 흐름을 뒤집는 매우 둔감한 판결이었다. 인종 분리 판결을 추적해온 리처드 클루거는 "요컨대, 브라운 대법관은 남북전쟁의 역사적 사실이나 목적, 결과에 대해 아무런 규정도 하지 않았다. 그는 마치 남부가 승리한 것처럼 판결했다."라고 썼다. 플레시에 대한 대법원 표결은 7대 1이었다. 당시 법조계에서 상당한 지적 권위를 가지고 있었으며 매우 보수적인 인물이었던 존 마셜 할란(John Marshall Harlan)만이 반대 의견을 냈다. 그는 열정적인 반대 의견문에서, 만약 주 정부가 열차에 탄 흑인들에게 그렇게 할 수 있다면, 다른 곳에서 다른 집단에게도, 즉 "미국의 원주민이나 귀화한 시민들, 또는 프로테스탄트나 로마 가톨릭 신자들"에게도 똑같이 할 수 있지 않겠느냐고 지적했다. 그리고는 이렇게 덧붙였다. "백인 인종은 이 나라에서 자신들이 지배적인 인종이라고 여긴다. 그리고 명성, 업적, 교육, 부와 권력 면에서도 그렇다. … 하지만 헌법에 비추어 볼 때, 법의 눈으로 볼 때, 이 나라에는 우월하거나, 지배적이거나, 통치하는 시민 계급은 존재하지 않는다. 시민의 권리에 관해서는, 모든 시민은 법 앞에 평등하다. 가장 미천한 자와 가장 강력한 자 모두 평등하다."

그후 50년 동안 법적, 정치적, 사회적으로 위기가 누적되어 갔다. 대통령과 의회가 인종 분리 문제에 대해 아무런 조치를 취하지 않던 와중에, 집권당이던 민주당 또한 의회 내 남부 세력의 힘에 의해 아무런 역할을 하지 못했다. 결국 이 문제는 대법원의 손으로 넘어갔다. 빈슨 대법원장이 직접 플레시 판결을 뒤집는 데 기꺼이 도움을 줄 것인지에 대해 그를 잘 아는 사람들 사이에서는 심각한 의문이 일고 있었다. 1952년 12월 대법원 회의에서 그는 이렇게 말했다. "우리가 어떻게 해석하든, 의회는 인종 분리를 막거나 명령하는 법령을 통과시키지 않았습니다. 우리는 이 문제의 심각성에 눈을 감아서는 안됩니다. 우리는 지금 공립학교 시스템이 완전히 폐지될 순간에 직면해 있습니다." 그가 앞으로 전개될 과정에 대해 매우 긴장하고 있음은 명백해 보였다. 톰 클라크 대법관이 이런 문제에서는 빈슨과 같은 표를 던지는 경향이 있다는 사실을 알고 있었기 때문에, 보수주의자이면서도 인종 분리를 끝내야 한다고 확신했던 프랑크푸르터는 인종 분리를 종식시키는 판결이 내려지기는 할 것으로 기대했지만, 표결은 겨우 5대 4의 정도로 이루어질 것이라고 예상했다. 하지만 그렇게 박빙으로 결론이 난다면 실행을 어렵게, 아니 불가능하게 만들 수 있을 것이었다. 그래서 프랑크푸르터는 재판을 지연시키면서, 논쟁을 재심리하자고 제안했다. 새로운 청문회가 1953년 12월로 예정되었지만, 9월에 빈슨 대법원장이 갑자기 심장마비로 사망했다. "이것이 내가 하느님이 계시다는 것을 처음으로 깨달은 날이었습니다."라고 프랑크푸르터는 말했다.

이제 문제는 드와이트 아이젠하워가 누구를 새 대법원장으로 선택할 것인가였다. 대통령은 자신처럼 정치적으로 중도적인 인물을 선택하겠다고 발표했다. 그는 처음에 포스터 덜레스에게 이 자리를 제안했는데, 국제 공산주의에 맞서는 것만으로도 충분히 큰 일을 하고 있던 덜레스가 거절하리라는 것을 거의 확실히 알고 있었다. 다음으로는 캘리포니아의 진보 성향 주지사 얼 워런이 물망에 오르기 시작했다. 워런은 3번째 주지사 임기를 마치고 있던 중이었다. ("그는 자신도 모르는 민주당원이야."라고 해리 트루먼은 그에 대해 말한 바 있다.) 1952년 공화당 전당대회 초반의 주도권 대결 과정에서 워런은 아이젠하워를 지지하며 태프트를 저지한 바 있었다. 그 일로 아이크가 워런에게 빚을 졌다고 생각했는지는 논란의 여지가 있지만, 한동안 아이젠하워 내각에 워런을 위한 자리가 있다는 소문이 돌았었다.

그는 1891년 캘리포니아에서 태어났다. 원래 성은 바란(Varran)이었으나 미국식으로 워런(Warren)으로 바꿨다. 그의 아버지는 어렸을 때 노르웨이에서 이민을 왔다. 많은 스칸디나비아 이민자들처럼 그의 가족도 중서부로 향했다. 가난했던 아버지의 삶은 처참했다. 훗날 얼 워런은 디킨스의 〈올리버 트위스트〉를 읽었을 때 가장 먼저 아버지의 삶이 떠올랐다고 말했다. 맷 워렌은 철도 차량 수리공이 되었다. 노동 분쟁이 격렬했던 시대에 그는 노동조합 활동에 참여했고, 이로 인한 응당한 처벌을 받았다. 맷 워렌은 자녀들에게 신중하고 검소해야 한다고 가르쳤다. "얼, 저축은 음주, 흡연, 소비처럼 하나의 습관이란다. 항상 수입의 일부를 저축하거라." 어린 시절 얼은 얼음과 식료품 배달 등 여러 힘든 일을 했고, 800달러를 저축하는 데 성공했는데, 이는 버클리 대학에 입학하는 데에 충분한 돈이었다. 그는 뛰어난 학생은 아니었지만 열정적인 학생이었고, 버클리를 사랑했다.

그는 법대에 진학했고, 제1차 세계대전 중에 군에 입대했지만 실제 전투에 참가하지는 않았다. 귀국 후 그는 정부에서 경력을 시작했다. 처음에는 한 의원의 보좌관으로 일했다. 결국 그는 주 법무장관이 되었고, 청렴하고 부패하지 않은 사람이라는 평판을 얻었다. 그는 공화당 진보주의 운동의 일원이었는데, 이 운동은 초기 뉴딜 정책을 추진하던 세력과 막 결합하려던 참이었다. 이후 주지사로서 그는 지적이고, 품위 있고, 공정하다는 평판을 얻었으며, 미국 정부 시스템이 낳은 가장 이상적인 지도자로 인식되었다. 거의 모든 직책에서 그의 정치적 후계자였던 팻 브라운(Pat Brown)은 주지사직이 워런의 시야를 크게 넓혔다고 생각했다. 검사와 주 법무장관으로 능력을 인정받던 시절의 워런에게는 사람들의 복잡한 삶에 대한 이해가 다소 부족했는데, 주지사가 되고 나서 그 직책의 요구에 맞춰 성장했다는 것이었다. 그의 경력에서 유일한 오점은 제2차 세계대전 중 일본계 미국인들을 수용소에 감금하는 데 주도적 역할을 한 것이었다. 사보타주에 대한 점증하는 두려움과 일본인들에 대한 미국인들의 분노, 특히 당시 캘리포니아의 분위기에 그 또한 휩쓸렸다. 그는 일본계 미국인들이 미국의 가치와 전통을 받아들이지 않았고 동화되지 않았다고 말했다. 그는 진주만 피습 직후 그들이 즉시 사보타주에 나서지 않은 것은 그들이 행동에 나설 일종의 "제로 아워"를 기다리고 있다는 증거일 뿐이라고 말했다.

워런은 110,000명의 일본계 미국인들을 그들의 집에서 쫓아내는 명령에 서명했고, 다른 이들이 그 집들을 헐값에 사들였다. 1943년 6월, 캘리포니아 주지사로 취임한 첫해에 워런은 다른 미국 주지사들에게 이렇게 말했다. "만약 일본인들이 석방된다면, 누구도 사보타주범과 다른 일본인들을 구별할 수 없을 것입니다. 우리는 현재 서해안에서 선박과 비행기의 약 절반을 생산하고 있습니다. 이러한 산업이나 이를 지원하는 시설들이 무력화된다면 전쟁 수행에 치명타가 될 것입니다. 우리는 캘리포니아에서 두 번째 진주만 사태가 일어나는 것을 원하지 않습니다. 합법적인 방법으로 이를 막을 수만 있다면, 우리는 전쟁 기간 동안 일본인들이 캘리포니아로 돌아오는 것을 허용할 의도가 없습니다." 훗날 그는 자신의 행동을 후회한다고 표명했지만, 회고록에서는 다소 방어적인 태도를 보였다. 1972년, 이 일을 주제로 인터뷰를 하면서 그는 집과 학교에서 끌려간 어린 아이들에 대해 이야기하다가 눈물을 흘렸고, 평정을 되찾을 동안 인터뷰를 중단해야 했다. 그토록 훌륭한 경력 속에 이렇게 심각한 오점이 있다는 것은, 남캘리포니아 대학 교수이자 작가였던 A. J. 랭구스(A. J. Langguth)가 지적했듯이, 가장 뛰어난 정치인들조차도 항상 어떤 치명적인 결함을 지니고 있다는 사실을 상기시켜 준다.

워런을 과소평가하기는 쉬웠다. 그는 특별히 말을 잘하는 편이 아니었고, 가정적이라는 자부심이 강했다. 그를 비판하는 사람들은 그를 매우 평범한 사람, 러니드 핸드 판사의 말을 빌리자면 그저 "덩치 크고 멍청한 스웨덴 사람"일 뿐이었다. 그는 캘리포니아에서 태어났지만 자신의 스칸디나비아 조상들과 비슷한 외모를 가지고 있었다. 주 전체를 대상으로 하는 선거에 처음으로 출마했을 때, 그는 연설에서 자신이 캘리포니아에서 태어났다고 말했다. 군중들은 아무런 반응을 보이지 않았다. 그러자 그는 자신의 아버지가 그들 중 많은 이들처럼 아이오와에서 왔다고 말했다. 그 말에 우레와 같은 박수가 터져 나왔다. 그때부터 그는 모든 선거 연설에서 이를 언급했고, 종종 아이오와 출신의 얼 워런으로 불리곤 했다.

그는 자신의 보수적인 성향을 숨기거나 부끄러워하지 않았다. 그는 외설물과 관련된 사건들을 검토해야 한다는 것이 싫었고, 관련된 책이나 잡지를 읽은 후에는 종종 밖으로 나가 신선한 공기를 마셔야 했다. 법률 사무관들이 그의 이런 태도를 놀리면 그는 "자네들은 아직 딸이 없잖아."라고 답하곤 했다. 그는 비영리 자선 단체 '무스'의 회원이었고 프리메이슨 회원이기도 했다. 후일 포터 스튜어트(Potter Stewart) 대법관은 이렇게 말한 바 있다. "워런의 위대함은 우리가 지금은 비웃는 것들, 즉 모성이나 결혼, 가족, 국기 같은 것들에 대한 순수한 믿음에서 나왔다."

그는 무엇보다도 뛰어난 경청자였고, 검사로 일한 경력은 그에게 큰 도움이 되었다. 그는 자신의 시야를 넓히기 위해 다양한 사람들의 다양한 이야기를 듣는 것을 좋아했다. 캘리포니아 주지사 시절 그의 운전기사였던 에드가 패터슨은 브라운 대 교육위원회 판결이 인종 분리 정책이 시행중이던 루이지애나에서 흑인으로 자란 자신의 경험을 주제로 주지사와 나눴던 대화의 결과물이라고 확신했다. 워런은 회의에서 주도권을 잡을 필요가 없었고, 자신의 목소리를 듣는 것만큼이나 다른 사람의 이야기를 편안하게 경청했다. 그가 너무 편안하고 유쾌해 보였기 때문에 그를 새로 알게 된 사람들은 그의 강렬한 목적의식을 과소평가하기 쉬웠다.

미국이 배출한 가장 뛰어난 기자 중 한 명인 존 건서(John Gunther)는 1947년 워런에 대해 이렇게 평했다. "얼 워런은 정직하고, 호감이 가며, 깨끗한 인물이다. 그는 결코 세상에 불을 지르거나 심지어 연기도 내게 하지 않을 것이다. 그는 지적 배경이 부족하고, 진정한 깊이나 일관된 정치철학이 없는, 그와 같은 부류의 모든 미국인들이 가진 한계를 똑같이 지니고 있다. 그는 아마도 추상적 사고를 평생 두 번도 하지 않았을 것이다. 그는 최고의 사회적 본능을 가진, 친절하고 안정적이며 균형 잡힌 사람이다." 그는 다른 사람들이 자신보다 더 똑똑하다고 생각하든 말든 전혀 신경 쓰는 사람이 아니었다.

그는 심지어 그의 지지자들이 알고 있는 것보다 더 영리한 정치인이었다. 권력을 잡아가는 과정에서 그는 남부 캘리포니아의 석유 이권에 얽매이지 않은 무소속 후보로서 자신만의 기반을 구축했다. 당에 충성하는 대신에, 그는 캘리포니아에서 가장 중요한 (그리고 매우 보수적인) 두 신문사의 발행인, 즉 〈오클랜드 트리뷴〉의 조 노랜드(Joe Knowland) 및 〈로스앤젤레스 타임스〉의 해리 챈들러(Harry Chandler)와 개인적인 친분을 구축했다. 최소한, 이런 친분 관계는 점점 더 진보적으로 변해 가던 그의 의제들을 거부할 수도 있었던 신문사들을 중립적으로 만드는 데 도움을 주었다.

그는 캘리포니아의 뛰어난 주지사였다. 캘리포니아는 매주 10,000명씩 새로운 주민들이 유입되고 있었고, 학교, 도로, 수자원 등에 대한 압박은 엄청나게 커지고 있었다. 이러한 도전에 직면하면서 그는 정부와 정부의 한계, 그리고 정부가 어떻게 하면 일반 시민들에게 최선의 혜택을 줄 수 있는지에 대해 냉철하고 실용적인 태도를 갖게 되었다. 그는 낙관주의자이자 행동가였다. 그가 명확한 이념으로 무장하고 법원에 입성한 것은 아니었다. 그에게 이념이란 게 있다면, 일반 시민들의 삶을 개선하기 위해 정부가 무엇을 할 수 있고, 또 해야 하는지 직접 경험한 사람이라는 것이었다.

대법원에 자신보다 훨씬 많은 재판 경험을 가진 거물들이 포진하고 있다는 사실도 워런을 위축시키지는 못했다. 당시 블랙은 16년, 프랑크푸르터와 더글러스는 각각 14년, 잭슨은 12년의 대법원 경력을 가

얼 워런이 1953년 제14대 미국 대법원장으로 취임한 후 처음으로 검은색 비단 법복을 입고 포즈를 취하고 있다. 그는 취임 직후 역사적인 브라운 판결을 만장일치로 이끌어내기 위한 작업에 착수했다. (사진 출처 UPI/BETTMANN)

지고 있었다. 워런은 그들이 법에 대해서는 더 많이 알고 있지만, 법의 결과와 그것이 일반 시민들에게 미치는 영향에 대해서는 자신이 더 잘 알고 있다고 생각했다. 그의 법률 서기관 얼 폴록(Earl Pollock)은 수년 후 얼 워런이 중요하게 생각했던 세 가지가 있었다고 언급했다. 첫 번째는 평등의 개념이었다. 두 번째는 교육이었다. 그리고 세 번째는 젊은이들이 품위 있는 삶을 누릴 권리였다. 그는 평생 동안 정부의 역할에 대한 자신의 견해를 다듬어 왔고, 그것을 실행할 준비가 되어 있는 상황에서 대법원장으로 부임했다.

그는 결코 쉽게 감동하지 않는 동료들에게 훌륭한 첫인상을 남겼다. 휴고 블랙은 워런 주지사가 대법원장으로 부임한 직후 이런 인상기를 남겼다. "그는 매우 매력적이고 훌륭한 사람이다. 그와 잠깐 대화해보니 그가 어떻게 캘리포니아에서 양당의 표를 모두 얻을 수 있었는지 이해가 된다. 물론 그는 여기서는 초보자이지만, 그와 같은 지성을 가진 사람이라면 좋은 성과를 낼 수 있을 것이다. 그처럼 실용적인 상식과 성실함을 겸비한 지성인이라면 이 나라에서 찾을 수 있는 가장 좋은 유형의 인물이 아닐까 하고 나는 꽤 확신한다."

처음에는 그의 소박한 태도 때문에 대부분의 사람들이 그의 강렬한 목적의식을 이해하지 못했다. 언론인 앤서니 루이스(Anthony Lewis)는 수년 후 이렇게 썼다. "얼 워런은 미국인 가운데 플라톤적 수호자(a Platonic Guardian)에 가장 가까운 인물이었다. 그는 사회의 이익이라고 여겨지는 것 외에는 어떤 권력의 한계도 느끼지 않은 채 왕좌에서 법을 집행했다. 다행이라면 그가 품위 있고, 인도적이며, 명예롭고, 민주적인 수호자였다는 점이었다." 만약 드와이트 아이젠하워가 얼 워런의 경력을 보고 자신과 그가 비슷한 태도와 가치관을 공유한다고 판단했다면, 그는 틀렸다. 그들은 더 이상 다를 수가 없었다. 그들은 비슷한 배경에서 자랐을지 모르지만, 아이젠하워는 이미 오래 전에 군대에 입대함으로써 현대 미국 사회의 복잡성에서 벗어나 있었고, 군대에서 그는 사회의 변화로부터 거의 고립되어 있었다.

워런의 가장 큰 재능은 문제의 핵심을 파악하는 능력이었을 것이다. 그는 즉각 대법원이 플레시 판결을 직접 다뤄야 한다는 결론에 도달했다. 그가 훗날 작가 리처드 클루거(Richard Kluger)와의 인터뷰에서 말했듯이, 이전의 판례들은 사실상 플레시 판결을 상당 부분 무력화시켰다. 그의 말에 따르면 "분리되었지만 평등한"이라는 개념은 "시간이 지나면서 점점 그 힘을 잃고 오직 분리 그 자체라는 사실만이 남아있었습니다. 본질적으로, 자연스럽고 논리적이며 사실상 유일하게 이 사건을 판결할 수 있는 방법은 명확했습니다. 문제는 어떻게 이 판결에 도달할 것인가였죠." 그는 플레시 판결이 오직 흑인의 열등함이라는 관념에 기반해서만 존재할 수 있다고 믿었다. 그는 과거의 중요한 판결을 뒤엎고 싶지는 않았지만, 흑인 아이들을 열등한 학교에 보냄으로써 계속해서 처벌하고 싶지도 않았다. 그것은 끝내야 했다. 프랑크푸르터가 기록한 바에 따르면 그는 회의에서 이렇게 말했다. "법은 '이 시대에는' 그들을 분리할 수 없습니다."

이제 전술과 전략의 문제만이 남았다. 워런은 "최소한의 감정과 갈등"을 원했다. 그는 남부를 자극하거나 불필요하게 국가를 분열시키고 싶지 않았다. 톰 클라크 대법관은 사회 정책의 도구로서의 대법원의 취약성을 지적했다. "우리는 대법원에 군대를 둘 돈도 없고, 신문에 광고를 낼 수도 없으며, 법복을 입고 피켓 시위에 나설 수도 없습니다. 우리는 판결문으로 국민을 설득해야 합니다." 워런은 가능하다면 판결이 만장일치로 내려지기를 원했다. 그는 대법원이 한 목소리를 내기를 원했고, 이 문제에 대해 진보와 보수의 균형을 잡고, 대법원이 한계를 넘어선 것이 아닌지 의심하는 사람들을 설득하는 것이 자신의 임무라고 생각했다. 워런은 대법원의 내부 논의를 교묘하게 이끌면서 그의 의견에 반대하는 것이 곧 인종 차별을 지지하는 것처럼 보이게 만들었다. 프랑크푸르터에 대해서는 그가 장문의 동의 의견을 작성하지 않게 막는 것이 필요했다. 판결의 단일성과 강력함을 약화시킬 수 있기 때문이었다. 잭슨은 어떤 경우라도 자신만의 의견을 낼 가능성이 높았다. 텍사스와 미시시피에 뿌리를 둔 톰 클라크는 인종 분리 지지자로 인식되고 있었지만, 그는 새로운 대법원장에게 판결이 지역별 문제의 복잡성을 지역별로 반영하고 남부에 대해 처벌적이지 않는 한 인종 분리 종식에 동의할 의사가 있음을 시사했다. 스탠리 리드(Stanley Reed)는 대법원에서 유일하게 강경한 인종 분리 지지자로 보였다.

워런에게 가장 불편했던 순간은 워싱턴에 도착한 직후 백악관 만찬에 초대받았을 때였다. 대통령은 신임 대법원장을 존 W. 데이비스 옆에 앉혔는데, 데이비스는 당시 인종 분리 사건의 피고 측 수석 변호인이었다. 이런 자리 배치는 워런에게 그리 달갑지 않았다. 대통령은 워런에게 데이비스가 "위대한 사람"이라고 말했다. 만찬이 끝난 후, 아이크는 워런의 팔을 잡고 함께 응접실로 걸어갔다. 대통령은 인종 분리 정책을 옹호하는 남부 사람들에 대해 이렇게 말했다. "그들은 나쁜 사람들이 아닙니다. 그들이 걱정하는 것은 단지 그들의 귀여운 어린 딸들이 커다란 검은 수컷들 옆에 앉아 수업을 받아야 할지도 모른다는 점뿐입니다." 이는 대통령과 대법원장이 대법원에 계류 중인 가장 중요한 사건에 대해 의견을 달리하게 될 것이라는 첫 번째 징후였다.

이 당시의 대법원에서 만장일치 판결을 이끌어내는 과정은 쉽지 않았다. 1953년 12월 13일 첫 번째 판사 회의가 끝난 후, 워런은 뛰어난 정치적 수완을 발휘했다. 판결에 따라 엄청난 파장이 예견되었기 때문에 판사들은 유난히 비밀스럽게 움직였고, 내부의 분열로 소문이 새어나가지 않도록 자신들의 서기관들에게조차 정보를 숨기고 있었다. 프랑크푸르터가 이 사건에 대한 메모를 회람했을 때, 그는 메모에 이렇게 적었다. "굳이 덧붙이자면, 타이핑은 철저한 보안이 유지되는 조건에서 이루어졌습니다."

잭슨은 여전히 설득이 필요했다. 그는 NAACP(전미흑인지위향상협회)의 법정 의견서에 경멸적인 반응을 보였다. 법이 아니라 사회학을 논하고 있다는 것이었다. 하지만 회의를 거치면서 점차 그의 마음이 바뀌었다. 그는 판결의 정치적 목적을 받아들였다. 그의 딜레마는 "정치적 결론을 어떻게 사법적 판결로 내릴 수 있느냐."라는 것이었다. 하지만 그는 적절한 종류의 결정이라면 따르겠다고 했고, 이로 인해 8대 1

의 판결이 가능해졌다. 그럼에도 불구하고, 그는 자신만의 동의 의견서를 작성하고 싶어 했다. 그는 초안까지 준비했는데, 이 초안은 당시로서는 가장 통찰력 있는 문서 중 하나였다. 그는 합법적인 인종 분리 정책을 종식시킬 시기가 무르익었다고 적었다. 나치의 인종주의가 미국인들 사이에 광범위하고 강력한 혐오감을 불러일으켰고, 이는 우리 자신의 일본계 미국인 처우에까지 영향을 미쳤다고 했다. 흑인들이 더 큰 정치적 자유를 누릴 준비가 되어 있지 않다고 말하는 것은 어리석으며, 미국 헌법을 그러한 자유를 부정하기 위해 인용하는 것은 잘못이라고 지적했다. 지난 60년간 변한 것은 헌법이 아니라 흑인들 자신이었으며, 그들은 플레시 판결 당시 생각했던 것보다 훨씬 더 큰 동화 능력을 보여주었다고 했다. 그런 다음 잭슨은 남부의 감정을 크게 상하게 할 수 있는 가장 민감한 이슈인 혈통, 즉 혼혈 문제에 대해 언급했다. 그는 인종 간의 결혼이 이미 법원의 속도를 훨씬 앞질렀다면서, "유색 인종이라 불리는 사람들 중 점점 더 많은 이들이 유색인의 피만큼이나 백인의 피에 대해서도 동등한 주장을 할 수 있다."라고 지적했다.

잭슨이 이러한 별도의 동의 의견서를 제출할 가능성은 3월 30일 그가 심장마비로 쓰러지면서 끝났다. 이제 워런은 만장일치 판결을 위해 스탠리 리드를 설득하려 했다. 12월 초, 리드는 자신이 점점 고립되고 있다는 사실을 인지하고 자신의 서기관들에게 반대 의견서 작성을 시작하라고 지시했다. 그는 서기관 중 한 명인 존 파셋(John Fassett)에게 자신이 결국 혼자 남게 될 가능성이 크다고 말했다. 마찬가지로 남부 출신이었던 파셋은 리드에게 이 문제에 대한 반대 의견이 진정한 목적이 있는지, 그리고 그런 의견이 대법원에 해를 끼치지 않을지 의문을 제기했다. 그는 또한 공산주의자들이 한편에 있고 세계 인구의 대부분이 비백인인 분열된 세계에서 이 사건이 미국의 역할에 미치는 중요성에 대해 상사에게 능숙하게 이야기했다. 파셋의 눈에는 리드가 자신의 말을 진지하게 받아들이고 있음이 분명해 보였다. 하지만 2월 말, 대법원이 다시 회의를 개최했을 때 투표 결과는 여전히 8대 1이었고, 리드만이 반대 의견을 냈다.

리드는 경계주(border state)인 켄터키의 남부 상류층 출신이었다. 그는 예일 대학에서 학부를 마치고 버지니아 대학과 컬럼비아 대학에서 법학 학위를 받았다. 그는 켄터키 주 의회에서 산재 보상과 아동 노동에 관한 법률을 도입하도록 도움을 준 온건한 자유주의자였으며, 후버 대통령 시절에는 워싱턴의 연방 농업 위원회에서 정부 변호사로 일했다. 또한 대공황이 최악으로 치닫던 시기에 은행과 기업을 살리기 위해 설치했던 재건금융공사의 법률 고문으로 일하기도 했다. 루스벨트는 그의 업무 수행 능력을 인정하고 그를 법무부 차관에 임명했다. 적대적인 대법원에 맞서 초기 뉴딜 정책 관련 소송을 변론한 공로로 그는 루스벨트의 두 번째 대법관 지명을 받았고, 지미 번즈(Jimmy Byrnes)를 제외하면 루스벨트가 임명한 대법관 중 가장 보수적인 인물로 널리 알려졌다. 1947년, 대법원의 법률 서기관들은 처음으로 사무실 크리스마스 파티를 열기로 결정하고 주로 흑인이었던 청소 담당 직원들을 포함해 법원과 관련된 모든 사람들을 초대했다. 하지만 리드는 참석하지 않는 편이 좋겠다고 통보했고, 결국 파티는 취소되었다.

4월 말까지도 리드는 여전히 버티고 있었지만, 워런은 그와 정기적으로 점심을 함께 했고, 리드와 가까운 트루먼 대통령이 지명한 대법관 버튼과 민턴도 모임에 합류시켰다. 마침내 대법원장은 행동에 나섰다. "스탠, 이제 당신 혼자만 남았어요. 무엇이 정말로 국가를 위해 최선인지 결정해야 합니다." 결국 리드는 굴복했다. 그가 요구한 것은 단지 급격하고 폭력적인 변화 대신 점진적인 해체를 명하는 판결이었다. 브라운 판결이 내려지고 며칠 후, 리드는 프랑크푸르터에게 보낸 편지에서 이렇게 썼다. "반대 의견을 제시할 만한 여러 고려사항이 있었습니다. 하지만 그것들을 모두 합쳐도 대법원의 다수 의견에 대항할 만큼 충분히 강력하지는 않았습니다. 흑인들에 대한 공정한 대우가 역사의 무게보다 더 중요합니다."

워런의 결정은 타협의 본질을 반영한 것이었다. 그것은 단순성을 위해 화려함을 희생했고, 의도적으로 누구의 기분도 상하지 않으려고 노력했다. 잭슨의 서기관 바렛 프리티먼(Barrett Prettyman)은 사람들이 등을 돌리기 직전까지 얼마나 밀어붙일 수 있는지 정확히 알고 있는 숙련된 정치인의 작품이라고 생각했다. 9대 0 판결은 개인적으로도 대단한 승리였다. 평소 칭찬에 인색했던 프랑크푸르터는 그에게 이런 편지를 보냈다. "친애하는 대법원장님, 오늘은 영광스럽게 기억될 것입니다. 오늘은 대법원 역사상 위대한 날이며, 이런 결과를 이끌어낸 심의 과정이 더욱 그랬습니다. 축하드립니다."(프랑크푸르터의 워런에 대한 호의적인 견해는 오래가지 못했다. 그는 곧 워런이 시민의 자유를 위해 너무 멀리 나아가고 있다고 판단했다.) 드디어 1954년 5월 17일, 얼 워런은 거의 한 세기 동안 미국을 괴롭혀 온 문제에 대한 대법원의 만장일치 의견을 읽어내려갔다. "우리는 공교육 분야에서 '분리되었지만 평등한'이라는 원칙이 설 자리를 잃었다고 결론을 내립니다. 분리된 교육 시설은 본질적으로 불평등합니다." 모든 흑인 지도자들이 만족한 것은 아니었지만, 거의 모든 사람들이 만장일치 판결이 나온 것에 놀라움을 금치 못했다. 하지만 이행 여부는 여전히 문제로 남아있었다. 1년 후 대법원은 '브라운 II'로 알려진 두 번째 판결을 통해 자신들이 기대하는 바를 개략적으로 설명했다.

브라운 대 교육위원회 판결은 법적으로 인종 분리를 종식시켰을 뿐만 아니라, 분리주의적 관행의 도덕적 정당성도 박탈했다. 따라서 이 판결이 내려진 순간은 아마도 1950년대의 가장 중요한 순간 중 하나였으며, 구질서와 새로운 질서를 분리하고 격동의 시대가 막 도래하는

데 일조한 순간이었다. 이 판결은 자유의 개념을 순식간에 확장시켰을 뿐만 아니라, 법원의 판결이 소외계층의 권리를 신장시키는 방향으로 나아가도록 이끌었다. 그리고 이는 흑인들에게 더 큰 권리와 자유를 부여했을 뿐만 아니라, 이전까지는 부족했던 도덕적 정당성도 부여했다. 이는 미국에서 성장하고 있던, 그리고 점점 더 강력해지고 있던 통신 산업에 깊은 영향을 미쳤다. 브라운 판결로 인해, 인쇄 매체와 텔레비전을 포함하여 언론들은 인종 편견을 다룬 기사들을 과감하게 보도할 수 있게 되었다. 더 큰 자유를 찾아 거리로 나선 흑인들은 이 새로운 시대에 그들이 단순히 보도 대상이 되는 것을 넘어서 기자들로부터 존중과 예의를 갖춘 대우를 받게 되었음을 알게 되었다. 브라운 대 교육 위원회 판결은 단지 시민권 영역뿐만 아니라 사회적 행동의 모든 측면에서 놀라운 새로운 변화의 시작에 불과했다. 한 시대가 끝나고 새로운 시대가 시작되고 있었다.

얼 워런은 대통령이 남부의 시민권 운동에 대해 그다지 열의가 없다는 사실을 발견하고 놀랐지만, 백악관에서 일한 최초의 흑인 특별 보좌관 프레데릭 모로우(Frederic Morrow)에게는 특별히 놀라운 일도 아니었을 것이다. 모로우는 NAACP에서 현장 활동가로 일했고, 그후 CBS의 공보 부서에서 근무했다. 루스벨트와 트루먼의 20년에 걸친 진보적인 정책이 시행된 이후, 그는 가장 드문 존재가 되었다. 바로 흑인 공화당원이었다.

1952년, 그는 흑인 커뮤니티와 드와이트 아이젠하워의 선거 운동을 연결하는 연락책이 되어달라는 요청을 받았다. 모로우는 이 일을 잘할 수 있을지 약간의 의구심을 가졌지만, 결국 수락했다. 하지만 그는 선거 운동 내내 크고 작은 굴욕을 견뎌야 했다. 로스앤젤레스에서는 선거 캠프의 다른 운동원들이 앰배서더 호텔의 최고급 객실을 배정받은 반면, 그에게는 운전기사와 하인들을 위해 마련된 옷장이나 다름없는 작은 방이 배정되었다. 샌프란시스코에서는 공화당 동료 운동원들과 저녁 식사를 위해 외출하는 그를 지켜보던 호텔 보안 요원들이 모로우가 백인 여성을 몰래 자신의 방으로 데려왔다고 판단하고 새벽 3시에 그의 방문을 문자 그대로 부수고 들어와 증거를 찾으려 했지만, 그는 혼자서 자고 있었다. 솔트레이크시티에서는 엘리베이터를 운행하는 젊은 백인 여성이 그를 태우기를 계속 거부한 일도 있었다. 그때마다 그는 화가 났지만, 자신과 함께 일하는 사람들의 태도를 고려할 때, 미국의 대통령이 될 수도 있는 사람을 당황하게 만들지 않는 편이 좋으리라 생각했다고 훗날 회고했다.

그는 자신의 참여가 역사적 과정의 일부라고 믿었기 때문에 선거 운동을 계속했다. 그는 노예 생활에서 벗어난 사람들의 자손이었고, 누군가는 이 특별한 짐을 져야 했으며, 누군가는 첫 번째가 되어야 했다. 어떤 이유에서인지 그는 자신이 선택받았다고 결심했다. 게다가 그로서는 후보가 마음에 들었다. 그렇다고 그가 아이젠하워와 많은 접촉을 한 것은 아니었다. 그는 후보에게 조언하는 역할이 아니었다. 선거 운동은 다른 흑인들을 대변하는 흑인 남성의 조언을 원하지 않는 사람들이 주도하고 있었고, 따라서 그의 역할은 때에 따라 보이거나 보이지 않는 것이었다. 그러나 모로우는 언젠가는 후보자와 함께, 일본 침공이 시작되기 직전에 있었던 그의 증언에 대해 논의해보기로 결심했다. 그 증언의 내용은 군대가 인종이 분리된 상태에서 더 잘 싸웠다는 것과 당시는 군대를 통합하기에 적절하지 않은 시기였다는 것이었다. 마침내 1952년 10월 어느 날, 웨스트포인트 방문 후 기차를 타고 돌아오는 길에 그는 아이크와 이 주제를 놓고 이야기해볼 기회를 얻었다. 모로우는 아이젠하워에게 자신이 인종이 분리된 부대에서 복무했던 비통함과 함께, 흑인 병사들이 표면적으로는 민주주의의 이상을 위해 싸운다는 전장에서 어떤 대우를 받았으며 얼마나 분개했었는지에 관해 토로했다. 아이크는 현장 지휘관들이 조만간 일본과의 전투가 있을 것이며 사회적 실험을 할 시기가 아니라고 그를 설득했었다고 대답했다. 물론, 아이젠하워는 유감스럽게도 그들 대부분이 남부 출신이었다고 덧붙였다. 그러고 나서 모로우를 바라보며 부친이 목사인지 물었다. 그렇다고 모로우가 대답했다. 그의 아버지뿐만 아니라 할아버지도 목사였다. "아버지가 당신에게 용서에 대해 이야기한 적이 있나요?" 아이크가 물었다. 자주 그랬다고 모로우가 대답했다. "음, 그게 내가 지금 하고 있는 일입니다." 드와이트 아이젠하워가 말했다. 그러고 나서 후보는 자신이 임관 초기에 흑인 병사들에게 가졌던 편견에 대해 이야기했다. 그는 웨스트포인트를 졸업한 직후 일리노이 주 방위군의 흑인 부대를 지휘했다. 훈련도 제대로 받지 못했고, 교육 수준도 낮았으며, 종종 이류 백인 장교들에게 지휘받았던 그들은 그에게 제대로 된 성과를 보여주지 못했다. 드와이트 아이젠하워는 자신의 편견을 극복하기 위해 노력하고 있다고 말했고, 모로우는 결국 그가 좋은 사람이며, 그 자신이 고립된 채 자기 세대의 신념에 사로잡힌 포로였지만, 그럼에도 불구하고 괜찮은 사람이라고 판단했다.

아이크가 당선된 후, 모로우는 백악관에서 일할 수 있을 것으로 믿었다. 그는 당연히 CBS에서 사직하고 따뜻한 송별회를 받은 뒤 워싱턴으로 이주했다. 그는 워싱턴의 현실에 충격을 받았다. 1953년 초의 뉴욕시는 인종 문제에서 세계에서 가장 개화된 도시는 아니었을지 모르지만, 그래도 비교적 개방적이었고 법적으로 통합된 도시였다. 그곳에서는 흑인들의 삶이 나아지고 있다는 일반적인 믿음이 있었다. 반면 워싱턴은 전통과 문화뿐만 아니라 법적으로도 인종이 분리된 남부 도시였다. 백인 택시 운전사들은 흑인을 태우지 않았다. 모로우가 뉴욕에서 워싱턴으로 갈 때면 친구가 유니온 역까지 차를 타고 마중나와야 했다. 흑인들은 백인 식당에서 식사를 하거나 백인 호텔에 묵을 수 없었다. 그가 괜찮은 아파트를 찾기 위해 오랫동안 찾다가 알게 된 것처럼 통합된 주거지란 사실상 존재하지 않았다. 심지어 백악관에서 지원에 나섰음에도 별로 나아지지 않았다. 결국 백악관 관계자들이 아이젠하워 선거 운동의 주요 기부자로 알려진 큰 주거용 호텔 소유주에게 압력을 가하기로 결정했다. 소유주는 모로우에게 아파트를 제공하겠다고 했지만, 모로우는 자신의 방으로 가기 위해 화물 엘리베이터를 이용해야 했으며, 주 출입구를 사용할 수도 없었고, 건물 내 식당에서 식사를 할 수도 없었다. 미국 대통령을 위해 백악관에서 일할 사람인데도 살 곳도, 먹을 곳도 마땅치가 않다는 사실을 그는 절감했다. 결국 천신만고 끝에, 모로우는 로드아일랜드와 13번가가 교차하는 지점에 위치한 당시로선 아주 드물었던 인종 통합 건물에서 작은 방 한 칸을 찾을 수 있었다.

모로우는 아이젠하워 행정부에서 그에게 약속했던 일자리가 존재하지 않는다는 사실을 알게 되면서 또 한번 충격에 빠졌다. 새 행정부 내에는 흑인 대통령 보좌관이라는 아이디어에 강력히 반대하는 유력 인사들이 있었다. 처음에는 급여를 두고 약간의 실랑이가 있었지만, 그 문제가 해결된 뒤에도 공식적인 일자리 제안은 없었다. 결국 모로우는 백악관에서 걸려온 전화를 받았다. 가능한 자리가 없다는 것이었다. 그는 자신이 배척받은 이유 중 상당 부분을 세대 차이에서 찾았다. 특정 나이대의 남성들은 흑인 동료를 원하지 않는다는 것이었다. 그가 찾은 또 다른 배척 사유로는 정치적인 것이 있었는데, 아이크가 민주당의 텃밭인 남부에서 놀랍게도 선전하면서, 민주당이 강세였던 1930년대와 1940년대에 비해 남부의 공화당 득표수가 거의 두 배로 늘어났다는 점이 이유였다.

모로우는 훗날 그 순간이 자신의 인생에서 가장 굴욕적인 순간 중 하나였다고 말했다. 그는 모든 친구들에게 백악관에서 일할 것이라고 말했지만, 실제로는 백악관 밖에 있는 자신을 발견해야 했다. 결국 그는 상무부 자문역이라는 작은 직책을 맡았고, 백악관에 자리가 생길 가능성은 여전히 남아 있다는 말을 들었다. 그리고 2년 후 기회가 찾아왔다. 1955년 여름, 그는 백악관 옆의 행정부 건물에서 일하게 되었다. 하지만 처음부터 그는 자신이 살얼음판 위에 서있다는 사실을 깨달았다. 그는 홀로였고, 행정부의 환경 또한 그에게 우호적이지 않았다. 사무실의 속기사 명단에 들어있는 젊은 여성들 중에서 누구도 그의 비서가 되기를 원하지 않았다. 한 젊은 여성이 모로우의 표현에 따르면 "기독교적 의무감에 이끌려" 자원했지만, 그녀는 그의 사무실에 도착하자마자 울음을 터뜨렸다. 이는 불길한 신호였다. 백악관 직원들이 그의 아파트를 방문할 일이 있을 때면, 그는 가능한 한 가십거리를 만들지 않고 백인 여성들이 그를 방문하는 것처럼 보이지 않도록 두 명씩 짝을 지어서 올 것을 요청했다.

그는 새롭고 불안정한 직책에서 살아남기 위해서는 몇몇 규칙을 유념해야 한다는 것을 금방 깨달았다. 어떤 것도 당연하게 여기지 않는 것이 중요했다. 즉, 어느 날 특정 백악관 관계자나 단체의 초대를 받았다고 해서 다음 날에도 초대받을 것이라고 예단해서는 안 되었다. 또한 특정 차량에 동승하도록 초대받았다고 해서 다른 승객들이 모두 그가 그 차에 타기를 원하거나, 백악관에 흑인 보좌관이 있어야 한다는 것에 동의한다고 생각해서는 안 되었다.

그는 항상 모욕당할 각오가 되어 있어야 했다. 모로우가 캔자스 주 토피카에서 열린 링컨의 날 기념식에 대통령을 대신해 참석했을 때, 리셉션이 끝날 무렵 한 여성이 다가와 그에게 말했다. "이봐, 나 이제 갈 거야. 밖에 나가서 택시 좀 잡아줘." 닉슨 부통령이 주최한 사교 모임에서는 모로우가 보기에 약간 술에 취한 것 같은 또 다른 여성이 그에게 코트를 가져다 달라고 요청하고는, 그가 느리게 반응하자 날카롭게 불평을 터뜨린 일도 있었다. 1958년, 그는 리틀록 학교 통합 사건[15]에 대한 대법원의 최종 변론을 직접 듣고 싶어 했지만, 처음에는 법정에 입장하는 것이 허용되지 않았다. 그는 법무부 차관 J. 리. 랜킨(J. Lee Rankin)을 만나면 입장할 수 있을 거라는 말을 들었다. 모로우는 요청대로 따랐고, 랜킨은 즉시 그에게 자신의 서류가방을 건네며 말했다. "이제부터 당신은 내 비서요." 심지어 백악관의 동료들조차 자신들의 아내가 옆에 있을 때는 그를 무시하곤 한다는 사실을 그는 알아챘다.

모로우는 개인적인 모욕을 기꺼이 감내했다. 자신이 또 하나의 문을 열고 있다고 믿었기 때문이다. 그는 행정부가 흑인들의 발전에 진정한 관심이 없음을 너무나 잘 알고 있었다. 그에게 가장 어려웠던 점은, 대통령이 시민권 분야에서 일어나고 있는 극적인 변화들로부터 점점 더 멀어지고 있음에도 그가 대통령과 소통할 기회를 잡기가 쉽지 않았다는 점이었다. 온건하고 합리적인 흑인 지도자들과의 만남을 꺼리는 아이크의 고립적인 태도는 모로우의 일을 더욱 어렵게 만들 뿐이었다. 모로우는 백악관에서 자신이 가진 제한된 영향력이나마 유지하기 위해, 자신이 반드시 동의하지 않는 행정부의 조치들을 끊임없이 옹호해야 하는 처지였다. 점점 더 많은 전국의 흑인 지도자들이 아이젠하워를 포기하고 있었다. 때때로 모로우는 자신이 백악관에서 흑인들을 달래기 위한 일종의 진정제 역할로 이용당하고 있다고 느꼈다.

백악관에서 모로우와 가장 가까웠던 친구는 소수자 담당관 맥스 랍(Max Rabb)이었지만, 랍조차도 그에게 가혹하게 대할 때가 있었다. 모로우는 1956년 초에 이렇게 적었다. "맥스는 흑인 민권 운동가들의 태도를 언급하며 나를 심하게 꾸짖었다. 그는 행정부가 이 분야에서 노

력해온 일에도 불구하고, 흑인들이 아무런 감사 표시도 하지 않았으며, 이 때문에 백악관의 대부분의 책임 있는 관계자들이 이 문제에 대해 완전히 싫증을 느끼게 되었다고 했다. 그는 흑인들이 요구가 너무 공격적이며, 그들의 태도에서 추함과 불쾌함이 드러나기 시작했다고 말했다. 그는 지도자들의 요구가 절제되지 않았고, 그래서 대부분의 진보주의자들을 숨게 만들었다고 했다. 그는 흑인들이 자신들이 얻은 백인 친구들을 함께 이끌어가려는 노력을 전혀 하지 않았으며, 현재 그들이 주장하는 바가 합리적인 백인들이 허용할 수 있는 범위를 너무 크게 초과해서, 그들의 백인 친구들이 점점 드물어지고 있다고 우려한다고 말했다." 이는 당시 소수자 문제에 가장 민감했던 행정부 인사의 인식이 어떠했는지를 말해준다.

백악관을 떠날 때가 되었을 때, 모로우는 대부분의 백악관 보좌관들과 달리 쉽게 일자리를 찾을 수가 없었다. 그의 경력에 맞는 일자리는 없어 보였다. 그는 동료의 소개로 당시 저명한 권력 브로커이자 대통령의 가까운 친구였던 워싱턴의 한 변호사를 만나게 되었다. 변호사는 모로우의 연봉이 얼마였는지 알고 싶어 했다. 당시 그의 연봉은 약 10,000달러였다. 모로우는 훗날 흑인이 50달러 이상의 주급을 받을 수 있었다는 사실이 그 변호사를 놀라게 하고 불쾌하게 한 것 같았다고 회상했다. 이는 그 변호사에게 인종 문제가 통제 불능 상태가 되어가고 있다는 또 하나의 신호였다. 변호사는 일부러 모로우에게 시간을 내어, 브라운 판결의 폐해와 평소 흑인의 발전에 대해 호의적으로 생각하던 자신과 같은 백인들이 이제 통합을 외면하고 있다는 사실을 길게 강연하듯 역설했다. 그 권력 브로커는 자신이 "훌륭한 유색인 소년"이라고 부른 사람이 적합한 일자리를 찾는 데에 아무런 도움도 주지 못했다. 중고차 판매는 어때요? 아니면 코카콜라에서 홍보 일을 하는 것은 어떨까요? 그는 이런 일을 하는 세 명의 흑인 소년을 알고 있다고 했지만, 그가 빠르게 지적했듯이 그들 모두의 연봉을 합해도 모로우가 백악관에서 받던 연봉에 미치지 못했다. 모로우는 크게 상심한 채 브로커의 사무실을 나왔다. 마치 남북전쟁이 일어난 적이 없는 것 같았다고 그는 생각했다. 약 3년 후 그는 뱅크 오브 아메리카에서 민간 부문 일자리를 찾았다. 그로부터 약 30년이 지나고, 80대가 된 프레데릭 모로우는 뉴욕에서 은퇴 생활을 하며 1960년대 초 장기간 일자리를 구하지 못해 어려운 시절을 보냈던 기억을 되살리며 분노를 억제하지 못했다. 그는 그 시기에 자신이 저축했던 돈의 상당량을 소진해버렸음을 생각하면서 잠을 설치곤 했다.

제29장

에멧 틸 살해 사건, 민권 운동에 횃불을 붙이다

브라운 대 교육위원회 판결은 흑인들에게 평등권을 부여한 위대한 첫 걸음이었지만, 그럼에도 불구하고 이를 실천하고 나선 곳은 정부를 구성하는 세 부문 중에서 오직 사법부 뿐이었다. 하지만 법은 단순한 추상적인 개념이 아니라 그 자체로 도덕적, 사회적 무게를 지니고 있음이 곧 분명해졌다. 그래서 나라의 현안은, 자연스럽게 민권 투쟁의 다음 단계인 전 국민의 의식 개선 운동으로 넘어갔다. 대중적인 의식 개선의 장은 언론이 먼저 열었다. 처음에는 신문이, 그리고 더 극적으로는 텔레비전 방송이 그 역할을 떠맡았다. 브라운 판결에서 영감을 얻은 미국 흑인들의 더 큰 자유에 대한 강한 열망과 미디어의 비약적 발전이라는 두 가지 힘이 서로에게 영향을 미쳤고, 서로가 서로에게 더 큰 활력을 불어넣으며 흑인 인권 운동이라고 부르는 결과물을 만들어냈다. 흑인 인권 운동과 미디어는 미국인들을 상대로 함께 민권 교육에 나섰다.

남부의 주들 가운데서 가장 반동적이었던 미시시피 주에서는 대부분의 백인들이 통합에 반대하며 즉각적으로 저항에 나섰다. 대법원이 브라운 판결을 확정한 순간부터, 백인들이 장악하고 있던 기존의 권력 시스템들은 법을 무시하기 시작했다. 학교를 통합하려는 모든 시도를 막기 위해 지금껏 마을에서 가장 존경받던 사람들로 백인시민협의회가 구성되었다. 미시시피 삼각주 지역에 위치한 여러 마을에서 흑인들이 법 이행을 촉구하는 청원서를 지역교육위원회에 제출하자, 시민위원회는 이에 거칠게 대응했다. 그들의 주요 무기는 경제권이었다. 예를 들어, 지역 주간지 〈야주 시티 헤럴드〉에 시민위원회 명의로 게재된 광고에는 청원에 서명한 흑인들의 이름, 주소, 전화번호가 모두 공개되어 있었다. 그 결과, 이런 매우 조심스러운 몸짓마저 완전히 짓밟혔다. 직장에 다니던 흑인들은 일자리를 잃었다. 그들의 신용은 끊겼다. 지역 은행에 약간의 돈을 예치하고 있던 한 식료품점 주인은 그 돈을 빼가라는 말을 들었다. 이름이 공개된 53명 중 51명이 청원서의 서명을 철회했다. 그럼에도 그들 중 많은 이들이 일자리를 되찾지 못했다. 그들은 넘지 말아야 할 선을 넘어선 사람들이었다. 용서는 없었다. 삼각주 지역의 다른 마을들에서도 상황은 비슷했다.

다른 지역에서는 백인들의 반응이 공공연한 폭력으로 나타났다. 벨조니는 그 당시 표현으로 "진짜 개같은 마을"이라고 불리던 곳이다. 다른 지역의 백인들은 벨조니에서는 "백인 학교에 입학하려 하는 검둥이(nigger)가 단 한 명이라도 있다면, 그 전에 그들 모두를 총으로 쏴 죽일 것"이라며 놀라워 했다. NAACP 임원이었던 조지 리(George Lee) 목사와 거스 코츠(Gus Courts)는 지역 유권자 등록 명부에 이름을 올리는 데 성공했는데, 이것 자체로도 작지 않은 성과였다. 하지만 1955년에 그들이 투표하려 했을 때, 지역 보안관 아이크 셸튼이 그들의 투표세 납부를 방해하고 돌려보냈다. 리는 목사였고, 그와 코츠는 둘 다 식료품점을 운영하고 있었다. 리는 특히 용기 있는 사람이었다. 지역 사람들이 그에게 계속 건방진 행동을 한다면 관습에 따라 어떻게 해버리겠다며 공공연히 떠들고 다녔지만, 그는 인종주의자들의 위협에 아랑곳하지 않는 것 같았다. 벨조니에서는, 다른 많은 미시시피 주의 마을들처럼, 가장 폭력적인 인종주의자들이 종종 이중생활을 하고 있었다. 그들은 법을 집행하는 공무원이면서 동시에 법을 어기는 사람들이었다. 리는 그들의 그런 속성을 잘 아는 사람이었다. 그럼에도 불구하고, 그는 셸튼에게 앞으로 또 자신의 투표세 납부를 방해한다면 소송을 제기하겠다고 위협했다. 이로써 그는 중대한 선을 넘어섰다. 마을에서는 그를 막기 위해서 뭔가를 해야 한다는 말들이 오갔다. 1955년 5월 7일 늦은 밤, 리는 홀로 운전하고 가던 자신의 차에서 살해당했다. 부검은 이루어지지 않았다. 처음에 셸튼 보안관은 리의 차가 통제력을 잃어 그가 사망했다고 발표했다. 하지만 리의 얼굴에는 화약 자국이 있었고, 그의 차에서는 산탄 자국이 발견되었다. 나중에 사건의 전모가 밝혀졌다. 리의 차를 다른 차가 쫓아왔고, 그 차에 탄 사람 중 한 명이 리가 탄 차의 오른쪽 뒷바퀴를 쐈다. 리가 속도를 늦추자, 두 번째 차가 옆으로 접근해서는 누군가가 근접 거리에서 산탄총을 두 발 발사하여 그의 얼굴 절반을 날려버린 것이었다.

사고설이 반박되자, 셸튼 보안관은 기자들에게 사건이 성적인 문제와 관련이 있을 것이며, 리 목사가 바람을 피웠다는 소문을 들었다고 말했다. 그러면서 살인범은 분명히 "질투심에 불탄 어느 검둥이"일 것이라고 말했다. 체포된 사람은 아무도 없었다. 이 살인 사건이 민권 운동과 직접적으로 연관된 것처럼 보였음에도 불구하고, 미 전역의 언론은 아무런 관심을 보이지 않았다. 몇 주 후 브룩헤이븐에서는 라마 스미스(Lamar Smith)라는 이름의 흑인이 대낮에 군 법원 앞에서 총에 맞아 무참히 살해된 사건이 발생했다. 스미스는 등록된 유권자로 주 예비선거에서 막 투표를 마치고, 다른 사람들에게도 투표를 독려하던 참이었다. 한 백인 농장주가 범인으로 체포되었지만 기소되지는 않았다. 이번에도 전국 언론은 이 사건을 보도하지 않았다. 미시시피의 전통적인 관행이 새로운 법보다 더 강력해 보였다. 이런 일들은 미시시피의 백인들이 항상 해온 일이었기 때문에 뉴스거리도 되지 못했다. 미시시피의 흑인들은 경찰의 법적 보호망 뿐만 아니라, 언론의 도덕적 보호망에서도 벗어나 있는 사람들이었다.

라마 스미스가 살해된 지 몇 주 후, 에멧 틸(Emmett Till)이 탤러해치 카운티에서 살해되었다. 이 사건은 마침내 언론을 움직였고, 결국 미국 전체를 뒤흔들었다. 에멧 틸은 시카고 출신의 14세 흑인 소년으로, 여름 휴가를 보내기 위해 남부를 여행하던 중이었다. 그에게는 어머니의 고향을 두 번째 방문하는 여행이기도 했다. 그의 어머니 매미 브래들리(Mamie Bradley)는 공군에서 민간 조달 담당관으로 일하며 연봉 3,900달러를 받고 있었고, 제2차 세계대전 중 사망한 틸의 아버지와는 이미 이혼한 상태였다. 틸의 아버지는 처음에 일부 진보 성향 언론에 의해 전쟁 영웅으로 추켜세워졌지만, 나중에 두 명의 이탈리아 여성을 강간하고 세 번째 여성을 살해한 혐의로 군사재판에서 교수형에 처해졌다는 사실이 밝혀지면서 처음에 보도했던 이들을 당혹스럽게 만들기도 했다. 매미 브래들리는 미시시피 출신으로, 남부의 깊은 촌구석에서 북부의 대도시로 향하던 흑인들의 이주 물결에 합류했다. 틸과 그의 사촌 커티스 존스가 삼각주 지역을 방문하려고 준비할 때, 매미는 아들에게 미시시피 시골의 관습은 틸이 자란 대도시 시카고와는 매

에멧 틸은 미시시피주 머니에서 백인 여성을 희롱했다는 의심을 받았을 당시 14세였다. 그는 폭행당한 뒤 살해되었고, 그의 시신은 무거운 탈곡기 팬에 묶인 채 탤러해치 강에 버려졌다. (사진 출처: UPI/BETTMANN)

우 다르다고 경고한 바 있었다. 그녀는 아들에게 기분이 상하는 일이 있더라도 항상 조심스럽게 행동해야 한다고 일렀다. 틸과 존스는 커티스의 큰삼촌인 모세스 라이트라는 나이 든 소작농의 집에 머물고 있었다. 삼각주의 끝자락에 위치한 탤러해치 카운티의 작은 마을 머니 근처였다.

미시시피는 교육 수준과 1인당 소득에서 매년 미국 내 47위 또는 48위를 기록하는 가난한 주였다(앨라배마와 아칸소 주 공무원들은 매년 인구조사 결과가 발표될 때마다 "하느님, 미시시피로 인해 감사합니다."라고 외쳤다고 한다). 절반은 삼각주에 속해 있고 절반은 구릉 지대에 위치해 있던 탤러해치 카운티는 주 내에서도 가장 가난한 지역 중 하나였다. 주민의 5분의 4가 연소득 2,000달러 미만이었다. 교육 수준은 주에서 세 번째로 낮았다. 평균적으로 백인 성인은 5.7년, 흑인 성인은 3.9년의 학교 교육만을 받았다. 가장 큰 마을은 두 개의 카운티 소재지 중 하나인 찰스턴으로, 인구는 2,629명이었다.

에멧 틸은 키는 작았지만 이미 성인의 체격을 갖추고 있었고, 체중은

160파운드(약 72.5kg)에 달했다. 그를 아는 사람들은 그의 차림새가 깔끔하고 약간 건방져 보였다고 말했다. 시카고에 사는 젊은 흑인이라면 이런 게 문제시되지 않았겠지만, 미시시피 주 머니에서는 쉽게 문제가 될 수도 있었다. 1955년 8월 24일 수요일 저녁, 틸과 존스는 모세스 라이트의 1946년형 포드 차를 타고 '브라이언트 그로서리 앤드 미트 마켓'이라는 이름의 작은 식료품점으로 향했다. 이 가게는 삼각주 지역에 있는 다른 수많은 작은 가게들과 다를 바 없었고, 고객들은 거의 대부분이 가난한 흑인들이었다. 가게에서는 돼지비계, 코담배, 통조림 식품 등을 팔았다. 대부분의 판매는 외상으로 이루어졌다. 토요일이면 장사가 잘 되었는데, 흑인들이 소소한 쇼핑을 하기 위해 농장에서 나오기 때문이었다. 최근 흑인들에 대한 연방 정부의 식량 지원이 늘어나면서 어려움을 겪던 이 가게는 로이와 캐롤린 브라이언트 부부가 운영하고 있었다. 그들은 자신들 소유의 자동차조차 없을 정도로 가난한 백인들이었다.

미시시피의 기준에서도 브라이언트 부부의 삶은 고단했다. 로이 브라이언트는 이복형제인 J. W. 밀람과 함께 트럭 운전사로 일하며 멕시코 만에서 텍사스까지 새우를 운반했고, 캐롤린은 홀로 가게를 운영했다. 흑인과 백인 여성에 대한 당시의 감정을 고려해서, 캐롤린 브라이언트는 밤에 혼자 가게에 있어서는 안 된다는 엄격한 규칙을 세워 놓고 있었다. 게다가 남편이 집을 비울 때면 그녀와 아이들은 시댁에 머물러야 했다. 그해 여름, 그녀는 21세였고, 인근 인디아놀라에서 고등학교를 중퇴한 상태였다. 프랑스 신문 〈오로르〉는 그녀를 "시골길의 마릴린 먼로"라고 불렀다.

초기 사건에 대해서는 아직까지 일부 논란이 있다. 목요일에 틸과 그의 사촌이 가게 밖에서 몇몇 소년들과 놀고 있었던 것은 분명해 보인다. 존스에 따르면, 어느 순간 틸이 지갑에서 백인 소녀의 사진을 꺼내

더니 자신의 여자친구라고 자랑했다. 다른 소년들은 이를 단순히 도시 소년이 시골의 사촌들에게 허세를 부리는 것쯤으로 여겼다. 그때 소년들 중 한 명이 가게 안에 백인 여성이 있다면서, 틸이 백인 여성과 그렇게 잘 어울린다면 들어가서 그녀에게 말을 걸어보라고 부추겼다. 에멧 틸은 그대로 따랐다. 소년들의 말을 종합해 보면, 틸은 캐롤린 브라이언트에게 휘파람을 불었고, 2센트 짜리 풍선껌을 산 후, 가게를 나가려다가 그녀를 붙잡고 한번 만나자면서, 자신이 북부에서는 백인 여성들과 사귀었다고 말했다. 재판정에서 브라이언트 부인이 한 증언에 따르면(증언은 배심원이 없는 상태에서 진행되었는데, 너무 선동적인 내용이라며 판사가 배심원들의 배석을 허용하지 않았기 때문이었다), 그는 그녀의 손목을 잡고 음란한 제안을 했다. "날 무서워하지 마, 아가씨. 난 이전에도 백인 여자들과 자봤으니까."라고 그가 말했다고 그녀는 증언했다. 그러고 나서 그는 떠났다. 밖에서 체커 게임을 하던 나이 든 흑인 남성은 뭔가 심각하게 잘못되었음을 단번에 알아차리고, 존스와 틸에게 그 여자가 권총을 들고 나와 에멧의 머리를 날려버릴 것이라고 말했다. 둘은 재빨리 차에 올라 달아났다. 그 직후 캐롤린 브라이언트가 에멧 틸을 뒤쫓아 가게 밖으로 나왔다.

브라이언트 부인은 자신의 시누이이자 J. W. 밀람의 아내인 주아니타 밀람에게 무슨 일이 있었는지 설명했다. 두 여성은 처음에는 결과가 폭력적으로 변할 것이 두려워 남편들에게 말하지 않기로 결정했다. 로이 브라이언트는 금요일 새벽 5시가 되어서야 새우 운반을 마치고 귀가했다. 그때쯤에는 작은 시골 마을인 탤러해치에서 중대한 사건이 벌어졌다는 사실이 분명해지고 있었다. 흑인들끼리도 이 일을 입에 올리고 있었다. 틸의 일부 친척들은 이미 그에게 안전하지 않다면서 가능한 한 빨리 마을을 떠나라고 경고한 상태였다. 로이 브라이언트가 금요일 오후에 가게에 도착하자, 한 흑인이 일어난 일을 대략 설명했다. 다른 지역이었다면 사건은 금새 지나갔을 테지만, 이곳은 남부의 시골 마을이었고 이 일은 치명적으로 심각한 규정 위반에 해당하는 사건이었다. 브라이언트가 자신의 여자와 백인들을 위해 나서지 않았다면 머저리 취급을 받았을 것이며, 부끄러움은 그의 몫이었을 것이다.

브라이언트와 밀람은 원래도 건드리면 안 되는 사람들이었다. 키 6피트 2인치(약 188cm)에 체중 235파운드(약 107kg)였던 밀람은 '빅'이라는 별명으로 불렸다. 제2차 세계대전에서 훈장을 받은 제대군인이었던 그는 브라이언트보다도 더 악랄하고 위험한 인물로 여겨졌다. 지역 주민들은 이 둘을 건드리지 않으려 애썼다. 로이 브라이언트는 차가 없었기 때문에 밀람에게 도움이 필요할 것 같다면서, 픽업 트럭을 가지고 와줄 수 있겠냐고 물었다. 처음에 밀람은 망설였다. 토요일은 그가 늦잠을 잘 수 있는 유일한 날이었다. 그러나 브라이언트가 무슨 일이 있었는지 말하자 밀람은 분노했다. 그는 일요일 아침 일찍 가겠노라 말했다. 외출했다가 집으로 돌아온 그는 자신이 들었던 내용을 곰곰이 생각하다가 지금은 잘 때가 아니라고 결심했다. 그는 45구경 콜트 자동 권총을 챙겨서 브라이언트의 집으로 운전해 가서 그를 깨웠다. 브라이언트도 자신의 권총을 챙겼고, 그들은 라이트 목사의 집으로 향했다. 그곳에서 그들은 라이트에게 "시카고에서 온 소년"을 내놓으라고 요구했다. 라이트의 증언에 따르면, 둘 중 한 명이 그의 나이를 물었다. 라이트가 64세라고 대답하자 그 백인은 "만약 네가 문제를 일으킨다면, 65세까지 살 수 없을 거야."라고 말했다.

그 후에 무슨 일이 벌어졌는지는 비교적 명확하게 밝혀져 있다. 자신들에 대한 위협에도 불구하고 증언에 나섰던 몇몇 흑인 증인들이 있었기 때문만은 아니다. 놀랍게도 브라이언트와 밀람이 훗날 파격적인 취재로 논란을 일으키곤 했던 기자 윌리엄 브래드포드 휴이(William Bradford Huie)에게 자신들의 이야기를 팔았기 때문이다. 많은 동료들로부터 존경받는 언론인이라기보다는 재능 있는 특종 사냥꾼 정도로 여겨졌던 휴이는 대중잡지 〈룩〉(Look)을 대표하던 기자였다. 그리고 자신들의 재판에서 증언대에 선 적이 없었던 두 사람은 약 4,000달러를 받고서, 운명의 그날 밤에 일어났던 일들을 모두 털어놓았다.

휴이는 이런 폭로 저널리즘 전문가로, 앨라배마 출신이었다. 약삭빠르고 반골적이었던 그는 자신이 진보주의자가 아니라는 사실을 자랑하듯 강조했다. 그는 대의보다는 이야기를 찾아 다녔다. 그는 재판이 열렸던 서머로 찾아가서 변호사들과 이야기를 나누며 실제로 무슨 일이 있었는지 알아내려 했다. 그와 미시시피 백인 변호인단은 한동안 서로를 탐색하면서 여러 잔의 술을 함께 마셨다. 변호인 중 한 명인 존 휘튼은 두 사람이 범죄를 저질렀는지 모른다고 말했다. 그의 동료 변호사 J. J. 브릴랜드는 더 솔직했다. 그는 휴이에게 두 사람은 그저 촌뜨기에다 무식쟁이일 뿐이라고 말했다. 브릴랜드는 브라이언트를 "싸움밖에 모르는 빈털터리 고집쟁이"라고 불렀다. 밀람에 대해서는 이렇게 말했다. "우리는 밀람이 돈을 갚지 않아 그를 상대로 몇 번 소송을 제기한 적이 있었죠. 그는 평생 밀주를 만들어 팔았어요. 그는 많은 식구를 거느리고 있으며, 못되고 거만한 성격이죠. 그는 호전적인 사람입니다. 그래서 유럽의 전장에 나가서 진급을 했던 거죠. 사람 죽이는 걸 좋아하니까요. (하지만) 젠장, 검둥이들과 전쟁을 치르고 그들을 통제하려면 밀람 같은 사람들이 필요하죠." 브릴랜드는 휴이에게 변호사들이 취재에 협조하는 이유는 통합이 성공하지 못할 것이라는 점을 미 전역에 알리고 싶었기 때문이라고 말했다. "텔러해치 카운티의 모든 재산은 백인들이 소유하고 있습니다. 우리는 더 이상 검둥이들이 필요 없어요. 통합 같은 건 절대 없을 겁니다. 검둥이들이 투표하는 일도 없을 거고요. 이 나라의 모든 사람들이 이 사실을 빨리 깨달을수록 좋습니다."

변호사들은 휴이에게 두 사람을 만나게 해주고, 밀람과 브라이언트에게는 휴이에게 무슨 일이 있었는지 말해주라고 했다. 휴이는 그들이 이미 무죄 판결을 받았기 때문에 다시 재판을 받지는 않을 것이라고 설명했다. 그들은 자유의 몸이었고, 기사가 나가도 그 사실이 바뀌지는 않을 것이라고 했다. 그리고 휴이는 그들의 시각으로 사건을 구성해서 기사에 담겠다고 제안했다. 그는 기사에서 그들을 살인자로 묘사하여 분명 그들의 명예를 훼손할 것이기 때문에, 4,000달러의 명예 훼손 합의금을 사전에 지불하겠다고도 말했다. 그는 이것이 그들의 이야기에 대한 대가는 아니라고 강조했다. 하지만 휴이는 사건이 영화로 제작되고, 그 영화로 인해 두 사람의 명예가 훼손될 경우를 대비해, 영화로 인한 명예 훼손이 생길 때에는 권리를 포기하도록 만들었다. 이는 역사상 가장 흥미로운 '수표 저널리즘(checkbook journalism)' 사례의 하나로 기록되고 있으며, 많은 사람을 경악시켰다. 휴이는 "다른 이들이 이런 종류의 일을 불쾌하게 여기는 것처럼, 나 역시 특별히 즐겁지는 않았다."라고 말했다. 그럼에도 불구하고 휴이는 나흘 동안 머물면서 두 사람과 대화를 나눴고, 편집자들에게는 "나는 밀람과 허물없이 어울렸고, 그에게 먼저 술잔을 건넬 만큼 그의 신뢰를 얻을 수 있었다."라고 자랑했다. 거의 10년이 흐른 후, 그는 미시시피 주 필라델피아에서 세 명의 젊은 민권 운동가를 살해한 두 살인범에게 협조를 구하기 위해 같은 방법을 사용했다.

그들이 휴이에게 들려준 이야기에서 새로운 내용은 없었다. 모세스 라이트는 틸을 그들에게 내놓았다. 밀람이 틸의 눈에 손전등을 비쳤다. "네가 그 말을 한 검둥이냐?" 그가 물었다. "네." 틸이 대답했다. "'네'라니 말이 짧구나, 머리통을 날려버릴까보다. 옷이나 입어." 밀람이 말했다. 그리고 그들은 틸을 데리고 떠났다. 그들은 휴이에게 틸을 죽일 의도는 없었고, 단지 겁이나 주고 교훈을 주려 했다고 말했다. 하지만 그가 반성하지 않자, 그제서야 유감스럽게도 그를 죽여야 한다는 것을 깨달았다고 했다. "우리가 달리 무엇을 할 수 있었겠어요?" 밀람이 휴이를 보며 말했다. "그 놈한테는 희망이 없었어요. 난 괴롭히는 사람이 아니에요. 난 평생 검둥이를 해친 적이 없어요. 난 그들이 자기 자리를 지키는 걸 좋아해요. 난 그들을 다루는 법을 알아요. 하지만 난 이제 몇몇 사람들에게는 경고를 해야 할 때라고 결심했어요. 내가 살아있는 한, 그리고 내가 무언가를 할 수 있는 한, 검둥이들은 자신들의 자리를 지킬 거예요. 내가 사는 곳에서는 검둥이들이 투표하지 못할 거예요. 만약 그들이 투표를 한다면, 그들이 정부를 통제할 거예요. 그들은 내 아이들과 학교에 다니지 못할 거예요. 그리고 검둥이가 백인 여성과의 섹스를 언급했다는 것은, 그가 살고 싶지 않았다는 뜻이죠. 나와 내 가족들은 이 나라를 위해 싸웠고 우리에겐 몇 가지 권리가 있어요. 난 그 헛간에 서서 그 검둥이가 나한테 독기를 뿜어대는 걸 봤고, 그냥 마음을 정했어요. 내가 말했죠. '이봐, 시카고 소년, 난 너희 같은 놈들이 여기 내려와서 문제를 일으키는 데 지쳤어. 빌어먹을, 난 너를 본보기로 삼을 거야. 나와 내 가족들이 어떤 입장인지 모두가 알 수 있도록 말이야.'"

그들은 소년을 죽이고 시체를 탤러해치 강에 던지기로 결정했다. 밀람에게 필요한 것은 무게추였다. 마침 근처에 새 장비를 들여온 목화 가공 공장이 있었고, 그는 인부들이 약 3피트에 달하는 오래된 탈곡기 팬을 나르던 것을 기억했다. 닻처럼 쓰기에 완벽한 물건이었다. 그들은 공장으로 차를 몰고 가서 그 팬을 찾았다. 그때는 이미 동이 틀 무렵이었고, 밀람은 휴이에게 그때 처음으로 약간 긴장됐다고 자랑하듯 말했다. "누군가가 우리를 보고 팬을 훔쳤다고 고발할지도 몰라요." 그가 말했다. 그런 다음 그와 브라이언트는 틸을 탤러해치의 한적한 강둑으로 데려갔다. 밀람은 소년에게 옷을 벗으라면서 말했다. "네가 아직도 대단하다고 생각하냐?" "네." 틸이 대답했다. 그 순간, 밀람은 45구경 권총으로 소년의 머리를 쐈다. 그리고 그들은 74파운드 무게의 탈곡기 팬에 소년을 철사로 묶어 탤러해치 강에 던졌다.

모세스 라이트는 두 백인 남성의 명령대로 경찰에 신고하지 않았지만, 커티스 존스는 신고했다. 다음 날 존스는 농장 주인의 집에 가서 보안관에게 전화를 걸어 에멧 틸이 실종되었다고 말했다. 그는 또한 시카고에 있는 틸의 어머니에게도 전화를 걸었다. 지역 당국은 강을 준설하기 시작했다. 시신을 찾는 데 사흘이 걸렸는데, 시신은 나무 뿌리에 얽힌 채 가라앉아 있었다. 심하게 학대받은 소년의 시신이었다. 머리에는 총알 구멍이 있었고, 두개골은 함몰되어 있었다. 시신이 너무 심하게 훼손되어 모세스 라이트는 에멧이 끼고 있던 반지를 보고서야 시신을 식별할 수 있었다. 시신은 북부 시카고로 보내졌고, 그곳에서 매미 브래들리는 관을 연 채 공개 장례식을 개최하기로 결정했다. "휴가를 떠났던 사랑하는 아들이 소나무 관에 담겨서 돌아온 적이 있습니까? 너무나 끔찍하게 구타당하고 물에 불어, 당신의 아들이라고 하기에는 너무나 끔찍한 모습으로 말입니다." 그녀는 기자들에게 말했다. 그녀는 "그들이 내 아들에게 한 짓"을 온 세상이 볼 수 있도록 장례를 나흘 동안 연기했다. 수천 명의 사람들이 시신을 보기 위해 흑인 장례식장 앞에 줄을 섰다.

이 살인 사건은 미국 북부의 산업 도시들에 흩어져 있던 대규모 흑인 커뮤니티에 커다란 충격파를 던졌다. 이들 새로운 유권자 집단과, 흑인들의 감정적 반응의 규모가 엄청나다는 사실을 인식한 백인 신문사들도 사건에 주목하기 시작했다. 백인 독자들 역시 사건의 잔혹성과 함께 자경단식 정의가 작동하고 있다는 생각으로 충격을 받았다. 미시시피에서는 밀람과 브라이언트가 체포되어 에멧 틸 살인 혐의로 기소되었다. 아이를 죽인 잔혹한 방식, 시카고에서 열린 공개 장례식, 그리고 이런 일이 일어날 수밖에 없었다는 북부 사람들의 막연한 인식 등에 이르기까지, 어떤 이유에서든 이 사건은 세간의 이목을 집중시켰다. 이는 북부 언론이 기다려온 것이기도 했다. 남부의 점잖은 표면 밑에서 백인 권력 구조가 어떻게 흑인들을 통제하고, 필요한 경우 얼마나 원초적인 폭력을 사용했는지를 엿볼 수 있는 드문 기회였다.

틸 사건은 미국 언론에 중요한 분기점이 되었다. 대법원의 브라운 대 교육위원회 판결은 도덕적으로나 사회적으로나 중대한 변화를 가져왔고, 처음으로 민권이라는 국가적 의제가 생겼다. 미국 언론은 이제 살인자들뿐만 아니라 남부 전체를 다루게 될 것이었다. 미국 내 주요 신문의 편집장들은 주로 50대 남성들이었고, 대체로 인종에 대한 전통적인 견해를 가지고 있었지만, 브라운 판결로 인해 인종 문제에 좀 더 많은 관심을 기울이게 되었다. 하지만 일선 기자들은 달랐다. 그들은 주로 30대의 젊은이들로, 남부 출신이 많았고, 제2차 세계대전에 참전했으며, 인종 차별을 혐오하는 이들이 대부분이었다. 더욱이, 그들은 제2차 세계대전을 겪으면서 여러 가지 측면에서 미국과, 특히 이런 사건들이 벌어질 수 있는 남부를 변화시켜야 한다고 생각했다. 이제 그들에게 기회가 왔다. 대중의 인식 변화를 꾀할 수 있는 장이 열린 것이다. 에멧 틸 살해 사건과 그를 살해한 혐의로 기소된 두 남자의 재판은 민권 운동 차원의 첫 번째 대규모 미디어 이벤트가 되었다. 미국인들은 읽고 들을 준비가 되어 있었고, 실제로 무슨 일이 일어났는지 알고 싶어 했다.

북부 언론사 소속의 민완 기자들이 탤러해치 카운티의 조그마한 행정 중심지 섬너로 쏟아져 들어왔다. 그들은 낯설고 적대적인 지역에 들어섰다는 사실에 다소 긴장한 듯했다. 기자들은 쉽게 눈에 띄었다. 그들은 가벼운 시어서커 정장에 버튼다운 셔츠를 입고 스트라이프 넥타이를 매고 있었는데, 당시 기자들의 유니폼과도 같았던 이런 차림새는 그들이 미국의 명문 학교 출신들임을 드러내고 있었다. 시간이 지나면서 그들은 재킷을 벗고 넥타이를 느슨하게 풀기도 했지만, 처음부터 그 젊은 기자들은 날씬하고 우아한 한 남성으로부터 지시를 받는 것처럼 보였다.

그때까지만 해도 〈뉴욕 타임스〉의 존 팝햄(John Popham)은 남부를 전담하는 유일한 전국지 특파원이었다. 당시 45세였던 팝햄은 〈뉴욕 타임스〉 편집장 터너 캐틀리지(Turner Catledge)의 요청으로 8년 동안 이 지역을 취재해 왔다. 미시시피 출신인 캐틀리지는 큰 변화가 일어날 것을 알고 있었다. 팝햄은 겉으로는 버지니아 귀족이지만 속으로는 급진적인 사상을 품고 있는, 진정 독특한 미국인이었다. 예수회 학교에서 교육을 받은 그는 직업 해병대 장교의 아들이었고, 자신도 해병대 장교로 복무했다. 그는 매우 매혹적인 사람이었는데, 이는 다행스러운 일이었다. 왜냐하면 그의 임무가 성격상 매우 조심스럽게 다뤄야 했기 때문이다. 그는 타고난 품위를 지녔고, 그 품위가 다른 이들에게도 전해지는 듯했다. 당시 에어컨도 없던 남부의 법정에서, 판사는 변호사들과 배심원들에게 재킷을 벗을 수 있도록 허락했다. 판사 자신도 재킷을 벗곤 했다. 하지만 법정에서 유일하게 재킷을 입고 있는 사람은 〈뉴욕 타임스〉의 신사, 팝햄 씨뿐이었다. 그는 본의 아니게 남부 취재의 개척자가 되었다. 막판에 투입된 기자들이 필연적으로 접촉해야 하는 사람이 존 팝햄이었다. 팝햄은 남부 전체와 연결되어 있었고, 중요한 사건이 터질라치면 일주일 전에 미리 도착해 자신과 아는 지역 관리들을 방문했다. 그들은 그의 광대한 인맥 네트워크 속에 있는 사람들이었다. 남부의 모든 사람이 팝햄을 아는 누군가를 알고 있거나, 팝햄을 아는 누군가와 함께 법대를 다녔던 인연이 있었다. 그래서 그는 결코 낯선 사람이 아니었다. 틸 재판이 시작되기 일주일 전, 그는 미시시피 주 옥스퍼드 시에 사는 유력한 사업가에게 전화를 걸었다. 그 사업가는 틸 재판을 담당하는 판사 커티스 스완고(Curtis Swango)와 대학 동기였다. 팝햄은 옥스퍼드를 방문해 그 사업가와 저녁을 먹고, 당연히 그날 밤을 그곳에서 묵었다. 그래서 그가 섬너로 출발했을 때는 이미 좋은 인맥을 확보해둔 상태였다. 도착 첫날, 그는 스완고 판사와 점심을 함께 했다.

사실, 스완고는 팝햄과 만나기를 간절히 원하고 있었다. "기자들이 계속 몰려오고 있어요 한 100명은 되는 것 같아요."라면서 판사는 하소연을 늘어놓았다. "이런 상황을 전에 다뤄본 적이 없어요. 제가 할 수 있는 한 공정하고 정직한 재판을 진행하겠다고 약속드릴 수 있지만, 언론을 다루는 데는 당신의 도움이 필요합니다." 그래서 팝햄은 판사가 기본 규칙을 정하면 언론과의 연락은 자신이 담당하겠다고 동의했다. 당시의 인종 분리 정책에 따라, 그는 백인과 흑인을 위한 별도의 기자석을 마련했지만, 그럼에도 불구하고 그는 지역 보안관인 클래런스 스트라이더(Clarence Strider)와 끊임없이 갈등을 겪었다. 그는 또한 모든 기자들의 안전을 책임지는 비공식적인 역할도 맡게 되었다. 섬너는 단순히 모텔이 없는 지역이라는 점을 떠나서, 해가 진 뒤에는 기자들에게 극도로 위험한 장소였다. 모든 외부인들에 대한 분노로 가득 찬 이 마을은 언제든 폭발할 수 있었고, 기자들의 실종 사건이 발생하지 않는다는 보장이 없었다. 그래서 정한 첫 번째 규칙은 어떤 기자도 밤에 마을에 머물러서는 안 된다는 것이었다. 대신 팝햄은 백인 기자들은 모두 50마일 정도 떨어진 클락스데일에 머물도록 결정했다. 그는 또한 동료 기자들에게 복장 규정도 지키도록 했다(한번은 재판을 취재 중이던 〈뉴욕포스트〉의 머레이 켐프턴 기자가 영국식 워킹 반바지 차림으로 저녁 식사 자리에 나타났다. 팝햄은 그에게 다가가 반바지를 입기에 적절한 때와 장소가 아니라고 부드럽게 말을 건넸다). 그는 또한 흑인 거주 지역인 마운드 베이유에 흑인 기자들을 위한 숙소를 마련해 주었다. 흑인 기자 중 한 명이 사소한 주차 위반으로 스트라이더 보안관에게 체포되어 감옥에 갇혔을 때, 판사를 통해 그가 석방되도록 주선한 것도 팝햄이었다.

이런 작은 남부 마을에서 백인의 정치적 권력을 대변하는 사람은 카운티 보안관이었다. 그의 임무는 지배 계층을 위해 경제 질서를 보호하고, 인종적, 정치적 균형을 유지하는 것이었다(단, 흑인 농장 노동자들이 하루라도 결근할 정도로 심하게 다뤄서는 안되었다). 이런 관행은 미시시피 전역에 걸쳐 있었지만, 특히 삼각주 지역이 더욱 그러했다. 보안관들은 이런 역할에 대한 보상을 받았다. 보안관은 주에서 가장 높은 급여를 받는 직종에 속했는데, 징수된 재산세의 일정 비율을 급여로 할당받았고, 또한 밀주업자들로부터도 뇌물을 받았다(미시시피는 금주를 표방한 주였다). 당시 삼각주 지역의 보안관은 공식적으로 40,000에서 50,000달러를 벌 수 있었고, 또한 일정 수준의 밀주와 도박을 허용하는 대가로 거의 그만큼의 추가 소득을 올릴 수 있었다. 연봉 5,000달러면 좋은 급여로 여겨지던 주에서, 이는 매우 큰 수입이었다.

클래런스 스트라이더 보안관은 이 쇼케이스 재판의 역할에 완벽하게 어울리는 인물로 보였다. 그는 밀람과 브라이언트보다도 더 남부의 백인 권력 체제를 대변하는 인물이었다. 그는 스완고 판사의 결정에도 불구하고 흑인 기자들의 재판 취재를 막으려 했고, 백인 기자들을 법정에서 최대한 밀어내고 싶어 했다. 스트라이더가 기자들이나 다른 사람들과 대화하는 것을 들으면, 몇 마디 내뱉을 때마다 '검둥이'라는 단어가 늘 섞여 있는 것 같았다. "내 법정에는 어떤 검둥이 기자도 들어올 수 없을 것"이라고 그는 언론의 특권을 둘러싸고 벌인 팝햄과의 첫 번째 설전에서 말했다. "그건 스완고 판사와 얘기해 보세요."라고 팝햄은 응수했다. 스트라이더는 스와고 판사를 만난 다음에야 흑인들이 자리에 앉는 것을 마지못해 허용했다.

스트라이더는 체중이 270파운드(약 120kg)가 넘는 거구였다. 그는 스완고 판사가 흑인 기자들에 관해 자신의 의견에 반대하는 결정을 내렸을 때 기분이 좋지 않았고, 지역의 백인 유력 인사들이 그의 행동이 카운티의 평판에 도움이 되지 않으니 특히 흑인 기자들에게 더 예의바르게 행동해야 한다고 말했을 때도 불쾌해 했다. 이런 말을 몇 번이나 들은 후였던 어느 날, 그는 마침내 흑인 기자들의 테이블로 다가가더니 이렇게 말했다. "검둥이 여러분, 안녕하세요." 사실, 지역 농장주들 사이에서는 스트라이더가 다소 부끄러운 존재로 여겨지고 있었다. 그는 토지와 돈, 권력을 축적했지만 품격이 없었고, 남의 집에서 처신하는 법이나, 더 중요하게는 불쾌한 일을 세련되게 처리하는 법을 몰랐다. 빌 윈터(Bill Winter) 전 주지사가 후에 언급했듯이, 클래런스는 셔츠와 넥타이를 맨 흑인을 보는 것만으로도 위협을 느끼는 그런 종류의 인간이었다. 결국, 다른 지역에도 레드넥들이 있었지만, 여기서는 그가 최고 법 집행관이었다. 그는 전화번호부의 'P'로 시작하는 '플랜테이션(대농장)' 항목 아래에 자신을 등재했고, 자신의 소작농들이 사는 허술한 오두막 몇 채의 지붕에는 'S-T-R-I-D-E-R'라고 자기 이름을 한 글자씩 적어 놓았다. 그는 1,500에이커의 목화 농장을 가지고 있었고, 35가구의 흑인 가족들이 그의 땅에서 살았다. 그의 소작농들은 그가 운영하는 식료품점에서 생필품을 구입해야 했다. 그는 농약 살포용 비행기 3대를 보유했다. 그는 기자들에게 사건 전체가 조작되었다고 말했다. 아마도 모두 NAACP가 꾸몄을 것이라는 주장이었다. 에멧 틸은 죽지 않았다고도 그는 말했다. 오히려 NAACP에 의해 카운티에서 빠르게 빠져나갔다는 것이었다. 그는 보안관일 뿐만 아니라 변호인 측의 핵심 증인이기도 했다. 그는 증인석에서 시신이 너무 심하게 부패해서 식별할 수 없었다고 증언했다. 물론, 그는 그것이 틸의 시신인지 아닌지 확인할 수 있는 기초적인 경찰 수사 업무는 전혀 수행하지 않았다.

디트로이트 출신의 흑인 하원의원 찰스 딕스(Charles Diggs)가 재판을 참관하러 나타났을 때, 스트라이더는 격분했다. 그의 부관들은 딕스가 진짜 하원의원이라는 것을 믿으려 하지 않았다. 흑인 기자인 짐 힉스는 딕스에게 자리를 마련해주기 위해 딕스의 하원의원 신분증을 부관 중 한 명에게 보여주었다. "이 검둥이가 말하길 밖에 자기가 하원의원이라고 주장하는 검둥이가 왔답니다."라고 한 부관이 다른 부관에게 말했다. "검둥이 하원의원이라고?" 다른 부관이 물었다. "이 검둥이가 그렇게 말했어요."라고 첫 번째 부관이 덧붙였다.

이런 반응을 보면서, 기자단은 밀람, 브라이언트, 스트라이더의 행동을 미시시피 주 전체의 태도처럼 보도하기 시작했다. 이는 곧 반발을 불러일으켰다. 얼마 지나지 않아 '미시시피: 미국에서 가장 많이 거짓말 당하는 주'라는 범퍼 스티커가 등장했다. 피고인들을 위한 변호 기금도 쉽게 모금되었다. "그 꼬마 검둥이가 혼자 들 수도 없는 면화 탈곡기 팬을 훔치려 했다니 딱 그 녀석다운 짓이 아닌가."와 같은 인종 차별적인 농담이 유포되기도 했다. 두 사람이 풀려날 것이라는 사실은 모두가 알고 있었다. 그것은 당연한 일이었다. 재판이 진행되는 동안 피고인들과 그들의 가족들은 때때로 법원 계단에 앉아 아이스크림을 먹으며 아이들과 놀곤 했는데, 마치 이 모든 것이 소풍 온 것처럼 보였다. 매우 위협적인 분위기가 재판정 주변을 감돌고 있었다. 재판의 진정한 드라마는 무죄나 유죄 판결이 아니라, 모세스 라이트가 목숨을 걸고 법정에서 자신의 조카를 오두막에서 데려간 두 백인 남성의 이름을 밝힐 용기를 낼 수 있느냐는 것이었다. 그는 겁에 질려 있었고, 사건 초기에는 그가 마을을 떠날지도 모른다는 이야기가 많이 나돌았다. 오직 현지 NAACP 활동가로 그 자신 또한 몇 년 후에 살해당했던 메드가 에버스(Medgar Evers)가 꾸준히 설득한 덕분에 라이트는 마을에서 도망치지 않고 남아 있었다. 라이트는 만약 증인석에 선다면 죽임을 당할 것이라는 협박을 여러 차례 받았다. 하지만 그의 증언 없이는 검찰 측 주장이 성립되지 않았다. 그는 특별한 용기를 보이며 증인석에 섰고 밀람과 브라이언트 두 사람의 이름을 말했다. 재판은 닷새 동안 지속되었다. 매미 브래들리가 증인석에 서서 시신이 자신의 아들이 맞다고 확인했다. 그 순간 그녀는 안경을 벗고 손수건으로 눈을 톡톡 두드렸다. 전원 백인 남성으로 구성된 배심원단(농부 9명, 목수 2명, 보험 판매원 1명)은 전혀 동요하지 않았다. "그녀가 조금만 더 노력했다면 눈물 한 방울 정도는 짜낼 수 있었을 텐데."라고 배심원단 대표 J. A. 쇼가 재판이 끝난 후에 말했다. 클락스데일 라디오 방송국이 그녀를 '미세스 브래들리'라고 언급했을 때(흑인에 대한 현지 용어로는 '브래들리 여자(the Bradley woman)'라고 불렀어야 했다), 사람들이 하루 종일 방송국에 항의 전화를 걸었다.

제럴드 채텀(Gerald Chatham) 검사는 최종 논고에서 틸을 죽일 필요는 없었다면서, "그가 뭔가 잘못을 했다 해도 기껏해야 채찍질 정도면 되었을 것입니다."라고 언급했다. 변호인 중 한 명인 존 위튼은 최종 변론에서 배심원단을 향해 이렇게 말했다. "(밀람과 브라이언트가) 유죄 판결을 받으면 여러분의 선조들이 무덤에서 뒤집어질 것입니다. 그리고 저는 여러분 모두가 순수한 앵글로색슨의 후예로서 (외부) 압력에 맞서 이 사람들을 석방할 용기가 있다고 확신합니다." 배심원단은 67분 동안 심의한 후 두 사람의 석방을 결정했다. 재판이 끝난 후 클래런스 스트라이더가 기자들 앞에 섰다. "음, 시카고 검둥이들과 NAACP에 행운이 있기를 바랍니다." 배심원단 대표는 "음료수를 마시느라 시간을 뺏기지 않았다면 더 빨리 결정났을 겁니다."라고 말했다. 배심원단이 새로 선출된 보안관 해리 도건의 요청으로 외부인들에게 더 괜찮게 보이기 위해 일부러 결정을 지연했다는 말이 나중에 흘러 나왔다.

재판은 끝났다. 밀람과 브라이언트는 미시시피에서는 무죄 선고를 받았지만, 대부분의 미국인들은 그들이 유죄라고 여겼다. 재판이 진행

되는 동안 그들을 지지했던 백인 이웃들은 두 사람이 휴이로부터 돈을
받아 새 차를 산 직후 거의 동시에 그들에게 등을 돌렸다. 그들은 사실
상 마을을 떠나라는 말을 들었다. 밀람은 이듬해 탤러해치 은행으로부
터 대출을 거절당했고, 이로 인해 땅을 임대할 수 있는 자격이 제한되
었다. 사건의 발단이 되었던 머니의 식료품점은 밀람-브라이언트 가
족이 소유한 세 개의 상점 중 하나였는데, 재판 직후 그 지역 흑인들의
불매운동 대상이 되었다. 그리고 15개월 내에 세 개의 상점이 모두 문
을 닫았다.

　밀람과 브라이언트의 재판이 끝났다면, 이제는 다른, 더 큰 재판이
막 시작되고 있었다. 존 팝햄은 그곳에 모인 미국 언론의 숫적 규모와
영향력에 지역 주민들만큼이나 충격을 받은 채 섬너를 떠났다. 과거에
도 대규모 언론단이 꾸려진 사건들이 있었지만, 이번에는 기자들의 재
능과 전문성 면에서 뭔가 다르다고 팝햄은 생각했다. 남부 전역에서
많은 인종 관련 사건들이 발생하고 있었고, 흑인들은 더 큰 자유를 요
구하고 백인들은 이에 저항하면서 더 많은 사건들이 일어날 것이 확실
한 상황에서, 팝햄은 이 지역의 삶의 속도와 변화의 속도가 가속화되
기 시작했다는 것을 느꼈다. 지난 8년 동안은 대부분 홀로 일해왔지만,
이제는 그럴 일이 점점 줄어들 것이라고 그는 생각했다. 이 새롭고 공
격적인 젊은 기자단을 위해 '민권 분야'라고 불리는 새로운 취재 영역
이 형성되고 있었다.

제30장

목화 채집기의 발명과 흑인 대이주의 가속화

모세스 라이트는 에멧 틸 납치 사건 이후 집에서 잠을 잔 적이 없었다. 실제로 그는 머니에 있는 자신의 소작농 오두막으로 다시는 돌아가지 않았다. 재판 직후, 그는 기르던 개를 버리고 차를 운전해 기차역까지 간 다음, 차를 버려둔 채 시카고행 기차에 올랐다. 그는 더 이상 두려움에 떠는 유명한 증인으로 남아있고 싶지 않았다. 대신 그는 미국 역사상 가장 큰 규모의 이주가 진행 중이었지만 언론의 관심을 끌지 못한 이름 없는 수백만 명의 흑인들 중 한 사람으로 살아갔다. 법적으로 인종 분리를 끝내는 극적이고 역사적인 과정이 언론의 주요 뉴스원으로 떠올랐다면, 같은 시기에 발생한 가난한 시골 흑인들이 남부의 농촌에서 북부의 도시로 대규모로 이주하는 현상은 누구의 주목도 끌지 못했다. 저명한 〈뉴욕 타임스〉 칼럼니스트 제임스 레스턴(James Reston)이 언급했듯이, 언론인은 진화보다는 혁명을 다루는 데 더 능숙한 직업이다. 에멧 틸 사건을 취재하기 위해 북부에서 남부로 내려왔던 대부분의 기자들은 비행기를 타고 고립된 것이나 다름 없던 남부 도시에 도착해, 차를 렌트해서 사건의 중심지로 향했었다. 버스나 기차를 이용한 기자들은 거의 없었다. 만약 그랬다면 그들은 또 다른 이야기를 발견했을 것이다. 멤피스의 버스터미널과 기차역에는 매일 가난한 흑인 대가족이 모여들었고, 두세 세대가 함께 모여 있는 모습도 자주 보였다. 가장 좋은 옷을 차려 입고 있었지만, 그들에게서는 가난이 고스란히 드러나 보였다. 그들은 가진 모든 소지품을 골판지로 만든 여행 가방에 쑤셔 넣거나 낡은 신문 뭉치에 싸서 끈으로 묶어 들고 다녔다. 신발 상자에는 음식이 담겨 있었다. 그들은 마치 거기 속하지 않은 사람들처럼, 주눅든 사람들처럼 조심스럽게 행동했다. 그들은 거의 빈손으로 북부로 향했지만, 남부에 남겨놓고 간 것도 거의 없었다.

제1차 세계대전 시기부터 시작된 이 대규모 이주는 일종의 미국 국내 식민주의의 종말을 알리는 신호탄이었다. 영국과 프랑스, 네덜란드 같은 산업 강국들은 유색 인종이 사는 먼 곳에 자신들의 착취적 경제 시스템을 구축했다. 미국은 스스로 식민 강국이 아니라는 점을 자랑스럽게 여겼지만, 사실 미국의 식민주의는 비공식적으로, 국경 안쪽에서 살고 있던 힘없는 흑인들에게 행해지고 있었다. 영국과 프랑스가 20세기 중반에 그들의 식민 통치를 끝냈을 때, 그들은 자신들이 착취했던 지역과의 모든 관계를 단절했다. 미국에서 착취당하던 사람들은 대부분 미국 영토 내의 남부 지역에 거주하던 미국 시민들이었다. 따라서 남부의 농촌 지역, 즉 식민지에서 북부의 대도시 중심지로 대규모로 이주해온 그들은 북부를 새로운 고향으로 받아들였다. 하지만 그들

의 이주는 끔찍한 불이익을 안은 채 이뤄졌다. 특히, 그들은 자신들의
삶을 풍요롭게 바꿔줄 수단이 될 교육을 거의 받지 못한 상태였다.

그들이 향한 곳은 주로 시카고, 디트로이트, 톨레도, 클리블랜드 같
은 대도시였다. 그곳의 노동 시장은 이전까지는 슬라브인, 독일인, 이
탈리아인과 같은 이민자들로 채워지고 있었다. 19세기 후반과 20세
기 초에는 북부의 전체 흑인 인구보다 더 많은 숫자의 유럽 이민자들
이 미국으로 유입되었다. 하지만 유럽인들의 공급이 끊기자, 미국의
대기업들은 재빨리 남부의 흑인들에게 눈을 돌렸다. 흑인들의 이주는
1910년대 이후 약 40여 년 동안 지속되었으며, 제1차 세계대전 기간
에 급속히 가속화되었는데, 이는 전쟁으로 인해 유럽에서의 이민이 사
실상 중단되었기 때문이었다. 제2차 세계대전 때는 백인 노동자들이
수십만 명씩 전쟁에 참전하면서 흑인 이주민이 또 한 차례 급증했다.
1930년대와 1940년대 내내, 남부의 정치와 경제 권력을 장악하고 있
던 이들은 자신들의 값싼 흑인 노동력을 유지하기 위해 필사적으로 저
항했다. 그들은 북부로 노동력이 유출되는 것을 막기 위해 전력을 다
했는데, 노동자를 모집하려고 북부에서 내려온 공장 대표들을 체포하
는 일도 있었다.

20세기의 전반기 내내, 〈시카고 디펜더〉(Chicago Defender)는 흑인
들의 목소리를 대변한 신문이었다. 이 매체는 1905년에 로버트 S. 애
보트(Robert S. Abbott)가 창간한 흑인 주간지로, 초기 흑인들의 이주에
동력을 제공했다. 그 전까지 남부의 흑인들은 소문으로 듣는 것 외에
는 공개적인 소통 수단이 없었지만, 디펜더가 모든 것을 변화시켰다.
메이슨-딕슨 라인[16] 남쪽에 거주하는 백인들은 이 신문을 불온 유인물
로 여겼는데, 이는 남부 신문에서는 금지되고 있던 흑인들에 대한 린

---

16 펜실베이니아와 메릴랜드 사이의 주 경계선으로 주로 북부와 남부의 차이를 이야기할 때 자주
언급되는 용어이다.

치와 살인 사건을 다룰 뿐 아니라 북부의 구인 광고도 싣고 있었기 때문이었다. 애보트는 흑인들이 북부로 이주해 온다면 "뱃가죽의 주름을 펴고 인간다운 삶을 살 수 있을 것"이라고 약속했다.

애보트, 그리고 그와 뜻을 같이 하는 사람들은 남부에서 흑인은 인간이 아니라 한낱 경제적 소유물 정도로밖에 취급받지 못하고 있다고 믿었다. 그가 즐겨 보도했듯, 제1차 세계대전 당시 시카고에서는 기차에서 막 내린 흑인들이 하루 2달러에서 2.5달러를 받는 일자리를 얻었다. 1918년에 통조림 공장의 최저 임금은 시간당 27센트였고, 얼마 안 가서 40센트로 올랐다. 이는 생존을 위해 장시간 고된 노동에 익숙해진 사람들에게는 높은 임금이었다. 목화 농장에서 일하는 흑인이라면 한 달을 벌어야 모을 수 있는 돈이었다. 심지어는 한 달을 일하고 난 뒤에도 농장주는 그에게 임금을 지불하지 않고, 남부 백인들의 마법 같은 회계 장부를 보여주며 흑인 노동자가 오히려 농장주에게 빚을 지고 있다고 우기는 경우도 있었다.

애보트는 많은 흑인들이 자신들의 삶에 대해 느끼는 분노를 포착했고, 남부 전역에 흩어져 있는 많은 특파원들로부터 거의 매일 발생하는 폭력적인 인종 사건에 대한 이야기를 받아서 신문에 실었다. 신문에서는 니그로[17]라는 단어를 사용하지 않았는데, 이는 비하적으로 쓰이던 검둥이(nigger)란 단어와 아주 비슷하게 들렸기 때문이었다. 대신 그는 기사에서 흑인을 '유색인종'(race man)으로 표기했다. 그의 성공 비결은 광범위한 조직망을 갖춘 풀먼 열차의 흑인 승무원 네트워크를 활용해 신문을 배포하도록 한 재능 덕분이었다. 남부 지역에서는 이를 억압하려는 시도가 주기적으로 있었다. 그래서 시골 지역에서는 이 신문의 배포가 대부분 은밀하게 이뤄졌다. 애보트는 조지아에 있는

---

17   니그로(negro)는 과거 아프리카계 미국인을 지칭하는 공식 용어로 쓰였으며, 20세기 중반까지도 비교적 중립적인 용어로 여겨졌다.

고향을 방문할 때는 체포될 것을 대비해 항상 변장을 하고 갔다. 남부의 많은 지역에서는 신문을 소지하고 있는 것 자체가 위험한 일이었다. 〈시카고 데일리 뉴스〉의 칼 샌드버그(Carl Sandburg)는 "신문을 소지하고 있다가 체포된 유색인은 '북부의 열병'을 앓는 환자나 이른바 반역자 취급을 받았다."라고 기사에 썼다. 신문의 발행 부수는 흑인들의 대이동과 함께 폭발적으로 증가했다. 1916년 초에 33,000부였던 발행 부수는 1919년 130,000부로 늘었다. 애보트의 전기 작가 로이 오틀리(Roi Ottley)가 집계한 숫자는 이보다 훨씬 많아서, 1919년에 230,000부였다. 독자들 3분의 2가 시카고 외부 지역 거주자였는데, 그들 중 대부분이 남부의 농장 지대에 거주하는 것으로 추정되었다.

남부 백인들이 〈디펜더〉 지를 탄압하면 할수록, 흑인들 사이에서 신문의 정당성은 더욱 커져갔다. 그들은 백인들이 그토록 두려워하고 막으려는 것을 보면 신문이 분명 진실을 담고 있는 것이라고 생각했고, 이는 틀린 생각이 아니었다. 애보트가 한 가장 중요한 역할은 남부에서 북부로 이주해야 할 이유를 아주 논리적으로 설명해준 것이었다. 애보트에게 이는 성경에 나오는 이집트 탈출과도 같았기에, 전기 작가 오틀리는 이를 "종교적 순례"라고 명명했다. 애보트 자신이 명명한 바로는 '위대한 북상'이었다. "더 인간적이고, 정의와 공정이 있는(more humanity, some justice, and fairness) 북부로 오라."라고 그는 썼다. 여정은 끔찍했다. 남부의 흑인들은 도시의 환경에 적응할 준비가 거의 되어 있지 않았다. 1918년 〈디펜더〉 지에는 다음과 같은 기사가 실렸다. "그들은 전율과 공포를 안고 남부를 떠났다. 그들은 목적지가 어딘지도 모른 채 낯선 관습을 지닌 사람들과 어울려 계속해서 길을 갔다. 그들을 다루는 방법을 누구보다도 잘 알고 있는 남부 백인들은 그들이 목화와 사탕수수가 있는 땅을 등진다면 그들에게 무슨 일이 닥치게 될 것인지를 무시무시한 그림을 그려서 보여주었다."

흑인들의 이주가 탄력을 받자, 남부의 도시들은 인력 모집원들을 체포하면서 이를 막으려 했다. 하지만 이주의 동력은 지역 경찰력으로 막기에는 역부족이었다. 인력 모집원들은 단지 남부 소도시의 거리를 걸으면서 고개를 돌리지도 않은 채 낮은 목소리로, "시카고에 가고 싶은 사람은 나를 찾아오시오."라고 말하기만 하면 됐다. 그게 전부였다. 남부의 흑인들은 땅을 접하며 살았지만, 물질적 의미에서 땅이 그들의 뿌리는 아니었다. 그들은 집도 재산도 없었고, 처분할 자동차도 거의 없었다. 그들이 단지 약간의 소지품과 옷가지, 한두 장의 사진을 보따리에 싸서 아무도 모르게 시카고행 일리노이 센트럴 열차에 올라타기만 하면 됐다. 그렇게 그들은 떠나갔다. 처음에는 몇몇 모험심 강한 개인들이, 그 다음에는 가족 전체가, 교회 공동체가, 때로는 마을 전체가 떠나기도 했다. 애보트가 철도 회사와 협상한 덕분에 대규모 집단의 경우에는 기차 요금을 할인받았다. 보통 가족 중 한 사람이 먼저 떠났다. 나중에 다른 가족들이 도착하면 최소한 방 하나가 그들을 기다리고 있었다. 가족의 선두 주자는 대개 일을 잘 알고 있는 사람이었다.

철도 종착역이 위치한 시카고는 20세기 전반기 동안 미국 내 다른 어떤 도시보다도 흑인들에게 희망의 등대 같은 곳이었다. 이곳에는 제철소와 다른 중금속 공장들이 모여 있었고, 대규모 육가공 업체들도 있었다. 작업 환경은 대개 열악했다. 조명 시설을 제대로 갖추지 못한 공장도 있었고, 겨울에는 너무 춥고 여름에는 너무 더운 공장도 있었다. 공장들은 제2차 세계대전 동안 노동력을 절실히 필요로 했다. 그래서 취업 알선 업자들은 남부 전역을 훑고 다니면서 미래의 노동자가 될 흑인들에게 무료로 철도표와 버스표를 나눠주었다. 하지만 이주가 본격적으로 탄력을 받기 시작한 것은 제2차 세계대전 이후부터였다. 그러한 변화에는 여러 요인들이 작용했다. 군복무를 마친 흑인 노동자들이 식민지적 농업 경제로 되돌아가기를 꺼린 것이 한 요인이었다.

그들은 아마도 프랭클린 루스벨트의 거듭된 당선으로 흑인들에게 더 큰 자유 공간이 생길 수 있다고 느꼈을지도 모른다. 그러나 더 큰 추진력은 하룻밤 사이에 남부의 저항을 종식시킨 기술적 혁신으로부터 나왔다. 사실상 이주를 가장 강하게 반대했던 바로 그 남부 백인들이 갑자기 이주를 촉진시키고자 나선 것이었다. 기계식 목화 채집기의 발명 덕분이었다.

당시에 미국을 변화시킨 기술적, 과학적 발명품의 목록은 꽤 특별했다. 거의 모든 가정에 보급된 텔레비전은 미국의 정치, 여가 습관, 그리고 인종에 대한 태도까지 변화시켰다. 에어컨이 등장하면서 남부와 남서부 지역이 개방되었다. 초기의 컴퓨터들은 비즈니스 환경과 군대를 변화시키고 있었다. 그리고 제트기의 등장으로 교통 수단이 혁명적으로 바뀌었다. 하지만 기계식 목화 채집기만큼 미국의 미래에 지대한 영향을 미치고도 가장 적게 언급된 발명품은 없을 것이다.

많은 발명품들이 그랬듯이, 오랜 기간 많은 사람이 목화 채집기를 개발하고자 연구해 왔기 때문에 단 한 명만을 이의 발명가로 꼽기는 어려울 수 있다. 하지만 공식 기록상의 발명가는 존 대니얼 러스트(John Daniel Rust)이다. 러스트가 목화 채집기를 발명한 최초의 사람은 아니었지만, 그의 초기 모형들은 이전의 그 어떤 모형들보다 훨씬 뛰어난 것이었다. 〈포춘〉 지에서 언급했듯이, "그는 목화 따는 기계가 제대로 작동되리라는 것을 세상 사람들에게 맨 처음으로 보여준 사람이었다." 한 세기가 넘도록 많은 발명가들이 달려들었지만, 목화를 손상시키지 않고 목화송이에서 분리해내는 기계는 만들어 내지 못했다. 마침내 이를 가능하게 만든 것이 러스트였다. 그는 놀랍도록 기이한 천재였고, 초기의 헨리 포드와도 비슷한 면이 많았다. 그는 독특한 아메리칸 드림을 꿈꾸는 사람 중의 하나였으며, 그의 경력을 보면 대부분 발명가라기보다는 몽상가에 가깝게 보였다.

존 러스트는 1892년 텍사스에서, 남북전쟁에 참전했던 가난한 농부의 아들로 태어났다. 소년 시절 그의 일 중 하나는 농장에서 목화따는 것을 돕는 것이었는데, 동생 맥에게 이것은 세상에서 가장 끔찍한 일이라고 털어놓았다. 그는 항상 발명을 손에서 놓지 않았지만, 성공한 적은 거의 없었다. 〈포춘〉 지가 한때 그에 대해 언급했듯이, "그는 어린 나이에 작동하지 않는 증기 기관을 만들었고, 나중에는 태엽 모터로 나는 비행기를 만들었지만 역시 작동하지 않았다. 그는 인내심을 가지고 목화 씨앗 제거기(목화를 솎아내는 기계)와 목화에 붙어 있는 바구미를 잡아 내면서 목화 송이를 수확할 수 있는 흡입 장치를 고안해 냈다. 이 중 어느 것도 제대로 작동하지 않았다." 하지만 이런 초기의 실패들은 그를 멈추게 하지 못했다.

러스트는 젊은 시절을 떠돌아 다니며 보냈다. 그는 떠돌이 일꾼으로 일하면서 방송 강좌를 통해 기계 제도와 기계 공학(mechanical drawing and engineering) 수업을 들었다. 차츰 그는 엔진으로 구동되는 목화 채집기에 집착하기 시작했다. 자신의 경험을 통해 이런 기계가 절대적으로 필요하다는 것을 잘 알고 있었다. 남북전쟁 이후 약 800개의 목화 채집기 특허가 출원되었지만, 어느 것도 성공하지 못했다는 것 또한 잘 알고 있었다. 이로 인해 그는 자신의 집념을 더욱 불살랐다. 다른 사람들과 마찬가지로 그도 이빨이 달린 긴 회전날을 구상했는데, 이 회전날이 돌며 목화 송이를 쳐서 목화를 뽑아낼 수 있도록 설계했다. 문제는 어떻게 목화를 회전날에서 떼어내느냐는 것이었다. 목화가 기계의 이빨에 걸려 계속 달라붙어 있었기 때문이다.

러스트의 초기 디자인에는 목화를 뽑아내기 위한 톱니 모양, 혹은 가시 모양의 회전날이 달려 있었다. 연이은 실패 끝에 그는 마침내 그것이 올바른 방법이 아니라는 결론을 내렸다. 목화는 인간이 만든 기계의 법칙이 아닌 자체의 법칙을 따르는 것 같았기 때문이다. 그것은 목화를 따는 기계라기보다는 목화를 엉망으로 만드는 기계였다. 그러던 1927년 어느 날 밤, 러스트는 침대에 누워 이 딜레마를 고민하고 있었다. 분명 어떤 간단한 해답이 있을 거라고 그는 확신했다. 그때 그는 텍사스에서 목화를 따던 어린 시절의 경험을 떠올렸다. 아침에 목화 송이를 딸 때면 그의 손은 이슬이 젖었고, 그럴 때면 목화가 그의 손가락에 달라붙었다. 그는 침대에서 일어나 아래층으로 내려가 못을 찾아 물에 적신 뒤 목화 뭉치에 꽂았다. 목화가 못에 달라붙었다. 그는 이 모든 것이 너무나 간단하다는 사실에 깜짝 놀랐다. 그는 훗날 이렇게 회상했다. "나는 내가 마침내 해냈다는 걸 알았습니다. 너무나 확신했기에, 5년 안에 시판용 기계를 만들어낼 수 있을 거라고 생각했죠." 하지만 모든 사람이 그처럼 생각하지는 않았다. 그에게 기계 부품을 팔던 한 철물점 점원은 그것들을 왜 사느냐고 물었다. 러스트가 설명하자 점원은 이렇게 대답했다. "맙소사, 러스트 씨. 그럴 순 없죠! 세계 최대의 기업들이 수년간 그 일을 해왔지만 아직 성과를 내지 못했어요. 그들도 목화 채집기를 만들지 못했는데, 당신이 할 수 있다고 생각하는 이유가 뭐죠?" 러스트는 대기업들이 모두 방향을 잘못 짚었다고 말했다. 그제서야 점원은 그에게 재료를 팔면서, "하지만 난 여전히 당신이 시간 낭비하고 있다고 생각해요."라고 덧붙였다.

러스트는 이 작업에 5년을 예상했지만, 실제로는 그보다 훨씬 더 오래 걸렸다. 그가 기계를 개발하는 동안, 그는 친구들과 친척들의 도움으로 생활을 이어갔다(하지만 그는 그들에게 진 빚을 항상 기억하고 있었다). 그가 만든 기계가 시장에 나올 때쯤, 그는 아마 200,000달러 정도를 썼을 것이다. 반면 그의 주요 경쟁자였던 하베스터 사는 약 500만 달러를 썼다. 그는 항상 자금이 부족했다. 따라서 그는 자신의 차고에서 작업하는 땜장이나 다름없었다. 이 길고 어려운 시절에 그의 유일한 파트너는 동생 맥이었다. 많은 발명가들처럼, 그도 대단히 독립심이 강했으며, 타락했다고 확신이 드는 대기업들을 경계했다. 그는 자신의 아이디어를 대기업에 팔아 기계를 보다 쉽게 시장에 내놓을 수도 있었지만, 그럴 생각은 추호도 없었다. 한번은 지역의 사업가가 그에게 발명품에 대한 절반의 지분을 조건으로 50,000달러를 제안했지만, 그는 동생하고만 그 일을 해내고 싶었다.

설계부터 생산까지 길고 힘든 여정이었다. 사실 이 채집기는 험준한 지형에서 작동해야 하는 복잡하고 섬세한 기계로, 엔지니어의 악몽과도 같았다. 일이 잘못될 가능성은 얼마든지 있었다. 1927년 러스트의 기계가 처음으로 시장에 선을 보였을 때, 그것은 약 25,000개의 부품을 포함하고 있었다. 회전날에만 3,000개의 부품이 들어갔다. 첫선을 보인 기계는 이론상으로는 잘 작동했지만, 실제 현장의 신뢰까지는 얻을 수 없었다. 작은 부품들은 끊임없이 고장 났고, 폭우라도 내리면 기계들이 너무 무거워 진흙탕 속에 빠져버리곤 했다. 1933년에 완성된 여섯 번째 러스트의 모형이 처음으로 의미 있는 성공을 거두었다. 미시시피 주 스톤빌의 농업 실험장에서 시연된 모형이 한 시간 동안 일반 노동자가 일주일에 딸 수 있는 것보다 더 많은 목화를 따낸 것이다. 실험장의 책임자 W. E. 아이어스는 이 기계를 가리켜 "목화의 기계적 생산에서 잃어버렸던 고리"라고 불렀다. 이로써 기계식 채집기를 대량 생산할 수 있는 미래가 보장된 셈이었다. 러스트는 1936년까지 시제품을 완성했다. 이제 대량 생산은 시간 문제일 뿐이었다. 아이어스는 러스트에게 이렇게 말했다. "당신이 조만간 기계를 시장에 내놓을 수 있기를 진심으로 바랍니다. 링컨이 남부 흑인들을 해방시켰다면, 이제 목화 수확 기계가 남부의 목화 소작농들을 해방시킬 일만 남았군요."

러스트는 마침내 성공했다. 하지만 대공황이 절정으로 치닫고 있었다. 이미 수백만 명의 남녀가 실직 상태였다. 더 많은 실업을 초래할 가능성이 있는 기계를 누가 원하겠는가? 멤피스 정치권의 보스였던 E.

H. 크럼프(E. H. Crump)는 이 기계의 생산을 불법화하는 법안을 통과시키자고 제안했다. 〈멤피스 커머셜 어필〉지는 빈 자루를 든 흑인 일꾼이 "저 기계가 내 일을 다 해버리면, 난 누구의 일을 한다지?"라고 말하는 모습을 그린 풍자 만화를 게재했다. 〈잭슨 미시시피 데일리 뉴스〉지는 이 기계를 미시시피 강에 처넣자고 제안했다.

1940년, 존 러스트는 절박한 상황에 처해 있었다. 그는 기본적으로 훌륭한 기계를 만들어 냈지만, 아직도 해결해야 할 결함들이 많이 있었다. 게다가 그는 파산 상태였다. 집은 저당 잡히고, 빚을 갚기 위해 작업장 장비를 팔아야 했다. 그와 그의 아내, 동생 맥 부부는 모두 생존을 위해 일자리를 구해야 했다. 러스트와 함께 일했던 G. E. 파월은 이렇게 말했다. "오랫동안 그와 그의 아내, 그리고 그의 동생 부부는 이 작은 아파트에서 함께 살았죠. 그들은 간신히 굶어 죽지 않을 정도의 최저 임금으로 살아야만 했어요." 설상가상으로 하베스터 사가 기계를 완벽히 개발했고 전쟁이 끝나는 즉시 생산에 들어갈 준비가 되어 있다는 소문이 돌았다. 결국 그의 동생 맥은 목화 채집기의 맞춤 제작 사업을 위해 남서부로 떠났다. 존 러스트는 아내의 권유로 한 번 더 기계 제작을 시도하기로 결심했다. 그는 앉아서 3개월 동안 오로지 기계를 다시 설계하는 일만 했다. 그는 전쟁 채권을 현금화하고, 워싱턴으로 가서 새로운 특허를 출원했다. 동시에 대기업인 앨리스-찰머스가 러스트의 오래된 특허들이 실현 가능성이 있다고 판단하고 그에게 연락을 취하려 하던 중이었다.

러스트는 앨리스-찰머스 사에 자신의 특허 사용 권한을 판매했고, 회사는 그를 컨설턴트로 고용해 전쟁 중에 미시시피 삼각주 지역에서 실험용 기계 여섯 대를 제작했다. 전쟁이 끝난 후 하베스터 사는 자사 기계의 생산 준비를 마쳤고, 1948년에는 목화 지대의 수도나 다름없던 멤피스에 채집기 제조 공장을 짓고 있었다. 하지만 앨리스-찰머스

사는 전쟁 후 파업과 원자재 부족에 직면하면서 신속한 생산에 돌입하지 못했다. 앨리스-찰머스 사는 1949년에 마침내 생산을 시작할 수 있었지만, 기계 생산 물량이 너무 적어서 러스트의 디자인에 대한 독점권을 상실하고 말았다.

목화 농장주들은 약 20년 동안 소문으로 떠돌던 기계식 채집기의 등장에 대비하고 있었다. 그들은 기계가 점점 더 심각해지는 노동력 부족 문제를 해결해 줄 것으로 기대했다. 전쟁 중에는 일손 부족으로 많은 작물을 제대로 수확할 수 없었다. 이제 전쟁이 끝났건만, 믿을 수 없게도 일손 부족 현상은 여전했다. 게다가 농장주들은 북부에 흑인 일자리가 늘어나면서 더 이상 인건비를 마음대로 책정할 수 없다는 사실을 깨달아야 했다. 인건비는 10년 만에 세 배나 뛰었다. 1940년에는 목화 100파운드를 따는 데 62센트였다면, 1945년에는 1.93달러로 올랐다. 더 큰 문제는 전후에도 일부 농장주들이 예상했던 것처럼 인건비가 내려가지 않았다는 점이었다. 인건비는 계속 올라 1948년에는 2.9달러에 이르렀다. 동시에 농장주들은 레이온과 같은 합성 섬유와도 경쟁해야 했는데, 이는 전시의 물자 부족을 해결하기 위해 합성 섬유 생산이 가속화되었기 때문이었다. 전쟁이 끝난 지 1년이 지났을 무렵, 〈멤피스 프레스 시미터〉 지는 "목화 채집기들은 어디에 있나?"라는 제목의 기사를 내보냈다. 연방고용서비스의 지역 책임자는 농장주들이 목화 100파운드당 2.1달러의 임금을 내걸면서 일꾼을 구하고 있다는 사실에 충격을 받았다. 연방고용서비스 소속 클라라 키츠 부인의 말이다. "유능한 일꾼은 하루 평균 300에서 400파운드를 딸 수 있습니다. 온 가족이 일하면 많은 돈을 벌 수 있죠. 날씨도 따뜻하고 좋습니다. 한가해 보이는 사람이 많은 데도 아무도 일하러 오지 않아요. 왜 그런지 이해할 수 없어요." 그녀는 전쟁 전에는 매일 약 16,000여 명의 단기 노동자를 파견했지만, 지금은 그 수가 3,000명으로 줄었다고 덧붙였다.

농장주들로서는 상황이 더 나빠졌다고 느낄 만한 것이 흑인들의 태도가 이전과는 달라졌다는 점이었다. 전쟁이 많은 흑인들, 특히 젊은 남성들을 망쳐놨다고 그들은 자기들끼리 수군댔다. 흑인들이 건방져졌다는 것이다. 흑인들이 백인 농장주 앞에서 무례하게 굴거나, 어느 날 갑자기 일을 그만두고 나타나지 않았다는 이야기도 들렸다. 새로운 기계에 미래가 달려있다는 데에 모두가 동의하는 듯했다. 실제로 시제품을 구경한 농장주들도 일부 있었다. 게다가 하베스터 사가 전쟁이 끝난 후 멤피스에 공장을 세웠다는 건 모두가 알고 있었다. 이는 확신의 명백한 징후였다. 하베스터 사가 목화 채집기의 생산을 확약해 준 셈이었다. 1948년 하베스터는 연간 1,000대의 기계를 생산하기 시작했고, 가격은 7,600달러(트랙터에 장착)였지만 세금 공제가 가능했다. 무엇보다도 1948년의 작황이 농장주들에게 기계화를 결심하게 만든 계기가 되었다. 그해는 특히 풍작이었지만, 거의 모든 이들이 수확에 어려움을 겪고 있었다. 연말이 되자 아칸소 쪽에 위치한 미시시피주의 일부 농장주들은 파인 블러프 시에서 양궁 장비를 제조하고 있던 벤 피어슨 사에 목화 채집기를 만들어 달라고 제안했다. 그들은 벤 피어슨 사의 대표 칼 한이 1949년 1월 농장주 회의에 참석하도록 주선했다. 농장주 중 한 명이 러스트가 만든 기계의 시제품을 구경한 적이 있었고, 그 기계는 한이 살펴봐주기를 기다리고 있었다. 그들은 피어슨 사에서 기계를 만들 수 있는지 물었고, 한은 좋은 모험이라 생각하면서 농장주들이 취소가 불가능한 50개의 주문을 보장해 준다면 대당 가격 3,750달러 중 선금으로 1,000달러를 받고 이 일을 맡겠다고 약속했다. 모두가 열광했고, 그는 참석자들에게서 선금을 빠르게 모았다. 1949년 7월, 그들은 첫 기계를 선보였다.

첫 기계는 완벽한 기계라고는 할 수 없었다. 그럼에도 첫해에 남서부와 캘리포니아 지역의 농장들에서는 적합한 기계로 판명되었는데, 그 지역의 목화밭이 관개 시설을 잘 갖추고 있어서 비옥하지만 진흙투성이인 삼각주 지역보다는 작업하기 쉬운 환경이었기 때문이었다. 삼각주 지역의 토양은 기계에 훨씬 큰 스트레스를 가했다. 그래서 어떤 경우에는 피어슨 사가 아칸소 농장주들에게 1,000달러의 계약금을 돌려주고 기계를 서부 지역에 팔아버리기도 했다. 그럼에도 불구하고, 피어슨 사는 그해에 만든 100대의 기계 중 99대를 팔았다. 18개월 후, 러스트와 협업한 피어슨 사 직원들은 더 거친 삼각주 지역 농장에서도 작업할 수 있도록 기계의 회전날을 개선했다.

빌리 피어슨(Billy Pearson)은 탤러해치 카운티에서 자랐으며, 변호사가 되려는 생각으로 노스캐롤라이나 대학에 진학했다. 하지만 그가 23세가 되던 1945년에 외삼촌이 사망하자, 그는 고향으로 돌아와 비옥한 충적토로 이뤄진 1,500에이커 규모의 가족 농장을 물려받았다. 땅 모양이 무지개 모양을 닮았다고 해서 레인보우 농장이라 불리던 곳이었다. 피어슨은 처음부터 목화 농장주가 될 생각은 없었다. 그러나 그는 사람들이 일생 동안 자신의 삶을 지시해 주는 모종의 예정된 운명을 갖고 태어나며, 자신은 목화 농장주가 되도록 선택받았다고 생각하기로 했다. 그의 외가인 심슨 가는 19세기 후반부터 삼각주 지역에 자리잡고 살아왔다. 그의 외조부 윌리엄 매리언 심슨은 돈도 땅도 없이 이곳에 도착했지만, 영리한 사업가였다. 삼각주 지역에 도착한 지 약 25년 후, 그는 동업자를 찾아 당시 2,300에이커에 달하는 멋진 농장을 매입했다. 당시만 해도 전체 가격이 300,000달러에 달했고 계약금만 75,000달러에 이를 정도로 삼각주의 농업이 호황을 누리던 시기였다. 5년 동안 목화 가격이 안정세를 유지하면서 심슨과 그의 동업자는 부채를 모두 갚았다. 그 시점에 그들은 땅을 균등하게 나누어 별도의 농장을 만들었다. 1920년대 중반은 매우 어려운 시기였다. 목화 가격은 계속 하락했다. 그래서 봄만 되면 윌리엄 심슨은 "음, 올해 내가 기껏 할 수 있는 일이라곤 돈을 좀 더 잃는 것뿐이겠군."이라고 말하곤 했다. 거의 10년 동안, 심슨 가는 잘 살았지만 많은 빚을 졌다. 윌리엄 심슨은 대단히 기민한 사람이었기 때문에 토지를 계속해서 줄여 나갔다. 그는 부채를 갚느라 작은 땅들을 팔아버릴 수밖에 없었다. 그래서 제2차 세계대전 초기 목화 농업이 다시 활기를 찾기 시작했을 때, 농장은 3,500에이커에서 1,800에이커로 대폭 줄어들어 있었다.

피어슨은 전쟁에서 돌아오자마자 기계식 채집기가 곧 출시되리라는 소식을 들었다. 사실 가족 농장을 물려받았을 때부터, 그는 대부분의 또래 남성들처럼 농업의 미래는 기계에 달려 있다고 믿고 있었다. 오직 나이 든 남성들만이 트랙터를 포함해 총 8,000달러에 달하는 기계 가격을 보고 자신들은 이미 늙었고, 오랫동안 노동력을 사용해 왔기 때문에 뒤늦게 바꿀 필요가 없다고 생각했다. 그래서 그들은 늘 해 왔던 대로 농사를 지었다. 하지만 젊은 남성들은 미래를 생각했고, 미래는 분명히 기계에 달려 있었다. 노동력 부족이 너무 심각해서 심지어 목화 수확에 필사적인 농장주들 사이에서 일손을 훔치는 일까지 벌어졌는데, 이는 대부분의 삼각주 지역 농장주들에게는 과거에는 상상할 수도 없었던 혐오스러운 행위였다. 피어슨은 1948년에 하베스터 사의 1열짜리 채집기를 처음으로 구입했다. 하베스터 사의 회전날이 더 강해 보였고, 러스트의 기계는 회전날에 문제가 많다는 이야기가 퍼져 있었기 때문이었다. 그러나 하베스터 기계의 문제점은 더러운 목화를 수확하게 된다는 것이었다. 즉, 그 기계는 러스트의 기계나 수작업을 할 때보다 더 많은 쓰레기를 끌어들였다. 목화 탈곡기가 아직 쓰레기를 분리할 만큼 정교하지 않았기 때문에, 피어슨을 비롯한 하베스터 사의 채집기를 구입한 이들은 수확한 목화를 약 3분의 1 정도 할인된 가격에 팔아야 했다.

삼각주 지역의 농장주들은 목화가 성숙해지는 9월 말부터 비가 내리는 10월 20일경까지 약 4주 간의 짧은 기간에만 목화 수확이 가능하다는 것을 알고 있었다. 피어슨의 1열짜리 채집기는 주어진 시간 동안 150에이커에서 175에이커의 목화를 수확할 수 있었기 때문에, 결국 그는 같은 시간에 350에이커를 처리할 수 있는 2열 기계로 바꾸어야 했다. 10년 후, 그는 서너 대의 기계를 보유하게 되었다. 피어슨은 흑인 대이주가 일어나고 있다는 사실을 막연하게만 느끼고 있었다. 그는 목화 농사에만 너무 몰두한 나머지 사회적으로 어떤 일이 일어나고 있는지에 대해서는 생각할 겨를이 없었다.

전쟁에서 돌아온 이후 그는 필요 이상으로 많은 사람들을 고용했고, 더 이상 생계를 유지할 수 없게된 사람들이 종종 한밤중에 작별 인사도 없이 북부로 떠나는 현상을 지켜보았다. 그는 떠나는 흑인들과 그들의 가족들이 끔찍한 일들을 겪고 있음을 깨달았다. 그들은 지불 능력의 한계에 봉착했고, 주기적으로 빚을 지면서 좀처럼 빚더미에서 빠져나오지 못했다. 피어슨은 결국은 떠날 수밖에 없었던 한 흑인 가족을 떠올려 보곤 했다. 그 가족의 이주는 쇠퇴해가는 농업 방식에 갇힌 흑인 농장 노동자들이 일상적으로 겪고 있는 고난을 반영하고 있었다. 남편은 아내와 일곱 자녀를 남겨둔 채 어느 날 밤 말 없이 디트로이트로 떠났다. 그리고 몇 달 후에는 나머지 가족들도 떠났다. 피어슨은 그들의 이주 방식에 충격을 받았다. 어느 겨울 밤 픽업 트럭 한 대가 나타났고, 온 가족이 바람막이도 없는 트럭 뒷칸에 타고는 추위 속에서 디트로이트로 향했다. 훗날 피어슨은 이런 이주야말로 엘라이자[18]가 살

---

18   해리엇 비처 스토의 소설 <톰 아저씨의 오두막>의 등장하는 도망친 여자 노예의 이름.

얼음판 위를 건너는 것과 다르지 않다고 생각했다.

1991년, 피어슨은 니콜라스 레만(Nicholas Lemann)이라는 젊은 작가가 대이주에 관해 쓴 책을 읽었다.[19] 그는 레만의 결론에 모두 동의하지는 않았지만, 그 책의 권위와 감수성에는 깊은 감명을 받았다. 빌리 피어슨은 과거와 역사에 대한 관심이 많아 관련 서적들을 즐겨 읽어 왔으며, 자신 또한 그토록 심각한 사회적 변동의 일부가 되어 있었으면서도 당시엔 그걸 의식조차 못하고 있었다는 사실에 충격을 받았다. 하지만 그는 당시에도 흑인들의 취약성, 즉 그들이 심한 중노동에 시달리면서도 쥐꼬리만한 대가를 받고 있다는 사실은 깨닫고 있었다. 그래서 그는 브라운 판결 이후 몇 년 동안 백인들 사이에서 고조되고 있던 분노에 불안감을 느끼고 있었다.

1955년 에멧 틸 재판이 진행되는 동안, 피어슨의 아내 베티와 그녀의 친구 플로렌스 마스(Florence Mars)는 매일 섬너로 가서 재판을 지켜보았다. 그들은 자신들이 목격한 사실에 충격을 받았다. 보안관 클래런스 스트라이더는 그들이 재판에 참석하는 것을 원하지 않았지만, 새로 선출된 보안관 해리 도건이 이들에게 지역 신문 〈섬너 센티넬〉지의 기자증을 발급해 주었다. 그들은 일어난 일에 충격을 받았다. 마치 잘 알고 있다고 생각했던 공동체가 완전히 다른 모습으로 드러나는 것을 보는 것과도 같았다.

오랜 시간이 흐른 뒤에, 빌리 피어슨은 종종 에멧 틸 재판이 진행 중이던 당시 마을을 둘러보러 갔을 때를 떠올리곤 했다. 그는 자신이 잘 안다고 생각했던 작은 마을에 긴장감이 감돌고 있는 것을 보고 충격을 받았다. 클래런스 스트라이더는 여러 명의 부보안관들을 고용했는데, 그들은 마치 깡패들과도 같았다. 그들은 구렛나룻을 길게 기르고,

---

19   〈약속의 땅: 흑인 대이동과 미국의 변화〉(The Promised Land: The Great Black Migration and How It Changed America)를 가리킴.

권총을 찬 채 주변 사람들, 특히 흑인들을 괴롭히는 것을 재미로 삼고 있는 것처럼 보였다. 피어슨은 자신이 무척 존중하던 흑인 직원 네이 선 컨(Nathan Kern)과 함께 거기에 갔었는데, 컨은 자신이 본 장면 때문에 당황해 하고 있는 것이 분명했다. 그는 흑인들에게 이렇게 잔인하고 폭력적인 장면은 처음 본다면서 피어슨에게 말했다. "피어슨 씨, 아직 여기에 아직 남아 있는 사람들, 바로 우리들 말입니다. 우리는 스스로 여기에 있기로 선택했기 때문에 여기 있는 겁니다. 우리가 꼭 여기에 있어야 할 이유는 없어요. 우리 모두 북쪽에 사촌들과 친척들이 있고, 우리는 그저 '방 하나 남겨둬'라는 편지만 한 장 보내고 떠나면 됩니다. 우리는 이곳이 우리의 고향이랍시고 남아 있었지만, 이제 보니 여기가 우리의 고향인지 의문이 듭니다."

레인보우 농장에서 일하던 흑인들의 숫자는 매년 줄어들었고, 결국 피어슨 곁에는 전속 일꾼 8명만 남게 되었다. 쉬운 답은 없는 세상이라고 그는 생각했다. 변화의 힘은 백인이든, 흑인이든 가리지 않고 사람들을 휩쓸고 있었다. 그는 자신의 농장이 샌 호아킨 밸리를 빼면 미국의 어느 지역보다 비옥한 땅이지만, 땅의 가치를 제외한다면 자신은 부자가 아니라고 생각했다. 살아남기 위한 유일한 길은 기계화밖에 없었다. 기계화가 되면 더 적은 수의 일꾼으로도 충분할 것이었다. 일꾼들은 결국은 떠나갈 것이라고 그는 느끼고 있었다. 기계화는 단지 그 과정을 단축시킬 뿐이었다. 오랫동안 돈이 될만한 유일한 작물은 목화였다. 목화는 훌륭한 작물이었지만 어떤 면에서는 가슴 아픈 작물이기도 했다. 농사를 망칠 소지가 너무 많았기 때문이다. 그럼에도 불구하고 목화를 제대로 재배하고, 고군분투하면서 성공적인 수확을 거둘 때면 각별한 즐거움이 있었다. 70세가 되었을 때, 그는 목화 농사가 어려운 사업이긴 했지만 그래도 멋진 삶을 살았다고 생각하곤 했다. 정부는 이제 목화 재배 경작지의 면적을 엄격하게 제한하기 시작했다. 콩을 재배하자는 이야기도 나왔지만, 콩은 오랫동안 경제적 가치가 있는 작물은 아니었다. 그러다가 1950년대 중반에 쉽게 부서지지 않는 새로운 품종의 콩이 개발되었다. 그가 알고 있던 몇몇 사람들은 마침내 쌀 농사에도 손을 댔고, 일부는 민물고기인 메기 양식업으로 전환하기도 했지만, 그는 여전히 목화와 콩만을 고집했다.

1950년대에는 대형 농기계 회사들의 경쟁이 치열했다. 러스트의 기계와 하베스터, 존 디어 사의 기계가 각축전을 벌였다. 결국 이들 셋 가운데 가장 낫다는 평판을 얻은 것은 존 디어 사의 기계였다. 1952년에는 약 10,000대의 기계가 목화 수확에 투입되었는데, 1955년에는 그 숫자가 거의 두 배 가까이 늘어났다. 1955년에는 전체 목화 수확량의 25%가 기계를 통한 것이었는데, 1960년에는 그 비율이 55%까지 늘어났다. 또한, 이전에는 목화 1베일(약 218kg)을 수확하는 데 130시간이 걸렸던 반면, 기계화는 이를 단 45시간으로 단축시켰다. 1952년 국립면화협회가 추정한 바에 따르면, 파종부터 수확까지 인력과 노새에 의존할 경우 1에이커 당 155시간이 필요했던 반면, 기계화할 경우 15시간이면 충분했다.

피어슨 사는 첫 100대의 기계 판매 대금으로 러스트에게 100,000달러를 지급했다. 이로 인해 러스트는 채권자들에게 자신이 빌린 돈의 두 배를 갚을 수 있었다. 그는 1954년에 사망했다. 영세한 농부들을 돕기 위해 목화 채집기를 발명했던 존 러스트는 자신이 꿈꾸던 기계가 여러 조립 라인에서 생산되는 것을 지켜 보았고, 오랫동안 그를 괴롭혔던 극심한 빈곤에서 벗어날 수 있었다. 하지만 그의 채집기는 영세한 농부들을 돕는 도구가 되지는 못했다. 오히려 기계의 보급으로 농장의 규모는 점점 더 대형화되었고, 소규모 농장들은 설 자리를 잃었다. 남편의 유토피아적 꿈을 공유하지 않았던 미망인 텔마는 남편이 설립한 재단의 로열티를 자신의 개인 재산으로 전환하고 파인 블러프

시의 모텔을 구입하는 데 사용했다. 총 370만 달러의 로열티가 피어슨 사로부터 러스트 가족들에게 지급되었다.

보안관 클래런스 스트라이더는 죽을 때까지 인종 통합에 대한 입장을 바꾸지 않았고, 자신의 농장 일부를 백인 전용 학교로 사용하도록 남겼다. 학교는 그의 이름을 따서 스트라이더 스쿨로 명명되었다. 그의 조카 제시 역시 키가 6피트 4인치(약 193cm)에 체중이 250파운드(약 113kg)나 나가는 거구였으며, 당연하게도 '빅 대디 스트라이더'로 불렸다. 인근 그레나다 카운티의 보안관으로 선출되었던 제시 스트라이더는 시대의 변화에 동참했다. 그는 자신의 카운티를 KKK로부터 구해내는 데 일조했고, 흑인 부보안관들을 고용했다. 젊은 흑인 마이크 에스피(Mike Espy)가 그의 지역에서 하원의원 선거에 출마했을 때, 척 롭(Chuck Robb)이 버지니아에서 빅스버그까지 달려와 에스피의 유세에 합류했다. 롭은 에스피에게 큰 덩치의 나이 든 '레드넥' 보안관이 그를 지지한다면 인종 문제를 해소하는 데 도움이 될 것이라고 제안했다. 에스피는 적임자를 알고 있다고 말했다. 에스피의 텔레비전 홍보팀은 빅 대디 스트라이더가 나무에 기대어 서서 마이크 에스피를 지지한다고 말하는 광고를 촬영했고, 이 광고는 선거 판세를 뒤집어 에스피가 하원에 입성하는 데 큰 도움을 주었다.

1950년대의 반항아들과 청년문화의 탄생

: 브란도, 딘, 프레슬리

1950년대 중반에 있었던 브라운 대 교육위원회 사건에 대한 대법원 판결은, 1950년대 초반의 보수적이고 안정적인 미국과 후반의 역동적이고 혁신적인 미국을 가르는 첫 번째 중요한 분기점이 된 사건이었다. 두 번째 분기점은 엘비스 프레슬리였다. 문화적 측면에서 그의 등장은 혁명의 시작과 다름없었다. 1960년대 후반, 한번은 저명한 미국 작곡가이자 지휘자 레너드 번스타인(Leonard Bernstein)이 친구인 〈타임〉의 편집자 딕 클러먼(Dick Clurman)을 찾아가 우연히 정치 사회적 풍조를 주제로 격론을 벌인 적이 있었다. 번스타인은 "엘비스 프레슬리(Elvis Presley)는 20세기 최고의 문화적 영향력을 가졌어요."라고 말했다. 클러먼은 꽉 끼는 옷에 헝클어진 헤어스타일을 하고, 선정적인 노래를 부르며 몸을 흔들어 대던 남부 출신의 젊은이를 떠올렸다. 그는 번스타인의 말이 조금 과하다고 생각했다. "피카소는 어때요?" 클러먼은 20세기에 중요한 영향력을 끼쳤던 또 다른 인물을 떠올리려 애쓰며 말했다. "아니죠." 번스타인의 대답은 단호했다. "엘비스죠. 그는 모든 것에 비트를 도입했고, 음악부터 언어, 의상에 이르기까지 모든 것을 변화시켰어요. 한마디로 완전히 새로운 사회 혁명을 일으킨 거죠. 1960년대는 거기서부터 시작된 겁니다. 그 때문에 이제 저 같은 사람은 음악적 문법을 더 이상 따라가지 못하겠어요." 클러먼은 그가 매우 진지하다는 것을 알 수 있었다. 엘비스의 팬이었던 존 레논은 "엘비스 이전에는 아무것도 없었다."라고 말하기도 했다.

그를 혁명가로 부를 수 있다면, 그것은 우연의 결과이기도 했다. 그는 적절한 시간과 적절한 장소에 등장한 타고난 재능을 가진 젊은이였다. 그는 정치에는 전혀 관심이 없었다. 그의 음악이 이전까지는 찾아볼 수 없는 방식으로 흑인과 백인 문화를 접목시키는 특성을 갖고 있었지만, 그는 이 점에 대해서는 별다른 생각이 없는 것 같았다. 그의 음악은 많은 부분이 흑인들에게 뿌리를 두고 있었지만, 그는 다른 많은 젊은 백인 뮤지션들과 달리 흑인들의 세계와 그곳에서 일어나고 있던 극적인 변화에 대해서는 거의 관심이 없었다. 사실 그는 종종 음악 자체에도 거의 흥미가 없는 사람처럼 보였다. 그가 처음부터 진심으로 원했던 것은 할리우드에 가서 제임스 딘이나 말론 브란도 같은 영화배우가 되는 것이었다. 스크린 위의 반항아가 되고 싶었던 것이다. 세상을 뒤흔든 그의 음악은 그냥 우연처럼 보일 정도였다. 브란도와 딘이 그의 롤모델이었다. 그는 마침내 할리우드에 가서 〈이유 없는 반항〉에 딘을 출연시켰던 감독 니콜라스 레이(Nicholas Ray)를 만났다. 엘비스는 무릎을 꿇고 영화 대본을 전부 외우기 시작했다. 레이는 그가 〈이유

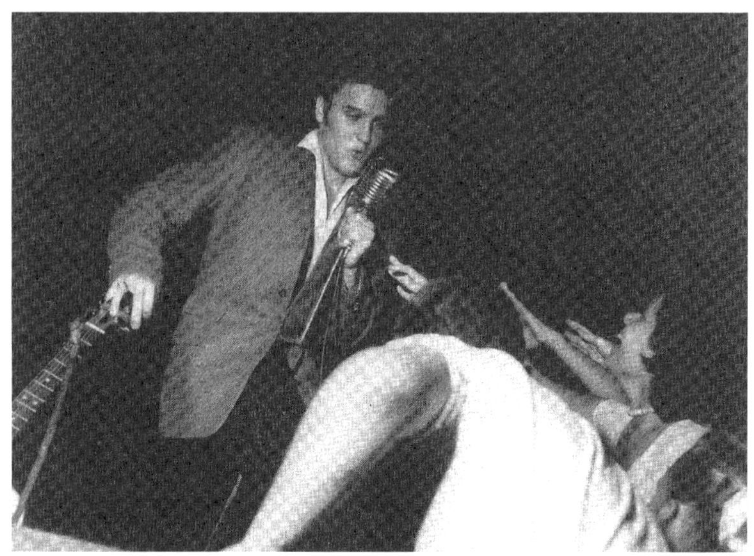

엘비스 프레슬리의 눈부신 성공은 수많은 모방자를 낳았지만, 정작 프레슬리 본인에게는 전혀 인위적인 면이 없었다. 그의 성공은 즉각적이었고 폭발적이었다. 멤피스의 한 라디오 방송국이 그의 노래를 처음 틀었던 날 밤, 교환대의 전화는 불이 나도록 울렸다. 디제이는 그날 밤에 바로 프레슬리를 불러 인터뷰했으며, 청취자들이 그가 백인임을 알 수 있도록 그가 다녔던 고등학교 이름을 반드시 밝히도록 했다. (사진 출처 FRED WARD, BLACK STAR)

없는 반항〉을 적어도 열두 번은 봤으리라는 것과 딘의 대사를 줄줄이 암기하고 있다는 사실을 깨달았다. 엘비스는 영화배우로서는 브란도와 딘에 미치지 못했지만, 그들로부터 한 가지 중요한 교훈을 배웠다. 그것은 결코 웃지 말라는 것이었다. 그것이 그들의 성공의 비결이라고 그는 확신했다. 그는 자신도 그들처럼 음울하고 매력적인 표정을 지어낼 수 있다고 자신했다. 십대 시절, 그는 거울 앞에서 수 없는 시간을 보내며 그런 표정을 연습하곤 했으며, 나중에 자신의 공연에서 그 때의 경험을 십분 활용했다.

멤피스의 레코딩 제작자이자 흑인 음악의 열렬한 팬이었던 샘 필립스(Sam Phillips)는 수년간 엘비스 같은 사람을 찾고 있었다. 그가 찾는 대상은 흑인처럼 노래하고, 흑인 음악의 비트를 따라갈 수 있는 백인 소년이었다. 필립스는 나중에 이렇게 말했다. "엘비스가 마침내 제 스튜디오에 걸어 들어오기 한참 전부터 그는 내가 거기 있다는 걸 알고 있었어요. 그가 운전하던 크라운 전기회사의 트럭이 스튜디오 밖에 여러 번 멈추는 걸 봤거든요. 그는 트럭에 앉은 채 용기를 내려고 애쓰고 있었어요. 그렇게 오랜 시간 앉아있다가 마침내 용기를 내어 스튜디오로 들어오더군요." 엘비스 프레슬리는 1953년 여름, 그렇게 그 스튜디오로 들어섰다. 엘비스에게 그 스튜디오로 찾아가보라고 권한 것은 또 다른 인재 스카우터였는데, 그는 끔찍한 통바지에 핑크색과 검정색이 뒤섞인 옷차림의 엘비스를 보며 그와 엮이기를 원하지 않았던 것이었다. 그는 불량배와 귀여운 소년을 절묘하게 뒤섞어 놓은 듯한 젊은이였다. 헤어스타일과 옷차림, 음울하고 소외된 듯한 표정에서는 불량스러움이 배어났지만, 한편으로는 호기심 많고 부드럽고 공손하며, 실제로 누군가가 원하면 무엇이든 열심히 시도해보려고 했다. 그는 만나는 모든 사람을 선생님(sir)이나 부인(ma'am)으로 불렀다. 이전이나 이후에도 그토록 반항적으로 보이면서도 그토록 공손한 미국 젊은이는 없었다.

샘 필립스는 프레슬리의 초기 반항아적 스타일이 바로 마음에 들었다. 그의 옷은 멤피스에 있던 랜스키 매장에서 사입은 것들로, 그 가게는 젊은 백인 남성들보다는 화려한 옷을 찾는 흑인 남성들이 더 자주 찾는 곳이었다. "그리고 구레나룻도 마음에 들더군요. 마을 사람들 모두가 나를 이상하다고 생각했었는데, 여기 이 청년도 나만큼이나 괴상했어요."라고 필립스는 회상했다. 엘비스가 처음 스튜디오에 들어오던 날, 샘 필립스가 스튜디오에 있었는지에 대해서는 약간의 논란이 있다. 당시 필립스의 비서였던 마리온 케이스커(Marion Kreisker)는 그가 없었으며, 자신이 엘비스의 첫 녹음을 담당했다고 기억했다. 반면 필립스는 자신이 거기 있었으며, 케이스커가 먼저 그와 대화를 나눴을 수는 있지만, 실제로 프레슬리의 첫 디스크를 녹음한 것은 자신이라고 말했다. "그건 매우 비싼 장비라서 비서가 사용하도록 하지는 않았을 겁니다."라고 그는 말했다. "뭘 불러 볼래요?" 마리온 케이스커는 자신이 이렇게 묻자, 프레슬리가 "저는 어떤 노래든 다 부를 수 있어요."라고 대답했던 것을 기억했다. "그럼 누구 목소리를 흉내낼 수 있죠?" 그녀가 계속해서 물었다. "저는 누구하고도 비슷하지 않아요."라고 그가 대답했다. 그는 그녀에게 아직 몇 달이나 남은 어머니의 생일을 기념하기 위해 음반을 취입하고 싶다고 말했다.

그래서 그는 샘 필립스의 작은 녹음기에 대고 노래를 불렀고, 노래 부른 대가로 3달러를 냈다. 당시 그가 불렀던 노래가 잉크 스팟의 히트곡이었던 '마이 해피니스'와 '댓츠 웬 유어 하트에이크스 비긴' 등 두 곡이었다. 프레슬리 자신은 그 결과에 실망스러웠다. "꼭 양동이 뚜껑을 두드리는 소리 같았어요."라고 그는 나중에 회상했다. 샘 필립스는 훗날 엘비스의 노래를 들으며 속으로 이렇게 생각했다고 말했다. '오, 이거 독특하군. 뭔가가 있어, 독창적이고 다른 뭔가가 말이야.'

샘 필립스는 프레슬리의 노래를 몇 번씩 들어보면서 엘비스에게 어떤 특별한 재능이 있다고 확신했지만, 그것이 정확히 무엇인지는 알 수 없었다. 기타 연주가 특출난 것은 아니었지만, 그 속에 묻혀 있는 소리에서는 독특한 느낌이 있었다. 그중 일부는 엘비스의 음악적인 난잡성이 한 몫을 했는데, 그는 아직 자신의 음악적 정체성을 확실히 깨닫지 못한 상태였다. 녹음 과정에서 좌절을 겪은 후, 필립스는 그에게 무엇을 할 수 있는지 물었다. "저는 뭐든 할 수 있어요."라고 그가 말했다. 그는 백인음악, 흑인음악, 가스펠, 컨트리에서 크루너(crooners)[20]에 이르기까지 모든 장르의 노래를 불러봤다. 필립스는 그가 자신을 컨트

리 스타일의 딘 마틴(Dean Martin)으로 여기는 것 같다고 느꼈다. "우드 셰딩(Woodshedding)할 팀은 있나?" 필립스가 그에게 물었다. '우드셰딩'은 음악인들이 함께 모여 연습하는 것을 의미하는 용어였다. 엘비스는 없다고 대답했다. 필립스는 두 명의 친구가 있다고 말하며 형의 세탁소에서 일하던 스코티 무어(Scotty Moore)에게 전화를 걸었다. 무어는 일렉트릭 기타 연주자였다. 필립스는 그와 베이시스트 빌 블랙(Bill Black)에게 엘비스와 함께 연습해 보라고 제안했다. 세 사람은 어쨌거나 좋은 결실을 맺고자 노력했다. 무어는 엘비스라는 이름이 마치 공상과학 소설에 나올 법한 이름이라고 생각했다. 몇 주간 함께 연습한 후, 세 사람은 필립스의 스튜디오에서 녹음을 했다. 필립스는 우연하게도 그 날짜를 일지에 기록했다. 1954년 7월 5일이었다. 한동안 녹음 작업은 잘 풀리지 않았다. 엘비스의 목소리는 훌륭했지만, 필립스가 보기에는 너무 달콤했다. 그때 엘비스가 유명한 흑인 블루스맨 아서 크루덥(Arthur Crudup)의 '아임 올 라이트, 마마'라는 곡을 연주하기 시작했다. 크루덥은 일렉트릭 기타를 들고 미시시피에서 시카고로 건너온 블루스 가수였다. 그는 흑인 블루스 팬들 사이에서는 잘 알려진 가수였다. 그는 7년 전에 이 노래를 녹음했지만, 그때는 아무런 반응이 없었다. 그런데 갑자기 엘비스 프레슬리가 이 노래를 부르기 시작한 것이다. 그는 무대에서 봤던 모든 흑인과 백인 가스펠 가수들처럼 연주하면서 스튜디오를 뛰어다녔다. 곧 그의 두 동료도 합류했다. "도대체 뭐하는 거야?" 필립스가 물었다. 스코티 무어는 자신도 모르겠다고 말했다. "좋아, 빨리 알아내고 그걸 놓치지 마. 다시 한 번 해보고 테이프에 담아보자고." 필립스가 말했다. 그들은 그것을 레코드로 만들었다. 한쪽 면에 흑인 블루스 가수의 곡을 커버했으니, 다른 면에는 블루그래스(bluegrass)[20] 가수 빌 먼로(Bill Monroe)의 '블루 문 오브 켄터키'를 프레슬리 버전으로 커버하는 것이 적절해 보였다.

컨트리와 흑인 블루스가 혼합된 이 음악은 훗날 사람들이 '로커빌리'(rock-a-billy)[22]라고 부르게 될 장르로, 미국 대중문화의 중심으로 곧바로 파고들 만큼 강력한 것이었다. 당시 전설적인 순수 흑인 블루스 가수 중 한 명이었던 크루덥은 자신이 개척한 음악으로 많은 백인 가수들이 돈을 벌어들이는 것이 그리 기쁘지 않았다. 그는 언젠가 이렇게 말했다. "나는 모든 사람을 부자로 만들었지만, 나 자신은 가난했다. 나는 가난하게 태어났고, 가난하게 살았으며, 가난하게 죽을 것이다." 위대한 흑인 로커 보 디들리(Bo Diddley)는 그보다 좀 더 철학적으로 표현했다. 누군가가 디들리에게 프레슬리가 자신의 스타일을 모방했다고 생각하는지 묻자 그는 이렇게 답변했다. "그가 나를 모방했다고 하더라도 난 신경 쓰지 않습니다. 오히려 프레슬리가 부르니 더 강렬하더군요. 그렇다고 해서 제가 굶어 죽는 것도 아니잖아요."

필립스는 성공을 확신하면서, WHBQ 방송국에서 '레드, 핫 앤 블루'라는 쇼 프로그램을 진행하던 듀이 필립스(Dewey Phillips)라는 디스크 자키에게 음반을 보냈다. 듀이는 젊은 백인 청취자들 사이에서는 대단한 존재였다. 엘비스 자신도 14세 때부터 거의 매일 밤 그의 방송을 열심히 들었다. 듀이 필립스는 주로 전통적인 백인 아티스트들의 음악을 방송했지만, 동시에 정기적으로 위대한 흑인 가수들의 블루스와 가스펠도 내보내곤 했었다. 흑인 블루스 가수 루퍼스 토마스(Rufus Thomas)는 한때 "듀이는 백인이 아니었다. 듀이에게는 인종이 없었다."라며 최고의 찬사를 보내기도 했다. 듀이와 샘은 아무런 혈연 관계도 없었지만, 적어도 정신적으로는 친척과도 같았다. 샘 필립스가 지

---

21   (편집자 주) 블루그래스는 영국 이민자들의 전통 음악과 흑인들의 블루스가 결합되어 탄생한 음악으로 미국 남부 애팔래치아 지역에서 시작되었기에 주로 남부 생활을 주제로 한다. 명칭 자체는 이 장르의 창시자 빌 먼로의 밴드, 'Blue Grass Boys'에서 유래한 것이다.
22   로큰롤(rock)과 힐빌리(hillbilly, 애팔래치아 지역에 사는 가난한 백인 노동자를 가리키는 비하적 표현)를 결합해 만든 단어로서, 초창기 로큰롤의 한 형태를 가리킨다.

역의 관습을 거의 따르지 않는 사람이었다면, 듀이 필립스는 공공연히 그런 관습을 무시했다. 그가 WHBQ에 자리 잡게 된 것은 그가 한 다른 일들이 모두 실패했기 때문이었다. 그는 테네시 서부의 애덤스빌 출신이었다. 그는 어릴 때부터 흑인 음악을 좋아했지만, 주변 어른들은 그것을 악마의 음악이라고 말했다. 그는 10세 때 침례교회 성가대에서 노래하기 위해 멤피스를 방문한 적이 있었다. 담당 여직원은 그들을 가요소 호텔로 데려간 뒤 두 가지 규칙을 설명했다. 첫째, 교회에서 식사할 것이므로 룸서비스를 주문하지 말 것. 둘째, 비일 스트리트[23]에 나돌아다니지 말 것. 듀이는 즉시 자신보다 더 어린 소년을 데리고 비일 스트리트로 나갔다. 풍부한 흑인들의 삶과 음악이 있는 비일 스트리트는 그를 실망시키지 않았다. 그는 결국 군 복무를 마친 후 고향으로 돌아와 멤피스로 이주했다. 처음에는 제과점에서 일을 시작했지만, 다른 제빵사들에게 일반 빵 대신 작은 진저브레드맨 모양의 빵을 만들어보자고 설득하다가 해고되었다. 제빵업이 그의 천직이 아님은 분명했다. 다음으로 그는 시내의 W.T. 그랜트 매장에서 재고 관리 직원으로 일하게 되었다. 그는 매장의 음악 부서로 옮겨간 뒤, 거리의 스피커를 통해 부서에 쌓여 있던 음반을 최대 볼륨으로 틀어대기 시작했다. 당연히 시내 교통이 마비되었다. 또한 그는 매장의 레코드 플레이어에 마이크를 연결해서 자신만의 설명을 곁들이기도 했다. 그는 스스로 디스크 자키를 자처한 것이었다. 이제 그에게 필요한 것은 라디오 방송국뿐이었다.

당시 멤피스에는 '레드, 핫 앤 블루'라는 이름의 라디오 쇼가 있었다. WHBQ 방송국에서 편성한 대중음악을 틀어주는 15분 분량의 프로그램이었다. 듀이 필립스는 친구들에게, 만약 자신에게 기회가 주어진다

23　멤피스 다운타운에 위치한 블루스 음악의 탄생지.

면 무보수로 쇼를 진행할 수도 있다고 말하고 다녔다. 그는 WHBQ에 찾아가 일자리를 요청했고, 기적적으로 얻어냈다. 그런데 그의 진행이 너무나 독특하고 독창적이어서 경영진은 처음에 그를 해고해야 할지, 아니면 쇼 프로그램을 확장 개편해야 할지 고민했다. 1년 안에 그는 3시간짜리 자신만의 프로그램을 갖게 되었다. 그의 친구였던 음악 저널리스트 스탠리 부스(Stanley Booth)의 말에 따르면, 그는 디스크 자키로서 뛰어나면서도 끔찍한 사람이었다. 그는 대본 한 줄도 제대로 읽을 줄 몰랐고, 레코드 판을 걸 때마다 판에 흠집을 냈다. 하지만 그는 젊은 이들이 듣고 싶어 하는 음악에 관한 한 완벽한 감각을 가지고 있었다. 곧 그의 프로그램은 멤피스의 힙한 백인 청소년들에게 강렬한 비트의 흑인 음악을 소개하는 통로가 되었다. 멤피스 최고의 정치 머신을 이끌고 있던 에드 크럼프가 거리와 학교, 공공기관에서 인종 분리 정책을 여전히 유지시키고 있었지만, 밤에는 듀이 필립스가 방송 전파를 통해 인종 통합을 실현시키고 있었다. 그는 곧 '대디-오-듀이'로 불리게 되었다. 그가 밤 방송에서 무심코 던진 문구들은 다음 날 멤피스 십대들의 은어가 되곤 했다. 광고를 할 때는 실수하기도 했지만(심지어 광고 시간을 사지도 않은 기업을 광고하기도 했다. 그는 항상 청취자들에게 모피 안감이 있는 링컨 자동차를 사라고 제안했는데, 링컨은 당시 광고주가 아니었다), 그는 매우 창의적이었다.

그의 쇼는 놀라움의 연속이었다. 그는 방송 중에 즐겨 콘테스트를 열곤 했는데, 자신의 세 아들 이름을 모두 라디오 콘테스트를 통해 지었다. 그는 일종의 경이로운 광기에 이끌린 사람이었다. 그는 기존 체제에 도발하고, 세상을 살짝 뒤집어 놓고 싶다는 달콤한 욕망을 갖고 있었다. 당시 멤피스에는 막강한 힘을 발휘하던 영화 검열관 로이드 빈포드(Lloyd Binford)가 있었는데, 빈포드가 반항적 청춘을 다룬 영화 한 편을 상영 금지시키자 필립스는 빌 헤일리(Bill Haley)가 부른 그 영화의 주제가 '록 어라운드 더 클락'을 틀어놓고 이를 빈포드에게 헌정했다. "이 노래는 로이드 빈포드에게 바칩니다. … 로이드, 듣고 계세요? … 어쨌든 말이죠." 그는 깨끗하고 질서 정연한 멤피스에서, 정중한 백인 사회의 표면 아래에 숨겨진 도시의 야성을 건드리고 있었다.

어느 날 그는 자신의 청취자가 얼마나 되는지 확인해 보고 싶었다. 듀이 필립스에게는 인구통계학적 조사 같은 것은 의미가 없었다. 더구나 멤피스가 미국에서 가장 조용한 도시상을 받았던 터라 더욱 더 그러했다. 그래서 그는 청취자들에게 오후 9시에 경적을 울리자고 말했다. 차 안에 있다면 경적을 울리고, 집에 있다면 밖으로 나가 차의 경적을 눌러달라고 했다. 9시 5분에 경찰서장이 방송국으로 전화를 걸어왔다. "듀이, 이렇게 하면 안 돼요. 도시 전체가 미쳐버렸어요. 모든 사람들이 경적을 울리고 있어요." 그래서 듀이 필립스는 다시 방송에 나가 청취자들에게 서장이 방금 한 말을 전했다. "그러니까 여러분에게 11시 30분에 경적을 울리라고 말할 수는 없겠네요." 충직한 청취자들은 또 다시 11시 30분에 경적을 울려댔다.

듀이 필립스는, 친구 샘 필립스에 따르면 "천금과도 같은 귀"를 가졌고, 다른 기성 세대와는 달리 젊은 청취자들과 유대감을 맺고 있었다. 그래서 샘 필립스가 엘비스의 첫 음반을 냈을 때 가장 먼저 생각난 사람이 듀이였다. 듀이는 음반을 방송에서 틀기로 동의했다. 그가 방송을 내보내기로 한 날 밤, 엘비스는 너무 긴장한 나머지 혼자 영화를 보러 갔다. 두 곡은 큰 방향을 일으켰다. 그날 밤 듀이 필립스가 한 일이라야 기껏 음반을 앞뒤로 넘긴 것뿐이었다. 방송 직후부터 전화기에 불이 난 것 같았다. 청취자들의 반응에 디스크 자키는 엘비스와 생방송 인터뷰를 해보기로 결심하고, 샘 필립스에게 그 청년을 데려오라고 전화했다. 프레슬리 가족한테는 전화기가 없었지만, 샘이 옆집에 전화를 걸어 엘비스 어머니에게 연락했다. 글레디스와 버논 프레슬리 부부는 영화관 구석에 쳐박혀 있던 아들을 찾아냈다. "엄마, 무슨 일이에요?" 그가 물었다. "큰일이 벌어지고 있어, 아들아. 하지만 걱정 마, 전부 좋은 일이야." 그녀가 대답했다. 그들은 방송국으로 갔다. 거기서 엘비스는 자신을 인터뷰할 듀이 필립스를 소개받았다. "필립스씨, 저는 인터뷰를 어떻게 하는지 전혀 모르는데요." 그가 말했다. "욕만 안하면 돼." 필립스가 대답했다. 자연스럽게 그들은 대화를 시작했다. 대화 도중에 필립스는 의도적으로 엘비스에게 어느 고등학교를 다녔는지 물었고, 엘리스는 험스라고 대답했다. 이로써 청취자에게 그가 백인이라는 것을 증명해주었다. 인터뷰를 마치며 필립스는 그에게 감사를 표했다. "인터뷰는 안 하나요?" 프레슬리가 물었다. "이미 했는걸." 필립스가 대답했다.

엘비스 아론 프레슬리는 1935년 1월, 미시시피 주 북동부의 구릉 지대에서 태어났다. 이곳은 대공황으로 여전히 고통받고 있던 미국의 가난한 지역 중에서도 특히 가난한 곳이었다. 서쪽으로 150마일 떨어진 비옥한 삼각주 지역과는 달리, 이곳의 토양은 면화 재배에 적합하지 않았음에도 불구하고 지역의 농부들은 여전히 목화 재배를 고집했다(사실 콩을 심기 시작한 지 약 30년이 지난 후에야 땅의 가치가 높아졌다). 이 지역은 대체로 산업혁명의 영향권 밖에 자리했다. 프레슬리의 부모는 먹고 살기 위해 하루하루 일해야 하는 전형적인 시골 사람들이었다. 글래디스 스미스는 결혼해서 임신하기 전까지는 재봉틀을 돌리며 의류회사에서 일감을 받아 일했는데, 이는 그 지역에서는 드문 공장 일자리였다. 교육을 제대로 받지 못한 버논 프레슬리는 자주 자신의 이름을 '비논'이라고 잘못 적곤 했다. 그는 떠돌이 가정에서 자랐으며, 일자리가 불규칙하긴 했으나 농삿일이든 트럭 운전이든 시키는 일이라면 가리지 않고 닥치는 대로 했다. 그는 미국 경제의 외곽을 전전하며 살았고, 1930년대 정부의 고용 통계에도 잡히지 않던 유형의 미국인이 었다. 결혼 당시 글래디스는 21세로, 버논보다 네 살 많았다. 신부가 더 나이가 많다는 사실을 부끄럽게 여긴 그들은 결혼 신고서에 나이를 바꿔 적었다. 엘비스는 쌍둥이로 태어났지만, 그의 쌍둥이 형제 제시 개론 프레슬리는 사산되고 말았다. 이는 엄마나 아들 엘비스 모두에게 깊은 정서적 영향을 끼쳤다.

글래디스가 임신했을 때, 버논 프레슬리는 자신을 고용한 낙농업자 오빌 빈에게 180달러를 빌려 목재를 구입한 뒤 가족을 위해 두 칸짜리 오두막을 지었다. 이 오두막은 '산탄총 판자집'으로 불렸는데, 한 사람 이 현관문에 서서 산탄총을 쏘면 총알이 뒷문을 곧장 관통했기 때문이 었다. 엘비스가 두 살 때, 버논 프레슬리는 빈의 수표를 위조한 혐의로 체포되었다. 기껏해야 몇 달러 더 벌어보겠다고 저지른 어리석고 한심 한 짓이었다. 버논의 친구들은 자신들이 책임지겠다며 빈에게 고소하 지 말아 달라고 간곡히 부탁했다. 하지만 빈은 완고했고, 친구들의 간 청을 단호히 거절했다. 버논 프레슬리는 보석금을 낼 수 없었고, 재판 이 시작되기까지 7개월을 지역 감옥에서 기다려야 했다. 그는 유죄 판 결을 받고 대공황이 한창이던 때에 파치만 교도소에서 2년 반 동안 수 감되었다. 작은 범죄치고는 상당히 긴 형량이었지만, 그때는 모든 상 황이 안 좋던 시기였다. 그는 출소 후에도 상당히 힘든 시기를 보냈 다. 그는 제재소에서 일했고, 그러다가 실업자들에게 일자리를 제공 하기 위해 만들어진 뉴딜 지원 프로그램 중 하나인 WPA에서 일하게 되었다.

제2차 세계대전 동안 버논은 80마일 떨어진 멤피스의 군수공장에서 일자리를 얻었다. 그는 대부분의 시간을 집을 떠나 있어야 했지만, 적 어도 그 일은 안정적인 직업이었다. 전쟁이 끝난 후에는 제대군인들에 게 모든 일자리의 우선권이 주어졌다. 특별한 기술이 없던 버논은 얼마 안가 다시 실직하고 말았다. 1940년대 후반, 거의 미 전역을 빠르게 휩쓸고 있던 새로운 물결도 버논과 글래디스 프레슬리 같은 사람들에게는 별다른 영향을 주지 못했다. 그들은 가난한 백인들이었다. 그들에게 기회는 항상 제한되어 있었다. 그들은 사회의 주변부를 맴돌며 살아가는 사람들이었다. 종교는 그들에게 중요했다. 엘비스는 아홉 살 때 오순절 교회에서 세례를 받았다. 기독교 자선의 상징으로, 그는 자신이 소중히 간직하던 소지품 중 일부를 기부해야 했고, 그래서 그는 자신의 만화책을 다른 아이들에게 나누어 주었다.

멤피스 같은 도시가 더 많은 일자리를 제공했기 때문에, 버논 프레슬리는 1940년대 후반에 가족을 데리고 멤피스로 이주했다. 그곳에서 그는 주급 38.5달러를 받고 페인트 공장에 취직했다. 엘비스는 나중에 그들이 이사한 이유에 대해 "우리는 완전히 파산했어요, 정말 한 푼도 없었죠."라고 말했다. 그들은 여전히 너무 가난했기 때문에 '연방 주택'이라고 부르던 저소득층을 위한 정부 지원 주택에서 살아야 했다. 프레슬리 가족은 월세로 35달러를 냈는데, 이는 일주일 주급과 맞먹는 액수였다. 연방 주택에 사는 백인들 상당수는 거기 산다는 사실을 입 밖에 꺼내지 않았는데, 그곳이 흑인들이 사는 주거 환경이나 별반 다를 게 없었기 때문이었다. 하지만 프레슬리 가족에게 연방 주택은 지금껏 살아본 집 중에서 최고의 주택이었다.

또래들과 다니던 고등학교에서 엘비스 프레슬리는 제대로 적응하지 못했다. 그는 백인 아이들만 다니던 험스 고등학교에 진학했고, 상업을 전공했다. 그에게 대학 진학은 꿈조차 꿀 수 없는 일이었다. 당연하게도 그는 수줍음이 많고 자신감도 부족한 학생이었다. 그는 자신의 치아가 못 생겼고, 키가 너무 작다고 걱정했다. 성인이 된 후에도 그는 항상 키가 커보이도록 신발에 깔창을 넣어서 신었다. 하지만 자신의 머리카락만큼은 매력적이라고 생각했다. 곧 그는 포마드를 사용하기 시작했다. 검은 옷, 뒤로 세운 셔츠 칼라, 포마드로 큰 웨이브를 만든 머리 스타일은 아메리칸 펑크의 초기 형태였다. 그의 우상인 브란도와 딘이 나르시시즘에 빠져 있었듯이, 그 역시 천성적으로 나르시시스트였다. 그의 사회생활은 매우 제한되어 있었기 때문에 그는 여성과 어울려 춤추는 법을 몰랐다. 대신 그는 혼자서만, 새롭고 더 현대적인 스타일로 춤을 추었다. 그의 학교 동료들은 그를 여성스럽고 남다르다고 여겼다. 모든 남학생이 그랬지만, 특히 미식축구 선수들은 그를 괴롭히고 싶어했던 것 같다. 수년 후 그는 라스베가스 공연에서 관객들에게 이렇게 말했다. "그들은 나와 길에서 마주치면 이렇게 외쳤죠. '좋았어! 저 녀석을 잡자! 저 녀석은 다람쥐야! 방금 나무에서 내려왔다고!'" 학교에서 그의 유일한 친구는 레드 웨스트(Red West)였는데, 그는 험스 안에서 제법 인기를 누리던 미식축구 선수였다. 웨스트는 어느 날 남자 화장실에서 다섯 명의 소년들이 엘비스의 머리카락을 자르려는 것을 막아주었다. 웨스트는 "그는 마치 겁에 질린 작은 동물 같았다."라고 말했다.

그에게 유일한 특기가 있다면 바로 음악이었다. 그는 기타를 다룰 줄 알았고, 그것도 아주 잘 쳤다. 그는 악보를 읽을 줄은 몰랐지만, 그의 초기 RCA 레코딩을 감독한 기타리스트 쳇 앳킨스(Chet Atkins)에 따르면, 그는 순수하고 거의 완벽한 음감을 갖고 있었다. 그는 자신이 선택한 어떤 목소리도 모방할 수 있었다. 그것이 바로 그가 지닌 위대한 재능이었다. 아이들 몇몇이 학교 야유회 때 그에게 기타를 연주해보라고 요청했고, 그는 놀라울 정도로 성공적인 연주를 해냈다. 담임 교사는 그에게 학교 장기자랑에서 기타를 연주해달라고 요청했다. 그는 소년과 개에 관해 노래한 레드 폴리(Red Foley)의 컨트리 명곡 '올드 셰프'를 연주했다. "개가 죽어 천국에 갔을 때, 소년은 그다지 슬퍼하지 않습니다. 늙은 셰퍼드에게는 멋진 친구가 있었으니까요." 처음으로 그는 약간의 인기를 얻었다.

겉으로 볼 때, 엘비스가 자란 미시시피는 완전히 인종이 분리된 세계였다. 이는 음악에서도 마찬가지였다. 미시시피 삼각주 지역에는 당시 음반 시장에서 '인종 음악'이라고 부르던 흑인 리듬 앤 블루스 음악을 비롯해, 흑인 가스펠, 흑인 가스펠을 상당 부분 모방한 백인 가스펠, 그리고 컨트리 혹은 힐빌리 음악 등 다양한 음악적 하위문화가 존재하고 있었다. 백인들이 흑인들보다 더 힘 있고 부유했기 때문에, 컨트리 음악이 그 지역에서는 지배적인 장르였다.

완전히 인종이 분리된 세상에서 살았던 엘비스 프레슬리에게 유일하게 분리되지 않은 세상이 있다면 라디오였다. "흑인들의 어머니 방송국"으로 불리던 WDIA는 백인 소유였지만 어엿한 흑인 방송국이었다. 이 방송을 통해 어린 백인 소년은 멤피스 흑인 교회 세계에서 큰 영향력을 행사하던 허버트 부르스터(Herbert Brewster) 목사의 방송을 들을 수 있었다. 유명한 작곡가였던 그는 100만 장이 넘게 팔린 최초의 흑인 가스펠 곡 '무브 온 업 어 리틀 하이어'를 작곡한 사람이었다. 흑인 가스펠 음악은 부드러운 백인 교회 음악에서는 찾아볼 수 없는 자체적인 힘을 가지고 있었고, 그 힘은 분명 다른 어떤 것보다도 비트에서 나오는 것처럼 보였다. 게다가 라디오에서는 엄청난 인기를 누리던 듀이 필립스도 만날 수 있었다. 엘비스가 집에서 흑인 라디오 방송을 듣자 가족들은 달가워하지 않았다. 그들에게 흑인 음악은 "악마의 음악"으로 불렸다. 하지만 엘비스 프레슬리가 등장하던 시기에 음악 세계는 변화하고 있었다. 물론 백인들은 전통적으로 흑인 뮤지션들의 작품을 착취해왔고, 그것들을 가져다 부드럽고 달콤하게 다듬어 자신들의 것으로 만들었다. 업계에서는 이를 가리켜 흑인들의 음반을 "커버링"한다고 불렀다. 이는 대낮에 벌어지는 강도 행위나 다름없었지만, 흑인 뮤지션들은 그들 자신이나 그들의 음악을 보호할 힘이 없었다.

1950년대가 시작될 무렵, 젊은 백인 청소년들이 흑인들의 리듬 앤 블루스 음반을 사들이고 있다는 징후가 미국 곳곳에서 나타나고 있었지만, 1951년 초까지는 아무도 이를 하나의 트랜드로 인식하지 못했다. 그해 클리블랜드에서 음반 가게를 운영하던 리 민츠라는 사람이 지역 디스크 자키 앨런 프리드(Alan Freed)에게 이 극적인 새로운 트랜드에 대해 알려주었다. 백인 청소년들이 흔히 생각하는 것보다도 더 많은 돈을 가지고 그의 가게에 와서 불과 1~2년 전까지만 해도 오로지 흑인들의 음악이라고 여겨지던 음반들을 구입하고 있었다. 디스크 자키이자 방랑자였던 프리드는 심야 클래식 음악 쇼를 진행하고 있었는데, 민츠는 그에게 이런 방황하는 청소년들만을 위한 새로운 쇼로 전환할 것을 강력히 권유하고 있었다. 민츠는 프리드에게 취향이 바뀌고 있는 이유를 알고 있다고 말했다. 그것은 모두 비트 때문이었다. 그는 흑인 음악의 비트가 너무나 강렬해서 레슨을 받지 않아도 누구나 춤을 출 수 있다고 말했다. 민츠는 프리드가 새로운 프로그램으로 전환한다면 자신의 가게를 그 프로그램에 광고하고, 다른 광고주들을 찾는 데도 도움을 주겠다고 약속했다.

앨런 프리드는 클래식 음악만을 고집하는 사람이 아니었다. 그는 세련되고 자유분방했으며, 당시 미국의 최정상급 디스크 자키들과 마찬가지로 양면성을 가진 사람이었다. 일상 생활에서는 다소 불안하고 평범한 사람처럼 보였지만, 마이크 앞에만 서면 보이지 않는 청중을 두고 자신감 넘치고 대담한 모습을 폭발적으로 드러냈다. 당시까지 그의 경력은 화려하지 않았다. 자아도취적인 사람들로 널린 업계였음에도, 프리드는 여러 고용주들로부터 다루기 힘들고 까다로운 성격의 소유자로 여겨졌다. 한번은 애크런의 한 방송국에서 일하던 그가 임금 인상 요구가 받아들여지지 않자 경쟁 방송국으로 옮겨가버린 일이 있었다. 불행히도 첫 번째 방송국과의 계약이 만료되지 않은 상태였다. 첫 번째 방송국은 그를 법정에 세웠고, 판사는 그에게 1년 동안 애크런에서 75마일 이내 지역에서는 방송을 금한다고 명령했다. 이것이 아직 자신만의 특별한 영역을 찾지 못한 디스크 자키의 삶이었다. 방송 금지가 풀리자 그는 클리블랜드에 모습을 드러냈다. 그래서 민츠가 새로운 쇼를 제안했을 때, 그는 흔쾌히 응할 수 있었다.

1951년 여름, 프리드는 클리블랜드의 50,000와트짜리 전용 채널을 가진 방송국에서 '문독 쇼[24]'를 시작했다. 이 방송국의 전파는 매우 강력해서 중서부의 광범위한 지역까지 방송을 송출할 수 있었다. 그는 곧바로 성공했다. 마치 그 지역에 사는 젊은 세대의 백인 청소년들 모두가 자신들의 취향을 포착해 줄 누군가를 기다리고 있었던 것처럼 보였다. 프리드에게는 기다려왔던 바로 그 순간이 찾아온 것이었다. 그는 새롭게 힙한 인물로 부활했다. 그가 바로 문독이었다. 그는 생방송 중에 두툼한 클리블랜드 전화번호부를 두들겨 대며 직접 비트를 만들어냈다. 그는 부모들이 아닌 청소년들의 편에 서서 그들이 무엇을 원하는지 이해해주는 첫 번째 어른이었다. 단지 음악 선곡만으로도 문독은 순식간에 그들의 신뢰를 얻었다. 곧 그는 생방송으로 음악 공연을 시작했다. 반응은 굉장했다. 지역의 어떤 음악 사업자들도 이런 식의 공연을 본 사람은 없었다. 2,000~3,000명의 청소년들이 표를 사러 몰려들었다. 누가 공연하느냐에 따라 때로는 수천 명의 사람들이 입장하지 못하고 되돌아가는 일도 있었다. 출연자들 모두가 기성 세대들은 한번도 들어보지 못한 사람들이었다.

거의 같은 시기에, 엘비스 프레슬리는 백인들의 철야 가스펠 쇼에 등장하기 시작했다. 백인들이 가스펠을 부른다는 사실은 이 지역의 분열

---

24   달과 개를 연상시키는 문독(Moondog)이란 이름은 원래 뉴욕의 거리 연주자 루이스 토마스 하딘의 예명이었으나, 프리드가 무단으로 사용했다가 후일 법정 분쟁 끝에 사용을 멈췄다.

증적인 상황을 반영하고 있었다. 흑인 문화와는 절대 관계를 맺고 싶어하지 않던 강경한 인종 분리주의자들이던 백인 근본주의 그룹들 사이에서도 흑인들의 비트를 자신들의 음악에 도입하고자 안달이었다. 프레슬리는 점차 일부 가스펠 가수들과 알고 지내게 되었고, 1953년 고등학교를 졸업할 때쯤에는 자신도 가스펠 가수가 되기로 결심했다. 18세가 된 그에게는 선택의 여지가 별로 없었다. 그와 같은 배경을 지닌 시골 소년이 선택할 수 있는 것은 몇 가지뿐이었다. 트럭을 운전하거나, 근처 공장에서 일자리를 구하는 것, 그리고 가수가 될 꿈을 꿀 수도 있었다. 곧 그는 '송펠로우'라는 교회 출신 지역 그룹과 함께 노래를 부르기 시작했다. 하지만 어쩌다 한 번씩 하는 공연으로는 입에 풀칠하기조차 어려웠기에, 그의 주업은 포탄 케이스를 만드는 멤피스의 작은 공장에서 일하는 것이었다. 당시 그 지역의 기준으로 봤을 때, 시급은 시간당 1.65달러로 나쁘지 않았다. 잔업까지 할 경우 주당 약 60달러를 버는 일자리였다. 하지만 그는 곧 자신에게 좀 더 자극제가 될 다른 직업을 찾아 나섰다. 그렇게 찾은 일이 크라운 전기회사에서 트럭을 운전하는 일이었다. 트럭 운전은 군수 공장의 일보다 훨씬 더 자유로워 보였다. 그 당시에는 그가 평생 트럭을 운전하게 될 것처럼 보였다. 그가 미국인들의 의식 속으로 격렬하게 등장하고서 1년쯤 지났던 1956년 9월, 그는 〈새터데이 이브닝 포스트〉의 한 기자에게 자신의 성공 비결을 애써 설명했다. "뭐가 뭔지 모르겠어요. … 전 정말 우연히 성공 속으로 빠져들었어요. 얼마 전에도 아버지와 이 이야기를 하며 그저 웃기만 했어요. 아버지가 저를 보시더니 말씀하셨어요, '어떻게 된 거야, 엘비스? 나는 통조림 공장에서 일하던 기억밖에 없고, 너는 트럭을 운전하고 있었을 뿐인데 말야.' … 그냥 느닷없이 이렇게 되어버렸죠."

1954년의 멤피스는 철저하게 인종이 분리된 도시였다. 공무원들은 백인이었고, 배심원들도 백인이었으며, 1947년까지 도시에 흑인 경찰은 없었다(1948년에 처음으로 흑인 경찰 몇 명이 고용되었지만, 그들은 백인을 체포할 수 없었다). 1947년 〈애니여, 총을 잡아라〉라는 뮤지컬이 멤피스에서 공연 금지되었는데, 작품 속에 흑인 열차 차장이 등장한다는 이유 때문이었다. 당시 지역 검열관 로이드 빈포드가 밝힌 이유는 "우리 남부에는 흑인 차장이 없다."라는 것이었다. 같은 해에 미국의 역사에 관한 사료들을 가득 싣고 순회 전시를 다니는 '자유열차'를 후원하던 미국유산재단은 멤피스를 일정에서 제외했다. 멤피스의 지역 공무원들이 열차 내에서 인종 분리 정책을 지킬 것을 고집했기 때문이었다.

샘 필립스는 멤피스의 인종 분리가 불합리하다고 생각했다. 그는 전통적인 의미의 자유주의자는 아니었고, 당시의 많은 활동가들처럼 사회 문제에 관심이 있지도 않았다. 그는 고등학교를 중퇴한 거칠고 투박한 인물이었으며, 중고 캐딜락을 좋아하는, 어느 모로 보나 순진한 레드넥이었다. 선량한 시골 청년이었던 샘은 캐딜락을 지위와 편안함의 가장 확실한 표시로 여겼고, 중고 캐딜락을 사서 몇 년간 타다가 되팔고, 그보다는 새것이지만 여전히 중고로 캐딜락을 또 사서 타고 다니곤 했다. 하지만 한 가지 면에서는 남달랐다. 그것은 바로 블루스에 대한 애정이었다. 그가 처음 멤피스에 끌린 이유는 그곳이 흑인 음악의 위대한 중심지라는 것을 알았기 때문이었다. 그는 그 음악들을 음반에 담고자 했다. 샘 필립스는 풍부한 유산을 거부하는 도시의 위선이 싫었다. 그의 친구이자 재능 있는 음악 저널리스트였던 스탠리 부스는, 샘 필립스가 자유주의자였거나 사회 질서를 바꿔야 한다는 신념 때문에 자신이 하는 일에 끌렸던 것은 아니었다고 생각했다. 부스는 이렇게 말했다 "그건 인도주의적인 제스처가 아니었어요. 더구나 샘 같은 사람들은 사회 활동가도 아니었습니다. 음악의 힘 때문이었죠. 음악에 이끌렸던 겁니다. 음악은 사람들을 힙하고 조금 더 남다르게 만들죠. 게다가 음악은 매우 힘든 삶 속에서 사람들에게 약간의 위안을 주는 유일한 것이기도 하죠." 자신의 열정을 두고 사람들이 이러쿵저러쿵 말하는 것을 그는 전혀 개의치 않았다. 그는 피바디 호텔에서 엔지니어로 일하면서 그곳에서 방송되는 라디오 쇼를 담당했다. 동시에 그는 자신이 만든 작은 스튜디오에서 지역 내 흑인 가수들의 노래를 녹음하기 시작했다. 그는 주로 주말에 이 일을 했는데, 월요일 아침이면 피바디의 동료들이 "음, 샘, 너 오늘은 냄새가 그렇게 심하지 않은 걸 보니 평소처럼 주말 내내 검둥이들과 녹음하느라 시간을 보내진 않은 모양이구나."라며 놀리곤 했다.

그는 단 한순간도 자신의 귀를 의심하지 않았다. 또한 자신의 목표도 의심하지 않았다. 그는 개척자이자 탐험가가 되고 싶어 했다. 그는 언젠가 이렇게 말했다. "나는 세상을 살면서 실수를 합니다. 아마도 많은 실수를 할 겁니다. 하지만 나에게는 진정한 재능이 하나 있습니다. 그건 다른 사람의 눈을 보고, 그 사람이 무슨 기여를 할 수 있는지 알아볼 수 있는 재능이죠. 아울러 만약 그런 게 보이면, 그 사람을 속박하고 있는 모든 것들로부터 그를 자유롭게 해줄 수 있는 재능 또한 나에게는 있습니다." 그의 친구들은 이 말이 그를 설명하는 놀랍도록 정확한 표현이라고 생각했다.

그는 알라바마 북부에서 가난하게 자랐으며, 흑인과 백인 사이의 긴장 관계를 잘 인식하고 있었다. 백인들에게는 컨트리 음악이라는 그들만의 음악이 있었다. 라디오가 아직 없던 시절, 가난한 백인들은 토요일 밤마다 누군가의 집에 모여 가구를 치우고 스퀘어 댄스를 추곤 했다. 하지만 그들의 음악에는 흑인 음악 같은 힘이 전혀 없었다. 샘 필립스는 일요일마다 마을의 백인 침례교회에 갔다. 그 교회에서 한 블록 반 정도 떨어진 곳에 흑인 감리교회가 있었다. 에어컨이 없던 시절이어서 여름에는 두 교회의 창문이 모두 열려 있었고, 흑인 교회에서 들리는 음악의 힘은 초월적이었다. 훗날 그는 그때를 회상하며 말했다. "나는 거기서 그 전에도, 그 후로도 들어본 적 없는 무언가를 들었습니다. 사람들이 아멘을 노래하고 있었어요. 성가대가 아니었어요, 회중들이 부르는 소리였죠. 그걸 듣고 있자니 지상낙원 같더군요. 환희 그 자체였죠. 아멘 소리에 실려 있는 그 리듬. 그들은 절대 박자를 놓치지 않았습니다." 그는 그들의 음악 속에 백인들의 음악보다 훨씬 더 큰 힘과 더 많은 느낌, 그리고 훨씬 더 많은 사랑이 깃들어 있다고 생각했다. 그는 흑인 음악에 끌리는 자신을 발견했다. 그래서 자기 교회를 슬그머니 빠져 나와 흑인 음악을 들으려고 흑인 교회 주변을 어슬렁거리곤 했다.

성인이 되면서, 그는 음악을 따라 점점 더 큰 도시로 이동해가며 디스크 자키로 일했다. 마침내 그는 내슈빌의 크고 힘 있는 방송국에 자리를 잡았지만, 여전히 초조했다. 내슈빌은 백인 컨트리 음악의 수도였고, 그 음악은 그에게 아무런 매력도 주지 못했다. 그는 멤피스로 가야 한다는 것을 알고 있었다. 그것이 그의 운명처럼 느껴졌다. 필립스는 자신이 자란 곳 근처의 테네시 강 굽이에 가장 비옥하고 기름진 토양이 있다는 것을 알고 있었고, 비옥한 토양이 있는 곳에서는 사람들역시 슬픔과 기쁨, 그리고 무엇보다도 음악적인 면에서 풍요롭다는 것을 알고 있었다. 비옥한 땅은 어떻게든 비옥한 사람들을 만들어내기마련이라고 그는 믿었다. "멤피스와 미시시피 강처럼 방대한 터전에서는 아무 것도 막힐 게 없었죠. 전 늘 그걸 알고 있었어요. 알고말고요. 멤피스로 운전해 가면서, 미시시피에 가까워질수록 뭔가 풍요로운 것이 기다리고 있으리라는 걸 깨달았어요. 이 완전히 길들여지지 않은곳에서는 모두가 힘들고 고단한 삶을 살고 있었어요. 그리고 그들이자신을 표현할 수 있는 유일한 방법이 음악이었어요. 그걸 모른다면바보랄 수밖에 없었겠죠."

그는 1945년 멤피스에 도착했고, 실망하지 않았다. "나는 두 세계 사이에 그렇게 깊은 골이 놓인 줄 몰랐어요. 한쪽은 백인, 다른 쪽은 흑인이었죠. 한 세계에서는 모두 백인만 있었고, 불과 몇 블록 떨어진 다른 세계에서는 모두가 흑인이었어요. 나는 여태껏 비일 스트리트 같은 거리를 단 한 번도 본 적이 없었어요. 그 거리는 내가 본 어떤 거리와도 달랐습니다. 그곳만의 독특한 분위기가 있었고, 완전히 흑인들의 거리였어요. 클럽과 선술집, 전당포들이 줄지어 있었죠. 세상에, 전당포가 얼마나 많았던지! 이 흑인들 중에는 부자도 있었고 가난뱅이도 있었지만, 미시시피와 아칸소, 테네시에서 찾아온 그들은 지금껏 모은 돈을 이곳에서 전부 써버리기로 결심한 사람들 같았어요. 비일 스트리트에서는 아무도 돈을 아끼려 들지 않았어요. 넘치는 활력, 화려한 옷차림을 한 남녀들, 시골 마을에서 온 촌뜨기들, 그리고 자신은 촌뜨기가 아니라 원래부터 거리에 있던 사람인 척 애쓰는 촌뜨기들, 이 모든 것들이 너무나 멋져 보였어요. 부자들은 자기들이 모은 돈으로 축제를 즐기고 있었고, 빈털터리로 거리를 왔다갔다하는 사람들 역시 축제를 즐기고 있었어요. 백인들의 세상과 다른 점이 있다면 비일 스트리트에서는 누가 부자고 누가 가난뱅이인지 구별하는 게 어렵다는 거였죠."

그는 유니온 스트리트 706번지의 작은 매장을 개조해 자신만의 스튜디오를 만들었다. 그는 음향을 극대화하기 위해 바닥과 벽에 직접 타일을 깔았고, 뮤지션들이 녹음하는 걸 잘 볼 수 있도록 높은 조정실을 만들었으며, 마지막으로 항상 물이 떨어지던 에어컨을 설치했다. 이곳을 수리하는 데 약 1,000달러가 들었고, 월세로 약 75달러를 내고 있었다.

1950년 1월, 그는 녹음 일에 전념하기 위해 피바디 호텔을 그만두었다. 그가 흑인 음악을 녹음한다면서 그 지역 최고의 호텔이라는 안정적인 좋은 직장을 포기하자 그의 백인 친구들은 모두 그가 미쳤다고 생각했다. 한 친구는 그에게 이렇게 말했다. "이봐 샘, 자네는 그들 노래를 녹음하는 것도 모자라 그들과 악수까지 하겠군." 백인이 흑인 가수의 노래를 녹음하는 것으로 그는 지역의 관습을 거스르고 있었다. 하지만 필립스 자신은 자기 일에 대한 절대적인 확신이 있었다. 멤피스에는 온갖 재능의 재주꾼들이 모여 있었다. B.B. 킹(B.B. King), 파이니어스 뉴본(Phineas Newborn), 하울링 울프(Howling Wolf) 같은 사람들이었다. B.B. 킹은 전형적인 이 지역 뮤지션이었다. 그의 본명은 라일리 B. 킹이었고, 삼각주 지역의 인디애놀라 출신이었다. 그는 목화를 따면서 성장했다. 그는 언젠가 하루에 400파운드의 목화를 따서 100파운드당 35센트를 받았다고 말한 적이 있다. 그는 자기보다 목화를 더 많이 딸 수 있는 사람은 없다고 말하기도 했다. 그는 트랙터를 운전했고, 흑인 영가를 불렀다. 마침내 1947년 멤피스로 진출해서는 비일 스트리트의 여러 클럽을 오가며 연주했다. 그는 실력이 뛰어났을 뿐만 아니라 진정성이 있었고, 모두가 이를 알고 있어서 아무에게도 이를 더 설명해줄 필요가 없을 정도였다. 그래서 그에게는 비일 스트리트 블루스 보이라는 별명이 붙었는데, 이를 B.B.로 줄여서 부르게 되었다. 그의 목소리에 부드러움이라고는 전혀 없었다. 날것 그대로 거칠어서, 거의 분노에 찬 것처럼 들렸다. 결국 그는 WDIA에서 일자리를 얻었다. 시작은 순탄치 않았다. 그는 아픈 곳은 다 낫게 해준다는 펩티콘이라는 특허 받은 약의 광고음악을 부르는 것으로 일을 시작했다. 곧바로 그는 오후 시간대에 '세피아 스윙 클럽'이라는 자신만의 30분짜리 쇼를 맡게 되었다. 그의 인기는 날로 높아지기 시작했다. 그 당시 B.B. 킹은 젊고 수줍음이 많았는데, 특히 백인들과 함께 있을 때는 더욱 그러했다. 그가 샘 필립스와 처음 녹음을 하게 되었을 때, 그는 기타를 연주하면서 동시에 노래까지 부를 수는 없다고 밝혔다. 이는 당시 대부분의 가수들과는 다른 점이었다. "기타를 치면서 동시에 노래할 수 없다고?" 필립스가 물었다. "필립스 씨, 저는 항상 그렇게만 연주해 왔습니다." 그가 대답했다. "앞으로도 그 방식을 바꾸진 말게. 그냥 자연스럽게 고수하게나." 필립스가 말했다.

필립스는 음악을 부드럽거나 세련되게 만드는 것을 절대 원하지 않았다. "나는 빅밴드를 녹음하기 위해 그 스튜디오를 차리진 않았어요. 빅밴드는 내가 없어도 되거든요. 나는 지역 내 재주꾼들의 음악을 녹음하고 싶었어요. 재주꾼들이 거기 모여 있다는 걸 알고 있었으니까요. B.B. 킹에게 재능이 있다는 건 확실했어요. 그리고 나는 내가 원하는 바를 잘 알고 있었죠. 나는 추한 것을 원했어요. 추하고 정직한 것을 말이죠. 나는 이 사람들이 권리를 박탈당한 채 살아간다는 것을 알고 있었어요. 그들은 정치적으로 권리를 박탈당했고, 경제적으로도 권리를 박탈당했으며, 사실 말하자면 음악적으로도 권리를 박탈당한 사람들이었어요. … 그 당시 흑인 가수들의 노래를 녹음하려면 큰 골칫거리가 하나 있었는데, 그건 흑인 가수들이 녹음하는 백인 앞에 서면 여태껏 노래부르던 방식을 무의식적으로 바꾸기 시작한다는 거였어요. 그들은 자신들의 청중이 될 거라고 생각하는 사람들에게 맞추었던 거죠. 그들은 녹음실 부스를 올려다보고 백인이 있으면 빌리 엑스틴(Billy Eckstine)이나 냇 킹 콜(Nat King Cole)처럼 되려고 애쓰기 시작하는 겁니다. 나는 그걸 원하지 않았습니다. RCA와 캐피톨 같은 대형 음반회사들이 움찔할 만한 일을 하고 싶었던 거죠. 나는 이전에 음반을 낸 경험을 가진 사람은 그게 누구든 받지 않았어요. 다른 스튜디오에서 하던 일을 똑같이 하고 싶진 않았죠."

그래서 자신만의 스튜디오를 차려놓고 흑인 음악을 녹음하는 약간 미친 사람이 있다는 소문이 퍼졌다. B.B. 킹이 미시시피 주 클락스데일 출신이던 아이크 터너(Ike Turner)에게 이 소식을 전했다. 필립스는 터너 밴드의 음악을 녹음했고, 곧 터너는 필립스를 위한 일종의 독립

(one-man) 인재 스카우터가 되어 지역 곳곳에서 사람들을 찾아냈다. 1950년대 초반에 샘 필립스의 사무실에서 발견된 기억에 남는 영수증 중 하나에는 과적 차량 운전으로 감옥에 갇힌 아이크 터너와 그의 밴드를 풀어주기 위해 미시시피의 한 작은 마을 법원에 100달러를 지불했다는 내용이 적혀 있었다. 아이크는 차 지붕 위에 베이스 기타를 끈으로 묶어서 실었는데, 그것만으로도 지역 당국의 분노를 사기에 충분했던 것이다.

스튜디오는 소박하게 운영되었다. 그는 '멤피스 레코드 서비스'라는 간판을 내걸었다. 스튜디오가 너무 작아서 필립스에게는 사무실다운 사무실조차 없었다. 그의 친구들이 곧잘 지적한 대로, 스튜디오 바로 옆에 붙어 있던 미스 테일러의 카페 안쪽 세 번째 테이블이 그의 사무실이었다. 거기서 그는 사업 거래를 원하던 사람들과 만나곤 했다. 흑인 뮤지션들과 녹음할 때는 그들을 미스 테일러의 카페에 데려갈 수 없어서, 그가 직접 음식을 가지고 나와 그들에게 가져다주곤 했다. 생계 유지를 위한 돈을 벌기 위해, 그는 결혼식, 연회, 성인식도 녹음한다고 광고했다. "우리는 무엇이든-언제든-어디서든 녹음한다."라는 게 그의 모토였다. 그의 장비는 휴대가 가능했기 때문에, 그는 당시에 자손이 태어난 행복과 사랑하던 사람을 잃은 슬픔을 녹음하고자 멤피스 주변을 바쁘게 돌아다녔다. 그는 심지어 장례식도 녹음했는데, 전선을 연결하고, 테이프에 녹음한 다음, 그 테이프를 디스크로 옮기는 비용을 합해 18달러를 받았다. 결혼식 녹음은 이보다 좀 더 저렴했다.

그는 또한 녹음을 원하는 사람이 있으면 누구에게나 스튜디오를 빌려줬다. 이는 새로운 재능을 발굴하고 부수입을 올리는 좋은 방법이었다. 대여료는 한 번에 3달러였다. 그는 뉴욕에 위치한 주요 음반사들보다 훨씬 먼저, 뮤지션들을 구분짓던 전통적인 음악적 장벽이 더 이상 유효하지 않다는 것을 감지했다. 그는 자신의 조수였던 마리온 케이스커에게, "만약 내가 흑인의 사운드를 가진 백인을 찾을 수 있다면 10억 달러를 벌 수 있을 거야."라고 입버릇처럼 말하곤 했다. 그리고는 이렇게 덧붙였다. "흑인 음악이 이 나라에서 제대로 된 자리를 잡으려면 흑인 음악을 하는 백인 가수가 나와야 해. 흑인 음악을 모방하는 것도 아니고, 바꾸지도 말고, 부드럽게 만들지도 않고, 그저 흑인 음악을 그대로 하는 가수 말이야."

결과적으로 그는 많은 백인 뮤지션들이 흑인 음악 쪽으로 기울도록 이끌어 주었다. 그는 엘비스 외에도 조니 캐시(Johnny Cash), 칼 퍼킨스(Carl Perkins), 로이 오비슨(Roy Orbison), 제리 리 루이스(Jerry Lee Lewis) 등을 발굴했는데, 이들 모두가 뛰어난 재주꾼이었으며, 각자 다른 방식으로 미국의 독보적인 존재들이 되었다.

샘 필립스가 프로듀서로 성장하고 있는 동안, 음악계는 극적으로 변해 가고 있었다. 기존 질서가 무너지고 있었다. 과거에는 RCA, 컬럼비아, 데카와 같은 전통적인 거대 음반사들이 시장을 지배하고 있었다. 그들은 당시 인기를 끌던 유명 가수들을 보유하고 있었다. 하지만 그들 대부분은 사업가적 기질이 없었다. 회사 규모가 커지면 커질수록, 필연적으로 더 보수적으로 변해 갔다. 그들은 컨트리 앤 웨스턴과 리듬 앤 블루스의 세계를 경멸에 가깝게, 부정적인 시선으로 바라봤다. 뭔가 사회의 그늘진 곳에서 솟아난 음악이라는 것이었다. 몇몇 회사들은 흑인 음악을 "세피아 마켓[25]"으로 부르기까지 했다. 세피아들은 돈이 많지 않기 때문에, 세피아 마켓은 고려 대상이 아니라는 것이었다. 사실, 1950년대까지 음반은 일종의 계급의 상징이었다. 상류층과 중상류층 사람들은 축음기를 살 돈이 있었고, 이를 통해 클래식과 고급 팝, 그리고 유명 가수나 빅 밴드의 음악을 축음기로 들었다. 컨트리와

---

25   세피아는 적갈색(오징어 먹물 색깔)을 뜻하지만, 당시에는 흑인이나 유색인종을 차별적으로 지칭하는 말로 사용되었다.

흑인 음악을 좋아하는 사람들은 라디오를 들었다. 하지만 변화의 힘은 대형 음반회사들이 깨달았던 것보다 훨씬 강력했다. 과학기술이 음악 사업을 민주화시키고 있었다. 축음기와 음반의 가격이 모두 훨씬 싸졌다. 당시까지 음반 차트는 인종 별로 분리되어 있었는데, 이제 아티스트들이 그 경계를 넘나들게 되는 것은 시간 문제였다. 1954년, 백인 뮤지션 빌 헤일리가 '쉐이크 래틀 앤 롤'이라는 음반을 취입했다. 이 음반은 1955년 2월까지 100만 장이 팔렸고, 1955년 여름에는 백인 차트에서 1위, 리듬 앤 블루스 차트에서 4위를 기록했다. 같은 해 척 베리(Chuck Berry)가 '메이벨린'을 발표했는데, 이는 흑인 뮤지션이 처음으로 메인 차트를 성공적으로 공략한 사례였다. '메이벨린'은 리듬 앤 블루스 차트에서 정상에 올랐고 백인 차트에서도 5위를 기록했다. 곧이어 리틀 리처드(Little Richard)의 '투티 프루티(Tutti Frutti)'가 발표되었다.

듀이 필립스의 쇼를 통해 센세이션을 일으키며 데뷔한 후, 엘비스 프레슬리의 인기는 하늘로 치솟았다. 그는 무엇보다도 그 지역이, 더 나아가서는 미국이 원하던 바로 그 인물이었다. 백인들을 위해 폭발적인 비트를 소화해낼 수 있는 백인 청년, 그게 바로 엘비스였다. 그의 명성은 꾸준히 퍼져나갔다. 텍사스의 디스크 자키들이 곧 그의 음반을 틀어대기 시작했다. 얼마 지나지 않아 엘비스는 루이지애나의 헤이라이드에 정기적으로 출연하게 되었다. 이 방송은 백인 컨트리 가수들에게는 그랜드 올 오프리 다음으로 중요한 무대였다. 그는 행크 스노(Hank Snow)가 이끄는 컨트리 뮤지션들과 함께 남부를 여행하기 시작했다. 그는 거의 하룻밤 사이에 투어 그룹의 스타가 되었고, 이로 인해 '대령'이란 별명으로 불리던 스노의 매니저 톰 파커(Tom Parker)의 주목을 받았다. 파커는 프레슬리와 계약을 맺은 사람은 아니었지만, 대형 음반사들이 샘 필립스로부터 그의 계약을 사도록 독려하고 있었다. 처음에 필립스는 엘비스를 대규모로 홍보하고 지원할 자본이 없었기 때문에 그의 계약서를 5,000달러나 10,000달러에 팔려고 했다. 하지만 그에 대한 관심은 날로 높아갔다. 컬럼비아의 미치 밀러(Mitch Miller)가 전화를 걸어왔다. 필립스는 20,000달러를 요구했다. 밀러는 "그만둡시다. 어떤 아티스트도 그만한 돈을 지불할 가치는 없어요."라며 발을 뺐다. 로큰롤을 빠르게 알아본 덕분에 급속도로 성장하고 있던 레이블 애틀랜틱의 대표 아흐메트 에르테군(Ahmet Ertegun)은 프레슬리의 가치를 개인적으로 알아챈 유일한 음반사 경영자였다. 그는 25,000달러를 제안했는데, 에르테군이 필립스에게 말했듯이, 그 액수는 그가 사용하고 있는 책상을 포함해 애틀랜틱이 가진 전 재산이었다. 필립스는 액수가 너무 적다고 말했다. 그때 톰 파커가 게임에 끼어들었다. 대령은 전통적으로 음반계의 대부 격이던 RCA에 다니던 친구들이 여럿 있었다. 필립스는 엘비스를 팔아야 한다고 꽤 확신하고 있었지만, 자신의 판단이 옳은지 확실히 하기 위해 그의 친구 케몬스 윌슨에게 전화를 걸었다. 윌슨은 미국 최초의 모텔 체인 홀리데이 인을 설립한 사업가로, 이제 막 성공가도를 달리기 시작하고 있었다. 샘 필립스는 윌슨의 사업에 초기 투자자로 참여할만큼 영리한 인물이었고, 결국 그 투자를 통해 백만장자가 될 참이었다. 필립스는 엘비스의 계약을 팔아야 하는지 물었다. "망설이지 말게. 그 애는 아직 프로도 아니잖아." 윌슨이 말했다. 그래서 필립스는 계약을 진행했다. 협상이 끝났을 때, 샘 필립스는 35,000달러를 받았고 엘비스는 RCA 소속이 되었다.

엘비스 프레슬리의 등장은 시기상으로 거의 완벽했다. 빌 헤일리, 척 베리, 리틀 리처드 등이 이끄는 크로스오버 장르가 대단한 위력을 과시하고 있었다. 부모들은 비트도, 자녀들이 흑인 음악으로 불리는 음악을 듣는 것도 못마땅하게 여겼다. 하지만 부모들이 반대했기 때문에 오히려 프레슬리의 인기는 날로 높아갔고, 이로써 점점 프레슬리는 젊은이들의 우상으로 떠올랐다. 지역의 목사들이 교회에서 들고 일어났다. 이런 소식은 거의 매일 지역 신문에 대서 특필되었다. 그들은 이 악마의 록을 부랑아들의 음악이라고 비난했고, 이 프레슬리라는 놈이 감히 자신들의 지역 사회에 발을 들이면 그를 체포하기 위한 십자군이라도 이끌겠다며 위협하기도 했다. 그러나 문제될 것은 아무 것도 없었다. 그들의 마을은 그가 공연하기에는 너무 작았기 때문이다. 아무튼 그런 비난은 중요하지 않았다. 엘비스 프레슬리와 록 음악은 그야말로 일대 사건을 일으키고 있었던 것이다.

미국의 새로운 젊은 세대는 부모의 관습에서 벗어나 음악으로 자신들을 정의하고 있었다. 부모들이 할 수 있는 일은 아무것도 없었다. 이 새로운 세대는 돈과, 음악을 들을 수 있는 새롭고 저렴한 기기들로 무장하고 있었다. 이것이 새롭고 더 부유해진 미국의 모습이었다. 엘비스 프레슬리는 광범위하게 늘어난 중산층이 한껏 번영을 누린 지 10년이 지난 1955년부터 폭발적인 인기를 누리기 시작했다. 그를 부자로 만든 가장 중요한 수입원 중에 십대들이 있었다. 그들은 대공황과 그 이후 이어진 대전쟁에 대한 기억이 거의 없는 세대였다. 그들에게는 돈을 저축해야 한다는 본능도 없었다. 과거에는 십대가 돈을 벌면, 대개는 부모를 부양하거나, 혹은 야구 글러브나 자전거 같은 오랫동안 갖고 싶던 귀한 물건을 사려고 저축하거나, 아니면 대학 진학을 위해 따로 모아두는 경우가 많았다.

하지만 이제는, 새로운 중산층이 떠오르면서, 그에 따르는 완전히 새로운 소비 계층을 만들어내고 있었다. 바로 십대 청소년들이었다. 〈스콜라스틱〉 잡지사가 운영하는 학생여론연구소에 따르면, 1956년 초까지 미국에는 1,300만 명의 십대들이 있었고, 이들의 총 수입은 연간 70억 달러에 달했다. 이는 불과 3년 전보다 26%나 늘어난 액수였다. 이 잡지는 십대들이 평균적으로 주당 10.55달러의 수입을 올리고 있다고 보도했다. 이 수치는 당시로서는 꽤 높은 것이었다. 이는 15년 전의 평균적인 미국 가정이 기본 경비를 모두 지출하고 난 뒤의 가처분 소득과 비슷한 금액이었다.

게다가 기술은 십대들에게 유리하게 작용했다. 가정에서 통제할 수 있는 것이라야 기껏 라디오 한 대와 녹음기 한 대 정도였다. 집에서는 여전히 부모의 규칙과 명령이 통했다. 하지만 십대들은 더 이상 가정용 가전제품에 의존할 필요가 없었다. 1950년대 초, 기술이 혁신적으로 발전함에 따라 25달러에서 50달러 사이에 판매되는 소형 트랜지스터 라디오가 등장했다. 곧 엘비스 프레슬리가 모델로 등장하는 녹음기가 47.95달러에 판매되기 시작했다. 십대들은 1달러를 계약금으로 내고, 매주 1달러씩만 지불하면 됐다. 신용 거래가 십대들에게까지 확대된 것이다. 1950년대 후반까지, 미국 기업들은 연간 1,000만대의 휴대용 녹음기를 판매했다.

이 새로운 로큰롤 하위문화에서 중요한 권위를 지닌 인물은 더 이상 시장이나 의원, 또는 부모가 아니었다. 바로 디스크 자키들이었다. 그들은 청소년들에게 독립할 권리를 강조했고, 그들을 새로운 록의 영웅들에게 인도해 주었다. 십대들은 자신들만의 공동체를 형성했다. 미국 역사상 처음으로, 그들은 별도의 독립적인 문화를 형성해 가고 있었다. 돈이 있었기 때문에 그들은 하나의 시장이 되었고, 시장이 되었기에 모두들 그들의 말에 귀를 기울이고 그들의 요구를 들어주게 되었다. 엘비스는 그 첫 번째 수혜자였다. 사실상 부모들은 자기들 방식대로 빗장을 잘 걸어 놓았다고 확신하고 있었지만, 엘비스는 수백만에 이르는 미국의 가정 속으로 몰래 스며들고 있었다.

물론 에드 설리번은 그를 막아내고 싶었을 것이다. 1955년과 1956년에 에드 설리번은 네트워크 텔레비전이라 불리는 낯설고 새로운 영역을 무대로 미국에서 가장 성공적인 버라이어티 쇼를 진행하고 있었

1952년 당시 네트워크 텔레비전은 여전히 새로운 매체였지만, 정치 상황 덕분에 텔레비전은 거의 모든 가정에서 필수품이 되었다. 사진은 1952년 11월, 뉴욕의 한 상점 밖에 모인 사람들이 선거 결과를 지켜보는 모습. (사진 출처 EVE ARNOLD / MAGNUM PHOTOS, INC.)

다. 이 쇼의 공식 명칭은 '더 토스트 오브 더 타운'이었다. 설리번은 처음에는 〈뉴욕 그래픽〉 지에서, 그리고 후에는 〈뉴욕 데일리 뉴스〉에서 브로드웨이 가십 칼럼니스트로 일하다가 텔레비전으로 진출했다. 그의 칼럼은 발행 부수가 가장 많던 신문에 게재되었던 관계로 상당한 영향력을 발휘했다. 1947년, 그는 〈데일리 뉴스〉가 후원하는 '하베스트 문 볼'이라는 아마추어 댄스 경연대회의 사회를 맡았다. 설리번은 몰랐지만 CBS가 그 쇼를 방송으로 내보내고 있었다. CBS 경영진은 설리번이 그날 저녁에 모든 사람들을 아주 점잖게 대하는 것과 사회자로서의 기량이 대단히 자연스러운 것을 보고 감명을 받았다. 쇼가 텔레비전으로 방송되고 있었음에도 불구하고 그는 완전히 편안해 보였다. 그가 그렇게 편안했던 이유는 텔레비전으로 방송된다는 사실을 몰랐기 때문이었다. 그는 홀에 설치된 카메라들이 단순히 영화 촬영용인 줄로만 알았다. CBS는 일요일 밤의 버라이어티 쇼를 준비하던 중이었고, 설리번에게 그 쇼를 맡아달라고 제안했다. 쇼는 1년 후에 시작되었

726

고, 모든 사람을 깜짝 놀라게 할만큼 엄청난 성공을 거두었다. 물론 성공의 배경에는 설리번이 쓰고 있던 칼럼의 영향도 없지 않았다. 그의 쇼에 출연하면 그의 칼럼에 등장할 가능성이 높았다. 첫 방송에서 딘 마틴과 제리 루이스(Jerry Lewis)가 익살을 부리고, 유진 리스트(Eugene List)가 피아노를 연주했으며, 작곡가 리처드 로저스(Richard Rodgers)와 작사가 헤머스타인(Hammerstein)이 인사를 하러 들렀던 것도 바로 그런 이유 때문이었다.

그로부터 8년여가 지난 1950년대 중반에 에드 설리반은 미국의 비공식 문화부 장관과 같은 역할을 하고 있었다. 그의 쇼는 유명인사들을 만날 수 있는 대형 국립 버라이어티 극장과도 같았다. 가족들이 모이기에 적합한 일요일 저녁 8시에 방영되던 설리번의 쇼는 특별한 재능을 가진 여러 연예인들이 출연하여 유쾌하고 편안한 느낌의 공연을 보여 주었다. 이 쇼에서는 위협적인 일 따위는 절대로 벌어지지 않는다고 보장해 주는 것처럼 보였다. 결국 설리번은 상상할 수 있는 가장 섬세한 비즈니스에 관여하고 있었다. 그것은 지금까지는 아무도 공연한 적 없는 공간이었던 수백만 미국 가정의 거실에서 생방송으로 공연할 출연진을 선정하는 일이었다. 설리번은 모든 사람을 위한 공연이 필요하며, 아이들을 위한 공연이 항상 하나씩은 포함되어야 한다고 생각했다. 그는 늘 다양성을 강조했다. 그래서 한 공연이 2분 이상 넘어가는 경우는 거의 없었다. 출연진 섭외를 담당했던 마크 레디는 작가 짐 비숍(Jim Bishop)에게 이런 농담을 던지기도 했다. "예수가 돌아가신 날이 언젠지 아세요? 에드 설리반 쇼에서였죠. 에드가 그분께 3분을 할애했거든요." 설리번은 자신의 목소리가 유달리 무뚝뚝하다는 것을 알고 있었기 때문에 자신의 출연분을 최소화할 만큼 빈틈없는 사람이었다. 그는 곡명을 소개하고는 무대에서 내려갔다가 박수가 끝날 즈음에 다시 등장하곤 했다. "자, 다 함께 들어 보시죠."라고 말한 다음 출연자의 이름을 부르곤 했다. 한번은 세르지오 프란키(Sergio Franchi)가 자신의 노래 '주기도문'을 부른 뒤, 설리번이 관객을 향해 "주기도문을 위해 박수를 보냅시다."라고 말하기도 했다. 윌 조던이라는 성대 모사의 달인이 출연해 설리번의 흉내를 낸 적도 있었는데, 조던은 자신의 아이디어가 사격장의 기계 오리를 보고 떠올랐다면서 이렇게 말했다. "오늘 밤 우리는 곧 이 멋진 쇼에서 702명의 폴란드 치과의사들이 발치하는 놀라운 소리를 듣게 될 것입니다."

설리번 쇼의 인기가 놀라웠던 이유는 그가 실생활에서나 화면 속에서나 뻣뻣하고, 유머 감각이 없는 청교도적인 인물로 보였기 때문이었다. 인쇄 매체의 기자였던 그는 한때 마를렌 디트리히(Marlene Dietrich)가 브로드웨이 쇼에서 슬랙스를 입고 나왔다는 이유로 그녀를 비난한 적도 있었다. 그는 매력적인 사람은 아니었다. 그의 몸짓은 얼어붙은 채 아직 녹지 않은 사람처럼 보였다. 그는 거의 무표정했다. 그의 목소리는 날카롭고 고음이었으며, 다른 지역 사람들이 듣기에는 뉴욕 억양이 강했다. 당대 최고의 텔레비전 비평가였던 존 크로스비는 1948년 12월에 벌써 이런 평을 남겼다. "이 지역에서 텔레비전을 갖고 있는 사람들이면 누구나 품게 되는 작지만 골치 아픈 질문 중 하나는 '왜 에드 설리번이 매주 일요일 밤 텔레비전에 나오냐'는 것이다." 크로스비는 계속해서 "이런 질문에 설리번 씨 본인도 다른 사람들만큼이나 당혹스러워 하는 것 같다."라고 썼다. 토크쇼 진행자 잭 파아(Jack Paar)는 훗날 그에 대해 이렇게 말했다. "단순한 영어 문장에 긴장감과 신비로움, 드라마를 불어넣을 수 있는 사람으로 누가 있을까요? 에드 설리번을 빼면, 누가 한때 (알버트) 슈바이처 박사에게만 주어졌던 경외심[26]을 가지고 농구 선수를 소개할 수 있을까요?" 남편을 향한 모든 비판에

---

26   알버트 슈바이처는 의사이자, 선교사이자, 파이프 오르간 연주자일 뿐만아니라 생명 경외
      (Reverence for Life) 사상으로 유명한 철학자였다.

기분이 상했던 실비아 설리번은 한때 남편의 뻣뻣한 태도를 변호하는 글을 쓰고자 했다. 불행히도 그 글의 제목은 "나는 큰 바위 얼굴과 결혼했다."(I'm Married to the Great Stone Face.)[27]였다. 그녀는 그 글에서 그가 심각한 전쟁 부상 때문에 그렇게 뻣뻣해 보인다거나 골프채에 머리를 맞아서 그렇다는 소문을 부인했다. "그 소문들은 사실이 아니다. 하지만 가끔은 친절한 낯선 사람들이 그의 장애에도 불구하고 일하는 용기를 축하해 주기도 한다." 그녀는 〈콜리어스〉지에 이렇게 기고했다.

쇼가 방영되고 그를 통해 많은 돈을 벌었음에도 CBS는 그에게 전적으로 만족하지는 않았다. 하지만 기적적으로, 비평가들의 악평에도 불구하고, 쇼는 성공했다. 성공의 이유가 무엇 때문이었는지는 아무도 정확히 알지 못했다. 아마도 일요일 저녁 8시라는 시간대가 버라이어티 쇼를 방송하기에는 완벽한 시간이었을 수도 있었다. 어쩌면 세상에 있는 거의 모든 연예인들이 그토록 유명한 무대에 서기를 간절히 원해서 출연진의 질적 수준이 유지되었기 때문일 수도 있었다. 또는 텔레비전이 아직 새로운 매체였고, 처음으로 텔레비전을 시청하는 평범한 미국인들이 그처럼 침착하고 신중한 사람과 함께 벌이는 모험을 편안하게 받아들였기 때문일 수도 있었다. 그의 취향은 보수적이었고, 조심스러웠으며, 전통적이었다. 1940년대 후반 블랙리스트에 오른 일부 출연자를 비판하는 단체가 등장하자, 그는 즉시 한발 물러서면서 그들에게 정치적으로 문제가 될 만한 공연이나 연예인들을 거부할 수 있도록 하는 권한을 주었다.

1956년은 그의 권력이 절정에 달했던 시기였다. 그는 CBS로부터 연간 약 200,000달러, 그리고 〈뉴스〉지로부터 추가로 50,000달러의 수입을 올리고 있었다. 그는 누구도 넘볼 수 없는 거물이었다. 그의 쇼

---

27   (편집자 주) "큰 바위 얼굴"(the Great Stone Face)은 너새니얼 호손이 1850년에 발표한 단편의 제목이다.

는 정확히 미국 대중문화의 중심에 위치해 있었다. 그리고 그는 엘비스 프레슬리와는 전혀 함께 하고 싶어 하지 않았다. 프레슬리는 당시 무대 위에서의 과한 몸짓과 노골적인 성적 표현을 담은 노래로 수많은 목사들과 학부모 단체의 분노를 사고 있었다. 설리번은 전반적으로 로커들을 좋아하지 않았다. 그는 이전에 위대한 흑인 로커 보 디들리와 다소 불쾌한 사건을 경험한 적이 있었다. 설리번 측에서는 디들리가 인기 있고 그의 음반이 차트에서 상승 중이라는 소식을 듣고, 그의 음악이나 강렬한 개성에 대해 잘 알지도 못한 채 그를 섭외했다. 디들리는 날것 그대로의 독창성을 지니고 있었고, 공연 중에도 역동적인 포퍼먼스를 보여 주었다. 이를 본 설리번은 기분이 좋지 않았다. 그의 전기 작가 제리 보울스(Jerry Bowles)에 따르면, 설리번은 오케스트라 구역으로 가서 악보를 뒤적거리다가 '섬 인챈티드 이브닝'(Some Enchanted Evening)[28]을 골라 디들리에게 건네며 "이걸 불러."라고 말했다. 그날 밤 디들리는 '섬 인챈티드 이브닝'을 부르기 시작했지만, 관객들이 키득거리기 시작했다. 갑자기 노래는 영웅적인 보 디들리를 묘사한 자신의 노래로 바뀌었고, 곧바로 그 특유의 비트가 발산되기 시작했다. 오케스트라는 여전히 로저스와 해머스타인의 곡을 연주하고 있었다. 설리번은 격노했다. 그는 로커들이 일반인들과는 다른 인간들이고 약속을 지키지 않는다고 결론지었다. 그는 그들과는 어떤 인연도 맺고 싶어 하지 않았다.

초기부터 엘비스는 지방 공연을 통해 남부 지역을 장악하면서 자신만의 공연을 완성해 나가고 있었다. 그의 동작 가운데 일부는 타고난 본능에 의한 것이었다. 비트를 맞춰야 하는데, 가만히 서 있어서는 비트를 맞추기가 어려웠기 때문이었다. 그래서 그는 자신이 봐왔던 수많

---

28   (편집자 주) 로저스와 해머스타인의 1949년작 뮤지컬 'South Pacific'의 곡으로 당대에 엄청난 히트곡이었다.

은 가스펠 가수들처럼 몸을 흔들기 시작했다. 처음에는 순수한 본능에 따른 행위였는데, 객석에서 함성이 터지기 시작했다. 나중에 그는 친구에게 어찌된 일이냐고 물었다. 친구는 엘비스가 무대에서 뛰어다니며 몸을 흔들자 관객들이 엄청 열광했다고 설명해 주었다. 그때부터 그것은 엘비스가 펼치는 연기의 일부가 되었다. 그리고 그는 라이브 쇼를 하려면 연기를 포함시켜야 한다고 말했다. 사람들은 그걸 보러오는 것이며, 그렇지 않으면 그냥 집에서 음반이나 틀어놓고 들으면 될 일이라는 것이었다. 밥 루만(Bob Luman)이라는 컨트리 가수는 언젠가 엘비스의 초창기 콘서트를 보고 이런 말을 남겼다. "녀석은 외투와 분홍색 셔츠, 양말 차림으로 무대에 올랐는데, 비웃는 듯한 표정을 짓고 있었죠. 그는 5분 정도 마이크 뒤에 서 있다가 움직이기 시작했어요. 기타를 한 번 퉁기니 줄이 두 개나 끊어졌죠. 난 10년 동안 연주해 왔지만 지금껏 끊어먹은 줄을 합해도 두 개가 되지 않아요. 그래서 그가 줄 두 개를 늘어뜨린 채 서 있었는데, 아직 아무것도 하지 않았어도도 여학생들이 비명을 지르며 무대로 달려나갔어요. 그때부터 그는 기타를 대신해서 엉덩이를 아주 천천히 움직이기 시작했어요."

십대 소녀 팬들이 그에게 거칠게 달려들었다. 그들에게 어떤 해를 끼칠 의도는 없었다고 그는 설명했다. 그들이 원한 것은 "당신의 일부를 기념품으로 가져가는" 것이었다. 1955년 말, RCA는 그의 음반을 전국적으로 홍보할 수 있는 준비를 마쳤다. 그는 재키 글리슨(Jackie Gleason)이 사회를 보는 '스테이지 쇼'의 토요일 밤 공연에 네 번 출연하기로 계약했다. 그는 글리슨 쇼 출연을 통해 미 전역에 얼굴을 알렸고, 회당 출연료로 1,250달러를 받았다. 글리슨은 사태를 정확히 파악하고 있었다. "그는 기타를 치는 말론 브란도였습니다."라고 그는 말했다. 글리슨은 엘비스의 성공 요인이 음악에만 있지 않다는 것을 잘 알고 있었다. 물론 음악도 중요했지만, 음악 이상으로 중요한 것이 그의 동작과 스타일이었다. 그리고 관능적인, 주류 문화와는 거리감이 있으면서 약간은 이해받지 못하는 듯한 느낌을 주는, 집을 떠나지 않은 채 반항하고 싶어 하는 반항아적인 그의 외모도 한 몫을 했다. 즉 그는 안전한 반항아였기에 완벽했다. 그는 이를 훌륭하게 연기해 냈다. 그는 전형적인 마마보이였고, 그래서 글래디스 프레슬리는 그가 고등학교에 진학할 때까지 그를 거의 끼고 살았다. 마침내 성공의 문턱에 들어선 그는 첫해에 받은 인세를 털어서 부모님을 위해 이전에 살던 집보다 훨씬 큰 새 집을 세 채나 샀다. 그는 또한 부모 각각에게 새 캐딜락을 선물했다. 하지만 어머니에게 준 차는 그녀가 운전을 못했기 때문에 번호판을 달 수 없었다.

1956년, 그는 전국적으로 유명세를 떨치면서 모든 미국인 사이에서 화제의 대상으로 떠올랐다. 그의 성공은, 1950년대부터 본격화된 미국의 경제적 번영과 라디오, 녹음기, 그리고 마침내 텔레비전이라는 새로운 과학 기술에 편승하면서 상상을 초월하는 수준에 이르렀다. 그는 금세 영화 제작자 할 월리스(Hal Wallis)와 450,000달러에 3편의 영화 계약을 맺었다. 엘비스의 첫 싱글 '하운드 독'은 200만 장이 팔렸고, '돈 비 크루얼'은 300만 장이나 팔렸다. 그의 싱글들은 단순한 히트를 넘어서서 전통적인 음악 카테고리를 무너뜨리고 있었다. '핫브레이크 호텔'은 백인 차트와 컨트리 차트에서 모두 1위를 차지했고, 리듬 앤 블루스 차트에서도 5위에 올랐다. '돈 비 크루얼'과 '하운드 독'은 세 차트 모두에서 1위를 기록했다. 1956년 4월에 그는 이미 RCA의 역대 상위 25개의 음반 중 6개를 보유하고 있었으며, 하루에 75,000달러의 매출을 기록했다.

같은 달에 그는 밀턴 베를 쇼에 꽤 진지한 모습으로 등장했고, 베를은 6월에 그를 다시 초대했다. 두 번째 출연에서 그는 상스럽다고 수많은 항의를 불러일으킨 동작을 거침없이 보여줬다. 이제 엘비스 프레슬

리는 미국의 가정 속으로 파고들기 시작했고, 그 결과 미국의 가정에
서는 순식간에 의견이 갈리기 시작했다. 에드 설리번이 프레슬리를 맹
렬히 비난하고 나선 것도 이때부터였다. 그는 프레슬리의 공연이 너무
선정적이어서 절대로 자신의 쇼에 출연하지 못할 것이라고 단언했다.
공공 도덕의 수호자 설리번다운 발언이었다. 1902년생인 그는 그해
여름에 54세였다. 하지만 3주도 채 지나지 않아 설리번은 마음을 바꿔
야 했다. 그의 경쟁 프로 스티븐 알렌 쇼의 담당자들이 파커 대령에게
전화를 걸어 프레슬리가 7월 1일 출연하기로 약속을 받아냈기 때문이
었다. 물론 알렌의 문제점 역시 다른 사람들처럼 양쪽 모두를 원했다
는 것이었다. 그는 엘비스를 출연시키고 싶었지만, 기존 시청자들로부
터의 거센 반발은 받고 싶지 않았다. 그래서 그와 그의 스태프들은 절
충안을 마련했다. 저급한 엘비스가 아닌 고급스러운 엘비스를 보여주
는 것이었다. 그들은 엘비스에게 턱시도를 입히고 몸을 과도하게 움
직이지 말라고 주문했다. 그는 스티븐 알렌(Steven Allen), 이모진 코카
(Imogene Coca), 앤디 그리피스(Andy Griffith) 등 당시 유명 코미디언들
과 함께 얼빠진 분장을 하고 텀블위드라는 카우보이 흉내를 냈다. 그
리고 살아있는 바셋하운드종 개를 무대에 세워둔 채 '하운드 독'을 불
렀다. 프레슬리 팬들은 실망했다. 쇼가 끝난 후, 듀이 필립스는 뉴욕에
있는 엘비스에게 장거리 전화를 걸었다. "이보게, 정신 차려. 그런 원숭
이 옷은 왜 입고 있는 거야? 네 기타는 어디에 뒀어?" 필립스에게 헌정
하는 콘서트를 위해 멤피스로 돌아온 엘비스는 순수한 로큰롤 공연으
로 분위기를 띄웠다. 최고의 공연이었다. 공연을 마치고 그는 관객들
에게 말했다. "여러분, 뉴욕과 할리우드 사람들은 나를 절대 바꾸지 못
할 테니 걱정하지 마세요."

　하지만 스티브 앨런 쇼는 한 가지 면에서는 성공을 거두었다. 시청
률에서 에드 설리번 쇼를 누른 것은 이번이 처음이었던 것이다. 설리

번은 거의 즉시 꼬리를 내렸다. 그의 스태프들이 파커 대령에게 연락해 엘비스와 3회 출연에 50,000달러의 계약을 체결했던 것이다. 이는 당시로서는 전례 없는 금액이었다. 국익과 자신의 경력을 위해 공공의 도덕을 지키는 것은 중요한 일이었다. 하지만 개인을 희생하면서까지 공공의 도덕을 지키는 것은 또 다른 문제였다.

전쟁은 끝났다. 에드 설리번은 패배를 인정했고, 새로운 음악이 미국 문화의 주류로 합류했다. 설리번은 첫 번째 쇼에서는 모습을 드러내지 않았다. 자동차 사고로 쉬고 있었기 때문이었다. 그래서 찰스 로튼(Charles Laughton)이 대신 진행을 맡았다. 제작진은 의도적으로 엘비스의 허리 위쪽만 촬영을 했다. 하지만 곧 그는 큰 동작과 함께 노래와 춤을 추었다. 설리번은 만족했다. 시청률이 엄청났던 것이다. 설리번은 자신이 미국의 도덕을 타락시키지 않았음을 분명히 하고 싶었다. 설리번은 세 번째 쇼가 끝난 후 관객들 앞에서 이렇게 말했다. "엘비스 프레슬리와 미국 국민들에게, 이 청년이야말로 정말 품위 있고 훌륭한 청년이라고 말하고 싶습니다. 우리는 당신보다 더 명성 있는 스타들과 쇼를 하면서도 이처럼 유쾌해 본 적이 없었습니다. 당신은 정말 멋진 사람입니다." 그야말로 가장 능숙한 항복 선언이었다. 사실 그의 말은 항복한 사람의 소감이었음에도, 마치 항복을 받아들이는 사람의 관대한 연설처럼 들렸다. 시장 경제가 승리한 것이다. 이는 미국인들의 취향이 심각하게 변화하고 있음을 예고한 것이기도 했다. 과거에도 백인들은 흑인 재즈를 받아들였지만, 그것은 일부 엘리트층에 한정된 것이었다. 그러나 이번에는 달랐다. 대중들이 정서적으로, 스스로 움직이고 있었다. 이는 또한 사회 전체적으로도 중요한 순간이었다. 기존 질서가 도전받고 있었고, 더 이상 유지되지 못했다. 기술이 주도하는 새로운 힘이 작용하고 있었다. 젊은이들은 더 이상 부모의 말을 들을 필요가 없게 되었다.

영화 <워터프론트> 촬영 중 대화를 나누는 엘리아 카잔과 말론 브란도. 당시 두 사람은 1950년대를 대표하는 예술가들이었다. 카잔의 연출은 연극과 영화 양쪽에서 사실주의의 새로운 차원을 열었고, 브란도의 생생한 에너지와 노골적인 성적 매력은 당대의 보수적 분위기와 뚜렷한 대조를 이루었다. (사진 출처 CULVER PICTURES)

말론 브란도와 엘비스 프레슬리는 엔터테인먼트 세계와 예술계에서 맨 처음으로 등장한 반항아들이었다. 곧 다른 많은 이들이 뒤를 이었다. 그들의 공통점이 있다면, 모두 자신들의 부모는 아니더라도 부모 세대로부터 오해받고 있다는 이미지를 의도적으로 만들어냈다는 점이다. 그들의 반항에 노골적인 정치적 내용은 거의 없었다. 그들이 보여준 이미지나 그들이 연기한 캐릭터들 또한 매카시 시대의 사악한 불의나 인종 차별과 맞서 싸우지는 않았다. 브란도가 영화 <워터프론트>에서 부두노조의 비리와 전횡에 맞섰던 장면 정도가 정치에 가장 근접

말론 브란도의 사실상 후계자로 여겨
졌던 제임스 딘. 그의 가장 뛰어난 재능
은 살면서 상처받은 고독한 감성을 생생
히 표현해내는 것이었다. 짧은 활동 경
력에도 불구하고, 그는 젊은이들에게 오
래도록 기억되는 미국의 대중적 영웅으
로 남았다. (사진 출처 DENNIS STOCK,
MAGNUM PHOTOS, INC.)

했던 순간이었다.

무엇보다도 그들은 명백한 정서적 긴장감에 사로잡힌 젊은이들이었
다. 무대 위에서도, 스크린에서도, 그리고 실생활에서도 모두 그러했
다. 브란도는 브로드웨이에서 〈욕망이라는 이름의 전차〉 공연을 마친
후, 할리우드가 싫다면서 곧 정통 무대로 돌아올 것이라고 맹세했다.
그러나 그는 끝내 돌아오지 않았다. 〈욕망이라는 이름의 전차〉와 〈워
터프론트〉를 포함해 몇 편의 주목할 만한 영화에 출연한 이후, 그는 점

점 더 배역 선정에 무신경해지고 자신의 예술에 대해서도 냉소적으로 되어 가는 것처럼 보였다. 브란도가 무언가에 반항하고 있었다고 한다면, 그것은 사람들이 자신의 직업에 대해 갖고 있는 관념, 즉 모든 사람이 그에게 기대하는 경력, 업적, 그리고 명예를 추구해야 한다는 생각 등에 대한 반항인 것 같았다.

최고의 작품에서 연기하던 브란도가 놀랍도록 평범한 영화들에서 놀랍도록 평범한 연기를 펼치는 쪽으로 변해갈 때, 할리우드에서는 또 한 명의 새로운 반항아 스타가 떠오르고 있었다. 그의 이름은 제임스 딘이었다. 브란도는 딘이 개인적으로 숭배하던 영웅이었다. 브란도와 마찬가지로 딘도 지적이면서 사려 깊은 엘리야 카잔에 의해 뉴욕 극장가의 변방에서 발탁되었다. 딘은 브란도보다 훨씬 더 컬트적인 인물이었다. 브란도가 더 큰 경력을 쌓고 더 뛰어난 작품을 남겼을지 모르지만, 딘은 그의 삶이 너무 짧았던 만큼 더 전설적인 인물로 남았다. 그는 항상 사람들의 기억에 청년으로 남아 있으며, 궁극적인 반항아로, 약속이 결코 이루어지지 않은 영원한 반항아로 애도되고 있다. 그 시대의 연극과 영화를 열렬히 사랑했던 팬들 사이에서, 딘의 전설은 결국 브란도를 능가했다. 브란도가 원조이고 딘이 모방자였기 때문에 이는 거의 이단적인 현상이나 다름없는 것이었다. 비평가 리처드 쉬켈(Richard Schickel)은 브란도에게 보내는 공개 서신이 상당 부분을 차지하고 있는 한 책에서 이렇게 썼다. "더 끔찍한 진실을 말하자면, 후세 세대들은 제임스 딘에게 더 관심을 쏟을 것입니다. 상상이 되십니까? 당신을 흉내냈던 그 애송이 말입니다! 전화를 걸어 친구가 되려고 애쓰면서 당신을 귀찮게 했던 그 녀석 말입니다!" 딘은 연상의 브란도를 강아지마냥 좋아했다. 카잔은 이를 알고 있었기 때문에 어느 날 브란도를 촬영장에 초대했다. 카잔은 훗날, 딘이 "경외심으로 가득찬 표정을 한 채 자리에 앉아서 어쩔 줄 몰라했다."라고 썼다. 종종 딘은 편지 말미에 "지미 (브란도 클리프트) 딘[29]"처럼, 자신이 다양한 이들에게 영향을 받았다는 사실을 의식적으로 보여주는 식의 서명을 남기기도 했다.

딘은 전형적인 반항아 역할을 주로 맡았다. 브란도와 마찬가지로, 그는 실제 삶에서도 반항아였는데, 불행했던 어린 시절을 겪으며 미워하게 된 아버지가 그 대상이었다. 그는 젊기 때문에 오해받고 있다는 당시 청년 세대의 믿음을 상징하는 인물로 브란도를 넘어섰다. 그는 미남이었으되 전통적인 남성성과는 거리가 있었고, 우울하고 중성적인 외모로 인해 연약해 보이기도 했다. 그는 자신의 고통과 고뇌에 사로잡혀 있었다. 작가 스티브 바인버그(Steven Vineberg)가 언급했던 것처럼, 딘은 "가장 내면적인 배우였다. 그는 항상 자신의 영혼 속에 있는 아름다운 혼돈을 연기했다."

딘에게 삶과 예술은 분리될 수 없었다. 브란도가 상당한 전문적 훈련을 통해 폭넓은 연기력을 지니게 되었다면, 딘은 기본적으로 자기 자신을 능숙하게 연기해 냈다. 딘은 침울하고 무뚝뚝한 성격이었지만, 그를 어머니처럼 돌볼 적절히 다정한 여자친구만 있었다면 그는 여전히 구원받을 가치가 있었다. 카잔은 딘이 역할을 본능적으로 완벽히 소화하거나, 아니면 전혀 이해하지 못한다고 믿었다. 어느 시점부터 그의 연기를 향상시킬 유일한 방법은 그에게 술을 마시게 하는 것이었다.

그의 경력은 짧았다. 그는 자동차 사고로 생을 마감하기 전까지 단 세 편의 영화에만 출연했다. 명성이 절정에 달했을 때, 그리고 〈에덴의 동쪽〉으로 놀라운 데뷔를 한 바로 그 해에 그는 세상을 떠났다. 이른 죽음으로 그는 빠르게 살다 일찍 세상을 떠난 예술가들의 반열에 오르게 되었다. 그의 포스터는 미래 세대 반항아 지망생들의 침실 벽을 장

---

29   제임스 딘은 말론 브란도와 몽고메리 클리프트의 영향을 받았음을 숨기지 않았다.

식했다. 영화비평가 딕 시클(Dick Schickel)은 젊어서 죽는 것의 이점(딘)과 그렇지 않은 것의 단점(브란도)에 대해 언급한 바 있다. "대중적 이미지와 드라마처럼 어울리는 상황에서 젊은 나이에 죽는다는 것은 가치가 있다. 오랫동안 살면서 자신의 이미지를 침묵, 비만, 그리고 명백한 냉소주의 속에 묻어버리는 것에 대해서는 할 말이 별로 없다."

딘은 인디애나 주의 작은 마을에서 태어났다. 그가 어렸을 때 어머니가 유방암으로 사망했다. 빚에 시달리던 아버지는 어머니의 마지막 수술비를 마련하기 위해 가족들이 타던 차를 팔아야 했다. 윈튼 딘으로서는 혼자 가족을 부양해야 한다는 부담이 너무 컸다. 그래서 제임스는 숙모와 삼촌 집에서 살게 되었다. 그는 가끔 부모 모두 자신을 실망시켰는데, 어머니는 너무 일찍 돌아가셨고, 아버지는 냉랭해서 거리감을 느꼈다고 털어놓곤 했다. 한번은 자신보다 어린 배우 데니스 호퍼(Dennis Hopper)가 그에게 어디서 그런 마력적인 힘이 나오냐고 물었다. 딘은 자신의 분노에서 나온다고 대답했다. "어머니와 아버지를 미워하기 때문이야. 나는 무대에 서서 … 그들에게 보여주고 싶었어. 내가 왜 배우가 되고 싶어 했는지, 내가 왜 최고가 되고 싶어 했는지 말해줄게. 어머니는 내가 거의 아홉 살 때 돌아가셨어. 삼촌 집에서 살던 나는 집을 몰래 빠져나가 어머니의 무덤을 찾아가곤 했어. 거기서 울부짖으며 소리치곤 했지. 어머니, 왜 저를 떠나셨나요? 전 어머니가 필요해요. 여기 계셨으면 좋겠어요."

1949년, 그는 고등학교를 졸업하고 배우가 되고자 할리우드로 향했다. 초창기에는 별 성과가 없었지만, 점차 그는 자신의 매력과 외모를 이용해 성공하는 법을 터득했다. 사실상 그는 순진하면서도 약탈자적인 성향을 동시에 갖춘 남창(sexual hustler) 같은 인물이 되어 갔다. 그는 항상 야망에 차 있었지만, 그의 야망은 어딘지 불분명했다. 20세 때 그는 동부로 가서 액터스 스튜디오에서 연기를 공부했다. 그는 텔레비전에도 도전했다. 그의 재능, 특히 상처받기 쉬운 유약한 이미지를 드러내는 그의 능력은 처음부터 분명했지만, 스튜디오의 주요 인물이었던 브란도와는 달리 딘은 워크숍에 전념하지 않았고 동료들에게 자신의 작품을 비평받는 것도 경계했다. "만약 그들이 실험실의 토끼처럼 나를 해부하도록 내버려 둔다면, 나는 다시 연기를 할 수 없을지도 몰라. 그들은 나를 거세시켜버릴지도 모른다고!"라고 그는 당시 친구에게 말했다. 그럼에도 불구하고, 텔레비전 극작가로 새롭게 떠오르고 있던 로드 설링(Rod Serling)은 딘이 뉴욕으로 건너온 것이 그에게는 특별한 재능을 찾을 수 있는 중요한 전환점이었다고 생각했다. 설링이 극본을 쓴 〈새벽까지 긴 시간〉은 딘의 첫 주연작이었다. 1953년 당시까지도 텔레비전으로 방영되는 연극 제작은 여전히 실험적인 성격을 유지하고 있었다. 감독과 작가들에게 창작의 금기 사항을 전달하는 강력한 관료주의적 방송국이 아직 없던 시대였다. 그래서 예상치 못했던 재능, 특히 젊은 재능들이 발굴되고 텔레비전을 통해 급부상되던 드문 시기였다.

설링은 당시의 사회적, 문화적 혁신 측면에서 텔레비전이 할리우드보다 훨씬 앞서 있다고 생각했다. 영화는 다른 시대, 즉 구시대적인 현실에 머물러 있었다. 한 예로 영화가 십대들을 다루는 방식을 보면, 십대 소녀들은 거의 예외 없이 발목까지 올라오는 흰 양말을 신은 응원단원으로, 십대 소년들은 학교의 이니셜이 적힌 스웨터를 입은 운동선수로 묘사되고 있었다. 설링은 십대들이 변하고 있으며, 부모 세대의 가치관과는 많이 멀어지고 있다고 확신했다. 〈새벽까지 긴 시간〉에 나오는 주인공과 주변 인물들은 작가의 말을 빌리자면, "끔찍하게 혼란스럽고, 정신적으로 지친 아이들, 1960년대의 중독된 세대를 미리 예견할 수 있는, 마약과 록 문화의 일부가 된 바로 그런 유형의 아이들"이었다. 설링은 딘이야말로 이런 역할에 완벽한 인물이라는 것을 즉각 알아챘고, 딘은 그 역할을 훌륭하게 연기했다. 설링에게 딘은 막 부상하고 있던, 그리고 할리우드가 아직 이해하지 못하는 청년 문화의 첫 징후를 상징하는 인물이었다. 설링은 말한다. "당시 청년 세대에게는 하나의 전후 신화가 있었죠. 그것은 바로 기성 세대나, 이른바 진리나 온갖 도덕 규범들에 대한 신뢰가 점차 붕괴되고 있다는 것이었어요. 그들은 더 이상 그런 것들을 믿지 않았습니다. 텔레비전을 통해 우리는 이 점을 더욱 잘 인식하게 되었고, 무슨 일이 일어나고 있는지 더욱 잘 파악할 수 있었습니다. 우리는 그것을 즉시 그려낼 수 있었어요. 일주일이면 대본을 쓰고, 바로 다음 주에 방송으로 내보냈죠."

딘에게 반항아를 연기하는 것은 어려운 일이 아니었다. 오히려 기존의 틀을 따르는 것이 훨씬 더 어려웠다. 그는 이 시기에 자신의 미래가 아웃사이더가 되는 것에 있다는 것을 깨달은 듯했다. 작가 데이비드 달튼(David Dalton)은 딘의 뉴욕 시절 사진들을 언급하면서, 그 사진들이 변화 과정에 있는 젊은이의 모습을 보여준다고 지적했다. 초기 사진 속의 그는 여전히 전형적인 미국 청소년을 연기할 수 있을 것 같은 열정적인 모습이었다. 하지만 후기 사진들 속에서 그는 어두운 표정의 반항아로 변해 있었다.

당시 카잔의 명성은 최고조에 달해 있었다. 그는 존 스타인벡의 소설 〈에덴의 동쪽〉을 영화로 각색하는 중이었다. 성경에 나오는 카인과 아벨 이야기를 현대적으로 재해석한 작품이었다. 나이 든 배우들의 캐스팅은 이미 끝나 있었는데, 레이먼드 매시(Raymond Massey)와 조 밴플리트(Jo Van Fleet)가 각각 아버지와 어머니 역을 맡았다. 하지만 두 아들을 맡을 배우를 캐스팅하는 것이 중요했다. 처음에 카잔은 브란도와 몽고메리 클리프트(Montgomery Clift)를 쌍둥이 형제 역으로 점찍고 있었다. 한 명은 선한 역을, 다른 한 명은 악한 역을 맡아야 하는데, 둘 중 누구에게 악역을 맡길지는 결정하지 못한 상태였다. 게다가 브란도와

클리프트 모두 배역을 맡기에는 나이가 들어가고 있었다. 카잔은 더 젊은 재능을 물색하기 시작했다. 새로운 배우를 발굴하는 일은 그가 평소에도 즐기는 것이었을 뿐 아니라, 젊은 배우들이 더 열정적이고 예리하게 날이 서 있는 경우가 많았기 때문이었다. 성공한 배우들에게는 이런 면이 사라지고 없는 경우가 많았다. "그들은 승승장구하는 권투선수들과 같아요. 생사를 건 사투를 벌이며 배역에 최선을 다하죠. 이런 특성은 나중에는 사라집니다. 타성에 젖어 평범해지고 마는 거죠."라고 카잔은 언젠가 말했다.

한 친구가 카잔에게 딘의 이름을 언급했다. 친구의 기억에 따르면, 액터스 스튜디오에서 본 딘은 무뚝뚝한 표정에 수업에도 그다지 열정적이지 않았다. 첫 만남 때 카잔은 딘을 자극하고 싶어서 일부러 그를 기다리게 했다. 약속 시간보다 늦게 도착한 카잔은 의자에 몸을 늘어뜨린 채 무신경하게 앉아 있는 딘을 발견했다. 무례하고 버릇없게 보였는데, 차림새는 허름했다. 카잔은 자신과 딘이 일종의 연극을 하고 있다고 판단했다. 그들은 많은 대화를 나누지 않았다. 대화는 제임스 딘의 장기는 아니었다. 특히 연극계에서 그토록 강력한 영향력을 가진, 그리고 자신이 절실히 좋은 평가를 받고 싶어 하는 사람과 대화할 때는 더더욱 그러했다. 딘은 카잔에게 오토바이를 태워주겠다고 제안했고, 둘은 함께 출발했다. 카잔은 훗날 이때 일을 회상했다. "그는 본인을 과시하는 중이었어요. 대도시의 교통 체증 따위는 별로 상관하지 않는 시골 소년처럼 말이죠."

다행히 딘의 연기는 효과가 있었다. 아버지에 대한 원망을 안고 살아가던 카잔에게, 딘의 모습은 칼 트라스크[30] 그 자체였다. "더 나은 배우를 찾거나 더 좋은 사람을 캐스팅할 필요가 없었어요. 지미[제임스 딘의

---

30 (편집자 주) 칼 트라스크는 <에덴의 동쪽>의 주인공으로, 모범적이고 책임감 있는 그의 형 아론 트라스크와 달리 반항적인 성격을 지녔다.

애칭가 바로 내가 찾던 사람이었죠. 그는 세상의 모든 아버지들을 원망하고 있었어요. 그는 복수심에 불타 있었고, 고독했으며, 피해 의식에 사로잡혀 있었죠. 무엇보다도 의심이 많았어요." 서부로 떠나기 전, 딘은 젊은 폴 뉴먼(paul newman)을 불러 한 번 더 스크린 테스트를 가졌다. 카잔은 뉴먼에게 물었다. "폴, 지미가 십대 소녀들에게 어필할 것 같나?" 뉴먼이 대답했다. "모르겠네요. 그가 섹스 심볼이 될 수 있을까요?" 그리고 나서, 뉴먼은 감독의 말에 장단을 맞추듯 한참 동안 딘을 쳐다보더니 이렇게 말했다. "저는 보통 남자애들과는 잘 어울리지 않아요. 하지만 딘의 외모를 보니, 남자들이 그에게 반할 것 같아요." 하지만 세트장에서 일하던 스태프들은 딘이 진짜 스타의 대역이라고 생각할 정도로 그에게 깊은 인상을 받지는 못했다.

카잔은 딘을 데리고 촬영을 위해 캘리포니아로 날아갔다. 딘은 그때까지 비행기를 타본 적이 없었다. 그는 자신의 옷을 종이로 싸서 끈으로 묶은 두 개의 꾸러미로 들고 다녔다. 로스앤젤레스에 도착했을 때, 딘은 자신의 아버지가 일하는 LA 교외의 연구소에 잠시 들를 수 있는지 물었다. 이 말을 듣고 카잔은 기뻤다. 그는 항상 예술 같은 인생을 추구하고 있었다. 카잔은 딘의 아버지를 이렇게 기억했다. "특징이 없었고, 특징이 없다는 점을 빼면 아무런 인상도 주지 않는 사람이었다. 두 사람 사이에는 분명히 우호적이지 않은 커다란 긴장감이 감돌고 있었다. 나는 아버지가 아들을 달가워하지 않는다는 것을 알아차렸다." 곧 카잔과 딘은 차를 타고 다시 출발했다.

딘에게 최고의 적은 자기 자신이었다. 그는 종종 주변 사람들과의 관계를 소원하게 만들었다. 그는 〈에덴의 동쪽〉 촬영을 위해 캘리포니아에 도착했을 때 여자친구에게 이런 편지를 썼다. "난 왜 항상 이렇게 비참해야만 하지? 나는 사람들이 나를 거부하도록 애쓰고 있어. 왜 그럴까? 난 이 편지를 쓰고 싶지 않아. 침묵을 지키는 게 더 낫겠어. 아! 난 실패자야." 그는 세트장의 나이 든 배우들에게 적개심을 느꼈다. 아버지 역을 맡은 베테랑 배우 레이먼드 매시는 딘의 무뚝뚝한 태도와 대본을 즉석에서 바꾸려는 행위를 견디기 힘들어 했다. 카잔은 그들의 갈등을 해소시키려고 하기보다는 오히려 이런 감정을 스크린에 그대로 옮겨 담고자 긴장감을 악화시켰다. 카잔이 원하는 것은 우울하고 적개심으로 가득 차있는 딘이었다. 딘은 젊은 여배우 피어 안젤리(Pier Angeli)와 사귀기도 했지만, 관계는 오래 가지 않았다. 이에 카잔은 대단히 만족해 했다. "지미가 외롭고 비참한 모습으로 돌아왔어. 이게 내가 원하던 거야."

피어 안젤리가 [딘과의 관계를 정리한 후에] 빅 더몬(Vic Damone)과 연애를 시작하면서, 카잔의 표현에 따르면 딘의 나르시시즘이 더 강해졌다. 딘은 카메라를 가지고 거울 앞에 서서, 표정을 조금식 바꾸며 자신의 사진을 끊임없이 찍어댔다. 카잔은 이렇게 회상했다. "그는 나에게 그 빌어먹을 사진들을 보여주며 어느 것이 가장 좋은지 물었어요. 나는 그 사진들이 모두 똑같아 보였지만, 아무 말도 하지 않았습니다." 카잔은 딘의 이러한 숨 막히는 자기 몰입을 그의 연기에 효과적으로 활용했다.

〈에덴의 동쪽〉의 성공은 놀라울 정도였다. 이 영화는 아마도 카잔의 최고 작품으로 꼽힐 것이었다. 딘의 연기는 일약 센세이션을 불러일으켰다. 영화비평가 폴린 카엘(Pauline Kael)은 이렇게 썼다. "미국 영화에 새로운 이미지가 하나 출현했다. 그 멋지고 거친 짐승 같은 젊은 청년은 사랑에 파묻혀 어쩔 줄을 모른다. 그의 아버지는 그를 사랑하지 않을지 모르지만, 카메라는 그를 사랑하고 있으며, 우리도 그래야 할 것이다. 카메라 앵글은 불안정하게 흔들리다가도 어느새 집착하듯 클로즈업으로 전환되며, '저 모든 아름다운 절망을 보라'고 우리에게 강요하는 듯하다." 〈에덴의 동쪽〉이 극장에서 상영된 후, 딘은 〈뉴욕 타임

스)의 하워드 톰슨(Howard Thompson)과 인터뷰를 가졌다. 그의 첫 인
터뷰였다.

카잔조차 딘의 연기가 가져온 충격에 놀랐다. 그것은 젊은 시절 브
란도의 영향력을 뛰어넘는 것이었다. 딘은 자신이 이른바 틈새 시장
에 자리를 잡았다는 사실과 자신이 맡은 역할이 통한 이유를 예리하게
인식하고 있었다. 〈자이언트〉 촬영장에서 그는 친구로 사귀게 된 배우
데니스 호퍼(Dennis Hopper)에게 이렇게 말했다. "알다시피 난 정말로
멋진 기회를 잡았다고 생각해. 한 손으로 '엿 먹어!'라고 말하는 말론 브
란도를 쥐고 있고, 다른 손으로는 '제발 용서해 주세요.'라고 말하는 몽
고메리 클리프트를 잡고 있거든. 그리고 이 둘 사이 어딘가에 제임스
딘이 있는 거야."

딘은 곧바로 〈이유 없는 반항〉의 촬영에 들어갔다. 1946년 워너 사
가 처음 이 작품의 대본을 사들였을 때는 브란도를 위한 작품으로 여
겨졌다. 하지만 브란도는 관심이 없었고, 대본은 한동안 방치되어 있
었다. 그러다가 영화감독 니콜라스 레이(Nicholas Ray)가 대본에 주목
했다. 청소년들의 비행이 매우 뜨거운 이슈가 되어 있던 참이었다. 대
본은 여러 작가들의 손을 거치며 끝없이 수정된 끝에, 결국 딘에게로
왔다. 딘은 나약한 아버지와 잔소리 많고 불평 많은 어머니의 아들 역
을 맡게 되었다. 대본에 적힌 설명에 따르면, 딘은 부모의 무신경과 무
책임 때문에 '분노한 희생자'였다. "17세의 그는 인생에서의 자신의 역
할에 대해 혼란으로 가득 차 있다. '존재감 없는' 아버지 때문에 그는 어
떻게 남자가 되어야 하는지 모른다. 어머니에게서 받은 상처로 인해
그는 모든 여성에게서 파괴성을 찾으려 한다. 그러면서도 그는 자신의
애정을 기꺼이 받아들여줄 수 있는 여자를 찾고 싶어 한다." 딘은 다시
한 번 부드럽지만 오해받는 젊은이, 공정한 기회를 받지 못하는 인물
을 연기했다. 영화 속에서 그가 연기한 극중 인물은 이렇게 생각한다.

"그저 하루만이라도 이 모든 혼란에서 벗어날 수 있다면…. 모든 게 부끄럽지 않고, 내가 어딘가에 속해 있다고 느낄 수만 있다면." 대본 자체는 약했다. 영화가 가진 힘은 연기에서 나왔다. 딘의 연기를 둘러싼 명성이 〈에덴의 동쪽〉에 기반을 둔 것이라면, 그의 신화는 대부분 〈이유 없는 반항〉에서 그가 맡았던 역할과 주로 얽혀 있다. 이 역할은 모든 불의를 부모와 그들의 세대 탓으로 돌리는 소외된 청년의 원형이었다.

몇 년 후 카잔은 자신과 레이가 만들어 냈던 소외된 청년이라는 이미지에 대해 몇 가지 의구심을 품게 되었다. 그는 딘이 미국의 젊은이들에게 마법을 걸었다고 말했다. 그것이 그가 노린 것은 아니었지만, 그는 자신의 책임을 인정했다. "핵심은 바로 부모들이 자신의 아이들을 이해하거나 제대로 평가하고 도움을 줄줄도 모르는 무신경한 바보들이라는 것이었죠. 부모들이 적이었어요. … 이런 부모들과는 대조적으로, 모든 젊은이들은 감수성이 풍부하고 '영혼(soul)'으로 가득 차 있는 존재로 여겨졌죠." 카잔은 이에 대해 고심하면 할수록, 자기 연민에 빠지고 자기 과장으로 점철된 젊은이들의 특성이 마음에 들지 않았다. 또한 그는 딘의 수많은 팬들이 감사 편지를 보내와도 달가워하지 않았다. 사실 그는 딘을 좋아하지 않았으며, 그가 재능이 뛰어나다고 여기지도 않았다. 카잔이 보기에, 딘이 〈에덴의 동쪽〉 촬영을 무사히 마칠 수 있었던 것은 상대역을 맡았던 줄리 해리스(Julie Harris)의 친절함과 프로 정신 덕분이었다. 그럼에도 카잔은 자신이 딘에게서 최고의 연기를 끌어냈다고 확신했다.

딘이 브란도에게 배웠다면, 이제는 또 다른 이들이 딘을 모방하게 될 것이었다. 그 중에서도 엘비스 프레슬리는 로큰롤의 제임스 딘으로 알려지기를 원했다. 세대를 관통하는 하나의 흐름이 시작되고 있었다. 문화적 인물로서의 말론 브란도의 중요성을 주제로 쓴 에세이에서 작가 리처드 쉬켈은 갑자기 '소외'라는 단어가 자신과 친구들의 입에서 쉽게 흘러나오고 있음을 주목했다. "〈고독한 군중〉[31]은 1950년에 상세히 분석되었고, 미국인들은 자신도 거기 휩쓸릴 수 있다는 불안감에 사로잡혔다. 벽돌과 나무판을 쌓아 만든 우리들의 책장에는 〈화이트칼라〉[32]가 한 권씩 꽂혀 있었고, 우리는 책 제목과 같은 이름의 직업들이 이전 세대의 생명력을 어떻게 앗아가는지 봤다. 〈회색 양복을 입은 사나이〉[33]가 우리의 악몽 속을 배회했고, 곧 〈회사인간〉[34]도 그 악몽에 합류할 것이었다. 물론 우리가 이런 책들을 읽으며 새로운 사회 현상에 대한 경계심을 키우고 있을 때조차도, 많은 사람들이 신입 사원이 되어 이 대열에 합류하기 위해 기업의 채용 담당자들과 면담하고 있었지만 말이다."

---

31   사회작자 데이비드 리스먼의 1950년 저서인데, 본문에서는 말 그대로 고독한 군중을 일컫는 중의적 표현으로 쓰이고 있다.
32   새롭게 등장한 중간계급을 분석한 사회학자 C. 라이트 밀즈의 1951년 저서.
33   슬론 윌슨의 1955년 소설로, 1956년에 영화로 만들어졌다.
34   사회학자 윌리엄 화이트의 1956년 저서로, '회사인간(The Organization Man)'은 회사 중심으로 살아가는 화이트칼라 계층을 지칭하는 저자의 조어다.

제32장

에드 콜의 엔진혁명

: V8이 열어준 마력의 시대

GM의 어느 누구도 자신들이 이렇게 오랜 기간 이토록 큰 성공을 거두리라고는 감히 예측하지 못했을 것이다. 미국 기업 역사상 유례없이 눈부신 순간이 이어지고 있었다. 성공이 성공을 낳았고, 매해 기대 수익은 점점 더 높아졌다. 전후의 경제 호황은 많은 미국인들에게 혜택을 주었지만, 제너럴 모터스만큼 큰 수혜를 입은 기업은 없었다. 대략적인 추산에 따르면, 1950년대가 시작될 무렵 미국의 등록 자동차 숫자는 4,930만 대였다. 1950년대가 끝나갈 때 그 숫자는 7,380만 대로 늘어났다. 또 다른 추산에 따르면, 이 기간에 매년 평균 450만 대의 차량이 폐차되었는데, 이들 중에서 많은 차들이 경제 상황이 그토록 좋지 않았다면 도로를 계속 달리고 있을 차량들이었다. 이는 1950년대에만 6,800만 대에서 7,000만 대의 자동차가 미국에서 팔렸다는 것을 의미한다. 자동차들은 점점 더 커지고, 더 무거워졌으며, 더 비싸졌다. 그리고 제너럴 모터스는 이 기간에 미국에서 팔린 자동차의 거의 절반을 판매했다. 1950년 초반에 1,270달러였던 평균 자동차 가격은 10년 뒤에는 1,822달러로 올랐다. 에드워드 크레이(Edward Cray)가 자신의 책 〈크롬 콜로서스〉에서 지적했듯이, 이런 상승률은 다른 도매 물가지수보다 두 배나 빠른 속도였다.

제너럴 모터스의 이러한 성공 뒤에는 권력에 대한 오만함이 도사리고 있었다. 제너럴 모터스는 단순한 하나의 기업이 아니었다. 규모가 너무 크고, 부유하며, 강력했기 때문에 미국인들의 집단 심리 속에서 그들은 단순한 기업 이상의 존재로 여겨졌다. 그들은 마치 그 자체로 하나의 국가, 즉 독자적인 법과 문화를 가진 독립된 실체와도 같았다. 직원들의 충성심은 개인의 뛰어난 역량보다 더 중시되었다. 독불장군보다는 팀 플레이어가 더 높게 평가받았다. 드물게 뛰어난 GM 직원이 있더라도 개인의 명성이 제한되는 것을 받아들이는 것이 의무였다. 회사 내에서는, 그리고 자동차 산업계에서는 유능한 인재로 알려진 사람이더라도, 업계를 떠나면 그의 이름을 아무도 알지 못했다. 회사가 우선이었다. 회사는 가장 소중한 직원들에게 부를 안겨주는 동시에 익명성도 부여했다. 개인은 항상 회사의 더 큰 이익에 종속되었다.

회사를 운영하는 사람들은 거의 예외 없이 미국의 작은 마을 출신이었고, 대부분이 중산층, 백인, 개신교도였으며, 가톨릭 신자가 가끔 섞여 있었다. 그들 중에서 4년제 대학을 졸업한 이들을 살펴보면 국가의 토지 기부를 통해 설립된 대학(land-grant college)[35] 출신이 많았다. 그

---

35   1862년 모릴 법에 따라 실용적인 기술 교육에 중점을 두고 설립된 대학을 뜻한다. 주로 주립대학
      들이 많이 포함되지만, 코넬 대학 등 일부 사립대도 들어간다.

들은 자신들의 보수적인 가치관을 자랑스러워했으며, 다르고 이국적인 모든 것들을 본능적으로 의심했다. 그들은 미국인이었고, 무엇보다도 미국인들은 자동차를 잘 알았다. 그들의 행동이나 태도에서는 인생에서 이룰 수 있는 거의 모든 것을 이뤘다는 자신감이 드러나고 있었다. 그들은 자라면서 자신들과 크게 다른 사람을 본 적도 없었고, 확실히 본받을 만한 가치가 있는 외부인을 알지도 못했기 때문에, 자신들이 다른 모든 사람이 열망하는 바를 대표한다고 믿었다. 그들은 자신들의 성취와 취향을 확신했다. 디트로이트 외부의 비평가들은 이들이 그렇게 거인도 아니고, 전후 경제의 거대한 물결을 만들어낸 것도 아니며, 그저 운 좋게 파도에 올라탄 것뿐이라고 생각할지도 모른다. 하지만 어찌 되었든, GM의 사람들에게 정면으로 반박하는 사람은 아무도 없었다. 지식인들은? 그들이야 외국산 작은 차를 타고, 작은 집에 살면서, 얼마 안 되는 봉급을 받으며 살았는데, 굳이 그들과 논쟁할 이유가 있었겠는가.

제너럴 모터스는 공화당 성향이었다. 하지만 그 성향은 동부의 세련된 공화당이 아닌, 폐쇄적이고 낯선 것에 대해 의심이 많은, 보수적인 중서부 공화당 쪽이었다. 이민자 출신으로 GM의 최고 디자이너를 지냈던 조라 아르쿠스-던토프(Zora Arkus-Duntov)는 한 친구에게 회사의 문화적 폐쇄성을 지적하면서, "동쪽의 휴런 호수에서 서쪽의 미시간 호까지가 세계의 전부라고 믿는" 사람들에 의해 회사가 운영되고 있다고 불평하기도 했다. (미국의 반공주의가 절정에 달했던 당시, 벨기에에서 잠시 살다가 미국으로 온 백계 러시안(a White Russian) 엔지니어의 아들이었던 아르쿠스-던토프는 GM의 홍보 자료에서 벨기에 출신으로 소개되었다.) 미시간 공화당의 주요 인물이었던 서머필드는 1940년대 후반에 미시간의 모든 GM 딜러들이 자동차를 한 대 판매할 때마다 1달러씩 공화당에 기부하는 계획을 고안해 냈는데, 이를 거부하면 차량 공급을 받지 못할 수도 있다는 딜러들의 두려움을 이용한 것이었다. 이런 충성심에 대한 보상으로 서머필드는 아이젠하워 내각에서 우정국장에 임명되었다.

회사가 커지면서 비공식적인 규칙들이 점차 체계화되었다. 회사 문화는 무엇보다도 위계를 중시했다. 야심을 가진 젊은 임원이라면 상사의 의중을 철저히 헤아리고, 그들의 태도와 편견을 공유하려고 했다. 마찬가지로 그의 아내 또한 사장 부인이 좋아하는 스포츠와 카드 게임을 하고, 옷차림을 모방하며, 심지어 같은 음식을 저녁 식사로 내놓곤 했다. 고위 임원이 특정 순간에 무엇을 원하는지 알아내는 것은 하급 임원의 임무였다. 고위 임원이 출장 시 호텔 객실에서 어떤 간식이나 술을 원하는지, 특정 도시의 선호하는 레스토랑에서 가장 좋아하는 음식이 무엇인지 알아야 했으며, 부하 직원을 먼저 보내 모든 것이 순조롭게 진행될 수 있게 지켜보도록 해야 했다. 여기에는 적절한 테이블이 준비되어 있는지, 좋아하는 음식이나 와인이 매진되지 않았는지 등을 확인하는 일도 포함되어 있었다. 부하 직원들은 GM의 수장 할로우 커티스(Harlow Curtice)가 가장 좋아하는 전채요리인 훈제 굴이 칵테일 파티에 빠지지 않도록 준비하는 것뿐만 아니라, 커티스가 사람들 사이를 돌아다닐 때 굴이 담긴 쟁반을 들고 가능한 한 가까이 붙어서 따라다녀야 했다. 이러한 분위기 속에서 GM의 유명한 모토라마 쇼가 뉴욕에서 열렸을 때, 〈클리블랜드 프레스〉의 돈 실버 기자가 한번은 GM의 홍보 책임자 폴 개럿에게 시간을 물었다. 개럿은 직접 시간을 확인하는 대신 켄 왈이라는 이름의 보좌관을 보며 이렇게 말했다. "켄, 지금 몇 시인지 말해주게."

기업에 대한 맹목적인 신뢰가 당연시되던 시절이었다. GM은 많은 기업 중에서도 가장 좋은 직장으로 여겨졌다. 가장 규모가 큰 기업이었고, 사회적으로 존경받았으며, 가장 많은 돈을 벌었고, 보너스와 주

모토라마 쇼는 제너럴 모터스에서 강력한 권한을 누렸던 수석 디자이너 할리 얼의 아이디어로 시작되었으며 큰 성공을 거두었다. 관람객들은 이 쇼에서 회사의 최신 모델뿐 아니라, 미래의 자동차에서 볼만한 현대적 디자인의 매력도 만끽할 수 있었다. (사진 출처 DENNIS STOCK, MAGNUM PHOTOS, INC.)

식을 통해 직원들에게 조용하고 후하게 보상했기 때문이었다. 젊은 시절 부품회사인 AC 챔피언 스파크 플러그의 관리자로 일하던 할로우 커티스는 회사 대표 앨버트 챔피언과 함께 뉴욕으로 가서 알프레드 슬론(Alfred Sloan)을 포함한 GM의 최고위 인사들을 만났다. 그 자리는 커티스에게 일종의 신고식 자리였고, 본사의 임원들로서는 중서부에서 올라온 신참들을 샅샅이 검증하는 자리였다. 두 사람 모두 GM의 기준에 충족한 것 같았다. 마지막에 슬론이 챔피언과 커티스 두 사람에게 유망한 임원들을 위한 GM의 핵심 경영 투자 프로그램에 참여하도록 제안했기 때문이었다. 그들은 약 25,000달러를 투자할 수 있었고, 슬론은 두 사람에게 몇 년 후 각각 150만 달러씩을 되돌려받을 수 있다고 약속했다. 이는 소득세가 상승하던 시대에 최고 경영진을 보호하고 보상하기 위한 회사 차원의 선구적인 방법이었다. 갑자기 커티스는 자신이 성공하는 것 외에 진짜 부자가 될 수도 있다는 것을 깨달았다. 돌아가는 길에 커티스는 챔피언에게 말했다. "꽤 좋은 거래 같네요. 그렇지 않습니까? 거의 확실한 것과 다름없어 보입니다." 챔피언은 대답했다. "우리는 그렇게 하지 않을 거야, 레드. 나는 뉴욕이 우리의 사업 운영 방식에 대해 이래라저래라 하는 것을 믿지 않아."

폐쇄적인 제너럴 모터스의 세계 내에서도 쉐보레는 별개의 세상처럼 여겨졌고, 어쩌면 너무 잘난 체하는 느낌마저 들었다. 결국 GM은 전체적으로 하나의 거대 기업이었지만, 쉐보레는 다른 부서들은 그저 장식에 불과하고 자신들이야말로 제너럴 모터스의 심장과 영혼이라고 생각했다. 그들은 매해 GM 수익의 거의 70~75%를 책임지고 있었다. 쉐보레는 건강하고 안정적인 젊은 미국인들이 타는 차였다. 쉐보레는 집에서 만든 사과 파이나 콜라, 월드 시리즈 야구 경기, 노먼 록웰이 그린 〈새터데이 이브닝 포스트〉의 표지, 뒷마당에서 구운 햄버거처럼 세계 어디에서도 복제할 수 없는, 확실한 미국적인 것들의 목록에 포함되어 있었다. 그 당시 쉐보레는 이러한 미국적인 상징들과 자사의 광고를 연결시키는 데 탁월한 능력을 발휘했다. 쉐보레는 단순히 위대한 미국 자동차가 아니라, 미국만의 독특한 무언가를 가진 자동차였다. 그 당시 그들에게 유일한 두려움이 있었다면, 연방 정부가 제너럴 모터스를 여러 개의 회사로 분할할지도 모른다는 것이었다. GM의 나머지 회사들이 슬론의 걸작이 쪼개질 수도 있다는 불안감을 느끼고 있었다면, 쉐보레의 불안감은 훨씬 적었다. 사실 어떤 면에서는 거의 자만심에 가까웠는데, 연방 정부가 행동에 나서 쉐보레가 분리되더라도, 여전히 미국에서 가장 큰 회사가 될 것이기 때문이었다.

1950년대 초반에는 GM 본사의 어느 누구도 쉐보레의 운영에 거의 개입하지 못했다. 사실, 1950년대 이전까지 본사의 권한은 상대적으로 약했으며, 규모나 인력 면에서도 부족한 상태였다. 쉐보레는 슬론과 그의 위대한 조력자였던 빅 빌 크누드센(Big Bill Knudsen)[36]과 같은 회사의 창립 거물들이 힘을 합쳐 만든 거대한 산업적 걸작이었다. (1950년대 후반과 1960년대 초반에 본사는 교묘하게 쉐보레의 자율성을 제한하려 했다. 쉐보레 직원들이 외부의 강요된 변화에 저항한다는 것을 알고 있던 본사는 퇴직한 쉐보레 최고 경영진들을 본사로 승진시켰다. 이들은 한때 자신들이 몸담았던 부서의 취약점뿐만 아니라, 한때 자랑스럽고 독립적이었던 이 왕국을 어떻게 억누르고 약화시킬지도 정확히 알고 있었다. 일부에서는 쉐보레를 이끈 후 본사로 승진해 가는 것이 그다지 큰 승진으로 여겨지지도 않았다. GM과 긴밀히 일했던 디트로이트의 광고인 톰 애덤스는 "쉐보레를 떠나 본사로 옮겨가면, 그건 거의 은퇴하는 것이나 같았다."라고 말하기도 했다.)

그러나 쉐보레의 막대한 부와 권력에도 불구하고, 커티스가 아이젠하워의 내각에 합류한 윌슨을 대신해 제너럴 모터스 사장에 취임했을 때는 자동차 자체가 회사의 잠재적 약점으로 거론되고 있었다. 쉐보레의 기본 모델은 점점 구식이 되어가고 있었다. 쉐보레는 GM의 저가형 모델 위치를 차지하고 있었는데, 회사가 자동차를 더 크고 무겁게 만들어서 차 한 대 당 이익을 더 많이 내려고 끊임없이 노력한 결과로 전통적인 쉐보레의 위치가 점차 약화되고 있었다. 제너럴 모터스의 자동차 성능 향상을 위한 대대적인 노력은 빌 크누드센이 포드에게서 엔트리급 틈새 시장을 빼앗아 오기 위해 쉐보레를 업그레이드하면서 시작되었다. 이제 쉐보레가 경쟁력을 잃어가는 것이 보였다. 차들은 촌스럽게 여겨졌고, 엔트리급 시장의 주도권은 다시 포드로 넘어가고 있었다. 포드는 8기통 엔진을 도입했는데, 이는 포드의 저가 모델에 도움을 주었을 뿐만 아니라 전체 라인업에서 GM을 위협할 정도로 성공을 안

---

36   제8장에 나오는 지몬 (벙키) 크누드센(Semon (Bunkie) Knudsen)의 아버지이다. 본명은 윌리엄 크누드센으로 큰 덩치 때문에 '빅 빌'이라는 별명으로 불렸다.

겨주고 있었다. 포드의 차들은 이제 더 핫하고 섹시하게 여겨졌고, 6기통밖에 없는 쉐보레는 뒤처지고 있었다. 회사가 '블루 프레임 식스'라고 불리는 구식 6기통 엔진을 너무 오래 사용한 것은 분명해 보였다. 게다가 한 자동차 전문 작가가 "허버트 후버[37] 시대의 디자이너가 디자인한 것처럼 보인다."라고 말할 정도로 차의 스타일은 지루해 보였다. 그래서 1951년 말, 윌슨은 마지막으로 중요한 결정을 내리면서 당시 비서였던 커티스에게 쉐보레에 활력을 불어넣어야 한다고 말했다.

커티스는 스포츠카를 닮은 더 날렵하고 새로운 쉐보레를 구상했다. 엔진은 8기통이어야 했고, 즉시 개선되어야 했다. '즉시'란 2년을 의미했다. 일반적으로 엔진이나 변속기, 차체를 완전히 재설계하는 프로젝트의 경우에는 최소 3년, 길게는 4~5년이 걸렸다. 하지만 커티스는 자신이 해야 할 일을 정확히 알고 있었다. 그는 회사 내에서 가장 실력있는 엔지니어로 통하던 에드 콜(Ed Cole)을 새로운 쉐보레 프로젝트의 책임자로 임명하기로 결정했다.

에드 콜은 회사 내에서 문제 해결사이자 독보적인 혁신가였다. 그는 일반적인 기준으로 볼 때 회사를 다니는 사람치고는 지나치게 독특하고 거리낌없는 인물이었으며, 아마도 GM 내의 동 세대 인물 중에서는 독립적이고 관습에 얽히지 않는 마지막 인물이었을 것이다. 그는 관료주의의 힘이 커질수록 항상 이에 맞서 싸웠다. 그는 회사 돈을 쓰는 것을 좋아해서 재무 담당자들로부터 미움과 불신을 받았지만, 추진력과 재능이 뛰어났기에 다른 임원들은 그를 용인했다. 콜은 회사가 요구하는 것을 해낼 수 있을 뿐만 아니라 엄청난 압박과 촉박한 기한 속에서도 그것을 해낼 수 있는, GM처럼 큰 조직에서는 흔치 않은 인물이었다. 그는 제2차 세계대전 당시 GM의 전차를 만들면서 회사에서 스타

---

37   미국의 제31대 대통령으로 재임 기간은 1929년부터 1933년까지였다.

로 떠올랐고, 이후 36세라는 젊은 나이에 캐딜락의 수석 엔지니어가 되었다. 그러던 중 한국전쟁이 발발하자 클리블랜드에 있는 낡고 버려진 공장을 인수해 말 그대로 콩 자루만 잔뜩 쌓여있던 곳에서 한국전쟁에서 사용될 전차를 만들었다. 콜은 회사 내의 다른 많은 사람들과는 달리 전쟁 기간의 강렬한 압박감과 긴박감을 즐겼으며, 불가능하다는 상급자들의 말을 무시하고 자신의 방식대로 일을 밀어붙일 수 있는 영향력을 갖고자 했다.

에드 콜은 미시간 주 마른의 농장에서 자랐다. 그는 농장의 지루함을 싫어했고, 가능한 한 빨리 그곳을 떠나야겠다고 늘 맹세했다. 그는 원래 변호사가 되려고 준비하고 있었지만, 뛰어난 손재주 덕분에 엔지니어 쪽으로 방향을 돌렸다. 그는 플린트에 위치한 제너럴 모터스 공과대학(GMI)에 입학했고, 성적이 너무 좋아 졸업하기도 전에 캐딜락에 스카우트되어 바로 엔지니어링 부서에서 일하기 시작했다. 처음부터 그는 달랐다. 그는 남다르고, 열정적이며, 끈질기고, 주변의 온갖 것에 도전하는 사람이었다. 그는 회사에 많은 돈을 벌어다 줬으며, 그의 친구 톰 애덤스에 따르면, 모든 것을 시도해봐야 했기 때문에 회사에 많은 손실도 끼쳤다. 그는 일주일에 150개의 아이디어를 냈고, 각각의 아이디어가 실제로 성공하거나 실패하는지 확인해야 했다. 애덤스는 콜이 아마도 자신이 만난 사람 중에서 가장 열정적인 사람이었을 것이라고 말했다. 일할 때는 물론 놀 때도 마찬가지였다. 그와 함께 사냥을 나갈 때면, 그는 자신과 일행을 너무나 맹렬히 몰아붙여서 사냥개들보다 앞장서 나갔다. 그런 그를 보고 톰 애덤스는 "에드, 당신과 사냥할 때는 사냥개들이 필요 없어요."라고 말하곤 했다. 낚시를 할 때도 그는 더 오래, 더 열심히 낚시를 했고, 자신이 가장 큰 물고기뿐만 아니라 가장 많은 물고기를 잡고자 했다. 플로리다 키스에 가서 가벼운 장비로 거대한 타폰을 낚았을 때, 그는 마치 하루종일 물고기와 싸우는 것처럼 보였다. 자신은 물론 아내와 친구들이 쏟아지는 햇볕에 힘들어하는 것에도 아랑곳하지 않았다. 그리고 결국 그렇게 잡은 타폰을 그는 다시 물에 놓아주었다. 수많은 호수가 있는 북부 미시간에서 어린 아들 데이비드와 낚시를 할 때는, 5~6일 동안 한 호수에 머물기보다는 매일 다른 호수를 찾아다니며 배를 타고 낚시를 했다.

고장이 난 모든 기계 장치는 그에게 도전 과제였다. 망가진 가정용 기기를 버린다는 생각은 그에게 개인적인 모욕이나 다름없었다. 집에 있는 커피 메이커가 작동하지 않으면 에드 콜은 꼭 그것을 고쳐야 했다. 그와 친구들이 캐나다로 낚시 여행을 갔을 때 발전기 모터가 고장 났다. 에드 콜은 밤을 새워 그것을 고쳤는데, 꼭 필요해서도 아니고 다음 날 아침에 발전기가 필요해서도 아니었다. 단지 그는 프랑스계 캐나다인 가이드가 손전등을 들고 있는 가운데 밤새 일하면서, 자신이 그것을 고칠 수 있다는 것을 세상에 증명하고 싶었던 것이다. 그는 농부의 밭에서 사냥을 하다가 고장난 수확기를 발견하면, 반드시 멈춰 서서 그것을 고쳐야 직성이 풀렸다. 그의 집 수영장의 히터가 고장 났을 때도 다른 사람들처럼 전문 수리공을 부르지 않았다. 에드 콜에게는 전화번호부가 필요 없었다. 대신 그는 수영장으로 들어가 히터를 수리하기 시작했고, 작은 폭발로 눈썹이 그을리는 사고를 당하기도 했다.

그는 세련됨과는 거리가 먼 사람이었다. 최고의 엔지니어였지만, 자신의 분야를 벗어난 일에는 거의 관심이나 호기심이 없었다. 특별히 뛰어난 사업가도 아니었고, 잘 속아서, 미시간 남부에서 거대한 유전을 발견하겠다고 주장하는 사람으로부터 많은 돈을 주고 채굴권을 산 적도 있었다. GM의 고위 임원을 지냈던 버드 굿맨은 자신이 아직도 콜에게 전화기 사용법을 가르치고 있다는 농담을 하곤 했다.

그는 세대를 거듭하며 제도적 가치가 고착화되고 조심성과 신중함이 강조되던 GM에서 승진 가도를 달리던 대부분의 다른 사람들처럼 점잖거나 조심스럽지 않았다. 콜은 좋은 자동차를 만들기 위해서라면 무엇이든 해야 한다고 자주, 강조해서 주장했다. 1950년대 중반이 되면서, 그 주변의 많은 사람들은 해가 갈수록 자동차와 엔지니어링에 대한 열정을 잃어가고 있었으나 그는 이런 주장을 계속하고 있었다. 하지만 그들로서는 매번 조우할 때마다 일종의 원초적인 힘을 발휘하는 것 같았던 에드 콜의 상대가 되기에는 역부족이었다.

그의 처신도 매끄럽지는 않았다. 그는 GM의 임원답지 않은 일들을 벌였다. 그는 이혼을 했는데, 이는 당시의 회사 규정을 위반한 것이었다. 한동안은 화려한 생활로 유명한 영화배우 마미 밴 도런(Mamie Van Doren)과 사귀기도 했는데, 주변에서는 배우와 사귈 거면 리 레믹(Lee Remick) 같은 사람이 낫지 않느냐고 수군대기도 했다.[38] 하지만 그는 아랑곳하지 않고 밴 도런에게 립스틱 색깔에 맞춘 코르벳을 선물하기도 했다. 그의 재혼 상대는 자신보다 훨씬 젊고 눈에 띄는 금발의 여성이었는데, 이름이 돌리(Dolly)였다.[39] 돌리 콜은 확실히 불룸필드 힐스 컨트리 클럽에서 순서를 기다리며 만족해 하는 일반적인 GM 스타일의 아내가 아니었다. 그녀가 나타난 순간부터, 다른 아내들은 그녀의 출현으로 회사의 문화 뿐만 아니라 회사 내의 모든 결혼 생활이 위협받을 수도 있다는 느낌을 받았다.

콜의 모토는 전혀 GM의 임원답지 않게 "현상 유지에서 벗어나자."라는 것이었다고 한 친구는 말했다. 그는 1949년형 캐딜락을 개조한 V8 엔진 설계에서 중요한 역할을 했지만, 더 가볍고 강력한 엔진을 향한 쉐보레에서의 새로운 도전이 그로서는 더욱 큰 과제였다. 에드 콜은 전시 체제에 돌입했다. 그는 최고의 엔지니어를 찾으려고 회사를

---

38   마미 밴 도런은 1950년대의 주로 B급 영화에 출연하는 섹스 심벌이었고, 리 레믹은 세련되고 지적인 이미지의 여배우였다.
39   돌리는 도로시의 애칭인 동시에 '인형'을 뜻하기도 한다.

샅샅이 뒤졌고, 그들에게 완전히 새로운 것을 만들어보자고 제안했다. 그는 1952년 5월에 쉐보레 프로젝트를 출범했고, 엔지니어 숫자는 약 850명에서 금새 3,000명으로 늘어났다. 에드 콜은 새로운 V8 엔진 개발에서 탁월한 성과를 냈다. 경쟁사들도 인정했듯이, 그것은 당시 업계가 만들어낸 가장 훌륭한 엔진이었다. 그의 V8은 본질적으로 균형이 잡혀 있었다. 4기통이나 6기통 엔진과 달리, V8은 두 세트의 4기통이 서로 균형을 이루고 동시에 점화되어 엔진을 더 부드럽게 만들었으며 차의 진동을 줄였다. 새로운 기술 덕분에 엔진은 과거의 V8보다 강력한데도 상당히 가벼워졌다. 1955년형 쉐보레는 거의 모든 것이 새롭게 바뀌어 출시되었다. 이는 디트로이트에서 생산된 차들에서는 좀처럼 볼 수 없는 일이었다. 사용된 4,500개의 부품 중 3,825개가 완전히 새롭게 바뀌었다. 프로젝트에 참여했던 디자이너 클레어 맥기천(Clare MacKichan)은 새로운 차의 디자인이 "젊음, 속도, 가벼움"을 상징하도록 설계되었다고 말했다. 일반적으로 낮고 강력한 자동차를 좋아했던 사람은 할리 얼이었지만, 이번에는 에드 콜이 이를 추진했다. 얼은 차고를 61인치까지 낮췄을 때 매우 기뻐했다. 하지만 그때도 콜은 만족하지 않았다. "젠장, 60인치를 넘기면 안돼."라고 그는 말했다. 1955년형 쉐보레를 개발하던 2년 동안이 그가 회사에서 보낸 가장 행복한 시간이었을 것이다. 그는 완전히 새로운 일을 하고 있었고, 재무팀과 끊임없이 싸우긴 했지만, 경영진의 지지를 받고 있었다. 그래서 그는 차와 함께 살다시피 했다. 차는 그에게 집이나 다름없었다. 그는 주말에도 계속 회의를 주재했다. 그의 차고에는 프로토타입이 세워져 있었는데, 새로운 아이디어와 씨름하던 그는 한밤중에도 일어나 차고로 가서 그걸 만지작거리곤 했다. 프로토타입 V8 엔진이 완성되자, 그는 그것을 1953년형 쉐보레에 장착하고 시동을 걸었다. 그는 아들 데이비드와 함께 그 차를 타고 북부 미시간으로 여행을 갔다. 주 경찰이 탄 포드 차가 따라오는 것 같아서 에드 콜은 가속 패달을 끝까지 밟고 달렸다. 한참 뒤에 그는 볼드윈의 작은 카페에서 샌드위치를 사서 나오다가 가게로 들어서던 그 경찰과 마주쳤다. 그는 화난 게 아니라, 호기심에 빠져 있었다. "도대체 그 쉐보레에 뭐가 들어있는 거요?" 그가 물었다. 콜은 매우 기뻤다. 곧 그가 차의 후드를 열자, 카페에 있던 모든 사람들이 그의 차 옆으로 모여들었다. 그날 이후 그에게는 특별한 재미가 하나 생겼다. 주유소에 들러 주유원에게 기름을 가득 넣고 오일과 가스를 점검해달라고 하면, 보통 자동차 광들이던 주유원들은 거의 언제나 "이건 쉐보레가 아닌데요."라고 외치곤 했다. 그럴 때마다 그는 "당연히 쉐보레지, 친구야."라고 대답하곤 했다.

1955년형 쉐보레는 1954년 10월에 드디어 완성되어 전시장에 전시되기 시작했고, 엄청난 인기를 끌었다. 새 차는 가벼운 4.3리터의 265 큐빅인치 V8 엔진으로 160마력을 냈다. 새 차는 자동차 마니아들에게 커다란 기쁨을 주었다. 첫 해에 회사는 183만 대의 승용차와 V8 엔진을 탑재한 393,000대의 트럭을 판매했다.

강력하고 완전히 새로운 자동차로 무장한 콜은 포드뿐만 아니라 은밀하게 캐딜락도 공략하기 시작했다. 에드 콜이 프로젝트를 맡았을 때부터 실제로 의도했던 것은 캐딜락과 경쟁할 수 있는, 캐딜락만큼 크고 강력한 힘을 가진 쉐보레를 만드는 것이었다. 그는 쉐보레를 '서민의 캐딜락'이라고 즐겨 불렀다. 디자이너 밥 케더렛은 "그는 평범한 사람들이 작은 캐딜락을 운전하고 있다고 느끼기를 원했습니다."라고 말했다. 또는 할리 얼이 어느 날 디자인 작업실에서 할로우 커티스에게 했듯이, "저기 보세요. … (저 차에) 캐딜락 엠블럼만 붙이면 캐딜락으로 팔 수 있을 겁니다."라고 말하고 싶었을 것이다. 이보다 더 큰 찬사가 있을까? 콜이 이끄는 쉐보레는 차체가 점점 커지고 더 강력해졌다. 한때 90에서 100 정도였던 마력이 이제 급격히 증가해, 160에서 250마력으로, 그리고 마침내 325와 410마력까지 상승했다. 차량 내부에는 파워 스티어링, 파워 브레이크, 에어컨과 같은 옵션들이 장착되었다. 결국 그는 자신이 목표로 했던 바를 이루었다. 캐딜락에 버금가는 자동차로 쉐보레를 만들어낸 것이다. 그가 즐겨 말했듯이, 이것이 바로 대중이 원하던 "검소한 밍크"였다.

에드 콜은 이렇게 짧은 시간 내에 자동차를 완성시켜 회사를 놀라게 했다. 그는 어느 때보다 잘 나가던 포드 사에 성공적으로 도전했을 뿐만 아니라, 더 크고 더 강력한 차들의 시대를 위한 초석을 마련했다. 두 회사의 경쟁 속에서 미국인들은 자동차를 사려고 한 해에 약 650억 달러를 소비했는데, 이는 국민 총생산의 5분의 1에 해당하는 금액이었다. 다음 해의 광고 슬로건은 "핫한 차가 더 핫해졌다."였다.

제33장

웨스팅하우스와 말보로가 일으킨 광고 혁명

가정에서 땀을 흘리지 않고도 새롭고 편리한, 멋진 삶을 누릴 수 있는 시대가 도래했다. 1954년 〈라이프〉 지는 "이토록 짧은 기간에 이렇게 많은 사람들이 이만큼의 풍요를 누린 적은 없었다."라고 썼다. 당시 음식평론가였던 포피 캐넌(Poppy Cannon)도 이에 동의했다. 그녀는 1953년에 새로운 미국의 꿈을 상징하는 물건으로 깡통 따개를 들면서 이렇게 썼다. "지금처럼 우리들에게 이렇게 많은 것들이 주어진 적은 없었다. 깡통 따개는 부와 자유로 가는 마법의 열쇠였으며,… 지루함, 공간의 제약, 노동, 그리고 사람들의 미숙함에서 벗어나 자유로 통하는 문이 열렸다." 1956년 10월, 〈포춘〉 지는 "놀라운 나라!"라는 제목으로 소비주도형 경제를 찬양하는 기사를 게재하면서, "오늘날 미국인들처럼 국민 전체가 이렇게 많은 값비싼 물건들을 이토록 쉽게 구매한 적은 없었다."라고 썼다. 이 시기는 실제로 놀랍도록 풍요로운 시대였다. 주방과 가정용품들이 경이로운 발전을 계속했으며, 자동차 산업과는 달리 이들 제품들은 기능이 점점 더 좋아지면서도 가격은 오르지 않았다. 오히려 제품의 성공은 가격 하락으로 이어졌다. 소비자들은 더 적은 비용으로 더 많은 것을 구매하고 있었다.

미국의 삶은 모든 면에서 더 나아질 것처럼 보였다. 낡은 차는 새 차로 교체되었고, 3년 전에 구입한 냉장고 대신 더 크고 현대적인 냉장고가 그 자리를 차지했다. 제조업체들은 시장이 포화 상태에 이르면 판매가 감소할 것이라고 두려워했지만, 이는 사실이 아닌 것으로 판명되었다. 사람들이 저축을 지나치게 많이 하지 않을까 우려하던 소매상인들의 두려움도 마찬가지였다. 전후 미국이 우려해야 할 많은 문제들이 있었지만, 미국인들이 저축을 지나치게 많이 한다는 항목을 여기 들어 있지 않았다. 시장은 포화 상태였지만, 사람들은 더 다루기 쉽고, 더 깨끗하게 세탁하고, 더 많은 접시와 유리잔을 씻고, 더 많은 냉동 스테이크를 보관할 수 있는 새롭고 개선된 제품들을 계속해서 사들였다. 자동차 산업을 이끌던 사람들이 해마다 자동차의 연식을 변경해가면서 해냈던 일들을, 규모는 조금 다르지만 이제는 가전제품과 가구 제조업체들에서 자신들의 사업에 써먹고 있었다. 사람들이 더 많은 가전제품을 사들이는 것은 당연했다. 오랫동안 쓰던 물건들이 갑자기 불편하고 시대에 뒤떨어진 것으로 보였기 때문이다. 무엇보다도 끊임없이 여성 잡지들에 묘사된 새롭고도 환상적인 주방의 모습들이 주부들의 시선을 빼앗은 결과였다. 거의 모든 가정에는 냉장고가 있었다. 하지만 1955년 한 해에만 소비자들은 13억 달러를 들여 400만 대의 새 냉장고를 구입했는데, 이는 전년도에 비해 크게 증가한 수치라고 〈포춘〉

지는 보도했다. 이유는 간단했다. 바로 냉동식품 때문이었다. 구형 냉장고들은 얼음 몇 통만 얼릴 수 있는 아주 작은 냉동실을 가지고 있었다. 새로운 냉장고들은 냉동 식품과 데우기만 하면 바로 먹을 수 있는 즉석 냉동 식품이라는 놀랍고도 새로운 세상을 위해 설계된 것이었다.

눈부신 새로운 미국식 주방과 놀라운 가전제품들, 그리고 당시 일어나고 있던 판매와 광고의 혁명을 상징하는 한 인물이 있다면, 그것은 바로 '웨스팅하우스의 여인'으로 불리던 여배우 베티 퍼니스(Betty Furness)였다. 1949년에 베티 퍼니스는 33세였고, 5년 동안 대부분이 B급 영화인 36편의 영화를 찍은 후 경력 막바지에 접어들고 있었다. 당시까지 텔레비전 광고는 주로 라디오 출신들이 맡았는데, 그들은 대본은 잘 읽었지만 암기나 카메라 앞에서 연기하는 것에는 서툴렀다. 웨스팅하우스의 스토브 앞에 서서 초콜릿을 데우라는 지시를 받은 한 여성 출연자가 대사와 연기를 동시에 해야 한다는 부담감을 이기지 못하고 녹은 초콜릿을 스토브에 쏟아버린 일도 있었다.

퍼니스는 당시 '스튜디오 원'이라는 텔레비전 프로그램에서 생방송 연기를 하고 있었는데, 라디오 출신들의 비전문성에 경악했고, 무능한 아마추어들이 시각 매체를 침범하고 있다며 촬영장에서 목소리를 높였다. 그때, 광고 대행사의 누군가가 그녀에게 광고를 찍어보지 않겠느냐고 제안했다. 그녀는 기꺼이 도전했고, 자신이 잘 할 수 있다는 것을 확인한 후, 1949년 당시로서는 꽤 큰 돈이던 주당 150달러에 이 일을 하기로 계약했다. 하지만 그녀는 곧 이 일이 무척 힘들다는 것을 깨달았다. 웨스팅하우스가 단독 스폰서였던 '스튜디오 원'에서 그녀는 매회 3분짜리 광고 한 편과 1분 30초짜리 광고 두 편을 찍어야 했다. 이 광고들은 매회 다른 내용으로 생방송되었기 때문에 그녀는 매회 다른 대사를 외어야 했다.

그녀는 곧 매력적이면서도 여성들의 질투를 불러일으키지 않는 자

텔레비전의 힘 덕분에, '웨스팅하우스의 여인'으로 불렸던 베티 퍼니스는 1952년과 1956년 전당대회 기간 동안 미국의 주요 정치인들 못지않게 전국적인 유명 인사가 되었다. (사진 출처 CULVER PICTURES)

신의 외모가 대중적으로 먹힌다는 사실을 발견했다. 남성들도 그녀의 외모를 좋아했지만, 더 중요한 것은 광고의 주요 타깃인 여성들이 그녀를 좋아하고 있었다. 그녀의 외모는 여성 잡지의 사진이나 광고에 등장하는, 그렇게 화려해 보이지 않으면서도 세련되고 경쾌하며 자신감 넘치는 현대적인 여성들과 매우 닮아 있었다. 그녀는 미국 내 어느 가정의 부엌에서나 찾아볼 수 있는 전형적인 미국의 주부처럼 보였다. 그녀는 가사 노동을 완전히 없애지는 못하더라도 적어도 쉽고 멋지게 만들어 줄 수 있을 것같은 이 활기차고 새로운 작업장인 부엌에서 한껏 자신감을 뿜어냈다. 광고 관계자들은 그녀가 더욱 주부답게 보이기를 원했다. 그래서 결혼 반지를 끼라고 압박했다. 심지어 그녀가 실제로 살아있는 웨스팅하우스 로고가 되도록 가명을 쓰게 하자는 심각한 논의까지 있었다. 광고 대행사의 누군가가 그녀에게 "우리는 당신이 베티 크로커[40]처럼 되었으면 해요."라고 말했다. 그러자 그녀는 "하지만 저는 베티 크로커가 아니라 베티 퍼니스예요."라고 대답했다. 그가 다시 말했다. "그럼, 이 광고들을 찍을 때 앞치마를 입는 건 어떨까요? 그게 훨씬 주방에서 일하는 주부처럼 보일 것 같은데요." 그러자 그녀가 응수했다. "저는 앞치마를 두르고 싶지도 않거니와, 주방의 일부처럼 보이고 싶지도 않아요." 그녀는 단호한 자의식을 가지고 있었고, 그들은 그 후로는 그녀가 내키는 대로 하도록 놔 두었다.

그녀는 1952년 양당의 대통령 후보 지명 전당대회가 열리던 기간에 처음으로 상당한 비중을 차지하는 유명인사로 떠올랐다. 웨스팅하우스는 이 기간에 엄청난 분량의 방송 시간을 구매했고, 그녀는 월터 크롱카이트와 맞먹을 만큼 텔레비전 화면에 많이 등장했다. 월터 크롱카이트가 본격적인 스타 언론인으로 부상한 것도 이때부터였다. 그녀는 한 시간에 세 번 이상 출연하지 않기로 합의한 바 있었지만, 방송이 하루 종일 계속되었기 때문에 일주일 내내 매일 20~25회 정도씩 출연해야 했다고 그녀는 나중에 회고했다. 양당의 전당대회는 연이어 열렸고, 그녀는 미국의 어떤 정치인보다도 더 많은 시간 동안 방송에 출연했다. 다행히도 그때는 텔레프롬프터가 활용되기 시작한 다음이어서, 그녀는 대사를 외우느라 쉬는 시간을 모두 할애할 필요까지는 없었다.

그녀의 옷차림은 대단한 화젯거리가 되었다. 그녀는 자신과 시청자들에게 신선한 모습을 보이기 위해 하루에 최소 세 번은 옷을 갈아입어야 했다. 그녀는 광고가 나갈 동안 가능한 한 많은 사람들이 화장실에 가느라 자리를 뜨지 않도록 붙잡아 두어야 하는 자신의 역할을 타고난 감각으로 이해하고 있었다. 따라서 그녀는 흥미롭고 예측할 수

40　1920년대에 만들어진 한 식품 회사의 캐릭터로 오랫동안 주부들에게 인기를 끌었다.

없는 모습을 보여야 했다. 그녀가 계속 옷을 바꿔 입으면, 주부들은 그녀가 다음에 무엇을 입을지 궁금해할 것이었다. 1956년의 전당대회 기간에 그녀는 28벌의 다른 옷차림으로 등장했고, 나중에 〈라이프〉 지는 그녀가 서로 다른 옷을 입은 사진들을 모아 특집 기사를 꾸미기도 했다. 그녀는 모든 옷을 직접 구매했다. 여기에는 이유가 있었다. 웨스팅하우스가 옷값을 지불한다면 회사에서 그녀가 입을 옷을 결정할 것이고, 그녀는 웨스팅하우스 임원들의 아내처럼 보여야 할 것이 확실했기 때문이었다. 하지만 그녀는 자신에게 맞는 스타일을 정확히 알고 있었다. 그것은 현대적이고 단정하며 장식이 없는, 세련되면서도 수수한 옷차림이었다.

그녀는 순식간에 유명해졌을 뿐만 아니라 온갖 부류의 사람들이 그녀를 친구로 여기는 것처럼 보였다. 외출할 때마다 사람들은 그녀를 알아보고는 말을 걸고 싶어 했다. 놀랍게도, 그들에게 그녀는 그저 '베티'로 통했다. 그들은 그녀의 성을 부를 필요를 느끼지 못했는데, 그녀가 항상 자신들의 집에서 볼 수 있을 뿐더러 실제로 부엌일을 도와주는 존재로 여겨졌기 때문이었다. 웨스팅하우스 가전제품의 판매는 급증했고, 이는 분명 이 상냥하고 매력적인 여성이 웨스팅하우스 안주인이라는 것과 관련되어 있다는 점에는 의심의 여지가 없었다. 광고를 끝마칠 때마다 그녀는 "웨스팅하우스라면 확실합니다."라고 말했고, 이 말은 그녀의 트레이드마크가 되었다. 그녀의 영향력을 보여주는 한 가지 작은 사건이 있었다. 1952년 6월, 그녀는 미국 국민들에게 모빌에어 공기순환기를 소개했다. 돌이켜 보면, 그것은 다른 선풍기들보다 덩치가 크고 바퀴가 달려 방에서 방으로 옮길 수 있도록 만든 투박한 기계였다. 가격이 89달러나 하던 이 공기순환기는 방 안으로 공기를 불어넣거나 빨아들이는 용도로 사용하는 것이었다. 사람들이 왜 이런 기계를 원하는지 그녀로서는 이해할 수 없었다. 하지만 그녀가 텔레비전에서 이 제품을 소개한 다음 날, 여러 주요 도시에서 모빌레어는 매진되었다.

웨스팅하우스는 자신들이 스타를 보유하고 있다는 사실을 깨달았고, 웨스팅하우스 제품만을 독점적으로 광고하는 조건으로 그녀에게 연간 100,000달러에 3년 동안 해지 불가능한 계약을 제시했다. 이로써 그녀는 한 거대한 얼굴 없는 회사와 미국의 주부들 사이에 우뚝 선 미국 가전제품의 여왕이 되었다. 그녀는 기계들이 비교적 잘 만들어진 것 같다든가, 그 기계를 만든 사람들이 오하이오 출신의 전형적인 미국인들처럼 보인다는 것 말고는 기계 자체에 대해서는 거의 아는 것이 없었다.

가전제품을 계속 홍보하면서 그녀는 기계가 점점 커짐에 따라 자신의 몸집이 점점 작아지고 있다는 느낌을 받았다. 그녀가 이 일을 시작한 1950년에 처음으로 광고했던 냉장고들의 크기는 자신의 어깨 높이인 평균 약 58인치(약 147cm)였다. 그런데 냉장고들이 점차 그녀의 키를 따라잡기 시작하더니, 성에가 끼지 않는 거대한 냉동실이 달린 멋진 제품들로 바뀌어 갔다. 당시 그녀는 이 새롭고 경이로운 시대에 사람들이 주방 가전제품들에게 잡아 먹히고 있다고 생각했다.

그녀가 광고한 웨스팅하우스 제품 중에서 식기세척기만은 유일하게 잘 팔리지 않았다. 웨스팅하우스뿐만 아니라 다른 회사들도 식기세척기의 저조한 판매 실적에 실망하고 있었다. 소비자들을 대상으로 부단하게 연구한 결과, 여성들이 식기세척기 구매를 꺼리는 이유가 밝혀졌다. 현대적인 주방이 너무나 자동화되어 있었기 때문에 여성들은 만약 손수 설거지하는 것까지 그만두면 주방에서의 마지막 입지마저 잃게 될 것이고, 따라서 남편들도 아내의 필요성에 의문을 품을까봐 두려웠던 것이었다.

퍼니스는 자신의 새로운 명성을 그다지 심각하게 받아들이지는 않았다. 한번은 웨스팅하우스 측에서 그녀가 제트 엔진의 작동 원리를 설명하는 광고를 내보내기로 결정한 적이 있었다. 그녀는 이 계획에 아연실색했다. 그녀는 회사측에 사람들이 비웃을 것이라고 말했지만, 그들은 그녀에게 이 일을 맡도록 종용했다. 마침내 광고 문안이 작성되었고, 그녀는 자신이 보기에도 복잡해 보이는 설명서를 들고 제트 엔진 앞에 섰다. "이 엔진들이 작동하는 방식은 말이죠," 그녀는 말문을 열고 잠시 멈추더니, 재빨리 자신의 말을 즉석에서 끼워넣었다. "회사 사람들이 제게 말하더군요."

그녀가 11년간의 광고 방송 일을 마쳐갈 무렵, 웨스팅하우스는 새로운 사장을 맞이했다. 그 사장이 그녀의 광고일을 만족스러워하지 않는다는 점은 확실했다. 어찌보면 자기가 발굴한 인물이 아니기 때문일 거라고 그녀는 생각했다. 머지않아 사장은 그녀에 대해 회의감을 갖기 시작했고, 웨스팅하우스의 이미지를 새롭게 바꾸기 위해 더 젊은 여성이 필요하다는 의견을 제시했다. 그녀를 담당하던 웨스팅하우스 간부 길 베어드는 광고를 위해 새 인물을 구하라는 지시를 받았다. 베어드는 그게 그리 좋은 생각 같지는 않다고 대답했다. 왜 그렇게 생각하느냐고 새 사장이 물었다. 베어드는 이렇게 대답했다. "사장님이 거리에 나서면 아무도 사장님이 누군지 모르죠. 그러나 베티 퍼니스가 길을 걸어가면 모든 이들이 웨스팅하우스를 연상하거든요."

베티 퍼니스가 웨스팅하우스의 상업적인 상징으로서 누렸던 영향력은 광고 매체로서의 텔레비전의 힘이 커지고 있음과 동시에 미국인의 삶에서 광고가 차지하는 영향력이 증대하고 있음을 반영하는 것이었다. 1950년대는 매디슨 애비뉴(Madison Avenue)[41]의 혁명 시대라고 불

41　(편집자 주) 매디슨 애비뉴는 뉴욕의 광고대행사가 모여있는 거리라서 미국의 광고산업을 가리키는 표현으로 사용된다.

로저 리브스는 텔레비전 광고의 초창기 성공 사례를 기록한 인물 중 한 명으로, 메시지가 단순할수록 더 큰 성공을 거둘 수 있다고 믿었다. (사진 출처 THE NEW YORK TIMES)

릴만 했다. 20세기 초반까지 가정은 가끔씩 찾아오는 외판원들만 피하면, 상품 판매 업자들로부터 비교적 안전한 피난처였다. 여러 이유가 있겠지만, 무엇보다도 가정 내의 가처분 소득이 매우 적었다. 하지만 라디오 광고는 영리하고 교묘하게 소비자들에게 다가설 수 있는 가능성을 만들어냈고, 텔레비전은 이 분야를 더욱 극적으로 확장시켰다. 텔레비전은 섬세하고 복잡한 것에서부터 간결하고 반복적인 메시지를 꾸준히 주입시키는 것에 이르기까지 다양하고 새로운 기법들을 제공했다. 처음에 주요 광고 대행사의 텔레비전 부서는 소규모에 인력도 부족했으며, 적자를 기록했다. 그러나 상황은 금세 바뀌었다. 텔레비전 광고의 주요 설계자이자 수혜자 중 한 명인 로저 리브스는 이렇게 말했다. "이것은 결코 길들여진 새끼 고양이 정도가 아니었어요. 우리에겐 사나운 식인 호랑이가 있다는 걸 알았죠. 우리는 신문이나 라디오에서 사용하던 광고를 똑같이 텔레비전으로 내보낼 수 있었죠. 그랬더니 텔레비전 보급이 많지 않던 시절임에도 판매고가 하늘을 치솟을 정도였어요." 텔레비전의 위력이 커가는 속도는 그것을 예언했던 사람들조차 놀라게 했다. 1949년 매디슨 애비뉴의 텔레비전 광고 매출은 모두 합해 1,230만 달러였다. 이는 이듬해에 4,080만 달러로, 그 다음 해에는 1억 2,800만 달러로 급증했다. 물론 텔레비전은 라디오가 할 수 없는 일을 할 수 있었다. 즉, 눈앞에 상품을 보여줄 수 있었다. 텔레비전 광고의 기법을 익히면서 동시에 혁신해 나가고 있던 사람들 중의 한 명이던 벤 더피는 이렇게 말했다. "제품을 보여주세요. 그리고 제품을 사용하는 모습을 보여주세요." 많은 광고주들이 그 말을 따랐다. 스티븐 폭스(Stephen Fox)가 자신의 저서 〈거울 제작자(*The Mirror Makers*)〉에서 언급했듯이, 레밍턴 면도기는 복숭아의 솜털을 면도해 보였고, 밴드에이드는 반창고가 달걀을 들어 올릴 만큼이나 흡착력이 강하다는 것을 보여주었다.

셀러리맨의 꿈이 실현되었다. 전국이 유선으로 연결되었을 뿐만 아니라 화면을 통해 가정에 직접 들어가서 팔 수 있는 시대가 된 것이었다. 로저 리브스의 말대로 "통 속의 물고기를 잡는 것"이나 마찬가지였다. 텔레비전에 재빨리 올라탄 광고 회사들은 연간 매출을 3배에서 4배씩 성장시켰다. 벤 더피가 일찍이 텔레비전 판촉을 맡고 있던 BBDO[42]는 미디어 구매의 80%를 텔레비전으로 전환했고, 1950년까지 텔레비전 부서의 인원을 12명에서 150명으로 증원시켰다. 더피는 시대를 앞서갔고, 그에 따른 보상을 받았다. 회사의 매출은 1945년부터 1960년까지 15년 동안 4,000만 달러에서 2억 3,500만 달러로 늘어났다.

---

42   (편집자 주) BBDO는 -1891년에 출범한- George Batten Company가 Barton, Durstine & Osborn(BDO)과 합병해 만든 광고 대행사 네트워크이다.

광고맨들은 미국 사회에서 새로운 영웅, 혹은 반영웅으로 부상했다. 그들의 이야기를 다룬 소설과 영화들이 등장했다. 그들은 단지 사업가에 불과한 자신들의 고용주보다 더 세련된 옷차림을 하고 다녔다. 그들은 다소 인습을 벗어나고, 심지어 도발적인 삶을 살았다. 그리고 어쩌면 그들은 공익을 보호하느냐, 아니면 이윤을 목적으로 사람들을 조종하기 위해 재능을 이용해 먹느냐 하는 문제로 갈등도 겪었을 것이다. 사실상 광고일은 재능 있는 젊은이들이 자신들의 이상을 훨씬 더 높은 생활 수준과 맞바꾸고, 그리니치와 다리엔의 호화로운 교외 주택을 살 수 있도록 만드는 직업으로 여겨졌다. 매디슨 애비뉴에 모호한 명성을 안겨준 프레데릭 웨이크먼(Frederic Wakeman)의 소설을 영화로 만든 〈헉스터〉에서, 데보라 커(Deborah Kerr)는 클라크 게이블(Clark Gable)에게 그가 타협할 필요는 없으며 광고계에서도 명예로운 사람이 될 수 있다면서 이렇게 말한다. "당신이 믿는 것만 파는 사람이 되어보는 것은 어떨까요? 좋은 것, 사람들이 가져야 할 것들을 품위 있게, 그리고 품격 있게 파는 거죠. 누구나 바라고, 자랑할만한 직업이잖아요."

광고맨이 이 새로운 시대에 그다지 좋은 평판을 받는 직업은 아니었다고 하더라도, 그들의 영향력이 더욱 커졌다는 점은 누구도 의심하지 않았다. 예일 대학의 역사학자 데이비드 포터(David Potter)는 그의 저서 〈풍요로운 사람들〉에서, 1950년대 미국처럼 선택의 폭이 넓은 사회에서는 광고가 점점 더 중요한 역할을 하게 되는 것이 불가피하다고 지적했다. 그는 이렇게 썼다. "광고는 이제 그 사회적 영향력의 크기에서 학교나 교회와 같은 전통적인 기관들과 비교된다. 광고는 대중 매체를 지배하고, 대중의 기준을 형성하는 데 막대한 힘을 가지고 있으며, 실제적으로도 사회적 통제를 행사하는 매우 한정된 기관 중의 하나이다."

광고일은 화려하기는커녕 장시간 근무와 높은 이직률을 동반하는 직업이었으며, 궤양과 심장마비를 유발하고, 아버지 얼굴도 모르는 아이들을 낳는 직업이었다. 광고업 종사자들의 건강 상태를 다른 직종의 임원들과 비교한 연구들에 따르면 그들은 비슷한 나이대의 남성들과 비교해 지속적으로 건강 상태가 좋지 않았다. 광고업은 엄청난 스트레스를 동반하는 직업이었으며, 보상이 컸던 만큼 위험도 컸다. 광고 회사 임원들은 시장을 거의 이해하지 못하는 최고 경영자들이 있는 크고 강력한 기업들의 호출에 항시 대기해야 했다. 대기업들은 순식간에 광고 대행사를 바꿀 수 있었고, 심지어 광고 대행사 내부에서도 경쟁이 극심했다. 빌 벤턴은 이렇게 말했다. "나는 35살 때 벤턴 앤 보울스의 내 지분을 매각했습니다. 그때 나는 연간 300,000달러에서 400,000달러를 벌어들이고 있었죠. 애송이가 그런 돈을 벌 수 있는 사업은 노인들에게 적합하지 않습니다."

텔레비전 업무는 모두가 현장에서 배워나가는 단계였기 때문에, 처음에는 거의 모든 사람들이 서툴렀다. 테드 베이츠, 영 앤 루비컴, 오길비 앤 매더, 도일 데인 같은 몇몇 회사들은 다른 회사들보다 조금 더 민첩하게 라디오에서 텔레비전으로 전환할 수 있었다. 그 덕분에 그들은 분명한 사실 하나를 터득했는데, 그건 바로 새로운 매체가 시각적이라는 것이었다. 하지만 영 앤 루비컴에서조차 첫 대응책으로 세운 게 라디오 부서의 인원을 텔레비전 부서로 자리 이동시키는 것이었다. 반면 정작 필요했던 부서는 소규모 영화 제작팀이었다.

그전까지 광고업은 많은 다른 전문직처럼 일종의 아이비리그 졸업생 네트워크에 의존해 왔다. 기업의 수장들이 학교 동창들을 후원해줄 수 있을 것으로 여겨졌던 것이다. 가장 크고 유명한 광고 대행사 J. 월터 톰슨은 1930년대와 1940년대에 전성기를 맞이했는데, 이는 무엇보다도 기업의 회계 담당자들이 주로 하버드와 예일 출신이기 때문이었다. 하지만 새로운 텔레비전 광고 시대에서는 재능이 모든 것을 좌우했다. 1950년대에 이르자 매디슨 애비뉴의 똑똑한 젊은이들은 J. 월터 톰슨을 너무 답답하게 여긴 나머지 'J. 월터 무덤'이라고 불렀다.

몹시 흥분되고 자극적인 시대였다. 모든 것이 불확실했다. 광고에서의 실수가 대성공으로 바뀌는 일도 가능했으며, 훌륭한 광고가 재앙으로 뒤바뀌는 일도 똑같이 가능했다. 영 앤 루비컴에서 막 일을 시작한 데이비드 맥콜이라는 젊은 광고맨은 1950년대 초에 레버 브라더스 제품인 린소 비누의 광고를 맡게 되었다. 린소는 옛 라디오 시대의 위대한 브랜드 중 하나였지만, 두 가지 이유로 어려움을 겪고 있었다. 제조사가 텔레비전이라는 새로운 매체의 특성을 제대로 이해하지 못했고, 새롭고 더 강력한 경쟁 제품들의 도전 또한 만만치 않았다. 맥콜이 돌이켜 보건대, 린소를 구할 수 있는 방법은 아무것도 없었다. 하지만 만약 광고가 쇠락하던 제품의 소멸을 앞당길 수 있다고 한다면, 바로 맥콜의 광고가 이를 해낸 것이다. 광고는 〈라이프〉 지에 52주 동안 게재되었고, 리처드 애버던을 포함한 미국 최고의 사진작가들이 광고 사진에 참여했다. 그 중에는 16가지의 다양한 문양을 풀 컬러로 보여준 광고도 있었다. 모든 게 완벽했지만, 비누 판매량에는 어떠한 변화도 일어나지 않았다.

텔레비전의 위력 덕분에 기업 내에서는 판매와 마케팅이 점점 더 중시되었다. 스테이크의 맛 못지않게 모양도 중요해진 것이다. 일부 자동차 회사 경영진은 텔레비전 광고의 영향으로 회사 내의 균형추가 엔지니어링과 제조 쪽에서 마케팅과 영업부서 쪽으로 기울어졌다고 훗날 결론을 내렸다. 자동차를 얼마나 잘 만드느냐보다는 스타일링이 어느 정도 괜찮고 광고 캠페인이 충분히 받쳐준다면 마케팅 부서에서 그것들을 팔 수 있다는 일종의 오도된 윤리, 다시 말해 엄청나고 위험천만한 자만심이 뿌리를 내리기 시작했던 것이다.

담배 광고의 경우에는 매디슨 애비뉴의 도전이 어려움에 직면했다. 이 무렵 담배 산업은 위기에 처해 있었다. 흡연이 건강에 해롭다는 증거가 늘어나고 있었다. 로저 리브스는 태리톤 담배 광고를 맡으면서 독창적인 광고 문구로 이러한 의심들을 잠재우려고 시도했다. "타르와 니코틴 모두 필터로 걸러지며 당신의 목구멍까지는 도달하지 않는다고 보장합니다." 하지만 소비자들의 저항은 이미 시작되고 있었다. 필립 모리스가 인기 텔레비전 쇼 '아이 러브 루시'의 스폰서를 맡고 있었음에도 불구하고, 회사의 기대만큼 판매는 늘어나지 않았다. 실제로 매디슨 애비뉴 관계자들 사이에서는 담배 회사가 텔레비전 쇼를 후원하는 것은 잘못이며, 루시의 성공으로 최대한의 이익을 얻겠다는 건 부적절하다는 인식이 퍼지고 있었다. 루시가 최고의 인기를 얻었던 1952년, 실제로 필립 모리스의 판매는 약간 하락했다.

이런 딜레마는 1950년대 중반 정부가 담배 회사들을 압박하기 시작하면서 더욱 심해졌다. 연방거래위원회(FTC)는 필립 모리스 측에 "저명한 이비인후과 의사들로부터 코와 목에 덜 자극적인 제품으로 인정받았다."라는 광고 문구를 중단하도록 명령했다. 곧이어 1954년 7월, 일반적인 미국인들의 생활과 사고 방식을 엿볼 수 있는 바로미터이자 광고를 싣지 않아 상업적 압력에서 자유로운 잡지인 〈리더스 다이제스트〉가 흡연과 암의 연관성을 주제로 기사를 발표했다. 궁지에 몰린 업계에서는 필터 담배를 도입하기 시작했다. 필립 모리스는 말보로라는 브랜드를 만들어 이에 동참했다. 말보로는 처음에는 여성용 담배로 개발되었지만, 1950년대 중반에 회사는 남성을 대상으로도 마케팅하기로 결정했다. 문제는 당시까지 필터 담배가 여성용으로 여겨지고 있었다는 점이었다. 진짜 사나이라면 필터 담배는 거들떠보지도 않고, 폐암 따위는 걱정하지도 않는다는 분위기였다. 필립 모리스 직원들은 이 문제를 해결하고자 시카고에 위치한 레오 버넷(Leo Burnett)의 광고 대행사로 찾아갔다. 버넷은 까다로우면서도 노련한 광고맨으로, 뉴욕에서 떨어진 시카고에서 회사를 유지하고 있다는 점에 대해 자긍심을 가지고 있었다. 뉴욕은 너무 무미건조했고, 그곳 사람들은 지나치게 잘난 체하는 경향이 있었다. 그는 그런 점들이 싫었다. 그는 단순하고 소박한 광고 문안을 선호했다. 실제로 그는 책상에 "소박한 언어"라고 이름 붙인 서류철을 두고 있었는데, 그 안에 단순한 미국식 표현들을 모아두었다. 언젠가 그는 이렇게 말했다. "우리의 개척자적인 접근 방식, 유연한 사고, 그리고 열린 시각 덕분에 우리는 대다수의 미국인들과 솔직하게 소통하는 광고를 쉽게 만들 수 있습니다. 나는 우리 시카고 광고맨들이 모두 평범한 노동자라고 생각합니다. 나는 시카고의 카피라이터들이 연필을 들기 전에 손에 침부터 묻히는, 그런 진정성 있는 모습을 상상하곤 합니다." 물론 버넷 자신도 평범한 노동자에 속했다. 그는 일주일에 7일을 출근했고 두 명의 풀타임 비서를 두고 바쁘게 일했다. 그는 크리스마스 하루만 쉬었다. 그는 종종 가족이 잠든 후에 귀가했다. 그의 자녀들은 그를 거의 보지 못했다. 그의 동료 윌리엄 타일러는 그에 대해 이렇게 말했다. "무척 똑똑한 세 아이가 한밤중에 우연히 물을 마시려고 일어날 때에나 자기 아버지를 본다는 게 아이들한테는 확실히 혼란스러운 일이었을 겁니다."

버넷은 자신의 직감을 믿었고, 당시 광고 대행사들에서 생겨나기 시작한 새로운 연구 부서들을 경계했다. 이들 부서는 사람들이 특정 상품을 원하는 이유를 파악하기 위해 여론조사를 실시했다. 그는 판매를 위한 이런 유사 과학적 접근 방식을 경멸했다. 그는 광고는 과학이 아니라고 생각했다. 그것은 재능과 경험을 요하는 기술이었다. 그는 특히 토속적이고 친근한 캐릭터를 창조해 내고 이를 광고에 활용하는 데서 탁월한 능력을 발휘했다. 졸리 그린 자이언트와 필스버리 도우보이는 그의 대표작이었다.

필립 모리스가 말보로를 더 남성적인 담배로 보이게 할 광고를 요청하자, 버넷은 그의 핵심 직원들과 함께 이 문제를 숙고했다. 그들은 미국인의 삶에서 가장 남성적인 상징이 무엇인지 자문했다. 그 답은 문신이었다. 다양한 배경을 가진 터프한 남성들이 등장하는 광고 시리즈가 기획되었는데, 화면 속의 남성들이 라이터로 담뱃불을 붙일 때면 손에 문신이 드러나 보이는 게 핵심 요소였다. 이들 시리즈 중에서 카우보이가 등장하는 광고가 단연 눈길을 끌었고, 점차 문신에서 카우보이로 광고 주제가 바뀌어갔다. 많은 미국인들이 교외 생활의 획일성으로 인해 자신만의 개성을 잃을까 두려워하던 시기에, 할리우드의 수많은 영화에서 찬양받던 카우보이의 신화는 강력한 힘을 발휘했다.

첫 광고는 1955년 1월에 방영되었다. 버넷은 또한 담배 케이스를 더 강한 빨간색으로 바꾸는 것을 제안했다. 하지만 광고의 핵심은 여전히 거친 얼굴의 카우보이에 있었다. 광고는 엄청난 성공을 거뒀고, 필터 담배 시장의 판도를 바꿔 놓았다. 광고는 "남자다운 맛"에 대해 말하면서, 말보로가 "여성들도 좋아하는 남자의 담배"임을 강조했다. 광고계의 선구적인 시장 조사자이자 대중 심리학자 중 한 명인 피에르 마티뉴는 말보로 광고와 그 광고의 남성적인 특성을 높이 샀다. 그에 따르면 이 광고는 "남성성, 어른스러움, 활력, 그리고 강인함 등 흡연으로 연상되는 핵심적 의미의 중심에 말보로를 위치시켰다. 물론 이런 의미들을 노골적으로 표현할 수는 없다. 소비자들이 격렬하게 반발할 것이기 때문이다. 출중한 창조력을 가진 사람과 평범한 사람의 차이는 바로 이런 강렬한 의미들을 간접적으로 표현하는 능력에 있다."

말보로의 카우보이 광고가 큰 성공을 거두자 얼마 지나지 않아 다른 담배 브랜드에서도 이를 따라 했다. 카우보이들이 소떼를 몰면서 체스터필드를 피워 무는 모습을 담은 체스터필드 담배 광고가 그것이었다. 광고와 어울리는 서부극 노래까지 등장했다. "체에에스-터-피이일드"

로 시작하는 이 노래의 가사는 다음과 같았다. "소를 몰며/이글거리는 사막의 태양/북을 두드리며/흩어진 소들을 모으네/황소들을 이끌고/ 초원을 가로질러 오는/한 남자를 발견하리/그는 멈춰 서서 큰 기쁨을 맛본다네/할 수만 있다면 언제 어디서나." 이 광고는 멋진 시도였다. 카우보이들은 마치 게리 쿠퍼와 함께 말을 타야 할 것같은 모습이었 다. 하지만 아무 소용이 없었다. 카우보이와 서부는 이미 말보로의 것 이었기 때문이었다.

이 모든 새롭고 겉으로 풍요롭게 보이는 모습의 이면에서는 미국 정 신의 위기가 싹트고 있었다. 이때의 미국은 전쟁 이전의 단순한 자본 주의 사회가 아니었다. 뭔가 새로운 것, 즉 맹렬한 소비의 힘에 의해 추 동되는 자본주의 사회였다. 이런 사회에서 사람들은 실생활의 필요보 다는 이웃을 따라잡기 위해 소비했으며, 그리고 물론 이에 따라 GNP[43] 는 끊임없이 증가했다. 전쟁 이전의 미국과 매디슨 애비뉴에 의해 조 종되는 새로운 미국의 차이를 언급하면서 당시의 전국판매임원협회 회장은 "자본주의는 죽었으며, 소비주의가 왕이다."라고 표현하기도 했다. 중산층으로 물밀듯이 쏟아져 들어오는 사람들이 소비주의의 타 깃이었다. 그들은 어떤 방식으로든, 필요하다면 외상으로라도 물건을 구매하려 했다. 이는 중요한 새로운 발전이었다. 국가는 번영하고 있 었지만, 아직 진정한 번영은 아니었기 때문이다. 새로운 소비주의는 단순한 상인들의 유혹뿐만 아니라 신용에 의존하고 있었고, 일반 구매 자들은 지금까지는 누려보지 못한 신용 구매를 만끽하게 되었다. 자동 차 회사들은 새 차 구매의 할부 기간을 24개월에서 36개월로 연장했 다. 이런 일이 계속되면서 오랜 청교도 정신은 극적으로 약화되었다. 사람들의 미래에 대한 기대와 생활 태도가 급격하게 변화하고 있었다.

43   당시에는 GNP(국민총생산)가 국가 경쟁력을 측정하는 주요 지표였다. GDP(국내총생산)는 1990 년대 이후부터 주요 경제지표로 사용되기 시작했다.

그렇지만 모든 사람들이 더 쉬워진 신용 거래를 환영하지는 않았다. 당시 체이스 은행을 이끌고 있던 윈스롭 올드리치(Winthrop Aldrich)는 신용 거래 요건을 완화해달라는 젊은 직원들과의 간담회에서 이렇게 말했다. "나는 빚을 갚는 데 심각한 문제가 있을 것이 분명한 그런 부류의 사람들에게 차용과 손쉬운 신용 거래의 권한을 주어야 할지 도무지 확신이 서지 않습니다."

그의 경계심에 동조하는 사람은 거의 없었다. 대부분의 미국인들에게 사치품을 산다는 개념은 상대적으로 새로운 것이었고, 할부 구매라는 개념 또한 마찬가지였다. 그들의 부모와 조부모는 필수품만을 사던 세상에서 살았다. 그 이상을 감당할 여유가 없었기 때문이었다. 그들은 할부 구매를 좋아하지 않았다. 경제 동향을 낙관하기보다는 비관하는 쪽이었고, 은행이 주택을 압류하고 상점들이 반쯤 지불된 물건들을 회수해가던 것을 너무 많이 봤기 때문이었다. 그들은 빚지는 것을 단순히 싫어했다기보다는, 두려워했다. 하지만 새롭고 풍요로운 미국에서는 블루칼라 직업조차도 중산층 수준의 급여를 벌었다. 미국의 젊은이들은 미래에 한 발을 내딛고 주변의 풍성한 상품에 열광하면서도, 청교도적이던 과거 또한 잊지 않고 있었다. 그들에게, 그리고 매디슨 애비뉴의 광고맨들에게 딜레마는 과거의 신중함과 현재의 상대적인 풍요로움 사이에서 어떻게 균형을 잡을 것인가 하는 것이었다.

가장 영향력 있는 동기 연구가 중 한 명인 심리학자 어니스트 디히터(Ernest Dichter)는 사람들이 선택을 하는 복잡한 심리적 이유를 기업들에게 설명하려고 시도한 선구자였다. 그는 이 주제를 빠르게 포착했고, 1950년대 중반에 광고주들이 다뤄야 할 주요 과제 중 하나가 부모 세대보다 더 부유해진 사람들 사이에서 "쾌락과 죄책감 사이의 갈등"이라고 부르는 것을 해결하는 것이라고 판단했다. 따라서 그는 광고주의 역할이 단순히 제품을 판매하는 것이 아니라 "죄책감 없이 쾌락을 누릴 수 있는 도덕적 허가를 내주는 것"이라고 말했다. 그는 청교도주의와 새로운 소비주의에 의해 자극된 욕구 사이의 갈등이야말로 미국인의 삶에서 가장 큰 심리적 위기라고 믿었다. 그는 기업이 새로운 수준의 만족을 제공하는 물건을 팔 때마다, 구매자의 죄책감을 달래고 그의 표현대로 "면죄부를 제공해야 한다."라고 주장했다.

캐딜락의 직원들만큼 이런 사실을 잘 이해한 사람들은 없었다. 그들은 이를 파악하기 위해 동기 부여 전문가의 손길을 거칠 필요조차 없었다. 수년 동안의 광고에서, 그들은 캐딜락이 돈으로 살 수 있는 최고급 자동차일 뿐만 아니라 열심히 일한 삶에 대한 보상이라고 홍보해왔다. 캐딜락 광고는 "여기 이 운전대에 앉을 권리를 얻은 사람이 있습니다."라는 말로 시작된다. 그러면서 광고는 전형적인 호레이쇼 앨저(Horatio Alger)[44] 식의 아메리칸 드림을 자극하는 내용으로 이어진다. "31년 전 아름다운 6월의 아침이었다고 칩시다. 한 소년이 분주한 거리의 신문 진열대 옆에 선 채 캐딜락의 친근한 경적 소리를 들었습니다. '거스름돈은 가지거라.' 운전자는 미소를 짓고서 신문을 받아들고는 차와 함께 사라졌습니다. '저거야, 내가 탈 차는 저거야.' 소년은 동전을 꼭 쥐며 생각했습니다. 그리고 이곳이 소년의 꿈을 이뤄줄 수 있는 미국이기에, 그는 이제 실업가가 되었습니다. 그는 자신과 가족을 위해 쉼 없이 싸워왔습니다. 그가 노고의 결실을 조금 맛보는 것을 누구도 부인하지 않을 것입니다. 이번엔 타협하지 않습니다!"

이 광고는 이후 제작된 많은 광고에 영향을 끼쳤다. 광고 속의 가장들은 열심히, 사심 없이 일하는 인물들로 등장했고, 그래서 힘들게 얻은 결실을 사랑스런 가족들에게 베풀 권리를 얻었다. 이러한 접근 방식은 캐딜락과 같은 크고 비싼 제품뿐만 아니라, 10센트짜리 맥도날

---

44   19세기 미국 작가로 가난을 딛고 성공하는 이야기의 전형을 만들어냈다는 평을 받았다.

드 햄버거와 같은 작고 싼 제품에도 통했다. 맥도날드의 광고 문구는 "엄마에게 휴식을"로 시작해서 오늘날 고전이 된 "당신은 오늘 휴식을 누릴 자격이 있습니다."로 끝맺었다. 미국은 느리지만 확실히 풍요롭게 살아가는 법을 배우고 있는 것처럼 보였고, 새로운 가전제품과 자동차를 가질 자격이 있다고 스스로 설득해가고 있었다. 미국은 해가 갈수록 청교도 시절의 제약에서 벗어나는 듯 보였고, 상품 판매는 해가 갈수록 전보다 더 용이해졌다.

1950년대 텔레비전 시트콤이 그린 이상적인 미국 가정

1950년대 중반에 이르자 텔레비전은 이상적이고 그야말로 나무랄데 없는 미국의 이상화된 가정들이라는 놀랍도록 무균질한 세계를 보여주었다. 그 세계에는 경제 위기도 없었고, 계급 분열이나 원한도 없었으며, 인종 갈등도 없었다. 외국계 미국인이나 소수민족 또한 극소수에 불과했다. 정말이지 타문화가 개입할 여지라곤 전혀 없었다. 그리스계 이민자 가정에서 자란 젊은 음반 프로듀서 닉 베넷(Nik Venet)은 오지와 해리엇 넬슨(Ozzie & Harriet Nelson)[45]의 실제 집을 방문했

---

45 1952년부터 1966년까지 방영된 시트콤 '오지와 해리엇의 모험'의 주인공들이다. 실제 가족이 출연했으며, 이상적인 미국 가정을 구현했다는 평을 받았다.

던 것을 기억했다. 그들의 집은 TV 세트와 놀랍도록 비슷했을 뿐더러, 아무런 냄새도 나지 않았다는 점에서 그에게 놀라움을 주었다. 자신의 집에서는 마늘을 비롯한 강한 향신료 냄새가 늘 아파트 전체에 퍼져 있었다. 반면 넬슨 가족이 사는 집은 마치 다른, 더 깨끗한 문화를 반영하는 것 같았다. 작가들과 프로듀서들, 그리고 감독들이 창조해낸 이러한 미국이 1950년대 중후반 텔레비전 가족 시트콤이 다루었던 영역이었다. 이 세계에는 그리스인도, 이탈리아인도, 유대인도 없었다. 오직 앵글로색슨계의 청교도적인 이름을 가진 미국인만 존재했다. 그야말로 앤더슨과 넬슨, 클리버 씨들만 살아가는 세상과도 같았다.

텔레비전 가족 시트콤의 세계에서는 차별이란 존재할 수 없었는데, 데시 아르나즈와 리키 리카르도라는 예외적이고 특이한 캐릭터를 제외하면 소수 민족 출신을 전혀 찾아볼 수 없었기 때문이었다. 그들은 루실 볼이 CBS를 사실상 협박해서 캐스팅된 인물이었고, 웃음 소재를 위해서는 필수적인 캐릭터들이었다. 시트콤의 등장 인물들은 모두 정치적, 경제적으로 중산층이었고, 미국적 가치가 작동하고 조금이라도 상식이 있는 사람이라면 누구나 이들을 동경하리라는 점에는 의심의 여지가 없었다. 그런 의미에서 가족 시트콤은 당시의 사회적 순응주의를 반영하고 강화했다. 이혼은 아예 존재하지 않았다. 심각한 질병이나, 특히 정신질환도 마찬가지였다. 가족들은 서로 좋아했고 서로의 개성에 대해 관대했다. 아빠들은 모두 좋은 아빠였고, 그들의 결점이라고 해봐야 집안일에 서툴고 흔한 물건 하나 찾지 못하거나, 자신이 어렸을 때 얼마나 어렵게 살았는지 훈계하려 든다는 것 정도였다. 무엇보다도 아빠들은 안정적이고 믿음직스러웠다. 그들은 안전한 세상을 상징했다. 시트콤 속의 엄마들은 오히려 더 흥미로웠다. 그들은 위안을 주는 존재이자 동시에 완벽한 안주인이었지만, 집에서 멀어질수록 덜 유능해 보였다. 집안을 완벽하게 꾸리는 것과 심부름을 위해

넬슨 가족은 가장 이상적인 미국 가정의 모든 미덕을 구현한 듯 보였지만, 아버지 오지의 독재적인 규칙들로 인해 아들 리키는 점점 소외되었다. (사진 출처 KEN GALENTE, THE SILVER SCREEN)

집에서 한 블록 떨어진 곳까지 차를 운전해 가는 것은 별개의 일이었다. 그럴 때마다 일이 꼬이긴 했지만, 결코 심각한 상황은 벌어지지 않았다. 무엇보다도 엄마들은 아빠들을 사랑했고, 아빠들도 마찬가지였으며, 그들은 자신들의 선택에 대해 의문을 품지 않았다. 한번은 워드 클리버(Ward Cleaver)[46]가 준에게 물었다. "월리(그들의 큰 아들)가 어떤 여자와 결혼했으면 좋겠어?" "음, 좋은 가정에서 자란 매우 현실적인 여자면 좋겠어요. … 현실 감각이 있고, 요리를 잘하고, 집을 잘 관리하고, 월리를 행복하게 해줄 수 있는 그런 여자요." 준이 대답하자, 워드가 이렇게 대꾸했다. "여보, 그런 완벽한 여자는 내가 이미 차지했는

46   (편집자 주) 미국의 시트콤 드라마 'Leave It to Beaver'에 등장하는 캐릭터로서, 1950년대 베이비부머 세대의 전형적인 부모상을 보여준다.

걸." 부모들은 자녀를 대할 때면 단 한 번도 불공평하거나 어리석은 모습을 보이지 않았다.

부모들은 서로에게 화가 난다고 해서 언성을 높이는 일이 결코 없었다. 아빠들은 엄마들이 운전에 서툴다는 걸 잘 알고 있었고, 엄마들은 아빠들이 부엌일을 거드는 데 부주의하다고 늘 생각하고 있었지만, 그래도 가정은 평화로운 왕국이었다. 마약 따위는 아예 존재하지 않았다. 기껏해야 가족 중 누군가가 밤늦게까지 자동차를 몰고 다니는 것 정도가 가장 큰 반항처럼 보였다. 가족 간의 어떤 갈등도 드라마에 할당된 22분 안에 해결되지 못할 만큼 심각하지는 않았다. 엄마와 아빠는 항상 서로를 사랑했으며, 형제자매들의 우애는 늘 경쟁심보다 더 강했다. 편애받는 자녀도 없었고, 성장통을 겪는 자녀도 없었다. 아빠들이 실제로 무슨 일을 하는지는 종종 불분명했지만, 그들 중 누구도 자신의 일을 싫어하지 않았다. 그 일이 무엇이든, 그것은 존경받을 만하고 가치 있는 일이었다. 그들은 화이트칼라 직업에 종사했으며, 교외에 살면서 돈 걱정을 크게 하지 않아도 되는 사람들이었다. 이런 설정은 방송사들이 현대적인 인구 통계를 잘 파악하고 있었다는 점을 보여준다. 돈 문제는 결코 거론되지 않았고, 가난의 어두운 그림자가 드리우는 일도 절대 없었다. 그렇다도 지나치게 많이 버는 가정도 없었다. 그랬다가는 시트콤을 시청하는, 그리고 미국에서 최고의 소비자로 여겨지던 편안한 중산층 가정과의 연결고리를 잃을 수 있었기 때문이었다. 이 텔레비전 시트콤 속의 가족들은 단순히 시청자들을 반영하는 것만이 아니라 그들의 롤모델이 되도록 기획된 인물들이기도 했다.

그들은 최대한 보통 시민들과 닮아야 했다. 물론 시민들보다 더 나은 사람이 되어서도 안 되었다. 남들보다 조금이라도 앞서려는 야망의 흔적조차 필요하지 않았다. 평범한 것이 곧 더 나은 것이었다. '오지와 해리엇의 모험'의 주인공 오지 넬슨은 이전에는 성공한 라디오 밴드

의 리더였지만, 가장 이상적인 미국 가정의 모델을 창조해 보고자 텔
레비전으로 무대를 옮기면서 직업을 바꿨다. 밴드 리더는 쇼 비즈니스
세계에 속한 사람이었고, 쇼 비즈니스의 세계는 할리우드에서 돈을 벌
고 급변하는 대중들과 어울린다는 점에서 보통 시민들과는 다른 사람
들이었다. 그래서 오지와 그의 아내이면서 밴드의 가수였던 해리엇이
라디오를 버리고 텔레비전으로 옮겨가자, 밴드는 사라졌다. 대신 그는
평범한 중산층 직업을 선택했다.

시트콤 속에서 오지는 유쾌하고 사랑스러웠으며, 가끔은 실수를 저
지르기도 하고 자녀의 단순한 의도를 잘못 파악하기도 했다. 예를 들
어 그는 큰아들 데이비드가 여자친구와 도망가서 결혼할 거라 생각하
고 서둘러 법원으로 달려갔지만, 알고 보니 데이비드는 그저 속도위
반 요금을 내려고 거기 간 거라는 식이었다. 오지는 분명 천재는 아니
었다. 그의 역할은 시청자들보다 더 똑똑해 보이는 것이 아니라, 평균
적인 아버지보다 약간 덜 똑똑해 보이는 것이었다. 그는 쾌적한 환경
의 사무직에 종사하고 있었지만, 그게 무슨 일인지는 구체적으로 명시
되지 않았다. 어떻게 보면 오지를 비롯한 시트콤 속 아버지들은, 매일
일찍 출근해야 하고 아이들이 잠자리에 든 늦은 밤에 귀가하는 실제로
교외에 거주하던 아버지들과 비교할 때 양쪽의 좋은 점만 취한 사람들
처럼 보였다. 오지의 근무 시간은 매우 유연해서 그는 항상 집에 있었
다. 그가 전혀 일하는 것 같지 않았지만, 그럼에도 성공한 가장이었다.

시트콤 속의 부모들이 잡지 광고에 등장하는 사람들처럼 낙관적이
고 명랑했다면, 시트콤 속의 자녀들 역시 행복하고 건강해야 할 의무
가 있었다. 그들은 말썽을 피우는 게 허용되었는데, 지나치게 착한 모
범생보다는 이쪽이 더 나았다. 모범생 캐릭터는 전국의 수많은 젊은
시청자들에게 호감을 주지 못할 뿐더러, 대본 작가들이 마지막 몇 분
안에 해결할 수 있는 사소한 문제에 휩쓸리도록 만들기도 어려웠기 때

문이었다. 결국 사건이 일어나더라도 사소한 것이어야 했다. 가정에서 텔레비전을 시청하는 가족들을 위협하거나, 실제 미국 가정의 표면 아래에 잠재되어 있는 실질적인 문제들을 다루는 것은 금기시되었다. 시트콤에서는 결코 상황이 사회 병리적인 위험한 영역까지 악화되어서는 안 되었다. 사건이라야 소포가 잘못 배달되거나, 아이가 부모를 돕다가 일을 망치거나, 아빠가 엄마의 영역을 침범하거나, 혹은 엄마가 선한 의도를 가지고 아빠의 영역을 침범하는 정도였다. 사람들이 말썽을 일으킬 때는, 거의 항상 선한 의도를 가지고 있었다.

이 세계에서는 엄마들이 일을 하지 않았다. 대부분은 외벌이 가정이었다. 공장 파업은 완전히 낯선 일이었다. 더 큰 정치의 세계가 개입할 수 있다는 생각 역시 마찬가지였다. 시트콤 속의 가족들은 윌리엄 레빗 같은 교외 개발업자들이 만든 새로운 사회적 계약 속에서 살고 있었고, 자신들과 똑같은 새로운 이웃들에 둘러싸여 있었다. 아메리칸 드림은 이제 교외에 자리잡고 있었다. 여전히 도시의 아파트에서 온 가족이 몸을 부딪히며 살고, 대개는 두 명 이상의 형제자매가 같은 방을 쓰고 있던 수백만 명의 미국인들에게 텔레비전 시트콤 속의 세계는 마치 먼 나라 이야기처럼 보였다. 하지만 그 세계는 시청자들이 자신들도 속하기를 갈망하는 세계였다. 도심에 사는 어린 시청자들은 비버 클리버가 벌을 받고 위층의 자기 방으로 올라가는 장면을 보면서 자기 집에도 자기가 올라갈 위층 방이 있으면 좋겠다고 생각해볼 따름이었다. 하지만 그도, 그가 아는 어느 누구도 위층은커녕 자기만의 방을 가진 친구들은 없었다.

이 가족들은 모두 낙관적이었다. 대사로 표현되지는 않았지만, 항상 그들에게는 삶이 좋고 더 나아질 것이라는 확신이 있었다. 가족들은 말다툼을 하기도 했지만, 결코 싸움으로 번지지는 않았다. 의견이 달라도 목소리를 높이는 일은 없었다. 시트콤 '비버에게 맡겨둬'에 나오는 클리버 가족은 항상 함께 식사를 했고, 파이도 직접 만들었다. 준 클리버는 하루에 두 끼의 따뜻한 식사를 준비했다. 클리버 가족은 그들보다 먼저 텔레비전 시트콤에서 교외 생활을 선보였던 넬슨 가족과 크게 다르지 않았다. 그들이 사는 주가 어디인지, 어느 교외 지역인지는 아무도 몰랐다. 워드 클리버의 직업 또한 오지 넬슨처럼 명시되지 않았다. 시청자들은 그가 존경받을 만한 직업을 가졌으며, 셔츠와 넥타이, 정장을 갖춰입어야 하는 일이라는 것 정도만 알 수 있었다.

결함이 있는 가정에서 자라난 수백만 명의 미국인들에게, 이런 가족들이 사는 모습을 들여다보는 것은 종종 절망적이고 불공평해 보였을 것이다. 분노와 긴장으로 가득 찬 가정에서 자라난 수많은 아이들은 실패를 자신들의 잘못으로 여기기 일쑤였다. 집이 지저분하고, 부모가 덜 인간적이며(사실은 물론 더 인간적이었지만), 그들이 갈망하던 텔레비전 시트콤 속의 부모들보다 이해심이 부족한 것까지 모든 것이 자신들의 잘못이라고 생각했다. 한번은 무해하고 매력적인 말썽꾸러기 역할을 맡은 비버 클리버가 항상 스웨터와 치마 차림이던 엄마 준 클리버에게 말했다. "있잖아요, 엄마. 우리가 아무리 어질러 놓아도 엄마는 어떻게 금방 다시 깔끔하게 정리해 놓을 수 있어요?" 준은 이렇게 대답했다. "그게 엄마의 역할 아니겠니?"

'오지와 해리엇의 모험'이 가장 훌륭하거나 가장 잘 쓰여진 시트콤이라고 할 수는 없었다. 오지 넬슨이 쓴 대본을 살펴 보면, 이 시트콤이 성공을 거두었다는 사실이 더 놀랍게 보인다. 그러나 이 시트콤은 최장수 프로그램으로 14년 동안 지속되었다. '비버에게 맡겨둬'는 더 흥미롭고 더 잘 쓰여진 시트콤이었지만 단 6년만 방영되었고, '아버지가 가장 잘 알아'는 9년간 방영되었다. '오지와 해리엇의 모험'이 더 흥미를 끌었던 것은 넬슨 가족이 직접 연기를 한다는 점 때문이었다. 일반 시청자들은 거실에 앉아서 넬슨 가족의 아이들이 실제로 성장해가는 모습을 지켜보는 재미를 누렸다. 해리엇은 준 클리버와 어깨를 나란히 하는 텔레비전 속의 엄마였고, 훌륭한 만능 주부였다. 사실, 그녀는 연예인 부모 밑에서 자랐고 어린 나이부터 직접 연예계 생활을 해왔기 때문에, 그녀의 집안일은 대개 하인들 몫이었다. 그녀는 텔레비전 시트콤에서 연기한 것같은 삶을 살지는 않았지만, 점차 실제 생활에서도 그런 사람으로 되어 갔다. 그녀는 실제로도 유능한 주부였다. 가족을 최우선으로 여겼고, 특히 어린 아들이 힘겨운 사춘기를 보낼 때는 흔들리지 않도록 지탱해주는 역할을 해냈다. 당시는 페미니즘이 활발해지기 이전의 시대였고, 그녀는 자신이 누구이며 미국인들에게 어떻게 비춰지고 있는지에 대해 회의를 품었을지는 몰라도, 결코 그런 기미를 내보이지 않았다. 텔레비전에서나 실제 생활에서나, 그녀는 자신의 삶을 받아들였다. 그것은 좋은 삶이었고, 대공황 시기에 자라난 사람이 기대할 수 있는 것보다 훨씬 더 나은 삶이었기 때문이다. 오지 넬슨은 자신의 가족을 직접 무대에 세우기로 한 결정을 후회하지 않았다. 해리엇의 어린 시절과는 달리 가족들이 순회공연을 다닐 필요가 없었기 때문이었다. 어린 시절 그녀는 연예인 부모님과 함께 전국을 순회했는데, 그녀의 부모는 특별히 좋은 수입을 올리지도 못했고, 결국은 이혼했다. 하지만 이제는 순회 여행을 떠날 필요가 없었다. 집에서 스튜디오까지 몇 분만 운전해서 가면 그들의 실제 집과 거의 똑같은 세트가 있었다. 그녀와 남편, 아이들은 좋은 보수를 받았다. 그들 가족의 실제 모습 또한 오랫동안 그들이 연기했던 가족과 매우 흡사했다.

그녀는 준 클리버만큼 강한 성격이 아니었다. 그녀의 주 역할은 요리하고 청소하는 것이었다. 그녀는 가족들의 행동을 지지했고, 에피소드가 어떤 식으로 마무리되든 잘 되었다고 말하곤 했다. 그녀는 분명 매사에 긍정적이었지만, 이렇게 다루기 쉬운 가족을 두고 어찌 그렇지 않을 수 있었겠는가? 그녀의 역할은 남편과 아이들의 삶을 더 낫게 만드는 것이었기 때문에, 그녀의 성격은 그렇게 명확하게 정의되지 않았다. 그녀가 전화통화를 할 때도, 미디어 평론가 다이나나 미한(Diana Meehan)이 지적했듯이, 그녀의 역할은 자신의 개성을 드러내는 대신 오지와 아이들이 무엇을 하고 있는지 알리는 것이었다. 오지의 뜻에 따라 그녀의 통화는 30초로 제한되었으며, 그는 항상 그녀의 통화를 방해했다. 그녀는 자신의 역할을 기꺼이, 불평 없이 받아들였다. 그녀는 당시에 용인된 성차별, 특히 여성이 할 수 있는 일을 제한하는 남편의 시각에 도전하지 않았다. 한 에피소드에서 그녀는 오지가 소속된 지역 자원 소방대에 자신도 가입할 수 있다면 그를 더 자주 볼 수 있을 것이라고 제안했다. "농담하는 거야?" 오지가 말했다. "당신네 여자들은 옷 입는 데 너무 오래 걸리잖아." "글쎄요, 우리도 꽤 빨리 입을 수 있어요." 그녀가 말했지만, 오지는 전혀 받아들이지 않았다. "당신이 화장하는 동안 불은 다 꺼질 거야." 시트콤에서 남편에게 반항했던 유일한 주부는 루시(Lucy)[44]였다. 하지만 그녀의 반항은 오히려 남자들이 옳다는 것과 여성들이 비즈니스와 상업의 진지한 세계에서는 설 자리가 없다는 것을 증명할 뿐이었다. 실제로, 루시의 반항은 집에서 저녁을 태우는 식의 신경질적이고 일처리에 능숙하지 못한 모습으로 나타났으며, 이는 여성들이 남성들과는 달리 안정적이지 못하고 일을 잘 하지 못한다는 것을 보여주는 식으로 마무리되곤 했다.

넬슨의 두 아들 가운데 데이비드는 착하고 안정적이며 신뢰할 수 있는 형 역할이었고, 리키는 말썽쟁이에다 비록 가볍게나마 가정의 권위에 도전하는 동생 역할이었다. 넬슨 가족은 매력적인 가족이었다. 부모는 성적 매력이 과하지 않으면서도 잘생긴 외모였다. 오지는 과거에 럿거스 대학에서 스타 쿼터백으로 활약했고, 이후에는 그와 해리엇 모

---

47   (편집자 주) 미국의 시트콤 드라마 'I Love Lucy'의 주인공(루실 볼 분)으로, 뉴욕에 사는 중산층
      인 주부 루시의 삶을 보여준다.

두 연예계에서 활동했으니, 그들의 결혼은 스타들의 결합이었다. 아들들은 호감을 주는 미국적인 외모를 가지고 있었다. 잘생겼고, 성격도 좋았으며, 도덕적인 가치관을 지녔으면서, 튀지 않는 그들의 외모는 마치 전형적인 미국 가족을 다룬 시트콤에 출연하도록 태어난 것처럼 보였다. 그들은 평범한 미국 아이들이 본받고 싶어 하는 아이들이었다. 그들의 부모가 쉽게 인기를 얻었던 것처럼 그들 또한 쉽게 인기를 얻었다. 극중에서 리키는 오히려 형보다 잘생기고 자연스러웠다. 시트콤은 곧 그의 재능에 초점을 맞추는 쪽으로 방향을 잡게 되었다.

한 세대가 지난 후까지도 미국인들이 1950년대의 향수를 느끼게 된 한 가지 이유는, 그때의 삶이 더 좋았기 때문이라기보다는(어떤 면에서는 그랬지만), 당시의 삶이 텔레비전에서 너무 목가적으로 묘사되었기 때문이다. 당시의 텔레비전 영상은 사람들의 기억 속에 놀랍도록 선명하게 남아있었고, 이는 종종 실제 삶의 기억보다도 더 생생했다. 텔레비전은 따뜻하고 세심하며 관용적인 미국인들의 세계, 분노와 비열함이 없는 세계, 그리고 당연하게도 실패가 없는 세계를 반영하고 있었다. 오지가 자신의 평범해보이는 가족과 함께 성공을 거두자 다수의 모방작들이 양산되었다. 결국에는 각 시트콤의 가족들이 너무나 비슷해져서 한 쇼의 아빠나 엄마, 심지어 아이를 다른 쇼로 옮겨 놓아도 전혀 이상하지 않을 정도가 되었다.

1979년 2월, 새로운 시대의 냉소적인 분위기를 반영한 풍자 코미디 쇼 '새터데이 나이트 라이브'에서 리키 넬슨이 출연한 것을 계기로 정확히 그 모습을 재현해 냈다. 쇼에서 촌극이 벌어지는 한 코너의 무대를 '환상특급'(The Twilight Zone)[48]의 무대처럼 꾸며놓았는데, 코미디언 댄 애크로이드(Dan Aykroyd)가 '환상특급'의 연출자 로드 설링(Rod

---

48 (편집자 주) '환상특급'은 미국의 대표적인 미스터리 스릴러 드라마 시리즈로서, 오리지널 시리즈가 1959년부터 1964년까지 방영되었으며 이후 여러 차례 리메이크되었다.

Serling) 역을 맡았다. 설링 역의 애크로이드가 이렇게 시작했다. "리키 넬슨을 만나보시죠. 나이는 16세. 전형적인 미국 부엌과 전형적인 흑백 텔레비전이 있는 가정에서 자라난 전형적인 미국 소년입니다. 하지만 앞으로 리키에게 벌어질 일은 여러분이 환상특급의 세계에 살지 않는 한 전형적이라고 할 수 없습니다." 촌극에서 리키는 학교를 파하고 집에 가던 중에 클리버 가족의 집으로 들어선다. 그는 그곳에서 따뜻한 환대를 받는다. 준은 그에게 브라우니를 주면서 입맛을 잃지 않도록 주의를 준다. 리키는 준에게 자신의 이름을 말해 준다. "넬슨이라고? 정말 예쁜 이름이네." 그녀가 말한다. 하지만 따뜻한 환대 속에서도 그는 여전히 길을 잃은 채 자신의 집을 찾지 못한다. 다시 설링 역의 애크로이드의 목소리가 들린다. "여러분이 받아들이기에 달렸습니다. 미국의 어느 마을을 걷던 16세 소년이 엘름 가와 오크 가, 그리고 메이플 가를 끝없이 지나왔건만 이집 저집을 분간하지 못하는군요." 리키가 다음으로 들어간 집은 '아버지가 가장 잘 알아'의 앤더슨 가족이 사는 집이다. 앤더슨 가족은 그를 베티의 데이트 상대라고 생각한다. 리키는 그들에게 자신의 이름을 말해준다. 이 집의 아버지 빌 앤더슨이 말한다. "넬슨이라고? 정말 멋진 이름인데, 장로교도인가?" 리키가 대답한다. "저희 아버지께서는 그렇습니다, 선생님. 어머니는 성공회 신자시죠." 빌이 말한다. "그렇군. 조금 있다 저녁 먹고 가면 좋겠구나." 그리고 제인이 끼어든다, "우선 손 씻고 브라우니 좀 들어볼래?" 리키는 계속해서 '아빠에게 자리를 양보하세요'의 가족을 거쳐, 리카르도 가족의 집으로 향한다. 리키가 그 집에 도착했을 때, 루시는 마침 오븐에서 칠면조를 굽는 중이다.

넬슨 부부의 세계는 실제로는 삶을 모방한 예술은 아니었다. 시트콤 속의 소탈한 오지 넬슨은 워커홀릭이었던 현실 세계의 오지와는 공통점이 거의 없었다. 그는 쇼를 직접 쓰고, 제작하고, 연출했으며, 촬영장에서는 자녀들의 삶의 모든 면을 감시하는 권위적이고 거의 독재자에 가까운 존재였다. 그는 두 아들이 아주 어렸을 때부터 드라마에 출연시켰고, 그들에게 가족과 드라마를 위해 일하는 모든 사람들에 대한 의무를 끊임없이 상기시켰다. 그는 모든 관계자들의 수입이 쇼의 성공에 달려 있다고 계속 강조하면서, 두 아들에게 연기를 잘할 뿐만 아니라 카메라 밖에서도 깨끗한 이미지를 유지할 것을 요구했다. 문제를 일으키면 개인의 평판을 해칠 뿐만 아니라 쇼의 명성도 훼손될 수 있다는 점을 상기시켰다. 1950년대 후반의 자라나는 십대들에게 이는 결코 적지 않은 부담이었다. 리키의 친구 지미 하스켈은 "리키는 가족에게 적용되는 특별한 규칙이 있다는 것을 알고 자랐다."라고 말했다. 그들은 텔레비전에 출연하는 가족으로서 이웃집의 멋지고, 다정하고, 친절하고, 좋은 가족을 대표했고, 리키는 그런 이미지를 해칠 만한 어떤 행동도 할 수 없었다. 리키는 그게 규칙이라는 것을 알고 있었다.

오지 넬슨은 단순히 아이들에게 큰 압박을 주는 사람이었을 뿐만 아니라, 항상 가족과 함께 하던 드라마 속 오지와는 달리, 실제로는 집에 있으면서도 대부분의 시간 동안 부재했다. 저녁 식사 후 서재로 올라가 밤새 다음 에피소드의 대본과 연출 노트를 작성했고, 늦잠을 자고 정오 무렵에야 아래층으로 내려오곤 했다. 따라서 넬슨 가족은 직업적 성공에도 불구하고 드라마에서 묘사된 가족과는 매우 달랐으며, 엄청난 부담감과 해결되지 못한 문제들을 안고 살았다. 가장 큰 문제는 오지 넬슨이 사실상 두 아들의 어린 시절을 빼앗아 상업적으로 활용했다는 점이었다. 가장 사적인 것을 가져다가 지나치게 공적인 것으로 만들어버린 것이다. 당시 다른 가족 시트콤에 출연했던 아이들은 십대 스타와 유명인이라는 부담감에도 불구하고 적어도 본명을 쓰는 평범한 삶으로 돌아갈 기회가 있었지만, 넬슨 가족의 경우에는 쇼가 아이들의 실제 정체성과 텔레비전에서 묘사된 정체성을 합쳐 놓은 것이나 다름없었다.

오지 넬슨은 재능 있는 작가는 아니었지만, 영리하고 직관적인 사람이었다. 그는 미국인들이 중산층 가족의 초상으로 자신들을 지켜보고 싶어한다는 점을 제대로 파악하고 있었다. 그는 미국에서 젊은이들과 부모 사이를 갈라놓기 시작한 점점 더 험악해지는 분열을 좋아하지 않았고 이해하지도 못했지만, 그것의 위안이 되는 대안을 제시하는 방법은 잘 알고 있었다. 그는 미국의 가족들이 당시 십대들의 반항을 반영하는(그리고 더 심하게는 조장하는) 주간 프로그램을 원하지 않는다는 것을 이해했다. 그런 프로그램들은 이미 너무 많았다. 미국인들은 집에 돌아와서 싸우는 가족을 보고 싶어하지 않았다. 사람들은 도심의 청소년 비행에 대해 걱정하기 시작했고, 엘비스 프레슬리 같은 록 뮤지션들의 영향력이 커져가는 현상을 불안한 눈으로 지켜보고 있었다.

시트콤에서 데이비드는 착하고 순종적인 전형적인 장남이었고, 리키는 말썽꾸러기 동생으로 설정되었지만 대놓고 노골적으로 반항하는 소년은 아니었다. 이들은 여전히 부모를 존경하고, 부모님의 판단이 가장 옳다고 여기는 가족이었다. 전기 작가 조엘 셀빈(Joel Selvin)은 리키에 대한 글에서 이렇게 썼다. "오지는 자신의 가내 산업이 금광이라는 것을 알고 있었고, 실제 가족을 신화적인 미국 가족으로 만들어 냈다. 두 어린 소년이 전지전능한 아버지가 만들어 준 역할에 맞춰 살아야 한다는 압박감을 느꼈다면, 거기서 벗어날 방법은 없었다. 소년들이 하는 모든 행동은 쇼의 주제가 될 수 있었다."

아버지가 쓴 대본에 의해 정체성이 형성되던 리키 넬슨은 자신의 정체성을 찾는 것이 보통 아이보다 훨씬 더 어려웠다. 그의 어떤 부분이 진짜였을까? 그의 어떤 부분이 대본 속의 인물이었을까? 그는 자신이 원하는 사람이 되려고 감히 시도할 수 있을까? 아니면 그것은 오지의 대본이 정한 경계를 너무 벗어난 것일까? 넬슨 가족이 미국의 일반적인 가정들에 비해 더 미국적인 가족은 아니었다. 다른 많은 가정에서 겪고 있던 세대 갈등이 그들 가정에도 존재했지만, 그것은 거의 인정되지 않은 채로 남아있었다. 게다가 사춘기를 겪는 대부분의 남자아이들이 흔히 저지르는 실수가 이 엄격한 가족에게는 용납될 수 없는 일이었다. 아이들은 항상 단정하고 예의 바르게 행동해야 했으며, 어떤 실수도 해서는 안 되었다. 다른 아이들에겐 사소한 실수일지라도, 넬슨 가의 아이들이 저지른다면 신문 1면을 장식할 수도 있었다.

리키는 12세 때 텔레비전 시트콤에 출연하기 시작했고, 13세 때는 아역 배우의 역할을 주제로 한 〈로스앤젤레스 타임스〉와의 인터뷰에서 이렇게 말했다. "제 생각엔 어린 배우든, 아니 모든 배우에게 필요한 첫째 조건은 자의식을 버리고 자기 자신이 되는 것입니다. 이를 불편해하거나 자의식이 강한 사람들은 자신에 대해 너무 많이 생각하고 다른 사람들에게 어떤 인상을 줄지 지나치게 걱정하죠. 최고의 배우들은 자신의 역할에 몰입하고 대사를 가능한 한 자연스럽게 읽게 되죠." 모든 청소년에게는 자신이 될 수 있는 기회, 즉 어린 시절을 보내고 시행착오를 겪으며 사춘기를 보낼 기회가 필요하다. 하지만 리키와 데이비드에게 주어진 것은 그들이 어떤 모습이어야 하는지를 규정해놓은 대본뿐이었다.

오지 넬슨은 자신의 실제 가정을 완고한 권위주의, 즉 어떤 이의도 허용하지 않는 방식으로 다스렸다. 아들들이 그의 마음에 들지 않는 행동을 할 때면 그는 언성을 높이지는 않았지만 어조가 바뀌었다. 리키는 친구들과 함께 방에 있다가 오지의 불쾌한 목소리를 듣게 되기도 했다. "릭 … 아들! 잠깐 좀 와볼래?" 그의 목소리에서 화난 기색이 드러나지는 않았지만, 그의 절제된 어조를 들으면 이건 분명 명령이며 뭔가 일이 잘못되었다는 것을 알 수 있었다. 목소리로 미루어 오지가 화가 나 있다 싶으면 리키의 표정이 순식간에 변하는 것 같았다고 친구들은 기억했다. 리키가 10대 중반으로 접어들면서 그의 삶의 모순들은 점점 더 커져갔다. 그는 평범한 십대여야 했고, 수백만 명의 다른 십대들에게 판타지의 모델이어야 했지만, 그의 실수조차도 아버지가 만들어서 대본에 써넣은 것이라야만 했다. 그는 연간 150,000달러의 수입을 올렸지만 주당 5달러의 용돈으로 생활하고 있었다. 여자 친구와 드라이브 인 영화를 보러 갈 때는 입장료를 아끼기 위해 후진해서 들어가야 할 때도 있었다. 한 친구의 말에 따르면 리키는 자신만의 삶을 살기를 갈망했지만 오지는 이를 허락하지 않았다. 사실상 리키는 어렸을 때 실수를 할 수 없었기 때문에 어른이 되어서 실수를 하는 수밖에 없었다.

리키와 오지 사이의 갈등이 점차 커지기 시작했다. 리키는 타고난 테니스 선수였고, 오지는 리키가 테니스를 계속 하기를 바랐다. 그래서 리키는 반항의 의미로 테니스를 그만두었다. 그는 차를 몰고 동네를 돌아다녔는데, 이는 캘리포니아에 사는 청소년들의 필수적인 통과의례 같은 것이었지만 부모는 달가워하지 않았다. 그는 훗날 "나는 순한 양아치였다."라고 말했다. 리키가 십대 중반이 되었을 때는 미국의 새로운 청년 문화가 막 출현하기 시작하던 시기였고, 아버지와 아들 사이에는 머리 길이와 흡연 문제로 자주 다툼이 벌어졌다. "제기랄, 머리 좀 자르라고 했잖아."라고 오지가 말하면, 리키는 벌써 잘랐다고 대답하곤 했다. 그것은 정체성을 위한 투쟁이었고, 처음에는 오지 넬슨이 항상 이겼다. 가족과 쇼에 대한 의무가 항상 우선이었기 때문이었다. 하지만 오지와 해리엇은 불안했다. 큰아들 데이비드와는 한 번도 그런 긴장을 경험한 적이 없었기 때문이었.

오지는 리키에게 나쁜 영향을 끼친다고 생각되는 친구들을 떼어냈다. 이런 일이 대놓고 벌어지지는 않았다. 하지만 오지는 누군가가 마음에 들지 않거나, 어떤 친구가 나쁜 영향을 끼친다고 생각하거나, 머리가 조금 길다고 생각하면 교묘하게 이들의 우정에 훼방을 놓았다. 한 친구의 말에 따르면 오지는 이런 식으로 리키의 친구 목록을 능수능란하게 줄여 놓았다. 결국 오지는 치명적인 실수라 할 만한 일을 저지르고 말았다. 그는 리키가 록 음악에 대한 진지한 열정을 가지고 있다는 점을 포착했고, 이를 시트콤 대본에 추가해 넣기로 결정했다. 어떤 면에서 그것은 성공이었고, 당시에는 그 선택에 이의를 제기할 수 없었다. 하룻밤 사이에 그는 엘비스 프레슬리처럼 되기를 갈망하던 십대 소년을 엘비스의 무해한 중산층 버전으로 바꿔놓았기 때문이다. 록스타로서의 리키 넬슨은 당시 젊은이들에게 강력한 영향을 미치던 두 가지 힘, 즉 텔레비전과 록을 자연스럽게 결합하여 즉각 연예계에서 성공을 거두었다.

16세 때 리키는 록을 좋아했고 여자 친구를 위해 음반을 녹음하고 싶어했다. 오지는 상업적 가능성을 간파했다. 리키는 잘생겼고, 나이도 적당했으며, 깨끗한 이미지였다. 따라서 불길한 엘비스를 혐오하는 수백만 가정에서 받아들일 수 있다고 오지는 생각했다. 오지는 영리하게 그가 시트콤 무대에서 노래를 부를 수 있도록 준비했다. 리키는 내키지 않았다. 그는 아직 준비가 되지 않았다고 생각했고, 음악적으로는 그의 생각이 옳았다. 그의 노래와 기타 연주 실력은 한계가 있었다. 오지는 이에 동의하지 않았고, 공연을 강행했다. 그날의 에피소드는 가족들이 배를 타고 유럽으로 휴가를 떠나는 내용이었는데, 시트콤이 끝나갈 무렵에 오지가 밴드 리더에게 아주 가볍게 말했다. "리키가 리듬 앤 블루스 곡을 부르고 우리가 그를 응원해주는 게 어떨까요?" 그러자 리키는 패츠 도미노(Fats Domino)의 흘러간 노래 '아임 워킨'을 선곡했다. 이 에피소드는 1957년 4월 10일에 방영되었다.

결과는 놀라웠다. 그는 순식간에 센세이션을 불러일으켰다. 실력을 따지기도 전에 그는 이미 록스타였다. 엘비스 프레슬리의 성공에는 진정성이 있었다. 젊은이들은 엘비스를 자기들의 것이라고 생각했다. 그래서 텔레비전은 에드 설리번이라는 인물을 통해서 마지못해 항복하고 그를 받아들여야 했다. 사실상 기성 세대는 엘비스의 등장에 맞서 싸웠고, 그의 성공에 저항했다. 리키의 경우에는 정반대였다. 그는 전통적으로 미국인들이 사랑하는 쇼에서 중산층의 취향에 맞춰서 인위적으로 만들어낸 산물이었다. 따라서 그의 성공은 아무도 위협하지 않았다. 오히려 록을 순화시키는 효과가 있었다. 하지만 리키에게는 음악이 텔레비전 경력과는 다른 방식으로 중요했다. 그에게 텔레비전 시트콤은 의무와 책임을 의미했고, 선택의 여지없이 가족을 위해 해야만 하는 일이었다. 시트콤은 그가 아닌 오지의 것이었다. 그는 시트콤 속의 리키가 진정한 자신이 아니라고 느꼈고, 귀여운 꼬마 리키의 그림자에서 벗어나고 싶어했다. 하지만 미국의 세대를 가르는 경계선에서, 록은 젊은이들이 자신을 정의하고 부모와 다르다는 것을 보여줄 수 있는 중요한 요소였다. 이제 그의 아버지는 진정으로 그의 것을 가져다가 시트콤에 편입시켰고, 사실상 오지와 해리엇의 부모 승인 도장을 찍어주었다. 리키는 칼 퍼킨스(Carl Perkins)같은 싱어송라이터가 되고 싶어했다고 그의 전기 작가 셀빈은 지적했다. 하지만 아버지가 너무 급하게 밀어붙이고 준비도 되기 전에 노래하게 만들었기 때문에, 그가 필사적으로 인정받고 싶어했던 진짜 뮤지션들에게는 웃음거리가 되고 말았다. 몇 년 후, 한동안 라이브 공연에서 떠나 있던 엘비스 프레슬리는 무대 복귀를 계획하고 있었는데, 자신의 외모와 머리스타일을 어떻게 해야 할지 걱정하고 있었다. 그때 그의 아내 프리실라가 특히 매력적으로 보이던 리키 넬슨의 광고판을 언급했다. 그걸 한 번 살펴보는 게 어떻겠느냐는 아내의 제안에 엘비스는 이렇게 말했다. "미쳤어? 오랫동안 리키 넬슨과 페이비언(Fabian), 그리고 그 비슷한 무리들이 나를 따라해 왔는데, 이제 내가 그들을 따라 해야 한다고? 이 여자야,

정신 차리라고."

리키는 성인으로 성장해가면서 가수와 텔레비전 스타로서의 초기 명성을 잃기 시작했다. 아이러니하게도 그의 음악은 훨씬 더 흥미롭게 변했지만 리키 넬슨은 그에 대한 제대로 된 평가를 받지 못했다. 실제로 팔로미노에서 열린 그의 후반기 콘서트에 온 사람들조차 그가 독특하고 독창적인 캘리포니아 스타일의 백인 록어빌리를 연주하고 있었음에도, 텔레비전 시트콤에 나왔던 리키의 모습을 원하는 것 같았다. 그가 최신 곡을 연주할 때면 관객들은 '불쌍한 작은 바보' 같은 초창기 히트곡을 불러달라고 소리치곤 했다. 그의 친구 샤론 쉴리에 따르면 그럴 때마다 리키는 얼굴을 찌푸렸다. 마치 대중들은 그가 어른이 되는 것을 허락하지 않고 영원히 소년 시절의 모습으로 남아 있기를 바라는 것 같았다.

그는 언젠가 스스로 언급했듯이, 욕실에서 노래부르다 곧바로 녹음실로 진출한 사람이었다. 중간 과정은 전혀 없었다. 스타가 되기 위한 모든 조건은 갖춰져 있었다. 그는 이미 텔레비전 쇼 덕분에 두터운 팬층을 확보하고 있었고, 보기 드물게 매력적이었으며, 훈련되지 않았지만 멋진 목소리를 가지고 있었다. 그의 첫 음반은 3주 만에 60,000장이 팔렸고, 차트에 오른 뒤 5개월 동안 그 자리를 지켰다. 결국 700,000장이 팔렸다. 이는 주목할 만하지만 불행한 경력의 시작이었다. 그의 성공은 실력을 앞질렀고, 록 음악계에서의 그의 위치가 그의 직업적 삶에 늘 그림자를 드리웠다. 1958년 그는 미국에서 가장 많이 팔린 로큰롤 아티스트였다. 그는 그해 여름 투어를 시작했고 관객들은 엄청나게 몰려들었다. 록 초창기에는 엘비스 프레슬리만이 그보다 더 많은 음반을 판매하고 더 꾸준한 히트곡을 보유한 아티스트였다. 하지만 그의 아버지는 여전히 모든 것을 주도했다. 그의 매니저 역할을 하면서, 더 나은 음반 계약을 주선하고, 유명한 재즈 기타리스트 바니 케셀(Barney Kessel)을 영입해 사운드를 도왔고, 엘비스의 백업 그룹 조 더네이어스(Jordanaires)를 그의 백업으로 사용하는 등 모든 운영을 총 괄했다. 그의 친구들이 생각하기에, 록은 그에게 유일한 자유의 원천이었고, 텔레비전 쇼가 강요하는 대중적 이미지에서 벗어날 수 있는 방법이었다. 아이러니하게도 십대 음악 아이돌로서의 성공은 시트콤에 추가적인 활력을 불어넣었고, 1950년대 후반 이후 시들해졌어야 했을 시트콤은 로커로서의 그의 새로운 성공으로 인해 1959년에 5년 더 연장되었다. 시트콤에서 탈출하기를 원했던 그는 자신의 탈출 수단으로 인해 오히려 시트콤에 더 묶여있게 되었다.

그는 부자가 되었다. 텔레비전 시트콤으로 많은 돈을 벌었고, 나중에는 음반과 출연료로 훨씬 더 많은 돈을 벌어 들였다. 그는 성공했고, 매력적이었다. 그러면서도 불완전한 사람이었다. 그렇게 그는 일종의 은밀한 반항 속에서 성장했다. 그와 오지는 암묵적인 거래 관계를 만들었다. 오지는 그를 귀여워했고, 더 많은 특권을 주면서 반항을 제한했다. 리키는 그 대가로 시트콤에 출연하며 오지에게 의존적인 상태로 남았다. 그는 십대 아이돌로 성장했지만, 진정한 소년기를 보내지 못했고, 이제 자신에 대한 확신이 없는 청소년기를 보내고 있었다. 그의 직업적 경력에서 거의 모든 주요 결정은 여전히 아버지가 지배하고 있었다.

그의 성인 생활이 불행했다는 것은 놀라운 일이 아니었다. 표면적으로는 완벽해 보였던 결혼은 곧 틀어지기 시작했고, 이어서 과도한 약물 복용이 뒤따랐다. 결국 가장 가혹한 진실이 드러날 수밖에 없었다. 매력적이고 잘생긴, 전형적인 미국 소년이었던 리키 넬슨은 사실상 역기능 가정(dysfunctional family)이 낳은 불행한 산물이었던 것이다.

제35장

C. 라이트 밀스, 전후 미국 사회를 날카롭게 해부하다

아메리칸 드림을 추구하는 것에 대해 매우 양가적인 감정을 가진 사람들 중에는 톰과 벳시 래스 부부도 있었다. 1955년, 그들이 처음 등장했을 때만 해도 모든 면에서 그들은 전형적인 상승 가도를 달리던 현대 미국 가정이었다. 하지만 이 소비 사회에서 그들은 항상, 액수는 크지 않았지만 빚을 지고 있었다. 매달 미납된 청구서들이 쌓여갔고, 벳시는 신용불량에 빠지지 않도록 그것들에 능숙하게 대처해야 했다. 이보다 더 심각한 일은, 7년 동안 살아온 집이 너무 비좁아서 지반이 무너져 내릴 것만 같았다는 점이었다. 현관문은 개가 심하게 긁어서 엉망이었고, 욕실의 온수 수도꼭지는 물이 샜다. 세 아이들 중 한 녀석은 벽에 온통 잉크 칠을 해 놓았다. 집안의 대부분의 가구가 수선이 필요하거나, 천을 새로 씌우거나, 닦아야 할 필요가 있는 상태였다. 이를 지켜본 이웃들은 마당이 제대로 관리되지 않고 레스 부부가 정원사를 고용할 형편이 안된다고 수군거렸다.

래스 부부에게 그 집은 모든 좌절과 긴장을 상징하는 장소가 되었다. 거실 벽에 난 움푹 파인 자국은 벳시가 40달러를 들여 유리 꽃병을 사고, 우연히도 같은 날 톰이 사업상 꼭 필요한 새 양복을 사느라 70달러를 지출하고 난 뒤에 벌어진 다툼의 흔적이었다. 톰이 꽃병을 벽에 던지는 바람에 벽이 움푹 패이고 만 것었다. 그들이 갖고 있는 1939년형 포드 자동차마저도 너무 오랫동안 타고 다녀서, 그들을 완전한 실패자까지는 아니더라도 이웃들에게는 뒤떨어진 사람들로 보이게 만들었다.

톰과 벳시 래스는 실존 인물이 아니었지만, 그들과 얼마든지 일치할 만한 젊은 남녀는 수없이 많았다. 그들은 1950년대에 가장 영향력 있는 미국 소설 중 하나인 슬로안 윌슨(Sloan Wilson)의 소설 〈회색 양복을 입은 사나이(*The Man in the Gray Flannel suit*)〉의 등장인물(fictional characters)이자 영웅, 혹은 반영웅(antiheroes)이었다. 이 소설은 교외 생활의 획일화된 삶에 저항하는 미국 젊은이들의 투쟁을 다뤘다. 윌슨은 "두 사람은 그것에 대해 많은 이야기를 나누지는 않았지만 둘 다 집을 함정으로 생각하기 시작했고, 마치 죄수가 자신의 감옥 창살을 광내는 것을 즐기지 않는 것처럼 집을 수리하는 것을 즐기지 않았다."라고 썼다. 래스 부부는 이러한 현대적 병폐의 희생자였다. 그들을 행복하게 만들어야 할 것들이 오히려 그들을 괴롭혔다. 어느 날 밤 벳시 래스는 톰에게 이렇게 말했다. "우리게게 무슨 문제가 있는지 모르겠어요. 당신은 충분히 좋은 직업을 가지고 있잖아요. 우리에겐 세 명의 착한 아이들이 있고, 많은 사람들이 이런 집을 갖고 싶어 할 거예요. 줄곧 그렇게 불만을 가질 필요는 없었어요."

그들은 자신들과 매우 비슷한 사람들로 구성된 커뮤니티에서 살았다. 이웃들은 친절하고 우호적이었지만, 사실 말하자면 진정한 우정보다는 지위와 야망에 속박되어 있는 이방인들 같았다. 윌슨은 계속해서 써 나갔다. "그린트리 애비뉴를 영원한 정착지로 여긴 사람들은 거의 없었다. 그곳은 단지 더 나은 곳으로 이사 갈 여유가 생길 때까지 가족들이 잠시 머무르는 중간 정거장일 뿐이었다. 거의 모든 가정의 재정 상태는 공공연한 비밀이었다. 그들은 서로 터놓고 예산을 논의했고, 급여가 인상되면 공공연하게 축하하는 게 보통이었다. 가장 큰 규모의 파티는 마침내 더 큰 집을 살 수 있게 되어 이사가는 사람들이 여는 파티였다. … 그린트리 애비뉴에서 현재에 만족하는 것은 경멸받을 일이었다."

벳시 래스는 그들의 상황을 곰곰이 생각해보고 나서 그리 나쁜 세상은 아니라고 생각했다. 주변 사람들은 선량하고 점잖았지만 대개는 몽상가들이었다. 그들의 꿈은 대부분 물질적으로 잘 사는 것이었다. 때로 그녀는 그들의 삶이 너무 무미건조하다고 생각했다가, 그들의 상황을 좀 더 깊이 생각하고는 무미건조하다기보다는 정신없는 삶이라고 결론 내렸다. 하지만 여전히 옹색함이 남아 있다는 것을 그녀는 잘 알고 있었다. 또한 자신들만 현재의 삶에 불안해하고 있는 것도 아니었다. 이웃들이 밤늦게 모여 즉석 파티를 열게 되면, 모두들 각자의 미래에 대한 꿈을 털어놓았다. "대개 남자들과 여자들은 자기들이 짓고 싶어하는 현대식 주택이나 주거용으로 개조할 만한 낡은 헛간에 대해 이야기하며 앉아있을 뿐이었다. 그들은 그린트리 애비뉴에 있는 작은 집들의 시세를 그 자리에서 화제로 떠올렸고, 이보다 더 큰 집을 사는 데 지역의 은행들이 얼마나 많은 저당권을 요구하느냐 하는 문제를 놓고 토론을 계속했다. 밤이 깊어갈수록, 남자들은 대개 완전히 다른 삶으로 탈출하고 싶은 꿈을 털어놓곤 했다. 누군가는 버몬트에서 목장을 하고 싶다고 했고, 또 누군가는 플로리다에서 모텔을 경영하는 꿈에 대해 이야기했다."

톰 래스의 삶은 작가 슬로안 윌슨의 삶과 놀랄만큼 비슷했다. 톰은 33세였고, 연봉으로 7,000달러를 받았는데, 이는 당시의 젊은이에게는 상당한 액수로 당당히 중산층에 낄 만한 벌이였다. 그는 한 백만장자가 과학 연구를 위해 설립한 맨해튼의 한 재단에서 일했다. 그는 자신의 일에 만족하지도, 불만족하지도 않는 듯 보였다. 좀 불만이 있다면, 그것은 급여 때문이지 자신의 일 때문은 아니었다. 그의 불만은 어느 날 친구들과 점심을 먹던 중에, UBC 방송국(UBC, United Broadcasting Company)[49]의 홍보 부서에 공석이 생겼다는 말을 들었을 때 드러났다. UBC의 연봉은 8,000달러에서 12,000달러 사이였다. 거기서 일하는 친구 중 하나가 15,000달러를 요구해보라고 말했다. "누군가가 급여를 좀 높게 불러봤으면 좋겠어." 그는 10,000달러 정도면 새 집을 장만할 수 있을지도 모른다고 생각했다. 그 일은 그가 특별히 원하는 일도 아니었고, 그가 부러워하던 회사도 아니었다. 그가 벳시에게 홍보 일을 하게 될지도 모른다는 언질을 주자, 그녀는 그를 홍보맨으로 생각해본 적이 없다고 말했다. "그 일을 하고 싶어?" 그녀가 물었다. "난 돈을 더 벌고 싶어." 그가 대답했다. 그러자 그녀는 한숨을 내쉬었다. "이 집에서 벗어날 수 있다면 정말 좋을 텐데."

"사실 따지고 보면 애가 셋이나 있는 남자에게 돈은 중요하지 않다라고 말할 권리가 없긴 하지." 톰은 혼잣말로 말했다. 당연히 그는 그 자리에 지원했다. 지원서의 마지막 문항은 흥미로웠다. "나에게 가장 중요한 것은…." 잠시 그는 전시에 낙하산병으로 복무하면서 17명을

---

49   (편집자 주) 슬로안 윌슨의 소설 <회색 양복을 입은 사나이>에 등장하는 가상의 방송국이다.

사살했던 사실을 적어낼까 고민했다. "4년 반 동안 제 직업은 총을 들고 비행기에서 뛰어내리는 것이었습니다. 이제는 홍보에 뛰어들고 싶습니다."라고 쓰고 싶었다. 하지만 그는 곰곰이 생각했다. 마음 같아서는 이렇게 쓸 수도 있었다. "저에게 가장 중요한 것은 모든 연속극과 상업 광고, 그리고 투덜대는 스튜디오 관객들이 있는 UBC 방송국을 혐오한다는 사실입니다. 그럼에도 제가 이런 터무니없는 일에 제 인생을 바치려는 유일한 이유는, 더 비싼 집과 더 좋은 술을 사고 싶기 때문입니다."

현재 생활에 대해 그가 느끼는 어떤 불만도 벳시가 품고 있는 불만에 비하면 사소한 것이었다. 그녀는 더 교양 있는 삶을 원했다. 아침에는 제대로 된 아침식사를 하면서 서로 진짜 사람들처럼 대화를 나누고, 저녁으로 핫도그와 햄버거 대신 오븐에 고기와 야채를 구워서 낸 제대로 된 식사를 할 수 있는 삶을 원했다. 그리고 무엇보다도 더 이상 텔레비전은 보지 않을 것이었다. 그 대신 가족들은 더 많은 책을 읽을 것이고, 아마도 서로에게 책을 소리 내어 읽어줄 것이다.

결국, 윌슨의 소설 속에서 래스 부부의 문제는 모두 해결되었다. 톰은 새로운 직장을 얻었고, 회사 내의 파벌 대립이 심했음에도 불구하고, 그의 상사(타임-라이프의 설립자 중 한 명인 로이 라슨을 모델로 한 인물)가 더 나은 세상을 위해 진심으로 헌신하는 훌륭한 사람이라는 사실을 발견했다. 시간이 지나면서 톰 래스는 제2차 세계대전 중 이탈리아 여인에게서 한 아이를 낳은 것을 비롯하여 자신이 저지른 죄악들을 떠올리며 진심으로 반성하는 한편, 자신의 삶을 단순화시켰으며, 초기의 냉소주의에도 불구하고 새로운 직장에서 명예는 물론 더 나은 급여를 받을 수 있다는 것을 알게 되었다. 게다가 그는 할머니에게서 개발 가능성이 높은 대규모의 토지를 상속받았다. 그와 벳시는 새로운 교외 생활에 적응해 가면서 그들의 신념과 결혼 생활을 확고하게 유지해 나갈 수 있게 되었다.

이 책은 거의 자전소설에 가까웠다. 슬로안 윌슨은 훗날, 소설이 제 2차 세계대전 중 해안경비대에서 젊은 장교로 복무한 후 민간인 생활을 하면서 겪었던 자신의 좌절감을 반영한 것이었다고 말했다. 전시에 그가 한 일은 화려하고도 모험심과 책임감으로 가득한 것이었다. 그는 23세에 자신의 배를 지휘했고, 옥탄가가 높은 연료를 전투 지역으로 운반하는 데 따르는 큰 위험을 매일매일 겪어냈다. 날마다 흥분으로 가득한 그런 생활을 하면서 그는 자기가 하는 일이 얼마나 중요한 것인가를 깨닫고 있었다. 이에 반해 민간인 생활은 놀라울 정도로 훨씬 더 힘겨웠다. 그는 항상 기자가 되고자 했고, 〈프로비던스 저널〉 지에서 한동안 자신이 원하던 일을 했다. 하지만 아내와 두 아이가 있는 그에게 주급 50달러는 턱없이 부족했다.

그는 훗날 이렇게 회고했다. "그 당시에 우리 모두는 타협을 입에 달고 다녔다. 타협이란 자신이 좋아하는 일을 하면서 받는 것보다 훨씬 더 많은 돈을 벌기 위해 하고 싶지 않은 일을 하는 것이었다." 그는 소설을 쓰고 싶었지만, 대신 타임-라이프 사에 입사했다. 윌슨은 루스 출판그룹(the Luce publications)에 합류하기로 한 자신의 결정에 스스로 놀랐는데, 이는 그가 타임-라이프가 상징하는 모든 것을 혐오했기 때문이었다.[50] 그는 이 회사를 재능 있고 자유 분방한 젊은이들에게 높은 급여를 주면서 회사의 보수적인 정치적 입장을 그럴 듯하게 포장하게 만드는 곳으로 여겼다. 처음에 그는 타임-라이프의 사보인 〈FYI〉[51]에서 일했지만, 그것이 자신의 자존심을 깎아내리는 것 같아서 사직하기

---

50   (편집자 주) 헨리 루스는 미국의 대표적인 출판인이자 언론인으로 특히 〈타임〉, 〈라이프〉, 〈포춘〉 등 100여 종의 잡지들을 발간하였다. 루스의 출판그룹의 가장 대표적인 잡지의 이름을 따서 '타임'(Time Inc.) 혹은 '타임-라이프'(Time & Life, Inc.)이라 부르기도 한다.
51   (편집자 주) 1940년부터 타임-라이프의 사내 직원들을 대상으로 격주 발행한 뉴스레터이며, 현재는 폐간되었다.

로 결심했다. 하지만 어찌된 일인지 그의 인사 파일이 회사의 설립자이자 사업 부문 최고책임자인 로이 라슨의 손에 들어갔다. 라슨은 당시 미국의 공립학교를 위한 대대적인 캠페인을 앞두고 있었고, 윌슨을 홍보를 담당할 특별 보좌관으로 기용하기로 결정했다. 급여도 괜찮아서, 그는 곧 연봉 10,000달러를 받게 되었다.

윌슨은 타임-라이프의 정치적 성향을 마음에 들어하지 않았지만, 관리직 사이의 내부 정치는 더더욱 싫어했다. 또 한 명의 명민한 청년이 그의 직속 상사였는데, 그는 윌슨이 쓴 첫 번째 원고를 바닥에 던져버렸다. 나중에 그 청년은 신입 사원들이 겁을 먹지 않으면 일을 제대로 하지 못한다고 믿기 때문에 자기는 항상 이런 식으로 해 왔다고 고백했다. 하지만 놀랍게도 윌슨은 천하가 알아주는 워커홀릭이면서도, 우아하고 친절하며 지적인 사람이었던 로이 라슨에게는 즉시 호감을 느꼈다. 무엇보다도 그는 부업으로 〈뉴요커〉에 단편 소설을 쓸 수 있다는 사실을 알게 되었다. 자신의 직업이 갖는 장점을 깨닫긴 했지만 그가 전쟁 중에 경험했던 짜릿한 일들에 비하면 여전히 별 게 아니었다. 로이 라슨의 개인적인 친절과 높은 급여에도 불구하고 그는 자신이 그저 그럴듯하게 포장된 심부름꾼 같다는 생각을 했다. 그는 라슨을 수행하여 옥외광고협의회 대표와 함께 사진을 찍으러 갔던 날 회사를 그만두기로 결심했다. 그들이 찍은 사진은 미국의 공립학교를 홍보하기 위한 광고판 캠페인이 시작될 때 선보일 예정이었다.

비가 오고 있어서 양측 대표자 모두 멋진 외투와 중절모를 쓴 채 도착했다. 두 사람은 각기 공손하고 영리하며 진취적인 젊은 보좌관을 대동하고 있었다. 어떤 임원도 진취적인 젊은이가 보필하지 않는다면 제대로 자기 일을 수행하지 못할 것이라고 그는 생각했다. 윌슨은 옥외광고협의회 대표의 보좌관이 얼마나 열을 올리며 아첨을 해대는지 지켜보고 있었다. 그리고 자신도 다른 사람들에게 그렇게 보이지 않을까 의심스러워졌다. 두 사람은 비 때문에 중절모를 쓰고 있었는데, 사진작가가 얼굴이 보이지 않는다면서 모자를 벗어달라고 요청했다. 그러자 상대편의 영리한 청년은 윌슨과는 달리 사진작가의 요청을 예상이라도 한 듯 순식간에 자신의 상사뿐 아니라 로이 라슨의 모자까지 받아들었다. 슬로안 윌슨은 자신이 애초부터 원치 않았던 경쟁에서 밀렸다는 사실을 깨달았다.

이를 계기로 그는 글 쓰는 일에 전념하기로 결심했다. 결국 그는 코네티컷 주 뉴케이넌으로 돌아와 자신이 사는 세상을 오랫동안 냉정하게 관찰했다. 살면 살수록 점점 더 혐오스러운 세상이 되어가고 있다고 그는 생각했다. 사실은 그가 아는, 그곳에 사는 출판업과 광고업에 종사하는 모든 사람들도 세상을 똑같이 혐오했다. 그들 역시 통근 열차에서 매일 세 시간 씩 보내면서, 내부 정치가 끝없이 이어지고 모든 이들이 상사들에게 잘 보이려고 집착하는 기업에서 일하고 있었다. 재능 있는 사람들은 너무나 흔하게, 더 큰 결과는 고려하지 않은 채 순전히 상업적 이익을 위한 업무에 투입되었다. 뉴케이넌에서 그가 아는 거의 모든 사람들이 자신들의 삶의 방식에서 벗어나려 애쓰고 있었다. 그것은 치열한 경쟁이었고, 모든 참가자들은 위대한 미국 소설을 써서 할리우드에 판권을 팔아 대박을 터뜨리는 꿈을 꾸고 있었다. 만약 그들이 그것을 해낸다면, 다시는 통근 열차를 탈 필요가 없을 것이었다. 한 친구가 윌슨에게는 이 세상의 부조리를 상징하는 존재가 되었다. 그는 얼마 전까지만 해도 40번의 전투 비행 임무를 수행했고, 그의 제복은 제2차 세계대전 때 받은 훈장들로 장식되어 있었다. 이제 그는 광고회사에서 일하고 있었다. 그가 담당한 고객사 중 하나가 시리얼 회사였는데, 그는 시리얼 상자에 넣어 구매자들에게 줄 깜짝 선물로 양철 개구리와 고무 거미 중에서 어느 것이 낫느냐는 문제로 고민하고 있었다.

역설적이게도, 이 세상에서 더 성공할수록 그곳을 벗어나기는 더 어려워졌다. 급여는 올라갔지만, 새로 승진한 임원들은 단지 더 많은 세금을 내고, 더 비싼 생활 방식에 얽매이고, 점점 더 큰 집에서 살게 될 뿐이었다. "한때는 나 역시 채울 수 없는 욕망에 사로잡혀 더 큰 집과 더 많은 차들을 원했습니다."라고 그는 훗날 회고했다. 뉴케이넌에 사는 사람들은 미국의 다른 지역 사람들이 자동차를 바꾸듯이 집을 바꿔 댄다고 그는 생각했다. 가장 최악인 것은 이런 멋진 직업들이 일종의 안정성을 제공해야 했지만, 실제로는 그렇지 않았다는 것이었다. 성공할수록 빚은 더욱 늘어났고, 직장에서의 위치도 더 불안정하고 위태로워졌다. 성공 과정은 기대했던 것과는 정반대로 진행되었다. 이상적인 모습이라면, 젊은이가 성공을 이루기 위해 열심히 일하면 할수록 그와 그의 가족은 더 안정적이 되어야 했다. 하지만 현실에서는, 직급이 올라갈수록 그의 자리를 노리는 사람들이 더 많아졌고, 업무 스트레스는 더욱 가중되었다.

1955년 〈회색 양복을 입은 사나이〉가 출간되었을 때, 이 작품은 사회의 민감한 신경을 건드렸다. "이 작품을 쓸 당시에는 나라에 무슨 일이 일어나고 있는지는 생각하지 않았습니다. 내가 유일하게 생각한 것은 오직 나에게 무슨 일이 일어나고 있는가 하는 것 뿐이었습니다."라고 30년 후에 윌슨은 말했다. 이 책은 베스트셀러가 되었고, 곧 그레고리 펙 주연의 영화로 제작되었다. 적절한 품위와 도덕적 양면성을 갖춘 완벽한 캐스팅이었다. 〈회색 양복을 입은 사나이〉라는 제목은 자신의 개성을 희생하며 새로운, 더욱 획일적인 중산층의 일원이 되어가는 사람을 암시했다. 결과적으로, 이 책은 미국인의 삶에 자리잡게 된 순응의 문제에 대한 중요한 지적 논쟁이 형성되던 시기, 특히 현대 기업이 점점 커지고 미국인의 삶에서 더 중요한 힘이 되어가던 바로 그 시점에 출간되었다. 논쟁은 많은 미국인들의 생활 수준이 극적으로 향상

1950년에 자신의 서재에서 포즈를 취한 C. 라이트 밀스. (사진 출처 COURTESY OF COLUMBIA UNIVERSITY, COLUMBIANA COLLECTION)

되었음에도 불구하고 새로운 화이트칼라의 삶이 일종의 함정으로 변해가고 있는 것은 아닌지, 그리고 약속되고 실현된 더 큰 물질적 풍요가 자유와 개성을 희생한 대가로 주어지는 것은 아닌지에 대한 질문으로 집중되는 듯했다. 이것이 성공이란 용어에 대한 새로운 정의였나? 개성을 잃어가면서까지 물질적 풍요만을 누리는 것이 과연 진정한 성공인가? 우리는 국민의 일원으로서 이미 관리자에 대한 복종 외에는 어떠한 실제적인 기술도 요구하지 않는 단조로운 업무를 수행하는, 획일적인 일꾼이 되어가고 있는 것은 아닐까? 미국은 도전정신과 창의성으로 대표되던 기업가 정신을 잃어가면서, 대신 안전하고 무난한 것만 추구하는 회색 경영자들의 나라로 변해가고 있는 것은 아닐까? 이 논쟁의 중심에는 당대의 가장 중요한 지식인 중 한 명이던 C. 라이트 밀스(C. Wright Mills)의 저술이 있었다. 그는 컬럼비아 대학 교수이자 표면적으로는(nominally) 사회학자였지만, 실제로는 철학, 역사, 경제학, 저널리즘 등 여러 학문을 넘나들던 지식인이었다.

지적인 면에서뿐만 아니라 옷차림에서도 강렬한 존재감을 드러냈던 밀스는 친구들, 대개는 결국 그의 적으로 변했던 동료들에게 무엇보다도 넘쳐났던 에너지와 전투적인 모습으로 기억되었다. 당시의 학자들에게는 점잖고 동료들을 배려하는 사람이라는 기대가 있었다. 컬럼비아의 교수들은 대부분 트위드 재킷과 플란넬 바지, 그리고 보타이를 갖춘 이른바 교수 정장을 입고 다녔다. 하지만 밀스는 동료들을 자극하며 반감을 사려고 작정한 사람처럼 보였다. 그는 카키 바지와 플란넬 셔츠, 군화 차림이어서 마치 벌목공처럼 보였으며, 자신이 직접 지은 시골 집에서 BMW 오토바이를 타고 강의실에 도착하곤 했다. 그의 스타일과 몸짓, 그리고 발언들은 마치 주변의 더 세련된 세상을 비난하기 위해 계산된 것처럼 보였다. 그의 태도는 마치 학계의 다른 이들과는 달리 자신은 현실 세계에서 왔다고 말하는 것 같았다. 뛰어나고 자기중심적이었던 밀스는 전형적인 외톨이였다. 그는 친한 친구가 거의 없었다. 그는 이렇게 쓴 적이 있다. "나는 다른 사람들이 말하는 '집단적인 유대감'이란 것을 한 번도 경험해본 적이 없다. … 몇몇 개인들과는 그런 유대감을 느꼈지만, 학문적으로나 정치적으로나, 아무리 작은 집단에서도 그런 느낌을 가져본 적이 없었다." 그의 글은, 때로는 지나치게 일반화하고 과장하는 경향도 있기는 했지만, 당시 미국에 존재했던 새로운 경영자 자본주의에 대한 당대의 가장 예리한 포스트 마르크스주의적인 비판이었다. 역사학자 스탠리 카츠(Stanley Katz)가 후에 언급했듯이, 밀스의 저작이 중요한 이유는 전통적인 마르크스주의와 거리를 두면서도 전후 미국의 새로운 계층 구조와 자본주의의 발전에 대한 중요한 진실을 말했기 때문이었다.

밀스는 결국 대공황 시기에 번성했던 구좌파, 즉 공산주의자 및 사회주의자와 1960년대에 미국 생활의 단조로움에 항의하며 등장한 신좌파 사이의 중요한 연결고리가 되었다. 그는 소련과 동유럽 위성국들의 음울한 경직성과 권위주의에서가 아니라, 유럽 식민주의와 미국 제국주의의 희생양이 되었던 저개발 세계에서 희망을 발견했다. 카스트로가 권력을 잡은 쿠바는, 폴란드나 체코슬로바키아와는 달리, 그의 관심을 사로잡았다. 구좌파는 대공황 시기 자본주의의 부조리를 비판하며 태어났고, 유럽과 미국의 공산주의자들이 나치즘의 대두를 가장 먼저 경고했기 때문에 번성할 수 있었다. 하지만 구좌파 운동은 리벤트로프-몰로토프 협정[1939년 나치 독일과 소련 사이에 채결된 불가침 협정], 가장 맹목적인 마르크스주의자조차 무시할 수 없었던 요시프 스탈린의 국내 범죄와 그가 세운 강제수용소들, 위성국들을 잔혹하게 탄압하고 그 나라들에 억압적이고 전체주의적인 정권을 남긴 소련의 제국주의, 그리고 미국의 전후 자본주의의 놀라운 성공에 이르기까지 여러 가지 요인들이 겹치면서 심각하게 약화되었다. 밀스의 책들은 공산주의 세계에서 미국 사회에 대한 훌륭한 비판서로 칭송받았지만, 그는 이러한 원치 않는 찬사에는 거의 열광하지 않았다. 말년에 그는 소련을 방문했고, 만찬장에서 현대 미국의 가장 뛰어난 비평가로 추켜세워졌다. 건배 제의에 답할 차례가 되었을 때, 그는 일어나서 이렇게 말했다. "레온 트로츠키의 전집이 소련에서 출간되는 그날을 위하여!"

당시 유럽에 존재하던 공산주의의 암울한 현실과 미국 자본주의의 성공이 결합되어 전통적 좌파는 완전히 무너졌다. 1950년대 중반에 이르러서는 마르크스주의가 전후 미국에서 강력한 세력을 유지하고 있다고 생각하는 사람은 J. 에드거 후버가 유일한 것처럼 보였다. 자본주의의 승리와 냉전의 위협으로 인해 전통적인 미국 정치는 오히려 더 협소해졌다. 당시의 많은 진지한 사회 비평가들은 공화당과 민주당 사이의 차이가 미미하다고 보았다. 하지만 자본주의의 성공이 소외의 종말을 의미하지는 않았다. 단지 다른 종류의 소외를 의미했을 뿐이었다. 밀스를 비롯한 학자들이 주장했듯이, 소외는 열악한 노동자 계급의 삶에서뿐 아니라 편안한 화이트칼라의 삶에도 그림자를 드리우고 있었다. 전장이 바뀌고 있었다. 훨씬 더 독특하고 예측하기 어려운 새로운 유형의 좌파는 자본주의의 실패가 아닌, 미국의 성공, 혹은 적어도 그 성공의 부작용을 비판하고 있었다.

인간 정신에 대한 이 새로운 위협은 빈곤이 아닌, 풍요와 거대 조직, 그리고 평범한 직장생활을 통해 은근히, 그리고 종종 무의식적으로 인간 정신을 억압하고 타락시키는 기업의 무관심에서 비롯되고 있었다. 점점 더 많은 사람들이 화이트칼라 직업으로 이동하면서, 그들은 슬로안 윌슨이 톰 래스를 그렸을 때처럼 자신들의 삶에 대한 통제력을 잃어가고 있다고 느끼고 있었다. 개성이 위협받고, 성공의 대가로 더 큰 순응이 요구되는 세상이 도래한 것이었다.

구좌파의 의제 대부분은 유럽에서 수입된 것이었고, 역사적, 사회적 상황에 의해 형성되었는데, 그것은 노동자들이 소비자가 되고 경제 체제의 수혜자가 되어 스스로를 자본가로 여기게 된 전후 미국의 상황과 반드시 들어맞지는 않았다. 그 과정에서 더 많은 노동자들이 중산층으로 진입했을 뿐만 아니라, 좌파에 속한다는 것이 무엇을 의미하는지에 대한 재평가가 광범위하게 이루어졌다. 1950년대 중반까지 월스트리트의 주요한 신성장 산업 중 하나는 노동조합의 연기금에 투자하는 것이었다. 과거 좌파의 핵심 세력이었던 이들이 이제는 정치적으로뿐만 아니라 경제적으로도 체제 내로 편입되고 있었다. 이런 일이 벌어지면서, 매우 다른 이슈들을 중심으로 신좌파가 형성되기 시작했다. 기존 체제에 대한 근본적 변화를 추구하던 밀스는 새로운 미국의 상황을 관찰하기에 완벽한 인물이었다. 그는 틀림없는 미국인이었고, 경제 세력들이 여전히 날것 그대로 충돌하던 남서부 출신의 거칠고 길들여지지 않은 아들이었다. 소외는 그에게 자연스러운 것이었다. 그는 텍사스의 한 작은 마을에서 가톨릭 신자로 자랐는데, 그가 "한 사람 당 총 자루씩"이라고 표현했던 것처럼 개인의 자유와 독립을 중시하는 문화가 지배하던 곳이었다. 그의 부모는 그에게 웨이코 시내에 있던 가톨릭 성당의 성가대에서 노래하도록 강요했고, 사회학자 어빙 호로비츠(Irving Horowitz)가 지적했듯이, 이는 그에게 "기독교에 대한 평생의 적개심"을 불어넣었다. 또한 가톨릭에 대한 그 지역의 편견을 고려할 때, 이는 그가 "또래들로부터의 고통스러운 고립감"을 느끼도록 하는 데 일조했다. 확실히 그는 스스로를 아웃사이더로 여겼다. 그의 저작에는 마르크스주의의 흔적이 전혀 없었다. 그는 언젠가 사회학자 쿠르트 볼프(Kurt Wolff)에게 보낸 편지에서, 사람들이 찾아와서는 늘 자신에게 "마치 유럽인처럼 이 나라에 대해 쓴다."라고 말한다면서 이렇게 적었다. "나는 이방인입니다. 지역적으로뿐만 아니라 뼛속 깊이, 그리고 영원히 그렇지요. 오웰의 표현을 빌리자면, 나는 고래의 배 바깥에 있으며, 늘 그래왔습니다.[52] 내 자신이 실제로 그것을 의도한 것은 아닙니다. 그렇게 되려는 의도도 없었고, 그리고 매일매일 해야 할 일 말고는 아무 일도 하지 않은 채 그저 그렇게 지냈을 뿐입니다."

결국 그의 가족은 서부 텍사스에서 댈러스로 이주했고, 그곳에서 밀스는 1934년 댈러스 공업고등학교를 졸업했다. 텍사스 A&M 대학에서 불행한 대학 생활을 시작했던 그는 이후 오스틴에 있는 텍사스 주립대로 학교를 옮겼다. 수년 후 그는 작가인 친구 하비 스와도스

---

52 조지 오웰의 에세이 <고래 뱃속에서>를 의식한 표현으로, 자신이 아웃사이더라는 뜻으로 사용한 것이다.

(Harvey Swados)에게 텍사스 A&M에서 신입생 때 받았던 따돌림이 자신을 반항아로 만들었다고 말했다. 오스틴과 그 시내에 위치한 대학 캠퍼스는 텍사스의 지적, 정치적 격동의 오아시스였으며, 대공황 시기에는 그 어느 때보다도 그러했다. 교수들과 동료 학생들은 처음부터 밀스가 남들과 다르다고 인정했는데, 그는 신체적으로도, 지적으로도 힘과 열정이 넘치는 젊은이였다. 그는 늘 맹렬한 에너지를 발산했다. 그가 보기에 모든 주제는 논쟁의 대상이었고, 모든 논쟁은 승리해야 하는 것이었다. 텍사스 대학 경제학 교수 클래런스 아이어스(Clarence Ayres)는 당시 한 편지에서 그에 대해 이렇게 썼다. "그는 창백하고 조숙한 책벌레가 아닙니다. 그는 운동선수 같은 에너지를 가진 크고 건장한 사람이죠. 그는 나이보다 훨씬 더 조숙해 보입니다. 수년간 그는 손에 닿는 모든 것을 읽어왔고, 그의 나이와 상황을 고려할 때 놀라울 정도로 학식이 깊습니다. 그는 또한 통찰력도 있는데, 이러한 자질들의 조합이 그에게 전적으로 유리하게만 작용하지는 않았습니다." 밀스가 23세였을 때 쓴 이 편지에서, 아이어스는 예언자처럼 계속해서 지적했다. "그는 관심을 끄는 사람이 보이면 그들이 지쳐서 그를 밀어낼 때까지, 혹은 그들에게서 얻을 수 있는 것을 모두 얻어내고 흥미를 잃을 때까지 집요하게 파고듭니다. 그런 성격은 긍정적인 면으로도, 부정적인 면으로도 작용합니다. 밀스는 엄청나게 열정적이고 믿을 수 없을 정도로 에너지가 넘칩니다. 누군가에게 관심을 가지면, 그는 복수의 여신이라도 되는 양 쫓아다닙니다. 나는 그런 성격 때문에 그가 일부로부터 환영받지 못하게 되었을 것이라고 생각합니다. … 헤드라인을 장식할 수 있는 비범한 학생의 모습을 떠올려 봅니다. 어떤 학과든 그를 대학원생으로 받아들일 수 있다면 행운이라고 생각합니다."

밀스는 자신에게 거친 면이 있다는 것을 인정했다. 사실 그는 그런 점이 자신에게 심리적 이점을 안겨준다고 느꼈다. 그는 동료들을 종종 무신경하게 대했고, 그들이 자신의 말에 상처받았다는 것을 알고는 놀라곤 했다. 또한 그는 무척 예민한 성격이어서, 다른 이들이 그의 작업에 대해 아주 살짝이라도 비판하면 새로운 불화가 생기곤 했다. 그는 오스틴에서 사회학 과정을 이수했지만 그곳에는 박사 과정이 없었기 때문에, 1939년 가을 위스콘신 매디슨 캠퍼스의 대학원 사회학과로 옮겼다. 그곳에서 그는 중요한 지적 인맥을 쌓고 학문의 폭을 넓혔다. 매디슨에서도, 그는 오스틴에서와 매우 비슷한 인상을 남겼다. 독일에서 이주해온 지식인 한스 게르트(Hans Gerth)는 그를 이렇게 기억했다. "한 손에는 소스타인 베블런을, 다른 손에는 존 듀이를 들고 있었다. 그는 헤라클레스처럼 건장한 키 큰 젊은이였다. 자기 학대에 빠진 창백한 지식인과는 거리가 멀었다." 나중에 밀스와 학문적 공로를 둘러싸고 갈등을 겪은 후 게르트는 그에 대한 평가를 바꿨다. 그는 밀스가 "능수능란한 기회주의자이자 건방진 젊은이, 출세하려고 안간힘을 쓰는 야심찬 청년, 그리고 거칠고 무모하게 행동하는 텍사스 카우보이"였다고 말했다.

매디슨에 있는 동안, 밀스는 고혈압 때문에 육군 신체검사에 불합격했다. 그는 심장 및 순환기의 만성적인 질환을 앓고 있었다. 그는 동세대들이 제2차 세계대전 참전이라는 결정적 순간을 맞이하고 있을 때 방관자의 자리를 지킬 수밖에 없었고, 이는 그를 미국의 정치적 주류에서 더욱 소외시켰다. 그는 덩치가 크고, 힘있고, 건장했지만, 동시대의 젊은이들 대부분이 국가의 가장 영광스러운 순간에 참여하고 있을 때 거기에 동참할 수 없었다. 위대한 민주주의적 대의에 동참하지 못했기 때문에, 그는 그것을 정당화하기 위해 사용된 선전과 논리들에 필연적으로 반발했고 받아들이지 않았다. 그는 당시의 다른 지식인들은 거의 눈여겨 보지 못했던, 나치즘의 부상을 허용했던 독일의 기업 자본주의와 미국의 기업 자본주의 사이에 유사점이 있음을 깨달았다.

매디슨에서 그는 첫 번째 부인 프레야와 결혼했다(그는 세 번 결혼했는데, 각각의 부인마다 한 명씩의 자녀를 두었다). 그가 학계만큼이나 당대의 사건들에 관심이 크다는 것이 분명해졌고, 일부 친구들은 그가 학자를 포기하고 사회비평가로 돌아설까봐 걱정했다. 밀스가 저널리즘에 끌리는 것을 걱정하던 위스콘신의 철학과 교수이자 그의 몇 안 되는 친구 중 하나였던 엘리세오 비바스(Eliseo Vivas)는 그에게 보낸 편지에서 이렇게 썼다. "기운을 내게, 젊은이. 장기적 관점에서 중요한 일에 집중하고, 프리랜서와 저널리스트로서 당장 뭔가를 이루려는 야망에 빠지지 말게. 한 주 짜리 글이 아닌 수십 년 동안 읽힐 수 있는 글을 쓰게. 논문에 집중하고, 그것이 끝날 때까지는 주변 일에 휘둘리지 말게."

그는 메릴랜드 대학 교수로 임용되면서 매디슨을 떠났는데, 이로써 수도 워싱턴에 더 가까이 다가갔다. 그는 이제 정치를 더 진지하게 받아들이고 있었고, 어머니에게 이렇게 편지를 썼다. "제가 지금 〈뉴욕 타임스〉를 스크랩하는 모습을 보셔야 할 텐데요." 제2차 세계대전으로 인해 대부분의 젊은이들이 정부 정책을 비판없이 지지하고 있을 때 그는 매우 다른 길을 걷고 있었다. 어빙 호로비츠가 지적했듯이, 그는 양 진영 모두를 비판적으로 관찰하고 있었다.

그의 분석에 따르면, 현대 나치즘의 공포는 단순히 광적인 민족주의, 제1차 세계대전 후의 공황, 그리고 기존 체제와 독일 화폐의 완전한 붕괴 및 그에 따른 사회적 무정부 상태라는 우연한 상황들의 결합 탓으로만 돌릴 수 없는 것이었다. 그가 보기에, 독일의 극단적 행태는 자본주의의 극단적 행태에 다름 아니었다. 그는 독일을 현대 기업형 군사 국가의 원형으로 봤다. 그리고 조직된 노동의 강력한 힘만이 이를 막을 수 있다고 썼다. 모든 사람이 그의 주장에 동의하지는 않았다. 노동 계급 역시 다른 계급과 마찬가지로 과장된 민족주의의 유혹에 쉽게 현혹된다고 생각하는 사람들도 많았다. 약 15년 후, 신좌파 운동에서 그의 정치적 후계자 중의 한 명이었던 애비 호프만(Abbie Hoffman)은 블루칼라 노동자들을 조직하라는 말을 듣고는 이렇게 말했다. "노동자들을 조직하라고요? 그들은 나를 때려죽이고 싶어 하잖아요!"

무엇보다도 밀스는 전후 쇠퇴기에 접어든 좌파를 소생시키는 데 기여했다. 제2차 세계대전의 승리, 스탈린의 범죄에 대한 인식 확산, 그리고 전후 자본주의의 성공으로 인해 많은 지식인들이 중도적 자유주의 노선으로 돌아섰는데, 이는 파시스트 독일과 공산주의 소련이 미국보다 훨씬 더 나쁜 사회로 드러났기 때문이었다. 많은 지식인들이 세계의 다른 나라들과 비교하면서 미국은 결함이 덜한 사회라고 생각했지만, 밀스는 다른 나라들과의 비교에는 관심이 없었다. 그는 토박이 급진주의자였으며, 그만의 타고난 열정과 매우 거칠고도 매우 미국적인 독립심으로 가득 차 있었다.

그와 그의 뒤를 이은 많은 젊은 좌파들에게 당면한 적은 자유주의였다. 자유주의는 너무나 무미건조하고 타락했으며, 지나치게 안락해서 양대 정당 모두가 지지하고 있었다. 사람들은 더 이상 어려운 도덕적 선택을 할 필요가 없었다. 밀스에 따르면, 풍요로운 사회에서 자유주의는 "일관성 있는 내용이 없었고, 진부화되어가는 과정에서 그 목표들이 너무나 형식화되어 명확한 도덕적 관점을 제시하지 못했다. 자유주의의 위기, 그리고 미국의 정치적 성찰의 위기는 자유주의가 모든 공적 발언의 공식 언어가 되는 데 성공했기 때문이었다."

메릴랜드는 그에게 특별히 마음이 맞는 곳은 아니었다. 그는 거기에서 만난 프랭크 프리델(Frank Friedel), 케네스 스탬프(Kenneth Stampp), 리처드 호프스태더(Richard Hofstader) 같은 젊고 뛰어난 역사학자들을 존경했지만, 여전히 그 자신이 표현한 대로 지적으로 더 성장하기를 갈망했다. 그래서 〈뉴 리퍼블릭〉같은 전국으로 발행되는 매체에 점점 더 많은 글을 기고하면서 역사 분야로 보폭을 넓혔다. 이 모든 요인에 힘입어 그의 명성은 날로 높아졌다. 수년 후 그는 컬럼비아 대학 시절의 제자 댄 웨이크필드(Dan Wakefield)에게, 메릴랜드 대학에 있는 것이 매우 답답하여 거기서 벗어나고자 자신의 저널리스트로서의 능력을 활용했었다고 고백했다. "나는 글을 써서 그곳을 벗어났다네!"라고 그는 말했다. 1944년 그는 컬럼비아 대학에 입성했는데, 그는 처음부터 거대 도시에 위치하면서 큰 영향력을 가진 많은 청중들과 접할 수 있는 멋진 아이비리그 대학을 동경하고 있었다. 호로비츠는 이렇게 썼다. "당시 밀스는 딜레마에 빠져 있었다. 공개적으로는 전문가 집단을 비판했지만, 사적으로는 전문가로 성공하고 싶은 열망에 사로잡혀 있었다. 그는 많은 엘리트 학회의 속물 근성과 스타일을 경멸하면서도 그들의 지위와 영광을 갈망했다." 밀스는 후에 자신의 대표작 중 첫 번째 저작인 〈화이트칼라〉에 대해 설명하는 자리에서 "뉴욕에 온 텍사스 소년의 이야기"라고 말하기도 했다. 컬럼비아에서도 그는 지속적이고 안정적인 인간관계를 맺지 못한 채, 스스로 아웃사이더로 남아 있었다. 작가 드와이트 맥도널드(Dwight MacDonald)는 그가 처음으로 깊은 우정을 나눈 친구였다. 당시에는 급진주의자가 되는 것이 인기 없는 선택이었지만, 그들은 둘 다 급진주의자의 길을 걸었다. 맥도널드는 "우리는 둘 다 타고난 반항아였고, 기존의 모든 관념과 확립된 제도들을 열정적으로 경멸했다."라고 말했다. 그는 또한 밀스가 거의 모든 사람과 거의 모든 것에 대해 논쟁할 수 있었고, 그 누구보다도 더 오래, 더 크게 논쟁을 벌일 수 있었다고 회고했다. 그는 두 사람이 모두 "순수함과 냉소주의, 낙관주의와 회의주의가 뒤섞인" 성향을 지니고 있었다고 지적하면서 이렇게 말했다. "우리는 늘 희망에 차 있었고, 늘 환멸을 느꼈습니다."

캠퍼스에서 그는 기억에 남을 만한 인물이었다. 그의 연구실에는 수프를 데우는 핫플레이트와 전기 에스프레소 머신이 있었다. 후에 저명한 언론인이 된 웨이크필드는 "그는 매우 열정적인 교사였다."라면서 이렇게 회고했다. "그는 강조하고 싶은 내용이 있으면 강의실을 서성이거나 책상을 주먹으로 내리치곤 했습니다. 그가 제시하는 아이디어들은 유토피아처럼 보였지만, 그는 그것들의 실현 가능성을 너무나 확신했기 때문에 우리는 그것을 단순한 이론이라고 무시할 수는 없었습니다." 컬럼비아 대학 요람에는 그가 사회학자로 등재되어 있었지만, 그는 스스로를 제임스 에이지(James Agee) 같은 저널리스트로 생각했다. 그가 생각하는 진정한 저널리즘은 품위 있고 대단히 지적인 르포르타주를 뜻했다.

그는 1951년에 〈화이트칼라〉를, 1956년에 〈파워 엘리트〉를 출간했다. 이 책들에서 그는 새로운 중산층을 분석했는데, 그들을 물질적으로는 풍요로워졌지만 목적의식을 잃었고, 장인 정신을 자랑스럽게 여겼던 칼빈주의적 과거와 단절된 이들로 묘사했다. 〈화이트칼라〉에서 그는 강인한 미국적 개인주의가 쇠퇴하고 새로운 미국의 좌절감이 커져가는 현상을 안타까워했다. 그는 역사를 권력을 두고 경쟁하는 세력들 사이의 끊임없는 충돌로 봤다.

민주적인 사회의 계층화를 분석한 학자 중에서 밀스는 독보적인 인물이었다. 물론 미국 사회의 이러한 변화를 연구한 다른 학자들도 있었다. 데이비드 리스먼(David Riesman)과 네이선 글레이저(Nathan Glazer)는 〈고독한 군중〉이라는 중요한 저서를 출간했는데, 이 책은 내면의 가치관에 따라 행동하던 미국인들이 점차 외부의 시선과 평가를 의식하는 새로운 유형으로 변화해가는 현상을 분석한 것이었다. 이들 새로운 미국인들은 점점 더 자신의 욕망과 신념이 아닌 주변의 가치 체계로부터 신호와 가치, 심지어 야망까지 받아들이는 것처럼 보였다. 이들은 더 큰 공동체의 일부가 되고 싶은 욕구가 너무 강해서 거의 무의식적으로 자신들의 도덕과 윤리를 공동체의 그것에 맞추어갔고, 결국 놀라울 정도로 쉽게 자신이 속한 조직과 이웃의 색채를 띠게 되었다. 리스먼과 글레이저가 가진 의문은 다음과 같았다. 과연 미국이 만들어낸 이 계층이, 한 세대 만에 이룬 급격한 경제적 진보로 인해 그것에 선행되어야 할 사회적, 심리적 준비를 놓친 것은 아닐까? 그 변화의 속도가 너무 빨라서 이런 풍요를 제대로 이해하고 즐길 수 있는 능력을 압도해버린 것은 아닐까? 리스먼 자신도 밀스가 중요한 통찰을 보여주었다고 생각했지만, 새로운 화이트칼라 계층이 밀스가 주장한 것만큼 심각하게 소외된 계층인지에 대해서는 의구심을 가졌다.

〈화이트칼라〉는 전반적으로 긍정적인 평가를 받았다. 호로비츠의 지적대로 이 책은 미국 사회를 매혹시키는 강력한 새로운 주제를 건드리고 있었다. 다시 말하자면, 미국의 힘이 외적으로 점점 커져감과 동시에 개인들의 힘은 감소하는 현상을 다루고 있었다. 확실히 밀스의 책에 나오는 새로운 화이트칼라 남성들은 스스로 통제할 수 없는 어떤 힘에 이끌려가는 사람들처럼 보였다. 그들은 이유도 전혀 모른 채 탐욕스러운 야망에 사로잡혀 있었으며, 목표를 신중하게 고려하기보다는 단순히 다음 단계로 무작정 뛰어들고 있었다.

하지만 리스먼은 밀스의 주장이 적절한 전형을 만들어내고 일반화하는 경향이 있다고 느꼈다. 외부에서 보기에는, 화이트칼라 계층들은 밀스 자신이 만약 비슷한 삶을 살아야 했다면 좌절할 수밖에 없었을 그러환 삶에 좌절감을 느끼는, 대단히 단조로운 사람들로 보일 수도 있었다. 리스먼은 밀스와 같은 사람이 자신의 지적 자극 욕구를, 욕구가 현저하게 다른 사람들의 마음과 열망에 전가하는 것은 위험하다고 생각했다. 예를 들어, 리스먼은 지금껏 블루칼라 노동자였던 사람들이 마침내 화이트칼라 관리직으로 승진했을 때 느끼는 자부심에서 비롯된 만족감을 과소평가해서는 안 된다고 지적했다. 리처드 호프스태터도 〈화이트칼라〉를 읽은 후 밀스에서 보낸 편지에서 비슷한 우려를 표명했다. 호프스태터는 책의 표지에 "한 계급 전체에 대한 무자비한 묘사"라는 설명이 달린 것을 예로 들면서, 책에서 인간의 추악한 면을 지나치게 강조하고 있음을 지적했다. 호프스태터는 일부 사람들, 어쩌면 일부 계급은 "무자비한 대우가 필요할 수도 있다."라고 언급하면서도 이렇게 덧붙였다. "왜 모든 미약한 사람들에게까지 그렇게 무자비해야 할까요? 왜 연민이나 따뜻한 시각은 없습니까? 버크의 말을 빌리자면, 왜 한 계급 전체를 비난해야 하는 걸까요?"

〈파워 엘리트〉에서 밀스는 한걸음 더 나아가, 미국이 초강대국으로 성장하는 과정에서 여러 세력들이 하나로 뭉쳐가는 현상을 누구보다 먼저 발견했다. 그는 군사 부문과 산업 부문 사이의 연결고리가 강화되는 현상을 지적했는데, 이는 아이젠하워 자신이 몇 년 후 경고하게 될 군산복합체와 같은 맥락이었다. 게다가 밀스는 갑자기 엄청난 권력과 부를 휘두르게 된 국가가 정치적, 사회적으로 초래할 수 있는 위험에 대해 강한 직관적 통찰력을 가지고 있었다. 하지만 이 부분에서도 일부 비평가들은 그가 지나치게 단순화된 시각으로 자신의 연구를 퇴색시켰다고 봤다. 물론 미국에는 상당한 권력을 휘두르는 집단들이 존재했지만, 미국 정치는 너무나 다원적이어서 한 집단이 지나치게 강력해지면 다른 집단들이 연합하여 그 권력을 제한했다. 실제로 공통의 이해관계를 가진 것처럼 보이는 일부 집단들이 서로 극심하게 대립할 수 있는 반면, 적대적일 것 같은 집단들이 오히려 잘 어울릴 수도 있었다. 예를 들어, 전통적으로 대립 관계에 있던 기업과 노동조합이 새로운 권력 구조 속에서는 같은 것을 원할 수도 있었고, 실제로 밀스가 한때 기업들의 지배로부터 미국인들의 삶을 구해줄 것이라고 기대했던 노동조합들이 지나치게 비대해진 군수 경제의 성장에 기꺼이 동참하는 파트너가 될 수도 있었다. 하지만 사회학자 다니엘 벨(Daniel Bell)이 지적했듯이, 밀스가 생각했던 것처럼 파워 엘리트들 사이에 명확한 이해관계 공동체는 존재하지는 않았다. 오히려 예상치 못한 갈등이 자주 발생했다. 벨은 한국전쟁에서 군부와 월스트리트, 연방정부가 각자 다른 이해관계와 목표를 추구하며 자주 충돌했다고 지적했다. 미국의 권력 지형은 끊임없이 변화했다. 어떤 집단이 자신의 영역을 넘보기 시작하면, 자동적으로 다른 집단과 충돌하게 되었다. 벨의 비판은 예민한 밀스에게 상처를 입혔다. 밀스는 한 친구에게 이런 내용으로 편지를 보냈다. "다니엘 벨이 지금 〈포춘〉 지에서 일하고 있어. 한두 번 봤는데, 만날 때마다 루스[53]와 점심을 먹었다느니 루스가 뭐라고 했다느니 하는 이야기만 늘어놓더군. 다시 만나고 싶지는 않아. (벨은) 권력이란 자석에 이끌려다니는 한낱 나사못 같은 놈이지. 정말이지 속물 그 자체야."

전후 미국 자본주의의 아이러니 중 하나는, 대부분의 기업 소유주들이 전례 없는 수익을 올리며 지속적으로 회사의 규모를 키워갔지만, 부와 겉으로 보이는 영향력이 커졌음에도 불구하고 정작 자신들의 회사에 대한 통제력 측면에서는 오히려 더 무력해졌다는 점이었다. 이에 따라 그들은 주변 사회에 대해 점점 더 반감을 가지게 되었다. 그들은 대기업들이 소유한 주류 미디어에서조차 자신들을 비판적인 시각으로 바라본다는 사실을 발견했다. 제2차 세계대전 이후 미국의 권력 구조가 흥미로웠던 것은 그 자체에 내재한 모순 때문이었는데, 이러한 모순들의 대부분은 좌파나 우파의 전통적 교리로는 설명할 수 없는 것들이었다. 밀스가 가장 효과적이었던 분야는 저널리즘이었고, 반면 다양한 집단들이 실제로 어떻게 행동할지에 대한 판단과 예측 측면에서는 제대로 역량을 발휘하지 못했다.

1950년대가 끝나갈 무렵, 밀스와 전통적 학계 사이의 간극은 더욱

---

53   〈포춘〉 편집장이던 헨리 루스를 뜻한다. 헨리 루스는 당시 언론계에서 가장 강력한 인물 중 하나였으며, 밀스는 〈파워 엘리트〉에서 루스를 비판적으로 다뤘다.

벌어졌다. 그는 자유주의자를 포함한 너무나 많은 지식인들이 냉전에 동참하면서 자국의 과잉 행태를 비판하지 못하는 것에 경악을 금치 못했다. 피델 카스트로의 부상과 이에 대한 아이젠하워 행정부의 적대적이고 서툰 대응은 밀스의 관점이 옳다는 것을 더욱 확신시켜주었다. 쿠바에 대한 미국의 행태가 미국 외교 정책의 최악의 모습을 보여주는 전형으로 드러났다면, 이는 밀스의 견해와 완벽하게 들어맞는 것이었다. 그가 보기에, 미국은 그가 경멸적으로 "NATO 지식인들"이라고 부르는 이들의 묵인 하에 일종의 군사 국가가 되어가고 있었다. 1950년대가 지나갈 무렵, 그는 점점 더 쿠바 문제에 관심을 기울였고 그의 급진주의는 더욱 심화되었다.

1950년대 후반부터 밀스의 건강은 나빠지기 시작했다. 1958년, 그가 겪었던 최소 세 번의 심장마비 중 첫 번째 심장마비가 찾아왔다. 그는 계속해서 담배를 피우고 술을 많이 마셨으며, 한 달 동안 돈 후안보다 더 많은 여자를 만났다고 자랑하곤 했다.

그의 저작은 늘 열정적이었지만, 말년에 접어들면서부터 아예 [열렬히 믿는 복음을 전파하는] 전도자처럼 변했다. 쿠바에 관해 쓴 그의 마지막 저서의 제목은 〈들어라 양키들아〉였다. 1961년, 그는 한 차례 더 심장마비를 겪은 후 부모에게 편지를 썼다. "이렇게 몇 주를 누워있으면서 거의 죽을 뻔했습니다. 정말 아슬아슬했거든요. 이 일로 인해 저는 더욱 강해졌고, 전에는 기회가 없었던 자기 성찰을 하게 되었습니다. 저는 제가 죽음에 대한 두려움이 조금도 없다는 것을 알고 있습니다. 또한 전 세계의 수천 명의 사람들에게 제가 보는 진실을 있는 그대로, 사회학적 헛소리는 그만두고, 드라마틱하고 정확하게 말해야 한다는 큰 책임감을 느끼고 있습니다."

1962년 3월, 그는 45세의 나이에 심장마비로 세상을 떠났다. 그는 한창 전성기를 누리고 있었고 청중도 꾸준히 늘어나고 있었다. 어빙 호로비츠는 그에 대해 이렇게 썼다. "밀스는 자신을 대중적 신념의 사회적 전달자로 생각하기 시작했고, 스스로 하나의 운동이 되었다. 진리는 반드시 밝혀진다는 계몽주의적 믿음으로 무장한 그는 자신이 진리의 전달자라는 확신을 가지고 있었다." 그가 죽었을 때, 그는 이미 미국의 젊은 신세대 급진주의자들 사이에서 신화적인 인물이 되어 있었다. 사후에 그의 영향력은 더욱 커져갔다.

제3부

제36장

버스 보이콧 사건과 마틴 루터 킹의 등장

1955년 12월 1일 저녁, 로자 파크스 부인은 온몸이 아팠다. 특히 발과 목, 어깨가 무척 쑤셨다. 파크스는 앨라배마 주 몽고메리의 한 백화점에서 재봉사 보조로 일했다. 일은 고된 데 비해 급여는 최저 수준이었다. 옷 수선을 하고 대형 스팀 프레스도 다뤄야 했다. 그날도 일을 마치고 평소처럼 몇 블록을 걸어 버스 정류장으로 갔다. 그녀가 타려던 첫 번째 버스는 너무 붐벼서 앉을 자리가 없었는데, 그녀는 어떻게든 발을 쉬게 할 필요가 있었다. 그래서 덜 붐비는 버스를 기다리기로 했다. 시간이 좀 남은 그녀는 근처 약국에 들러 아픈 근육을 달래줄 만한 핫팩을 찾아봤으나, 마음에 드는 것을 찾지 못하고 버스 정류장으

로자 파크스 부인이 앨라배마주 몽고메리의 시내버스 앞자리에 앉아 있다. 이 사진은 그녀가 시의 인종분리법 위반으로 체포된 지 1년 이상 지난 시점에 찍은 것이다. 1956년 12월, 미국 대법원은 인종분리법을 위헌으로 판결했다. (사진 출처 UPI/BETTMANN)

로 되돌아왔다. 마침내 꽤 많은 빈자리가 보이는 버스가 도착했다. 10센트를 내고 버스에 오른 그녀는 뒤쪽의 흑인 구역, 그중에서도 백인 구역과 흑인 구역을 나누는 경계선 근처에 자리를 잡았다. 몽고메리의 시내버스는 앞쪽 열 줄은 백인용이었고, 뒤쪽 스물여섯 줄은 흑인용이었다. 남부의 많은 도시에서는 버스 내 구역을 나누는 선이 고정되어 있었다. 하지만 몽고메리는 달랐다. 관행상 운전기사에게는 필요하다면 흑인들에게 자리를 양보하라고 명령함으로써 백인 구역을 늘리고 흑인 구역을 줄일 수 있는 권한이 있었다. 1955년 앨라배마주 몽고메리에서는 미국의 다른 지역처럼 선착순이라는 대중교통의 기본 원칙이 통하지 않았다. 흑인들에게 이것이 그저 감내해야 할 또 하나의 모욕이었다. 전통적인 인종 분리 정책에서조차 보장되었던 최소한의 예의와 권리마저 보장되지 않았기 때문이었다.

　다른 세 명의 흑인이 버스에 올라와 파크스 부인과 같은 줄에 앉았다. 파크스는 이미 그 운전기사가 버스 회사에서 일하는 백인들 중에서도 특히 악질적이라는 것을 알고 있었다. 그는 전에 파크스가 요금을 지불하고 버스에서 내린 뒤 뒷문으로 다시 타서 흑인 구역에 들어가는 것을 거부했다는 이유로 그녀를 버스에서 쫓아낸 적이 있었다. 이것 역시 몽고메리의 흑인 승객들에게 강요되던 또 하나의 기묘한 관행이었다. 버스가 운행을 계속하는 동안 점점 더 많은 백인들이 탑승했다. 마침내 백인 구역이 가득 찼을 때 한 백인 남성이 버스에 올랐다. 운전기사 J. F. 블레이크는 뒤를 돌아보며 첫 번째 줄에 앉은 흑인들을 보고 말했다. "앞자리들을 저 분한테 양보하시오." 이는 제안이 아닌 명령이었다. 이는 한 자리만 비워야 하는 것이 아니라 다른 세 흑인도 모두 자리를 옮겨야 한다는 의미였다. 백인이 흑인 옆에 앉게 되는 일을 막기 위해서였다. 네 명의 흑인 모두 블레이크가 무슨 말을 하는지 알았지만, 아무도 움직이지 않았다. 블레이크는 다시 뒤를 돌아보며 덧붙였다. "괜한 고생 사서 하지 말고 그 자리들을 비우시오." 다른 세 흑인은 마지못해 일어나 뒤로 물러났다. 하지만 로자 파크스는 움직이지 않았다. 그녀는 두려웠지만, 지쳐 있었다. 자리를 양보하고 싶지 않았고, 특히나 남은 거리를 서서 가고 싶지 않았다. 그녀는 방금 전까지 백화점에서 하루 종일 백인들의 옷을 수선하고 다림질을 했는데, 지금은 자신에게 아무런 권리가 없다는 소리를 듣고 있었다.

"이봐, 아가씨, 그 자리가 필요하다고 말했잖소. 일어설 건가 말 건가?" 블레이크가 말했다. 마침내 로자 파크스가 입을 열었다. "그냥 있겠어요." 그녀가 말했다. "일어나지 않으면 당신을 체포하게 할 거요." 블레이크가 위협했다. 그녀는 마음대로 하라면서, 자리를 비키지는 않겠다고 말했다.

블레이크는 버스에서 내려 신고 전화를 걸러 갔고, 그렇게 함으로써 본의 아니게 미국 역사책에 이름을 남기게 되었다. 그는 인종 분리 제도를 위협하는 거라면 뭐든 막아내려 했던 가장 전형적인 남부 백인의 모습을 보여주었다. 블레이크가 아니었더라도 다른 누군가가 그랬을 것이다. 흑인 승객 중 일부는 곤란한 상황이 될 것을 직감했거나, 아니면 시간이 지체되면서 버스에서 내리기 시작했다.

파크스는 계속 앉아있었다. 그렇게 함으로써 그녀는 흑인 민권 운동의 첫 번째 주목할 만한 인물이 되었다. 그녀에 대한 가장 흥미로운 포인트는, 적어도 겉으로 보기에는, 그녀가 너무나 평범한 여성이었다는 점이었다. 그녀는 매우 힘들게 일하면서도 그에 걸맞은 보상은 거의 받지 못하던 전형적인 흑인 여성이었다. 나중에 그녀는 그날 체포될 것이라고는 생각하지 않았었다고 말했다. 이후 사태의 전개에 충격을 받은 몽고메리의 백인 지도자들은 파크스의 이석 거부가 그녀가 임원으로 있던 지역 NAACP(전미흑인지위향상협회)의 면밀히 계획된 전략의 일부였다고 반복해서 주장했다. 하지만 그것은 사실이 아니었다. 그녀의 행동은 모든 흑인들을 비인간화하는 체제에 대해 한 개인이 느낀 극한의 피로와 혐오감의 표현이었다. 그녀의 내면에 있던 무언가가 마침내 한계에 달해 터져버린 것이다. 하지만 그날 저항할 계획을 세우지는 않았다 하더라도, 로자 파크스는 이미 이전부터, 만약 백인을 위해 자리를 양보하라는 요구를 받게 된다면 거절하기로 마음먹고 있었던 것 또한 사실이었다.

로자 파크스는 신문에서 흔히 단순한 재봉사로만 보도되었지만, 그 이상의 비범한 품위와 특별한 인품을 지닌 사람이었다. 그녀는 1913년에 앨라배마의 시골에서 태어났으며, 그 유명한 버스 사건 당시 42세였다. 아버지는 목수였고, 어머니는 한동안 교사로 일했다. 그녀가 어렸을 때 가족은 몽고메리 카운티로 이사했는데, 당시 앨라배마에서 어린 흑인 소녀들의 교육 기회가 사실상 전무했음에도 불구하고, 그녀는 운 좋게도 흑인 소녀들을 위한 특수 학교인 몽고메리여자실업학교에 다닐 수 있었다. 사람들은 그 학교를 미스 화이트 학교라고 불렀다. 그곳에서는 뉴잉글랜드 출신의 여교사들이, 마치 외국의 선교사들처럼, 글을 읽지 못하는 어린 흑인 소녀들에게 기초 교육은 물론 요리와 바느질, 가정 관리법 등을 가르쳤다. 로자는 독서를 즐기는 진지한 사람이었고, 조용하면서도 강인한 여성으로 지역 사회에서 큰 존경을 받았다. 그녀는 일찍이 NAACP 지역 지부의 회원이 되었고, 결국 서기가 되었다. 그녀는 몽고메리에서 진보 성향의 변호사로 활동하던 클리포드 더(Clifford Durr) 부부 밑에서 일하게 되었다. 클리포드 더는 트루먼 행정부에서 연방통신위원회(FCC) 위원으로 재직하던 중 FCC의 보안 정책에 동의하지 않아 사임했으며, 그의 아내 버지니아는 지역의 인종 관습에 자주 도전했던 대단한 활동가였다.

로자 파크스와 더 부부의 관계를 보면 당시 남부의 인간관계가 얼마나 복잡했는지 알 수 있다. 그녀에게 더 부부는 고용인이면서 동시에 친구였다. 더 부부는 당대의 가장 전투적인 흑인 중 한 명이던 에드 닉슨(Ed Nixon)과 친했다. 버지니아 더가 한번은 지역 NAACP 대표였던 닉슨에게 "바느질을 잘하는" 사람을 아는지 물었다. 그녀에게는 세 딸이 있어서 집에서 치마 단을 수선해야 하는 일이 많았다. 닉슨은 그런 사람이 있다면서 NAACP 지부의 동료 임원을 추천했다. 곧 로자 파크스는 더 가족을 위해 바느질을 시작했다. 두 여성은 좋은 친구가 되었고, 그들의 우정은 남부의 관습에 도전하는 것이었다. 하지만 그들이 서로를 부르는 방식에는 일정한 형식이 필요했다. 그들은 버지니아와 로자라는 서로의 이름을 부를 수는 없었다.[1] 로자 파크스가 더 부인을 버지니아라고 부를 수 없었기에, 버지니아 더 역시 그녀를 로자라고 부를 수 없었다. 그래서 재봉사는 늘 파크스 부인으로 불렀고, 고용주는 늘 더 부인으로 불렀다. 한번은 버지니아 더가 친구인 에드 닉슨을 무심코 에드라고 불렀는데, 그는 그녀에게 주의를 주었다. 자신이

---

1   당시 남부에서 흑인이 백인의 이름을 부르는 것은 금기 사항이었다.

아직 그녀를 버지니아라고 부를 수 없는 한, 그녀도 자신을 닉슨 씨라고 불러야 한다고, 하지만 버지니아 더는 파크스가 테네시 주 몬티글에 위치한 인종 통합 학교인 하이랜더 민속 학교에 다닐 수 있도록 도왔다. 이 학교는 인종 통합을 촉진하는 방법에 대한 워크숍을 열었다는 이유로 인종 분리주의자들이 혐오하는 곳이었다. 하이랜더에서 그녀는 간디가 영국인들을 상대로 사용했던 비폭력 저항의 기술을 배웠을 뿐만 아니라, 자신을 존중하는 백인들도 만났다. 이러한 경험은 그녀의 자존감을 강화했고, 그녀가 버스에서 항의를 할 수 있도록 한 발판이 되었다.

버스 운전기사가 계속 그녀에게 소리를 지르는 동안, 파크스는 속으로 생각했다. 평생 백인들이 편하도록 해주면서 살았는데도 그들은 자신을 인간으로조차 대우하지 않는다는 것은 너무나 이상한 일이었다. 이 대립은 어떤 면에서는 불가피했다. 고조되던 흑인들의 기대와 커져가는 백인들의 저항이 충돌하는 순간이었다. 당시 몽고메리에서는 대부분의 깊은 남부 도시들처럼 학교 통합은 여전히 추상적인 개념으로 머물러 있었다. 아직 실현되지 않았을뿐더러 실현될 기미조차 보이지 않았다. 반면 버스 탑승은 폭발 직전의 긴장이 집중된 현장이었고, 매일같이 겪어야 하는, 깊은 원한을 불러일으키는 학대가 이루어지는 중심지였다.

곧 몽고메리 경찰관 두 명이 도착했다. 그들은 운전기사가 그녀에게 일어서라고 했다는 것이 사실인지 물었다. 그녀는 그렇다고 대답했다. 왜 그의 말을 따르지 않았습니까? 그녀는 그럴 필요가 없다고 생각했다. "왜 당신들은 우리를 이렇게 함부로 대하나요?" 그녀가 물었다. "잘 모르겠소만, 법은 법이니까, 당신을 체포하겠소."라고 한 경찰관이 말했다. 그제서야 그녀는 자리에서 일어났다. 경찰은 그녀를 순찰차로 안내했다. 경찰은 다시 블레이크와 이야기를 나누기 위해 돌아갔다.

고소하기를 원하느냐고 물었고, 그는 그렇다고 대답했다. 경찰은 파크스를 감옥으로 데려갔고, 거기서 그녀의 지문을 채취한 뒤 인종분리법 위반 혐의로 기소했다. 전화 한 통이 허용되었고, 그녀는 집으로 전화를 걸었다. 그녀의 어머니는 전화를 받자마자 본능적으로 물었다. "그들이 너를 때렸니?" 그녀는 아니라며, 신체적으로는 괜찮다고 말했다. 그녀는 이런 혐의로 기소된 첫 번째 사람이었다. 이 사건은 또한 시 당국이 저지른 여러 전술적 실수들 가운데 첫 번째 실수였는데, 지역의 흑인 사회가 그토록 원하던 것, 즉 소송을 걸 수 있는 사건을 제공했기 때문이다.

집으로 전화를 한 후, 그녀의 체포 소식은 흑인 사회에 빠르게 퍼졌다. 파크스의 친구 에드 닉슨은 무슨 일이 있었는지 알아보기 위해 경찰서에 전화를 걸었다. 닉슨은 풀먼 열차의 차장이자 노조원이었으며, 흑인 사회에서 강력한 영향력을 가진 인물이었다. 그는 인종 평등이라는 발상 자체를 혐오하는 도시에서 약 20년 동안이나 흑인 지도자이자 운동가로 활동해왔고, 그 과정에서 전혀 두려움을 모르는 사람이 되었다. 그를 좋아하지 않는 일부 흑인들도 있었지만, 일부 백인 지도층을 포함한 모든 사람들이 그를 존경했다. 10년이 넘는 기간 동안, 그는 가장 위험한 일 중 하나로 여겨지던 흑인들의 유권자 등록을 위해 노력해 왔다. 경우에 따라서는 코트 아래 산탄총을 숨기고 다녀야 할 때도 있었다. 닉슨이 로자 파크스에 대해 물으려 경찰서에 전화하자 경찰은 당신이 알 바가 아니라고 말했다. 그래서 그는 클리포드 더에게 전화를 걸었고, 더는 보석금을 내주겠다고 했다. 닉슨은 일어난 일에 대해 불쾌해하지 않았다. 바로 그가 찾고 있던 사건이었기 때문이다. 파크스 부인은 완벽한 피고였다. 그녀는 NAACP에서 12년 동안 그와 함께 일했고, 그는 그녀가 강인하고 자신감 넘치는 사람이라는 것을 알고 있었다. 그녀는 무언가를 하겠다고 하면 반드시 해냈고, 백인 사회의 어떤 압력도 그녀를 막을 수 없었다. 그녀의 사례는 백인 기득권에 도전하는 것을 두려워하는 다른 이들에게 용기를 줄 가능성이 높았다.

그날 밤 파크스와 그녀의 가족, 더 부부, 그리고 에드 닉슨은 둘러앉아 그녀의 사건에 대해 논의했다. 닉슨은 이 사건을 버스 법의 위헌성을 시험하는 데 활용해 보고 싶어 했다. 그는 파크스에게 이 사건을 시범 케이스러 삼는 데에 동의하겠느냐고 물었다. 이런 생각에 대해 그녀의 남편 레이먼드 파크스는 겁을 먹었다. 그는 지역에서 이발사로 일하고 있었는데, 제도에 도전하는 흑인들에게 엄청난 폭력이 가해진다는 것을 알고 있었다. 그래서 그녀에게 경고했다. "안돼, 백인들이 당신을 죽일 거야, 로자. 문제를 일으키지 맙시다. 소송을 제기하지 말아요. 백인들이 당신을 죽일 거야." 그녀는 갈등했다. 가족을 위험에 빠뜨리고 싶지는 않았지만, 동시에 자신이나 자신 이후에 올 젊은 흑인들이 그런 모욕을 당하게 하고 싶지도 않았다. 게다가 그녀 개인적으로도 더 이상 그런 모욕을 견디고 싶지 않았다. "만약 이것으로 무언가를 이룰 수 있다고 생각하신다면, 저도 동참하겠습니다." 그녀는 닉슨에게 말했다.

닉슨은 집으로 돌아가 몽고메리의 지도를 펼쳐 놓고 흑인들이 사는 곳과 일하는 곳을 표시해 봤다. 그는 걸어다니지 못할 정도는 아니라고 판단했다. "당신 알아요?" 그는 아내에게 말했다.

"뭘요?" 아내가 물었다.

"우리는 버스를 보이콧할 거요." 그가 말했다.

"이렇게 추운데요?" 아내가 회의적으로 되물었다.

"그래요." 그가 말했다.

"글쎄요." 그녀가 말했다.

"하나만 말해줄까요. 추울 때 사람들이 버스를 타지 않게 할 수만 있다면, 더워질 때는 전혀 문제없을 거요." 그가 말했다.

몽고메리에서 버스 승객의 대부분은 흑인이었고, 특히 도시를 가로질러 흑인들의 빈곤한 세계에서 백인들의 풍요로운 세계로 가정부 일을 나가는 흑인 여성들이 많았다. 그럼에도 불구하고 버스 회사에 대한 흑인들의 도전은 엄청난 일이었다. 연방대법원의 판결에도 불구하고 미국의 남부 깊숙한 지역은 여전히 완전한 인종 분리 지역이었다. 백인들은 정치적, 사법적, 심리적 권력을 완전히 장악하고 있었다. 몽고메리 같은 도시에서는 마치 대법원의 브라운 판결이 내려지지 않은 것처럼 보였다.

백인들이 흑인들을 진지하게 받아들이기 전에, 흑인들이 먼저 스스로를 진지하게 받아들여야 한다는 것, 이것이 1955년 12월 몽고메리의 흑인 지도부가 직면한 과제였다. 후에 젊은 목사 마틴 루터 킹 주니어로 인해 유명해지게 되는 덱스터 애비뉴 침례교회의 당시 목사는 버논 존스(Vernon Johns)라는 강력하고도 명료한 사람이었다. 약 5년 전, 존스 목사는 버스에서 비슷한 일을 겪었다. 요금함에 동전을 넣으려다가 10센트짜리 동전을 바닥에 떨어뜨렸는데, 운전기사가 쉽게 주울 수 있는 상황이었음에도 불구하고 그는 존스에게 농장시대를 연상케 하는 말투로 명령했다. "아저씨, 엎드려서 그 10센트를 주워 다시 요금함에 넣으시오." 존스는 거부하며 운전기사에게 그렇게 해달라고 요청했다. 운전기사는 다시 한번 주우라고 명령했고, 그렇지 않으면 버스에서 내리게 될 거라고 했다. 존스는 모두 흑인이던 다른 승객들을 향해 돌아서서, 자신은 내릴 것이며 모두 함께 내려줄 것을 요청했다. 하지만 아무도 움직이지 않았다. 일주일 후 그는 그 사건 현장에 있었으면서도 아무 것도 하지 않았던 교구민 한 명을 만났다. 그가 그녀를 꾸짖기도 전에, 그녀는 "목사님이라면 그러시면 안 되는 걸 아셨어야죠."라고 말했다. 존스는 이 이야기를 자신의 가까운 친구이자 동료 목사인 랠프 애버내시(Ralph Abernathy)에게 들려주며 고개를 저었는데, 애버내시는 그의 표정에서 분노보다는 슬픔을 엿보았다. "신께서도 저렇게 행동하는 사람들을 자유롭게 하실 수는 없을 겁니다."라고 존스 목사는 말했다. 그 이후부터 존스 목사는 다시는 버스를 타지 않기로 맹세했고, 자동차를 한 대 샀다.

많은 흑인들에게 버스 노선은 자신들의 무력한 처지를 가장 잘 보여주는 상징이었다. 남자들은 아내와 어머니들이 받는 모욕으로부터 그들을 보호할 수 없었고, 여자들은 자신의 자녀들을 보호할 힘이 없었다. 유동적인 인종 분리선이 있는 몽고메리의 버스 시스템은 모든 권한을 버스 운전기사 개인에게 부여했고, 이는 운전기사의 성격과 기분에 따라 모욕에 모욕이 더해질 수 있도록 만들었다. 예를 들어, 흑인 승객의 돈을 받은 뒤 그 승객이 내려서 뒷문으로 가는 동안 버스를 그냥 출발해버리는 운전기사들도 있었다.

몽고메리의 백인 공무원들은 전후 수년 동안 인종 통합에 저항했을 뿐만 아니라 흑인 사회에서 정당하게 제기한 불만조차 무시했다. 백인의 권위에 대한 도전이 있을 때마다 시 당국자들은 그저 외부 선동가들을 비난하기에만 바빴다. 더 많은 유권자를 등록시키려는 흑인 지도자들의 시도는 실패했다. 법무부가 몽고메리 카운티의 투표 절차를 조사한 후 추산한 바에 따르면, 수년에 걸쳐 약 1만 명에 달하는 흑인들이 정치적 권리를 박탈당했다. 브라운 판결이 있은 지 몇 달 후인 1954년 여름, 솔로몬 시이(Solomon Seay)라는 이름의 나이 든 흑인 목사가 흑인 아이들을 데리고 백인 전용 학교인 리 고등학교에 등록하러 갔다가 거절당한 일이 있었다. 이후 그는 백인들로만 구성된 앨라배마 교육위원회 앞에서 성경의 어조를 연상시키는 연설로 변화가 반드시 올 것이라고 항의했다. "평화적으로 할 수 있는 일을 우리가 하지 않는다면 더 끔찍한 두 번째 심판의 날이 올 것입니다. …평화로운 방법으로 인종 통합을 이룰 수 있는 방법들이 있습니다. 우리가 이러한 방법들을 찾지 않는다면 우리는 벌을 받게 될 것입니다. 강조하건대 이는 위협이 아닌 예언입니다."

하지만 몽고메리 흑인들이 가장 본능적으로 분노한 대상은 버스 운행 체계였다. 대법원이 브라운 판결을 내린 지 4일 후, 조 앤 로빈슨(Jo Ann Robinson)이라는 흑인 지도자가 몽고메리 시장에게 편지를 보내 버스에서 받는 대우에 대한 흑인들의 분노가 점점 커지고 있음을 전했다. 그녀는 버스 이용객의 4분의 3 이상이 흑인이라는 점을 상기시켰고, 보이콧의 가능성을 언급했다. 몽고메리에 위치한 흑인 대학인 앨라배마 주립대학의 교수로 일하고 있던 로빈슨에게 이 문제는 특히나 감정적으로 다가왔다. 1949년 그녀는 공항으로 가기 위해 버스에 탔다. 크리스마스가 다가오고 있었고, 그녀의 팔에는 연말을 맞아 쇼핑한 물건들이 가득했다. 그녀는 클리블랜드로 가는 길이었다. 버스는 거의 비어 있었고, 그녀는 별 생각 없이 백인 구역에 앉았다. 갑자기 백인 버스 운전기사가 나타나 마치 그녀를 때리려는 듯 팔을 뒤로 젖히며 소리쳤다. "거기서 일어나! 거기서 일어나!" "나는 마치 개가 된 것처럼 느꼈다."라고 그녀는 나중에 말했다. 그녀는 비틀거리며 버스에서 내렸고, 그녀의 말에 따르면 클리블랜드로 가는 여정의 대부분을 눈물로 보냈다. 하지만 나중에 그 사건을 마음속으로 되새길수록 그녀는 점점 더 분노가 커졌다. 그녀도 인간이었고, 오히려 운전기사보다 더 교육을 잘 받은 사람이었다. 어떤 인간이 다른 인간을 이런 식으로 대할 권리가 있단 말인가? 휴가를 마치고 몽고메리로 돌아왔을 때, 그녀는 일종의 항의를 시작해보려고 친구들에게 그 사건을 언급했다. 하지만 그들의 무반응에 놀랐다. 친구들은 이것이 앨라배마 몽고메리에서의 삶이라며 그녀를 안심시켰다. 영원히 그럴 순 없다고 그녀는 생각했다. 6년 후 로자 파크스가 저항을 시작할 당시, 로빈슨은 흑인 전문직 여성들의 단체인 여성정치협의회의 회장이 되어 있었다. 그녀가 이끌던 단체는 당시에 시내의 백인 상인들이 흑인 고객들에게 청구서를 내밀 때 이름 앞에 미스터, 미세스, 또는 미스라는 호칭을 붙일 수 있도록 하는 중요한 승리를 막 거둔 참이었다.

버스 사건은 로빈슨의 소속 단체에게 가장 시급한 사안이 되었다. 로자 파크스가 저항을 시작하기 몇 달 전, 15세의 한 흑인 소녀가 백인에게 자리 양보를 거부했다가 버스에서 끌려나온 사건이 있었다. 체포 당시 현장에 있던 경찰관 T. J. 워드는 그녀의 체포와 관련된 지역 법원 소송 과정에서 "그녀는 자신이 유색인종이지만 백인과 똑같이 가치 있는 인간이라고 굽히지 않고 주장했다."라면서 놀라움을 감추지 못했다. 그녀는 체포에 저항했다는 이유로 폭행 혐의가 적용되었다. 한동안 흑인 지도부는 그녀의 사건을 자신들이 찾던 헌법 소송의 시범 케이스로 삼으려 했으나, 그녀가 임신했다는 사실을 알게 되자 이를 철회했다. 그래서 로자 파크스가 체포되었을 때, 보이콧은 자연스러운 대응이었다. 이 방법은 흑인들이 가진 가장 강력한 지렛대였다. 흑인들은 가장 많은 승객을 보유한 집단이었고, 그들이 없다면 버스 운영의 수익성이 떨어질 수밖에 없었기 때문이었다.

그들이 직면한 가장 큰 문제 중 하나는 흑인 지도부 내부의 심각한 분열, 즉 종교, 세대, 나이, 계급에 따른 분열이었다. 에드 닉슨이 강력한 인물이라는 점은 의심의 여지가 없었다. 그는 다른 이들이 감히 하지 못할 위험을 감수하려 했다. 하지만 일부는 그가 너무 거칠고, 영광을 너무 갈망하며, 다른 이들의 감정을 충분히 헤아리지 못한다고 느꼈다.

파크스가 체포된 다음 날 열린 첫 흑인 지도부 회의에서, 월요일 아침부터 하루 동안 보이콧을 하자는 신속한 합의가 이루어졌다. 또한 월요일 오후에 많은 목사들을 포함한 흑인 지도부 회의를 갖고, 월요일 밤에는 대규모 공개 항의 집회를 열기로 했다. 월요일 오후 회의에서 한 목사가 앞으로의 회의는 언론을 배제하고 비공개로 하자고 제안했다. 그들이 무엇을 하는지, 또한 누가 지도자인지 등을 백인들에게 가능하면 알리지 않는 게 낫다는 주장이었다. 언론을 배제한 회의라니! 에드 닉슨이 일어나 그들을 조롱하기 시작했다. 그는 "백인들이 모르게 어떻게 항의 집회를 할 수 있단 말입니까?"라는 말로 입을 열었다. 그러고는 그들에게 가장 큰 피해를 받는 사람들이 도시의 흑인 여성들, 즉 가장 무력한 자들 중에서도 가장 무력한, 매일 백인들을 위해 일하러 가는 세탁부들이라는 점을 상기시켰다. 이들이야말로 인종 분리로 인해 가장 큰 고통을 받는 사람들이면서, 도시의 모든 흑인 교회의 핵심 구성원들이기도 했다. "신사 여러분, 한 가지만 말씀드리죠. 여러분 목사님들은 이 세탁부 여성들의 땀으로 지금까지 살아왔으면서도 그들을 위해 아무것도 한 적이 없습니다." 그의 경멸이 교회 안을 가득 채우는 듯했다. "여러분이 부끄럽습니다. 하느님께서 여러분들로 하여금 사람들을 이끌도록 부르셨다고 말씀하시더니, 이제는 신문에 여러분 사진이 실릴까 봐 두려워 완전히 무너져 내렸군요. 이 일에서 누군가는 상처를 받을 수밖에 없습니다. 만약 여러분 목사님들이 지도자가 되지 못한다면, 우리는 하느님께서 새로운 지도자를 보내주시기를 기도해야 할 것입니다." 그의 충격적인 공격에는 너무나 많은 진실이 담겨 있었다. 마틴 루터 킹 주니어라는 젊은 목사가 닉슨의 연설에 응답했다. 그는 자신은 겁쟁이가 아니며, 그들은 공개적으로 행동하고, 모두가 자신의 이름을 사용해야 하며, 누구의 뒤에도 숨어서는 안된다고 말했다. 이로써 킹 목사는 보이콧을 강력히 지지하는 입장을 취했지만, 동시에 자신이 완전히 닉슨의 사람은 아님을 보여주었다. 회의가 끝나기도 전에 마틴 루터 킹 주니어는 몽고메리개선협회(MIA)라고 불리게 될 새로운 단체의 회장으로 선출되었다. 이는 그가 원한 역할은 아니었지만, 그가 비교적 최근에 이 지역에 왔고 시 흑인 지도부의 어느 파벌에도 속하지 않았기 때문에, 이는 당연한 귀결이었다. 다른 이유도 있었다. 그의 교회 신도들은 유난히 부유했기 때문에 백인들의 보복에 상대적으로 덜 취약했다. 마지막으로, 많은 사람들이 닉슨이 지도자가 되는 것을 원하지 않았으나, 킹은 닉슨과도 비교적 잘 지냈다. 닉슨은 그해 초 NAACP 모임에서 킹의 연설을 듣고 감명을 받았다. "어떻게 할지는 모르겠지만, 언젠가 그를 최고의 지도자로 만들어 놓을 거야."라고 닉슨은 앨라배마 주립대학에서 가르치는 친구에게 말한 적이 있었다. 킹 자신은 반드시 최고의 위치에 오르고 싶지는 않았다. 그는 너무 많은 책임을 지는 것을 조심스러워했고, 얼마 전에는 지역 NAACP의 수장이 되어달라는 제안을 거절했었다. 어쨌든 그는 이 도시에 온 지 얼마 되지 않았고, 어린 가족이 있었으며, 무엇보다도 자신의 첫 교회에서 좋은 성과를 내고 싶어 했기 때문이다.

하지만 마치 피할 수 없는 운명처럼 운동은 그를 필요로 했다. 그는 뛰어난 연설가였다. 그는 복잡한 생각을 단순하게 만드는 능력이 있었다. 구절을 반복함으로써 하나의 생각을 확장할 수 있었고, 이성과 감정을 조화롭게 아우를 수 있었다. 덕분에 그는 처음에는 흑인들을, 그리고 나중에는 놀랍게도 백인들까지 감동시킬 수 있었다. 그는 모든 계층과 배경의 사람들에게 다가갈 수 있었고, 오직 말로써 사람들에게 영감을 불어넣어줄 수 있었다. 첫날, 늦은 오후가 되자 홀트 스트리트 침례교회에는 군중들로 가득 찼고, 6,000에서 10,000명으로 추산되는 군중이 확성기를 통해 방송되는 집회 내용을 듣기 위해 거리에 모여들었다. 백인 경찰들은 점점 더 불안한 기색으로 모여드는 군중을 지켜보았고, 경찰 책임자는 결국 군중을 해산시키려는 목적으로 확성기를 끄라고 주최 측에 명령했다. 흑인 주최자 중 누군가가 경찰이 확성기를 끄고 싶으면 직접 하라고 대답했다. 경찰들은 군중의 규모를

애틀랜타의 명망 높은 흑인 가문 출신인 마틴 루터 킹 주니어는 위대한 대의에 자신의 힘 있는 목소리를 더하며, 한 세대를 상징하는 인물이 되었다. (사진 출처 DON UHRBROCK/LIFE/TIME WARNER, INC.)

보고는 결국 확성기 방송을 그대로 두기로 했다.

그날 밤, 몽고메리에 사는 대부분의 흑인들은 마틴 루터 킹 주니어의 연설을 처음으로 접했다. 그는 하나의 요점을 분명히 하는 것으로 연설을 시작했다. 자신들의 보이콧은 미국 깊은 남부에서 흑인들의 정치적, 법적 진전을 저지하기 위해 폭력을 위협하는 수단으로 사용하고 있는 백인시민협의회의 보이콧과는 다르다는 것이었다. "우리는 폭력을 옹호하지 않습니다. 우리는 그것을 극복했습니다. 몽고메리 전역과 전체 미국인들에게 우리가 기독교인이라는 것을 알리고 싶습니다. 오늘 저녁 우리 손에 쥔 유일한 무기는 항의라는 무기뿐입니다." 그는 자신들이 백인들만큼이나 민주주의를 사랑하며, 민주주의 사회에서 지극히 평범한 미국인의 권리를 추구하는, 그저 평범한 미국인일 뿐이라고 말하고 있었다. 사실상 그들은 미국을 온전하게 만드는 길에 나선 것이었다. "우리가 틀렸다면, 미합중국 헌법이 틀린 것입니다. 우리가 틀렸다면, 전능하신 하느님이 틀린 것입니다. 우리가 틀렸다면, 나사렛 예수는 그저 유토피아적 몽상가일 뿐, 결코 이 땅에 오시지 않았다는 뜻입니다! 우리가 틀렸다면, 정의란 거짓말일 뿐입니다." 이즈음부터 군중들은 그의 말 한마디 한마디에 환호하며 그와 하나가 되어갔다. "그리고 우리는 정의가 물처럼 흐르고, 의로움이 강물처럼 넘실대는 그날까지 몽고메리에서 일하고 싸울 것을 결심합니다." 연설이 끝났을 때는, 적절한 시기에 적절한 인물이 적절한 도시에 나타났다는 것이 분명해졌다. 보이콧은 하루짜리가 아니라 백인 사회가 흑인들의 불만을 해결할 때까지 계속될 것이 분명했다.

킹이 그들 중 단지 가장 눈에 띄는 인물이었을 뿐, 이 시기에 흑인 성직자 집단에서 뛰어난 지도자들의 세대가 배출된 것은 놀라운 일이 아니었다. 교회는 당시 흑인 인재들이 모일 수밖에 없는 분명한 저수지였다. 과거에 흑인 지도부는 분열되어 있었고 교육 수준도 낮은 편이었다. 버스 보이콧이 있기 5년 전인 1950년 인구조사 당시, 몽고메리시에는 약 4만 명의 흑인이 살고 있었는데, 그중에서 의사는 3명, 치과의사는 1명, 변호사는 2명, 약사는 1명, 그리고 목사는 92명이었다. 당시에는 흑인 변호사가 많지 않았고, 남부 깊숙한 지역에서는 일반적인 정치적 활로가 막혀 있었다. 그래서 새로운 흑인 성직자 집단은 재능 있는 젊은 흑인 남성들이 사람들을 이끄는 방법을 배우기 위해 모이는 영역이었다. 거기는 백인 사회의 영향력이 미치지 않는 곳이었고, 젊고 교육 수준이 높은 흑인이 오직 실력만으로 성장할 수 있는 드문 공간이었다.

버스 보이콧이 시작되었을 때 마틴 루터 킹 주니어의 나이는 26세였고, 몽고메리에 온 지는 불과 15개월밖에 되지 않았다. 그는 흑인 침례교의 엘리트였으며, 전후 남부에서 막 등장하기 시작한 더 자신감 있고 더 교육을 잘 받은 새로운 흑인 지도자들의 상징적인 존재였다. 그의 외조부 A. D. 윌리엄스는 1894년, 에베네저 침례교회가 설립된 지 8년 만에 공식적으로 교회를 이어받아, 이를 애틀랜타에서 가장 중요한 흑인 교회 중 하나로 만들었다. 윌리엄스 목사는 지역 NAACP의 창립 멤버였다. 한 지역 백인 신문이 애틀랜타의 흑인들을 "더럽고 무지하다."라며 비판했을 때, 그는 그 신문사를 폐간으로 몰아간 보이콧을 주도했다. 시의 학교 설립을 위한 주요 채권 발행 계획에서 시 최초의 흑인 고등학교 설립 자금이 배제되었을 때, 그는 집회를 시작했고, 그 결과 부커 T. 워싱턴 고등학교가 설립되었다. 그의 사위이자 사람들에게 '대디 킹'이라고 불린 마틴 루터 킹 시니어는 애틀랜타의 젊은 목사 시절에 유권자 등록 운동을 이끌었고, 1930년대에는 다른 흑인 목사들에게도 그들의 교회를 유권자 등록 운동의 중심지로 만들 것을 촉구했다. 그의 교회 이사회 다수가 이러한 확대 시도에 반대했지만, 결국 흑인 1,000명이 에베네저 교회에 모여 시청까지 행진하는 데 성공했다. 이러한 활동 덕분에 1950년대까지 애틀랜타는 흑인 중산층 생활의 주요 중심지 중 하나가 되었고, 흑인들의 경제력이 정치적 힘을 가능하게 만든 곳이 되었다.

대디 킹은 소작농의 아홉 자녀 중 한 명으로 태어났다. 어린 시절 그는 가난과 무력함의 악순환이 자신의 아버지를 파괴하는 것을 지켜보았는데, 아버지는 알코올에 빠져서 아내를 구타하곤 했다. 델리아 킹은 남편과 함께 농사를 짓는 한편 백인 지주의 집에서도 일했다. 대디 킹(본명은 마이클이었으나 성인이 되어 마틴으로 개명했다)이 12세였을 때, 그는 아버지와 함께 연례 회계 결산을 하러 마을에 갔다. 공부를 잘하고 아버지보다 숫자에 능했던 이 소년은 아버지가 사기를 당하고 있다는 사실을 알아챘다. "아빠, 목화 종자값에 대해 물어보세요."라고 그가 말했다. 그것은 정산의 중요한 부분이었고 소작농이 받아야 할 돈이었다. 지주는 화가 났지만 결국 돈을 지불했다. 하지만 그는 이 사건을 잊지도 용서하지도 않았다. 다음 날 지주는 찾아와서 킹 일가가 자신의 땅에서 완전히 떠나라고 통보했다. 그 일을 계기로 제임스 킹은 무너지기 시작했다. 제도의 가혹함과 잔인함에 짓눌린 그는 자신의 분노를 가족에게 풀어냈다. 특히 진실을 말함으로써 더 큰 굴욕을 당하고 자신의 진정한 무력함을 드러나게 한 이 아들이 화풀이 대상이 되었다.

가족의 붕괴를 지켜보던 마이클 킹은 떠날 날만 기다렸다. 아버지가 어머니를 구타한 날 그는 아버지와 대판 싸움을 벌였다. 이미 체격이 좋았던 이 젊은이는 싸움에서 이겼지만, 아버지가 "네놈을 죽여버리겠다. 죽여버릴 테다. 반드시 그렇게 하마. 이 망할 놈."이라고 소리치는 것을 들었다. 겁에 질린 어머니는 아들에게 한동안 숨어 있으라고 말했다. 대디 킹은 그로부터 약 70년이 지난 후 이때의 상황을 회고하며 이렇게 말했다. "분노가 사람을 지배하고 나면, 폭력은 그가 가진 유일한 것이 됩니다. 그것으로 잠시 마음을 달래보지만, 결국에는 그것 때문에 목숨을 잃게 될 것입니다."

어린 마이클 킹이 평화를 찾을 수 있는 유일한 곳은 교회뿐이었다. 그는 나중에 하루 중 다른 시간에는 비통함과 분노가 자신을 덮치곤 했지만, 교회에 있을 때만은 그렇지 않았다고 기록했다. 그는 15세에 목사 안수를 받았고, 시골의 작은 교회를 돌아다니며 설교를 했다. 18세에 그는 애틀랜타로 갔다. 그곳에서 그는 똑똑하긴 하지만 세련되지 못한 시골뜨기 취급을 받았다. 그는 영향력 있는 인물이 되기를 간절히 원했지만, 시골 출신으로서의 자신의 견문 부족과 투박한 말씨에 깊은 수치심을 느꼈다.

하지만 그에게 야망만큼은 확실히 있었다. 누나의 권유로 그는 21세의 나이에 다시 학교로 돌아갔다. 그는 5학년으로 배정되었는데, 이는 그의 자신감을 완전히 무너뜨렸다. 그전까지 자신이 그토록 무지하다고 느껴본 적이 없었다. 하지만 그는 인내했다. 그는 이발소 의자를 판매하고 수리하는 사람의 운전기사로 풀타임으로 일하면서 5년 동안 학교를 다녔다. 어디를 가든 책을 가지고 다녔으며, 물론 주말에는 설교도 했다. 마침내 그는 고등학교 졸업장을 받았다. 이 시기에 그는 애틀랜타의 가장 유명한 목사 중 한 명의 딸인 알버타 윌리엄스를 보게 되었다. 그녀는 그가 생각하기에 자신과는 정반대의 사람이었다. 세련되고, 교육 수준이 높았으며, 품위가 있었다. 그는 첫눈에 그녀에게 반했다. 그가 이 사실을 같은 시골 출신의 친구들에게 말했을 때, 친구들은 그를 무자비하게 놀려댔다. 한 친구가 말했다. "이봐, 킹. 하느님은 못생긴 걸 좋아하지 않는다는 거 알잖아. 내가 올해 들은 최악의 이야기는 네가 알버타 윌리엄스와 결혼한다는 거야. 집어쳐!" 하지만 킹은 그녀에게 끈질기게 구애했다. 첫 데이트를 위해 그는 자신의 가장 좋은 바지를 두 널빤지 사이에 넣고 며칠 동안 매트리스 밑에 둬서 확실한 주름을 만들었다. 그는 하숙집 주인 아줌마에게 가장 좋은 셔츠를 다려달라고 부탁했다. "아이고, 킹 목사님, 틀림없이 좋은 아가씨를 만나러 가시나 보네요." 그녀가 말했다. "아니요, 부인. 결혼할 준비를 하는 중입니다." 그가 대답했다.

그들은 6년 동안 교제했다. 알버타에게 어울리는 사람이 되어야 한다는 생각에서 그는 모어하우스 대학에 입학해서 학위를 받기로 결심했다. 그의 나이 27세, 모어하우스 대학의 관계자들은 그리 내키지 않아했다. 그는 시험을 치렀다. "당신은 대학 수준이 전혀 안 됩니다."라고 교무과장이 말했다. 그는 시험을 얼마나 못 봤든 상관없다고, 열심히 노력을 하면 성공할 수 있다는 걸 알고 있다고 말했다. 그럼에도 그들은 그의 입학을 불허했다. 알버타의 독려로 그는 다시 시도했고, 또다시 거절당했다. 마침내 그는 시험 입학이라도 하게 해달라고 간청했지만 또다시 거절당했다. 분노한 그는 대학 총장실로 쳐들어가 자신의 이야기를 털어놓았다. 그리고는 성난 걸음으로 나왔다. 하지만 그의 이런 단호함 덕분에 마침내 기회를 얻게 되었다. "그래요, 모어하우스에서 수업을 들을 수 있게 되었소. 왜인지는 나도 모르겠지만 말이오." 동정심이라고는 하나도 없는 말투로 교무과장이 말했다. 여름학기까지 수강하면서 그는 4년 만에 학위를 따냈다. 1년 후, 장인이 심장마비로 세상을 떠났고 마이클 킹은 에베네저 침례교회를 이어받았다.

세 자녀 중 둘째였던 마틴 루터 킹 주니어는 아버지가 겪었던 것보다 훨씬 더 온화한 환경에서 성장했다. 그는 애틀랜타 흑인 엘리트 사회의 일원이었다. 비록 다른 흑인 엘리트 가문들만큼 부유하지는 않았지만, 그것도 곧 바뀔 수 있을 것이었다. 대디 킹이 마틴을 애틀랜타의 진정한 부유층 가문의 딸과 결혼시키려는 계획을 가지고 있었기 때문이다. 그렇게 되면 킹 가문은 아마도 애틀랜타의 대표적인 흑인 가문이 될 것이었다. 대디 킹이 에베네저 교회에서 일구어낸 강력한 사회정치적 지위에 상속녀의 재산이 더해질 것이기 때문이었다. 어린 마틴은 흑인 왕자로서의 이중적인 삶을 살았다. 그는 흑인 사회 내에서는 특별한 특권을 누렸지만, 그 밖의 모든 것들은 그에게 허락되지 않았다. 그를 보호하려는 모든 노력에도 불구하고, 그가 애틀랜타의 백인들의 낯선 세계로 넘어갈 때면 다른 모든 흑인들처럼 그도 모든 지위를 잃고 굴욕을 겪어야 했다.

그는 대공황이 시작되던 시기에 태어났는데, 대공황은 남부의 흑인들에게 가장 큰 타격을 주었음에도 불구하고 킹 가족은 거의 궁핍을 겪지 않았다. 에베네저 교회처럼 번창한 흑인 교회는 국가 경제의 변동에 영향을 받지 않았다. 마틴 킹은 애틀랜타를 차로 지나가다가 빵을 사기 위해 긴 줄을 서 있는 흑인들을 보았던 것을 기억했는데, 그때 부모님은 그에게 대공황의 가혹한 현실을 설명하려 했다. 마틴 킹 주니어는 사랑받으며 안정된 환경에서 성장했다. 훗날 작가 제임스 볼드윈(James Baldwin)은 킹은 그 시대 대부분의 흑인들을 짓눌렀던 자기 회의가 없었다면서, "마틴은 우리 다른 흑인들처럼 늘 자기 자신과 싸우며 살지는 않았다."라고 썼다. 그는 인종 분리의 세상에서 자랐지만, 편견 앞에서 강인함을 보이는 아버지의 모습을 보며 성장했다. 한번은 아버지와 차를 타고 가고 있을 때 애틀랜타 경찰이 차를 세웠다. "이봐, 꼬마. 차를 세우고 면허증을 보여주게." 경찰이 말했다. "난 꼬마가 아니오." 대디 킹이 말했다. 그는 아들을 가리켰다. "이 아이가 꼬마요. 나는 성인이고, 당신이 나를 성인으로 부르기 전까지는 당신 말을 듣지 않겠소."

아버지로서 마틴 킹 시니어는 엄격했다. 그는 비교적 사소한 잘못에도 아이들을 때렸다. 아버지는 어린 마틴이 고통을 담담히 견디는 모습에 놀랐다. "그 애는 매를 맞을 때마다 아주 특이했어. 그저 서서 눈물을 흘리기만 할 뿐 절대 소리를 지르지 않았지."라고 그는 훗날 회고했다. 그는 지옥불과 유황을 강조하는(all hellfire and brimstone)[2] 옛 방식을 고수하는 카리스마 넘치는 설교자였다. 그에게 성경은 문자 그대로의 진리와 이야기를 담은 책이었고, 이는 도전받아서도 안 되고 현대적 상황에 맞춰 해석되어서도 안 되는 것이었다. 그는 젊은 신학생이던 아들이 술을 마시고 춤을 추며, 점점 더 사회복음의 세계로 빠져드는 것을 불편해했다. 대디 킹이 보기에 그것은 본질적으로 좌파들의 세계였고, 만약 그것이 백인 질서를 위협한다면 자신이 그토록 성공적으로 이룩해 놓은 흑인 사회의 기존 위계질서도 위협할 수 있다고 생각했다.

마틴 루터 킹 주니어가 처음으로 반항한 것은 아버지의 가정 규칙이 아닌 근본주의적 가르침에 대해서였다. 어린 시절 그는 예수의 육체적

---

2   (편집자 주) 성경의 마지막 권인 <요한계시록> 21장 8절에 따르면, 지옥은 "불과 유황으로 타는 못(the lake which burneth with fir eand brimstone)"이다.

부활에 의문을 제기하며 주일학교 교사를 충격에 빠뜨렸다. 그는 분명 아버지의 설교에서 드러나는 소리 지르고, 발을 구르고, 통곡하는 등의 날것의 감성에 당혹스러워했다. 모어하우스 대학에 와서야 비로소 더 세련된 사람들이 그에게 성직이 사회적으로 가치 있고 지적으로도 존경받을 만한 것이 될 수 있다는 것을 보여주었다. 후일 그는 "모어하우스에서 근본주의의 족쇄가 내 몸에서 벗겨졌다."라고 적었다.

아버지와 달리, 어린 마틴은 자라면서 어느 학교에 갈 것인지, 어떤 직업을 선택할 것인지스스로 선택할 수 있었다. 그의 세상은 아버지의 세상보다 훨씬 더 많은 가능성이 있었다. 1948년 모어하우스를 졸업하면서 그는 신학대학원과 법학대학원 진학 사이에서 고민하다가 결국 전자를 선택했고, 펜실베이니아 주 체스터에 있는 크로저 신학교에 입학했다. 그는 가족 중 처음으로 남부 밖에서 교육받은 사람이 되었다. 마틴 킹은 크로저에서 잘 해냈고, 처음으로 지적인 면에서 자신의 한계를 넓혀갔다. 그는 여러 교수들이 학업을 계속하라고 권했을 정도로 뛰어난 학생이었다. 하지만 대디 킹은 7년간의 고등교육이면 충분하다고 생각했다. 이제 에베네저 교회로 돌아와 도울 때가 되었다고 생각했다. 마틴은 아버지에게 결코 아니라는 말을 하지는 않았지만, 보스턴 대학에서 박사 학위를 받기 위한 장학금을 받아들였다.

크로저에서처럼 보스턴에서도 킹은 흑인에 대한 백인들의 고정관념을 깨뜨리기로 결심했다. 흑인들은 시간 관념이 없다고? 마틴 킹은 캠퍼스에서 가장 시간을 잘 지키는 젊은이였고, 수업에 한 번도 늦지 않았다. 흑인들은 시끄럽고 요란하다고? 킹은 늘 차분하고 공손했다. 흑인들은 옷을 조금 화려하게 입는다고? 킹은 캠퍼스의 그 누구 못지않게 신중하고 단정한 차림새였다. 늘 양복 차림이었고, 옷은 항상 다려져 있었으며 구두는 반짝였다.

멋진 옷차림과 아버지가 선물한 새 쉐보레를 타고 다니며 1950년대 초 보스턴의 젊은 상류층 흑인 사이에서 리더로 군림했던 그는 대학 도시인 보스턴에서 사교적으로도 큰 기쁨을 누렸다. 신학 공부를 하고 있었음에도 그는 일종의 도시 젊은이였고, 춤을 잘 추었으며, 미모의 여성들에 관심이 많았다. 코레타 스콧 킹(Coretta Scott King)이 후에 회상했듯이, 그는 곧 보스턴 흑인 학계의 작은 세계에서 "그 당시 보스턴 지역에서 가장 매력적인 젊은 흑인 남성"으로 알려졌다. 친구의 소개로 처음 코레타 스콧에게 전화했을 때, 그는 능숙하게 말을 걸었다. "모든 나폴레옹에게는 자신의 워털루가 있죠. 저는 나폴레옹 같은 사람이에요. 지금 제 워털루에서 무릎을 꿇고 있답니다." 허세를 부린다고 그녀는 생각했지만, 대부분의 허세와는 달랐다. "지적인 허세"였기 때문이다. 소개팅에서 처음 만났을 때 그녀는 그가 너무 작다고 생각했다. 하지만 그가 말을 시작하자마자 그녀는 흥미를 느끼기 시작했다. 첫 데이트 후 그는 그녀를 집까지 데려다주며 사실상 청혼을 했다. 그는 그녀에게 말했다. 자신이 결혼할 여성은 인품, 지성, 개성, 그리고 아름다움 등 네 가지 자격을 갖추어야 한다고. 그녀는 이 네 가지를 모두 갖추고 있었다. 다시 만날 수 있겠냐고 그가 물었다. 그녀는 약간 마지 못해 하면서도 승낙했다. 그녀는 가수로서 경력이 쌓아가고 있었고, 젊은 목사의 아내가 된다는 생각이 그리 달갑지는 않았기 때문이다. 하지만 그녀의 망설임에도 불구하고, 그리고 대디 킹이 그녀를 밀어내려 했음에도, 둘의 관계는 점점 더 진지해졌다. 대디 킹은 애틀랜타의 한 부유한 흑인 상속녀를 선호했는데, 그는 아들에게 이렇게 말했다. "좋은 가문 출신에 …매우 재능 있고 …성격도 멋진 아이란다. 우리는 그 아이가 정말 마음에 든단다."

이 시기는 그의 생각이 한창 무르익어가는 시기였다. 그는 미국 남부에서 활동하는 현대 흑인 목사의 필요에 부합하는 복음을 찾고 있었다. 그는 기존 흑인 교회의 큰 부분을 차지하고 있던 날것의 근본주의에서 벗어나고 싶었다. 대신 킹은 동료 인간을 사랑하면서도 흑인들에게 가해지는 수많은 비인간성과 부정의에 항의할 수 있는 기독교를 추구했다. 그는 마르크스주의를 열심히 연구했고 자본주의에 대한 비판으로서는 강력하다고 생각했지만, 신학으로서는 공허하다고 보았다. 그의 생각에 마르크스주의는 반물질주의를 표방하면서도 뻔뻔스럽게 물질주의적이었고, 사랑이 없으며, 결국은 전체주의적이었다. 하지만 그는 세기 전환기의 사회 비평가 월터 라우센부시(Walter Rauschenbusch)의 저작에서 감명을 받았는데, 라우센부시는 당시 사회의 병폐를 거칠고 제어되지 않은 자본주의의 탓으로 돌렸다. 그는 또한 신학자 라인홀드 니부어(Reinhold Niebuhr)에게서도 감명을 받았고, 점점 더 간디의 가르침에 매료되었다. 간디는 단순히 지도력뿐만 아니라 사랑할 수 있는 능력도 가졌으며, 내면의 어둠과 분노를 정복할 수 있었다. 킹은 니부어가 간디의 수동적 저항 개념을 잘못 이해했다고 생각했다. 그것은 킹이 쓴 대로, 악에 대한 비저항이 아니라 악에 대한 비폭력적 저항이었다. 그는 천천히 비전을 찾아가고 있었다. 그것은 그의 사람들이 필요로 하는 것이면서, 동시에 자신이 평생을 바칠 만큼 깊이 믿을 수 있는 것이었다. 교수진은 그에게 감명을 받았고 학자가 되기를 권했다. 잠시 그는 그것을 고려했다. 그 삶은 편안하고 보호받을 수 있었으며, 젊은이가 남부의 추한 인종 분리로부터 도망칠 수 있는 길이었다. 하지만 그의 의무는 실질적이고 시급했다. 졸업이 가까워질수록 그의 길은 더욱 분명해졌다. 그는 남부의 큰 침례교회를 원했다. "그곳이 나를 필요로 하는 곳이야."라고 그는 코레타에게 말했다. 그들은 1953년에 결혼했다. 대디 킹은 반대를 철회하고 코레타에게 이렇게 조언했다. "넌 평범한 젊은 목사와 결혼하는 게 아니란다."

마틴 루터 킹 주니어는 여러 교회들을 살펴보기 시작했다. 채터누가의 한 교회가 그에게 관심을 보였고, 몽고메리의 덱스터 애비뉴 침례교회도 마찬가지였다. 덱스터 애비뉴의 제안은 그의 호기심을 자극했다. 그 교회는 재건 시대에 지어진 유명한 교회로, 도시 중심부에 위치해 있었는데 앨라배마 대법원 맞은편이자 주 의사당의 대각선 맞은편이었다. 교인 대부분이 대학 교육을 받은 사람들이었고, 그들은 그 도시의 침례교 엘리트들이었다. 아버지는 그들에 대해, 덱스터 교회 신도들은 정치적이고 속물적이며, 목사들을 갈아치우기로 유명하다고 경고했다. 그들은 설교에서 고함을 지르고 소란을 피우는 것을 좋아하지 않았다. "제일침례교회에서는 설교자가 예수님에 대해 이야기하는 것을 개의치 않지만, 그들 스스로는 그렇게 낮은 수준으로 떨어질 일은 절대 없지. 하지만 덱스터 애비뉴에서는 아예 그분의 이름을 언급하지 않기를 바랄 걸세."라고 덱스터 애비뉴 교회의 전임 목사였던 버논 존스(Vernon Johns)는 킹의 친구 랠프 애버내시 목사에게 신랄하게 말했다. 킹은 몽고메리로 가서 초청 설교를 했다. 약간 긴장한 그는 스스로에게 상기시켰다. "마틴 루터 킹은 뒤로 물러나고 하나님을 전면에 내세우면 모든 것이 잘될 거야. 너는 복음의 근원이 아니라 전달자일 뿐임을 기억하자." 몽고메리 사람들은 깊은 감명을 받았고 연봉 4,200달러에 그를 자신들의 목사로 초빙했는데, 이는 그를 그 도시에서 가장 높은 봉급을 받는 흑인 목사로 만들어주는 것이었다. 코레타 킹은 자신이 자란 앨라배마 주 모레인에서 불과 80마일 떨어진 몽고메리로 돌아가고 싶은 마음이 전혀 없었다. 그녀는 북부와 남부를 모두 보았고 북부를 선호했다. 하지만 마틴은 자신의 미래가 남부에 있어야 한다고 믿었고, 그래서 그들은 몽고메리로 갔다.

몽고메리의 백인 지도층에게 마틴 킹은 그저 또 한 명의 얼굴 없는, 분명 무지한 설교자일 뿐이었다. 흑인 목사에 대한 당시의 흔한 풍자는 고함을 지르고 소란을 피우는 사람이었다. 실제로 백인들은 보이콧이 시작될 때 그를 "설교자 킹"이라고 부르곤 했는데, 마치 그의 정식

직함을 부정함으로써 그를 깎아내릴 수 있다고 생각하는 것 같았다. 그는 이러한 고정관념에 맞서 신중한 격식을 갖추었다. 그를 처음 만난 지역 기자들 중 한 명인 〈몽고메리 애드버타이저〉 지의 톰 존슨은 그가 거의 거만할 정도로 자의식이 강한 인물이라고 느꼈다. 그는 니체와 칸트를 인용하며 질문에 답하곤 했다. 긴 인터뷰 도중 애틀랜타에서 킹의 오랜 친구가 도착했을 때, 킹이 이른바 흑인 특유의 말투로 거침없이 대화를 나누다가 다시 아무렇지도 않게 격식 있는 강의투로 돌아온 것을 보고 존슨은 재미있어했다.

대학 시절처럼, 그는 항상 어두운 색 정장에 흰 셔츠, 그리고 보수적인 넥타이 차림이었다. 한번은 그가 장의사와 비슷한 자신의 옷차림을 설명하며 이렇게 말했다. "장의사처럼 보이고 싶지는 않지만, 보수적인 옷차림이 옳다고 믿기 때문입니다." 버스 보이콧이 시작되었을 때, 그는 아침 5시 30분에 일어나 3시간 동안 박사 논문을 썼으며, 목회 활동을 나가기 전에 코레타와 함께 아침을 먹곤 했다. 후일 그의 논문은 중요한 부분들을 표절했음이 밝혀졌는데, 이는 그의 여성 편력과 마찬가지로 가장 뛰어난 인물조차도 결함이 있음을 상기시켜준다. 처음부터 그는 훨씬 더 서민적인 인물이었던 랠프 애버내시 목사와 매우 가까워졌다. 킹처럼 애버내시도 과거 설교자들의 편협함에서 벗어나고 싶어 했다. 애버내시는 후에 이렇게 썼다. "그들은 내세의 복음을 설교했죠. 먼 미래의 더 나은 시간을 이야기했어요. 짐 크로우(Jim Crow)[3]에 대한 그들의 궁극적인 해결책은 죽음이었어요. 당신이 죽으면 신의 눈 앞에서 평등해진다는 거죠. 그런 사람들에게 인종 분리 철폐라는 생각은 하찮거나 아니면 위협적인 것이었죠." 애버내시는 킹이 속물근성을 극복하도록 도왔다. 킹은 더 나은 교육을 받았고 폭넓은 사회적 비전

---

3   (편집자 주) 19세기 초에 미국의 백인 코미디언이 만들어낸 흑인 캐릭터로서, 바보 흉내를 내며 춤추고 노래불렀다고 한다. 이후 흑인 차별법안의 이름으로도 사용되었다.

을 명확히 제시할 수 있었으며, 반면 애버내시는 다양한 부류의 사람들과 편하게 어울릴 수 있었다.

백인 사회는 보이콧에 어떻게 대치해야 할지 몰랐다. 시 지도부는 자신들이 마주한 상대가 과거와 같은 흑인 지도부, 즉 교육 수준이 낮고, 쉽게 분열되며, 인내심이 부족하고, 전국적인 언론망에 접근할 수도 없는 지도부를 상대하고 있다고 생각했다. 보이콧이 첫날부터 놀랄 만큼 성공적이었음에도 몽고메리 시장 W. A. 게일은 역사적인 일이 일어나고 있음을 감지하지 못했고, 흑인들의 요구를 수용하려는 움직임도 보이지 않았다. 사실 흑인들은 버스의 완전한 통합이 아닌 단지 최소한의 예우와 흑백 인종 간의 명확한 경계선만을 요구하고 있었다. 게일은 친구에게 "비가 오기만 하면 흑인들은 다시 버스를 탈 거야."라고 말했다. 곧 비가 왔지만, 보이콧은 계속되었다. 운동이 더욱 강해지자, 게일 시장과 두 명의 시 위원들이 찾은 대응이란 것이 백인시민협의회에 가입하는 것이었다. 보이콧은 한 달 이상 지속되었다. 보이콧으로 회사 운영이 어려워진 버스 회사 경영자들은 요금을 10센트에서 20센트로 두 배 인상할 수 있는 허가를 요청했다. 5센트 인상이 승인되었다. 1월 말, 흑인들의 단결에 좌절한 백인 지도부는 비교적 무명의 흑인 목사 세 명에게 찾아가서 그들이 시의 조건을 수락하고 시 회의에 참석하겠다고 말하도록, 혹은 적어도 그렇게 보이도록 조작했다. 그런 다음 〈몽고메리 애드버타이저〉 지를 끌어들였는데, 신문사로서는 수치스러운 순간이었다. 신문은 세 목사의 이름은 언급하지 않은 채 마치 진짜 흑인 지도부가 양보한 것처럼 보이는 합의 내용을 보도했다. 이 일은 우연히 진짜 흑인 지도부에 알려지게 되었고, 결국 그들의 계략은 성공하지 못했다. 하지만 이 일은 백인 지도부가 얼마나 겁에 질려 있고, 마치 허위 정보로 이런 강력한 운동을 멈출 수 있다고 믿는 것

처럼 얼마나 현실과 동떨어져 있었는지를 보여주는 징표였다. 속임수
가 밝혀지자 시장은 심술을 부렸다. 이제 좋은 사람 노릇은 그만하겠
다고 그는 위협했다. "남부의 우리 시 규모의 도시 중에서 우리 시처럼
흑인들을 공정하게 대우한 도시는 없다."라고 그는 말했다. 이제 그는
동료 백인들에게 더 엄격해져야 하며, 가정부와 직원들에게 교통비를
주거나, 심지어는 차에 태워주는 등의 도움을 중단해달라고 요청했다.
"흑인들은 백인들의 등 뒤에서 비웃고 있습니다. 그들은 버스 보이콧
에 반대하는 백인들이 보이콧에 참여하는 흑인들의 운전기사 노릇을
하는 것을 재미있어 하고 우습게 여기고 있습니다."라고 그는 백인들
에게 호소했다.

　몽고메리 당국은 흑인 택시 운전사들이 사람들을 5-6명씩 모아 10
센트를 받고 직장까지 태워다 주는 것을 금지했다. 최소 요금을 45센
트로 정했던 오래된 시 조례에 따른 조치였다. 하지만 MIA(몽고메리 개
선 협회)로 외부 지원금이 물밀 듯 쏟아져 들어왔고, MIA는 새로운 스
테이션 웨건을 15대 가량 구입하여, 결국 30여 대의 자체 차량을 보유
하게 되었다. 시내 중심가에서 중요한 배차 담당자 역할을 맡았던 지
역의 흑인 약사 리처드 해리스는 자신의 전화가 도청되고 있다고 의심
했다. 그래서 백인 당국을 혼란스럽게 하려고 희극적인 흑인 사투리를
쓰고, 다른 배차담당자들과는 암호를 사용해 소통해야 했다. 예를 들
어 "구슬치기(shootin' marbles)"[4] 등의 암호를 사용해 몇 명을 태워야 하
는지 알려줬다.

　결국 시 당국은 과거에 늘 효과가 있었던 경찰력이라는 수단을 동원
했다. 시 당국은 카풀을 중단시켜야 한다고 결정했고, 곧 경찰은 카풀
운전자들을 체포하기 시작했다. 1956년 1월 26일, 보이콧이 시작된

4　shooting을 shootin'으로 말하는 등 흑인영어 특유의 발음과 표현을 사용했다는 뜻.

지 약 8주가 되었을 때, 마틴 루터 킹 주니어는 시속 25마일 구간에서 30마일로 운전했다는 이유로 체포되었다. 그는 경찰서로 연행되어 지문을 찍었다. 처음에는 그를 하룻밤 구금할 것처럼 보였으나, 경찰서 밖으로 흑인 군중이 점점 몰려들고 시끄러워지자 경찰은 킹을 보석금 없이 석방했다. 이틀 후, 킹의 집이 백인 극단주의자의 폭탄 공격을 받았다. 이는 흑인 지도자들의 집과 흑인 교회들을 겨냥한 일련의 폭탄 테러 중 첫 번째 사건이었다.

흑인들은 단결과 비폭력을 통해 새로운 힘을 발견했고, 특히 미 전역의 주목을 받으면서 그 힘은 더욱 커져갔다. 체포되어 감옥에서 하룻밤을 보내는 것처럼 오랫동안 그들을 공포에 떨게 했던 일들이 이제는 명예 훈장이 되었다. 그들에게는 이제 대의가 공포보다 더 크게 다가왔다. 더구나 전국에서 지켜보고 있었기에 감옥은 더욱 안전해지고 있었다. 킹은 사실상 현대 미디어의 활용법을 속성으로 배우고 있었고, 빠른 학습자임이 입증되고 있었다. 몽고메리 발 뉴스는 매일 지면을 장식하고 있었고, 시간이 흐를수록 뉴스 가치는 더욱 커져갔다. 과거에는 〈몽고메리 애드버타이저〉와 석간으로 발간되던, 훨씬 더 인종차별적이었던 〈앨라배마 저널〉 같은 신문들만이 흑인들의 항의 시위를 보도할지 말지 결정했으며, 백인들이 가장 만족할 방향으로 보도 내용을 왜곡하곤 했다. 보도를 거부할 수 있는 권한이야말로 백인 권력의 특히 중요한 측면이었다. 보도가 거부되면 흑인들은 고립감을 느끼고 점차 의기소침해질 것이기 때문이었다(누구도 알아주지 않고 관심도 없는 상황에서 그런 위험을 감수하는 것이므로). 게다가 언론이 보도하지 않으며, 백인들은 외부의 시선을 신경 쓰지 않고 폭력적으로 시위를 진압할 수도 있었다. 하지만 이제는 그런 권한이 지역 신문들에게서 사라졌는데, 이는 두 가지 이유 때문이었다. 첫째, 몽고메리 사건이 너무나 중요해서 이제는 아무리 인종 분리를 맹렬히 옹호하는 신문이라도 완전히 무시할 수 없게 되었다. 이 사건은 사실상 도시의 모든 가정에 영향을 미치고 있었기 때문이다. 둘째, 지역 신문들이 보도를 통제하고 최소화하려 했지만, 텔레비전의 등장으로 인해 신문이 더 이상 유일한 언론 매체가 아니게 되었기 때문이었다.

〈애드버타이저〉의 편집장은 그로버 클리블랜드 홀 주니어(Grover Cleveland Hall, Jr.)로, 당시 30대 중반의 온건한 인물이었다. 그는 미국 시민자유연맹(ACLU)의 이사 중 한 명이었는데, 당시 상황으로 인한 압박으로 곧 사임하게 되었다. 홀은 남부 언론계의 유명한 집안 출신이었다. 1920년대에 그의 아버지는 KKK단(the Ku Klux Klan)을 취재한 공로로 퓰리처상을 수상한 바 있었다. 그로버 홀은 매력적이고 재치 있는 사람이었으며, 흰색 정장과 밀짚모자, 멜빵을 즐겨 착용했다. 그는 자신이 귀중히 여기는 장미 컬렉션에서 고른 꽃을 옷깃에 꽂고 다녔다. 그의 멋을 부리는 옷차림과 고상한 태도, 화려한 말투와 글쓰기 스타일은 마치 우아했던 과거 시대를 연상시키기 위해 계산된 것 같았다. 몽고메리를 방문했던 기자들은 종종 그에게 매료되곤 했다. 〈뉴스위크〉 지에서 이 지역을 담당했고 홀과 자주 어울렸던 칼 플레밍(Karl Fleming)은 그를 가리켜 "마크 트웨인과 H. L. 멘켄을 거의 완벽하게 섞어놓은 듯한 사람"이라고 표현했다.

그의 고상하게 포장된 글 속에는 독설이 숨어 있었고, 어리석은 이들에 대해서는 거의 관용을 베풀지 않았다. 그는 더 거칠고 날선 이웃의 공업도시 버밍엄보다는 오랜 전통의 정치 중심지 몽고메리에 더 잘 어울리는 인물이었다. 때때로 그는 지역 내 유력 인사들이 자신이 세운 기준에 미치지 못한다며 조롱하곤 했지만, 그 자신도 컨트리클럽의 일원이었다. 어찌 보면 그는 자신을 계몽되고 우아하다고 믿는 이 도시의 대변인으로 여기는 듯했다. 그는 자신을 도시뿐만 아니라 이 지역과 시대를 대변하는 언론인으로 여겼다. 그는 몽고메리에 대해 이렇게 썼다. "우리는 누런 강이 휘돌아 흐르는 이곳의 우리 도시를 사랑합니다. 우리는 이 도시의 영광스러운 과거를 숭상합니다. 우리는 현재의 품격과 개성을 소중히 여깁니다. 그리고 우리는 자만하지 않으면서도, 설령 목련꽃에 공장 매연이 약간 묻어 있을지라도, 이 도시의 찬란한 미래를 당연하게 받아들입니다."

버스 보이콧 사태 이전까지 홀은 자신이 사랑하는 산업화 이전의 남부와 새롭게 형성되기 시작한 남부 사이의 모순을 절충하며 넘어갈 수 있었다. 〈애드버타이저〉의 민권 운동 보도에 대해 가장 관대하게 평가한다면 일관성이 없고 애매한 태도를 보였다는 점이었다. 홀은 〈뉴욕 타임스〉의 피터 키스(Peter Kihss) 기자를 킹의 교회로 안내하면서 우연히 마틴 킹을 만난 것으로 보인다. 킹의 등장은 그를 당혹스럽게 만들었다.

플레밍은 홀을 마지막 남은 플랜테이션 지식인이라고 불렀다. 한 지인의 말에 따르면, 홀이 자라온 방식과 그가 자신과 이 지역을 바라보는 관점 속에는 킹 목사처럼 자부심 강하고 점차 투쟁적으로 변해가는 흑인 지도자들이 들어설 자리가 없었다. 그로버 홀은 킹이 무엇을 하고 있는지 이해할 수 있었고, 그를 만나본 후 그의 지성도 인정할 수 있었다. 하지만 그럼에도 킹이 대변하는 의제는 그에게 여전히 낯선 것이었고, 그는 결코 마틴 킹을 좋아할 수는 없었다. 그는 사적인 자리에서 킹에 대해 점점 더 냉소적으로 언급했다. 한마디로 킹은 홀이 알고, 또 믿고 있던 모든 것에 위협적인 존재였다.

비록 처음에는 홀이 흑인 지도부가 요구한 선착순 분리 좌석 배치안을 수용하자고 주장했지만, 몽고메리 사건의 영향력이 커지고 흑인들의 시위가 하나의 운동(a movement)으로 발전하면서 그는 곧 자신이 한때 경멸했던 사람들과 한편이 되어 있는 자신을 발견하게 되었다. 위대한 남부의 편집장이 되고자 했던 사람이 방관자로 남아있을 수는 없는 상황이었다. 솔로몬 시이 목사가 얼마 전 예언했듯이 그것은 일정한 도덕적 결단을 요구했다.

처음부터 〈애드버타이저〉는 이 위기 상황을 제대로 다루지 못했다. 시 담당 에디터 조 애즈벨(Joe Azbell)의 첫 기사는 단순히 흑인들이 무엇을 하고 있는지 백인 사회에 알리기 위해 쓴 것이었다. 그는 E. D. 닉슨에게서 정보를 입수했다. 그 기사는 실수로 1면에 실렸다. 발행인 리처드 허드슨(Richard Hudson)이 전화해서 그 기사를 안쪽 면에 싣도록 지시했지만 이미 늦었다. 이 실수는 초기에 흑인 지도부가 보이콧을 널리 알리는 데 크게 도움이 되었다. 허드슨은 분노했고, 잠시 애즈벨의 자리가 위태로워 보였다. 애즈벨은 나중에 이 일로 인해, 위대한 컨트리 가수이자 작곡가인 행크 윌리엄스의 사망 기사를 1면에 실었을 때보다도(허드슨은 아무리 특별한 인물의 죽음이라도 1면 기사감이 아니라고 봤다) 더 큰 질책을 받았다고 말했다. 홀은 애즈벨을 해고하지는 않았지만, 그는 이후에 〈애드버타이저〉가 보이콧을 보도할 때는 매우 신중해야 한다는 점을 분명히 했다. 신문사는 독자들에게 알려야 한다는 책임감과 정직한 보도가 점점 더 대담해지는 흑인 지도부를 더욱 고무시킬 수 있다는 두려움 사이에서 곧바로 갈등에 빠졌고, 가능한 한 이 사건을 무시하고자 했다. 보이콧 지도자들에 대한 첫 심층 기사는 위기가 시작된 지 약 6주가 지나서야 실렸다. 신문사는 단순한 보도 누락이나 축소를 넘어서 의도적인 기만 기사를 게재함으로써 언론의 기본 가치를 저버리기까지 했다. (약 7년 후, 민권 운동이 절정에 달하고 25,000명이 주 의사당을 향해 행진했던 위대한 셀마-몽고메리 행진 당시, 거의 모든 주요 언론사들이 취재진을 보냈음에도 〈애드버타이저〉는 AP통신발 기사로만 이를 보도했다.)

몽고메리에서 발행되던 두 신문, 〈몽고메리 애드버타이저〉와 〈앨라배마 저널〉은 같은 소유주가 운영하던 신문사였지만, 그들은 더 이상 지역 뉴스를 독점할 수 없었다. 사건이 벌어지기 불과 1년 전인 1954년 크리스마스에 WSFA-TV가 방송을 시작했다. 다른 지역 방송국이 하나 있었지만 지역 프로그램은 제작하지 않았다. WSFA-TV는 처음부터 적극적인 지역 뉴스와 날씨 보도를 하겠다고 발표했다. 매일 저녁 15분씩 뉴스와 날씨 예보를 방송했는데, 이는 당시 지역 내에서는 최초의 방송 뉴스였다. 게다가 오클라호마시티에서 유능한 새 뉴스 디렉터가 온다는 소식도 있었다. 새로 온 뉴스 디렉터는 30대 초반의 스타 기자 프랭크 맥기(Frank McGee)였다. 실제로 매우 뛰어난 기자였던 그는 버스 보이콧이 매우 큰 사건이라고 즉시 판단했다. 지역 신문 기자들과 달리, 그는 이 시위를 사회적 모욕으로 받아들이지 않았다. 오히려 그는 이것이 텔레비전에 매우 적합한 극적인 사건이라고 생각했다. 또한 맥기는 두 몽고메리 신문사의 기자들과 달리 이 도시 백인 권력층의 일원이 아니었다. 그는 루이지애나 북부와 오클라호마에서 매우 가난하게 자랐고, 흑인이든 백인이든 모든 가난한 사람들에게 공감했다. 그는 석유 시추 현장에서 일했던 자신의 아버지가 어떤 오지의 늪에서 나타났을지도 모르며, "우리 가계를 거슬러 올라가면 어떤 인종이 섞여 있을지 모른다."라는 농담을 즐겨 했다. 당시 미국의 최고 언론인들 대부분이 명문대 출신이었던 시절에, 프랭크 맥기는 대학을 다닌 적이 없었고 군 복무 중 검정고시로 고등학교 졸업장을 얻었을 뿐이었다. 그는 특별히 이념적인 사람은 아니었지만, 당시 대부분의 기자들처럼 흑인들의 요구가 너무나 기본적인 것임을 본능적으로 공감했다. 그는 이 사건을 취재하는 것의 위험성, 즉 TV 기자들이 공격받을 수 있다는 점을 잘 알고 있었다. 하지만 거리에서나 전화로 끊임없는 위협이 있었음에도 누구도 실제 공격은 발생하지 않았다. 나중에 그는 가장 놀라웠던 것은 지역 방송국 관리자들이 그의 취재 스타일을 제한하거나 방송 가능 여부를 지시하지 않았다는 점이었다고 말했다. 그는 그 이유 중 하나로 아마도 그의 상사들이 초창기에 지역 신문과 경쟁하기 위해서는 가능한 한 많은 흥미로운 내용이 필요하다고 생각했기 때문일 것이라고 추측했다. 게다가 방송국이 설립된 지 얼마 되지 않아 그의 상사들은 아직 기존 권력층의 일원으로 편입되지 않은 상태였다.

당시의 많은 동료 기자들처럼, 그는 자신이 대단한 특종거리를 잡았다는 것을 알고 있었다. 특히 백인들이 맹목적으로 저항을 계속하고 사태가 점점 커지면서 이는 더욱 분명해졌다. 아직 초창기였던 NBC 전국 뉴스 쇼는 몽고메리에서 직접 중계를 받아 맥기의 보도를 점점 더 자주 내보냈다. 이는 평범한 미국인들이 가장 기본적인 권리를 요구하는 좋은 특종거리였을 뿐만 아니라, 젊고 강단 있는 야심 찬 기자에게는 거의 더할 나위 없는 기회이기도 했다. (버스 파동이 해결된 지 1년도 안 되어 프랭크 맥기는 NBC의 첫 전국 특파원 중 한 명이 되었다.) 사태는 곧 〈애드버타이저〉가 보도를 통제할 수 있는 수준을 벗어났다. 몽고메리는 곧 전국의 언론인들로 넘쳐났다. 그로버 홀은 자신이 "100명이 넘는 국제 언론인들의 안내자이자 보호자 노릇을 하고 있다."라고 말했다. 보도가 늘어날수록 목격자도 늘어났고, 백인 지도부가 흑인들에게 물리적 폭력을 가하기는 더욱 어려워졌다. 게다가 보도가 늘어날수록 흑인 지도부와 그 지지자들의 용기도 배가되었다. 이제는 온 나라와 전 세계가 주목하고 있었기 때문에, 모든 이들은 자신들의 희생과 위험을 감수할 가치가 있음을 느끼고 있었다. 〈애드버타이저〉의 편집자들은 곧 놀라운 사실을 깨닫게 되었다. 마틴 킹과 몽고메리 버스 보이콧을 보도하면서 위기에 처한 것은 킹의 평판이 아니라 바로 〈애드버타이저〉 자신들의 평판이었다.

불과 몇 달 전에 에멧 틸 재판에서 처음으로 뭉쳤던 전국의 기자단이 다시 한번 대거 몰려들었다. 전국 기자들의 정서는 백인시민협의회 회원을 추가로 포함시켜 흑인 목사들과 만날 위원회를 꾸린 게일 시장의 편이 아니었다. 또한 투쟁이 한창일 때 공개적으로 백인시민협의회에 가입하면서 "나는 100명의 흑인 표와 내가 남부에서 태어난 권리를 바꾸지 않겠다."라고 말한 클라이드 셀러스 경찰국장에게 동조하지도 않았다. 오히려 전국의 기자들은 로자 파크스의 품위 있는 태도와 젊은 마틴 킹의 진지함, 그리고 랠프 애버내시의 영리하고 매력적인 성품에 깊은 인상을 받았다.

아이러니하게도 마틴 킹을 특별한 인물로 만들어낸 것은 바로 몽고메리의 백인 지도자들이었다. 평범한 흑인들이 누군가에게 속고 조종당하고 있다고 확신한 그들은 악당이 필요했다. 그들은 킹을 약화시키거나, 그의 신뢰를 떨어뜨리고, 겁을 주면 문제가 해결될 것이라고 생각했다. 점차 킹은 보이콧의 중심이 되었다. 당시 미국에서 가장 경험 많은 민권 운동가였던 베이야드 러스틴(Bayard Rustin)은 킹에게 "주님께서 당신을 선택하셨다고 느낍니다. 그리고 그것은 매우, 매우 위험한 일입니다."라고 말했다. 하지만 킹은 자신의 역할에 대해 환상을 품지 않았다. 운동 초창기에 킹은 이렇게 말했다. "마틴 루터 킹이 태어나지 않았더라도 이 운동은 일어났을 것입니다. 아시다시피 때로는 시대 자체가 변화를 요구할 때가 있습니다. 그 시기가 몽고메리에 찾아왔고, 저는 우연히, 마침 그 자리에 있었을 뿐입니다."

한동안은 그 역할이 그에게는 너무 버거웠다. 엄청난 양의 협박 편지가 쏟아졌고, 그는 위협을 심각하게 받아들여야만 했다. 그의 아버지는 그에게 몽고메리를 떠나 애틀랜타로 돌아오라고 간곡히 부탁했다. "죽은 사자보다는 살아있는 개가 낫다."라고 대디 킹은 말했다. 킹은 압박감으로 거의 잠을 자지 못했고, 진정으로 두려움을 느꼈다. 그는 처음으로 자신이 보호받은 삶을 살아왔으며, 자신에게는 남부의 수면 아래에 도사리고 있는 인종 폭력에 대처할 준비가 되어 있지 않다는 것을 깨달았다. 계속해야 할지 망설이던 어느 날 밤, 주방에서 기도를 드리던 그는 자신이 받았던 모든 종교적 가르침을 떠올렸고 그리스도의 목소리를 들었다. "마틴 루터야, 의(righteousness)를 위해 일어서라. 정의(justice)를 위해 일어서라. 진리(truth)를 위해 일어서라. …피로가 희망으로 변했다."(그로버 홀은 이를 '부엌에서 접한 환상'이라고 냉소적으로 표현했다.)

보이콧은 계속되었다. 백인 지도부는 속수무책이었다. 2월 말, 그들은 보이콧을 금지하는 잘 알려지지 않은 주법을 들먹이며 89명의 흑인 지도자들을 기소했다. 여기에는 24명의 목사들과 카풀에 참여한 모든 운전자들이 포함되어 있었다. 하지만 진짜 표적은 킹이었다. 기소 사실이 발표되었을 때 그는 마침 내슈빌에서 강연 중이었다. 몽고메리에서는 다른 지도자들이 저항의 뜻을 보여주기 위해 집단으로 자수하고 있었다. 킹은 애틀랜타를 거쳐 몽고메리로 돌아가려 했다. 애틀랜타에서 그의 아버지는 그에게 돌아가지 말라고 간청했다. "저들이 내 아들을 죽일 겁니다."라고 그는 애틀랜타 경찰서장에게 말했다. 그는 모어하우스 대학 총장 벤자민 메이스(Benjamin Mays)를 비롯한 마틴의 오랜 친구들을 동원해 킹이 돌아가지 않도록 설득하려 했다. 하지만 마틴 루터 킹 주니어는 이제 확고했다. 그는 이 시점에서 돌아가지 않고 친구들을 버리는 것은 극도로 비겁한 일이 될 것이라고 말했다. "나는 이미 투쟁을 시작했고, 이제 돌이킬 수 없습니다. 나는 이미 돌아올 수 없는 지점에 도달했습니다." 이 말을 듣자 그의 아버지는 흐느끼기 시작했다. 벤자민 메이스는 그에게 옳은 일을 하고 있다고 말했고, 그는 몽고메리로 돌아갔다.

보이콧이 시작된 지 거의 1년이 되는 1956년 11월 13일, 킹은 법정에 섰다. 지역 당국이 "공공의 불편"이라고 선언했던 카풀 운영과 관련해 자신을 변호하기 위해서였다. 킹은 몽고메리 법정의 판결을 낙관하지 않고 있었지만, 휴정 시간에 AP통신 기자가 그에게 한 장의 쪽지를 건넸다. 거기에는 연방대법원이 몽고메리의 버스 인종분리법을 위헌이라고 판결했다는 AP통신 속보가 적혀 있었다. 흑인들이 승리한 것이었다. 승리의 순간에도 포용의 필요성과 관용의 정신을 잊지 않았던 킹은 대중 집회에서 이것은 흑인이 백인을 이긴 승리가 아니라 미국의 정의와 민주주의의 승리로 보아야 한다고 연설했다. 12월 21일, 시는 버스 통합을 준비했다. 한 대의 빈 버스가 킹 박사의 집 근처 모퉁이에 멈춰 섰다. 마틴 루터 킹 주니어가 버스에 올랐다. 백인 운전기사는 그에게 미소를 지으며 말했다. "킹 목사님이시죠?" "네, 그렇습니다."라고 마틴 루터 킹 주니어가 대답했다. "오늘 아침 목사님을 모시게 되어 기쁩니다."라고 운전기사가 말했다.

그렇게 한 전투가 끝났다. 그러나 전쟁이 끝난 것은 아니었다. 이것은 오히려 끝이 아닌 시작이었다. 이제부터 보이콧은 대문자 M으로 표기된 민권 운동(Movement)으로 거듭났다. 흑인들은 지역의 백인 지도부를 적으로 돌렸을지 모르지만, 남부 외 지역의 백인 다수가 보내는 공감을 얻어냈다. 과거에는 몽고메리의 백인들이 판사이자 배심원이었지만, 이제는 상황이 달라졌다. 이 지역의 사건들에 전국의 관심이 모아지면서, 그들이 오히려 심판을 받게 된 것이다.

상당한 능력을 지녔던 그로버 홀은 시간이 흐르면서 점점 더 비극적인 인물이 되어갔다. 그는 민권 운동에 등을 돌리고 더욱 보수화되었다. 그의 유머는 신랄해졌고, 그의 태도는 예전의 모습을 희화화한 것처럼 변했다. 인종 문제에 대한 국민의 인식이 변화하면서 그가 그토록 소중히 여기던 동료들의 존경심도 줄어들었다. 1963년 신문사가 주인이 바뀌면서 그는 〈애드버타이저〉의 편집장 자리에서 물러났다. 그는 잠시 버지니아로 가서 〈리치먼드 뉴스-리더〉에서 제임스 잭슨

킬패트릭(James Jackson Kilpatrick)의 후임으로 수석 논설위원이 되었다. 하지만 그 일도 오래가지 않았다. 그는 고향에서만큼 리치먼드에 잘 적응하지 못했고, 건강도 나빠졌다. 그는 몽고메리로 돌아왔고, 더욱 보수적이 되면서 조지 월리스(George Wallace)와 가까워졌으며, 월리스가 대통령 선거에 출마하자 그의 상근 자문역을 맡았다.

몽고메리로 돌아온 후에도 두 명의 오랜 지인 레이 젠킨스(Ray Jenkins)와 웨인 그린호우(Wayne Greenhaw)가 가끔 그를 방문하곤 했는데, 이들은 그보다 더 진보적 성향이었다. 이제는 휠체어 신세를 지고 있던 홀은 그들이 다가오면 흑인 물리치료사를 향해 이렇게 소리쳤다. "내 치킨 총을 가져와. 이 공산주의자들을 쏴버릴 테야. …이런 젠장, 이 자들이 이곳을 점령하려고 최소한 한 연대의 검둥이들을 데리고 올 줄 알았는데 말이야."

제37장

금기를 깨다

: 먼로의 누드에서 시작된 <플레이보이> 신화

그녀는 너무나 생기발랄해서 스크린을 뚫고 나와 점점 늘어나는 관객들과 사적인 관계를 맺기라도 할 것처럼 보였다. 그녀의 남편 중 한 명이었던 극작가 아서 밀러(Arthur Miller)는 그녀를 "스크린 위에서 샴페인 같았던 황금빛 여인"이라고 표현했다. 무명배우 시절에도 사진작가들은 그녀가 특별한 존재임을 단번에 알아보고 늘 포즈를 요청했다. 사진작가 리처드 애버든(Richard Avedon)의 말처럼, 그녀는 카메라가 없는 곳보다 카메라 앞에서 더 편안해 보였다. 저명한 프랑스 사진작가 앙리 카르티에 브레송은 그녀에게는 "순식간에 사라졌다가 다시 나타나는" 생동감 넘치고, 연약하며, 찰나적인 무언가가 있다고 묘사했다. "사진작가가 처음 그녀의 사진을 찍은 날부터, 그녀는 천재였다."라고 그녀의 재능을 누구보다 잘 이해하고 활용했던 영화감독 빌리 와일더(Billy Wilder)는 말했다. 영화사 경영진들에게 그녀 또한 처음에는 그저 또 하나의 멍청한 금발미녀일 뿐이었다. 고등학교 시절 최고의 미모를 자랑했다는 이유로 할리우드로 몰려와 슈왑스 약국 앞에 서성이며 길거리 캐스팅을 기다리는 수많은 젊은 여성들 중 하나로만 여겨졌다. 초기에 그녀는 너무 매력적이면서도, 너무 접근하기 쉽고, 너무 취약한 존재로 인식되었다. 초창기 할리우드의 한 파티에서 영화사 고위 임원들의 아내들이 그녀를 대하는 반응을 지켜보던 배우 에블린 키스(Evelyn Keyes)는 당시 먼로와 첫 대면을 했던 아서 밀러를 향해 이렇게 말했다. "저 여자들이 그녀를 산 채로 잡아먹을 거예요."

그녀가 보여준 빛나는 개성은 함께 작업한 베테랑 배우들마저 놀라게 했다. 영화 '왕자와 무희'에서 그녀와 함께 연기했던 위대한 영국 배우 시빌 손다이크(Sybil Thorndike)는 그녀에 대해 이렇게 말했다. "처음에는 '이렇게 소극적인 사람이 어떻게 연기를 할 수 있을까' 생각했죠. 하지만 스크린에서 그녀를 보니, 세상에, 어떻게 그런 일이 일어날 수 있나 깜짝 놀랐어요. 그녀는 정말 놀라웠죠. 우리 연극배우들은 대개 외향적인 경향이 있는데, 그녀는 정반대였어요. 제가 보기에 완벽한 영화배우였죠. 그 후로 그녀의 영화를 많이 봤는데, 늘 완벽한 자질이 느껴졌어요." 그녀는 섹스 심벌이었지만, 동시에 너무나 절박하게 사랑이 필요한 어린아이 같은 모습 때문에 관객들의 강력한 보호본능을 자극했다. 영화배우 나탈리 우드(Natalie Wood)는 "스크린에서 마릴린을 보고 있으면, 그녀에게 나쁜 일이 일어나지 않기를 바라게 돼요. 그녀가 정말 잘 되기를 진심으로 바라게 되죠."라고 말했다. 그녀의 말년 작품을 연출했던 로렌스 올리비에(Laurence Olivier)는 그녀에게는 "순간적으로 섹시한 작은 존재 같다가도, 어느 순간 완벽하게 순진무

구한 모습을 보여주는" 특별한 재능이 있었다고 말했다.

그녀는 자신의 능력과 그에 대한 남자들의 반응을 예리하게 감지했다. 처음에는 어쩔 수 없이 멍청한 금발미녀 역할로 캐스팅되었지만, 그녀는 대부분의 감독들이 짐작했던 것보다 훨씬 더 영리하고 똑똑했으며, 종종 감독들이 예상했던 것보다 훨씬 더 뛰어난 연기를 보여주곤 했다. 하지만 빌리 와일더처럼 영리한 감독과 작업할 때에만 그녀는 최고의 작품을 만들 수 있었다. 와일더는 그녀를 섹스 심벌로서의 신비한 이미지를 조롱하는, 비범한 재능을 가진 희극 배우로 보았다.

그녀는 진정으로 독보적인 존재였다. 멀리서 보면 너무나 쉬워 보였던 그녀의 성공은, 제인 맨스필드(Jayne Mansfield)나 매미 반 도렌(Mamie Van Doren) 같은 할리우드 스타들이 아무리 흉내를 낸다 해도 사실상 재현이 불가능했다. 외모는 비슷했을지언정, 그녀만큼 총명하거나 연약해 보이지 않았기 때문이었다. 그녀는 겉으로는 순진한 척하지만 속으로는 모든 상황을 꿰뚫어보는 캐릭터를 연기했던 반면, 그녀의 모방자들은 대개 차갑고 까칠하게만 보였다. 빌리 와일더는 후일 그녀가 죽었을 때 코미디라는 장르가 그녀와 함께 사라졌다면서 이렇게 말했다. "사람들은 단순히 먼로를 흉내내거나 단지 외모만 비슷한 배우를 찾으면서 스스로를 속이고 있죠. 마치 '캐딜락처럼 보이는 차를 샀다'고 하지만, 실상은 그저 폰티악을 산 것에 불과하다는 거죠."

그녀가 연기를 통해 보여준 연약함은 악몽 같았던 어린 시절에서 비롯된 것이었다. 그리고 그녀의 순진함은, 무의식으로나마 남자들의 본성과 그들이 여자들에게서 진정으로 원하는 것이 무엇인지를 예리하게 꿰뚫어 본 결과였다. 그녀는 늘 아슬아슬한 경계에서 연기했다. 실제 삶의 그녀와 스크린 속 애수 어린 관능적 인물 사이의 경계는 매우 희미했다. 그녀는 실제 경험에서 배우로서의 힘을 얻었지만, 점점 더 성공을 거두면서 버림받고 사랑받지 못할지도 모른다는 두려움을 늘 간직하고 있었다. 스크린 속에서 그토록 애처롭게 보였던 것은 실제 삶에서도 그녀가 그리했기 때문이었다.

정서적 불안은 그녀의 가족 대대로 내려온 집안 내력이었다. 그녀의 어머니 글래디스 모텐슨은 1926년 로스앤젤레스에서 노마 진이라는 본명을 가진 마릴린을 혼외자로 낳았다. 그녀의 남편은 종적을 감춘 상태였고 분명 아이의 아버지는 아니었다. 마릴린이 자신의 아버지라고 믿었던 남자, 어머니의 직장 동료였던 C. 스탠리 기포드는 결코 그녀에 대한 책임을 인정하지 않았다. 이는 그녀에게 큰 상처가 되었고, 성인이 된 후에도 그녀는 기포드를 찾아다니며 연락을 취하려 애쓰는 등 아버지에게 인정받기 위해 적지 않은 노력을 기울였다. 하지만 그녀가 세계에서 가장 성공한 여배우가 된 후에도 그는 그녀의 전화를 여전히 받지 않았다.

정신적으로 늘 불안정했던 그녀의 어머니는 그녀가 8세도 되기 전에 정신병원에 입원했다. 노마 진은 여러 가정을 전전하며 고아원을 들락거렸다. 이 모든 것이 어린아이에게 커다란 정신적 상처로 남았다. 자신에게는 어머니가 있으며, 아버지도 어딘가에 있다는 것을 알고 있었는데 왜 낯선 사람들에게 맡겨져야 했을까? 그녀는 애원했다. "하지만 난 고아가 아니에요! 난 고아가 아니라고요!" 주 정부로부터 양육비를 받고 그녀를 맡았던 가정들 중 최소한 한 집에서 그녀는 학대를 받았다. 또 다른 집의 가장은 엄격한 근본주의자였는데, 그녀는 후에 이렇게 말했다. "예수님은 아주 자비로운 분이라고들 하지만, 그들은 그런 얘기는 전혀 하지 않았어요. 그저 뭔가 잘못하면 머리를 때리려고만 했죠." 그녀는 신체적으로 조숙했고, 어린 시절의 거부당했던 경험과 불안감을 고려하면 세상이 자신의 선량함이나 지성에는 전혀 관심이 없다고 일찍이 결론을 내린 것은 그리 놀라운 일이 아니었다. 특히 할리우드에서는 더욱 그렇다고 그녀는 생각했다. "할리우드에서는 여자의 미덕보다 헤어스타일이 훨씬 더 중요해요. 당신이 어떤 사람이냐보다 어떻게 생겼느냐로 평가받는 곳이죠."

이런 이유로 그녀는 늘 경계를 늦추지 않았다. 어디에나 위험이 도사리고 있었고, 믿을 수 있을 거라 생각했던 사람들조차 그녀를 실망시킬 수 있었기 때문이다. 그녀의 첫 번째 남편이었던 제임스 도허티(James Dougherty)는 "그녀에게서는 문득문득, 너무 오랫동안 사랑받지 못하고, 너무 많은 세월 동안 버림받았던 사람의 모습이 보였습니다."라고 말했다. 도허티는 비행기 공장 노동자였는데, 마릴린은 16세의 나이에 그와 결혼했다. 다른 무엇보다도 자신의 삶으로부터 도망치기 위해서였다.

그녀의 꿈은 늘 영화배우가 되는 것이었다. 그녀의 어머니는 클라크 게이블을 동경하며 그의 사진을 침대 곁에 두고 있었고, 노마 진(마릴린) 역시 게이블이 자신의 아버지일지도 모른다는 환상을 품기도 했다. 그녀는 필연적으로 영화 스튜디오로 향했고, 할리우드 주변에서 여러 사람들에게 주목받았다. 그녀는 당시 선정적인 도색 잡지에서 일하던 여러 사진작가들과 친분을 쌓았다. 그녀는 자신을 도와주겠다고 하는 남자들이 진짜로 도와줄 수도, 그렇지 않을 수도 있다는 것을 잘 알고 있었다. 후에 그녀가 작가 제이크 로젠스타인에게 고백했듯이, 육체적 대가를 치르는 것이 초기 경력을 쌓는 데 필요한 부분이라는 것을 그녀는 분명히 알고 있었다. "제가 모델 일을 시작했을 때, 그건 직업의 일부였어요. …그들이 그런 선정적인 사진들을 찍은 건 광고에서 땅콩버터를 팔거나 화보 잡지에 싣기 위해서만은 아니었죠. 그들은 상품을 직접 맛보고 싶어 했고, 내가 응하지 않더라도 그러겠다는 여자들이 25명은 더 있었어요. 그게 뭐 대단히 비극적인 일은 아니었죠."

1949년에 그녀는 톰 켈리(Tom Kelley)라는 친분이 있는 사진작가의 누드 촬영 제안을 받아들였다. 그가 지불한 돈은 고작 50달러였지만, 당시 그녀는 하루하루 겨우 살아가고 있었고 그에게 빚도 지고 있었다. 이전에 택시비로 5달러를 빌린 적이 있었던 것이다. 게다가 50달러는 그녀가 가진 중고차의 월 할부금과 정확히 일치하는 금액이었다. 그녀는 누드 촬영 자체보다는 그것이 자신의 경력에 미칠 영향을 걱정했고, 모델 동의서에는 모나 먼로라는 이름으로 서명했다. 켈리의 말에 따르면, 그녀는 옷을 벗자 오히려 더 편안해 보였다. "그녀는 마치 수달처럼 우아했고, 완전히 자연스럽게 유연한 몸짓을 보여주었죠. 옷을 벗자마자 그녀의 모든 제약이 사라진 것 같았어요." 얼마 지나지 않아 그녀는 마침내 스크린 테스트를 받을 기회를 얻었고, 그 결과를 본 사람들은 모두 놀라울 정도로 성공적이라고 평가했다. 하지만 그녀는 여전히 스타 지망생이자 멍청한 금발로, 대사는 최소한으로 줄여야 한다는 고정관념의 굴레에 갇혀 있었다.

영화사에서 그녀를 창조해 냈다고 믿는 사람들이 있다. 물론 영화사의 도움으로 그녀의 머리카락은 더 금발이 되었고, 성형 수술로 더 화면에 잘 받는 얼굴이 되었다. 치아를 교정했고, 코를 좀 더 날렵하게 하는 성형을 받았으며, 턱선을 다듬는 추가 성형도 진행되었다. 하지만 수백 명의 다른 젊은 여성들도 똑같이 영화사의 도움을 받았지만, 그들에게는 기적 같은 일이 일어나지 않았다. 그녀의 성공은 전적으로 그녀 자신이 만들어낸 것이었다.

1940년대 후반부터 그녀는 여러 영화에서 단역으로 등장하기 시작했다. 그녀는 1950년 4월에 개봉한 그루초 막스(Groucho Marx)의 영화 '러브 해피'에서 처음으로 대사가 있는 배역을 맡았다. 그라우초는 사설탐정 역을 맡았고, 먼로는 그의 사무실로 요염하게 걸어 들어오는 (후에 그녀의 트레이드마크가 된 동작) 멍청한 금발미녀 역을 맡았다. "누가 절 따라오고 있어요."라고 그녀가 말하자, 그라우초는 눈을 크게 굴리며 "왜 그럴까요? 상상도 안 가는데요."라고 말했다. (카메라가 꺼지자 그라우초는 그녀에게 이렇게 말했다. "당신은 이 바닥에서 가장 예쁜 엉덩이를 가졌소.")

'아스팔트 정글'이라는 구식 범죄 영화에 출연했을 때, 애초에는 그녀의 이름이 크레딧에 올라가 있지 않았다. 하지만 시사회 관객들이 설문지에서 그녀에 대해 열광적인 반응을 보이자, 영화사 경영진들은 이를 주목했고 다소 마지못해 그녀의 이름을 포함시켰다. 그녀는 루이스 캘헌(Louis Calhern)이 연기한 부패한 변호사의 애인 역을 맡았다. 그녀의 존재감은 전기가 흐른 것처럼 강렬했다. 관능적이면서도 방어할 줄 모르는, 매혹적인 몸매와 어린애 같은 목소리를 지닌 그녀가 화면을 채우고 있었다. "정말 귀여운 아이군, 정말 귀여운 아이야." 영화 초반에 캘헌은 그녀에게 함께 자자면서 이렇게 말했다.

'아스팔트 정글'을 계기로 그녀의 경력은 폭발적으로 성장했다. 이후 2년 동안 그녀는 13편의 영화에 출연했지만, 그중 기억에 남는 작품은 거의 없었다. 영화사들은 그녀가 어떤 존재인지 전혀 모르는 것 같았고, 다만 왠지 인기가 있다는 것 정도만 알고 있었다. 그녀는 전후 최초로 여성 슈퍼스타가 되어가고 있었는데, 왜 그렇게 되었는지를 정확히 아는 사람은 거의 없었다. 빌리 와일더는 한때 그녀에 대해 이렇게 평했다. "그녀가 스크린에 있으면 항상 생동감이 넘쳐요. …결코 존재감을 잃지 않죠. …그녀가 누군가와 함께 연기할 때 보면 상대역은 눈에 들어오지도 않아요." 그녀의 이미지는 무료로 가정에 오락거리를 제공하는 텔레비전이라는 새로운 경쟁자와 싸우고 있던 할리우드에게는 안성맞춤이었다. 할리우드는 텔레비전의 도전에 대응하기 위해 점차 스크린에서 성적인 묘사를 더 폭넓게 허용하기 시작했다. '7년만의 외출'에 나오는 치마가 휘날리는 유명한 장면 같은, 예전 같았으면 검열관들에 의해 금지되었을 그녀의 노골적인 성적 매력이 이제는 허용될 뿐만 아니라 오히려 장려되기까지 했다.

조 디마지오와 마릴린 먼로. 그들의 결혼은 미국 최고의 야구 선수와 가장 매혹적인 여배우의 만남으로, 타블로이드 언론이 꿈꾸던 '세기의 결혼'이었다. (사진 출처 UPI/BETTMANN)

그녀는 한때 이렇게 말했다. "사실 말하자면, 나는 한 번도 누구를 속인 적이 없어요. 남자들이 스스로를 속이도록 내버려 두었을 뿐이죠. 남자들은 때로 내가 누구이고 어떤 사람인지 알려고 들지도 않았어요. 대신에 그들은 내 캐릭터를 만들어냈죠. 나는 그들과 논쟁하지 않았어요. 그들이 사랑하는 건 분명 진짜 내가 아닌 다른 사람이었으니까요. 그러고서 그들은 사실을 깨닫게 되면, 그들의 환상을 깨뜨리고 속였다며 나를 탓했죠."

직업적인 성공을 거두었음에도 그녀의 사생활은 여전히 혼란스러웠다. 연애의 시작은 좋았지만 끝은 좋지 않았다. 1952년, 그녀는 한 친구의 소개로 당시 막 은퇴한 당대 최고의 야구 선수 조 디마지오(Joe DiMaggio)를 만났다. 그들은 1952년 3월부터 간간이 데이트를 했고, 1954년 1월 샌프란시스코 시청에서 마침내 결혼했다. 둘의 결혼은 미국 타블로이드 신문들을 흥분시켰다. 미국 최고의 운동선수 영웅과 최고의 섹스 심벌이 만난 것이었다. 둘 다 수줍음이 많았고, 둘 다 자신들의 재능을 바탕으로 사교계에 진출했지만, 그 생활에 종종 불편함을 느끼는 공통점이 있었다. 디마지오는 매력적이었지만 특별히 말이 많지는 않았다. 친구들은 두 사람이 서로 매우 사랑했지만, 그가 그녀와의 대화에 서툴다는 사실을 눈치챘다. 그녀의 경력은 이제 막 시작되고 있었고, 그의 경력은(명성은 아니었지만) 사실상 끝난 상태였다. 그는 그녀를 착하고 사랑스러운 여자로 여겼고, 할리우드가 늘 그녀를 창녀 역할로 캐스팅한다면서 몹시 싫어했다.

그들의 결혼 생활이 평탄치 않으리라는 것은 어쩌면 예견된 것이었다. 그들은 일본으로 신혼여행을 갔는데, 그곳은 디마지오의 팬 행사가 예정되어 있던 곳이었다. 그녀는 노마 진 디마지오라고 적힌 여권을 소지하고 있었다. 그녀는 신혼여행 도중에 미군 장교들로부터 전쟁이 끝난 지 1년이 지났는데도 여전히 한국에 주둔 중인 미군들을 위한 위문 공연을 와 달라는 부탁을 받았다. 그녀는 이를 수락했지만, 디마지오는 동행을 거절했다. 야외에 급조된 원형극장에는 그녀의 공연을 보기 위해 약 10만 명의 군인들이 열광적으로 모여 들었다. 나중에 게이 탈리스(Gay Talese)가 〈에스콰이어〉 지에 기고한 멋진 기사에 따르면, 디마지오와 재회했을 때 그녀는 숨가쁘게 이렇게 말했다. "조, 당신은 그렇게 열광적인 환호성을 들어본 적이 없을 거예요." 그러자 그가 응수했다. "아니, 나도 들어봤소."

몇 달이 지나지 않아 그들의 결혼 생활이 위기에 처했다는 것이 분명해졌다. 그녀는 '7년만의 외출'을 찍기 위해 뉴욕으로 향했고, 디마지

영화 <7년만의 외출>의 한 장면. 마릴린 먼로가 등장하는 이 장면을 본 조 디마지오는 분노를 감추지 못했고, 곧 격렬한 부부 갈등으로 번졌다. (사진 출처 UPI/BETTMANN)

오는 마지못해 그녀와 동행하기로 했다. 인파를 피하기 위해 새벽 2시에 치마가 바람에 날리는 장면을 촬영했지만, 소문이 퍼져 수천 명의 사람들이 모여들었다. 그녀가 지하철 환풍구 위에 서자 바람에 속옷이 보일 정도로 치마가 펄럭였고, 군중들은 환호하고 박수를 치며 "더 높이, 더 높이!"를 외쳤다. 이탈리아 이민자의 아들이자 당대의 어떤 운동선수보다 품위를 중시했던 디마지오는 모퉁이에서 무표정하고 말없이 이 광경을 지켜보았다. 그에게는 이 영화가 그녀의 순수함을 멋지게 표현한 작품이라는 점 따위는 중요하지 않았다. 대신 그는 이 모든 것들이 금전적 이득을 위해 그녀를 대중 앞에 노출시키는 행위에 불과하다고 여겼다. 그날 밤 그들은 격렬하게 다퉜다. 다음 날 그는 혼자 캘리포니아로 돌아갔다. 사실상 그들의 결혼 생활은 끝난 것이나 다름없었다. 1954년 말, 그들은 이혼했다. 결혼 생활은 겨우 1년을 채웠을 뿐이었다. 디마지오가 짐을 싸서 집을 나설 때 신문기자들이 몰려들었다. 누군가 그에게 어디로 가느냐고 물었다. "샌프란시스코로 돌아갑니다. 거기가 내 집이오."

하지만 그들은 여전히 가까운 친구로 남았고, 그의 헌신에 대해서는 의심의 여지가 없었다. 수년 후 극작가 아서 밀러와의 세 번째 결혼 생활이 무너져가기 시작하자, 그녀는 가정부에게 디마지오야말로 자신의 인생에서 가장 위대한 사랑이었다고 아쉬움 가득한 목소리로 말했다. 그녀는 디마지오의 대형 포스터를 침실 옷장에 간직하고 있었다.

결국은 그녀의 불행한 사생활이 그녀의 경력에까지 심각한 영향을 미치기 시작했다. 자신의 능력에 확신을 갖지 못하고 안정이 필요했던 그녀는, 막 연애를 시작한 아서 밀러와 가까이 있기 위해, 그리고 액터스 스튜디오의 일원으로 합류하기 위해 뉴욕으로 이주했다. 그녀는 진지한 배우로서 인정받기를 갈망했지만, 연기에 임하는 그녀의 태도는 갈수록 불안정해져 갔다. 밀러는 그녀에게 아버지 같은 존재이자 지적 정당성을 부여해주는 사람이었다. 하지만 그도 얼마 지나지 않아 자신 역시 그녀를 실망시키고 있다는 것을 깨달았다. 1956년 7월에 그녀는 밀러와 결혼했지만, 평온이나 안식을 찾지는 못했다. 밀러와의 결혼 생활이 무너져가고 있을 때 그녀는 가정부에게 이렇게 말했다. "나를 신경 써주는 사람은 아무도 없어. 이제는 아무도 진짜 나를 알지 못해. 마릴린 먼로가 된들 무슨 소용이 있어? 왜 나는 그저 평범한 여자가 될 수 없는 걸까. …아, 왜 모든 일이 이렇게 엉망이 되어버린 거지?" 1957년이 되자 그녀의 정신 건강은 더욱 빠르게 악화되어 갔다. 그녀는 수면제를 더 많이 복용했고 아침부터 술을 마시기 시작했다.

그녀는 다른 어떤 배우들보다도 영화사로부터 착취를 당했고, 전성기 시절에도 턱없이 낮은 출연료를 받았다. 영화사 수뇌부들은 늘 그녀의 성공을 못마땅하게 여기는 듯했고, 그녀를 여전히 멍청한 금발미인으로만 여겼다. '신사는 금발을 좋아해'를 찍을 때, 영화사 임원들은 그녀가 너무 까다롭게 군다고 생각했고, 그중 한 명이 화를 내며 "당신은 스타가 아니오."라고 그녀에게 대놓고 말했다. 그러자 그녀는 이렇게 대답했다. "글쎄요, 신사 여러분. 제가 뭐든 간에 영화 제목이 '신사는 금발을 좋아해'이고, 제가 뭐든 간에 그 금발이 바로 접니다."

1952년 2월, 그녀의 경력이 막 상승세를 타던 무렵 20세기 폭스사에 익명의 전화 한 통이 걸려왔다. 전화를 건 남자는 누드 달력에 실린 알몸의 여자가 바로 그들의 새로운 스타 마릴린 먼로라고 말했다. 그는 10,000달러를 요구하면서, 돈을 안 주면 증거를 신문사에 가져가겠다고 했다. 영화사 직원들은 이 전화에 겁을 먹었지만, 돈을 주지 않기로 결정했다. 돈을 주면 더 많은 협박만 이어질 것이라고 판단했기 때문이다. 대신 그들은 달력 속의 여자가 자신이 아니라고 부인하라며 그녀를 압박했다. 그녀에게는 끔찍한 순간이었다. 그녀는 자신의 경력이 이제 끝장났다고 생각했다. 하지만 그녀는 진실을 말하기로 결심했고, 친한 기자에게 먼저 직접 이야기를 털어놓음으로써 주도권을 잡기로 작정했다. 달력 속의 여자는 자신이 맞으며, 이를 부인하는 것은 의미가 없다고 그녀는 말했다. "그래요, 제가 포즈를 취했어요. 그때 저는 배가 고팠거든요." 대중은 하나같이 그녀를 지지했다.

톰 켈리가 찍은 그 사진은 곧 수천 개의 이발소와 술집, 주유소의 벽에 걸렸다. 한편 이 사진은 섹스 산업 왕국의 시작을 열어주는 단초가 되기도 했다. 1953년 가을, 자신의 잡지를 창간하고 싶어 하던 휴 헤프너(Hugh Hefner)라는 청년이 광고 전문 잡지에서 중서부의 한 지역 업체가 이 사진의 판권을 소유하고 있다는 기사를 읽었다. 헤프너는 시카고 교외로 차를 몰고 가서 다른 많은 누드 사진들과 함께 그 사진의 판권을 500달러에 샀다. 사진 속에서 당대 미국의 가장 핫한 스타가 붉은 벨벳 천 위에 벌거벗고 누워 수줍게 포즈를 취하고 있었다. 그녀의 몸은 은밀한 부위가 보이지 않도록 비스듬한 자세를 취하고 있었고, 가슴은 완전히 드러나 있었다.

당시의 남녀 관계를 고려하면 당연하지만, 먼로는 그 사진을 게재한 대가로 어떠한 추가 보상도 받지 못했다. 헤프너의 수백만 달러짜리 섹스 산업 왕국이 바로 이 사진 한 장으로 시작되었다는 것은 아이러니가 아닐 수 없다. 시간이 흐르면서 중서부 청교도의 손자였던 헤프너는 더 개방적인 성을 추구하는 확고한 개종자가 되었고, 더 큰 성적 자유와 솔직함을 위한 투사가 되었다. 그는 이 대의를 추구하는데 있어 전혀 유머러스하지 않았고, 마치 옛날의 종교적 광신도처럼 열정적이었다. 그를 잘 아는 사람들은 진리와 쾌락을 추구하는 그의 방식에는 어떤 냉혹한 면이 있었다고 생각했다. 반면, 원치 않는 찬사의 대상이 된 먼로는 이 모든 소동에 유쾌하고 겸손한 유머로 대했다. 그녀는 남자들이 자신의 몸에 대해 그토록 큰 소란을 피우는 것을 의아하게 여기는 듯했고, 그래서 다른 이유보다는 그들이 짜증내지 않도록 하기

휴 헤프너는 자신의 성적 집착이 동세대 남성들과 크게 다르지 않다는 사실을 간파하고, 1950년대에 잡지 왕국을 세웠다. (사진 출처 THE BETTMANN ARCHIVE)

위해 그들의 의견을 따르고자 했다. 톰 켈리와 촬영할 때 몸에 뭐라도 걸치고 있었느냐는 질문을 받고 그녀는 이렇게 대답했다. "그럼요, 라디오가 켜져 있었지요."[5]

1953년 가을, 헤프너는 겨우 27세의 나이에 아주 빠듯한 자금을 가지고 잡지를 시작했다. 그는 성공 가능성을 확신하지 못했기 때문에 발행인란에 자신의 이름조차 넣지 않았다. 창간호에 발행일자도 표시하지 않았는데, 이는 초기 판매가 충분치 않을 경우 다음 달까지 가판대에 놓여있기를 바랐기 때문이었다. 그는 얼마 안 되는 저축액 전부를 이 잡지에 쏟아부었고, 따라서 실패와 파산의 우려 때문에 극도로 긴장한 상태였다. 잡지가 실패할 경우 그는 가까운 친구와 가족들에게 수천 달러의 빚을 지게 될 판이었다. 새 잡지의 제호는 〈플레이보이

---

5   "뭐라도 걸쳤냐(have anything on)"는 질문에 "라디오를 켰다(had the radio on)"라고 답한 먼로의 재치를 강조하고 있다.

〉였는데, 이는 헤프너가 처음부터 생각한 제호는 아니었다. 그는 처음에는 훨씬 더 저속한 느낌을 풍기는 '스태그 파티'[6]를 제호로 쓰고 싶어 했다. 주변에서 그를 말리려고 했지만 별 소용이 없었는데, 결국은 뉴욕의 사냥 전문지 〈스태그〉의 변호사들이 보낸 편지를 받고서야 그의 마음이 바뀌었다. 그들이 다른 제목을 찾아보라고 제안하면서, 그렇지 않을 경우 법적 조치를 취하겠다고 협박했기 때문이었다.

헤프너는 권당 50센트에 최소 30,000부는 팔릴 것으로 기대하며 창간호 70,000부를 인쇄했다. 하지만 먼로의 누드 사진 입소문에 힘입어, 창간호는 그의 예상을 뛰어넘어 53,000부나 팔리는 큰 성공을 거뒀다. 그럼에도 잡지가 발간된 첫 몇 주 동안 헤프너는 마치 불안한 부모처럼 가판대를 돌아다니며 판매량을 확인하고, 자신의 잡지가 제대로 진열되어 있는지 살폈으며, 다른 잡지들 위에 자신의 잡지를 슬쩍 올려놓기도 했다. 주목할 만한 점은, 창간호를 발행할 때부터 그는 이미 잡지 사업에 대해 어느 정도는 알고 있었다는 점이다. 몇 년 전부터 그는 잡지사의 판촉 부서에서 일했기 때문에 잡지 유통 과정을 꿰뚫고 있었다. 그는 당시 잡지들이 즐겨 쓰던 과장된 홍보성 편지를 보내는 데도 전문가가 되어 있었다.

창간호의 성공으로 그의 사업은 본궤도에 올랐다. 두 번째 호를 준비하면서 자신감을 얻은 그는 스튜드베이커 사의 새 자동차를 구입하고, 발행인란에는 편집장 겸 발행인으로 자신의 이름을 올렸다. 창간 1년 만인 1954년 12월에 〈플레이보이〉의 발행 부수는 100,000부에 도달했다. 1955년 초, 창간호를 조심스럽게 세상에 내놓은 지 1년 반도 채 되지 않아 〈플레이보이〉 사는 250,000달러의 자금을 보유하게 되었고, 헤프너는 시카고의 한 투자 그룹이 제시한 100만 달러의 인수 제

---

6   stag는 숫사슴을 뜻하지만, stag party라고 하면 남성 전용 파티(총각파티)를 가리킨다.

안을 거절했다. 이러한 놀라운 초기 성공은 부분적으로는 헤프너의 타고난 영리함, 즉 성적으로 자신감이 부족한 젊은 남성 독자들이 무엇을 원하는지 정확히 꿰뚫어 보는 그의 안목 덕분이었다. 나아가 점점 더 화려한 사진들과 수준 높은 글들을 함께 담으려 했던 그의 안목은 잡지를 점차 더 진지한 매체로 만들어갔다.

헤프너는 경제적으로는 유복했지만 정서적으로는 메마른 가정에서 자랐다. 그의 가정은 따뜻함과 개방성이 거의 없었다. 그는 후에 〈플레이보이〉의 지면을 통해 바로 그런 칼빈주의적 윤리와 맞서 싸우게 된다. 그에게 칼빈주의적 기독교는 삶의 모든 즐거움으로부터 단절된, 차갑고 정서적으로 메마른 신앙이었다. 그의 조부모는 네브라스카의 경건한 농부들이었고, 그들의 집안은 여전히 하느님을 두려워하는 집안이었다. 술도, 욕설도, 담배도 금지되었다. 일요일은 교회에 가는 날이었다. 헤프너의 첫 부인 밀리는 후일 자신의 시부모가 애정이나 분노의 표현을 하는 것을 본 적이 없다고 말했다.

헤프너는 영리하고 다소 몽상적인 아이였다. 그는 늘 사회성도, 인기도 없는 아웃사이더였다. 1944년에 고등학교를 졸업한 그는 입대하여 전쟁의 마지막을 경험했지만, 실제 전투에 참가하지는 않았다. 제대 후 그는 한동안 미래를 확신하지 못한 채 방황하며 지내면서 정부로부터 52주 동안 주당 20달러 지원금(52-20 지원금)을 받아 생활했다. 그는 고등학교 시절부터 사귀던 여자친구 밀리 윌리엄스와 함께 지내기 위해 일리노이 대학에 입학했다. 밀리와는 몇 년째 데이트를 하고 있었지만, 그들은 아직 육체 관계를 갖지는 않았다. 1949년 결혼 후에도 헤프너는 계속 방황했고, 그들은 교사로 일하던 밀리의 급여로 생활했다.

그가 유일하게 좋아했던 일은 만화 그리기였지만 불행히도 이 분야에서 특별한 재능을 보이지는 못했다. 그후 2~3년 동안 그는 여러 잡지사의 판촉 부서를 전전했다. 대부분의 시간을 그와 밀리는 돈을 아끼기 위해 그의 부모와 함께 살았다. 그는 만화가가 되려는 생각으로 한때 직장을 그만둔 채 집에서 만화만 그리며 지내기도 했다. 하지만 그의 결과물은 대개 당시 인기 있던 만화들을 외설적으로 각색한 것에 불과했다. 밀리 헤프너는 남편의 이런 에로틱한 스케치가 그의 가문에 뿌리박힌 칼빈주의와 그 가정의 정서적, 성적 냉랭함에 대한 일종의 반항이라고 확신했다.

더 개방적인 성 문화의 신봉자가 된 그는 마치 청교도였던 그의 조부모가 종교에 쏟았던 것과 같은 열정을 가지고 그 대의를 위해 투쟁했다. 마치 하나의 신념이 또 다른 신념으로 대체된 것과도 같았다. 헤프너가 보기에 칼빈주의자들은 성을 어둡고 은밀한 것으로 여겼다. 그런데 당시의 다른 성인 잡지들은 너무나 저속하고 조악해서 그들의 그런 판단을 확인시켜주는 것이나 다름 없었다. 헤프너는 이제 새로운 시대가 도래했고, 고객들이 구매하는 모습을 들킬까봐 부끄러워할 필요가 없고 심지어 거실 테이블 위에 올려놓아도 되는, 고급스럽고 세련된 남성용 성적 판타지 잡지가 허용되는 시대라는 점을 알아차렸다. 이것이 헤프너만이 가진 특별한 재능이었다.

헤프너는 자신을 알프레드 킨제이의 직계 후계자로 여겼다. 킨제이는 그에게 영웅이었다. 킨제이야말로 미국인들이 성에 대해 말하는 것과 실제로 행하는 것의 차이, 즉 일상적인 미국인의 삶에 존재하는 위선을 누구보다도 잘 지적해낸 인물이었다. 대학 시절 그는 일리노이 대학 유머 잡지에 킨제이의 연구를 매우 호의적으로 논평한 글을 기고했는데, 실제로 킨제이의 연구는 그에게 결정적으로 중요한 것이었다. 킨제이의 연구가 나오기 전까지 그는 성이 중요하며 사회가 성에 대해 위선적이고 징벌적인 태도를 보인다고 생각하는 사람이 자기 한 사람뿐이라고 느끼고 있었다. 킨제이는 그에게 자신이 혼자가 아니며, 자신과 같은 생각을 가진 사람들이 수백만 명이나 된다는 것을 보여주었다. 그는 킨제이가 성에 대한 태도를 둘러싼 논쟁의 물꼬를 텄다고 봤다. 자신이야말로 킨제이의 깃발을 이어받을 사람이라고, 그는 마음속으로 되뇌었다. 또한 그는 자신이 단순히 성적인 실천에서뿐만 아니라 생활 방식에서도 동세대 젊은이들의 롤모델이 될 수 있다고 믿었다.

헤프너는 창간호에서 이렇게 썼다. "우리는 우리가 살고 있는 아파트가 마음에 든다. 칵테일과 전채 요리 한두 가지를 준비하고, 축음기로 분위기 있는 음악을 틀어놓고, 여성을 초대해 피카소와 니체, 재즈, 섹스에 대해 조용히 토론하는 것을 즐긴다." 이것이 바로 플레이보이의 가치관이었다. 섹스는 정당할 뿐만 아니라 세련된 생활 방식의 일부라는 것이었다. 1956년 말이 되자 아직 최소한의 직원으로 운영되고 있었음에도 〈플레이보이〉는 하나의 현상이 되었다. 발행 부수는 60만 부에 달했다. 헤프너가 처음으로 고용했던 작가이자 편집자 레이 러셀(Ray Russell)은 이렇게 말했다. "대부분은 운이 좋았던 거죠. 시대의 흐름을 선도했다기보다는 시대의 조류에 편승했던 거고, 우연한 선택이었어요. 그저 경제 호황을 타고 성장할 수 있었던 적절한 잡지였을 뿐, 어떤 의식적으로 계획한 결과는 아니었어요."

어쩌면 세련미가 부족하다는 점이야말로 헤프너의 가장 큰 강점이었다. 그는 고지식하고 보수적인 성향이었지만, 주변에서 점점 더 많이 보게 되는 더 나은 세상을 자신도 함께 누리고 싶어 했다. 그런 점에서 그는 자신과 비슷한 배경을 가진, 부모 세대보다 더 부유해진, 더 낫고 자유로운 삶을 갈망하던 수백만 젊은이들의 열망을 대변하고 있었다. 그는 독자들과 즉각적으로 교감했다. 〈플레이보이〉가 대부분의 잡지들처럼 뉴욕이 아닌 중서부에서 탄생한 것은 우연이 아니었다. 가장 성공적인 편집자들은 아이비리그 출신도, 동부 출신도 아닌 중서부 출신들이었다. 헤프너는 독자들의 삶을 이해했고, 그의 솔직함은 곧 독자들의 솔직함이기도 했다. 그가 던진 질문들이 바로 독자들의 질문이었기에 그의 잡지는 올바른 질문에 답을 할 수 있었다. 초창기 편집자였던 잭 케시(Jack Kessie)는 이렇게 말했다. "그 잡지는 휴 M. 헤프너를 위해 쓰여지고 편집되었다."

잡지가 엄청난 성공을 거두면서, 그는 사무실에서 거의 살다시피 했다. 그는 점점 더 내면적으로 고립되어 갔다. 마치 후대의 개츠비처럼, 점점 더 호화로워지는 자신의 저택을 끝없이 드나드는 사람들에게 개방했지만, 그는 그들을 알지 못했고 그들도 그를 알지 못했다. 어떤 면에서 그는 여전히 아웃사이더였다. 새로운 쾌락적인 생활을 즐기면서도 정작 거기에 완전히 녹아들지는 못했다. 〈플레이보이〉 초창기의 편집자였던 돈 골드(Don Gold)는 이렇게 말했다. "헤프너는 그리 복잡한 사람이 아니에요. 그는 애드거 앨런 포를 세상에서 가장 위대한 작가라고 생각했어요. 파이프를 살 때면 늘 같은 파이프를 24개씩 샀죠. 으깬 감자 가운데에 그레이비 소스를 부어 먹는 것을 좋아했죠. 그는 미국 중부를 의인화해 놓은 것같은 인물이었어요. 사드 후작이라면 그를 순진하다고 생각했을 수도 있겠지만, 그는 건강한 방식으로 성에 사로잡혀 있는 사람이었어요." 일부에서는 헤프너를 성의 해방자라기보다는 미국의 청교도주의적 억압을 역으로 이용해 돈을 번 사람으로 보는 시각도 있었다. 〈타임〉 지의 전직 기자이자 편집자였던 프랭크 기브니(Frank Gibney)는 헤프너 밑에서 잠시 일하다 불만족스럽게 그만둔 뒤, 그를 인디언들에게 독한 술을 팔았던 감리교 선교사들에 빗대어 비판했다. 기브니가 보기에, 헤프너는 세련되려 하면 할수록 더욱 어색해 보였다.

1957년 6월호에서 헤프너는 자신에 대해 이렇게 썼다. "그의 옷차림은 보수적이면서도 캐주얼하다. 그는 항상 로퍼를 신는다. …그의 사무실에는 〈플레이보이〉에서 소개했던 이상적인 펜트하우스 아파트에 설치되어 있었던 것과 매우 비슷한 전자 오락 벽이 있는데, 하이파이, AM-FM 라디오, 테이프, 텔레비전이 설치되어 있고 LP를 2,000장까지 보관할 수 있다. 헤프너가 일할 때면 턴테이블에서 대개는 데이브 브루벡이나 스탠 켄턴, 프랭크 시나트라가 흘러나온다. 그는 지난 겨울 스키를 타는 즐거움을 발견하긴 했지만 본질적으로 실내형 인간이다. 그는 재즈와 외국 영화, 아이비리그풍 옷차림, 진토닉, 예쁜 여자들을 좋아하는데, 이는 〈플레이보이〉 독자들이 좋아하는 것과 비슷한 취향이다. 그리고 그의 삶에 대한 접근 방식은 마치 이 잡지처럼 신선하고 세련되면서도, 다분히 감상적이기도 하다.”

당시 휴 헤프너를 알았던 모든 사람들이 그의 자화상을 그대로 받아들인 것은 아니었다. 그들 모두 헤프너가 영리하다는 점에는 동의했을 것이다. 다만 지적이라기보다는 눈치 빠르고 실속 있는 쪽이어서, 동부 출신의 더 세련된 동료들은 그를 쉽게 과소평가하곤 했다. 또한 그는 아무리 노력해도 세련되거나 멋있어 보이지는 않았다. 하지만 그건 중요하지 않았다. 〈플레이보이〉는 다가올 성 혁명에서 결정적인 역할을 하게 될 것이었기 때문이다. 이 잡지는 여러 가지 면에서 성이란 즐길 수 있는 쾌락이지, 몰래 은밀하게 추구해야 할 어두운 무엇이 아니라는 생각을 전파하는 데 기여했다.

그의 잡지에는 세미 누드(이후 검열법이 완화되면서는 완전한 누드)의 여성들이 실렸는데, 이들은 대부분 관능적이거나 세련된 모습이라기보다는 발랄하고 상큼한, 가급적 순수해 보이는 젊은 여성들이었다. 마치 치어리딩 연습을 하러 가거나 여학생 기숙사에 가는 길에 잠시 〈플레이보이〉 촬영을 하러 들른 것처럼 보였다. 이는 의도된 것이었다. 수 년간 헤프너는 잡지에 게재되는 많은 글들에는 별로 관심을 보이지 않았지만, 잡지의 가운데 접지에 실리는 플레이메이트들을 선정하는 것만큼은 세심하게 감독했다. 자신의 환상을 자극하는 것이라면 독자들의 환상도 자극할 것이라고 그는 확신했다. 그를 잘 아는 사람들이 보기에, 그가 가장 생기 넘치고 열중하는 모습을 보이는 때는 바로 이런 순간이었다. 즉, 수많은 아름다운 여성 누드를 찍은 필름 인화지들을 돋보기로 확대해 살펴보면서 미국인의 성적 환상의 최종 심판관 역할을 하고 있을 때였다. 젊은 여성들에 대한 그의 관심은 단순히 수백만 명의 남성들에게 노골적인 사진을 보여주는 데 그치지 않았다. 오히려 그들은 그가 동반자로 찾고 있던 유형의 여성들이었다. 1960년대 후반, 당시 40대였던 헤프너는 바비 벤튼(Barbie Benton)이라는 젊은 여성을 만났고, 그녀는 그가 가장 오랫동안 사귄 여자친구 중 한 명이 되었다. 당시 겨우 18세였던 벤튼은 이 나이 든 남자의 관심이 기쁘면서도 약간 불편했다. "당신은 좋은 분이에요. 하지만 전 스물 네 살이 넘는 사람과는 한 번도 데이트를 해본 적이 없어요." 그녀의 말에 그는 이렇게 대답했다. "괜찮아요, 나 역시 그렇소."

그의 잡지와 개인적인 성공은 전후 미국인의 삶에 등장한 강력한 새로운 흐름을 반영했다. 그것은 성에 대한 태도의 변화와 성을 바라보는 시각이 점점 더 솔직해지는 변화였다. 헤프너는 쾌락을 정죄하는 청교도 윤리의 일부와 싸우고 있었다. 그는 이런 갈수록 더 풍요로워지는 사회에서 열심히 일하는 것과 성적 자유가 양립 불가능한 것은 아니라고 생각했다. 더 넓은 의미에서도 〈플레이보이〉는 젊은 세대를 좋은 삶으로 안내했다. 즉 당대의 젊은이들은 〈플레이보이〉를 보면서 스포츠카를 사는 방법, 자신에 맞는 하이파이 세트를 구입하는 방법, 레스토랑에서 주문하는 방법, 식사에 따라 다른 와인을 마시는 방법 등을 배웠다. 대학에 가보지 못한 부모를 둔 젊은이들에게 〈플레이보이〉는 소중한 교사 역할을 했다. 새로운 미국식 생활 방식에 대한 초보자용 안내서를 제공한 것이다. 고급 레스토랑에서 웨이터와 대화하는 것을 두려워하거나, 상점의 능숙한 판매원들을 조심스러워하고, 디트로이트에서는 들어본 적도 없는 언어를 사용하는 것처럼 말하는 수입차 딜러들을 경계하는 이들에게 〈플레이보이〉는 소중한 소비자 서비스를 제공했다. 독자들을 점점 더 풍요로워지는 세상으로 인도하는 안내자 역할을 한 것이다. 오랫동안 잡지의 편집장을 지냈던 아서 크레츠머(Arthur Kretchmer)는 이렇게 말했다. "헤프너는 세상이 장난감을 발견할 수 있도록 도왔죠. '놀아도 괜찮아, 놀아도 돼'라고 말한 거죠." 미국인들, 특히 젊은 미국인들은 점점 더 많은 장난감이 있는 세상에서 살게 되었다. 그것은 좋은 삶이었고, 재미있는 삶이었다. 크레츠머는 덧붙였다. "우리는 시기심이나 탐욕보다는 즐김과 유희를 찬미하는 쪽에 가까웠습니다." 크레츠머에 따르면 헤프너의 핵심 메시지는 이것이었다. "당신의 삶을 만끽하세요. 자유롭게 즐기세요. 내면의 억압만 제거하면, 스스로를 내적으로 파괴하지만 않는다면, 당신의 성 생활도 다른 누구 못지않게 좋아질 수 있습니다."

〈플레이보이〉의 놀라운 성공은 전후 미국에서 칼빈주의와 청교도주의가 쇠퇴하는 것을 반영했는데, 이는 무엇보다도 사회가 매우 풍요로워진 덕분이었다. 평범한 미국인들은 이전에는 꿈도 꾸지 못했던 여유로운 삶을 누릴 수 있게 되었고, 이전까지는 극소수의 부유층만이 가질 수 있었던 것들을 원했으며, 부자들이 전통적으로 누려왔던 개인적 자유까지도 바라게 되었다. 이런 공세 속에서 과거의 구속들은 느슨해졌다. 헤프너는 만약 종교가 부정적인 힘으로만 존재한다면, 즉 쾌락의 부정적 측면만을 이야기하고 자연스러운 것에 대해 사람들이 죄책감을 느끼게 만든다면, 그런 종교는 곤경에 처할 것이라고 말했다. 그는 쾌락을 설교했다. 그는 정확히 필요한 시점에 정확한 지점을 건드린 것이다.

제38장

소설 <페이튼 플레이스>가 그려낸 선구적 여성상

"인디언 서머[7]'는 여인과도 같다. 무르익고 뜨겁게 정열적이지만 변덕스러워서, 그녀는 자기 마음대로 왔다 갔다 하기에 과연 올지, 얼마나 오래 머물지 아무도 알 수 없다." 소설은 존 치버(John Cheever)나 존 오하라(John O'Hara) 같은 미국 사회의 모습과 변화상을 상세히 추적해온 작가들에게는 위협이 되지 않을 문장으로 시작한다. "뉴잉글랜드 북부에서, 인디언 서머는 붉게 물든 손을 들어 겨울을 잠시 멈춰 세운다. 그녀는 마지막으로 따뜻한 시간을 불러오고, 이 변함없는 계절은

---

7   늦가을에 따뜻한 날씨가 계속되는 기상 현상을 일컫는 용어다.

겨울이 얼음 같은 척추와 앙상한 나뭇가지들, 단단히 얼어붙은 대지를 데리고 나타날 때까지 살아있다. 겨울의 매서운 칼바람에 청춘을 빼앗겨 본 사람들은 인디언 서머가 냉소적인 시선으로 맞이해야 할 속임수에 불과하다는 것을 슬프게도 잘 알고 있다."

1956년도의 베스트셀러 목록에서 가장 놀라운 책은 단 한 번도 글을 발표해본 적이 없던 그레이스 메탈리우스(Grace Metalious)라는 젊은 여성이 쓴 〈페이튼 플레이스〉였다. 이 소설은 작은 출판사인 줄리안 메스너에서 하드커버로 출간되었고, 그해 하드커버 소설 중 세 번째로 많이 팔린 작품이 되었다. 페이퍼백 출판사 델의 편집자였던 앨런 버나드는 이 책이 출간되기 전에 원고를 미리 읽고 그의 상사인 프랭크 테일러에게 말했다. "제가 (대중용 페이퍼백으로 재출간하기 위해) 판권을 사고 싶은 책이 있는데, 당신이 읽지 않았으면 좋겠습니다." 테일러는 버나드에게 진행을 허락했고, 버나드는 다른 출판사들과의 경쟁을 통해 11,000달러에 페이퍼백 판권을 구매했다. 이는 역대 최고의 거래 중 하나였다. 몇 년 후, 테일러가 버나드에게 왜 자신에게 읽지 말라고 했는지 물었다. "당신이 미리 읽었더라면 제가 판권을 사도록 허락하지 않았을 테니까요." 버나드는 자신이 출판하는 책의 상업성을 놓고 고민하는 많은 페이퍼백 편집자들의 양가감정을 언급하면서 이렇게 말했다.

〈페이튼 플레이스〉는 당시의 속어로 핫한 책(a hot book)으로 여겨졌다. 비록 메탈리우스가 당시의 억압적인 검열법과 더 심각하게 씨름하던 다른 작가들보다 훨씬 덜 노골적으로 표현을 썼음에도 그랬다. 하지만 소설 속에서 가상의 뉴잉글랜드 지역 작은 마을의 이름으로 쓰였던 '페이튼 플레이스'가 겉으로는 평온해 보이지만 그 이면에는 대부분이 성적인 어두운 비밀들로 가득 찬 모든 작은 마을들을 통칭하는 대명사로 쓰였을 정도로, 소설의 반향은 엄청났다. 이 책에서 메탈

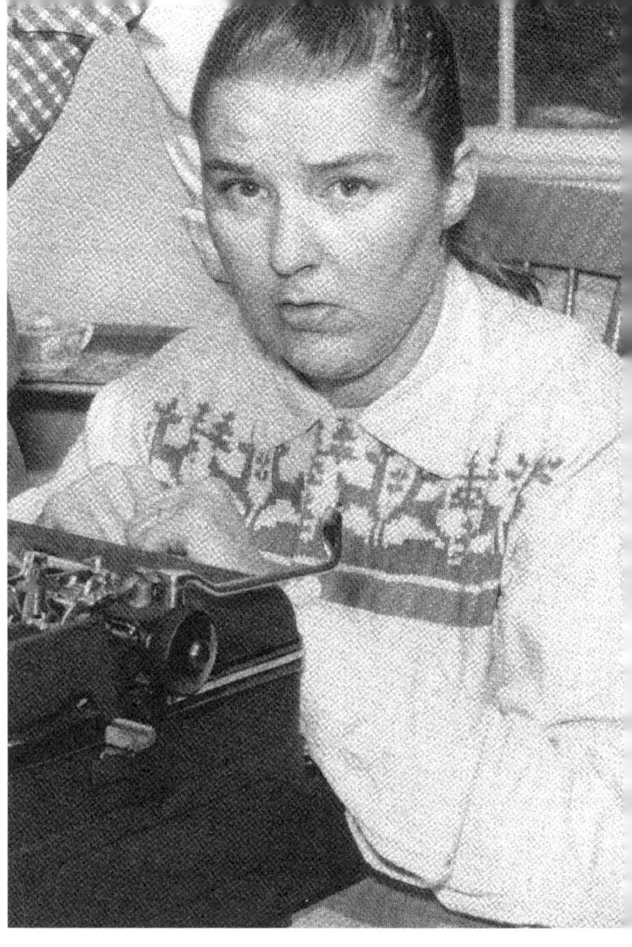

그레이스 메탈리우스는 뉴잉글랜드 작은 마을의 삶을 사실적으로 그려낸 소설로 베스트셀러 작가가 되었지만, 갑작스러운 성공을 감당하는 데 어려움을 겪었다. (사진 출처 UPI/BETTMANN)

리우스는 뉴햄프셔 주 길맨튼 시에 있는 작은 마을 페이튼 플레이스의 점잖은 외관을 벗겨내어 욕망과 성적 음모가 들끓는 실상을 드러냈다. 메탈리우스는 초기 인터뷰에서 AP통신 기자 할 보일(Hal Boyle)에게 말했다. "관광객들에게는 이런 마을들이 엽서처럼 평화로워 보이죠. 하지만 엽서 그림 밑으로 들어가보면, 발로 돌을 뒤집었을 때처럼 온갖 이상한 것들이 기어 나옵니다. 마을에 사는 모든 사람들은 무슨 일이 일어나고 있는지 알고 있죠. 비밀 같은 건 없어요. 하지만 외부인들이 알기를 원하지 않는 거죠."

결국 페이튼 플레이스의 주요 산업은 농사나 마을의 섬유 공장이 아니라 가십인 것처럼 보였다. 그곳 사람들은 비밀스러운 삶을 살았을 뿐만 아니라, 깨어있는 시간의 대부분을 앉아서 다른 사람들의 비밀을 이야기하는 데 썼다. 예를 들어, 아내가 바람을 피우고 있는 손재주 좋은 동네 수리공 케니 스턴스에 대해 마을 사람들은 이렇게 말했다. "케니가 돌보는 식물 만큼 아내 운도 있었더라면 좋았을 텐데 말이야. 아마 케니가 녹색 성기(green pecker)를 가지고 있었더라면 더 나았을 거야."

페이튼 플레이스는 인구 약 3,700명의 작은 마을이었고, 바깥 세상과 단절된 곳이었다. 어떤 외로움의 기운이 마을 전체에 가득 퍼져 있었다. 한 교사는 이 슬픈 작은 마을의 아이들을 가르치는 것이 시간 낭비라고 한탄했다. "아이가 자라서 아버지와 할아버지처럼 소 젖이나 짤텐데 로마 제국의 흥망성쇠 날짜를 암기하는 게 무슨 의미가 있을까? 결국에는 임신 개월 수나 세게 될 여자아이의 머릿속에 소수점 분수를 집어넣는 것에 무슨 합리적 이유 같은 게 있을까?" 페이튼 플레이스는 계급으로 뚜렷하게 나뉘어 있었다. 마을의 공장주, 변호사, 신문사 편집장, 그리고 의사 같은 소수지만 힘 있는 남자들이 일주일에 한 번 포커를 치면서 마을에서 일어날 일을 결정했다. 선로 건너편의 빈민가 출신으로 레슬리 해링턴(공장 주인) 밑에서 일하는 아버지를 둔 마을 소녀 베티 앤더슨이 해링턴의 아들과 잠깐의 관계 후 임신했을 때, 해링턴 시니어는 자신의 직원에게 500달러 수표를 건넸다. 격분한 베티는 해링턴의 사무실로 쳐들어가 그의 아들과 결혼할 것이라고 선언했다. 그러자 해링턴은 자신들도 너와 잤다고 말할 남자 여섯 명만 모으면 너를 법적 매춘부로 만들어버릴 수 있다고 협박했다. 그러고는 줬던 500달러 수표를 찢어버리고 250달러짜리로 바꿔 주면서, 다시 찾아오면 125달러가 될 거라고 말했다.

하지만 대부분의 경우, 마을의 비밀들은 그렇게 소란스럽지 않게 비밀로 유지되었다. 마을에서 옷가게를 운영하는 단정하고 매력적인 젊은 미망인 콘스탄스 매켄지는 자신이 뉴욕에서 잠시 머무는 동안 한 유부남과 불륜을 저질렀고, 자신의 딸이 실은 그 남자와의 사이에서 낳은 딸이라는 사실을 사람들이 알게 될까봐 두려워했다. 또 다른 소녀는 음탕한 계부에게 성폭행을 당해 임신했는데, 마음씨 좋은 마을 의사가 낙태 수술을 급성 맹장염 수술로 위장하여 그 어린 소녀의 명예를 지켜주기로 결심했다.

미국 출판업계가 점잖은 구식 하드커버 발간에서 새롭고 역동적인 페이퍼백 발간으로 변화하던 모습을 가장 잘 보여주는 책을 한 권 꼽자면, 그것이 〈페이튼 플레이스〉였다. 이 책은 그저 한 권의 책이라기보다는 그 자체로 힘을 가진 하나의 사건이었다. 이 책은 1957년 가을 페이퍼백으로 출간되자마자 300만 부가 팔렸고, 계속해서 팔려나갔다. 판매량은 1958년 중반에 600만 부를 넘어섰다. 1966년까지 약 1,000만 부가 인쇄되었다. 이후 몇 년 동안, 페이퍼백 산업이 성장하고 책을 홍보하는 능력이 점점 더 정교해지면서, 수십만 달러의 홍보 비용을 써서 베스트셀러를 만든 책들도 있었다. 반면에 〈페이튼 플레이스〉는 진정으로 대중적 성공을 거두었다.

메탈리우스의 소설은 출간 당시에는 가장 단순하고 기본적인 이유 때문에 성공했다고 여겨졌다. 당시로서는 여전히 선정적이던 소도시의 성에 관한 숨김없는 진실을 말했다는 것이었다. 하지만 1960년대와 1970년대를 거치면서, 이 소설의 성공에 대한 평가가 달라졌다. 적어도 그 성공의 일부는 현대 사회에서 여성들이 직면한 문제들에 대한 메탈리우스의 강력하고도 본능적인 통찰 때문이었다는 인식이 생겨났다. 메탈리우스가 1970년대에 등장한 젊은 여성들, 즉 어머니 세대보다 더 독립적인 삶을 살기로 결심한 세대의 여성들에게 정확히 여성 영웅이나 롤모델이 된 것은 아니었다. 그럼에도 불구하고 페미니즘 운동의 진화를 추적하던 문화 연구자들은 그녀의 소설 속에서 주어진 규범적인 삶과 제한된 기회들에 반기를 든 독립적인 여성들의 출현을 발견할 수 있었다. 책의 초기 서평들에서는 이에 대한 증거가 거의 없었지만, 그들은 메탈리우스가 당시에는 아무도 깨닫지 못한 신경을 건드렸다고 짐작했다. 케네스 데이비스(Kenneth Davis)는 페이퍼백 혁명을 다룬 그의 저서 〈투-비트 컬처〉에서 〈페이튼 플레이스〉 속의 여성들이 "아직 도래하지 않았고 목소리도 없었던 운동의 최전선에 있었다. 그들은 단순히 좋은 남자를 찾아 정착하고 아이를 낳고 집안일을 하는 것 이상을 원했다."라고 지적했다.

데이비스가 지적했듯이, 메탈리우스가 만든 캐릭터들은 여성에 관한 〈킨제이 보고서〉 속에서 바로 튀어나온 듯했다. 그들은 당시 남성들이 쓴 수많은 책에서 여성을 정의해 놓은 대로 따라야 한다고 여겨지던 태도와는 극명하게 대비되는 성적 감정과 욕구를 갖고 있었다. 또한 메탈리우스의 여성들은 그래야 한다고 여겨지던 것만큼 남성들을 그다지 찬양하지도 않았다. 사실, 그들은 종종 남성들을 신뢰할 수 없고 유치한 존재로 여겼다. 그들은 남성들에게 통제받기를 원하지 않았다. 그들은 독립적이기를 원했고, 뉴욕 같은 곳에서 직업을 갖기를 원했으며, 설령 페이튼 플레이스 같은 작은 마을에서 살더라도 자신들의 삶과 몸을 스스로 통제할 수 있기를 원했다. "메탈리우스는 아마도 대중소설 사상 처음으로 여성들도 섹스를 원하고 즐기지만, 그것을 자신들의 방식대로 원한다고 말한 작가였다."라고 데이비스는 썼다. "그들은 지배적인 남성들을 위한 수동적인 그릇이 아니었다. 여성을 동물보다 조금 나은 정도로밖에 여기지 않았던 미키 스필레인(Mickey Spillane)이나, 남부 여성들을 대부분 음란한 쓰레기처럼 그렸던 어스킨 콜드웰(Erskine Caldwell) 같은 작가들의 작품들을 읽고 자란 세대에게, 〈페이튼 플레이스〉 속의 캐릭터들은 여성의 새로운 이미지를 제시했다. 독립적이고, 자아실현적이며, 강하면서도 사랑과 욕망을 품을 수 있는 이들은 페미니즘 운동의 시작과 함께 뒤이어 등장한 완벽한 새로운 여성상과는 거리가 멀었지만, 그래도 그들은 획기적인 존재였다. 수세기에 걸친 남성 지배가 여성들을 위해 조심스럽게 마련해 놓은 틀에서 여성들이 벗어날 준비를 하고 있다는 최초의 희미한 징후였다."

작가 에밀리 토스(Emily Toth)는 메탈리우스와 그녀의 작품을 진지한 페미니즘적 잣대로 재평가한 자신의 책 〈페이튼 플레이스 안으로(*Inside Peyton Place*)〉에서, 〈페이튼 플레이스〉가 이전의 얼핏 비슷해 보이는 책들과는 매우 다른 시각으로 성의 정치학을 다루었다고 지적했다. 이 소설에서 강간은 성적 쾌락의 행위가 아닌 폭력으로 묘사되었고, 낙태 수술을 하는 의사는 생명을 구하는 사람으로 그려졌다. 토스가 지적했듯이, 〈페이튼 플레이스〉에서는 남성에게 지나치게 의존하는 여성들은 실패하고 독립적인 여성들이 승자가 된다. 따라서 그녀가 언급했듯이, 〈페이튼 플레이스〉는 시대를 앞선 책이었다.

메탈리우스는 언뜻 보기에 페미니스트 영웅으로는 어울리지 않는 인물이었다. 그녀는 자신의 비전을 완벽하게 설명하지 못했으며, 약 30년이 지난 후 여대생들이 자신의 책을 문학 작품이 아닌 성 정치학의 변화를 보여주는 자료로 읽게 되리라는 것을 알았다면 아마도 놀랐을 것이다. 그녀는 몇몇 드문 예외를 제외하면, 다른 여성들과 가깝게 지내지 않았다. 또한 문학적 경력이 쌓이고 삶이 무너지기 시작하면서, 그녀는 첫 작품에서 보여주었던 것과 같은 기량과 통찰력을 보여주지 못했다.

메탈리우스가 쓴 글들이 거칠고 단순하지만 강력했던 것은 그것이 자신의 이야기였을 수도 있었기 때문이다. 그녀는 늘 전통적인 여성의 역할을 경멸했지만, 실제로는 자신이 본능적으로 인식했던 것보다도 더 분노에 차 있었고 반항적이었다. 당시의 여성들은 살림을 잘하는 주부이어야 했지만, 그레이스 메탈리우스의 집은 쓰레기와 더러운 접시들, 맥주캔으로 어질러져 있었다. 당시의 여성들은 자신의 야망보다 자녀를 우선시하는 좋은 어머니여야 했지만, 그레이스 메탈리우스는 자신만의 예측할 수 없는 방식으로 세 자녀를 사랑했고, 아이들이 하고 싶은 대로 하도록 내버려 두었다. 실질적인 보살핌은 대개 이웃들이 맡았다. 당시의 여성들은 남편의 경력을 위해 헌신적으로 내조해야 했지만, 메탈리우스는 그런 면에서는 거의 노력하지 않았다. 그녀는 청바지에 체크무늬 셔츠, 운동화를 신는 등 소도시의 정서를 거스르는 차림을 하고 다녔다. 그녀는 점잖은 저녁 파티에 참석하는 대신 집에서 책을 썼다. 그녀는 자신의 페미니스트적 비전을 완벽하게 설명하지 못했고, 누군가가 그녀에게 언젠가 여성운동의 영웅이 될 것이라고 말했다면 아마도 놀랐을 것이다. 하지만 그녀는 세련되지도 않았고, 자신의 이야기를 낭만적으로 포장할 줄도 몰랐다.

그녀는 뉴햄프셔 주 작은 마을의 프랑스계 캐나다인 하류중산층 가정에서 자랐고, 늘 여성이 권력을 가졌던 가정에서 본인의 의지와는 상관없이 살았다. 그녀가 자란 가정에서 남성들은 조연에 불과했다. 아버지는 그녀가 어렸을 때 가족을 버렸고, 그녀는 할머니 손에서 자랐다. 어머니는 더 나은 삶을 꿈꾸었지만 비교적 이른 나이에 알코올 중독에 빠졌다. 그레이스는 책 읽기를 좋아했고 언젠가 작가가 되기를 꿈꾸며 13세 때 이미 역사소설을 쓰기 시작했다.

고등학교 시절 그레이스는 똑똑했고 남달랐으며, 교사들도 그녀를 주목했다. 하지만 작가의 꿈은 요원해 보였다. 1943년 2월, 18세의 나이에 임신으로 인해 고등학교 친구였던 조지 메탈리우스와 결혼하면서 그녀의 꿈은 더욱 희미해져 보였다. 조지 메탈리우스가 참전을 위해 입대하자 그레이스는 그의 결정에 충격을 받았다. 그녀는 당시의 애국적 열기에 휩쓸리지 않았고, 자신의 아버지를 떠올리며 남편의 입대 결정을 가족에 대한 책임을 회피하려는 행동으로 여겼다. 그녀는 여러 가지 일을 하면서 딸 마샤를 키웠다. 조지 메탈리우스가 전쟁에서 돌아왔을 때, 그는 자신의 군인 봉급이 꿈꾸던 집을 위한 계약금으로 모아져 있을 것이라 확신했지만, 그녀가 돈을 한 푼도 모으지 않았다는 사실에 충격을 받았다. 오히려 그녀는 그의 군인 가족 수당으로 자신의 친정 가족들을 부양하고 있었던 것이다. "어떻게 그렇게 멍청할 수가 있어!"라고 그는 그녀에게 소리쳤다.

그들은 전후 살길을 찾으려 애쓰던 수많은 부부들과 크게 다르지 않았다. 조지는 자신에게 거의 낯선 존재나 다름없는 아내와 아이에게 돌아왔다. 그들은 한동안 힘겹게 살았고, 둘째 아이를 낳았으며, 둘 다 직장을 다녔지만 저축은 거의 하지 못했다. 마침내 성공할 수 있는 유일한 길은 조지가 제대군인 학자금 지원을 받아 뉴햄프셔 대학교에 진학하는 것이라는 결론이 내려졌다. 가족이 그를 따라가고 아내가 일자리를 구해 그를 뒷바라지하기로 했다. 이는 당시로서는 너무나 흔한 방식이어서 'PHTS(남편 대학 보내기)'라는 용어까지 있을 정도였다. 하지만 메탈리우스는 달랐다. 그녀는 무엇보다 글을 쓰고 싶었다. 그것이 점점 자신을 옥죄는 듯한 우울한 세상에서 벗어날 수 있는 유일한 길이었기 때문이다.

다른 젊은 부부들은 당시의 활기찬 분위기에 휩쓸려, 어린 자녀들과 함께 비좁은 집에서 통조림으로 끼니를 때우며 지금의 희생이 언젠가는 보상을 받을 것이라고 확신했다면, 그레이스 메탈리우스는 그런 삶과는 거리가 멀었다. 그녀는 가난한 학생의 아내 노릇하는 것이 싫었다. 그 시절에 대해 훗날 이렇게 회상했다. "나는 갇혀서 소리없는 비명을 질렀어요. 가난과 평범함이라는 우리에 갇혀 있었죠. 여기서 빠져나가지 못하면 죽고 말 거라고 생각했어요."

그녀는 이미 글을 쓰고 있었고, 소설가가 될 수 있으리라고 확신했다. 그녀의 작업 습관은 훌륭했다. 매일 글을 썼다. 자신이 마주한 역경이 절망적으로 보였을 것이다. 대학 교육을 받지 못했고, 문학계에는 아는 사람이 없었다. 그녀에게는 문학과 관련된 인맥이 전혀 없었다. 가까이에서 본받을 만한 문학적 롤모델도 없었다. 성공할 가능성은 더욱 희박해 보였다. 특히 1950년에 셋째가 태어난 후에는 더욱 그랬다. 당연히 그때쯤이면 글쓰기를 포기하고 힘겨운 현실에 좌절했어야 마땅했다. 하지만 그녀는 계속 글을 썼다. 친구도, 지지해주는 사람도 거의 없는 외로움 속에서도 계속 썼다. 하지만 그녀에게는 스스로 밀고 나갈 수 있게 해주는 몇 가지 자질이 있었다. 강렬한 추진력이 있었고, 글쓰기와 출판을 통해 해방을 얻을 수 있다는 믿음이 있었으며, 결코 과소평가할 수 없는 타고난 재능과 영리함을 갖췄고, 그리고 마지막으로 책에 대한 사랑을 품고 있었다.

1950년에 세 번째 아이가 태어났다. 조지가 졸업할 당시에 그들은 너무 가난해서, 학위를 받으려면 우선 갚아야 했던 학자금 부채 300달러를 갚기 위해 다른 곳에서 돈을 빌려야 했다. 조지는 벨몬트의 작은 학교에서 교사로 첫 직장을 구했고, 교사 연봉 2,500달러에 야구팀 코치 수당 1,100달러를 추가로 받았다.

1953년이 되면서 그녀는 출판사들에 원고를 투고하기 시작했고, 문학 에이전트를 구하기 시작했다. 문학 잡지들을 살펴보다가 마침내 자크 참브룬(Jacques Chambrun)의 이름을 찾아냈다. 그는 매력적인 에이전트였지만, 작가들의 수입을 가로채는 것으로 악명이 높았다. 1955년 초, 그녀는 첫 소설을 그에게 보냈다. 뉴잉글랜드의 한 대학에서 제대군인 학자금 지원을 받으며 힘겹게 살아가는 젊은 부부의 이야기를 다룬, 다소 판에 박힌 반자전적 소설이었다.

〈조용한 곳〉이라는 제목의 첫 소설은 보낸 곳마다 거절당했다. 그즈음 그녀는 두 번째 소설 〈나무와 꽃〉을 완성했다. 메탈리우스는 1940년대에 크게 유행했던, 십대 소녀와 아버지의 근친상간을 다룬 소설 〈킹스 로우〉를 읽은 적이 있었다. 그런데 우연히도 그녀가 살던 작은 마을에서 비슷한 사건이 일어났던 것이다. 한 어린 소녀가 자신과 가족을 보호하기 위해 아버지를 총으로 쏜 사건이었다. 메탈리우스는 이 충격적인 사건에서 인간 본성의 어두운 면을 포착했고, 그런 정서를 자신의 두 번째 소설에 담아냈다. 후에 〈페이튼 플레이스〉로 제목을 바꾼 이 소설은 1955년 5월에 출판사들로 발송되었다.

여러 출판사에서 거절당하던 이 소설은 리오나 네블러(Leona Nevler)라는 눈썰미가 좋은 젊은 여성 편집자의 눈에 띄었다. 당시 네블러는 리핀콧 출판사의 프리랜서 원고 검토자로 일하고 있었다. 네블러는 이 책이 인상적이라고 생각했다. 절절하고 생명력이 넘치는, 진정성이 있는 무언가를 담고 있었다. 하지만 보수적인 출판사였던 리핀콧과는 어울리지 않았다. 며칠 뒤 네블러는 줄리안 메스너 출판사의 대표 키티 메스너(Kitty Messner)와 정규직 면접을 보게 되었다. 키티는 남편 줄리안 메스너와 함께 이 작은 출판사를 설립한 뒤 이혼했지만, 계속해서 함께 일하다가 그가 사망하자 회사를 인수한 상태였다. 네블러가 이 책을 언급했을 때, 미국 최초의 여성 출판업자 중 한 명이었던 키티 메스너는 더 나은 삶을 갈망하는 젊은 여성의 이야기라는 이 책의 주제에 특별한 관심을 보였다. 대단히 독립적이고 만만치 않은 인물이었던 메스너는 이 책에 대해 메모해두었다가 참브룬에게 전화해 사본을 구했고, 밤을 새워가며 읽었다. 이 소설의 힘을 알아본 메스너는 즉시 참브룬에게 제안을 했다. "이 책이 대작이라는 걸 알아요. 내가 꼭 출판하고 싶습니다." 참브룬은 메탈리우스에게 전보를 보냈고, 메탈리우스는 너무 흥분한 나머지 선인세가 얼마인지 물어보는 것도 잊었다(선인세는 1,500달러였다). 참브룬은 그녀에게 계약서에 서명하러 가능한 한 빨리 뉴욕으로 오라고 했고, 그녀는 그렇게 했다. 그녀는 세련되고 우아한 키티 메스너의 모습에 압도되었다. 메스너는 기성복이 아닌 남성 재단사가 그녀를 위해 특별히 맞춘 재킷과 바지 차림이었다. 뉴잉글랜드의 작은 마을에서 온 이 불안정한 젊은 여성의 눈에, 메스너는 뉴욕의 직장 여성을 상징하는 완벽한 존재로 보였다. 8월 중순이었고, 메탈리우스는 뉴욕의 후덥지근한 날씨에 지쳐 있었다. 반면 그녀의 눈에 메스너는 "평생 단 한 순간도 더위로 불편했던 적이 없었던 사람처럼 보였다. 나는 겨드랑이가 가렵고, 의자에 달라붙은 듯 앉아 있었으며, 머리카락은 축 처져 있었다."

초기 편집 작업은 순조롭지 않았다. 네블러는 책에서 수정할 대목과 다듬을 부분들에 대해 여러 의견을 제시했지만, 둘의 관계는 좋지 않았다. 메탈리우스는 네블러의 편집 제안을 그녀가 이 책을 진심으로 좋아하지 않는다는 신호로 받아들였다. 네블러는 여러 차례 점심과 저녁 식사 자리를 마련했지만, 메탈리우스는 음식은 먹지 않고 술만 마셨다. 후에 메탈리우스의 알코올 문제가 심각하게 부각된 뒤 네블러는 그때부터 징후가 보이기 시작했다고 회상했다. 곧 메스너가 직접 이 책의 편집을 맡게 되었다.

메스너는 이 책이 신인 작가의 평균 판매량인 3,000부 정도 팔릴 것이라고 생각했다. 하지만 홍보를 담당했던 편집자 하워드 굿카인드(Howard Goodkind)는 잘 홍보하면 베스트셀러로 만들 수 있겠다고 봤다. 그는 추가 홍보비로 5,000달러를 더 들여서 홍보 전문가를 통한 특별 홍보 캠페인을 벌이자고 제안했다. 당시로서는 상당한 모험이었지만 메스너는 동의했다. 버드 브랜트(Bud Brandt)가 홍보 전문가로 고용되었고, 그는 AP통신의 베테랑 기자 할 보일(Hal Boyle)을 길맨튼으로 보내 출간 전에 작가에 대한 기사를 쓰도록 했다.

보일이 방문했을 때, 메탈리우스는 남편이 곧 지역 학교 교장직에서 쫓겨날지도 모른다고 무심히 예측했다. 마을의 유력 인사들이 자신의 행동과 옷차림, 그리고 글을 쓰는 것을 못마땅하게 여기고 있기 때문에 그렇게 생각한다는 거였다. 실제로 남편은 얼마 후 교장직에서 해임되었는데, 보일의 후속 기사에서는 메탈리우스의 예측이 왜곡되어 마치 확실한 팩트인 것처럼 보도되었다. 즉, 조지 메탈리우스가 교장직에서 해고된 것은 그의 아내가 쓴 책이 이 작은 마을의 체면을 벗겨냈기 때문이라는 것이었다. 이로써 본격적인 홍보 캠페인을 펼칠 준비가 완료되었다. 책의 논쟁적인 성격을 반영하는 일련의 헤드라인이 광고 문구로 채택되었다. 책은 9월 말 출간 즉시 여러 베스트셀러 목록에 올랐고, 영화 판권을 두고 여러 영화사들이 경쟁했다. 출간 후 첫 10일만에 60,000부가 팔렸다. 서평들은 대체로 호의적이었다. 저명한 헤밍웨이 연구자 카를로스 베이커(Carlos Baker)는 메탈리우스를 미국 소도시의 어두운 면을 폭로하는 데 일조한 미국 작가들의 전통을 이은 인물로 추켜세웠다. 흥미로운 점은, 이전에는 남성 작가들의 거친 언어를 칭찬했던 작가 겸 평론가 스털링 노스(Sterling North)가 메탈리우스가 비슷한 어휘들을 사용한 것에 대해서는 경악을 금치 못했다는 점이다. 〈뉴욕 월드 텔레그램〉 지에 기고한 글에서 노스는 "내가 기억하기로는 젊은 어머니가 성난 부두 노동자나 쓸 법한 언어로 책을 출판한 적은 일찍이 없었다."라고 썼다.

처음에는 명성과 성공이 달콤했다. 뉴욕 사람들은 그녀의 다정하고 연약한 실제 모습과 책에 묘사된 가혹한 삶의 대비에 감동을 받았다. 그녀의 모든 꿈이 실현되는 것 같았다. 영화 판권을 250,000달러에 팔았고, 우선 계약금으로 75,000달러짜리 수표를 받았다. 그녀는 길맨튼의 여러 상점들을 돌아다니며 주인들에게 이 수표를 현금으로 바꿔달라고 말하는 것을 특히 즐기는 듯했다. 하지만 그녀는 삶의 역경들은 잘 견뎌냈던 반면, 성공이 주는 압박감에는 제대로 대처하지 못했다.

1956년 11월, 그녀는 친구들에게 "이 책으로 인한 모든 상황이 일종의 사악한 광기 같다."라는 내용의 편지를 썼다. 모든 사람들이 갑자기 그녀에게 뭔가를 원하는 것 같았고, 그녀가 선정적이고 도발적인 작가 역할을 해주기를 원했다.

〈페이튼 플레이스〉의 작가는 섹시하고 매력적이어야 했지만, 사실 그레이스 메탈리우스는 그저 평범한 젊은 여성이었다. (그녀는 텔레비전 스튜디오의 메이크업 담당자들에게 자신을 아름답게 보이게 해달라고 부탁하곤 했다.) 그녀는 책 홍보를 위해 나서야 했던 언론 인터뷰와 텔레비전 출연을 불편해했고, 특히 이 책이 자전적인 내용이냐고 질문 받는 것을 매우 싫어했다. 그녀는 '나이트 비트'라는 초창기 텔레비전 토크쇼에 출연했는데, 이 프로그램의 진행자는 마이크 월러스(Mike Wallace)라는 젊은 남성이었다. 그는 당시 날카로운 인터뷰어로 명성을 쌓아가고 있었다. 그녀는 자전적 이야기는 묻지 않겠다는 약속을 받았다고 생각했지만, 인터뷰가 시작되자마자 월러스는 "그레이스, 〈페이튼 플레이스〉가 당신의 자서전인가요?"라고 물었다. 그녀는 그를 '마이런'이라는 본명으로 부르며 반격했다. 그가 이 이름으로 불리는 것을 싫어한다는 것을 사전에 들어 알고 있었던 것이다. 또한 그녀는 그가 민감해 하는 결혼 횟수에 대해서도 물어보았다.

책이 출간되기 전부터 그녀의 결혼 생활은 무너지기 시작했다. 그녀는 지역의 한 농부와 불륜 관계였다. 성공하고 재정적으로 여유로워진 그녀는 결혼 생활을 끝냈고, 한 디스크자키와 연인이 되어 결혼했다. 그녀는 돈을 마음껏 쓰기 시작했고, 동시에 글쓰기를 중단했다. 몇 년 후 조지 메탈리우스는 그녀의 인생에서 그 시기가 "허황된 시절"이었다고 말했다. 할리우드 제작자 제리 월드(Jerry Wald)의 압박으로 그녀는 결국 〈페이튼 플레이스로 돌아가다〉라는 속편을 썼지만, 글은 생기가 없었고 그녀 스스로도 마음에 들지 않았다. 결국 후속작은 워렌 밀러(Warren Miller)라는 작가의 손길을 거친 후에야 책으로 만들어졌다. 그럼에도 불구하고 이 속편도 전작만큼은 아니었지만 잘 팔렸다.

명성과 관심에도 불구하고 메탈리우스의 애정 갈망은 줄어들지 않았다. "엄마에게 '사랑해요, 사랑해요, 사랑해요'라는 말을 시냇물 소리처럼 끊임없이 들려줘야 했어요."라고 그녀의 딸 마샤는 회상했다. "우리는 엄마를 정말 사랑했지만, 결국 '사랑해요'라는 말은 마치 날마다 발에 밟혀 닳아버린 양탄자처럼 우스꽝스러운 표현이 되어버렸죠."

그녀의 집필 습관은 계속해서 악화되었다. 그녀와 재혼한 디스크자키 T. J. 마틴이 그녀에게 일을 하라고 하면, 그녀는 "당신이 뭔데? 누가 당신더러 나를 지도하라고 했어?"라며 소리를 질러댔다. 곧 그녀는 손에 술잔을 들고 있는 모습으로 자주 목격되었는데, 늘 마시던 술은 캐내디언 클럽 위스키와 세븐업을 섞은 칵테일이었다.

1960년, 그녀는 조지 메탈리우스에게로 다시 돌아왔고, 자신이 가장 아끼는 책이 된 〈꽉 조인 화이트 칼라〉를 출간했다. 책은 잘 팔리긴 했지만 〈페이튼 플레이스〉만큼은 아니었다. 눈썰미 있는 편집자들은 그녀의 독자들이 점점 떨어져나가고 있다는 것을 알아챘다. 곧 그녀는 심각한 재정 문제에 직면했다. 〈페이튼 플레이스〉가 성공했을 때, 그녀는 변호사와 함께 자신과 가족의 연간 생활비를 18,000달러로 정하는 재정 관리 계획을 세웠는데, 이는 당시로서는 꽤 큰 금액이었다. 하지만 계획은 지켜지지 않았고, 그녀는 세금도 거의 내지 않았다. 그녀의 세금 체납액은 163,400달러에 달했으며, 여기에 6%의 이자를 더 납부해야 했다. 탈세범이 될 수도 있다는 두려움으로 그녀는 다시 글쓰기를 시도했다. 그녀는 자신의 프랑스계 캐나다인 가족에 대한 이야기인 〈에덴에는 아담이 없다〉를 완성했고, 이 책은 1963년 9월에 출간되었다. 메스너는 이 책의 출간을 포기하는 대신 포켓북스에 50,000달러를 받고 판권을 팔았고, 영화 판권은 150,000달러에 팔렸다. 한 비평가가 예리하게 지적했듯이, 그녀의 불행, 더 나아가 점점 심해지는 자존감 결여가 이제 그녀의 작품에서도 드러나고 있었다. "작가는 여성을, 개인으로든 집단으로든 혐오하는 것처럼 보인다. 그녀가 여성들에 대해 친절하거나 이해심 있는 말을 한 적이 있던가? 그것이 무엇이었는지 기억나지 않는다고 고백해야겠다. 모든 여성 캐릭터들이 죄악, 음란, 이기심, 잔인함이라는 무게에 짓눌려 있기 때문이다." 그녀의 남은 생애는 슬펐다. 조지 메탈리우스는 1963년 가을, 다시 그녀를 떠났다. 그리고 몇 달 후인 1964년 2월, 그녀는 만성 간 질환으로 사망했다.

제39장

1950년대 교외의 숨겨진 불행,
페미니즘 운동의 토대가 되다

이 모든 것이 거대한 전국적 현상의 일부였다. 〈포춘〉 지에 따르면, 중산층으로 진입하는 가구 수, 즉 세후 연간 소득이 5,000달러를 초과하는 가구가 매년 110만 가구씩 증가하고 있었다. 1956년 말까지 이러한 가구는 미 전역에서 1,660만 가구에 달했다. 〈포춘〉 편집자들은 이런 가구가 1959년까지 2,000만 가구에 이를 것으로 다소 조심스럽게 전망했다. 이는 사실상 미국 전체 가구의 절반에 해당했다. 〈포춘〉은 세계 어느 나라에서도 볼 수 없었던 "풍요로운 경제"라고 극찬하면서, 이는 "자녀를 많이 갖는 것에 낙관적이며, 기꺼이 소비를 하고, 부채를 두려워하지 않으며, 가성비를 따지고, 생활수준을 높여가는 미국 소비자들"의 세계를 반영한다고 설명했다.

이러한 모든 상황 속에서, 가정 중심적이고 겉보기에 고된 일에서 해방된 새로운 삶이 미국 여성들의 정신 상태와 인생관에 어떤 영향을 미치고 있는지 주의 깊게 살펴보는 이는 아무도 없었다. 잡지에 실린 사진들을 보면 여성들은 마냥 행복해 보였고, 방금 산 놀라운 신형 기계들 덕분에 끝없는 집안일에서 해방된 듯했다. 잡지 속의 여성들은 행복해 보였고, 해마다 더 많고 더 좋은 가전제품이 출시된다는 점은 의심할 여지가 없었기에 여성들의 행복은 의심할 여지가 없는 것처럼 여겨졌다. 이처럼 여성들의 행복은 당시의 가장 흥미로운 질문들 중 하나였다. 교외로의 대규모 이주는 사회에서 일어나고 있던 수많은 근본적인 변화들을 반영했는데, 그중에서도 특히 중산층 여성들의 달라진 역할이 매우 중요했기 때문이다. 20세기로 접어들면서 여성들은 정치, 교육, 취업 기회 등의 영역에서 꾸준한 진보를 이루어왔다. 초기의 투쟁은 주로 기혼 여성의 노동권, 달리 말하자면 어쩌면 가장일 수도 있는 남성들의 일자리를 빼앗을 수 있는 권리에 초점이 맞춰져 있었다. 1930년대까지는 48개 주 가운데 26개 주에서, 즉 과반이 넘는 주에서 여전히 기혼 여성의 고용을 법적으로 금지하고 있었다. 게다가 전국 공립학교의 과반수와 공공기관의 43%, 백화점의 13%가 기혼 여성을 고용하지 않는다는 규칙을 강행하고 있었다. 1930년대에 남녀 모두를 대상으로 실시했던 여론조사에서, "부양 능력이 있는 남편이 있는데도 기혼 여성이 사업장이나 산업체에서 돈을 버는 것을 찬성하십니까?"라는 설문에 응답자의 82%가 반대하는 것으로 나타났다.

대공황 시기에 많은 여성들이 일을 나갔던 이유는 가정에 현금이 절실했기 때문이었다. 게다가 저임금 일자리를 제공하는 산업 분야에서는 여성들이 언제나 환영받았다. 뉴딜 정책 초기에, 전통적으로 이민자들의 아내들이 일했던 뉴욕의 의류 공장 지대에서는 여성들이 시간당 15센트를 받고 주당 48시간을 일했다. 이는 이들이 길고 고된 한 주의 노동 끝에 집으로 가져가는 돈이 7달러 20센트였다는 말이다.

하지만 사회가 변화하고 더 많은 여성들이 더 나은 교육을 받게 되면서, 더 많은 여성들이 전문직에서 더 나은 임금을 받으며 일하게 될 것이라는 인식이 퍼져나갔다. 제2차 세계대전은, 일시적이긴 했지만 여성 고용에 대한 국가의 인식을 극적으로 바꾸어놓았다. 하룻밤 사이에, 이전까지 여성에게 적합하지 않은 것으로 여겨졌던 중공업 일자리가 애국적인 의무 직종으로 바뀌었다. 산업계와 군대에 4백만 명의 추가 인력이 필요했고, 그들 중 상당수는 여성이어야만 했다. 〈레이디스 홈 저널〉은 여성 전투기 조종사를 표지 사진으로 싣기도 했다. 전쟁 기간 동안 약 800만 명의 여성이 노동 현장에 뛰어들었고, 이전에는 여성들이 가지 않았던 곳에서 갑자기 여성들이 환영받기 시작했다.

이러한 추세는 전후 몇 년만에 놀랍게도 중단되고 말았다. 남성을 우선시하는 사회적 전통이 되살아났기 때문이었다. 좋은 일자리, 높은 임금의 일자리가 있다면 그것은 당연히 전쟁에서 돌아와 가장이 될 남성들의 몫이었다. 전쟁이 끝난 지 두 달도 채 되지 않아 항공기 산업에서만 약 80만 명의 여성이 해고되었다. 자동차 산업을 비롯한 다른 산업에서도 같은 일이 벌어졌다. 전후 2년 동안 약 200만 명의 여성들이 일자리를 잃었다.

전후의 엄청난 국가적 풍요는 이제 많은 가정이 한 사람의 수입만으로도 중산층 생활을 영위할 수 있다는 것을 의미했다. 게다가 교외로의 이주는 여성들을 일터에서 물리적으로 분리시켰다. 새로운 소비 문화는 여성들에게 가정주부가 되어야 한다고 말했고, 이들을 단지 새로운 세탁기와 건조기, 냉장고, 바닥 왁서, 압력솥, 믹서기의 잠재적 구매자로만 바라보았다.

이 모든 상황은 20세기 초반에 이뤘던 진보로부터의 후퇴를 보여주는 것이었다. 이제는 여성이 전문직을 갖도록 격려하는 일은 거의 없었고, 사실상 이를 매우 고의로 저지하려는 움직임도 비일비재했다. 여성들은 어머니가 직업을 갖지 않은 가정에서 자랐을 뿐만 아니라, 남자 형제들과는 처음부터 매우 다른 길을 걸어야 했다. 아들들이 가족을 부양하는 데 핵심적인 기술을 배웠던 반면, 딸들은 결혼을 위한 교육을 받아야 했다. 여성들이 설령 대학에 진학한다 하더라도 예술이나 문학을 공부하기 위해 외국에서 3학년(a junior year)을 보내는 정도에 불과하다. 졸업 후에 전문직에서 종사할 꿈을 여전히 가지고 있더라도 현실 세계는 낙관적인 기회를 보장해주지 않았다.

기혼 여성의 취업에 관한 법률은 바뀌었을지 몰라도 문화적 태도는 변하지 않았다. 당시 여성이 전문직에서 할 수 있는 일은 제한적이었고, 여성을 환영하는 직종에서조차 여성들의 승진은 어렵고 상대적으로 오래 걸렸다. 능력이 아닌 성별이 가장 중요한 자격 요건이었다. 같은 대학을 같은 시기에 졸업하고 같은 학점을 받은(많은 경우 여성들의 학점이 더 좋았지만) 남녀가 같은 출판사나 언론사에 입사했을 때도 마찬가지였다.

남성들은 요직을 받았다. 반면 여성들은 보조 역할에 머물 수밖에 없었다. 여성들은 흔히 더 적은 급여와 더 낮은 직함으로 더 오래, 더 열심히 일하는 경우가 많았는데, 조금이라도 매력적인 여성이면 곧 결혼하고 임신하여 회사를 그만둘 것이라는 암묵적인 시선에 시달려야 했다. 회사를 오래 다니는 여성은 정서적으로 좀 특이한 사람이라는 인식도 존재했다. 이는 악순환으로 이어졌다. 이런 상황을 잘 아는 젊은 여성들은 평생을 바쳐 싸우며 차갑고 냉정한 커리어 우먼으로 살아가고자 하는 동기부여가 거의 없었다. 당시 한 잡지에는 "거의 절반의 여성이 미혼"이라는 제목으로 젊은 여성들에게 직업을 중심에 둔 삶의 함정을 경고하는 기사가 실리기도 했다. 여성 잡지에 실리는 직장 여성을 소재로 한 단편 소설의 내용도 대부분이 불행하고 정서적으로 공허함을 느끼는 여성들의 이야기였다. 대신 잡지들과 새로운 텔레비전 시트콤은 헌신적인 어머니와 아내들을 미화했다.

심지어 사회학자 페르디난드 룬드버그(Ferdinand Lundberg)와 정신과 전문의 마리니아 파넘(Marynia Farnham)이 함께 쓴 〈현대 여성: 잃어버린 성〉 같은 당시의 영향력 있는 대중 사회학 저작들도 커리어 우먼이라는 개념에 적대적이었다. "독립적인 여성이란 형용모순이다."라고 룬드버그와 파넘은 썼다. 그들의 표현에 따르면 페미니즘 자체가 "심각한 질병"이었다. "따라서 다음과 같은 심리사회적 법칙이 성립된다. 여성의 교육 수준이 높을수록 다소간의 성적 장애가 생길 가능성이 더 크다. 특정 여성 집단에서 성적 장애가 심할수록 그들이 낳는 자녀의 수는 더 적어진다."라고 그들은 썼다. 그들은 또한 연방정부가 여성들이 두 명 이상의 아이를 낳을 때마다 보상금을 지급할 것을 제안했다.

전후 여성성에 대한 정의는 더욱 발전해 갔다. 미국에서 여성스럽다는 것은 무엇보다도 일을 하지 않는다는 의미였다. 여성이 일을 하면, 그것은 남성과 경쟁한다는 의미였고, 이는 여성을 차갑고 공격적으로 만들어 필연적으로 외로운 삶을 살게 만들었다. 대신 여성은 가족을 헌신적으로 키우고, 남편을 내조하며, 집안을 완벽하게 깨끗하고 효율적으로 관리하고, 저녁 식사를 정시에 준비하고, 매력적이고 낙관적인 모습을 유지해야 했다. 머리카락 하나도 흐트러짐 없이 완벽해야 했다. 연구 결과에 따르면, 당시 여성들은 어머니 세대보다 더 예쁘고, 더 날씬하며, 심지어 더 좋은 향기도 풍겼다고 한다.

이 시기에 〈레이디스 홈 저널〉, 〈레드북〉, 〈맥콜스〉, 〈마드모아젤〉 같은 여성 잡지들이 중산층 젊은 여성들에게 미친 중요성과 영향력은 아무리 강조해도 지나치지 않았다. 교외에서 고립된 여성들은 불안하고 외로웠으며 대체로 조언을 구할 곳이 없었다. 대부분의 경우 그들은 원래의 가족이나 자라면서 알고 지내던 사람들로부터 갓 분리되어 나온 상태였다. 그들은 부모 세대와는 다른 새로운 삶을 살고 있었고, 남편들은 이전과는 매우 다른 기대를 품고 있었다. 모든 것을 새로 배워야만 했다.

주부들을 위한 한낮의 텔레비전 토크쇼가 등장하기 전 시대에, 여성 잡지들은 교외의 새내기 주부들이 읽는 가장 중요한 읽을거리였다. 이들 잡지에서 일하는 직원들은 대부분이 여성들이었지만 편집장은 거의 항상 남성이었다. 게다가 일반 잡지들과 달리 이들 잡지의 편집 방향은 광고주의 의도에 훨씬 더 많은 영향을 받고 있었다. 연구 결과에 따르면, 가정에서 어느 정치인을 지지할 것인가와 같은 중요한 결정은 남편이 내렸지만 어떤 냉장고와 세탁기를 살지는 아내가 결정했다. 광고는 여성들에게 최신 가전제품이 무엇이고 어떻게 사용하는지 알려주도록 설계되었고, 이에 동반된 기사들은 이런 제품들 없이는 여성들이 살아갈 수 없다는 것을 보여주기 위해 기획된 것이었다.

이는 의도적으로 계획된 것이 아니었다. 남성 편집자들이, 새로운 교외의 멋진 세상이 실은 자신들의 인생에서 가장 좋은 시절을 낭비하고 있는 건 아닌지 고민하는 긴장되고 불안한 여대 졸업생들로 가득 차 있다는 내용의 기사를 의도적으로 막은 것은 아니었다. 하지만 여성들이 들어야 할 이야기는 모두 낙관적이어야 한다는 것, 그리고 그것을 의심하는 것은 가치가 없다는 본능적인 편견이 존재했던 것은 사실이었다.

잡지들은 여성들에게 어떻게 살아야 하는지, 어떻게 옷을 입어야 하는지, 무엇을 먹어야 하는지, 왜 자신과 남편과 아이들에 대해 좋은 감정을 가져야 하는지 등의 새로운 삶에 대한 안내서였다. 여성 잡지들은 여성들의 희생이 실은 희생이 아니라 자아실현이라고 강조했다. 모든 의심은 극복되어야만 했다.

1954년 여성잡지 〈맥콜스〉가 제시한 1950년대의 이상적인 여성이 추구해야 할 가치는 '화목함(togetherness)'이었다. 가족은 하나여야 했고, 그들의 열망은 서로 얽혀 있었다. 남편은 가족의 더 나은 삶을 위해 매일 위험한 기업 세계에서 용감하게 싸우는 리더이자 영웅이었다. 아내는 가정에서 남편의 든든한 버팀목이었고, 자신과 아이들을 위해 치르는 그의 엄청난 희생에 마땅히 감사해야 하는 존재였다. 가족 내부의 이견은 없었다. 가족은 정치적, 감정적 갈등이 얽힌 복잡하고 연약한 메커니즘이 아니라 하나의 완벽한 우주였다. 여성 잡지에 묘사된 가족들에게서는 어떤 갈등이나 모순, 또는 성취되지 않는 야망 따위는 찾아볼 수 없었다. 가족의 화합을 강조하는 사회적 분위기 덕분이었는지, 새로 짓는 집들은 모두 '가족실'이라는 공간을 갖추게 되었다. 이곳에서 가족들은 함께 모여 식사를 하고, 텔레비전을 보며, 어쩌면 대화도 나누었다. 1954년 조립식 주택 광고에 등장한 한 아내는 이렇게 말했다. "짐이 퇴근해서 오면, 가족실이 우리를 더 가깝게 만드는 것 같아요." 그리고 이러한 화합을 궁극적으로 책임지는 사람이 아내였다.

미국의 대표적인 처세술 전문가 중 한 명인 데일 카네기의 부인(Mrs. Dale Carnegie)[8]은 1955년 4월호 〈베터 홈스 앤 가든스〉지에 이런 글을 기고했다. "여성들이 반드시 해야 할 두 가지 중요한 일은 남편이 어디로 갈지 결정하는 것을 돕고, 그곳에 도달하도록 그들의 예쁜 머리를 써서 돕는 것입니다. 여러분, 현실을 직시합시다. 여러분의 집에 있는, 그리고 제 집에 있는 그 멋진 남자는 여러분의 집과 행복, 그리고 자녀들에게 다가올 기회를 만들어가고 있습니다." 카네기 부인은 이어서 복층 주택은 가족이 살기에 좋지만, "부부가 행복한 가정과 많은 친

---

8   〈카네기 처세술〉을 쓴 데일 카네기의 아내 도로시 카네기를 가리킨다. 당시에는 결혼한 여성이 본명 대신 남편의 이름 앞에 Mrs.를 붙여서 자기를 소개하는 것이 관행이었다.

구들, 그리고 직장에서의 남편의 성공을 통한 밝은 미래를 목표로 할 때는 복층식 사고방식이나 행동을 하면 안됩니다."라고 덧붙였다.

행복하지도 않고 성취감도 느끼지 못했던 여성들은 그 잘못이 본인들에게 있으며, 자신들이 정상적인 행복을 누리지 못하는 예외적인 존재라고 생각하게 되었다. 그런 상황이다 보니, 당시 여성들은 서로에게조차 자신의 의심과 고민을 좀처럼 털어놓지 못했다. 오히려 그들은 자신들이 어떤 의구심을 갖는 것에 대해서 죄책감을 느끼는 경향마저 있었다. 그도 그럴 것이, 그들은 그 어느 때보다 더 나은 삶을 살고 있었다. 남편들은 전에 없이 많은 돈을 벌어오고 있었고, 차고에는 갈수록 더 크고 더 아름다운 자동차들이, 부엌에는 더 많은 가전제품들이 들어차 있었다. 그런데도 어찌 감히 불행할 자격이 있다는 말인가?

교외에 사는 젊은 주부들의 보편적 만족감이라는 허상에 최초로 도전장을 던진 이는 미국 중서부 출신의 한 젊은 여성이었다. 일리노이주 피오리아에서 나고 자란 그녀는 학교에서 우수한 성적을 거둔 뒤, 세븐 시스터스 스쿨로 불리던 동부의 명문 여자대학 중 한 곳에 입학할 수 있었다. 1939년 스미스 칼리지에 입학한 그녀는 소도시 피오리아에서 소녀 시절을 보내며 갈망했던 모든 것을 발견했다. 그곳은 여성이 똑똑하고 남다르다는 이유로 처벌을 받는 대신 오히려 인정받는 세상이었다. 전쟁이 한창이던 1942년, 그녀는 미래에 대한 기대를 가득 안은 채 대학을 최우등으로 졸업했다. 그녀는 여러 곳에서 장학금 제안을 받았다. 야심이 크고 급우들의 존경을 받던 베티 골드스타인은 자신이 어머니와는 완전히 다른 삶을 살게 되리라고 확신했다. 그녀의 어머니 미리엄 골드스타인은 결혼 전 일리노이 주 피오리아의 지역 신문사에서 사교면 기자로 일했으나, 지역 상점 주인과 결혼하고 나서 전업주부로 살았다. 딸의 눈에는, 어머니가 자신의 좌절된 야망을 자식들의 성공을 통해 보상받으려는 것처럼 보였다. 하지만 대학을 졸업할 무렵, 베티 골드스타인 또한 한 젊은 남자에 대한 관심 때문에 장학금을 포기했다. 그 남자가 그녀와 비슷한 수준의 장학금을 받지 못했기에, 자신이 장학금을 받아들이면 둘의 관계가 깨질까봐 두려웠던 것이다. 후에 그녀는 이 결정이 자신을 순식간에 전형적인 여성의 모습으로 전락시켜 버렸다고 적었다. 페미니스트 운동의 선구자 중 한 명이 된 베티 골드스타인 프리던(Betty Goldstein Friedan)은 자신의 삶을 돌아보며, 그 젊은 남자의 얼굴은 장학금의 조건들보다도 더 빨리 희미해져 버렸다고 회상했다.

그녀는 결혼하지 않고, 지적 열기가 넘치는 그리니치 빌리지로 이주해 노동 문제와 시민권에 관심을 가진 젊은 진보주의자 그룹의 일원이 되었다. 이런 활동이 유행처럼 번지기 훨씬 전의 일이었다. 그곳의 여성들은 대부분 스미스, 바사, 래드클리프 같은 대학을 졸업한 이들이었다. 그들은 모두 총명하고 낙관적이었으며, 정체된 사회에 도전하고자 하는 열의로 가득 차 있었다. 베티 골드스타인은 좌파 성향의 노동 신문사에서 기자로 일했다. 기자로서 그녀는 주변 사정에 밝고 인맥이 넓기로 정평이 나 있었다. 그녀는 원치 않는 임신을 한 친구들을 위해 불법 낙태를 주선하는 일을 맡게 되었다. 그녀는 이 일이 은밀한 전화 몇 통만으로도 가능하다는 것을 알게 되었다. 당시 낙태 수술비는 1,000달러였다. 이혼 경력이 있는 남성과 결혼하기를 원하는 두 명의 개신교 신자 친구를 위해 주례를 설 목사를 찾아주는 일도 그녀의 일이었다. 낙태 수술을 맡아줄 의사를 찾는 일보다 이혼한 남자의 결혼식에서 주례를 봐줄 목사를 찾는 일이 더 어려웠다고 그녀는 씁쓸하게 말했다.

전쟁이 끝나고 남성들이 유럽과 남태평양으로부터 귀환하자, 여성들은 점차 일자리에서 밀려났다. 베티 골드스타인은 자신의 역할과 미

베티 프리던은 대학 졸업 15주년을 맞은 동창생들의 근황을 기사로 작성해 달라는 잡지사의 요청으로 취재를 하면서, 직업적 좌절을 겪었던 여성이 자신만이 아니었음을 깨달았다. 사진은 그녀가 딸 에밀리와 함께 있는 모습이다. (사진 출처 THE SCHLESINGER LIBRARY, RADCLIFFE COLLEGE)

래에 대한 확신이 없었고, 혼자 사는 삶을 좋아하지 않았다. 그녀는 "혼자 있는 것에 대한 병적인 두려움이 있었다."라고 회고했다. 그러다 유쾌하고 매력적인 젊은 참전용사 칼 프리던(Carl Friedan)을 만나 전쟁이 끝난 지 2년 후인 1947년에 결혼했고, 1949년에 첫 아이를 낳았다. 두 번째 아이를 임신했을 때 그녀는 노동 신문사에서 해고되었는데, 당시까지는 급진주의가 여성의 권리까지는 미치지 못했던 시대였다. 그녀는 신문사 노조에 불만을 제기했지만, 두 번째 임신으로 인한 해고는 그녀에게 귀책 사유가 있다는 답변이 돌아왔다. 나중에야 그녀는 성차별에 대한 노조의 규약이 없다는 사실을 깨달았다.

그녀는 곧 자신의 직업적, 지적 세계의 중심이었던 그리니치 빌리지

914

에서 점점 더 멀어져 가면서, 대규모 교외 이주의 일부가 되어가고 있음을 깨달았다. 빌리지에서는 항상 아이디어가 중요한 가치를 지녔었다. 프리던 부부는 점점 더 넓은 거주지를 찾아, 처음에는 쾌적한 아파트가 있는 퀸즈로, 그 다음에는 교외의 주택가로 이사했고, 그녀는 점차 아이들과 가족에게 더 많은 시간을 할애했다. 이런 과정에서 그녀는 우선 물리적으로, 그리고 점차 지적으로나 사회적으로도 과거의 자신과 단절되어갔다. 이제 베티 프리던은 주부이자 어머니로서의 삶에 에너지를 쏟았고, 집을 꾸미고 쇼핑하고 요리하고 청소하는 일에 전념했다.

그녀가 나중에야 깨달은 거지만, 프리던 가족은 전후 교외 이주의 물결에 거의 무의식적으로 휩쓸려 들어갔다. 삶의 질은 점점 더 나아지고 있었다. 하지만 그녀는 이런 생활이 자신이 젊은 시절 가졌던 꿈과 가치관에서 멀어지는 것이기도 하다는 것을 깨닫기 시작했다. 그녀는 야외 바비큐장에서 햄버거를 굽고, 즉흥적인 칵테일 파티에 참석하고, 파이어 아일랜드에서 친구들과 여름 별장을 공유하는 등 당시 미국인들의 더욱 자유롭고 격식에서 벗어난 교류와 그에 따르는 가사일들을 즐겼다. 마침내 프리던 부부는 록랜드 카운티에서 영화 '아담스 패밀리'에 나올 법한 오래된 집을 계약금 2,500달러를 포함해 25,000달러에 구입했다. 스미스 대학을 최우등으로 졸업하고 미래의 페미니스트 리더가 될 베티 프리던은 벽난로에서 여덟 겹의 페인트를 벗겨내고(그녀는 이 일이 "꽤 즐거웠다."라고 회상했다), 아이들을 등하교시키고, 학부모회의 운영을 돕는 등, 당시 여성 잡지에서 묘사한 이상적인 주부의 모습에 최대한 가까워지려 노력하며 시간을 보냈다. 어떤 면에서는 매우 충만했지만, 다른 면에서는 매우 공허했던 삶이었다. 그녀는 엄마로 살면서 친구들과 어울리는 것을 좋아했지만, 정치-사회적으로 뜨거웠던 뉴욕에서의 삶이 그리웠다. 또한 자신의 잠재력을 충분히 발휘하지 못하고 있다는 걱정도 있었다. 록랜드 카운티에서 살던 무렵, 그녀는 여러 여성 잡지에 자유 기고가로 글을 쓰기 시작했다. 나중에 그녀는 이것이 자신의 가정생활이 풍요롭기는 했지만, 충분히 풍요롭지는 않았다는 명확한 신호였음을 깨달았다.

그녀가 당시 스스로에게 약속했던 것들은 많은 것을 시사한다. 작가로서 그녀가 해야 할 일은 그녀와 칼이 가정부에게 지불하는 것보다 더 많은 돈을 버는 것이었다. 그렇지 않으면 그녀의 글쓰기는 비생산적인 것으로 여겨져서 가족의 더 큰 이익에 보탬이 되기는커녕 오히려 방해가 되는 것으로 간주될 것이었다. 〈코스모폴리탄〉(1956년 9월호)에 실린 "백만장자의 아내", 〈리더스 다이제스트〉(1955년 8월호)에 기고한 "이제 그들은 피오리아를 자랑스러워한다", 〈마드모아젤〉(1955년 7월호)에 선보인 "둘은 섬이다", 〈페어런츠 매거진〉(1957년 5월호)에 게재된 "진입로에서의 데이캠프" 같은 그녀의 초기 글들은 스미스 대학을 졸업할 때 그녀가 마음속에 그렸던 성취와는 거리가 먼 글들이었다.

그녀는 또한 당시 여성 잡지에 실릴만한 한정된 주제와 표현의 제약 등을 매우 빨리 깨닫고 있었다. 셋째 아이를 임신 중이던 1956년, 그녀는 신문에서 배우 줄리 해리스(Julie Harris)가 연극 '종달새'의 주연을 맡았다는 기사를 읽었다. 자신은 두 번이나 제왕절개로 아이를 낳았지만, 해리스는 기사 속에서 자연분만을 했다고 말하고 있었다. 해리스의 자연분만을 존경하고 부럽기까지 했던 프리던은 잡지사의 동의를 얻어 해리스와 그녀의 출산 경험에 대한 글을 쓰기로 했다. 그녀는 배우와의 인터뷰를 즐겼고 그녀에게 완전히 매료되었다. 그리고 자연분만의 기쁨에 대해 자신의 최고 기사 중 하나라고 생각되는 글을 썼다. 하지만 놀랍게도 이 기사는 처음에 너무 노골적인 표현이 들어있다는 이유로 거절당했다.

이것이 그녀가 잡지사에게 거절당한 유일한 좌절은 아니었다. 화가

이자 조각가로서 상당한 성공을 거두기 시작하면서도 가정을 꾸려가고 있던 베버리 페퍼(Beverly Pepper)에 대한 기사를 제안했을 때, 잡지사의 편집자들은 조롱 섞인 반응을 보였다. 그들은 미국의 여성들이 이런 사람에게 관심이 없을뿐더러 공감하지도 않을 거라고 말했다. 자신들이 매우 확신하는 시장 조사 결과에 따르면, 여성들은 오직 아내와 어머니로서의 역할을 다룬 기사만 읽을 것이라고 했다. 가정을 꾸리면서 예술가로서도 성공한 미국 여성이 많지 않았기 때문에 이런 기사는 전혀 매력적이지 않을 거라는 것이었다. 한 편집자는 어쩌면 페퍼 부인이 아기 침대에 페인트칠을 하는 사진과 함께라면 기사를 실을 수도 있을 것 같다고 비꼬았다.

당시 그녀의 자녀 중 한 명이 이웃에 사는 여성 과학자의 아이와 같은 놀이 그룹에 속해 있었다. 프리던은 이따금 그 여성과 이야기를 나눴는데, 그 친구는 새로운 빙하기가 다가오고 있다고 믿는다고 말했다. 평소에는 과학 기사를 쓰지 않았던 프리던은 이 주제에 흥미를 느껴 〈하퍼스〉 지에 기사를 제안했다. 그렇게 탄생한 기사 "다가오는 빙하기"는 상당한 성공을 거두었고 여러 상을 받았다. 뉴욕의 노턴 출판사 편집자 조지 브록웨이(George Brockway)가 이 글을 눈여겨 보고, 그녀에게 전화를 걸어 책을 쓸 의향이 있는지 물었다. 그의 관심에 그녀는 들떴지만, 이 글을 책으로 확장하고 싶은 마음은 없었다. 과학 연구는 자신의 진정한 관심사와 감정을 담고 있지 않았다는 점에서 진정 그녀의 것이 아니었기 때문이다. 나중에 그녀는 그 글이 마치 다른 사람의 글을 대필한 것 같은 느낌이었다고 말했다.

그러던 중 그녀의 인생을 바꿔 놓은 일이 일어났다. 1957년, 그녀와 두 친구는 졸업 15주년이 된 스미스 대학 1942년 졸업생들의 근황에 대한 보고서를 작성해달라는 요청을 받았다. 그녀는 설문지를 만들었고, 이 조사 결과를 바탕으로 〈맥콜스〉 지에 기사를 쓰는 과제를 맡아 자신의 작업 시간에 대한 보상을 받을 수 있었다. 이 글의 제목은 "함께 하는 여성"이 될 예정이었다. 설문 내용은 다음과 같았다. "여성으로서의 역할을 수행하면서 어떤 어려움을 겪으셨나요?", "현재 삶에서 가장 만족스러운 점과 불만스러운 점은 무엇입니까?", "나이 들어가는 것에 대해 어떻게 느끼십니까?", "내면적으로 어떤 변화를 겪으셨나요?", "다르게 했더라면 좋았겠다고 생각하는 것이 있나요?" 답변들은 그녀에게 큰 충격을 주었다. 그녀는 엄청난 양의 의심, 좌절, 불안, 그리고 원망의 감정을 건드린 것이었다. 여성들은 아이들과 함께 있으면서도 성취감을 느끼지 못하고 고립감을 느끼고 있었다. 그들은 종종 자신들의 남편을 훨씬 더 흥미진진한 세상에서 온 방문객처럼 여기고 있었다.

프리던은 이 프로젝트를 통해 자신의 좌절감에 대해서도 들여다볼 수 있었다. 좋은 아내와 엄마가 되기 위해 노력했던 그 모든 세월이 갑자기 헛되게 느껴졌고, 감정을 억누르고 외면했던 것이 잘못이었다는 것을 깨달았다. 놀랍게도 자신처럼 느끼는 여성들이 수천 명이나 있었다. 그녀는 나중에 〈여성성의 신화〉에서 이렇게 썼다. "그것은 이상한 동요, 일종의 불만족감, 그리고 20세기 중반의 미국 여성들이 겪었던 갈망이었다. 교외 지역에 사는 아내들은 그것을 혼자서 감내했다. 침대를 정리하고, 식료품을 사고, 소파 커버의 재질을 고르고, 아이들과 함께 땅콩버터 샌드위치를 먹고, 보이스카우트와 걸스카우트에 가입한 자녀들의 운전기사 노릇을 하고, 밤에는 남편 곁에 누워 있으면서도, 그녀들은 스스로에게 '이게 전부일까?'라는 조용한 질문조차 감히 던지기를 두려워했다."

그녀는 동창회에 참석해 스미스 대학 캠퍼스를 거닐면서, 1957년 졸업반 젊은 여학생들의 수동적인 태도를 보고 충격을 받았다. 그녀의 세대는 졸업을 앞둔 시점에 당시의 사회 문제들에 대한 열정으로 가득 차 있었다. 그런데 프리던이 이 젊은 여성들에게 미래에 대해 묻자, 그들은 멍한 표정으로 그녀를 바라볼 뿐이었다. 그들은 약혼하고, 결혼하고, 아이를 낳을 예정이라고 말했다. 그녀는 생각했다. 이런 일이 스미스에서 벌어지고 있다니! 내가 그들 나이였을 때 이곳은 지적인 흥분으로 가득 찬 곳이었는데. 그녀는 무언가가 이 세대의 정신 깊숙이 침투해 있다고 결론지었다.

그녀는 스미스 대학을 떠난 뒤 〈맥콜스〉 지에 보낼 글을 쓰기 시작했지만, 그 결과물은 처음에 의도했던 것과는 완전히 다른 글이 되어 있있다. 그 글에서 그녀는 자신과 동세대 여성들이 느끼는 절망감과 우울함을 담아냈고, 남편과 자녀를 통해서만 자신의 삶을 살아가는 여성들에 대한 비판적인 내용을 포함하고 있었다. 화목함이라는 새로운 가치를 만들어냈던 맥콜스는, 놀랍지 않게도 그녀의 글을 거절했다. 그녀는 여성 편집자들은 모두 그 글을 싣기를 원했지만 남성 상사들에 의해 거부되었다는 얘기를 들었다. 그것이 그녀에게 완전히 놀라운 일은 아니었지만, 다른 곳에서는 분명히 이 글을 받아줄 것이라고 확신했다. 그래서 그녀는 〈레이디스 홈 저널〉에 다시 그 글을 보냈고, 거기서는 받아들여졌다. 하지만 놀랍게도, 그곳에서는 글이 완전히 수정되어 원래와 정반대의 메시지를 전달하는 글이 되어 있었고, 그래서 그녀는 기고를 철회했다. 남은 곳은 〈레드북〉이었는데, 그곳에는 오랜 친구 밥 스타인(Bob Stein)이 일하고 있었다. 그는 그녀에게 더 많은 인터뷰를, 특히 젊은 여성들과의 인터뷰를 제안했다. 그녀는 그렇게 했고 글을 다시 그에게 보냈다. 그는 그 글에 충격을 받았다. 어떻게 베티 프리던이 자신의 잡지가 원하는 것과 완전히 동떨어진 글을 쓸 수 있을까? 그녀는 왜 이렇게 화가 나 있을까? 도대체 그녀에게 무슨 일이 있었던 걸까? 그는 의아해했다. 그는 글을 거절하고 그녀의 에이전트에게 전화했다. "이보게, 이런 글에 공감할 사람은 신경이 극도로 예민한 주부들뿐일 거야."

그녀는 나중에서야 자신이 잡지사들의 본질에 도전하고 있었다는 것을 깨달았다. 여성들이 실제로는 전혀 다른 감정을 느끼고 있음에도, 마치 특정한 방식으로 느껴야 한다고 잘못 이끄는 것은 잘못된 일이라고 그녀는 말하고 있었다. 그녀는 매우 심각하게 위기를 감지하고 있었지만, 이 잡지들은 그 위기를 인정하기는커녕 단지 부정하기만 할 뿐이었다.

그녀는 분노했다. 이것은 검열이라고 그녀는 확신했다. 여성 잡지에는 단 하나의 목적만 존재한다고 그녀는 결론지었다. 바로 미국 주부들에게 엄청난 양의 새로운 제품을 판매하는 것이었다. 따라서 그 목적에 반하는, 즉 그러한 제품을 사용하는 주부들의 행복에 의문을 제기하는 내용은 절대 실릴 수 없었다. 물론 광고부서 직원들이 편집회의에 직접 참석해 어떤 기사를 실을지 결정하지는 않았다. 하지만 잡지의 근본적인 목적이 여성을 한 인간으로 보기보다는 우선적으로 소비자로 여기는 데 있었던 것이다.

그 무렵 그녀는 작가 밴스 패커드(Vance Packard)의 강연을 듣기 위해 뉴욕으로 갔다. 그는 소비자의 무의식을 노리는 광고업계의 심리 조작 기법에 대해 다룬 〈숨은 설득자들〉(The Hidden Persuaders)을 막 탈고한 참이었다. 그는 이런 현상을 주제로 잡지에 기고하려는 노력이 완전히 실패했다면서, 그래서 결국 책을 쓰게 되었고, 그 책이 대형 베스트셀러가 되었다고 말했다. 그의 문제와 자신의 문제가 유사하다는 점은 명백했다. 불현듯 그녀는 "화목한 아내"(The Togetherness Woman) 이야기도 책으로 만들어야겠다고 생각했다. 그녀는 노턴 출판사의 조지 브록웨이(George Brockway)에게 전화를 걸었고, 그는 그 아이디어를 무척 반가워하는 듯했다.

출판의 경제 구조는 잡지와 상당히 달랐다. 책은 광고가 아니라 아이디어에 의존했으며, 아이디어가 도발적일수록 더 많은 관심을 끌었고, 종종 더 높은 판매로 이어졌다. 노턴 출판사의 편집자 조지 브룩웨이는 당시 미국 사회의 획일성을 비판하는 책들이 이미 여럿 출간되었고, 특히 그것이 남성들에게 미치는 영향을 다루고 있다는 점을 알고 있었다. 이제 그의 눈앞에는 획일성이 여성들에게 미치는 영향을 다룬 비판서가 놓여 있었다. 여성들은 물론 책의 주요 구매자들이었다. 그는 프리던에게 깊은 인상을 받았다. 그녀는 매우 집중력이 있었고, 그의 눈에는 대단히 야심찬 사람으로 보였다.

그녀는 브룩웨이에게 1년 안에 책을 완성하겠다고 말했지만, 실제로는 5년이 걸렸다. 나중에 그녀는 남편도, 편집자도, 그녀를 아는 그 누구도 자신이 이 책을 완성할 수 있을 거라고는 생각지 않았다고 썼다. 그녀는 세 아이를 돌보면서 책을 썼다. 그녀는 훗날 자신을 교외의 다른 모든 엄마들처럼 "아침에 몰래 술을 마시듯 교외 이웃들이 커피를 마시러 올 때 제가 쓰고 있던 책을 숨겼다."라고 묘사했다.

그녀의 연구는 방대했다. 그녀는 일주일에 세 번 뉴욕 시립도서관에 가서 자료를 조사했다. 그녀가 보기에 가장 큰 주범은 여성 잡지들이었다. 그녀를 놀라게 한 것은, 여성 잡지들이 항상 그러했던 것은 아니었다는 사실이었다. 1930년대 후반과 1940년대의 같은 여성 잡지들에서는 여성들이 남성들의 전문직 세계로 꾸준히 진출하는 모습을 보여주고 있었다. 당시 여성 잡지들은 스스로를 돌볼 줄 알고 혼자 힘으로 성공할 수 있는 커리어 우먼이라는 전혀 다른 롤모델을 만들어내고 있었다.

프리던은 조사를 하면 할수록, 잡지와 텔레비전 시트콤에서 만들어낸 세계가 적어도 많은 여성들에게는 환상에 불과하다는 사실을 알게 되었다. 잡지에서 묘사된 여성들의 자신감과 행복감에도 불구하고, 그 모든 것의 아래에는 교외의 위기가 있었다. 그것은 이상을 품고 대학을 졸업했다가 점점 더 좌절감을 느끼게 되고 자존감마저 점차 잃어가던 한 세대 여성들의 위기였다.

게다가 그녀가 발견한 바로는, 놀랍기만 한 모든 새로운 가전제품들도 실제로는 주부의 부담을 덜어주지 못했다는 점이었다. 오히려 일이 더 늘어나는 듯했다. 여기에는 일종의 그레샴의 법칙이 작용하고 있었다. 시간을 절약해주는 기계가 많아질수록, 그 기계로 해야 할 일도 더 많아졌다. 그녀는 이미 여러 정신과 의사들이 주목했던 문제를 우연히 발견했다. 그것은 당시 많은 여성들 사이에서 나타나는, 우울증에 가까운 일종의 정서적 불안이었다. 어떤 정신과 의사는 이를 '주부 증후군'이라 불렀고, 또 다른 의사는 '주부 황폐증'이라고 불렀다. 하지만 대중 잡지, 특히 여성 월간지에서는 아무도 이런 문제를 다루지 않았다.

그래서 그녀는 수년에 걸쳐 자료를 모으며 책을 쓰기 시작했고, 그 책은 1963년에 〈화목한 여성〉이 아닌 〈여성성의 신화〉(The Feminine Mystique)라는 제목으로 출간되었다. 집필을 시작할 당시 그녀는 마흔에 가까운 나이였지만, 이 프로젝트의 중요성에서 새로운 활력을 얻었다. 이 작업은 마치 그녀에게 자신의 삶을 되찾아준 것 같았다. 그 결과, 미국 여성들에게 무슨 일이 일어났는지에 대해 다룬 획기적인 책이 탄생했다. 처음에는 서서히 판매되기 시작했지만, 입소문이 점차 퍼져나갔고, 결국 300만 부 이상이 인쇄되면서 서서히 모습을 드러내기 시작한 새로운 페미니즘 운동의 지침서가 되었다.

제40장

피임약의 탄생

우스터 재단에서는 경구 피임약 개발을 위한 연구가 놀랍게도 순조롭게 진행되고 있었다. 합성 프로게스테론의 획기적인 발견은 연구진 모두에게 엄청난 활력을 불어 넣었다. 연구가 잘 진행되고 있다는 소식이 과학계 전반에 퍼졌고, 결국 일반 대중에게도 알려졌다. 심지어는 굿윈 핀커스 박사가 곧 연구에 성공할 것이라는 예측 기사가 대중잡지 〈룩〉에 실리기도 했다.

다음 단계는 시얼 제약회사가 노르에티노드렐이라는 프로게스테론 스테로이드를 우스터 재단에 전달했을 때였다. 장밍쉐는 이 물질이 천연 프로게스테론보다 최소 10배는 더 강력하다고 핀커스에게 보고했다. 핀커스는 곧 피임약을 인체에 시험해야 할 때가 왔으며, 저명한 의사를 협력자로 영입할 때가 되었다는 것을 알았다. 처음에는 피임 운동의 지도자이자 의사였던 앨런 구트매처(Alan Guttmacher)와 아브람 스톤(Abraham Stone)을 고려했다. 하지만 핀커스는 피임 운동 단체와 인연을 맺고 있는 이들이 프로젝트의 정당성을 떨어뜨릴 수 있다고 우려했다. 게다가 둘 다 유대인이었다. 피임 반대 목소리가 주로 가톨릭 교도들과 근본주의 기독교인들로부터 나왔기 때문에 이는 약점이 될 수도 있었다. (우스터 재단은 행정적 통제와 정치적 압박으로부터 자유로웠음에도 불구하고, 그들이 하고 있는 연구에 대해 공개적으로 논의할 때는 신중한 태도를 유지했다. 1955년 연례 보고서는 의도적으로, 단지 동물의 배란 조절에 관한 연구라고만 언급했다. 1956년 보고서는 고통스러운 월경을 조절하기 위한 스테로이드 사용에 대해 상세히 기술했다.)

마침내 핀커스는 오랜 동료이자 친구인 산부인과 전문의 존 록을 찾았다. 록은 하버드 의과대학의 산부인과 과장을 지낸 저명한 의사였다. 그는 또한 독실한 가톨릭 신자였으며, 다섯 자녀의 아버지이자 열네 명의 손주를 둔 할아버지였다. 록과 핀커스는 호르몬에 대한 공통의 관심사 덕분에 1930년대부터 서로 알고 지냈다. 록은 호르몬을 여성의 불임 치료에 사용하고자 했다. 그는 프로게스테론과 에스트로겐이 자궁을 자극할 수 있다고 믿었고, 포유류의 난자 채취에 관한 핀커스의 경험을 배우기 위해 자신의 조수 중 한 명을 핀커스에게 보냈다. 점차적으로, 이러한 연구는 록과 핀커스를 더욱 가깝게 만들었다.

1953년, 핀커스는 가족계획연맹을 이끌던 마거릿 생어에게 프로게스테론을 피임 도구로 사용하는 연구를 록에게 맡기자고 제안했다. 피임에 대한 생각이 서서히 변하고 있던 록은 마침내 참여할 준비가 되어 있었다. 마거릿 생어는 처음에 록이 가톨릭 신자라는 점 때문에 경계했다. "그는 피임 연구를 감히 진전시키지 못하고 가톨릭 신자로 남을 것"이라고 그녀는 말했다. 하지만 핀커스는 록의 태도가 유연하고, 피임에 대해 점점 더 호의적이 되어가고 있다고 그녀를 설득했다. 게다가 록은 놀라울 정도로 잘생기고 매력이 넘치는 우아한 인물이었으며, 미국의 명문 대학을 대표하는 인물이기도 했다. 이들의 후원자였던 캐서린 맥코믹은 핀커스의 의견에 동의했다. 그녀는 생어에게 록이 "개혁적인 가톨릭 신자"라고 설명했다. 맥코믹은 자신의 오랜 친구 생어에게 록의 입장을 이렇게 전달했다. "종교는 의학이나 의료 행위와 아무런 관련이 없으며, 교회가 자신의 일에 간섭하지 않는 한 그 역시 교회의 일에 간섭하지 않겠다는 것이 그의 입장이었습니다. 그것이 어떤 의미로 받아들여지든지 간에 말이죠." 결국 마거릿 생어는 록이 과거에 자신과 자신의 운동을 반대했던 사람들의 지지를 얻을 수 있을 것 같다는 이유로 그를 받아들였다. "그는 독실한 가톨릭 신자이면서 신처럼 잘생겼기 때문에 무엇이든 해낼 수 있을 것"이라고 그녀는 덧붙였다. 1954년, 록은 시얼 사의 새로운 합성 호르몬을 사용해 세 명의 여성을 대상으로 실험을 시작했다.

후일, 일부 비평가들은 록이 단순히 얼굴마담에 불과했다고 주장했다. 그러나 실제로 그는 그 이상의 존재였다. 의사였던 그는 실험실에서 이루어진 연구를 실제 사람들에게 적용하는 데 완벽한 적임자였다. 그는 강렬한 존재감을 가진 인물이었으며, 탁월한 능력과 독창성을 겸비한 의사였다. 그의 연구와 사회적 신념은 자연스럽게 그를 핀커스와 그의 팀의 연구와 가까워지게 만들었다. 핀커스의 동료 오스카 헥터는 이렇게 말했다. "당시 뉴잉글랜드에서 의사들에게 이 지역 최고의 산부인과 의사가 누구냐고 물어보면, 거의 틀림없이 존 록의 이름을 들었을 겁니다. 그는 정말로 대단한 인물이었죠." 또한 그는 독립적인 사고방식을 지닌 사람이었다. 허드슨 호글랜드와 핀커스 모두 록의 용기를 높이 평가했지만, 동시에 그가 자신들처럼 단순한 이론가가 아니라 뛰어난 임상의사라는 점도 잘 알고 있었다. 그들이 우스터 재단을 설립했을 때, 무엇보다도 그 재단을 실질적으로 유의미한 기관으로 만들고 싶어 했다(결국 그들은 전쟁 중 대부분의 시간을 전투기 조종사의 피로에 관한 생물학적 측면을 연구하거나, 정신분열증의 생화학적 기초를 연구하는 데 보냈다). 따라서 록은, 만약 그가 존재하지 않았다면 그들이 반드시 만들어냈을 인물이었다. 그는 그들의 추상적인 세계와 현실에서 실제 의료 문제를 겪고 있는 사람들을 연결하는 다리 역할을 했기 때문이다.

록은 매사추세츠 주 말버러라는 소도시에서 사업가의 아들로 태어났다. 그의 조상은 아일랜드계 가톨릭 신자들이었다. 그는 하버드 대학을 3년 만에 졸업하고 하버드 의과대학에 진학했으며, 곧 저명한 산부인과 교수가 되었다. 1925년 앤 손다이크와 결혼했을 때, 보스턴의 추기경이 직접 주례를 섰다. 이는 조 케네디와 로즈 케네디[존 F. 케네디의 부모]의 결혼식 이후 단 한 번 있었던 일이었다. 그러나 가톨릭 교회는 이 결혼식을 거의 중단시킬 뻔했다. 결혼식 전날 록은 당시 가톨릭 교회에서 금지했던 제왕절개 수술을 집도했기 때문이다. 고해성사에서 현지 신부는 그의 죄를 사면해주기를 거부했고, 이로 인해 혼인성사를 받는 것이 불가능해졌다. 그러나 윌리엄 오코넬 추기경이 그 신부의 결정을 뒤집으면서 결혼식이 가능해졌다.

록은 여러 면에서 매우 보수적인 사람이었다. 그는 하버드 의과대학에 여성의 입학을 반대했고, 자신의 딸들에게도 여성이 의사가 될 능력이 없다고 자주 말했다. 그러나 피임에 대한 그의 견해는 꾸준히 진화했다. 1943년, 53세가 되던 해에 그는 의사가 의학적 이유로 피임에 대해 조언하는 것을 금지하는 법적 제한을 폐지해야 한다고 주장했다. 하지만 그는 당시 이렇게 덧붙였다. "정당한 이유 없이, 적절히 양육할 수 있고 사회가 적절히 수용할 수 있는 만큼의 자녀를 낳기를 거부하는 젊은 부부나 나이 든 부부들을 나는 지지하지 않는다." 1940년대 중반에 그는 자신의 환자들에게 피임법을 제공하지는 않았지만, 하버드 의과대학의 젊은 학생들에게 피임법 처방 방법을 가르치기 시작했다. 수년 후, 그는 1940년대 후반을 자신이 "인구 폭발의 놀라운 위험"을 깨닫게 된 시점으로 꼽았다. 그는 일부 환자들에게 피임용 격막을 장착해 주기 시작했는데, 이는 일부 가톨릭 동료들의 격렬한 반발을 불러일으켰고, 그들은 그를 파문시키려고 했다. 1949년, 그는 데이비드 로스(David Loth)와 함께 〈자발적 부모 되기〉(Voluntary Parenthood)라는 책을 집필했는데, 이 책은 일반 대중이 이용할 수 있는 피임법을 포괄적으로 다룬 조사였다. 그의 동료들은 그가 도덕적 문제를 진지하게 고민했다는 점에서 그를 존경했다. 여러 면에서 록의 가치관 변화는 중산층 사이에서 일어나고 있던 사회적 변화를 반영한 것이었다. 그는 여전히 정기적으로 미사에 참석하는 독실한 가톨릭 신자였지만, 인구 조절에 대한 변화된 견해를 점점 더 직설적으로 표현하기 시작했다. 실제로 피임약이 출시된 후 그는 "대가족이 미화되는 것을 보면 충격적이라는 생각이 든다"라고 말했다. 피임약이 처음 출시되었을 때, 그는 한 가톨릭 여성으로부터 피임약 개발에 참여한 그의 역할을 맹비난하는 편지를 받았다. 그녀는 "당신은 당신의 창조주를 만나는 것을 두려워해야 한다"고 말했다. 이에 록은 이렇게 답장했다. "제 신앙에서는 주님이 항상 우리와 함께 계시다고 가르칩니다. 제가 그분을 만나 뵐 때가 오면, 소개는 필요 없을 것입니다." 그럼에도 불구하고, 핀커스와의 협력에서 록의 주된 동기는 핀커스와 그의 팀이 해결하려 했던 문제와는 정반대였다. 그는 모든 생리학적 증거에도 불구하고 아이를 가질 수 없는 부부들을 돕고 싶어했다. 과거에 그는 여성들에게 천연 프로게스테론을 주입하여 어느 정도 성공을 거둔 적이 있었다.

그는 1954년 12월부터 자신의 병원에서 50명의 불임 여성에게 프로게스틴 스테로이드를 투여하기 시작했다. 복용량은 각 월경 주기마다 20일 연속으로 10~40밀리그램이었다. 여성들이 프로게스틴 복용을 중단했을 때, 50명 중 7명, 즉 14%가 임신에 성공했다. 이는 록에게는 굉장히 기쁜 소식이었다. 게다가 50명 모두에서 배란이 거의 100% 지연되는 결과가 나타났다. 이는 핀커스와 장에게도 희소식이었다. 핀커스는 자신감이 넘쳐 이를 "더 필(The Pill)"이라고 부르기 시작했다.

이렇게 성향이 매우 다른 세 남자가 함께 일하기 시작했다. 하지만 세 사람 모두 각자 자신의 방식으로 의구심을 품고 있었다. 독실한 가톨릭 신자인 록은 여전히 자신이 하고 있는 일의 도덕성에 대해 고민했다. 장은 자본주의적 착취를 경계하며 자신의 과학적 기술을 제약회사에 제공하는 것에 불편함을 느꼈다(핀커스는 자신과 그가 하고 있는 일이 사회의 이익을 위한 것이며, 제약회사는 중요하지 않다고 끊임없이 그를 안심시켜야 했다). 그리고 늘 시간과의 싸움을 벌이던 핀커스 자신도 자신들의 연구가 정말 안전한 것인지 의문을 품고 있었다. 그들이 빠르게 진전을 이루고 있는 동안에도, 캐서린 매코믹은 여전히 조급함을 느꼈다. 한 번은 존 록이 짧은 휴가에서 돌아온 후, 매코믹이 마거릿 생어에게 이런 편지를 썼다. "오늘 드디어 록 박사와 연락이 닿았습니다. …그가 도망칠까 봐 그를 놔두고 싶지 않았어요!" 그들에게는 빠른 진행처럼 보였던 과정이 매코믹에게는 견딜 수 없을 만큼 더디게 느껴졌다.

1955년 가을, 핀커스는 연구에 대해 낙관한 나머지 도쿄에서 열리는 국제가족계획연맹 회의에서 자신의 연구를 공개적으로 발표하기로 결심했다. 그는 록에게 동행을 요청했지만, 록은 이에 대해 불안감을 느꼈다. 지금까지의 결과가 매우 긍정적이긴 했지만, 록은 그것이 아직 충분히 결정적이지 않다고 보았고, 핀커스가 연구의 기반이 생각보다 불안정하다는 점을 깨닫지 못하고 있다고 여겼다. 게다가 그는 이 발표가 피임 옹호자들이 주최한 모임, 즉 자신이 정치적인 행사라고 간주한 자리에서 이루어진다는 점에도 민감하게 반응했다. 이 사건은 두 사람의 관계가 가장 위태로웠던 순간이었다. 핀커스와 장은 도쿄에서 발표할 내용에 록의 이름과 그의 상당한 명성을 덧붙이기를 간절히 원했다. 하지만 당시 실망한 핀커스는 록이 지나치게 소극적이라고 생각했다. 반면 록은 동료들이 아직 확실하지 않은 증거에 비해 너무 성급하게 행동하고 있다고 판단했다. "그(핀커스)는 좀 무서운 사람이었어요." 록은 몇 년 후 저널리스트 폴 본과의 인터뷰에서 이렇게 회상했다. "그는 의사가 아니었고, 배란에 대해서는 많은 것을 알고 있었지만 자궁내막에 대해서는 거의 아는 바가 없었어요." 우스터 재단 이사장의 아들이자 후에 재단 이사장이 된 말론 호글랜드(Mahlon Hoagland)는 록의 판단이 옳았다고 평가했다. 핀커스와 장은 동물 실험에서의 성과에만 그치지 않고 인간에게 미칠 영향을 이야기하며 그들의 증거 범위를 넘어서고 있었다는 것이다. 호글랜드는 이렇게 덧붙였다. "그들이 그렇게 행동한 이유는 그들이 안절부절못하는, 재능 있는 독불장군들이었기 때문입니다. 그들은 자부심과 자신감으로 가득 차 있었으며, 자신들이 뛰어나다는 사실을 알고 있었어요. 이것이 우스터를 일하기에 굉장히 멋진 곳으로 만든 이유이기도 합니다." 결국 록은 도쿄에 가지 않았으며, 핀커스에게도 가지 말라고 강력히 권유했다.

그들에게 지금 필요한 것은 더 많은 수의 참가자와 다양한 배경을 가진 참가자들이었다. 대학 교육을 받은 중산층 여성들이 피임약을 규칙적으로 복용하는 데 성공한 것은 한 가지 성과였다. 하지만 가난하고 교육 수준이 낮은 여성들은 어떨까? 그들도 피임약을 똑같이 신중하게 복용할 수 있을까? 푸에르토리코와 아이티가 대규모 테스트 지역으로 선정되었다. 이 두 곳은 가난하고 인구 과밀 문제가 심각했기 때문에 시험에 적합한 장소였다. 공무원들은 산아 제한을 위한 본격적인 연구에 기꺼이 참여할 준비가 되어 있었다. (푸에르토리코가 선택된 것에는 아이러니가 있었다. 당시 푸에르토리코에서 주된 산아 제한 방법은 여성이 병원에 가서 '오페라시온'(the *operación*), 즉 불임 수술을 요구하는 것이었다. 뉴욕으로 이주한 푸에르토리코인들이 병원에서 동일한 요구를 했지만, 뉴욕 법에 따라 모든 여성이 불임 수술을 받을 권리를 가진 것은 아니었다. 점점 늘어나는 히스패닉 인구의 압력으로 뉴욕의 법률은 결국 변경되었다.)

1956년 4월, 산후안의 빈민가에서 100명의 여성을 대상으로 한 시험이 시작되었다. 지원자를 모집하는 것은 매우 쉬웠지만, 오히려 다른 여성들이 참여하지 못하도록 막는 것이 문제였다. 사용된 피임약은 시얼 제약회사가 제조한 에노비드(Enovid)였다. 시얼 사의 임원들은 이 프로그램이 핀커스와 연관되는 것을 우려했으며, 최고 홍보 책임자들은 이 활동이 회사의 명성을 훼손할 수 있다고 경고했다. (몇 년 후, 미국에서 에노비드를 대중에게 시판하기 위해 준비하던 시얼 사는, 연구 결과 대중의 반응이 압도적으로 긍정적이라는 것을 확인한 후 태도를 180도 바꾸었다. 당시 그들은 이 약의 이름을 '더 필(The Pill)'로 정하는 것을 고려했다. "코카콜라에 '코크'라는 단어를 상표로 등록할 수 있다면, 경구 피임약에 '더 필'이라는 이름을 상표로 등록하지 못할 이유도 없지 않습니까? 그래서 우리는 이 아이디어를 논의했지만, 실제로 행동에 옮기지는 않았습니다."라고 시얼 사의 홍보 책임자 제임스 어윈(James Irwin)은 말했다.) 푸에르토리코에서의 초기 결과는 매우 긍정적이었다. 첫 8개월 동안 221명의 환자가 단 한 명도 임신하지 않고 피임약을 복용했다. 몇 가지 부작용이 있었는데, 주로 메스꺼움이었지만, 핀커스는 제산제를 추가함으로써 이를 줄일 수 있었다. 곧 시험은 푸에르토리코의 다른 지역으로, 그리고 아이티로도 확대되었다.

핀커스의 딸 로라는 래드클리프 대학에서의 학업을 잠시 중단하고 푸에르토리코에서 진행 중인 실험을 돕기 위해 참여했다. 보스턴으로 돌아온 그녀는 백 베이의 웅장한 저택에 사는 캐서린 맥코믹에게 가서 보고하고 오라는 지시를 받았다. 맥코믹의 저택은 불빛도 생기도 없이 불길한 분위기를 풍겼다. 로라 핀커스는 성에 대해 꽤 순진한 편이었기에, 진행 중인 실험에 대해 이 나이 든 여성과 이야기하는 것이 다소 당황스러웠다. 하지만 캐서린 맥코믹은 아주 차분했다. 그녀는 개방적이고 솔직하게 말했다. 인간의 성욕은 매우 강하기 때문에, 이를 생식 기능과 분리하는 것이 필수적이라고 그녀는 거듭 강조했다. 이어서 섹스의 즐거움에 대해 간단히 이야기한 후, 무심한 듯한 말투로 여성 간의 섹스가 더 의미 있을 수도 있다고 덧붙였다. 그녀의 말투는 그저 객관적인 사실을 논하는 듯했으며, 어떤 암시나 의도가 깃든 것이 아니었다. 그럼에도 젊은 로라 핀커스는 충격을 받았다. 19세기적인 환경 속에서 21세기에나 어울릴 법한 이야기를 듣고 있었기 때문이다. 그런 다음, 맥코믹 부인은 로라가 지하철을 타고 대학으로 돌아가야 한다는 것을 알고 집사를 불렀다. 집사는 동전이 담긴 은쟁반을 가져왔다. 맥코믹 부인은 손을 뻗어 10센트짜리 동전 두 개를 집어 방문객에게 건넸다. 저택을 나선 후, 로라 핀커스는 동전을 자세히 살펴보다 그것들이 1929년에 주조된 것임을 알게 되었다.

돌파구가 가까워지고 있었지만, 마거릿 생어는 여전히 전시 태세를 유지하고 있었다. 1957년, 그녀는 마이크 월리스가 진행하는 텔레비전 쇼에 처음 출연했는데, 그 반응은 그녀 자신조차 놀랄 정도였다. 적대적인 편지가 너무 많이 쏟아져 들어와, 생전 처음으로 편지 읽기가 꺼려질 정도였다. 그녀는 당시 일기에 이렇게 기록했다. "로마 가톨릭 교회가 점점 더 도전적이고 오만해지고 있다. 역겹고 걱정스럽다. 우리 개신교도의 권리를 위해 싸웠던 그 누구도 카톨릭의 영향력이라는 검은 손을 받아들여서는 안 된다. 보스턴 출신의 젊은 케네디가 1960년 대통령 선거 무대에 섰다. 그의 아버지의 막대한 재산이 그를 백악관으로 밀어넣을 수 있다면, 신이시여, 제발 미국을 도우소서."

핀커스에게는 경이로운 승리였다. 오스카 헥터는 핀커스를 "인류와 문명의 이익을 위해 과학을 의식적으로 활용하여 사회 변화를 이끄는 새로운 유형의 생물학자"라고 평가했다. 그는 "인류를 즉각적인 사회적 위협으로부터 해방시키고, 남성과 여성 모두가 자신만의 고유성을 온전히 펼칠 수 있도록 제약을 제거했다"는 것이다. 핀커스는 전 세계를 순회하며, 피임 기술에서 다가오는 획기적인 발전에 대해 열정적으로 이야기하기 시작했다. 그는 청중들에게 이렇게 말하곤 했다. "실험실에서 희미하게 발견된 몇 가지 소중한 사실들이 어떻게 전 세계 사람들의 삶에 울림을 일으키며, 혼돈 속에 질서를 가져오고, 절망하는 이들에게 희망을, 죽어가는 이들에게 생명을 선사하는지. 이것이 우리 시대의 마법이자 신비입니다. 때로는 이를 이해하기도 하지만, 자주 간과되죠. 그렇지만 이를 전하는 것은 피할 수 없는 일입니다." 그의 친구들은 이 순간이 핀커스의 직업적 삶에서 가장 위대한 정점이자 인정받는 순간이라고 생각했다.

가족계획연맹 내 일부에서는 여전히 핀커스가 지나치게 낙관적이고 성급하다고 생각했지만, 이제 그의 낙관론을 록도 공유하게 되었다. 두 사람은 피임약의 승인을 적극적으로 추진했고, 점점 가시적인 성과를 내기 시작했다. 1957년, 미국 식품의약국(FDA)은 유산 치료와 일부 생리 장애 개선을 위한 피임약의 시판을 승인했다. 1959년에 이르러 핀커스와 록은 에노비드가 여성들이 장기간 사용해도 안전하다는 확신을 갖게 되었다. 같은 해, 핀커스는 경구 피임을 위한 에노비드 사용에 관한 논문을 완성하고 이를 마가릿 생어에게 보냈다. 그는 논문에 이렇게 헌사를 적었다. "마가릿 생어에게, 따뜻한 인사를 담아, 당신의 흔들림 없는 개척 정신이 맺은 이 결실을 바칩니다."

1960년 5월, FDA는 에노비드를 피임약으로 승인했다. 1961년 말에는 약 408,000명의 미국 여성이 이 약을 복용했고, 1962년 말에는 그

수가 118만 7,000명으로 늘어났다. 1963년 말에는 230만 명에 이르렀으며, 그 숫자는 계속해서 증가하고 있었다. 클레어 부스 루스는 이를 두고 이렇게 말했다. "현대 여성은 마침내 남성처럼 자신의 몸을 스스로 결정하고, 생계를 꾸리며, 정신적 성장을 추구하고, 성공적인 경력을 쌓을 자유를 얻게 되었다."

피임약의 성공으로 시얼 제약회사는 막대한 부를 축적했다. 하지만 장에게는 안타깝게도 우스터 재단은 어떠한 로열티도 받지 못했다. 우스터 재단 사람들의 눈에 비친 시얼 사는 이후에도 결코 관대하지 않았다. 핀커스의 가족과 우스터 재단 구성원들이 여러 차례 요청했음에도 시얼 사는 핀커스의 미망인에게 월 300달러의 지원금만 지급했을 뿐이다. 우스터 재단 측에서 핀커스를 기리기 위해 재단 내에 교수직을 설치하도록 기금을 기부해달라고 지속적으로 제안했으나, 시얼 사는 이를 거절했을 뿐 아니라 곧이어 하버드에 500,000달러를 기부하여 생식 연구 교수직을 만들었다. 이는 한때 핀커스에게 종신교수직을 거부했던 학교에 그의 전문 분야와 관련된 교수직을 설치한 셈이라, 우스터 재단 동료들에게는 참으로 굴욕적인 일이었다. 결국, 그들에게는 선행이 오히려 벌로 돌아온 격이었다. 시얼 사는 장에게도 인색했다. 피임약이 개발된 지 몇 년 후, 허드슨 호글랜드는 수백만 달러를 벌어들이는 시얼 사에, 과학계 기준으로 매우 적은 수입을 올리고 있는 장을 지원해달라고 제안했다. 이에 대해 시얼 사의 한 임원은 이렇게 물었다. "도대체 M. C. 장이 누구죠? 들어본 적도 없습니다." 이 말을 전해 들은 장은 공자의 말을 인용하며 이렇게 답했다. "사람들이 나를 알아주지 않는다고 해서 화내서는 안 됩니다." 그리고 비꼬듯 덧붙였다. "마오 주석도 같은 말을 하길 바랍니다."

가톨릭 신자 대통령에 대한 마가렛 생어의 우려는 기우에 불과한 것으로 드러났다. 한 세기 동안 역대 미국 대통령들은 인구 과잉 문제를 다루는 것을 회피했지만, 케네디는 피임 연구에 대한 연방 정부 지원을 조심스럽게 승인했다. 생어가 사망하기 1년 전인 1966년, 재임 중에는 그녀의 활동에 전혀 협조적이지 않았던 드와이트 아이젠하워와 해리 트루먼이 가족계획연맹 세계인구위원회의 공동 의장으로 취임했다.

제41장

소련의 스푸트니크 발사와 우주 경쟁 시대의 서막

1955년, 앨라배마주 헌츠빌에서 열린 소박한 시민권 수여식에서 베르너 폰 브라운은 43세의 나이에 미국 시민이 되었다. 이 시기는 헌츠빌에서 미국 우주 프로그램에 참여하고 있던 폰 브라운과 그의 독일인 동료들에게 결코 순탄한 시기가 아니었다. 국제적인 초강대국이라는 낯선 역할에 적응하고 있던 미국에게 우주는 단지 먼 미래의 환상처럼 여겨졌고, 게다가 비용도 많이 드는 사치스러운 분야로 보였다. 특히 19세기에 태어난 대통령과 주요 보좌관들에게는 더욱 그러했다. 하지만 제2차 세계대전 당시 독일군이 사용했던 자신의 V-2 로켓 덕분에 우주 시대가 이미 도래했다고 믿었던 폰 브라운에게는 이러한 상황은 큰 좌절감을 안겨주었다. 그는 미국에 처음 도착한 후 〈화성 프로젝트〉라는 제목의 소설을 썼는데, 이는 단순한 공상이 아닌 실제 데이터를 기반으로 한 작품이었다. 소설은 유인 우주 여행을 현실화하기 위한 국가적 노력을 상상한 내용이었다. 하지만 그는 이 원고를 출판사에 보냈다가 "너무 환상적인 이야기"라는 답변과 함께 거절당했다. 이후에도 18개의 출판사로부터 거절당하며 그는 아무도 이 주제에 관심을 보이지 않는다는 사실을 믿기 어려웠다.

폰 브라운은 아마도 당시 세계 최고의 로켓 과학자였을 것이다. 그가 개발한 V-2는 세계 최초의 탄도 미사일이었으며, 전쟁 마지막 해에 런던을 향해 1,300발이 발사되어 점차 성공률을 높여갔다. 아이젠하워는 훗날, 만약 독일의 기술이 조금만 더 빨리 발전했더라면, V-2가 노르망디 상륙작전을 위협하여 전쟁의 결과를 바꿀 수도 있었을 것이라고 회고했다. 제2차 세계대전 말, 폰 브라운과 그의 독일 로켓 과학자 팀은 자신들의 본부가 있던 페네뮌데로 소련군이 진격해오자 미래의 터전으로 미국을 선택했다. 1945년 1월, 폰 브라운은 팀원들을 소집하여 말했다. "독일은 전쟁에서 졌지만, 우주에 최초로 도달하는데 성공했던 것은 우리 팀이었다는 사실을 잊지 맙시다. 우리는 여전히 달 탐사와 다른 행성으로의 여행에 대한 꿈을 간직하고 있습니다." 이어서 그는 "이 소중한 유산을 어느 승전국에 맡겨야 할까요?"라고 물었다. 폰 브라운이 선택한 단어는 흥미로웠다. 기술은 실용적인 지식이라면, 유산은 생명줄이나 다름없었기 때문이다. 팀원들은 투표를 통해 자신들이 함께 미국에 가기로 결정했다. 그 선택은 비교적 쉬웠다. 한 팀원은 후에 이렇게 말했다. "우리는 프랑스를 경멸했고, 소련이 몹시 두려웠으며, 영국은 우리를 받아들일 여력이 없다고 생각했습니다. 그러니 결국 남는 건 미국뿐이었죠." 리처드 루이스는 〈달과의 약속〉(Appointment on the Moon)에서 망명자들 중 가장 명확하게 자신의 생각을 표현했던 디터 후젤(Dieter Huzel)에 대해 이렇게 썼다. "(그는) 자신들의 역할이 인류를 위해 위대한 기술적 능력을 전달한 프로메테우스와 같다고 여겼다. 그것은 전쟁의 불길 속에서 단련되었지만, 무기보다는 우주 탐험의 수단으로서 더 중요한 가치를 지녔다. 독일의 붕괴 속에서, 후젤은 자신과 동료들을 자신들이 창조한 공학과학을 계승해야 할 사명을 가진 사람들로 보았다. 후젤은 이들이 나치 전쟁 기계와는 별개의 집단이며, 군사적-정치적 목표를 초월하는 야망을 가진 이들이라고 믿었다."

팀은 페네뮌데를 몰래 빠져나와 중요한 서류 대부분을 버려진 광산에 묻고, 위조된 서류를 이용해 바이에른에 있는 미군 부대에 도착했다. 비교적 영어에 능숙했던 베르너 폰 브라운의 동생 마그누스 폰 브라운이 자신들이 투항할 미군 병사를 찾아 나섰다. 마침내 병사를 찾아낸 그는 깜짝 놀란 이등병에게 이렇게 말했다. "제 이름은 마그누스 폰 브라운입니다. 제 형이 V-2를 개발했습니다. 우리는 항복하고 싶습니다." 얼마 지나지 않아 베르너 폰 브라운 본인이 나타났지만, 미군은 그가 정말 V-2의 개발자인지 의심했다. 한 미군은 그에 대해 "너무 젊고, 너무 뚱뚱하고, 너무 유쾌해 보인다."라고 말했다. 그러나 폰 브라운이 말을 시작하자, 미국 과학자들은 그의 지식에 매료되었다. 그의 지식은 너무나 완벽했으며, 실용적인 접근과 미래지향적인 비전을 자연스럽게 조화시켰다. 심문 장교 중 한 명이었던 존 케크 대령은 후에 기자들에게 이렇게 말했다. 그의 설명은 마치 벅 로저스(Buck Rogers)[9]가 1890년대(the Gay Nineties)를 사는 것처럼 보이게 만들었다. 다른

---

9 (편집자 주) 필립 프랜시스 놀란의 1928년작 SF 중편 소설 <아마게돈 - 기원후 2419년 (Armageddon - 2419 A.D).>을 원작으로 신문에 연재한 만화 <25 세기의 벅 로저스(Buck Rogers in the 25th Century)>의 주인공이다. 이 만화는 1929년을 시작으로 해서 무려 38년에 걸쳐 연재되었다.

사람이 이런 이야기를 했다면 몽상가로 여겨졌겠지만, 폰 브라운이 말하면 사람들은 귀를 기울였다. 케크는 "우리는 그들의 실용적인 공학적 사고방식과 허황된 것을 싫어하는 태도에 감명받았다."라고 말했다. 그들의 투항은 받아들여졌고, 100명이 넘는 독일 과학자 팀 전체가 미국으로 이주했다. 뿐만 아니라 폰 브라운은 자신들이 항복한 미군 부대를 여러 대의 V-2가 있는 곳으로 안내했고, 중요한 문서들도 미국 측에 제공했다. 독일 과학자들의 이주는 '페이퍼클립 작전'으로 알려지게 되었고, 이는 전쟁의 위대한 성과 중 하나로 평가받았다. V-2는 구식 전쟁의 마지막 무기라기보다는, 다가올 새로운 전쟁의 첫 번째 무기로 간주되었기 때문이다. 러시아는 이에 격노했다. 스탈린은 과학 기술 활용의 주요 옹호자였으며, 페네뮌데의 중요성을 누구보다도 잘 알고 있었다. 그는 장군들에게 베를린으로 직진하지 말고 북쪽으로 진격하라고 압박했다.

스탈린의 군대가 로켓 기지에 도착했을 때, 그들은 가치 있는 것들이 거의 모두 사라진 것을 발견했고, 스탈린은 이에 몹시 화를 낸 것으로 전해졌다. 신뢰할 만한 탈출자들에 따르면, 스탈린은 이렇게 말했다. "이는 결코 용납할 수 없는 일이다. 우리가 나치 군대를 물리쳤고, 베를린과 페네뮌데를 점령했는데도, 미국이 로켓 기술자들을 차지했다. 이보다 더 치욕적이고 변명의 여지가 없는 일이 있을 수 있는가? 어떻게, 왜 이런 일이 벌어지도록 놔둔 것인가?" 어떤 면에서 보면, 소련군이 페네뮌데로 향했던 경쟁은 상징적이었다. 당시에는 아무도 몰랐지만, 그것은 우주 경쟁의 시작이었다. 이는 윈스턴 처칠이 한때 "마법사들의 전쟁"이라고 부른 것의 서막이기도 했다.

소련이 동유럽을 장악하도록 방치한 것에 훗날 수많은 미국의 보수주의자들이 분노했지만, 소련군이 확보한 모든 영토에도 불구하고, 독일 과학자들을 확보한 미국은 큰 승리를 거둔 셈이었다. 1945년 당시 독일은 로켓 개발 분야에서 다른 국가들을 크게 앞서 있었고, 소련은 상당한 인재 풀을 보유하며 2위를 차지했으며, 과학 자원의 대부분을 핵무기 개발에 집중했던 미국은 한참 뒤처진 3위였다. 그러나 폰 브라운과 그의 동료들을 영입하면서, 미국은 단숨에 경쟁력을 갖추게 되었다. 로켓 개발은 그의 삶이었다.

"내가 견진성사를 받을 때, 대부분의 루터교 소년들이 받는 시계와 첫 번째 긴 바지 대신 나는 망원경을 받았다."라고 폰 브라운은 말한 적이 있다. 그의 아버지는 대지주였으며, 바이마르 정부에서 농업부 장관을 역임했다. 어린 시절부터 폰 브라운은 별과 우주에 매료되었다. 그는 어린 시절 자신의 수레에 불꽃놀이용 로켓 6개를 묶어 불을 붙였고, 수레가 앞으로 질주하는 것을 보고 크게 기뻐했다. 그는 이렇게 회고했다. "나는 황홀했다. 수레는 완전히 통제 불능이었고, 불꽃이 혜성의 꼬리처럼 뒤따르고 있었다. 내 로켓들은 내가 상상했던 것 이상으로 잘 작동했다. 마침내 로켓들은 장엄한 천둥소리와 함께 연료를 다 태우고, 수레는 멈췄다. 경찰이 나를 금방 체포하러 왔다." 예비학교 시절, 그는 수학이 우주 연구에 필수적이라는 것을 알기 전까지 수학 수업을 소홀히 했다. 하지만 이 사실을 깨닫고 난 후 수학에 몰두해 얼마 지나지 않아 다른 학생들을 가르칠 정도로 뛰어난 실력을 갖추게 되었다. 베를린에서 그는 샬로텐부르크 공과대학에 입학했고, 지역 금속 공장에서 견습생으로 일했다. 공장에서 그는 완벽한 정육면체를 만들라는 지시를 받았다. 그는 화가 났다. "왜 쇳덩이를 깎는 데 시간을 낭비해야 하나요?" 하지만 지시에 따랐다. 현장 감독이 그가 만든 정육면체를 측정하자, 각도가 틀렸다. 다시 시도하라는 지시를 받았다. 또다시 실패했다. 계속해서 시도했지만, 그의 정육면체는 여전히 불완전했다. 마침내 5주가 지나, 그의 정육면체가 아이 머리 크기에서 호두 크기로 줄어들었을 때, 현장 감독은 "좋아!"라고 말했다. 이 경험은 중요한 교훈을 남겼다. 꿈꾸는 사람도 실용적인 기술을 완벽히 익혀야 한다는 것이었다.

그는 18세 때 친구들과 함께 베를린의 한 공터에서 실험을 시작하며 그곳에 '라케텐플룩플라츠'[Raketenflugplatz , '로켓발사장'이라는 뜻을 지닌 독일어라는 이름을 붙였다. 2년 후, 그는 헤르만 오베르트 박사 아래에서 초기 독일 로켓 팀의 일원이 되었다. 선배 동료들은 이미 그의 비범한 이론적 지식에 경탄하고 있었다. 베르사유 조약으로 독일은 재래식 무기 개발이 제한되었지만, 로켓에 대한 규정은 없었기 때문에 독일은 이 분야에 대대적인 노력을 기울이기 시작했다. 폰 브라운은 곧 팀의 리더로 자리 잡았다. 1934년, 베를린보다 더 나은 시험장이 필요하다는 결론에 이르렀을 때, 폰 브라운의 어머니는 자신의 아버지가 종종 오리 사냥을 하던 발트해 연안의 잘 알려지지 않은 지역, 페네뮌데를 제안했다.

전쟁이 시작되었을 때, 그들은 V-1 개발을 막 끝낸 상태였다. V-1은 길이 27피트의 아음속 로켓으로, 비행 고도가 낮고 속도가 느려 요격당할 위험이 컸다. 초기에는 히틀러가 그들의 연구에 특별히 관심을 보이지 않는 듯했다. 1939년 첫 방문 당시, 히틀러는 주변을 둘러보고 브리핑을 들은 후 아무 말도 하지 않았고, 이는 과학자들에게 큰 실망을 안겨주었다. 전쟁 초기에 독일이 거둔 놀라운 승전 덕분에 비밀 무기의 필요성은 사라진 것처럼 보였다. 기갑 사단을 주력으로 하는 현재의 독일군 무기 체계만으로도 충분히 효과적이었기 때문이다. 하지만 폰 브라운과 그의 팀은 V-2 개발을 계속 추진했다. V-2는 약 160마일의 사거리를 가져야 했고, 독일의 철도 터널을 통과할 수 있을 정도로 작아야 했다. 1942년 7월, 첫 번째 V-2가 발사되었지만 고작 1야드의 고도에 도달한 후 폭발했다. 첫 성공적인 발사는 같은 해 10월 3일에 이루어졌는데, 이때 로켓은 음속을 돌파하며 약 55마일의 고도와 120마일의 사거리에 도달했다. 로켓 팀의 군사 지휘관 발터 돈베르거는 폰 브라운에게 이렇게 말했다. "오늘 우리가 무엇을 이루었는지 알겠나? 오늘 우주선이 탄생했다!" 이제 남은 과제는 더 큰 추력을 통해 더 많은 탑재량을 실을 수 있도록 하고, 신뢰성과 정확도를 높이는 일이었다. 폰 브라운은 후에 이렇게 회고했다. "한동안 우리의 주요 목표는 로켓 발사 팀과 함께 있는 것보다 목표 지역에 있는 것이 더 위험하도록 만드는 것이었습니다."

성공을 눈앞에 둔 1943년 3월, 페네뮌데 팀은 그들의 작업을 파멸로 몰고 갈 것 같은 메시지를 받았다. 총통이 V-2와 관련된 예지몽을 꾸었는데, 꿈에서 V-2는 런던에 도달하지 못했다는 것이었다. 그러나 3개월 후, 동부 전선에서 연이어 전해지는 패전 소식에 히틀러는 입장을 바꾸었다. 그는 돈베르거와 폰 브라운을 면담했고, 두 사람은 멋진 프레젠테이션과 함께 자신들의 성공을 담은 극적인 영상 자료를 보여 주었다. 히틀러는 크게 고무되었고, 돈베르거는 후에 히틀러가 마치 자신이 더 일찍 믿지 않았던 것을 자책하는 것처럼 보였다고 회고했다. 히틀러는 이렇게 말했다. "이제부터 전쟁은 유럽이나 세계 어느 한 곳에 국한되지 않을 것이다. 이런 무기들로 인해 인류는 전쟁을 감당할 수 없게 될 것이다." 히틀러는 즉시 군사 명령을 내렸고, 페네뮌데의 과학자들은 자신들이 개발하고 있는 것이 우주 여행을 위한 운송 수단이라는 모든 환상을 접어야 했다. 이제 그들은 무기를 만들고 있었던 것이다. 히틀러는 탑재량을 1톤에서 10톤으로 늘릴 것을 요구하며 말했다. "내가 원하는 것은 완전한 파괴다." 돈베르거가 대답했다. "우리가 개발을 시작했을 때는 모든 것을 완전히 파괴하는 효과를 생각하지 않았습니다. 우리는⋯." 히틀러가 분노에 찬 목소리로 그의 말을 끊었다. "제군들! 아니, 제군들은 그것을 생각하지 못했지. 하지만 나는 생각했다!" 히틀러의 군사적 천재성을 돈베르거가 확신하게 만든 한 사건이 있었다. 히틀러는 V-2가 어떻게 폭발하는지 물었다. 폰 브라운은 폭발물이 엄청난 속도로 지면에 충돌해 파괴력이 배가될 것이라고 설명했다. 히틀러는 높은 속도 때문에 V-2가 폭발하면서 땅속으로 파묻혀 엄청난 양의 흙을 토해낼 것이라고 추측하며, 충돌 즉시 폭발하도록 초고감도 신관을 설치할 것을 제안했다. 폰 브라운이 확인한 결과, 놀랍게도 히틀러의 말이 정확했다.

미래의 우주 시대를 꿈꾸며 일하던 이 훌륭한 과학자들이 자신들이 속한 체제에 의해 쫓기는 상황은 끔찍한 아이러니가 아닐 수 없었다. 폰 브라운은 무기보다는 우주 여행에 관심이 있다고 말한 것이 도청되어, 1944년 하인리히 힘러(Heinrich Himmler)[10]에 의해 잠시 체포되기도 했다. 그들이 선구자일지는 몰라도, 그들이 일하고 있던 곳은 나치 독일이었으며, 로켓은 인근 시설에서 강제 노동으로 제작되었다. 대부분이 러시아인인 강제 노동자들은 하루 평균 150명이 영양실조로 목숨을 잃었다는 추산도 있다.

1944년 봄까지 그들은 월 300대의 V-2를 생산하고 있었다(나중에는 월 900대까지 생산량이 증가했다). 영국 공군의 폭격이 워낙 강력했기 때문에 로켓은 지하 시설에서 제작되었다. 1944년 9월 8일, 괴벨스의 명령에 따라 '복수 무기 2호(Vergeltungswaffe 2)'로 명명된 V-2가 처음으로 런던을 향해 발사되었다. 길이 46피트, 직경 5.5피트, 무게 28,000파운드로, 무게 대부분은 연료와 연료 탱크가 차지했다. 로켓 엔진의 추력은 56,000파운드였으며, 수직으로 발사되었다. 런던까지 도달하는 데 약 6분이 걸렸다. 소총 탄환보다 빠르게 날아갔기 때문에 방어나 요격은 불가능에 가까웠다. 음속을 초월한 속도로 날아가 로켓이 떨어진 후에야 굉음이 들렸고, 이로 인해 미리 경고를 받는 것은 불가능했

---

10   (편집자 주) 하인리히 힘러는 독일 나치의 수용소를 만들고, 홀로코스트를 주도한 책임자이다.

다. 그 결과 사상자가 매우 많았다. 예를 들어, 런던의 한 시장에 떨어진 V-2 한 발이 100명의 목숨을 앗아갔다. 돈베르거에 따르면, 1944년 9월부터 1945년 3월 27일 페네뮌데가 폐쇄될 때까지 약 3,745기의 로켓이 발사되었다. 이 중 74%가 목표물에서 18마일 이내에 떨어졌고, 44%는 6마일 이내에 도달했다. 이 무기가 아직 실험 단계에 있었다는 점을 고려하면, 놀라운 정확성을 보여준 셈이었다. 전쟁 말기, 폰 브라운과 그의 팀은 미국을 목표로 한 A-9와 A-10 로켓을 개발 중이었다. A-9는 사실상 날개가 달린 제트 비행기와 같은 형태로, 연료가 다 소진된 후에도 대기권 위에서 오랫동안 활공할 수 있도록 설계되었다. A-10은 440,000파운드의 추력을 가지고 A-9를 발사하기 위한 로켓이었다. 이들은 대륙간 탄도미사일(ICBM)의 초기 형태라 할 수 있었다. 프랑스 해안의 발사 기지에서 발사되어 뉴욕을 타격할 계획이었다. 전쟁이 끝나가고 있었지만, 미래는 점점 더 가까이 다가오고 있었다.

항복 후, 폰 브라운과 그의 동료들은 뉴멕시코주 화이트샌즈 시험장에 배치되었다. 폰 브라운은 나중에 스스로를 전쟁 포로(a POW, prisoner of war)가 아니라 평화의 포로(a prisoner of peace)라고 즐겨 말했다. 화이트샌즈에서의 초기 생활은 결코 쉽지 않았다. 독일은 이미 사라졌고, 그들은 아직 미국인이 아니었기 때문에, 충성의 관점에서 보면 그들은 국가와 국가 사이에 낀 존재였다. 사실, 그들의 진정한 충성심은 어떤 특정한 나라가 아니라 과학에 있었고, 그들의 독특한 비전은 다른 사람들에게 거의 이해받지 못했다. 그들은 하루 6달러의 급여를 받았고, 심지어 독일로 소포를 보내는 것조차 허용되지 않았다. 그러나 1947년까지 많은 가족들이 미국으로 도착했고, 그해 폰 브라운은 독일로 돌아가 18세인 자신의 사촌과 결혼할 수 있는 허가를 받았다.

폰 브라운은 독일이 로켓 개발에서 미국보다 훨씬 앞서 있다는 사실을 금방 깨달았다. 그들이 처음으로 작업했던 미국 로켓은 WAC 코포럴이었다. 이 로켓은 V-2보다 훨씬 작고 속도도 느렸다. 1950년까지 독일 팀은 앨라배마주 헌츠빌에 있는 육군 로켓 센터로 배치되었다. 이 무렵, 새로운 조국이 그들을 시민으로 받아들일 준비가 되어 있다는 것이 분명해졌다. 한편, 그들은 꾸준히 발전을 이루어나갔다. 폰 브라운은 위성을 우주에 배치하는 꿈을 꾸었지만, 이를 위해서는 다단계 로켓, 즉 더 높은 고도와 더 빠른 속도를 얻기 위해 추가 로켓을 발사할 수 있는 로켓이 필요했다. 1949년, 그와 동료들은 V-2를 사용해 WAC를 250마일의 고도까지 상승시키는 데 성공했다.

폰 브라운은 단순히 뛰어난 로켓 과학자에 그치지 않고, 달과 화성으로의 유인 우주 비행을 꿈꾸던 일종의 우주 시인이었다. 그의 가장 실용적인 아이디어조차 다른 사람들에게는 늘 꿈과 환상처럼 보였다. 그로부터 수년 후인 1969년 7월, 유인 달 탐사선 아폴로 11호 발사를 앞두고 열린 기자회견에서 여러 NASA 관계자들이 기자들의 질문에 답했다. 기자들은 달 착륙의 진정한 역사적 의미가 무엇인지 반복적으로 물었다. 그러나 폰 브라운을 제외한 누구도 명확한 답을 내놓지 못했다. 그에게 달 착륙은 인류 진화의 또 하나의 중대한 진전이었다. 그는 이를 생명체가 바다를 떠나 육지에 정착한 순간에 비유할 수 있다고 말했다.

그는 망원경을 통해 처음 달을 관찰했을 때 느꼈던 흥분을 친구들에게 자주 이야기하곤 했다. "달을 보며 내 마음은 낭만적인 충동으로 가득 찼네. 행성 간 여행이라니! 이건 내 일생을 바칠 가치가 있는 과업이었어. 단순히 망원경으로 달과 행성을 바라보는 데 그치지 않고, 하늘을 날아올라 신비로운 우주를 실제로 탐험하는 것 말일세. 콜럼버스가 어떤 기분이었는지 이해할 수 있을 것 같더군." 그의 인생 후반, 로켓 발사가 성공한 후 그는 케이프 캐너버럴의 프레스 센터를 떠나며 친구에게 "누군가 상상할 수 있는 것은 무엇이든 다른 누군가가 현실로 만들 수 있다."라는 쥘 베른의 말을 인용했다. 쥘 베른은 인간이 달로 여행하는 모습을 세세하게 상상했던 작가였다. 폰 브라운이 달에 대해 가지고 있던 비전은 매우 분명했다. 인간이 달에 착륙하기 훨씬 전, 그는 자신의 전기 작가 에릭 베르가우스에게 이렇게 묘사했다. "낯선 밤의 햇살 속에서 드리운 그림자와 형상들은 고독감에 사로잡힌 것처럼 보일 것입니다."

한때 적이었다가 이제는 같은 편이 되어 로켓 프로그램의 핵심이 된 폰 브라운 같은 사람들을 바라보는 미국인들에게는 양가감정이 있었다. 헌츠빌에서는 독일 과학자들을 지칭하기 위해 완곡한 표현들이 사용되었다. 그들은 "1세대 미국인" 혹은 "현재 미국 시민이 된 전직 독일 과학자들"로 불렸다. 사람들이 이 문제를 집요하게 물고 늘어질 때, 이들을 관리하던 존 메다리스(John Medaris) 장군은 독일인들이 "자발적으로" 이곳에 왔음을 강조하곤 했다. 그럼에도 1950년대 초반까지는 여전히 의심과 불신이 남아 있었다. 폰 브라운의 생애를 다룬 영화 '나는 별을 조준한다(I Aim at the Stars)'가 제작되었을 때, 코미디언 모트 살(Mort Sahl)은 "하지만 가끔은 런던을 맞추기도 했지"라는 농담을 덧붙였다. 폰 브라운은 시간이 지나면서 단순히 미국 시민이 된 것을 넘어 열정적인 미국인이 되었다. 그는 바비큐를 좋아하고 스쿠버 다이빙에 흥미를 느끼는 등 미국 문화를 적극적으로 즐겼으며, 민주주의의 가치를 믿는 사람이었다. 또한 앨라배마 주 헌츠빌에서 학교 통합을 촉진하는 활동에도 동참하며 자신의 목소리를 보탰다.

폰 브라운은 1945년부터 1951년까지의 시기를 두고 우리가 6년을 낭비했으며, 그럴듯한 탄도미사일 프로그램조차 없었던 시기라고 이야기하곤 했다. 그는 1956년에, 우리가 긴급하게 탄도미사일 개발에 착수했음을 즐겨 언급했다. 러시아가 미사일 개발을 시작하고 나서야 비로소 미국의 프로그램도 본격적으로 진전되기 시작했다. 하지만 역사학자 월터 맥두걸(Walter McDougall)이 지적했듯, 무한한 재정적 자원을 기대하며 미국을 선택했던 과학자 팀이 처음부터 재정적 제약에 시달렸다는 점은 적지 않은 아이러니였다.

소련의 미사일 프로그램은 지체없이 진행되었다. 처음에 소련은 로켓이 아닌 폭격기를 기반으로 핵 전력을 구축할 계획이었다. 하지만 전쟁 이후 미국은 유럽에 폭격기 기지로 삼을 수 있는 동맹국들이 있었던 반면, 아메리카 대륙에는 소련의 기지를 만들 수 있는 곳이 없다는 점이 분명해졌다. 그래서 스탈린은 미사일 개발을 추진했고, 흐루시초프는 1953년 스탈린 사망 이후에도 이 프로그램을 계속 진행시켰다.

적어도 이론적으로는 소련이 독일에 크게 뒤처져 있지 않았다. 그들은 신속하게 독일에서 2급 로켓 과학자들, 즉 V-2를 복제할 능력은 있지만 이론적 기술이 부족했던 실무자들을 데려왔다. 소련은 여전히 우주를 매우 중요하게 여기고 있었다.

소련은 곧 자체적인 V-2 버전을 가지게 되었지만, 초기에는 이것이 그들의 지정학적 상황을 극적으로 바꾸지는 못했다. 로켓 전문가이자 후일 망명자가 된 게오르기 토카디에게 스탈린 사후 잠시 소련 공산당 서기장을 지냈던 게오르기 말렌코프가 말했듯이, "중요한 점은 V-2가 400킬로미터밖에 가지 못한다는 것이었다. 우리는 폴란드와 전쟁을 할 의도가 없다. 우리에게 정말 필요한 것은 대양을 건널 수 있는 기계이다!" 그들은 시간을 낭비할 생각이 없었다. 1949년까지 그들은 약 500마일의 사거리를 가진 T-1을 개발했고, 1952년에는 T-2를 개발 중이었다. 그들이 원했던 것은 대륙간 탄도미사일 그 이상도 이하도 아니었다.

미국에 폰 브라운이 있었다면, 소련에는 그에 상응하는 위대한 로켓 과학자로 세르게이 코롤레프(Sergei Korolev)가 있었다. 코롤레프는 다른 로켓 전문가들로부터 뛰어난 설계자로 인정받았다. 그는 우크라이나에서 태어났고, 폰 브라운보다 세 살이 많았다. 그는 결국 설계자로 변신했는데, 소련이 우주에 거의 관심이 없었던 1930년대에는 먼저 비행기를 설계했다. 점차 미사일 설계로 방향을 전환했으며, 날개가 달린 로켓에서 순수 탄도미사일로 이동했다. 그는 소련의 비행기 및 로켓 설계를 이끌었던 미하일 투하체프스키(Mikhail Tukhachevsky)의 후원을 받았다. 코롤레프는 1937년 스탈린에 의해 체포되었는데, 스탈린은 현대 무기에 대해 복잡한 감정을 가지고 있었다. 그는 현대 무기를 경외하면서도, 그것을 설계한 예측할 수 없는 천재들의 정치적 야망을 두려워했다. 그 결과, 코롤레프는 사람들의 시선에서 사라졌다. 그러나 그의 일은 계속되었다. 그는 수용소에 있었지만, 일반적인 강제노동수용소가 아니라 과학자들을 위한 특수 수용소인 샤라슈카에 갇혔다.

그곳에서 그는 처음에는 비행기 관련 연구를 했고, 나중에야 우주 관련 연구를 할 수 있는 다른 샤라슈카로 옮겨졌다. 서방인의 시각에서는, 반역죄로 종신형을 선고받은 사람이 감옥에서 가장 기밀인 과학 개발에 종사한다는 사실이 거의 믿기 어려운 일이었다. 하지만 소련에서는 이것이 일반적인 관행으로 받아들여졌다. 코롤레프는 매우 중요한 인물이었지만, 바로 그만큼 위험한 인물이기도 했다. 그는 적어도 이렇게라도 배급을 받고, 동료들과 함께 지내며, 무엇보다 자신이 가장 사랑하는 일을 할 수 있었기 때문에 일하는 데 동의했다. 전쟁 후, 여전히 법적으로 수감자였던 코롤레프는 페네뮌데에 남아 있던 몇 안 되는 V-2 로켓 부품을 소련으로 이송하는 책임을 맡게 되었다. 그는 미국인들이 남겨 놓은 독일 로켓 과학자들과의 인터뷰를 감독했다.

1953년, 스탈린 사망 후 그는 연구를 신속하게 진행하기 위해 당에 가입할 수 있었고, 그는 그 기회를 이용해 입당했다.

코롤레프의 공식 직함은 '수석 설계자'였고, 발표할 때는 세르게예프라는 가명을 사용했다. 우주 관련 국제 회의가 열려도 그는 결코 참석할 수 없었다. 우주 전문 저널리스트 제임스 오버그(James Oberg)가 지적했듯이, 그가 마침내 소련 우주 개발의 거물로 인정받았을 때쯤, 아이러니하게도 흐루시초프 시대의 모든 업적은 역사책에서 삭제되었다. 당연히, 그는 냉소적이고 비관적인 성격을 가진 사람이었다. 오버그가 언급했듯이, 그의 좌우명은 "우리는 모두 흔적도 없이 사라질 것이다"였다.

그의 비전은 정치적 상급자들을 매료시켰다. 흐루시초프는 후에 이렇게 썼다. "과장하고 싶지는 않지만, 우리는 마치 양들이 새로운 문을 처음 보는 것처럼 그가 우리에게 보여준 것을 멍하니 바라보았다고 말하고 싶다. 그가 자신의 로켓 중 하나를 우리에게 보여줬을 때, 우리는 그것이 시가 모양의 관처럼 보일 뿐이라고 생각했고, 그것이 날 수 있을 거라곤 믿지 않았다. 코롤레프는 우리를 발사대까지 데려가 로켓이 어떻게 작동하는지 설명하려 했으나, 우리는 마치 시장에 나온 농부들 같았다."

1950년대 중반까지 소련은 당시의 대표적인 로켓이었던 R-7 개발에서 훨씬 앞서 있었다. R-7은 그다지 세련된 모습은 아니었다. 로켓의 기준으로 보았을 때, 그것은 짧고 뚱뚱한 형태였다. 소련의 금속학자들이 거대한 로켓 엔진의 열을 견딜 수 있는 금속을 개발하는 데 상당한 어려움을 겪었기 때문에, R-7은 여러 개의 작은 엔진을 모아 만든 구조였다. 중앙 원뿔에는 20개의 개별 엔진이 장착되어 있었고, 여기에 네 개의 큰 스커트가 더해져 있었는데, 이 로켓은 총 110만 파운드의 추력을 낼 수 있었다. 이 정도면 당시의 초기형 원자폭탄을 미국까지 운반할 수 있었다. 1955년까지 R-7의 완성 작업이 순조롭게 진행되자, 소련 관계자들은 1957년에서 1958년까지의 국제지구물리학의 해 동안 인공위성을 발사할 것이라고 공개적으로 언급하기 시작했다.

미국에서는 로켓 과학자들이 여전히 사실상 뒷전으로 밀린 채 연구를 계속하고 있었다. 트루먼 행정부의 정책 결정자들 사이에서 미사일이 차지하는 비중이 얼마나 낮았는지를 보여주는 예가 바로 크라이슬러 사장 K. T. 켈러(K. T. Keller)가 트루먼의 미사일 특별 고문으로 임명된 것이다. 월터 맥두걸이 지적했듯이, 그는 11개월 동안 그 직책에 있었지만 크라이슬러에서 사임하지 않았고, 미사일에 대해서는 대통령에게 한 번도 브리핑을 하지 않았다. 초기 예산 싸움에서 B-36 폭격기가 장거리 미사일 개발보다 우선시되었고, 국방 예산은 전략공군사령부(SAC)에 집중되었다.

수년 후 아이젠하워가 고별 연설에서 군산복합체의 힘에 대해 경고했을 때, 그의 발언은 크게 주목받았다. 하지만 사실 그는 이러한 견해를 항상 고수해 왔다. 그는 복잡하고 비용이 많이 드는 무기 체계에 대해 어려운 선택을 해야 했던 두 번째 대통령이었다. 그는 경제에 미칠 잠재적 부담을 우려했고, 합동참모본부가 인플레이션의 위험에 대해 거의 또는 전혀 신경 쓰지 않는다고 믿었다. 그는 사적인 자리에서 무기와 국방에 너무 많은 돈을 쓰는 것의 위험성에 대해 자주 언급했는데, 그 과정에서 경제가 파괴되고, 결과적으로 이 무기들이 보호하려 했던 국가를 약화시킬 수 있다고 보았다. 그가 자주 이야기하던 것처럼, 연방 예산은 1932년 연간 40억 달러에서 1952년 855억 달러로 증가했으며, 그 증가분의 57%는 국방부로 갔다. 그는 이렇게 언급한 적도 있었다. 이 나라는 국방에 너무 적게 써서 무너질 수도 있는 만큼이나 너무 많이 쓴 탓에 숨막혀 죽을 수도 있습니다. 그는 과도한 국방비 지출이 인플레이션을 유발하고, 국가의 활력을 더하기보다는 오히려 빼앗아간다고 믿었다.

1950년대 미국이 가장 크게 두려워한 것은 소련의 의도와 능력이었다. 역사학자 마이클 베슐로스(Michael Beschloss)가 지적했듯이, 모스크바 전화번호부조차 기밀로 분류되었다. 1930년대 히틀러의 군비 증강은 군비의 성격과 독일의 지리적 위치 때문에 자명했지만, 소련은 달랐다. 소련은 비밀스럽고 광대했으며, 그 영토의 상당 부분은 사찰이 불가능했다. 대서양 건너편의 새롭고 불안정한 세계 강대국인 미국에게 소련은 사실상 블랙홀과도 같았다. 미국은 폭격기 공격 함대인 전략공군사령부(SAC)에 막대한 투자를 하여 상시 경계 태세를 유지했지만, 아이젠하워 주변의 사람들은 여전히 소련의 기습 공격을 두려워했다.

풍선을 이용해 소련 영공을 침투해 사진을 찍으려던 초기 정찰 시도는 효과가 없었다. CIA는 특히 스탈린그라드 동쪽 75마일 지점에 위치한 카푸스틴 야르의 미사일 시험에 대해 우려했는데, 이곳은 공중 감시 범위를 훨씬 벗어난 지역이었다. 소련의 방공망 위를 비행할 수 있는 새로운 정찰기가 필요하다는 점이 분명해졌다. 사진 기술은 이미 준비되어 있었다. 1955년 여름, 미 공군은 55,000피트 상공에서 퍼팅 그린 위의 아이젠하워의 골프공까지 촬영할 수 있는 능력을 갖추고 있었다. 폴라로이드 카메라를 발명한 미국의 사진 기술 천재 에드 랜드(Ed Land)는 그러한 고고도 정찰 사진 기술이 이미 실현 가능하다고 확신했다. 1954년, 은퇴한 해병대 장군 필립 스트롱(Philip Strong)은 미국 최고의 항공기 설계자인 켈리 존슨(Kelly Johnson)을 만나기 위해 캘리포니아 버뱅크로 향했다. 그는 켈리에게 이렇게 물었다. "만약 목표가 가능한 한 높이 올라가는 것이라면, 아주 빠르지 않은 적당한 속도로 비행하면서 그들의 방공망 위에 머무는 것이라면, 어떻게 설계하시겠습니까?"

존슨은 이 도전에 즉시 반응했다. 그는 이렇게 대답했다. "맙소사, 딱 맞는 게 있어요. 록히드 F-104에 텐트처럼 생긴 날개를 달면 됩니다. 아주 간단하죠!" 존슨은 약 70,000피트 고도로 비행하며 4,000마일의 항속거리를 가진 비행기의 설계도를 작성했다. MIT 총장이자 대통령의 수석 과학 고문이었던 제임스 킬리언(James Killian)과 에드 랜드는 이 프로젝트의 중요성을 설득하기 위해 대통령을 직접 찾아갔다. 아이젠하워가 가진 가장 큰 의문은 소련 영공을 침범하는 위험에 비해 이 비행이 제공할 정보적 이점이 얼마나 더 크냐는 것이었다. 그럼에도 아이젠하워는 관심을 보였다. 사진 정찰은 제2차 세계대전에서 매우 중요한 역할을 했으며, 그는 이미 그 전술적 가치를 충분히 확신하고 있었다. 그러나 그는 소련의 비밀주의가 미국 내 불안을 키우고, 그로 인해 잠재적으로 쓸모없는 무기에 점점 더 많은 돈을 쓰도록 압박받는 현실에 대해 크게 좌절감을 느끼고 있었다. 킬리언과 랜드는 놀라운 반응을 얻었다. 아이크가 첫 회의에서 이 프로젝트를 잠정적으로 승인한 것이다. 단, 그가 내건 유일한 조건은 제복을 입은 공군 조종사가 소련 영공을 침범해서는 안 된다는 것이었다. 이는 이 프로젝트가 CIA 주도로 진행될 것임을 의미했다.

그해 12월, 존슨은 은폐 계획과 보안 문제를 논의하기 위해 워싱턴으로 날아갔다. CIA 부국장 리처드 비셀(Richard Bissell)은 존슨에게 이렇게 말했다. "빨리 만들 수만 있다면 비행기가 어떻게 생겼든 상관없습니다." 이는 공군이 전통적으로 비행기의 외형을 중시했던 점을 감안하면, 작업을 훨씬 수월하게 만들어주는 말이었다. 비셀은 덧붙였다. "우리가 원하는 건 기능입니다." 이에 존슨은 이렇게 답했다. "좋습니다. 그러면 비용을 상당히 절감할 수 있을 겁니다. 하지만 저는 최고의 인력을 투입할 것이고, 그러면 비용이 올라갈 겁니다." 그렇게 이 비밀 정부의 인사와 천재 디자이너가 서로 협상을 벌였고, 마침내 합의에 도달했다. 합의 내용은 2,200만 달러의 예산으로 20대의 비행기를 제작하는 것이었으며, 록히드는 필요할 경우 추가 자금을 요청할 수 있는 권리를 가졌다.

비행기는 록히드 부지 내의 비밀 구역인 '스컹크 웍스(Skunk Works)'에서 수작업으로 제작되었다. 이 구역의 이름은 당시 인기 있던 신문 연재 만화 '릴 아브너(Li'l Abner)'에서 키카푸 조이 주스(Kickapoo Joy Juice)[11]를 제조하던 장소에서 따온 것이었다. 이 특별한 프로젝트는 기밀 유지가 매우 철저하여, 비행기가 제작되던 거대한 격납고는 창문이 모두 가려져 있었고, 청소부들조차 출입 허가를 받지 못했다. 그 결과, 책임자들이 직접 청소를 해야 했고 작업 환경은 항상 어수선했다. 프로젝트의 암호명은 '아쿠아톤'이었으나, 팀원들은 이를 보통 '켈리의 비행기'라고 불렀다. 다른 사람들은 단순히 '천사'라고 부르기도 했다.

존슨은 단계적으로 다른 사람들의 의구심을 설득하며 해소해 나갔다. 그런 고도에서 조종사가 폭발하거나 기절하지 않을까? 존슨은 조종사를 보호할 수 있는 가압 수트를 발명하겠다고 했다. 그 높이에서는 연료가 빠르게 증발하지 않을까? 존슨은 적합한 연료를 개발할 수 있다고 자신했다. 제트 엔진이 고장 나지는 않을까? 기다려 보라고 그는 말했다. 그는 이 모든 것이 가능하다고 절대적으로 확신하고 있었다. 진짜 문제는 비행기가 한 번에 10시간 이상 공중에 머물러야 한다는 점이었다. 이는 엄청난 양의 연료를 요구했으며, 그로 인해 비행기에 막대한 무게 부담을 안겼다. 그래서, 초기 조종사 중 한 명인 프랜시

---

11   (편집자 주) '릴 아브너'에 등장하는 가상의 알코올 음료이며, 이후 만화의 인기에 힘입어 실제로 만들어 판매되기에 이르렀다.

스 게리 파워스(Francis Gary Powers)의 말을 빌리자면, 이 비행기는 "글라이더 동체를 가진 제트기"라는 하이브리드 항공기가 되었다. 최종적으로 제작된 비행기는 티타늄과 기타 경량 금속으로 만들어져 매우 가벼웠다. 11시간 동안 비행하거나 최대 4,750마일을 비행할 수 있었다. 다만, 이름만큼은 특별하지 않았다. 미 공군 명명 체계에 따르면 전투기는 F로 시작하고, 폭격기는 B로 시작해야 했지만, 보안상의 이유로 이 비행기는 '실용기 2호(Utility plane number two)'로 명명되었다. 역사에는 간단히 U-2라는 이름으로 기록되었다.

비행기 애호가들에게 U-2는 아름다움 그 자체였다. 과장된 부분만 제외하면 그 선은 제트기의 것을 닮아 있었다. 활주로에 서 있을 때는 기수가 사람 키 정도밖에 되지 않을 만큼 매우 낮았다. 동체의 길이는 40피트, 날개 폭은 80피트였다. 착륙할 때 조종사들은 매우 신중해야 했는데, 삼륜 바퀴로 균형을 잡기보다는 자전거처럼 균형을 유지해야 했기 때문이다. 워싱턴의 사양을 충족시키기 위해 많은 것을 희생해야 했으며, 이 정찰기의 경우, 프랜시스 게리 파워스가 언급했듯이 희생된 것은 "강도"였다. 그는 이렇게 썼다. "각각의 구조물은 조종사가 원하는 것보다 약간 더 얇았다. 보통이라면 관절이나 접합부 같은 곳에 추가적인 지지대가 있지만, U-2에는 그런 것이 전혀 없었다." 파워스에 따르면, 이 비행기는 "외형적으로는 독특한 아름다움을 가졌지만, 내구성을 고려해 만들어진 기체는 아니었다." 일부 조종사들은 초기에 이것이 세계 최초의 일회용 비행기가 아니냐며, "공중에 떠 있는 클리넥스 같다."는 농담을 주고받았다.

하지만 U-2는 70,000피트(사실상 80,000피트) 상공을 비행할 수 있었으며, 카메라는 약 14마일 아래 지상의 아주 작은 물체까지 포착할 수 있었다. 랜드는 한쪽 지평선에서 다른 쪽 지평선까지 회전하며, 750마일에 이르는 광대한 원호 형태로 지상을 촬영할 수 있는 카메라를 개발했다. 가장 놀라운 점은 켈리 존슨과 그의 팀이 시작부터 완성까지 단 88일 만에 시제품을 만들어냈다는 것이었다. 조종사들은 이 비행기를 즉시 사랑하게 되었고, 매일같이 고도 기록을 경신할 수 있었다. 파워스가 나중에 언급했듯, 유일한 문제는 그들이 이 기록을 자랑할 수 없었다는 점이었다.

과학과 실험에 관한 모든 것을 의심하던 국방장관 찰리 윌슨조차도 열렬한 지지자가 되었다. 윌슨은 평소 새로운 무기 과학에 큰 관심이 없었다. 그는 미사일이나 달 탐사에도 회의적이었으며(그는 "달이 치즈로 만들어졌는지 알 필요가 없다."고 농담하곤 했다), 아이젠하워 주변의 일부 과학자들처럼 소련의 미사일 개발을 우려하지도 않았다. 누군가 소련의 미사일 기술 진보를 걱정하면 그는 "러시아인이 키가 10피트나 된다고 믿으라는 거야?"라며 대수롭지 않게 넘기곤 했다. 그러나 켈리 존슨이 그를 네바다의 훈련장으로 초대해 실제 비행기가 작동하는 모습을 보여주었다. 윌슨은 8시간 동안 이미 비행 중인 조종사와 무선 통화로 연결되었고, 조종사는 앞으로도 한 시간 반 더 비행할 수 있다고 자신 있게 말했다. 이 경험 이후 윌슨은 프로젝트의 지지자가 되었다. 그들은 시제품에서 양산으로 전환하기로 결정하며 약 30대의 비행기를 건조하는 비용을 3,500만 달러로 책정했다. 이는 CIA의 예산으로는 다소 부담스러운 금액이었지만, 윌슨은 국방부에서 상당 부분을 부담하겠다고 자원했다. 이후 자금은 흔적을 남기지 않도록 치밀하게 세탁되었다. 켈리 존슨이 처음 두 건의 증빙 서류를 제출했을 때, 총 125만 6,000달러의 수표는 록히드사가 아닌 존슨 개인에게, 그것도 그의 엔시노 자택 주소로 발송되었다.

조종사들은 매우 뛰어난 실력을 갖추어야 했지만, 과거의 전설적인 전투기 조종사들처럼 화려하고 개성 넘치는 인물이 아니라, 그림자 속에서 묵묵히 일하며 인내심이 강한 사람들이어야 했다. 익명성이 높을수록 더 적합했다. 게리 파워스는 이 프로그램에서 모집된 전형적인 조종사였다. 그는 에이스 조종사가 아니었고, 한국전쟁에서 비행한 경험도 없었으며, 장교 조종사 계급장을 받기까지 2년 넘게 걸렸다.

그는 공군 중위로 근무하던 스물여섯 살 때, 월급이 세 배 이상 되는 제안을 받았다. 그는 애팔래치아 지역의 광부의 아들이었으며, 그 광부는 하나 뿐인 아들을 작은 종교대학에 보내기에 충분한 돈을 벌기 위해 밤에는 구두 수선공으로 일했다. 올리버 파워스는 단 하나의 다짐을 했다. 자신의 아들은 절대 광산에서 일하게 하지 않겠다는 것이었다. 아버지는 아들이 의사가 되기를 바랐지만, 아들은 조종사의 길을 선택했다. 그는 조지아주 올버니에 있는 터너 공군기지 근처에서 가장 예쁜 여자로 소문난 18세의 바바라 게이 무어와 결혼했다. 지역 여자 상업학교(a local business college for girls)[12]를 졸업한 그녀는 군대 매점(PX) 계산원의 딸이었다.

파워스는 정치적 성향도 없었고, 의문을 제기하는 성격도 아니었으며, 전달된 임무에 대해 전혀 의심하지 않았다. 하지만 임무의 비밀스러운 성격 때문에 이 흥미로운 새 임무에 대해 가족에게 말할 수 있는 것이 거의 없었다. 해외로 떠나기 직전, 아버지가 그를 따로 불러 "네가 무슨 일을 하는지 알아냈다."라고 말했다. "무슨 말씀이세요? 제가 하는 일은 이미 말씀드렸잖아요." 파워스가 물었다. 그는 자신이 고고도 기상 정찰 비행에 나설 것이라며 위장된 임무를 설명한 바 있었다. "아니, 내가 알아냈다니까. 넌 FBI를 위해 일하고 있잖아." 아버지가 말했다. 파워스는 비행기가 자신만의 것이라는 점, 특히 1인승이라는 점이 좋았다. 힘든 것이 있다면 가압복을 입어야 한다는 것이었다. 그는 "일단 착용하면, 심하게 줄어든 칼라 위에 너무 꽉 조인 넥타이를 맨 느낌

12　(편집자 주) 본문에 등장하는 business college는 부기, 속기, 타자 등 실무를 가르치는 실업학교를 가리킨다.

이었다."라고 말했다. 가압복을 입고서는 화장실을 이용할 수 없었기 때문에 조종사들은 비행 중에 거의 음식을 먹지 못하고 커피도 마시지 않았다.

가압복이 매우 무거워 조종사들은 심하게 땀을 흘렸고, 장시간 비행이 끝난 후에는 내복에서 물을 짜내야 할 정도였다. 이 일은 무엇보다도 지구력을 요구했다. 고도가 매우 높았기 때문에, 비행 전에는 가압복과 헬멧을 착용한 채 2시간 동안 순수한 산소를 흡입하며 체내 질소를 제거하는 과정을 견뎌야 했다. 이 과정은 조종사들에게 극심한 두통과 귀통증(earaches)을 유발했다. 요구되는 까다로운 기술 중 하나는 비행기의 속도를 정확히 유지하는 것이었다. 최대 고도에서는 속도가 너무 느리면 비행기가 양력을 잃고 엄추게 될 위험이 있었고, 너무 빠르면 기체가 심하게 흔들리며 조종이 불가능해질 수 있었다. 자동 조종 장치가 있기는 했지만, 신뢰할 수 없는 것으로 간주되었다.

1956년 9월, 파워스는 소련 국경을 따라 첫 비행을 했고, 그해 11월에는 소련 영토 깊숙한 곳까지 비행했다. 비행기에는 사출좌석이 있었지만, 다른 조종사들과 마찬가지로 파워스도 이를 신뢰하지 않았다. 그는 "장전된 산탄총 위에 앉아 있는 것 같았다."라고 표현했다. 조종사들은 이 장치가 설계대로 작동할지 확신하지 못했을 뿐 아니라 CIA를 전적으로 믿지도 않았다. 일부 조종사들은 CIA가 사고 발생 시 흔적을 남기지 않으려고 사출좌석을 폭파하도록 설계했을지도 모른다고 의심했다. 실제로 사출좌석은 폭파를 목적으로 설계된 것이 아니었지만, 조종사들이 긴장할 이유는 충분했다. CIA는 U-2 조종사가 격추된 후 생존하는 것을 절대 원치 않았다. 실제로, 아이젠하워 대통령의 질문에 대해 CIA 국장 앨런 덜레스는 조종사가 추락하면 생존할 수 없다고 자신 있게 답변했다.

이 프로젝트를 계획한 이들은 U-2가 소련의 레이더를 피해 비행할 수 있을 것이라는 희망을 가졌지만, 이는 사실이 아닌 것으로 드러났다. 처음부터 소련은 비행기를 추적할 수 있었고, 미국의 영공 침범에 분노했으며 이를 저지할 힘이 없다는 자신들의 무력함에 더욱 분개했다. 1957년 7월 10일, 소련은 공식 항의를 제기했는데, 여기에는 U-2가 무엇을 했고 어디로 비행했는지에 대한 상당히 정확한 설명이 포함되어 있었다. 그러나 국무부는 이를 단호히 부인했다. 국무장관 존 포스터 덜레스는 직접 "어떤 군용기도 소련 영공을 침범하지 않았다."라는 내용의 편지를 작성했고, 이 편지를 CIA 국장인 동생 앨런 덜레스에게 읽어주었다. 앨런은 "완벽해, 아주 좋아, 행운을 비네!"라고 대답했다. 한편, 소련은 미국의 이런 대담한 행위에 무력하다는 사실을 자국민에게 인정할 수 없었기 때문에 U-2 비행에 대해 알고 있는 내용을 공개할 수 없었다.

첫 비행에서 찍힌 사진들은 아이젠하워를 놀라게 했다. U-2는 14마일 아래에 있는 주차장을 선명하게 촬영할 수 있었을 뿐 아니라, 아이젠하워의 표현에 따르면 "개별 차량의 주차 구역을 표시하는 선까지 볼 수 있었다." 정보 활동의 관점에서 이는 엄청난 돌파구였다. 사진은 이전에 본 그 어떤 자료보다 더 선명했고, 더 많은 정보를 담고 있었으며, 정확했다. CIA 고위 관리였던 레이 클라인(Ray Cline)은 "1950년대의 사진 정찰은 1940년대의 암호 해독과도 같은 역할을 맡게 되었다."라고 말했다. 이제 아이크는 소련의 폭격기와 미사일 제조 관련 정보를 정확히 파악할 수 있었다. 이러한 능력 덕분에 그는 미국의 국방 예산을 보다 신중하고 정보에 근거해 결정할 수 있었으며, 불필요하고 쓸모없는 군비 증강을 피할 수 있었다.

"소련의 잔디 이파리까지 볼 수 있었다."라고 앨런 덜레스는 후에 자랑스럽게 말했다. 하지만 일반 미국인들은 이를 알지 못했다. U-2는 비밀 정부의 전형적인 발명품이었으며, 이원화된 정부 시스템이 가진 일반적인 문제점들을 잘 보여주었다. U-2가 제공한 정보는 대통령의 외교 정책 수립에는 매우 중요하게 쓰였지만, 유권자들에게는 절대 공개할 수 없었다. 따라서 U-2가 소련의 군사력 증강이 예상보다 훨씬 미미한 수준이라는 것을 입증하고 있던 바로 그 순간에도, 이는 대중에게 알려질 수 없었다.

실제로 U-2가 가장 먼저 입증한 것 중 하나는, 일부 행정부 비판론자들이 주장했던 것과 달리 폭격기 격차가 존재하지 않는다는 사실이었다. 1955년 소련 항공의 날에 바이슨 폭격기 편대가 퍼레이드 비행을 하고 다른 여러 편대가 그 뒤를 따르면서 미국 내에서 긴장감이 고조되었다. 그러나 U-2는 소련이 그날 사실상 동일한 소수의 편대를 여러 차례 반복 비행시켰다는 사실을 밝혀냈다. 미사일 격차에 대해서도 마찬가지였다. U-2는 소련이 미사일을 개발하고 있지만 아직 대륙간탄도미사일(ICBM)을 발사하지 않았다는 것을 보여주었다.

1956년 여름이 되자 폰 브라운은 소련이 인공위성을 발사할 계획을 세우고 있다고 확신했다. 그는 워싱턴에서 승인만 해준다면 자신과 동료들도 충분히 해낼 수 있다고 믿었다. 폰 브라운이 우주에 사람을 보내는 꿈을 꾸었다면, 그의 숙적이었던 국방장관 찰리 윌슨은 정연한 숫자들과 균형 잡힌 예산, 그리고 이미 잘 알고 있는 단순한 무기 체계에만 관심을 두고 있었다. 1956년 초, 윌슨은 육군 로켓 프로그램을 살펴보기 위해 헌츠빌을 방문했는데, 그는 로켓 프로그램보다는 기지 근처에 있는, 영빈관으로 개조된 낡은 농가에 훨씬 더 관심을 보였다. 이건 얼마나 들었나? 왜 이 통나무에 페인트를 칠했나? 현지 사령관인 존 메다리스 소장은 이 통나무들이 삼나무 통나무이며 페인트를 칠하지 않았다고 설명했다. 윌슨은 메다리스와 그의 로켓 과학자들이 사치스러운 생활을 하고 있다고 믿는 것 같았다. 그 후로, 메다리스의 희망과는 달리 폰 브라운과 그의 팀이 하는 일에 대한 관심은 커지지 않았고, 오히려 육군 통제관들의 간섭만 더 심해졌다. 메다리스는 우리가 세계 최고의 우주 엔지니어와 과학자들을 보유하고 있으면서도 그들과 거의 아무것도 하지 않고 있다는 사실을 정확히 깨달았다. 폰 브라운 같은 사람의 연구에 이렇게 무관심한 것은 거의 죄악에 가깝다고 그는 생각했다.

폰 브라운과 그의 동료들은 1950년대 대부분의 기간 동안 당시 가장 중요한 미국 로켓인 레드스톤을 개발했다. 이 로켓은 기존의 V-2와 비슷했지만, 길이 56피트, 직경 70인치로 더 크고 강력했다. 이 로켓은 순수한 혈통이라기보다는 혼합형에 가까웠는데, 이는 설계자들이 충분한 예산과 자원 없이 작업해야 했기 때문이었다. 그럼에도 불구하고 폰 브라운과 그의 팀은 이 로켓을 자랑스럽게 여겼다. 폰 브라운은 이 로켓이 1956년까지 자신이 꿈꾸던 여러 프로젝트 중 첫 번째인 인공위성 발사를 손쉽게 실현할 수 있을 것이라고 믿었다. 1954년에 작성한 '최소 위성 발사체'라는 제목의 보고서에서 그는 위성 프로그램에 고작 100,000달러만을 요청하면서 이렇게 지적했다. "다른 나라들도 똑같이 할 수 있다고 가정하는 것이 논리적입니다. 우리가 먼저 하지 않으면 미국의 위신에 타격이 될 것입니다."

국제 지구물리학의 해가 다가오면서 미사일 프로그램에 대한 관심이 다시 고조되었다. 미국은 그 기간에 맞춰 위성을 발사할 계획을 세웠다. 미국만이 아니었다. 소련도 인공위성에 대해 점점 더 자신 있게 이야기하기 시작했다. 이제 우주를 향한 경쟁이 시작된 것이다. 현대 무기 체계에서 미국보다 열세였던 소련은 맹렬한 기세로 노력하고 있었고, 소련 지도부는 자신감에 차있던 미국 지도부와는 달리 이 우주 경쟁의 심리적 중요성을 잘 이해하고 있었다. 1954년 소련이 인공위성을 궤도에 올려놓은 경쟁에서 이길 수도 있다는 것이 걱정되지 않느냐는 질문에 찰리 윌슨은 "그래도 상관없다."라고 대답했다.

이제 아이젠하워는 인공위성을 발사함으로써 얻을 수 있는 진정한 가치, 즉 사진 정찰의 중요성을 이해하게 되었다. 폰 브라운과 그의 육군 팀이 다른 모든 팀보다 훨씬 앞서 있다는 것은 의심할 여지가 없었음에도 불구하고, 각 군은 위성 발사의 영예를 차지하기 위해 경쟁하기 시작했다. 해군은 바이킹 프로젝트를 제안했는데, 이 프로젝트는 긍정적으로 봐도 실험 단계에 불과한 것이었다. 그럼에도 불구하고 국방장관 산하의 민간 위원회는, 제3자가 보기에는 터무니없는 이유로 해군을 선택했다. 역사학자 월터 맥두걸이 지적했듯이, 미국은 "가느다란 실험용 1단계 로켓과 완전히 새로운 3개의 상단 로켓에 희망을 걸었고, 이를 통해 자몽 크기의 위성을 1958년 말까지 궤도 속도에 맞춰 궤도에 진입시킬 수 있을 것으로 기대했다." 그러면서 맥두걸은 이렇게 덧붙였다. "돌이켜보면 그 결정은 재앙과도 같았다." 민간 위원회 위원장이자 칼텍의 물리학자였던 호머 스튜어트 박사는 투표로 해군 프로젝트가 선정된 직후 폰 브라운에게 "우리가 큰 실수를 저질렀습니다."라고 말했다. 폰 브라운은 그 결정에 완전히 경악했다.

육군은 격렬하게 항의했지만 소용이 없었다. 상황은 오히려 더 나빠져, 폰 브라운의 상급자들은 그를 방해하기 시작했다. 폰 브라운 팀은 1956년 9월 20일에 주피터 C를 발사했다. 이는 4단 로켓으로 설계되었지만, 상부의 지시로 인해 4단에 실제 위성을 탑재할 수 없었다. 이 결정은 폰 브라운에게 큰 실망을 안겨주었다. 폰 브라운이 어떤 속임수를 쓸지도 모른다고 우려한 육군은 4단을 모래로 채우도록 했다. 발사는 놀라울 정도로 성공적이었다. 주피터 C는 기록적인 682마일의 고도와 시속 13,000마일의 속도를 달성했으며, 이는 아마도 위성을 우주로 보내기에 충분했을 것이었다. 다음 날 아침, 폰 브라운은 이렇게 고백했다. "운이 조금만 따랐다면 우리는 위성을 우주에 쏘아 올릴 수 있었을 것입니다. 하지만 안타깝게도 아무도 우리에게 그걸 해보라고 말하지 않았죠."

동시에 폰 브라운이 예상했던 대로 해군 프로그램에는 심각한 문제가 발생하고 있었다. 폰 브라운은 로켓을 처음부터 새롭게 설계하는 일이 결코 쉽지 않다는 것을 알고 있었다. 설계도면상의 계획과는 달리, 바이킹의 유도 시스템은 계속 무게가 증가했다. 한편, 주의를 기울여 지켜보는 사람이라면 누구나 소련 언론에서 자신감, 아니 대담함이 점점 커지고 있음을 느낄 수 있었다. 1957년 5월, 소련 과학 아카데미는 소련 시민들에게 위성을 추적할 준비를 하라고 발표했다. 한 달 후, 한 과학 전문 잡지는 아마추어 무선 운영자들에게 위성의 예상 경로에 대한 상세한 지침을 제공했다. 1957년 8월 3일, R-7이 성공적으로 발사되었다. 위성을 탑재하지는 않았지만, 소련은 분명 커다란 성공의 문턱에 와 있었다. 1957년 8월 26일, 흐루시초프는 "며칠 전 초장거리 대륙간 다단계 탄도 미사일이 발사되었다."라고 발표했다.

1957년 10월 첫째 주, 〈뉴욕 타임스〉 과학 담당 기자 월터 설리번 (Walter Sullivan)은 러시아가 조만간 인공위성을 발사할 것이라는 기사를 토요일판에 싣기 위해 워싱턴 지국에 사전 통보할 만큼 충분한 정보를 입수했다. 그러나 그의 기사는 이후 발생한 사건들로 인해 게재되지 못했다. 10월 4일 아침, 소련은 대륙간 탄도 미사일을 발사했다. 그날 저녁, 설리번은 워싱턴 주재 러시아 대사관에서 열린 칵테일 파티에 우연히 참석했는데, 이 파티에는 국제 지구물리 관측년(IGY) 회의에 참석한 약 50명의 국제 과학자들이 모여 있었다. 회사에서 설리번에게 전화를 걸어 모스크바발 통신사 보도 중에 러시아가 인공위성을 쏘아 올렸다는 소식이 있다고 전했다. 설리번은 이 소식을 미국 과학자 로이드 버크너(Lloyd Berkner)에게 귀띔했고, 버크너는 모두의 주의를 끌며 말했다. "〈뉴욕 타임스〉로부터 위성이 고도 900킬로미터 궤도에 진입했다는 소식을 들었습니다. 소련 동료들의 성과를 축하하고 싶습니다." 회의장에서는 박수가 터져 나왔다. 소련의 위성은 무게 184파운드, 지름 22.8인치의 비교적 작은 알루미늄 합금 구체였다. 이 위성에는 두 개의 무선 송신기가 장착되어 있었다. 소련인들은 위성에 "여행 동반자"를 뜻하는 러시아어 단어인 스푸트니크라는 이름을 붙였다.

여러 번의 경고가 있었음에도, 아이젠하워 행정부에서는 이에 대해 아무런 대비도 되어 있지 않았다. 더 나쁜 것은, 이것이 거의 확실히 세대 차이의 문제였다는 점이다. 처음에는 고위 인사들 중 누구도 소련이 거둔 심리적 승리의 의미를 제대로 이해하지 못했다. 늘 최악의 타이밍에 최악의 말을 하는 특별한 재능이 있었던 국방장관 찰리 윌슨은 스푸트니크를 "쓸모없는 쇳덩어리"라고 불렀다. 백악관에서 아이젠하워의 최측근 보좌관이었던 셔먼 애덤스는 미국이 "우주에서의 농구 시합에 휘말리는 데는 관심이 없다."라고 말했다. 백악관 고문 클라렌스 랜달은 위성을 "하늘에 떠 있는 어리석은 장난감"이라고 불렀다. 아이젠하워 대통령은 10월 9일 기자회견에서 질문 공세에 시달렸다. UPI 통신의 메리먼 스미스가 먼저 이렇게 물었다. "러시아가 지구 위성을 발사했습니다. 그들은 또한 대륙간 탄도 미사일 발사에 성공했다고 주장하는데, 이는 미국이 한 번도 경험해본 적이 없는 일입니다. 대통령님, 이에 대해 우리는 무엇을 해야 합니까?" 아이젠하워는 소련의 성공이 분명 물체를 멀리 발사할 수 있는 능력을 보여주긴 했지만, 스푸트니크와 ICBM 사이에는 아무런 연관이 없다고 대답했다. 또한, 우주에 먼저 진입하기 위한 경쟁은 없었으며, 스푸트니크가 ICBM이 목표를 타격할 수 있다는 것을 증명하지도 못했다고 덧붙였다. 하지만 질문은 끊이지 않았다. NBC의 헤이즐 마켈은 마지막으로 이렇게 물었다. "대통령님, 미국 국민들이 대통령님의 군사적 지식과 리더십에 대해 갖고 있는 큰 신뢰를 고려할 때, 러시아 위성이 지구 궤도를 돌고 있는 이 시점에서도 미국의 안보에 대해 더 우려하지 않으신다는 말씀입니까?"
대통령은 그러한 우려를 진정시키려 노력했다. 그는 이렇게 말했다.
"위성에 관한 한, 그것은 제 우려를 조금도 증가시키지 않습니다. 지금
이 순간, 그리고 지금까지는 중요한 안보 이슈는 없다고 봅니다." U-2
정찰기의 사진 덕분에 아이젠하워는 자신감을 가질 만한 충분한 이유
가 있었지만, 그 증거를 국민과 공유할 수는 없었다.

하지만 닉슨, 캐봇 로지, 넬슨 록펠러와 같은 행정부의 젊은 인사들
은 스푸트니크의 선전 효과를 즉각 이해했다. 그들은 핵무기 시대에
소련의 어떠한 과학적 혁신도 위협으로 받아들여진다는 것을 알고 있
었다. 예산관리국 국장이었던 퍼시벌 브런디지는 한 저녁 파티에 참석
한 자리에서 스푸트니크는 6개월 안에 잊혀질 것이라고 말했다. 같은
자리에 있던 워싱턴의 유명한 사교계 여주인 펄 메스타는 "그래요, 그
렇죠."라고 맞장구를 친 뒤 이렇게 말했다. "그리고 6개월 후엔 우리 모
두 죽어 있을지도 모르죠."

스푸트니크의 성공은 일종의 기술적인 진주만 피습을 예고하는 것
처럼 보였는데, 실제로 에드워드 텔러는 이 사건을 정확히 그렇게 불
렀다. 민주당의 한 입법 보좌관은 린든 존슨에게 이 문제가 그를 백악
관으로 이끌 수 있다고 주장하는 보고서를 작성했다. (그러나 그의 예측
은 틀렸다.) 어떤 이들은 이를 미국의 물질적 방종에 대한 질책으로 해
석했다. 존슨은 디트로이트로 상징되는 미국의 풍요와 안일함을 비유
적으로 비판하며 이렇게 말했다. "내년에 더 나은 위성을 쏘아 올린다
는 말을 듣는 것은 그리 안심이 되지 않습니다. 어쩌면 거기에 크롬 장
식에다 자동 윈드실드 와이퍼까지 달아놓을 수도 있겠죠." 갑자기 미
국이 국가적 자신감의 위기를 겪고 있는 것처럼 보였다. 하이먼 리커
버 제독은 미국의 학교 교육 시스템을 비판했다. 2년 전만 해도 별다른
주목을 받지 못했던 〈왜 조니는 글을 읽지 못하는가-그리고 당신이 할

수 있는 일〉(Why Johnny Can't Read–and What You Can Do About It)이라는 책이 갑자기 베스트셀러로 떠올랐다. 하버드 대학 총장 네이선 푸시는 이런 상황을 보고 국민총생산(GNP)의 더 많은 부분을 교육에 투자해야 한다고 주장했다.

충격적인 순간이었다. 〈라이프〉 지는 "패닉에 빠져야 할 이유"라는 제목의 기사를 실었다. 존 포스터 덜레스는 논리와 사실을 무시한 채, 소련이 독일 과학자들을 포로로 잡은 덕분에 유리한 고지를 점했다고 주장했다. 스푸트니크에 대한 농담이 넘쳐났다. 스푸트니크 칵테일은 보드카 두 잔에 신 포도주 한 잔을 섞은 것이라고 했다. 한 비평가는 스푸트니크가 백악관 상공을 지날 때는 "삐, 삐, 나는 아이크가 좋아, 나는 아이크가 좋아.[13]"라는 소리를 낼 것이라고 농담하기도 했다.

소련은 자랑하고 싶은 유혹을 뿌리칠 수 없었다. 소련 지도자들은 이를 미국의 물질주의에 대한 승리로 여겼기 때문이다. 바르셀로나에서 열린 국제 회의에서 소련의 우주 과학자 레오니드 세도프는 한 미국인에게 이렇게 말했다. "미국인들은 우리보다 더 나은 생활 수준을 가지고 있습니다. 하지만 미국인은 자신의 차, 냉장고, 집을 사랑합니다. 그는 우리 러시아인들처럼 조국을 사랑하지 않습니다." 흐루시초프는 스푸트니크가 평범한 사람들에게 미친 영향, 즉 그것이 얼마나 무섭고 대단해 보였는지를 직감적으로 이해하고 있었다. 그는 소련은 이런 일을 언제든 해낼 수 있다고 자랑하면서, 이런 로켓을 "소시지처럼" 수십 개씩 생산할 수 있다고 했다. 마침내 미국이 위성을 발사했을 때, 그는 미국의 위성이 과학적 측면에서 소련의 것보다 훨씬 더 인상적이었음에도 이를 폄하했다. 미국의 위성은 오렌지처럼 작다면서, 미국인들이 소련을 따라잡으려면 수많은 오렌지를 우주로 던져야 할 것이라고 말

13   아이젠하워 측의 대통령 선거 슬로건, '나는 아이크가 좋아(I like Ike)'를 사용해 당시의 정치적 상황을 풍자한 것이다.

했다. 우주는 흐루시초프의 새로운 선전 무기가 되었다. 그는 공개석상에서 과학자들보다는 우주 비행사들을 찬양했다. 그들은 흐루시초프의 우주 자녀들이자 소련 국민들의 "천상의 형제들"이었고, 그는 그들의 "우주 아버지"였다.

스푸트니크가 발사된 날, 곧 윌슨의 후임으로 국방장관에 오를 닐 맥엘로이(Neil McElroy)가 우연히 몇몇 핵심 보좌관들과 함께 헌츠빌을 방문하고 있었다. 그들은 시설을 둘러보던 중 이 소식을 들었다. 폰 브라운의 좌절감이 폭발했다. "그들이 그렇게 할 줄 알았어요!" 그러면서 그는 이렇게 덧붙였다. "해군의 바이킹 로켓을 기반으로 한 뱅가드 프로젝트는 절대 성공하지 못할 겁니다. 우리는 필요한 장비가 이미 다 준비되어 있습니다. 60일 안에 위성을 쏘아 올릴 수 있습니다." 맥엘로이가 떠났을 때 폰 브라운은 몇 달 만에 처음으로 프로그램의 미래에 대해 다시 확신을 갖게 된 듯했다. "곧 연락이 올 것이다. 맥엘로이가 곧 승인 신호를 보낼 것이다. 다른 대안이 없으니까."라고 그는 생각했다. 한 달이 걸렸다. 11월 8일, 맥엘로이는 두 개의 위성을 발사해 달라는 전보를 보냈다.

곧 스푸트니크 2호가 등장했다. 1957년 11월 3일에 발사된 이 위성의 무게는 1,120.29파운드로 1호보다 약 6배 더 무거웠고, 궤도는 더 높았으며, 라이카라는 작은 개 한 마리를 태우고 있었다. 분명 소련은 곧 우주에 사람을 보내려고 하는 듯했다. 이는 또 하나의 심리적 승리였다. 하지만 최악의 상황은 아직 오지 않았다. 아이젠하워의 대변인 짐 해거티는 스푸트니크 발사 직후 해군이 곧 인공위성을 궤도에 진입시킬 계획이라고 발표했다. 해거티의 이 발표에 해군은 깜짝 놀랐다.

하지만 해군 팀은 일정을 앞당겼다. 소련의 성공으로 자존심이 상한 백악관은 발사를 발표했을 뿐 아니라 이를 사실싱 중요한 미디어 이벤트로 만들었다. 발사 당일, 강풍으로 인해 연기하자는 이야기가 나왔지만 바람이 점차 잦아들어 결국 발사를 강행하기로 했다. 독일 엔지니어 쿠르트 슈텔링은 당시의 상황을 이렇게 묘사했다. "카운트다운이 끝나자 마치 지옥 문이 열리는 것 같았다. 엔진 근처 로켓 측면에서 단검처럼 날카로운 불꽃이 튀어나왔다. 로켓은 고통스럽게 잠시 망설이다가 다시 떨더니 우리의 믿을 수 없는, 충격받은 눈 앞에서 무너지기 시작했다. 거대한 불타는 검이 칼집 속으로 가라앉듯 발사관 속으로 가라앉았다. 천천히 무너지면서 부서졌고, 시험대 구조물 일부와 지면에 부딪히면서 블록하우스의 2피트 두께 콘크리트 벽과 6인치 방탄유리 뒤에서도 느낄 수 있는 엄청난 굉음을 냈다. 잠시 동안 모두가 완전히 믿기지 않았다. 사람들의 얼굴에서 그것을 볼 수 있었다. 나 자신도 그렇게 느꼈다. 이런 일은 있을 수 없었다. …불이 꺼지고 나서야 우리는 200파운드짜리 소련 위성에 대응하기 위한 미국의 작품이라는, 고작 4파운드짜리 자몽 크기의 위성이 반짝이는 파편들 사이로 떨어진 채 멀쩡한 듯 삐삐 소리를 내고 있는 것을 보았다."

〈런던 데일리 익스프레스〉는 "미국산 위성은 '카푸트닉(Kaputnik)[14]'이라는 제목의 기사를 게재했다. 〈데일리 헤럴드〉의 기사 제목은 "오, 이런 털썩닉(Flopnik)![15]"이었다. 〈데일리 메일〉은 직설적으로 "펑 터진 미국 위성"이라는 제목을 달았다. 또 다른 신문의 제목은 멈춰 선 위성이라는 뜻의 "스테이푸트닉"이었다. 소련은 또다시 우쭐댔다. 카란다쉬(연필)라는 예명으로 유명하던 소련의 코메디언이 작은 풍선을 들고 원형 무대에 올라왔다. 풍선이 터졌다. 그의 조수가 그게 뭐냐고 물었다. "스푸트니크잖아."라고 그가 말했다. 관중들이 숨을 죽였다. "미국산 스푸트니크 말이야." 그가 이렇게 덧붙이자 환호성이 터져 나왔다.

---

14   카푸트닉은 독일어로 '실패한'이라는 뜻의 Kaput와 스푸트니크(Sputnik)를 합성한 조어로 미국의 실패를 비꼬는 의미로 제목을 단 것이다.
15   Flopnik은 '털썩 주저앉다'는 뜻의 영단어 flop와 스푸트니크(Sputnik)를 합성한 조어다.

그래서 폰 브라운의 팀은 미국의 명성을 회복할 책임을 맡게 되었다. 미사일 29호에 모든 기대를 걸었다. 발사 예정일은 1958년 1월 29일이었다. 섣부른 홍보는 자제하기로 했다. 로켓은 기자들이 눈치채지 못하도록 밤에 점검이 이루어졌다. 카운트다운 초반은 순조롭게 진행되었지만 일기 예보가 좋지 않았다. 그래서 발사가 연기되었다. 발사 업무를 총괄하고 있던 커트 데버스는 로켓의 연료가 연료탱크를 부식시킬 수 있다고 걱정하기 시작했다. 1월 31일까지는 발사해야 한다고 그는 주장했다.

마침내 모든 것이 제대로 돌아가는 듯했다. 100여 명의 기자들이 지켜보는 가운데, 로켓은 1958년 1월 31일 오후 10시 47분 56초에 발사되었다. 그들은 곧바로 성공했다는 것을 알았다. 모든 것이 완벽하게 작동하는 것처럼 보였다. 발사 6분 50초 후, 마지막 로켓, 즉 킥 스테이지가 점화되어 6초 동안 연소하며 위성을 우주로 날려 보냈다. 폰 브라운은 윌버 브루커 육군 장관, 윌리엄 피커링 제트 추진 연구소장 등 육군 관계자들과 함께 펜타곤에 있었다. 그들은 위성이 궤도에 확실하게 자리잡을 때까지 긴장감을 풀지 못했다. 누구도 확실해지기 전까지는 대통령에게 전화하고 싶지 않았다. 폰 브라운의 계산에 따르면 위성은 동부 시간으로 오전 12시 41분에 패서디나 관측소(tracking station)를 통과할 예정이었다. 12시 40분, 그들은 패서디나에 문의했다. "무슨 소리가 들렸나요?" "아직 아무것도 들리지 않습니다." 긴장감이 더욱 고조된 12시 43분, 그들은 다시 패서디나에 물었다. "뭐라도 들었냐고요?" "아니오." "왜 아무것도 들리지 않는 거죠?" 피커링이 물었다. 브루커는 긴장했다. 그가 폰 브라운을 돌아보며 말했다. "베르너, 어찌된 겁니까?" 폰 브라운은 식은땀을 흘리고 있었다. 패서디나와 계속 통화 중이던 피커링이 소리쳤다. "그들이 들었답니다. 베르너, 들었어요!" 폰 브라운은 시계를 보며 혼잣말로 말했다. "8분 늦었어. 흥미롭군." 마침내 백악관 대변인 해거티는 아이젠하워에게 전화 보고를 할 수 있었다. "잘됐네요. 이제 확실히 기분이 나아졌습니다." 아이젠하워는 말했다. 그러고는 잠시 말을 멈추고 생각에 잠긴 뒤 이렇게 덧붙였다. "너무 큰 소란을 피우지는 맙시다." 몇 차례의 굴욕을 겪은 후, 미국은 마침내 우주 경쟁에 뛰어들었다.

제42장

자만이 초래한 위기
: GM이 버린 혁신의 길

1950년대 후반, 매디슨 애비뉴에서는 텔레비전이 상품 판매를 위한 마법의 기계라는 사실이 점차 드러나고 있었지만, 이에 대한 인식은 아직 확립되지 않은 상태였다. 그러나 광고인들은 이미 텔레비전이 맥주, 담배, 각종 특허 의약품, 그리고 무엇보다도 자동차와 같은 고가의 제품을 더 쉽게 판매할 수 있다는 사실을 알아냈다. 미국 경제가 절정에 달하고 있었기에 GM보다 더 많은 돈을 광고에 쓰거나 자사 제품을 더 효과적으로 광고한 회사는 없었다.

시카고에 위치한 레오 버넷 컴퍼니의 광고팀에서 일하던 젊은 직원 켄싱어 존스(Kensinger Jones)는 1957년 중반 무렵 업계 저널인 〈애드버타이징 에이지(Advertising Age)〉에서 한 광고를 보게 되었다. 익명의 한 회사가 세계 최대 규모의 광고 계정을 담당할 텔레비전 크리에이티브 디렉터를 찾고 있었던 것이다. 존스는 곧바로 관심을 가졌다. 그는 버넷 컴퍼니에서 약 5년간 일하며 좋은 성과를 냈지만, 그곳이 당시 대부분의 광고 회사처럼 여전히 지나치게 인쇄물 중심적이라는 생각이 들었다. 존스가 보기에 이는 세대의 문제였다. 그는 주요 광고 에이전시의 고위 임원들이 모두 글쓰기를 통해 명성을 쌓았다고 생각했다. 글은 그들이 이해하고 반응할 수 있는 분야였다. 하지만 텔레비전은 그들에게 불안감을 주었다. 일부는 텔레비전을 경시했고, 일부는 두려워했다. 그들 중 텔레비전이 이미 광고 업계를 얼마나 크게 변화시켰는지 깨닫는 사람은 거의 없었다. 퀜싱어 존스는, 그들이 텔레비전을 활용한다고 자부하는 순간에도, 텔레비전의 가장 큰 강점인 이미지를 제대로 활용하지 못하고 있다고 생각했다. 대신 그들은 자신들이 가장 잘 아는 것, 즉 글쓰기에 의존하고 있었다. 존스가 보기에 텔레비전은 개였고 인쇄물은 꼬리였다. 그러나 당시 광고 대행사를 주도하던 세대는 꼬리가 개를 흔들도록 내버려 두고 있었다. 시카고 광고계의 거물 레오 버넷도 텔레비전에 적응해야 한다는 사실을 어느 정도 깨닫고 있었던 것처럼 보였지만, 끝내 완전히 변화하려는 결단을 내리지는 못했다.

존스는 특히 예산이 적고 거의 모든 것이 생방송으로 진행되던 텔레비전 광고 초창기의 자유로움이 마음에 들었다. 규칙도 없었고, 아무도 그에게 무엇을 하면 안 된다고 지시할 수 없었다. 그는 팹스트 블루 리본의 새로운 팝캡 병을 위한 일련의 생방송 광고를 제작한 적이 있었다. 그 광고는 겉보기에는 간단했다. 엄지손가락을 튕기면 병뚜껑이 날아가도록 설계된 것이었다. 하지만 이 장치가 항상 제대로 작동하는 것은 아니었다. 존스는 뚜껑이 잘 안 열릴 때면 재빨리 다른 프로그램이나 광고로 화면을 전환했다가, 뚜껑을 연 뒤에 다시 광고로 돌아오는 요령을 터득했다. 버넷 사의 주요 고객이었던 그린 자이언트 채소 광고의 경우, 존스는 졸리 그린 자이언트의 거대한 인형 제작에 참여했다. 약 2.5피트 크기의 이 인형은 수십만 명의 어린이를 매료시킬 것이라고 기대되었다. 존스는 자신의 작업에 매우 만족하며, 시각 예술의 발전에 큰 진전을 이뤘다고 생각했다. 그러나 이 자이언트 인형이 처음 공개되었을 때, 그것은 완전한 재앙이었다. 인형은 마치 프랑켄슈타인의 괴물처럼 카메라를 향해 불쑥 다가왔고, 수천 명의 아이들을 겁에 질리게 했다. 그날 스튜디오로 그 끔찍한 것을 당장 방송에서 내려달라는 항의 전화가 쏟아졌다. 존스는 이런 실험적인 시기를 거치며 많은 것을 배웠고, 제품을 시각적으로 판매하는 방법을 자신만큼 아는 사람이 거의 없다고 확신했다. 그는 특히 캠벨 토마토 주스 광고에 큰 자부심을 느꼈다. 그 광고에서 그는 타임랩스 촬영 기법을 활용해 토마토 한 알이 씨앗에서부터 자라나 캠벨 토마토 주스의 재료로 선정되기까지의 전 과정을 생생하게 보여주었다.

〈애드버타이징 에이지〉에 실린 공고를 보고 흥미를 느낀 존스는 곧바로 응모했다. 세계 최대 규모의 광고 계정은 틀림없이 쉐보레일 것이라 확신했다. 그의 예상이 맞았다. 그 계정은 쉐보레였고, 디트로이트에 본사를 둔 캠벨 이월드 사가 담당하고 있었다. 그는 면접 요청을 받았고, 캠벨 이월드 사와 제너럴 모터스 관계자들은 그에게서 긍정적인 인상을 받았다. 그들 입장에서 보면 그는 비교적 예측하기 어려운 부류인 텔레비전 전문가였지만, 동시에 세인트루이스에서 태어나 세인트루이스 워싱턴 대학을 나온 중서부 출신이었다. 게다가 그는 시카고의 버넷 사에서 일하고 있었다. 버넷은 동부와 캘리포니아의 엘리트주의와 속물 근성이 만연한 광고 업계에서 중서부의 가치를 지키는 보루를 자처하는 곳이었다. 그런 배경을 가진 존스가 자동차나 디트로이트를 경멸할 사람으로는 보이지 않았다. 존스는 그 자리를 제안받았을 때 무척 기뻤다. 약 100만 달러에 달하는 큰 예산이 마음에 들었다. 당시로서는 엄청난 금액이었고, 한 편의 광고에 70,000달러까지 제작비를 쓸 수 있다는 의미였다. 게다가 텔레비전 광고에 대한 쉐보레의 의지는 대단했다. 존스는 곧 연간 약 9,000만 달러를 집행하는 책임을 맡게 되었고, 쉐보레는 ABC의 '마이 쓰리 선즈', CBS의 '루트 66', NBC의 '보난자' 등 주요 방송 3사의 프로그램을 동시에 후원하기도 했다.

존스가 느끼기에 버넷에서는 사람들이 텔레비전의 활용 가치를 이해하는 데 다소 더뎠지만, 쉐보레에서는 그런 문제가 전혀 없었다. 그는 특히 쉐보레의 고위 실무진들, 그중에서도 에드 콜의 개방적이고 직설적인 태도가 마음에 들었다. 에드 콜은 광고를 어떻게 만들어야 하는지에 대해 존스에게 간섭할 생각조차 하지 않을 것처럼 보였다. 대신, 콜이 내린 유일한 지시는 좋은 광고를 만들라는 것뿐이었다. 콜은 쉐보레가 지금 역사상 최고의 자동차를 만들고 있다고 확신하고 있었으며, 광고 담당자들이 그 자동차만큼 훌륭한 광고를 만든다면 회사가 더 많은 차를 판매할 수 있을 거라고 믿었다.

켄 존스는 이 새로운 매체를 통해 말을 최소화하고 시각적으로 이야기를 전달하고자 했다. 전달할 이야기가 있다면, 카메라가 그 역할을 하도록 하자는 것이 그의 생각이었다. 우연히도 그가 캠벨 이월드에서 일하게 된 거의 같은 시기에, 뉴욕에서 소규모 제작사를 운영하던 그의 친구 밥 로렌스가 실험적인 영화 몇 편을 보내왔다. 이 영화들은 로스앤젤레스의 촬영감독 게리 슈니처(Gerry Schnitzer)가 홀로 제작한 것이었다. 켄 존스는 그 영화들을 보고 깜짝 놀랐다. 슈니처가 적은 돈으로 혼자 해온 작업이 바로 자신이 찾던 것이었기 때문이다. 슈니처의 이야기들은 짧으면서도 인상적이었고, 어떤 면에서는 미국인의 삶의 본질을 담아내고 있었다. 그것은 독창적이고 매우 재능 있는 작가의 작품이었다. 그중 한 작품은 우편배달부가 배달 도중 사방치기 판을 발견하고는, 아무도 보지 않는다고 생각하고서 순간적으로 몰래 사방치기를 하는 장면을 담고 있었다. 또 다른 작품은 슈니처가 도개교 앞에서 기다리며 촬영한 영상이었다. 도개교가 올라가 있는 동안 일상이 잠시 멈춘 사람들이 차 안에서 시간을 보내는 무료한 순간들이 카메라에 담겨 있었다. 또 하나의 작품은 로스앤젤레스의 한 거리에서 촬영되었는데, 가난해 보이는 나이 든 멕시코계 미국인 남성이 목에 밧줄을 맨 코커 스패니얼 강아지를 팔고 있었다. 부모와 어린 딸로 이루어진 한 가족이 차를 타고 와 남성과 흥정을 벌였지만 거래는 성사되지 않았고, 그들은 떠났다. 그러나 잠시 후, 아마도 아이의 간절한 요청에 응한 듯 가족이 다시 돌아왔고, 거래는 결국 성사되었다. 이 단순한 장면은 강렬한 감동을 주었다.

켄 존스는 이 소소한 이야기들을 보고 자신이 찾던 사람을 발견했다는 것을 직감했다. 카메라로 이야기를 전하며 내레이션을 사용하지 않고, 노먼 록웰의 그림을 떠올리게 하는 미국의 모습을 담아내는 사람을 말이다. 그는 즉시 게리 슈니처에게 연락했다. 슈니처는 브루클린에서 자라 다트머스 대학에 진학해 작가가 되려고 했지만, 뜻밖에도 타자기보다 카메라가 더 마음에 든다는 사실을 깨달았다. 그는 바워리 보이즈 영화 시리즈의 초기 작품(the early *Bowery Boys* films) 일부의 각본을 쓰고 연출했으며, 캐나다 영화위원회를 위해 캐나다 어업과 목재 산업을 다룬 단편 영화들을 제작했다. 그는 캘리포니아로 이주해 대사 없는 독창적인 단편 영화들을 계속 제작했다. 그는 상업적 성공을 적극적으로 추구하지 않았고, 그래서 큰 성공과는 거리가 멀었다. 한때, 그가 만든 영화들은 교정 교육을 받는 아이들의 읽기와 쓰기 수업에서 사용되기도 했다. 평소 말로 자신을 표현하기를 꺼리던 아이들이 그의 영화를 보고, 아마도 내레이션이 없었던 덕분에, 방금 본 것에 대해 이야기하기 시작했다. 최소한 이는 전통적인 소통 방식에 저항감을 느끼는 관객층들도 그의 작품에는 마음을 움직였음을 보여주는 증거였다. 당시 슈니처는 아주 적은 돈으로 겨우 생계를 유지하고 있었으며, 매디슨 애비뉴에서는 그의 작품에 관심을 가지는 이가 거의 없었다. 누군가의 소개로 뉴욕의 대형 광고회사에서 크리에이티브 디렉터로 일하던 맥스 와일리를 만났는데, 슈니처는 와일리가 단순히 자신의 작품을 거절한 것을 넘어 자신에게 노골적인 경멸을 보였다고 느꼈다. 와일리는 실제로 이렇게 말했다. "영상은 참 예쁘네요. 하지만 이게 정말 이야기인가요? 말이 없고, 스토리라인도 없잖아요. 이런 걸로는 담배를 팔 수 없을 겁니다." 그러던 중, 슈니처는 켄 존스의 전화를 받았고, 존스가 그에게 함께 일하자고 제안한 것이다.

슈니처는 제안을 받아들였지만, 예술과 상업의 사이에서 아슬아슬한 균형을 맞춰야 한다는 것을 알고 있었다. 그래서 그는 이야기를 매우 치밀하게 구성해야 했다. 모호한 부분이 있어서는 안 되었다. 주제는 명확해야 했고, 광고를 본 후에는 누구나 그것이 자동차를 판매하기 위한 광고라는 것을 알 수 있어야 했다. 다만 몇 년이 지난 후 그는 자신과 존스가 결국 자동차가 아닌 꿈을 팔고 있었다고 말했다.

슈니처가 존스와 함께 제작한 첫 광고는 1958년형 쉐보레를 위한 것이었다. 존스는 적절한 이야기를 찾아내는 슈니처의 직관에 모든 것을 맡겼다. 슈니처는 이에 대해 깊이 고민했다. 그는 평범한 미국인의 삶에서 가장 기본적인 것, 모든 가정에 와닿으면서 쉐보레와 자연스럽게 연결될 수 있는 인생의 전환점을 담고 싶었다. 결국 그는 매우 단순한 아이디어를 떠올렸다. "졸업 시즌을 맞은 한 가족의 모습을 담아내면 어떨까요?"라고 슈니처가 존스에게 제안했다. 그것이 바로 정답이었다. 두 사람은 의견의 일치를 보았다. 이렇게 해서 2분짜리 광고가 제작되었는데, 당시에도 지금도 광고로서는 매우 긴 러닝타임이었다.

이 광고에는 탭 헌터를 닮은, 완벽한 모범생처럼 보이는 금발의 십대 청년이 등장한다. 그는 분명 곧 고등학교를 졸업하고 명문 대학에 입학해 좋은 사교클럽에 가입할 인물이다. 무도회가 열리는 밤, 광고는 약간 혼란스러워하며 쫓기는 듯한 그의 모습으로 시작된다. 흰색 디너 재킷을 입고 서둘러 현관을 나서려는 그에게 가족들이 모여든다. 각자의 모습이 한눈에 들어온다. 호감 가고 현명하며 인자한 아버지, 다정하지만 다소 엄격해 보이는 어머니, 그리고 확실히 말괄량이 같아 보이는 여동생. 이들이 무언가 비밀을 공유하고 있다는 느낌이 들지만, 처음에는 그게 무엇인지 알기 어렵다. 슈니처가 원했던 대로, 이 모든 장면은 광고성 멘트 없이 마임으로 능숙하게 표현된다. 배경에는 당시 쉐보레의 캠페인 송 "쉐보레와 함께 미국을 여행하세요"가 흐르는데, 쉐보레의 젊은 감각을 보여주기 위해 당시 유행하던 레 폴과 메리 포드 스타일로 편곡된 곡이다. 주인공은 집을 나서 자신의 고물차로 향한다. 그의 차는 당시 미국의 십대들이 즐겨 몰던 전형적인 올드카였는데, 앞문짝에는 '입구(ENTRANCE)', 지붕에는 '천천히(GO SLOW)' 같은 당시 십대들이 자신의 차에 즐겨 써넣던 문구들이 그려져 있다. 차로 걸어가던 그의 시선이 문득 다른 곳으로 향한다. 집 앞에 주차된 또다른 차를 본 것이다. 그는 깜짝 놀란다. 지붕이 접힌 새 쉐보레 컨버터블이었다. 이때 처음으로 내레이터의 목소리가 들린다. "이런 순간은 수없이 많았죠." 그는 멈춰 서서 새 차를 바라보다가 현관에 서 있는 가족들을 돌아본다. 관객들은 아버지와 여동생 사이에 무언가 비밀이 있음을 눈치챈다. 주인공의 시선이 가족과 새 컨버터블 사이를 오간다. 마침내 아버지가 미소를 지으며 주머니에서 열쇠를 꺼낸다. 그는 달려가 열쇠를 받아 컨버터블로 향했다가, 막 출발하려는 순간 무언가를 잊었음을 깨닫는다. 무도회 때 쓸 꽃장식이 낡은 고물차에 있었던 것이다. 그는 고물차에서 그것을 챙긴 뒤 여자친구를 태우러 간다. 그의 데이트 상대는 이 멋진 차에 걸맞게 아름다운 여인이다(이 광고가 배우

셜리 나이트의 초기 출연작 중 하나다). 모든 것이 완벽하다. 훌륭한 청년, 멋
진 가족, 그리고 멋진 차. 혹시라도 관객들이 놓쳤을까 봐 내레이터가
다시 말한다. "정말 멋진 여인이군요! 아름다운 밤입니다! 멋진 차! 새
로운 쉐보레!" 존스와 슈니처가 이 광고를 처음 시사했을 때, 쉐보레의
광고 담당자가 눈물을 글썽이며 말했다. "완벽해요. 내 큰아들이 생각
나네요." 존스는 이 말을 듣고 자신들이 성공작을 만들어냈음을 확신
했다.

이 광고는 여러 가지 면에서 의미심장했다. 특히 십대들에게도 더욱
풍요로운 새 시대가 도래하고 있음을 알리는 신호탄이었다. 낡은 고물
차를 이리저리 고쳐가며 타야 했던 시대는 이제 끝났다고 말하는 듯했
다. 이제 아버지들은 자녀가 고등학교를 졸업할 때 정말 가치 있는 것,
바로 새 차를 선물해야 한다는 시대가 온 것이다. 이처럼 새로운 시대
가 열리고 있었고, 그것은 전혀 새로운 방식으로 홍보되고 있었다.

두 사람이 함께 만든 다음 주요 광고는 1958년 가을에 촬영된 "가족
쇼핑 투어"였다. 이 광고는 새 차로 바꾸지 않고 구형 모델을 1~2년 더
타려는, 거의 미국적이지 않은 개념을 겨냥해 특별히 기획된 것이었
다. 그 해의 경기는 다소 주춤한 상태였고, 과거에 비해 자동차를 좀 더
오래 타려고 생각하는 사람들이 많았다. 이 광고는 바로 그 문제를 다
룬 것이었다. 광고는 아버지와 아들이 쉐보레 쇼윈도를 지나가는 장면
으로 시작된다. 쇼룸 안에서는 영업사원이 다른 가족에게 1959년형
스테이션 왜건을 설명하고 있다. 카메라가 새 스테이션 왜건의 뒷창문
으로 상체를 내밀고 있는 어린 소녀를 비춘다. 소녀는 길거리에서 지
켜보고 있는 소년을 향해 얼굴을 찡그리며 혀를 내민다. 영업사원이
이를 보고 깜짝 놀란 듯 소년과 소녀를 한 차례씩 쳐다보더니 미소를
짓는다. 소년과 아버지는 계속 스테이션 왜건을 바라본다. 카메라는
소년과 소녀 사이의 장난스러운 교감을 포착한다. 이어서 카메라는 낡

은 차에 식료품을 싣고 있는 소년의 어머니(그리고 남자의 아내)를 보여준다. 그녀는 식료품을 앞좌석에 넣고 문을 닫으려 하지만, 세 번이나 세게 닫아야 겨우 잠긴다. 그녀는 자동차 쇼룸을 눈여겨보는 남편을 못마땅한 눈초리로 바라본다. 남편이 새 쉐보레 왜건을 가리키자 상황은 더 나빠진다. 그녀는 전혀 기뻐하지 않는다. 분명 이전에도 새 차를 두고 말다툼이 있었고, 그녀는 지출을 억제하는 입장이었던 것이다. 바로 그때 낡은 차의 문이 열리면서 오렌지를 비롯한 식료품이 바닥으로 쏟아진다. 카메라가 길 아래로 굴러가는 오렌지 하나를 좇다가, 오렌지가 다 굴러갈 무렵에 화면이 전환되면서 엄마, 아빠, 어린 소년이 영업사원의 설명을 듣고 있는 쇼룸 안 모습이 나온다. 엄마가 스테이션 왜건에 타서 문을 닫자 단번에 잠긴다. 그녀가 미소 짓는다. 다음 장면은 도로 위의 가족들로, 모두가 환하게 웃고 있다. 내레이션이 흘러나온다. "보는 재미, 운전하는 재미, 구매하는 재미. 새로운 쉐보레입니다." 이후에도, 세련된 파리지앵들이 놀란 눈으로 바라보는 가운데 파리의 거리를 달리는 무인 쉐보레, 유타 남부의 산꼭대기에 올라간 쉐보레, 그리고 "세상에, 저 바위 위에 자동차가 있네요."라고 외치는 항공기 조종사의 모습을 담은 광고들이 이어졌다.

　몇 년 후, 연이은 놀라운 성공을 거둔 존스와 슈니처는 쉐보레 경영진이 간섭하기 시작했다는 것을 알게 되었다. 경영진은 자동차의 장점을 더 강조하는 내레이션을 넣으라고 요구했다. 슈니처는 기업 경영진들이 "꿈을 제외한 모든 것은 이해하고 있었다"고 생각했다. 약 30년이 지난 후, 그는 자신의 초기 쉐보레 광고들이 왜 그렇게 성공했는지 되돌아보았다. 그리고 그 이유는 평범한 가족들의 꿈과 열망을 포착했기 때문이라고 생각했다. 그가 강조했듯이, 그의 광고에는 항상 '가족'이 있었다.

　자동차는 점점 더 강력해졌지만, 회사를 이끄는 사람들은 점점 더 평범해졌고 재무 담당자들의 영향력은 계속 커져갔다. 에드 콜은 점점 더 예외적인 존재가 되어갔다. 본사는 사업부의 권한을 축소시키면서 점점 더 막강한 힘을 키워가고 있었다. 많은 GM 직원들에게 결정적인 순간은 1958년, 프레데릭 도너(Frederic Donner)가 사장이 된 때였다. 도너는 회계사 출신이었는데, 같은 회계사 출신이던 할로우 커티스와는 달리 오로지 숫자에만 관심이 있는 것처럼 보이는 사람이었다. 그가 회사를 둘러보다가 젊은 GM 직원들을 가리키며 "저 친구는 연봉이 얼마지?"라고 묻곤 하는 것으로 유명했다. 그는 수줍음이 많고 지극히 사생활을 중시하는 사람으로 알려져 있었다. 도너는 이를 부인했다. "나는 과묵하지 않습니다. 수줍음이 많지도 않습니다. 사람들을 두려워하지도 않고, 엔지니어들처럼 슬라이드 룰을 가지고 다니지도 않습니다." 하지만 회사 안팎에서 그의 대외 활동은 극히 제한적이었다. 스크립스-하워드 신문 체인의 경제담당 편집장인 밥 디치가 미국에서 가장 영향력 있는 기업인 10인을 다루는 특집 시리즈를 위해 인터뷰를 요청했을 때도, 도너는 처음에는 거절했다. 디치가 그러면 도너를 명단에서 제외하겠다고 하자 그제서야 마음을 바꾸었다. 인터뷰는 시작부터 어색했다. "시간을 내주셔서 정말 감사합니다."라고 디치가 말문을 열자, 도너는 표정 하나 바꾸지 않고 이렇게 말했다. "네, 저도 그렇게 생각합니다. 저도 제가 매우 친절하다고 생각합니다."

그의 승진은 회사의 변화를 반영한 것이었다. 사업부 책임자들과의 매일 정례 모임에서 프레데릭 도너는 계속해서 주식 얘기를 했고, 뉴욕 증권가 애널리스트들의 의견을 인용했다. 당시 폰티악 사업부를 이끌고 있던 벙키 크누드센(Bunkie Knudsen)에게 이런 대화는 말 그대로 신성모독처럼 느껴졌다. 이전까지 회의에서 주가 얘기가 나온 적은 없었다. 회사 수장이 이익의 필요성을, 심지어는 이익 극대화의 필요성을 강조하는 것은 당연했지만, 주가를 올리는 방법이나 월스트리트 애널리스트들이 회사를 어떻게 평가하는지에 대해 이야기하는 것은 상상조차 할 수 없는 일이라고 그는 생각했다. 예전에는 이런 단순한 원칙이 있었다. 디트로이트 사람들이 좋은 자동차를 만들기만 하면 뉴욕 사람들이 주가를 알아서 관리한다는 것이었다.

크누드센은 도너의 이런 발언에서 불길한 변화를 예감했다. 그것은 기업의 목적이 근본적으로 변화하고 있다는 신호였다. 이제 제품의 품질이 아니라 수익이 기업의 목표가 되었다는 의미였고, 비록 당시에는 거의 아무도 깨닫지 못했지만, 이는 필연적으로 기술개발과 제조 부서의 영향력이 쇠퇴할 것이라는 뜻이기도 했다. 또한 새로운 기술을 실험하려는 회사의 의지가 더욱 약화될 것임을 보여주는 신호이기도 했다. 새로운 기술 개발은 매번 자동차 원가를 높이는 결과를 가져왔기 때문이었다. 그리고 마침내 이는 각 차량 사업부가 동일한 핀, 나사, 너트, 볼트, 차체 골격을 사용할 수 있도록 모든 사업부를 최대한 획일화하려는 강력한 움직임으로 이어질 것이었다. 미국의 주요 산업 기업들에서 근본적인 변화가 일어나고 있었다. 제품 생산을 담당하던 사람들 대신 재무 전문가들이 득세하기 시작한 것이다. 이는 이들 대기업들이, 적어도 무의식적으로는, 자신들이 사실상의 독점 기업이 되어 더 이상 진정한 경쟁 상대가 없다고 믿기 시작했다는 확실한 증거였다. 이제 그들의 유일한 관심사는 마치 영원히 보장된 것처럼 보이는 수익을 극대화하고 주가를 올리는 것뿐이었다.

벙키 크누드센은 이 모든 변화의 파급 효과를 완전히 이해하지는 못했지만, 무언가 심각하게 잘못되어 가고 있다고 느꼈다. 월스트리트에서의 성과 향상이 반드시 자동차 성능의 향상을 의미하는 것은 아니었다. 유감스럽게도 월스트리트에 좋은 것이 제너럴 모터스에도 항상 좋은 것은 아니었다. 도너와의 회의가 끝나면 벙키 크누드센은 동료들과 점심을 먹으러 갈 마음이 없었다. 대신 디트로이트 애슬레틱 클럽으로 가서 격렬한 운동을 하며 분노를 달랬다. 당시의 크누드센은 알지 못했지만, 그를 그토록 화나게 했던 문제는 사실 미국 산업 전체의 존재 목적과 관련된 것이었다. 그것은 가능한 한 최고의 제품을 만드는 것이 목적인가, 아니면 단순히 매년 최대한의 이익을 내는 것이 목적인가 하는 문제였다. 결국 이 두 가지는 결코 양립할 수 없는 것으로 드러났다. 이 모든 상황이 회사의 존립을 위태롭게 만들고 있었다.

GM을 향한 첫 번째 경고 신호는 디트로이트에서 신성시되던 모든 규범을 거부한 작은 수입차로부터 나왔다. 이 차는 대부분의 미국 자동차보다 훨씬 작았다. 더 강력한 성능, 더 많은 옵션, 더 높은 고급감을 제공하는 대신 의도적으로 더 적은 것을 제공했다. 이 차는 곧 '버그' 또는 '비틀'이라는 별명을 얻었는데, 내년 모델이 더 화려하고 매력적일 것이라는 약속 따위는 하지 않았다. 오히려 반대로, 내년 모델도 올해 모델과 거의 똑같을 것임을 분명히 했다. 이는 매년 모델을 바꾸는 것을 기본으로 삼았던 슬론의 철학을 정면으로 부정하는 것이었다. 사실 폭스바겐은 디트로이트에서 만든 자동자들과는 근본적으로 너무나 달랐기에 비판 자체가 통하지 않는 것처럼 보였다. 게다가 여러 장점도 있었다. 가격이 저렴했고, 신뢰할 만했으며, 운전하는 재미도 있었다. 또한 모델 변경이 없었기 때문에 정비사들은 항상 충분한 부품을 갖추고 있었고, 문제가 생기면 어떻게 수리해야 하는지 정확히 알고 있었다.

폭스바겐은 강력한 서비스 부서를 만드는 것을 최우선순위로 삼고 최고의 정비사들을 파견해 미국의 정비사들을 교육했는데, 차체가 단순한 만큼 정비 문제도 비교적 간단했다. 그 결과 폭스바겐은 서비스 면에서 처음부터 고객들에게 높은 평가를 받았다. 반면 디트로이트는 이 부문에서 막 흔들리기 시작하고 있었다. 예비 부품 부족은 다른 많은 수입차들의 종말을 알리는 신호가 되곤 했다. 폭스바겐은 검소하고 실용적인 접근법을 택했다. 미국 지사의 경영진들이 입소문 마케팅을 신봉했기 때문에 1959년까지는 본격적인 광고조차 하지 않았다. 그들은 자동차 판매로 생기는 추가 수익을 광고 같은 부차적인 것에 쓰기보다는 양질의 서비스를 제공하는 데 투자하는 것이 낫다고 판단했다.

비틀은 독일의 위대한 자동차 천재 페르디난트 포르쉐의 꿈이었다. 그는 모델 T처럼 평범한 노동자들을 위한 독일의 국민차를 만들고자 했다. 포르쉐는 헨리 포드를 깊이 존경했고, 1937년 미국 공장들을 돌아보기 위해 미국을 방문했다. 그는 생산 라인과 노동자들의 자신감 넘치는 모습, 그들의 생활방식에 깊은 감명을 받았다. 자신이 존경하는 포드를 만난 그는, 독일에서도 그와 비슷한 자동차를 만들고 싶다는 열망을 장시간 이야기했다. "제 열망이 선생님을 불편하게 만들지는 않았나요?" 포르쉐의 질문에 이 위대한 산업가는 이렇게 답했다. "누군가가 나보다 더 좋은 차를 더 싸게 만들 수 있다면, 마땅히 받아들여야 하겠지요."

전쟁 전 한동안 히틀러는 포르쉐의 국민차(독일어로는 'Volksauto') 구상을 지원했다. 하지만 이 차와 잠재적인 구매자들은 시대의 소용돌이에 휘말렸고, 회사는 결국 이 차를 생산하지 못했다. 전쟁이 끝날 무렵에는 폭스바겐 공장을 어떻게 해야 할지 아무도 알지 못했다. 여러 주요 자동차 회사들에 제안했지만, 어느 곳도 관심을 보이지 않았다. 1948년 3월, 이 공장을 포드 사에 제안하는 자리가 마련됐다. 당시 거의 파산 상태였던 회사를 막 물려받은 젊고 경험 없는 헨리 포드 2세와, 실질적인 회사 수장이자 이사회 의장이었던 어니 브리치가 참석했다. 브리치의 의견을 주로 따르던 포드는 의장에게 어떻게 생각하느냐고 물었다. "포드 씨, 우리가 받은 이 제안은 전혀 가치가 없다고 생각합니다."라고 브리치가 답했다. 그렇게 해서 볼프스부르크 공장은 하인츠 노르드호프라는 비범한 인물의 손에 넘어갔다. 그는 이 공장을 살려냈을 뿐만 아니라 독일의 산업이 재활했다는 대표적 상징으로 만들어냈다. 그의 차는 포르쉐의 원래 디자인과 놀랍도록 비슷했으며, 전후 재건에 힘쓰던 독일에 완벽한 차량이었다. 후일 포르쉐는 연간 9만 대를 생산하는 노르드호프의 생산라인을 살펴보고 이렇게 말했다. "그렇습니다, 노르드호프 씨. 이게 바로 제가 늘 꿈꾸던 모습입니다."

노르드호프는 뛰어난 사업가였다. 그는 차 한 대를 만드는 데 필요한 작업 시간을 일인당 400시간에서 100시간으로 줄여야 한다는 것을 즉시 파악했고, 실제로 그것을 해냈다. 또한 더 좋은 자재가 필요하다는 것도 알고 있었다. 그는 노동자들의 자부심과 헌신이 무엇보다 중요하다는 것을 이해했고, 주차장에 있던 '영국군 장교 전용' 표지판을 철거했다. 노르드호프에게 필요한 것은 외화였다. 공장 시설과 자동차의 품질을 모두 개선하기 위해서였다. 그것을 얻을 수 있는 유일한 방법은 미국 시장에 진출하는 것이었다.

자동차 강국 미국에서 비틀의 첫 도전은 완전한 성공과는 거리가 멀었다. 전후 반독일 감정을 의식한 회사는 1949년, 벤 폰이라는 네덜란드 출신 영업사원에게 첫 차를 맡겼다. 그는 반독일 감정이 여전히 강하게 남아 있던 네덜란드에서 비틀을 성공적으로 판매한 공로로 이 임무를 맡게 되었다. 1949년 1월, 폰은 차 한 대를 가지고 미국에 도착했지만 완전히 외면당했다. 어떤 미국 딜러도 그를 진지하게 상대하지 않았고, 언론의 관심도 거의 받지 못했다. 간혹 보도가 나더라도 '히틀러의 차'로 언급되는 식이었다. 결국 그는 호텔 숙박비를 내기 위해 자신의 유일한 차를 딜러에게 800달러에 팔아야 했다. 하지만 이것이 영원한 패배를 의미하지는 않았다. 이듬해인 1950년, 약 330대의 폭스바겐이 미국에서 팔렸다. 또한 유럽에서 차를 구입한 미군 제대 군인들이 귀국하면서 이 차가 하나둘 미국으로 들어왔다. 점차 불안정하나마 딜러 네트워크가 형성되기 시작했다. 비틀은 주로 입소문을 통해 조용히 인기를 얻어갔다. 이는 이 차가 사람들이 말하는 그대로의 차였기 때문이었다. 1955년에는 약 30,000대, 1957년에는 79,000대가 팔렸다.

디트로이트는 예상대로 처음부터 비틀의 성공을 무시했다. 헨리 포드 2세의 유명한 표현을 빌리자면, 그것은 "보잘 것 없는 깡통"에 불과했다. 힘도 없고, 크기도 작고, 스타일도 없었다. 당시 가장 작은 쉐보레보다도 2피트나 짧았고, 1300cc 엔진은 디트로이트가 만들어내던 거대한 엔진들에 비하면 조롱거리나 다름없었다. 승차감도 특별히 좋지 않았고, 초기 모델에는 연료 게이지조차 없었다. 이 차는 단순하지만 매우 견고한 공학적 산물이었지만, 디트로이트의 일부 엔지니어들은 처음부터 이 차에 감탄했다. 최소한의 투입으로 최대의 산출을 추구하는 것이 엔지니어의 본능이었기 때문이다. 찰스 케터링이 고옥탄 가솔린을 개발한 이후, 디트로이트에서는 마력 자체가 목적이 되고 동력과 연료의 낭비는 당연시되었다. 이런 분위기 속에서 최소 투입으로 최대 효과를 내는 기본적인 엔지니어링의 가치는 사실상 이단 취급을 받았다. 1956년 작가 아서 레일턴은 〈포퓰러 메카닉스〉 지에 기고한 글에서 폭스바겐에 대해 이렇게 썼다. "폭스바겐이 잘 팔리는 것은 무엇보다 이 차가 정직하기 때문이다. 자신의 모습을 꾸미거나 가장하지 않는다. 이런 정직함 때문에 소유주들은 자부심을 느낄 수 있다. 어디를 봐도 정직한 설계와 장인 정신이 드러난다. 부품이 어긋난 곳도, 도장이 얇은 곳도, 마감이 허술한 곳도 없다. 차체에서 잡소리가 나거나 물이 새는 일도 없다. 물론 과잉된 장식이나 겉치레 따위도 없다. 이 차에는 거짓된 것이 없다. 예를 들어, 마치 날아가는 비행기처럼 보이려고 가짜 공기 흡입구나 테일핀을 단 폭스바겐은 상상조차 할 수 없는 일이다."

디트로이트는 폭스바겐의 존재를 반기기는 했다. 전후 업계 비평가들이 끊임없이 요구해 온 소형 저성능 자동차를 직접 만들어야 한다는 부담에서 벗어날 수 있었기 때문이었다. 따라서 디트로이트는 폭스바겐이 1,280달러의 최저가 시장을 차지하면서 더 비싼 차를 살 수 있으면서도 굳이 저렴한 차를 선택하는 괴짜들, 즉 대학 교수나 로켓 엔지니어, 건축가 같은 이들의 수요를 해결해주는 것을 의외로 오랫동안 반겼다. 결국 폭스바겐은 기본적인 이동 수단으로 손색이 없었고, 특히 자동차가 아닌 다른 것으로 자신의 정체성을 표현하는 미국인들에게는 완벽한 세컨드카였다. 디트로이트의 고위층은 더 크고 비싼 차를 충분히 살 수 있으면서도 비틀을 구입함으로써 미국인으로서의 시민적 의무를 저버리는 사람들에 대해 짜증을 감추지 않았다. 디트로이트의 한 임원은 이들을 "회색 양복을 입은 반항아들"이라고 불렀다. 폭스바겐은 차지하는 공간이 작아 점점 더 혼잡해지는 도시에서 주차하기 좋았다. 폭스바겐 소유자들이 단순한 숫자 이상으로 시장에 미치는 영향력이 컸다는 점, 이들이 유행을 선도하는 층이었다는 점, 또 높은 교육 수준과 자신감을 바탕으로 평범한 미국 소비자들보다 더 주체적으로 구매 결정을 내렸다는 점을 디트로이트는 한동안 깨닫지 못했다. 하지만 일단 이것을 깨닫자 디트로이트는 정신을 바짝 차리고 주목하기 시작했다.

폭스바겐의 성공이 계속되자 제너럴 모터스는 마침내 저가 시장을 보호하기 위해 경쟁력 있는 차를 내놓아야 한다는 결론에 도달했다. GM은 내키지 않게 엔진을 차의 후방에 위치시킨 소형차 개발을 허가했는데, 이 차의 개발을 에드 콜에게 맡겼다. 1956년 쉐보레의 총책임자가 된 콜이 구상한 것은 공학과 디자인 면에서 완전히 새로운 차였다. 폭스바겐보다 더 빠르고 더 강력한, 철저히 미국식으로 재해석된 차를 만들고자 했다. 쉐보레의 총책임자가 되자마자 콜은 소형차 계획에 착수했다. 하지만 이번에는 1955년형 쉐보레를 긴급 개발했을 때와는 달리 회사의 전폭적인 지원을 받지는 못했다. 오히려 정반대였다. 콜은 처음부터 소형차 개발에 대한 회사 내의 뿌리 깊은 거부감과 맞닥뜨렸다. 특히 생산 설비를 완전히 바꿔야 하는 새로운 차라는 점이 문제였다. 곧 그가 회사 내부에 깊이 도사린 반대의 흐름과 싸우고 있음이 분명해졌다. 일부는 소형차가 실패할까 봐, 또 다른 일부는 성공할까 봐 소형차 생산을 원치 않았다. 회사의 고위 임원들이 이 프로젝트에 대해 애매한 태도를 보였다고 하는 것은 너무 순화된 표현이다. 1958년 어느 날, 할로우 커티스가 콜이 모델을 준비하던 디자인실을 찾았다. 그는 시제품 콜베어에 앉아보더니 짜증 섞인 목소리로 말했다. "놀랍군. 여기는 뷰익만큼이나 머리 공간이 넓어." 그리고는 잠시 생각하더니 이렇게 덧붙였다. "헤드룸을 좀 줄이게. 이렇게 작은 차가 큰 차만큼 공간이 넓어서야 되겠나." 이때부터 콜은 자신이 생각했던 것보다 더 보수적으로 변해가는 회사 안에서 고립되어 갔다. 그는 자신의 비전을 확신했고, 자신의 능력도 지나치게 믿었다. 그래서 새로운 지시의 진정한 의미를 제대로 이해하지 못했다. 실제 상황은 이러했다. '우리의 원칙에는 어긋나지만 GM에서 당신의 소형차를 만들어주겠다. 단 우리 방식대로다. 당신이 원하는 것과 우리가 원하는 것이 충돌한다면, 최종 결정은 당신이 아닌 우리가 내릴 것이다.' 새로운 도전에 대한 열정으로 가득 찬 콜은 콜베어에 모든 에너지를 쏟아부었다. 후방 엔진 구동 방식에 공랭식 6기통 알루미늄 엔진을 얹은 차를 만들어내고자 했다.

핵심적인 디자인과 제작에 3년이 소요된 코베어는 1959년 9월에 출시되었다. 디트로이트 경영진의 입장에서는 지난 10년간 꾸준히 성장해 온 소형차 시장을 더 이상 외면할 수 없었기 때문에 적기에 출시된 것이었다. 1958년, 미국에서 약 379,000대의 수입차가 판매되었으며, 소형차인 내쉬 램블러의 판매 증가도 더해져 소형차는 전체 시장의 약

12%를 차지하게 되었다. 일부 자동차 업계 관계자들은 코베어가 최고의 소형차가 될 가능성이 있다고 생각했다. 제작자는 새로운 아이디어와 신기술을 적극 수용했기 때문이다. 하지만 코베어는 처음부터 버려진 아이와도 같았다. 본사에서도 이 차를 진정으로 지지하지 않았고, 쉐보레의 영업 부서에서도 싫어했다. 1955년형 쉐보레를 개발했을 당시라면 콜이 승리했을 법한 논쟁들도 이제는 패배하거나 타협할 수밖에 없었다. 그는 회사의 문화와 맞서 싸우고 있었고, 자신이 제안한 아이디어가 비용 대비 효율적이라는 것을 입증할 수 없었기 때문이었다. 코베어의 작은 크기는 또 다른 장애물로 작용했다. 차가 작고 회사에 큰 이윤을 가져다줄 가능성이 낮았기 때문에, 할로우 커티스는 가격을 매우 엄격히 제한했다. 그는 코베어의 판매가 1959년 당시 폭스바겐의 정가였던 2,000달러보다 낮아야 한다고 지시했다.

콜의 차는 폭스바겐과 비교했을 때 스포티한 모습이었으며, 실제로 코베어라는 이름은 코베트와의 유사성을 암시하기 위해 붙여진 것이었다. 코베어는 당시까지 나온 쉐보레의 가장 작은 모델보다 1,300파운드나 더 가벼웠지만, 이 차는 프로그램에 참여했던 일부 엔지니어들과 콜 자신마저 곤혹스러워했던 타협안들로 가득 차 있었다. 타이어는 차량에 필요한 적정 크기보다 작아졌고, 엔진은 알루미늄과 주철을 섞어서 만들었다. 차는 작은 크기의 타이어 때문에 코너를 돌 때 뒷바퀴가 미끄러지곤 했다. 자동차 엔지니어들은 이를 코너에서 잭킹 현상이 발생한다고 표현했는데, 특히 차량에 대한 운전자의 감각이 충분하지 않을 때 더 두드러졌다. 숙련된 레이싱 드라이버들은 앞뒤 타이어의 공기압을 서로 다르게 유지하는 것이 안전한 핸들링의 비결임을 금방 알아차렸지만, 일반 운전자들은 타이어 공기압에 거의 주의를 기울이지 않았다. 차량의 무게 배분이 다르고 엔진이 후방에 배치되어 있었기 때문에 누구도 이 차를 직관적으로 운전하기는 쉽지 않았다. 초기

테스트에서 핸들링 문제가 심각하다는 결과가 나왔다. 후미 안정성을 높이기 위해 안정화 메커니즘을 추가하고자 했던 콜의 계획은 비용 절감 정책에 밀려 실행되지 못했다. 스태빌라이징 바와 같은 더 나은 안정화 시스템을 적용하더라도 차량당 추가 비용은 고작 14~15달러에 불과했을 것으로 추정되었다. 일부 코베어 엔지니어들이 안전 바가 반드시 필요하다고 강력히 항의했지만, 시장 출시를 서두르던 과정에서 그들의 의견은 묵살되었다. 포드 사내에서 콜과 비슷한 위치에 있던 돈 프레이는 코베어의 개발 과정과 그 안에서 벌어지는 치열한 내부 갈등을 지켜보면서, 에드 콜에게는 일종의 지나친 자신감이 있었고, 그것이 그때처럼 뚜렷하게 드러난 적은 없었다고 생각했다. 평소 콜을 존경했던 프레이는 "우리가 코베어 두 대를 테스트해봤는데, 그 결과는 충격적이었다."라고 말했다. 콜은 의지가 너무 강해서 때때로 아무도 그를 막을 수 없었는데, 이때가 바로 그를 막았어야 할 때 중 하나였다고 프레이는 생각했다.

이 차는 고속 주행 중에 급격한 코너를 만나면, 특히 초보 운전자가 운전하고 있을 경우, 전복될 위험이 있었다. 숙련된 레이싱 드라이버라면 이 차량을 잘 다룰 수 있었겠지만, 대부분의 일반적인 미국인들, 특히 젊고 차의 안전 주행 속도를 넘어 더 빠르게 달리고 싶어하는 사람들은 어떠했겠는가? 이 문제를 특별하게 만든 것은 코베어가 폭스바겐보다 안전성이 크게 떨어져서가 아니었다. 실제로 여러 엔지니어들은 폭스바겐이 오히려 더 안전하지 않다고 여겼다. 그러나 비틀 소유자들은 자신들의 차를 고속으로 운전하려는 경향이 상대적으로 덜했다.

또한, 제너럴 모터스는 과거와는 다른 새로운 형태의 정치적, 사회적 감시를 받게 될 상황에 직면해 있었다. 1963년 스태빌라이징 바가 추가될 무렵, 코베어와 관련하여 쉐보레를 상대로 제기된 소송 건수가 계속 증가해, 1년 안에 100건에 이를 것으로 예상되었다. 스태빌라이징 바가 추가되어 차량의 흔들림 문제가 해결된 이후, 〈카 앤 드라이버〉지는 초기 비용 절감을 최우선으로 했던 코베어에 대해 신랄한 평가를 내렸다. 자동차 애호가들의 바이블로 불리던 이 잡지는 코베어를 두고 "지금까지 만들어진 자동차 중에서 핸들링이 가장 형편없는 자동차"라고 혹평하면서, 이렇게 덧붙였다. "차의 후미는 제어가 어려워지기 전에 어떤 조짐도 보이지 않았고, 일단 제어를 잃으면 어떤 운전자라도 감당할 수 없을 정도로 차가 급격하게 휘둘렸다. 뒷바퀴가 접지력을 잃고 안쪽으로 말리고 꼬리 끝이 위로 들려진 채, 차량은 마치 30피트 줄에 매달린 3파운드짜리 망치처럼 휘둘렸다. 이는 차량이 좋은 날씨의 일상 주행 조건에서 불안정하다는 뜻이 아니다. 단지 그 안전 주행의 한계가 명확히 표시되지 않았고, 일단 그 한계를 넘어서면 정말로 위험천만한 상황에 직면하게 된다는 의미이다."

코베어의 결함과 그로 인한 치명적인 사고들을 주목하던 사람들 중에는 랄프 네이더(Ralph Nader)라는 젊은이가 있었다. 그는 이미 디트로이트 자동차 산업에 대한 1인 소비자 비평가로서 외로운 길을 걷기 시작했는데, 특히 자동차 업계가 안전 문제를 포함해 소비자들의 전반적인 이익을 고려하지 않는다고 비판하고 있었다. 이에 제너럴 모터스는 네이더를 공격했지만, 그들의 불법적인 행위가 발각되었다. 이어진 굴욕적인 상원 청문회에서 GM은 자신들의 오만한 태도에 대해 사과해야 했다. 이 사건을 계기로 정부는 처음으로 자동차 산업과 그들의 결정들이 국민에게 미치는 영향을 주목하기 시작했다. 코베어의 유산은 1950년대와 1960년대를 잇는 중요한 연결고리가 되었다. 한편, GM 최고 경영진들은 자신들의 가장 큰 실수가 차량을 지나치게 저렴하게 만들어 위험한 차를 만든 것이 아니라, 애초에 소형차를 생산하려 했던 것이라고 확신했다.

제43장

텔레비전 퀴즈쇼가 만든 아메리칸 드림의 이면

라디오 퀴즈쇼는 돌이켜보면 보잘것없었고, 상금 역시 그에 걸맞았다. 퀴즈쇼 '받든지 말든지(Take It Or Leave It)'에서 가장 고난도의 도전 과제는 '64달러 문제'였는데, 이 표현은 1945년까지 미국의 일상어가 되었다. 그러나 새로운 텔레비전 시대에는 모든 것이 더 크고 더 나아져야 했다. 미국인들은 텔레비전에 나온 낯선 출연자가 상금을 32달러에서 64달러로 배나 늘릴 수 있을지 궁금해하면서 텔레비전만 쳐다보며 시간을 보낼 수는 없었다. 전후에 그 정도의 금액은 용돈에 불과했기 때문이다.

1955년 초에 루 코완(Lou Cowan)이 직면한 딜레마가 바로 이것이었

다. 초창기 텔레비전 시대의 가장 창의적인 인물 중 하나로 꼽혔던 코
완은 텔레비전에 걸맞으면서도 수백만 명의 미국인들이 빠짐없이 시
청할 만한 매력적인 게임 쇼를 위한 특별한 장치가 필요했다. 그는 극
적인 요소가 필요했는데, 거액의 상금만한 것이 또 있었을까? 640달
러? 전혀 신나지 않았다. 6,400달러도 마찬가지였다. "하지만 64,000
달러라면 거의 불가능한 영역에 들어서는 거야."라고 그는 생각했다.
코완은 모 아니면 도 방식을 좋아했기에, 연속된 질문들에 모두 답을
맞추고 어마어마한 금액인 32,000달러를 받은 참가자를 구상했다. 그
시점에서 64,000달러를 걸고 모 아니면 도의 승부를 보는 것이다. 단
하나의 질문에 대한 하나의 답으로, 평범한 미국인이 감히 상상도 못
할 만큼의 부자가 될 수 있었다.

　이 개념은 겉보기에 평범한 미국인들도 실제로는 숨겨진 재능과 지
식을 가지고 있다는 믿음에 기초했다. 이는 동유럽 유대인 출신인 코
완에게 크게 와닿았는데, 그는 동료 시민들이 삶이 부과한 겉으로 보
이는 한계를 뛰어넘을 수 있는 잠재력을 지녔다는 매우 이상적인 시
각을 갖고 있었다. 그의 이 나라 평범한 사람들에 대한 믿음은 이상주
의적이고 거의 순진할 정도였다. 시카고의 성공한 사업가의 딸이자 사
라 로렌스 대학 졸업생인 코완의 아내 폴리는 이 쇼의 아이디어를 단
호하게 반대했다. 그녀는 이것이 본질적으로 진정한 사고와 분석이 아
닌 하찮은 암기를 미화함으로써 배움의 진정한 가치를 훼손하는 것이
라 여겼다. 그녀는 지식에 대한 보상이 수백만 명의 환호하는 구경꾼
들 앞에서 거액의 현금을 나눠주며 결국 상업적 사기꾼들에게 이득을
안겨주는 것이 아니라, 지식 그 자체의 기쁨이어야 한다고 믿었다. 그
녀는 주저 없이 이런 자신의 감정을 남편에게 전했고, 어떤 면에서 코
완 부부의 논쟁은 성취와 순수함, 그리고 물론 탐욕이 뒤섞인 이 프로
그램 자체의 모순적인 본질을 반영하고 있었다.

폴리의 의구심에도 불구하고 남편은 흔들리지 않았다. 관대하고 낙관적인 성격의 그는 이 쇼가 아메리칸드림을 상징한다고 보았다. 이 쇼는 모든 이에게 하루아침에 부자가 될 기회뿐만 아니라 동료 시민들의 존경을 얻을 수 있는 기회도 제공했다. 이는 모든 미국인이 비범해질 수 있는 잠재력을 가지고 있다는 것을 입증했다. 수년 후 그의 아들 중 한 명은 이것이 "화이트 크리스마스"식 미국관을 반영한다고 말했다. 이민자들의 직계 후손들이 새로운 세계에 대한 낙관주의와 미국이라는 실험의 고귀함에 매료되어 미국을 낭만화하고 자신들이 바라는 모습으로 미국을 바라보았다는 것이다.

코완은 텔레비전 초창기의 대표적인 독립 텔레비전 기획자였다. 그를 비롯한 기획자들은 아이디어를 내고 스폰서를 찾은 다음, 당시로서는 다소 소극적이었던 방송사들에 전체 패키지를 판매했다. 그가 이 아이디어를 레브론에 제안했을 때, 레브론 측의 반응은 매우 열광적이었다. 레브론의 광고 대행사 임원이었던 월터 크레이그는 코완의 첫 프레젠테이션에서 문을 잠그고는 "계약서에 서명할 때까지 아무도 이 방을 떠날 수 없소."라고 말할 정도였다.

프로그램의 이름은 '64,000달러의 질문'이었다. 1955년 6월 CBS에서 처음 방영되었는데, 방송 시간은 오후 10시부터 10시 30분까지였다. 이 프로그램은 즉각적인 성공을 거뒀다. 수백만 명의 시청자들이 마치 이웃 사람들처럼 보이는 참가자들에게 깊이 공감했다. 프로그램에 출연한 심리학자 게르하트 위베는 "우리는 모두 비슷하고 모두 똑똑하다."라고 말했다. 이 프로그램에는 그 진정성을 입증하는 온갖 극적인 장치들이 있었다. 문제들은 일주일 내내 은행 금고에 봉인되어 있다가, 매뉴팩처러스 트러스트 은행의 임원이 무장 경비원 두 명을 대동한 채 직접 세트장에 들고 나왔다. 세트장에서는 IBM에서 제작한 장치로 문제들을 섞었다. 두 세대에 걸쳐 미국의 가장 저명한 방송인이자 시사 다큐멘터리의 선구자였던, 그리고 당시 황금시간대 텔레비전의 미래를 점점 더 회의적으로 바라보고 있던 에드 머로우는 첫 방송을 보고 자신의 파트너 프레드 프렌들리에게 이렇게 말했다. "이 시간대를 우리가 얼마나 더 지킬 수 있을까요?" 그의 이런 경계심은 예언적인 것이었다.

참가자가 한 회에서 받을 수 있는 상금은 최대 8,000달러였고, 더 큰 상금을 노리려면 다음 주에 다시 출연해야 했다. 긴장감은 매번 고조되었다. 8,000달러 단계에 이르면 참가자는 격리 부스에 들어가야 했는데, 이는 아마도 방청객 중 누구도 답을 속삭일 수 없게 하기 위해서였다. 이 프로그램이 미국 전역을 사로잡은 속도는 숨막힐 정도였다. 이런 성공은 루 코완조차 놀라게 했다. 이 쇼는 하룻밤 사이에 큰돈을 벌 수 있다는 희망을 주었고, 평범한 사람들이 사실은 결코 평범하지만은 않다는 것을 증명했다. 이처럼 이 쇼에는 대중주의적 정서가 강하게 깔려 있었다. 하지만 무엇보다도 쇼는 시청자들의 탐욕에 호소했다. 첫 방송 5주 후, '64,000달러의 질문'은 텔레비전 최고 시청률 프로그램이 되었다. 조사에 따르면 시청자는 약 4,750만 명에 달했다. "화장품계의 최고 브랜드"를 내세운 레브론의 판매량은 급증했다. 일부 레브론 제품은 하룻밤 사이에 매진되었고, 쇼의 진행자는 대중에게 레브론 리빙 립스틱이 다시 공급될 때까지 조금만 더 기다려 달라고 간청해야 했다. 화장품 업계의 경쟁사였던 헤이즐 비숍의 대표는 후일 자사의 저조한 실적의 원인으로 "우리의 주요 경쟁사가 후원한 새로운 텔레비전 프로그램이 대중의 마음을 사로잡은 것"을 지목하기도 했다. 이는 텔레비전의 상업적 힘을 보여주는 가장 원초적인 교훈이었다.

참가자들은 훗날 앤디 워홀이 말한 "15분간의 명성"[16] 개념을 미

---

16   앤디 워홀은 1960년대 대중문화와 소비주의를 풍자하면서 "미래에는 모두가 15분 동안 유명해질 것이다."라는 말을 남겼다.

리 보여준 선구자들이었다. 완전한 무명에서 갑자기 끌어올려져 수백만 미국인의 안방으로 전파를 타고 들어가게 된 것이다. 매주 10,000~20,000명의 사람들이 자신이나 친구를 참가자로 추천하는 편지를 보냈다. 프로그램에 몇 번만 출연해도 시청자들은 그들을 오랜 친구처럼 친근하게 여기기 시작했다. 돌이켜보면, 이 프로그램이 보여준 가장 중요한 점은 텔레비전이 얼마나 쉽게 명성을 부여하고 이미지를 만들어낼 수 있는지였다. 완전한 타인이 수백만 시민의 친숙한 존재로 바뀔 수 있었던 것이다.

초기 참가자 중 한 명이었던 뉴욕시 경찰관 레드먼드 오핸런은 셰익스피어 분야에서 16,000달러 단계에 올랐다. 그는 이 단계에서 멈추기로 결정했는데, 그의 말을 빌리자면 "학자의 이기심보다 다섯 아이의 아버지로서의 신중함"을 우선시했기 때문이었다. 얼마 후 성경 분야의 참가자였던 54세의 여성 캐서린 크라이처는 32,000달러까지 올랐다. 크라이처 부인은 최고 상금까지 갈 수도 있으리라 생각했지만, "너희의 관용을 모든 사람에게 알게 하라."라는 성경 구절[빌립보서 4장 5절]을 인용하며 그만두었다. 초기 참가자들 중 가장 매력적이었던 사람은 뉴욕의 구두 수선공 지노 프라토였는데, 그가 선택한 분야는 오페라였다. 그는 32,000달러 단계까지 쉽게 올랐고, 그때 이탈리아에 있던 92세의 아버지가 즉시 그만두라는 전보를 보냈다. 프라토는 이후 고무 뒷굽 회사의 순회 홍보대사가 되었고, 메트로폴리탄 오페라의 시즌 티켓을 받았으며, 다른 텔레비전 쇼에도 출연하게 되었다. 제작진이 초기에 겪은 딜레마는 최상위 참가자들이 최종 문제에 도전하기를 주저한다는 것이었다. 이는 부분적으로는 모든 것을 잃을 수 있다는 두려움 때문이었고, 또 부분적으로는 당시 미국의 극도로 높은 소득세율 때문이었다. 켄트 앤더슨(Kent Anderson)이 자신의 저서 〈텔레비전 사기(*Television Fraud*)〉에서 지적했듯이, 최고 상금에 도전하는 참가자들은 고작 12,000달러를 더 얻기 위해 이미 확보한 20,000달러를 전부 잃을 수도 있는 위험을 감수해야 했다.

리처드 맥커천이라는 해병대 대위가 끝까지 간 첫 번째 참가자였다. 도박사들은 그가 정답을 맞힐 수 있을지 내기를 걸었다. 그의 분야는 군사 역사가 아닌 요리였다. 1955년 9월 13일, 5,500만 명으로 추산되는 시청자들이 지켜보는 가운데 그는 텔레비전의 에베레스트를 정복한 최초의 참가자가 되었다. 상금 64,000달러가 걸린 문제로 그는 1939년 영국 국왕 조지 6세가 프랑스 대통령 알베르 르브룅을 위해 제공한 메뉴에서 다섯 가지 요리와 두 가지 와인의 이름을 맞혀야 했다. 그는 콩소메 케넬, 필레 드 트뤼트 쇼모네, 쁘띠 푸아 아 라 프랑세즈, 말타이즈 소스, 코르베유를 맞혔다. 와인은 샤토 디켐과 마데라 시세랄이었다. 우승자가 탄생한 순간 온 나라가 환호했다. 사회자 할 마치가 외쳤다. "당신이 해병대의 상징이라면, 딕, 우리가 어떻게 전투에서 질 수 있겠습니까."

관련된 모든 사람이 이 쇼를 통해 이익을 얻은 것 같았다. 루 코완은 곧 CBS의 사장이 되었고, 문제를 담당했던 은행 관계자는 매뉴팩처러스 트러스트 은행의 부행장이 되었다. 하지만 그 누구도 화장품 회사 레브론만큼 큰 이익을 얻지는 못했다. 이 쇼가 레브론의 수익에 미친 영향은, 텔레비전의 맹렬한 상업적 추진력과 이것이 소비자와 산업계 모두에 미치는 영향으로 인해 나날이 더욱 미묘한 방식으로 일어나고 있던 변화를 극적으로 보여주는 것이었다.

당시 레브론은 미국 최고의 화장품 회사였지만, 코티, 맥스 팩터, 헬레나 루빈스타인도 순매출 면에서 크게 뒤처지지 않는 위치에 있었다. 예를 들어 1953년 레브론의 순매출은 2,840만 달러, 헬레나 루빈스타인은 2,040만 달러, 코티는 1,960만 달러, 맥스 팩터는 1,900만 달러, 헤이즐 비숍은 990만 달러였다. 시장 점유율이 업체들 간에 비교적 균등하게 분포되어 있었다. 이러한 상황에서 레브론은 1955년 이전 수 년간 연평균 약 15%의 매출 성장을 보이고 있었다. 하지만 퀴즈쇼의 후원사가 되면서 모든 것이 바뀌었다. 첫 6개월 시즌 동안 레브론의 매 출은 3,360만 달러에서 5,160만 달러로 무려 54%나 증가했다. 주가는 12달러에서 20달러로 급등했다. 이듬해에는 매출이 8,570만 달러로 증가했다. 1958년까지 레브론은 화장품 업계를 완전히 장악했다. (나 중에 하원 소위원회의 한 보좌관이 '64,000달러의 질문'을 후원한 것이 레브론의 놀라운 급부상과 관련이 있느냐고 묻자, 마틴 레브슨은 "도움이 되었죠. 그랬습니 다."라고 다소 솔직하지 못한 답변을 했다.)

예상대로 '64,000달러의 질문'의 성공은 시장에서 즉각적인 모방 반 응을 촉발했다. 방송사들에 거액의 상금을 내건 유사 프로그램들이 넘 쳐나기 시작했다. 코완의 전 제작사 관계자들은 '64,000달러 챌린지'를 기획했다. 다른 제작진들은 '틱택 도우', '투웬티원', '더 빅 모먼트', '비트 더 잭팟', '더 빅 보드' 같은 프로그램을 선보였다. 심지어 '100만 달러를 향한 스무 걸음'이라는 프로그램의 기획안까지 논의되기도 했다.

1956년 무렵에는 이러한 프로그램들의 매력이 무한해 보였다. 하지 만 서서히, 그리고 곧이어 노골적으로, 텔레비전 특유의 불가피한 압 박이 나타나기 시작했다. 프로그램의 흥행을 위해 연출을 가미하고, 시청자층의 공감을 이끌어낼 수 있는 참가자를 전략적으로 선발해야 한다는 압박이었다. 처음에 압박은 매력 없는 참가자보다 매력적인 참 가자를 선호하는 정도로 자연스럽게 시작되었다. 그러나 곧 제작진은 사전 테스트를 통해 참가자들 본인도 모르는 사이에 그들의 강점과 약 점을 파악할 수 있게 되었다. 예를 들어 프라토는 이탈리아 오페라는 잘 알지만 독일 오페라는 거의 모르는 식이었고, 맥커천은 이탈리아나 영국 요리보다 프랑스 요리에 강했다. '64,000달러의 질문' 제작진 중 한 명인 머트 코플린은 후에 "우리는 참가자들의 지식 범위에 맞추어

문제를 만들었다."라고 실토했다. 시청률에 대한 압박이 심해지면서
조작은 더욱 노골화되었다. 일부 출연자들은 리허설에서 맞혔던 문제
와 놀랄 만큼 비슷한 질문들이 실제 방송에서 나오는 것을 발견했다.
(맥커천은 이를 알고 깊은 고민에 빠져 하차를 심각하게 고려했으나, 가족들의 설
득으로 계속 출연하게 되었다. 후에 그는 뉴욕 지방 검찰청의 조 스톤 검사에게 이
쇼가 사기이자 비도덕적이라고 생각한다며, 연출이 아무에게도 해를 끼치지 않았
다는 제작진들의 주장에 강력히 반발했다.)

레브론 경영진은 처음부터 자신들이 후원하는 두 프로그램 '64,000
달러의 질문'과 '64,000달러의 도전'의 게스트들에 대해 매우 솔직한
의견을 개진했다. 1955년 가을부터 마틴 레브슨(레브론의 창업자 찰스 레
브슨의 동생)의 사무실에서 매주 회의가 열렸으며, 그와 회사의 광고 담
당자들은 지난주 방송과 출연자들을 평가했다. 레브슨은 자신이 원하
는 전개 방향과 우승자에 대해 언급하는 것을 전혀 꺼리지 않았다. 그
는 회의실에 시청률 차트를 게시해 놓고, 시청률이 하락하면 그것은
출연자들의 잘못이라고 지적했다. 출연자들이 너무 나이가 많은 것 아
닌가? 아니면 너무 젊나? 매력이 충분하지 않은 것인가? 비평은 종종
가혹하게 이뤄졌다. (레브슨 부부는 복싱을 전문 분야로 선택하여 출연한 조이
스 브라더스라는 젊은 심리학자를 탐탁지 않게 여겼던 것으로 보인다. 그래서 그들
은 그녀를 프로그램에서 하차시키고자 심판들의 이름까지 묻는 등 매우 어려운 질
문들을 던졌다. 하지만 그들의 전략은 효과가 없었다. 그녀는 64,000달러를 획득
한 두 번째 인물이 되었다.)

점점 더 많은 쇼들이 대중의 인기를 노리고 경쟁하게 되면서, 제작자
들은 출연자들의 자질과 시청자들이 그들에게 느끼는 공감대의 정도
가 프로그램의 성패를 좌우한다는 것을 깨달았다. 1956년 3월, 게임쇼
업계의 선두 기업인 배리 앤 엔라이트 사는 기존의 카드게임을 응용
한 새로운 퀴즈쇼 '투웬티원'을 선보였다. 당시 댄 엔라이트는 이 프로

그램의 즉각적인 성공을 확신했다. 두 출연자가 상대방의 점수를 모른 채 질문에 답하여 점수를 얻는 방식이었다. 엔라이트는 특히 관객들이 출연자들보다 게임 상황을 더 잘 알 수 있다는 점에서 견딜 수 없는 극적인 긴장감을 만들어낼 것이라 확신했다. 그러나 그의 예상은 완전히 빗나갔다. 첫 방송은 "그저 지루하기 짝이 없는 처참한 실패작"이었다고 그는 회고했다. 방송 다음 날, 스폰서를 맡았던 마티 로젠하우스가 격분한 목소리로 전화를 걸어 이런 실패작에는 투자할 의향이 없다고 단호하게 밝혔다. 그는 엔라이트에게 "뭐든 필요한 조치를 취하세요. 제가 무슨 말을 하는지 아시죠?"라고 말했다. 이는 프로그램의 성공을 위해 어떠한 수단도 용인한다는 암묵적 승인의 표현이었다.

엔라이트에게 프로그램을 인위적으로 조정하는 것은 특별히 신경 쓰이는 일은 아니었다. 그가 보기에 퀴즈쇼란 원래 지적 능력이나 진정성과는 거리가 먼, 순전히 드라마틱한 요소와 오락성을 추구하는 프로그램이었기 때문이다. 한 게임쇼 프로듀서는 후일 이렇게 말했다. "무작위로 질문을 던지는 것만으로는 쇼가 성립되지 않습니다. 그저 실패의 연속일 뿐이고, 그것으로는 결코 오락이 될 수 없죠." 이러한 환경은 자연스럽게 약육강식의 세계를 만들어냈고, 엔라이트는 그 속에서 두각을 나타냈다. 수년이 지난 후 댄 엔라이트는 당시의 자신이 결코 좋은 사람이 아니었다고 회고했다. 일에 대한 강박증이 있었고, 과도한 야망에 사로잡혀 있었으며, 철저하게 자기중심적이었다는 것이다. 그는 이렇게 말했다. "어떤 대가를 치르더라도 성공하겠다는 집념이 있었죠. 저는 탐욕스러웠습니다. 돈이 아닌 권위와 권력, 명성과 존경을 향한 탐욕이었죠." 당시 그는 목적이 수단을 정당화한다고 믿었다. 사람들은 이용의 대상이었고, 자신이 그들을 이용하지 않으면 도리어 그들이 자신을 이용할 것이라 생각했다. 상당한 조정 과정을 거친 끝에 '투웬티원'은 대성공을 거두었고, 비교적 젊은 나이에 엔라이트는 이미 자신의 기대를 뛰어넘는 부와 권력을 손에 쥐게 되었다. 사람들은 그의 관심을 갈구했고 존경을 표했다. 이러한 상황 속에서 그는 자신의 모든 행위를 합리화할 수 있었다.

이렇게 '투웬티원'은 완전히 비뚤어진 쇼의 원형이 되었다. 엔라이트는 마치 뮤지컬 코미디를 연출하듯 출연진을 캐스팅했다. 그는 단순한 승자와 패자가 아닌 영웅과 악당을 원했다. 1956년 10월 3일, 그는 첫 번째 영웅 역할로 리처드 잭맨이라는 젊은 작가를 선택했다. 잭맨이 출연하기 전, 엔라이트는 그와 함께 수많은 질문을 미리 주고받았다. 연습이 끝날 무렵, 엔라이트는 잭맨에게 의미심장한 말을 던졌다. "당신은 내 커리어를 망쳐버릴 수 있는 위치에 있습니다." 잭맨은 처음에는 그 의미를 이해하지 못했지만, 다음 날 방송에서 미리 연습했던 질문들이 나오는 것을 보고 무슨 뜻인지 깨달았다. 잭맨은 손쉽게 24,500달러의 상금을 획득했지만, 엔라이트에게 더 이상의 출연을 원치 않는다고 밝혔다. 이에 불안을 느낀 엔라이트는 갖은 이유를 들어가며 계속 출연을 설득했고, 결국은 잭맨에게 15,000달러의 수표를 제안하면서, 갑작스러운 하차 대신 마지막 한 회를 더 출연하여 자연스럽게 프로그램을 마무리할 수 있도록 했다.

이제는 엔라이트 앞에 지급할 상금은 있지만 출연자가 없는 상황이 닥쳐왔다. 그러던 중 전환점이 찾아왔다. 허브 스템펠이라는 젊은이가 출연 기회를 요청하는 편지를 보내온 것이다. 스템펠은 '투웬티원'의 첫 방송을 보고 문제가 다소 쉽다고 생각했다. 그는 주변에서 늘 사진처럼 정확한 기억력을 가졌다는 평가를 받아왔다. 그의 삼촌 중 한 명은 그를 "걸어다니는 백과사전(The walking encyclopedia)"이라고 부르기도 했다. 그는 다른 퀴즈쇼들도 모두 시청했는데 예외 없이 정답을 맞혔다. 그는 제작진에게 이렇게 편지를 썼다. "저는 수많은 특이하고 전문적인 지식은 물론, 폭넓은 일반 상식을 즉각적으로 답변할 수 있습니다." 당시 스템펠은 시립대학의 가난한 대학원생이었고, 그의 부유한 처가에서는 딸이 신분이 낮은 사람과 결혼했다고 여기고 있었다. 스템펠은 즉시 배리 앤 엔라이트의 사무실로 초대받았고, 거기서 363 개 문항의 시험을 치렀다. 그는 251개를 맞추어 지금까지 응시자 중 최고 점수를 기록했다. 단 한 가지만 빼면 그는 쇼에 완벽한 인물이었다. 그는 키가 작았고, 다부진 체격이었는데, 텔레비전 화면에서 보면 특별히 매력적으로 보이지는 않는다는 점이었다.

엔라이트는 스템펠에게서 사람들이 좋아할 만한 요소를 찾기 어렵다고 판단했다. 그래서 오히려 그 점을 이용하여 그의 비호감적인 면모를 부각시키기로 했다. 스템펠은 브롱크스의 빈민가에서 자랐다. 우체국 직원이었던 아버지는 그가 7세 때 세상을 떠났고, 고혈압을 앓던 어머니는 남편의 사망 이후부터 자신이 세상을 떠날 때까지 복지 수당으로 연명했다. 스템펠은 어린 시절부터 삶이 불공평하다고 느꼈다. 다른 아이들에게 있는 아버지가 자신에게는 없었고, 다른 아이들은 돈이 있었지만 자신은 그렇지 못했기 때문이었다. 하지만 사진처럼 정확한 기억력만큼은 놀라웠다. 엔라이트가 보기에, 스템펠은 머릿속에 엄청난 지식을 저장하고 있었음에도 사회성이 부족했고 일상적인 대화조차 이어가기 힘들어했다. 그와 대화하려면 아주 구체적인 질문을 해야 했고, 그럼 정확한 답변을 들을 수는 있었지만 그러고는 끝이었다. 수년 후 엔라이트는 이렇게 회고했다. "그를 보는 순간 누구라도 그가 실패하기를 바랄 수밖에 없었죠."

첫 만남 며칠 후, 엔라이트는 퀸즈에 있는 스템펠의 집을 찾았다. 엔라이트는 서류가방을 열고 '투웬티원' 프로그램에서 사용하는 것과 비슷한 카드들을 꺼냈다. 그러고는 허브 스템펠과 함께 예행연습하듯 문제를 풀어보기 시작했다. 스템펠은 대부분의 답을 맞혔고, 모르는 문제에 대해서는 엔라이트가 답을 알려주었다. 스템펠은 이것이 '투웬티원'의 리허설이라는 것을 점차 깨닫기 시작했다. 엔라이트가 물었다. "25,000달러를 벌고 싶어요?" "누구라도 그렇지 않겠습니까?"라고 스템펠이 답했다. 이렇게 엔라이트는 스템펠을 공모자로 만들었다. 훗날 스템펠이 양심의 가책을 느끼더라도 아무것도 할 수 없도록 하는 절차였다.

스템펠의 퀸즈 아파트에 방문한 김에 엔라이트는 새 출연자의 의상을 점검했다. 스템펠은 학비를 벌어가며 공부하는 빈곤한 제대군인으로 설정되어야 했기에, 가장 형편없어 보이는 옷을 입어야 했다. 장인에게서 물려받은 헐렁한 더블 브레스트 파란색 정장이었다. 여기에 엔라이트는 깃이 닳은 파란색 셔츠도 골랐다. 엔라이트는 스템펠에게 해병대식 짧은 머리를 하도록 했는데, 이는 마치 독일 병사처럼 보여서 시청자들의 반감을 더 살 것이라 생각했다. 스템펠은 심지어 싸구려 시계도 차야 했는데, 스템펠의 말에 따르면 이는 알람시계처럼 큰 소리로 똑딱거려서 격리 부스 안의 긴박한 순간을 더욱 극적으로 만들어주었다. 그는 절대로 서둘러 답해서는 안 됐다. 잠시 멈춰 고민하는 듯한 모습을 보여야 했고, 때로는 답을 더듬거리기까지 해야 했다. 모든 질문은 마치 절체절명의 순간처럼 보여야 했다. 손수건으로는 이마의 땀을 닦는 것이 아니라 가볍게 두드리기만 해야 했다. 진행자 배리를 부를 때도 다른 출연자들처럼 "잭"이라고 부르는 대신 아부하듯 "배리 씨"라고 불러야 했다.

스템펠은 엔라이트의 지시를 철저히 따라야 했다. 한번은 스템펠이 더블 브레스트 대신 싱글 브레스트 정장으로 갈아입고 머리도 더 단정하게 잘랐다가 엔라이트에게 경고를 들었다. "당신은 내 지시를 무시하고, 우리의 약속을 저버리고 있군요." 스템펠은 자신에게 주어진 역할이 괴짜이자 촌스러운 모범생, 그리고 기계 같은 인간이라는 것을 깨달았다. 수년 후 엔라이트는 명백히 심각한 정서적 문제를 안고 있던 한 인간을 최대한 비호감으로 만들어 전 국민 앞에 선보였던 것은 참으로 잔인한 짓이었다고 회고했다.

스템펠이 그런 대우에 불만이 있었다 하더라도, 그때는 그의 인생에서 가장 영광스러운 순간이었다. 그는 갑자기 뉴욕 시립대 캠퍼스의 영웅이 되었다. 캠퍼스를 걸어가면 다른 학생들이 자신을 가리키며 이야기하는 것을 느낄 수 있었다. 어느 날 카페에 앉아있던 그는 한 학생이 친구에게 "허브 스템펠이 내가 듣는 수업을 같이 듣고 있다."며 자랑하는 소리를 들었다. 한번도 만난 적 없는 학생이 다가와서는 자신과 친구들 모두가 허브 스템펠이 뉴욕 시립대 학생이라는 사실을 자랑스럽게 생각한다고 말하기도 했다. 여학생들은 몰래몰래 감탄의 눈빛을 보냈다. 이 모든 것이 그를 흥분과 도취감에 빠지게 했다.

스템펠은 지시사항을 잘 따르는 충실한 출연자였지만, '투웬티원'이 원하는 진정한 승자는 아니었다. 그의 진정한 가치는 패자로서의 가치뿐이었다. 프로그램으로서는 흰 모자를 쓴 영웅, 즉 스템펠을 물리칠 잘생긴 젊은 검투사가 필요했다. 10월에 제작진은 마침내 적임자를 발견했다. 컬럼비아 대학의 젊은 영어 강사 찰스 반 도렌이었다. 엔라이트의 부하 직원 알 프리드먼이 칵테일 파티에서 그를 만나고, 그의 지성과 태도에 깊은 인상을 받은 후였다. 프리드먼은 엔라이트에게 보고했다. "스템펠을 이길 적임자를 찾은 것 같습니다. 매우 똑똑하고, 쇼에서 아주 좋은 인상을 줄 것 같은 사람입니다.""그가 출연을 약속했나?" 엔라이트가 물었다. "네, 할 것 같습니다. 그의 출연으로 지식인과 교육의 가치를 대중에게 더 친숙하게 만들 수 있을 테니까요." 프리드먼이 자신에 차서 대답했다.

퀴즈쇼 스캔들과 관련된 모든 사람들 중에서 대중의 기억에 가장 선명하게 남아 있는 사람은 찰스 반 도렌이었다. 그는 미국 지식인 사회에서 가장 명망 높은 가문의 후손으로, 그 누구도 하지 못한 방식으로

1950년대 후반에 퀴즈쇼만큼 전 미국을 사로잡은 프로그램은 없었고, 그중에서도 유명한 문인 집안 출신의 컬럼비아 대학 영어 강사였던 찰스 반 도렌만큼 부각된 영웅도 없었다. 사진은 그가 퀴즈쇼 '투웬티원'에서 허브 스템펠(오른쪽)을 이기는 장면이다. 이후 수백만 명의 미국인들은 반 도렌이 정답을 미리 건네받은 상태로 출연했다는 사실에 큰 충격을 받았다. (사진 출처: TIME)

시청자들을 사로잡았다. 수줍음 많고 온화하며 자신을 약간 깎아내리는 듯한 그의 태도는 젊고 더 지적인 버전의 지미 스튜어트(Jimmy Stewart)[17] 같았는데, 이런 모습이 대단히 매력적으로 보였다. 승리할 만큼 충분히 똑똑하면서도, 자신의 성공을 살짝 불안하게 느낄 만큼 겸손했기 때문이었다. 그의 아버지는 저명한 컬럼비아 대학 교수 마크 반 도렌이었고, 삼촌 칼 역시 유명한 문인이었다. 프리드먼이 보기에 그는 이 특별한 프로그램에 거의 완벽하게 들어맞는 인물이었다. 하루

---

17   (편집자 주) 풀 네임은 James Maitland Stewart로 2차 대전 이전에 최고의 인기를 누린 미국의 영화배우였으며 2차 대전에 참전해 폭격기를 몰았다. 이는 전쟁 영화 출연으로 징집을 벗어난 존 웨인과 비교되어 널리 존경을 받았다.

에 책을 두세 권씩 읽는 속독가일 만큼 지적 호기심이 특별했고, 폭넓은 분야에 해박했다. 거기에다 매력까지 있었다. 반 도렌은 시청자들 눈에 귀족적이면서도 전혀 거만하지 않았다. 그는 전국 어디서든 평범한 사람들의 마음을 사로잡을 수 있는 인물이었다. 스템펠이 매력적인 출연자들을 모두 제치고 프로그램을 망치고 있던 터라, 제작진에게는 반 도렌의 매력이 더욱 빛나 보였다. 프리드먼은 그를 캐스팅하기 위해 발 벗고 나섰다.

하지만 그 과정은 쉽지 않았다. 별다른 반응을 보이지 않는 반 도렌을 설득하기 위해 수차례 점심 자리가 이어졌다. 반 도렌은 정중하게 거절했다. 자신은 가르치는 일이 너무 좋고, 다른 것은 바라는 것이 없으며, 일시적인 재밋거리로도 방송계 경력에는 관심이 없다고 말했다. "거긴 제 세상이 아닙니다. 제 세상은 학계이고, 저는 이 세계가 아주 마음에 듭니다." 하지만 그가 거절하면 할수록 프리드먼의 관심은 더욱 커져갔다. 그의 절제된 태도가 오히려 더 매력적으로 보였고, 그래서 프리드먼은 계속해서 그를 만났다. 이 무렵 엔라이트와 프리드먼은 잠재적 출연자의 약점을 찾아내는 기술을 터득한 상태였다. 그들은 모든 사람에게는 돈은 아닐지라도 이용할 만한 약점이 될 수 있는 특별한 허영심이 있다고 생각했다. 프리드먼은 반 도렌을 설득하려면 그의 교직에 대한 애정을 이용하는 것이 결정적일 수 있다고 판단하고, 그의 출연이 미국의 교육계와 교사들에게 얼마나 큰 도움이 될 수 있는지에 대해 강조하기 시작했다. 전국의 교사들이 그의 출연으로 자부심을 얻게 될 것이고, 교사들이 시민들의 존경을 받을 만한 롤모델이라는 것을 보여줄 수 있다고 했다. "당신은 박식하고 학식 있는 모습을 보여주면서도, 지적 엘리트주의자일 필요는 없다는 것을 증명할 수 있습니다."라고 프리드먼이 말했다. 처음에 반 도렌은 이런 뻔한 회유책을 꽤 재미있어했다.

그러다 상황이 달라지기 시작했다. 반 도렌은 프리드먼에게 자신이 이 쇼에서 정말로 이길 거라고 그토록 확신하는 이유가 무엇이냐고 물었다. 이때 프리드먼은 라디오와 텔레비전 게임 쇼의 역사를 간단하게, 그러나 다소 미화해서 설명했다. 제작진이 시청자들의 관심을 끌면서도 교육적 효과를 거둬야 하기 때문에, 모든 프로그램은 어떤 식으로든 통제될 수밖에 없었다고 했다. 그러면서 이는 진실이나 다큐멘터리의 문제가 아니라, 쇼 비즈니스의 문제라고 덧붙였다. "아이젠하워 대통령을 보세요. 그의 이름으로 책이 나왔지만 실제로는 대필 작가가 쓴 게 분명하죠. 또 영화에서 그레고리 펙이 나치 독일 후방에 낙하산을 타고 내리는 장면이 나오지만, 실제로 낙하산을 탄 사람은 펙이 아니라 스턴트맨이에요."

두 사람은 계속 연락을 주고받았고, 프리드먼의 회유도 계속되었다. 한번은 프리드먼이 물었다. "강사 급여가 얼마나 되나요?" "연봉으로 4,000달러 정도입니다." 반 도렌이 답했다. 프리드먼이 그 정도 급여로 가족을 부양할 수 있겠냐는 의미심장한 말을 던졌다. 그제서야 반 도렌이 처음으로 출연료가 얼마나 되는지 물었다. 프리드먼은 50,000달러, 잘하면 100,000달러까지도 가능하다고 설명했다. 반 도렌이 가장 최근 출연자가 받은 상금이 얼마냐고 묻자, 프리드먼은 60,000달러라고 답했다. 계단을 내려가던 반 도렌은 바닥에 이르러 걸음을 멈췄다. 60,000달러! 60,000달러! 그는 숨이 막힐 것 같았다.

다음 만남에서 반 도렌이 물었다. "이 일은 누구까지 알게 되나요?" 프리드먼은 그제야 반 도렌이 넘어왔다고 직감했다. 그는 엔라이트와 자신뿐이라고 답했다. 프리드먼은 반 도렌의 비밀을 절대 누설하지 않겠다고 약속했다. 그 후로도 대화는 계속되었고, 설득 작업은 몇 주 더 이어졌다. 마침내 반 도렌이 출연을 수락했다. 처음에는 정직하게 경쟁하게 해달라고 요청했지만, '투웬티원'에서는 그 누구도 정직하게 경쟁하지 않는다는 설명을 들었다.

이는 탁월한 캐스팅이었다. 반 도렌은 뛰어난 출연자였다. 매력 없는 스템펠과는 대조적으로, 엔라이트의 표현을 빌리자면 "딸과 결혼시키고 싶은" 그런 청년이었다. 그는 소년다운 순수함을 잃지 않은 듯 보였지만, 사실 그 순수함은 시작하는 순간부터 이미 사라진 뒤였다. 최종적인 승리를 눈앞에 두고 있을 때도 반 도렌은 이상하리만치 이 모든 소동에 초연해 보였다. "찰리, 어젯밤 2,500만에서 3,000만 명이 당신을 지켜봤다는 걸 알아요? 놀랍지 않나요?" 프리드먼이 그를 보며 말해도, 반 도렌은 그저 고개를 저을 뿐이었다. "상상조차 하기 힘드네요." 찰스보다 더 놀란 것은 그의 아버지였다. 마크 반 도렌은 자신의 친구이자 제자이면서 시인이고 트라피스트회 수도사였던 토마스 머튼에게 이렇게 편지를 썼다. "약 1,500만 명이 그 아이를 사랑하게 되었소. 나는 이 말을 결코 가볍게 하는 것이 아니오."

찰스 반 도렌의 타고난 겸손함과 퀴즈쇼의 과장된 분위기가 대조를 이루어서였을까, 아직 컬럼비아 대학 박사 학위도 받기 전이었고 연봉 4,000달러의 평범한 강사에 불과했던 찰스 반 도렌은 텔레비전 최초의 스타이자, 어쩌면 최초의 지식인 스타로 등극했다. 아이러니하게도 그의 내면의 갈등마저 쇼에 도움이 되었다. 쇼에 오래 출연할수록 그는 자신이 하는 일에 혐오감을 느꼈고 하차하고 싶은 마음이 커져갔다. 그리고 이런 내면의 갈등이 어렴풋이 드러났을 터인데, 그것이 오히려 그를 더욱 매력적인 출연자로 만들었다.

반 도렌 가문은 18세기까지 거슬러 올라가는 오랜 미국 가문이었다. 네덜란드식 이름에 '반'이라는 접두어가 붙어 있어 많은 이들이 귀족 가문이라 생각했지만, 사실 이들은 성실하고 소박한 중서부의 미국인 가족이었다. 마크 반 도렌의 할아버지 윌리엄 헨리 반 도렌은 농부이자 대장장이였으며, 설교자였다(마크는 자서전에서 "살림살이는 그다지 넉

찰스 반 도렌과 퀴즈쇼 '투웬티원'의 진행자 잭 배리가 반 도렌의 신기록 우승 상금을 합산해보면서 함께 기뻐하고 있다. (사진 출처 THE BETTMANN ARCHIVE)

넉하지 않았다."라고 적었다). 하지만 그는 교육을 중시했고, 그 덕분에 아들은 의사가 되었으며 손자인 칼과 마크는 박사 학위를 받았다. 젊은 대학원생이던 시절, 칼은 어머니에게 학생 생활의 고충을 이렇게 털어놓았다. "때로는 비겁해져서 지금까지 내 삶의 거의 1/3을 충실히 따라온 고귀한 이상을 저버리고, 시간이 지나면 부와 안락을 얻을 수 있는 하찮은 일에 내 열정을 바치고 싶은 유혹을 느낍니다. 제가 부자가 될 수 있다는 건 알지만⋯그러고 싶지는 않습니다."

마크 반 도렌은 단순한 교수가 아니었다. 시 부문 퓰리처상을 수상했고 호손에 관한 뛰어난 전기도 썼다. 그의 아내이자 찰스의 어머니인

1006

도로시는 〈네이션〉 지의 전직 편집장이자 소설가였다. 그의 동생 칼은 1939년 전기 부문 퓰리처상을 받았고, 칼의 아내 이리타는 당시 상당한 영향력을 지닌 〈헤럴드 트리뷴〉의 북섹션 편집장이었다. 이리타가 1940년 공화당의 대통령 후보였던 웬델 윌키(Wendell Willkie)와 불륜에 빠져 그에게 대선 출마를 권유했던 일화는 나중에 하워드 린지와 러셀 크라우스가 뮤지컬 흥행작 '스테이트 오브 더 유니언'을 집필할 때 영감을 주었다.

반 도렌 가문은 한마디로 당대의 자유주의적이고 인본주의적 가치를 가장 잘 보여주는 집안이었다. 마크와 도로시 반 도렌 부부는 그리니치 빌리지에 집이 있었고 코네티컷 북서부에는 별장이 있었다. 마크는 가족 중에서도 가장 유복한 사람이었다. 성공한 재능 있는 시인이자 진정으로 존경받는 교수로서, 자신의 일에 완벽한 전문성을 지녔고, 초창기 비트 제너레이션을 대표하는 시인이 되기 전의 앨런 긴즈버그처럼 학생들의 작품이 자신의 취향과 다르더라도 온화하고 너그럽고 관대했다. 한 제자는 훗날 그가 "어려운 것을 가볍게 풀어내어 이해하기 쉽게 만드는" 재능이 있었다고 적었다. 후일 미국의 가장 저명한 비평가 중 한 사람이 된 알프레드 카진(Alfred Kazin)은 "장편 서사시"에 관한 강좌에서 반 도렌의 강의가 얼마나 즐거웠는지 회상했다. 카진의 기억에 따르면 반 도렌이 강의를 마칠 무렵이면 해가 저물곤 했는데, 그때 그는 캠퍼스를 떠나 지하철 7번가 노선을 타고 빌리지의 자택으로 돌아갔다. 학생들은 종종 그와 동행했고, 지하철 안에서도 수업은 계속되었으며, 집에 도착하면 술이나 차를 대접받곤 했다.

가족의 친구들로는 제임스 서버(반 도렌 가족의 고양이 이름이 서버의 소설 속 인물 월터 미티에서 따온 '월터'였다), 존 베리맨(마크 반 도렌이 그의 아들이 어릴 때에 베리맨에게 쓴 편지에는 이런 구절이 있다. "찰리는 우표 때문이라도 네 편지를 좋아한단다."), 조셉 우드 크루치, 프랭클린 P. 아담스, 자크 바

준, 토마스 머튼, 라이오넬 트릴링, 렉스 스타우트 등이 있었다.[18]

반 도렌 집안은 결코 풍족하지 않았다. 교육과 저술 활동이 우선이었고 돈은 늘 부차적이었다. 1952년 가을, 아들이 컬럼비아 대학에서 연봉 3,600달러를 받고 영어를 가르치게 될 것이라는 소식에 아버지다운 자부심이 담긴 편지에서 마크 반 도렌은 찰스에게 이렇게 썼다. "내가 꼭 수락하라고 권하는 건 아니란다, 찰리. 이 일은 정말 좋아하지 않으면 할 수 없는 일이야. 보수가 터무니없이 적다는 건 굳이 말하지 않아도 알 테지. 교사는 늘 그래왔고, 앞으로도 그럴 거다. 나는 곧 은퇴하지만 즐거웠단다. 그 즐거움이 보상의 가장 큰 몫(the greater part of my pay)을 차지할 정도로 말이다." (실제로 찰스 반 도렌이 '투엔티원'에서 최종 승자가 된 뒤 처음 한 일 중 하나는 부모님께 텔레비전을 사드린 것이었다.)

찰스 반 도렌에게서는 그처럼 특권적이고 보호된 환경에서 자란 데 따르는 장단점이 모두 드러났다. 그는 박식한 고전학자이자 재능 있는 음악가로 성장했다. 하지만 그가 반 도렌 집안 출신이라는 점이 늘 그를 따라다녔다. 처음 쇼에 출연했을 때 잭 배리가 교묘하게 물었다. "궁금해서 여쭤보는 건데요, 반 도렌 씨. 혹시 컬럼비아 대학의 유명한 작가 마크 반 도렌과 어떤 관계가 있으신가요?" "네, 제 아버지십니다." "아버지시라고요!" "네." "반 도렌이라는 성이 매우 유명한데요. 다른 유명한 반 도렌 가문 분들과도 관계가 있으신가요?" "네, 최근에 〈시골 아내〉를 쓴 작가 도로시 반 도렌이 제 어머니이고, 벤자민 프랭클린의 전기 작가 칼 반 도렌이 제 삼촌입니다." "아, 그렇군요. 당신은 자신의 이름과 가문을 자랑스러워할 만한 이유가 충분하시군요, 반 도렌 씨."

프리드먼에게 답변 요령에 대한 코칭을 받은 찰스 반 도렌은 쇼의 연

---

18   (편집자 주) 제임스 서버는 유머 작가, 존 베리맨은 시인, 조셉 우드 크루치는 문학평론가, 프랭클린 P. 아담스는 칼럼니스트, 자크 바준은 문화사학자, 토머스 머튼은 가톨릭 신비가, 라이오넬 트릴링은 문학평론가, 렉스 스타우트는 추리소설 작가이다.

기를 아주 잘하게 되었다. 그는 말을 더듬고, 이미 알려준 답을 마치 고민하며 찾아가는 듯이 연기했다. 게임을 잘했지만 너무 잘하진 않았다. 그의 고심하는 모습은 질문에 답할 수는 있지만 쉽지는 않다는 것을 보여주었다. 잭 배리가 출연한 영화 '온 더 워터프론트'가 화제에 오르고 여우조연상 수상자의 이름이 무엇이냐는 질문을 받았을 때, 반 도렌은 이렇게 답했다. "음, 그 영화에서 기억나는 여배우는 브랜도의 상대역뿐인데 … 그 배우가 여우주연상을 받았을 거라고 생각했는데 … 하지만 제가 기억하는 유일한 배우라면 … 어디 보자 … 그 사랑스럽고 연약해 보이던 여배우 … 에바 생트 … 아, 에바 마리 생트요." 후일 그는 미리 답을 전해받은 경우에도 호기심과 결부된 자존심(a curious pride) 때문에 직접 그 답을 찾아보곤 했다고 회고했다.

그를 싫어했던 스템펠이나, 응원했던 수백만 명의 사람들이 반 도렌에 대해 이해하지 못했던 것은, 성공한 가문이라는 배경도 나름의 짐이 된다는 점이었다. 과연 찰스 반 도렌의 삶에서 가문과 무관한 것이 있을까? 반 도렌의 삶은 겉보기처럼 부러운 것이 아니었다. 그는 오래된 딜레마와 씨름하고 있었다. 같은 분야에서 성공한 유명한 부모의 자식이 된다는 것, 그것은 익숙한 상황이라 해서 더 쉬워지지는 않았다. 찰스는 마지못해 영어 교수의 길을 택했다. 젊은 시절 파리에 가서 부친살해를 소재로 한 소설을 쓰려 했으나, 하원 조사관 딕 굿윈에게 실토한 바로는 그 소설마저도 아버지에게 교정을 부탁했다. 그의 삶에는 이상하게도 답답한 구석이 있었다. 자신이 사기에 가담했음을 고백하고 나서 몇 주 뒤에 그는 이렇게 말했다. "나는 연기를 해왔습니다. 지난 몇 년만이 아니라 10년, 15년, 어쩌면 평생 동안 말입니다. 실제보다 더 많은 일을 한 것처럼, 실제보다 더 큰 성취를 이룬 것처럼, 실제보다 더 많은 것을 만들어낸 것처럼 연기해왔습니다. 이건 아마도 어떤 면에서 우리 가족과 관련이 있겠죠. 아버지뿐만이 아닙니다. 가족 중 다른 분들도 마찬가지입니다. 하지만 저는 계속 도망쳐왔던 겁니다." 부담감과 갈등 속에서, 무엇이 자신의 것이고 무엇이 가문의 것인지 불확실한 채, 자신만의 성공과 정체성이 절실했던 반 도렌은 엔라이트 같은 사람에게는 완벽한 먹잇감이었다. 퀴즈쇼 출연으로 어쩌면 그는 자신만의 명성을 찾으려 했을 것이다. 실제로 잠시나마 그는 유명한 친척들보다 더 유명해졌다. 친척들은 소수 엘리트들 사이에서만 알려졌지만, 그는 수백만 명이 아는 인물이 되었고 급기야 〈타임〉의 표지를 장식하기에 이르렀다.

스템펠에게 반 도렌은 적이자, 특권과 외모 때문에 겪었던 모든 불공정함을 상징하는 전형과도 같은 인물이었다. "반 도렌은 화려한 가문과 아이비리그 교육, 그리고 부모의 보살핌 속에서 살아온 사람인데, 저는 그와 정반대의 고된 삶을 살아왔다고 생각했습니다."라고 그는 엔라이트에게 말한 적이 있었다. 스템펠은 자신이 맺은 악마와의 거래 때문에 이제 텔레비전에서 얻은 명성을 포기하고, 자신의 지능을 감춰야 하며, 이길 자신이 있었던 상대에게 의도적으로 패배해야 했다. 이는 그가 감내해야 했던 가장 큰 굴욕이었다.

엔라이트가 스템펠에게 그가 패배할 차례라고 처음으로 말했을 때, 처음에 그는 분노하며 거부했다. 텔레비전에서 얻은 명성은 중독처럼 강렬했고, 그는 쉽게 그 명성을 포기할 마음이 없었다. "싫습니다. 그렇게 하지 않겠습니다."라고 그는 단호히 말했다. 하지만 엔라이트는 스템펠이 어려운 환경에서 자랐으며, 그런 사람들은 약속을 지킨다는 것을 알고 있었다. "허비, 이 일을 시작할 때 당신은 나에게 약속을 했잖아요." 엔라이트가 설득했다. 결국 스템펠은 패배를 받아들이기로 동의했지만, 마음은 씁쓸했다. 그는 엔라이트에게 계약을 취소하고 반 도렌과 정정당당하게 대결할 기회를 달라고 간청했다.

이 모든 것은 특허 의약품 제조업체 파머슈티컬스사의 후원으로 이루어졌으나, 회사가 직접 관여하지는 않았다. 그래서 잭 배리가 두 명의 똑똑한 젊은이들에게 매우 진지한 질문을 던졌다가, 곧바로 제리톨 광고로 넘어가는 기이한 광경이 연출되곤 했다. 이런 식이었다. "제가 텔레비전에서 수천 가지 질문을 해봤지만, 아직도 익숙하지는 않네요. 하지만 누구나 거의 항상 서로에게 묻는 간단한 질문이 하나 있죠. 여러분도 아실 거예요. 바로 '날씨가 어떨까'라는 질문이죠. 그러니 기억하세요, 만약 피로감이 문제라면, 특히 이런 궂은 날씨에 감기, 독감, 인후통, 또는 바이러스성 질환을 앓은 후에는 맛있는 액상 제리톨이나 간편한 제리톨 정제를 드세요." 레브론처럼 파머슈티컬스도 퀴즈쇼 후원을 통해 엄청난 이익을 얻었다. 첫해에만 매출이 1,040만 달러에서 1,390만 달러로 증가했다.

허브 스템펠의 최후는 1956년 12월 5일 밤에 찾아왔다. 엔라이트의 각본에 따르면, 그는 자신이 너무나 잘 알고 있는 질문, 즉 1955년 아카데미 작품상을 수상한 영화가 무엇이냐는 질문에 일부러 틀린 답을 말하며 패배하기로 되어 있었다. 정답은 '마티'였고, 스템펠은 이 영화를 세 번이나 봤었다. 그는 이 영화의 주인공, 즉 잘생기지는 않았지만 잘생긴 사람 못지않은 섬세한 감성을 지닌 남자와 자신을 동일시할 수 있었기에 이 영화를 사랑했다. 자신이 아끼는 영화였기에 이 일은 더욱 견디기 힘들었다. 패배하기 전날, 그는 너무 괴로워서 몇몇 친구들에게 쇼에서 일부러 녹다운 당할 거라고 말해버렸다. 방송 당일, NBC는 하루 종일 이 대결을 과장해서 선전했다. "허브 스템펠이 오늘 밤 '투웬티원'에서 111,000달러 이상을 획득할까요?" 아나운서는 하루 종일 이 말을 반복했다. 스템펠은 자기 방의 텔레비전을 향해 대꾸했다. "아니, 111,000달러 이상은 못 따. 녹다운 당할 거니까."

프로그램이 시작되자, 그는 영화 '마티'에 관한 질문에 정답을 말해 엔라이트의 규칙을 어길 뻔했다. 몇 년 후, 그는 역사가 어떻게 달라졌을지 곰곰이 생각해 봤다. 만약 그가 이겼다면, 엔라이트의 부정을 폭로하지 않았을 것이고, 찰스 반 도렌은 패배한 뒤 컬럼비아로 품위 있게 돌아가 자신이 진정으로 사랑하는 교직 생활로 복귀할 수 있었을 것이다. 하지만 그는 규칙을 따랐고, 결국 반 도렌은 호랑이의 등에 올라타게 되었다. 시간이 흐르면서 반 도렌은 이 쇼에 15번이나 출연하며 국민적 영웅이 되었다. 그는 텔레비전의 영향력을 크게 과소평가했던 것이다. 단순한 즐거움으로 시작된 일이 이 젊은 학자에게는 악몽이 되어버렸다. 매일 수백 통의 편지가 쏟아져 들어왔는데, 특히 매카시즘으로 인해 교육의 가치에 대한 미국인들의 인식이 훼손된 암울했던 시기에, 사람들은 그에게서 더 진지하고 지적인 미래에 대한 희망을 본다고 말했다. 여러 대학에서 그에게 종신 교수직을 제안했고, 영화 주연 제안도 들어왔다. NBC와 3년 계약을 맺어 '투데이 쇼'에 정기적으로 출연하며 상주 지식인 역할을 맡게 되었고, 연봉으로 놀라운 금액인 50,000달러를 받았다. "수천 명의 관중이 환호하는 투기장의 투우사 같았고, 나는 그저 거기서 벗어나고 싶었다."라고 그는 후에 작가 딕 굿윈에게 털어놓았다. 결국 그의 총 상금은 129,000달러에 달했지만, 당시의 가혹한 세금으로 인해 실제로 받은 금액은 고작 28,000달러에 불과했다. 스템펠은 반 도렌에게 한 번 더 도전하고 싶어했지만 거절당했다. 당시 반 도렌의 상대였던 비비안 니어링이 가능할지도 모른다는 말을 들은 스템펠은, 니어링과 반 도렌의 대결에서 반 도렌이 패배하도록 각본이 짜여있다는 것을 즉시 깨달았다. 영리한 스템펠은 자신의 저축금 5,000달러를 니어링에게 2대 1의 배당률로 걸었다.

스템펠은 10,000달러를 땄지만 잇따른 잘못된 투자로 그 상금을 거의 날려버렸다. 그의 원한은 점점 깊어져갔다. 그는 엔라이트를 집요하게 괴롭히기 시작했고, 반 도렌("그 개자식")과 연출이 없는 공정한 게임을 할 기회를 달라고 요구했다. 엔라이트는 스템펠이 언제 터질지 모르는 수류탄과도 같다는 것을 점점 더 실감하게 되었다. 다른 프로그램 출연에 대한 논의도 있었다. 스템펠은 "'투웬티원'에서처럼 작고 뚱뚱한 사람이 아니라, 신사답게 보이고 싶다."라며 체중 감량을 약속했다. 한때 엔라이트는 스템펠이 자신을 협박하고 있다는 증거를 만들기 위해 몰래 녹음까지 했고, 교묘하게 회유하여 '투웬티원'에서 어떠한 조작도 없었다는 문서에 서명하게 만들었다. 하지만 이 모든 것도 커져가는 스템펠의 분노를 막을 수는 없었다.

엔라이트와 프리드먼은 이 모든 일이 스템펠의 정신 상태에 미칠 영향을 전혀 예상하지 못했다. 모든 것이 트라우마로 남았고, 이제 그들은 자신들이 저지른 일에 대한 대가를 치르게 될 판이었다. 쇼가 성공할 수 있었던 핵심적인 요인은 모든 출연자를 회유할 수 있었다는 점이었다. 사기에 가담했던 사람들은 자신에게 해가 될까 봐 입을 다물 것이라는 게 상식적인 계산이었다. 하지만 스템펠은 이미 그런 것들은 신경 쓰지 않는 상태였다. 그가 원한 것은 오직 복수뿐이었다.

스템펠은 이 스캔들을 다룰 만한 기자들을 찾아 나섰다. 처음에 언론은 이 이야기를 입증할 방법이 없었기 때문에 보도를 꺼렸다. 후에 엔라이트는 자신이 말로 표현할 수 없는 나쁜 짓을 저질렀다는 것을 깨달았다. 정서적으로 취약한 사람을 이용한 것이었다. 퀴즈쇼 조작 과정에서 저지른 모든 일들 중에서 수년이 지난 후에도 엔라이트가 가장 부끄러워한 것이 바로 이 일이었다. 반면 반 도렌에게 한 일에 대해서는 그다지 신경 쓰지 않았는데, 반 도렌은 온전한 도덕적 나침반을 가진 지적인 성인이었고 자신이 무엇을 하는지 정확히 알고 있었다고 판단했기 때문이다.

지방 검사는 프로그램이 조작되었다는 강한 확신이 들었다. 하지만 엔라이트와 그의 부하 직원인 앨버트 프리드먼이 치밀한 조작자들이었기에, 이 사건의 실체를 밝히기가 쉽지 않았다. 조작은 목격자 없이 일대일로 이루어졌다. 부인할 수 있는 가능성을 확보해두는 것이 핵심이었다. 만약 출연자가 마음이 바뀌어 폭로할 경우, 출연자의 말과 프로그램 제작진의 말이 맞서게 되는 상황이 되도록 했다. 이렇게 해서 프로그램에 대한 사기 혐의를 무력화할 수 있었다. 서로 겹치는 부분을 최소화하는 것이 원칙이었다. 엔라이트는 스템펠을, 프리드먼은 반 도렌을 각각 맡아 조작했다. 그들은 출연자들이 쇼에 나오기도 전에 미리 매수해두는 것을 선호했다. 그래야 등을 돌릴 가능성이 줄어들었기 때문이었다.

마침내 뉴욕의 일간지에 스템펠의 고발 내용이 보도되자 엔라이트는 삼촌으로부터 전화를 받았다. "댄, 이번 일로 네가 한 가지 교훈을 얻었으면 좋겠구나." 삼촌이 말했다. "무슨 교훈이요?" 엔라이트가 물었다. "말하는 동물에게는 절대로 돈을 걸지 말라는 거지."라고 삼촌이 말했다. 엔라이트는 곧 자신이 쇼의 영향력을 심각하게 과소평가했다는 사실을 깨닫게 되었다. 그는 자신이 아는 한 엔터테인먼트 업계의 도덕적 기준을 어긴 적이 없다고 생각했다. 하지만 이 쇼는 단순한 오락을 넘어선 지 오래였다. 이미 전 국민의 자산이 되어버린 것이었다. 엔라이트는 자신도 모르는 사이에 전혀 다른 윤리와 기준이 적용되는 새로운 영역으로 발을 들여놓은 것이었다. 그는 텔레비전이라는 새로운 매체의 진정한 힘을 이해하지 못한 채 그것을 가지고 놀고 있었던 것이다.

프리드먼은 자신들의 놀라운 성공이 다른 미디어 업계의 강한 반감을 불러일으켰다는 것을 깨달았다. 담합의 증거들이 수면 위로 드러나기 시작하자 신문들이 이 사건을 다루는 맹렬한 기세에 그는 충격을 받았다. 이 사건은 단순한 연예계 스캔들보다는 공화국에 대한 위협으로 다뤄졌으며, 나중에 그가 생각하기에 워터게이트 사건에 대한 초기 언론의 보도와 비슷한 수준이었다. 그는 게임 쇼가 만들어내는 스타성의 영향력을 너무 과소평가하고 있었다. 특히 텔레비전의 영향력이 날로 커지면서 이미 재정적 어려움을 겪고 있던 도시의 취약한 신문사들, 즉 〈뉴욕 월드 텔레그램〉, 〈뉴욕 저널 아메리칸〉, 그리고 심지어 〈뉴욕 포스트〉까지도 이 사건을 자신들의 주요 경쟁자인 텔레비전의 신뢰도를 실추시키는 수단으로 즐겨 보도했다.

프리드먼은 이것이 1950년대만의 특별한 현상이었다고 생각했다. 당시 그들은 이 새로운 매체가 지닌 진정한 힘을 이해하지 못한 채 다루고 있었다. 단지 라디오의 확장판 정도로 여기며 가볍게 다뤘을 뿐, 이 매체가 가정에서 시청하는 사람들을 압도하고 프로그램 출연자들을 휘어잡는다는 사실까지는 전혀 깨닫지 못했던 것이다. 프리드먼은 10년 후에 방송되었더라도 이 쇼는 여전히 성공했겠지만, 그때는 국민들이 텔레비전의 직접적인 영향력에 무뎌져 있었을 테니 그 성공의 규모는 훨씬 작았을 것이라 믿었다.

1957년, 배리와 엔라이트는 이 쇼의 판권을 간절히 원하던 NBC에 200만 달러를 받고 팔았다. 거래가 마무리되어 가는 과정에서 엔라이트는 방송국에 조작된 쇼를 사게 된다는 사실을 알려야 할지 고민했다. 그는 뉴욕의 수완 좋은 거래꾼인 자신의 에이전트 소니 워블린에게 전화를 걸어 조언을 구했다. "댄, 내가 쇼가 조작됐는지 물어본 적 있나?" 워블린이 물었다. 엔라이트는 없다고 대답했다. "NBC에서는? 그쪽에서 쇼가 조작됐는지 물어본 적 있나?" 엔라이트는 다시 없다고 답했다. "우리 모두가 묻지 않은 이유가 뭔지 아나?" 워블린은 당시 이 문제에 대한 방송사들의 도덕적 태도를 꼬집으며 말을 이었다. "알고 싶지 않기 때문이지."

그러나 스템펠은 물러나기를 거부했고, 점점 더 집착하는 모습을 보이기 시작했다. 그는 자신이 쇼를 이끌어왔고 지금의 성공을 만든 주역임에도 불구하고, 장기적으로 아무런 혜택도 받지 못하는 상황이 말이 안 된다고 여겼다. 엔라이트는 스템펠이 고의로 패배하는 데 동의 했을 당시 일자리를 보장해 주겠다고 약속했지만, 스템펠이 보기에 이 것은 너무나 흔한 수작처럼 보였고, 이제는 그 약속조차 애매하게 얼 버무리고 있었다. 반면에 반 도렌은 NBC로부터 연봉 50,000달러에 안정적인 직책을 받은 상태였다. 스템펠은 이 상황이 너무도 부당하다 고 느꼈다. 그는 기자들에게 계속 전화를 걸어 자신의 이야기를 전하 려 했지만, 당시에는 명예훼손법이 더 엄격했으며 그의 주장을 뒷받침 할 만한 증거도 없었다.

결국, 모든 사기 행각이 드러났다. 코칭을 받았던 한 젊은 여성이 자 신의 노트를 한 쇼의 외부 사무실에 놓고 갔고, 이를 발견한 다른 참가 자가 문제를 제기했다. 그 노트에는 그녀가 참가자로서 답해야 할 많 은 정답이 적혀 있었다. 이후 다른 참가자들도 나서기 시작했다. 한 참 가자는 조작 과정에 대한 구체적인 설명과 정답을 포함한 내용을 자신 에게 등기로 보내 강력한 법적 증거로 사용할 준비를 했다. 마침내 지 방 검사가 퀴즈쇼에 대한 대대적인 수사에 착수했다. 조작의 증거는 명백했지만, 알 수 없는 이유로 담당 판사가 모든 증거를 압수했다. 그 결과, 퀴즈쇼 스캔들은 하원 조사위원회로 이관되었다.

하원의 조사는 결국 전 국민을 매료시켰던 젊은이 찰스 반 도렌에게 초점이 맞춰졌다. 반 도렌은 자신의 결백을 굳건히 주장하며 어떤 도 움도 받지 않았다고 주장했다. 이는 곧 그가 검찰과 퀴즈쇼 사건을 심 리하는 뉴욕 대배심, 언론과 고용주, 가족, 그리고 심지어 자신의 변호 사에게까지 계속해서 거짓말을 했다는 의미였다. 1959년 퀴즈쇼 스캔 들을 조사하는 하원 위원회의 젊은 조사관 리처드 N. 굿윈은 스템펠, 반 도렌, 그리고 다른 사람들을 상대해야 했다. 굿윈의 출신 배경은 스 템펠과 크게 다르지 않았지만, 그는 반 도렌에게 호감을 느꼈다. 굿윈 은 스템펠처럼 유대인이었고 비교적 평범한 배경 출신이었지만, 새로운 능력주의 시대의 일원으로서 그의 타고난 재능은 이미 빛을 발하고 있었다. 그는 터프츠 대학을 거쳐 하버드 로스쿨에 진학했고, 그곳에서 수석 졸업이라는 영예와 함께 최고의 영예인 펠릭스 프랑크푸르터 대법관의 법률 서기로 선발되었다. 굿윈은 반 도렌을 향한 스템펠의 증오를 불쾌하게 여겼고, 오히려 반 도렌의 매력에 빠졌다. 곧 그들은 사냥꾼과 사냥감이 아닌, 거의 친구라 할 수 있는 딕과 찰리가 되었다. 분명 반 도렌은 굿윈의 뛰어난 지성과 더불어, 그가 훌륭한 젊은 변호사일 뿐 아니라 미국 문학을 사랑한다는 점에 매료되었다. 한편 굿윈도 반 도렌처럼 지적이고 우아하면서도 속물근성이 전혀 없는 명문가 출신을 만난 적이 없었다. 증거는 압도적으로 반 도렌이 조작에 가담했음을 보여주었지만, 굿윈은 반 도렌을 믿고 싶어했고, 한동안 그를 기소할 결정적인 증거를 확보하지 못했다. 반 도렌의 조종자였던 프리드먼이 편리하게도 멕시코로 떠났기 때문이었다. 결국 시민권 박탈의 위협을 느낀 그는 마지못해 귀국했다.

프리드먼의 증언을 확보한 굿윈은 반 도렌에게 전화를 걸어 사건의 진행 상황과 위원회가 이제 사건을 확실히 장악했다는 사실을 알려주었다. 처음으로 반 도렌은 잠시 망설이는 듯했다. 다음 만남에서 반 도렌의 곁에는 변호사가 동석했다. 그럼에도 불구하고 반 도렌은 자신의 결백을 주장했다. "딕, 언젠가 그(프리드먼)가 왜 거짓말을 하는지 설명할 수 있게 되길 바랍니다."라고 반 도렌이 말했다. "찰리, 진실을 말하지 않는 사람들이 하필 최고의 집안 출신뿐이라는 게 흥미롭지 않나요?"라고 굿윈이 특별한 배경을 가진 다른 퀴즈 참가자 한 명을 언급하며 대답했다. 이 시점에서 굿윈은 자신이 딜레마에 빠졌음을 느꼈다. 반 도렌이 거짓말을 하고 있다고 확신했지만, 동시에 위원회가 그를 공개적으로 파멸시키는 것은 의미가 없다고 판단했다. 결국 매카시 청문회가 끝난 지 얼마 지나지 않은 때였고, 굿윈은 조사위원회 출두로 인생이 망가진 사람들의 모습을 여전히 생생하게 기억하고 있었다. 굿윈이 보기에 진짜 악당은 수많은 경고에도 불구하고 사태를 외면한 방송사들과, 실제 수혜자인 스폰서들, 그리고 제작자들이었다. 굿윈이 반 도렌을 추궁하는 데 열의를 보이지 않는 것이 스템펠에게는 불만이었다. 그는 끊임없이 전화를 걸어왔다. "반 도렌에게 (위원회에 출석하라고) 연락했나요? 반 도렌에게 연락했어요?" 스템펠이 물었다. 마침내 굿윈이 물었다. "허브, 왜 그를 그렇게 미워하시는 거죠?" "난 그를 미워하지 않아요."라고 스템펠이 항변했다. "제발, 당신은 처음부터 단 한 가지, 그러니까 그를 잡으려는 목적으로만 내 뒤를 쫓아다녔잖아요."라고 굿윈이 말했다. 그때 스템펠은 자선 행사에서 반 도렌과 악수하려 했지만 반 도렌이 자신을 외면했던 일화를 들려주었다. 굿윈은 반 도렌에게 속물근성의 흔적이 전혀 없었기에 그럴 리가 없다고 생각했다. 하지만 굿윈은 그 일이 현실에서는 일어나지 않았더라도 허브 스템펠의 마음속에서는 분명히 일어났던 일이라는 것을 어느 정도 이해할 수 있었다.

굿윈은 비공개 회의에서 위원회 위원들을 찾아가 프로그램이 조작되었다는 것을 보여줄 충분한 정보를 가지고 있지만, 위원회 앞에서 공개적으로 반 도렌을 파멸시킬 필요는 없다고 말했다. 위원들은 이에 동의했고 그를 소환하지 않기로 결정했다. 이후 굿윈은 반 도렌에게 말했다. "찰리, 당신이 거짓말하고 있다는 걸 알아요." "딕, 그렇게 생각하다니 유감입니다."라고 반 도렌이 대답했다. 굿윈은 계속해서 위원회가 그를 소환하지 않기로 했다고 말했다. 하지만 위원회가 도전으로 받아들여 입장을 바꿀 수 있는 어떤 공개 발언이나 행동도 하지 말라고 반 도렌에게 경고했다. 이로써 반 도렌은 위기에서 벗어난 것처럼 보였다. 하지만 NBC는 반 도렌에게 위원회에 자신의 무죄를 선언하는 전보를 보내지 않으면 '투데이 쇼'의 자리를 잃게 될 거라고 말했다.

굿윈이 보기에 당연한 선택은 반 도렌이 NBC에 항의하고 그만두는 것이었다. 하지만 반 도렌은 자존심에 이끌려 운명적인 발걸음을 내딛고 전보를 보냈다. 굿윈은 이것이 완전히 자멸적인 행동이라고 생각했다. 예상대로 그는 소환장을 받았다. 다가올 대면이 걱정된 굿윈은 자신의 스승인 펠릭스 프랑크푸르터 대법관을 찾아갔다. 프랑크푸르터는 반 도렌과 개인적 친분이 없었기에 상황을 더 객관적으로 볼 수 있었다. "반 도렌이 없는 퀴즈쇼 수사는 햄릿 역할을 맡은 배우가 없는 햄릿과 같다."라고 그가 말했다. 게다가 프랑크푸르터는 반 도렌도 결코 결백하지 않다고 덧붙였다. 그는 기꺼이 가담한 사람이었다. 스캔들에 연루된 다른 사람들이 더 나쁜 짓을 했다고 해서 그가 면죄부를 받을 수는 없었다.

1959년 11월 1일, 반 도렌이 위원회에 출석하기 전날 밤, 딕 굿윈은 그와 그의 아버지를 저녁 식사에 초대했다. 굿윈은 두 사람 사이의 깊은 애정과, 아들이 그 무거운 짐에서 벗어날 수 있을 것이라는 마크 반 도렌의 분명한 안도감에 감동을 받았던 기억을 떠올렸다. 이 모든 상황의 아이러니, 즉 이렇게 우아하고 매력적인 부자가 가장 힘든 순간에도 저녁 식사에 참석해 교양 넘치면서도 겸손한 대화로 단순한 저녁을 풍요롭게 만들 수 있었다는 사실은 굿윈의 마음을 떠나지 않았다. 그는 이 경험 전체를 두고 마음이 찢어질 듯한 복잡한 감정을 느꼈다.

다음 날, 수많은 기자들과 사진작가들이 증인석에 선 반 도렌의 모습을 카메라에 담았다. 그는 이렇게 말문을 열었다. "지난 3년간의 제 삶의 행로를 되돌리기 위해서라면 제가 가진 거의 모든 것을 내놓을 수 있습니다. 하지만 저는 단 한 마디의 말이나 행동도 되돌릴 수 없습니다. 과거는 누구에게나 바꿀 수 없는 것입니다. 하지만 적어도 저는 과거로부터 배울 수 있습니다. 저는 지난 3주 동안 많은 것을 배웠습니다. 인생에 대해 많은 것을 배웠습니다. 저 자신과, 인간이 동료들에 대해 지닌 책임에 대해 많이 배웠습니다. 선과 악에 대해서도 많이 배웠습니다. 그것들은 항상 겉으로 보이는 대로가 아닙니다. 저는 기만 행위에 연루되었습니다. 깊이 연루되었습니다. 제가 역시 크게 속았다는 사실이, 제가 그 기만의 주된 상징이었기에 그 기만의 주된 피해자가 되는 것을 막을 순 없습니다. 그것이 어쩌면 일종의 정의일지도 모릅니다." 반 도렌의 많은 인기를 의식한 위원회 위원들은 그를 부드럽게 대했고 그의 솔직함을 거듭 칭찬했다. 오직 스티브 데루니언 의원만이 반 도렌과 같이 뛰어난 재능과 지성을 가진 사람이 단순히 진실을 말했다고 해서 칭찬받을 일은 아니라고 선언했다. 그 말에 방청석에서 갑자기 박수가 터져 나왔고, 굿윈은 그 순간 일반 대중이 반 도렌을 쉽게 용서하지 않을 것임을 깨달았다.

스템펠은 반 도렌의 모습을 보기 위해 자비로 워싱턴행 기차를 탔다. 붐비는 하원 청문회장에서 그는 일종의 명예 회복을 바랐다. 처음에는 그의 좌석이 맨 뒤쪽이었지만, 그는 반 도렌의 얼굴을 볼 수 있도록 조금씩 앞쪽으로 자리를 옮겨갔다. 그는 미국의 하원의원들이 미국 국민과의 신의를 저버린 이 특권층 청년을 꾸짖는 모습을 보고 듣기를 원했지만, 실제로 벌어진 일에 몹시 실망했다. "그들이 그를 칭찬하는 모습에 큰 상처를 받았다."라고 그는 훗날 말했다. 그 후 스템펠은 이 사건의 초기 수사를 담당했던 뉴욕 지방검사보 조셉 스톤을 붙잡고 자신의 박사학위 논문 주제 제안을 거절했던 뉴욕 시립대 교수들에 대해 불평하기 시작했다. 승리의 순간이었을지도 모르는 그 순간에도 그는 여전히 자신을 피해자로 여기는 것 같았다.

모든 일이 끝난 후, 한 기자가 마크 반 도렌에게 아들이 자랑스러운지 물었고, 노인은 그렇다고, 자랑스럽다고 말했다. 다른 기자가 "퀴즈 쇼에서 그가 한 일도 자랑스럽습니까?"라고 묻자, 마크는 잠시 머뭇거

리더니 아니라고, 하지만 적어도 찰스는 자신이 해야 할 일, 즉 가르치는 일로 돌아갈 수 있다고 말했다. 그리고 그것은 그가 매우 잘하는 일이라고 덧붙였다. 그때 한 기자가 마크 반 도렌에게 그가 아직 모르고 있던 사실을 알려주었다. 컬럼비아 대학 이사회가 그날 찰스 반 도렌을 강사직에서 해고하기로 의결했다는 것이었다. 한 친구는 그 결정이 노인의 심장을 꿰뚫는 화살과 같았을 것이라고 말했다.

찰스 반 도렌은 다음 날 딕 굿윈에게 지난 몇 주 동안의 친절에 감사하는 가슴 아픈 편지를 보냈다. "저녁 식사는 훌륭했고, 숙소는 멋졌으며, 긴장과 열정을 빼고 편안하게 대화를 나누는 시간이었습니다. 정말 특별한 저녁이었습니다. 물론 절대 잊지 못할 것입니다. …사냥꾼들은 자신을 죽인 사냥꾼을 사슴이 사랑한다고 말하곤 했죠. …그래서 감사와 애정의 눈물을 흘린다고요. 그런 일이 실제로 일어난다는 걸 저는 압니다. 라스콜리니코프도 같은 감정을 느꼈죠. 그래서 제리(찰스의 아내)와 저는 당신을 초대하고 싶고, 꼭 와주셨으면 합니다. 당신과 나누고 싶은 이야기가 많은데, 퀴즈쇼와는 전혀 관계없는 것들입니다. 신문을 본 게 실수였습니다. 당신의 조언을 따랐어야 했어요. 앞으로 6개월이 빨리 지나갔으면 좋겠습니다. 힘든 일들이 많았습니다. 하지만 제가 말씀드리고 싶은 것은, 우리는 살아가고, 잘 살게 되리라는 것입니다. 아니, 제 말은, 우리가 살아갈 것은 분명하고, 잘 살게 될 거라고 생각합니다. 그리고 부디 당신이 이 일에 관여한 것을 절대로, 어떤 식으로든, 후회하지 않았으면 합니다. 어쩌면 이런 말이 터무니없을 수도 있지만, 당신이 그럴 수도 있다고 생각했거든요. 찰리."

이는 국가적으로도 충격적인 순간이었다. 찰스 반 도렌은 미국이 보여줄 수 있는 최고의 것을 상징하는 인물이었다. 일부 평론가들은 이 퀴즈쇼 스캔들로 인해 미국인들의 순수했던 시대가 막을 내렸다고 논평했다. 제2차 세계대전 이후 미국은 늘 정의로운 편에 서 있었고, 정치인과 장군들은 거짓말을 하지 않았으며, 미국인들은 신문의 기사와 이후 라디오와 텔레비전 방송의 내용을 신뢰해왔다고 그들은 말했다. 하지만 유독 매력적인 한 젊은이가 자신도 어쩔 수 없이 어두운 일에 휘말렸다는 이유만으로 이 모든 것이 갑자기 끝났다고 보기에는 석연치 않은 점이 있었다. 일부 사람들은 이 사건 전체에서 미국의 도덕적 기반이 붕괴되기 시작하는 조짐을 발견했다. 물론, 64달러라면 조작된 퀴즈쇼 출연을 거절했을 많은 미국인들도 125,000달러라면 한참을 고민했을 것이다. 존 스타인벡은 너무나 분노하여 애들레이 스티븐슨에게 격앙된 편지를 썼고, 이 편지는 〈뉴 리퍼블릭〉에 다시 실려 당시 상당한 파장을 일으켰다. "우리는 나약해졌나?"라는 제목의 글에서 그는 이렇게 분노를 표출했다. "한 나라를 파괴하고 싶다면 나는 그 나라에 너무 많은 것을 주어서 무릎 꿇게 만들고, 비참하고 탐욕스럽고 병들게 할 것입니다. …모든 수준에서 미국 사회는 조작되어 있습니다. …나는 우리나라의 냉소적인 부도덕성에 괴로움을 느낍니다. 이런 상태로는 살아남을 수 없습니다."

이 스캔들은 텔레비전의 점점 커지는 중독적인 힘과 더불어 몇 가지 사실을 드러냈다. 첫 번째는 낯선 사람이라도 적절한 태도만 갖추면 일종의 유사 친밀감을 만들어내어 놀라울 정도로 짧은 시간 안에 신뢰받는 친구가 될 수 있다는 점이었다. 텔레비전이 점차 정치의 주요 도구가 되면서 이는 엄청난 파급 효과를 낳게 될 것이었다. 텔레비전이 보여준 또 다른 점은, 아마도 가장 강력한 교훈이 될 터였는데, 텔레비전은 자신이 닿는 모든 것, 즉 정치, 뉴스쇼, 시트콤 등을 하나의 연출된 장면으로 만들어버린다는 사실이었다. 실질적인 내용 못지않게 오락적이고 극적인 요소가 중요해졌다. 텔레비전이 요구하는 이런 새로운 조건의 초기 수혜자 중 한 사람은 매사추세츠 출신의 젊은 초선 상원의원이었는데, 그는 찰스 반 도렌처럼 젊고 매력적이며 상류층 출신이었고, 뜨거운 매체인 텔레비전에서 절제된 모습으로 다소 수줍은 듯이 비쳐졌다. 찰스 반 도렌이 1950년대 후반 텔레비전의 주요 스타였다면, 1960년대가 시작되면서 그 자리는 존 F. 케네디가 이어받게 될 것이었다.

찰스 반 도렌은 공적 생활에서 빠르게 물러났다. 그는 어린 가족과 함께 시카고로 이주했으며, 위대한 책 시리즈(the Great Books series)의 편집자인 모티머 애들러와의 인맥을 통해 브리태니커 백과사전의 편집자로 일했다. 시카고에서 그의 삶은 대체로 사적인 것이었고, 그 도시의 언론계나 문학계에 모습을 거의 드러내지 않았다. 그는 아내 제럴딘 번스타인 반 도렌('투웬티원' 출연 후 쏟아진 팬메일을 정리하는 일을 하다가 처음 만난)과 함께 두 자녀를 키우며 조용히 지냈다. 퀴즈쇼 사건에 대해 그는 단 한 번도 글을 쓰거나 언급한 적이 없다. 여러 차례 기자들이 전화를 걸어 당시 사건에 관한 기사를 준비 중이라며 인터뷰를 요청했지만, 반 도렌은 자신이 지금 매우 행복한 삶을 살고 있으며 그들의 프로젝트에 관여할 의향이 없다고만 답했다. 그는 〈서양사상의 위대한 보고(*The Great Treasury of Western Thought*)〉와 〈독서의 즐거움(*The Joy of Reading*)〉 등 여러 중요한 선집(collections)의 편집자로 활약했지만, 텔레비전 출연을 꺼린 탓에 책을 홍보하거나 이를 통해 판매량과 자신의 명성을 높일 기회는 제한적이었다. 북투어를 떠난다면, 사람들이 서양 사상의 역사나 플라톤, 아리스토텔레스, 성 토마스 아퀴나스가 우리 삶에 미친 영향을 묻기보다는 프리드먼, 엔라이트, 레브슨과 관련된 질문만 던질 것이라는 점을 잘 알고 있었기 때문이다.

1980년대 후반, 줄리안 크레이넌이라는 저명한 텔레비전 다큐멘터리 제작자가 철학의 역사를 다룬 13부작 공영 텔레비전 시리즈의 내레이터 겸 편집자를 찾고 있었다. 크레이넌은 반 도렌의 저작들을 읽었고 〈독서의 즐거움〉에 매료되었으며, 그의 폭넓은 지적 역량에 깊은 인상을 받았다. 반 도렌보다 열다섯 살이나 어린 크레이넌은 30년 전에 있었던 퀴즈쇼 스캔들에 대해 아주 희미한 기억만 가지고 있을 뿐이었다. 그는 반 도렌에게 연락을 취했고, 두 사람은 점차 공영 텔레비전 시리즈의 윤곽을 잡아나갔다. 서로를 좋아하게 되었고 함께 일하는 것도 즐거워했다. 그런데 크레이넌의 프로젝트는 난관에 부딪혔다. PBS의 고위 관계자들이 반 도렌이 퀴즈쇼 문제를 공개적으로 해명하기 전까지는 그와의 협업을 꺼렸던 것이다. 이에 크레이넌은 퀴즈쇼 스캔들에 대한 다큐멘터리 제작을 제안했다. 이를 통해 쌓였던 고름을 빼내듯 문제를 해결하고, 철학을 다루는 13부작 프로그램으로 나아갈 수 있으리라 생각했다. 크레이넌은 또한 반 도렌이 이 문제가 거론될 때마다 항상 자신은 숨길 것도, 사과할 것도 없다고 말해왔다는 점을 언급했다.

반 도렌과 크레이넌은 퀴즈쇼 다큐멘터리 제작 문제를 놓고 여러 차례 논의를 오가다가, 어느 날 갑자기 반 도렌이 "하기로 했습니다. 진작에 했어야 할 일이었죠."라고 선언했다. 하지만 며칠 후 그는 전화를 걸어 다시 생각해보겠다고 말했다. 크레이넌은 결국 다큐멘터리를 진행했고, 그의 작품은 공정성과 섬세한 접근으로 극찬을 받으며 큰 호평을 얻었다. 당시 주요 관계자들 중 생존해 있던 사람들 가운데 찰스 반 도렌만이 유일하게 참여를 거부했다.

제44장

흑인 문화, 미국인들의 일상생활에 스며들다

그해 가을, 미국인들의 기억에 가장 선명하게 남은 이미지는 리틀록에서 나왔다. 스틸 사진작가들이 포착한 장면들과, 더 중요하게는 네트워크 텔레비전 뉴스 프로그램의 카메라맨들이 담아낸 영상들이었다. 그중 가장 충격적인 첫 번째 이미지는 리틀록 센트럴 고등학교에서 인종 통합을 감행한 아홉 명의 어린 흑인 학생들에게 순수한 증오로 그들의 얼굴이 일그러진, 분노한 백인 촌뜨기 무리들이 공격을 퍼붓는 모습이었다. 거의 똑같이 소름 끼치는 두 번째 장면은 몇 주 후 촬영된 것으로, 같은 흑인 학생들이 정예 미군 공수부대원들의 호위를 받으며 그 학교에 들어가는 모습이었다. 브라운 대 교육위원회 판결

아칸소 주지사 오벌 포버스가 리틀록 센트럴 고등학교의 인종 통합 명령을 거부하면서, 리틀록은 민권 투쟁의 첫 번째 격전지가 되었다. (사진은 당시 학교 학생들의 모습) 포버스와 그의 지지자들이 선동한 폭동이 이어지자, 아이젠하워 대통령은 마지못해 최정예 공수부대를 투입하고 아칸소 주방위군을 연방군에 편입시켰다. (사진 출처 BURT GLINN, MAGNUM PHOTOS, INC.)

이후 남부 지역에서 표면 아래 잠재되어 있던 분노와 증오가 마침내 폭발했으며, 이제 텔레비전 덕분에 전 미국은 물론 곧 전 세계가 스스로와 전쟁을 벌이는 미국을 지켜볼 수 있게 되었다.

언젠가는 일어날 일이었지만, 그것이 리틀록에서 일어나리라고는 아무도 생각하지 못했다. 아칸소 주는 남부보다는 남서부에 가까운 온건한 주였다. 의과대학과 법과대학은 법원의 명령 없이도 10년 전에 이미 인종 통합이 이루어진 상태였다. 오벌 포버스(Orval Faubus)는 온건파로 여겨졌고, 인종 문제를 언급할 때도 그의 목소리에는 격정이 실리지 않았다. 그는 수많은 남부 정치인들을 사로잡은 끔찍한 증오심과는 거리가 있어 보였다. 1955년 브라운 2차 판결이 내려졌을 때 포버스는 이렇게 말했습니다. "법원이 이 문제에 관한 결정권을 어느 정도 연방 지방법원에 위임한 것으로 보입니다. 이는 급격한 혼란을 막아줄 것이라 믿습니다. …우리는 인종 간의 관계에 영향을 미치는 모든 문제에 있어서, 오랫동안 아칸소 주를 다른 남부 주들의 모범으로 만들어온 인종 간의 선의에 의지해야 합니다."

1956년 재선에 성공한 포버스는 선거 운동 시 인종 문제를 거의 언급하지 않았으며, 리틀록의 통합 계획은 매우 점진적이어서 초기에는 단 9명의 흑인 학생만 백인 학교에 입학하도록 되어 있었다. 이 계획은 고등학교부터 시작해 매년 한 학년씩 아래로 내려가며 통합을 진행하는 방식이었다. 당초 교육감 버질 블러섬(Virgil Blossom)이 선호했던 방식은 이와는 정반대였다. 그는 어린 아이들이 성인보다 편견이 덜할 것이라는 생각에서 저학년부터 시작해 위로 올라가는 방식을 선호했다. 그러나 그는 오히려 저학년에서 백인 학부모들의 두려움이 더 강하다는 사실을 발견했다. 학부모들은 10대 자녀들의 통합보다 1학년 자녀들의 통합에 더 큰 불안을 느꼈던 것이다.

블러섬은 가장 우수하고 성숙한 흑인 학생들만을 원했다. 호레이스 만 고등학교에서 전학을 희망하는 80명의 명단이 작성되었다. 학교 관계자들은 신속하게 그 숫자를 32명으로 줄였다. 그것은 쉬운 일이었다. 블러섬이 학부모와 학생들에게 그들이 직면하게 될 압박에 대해 설명하자 많은 이들이 지원을 철회했다. 블러섬과 교육청 직원들은 32가구 모두와 면담했는데, 부모와 자녀가 함께 참석했다. 일부 학생들은 사회적 압박이나 학업을 감당할 준비가 되지 않았다는 말을 들었다. 운동 실력이 뛰어난 몇몇 학생들은 백인 학교에서는 그들이 팀에 있다는 이유로 다른 학교들이 경기를 취소할 수 있으니 차라리 호레이스 만에 남는 것이 낫겠다는 조언을 받았다. 소문과 의혹이 이어지면서 명단은 17명으로 줄었고, 결국 9명만이 남았다. 백인 지도부는 이에 만족했다. 전체 과정은 통합이 백인들에게 미치는 정서적 충격을 최소화하도록 설계된 것이었다. 지역 흑인 지도부는 이런 신중한 접근 방식에 전적으로 만족하지는 않았지만, 블러섬의 계획이 대법원의 기준을 명백히 충족하고 연방 지방법원의 승인을 받았기에 이를 법적 절차로 받아들였다. 버질 블러섬은 진보 성향의 〈아칸소 가제트〉지 편집장 해리 애쉬모어(Harry Ashmore)가 "로타리 클럽 회원으로 타고난 사람"이라고 평했을 정도로 친화력 있는 인물이었다. 그는 1955년 리틀록의 '올해의 인물'로 선정되었고, 〈가제트〉와 〈데모크랫〉 등 양대 신문은 물론 시의회와 상공회의소도 그의 계획을 지지했다. 지역 유지들(the local establishment)은 모두가 그의 계획에 동참하는 듯했다.

해리 애쉬모어는 진보 성향의 편집장으로, 남부 최고의 신문 중 하나인 〈아칸소 가제트〉에서 일했으며, 그의 관점에서는 리틀록이 전후 남부의 많은 도시에서 일어나고 있는 점진적인 변화를 반영하고 있었다. 이러한 변화는 더욱 온건한 백인 지도층이 부상하면서 나타난 현상이었다. 애쉬모어가 보기에, 대부분 제2차 세계 대전에 참전했고 그 경험으로 어떤 식으로든 시야가 넓어진 이 젊은 남성들이 통합을 환영하지는 않았다. 사실 그들 대부분은 기존 방식을 선호했을 것이다. 하지만 부모 세대와 달리 그들은 통합에 격렬하게 반대하지는 않았다. 그들에게 통합은 예전처럼 감정적인 문제가 아니었다. 그들은 무엇보다도 사업가였고, 세상이 변했으며 백인 우월주의를 유지하기 위해 싸우는 것은 자멸적인 행위이자 아마도 패배할 수밖에 없는 대의가 될 것이라는 점을 이해했다. 그들은 "사회적 정의", 즉 흑인을 위한 더 공정한 법적, 정치적 처우라는 개념은 받아들였지만, 예를 들어 컨트리 클럽에서의 인종 통합 댄스파티와 같은 "사회적 평등"에 대해서는 여전히 경계했다. 그것은 그들의 성장 배경의 모든 것에 반하는 것이었다. 그들 입장의 핵심은 평소대로 사업을 영위하고 싶다는 열망과, 실제 위기 상황에서는 학교나 다른 공공시설의 통합보다 거리의 백인 폭도들이 평화와 일상적 상거래에 더 큰 위협이 된다는 것을 인정하는 태도였다. 따라서 그들은 장기적인 비즈니스 관점에서 볼 때 이것이 가장 저항이 적은 길이라고 판단했기에 법의 지배를 받아들였다.

학교가 개교하기 며칠 전, 〈뉴욕 타임스〉 교육 담당 기자 벤자민 파인이 개교 행사를 취재하기 위해 마을에 도착했다. 수년 후 애쉬모어는 파인의 당초 취재 목적을 떠올리며 씁쓸한 웃음을 지었다. 파인은 리틀록이 어떻게 그렇게 민감한 문제를 특별히 순조롭게 처리하고 있는지를 알아보려 했던 것이다. 파인이 애쉬모어의 사무실을 방문했을 때, 애쉬모어는 다가오는 인종 통합 조치에 대해 일상적인 수준의 구두 항의만 있을 것이라고 예상했다. 실제로 현지 주민 대부분이 비교적 평화로운 전환을 기대하고 있었다. 하지만 애쉬모어는 오벌 포버스가 자신의 속내를 점점 더 드러내지 않으려 한다고 지적했다. 그럼에도 불구하고 애쉬모어가 예상한 최악의 시나리오는 포버스가 지역 경찰의 지원을 거부함으로써, 연방법원이 명한 국법을 노골적으로 저지하지 않으면서도 분리주의자들과의 관계를 유지하려는 정도였다.

리틀록 당국은 선발한 9명의 흑인 학생들이 뛰어난 학업 능력뿐 아니라 굳건한 인격까지 겸비한 학생들이었다는 점에서 블러섬의 계획에 특히 확신을 가졌다. 이들은 흑인 중산층 가정 출신으로 백인 중산층 가정에 비해 소득은 적었지만, 모두 가정과 가족을 중시하는 확고한 가치관을 지니고 있었다. 대부분의 가정에서 종교가 중요한 역할을 했다. 7남매 중 둘째인 15세의 테런스 로버츠가 전형적인 예였다. 그의 아버지는 해군 참전용사(a Navy veteran)로 리틀록 북부의 재향군인 병원에서 영양사로 일했고, 어머니는 집에서 케이터링 서비스를 운영했다. 뉴욕의 NAACP(전미흑인지위향상협회)가 자신들의 전복적인 의도를 위해 원치 않는 부모들에게 자녀를 희생시키도록 강요했다는 것은 백인들의 편견에 불과했다. 실제 통합의 원동력은 대부분 아이들 자신에게서 나왔다. 부모들은 혹시 모를 대립을 걱정했지만, 아이들은 이제 통합을 진행할 때라고 생각했다. 브라운 판결은 3년 전, 그들이 열두 살이나 열세 살일 때 내려졌고, 젊은이다운 이상주의로 그들은 국가와 법을 신뢰했다. 초기에 NAACP의 권유로 이 일을 하느냐고 묻는 기자에게 테런스 로버츠는 이렇게 답했다. "아무도 내게 가라고 권유하지 않았어요. 학교 이사회에서 가고 싶은지 물어봤죠. 제가 입학하면 다른 아이들도 더 많은 기회를 가질 수 있을 거라고 생각했어요."

외부인들이 놓친 한 가지 사실은 노동자 계급 백인을 위한 학교인 리틀록 센트럴은 통합이 예정된 반면, 도시의 중상류층을 위한 목적으로 지어진 교외의 새로운 고등학교는 통합 대상에 포함되지 않았다는 점이었다. 중상류층 리틀록 출신으로 구성된 시 당국은 이런 이중 잣대가 존재한다는 사실조차 전혀 인식하지 못했고, 이러한 문제들에 대해 결정을 내릴 권한이 자신들에게 있다고 아무런 의심 없이 받아들였다. 그들은 자신들보다 힘없고, 성공하지 못했으며, 영향력도 없는 사람들이라도 스스로 결정한 대로 살아야 하고, 이에 대해 결정한 자신들을 원망할 수도 있다는 사실을 이해하지 못했다. NAACP 지역 지부를 이끌던 데이지 베이츠(Daisy Bates)는 이 위기의 근저를 관통하는 계급적 긴장, 즉 가난한 백인들이 통합의 부담을 짊어져야 하는 반면 상류층 백인들은 거의 영향을 받지 않을 것이라는 데서 오는 분노를 잘 알고 있었다. 한때 베이츠 부인은 백인 공동체의 표면 아래에 잠재된 깊은 계급 갈등을 언급하며 마을 지도자 중 한 명에게 "당신들은 오벌 포버스 같은 지도자를 가질 만하겠지만, 하느님 맙소사, 우리는 그렇지 않습니다!"라고 말했다.

개학일이 가까워지면서 포버스의 정치적 입장이 변하기 시작했다. 그는 더 이상 온건파의 친구였던 그 포버스가 아니었다. 그는 교육위원회 관계자들과 다른 시민 지도자들을 대할 때 회피적인 태도를 보이기 시작했다. 최소한 중립을 지킬 것이라 믿었던 사람들은 그와 아예 연락이 닿지 않거나, 설령 연락이 닿더라도 애매모호하거나 아예 책임을 회피하려는 태도로 일관하는 사람이 되어버렸음을 알게 되었다.

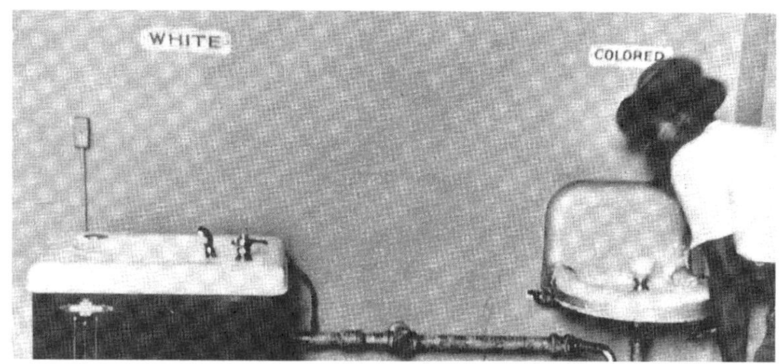

1950년대에 이르러 미국이 점점 더 풍요롭게 되면서 사회적 혜택이 모두에게 골고루 주어지지 않는다는 사실은 종종 잊혀지곤 했다. 여러 건의 연방대법원 판결로 '분리되었지만 평등한(separate but equal)'이라는 개념이 점차 그 힘을 잃어가고 있었음에도 불구하고, 당시 남부는 여전히 법과 관습에 의해 인종분리가 유지되고 있었다. 사진은 1950년 노스캐롤라이나 주의 인종분리 식수대 모습. (사진 출처 ELLIOTT ERWITT, MAGNUM PHOTOS, INC.)

"주지사님, 리틀록 통합 계획에 대해 어떻게 하실 예정이십니까?" 블러섬이 물었다. 포버스는 잠시 말을 멈췄다가 대답했다. "연방정부가 어떻게 할 것인지 말씀해 주시면, 제가 어떻게 할 것인지 말씀드리겠습니다." 블러섬은 이 말을 연방 정부가 단호하게 행동하여 지역 관료들, 특히 주지사의 학교 통합에 대한 책임을 면하게 해주기를 포버스가 원한다고 해석했다. 그 순간 오벌 포버스의 머릿속에서 가장 중요했던 것은 9명의 흑인 학생들이나 그들과 함께 센트럴 고등학교에 다닐 2,000명의 백인 학생들의 교육이 아니라, 브라운 판결 이후 3년 동안 인종 문제가 지역 정치 담론을 지배하기 시작한 주에서의 자신의 정치적 미래였다. 아칸소 주에서는 주지사가 2년마다 재선에 출마해야 했고, 아칸소 유권자들은 3선 주지사를 허용하지 않기로 악명이 높았다. 포버스는 변호사도 아니었고, 의지할 만한 가문의 재산도 없었으며, 시골 우체국장으로 돌아갈 생각은 추호도 없었다. 다른 주지사들은 임기가 끝나면 리틀록의 유력 법률사무소로 자리를 옮겨 재임 시절보다 더 많은 수입을 올릴 수 있었지만, 포버스의 경우는 달랐다.

리틀록에서 학교 통합의 날이 다가오자 남부 강경파 주의 다른 정치 인들은 포버스를 저항의 연쇄 고리에서 약한 고리로 보고 그에게 대 열에 동참하라는 압력을 가하기 시작했다. 미시시피 주 상원의원 제임 스 이스트랜드는 그를 "주 의사당의 겁약한 정치인들" 중 하나라고 비 난하면서 "남부 주들이 점진주의라는 저주스러운 교리에 따라 하나씩 무너진다면 우리가 버틸 수 있을지 모르겠다."라고 말했다. 포버스는 조심하지 않으면 법을 준수했다가 그 선행으로 인해 정치 경력이 하 루아침에 끝나버리는 정치인이 될 수도 있겠다는 생각이 들기 시작했 다. 동시에 여론은 점점 더 격해졌고, 포버스는 운신의 폭이 점점 좁아 지고 있음을 감지했다. 그해 봄, 그는 4개의 인종분리 법안을 아칸소 주 의회에 상정하여 통과시켰다. 법안은 81대 1이라는 압도적인 표차 로 통과되었다. 그 투표 결과는 그에게 중요한 의미를 전달했다. 주지 사는 이 법들이 실효성이 없으며, 연방정부와 법적으로 맞설 경우 주 정부의 권한은 무력화될 것임을 알고 있었다. 그럼에도 그는 점점 거 세지는 주변의 압박에 대응하기 시작했고, 다른 것이 없더라도 최소한 문서상으로라도 자신의 입장을 남기기 시작했다. 그는 마감일이 다가 올수록 옳은 일을 할 것인가, 아니면 연방정부에 맞서 남부 백인 저항 의 상징이 될 것인가 사이에서 갈등했다.

남부 강경파에 속한 다른 지역에서는 분리주의자들이 시민위원회를 결성하고 있었는데, 백인 지도자들로 구성된 이 지역 위원회는 인종 통합을 저지하기로 맹세했다. 이들은 포버스를 심각한 걸림돌로 여기 고, 8월 22일 리틀록에서 대규모 집회를 개최하기로 했다. 여기에 더 해 인종차별주의자인 조지아 주지사 마빈 그리핀과 시민위원회 총책 임자 로이 해리스를 초청하여 1인당 10달러짜리 만찬에서 연설하도 록 했다. 포버스는 이들의 방문이 달갑지 않았다. 그들이 인종적 저항 의 불씨를 지피고 자신을 궁지로 몰아넣으려 한다는 것을 알았기 때문이다. 그는 버질 블러섬에게 그리핀의 방문에 대해 불만을 토로했다. "그에게 전화해서 오지 말라고 하시면 어떻겠습니까?" 블러섬이 다소 순진하게 주지사에게 제안했다. "생각해 보겠습니다." 포버스가 대답했다. 하지만 결국 그리핀과 해리스는 방문했고, 주지사 관저에 머물며 포버스와 함께 아침 식사를 했다. 블러섬의 기록에 따르면, 그때부터 포버스와 연락하는 것이 극도로 어려워졌다.

아이러니하게도 포버스는 인종차별주의자라고 보기는 어려웠다. 그의 뿌리는 포퓰리즘에 있었지만, 인종주의적 포퓰리즘은 아니었다. 그는 순박한 듯 보이면서도 영리하고 실속 있는 인물이었으며, 대부분의 비평가들이 짐작했던 것보다 더 지적이고 정치 수완이 뛰어났다. 그는 리틀록의 상류층과 기득권 세력에게 반감을 가지고 있었는데, 그들이 자신을 업신여긴다고 의심했기 때문이었다. 훗날 그의 아버지 샘 포버스는 오벌이 어린 시절에도 남들이 자신을 업신여기는 것을 매우 싫어했다고 말했다. 해리 애쉬모어가 보기에 포버스가 리틀록 엘리트들을 대하는 태도에는 모순이 있었다. 마치 처음으로 기성복을 입은 순박한 시골 출신인 척 그들을 농락하곤 했지만, 정작 그들이 자신을 그런 인물로 여기면 분개했다. 애쉬모어의 표현을 빌리자면, 포버스는 에어데일 종 개와 비슷하게 겉모습보다 훨씬 영리했다. 후일 포버스의 통합 저지 결정으로 리틀록이 분열된 뒤, 애쉬모어는 그가 어느 쪽을 선택할지 보여주는 초기 징후들이 충분히 있었다고 지적했다. 과거 어떤 위기 상황에서도 포버스는 늘 자신이 잘 알고 쉽게 동질감을 느낄 수 있는 가난한 백인들 사이에서 우세한 정서가 무엇인지를 파악하여 그것을 따랐기 때문이었다. 그의 정치는 계급 정치였다.

포버스는 가난한 시골 출신이었다. 그의 아버지는 훗날, 아들이 성인이 되어 딸기 수확 노동자로 미주리에 일하러 갈 때까지는 흑인을 본 적이 없었다고 말했다. 샘 포버스는 오지 출신의 전통적인 급진주의자로 유진 뎁스(Eugene Debs)[19]를 크게 존경했었기 때문에 통합을 저지하려는 아들의 결정에 경악을 금치 못했다. (샘 포버스는 아들을 공개적으로 비판하기 어려웠기 때문에, 지미 히긴스라는 필명으로 〈아칸소 가제트〉에 일련의 비판적인 편지를 보냈다.) 오벌의 어린 시절은 가난했다. 물은 근처 샘에서 길어 왔고, 집은 제재소에서 주워 온 거친 목재로 지었으며, 부엌 또한 제대로 갖춰져 있지 않았다. 오벌은 18세에 교실이 하나뿐인 시골학교에서 초등교육을 마쳤다. 그 후 그는 3급 교사 자격증 시험에 응시한 50명 중 한 명이 되어 최고 점수를 받았다. 이 자격증 덕분에 그는 헌츠빌에서 교사로 일하면서 동시에 고등학교에 다닐 수 있었다. 그는 27세에 고등학교 졸업장을 받았다. 그때 그는 결혼한 지 6년째였고, 아내와 함께 매년 여름을 과일과 채소를 따는 이주 노동자로 보냈다. 버질 블러섬이 언급했듯이, 그들보다 더 가난한 백인을 찾기 힘들었고, 그토록 가난하면서도 그만큼 야망이 큰 사람을 찾기도 힘들었다. 제2차 세계대전에서 소령으로 진급한 그는 돌아와서 헌츠빌의 주간지를 인수했고, 이를 계기로 명문가 출신의 자유주의 성향 주지사 시드 맥매스와 인연을 맺게 되었는데, 맥매스는 그의 첫 후원자가 되었고 포버스는 그의 내각에서 일하게 되었다. (후에 맥매스는 포버스가 취한 조치에 경악하며 "내가 오벌을 산골에서 *끄집어내어* 세상으로 나오게 했는데, 그 일을 매일 밤 참회하고 있다."라고 말했다.) 포버스는 맥매스가 가난한 백인들의 표를 얻는 것을 도왔고, 이제 자신이 직접 출마하려고 했다.

1954년 포버스가 주지사 선거에 출마했을 때, 그는 리틀록에서 완전한 외부인 취급을 받아서, 선거 등록비용으로 낸 1,500달러짜리 수표조차 전직 주 의원이었던 친구가 뒷면에 보증을 서주기 전까지는 받

---

19   (편집자 주) 19세기 후반과 20세기 초반에 미국의 노동운동과 사회주의에 적극 참여하여 미국의 진보권에 커다란 영향을 미쳤고, 버니 샌더스 이전에 미국에서 가장 성공한 사회주의 정치가로 꼽힌다.

아들여지지 않았다. 맥매스와의 인연 덕분에 그는 흑인과 중상류층 백인에게는 비교적 많은 호응을 받았고, 가난한 시골 백인들은 그와 같은 부류였다. 그가 그 선거에 대해 특별히 기억하는 한 가지는 아칸소 역사상 가장 더운 여름 중 하나였다는 것인데, 다른 주요 후보들이 에어컨이 달린 차를 타고 다녔던 반면 그는 에어컨도 없이 혹독한 더위 속에서 유세장 하나하나를 돌아다녔다. 아이러니하게도 그는 급진적 성향의 작은 대학에 잠시 다녔다는 이유로 공산주의자로 매도당했음에도 불구하고 승리했다. 주지사가 된 그는 이전의 어떤 주지사보다도 더 많은 흑인을 주정부 요직에 임명했다. 후에 블러섬과 애쉬모어, 그리고 영향력 있는 리틀록 하원의원이었던 브룩스 헤이스를 포함한 자유주의 온건파 진영은 그리핀과 해리스의 방문을 포버스가 자신의 정치적 미래를 위해 중도적 입장을 포기하고 선택을 내린 전환점으로 지목했다.

9월 2일 월요일은 노동절이었고, 학교는 9월 3일 화요일에 개학할 예정이었다. 그 전 주말이 시작될 무렵, 포버스는 폭력을 방지한다는 명분으로 아칸소 주방위군을 소집하기로 결정했는데, 실제로는 인종 통합을 저지하기 위한 것이었다. 블러섬은 월요일 밤늦게서야 이 사실을 알게 되었다. 포버스의 주장에 따르면, 백인 인종차별주의자들의 차량 행렬이 센트럴 고등학교로 향하고 있었다. 만약 흑인들이 학교에 들어가려 하면 리틀록 거리에서 유혈 사태가 벌어질 것이라고 했다.

개학을 이틀 앞둔 일요일, 아칸소에 정착하기로 한 유명한 록펠러 가문의 일원 윈스롭 록펠러는 포버스의 주방위군 소집 계획 소식을 듣고 주 의사당으로 달려갔다. 좋은 일자리가 부족한 아칸소 주에 산업을 유치하려고 노력하던 록펠러는 포버스에게 인종 통합을 저지하지 말아 달라고 간청했다. 주지사는 그에게 이미 늦었다고 말했다. "유감이지만 저는 이미 결정을 내렸습니다. 저는 3선에 출마할 것이고, 이렇게

하지 않으면 짐 존슨과 브루스 베넷(아칸소의 대표적인 두 인종분리주의자)
이 저를 갈기갈기 찢어놓을 것입니다."

그가 한 일은 매우 단순했다: 그는 치안 유지가 불가능하다고 선언
했는데, 이는 폭도들이 거리로 나오도록 부추기는 행위였다. 그리고
나서 아칸소 주방위군을 폭도들 편에 배치했다. 지방법원의 구체적인
명령에도 불구하고 주방위군의 임무는 흑인들을 학교에 들어가지 못
하게 막는 것이었다. 주방위군이 학교를 포위한 사이, 폭도들의 규모
는 계속 커져갔다. 시 경찰력으로는 폭도들을 감당할 수 없었고, 소방
서장은 소방차 호스 사용을 허가하지 않았다. 흑인 학생들은 갑자기
큰 위험에 처하게 되었다. 9월 4일 수요일, NAACP 지역 지부의 지도
자 데이지 베이츠는 흑인과 백인 목사들에게 학생들과 동행해줄 것을
요청했다. 그녀는 이들의 보호를 위해 경찰차 지원을 요청했다. 하지
만 흑인 학생들은 학교에 가까이 다가갈수록 욕설과 위협을 받았고,
마침내 학교에 도착했을 때는 주방위군 대위가 포버스 주지사의 명
령이라며 그들을 돌려보냈다. "명령이 뭡니까?" 폭도들 중 누군가가
군인 한 명에게 물었다. "검둥이들을 막아내는 거지!" 군인이 대답했
다. 법 집행 기관이 자신들의 편이라는 것을 알게 된 폭도들의 자신감
은 시간이 갈수록 커져갔다. 이를 감지한 목사들과 아이들은 서둘러
철수했다.

이들은 그나마 운이 좋은 편이었다. 엘리자베스 에크포드라는 15
세 여학생은 전날 밤 함께 모여서 가기로 한 연락을 받지 못했다. 그녀
의 아버지는 야간 근무를 하는 철도 차량 정비공이었고, 어머니는 시
청각 장애가 있는 흑인 아이들을 위한 학교에서 교사로 일했다. 가족
에게는 전화기가 없었다. 아침이 되자 지친 데이지 베이츠는 엘리자베
스에게 새로운 계획에 대해 알리지 않았다는 사실을 완전히 잊어버렸
다. 다른 대부분의 아이들처럼 엘리자베스 또한 센트럴 고등학교에 가

기로 결정한 것은 전적으로 자신의 의지였다. 엘리자베스는 변호사가 꿈이었고, 호레이스 맨과 달리 센트럴에서는 로스쿨 준비에 도움이 될 만한 스피치 과정을 제공한다는 말을 들었다. 그녀의 어머니 버디 에크포드는 딸의 선택을 탐탁지 않게 여겼고, 엘리자베스가 여름에 교육청 사무실에 가서 센트럴로 전학하는 데 필요한 서류를 받아오자고 제안했을 때, 에크포드 부인은 부드럽게, 그리고 막연하게 다음에 하자며 엘리자베스가 잊어버리기를 바랐다. 2주 후 엘리자베스가 다시 그 얘기를 꺼냈고, 어머니는 또다시 미루려 했다. 마침내 8월 말경, 엘리자베스는 어머니에게 바로 그날 데려가서 전학 신청을 하자고 요구했다. 그렇게 해서 전학이 이루어졌다. 개학 첫날, 엘리자베스는 일찍 일어나 통합학교에서의 새로운 경험을 위해 자신이 직접 만든 새 흑백 드레스를 다렸다. 아침 식사 때 가족 텔레비전이 켜져 있었고, 한 해설자가 학교 앞에 모인 군중의 규모를 언급하며 흑인 학생들이 나타날지 큰 소리로 궁금해하고 있었다. "TV 꺼!" 에크포드 부인이 말했다. 버디가 너무 긴장한 것처럼 보이자 엘리자베스는 오히려 괜찮을 거라며 어머니를 위로하려 했다. 엘리자베스는 아버지 역시 넋이 나간 채 입에 파이프를 물고 한 손으로는 시가를 들고 있었는데, 둘 다 불도 붙이지 않은 채였다고 회상했다. 엘리자베스가 출발하기 전, 어머니는 가족을 불러 모았고 모두 함께 기도했다.

엘리자베스는 홀로, 아무 보호도 없이 학교로 다가갔고, 군중은 그녀를 향해 소리치기 시작했다. "저기 온다! 저기 검둥이 하나가 온다!" 하지만 그녀는 주 방위군 병사들을 보고 두려움을 느끼지 않았다. 군인들이 자신을 보호해줄 것이라고 생각했기 때문이다. 그녀가 학교로 들어가려고 하자, 한 경비병이 소총을 들이대며 그녀의 길을 막았다. 그녀는 경비병을 피해 몇 발짝 더 걸어갔지만, 다른 두 명의 군인에게 다시 가로막혔다. 그러던 중 그녀는 백인 학생들이 학교에 들어가는 것을 눈치챘다. 다른 군인들도 그녀 쪽으로 다가와 총검을 들어올려 차단벽을 더욱 견고하게 만들었다. 이제 그녀는 공포에 사로잡혔다. 학교로 가는 길은 막혔고, 뒤에서는 폭도들이 점점 다가오고 있었다. 누군가 "목매달아라! 목매달아라!"라고 외쳤고, "집으로 꺼져, 이 흑인 쌍년아!"라는 소리도 들렸다. 그녀는 학교를 등지고 돌아서며 떨리는 다리를 진정시키려고 애썼다. 폭도는 더욱 가까이 다가왔다. "어떤 깜둥이(nigger) 년도 우리 학교에 들어올 수 없어!"라고 누군가가 고함쳤다. 사방이 막혀 있었다. 거리를 내려다보던 그녀는 버스 정류장 옆에 있는 벤치를 발견했다. 저 벤치까지만 갈 수 있다면 좋겠다고 그녀는 생각했다. 마침내 그곳에 도착했을 때, 그녀는 쓰러질 것만 같았다.

〈뉴욕 타임스〉 교육 담당 기자 벤자민 파인이라는, 그녀에게는 생면부지의 남자가 다가왔다. 그는 리틀록이 어떻게 그렇게 평온함을 유지할 수 있었는지에 대한 기사를 쓰기 위해 그곳에 와 있었다. 그는 그녀를 팔로 감싸며 위로했다. "저 사람들에게 울고 있는 모습을 보여주지 마세요." 인근 흑인 대학에 재직하던 백인 교수의 부인이었던 한 나이 든 백인 여성도 다가와 그녀를 위로하며 군중들과 맞서려 했다. 폭도들의 고함에도 불구하고, 그 여성은 엘리자베스를 버스에 태워 성난 군중들에게서 벗어날 수 있게 해주었다.

그곳에서 모든 상황을 목격한 이들 중에는 NBC의 젊은 기자 존 챈슬러(John Chancellor)도 있었다. 그는 백인 폭도들의 악랄함, 더욱 거세지는 분노와 광기, 그리고 놀라울 정도로 침착하고 품위 있게 자신을 지탱하던 어린 흑인 소녀의 모습을 모두 지켜보았다. 그는 엘리자베스 에크포드의 위험천만한 여정을 두려움에 떨며 지켜보았다. 한 아이가 폭도들에게 포위된 채 홀로 서 있었다. 그녀가 살아서 빠져나올 수 있을지 그는 확신하지 못했다. 그는 좋은 기사거리를 찾고 있었지만, 이 상황은 좋은 기사를 넘어선 끔찍한 비극이 될 수도 있었기에 그는 아무 일도 일어나지 않기를 바랐다. 그는 눈 앞의 소녀가 두려웠고, 자신도 두려웠으며, 이런 일이 자신의 조국에서 일어날 수도 있다는 것이 두려웠다. 그는 아이가 보호자도 없이 혼자 학교에 가도록 내버려두었다는 사실을 믿을 수 없었다. 거리의 폭도들은 그가 지금껏 봐왔던 사람들 중에서 가장 추악한 모습이었다. 다른 상황이었다면 평범하고 선한 사람들이었을 그들이 지금은 완전히 통제불능 상태에 빠져 있었다. 챈슬러는 이 어린 소녀가 어디서 이런 용기를 얻었는지 잠시 궁금해졌다. 그는 마치 기도하듯 속으로 외쳤다. 제발, 이 모든 것을 멈춰주세요. 제발, 더 나은 방법이 분명 있을 텐데. 그는 고통스럽게 그 모든 광경을 지켜보면서 NBC를 위해 이 모든 장면을 촬영했다.

1957년 여름, 챈슬러는 NBC에서 비교적 신참(junior) 기자였다. 당시 30세였던 그는 시카고에 거주하고 있었다. 〈시카고 선 타임스〉에서 일하다가 1950년에 시카고 NBC 지역 방송국에 뉴스 작가로 채용되었는데, 그의 상사들이 그가 화재나 사고 같은 이른바 "거리의 이야기들"(street stories)을 다룰 수 있을 것이라고 판단했기 때문이었다. 그는 존 캐머런 스웨이지가 진행하던 '카멜 뉴스 캐러밴'의 초창기 시절에 카메라맨, 음향 담당자와 팀을 이뤄 현장을 누볐다. 쇼의 프로듀서가 필름 편집에 대해 아느냐고 물었을 때 그는 전혀 모른다고 답했지만, 프로듀서의 제안대로 책을 사서 공부했고, 덕분에 편집자 일도 겸하게 되었다. 그 결과, 그는 놀랍게도 당시 사용하던 35mm 필름 편집의 전문가가 되었는데, 업계 용어로 "게이트를 통과하는 속도가 1분에 90피트"인 필름을 다루는 일이었다. 이 과정에서 그는 영화광이 되었고, 같은 세대의 극소수만이 이해했던 영상 저널리즘의 힘을 깨닫게 되었다. 수년 후 그는 기자 겸 필름 편집자로 일했던 경험이 영상을 위한 글쓰기를 가르쳐주었다고 생각했는데, 이는 그렇지 않았다면 이해하기 어려웠을 과정이었다.

그가 NBC에 합류했을 당시, 당시 방송사의 유명 저널리스트들 대부분은 여전히 라디오 식 리포팅을 하고 있었다. "전 세계를 뛰어다니며 헤드라인을 찾아봅시다."라는 멘트로 유명했던 NBC 앵커 존 캐머런 스웨이지를 비롯해 초창기의 텔레비전 저널리스트 중 일부는 라디오 방송의 서열이 낮아 새로운 매체로 옮겨가도 잃을 것이 없었기 때문에 그 자리를 차지할 수 있었다. 챈슬러처럼 인쇄 매체 출신들은 힘들게 텔레비전을 배워나가야 했는데, 일하면서 동시에 방송의 규칙들이 만들어지고 있었다.

1957년 노동절 주말, 챈슬러는 남부의 학교통합을 취재하기 위해 내슈빌로 갈 예정이었다. 하지만 뉴욕의 상관 루벤 프랭크가 AP통신을 인용하며, 오벌 포버스가 법원이 명령한 통합을 막기 위해 아칸소 주방위군을 동원할 것이라고 알려왔다. 내슈빌보다 더 큰 사건이라 판단한 챈슬러는 짐을 챙길 시간도 없이 리틀록행 마지막 비행기를 타기 위해 서둘렀다. 그는 당시 "남부 담당" 또는 "인종 담당"이라고 불리기 시작한 이 분야에서 상대적으로 신참에 속했다. 1955년 에멧 틸 사건을 통해 처음 이 분야를 접했는데, 당시에는 주로 인쇄 매체가 사건을 담당하고 있었다. 하지만 틸을 살해한 혐의로 기소된 두 남자가 무죄 판결을 받은 다음 날, 미래를 예견하는 짧은 사건이 있었다. 당시 멤피스에 있던 챈슬러는 섬너로 내려가 NBC의 인기 라디오 프로그램 '모니터'의 리포트를 맡게 되었다. 챈슬러는 초기 모델의 휴대용 녹음기를 들고 잭슨 라디오 방송국의 한 직원과 함께 차를 몰고 섬너로 향했다. 섬너에 도착하자마자 그는 두려움을 느꼈다. 그는 길을 걸으며 흑인과 백인들에게 재판에 대한 의견을 인터뷰하던 중 뭔가 끔찍한 일이 일어날 것 같은 불길한 예감이 들었다. 갑자기 직감적으로 위험을 감지한 그는 천천히 뒤를 돌아보았다. 작업복과 작업용 셔츠를 입은 8~9명의 남자들이 그를 향해 달려오고 있었고, 그들의 얼굴에는 분노가 가득했다. 그의 차는 10피트쯤 떨어져 있었고, 잭슨 라디오 방송국 직원이 차 안에서 경적을 울리고 있었다. 챈슬러는 그 남자들이 자신을 해치려 한다는 것을 알았기에 공포에 질렸다. 순간 차로 뛰어갈까 생각했지만 남자들이 너무 가까이 있었다. 그는 머리에 떠오르는 유일한 행동을 취했다. 마이크를 들어 맨 앞의 백인 남성을 향해 겨누며 말했다. "좋아요, 당신들이 저에게 하고 싶은 대로 하세요. 하지만 전 세계가 이 일을 듣고 보게 될 겁니다." 나중에 그는 남자들이 자신의 휴대용 녹음기를 카메라로 착각했기 때문에 멈춰섰을 것이라고 추측했다. 마치 원시 부족의 추장에게 부적을 내미는 것 같았지만, 효과가 있었다. 그렇게 그는 차까지 걸어가 그곳을 떠날 수 있었다.

인쇄 매체 기자들과 사진기자들이 단순히 이야기의 목격자였다면, 카메라와 제작진을 대동한 텔레비전 특파원들은 그 이상의 존재였다. 그들은 단순한 목격자가 아니라 그 이상, 즉 이야기의 일부였다. 텔레비전 기자들은 인쇄 매체의 선배들과 비교할 수 없을 만큼 미국의 사회 변화를 가속화하는 데 기여했다. 리틀록은 이를 보여주는 대표적인 사례가 되었다. 법의 힘과 폭도들의 힘이 정면으로 맞붙은 최초의 대결이, 당시 이미 대부분의 가정에 텔레비전이 보급된 미국 전역에서 흑백 화면을 통해 생생하게 전달되었던 것이다.

당시 NBC 뉴스룸에서 가장 영향력 있고 지적이던 루벤 프랭크는 방송 저널리즘의 기준을 확립한 장본인이었다. 그는 텔레비전의 세계가 이전과는 완전히 다르다는 것을 즉시 간파했다. 그가 부임했을 때 이미 있던 카메라맨들은 뉴스릴 방식의 영상 촬영에 익숙했는데, 그들이 생각하는 이상적인 장면이란 두 정상이 만나 악수하는 모습을 담는 것이었다. 프랭크는 이와는 다른, 더 섬세하고 현실적인 무언가를 원했다. 그는 충분히 창의적이라면 국가의 인간성과 다양성, 그리고 갈등 지점들을 모자이크처럼 표현해낼 수 있다고 믿었다. 그는 텔레비전이라는 매체에 대한 유연한 감각을 지니고 있었다. 챈슬러는 한번은 프랭크가 자신의 리포트를 보고 "아름다운 모차르트적 통일성이 있다."며 전화를 걸어온 것을 기쁘게 기억하고 있었다. 프랭크는 기자들에게 그들의 역할이 어떤 면에서는 최소한이어야 한다고 끊임없이 강조했다. 필름의 힘이 너무나 강력하기 때문에 기자는 오히려 비켜서서 영상이 이야기하도록 해야 한다는 것이었다. 리틀록에서는 이 원칙이 특히 들어맞았다. 영상은 너무나 강력해서 내레이션이 거의 필요 없을 정도로 그 자체로 진실을 전달했다. 집에서 시청하는 사람들이 중립을 지키기는 불가능했다. 거실에 앉아 텔레비전을 보면서, 미국인의 가장 기본적인 권리인 양질의 교육을 받으려 노력하는, 품위 있게 행동하는 흑인 아이들이 빈곤한 백인 폭도들에게 폭행당하는 모습을 목격하고 있었기 때문이다. 이제 이 나라에서 벌어지는 일은 정치적으로 엄청난 파급력을 갖게 되었다. 미국 대법원의 법적 권위가 이제 미국의 양심이라는 도덕적 차원에서 재해석되고 있었는데, 이는 여러 방송사들이 리틀록에서 보도한 방송 영상 덕분이었다. 사태의 전개 양상에 불안해하던 대통령은 도덕적 지도력을 전혀 보여주지 못했다. 그는 의도적으로 이 사안을 도덕의 문제로 다루기를 거부했다. 이제 거의 무의식적으로 언론이 그 역할을 대신하게 되었다. 주지사의 부추김을 받은 백인 폭도들이 어린아이들을 괴롭히는 추악하고 잔인한 모습 자체가 그들을 고발하고 있었기 때문이다. 텔레비전 기자 댄 쇼어의 표현을 빌리자면, 전국의 시청자들은 매일 밤 최면에라도 걸린 듯 거실에서 "전국적인 저녁 집회"를 지켜봤다. 새로운 보도 영상이 나올 때마다 이 사건과 얽힌 당사자들이 상황을 피해가거나 입장을 바꿀 수 있는 여지는 점점 더 줄어들었다. 챈슬러는 텔레비전이 모든 상황을 확대해서 보여주고 있다고 판단했다. 텔레비전을 통해 사건은 더욱 직접적으로 다가왔고, 모든 것이 가속도가 붙은 것처럼 빠르게 전개되어 갔다.

리틀록에 처음 도착했을 때, 챈슬러는 이 도시가 아직 현대 미국의 번잡함과는 단절된 한적한 곳이라고 생각했다. 그곳의 삶은 거의 나른해 보였다. 챈슬러는 그가 도착했을 당시까지도 여전히 존재하던 옛 미국의 전형적인 모습을 기억했다. 낡은 샘펙 호텔에서 그를 객실로 안내한 벨보이는 얼음물 주전자를 가져다주며, 밤늦게 여자를 원한다면 전화만 하면 된다고 말했다. 제101공수사단이 잠시나마 상황을 안정시킨 10월 초의 어느 날 밤, 챈슬러는 노스 리틀록의 행크스 도그하우스로 해리 애쉬모어와 저녁 식사를 하러 갔다. 마침 그날은 소련이 첫 인공위성 스푸트니크를 발사한 날이었다. 두 사람은 새로운 우주 시대를 연 놀라운 성과에 대한 뉴스 보도를 지켜보고 있었다. "믿을 수 있겠어요? 인간이 정말로 달에 갈 수 있다는 뜻이잖아요." 챈슬러가 말했다. "그래요. 그런데 우리는 여기 리틀록에서 남북전쟁을 다시 치르고 있죠." 애쉬모어가 말했다. 이런 상황은 그들이 겪고 있는 시대적 모순을 상징하는 것 같았다.

보도 초반에 챈슬러는 AT&T 장비가 아직 설치되지 않아 생방송을 할 수 없었다. 그는 생방송을 할 수 있는 오클라호마시티까지 가기 위해 매일 오후 전세기를 타러 공항으로 달려가야 했다. NBC 쇼는 15분짜리 프로그램이었고, 그중 12분이 뉴스 시간이었다. 방송 뉴스는 이제 막 성숙기에 접어들고 있었다. 그 전해 가을, 스웨이지를 대신해 새로운 앵커 팀이 들어섰다. 강직하고 안정감 있는 쳇 헌틀리와 장난기 많고 날카로운 성격의 데이비드 브링클리가 방송으로 한 팀이 되었는데, 헌틀리의 강인한 얼굴이 주는 신뢰감은 텔레비전의 압도적인 생생함을 적절히 다스리는 완벽한 상대역할을 했다. 이 쇼는 다른 두 개의 방송 프로그램과 함께 국가를 하나로 묶는 새로운 전국 방송망을 만들어가고 있었다.

챈슬러는 이제 이 분야에서 첫 번째 스타로 떠올랐다. NBC는 매일 밤 그의 리포트를 톱뉴스로 다뤘는데, 챈슬러는 이것이 루벤 프랭크가 리틀록 거리에서 벌어지는 상황뿐 아니라 미국인들의 심리적 변화까지 정확히 이해했기 때문이라고 생각했다. 신문 기자가 아니라 방송 기자가 이렇게 중요한 연속 보도에 자신의 이름을 남긴 것은 아마도 이때가 처음이었다. 챈슬러는 성실하게 일했을 뿐만 아니라, 그가 가장 돋보였던 점은 자신을 결코 스타로 여기지 않았다는 점이었다. 그는 훗날 "앵커맨은 릴레이 경주의 마지막 주자와 같은 사람"이라고 말하곤 했다. 그리고 약 15년 후 실제로 NBC 저녁 뉴스의 앵커를 맡게 되었을 때, 그는 편집장이라는 직함 대신 수석 기자라는 직함을 선택했다.

리틀록 사건으로 챈슬러는 유명해졌으며, 텔레비전에서 얻는 명성의 독특한 점은 그의 얼굴이 곧 그의 서명이 된다는 것이었다. 사람들은 그를 그가 다루는 사건과 동일시하기 시작했고, 마치 이미 알고 있는 사람처럼 느꼈다. 이로 인해 사람들은 신문 기자들에게보다 더 쉽게 그에게 속내를 털어놓았다. 그는 방송 기자가 된다는 것이 즉각적인 접근과 즉각적인 유대 관계를 의미한다는 것을 깨달았고, 상당 부분 텔레비전을 통한 그의 명성 덕분에 곧 학교 내부에 비밀 정보원을 확보할 수 있었다. 챈슬러는 당시 그의 정보원이 고등학교 졸업반에 갓 올라간 리틀록의 16세 소년 아이라 립맨이었다는 사실을 나중에야 알게 되었다. 리틀록 통합학교에 입학을 시도했던 9명의 흑인 학생들 중 한 명이었던 어니스트 그린은 립맨의 부모가 회원으로 있던 리틀록의 유대인 컨트리클럽에서 라커룸 담당자로 일하고 있었다. 립맨은 클럽에서 퇴근하는 그린을 여러 차례 자신의 차로 집까지 데려다주었고, 그 과정에서 두 사람은 우정을 쌓았다. 립맨이 보기에 어니스트 그린은 쾌활하고 지적이며, 드물게 온화한 성품을 지닌 사람이었다. 하지만 두 사람이 정상적인 우정을 나눌 수 없다는 사실, 그리고 자신의 부모가 특권층 회원으로 있는 클럽에서 어니스트 그린은 단순한 종업원에 불과했다는 점은 립맨에게 인종분리의 부조리함을 깊이 각인시켰다.

립맨은 〈아칸소 가제트〉에서 일주일에 며칠 저녁 시간을 파트타임으로 일했는데, 그곳에서 NBC의 또 다른 기자인 프랭크 맥기를 만난 적이 있었다. 그는 NBC와의 이런 인연도 있었고, 또 텔레비전에서 본 챈슬러가 어려운 상황에서 진실을 전하려 노력하는 품위 있고 공정한 사람이라고 생각했기에 그를 돕기로 마음먹었다. 그는 정보를 모은 뒤 학교 바깥의 공중전화에서 챈슬러에게 익명의 전화를 걸곤 했다. 그의 첫 전화는 위기 상황이 막 시작될 무렵에 이루어졌다. 챈슬러는 그날 기사를 마감하기 전에 정보를 확인할 시간이 없었지만, 오클라호마시티에서 돌아온 그날 늦은 밤에 그 정보가 정확했다는 것을 알게 되었다.

다음 날 챈슬러의 젊은 익명 정보원이 전화를 걸어 그를 비난했다. "당신에게 정말 실망했어요. 이렇게 좋은 정보를 제공했는데 전혀 사용하지 않으셨잖아요." 챈슬러는 사과하며 앞으로는 그의 정보를 더 진지하게 다루겠다고 약속했다. 챈슬러는 정보원의 이름은 몰랐지만, 이 어린 소년의 처지와 동기를 어느 정도 이해할 수 있었다. 립맨은 다른 학생들이 자신의 행동을 눈치채고 누군가에게 알릴까 봐 항상 목소리를 낮춰 속삭여야만 했다. 이 소년은 자신을 큰 위험에 노출시키고 있었다. 하지만 이런 정보원을 확보함으로써 챈슬러는 이 사건 취재에서 큰 우위를 점할 수 있었고, 신문 기자들을 앞설 수 있었다.

〈내슈빌 테네시안〉의 기자였던 월리스 웨스트펠트는 신생 텔레비전 뉴스 매체에서 온 챈슬러가 날이 갈수록 연배가 높은 인쇄 매체 동료들로부터 못마땅해하면서도 인정을 받아가는 광경을 흥미롭게 지켜봤다. 웨스트펠트는 사건 발생 전부터 리틀록을 여러 차례 방문했던 덕분에 자신만의 탁월한 취재원을 확보하고 있었다. 그는 매일 밤 신문 조간용 기사를 송고한 뒤 리틀록 프레스클럽에서 다른 기자들과 함께 샌드위치와 술을 즐기곤 했다. 그가 식사하는 동안 NBC 저녁 뉴스가 방송되었는데, 챈슬러는 종종 인쇄 매체 기자들이 거의 아무도 입수하지 못한 정보를 보도했다. 웨스트펠트는 기자들이 속으로 욕설을 중얼거리는 모습을 볼 수 있었고, 뉴스 방송이 끝나면 기자들이 사무실에 전화를 걸어 자신의 기사를 수정하기 위해 프레스클럽에서 조용히 빠져나가는 광경을 목격할 수 있었다. 웨스트펠트는 텔레비전이 인쇄 매체를 빠르게 따라잡고 있다고 생각했다. 어쩌면 새로운 매체가 이번 사건을 통해 기존 매체를 처음으로 앞지르기 시작한 것일지도 몰랐다.

리틀록 사태가 전개되면서 민권 문제에 집중하는 전국의 언론들이 결집되었다. 이들 사이에는 나름의 서열과 규칙이 있었다. 〈뉴욕 타임스〉의 조니 팝햄, 그리고 곧이어 그의 후임자가 된 클로드 시턴이 이 흐름을 주도했다. 또한 〈뉴욕 타임스〉의 전설적인 기자 호머 비가트를 비롯해, 〈시카고 트리뷴〉의 밥 버드, 〈워싱턴 포스트〉의 밥 베이커, 그리고 얼마 지나지 않아 〈뉴스위크〉의 칼 플레밍도 합류했다. 이 기자단의 연배가 높은 기자들은 대개 제2차 세계대전과 한국전쟁에서 종군기자로 활동했던 경력이 있었으며, 이런 경력이 취재에 도움이 되었다. 당시 상황이 마치 자국 영토에서 벌어지는 전쟁과도 같았기 때문이다. 반면 젊은 기자들은 대체로 남부 출신이었는데, 이는 남부 사투리가 취재에 도움이 된다고 여겨졌기 때문이었다.

기자들은 항상 위험에 노출되어 있었는데, 이는 폭도들이 그들을 자유주의자, 유대인, 그리고 공산주의자로 여겼기 때문이었다. 사태 초기에 〈라이프〉지 기자 몇 명이 폭도들에게 심하게 구타를 당했는데, 현지의 법 집행관들은 도리어 구타 당한 기자들을 체포했다. 방송 기자들은 높은 인지도와 친숙한 얼굴, 그리고 카메라맨들의 눈에 띄는 존재 때문에 특히 더 큰 위험에 처해 있었다. 챈슬러는 거리를 걸을 때마다 인종 분리주의자들로 가득 찬 차들이 자신을 따라오며, 증오로 일그러진 얼굴로 자신을 노려보고 있다는 사실을 깨달았다. 처음에는 당황해서 "도망쳐야 하나?"라고 스스로 묻곤 했지만, 곧 그저 무시하는 법을 터득했다. 현지인들의 분노는 점점 커져갔다. 특히 텔레비전이 이들의 모습을 외부에 그대로 비춰주는 거울 역할을 하고 있었기 때문인데, 거울에 비친 그들의 모습은 결코 아름답지 않았다. 챈슬러의 기억에 따르면, 보안관 사무실에 인터뷰하러 가서 부보안관에게 자신의 이름과 소속을 밝히면 부보안관은 사무실 전체가 들을 수 있도록 이렇게 고함치곤 했다. "보안관님, 검둥이 방송국(Nigger Broadcasting Company)에서 온 어떤 개자식이 보안관님을 만나고 싶다는데요."

　기자들에게는 위험을 피하기 위한 몇 가지 규칙이 있었는데, 그중에는 주머니에 숨길 수 없는 크기의 수첩은 절대 가지고 다니지 않는다는 것도 있었다. 〈뉴욕 타임스〉 기자 존 팝햄의 첫 번째 취재 수칙은 "군중 앞에서 절대 메모하지 않기"였다. 깔끔한 정장보다 캐주얼한 복장을 하는 것이 더 나았다. 기자들은 절대 혼자서 취재하러 나가지 않았다. 인종 분리주의자들과 논쟁을 벌이거나 그들을 자극하는 일도 금물이었다. 눈앞에서 아무리 도덕적으로 혐오감을 느낄만한 사건이 벌어지더라도, 그것을 속으로 억눌러야 했다. 현장 취재 경험이 많지 않았던 〈뉴욕 타임스〉 기자 벤자민 파인은 엘리자베스 에크포드를 위로하다가 냉정을 잃고 말았다. 그가 폭도들과 언쟁을 벌이기 시작하자 회사는 그를 뉴욕으로 소환할 수밖에 없었다.

　거의 2년 전 앨라배마 주 몽고메리에서 그랬던 것처럼 리틀록에서 이 기자들을 지켜보고 있던 사람이 있었는데, 그가 바로 윌 캠벨(Will Campbell)이었다. 미시시피 남부의 작은 마을 리버티 출신인 그는 웨이크 포레스트에서 학사 학위를, 예일 신학교에서 석사 학위를 받았다. 그는 공식적으로는 윌 캠벨 목사였지만, 평생 교회를 맡은 적은 없었다. 그는 자신을 "결코 일요일에 설교하지 않는, 침례교 설교자"라고 소개하곤 했다. 그는 자신의 자유주의적 성향과 교회의 보수주의 사이의 모순을 재미있어 했고, "남부의 침례교 설교자이지만 남침례교 설교자는 아니다."라는 말을 즐겨 했다. 민권 운동 초기에 그는 매우 중요한 익명의 인물이었다. 때로 특정 대치 상황을 찍은 사진 뒤편에 그의 모습이 보이기도 했지만, 그의 신원은 거의 알려지지 않았다. 이미 그에게서 귀중한 정보를 얻고 있던 기자들과의 합의에 따라 뉴스 기사에도 그의 이름은 등장하지 않았다. 그는 신문에 수백 번 인용되었지만 항상 익명의 신뢰할 수 있는 취재원으로만 언급되었는데, 실제로도 그러했다. 그는 사실관계뿐만 아니라 여러 관계자들의 의도까지도 예리하게 파악하고 해석했으며, 이러한 대립 상황에서 모든 진영에 중요한 인맥을 가지고 있었다. 졸업 후 그의 첫 직장은 미시시피 대학 교목이었지만, 인종 통합에 대한 진보적 견해 때문에 거의 즉시 해고되었다. 올레 미스(미시시피 대학의 애칭) 시절 그가 직접적인 폭력을 당한 적은 없었지만, 한번은 그가 주최한 리셉션에서 펀치볼(punchbawl)[20]에 대변이 들어있는 것이 발견되었다. 이 사건으로 그는 올레 미스에서 지낼 시간이 얼마 남지 않았음을 깨달았다. 1956년 그는 내슈빌에 본부를 둔 전국교회협의회의 순회 현장 요원 같은 직책을 맡게 되었다. 위협받거나 곤경에 처한 흑인들의 친구이자 조언자로 활동하며 그들을 북부의 우호적인 사람들 및 기관들과 연결해주는 등, 그는 늘 이동하며 어디든 존재하는 인물이 되었다. 전국의 기자들은 그가 서로 다른 집단들 사이를 오가며 정보를 전달하고, 앞으로 일어날 일들에 대해

---

20   (편집자 주) 펀치(punch, 파티용 음료수)를 담아내는 그릇이다.

조용하면서도 통찰력 있는 제안을 할 수 있는 인물이라는 것을 알게 되었다.

　당시 33세였던 윌 캠벨은 미디어의 영향력이 커지고 있다는 사실과 그것이 민권운동에 어떤 의미를 갖는지 누구보다 잘 알고 있었다. 몽고메리에서 그는 이 사태를 도덕적인 측면에서 어떻게 해석해야 할지 깨닫기 시작했다. 하지만 리틀록에서 위기가 발생한 초기의 어느 날, 그는 미디어의 중요성이 구현되는 현장을 목격했다. 길거리에서 폭도들을 지켜보고 있는 그에게 한 친구가 허공에 대고 말하는 것처럼 보이는 마른 체격의 청년을 가리키며 말했다. "저 사람이 NBC의 존 챈슬러예요." 캠벨은 챈슬러의 이름을 들어본 적은 있었지만 실제로 본 적은 없었다. 그의 외모에는 특별한 점이 없어 보였고, 눈앞에서 벌어지고 있는 폭력 사태에 대해서도 윌 캠벨 자신보다 더 아는 것 같지는 않았다. 하지만 몇 시간 후 호텔 방으로 돌아와 우연히 텔레비전을 켰을 때, 그날 자신이 목격했던 바로 그 장면이 나왔다. 화면 속에서 약 3인치 크기로 작아진 챈슬러는 뒤에서 군중들이 밀치고 조롱하는 와중에도 침착하게 상황을 설명하고 있었다. 대부분의 미국인들에게 그 설명은 공포스러웠고, 그 순간 캠벨은 방송이나 신문을 막론하고 현대의 언론인들이 우리 사회의 새로운 예언자라는 사실을 깨달았다. 게다가 그들은 텔레비전이라는 매체 덕분에 과거의 예언자들에게는 없던 것, 즉 자신들이 목격한 사건을 놀라울 정도로 즉각적으로 전달할 수 있는 대중을 확보하고 있었다. 과거의 예언자들, 즉 천막과 임시 설교단에서 부흥회를 이끌던 설교자들이 그랬던 것처럼, 그들은 죄를 정의하는 힘을 가지고 있었다. 그들은 선택된 소수가 아닌 전 시민을 대상으로 이를 행하고 있었다. 그들은 스스로를 현대의 예언자라고 생각하지 않았고 실제로 죄를 정의하고 있다고도 생각하지 않았지만, 윌 캠벨이 보기에 그들이 하는 일은 바로 그런 것이었다. 평범한 시민들이 그들의 눈과 말과 화면을 통해 이러한 사건들을 보고 충격과 감동을 받지 않을 수가 없었기 때문이었다. 캠벨은 존 챈슬러가 마치 영상을 틀어 놓고 "이것은 죄다. …이것은 죄다. …이것은 죄다."라고 반복해서 설교 하고 있는 것이나 다름없다고 생각했다.

포버스 주지사가 인종 통합에 대한 반대 입장을 명확히 했을 때, 해 리 애쉬모어는 편집장으로서 어떤 보도 방향을 취할지 이미 마음을 정 해두었지만, 〈아칸소 가제트〉 지의 고령 소유주인 J. N. 하이스켈에게 는 진실을 보도하고 법을 수호하는 데 따르는 대가를 경고하지 않을 수 없었다. 하이스켈은 애쉬모어의 경고를 일축했다. 그는 구독자와 광고를 잃게 될지라도(이후 〈가제트〉에 대한 불매운동이 실제로 일어났다) 선 동정치에 굴복할 의향이 전혀 없었다. 하이스켈은 "나는 늙은이네. (포 버스 같은) 사람들이 내 도시를 장악하도록 내버려두기에는 너무 오래 살았네."라고 답했다. 당시 미국 신문사의 편집장들 대부분은 애쉬모 어처럼 용감하지 못했다. 그들은 대개 자신의 생존을 우선시하며 지 역 정서를 건드리지 않으려 했다. 위기의 순간이 닥치면, 그들은 본능 적으로 비판자들로부터 지역사회를 보호하고, 실패를 미화하며, 무엇 보다도 외부인을 비난하곤 했다. 해리 애쉬모어는 그런 비겁한 태도를 전혀 받아들이지 않았다. 이것이 바로 자신이 최종적으로 심판받을 순 간이라고 그는 확신했다.

애쉬모어는 사태를 직접 보도하는 방식에서뿐만 아니라, 신문사를 방문한 기자들에게 취재원을 개방하는 것까지도 두려움이 없었다. 그 의 태도는 리틀록의 지도층 대부분이 통합 계획을 지지했던 초기부터 이후 수개월에 걸쳐 통합을 찬성했던 사람들, 특히 경쟁지인 〈아칸소 데모크렛〉의 기자들이 흔들리며 입장을 바꾸기 시작했을 때까지 일관 되게 유지되었다. 사태 초기에 법무부 고위 관리가 애쉬모어에게 전화 를 걸어 상황을 파악하고자 했다. "문장으로 말씀드리죠."라며 그가 답했다. "경찰은 제압당했고, 폭도들이 거리를 장악했으며, 공포 정치가 임박했습니다."

애쉬모어가 편집장으로 있던 〈아칸소 가제트〉는 언론의 종합 본부가 되었다. 방문 기자들은 매일 그곳으로 와서 애쉬모어와 그의 기자들로부터 그날의 사건들을 브리핑 받았다. 원한다면 저녁 식사도 함께 할 수 있었고, 그러면 애쉬모어는 밤늦도록 아칸소 정치에 관한 이야기를 들려주곤 했다. 오벌 파버스 주지사는 일시적으로 학교 통합을 저지하고, 군중을 조종하며, 자신의 실제 목적이 무엇인지에 대해 미국 대통령을 혼란에 빠뜨릴 수는 있었지만, 해리 애쉬모어라는 제대로 된 맞수를 만난 셈이었다. (약 30년 후, 아칸소 주 페이엣빌에서 열린 리틀록 사태를 회고하는 한 컨퍼런스에서, 포버스는 당시 사건에 대한 자신의 견해를 미화하기 시작했다. 자신의 당시 취했던 행동은 단지 아이젠하워 대통령의 조치를 이끌어내기 위한 것이었다는 식이었다. 이 컨퍼런스에 참석한 천여 명에 달하는 청중 대부분은 통합 찬성론자들이었다. 포버스가 연설하기 전날 아침, 그는 오랜 정적인 애쉬모어와 함께 아침 식사를 했다. 포버스는 자신의 연설 내용을 설명했고, 애쉬모어는 그가 무사히 연설을 마치기를 빈다고 말했다. 하지만 포버스가 연설하러 테이블에서 일어설 때 애쉬모어는 이렇게 말했다. "한 가지만 기억하시오, 오벌. 이번에는 군중들이 내 편에 서 있다는 걸 말이오.")

미 전역과 전 세계는 포버스가 아이젠하워 행정부의 소극적 대응이 만든 공백을 파고들며 세력을 확장해가는 모습을 공포와 경악 속에서 지켜보았다. 통합에 대해 대체로 호의적이지 않았던 대통령은 남부 주들이 반발할 경우 어떤 일이 벌어질지에 대해 거의 고민하지 않았다. 남부 지역의 심각한 저항 가능성에 대한 지속적인 우려에도 불구하고, 아이젠하워는 브라운 판결 이후 극적으로 전개된 사건들에 대해 애매모호한 태도를 보였다. 그 사이 상황은 점점 더 어려워졌고, 마침내 리틀록에서는 주지사가 공개적으로 연방법을 무시하는 것처럼 보이는 지경에 이르렀다. 아이젠하워 주변의 몇몇 인사들, 즉 허버트 브라운 웰, 리처드 닉슨, 빌 로저스 등 민권에 더 헌신적이었던 인사들은 대통령이 애초부터 포버스를 과소평가했다고 생각했다. 이들은 포버스가 자신의 정치적 이익을 위해 중대한 헌법적 대결을 노리고 있다고 판단했다.

브라운 판결이 나온 직후, 연방 법무장관 브라운넬은 국가의 최고 법집행관으로서 남부 주들의 법무장관들과 만나 통합 절차를 신속히 진행하기 위해 함께 할 수 있는 일들을 비공식적으로 논의했다. 그는 연방과 주 차원의 조치들이 최대한 순조롭게 이행될 수 있는 방안을 제안해 달라고 요청했다. 그가 말을 마치자 무거운 침묵이 흘렀다. 이후 한 주의 법무장관이 그를 한쪽으로 데려가 이 자리에 모인 사람들 모두가 언젠가는 각자 자기 주의 주지사가 되려는 뜻을 품고 있다고 알려주었다. 따라서 누구도 자신이 지역 통합을 수행하는 연방정부의 협력자로 비춰지는 걸 원치 않았다. 실제로 그 주의 법무장관은 브라운넬이 협조보다는 강력한 반발에 부딪힐 것이라고 덧붙였다.

아이크는 통합이 옳은지 아닌지를 놓고 심한 내적 갈등을 겪고 있었다. 그는 9명의 아이들이나 거리의 폭도들보다는, 통합을 반대하는 구식 남부 전통주의자들, 즉 그의 새로운 친구들인 극도로 부유하고 보수적인 남부의 골프와 사냥 동료들의 입장에 더 깊이 공감하고 있었다. 그래서 대통령은 이 문제에 대해 침묵을 지키며 계속 망설였다. 이는 그로서는 매우 낯설고 다루기 불편한 사안이었다. 본래 보수적인 그는 기존의 인종 질서에서 아주 작은 변화조차도 급진적이고 불안한 것으로 여겼다. 그가 컬럼비아 대학 총장으로 재직하던 짧은 기간에 저명한 흑인 정치학자 랄프 번치에게 명예 학위를 수여하기로 결정된 일이 있었는데, 이는 그의 결정은 아니었다. 당시 번치는 유엔에서 최고의 전성기를 누리고 있었고, 아마도 미국에서 가장 명예로운 지위를 얻었으면서도 가장 논란이 적은 흑인이었다. 하지만 아이크는 이 선택이 불편했는데, 번치 부부가 포함된 수상자들과 함께 술을 마시고 저녁을 먹어야 한다는 점 때문이었다. 아이크는 훗날 번치의 학위 수여 자체를 반대한 것이 아니라 다른 수상자들이 번치 부부와 어울리는 것을 꺼릴까 걱정했다고 털어놓았다. 놀랍게도 그날 저녁은 순조롭게 진행되었고, 다른 수상자들 중 몇몇은 오히려 적극적으로 번치 부부를 찾아 나섰다. 아이젠하워는 이 이야기를 친구인 저널리스트 설즈버거에게 털어놓았고, 설즈버거는 크게 충격을 받았다. 이는 아이크가 흑인에 대해 얼마나 편견을 가지고 있었는지, 그리고 자신의 편견을 얼마나 인식하지 못하고 있었는지를 보여주는 사례였다. 심각한 헌법적 위기 상황에서, 도덕적, 종교적 원칙에 입각해서라도 통합을 지지하는 발언을 하라고 제안한 보좌관들에게 그는 진정성 없는 태도로 사람들의 마음속에 있는 것을 강제로 바꿀 수는 없다고 대답했다. 흑인 지도자들을 만나 미국의 고조되는 인종적 긴장과 남부 백인들의 저항 위협에 대해 논의하자고 제안한 이들에게는, 특히 의미심장하게도, 그렇게 한다면 KKK단(the Ku Klux Klan) 지도자들과도 만나야 할 것이라고 답했다.

아이젠하워는 브라운넬의 반대에도 불구하고 마침내 로드아일랜드 주 뉴포트에서 포버스와 만났다. 법무장관은 주지사가 재선 캠페인만을 생각하고 있다고 대통령에게 거듭 경고했다. 처음에 포버스는 아이젠하워를 능숙하게 다루었다. 그는 이 사안을 이용하려는 것이 아니라, 단지 시간이 조금 더 필요한 고뇌하는 중도주의자라고 주장했다. 아이크는 자신도 쉽게 이해할 수 없는 일을 하기 위해 시간이 더 필요하다는 의견을 호의적으로 받아들였다. 그는 타협안에 대해 이야기하기 시작했다. 포버스의 기록에 따르면, 회의 중 아이젠하워가 브라운넬 법무장관에게 "허브, 거기(리틀록)에 가서 법원에 이 일을 며칠만 연기해달라고 요청할 수는 없나요?"라고 물었다. 브라운넬은 "안됩니다. 불가능합니다. 법적으로 불가능합니다. 할 수 없습니다."라고 답했다. 브라운넬은 이 사건이 법원의 관할권 아래에 있다고 설명했다. 아이크는 여전히 망설이는 듯했다. 포버스는 이렇게 기록했다. "당시 내가 받은 인상은, 그가 마치 자신도 완전히 확신하지 못하는 문제에 대해 누군가에게 받은 지시사항을 떠올리려 애쓰는 것처럼, 나에게 할 말을 기억해내려 애쓰고 있다는 것이었다." 적절한 중도적 해결책을 찾지 못한 아이젠하워는 마침내 강경한 태도를 보였고, 포버스가 물러나기로 동의했다고 믿었다. 하지만 포버스는 리틀록으로 돌아가자마자 약속을 파기했다. 뉴포트에서 한 약속을 철회한 것이 아니냐는 질문에 그는 "말했다고 꼭 지켜야 하는 것은 아닙니다."라고 대답했다.

대통령의 인내심을 거기까지였다. "허브, 당신 말이 맞았어요. 당신이 예상한 대로 그가 나를 배신했어요." 그는 브라운넬에게 화를 내며 말했다. 아이젠하워는 이 사안의 도덕적 문제나 법적 문제를 완전히 이해하지는 못했을지 모르지만, 자신에 대한 도전만큼은 분명히 알아차렸다. 5성 장군 출신인 그는 하급 장교들의 정면 도전을 달갑게 여기지 않았다. 오랫동안 망설이던 그는 마침내 강경책을 택했는데, 이는 그가 이 문제를 인종 통합의 문제가 아닌 반란으로 봤기 때문이었다. 그는 9명의 아이들을 보호하기 위해 제101공수사단을 파견하고 아칸소 주방위군을 연방군에 편입시켰다. 남북전쟁 이후 연방군이 질서 유지를 위해 남부에 파견된 것은 이때가 처음이었다. 딘 애치슨은 당시 해리 트루먼에게 보낸 편지에서 리틀록 사태를 보며 두려움을 느낀다고 털어놓았다. "개인적 모욕을 받기 전까지는 어정쩡하게 시간만 보내다가, 모욕을 받고 나서야 갑작스럽게 과격한 행동을 저지르는 나약한 대통령이라니요. 만약 낙하산 부대 대신 모스크바와 전략공군사령부가 연루된 리틀록 사태가 벌어진다면, 우리 모두가 파멸할 수도 있습니다."

　당시 NBC 기자였던 존 챈슬러는, 30년이 지난 후까지도 제101공수 사단이 리틀록에 도착했던 날을 마치 어제 일처럼 생생하게 기억했다. 군인들은 지역 내로 진군하여 경계를 설정했다. 주방위군과는 달리, 그들의 굳건한 표정에서는 임무 수행의 의지를 제외한 어떠한 정치적 성향도 드러나지 않았다. 행진하는 동안 포장도로에 규칙적으로 울리 는 군화 소리가 그들의 엄격한 군사 규율을 대변하는 듯했다. 챈슬러 는 그때까지 헌법에 대해 깊이 생각해본 적이 없었고, 오히려 당연한 것으로 여겼다. 하지만 그날, 그는 자신이 헌법이 실현되는 현장을 목 격하고 있음을 깨달았다. 그 광경은 뭔가 장엄했다. 그는 전율과 동시 에 알 수 없는 두려움을 느꼈다.

　제101공수사단이 도착하자 미국 전역은 텔레비전을 통해 또 하나의 충격적인 광경을 목격했다. 미 육군에서 가장 명예로운 사단 중 하나 로 손꼽히던 제101공수사단의 무장한 병사들이, 얼마 전까지 폭도들 이 점령했던 바로 그 자리에서 어린 흑인 학생들을 호위하고 있었다. 거리의 인종 분리주의자들이 항의하자, 공수부대원들은 얼마 전까지 그들과 안면이 있던 주 방위군과는 전혀 다른 모습을 보였다. 제101공 수사단 병사들은 총검을 장착하고 시위대의 목에 겨누며 그들을 신속 하게 학교 구역 밖으로 몰아냈다. 그날 아침, 한 육군 장교가 학생들이 모여 있는 데이지 베이츠의 집으로 찾아와 그녀에게 경례를 한 다음 말했다. "베이츠 부인, 이제 학생들을 데려갈 준비가 끝났습니다. 오후 3시 30분에 모두 귀가시키도록 하겠습니다." 9명의 학생 중 한 명이었 던 미니진 브라운은 그 순간이 짜릿했다고 회상했다. 그녀는 후에 베 이츠 부인에게 이렇게 말했다. "제 생애 처음으로 진정한 미국 시민이 된 기분이었어요."

국가의 법은 폭도들의 의지와 분리주의 정치인의 변덕에 맞서 수호되고 있었다. 흑인 학생들은 매일 군인들의 호위를 받으며 등하교했다. 리틀록은 점차 안정을 찾아가는 듯했다. 포버스 주지사는 연방정부가 주의 권리를 침해했다며 격분했고, 아칸소가 "점령당한 영토"가 되었다고 한탄했다. 그는 심지어 자신이 제2차세계대전의 벌지 전투 때 바스토뉴에서 고립된 제101공수사단을 구출하는 데 일조했다고 주장했지만, 이는 사실이 아니었다(그의 부대가 도착했을 때는 이미 제101공수사단이 독일군의 마지막 공격을 저지한 후였다).

몇 주 후, 상황이 통제되는 듯하자 정부는 제101사단을 철수시키고 연방군으로 편입된 아칸소 주 방위군에게 책임을 이양했다. 이후 상황이 악화되기 시작했다. 폭도들은 더 이상 문제가 되지 않았지만, 학교 내부에서는 고등학생 인종분리주의자들이 9명의 학생들을 체계적이고 매우 조직적으로 괴롭혔다. 그들은 흑인 학생들을 괴롭혔을 뿐만 아니라, 더 효과적으로는, 흑인 학생들에게 예의를 갖추거나 친근하게 대하던 백인 학생들까지도 괴롭혔다.

조직적인 괴롭힘은 (학교 관계자들이 의심했듯이) 주지사 관저에서 직접 계획된 것이었다. 젊은 KKK단원(youthful Klansmen)처럼 행동하는 학교 폭력배들은 자신들 뒤에 주 정부의 전폭적인 지원과 점점 더 저항적이 되어가는 아칸소 주민들이 있다는 것을 알고 있었다. 이는 곧 9명을 보호하는 책임이 학교의 소수의 교사와 관리자들에게 맡겨졌다는 것을 의미했다. 9명의 학생들은 매우 힘들고 추악한 한 해를 보내야 했다. 그들은 끊임없는 폭력에 시달렸다. 복도를 걸어갈 때면 발길질하고, 걸어 넘어뜨리고, 뒤에서 때리고, 모욕적인 말로 괴롭히고, 식당에서는 뜨거운 수프를 붓는 일까지 있었다. 그들의 사물함은 정기적으로 뜯기고 책은 도둑맞았다. 학교 관리자들은 주동자가 누구인지 정확히 알고 있었지만, 그들은 오히려 자신들의 행위를 뻔뻔하게 자랑스러워했다. 한 여학생은 교감 엘리자베스 허커비에게 자신은 완전히 정당한 권리를 행사했을 뿐이라고 말했다. 그녀는 자신이 한 일이라고는 "검둥이"라는 단어를 내뱉은 것뿐이라고 말했다. 마치 인종적 이유로 다른 사람을 괴롭히는 것이 자신의 권리에 포함된다고 생각하는 것 같았다.

돌이켜보면 9명의 아이들이 이 모든 수모를 어떻게 견뎌냈는지 놀랍지만, 그들은 놀라운 내면의 힘과 인격을 보여주며 계속해서 다른 쪽 뺨을 내밀었다. 그들은 여러 차례 무너질 것만 같았고, 한두 명은 괴롭힘에 지쳐 학교를 그만두려고 눈물을 흘리며 허커비 선생님의 사무실을 찾곤 했다. 허커비 선생님과 다른 이들의 역할은 그들을 설득해 계속 다니게 하는 것이었다. 그들은 찾아온 아이들에게 만약 네가 그만둔다면 분리주의자들은 성공에 고무되어 더욱 대담해질 것이므로 다른 아이들이 더 힘들어질 것이라고 상기시키곤 했다. 9명 중 첫 해를 마치지 못한 것은 단 한 명 미니진 브라운 뿐이었다. 9명의 아이들 중 가장 열정적이고 감정적이었던 그녀는 괴롭힘을 참아내는 것을 가장 힘들어했다. 곧 분리주의자들은 그녀가 약한 고리라는 것을 알아차리고 그녀에게 모든 힘을 집중했다. 미니진은 때때로 반격했다. 어느 날 식당에서 괴롭힘을 당하던 그녀는 한 학생의 머리에 수프 그릇을 붓고 정학을 당했다. 그녀는 필사적으로 자신을 통제하려 했지만 빈번하게 대응했다가 결국 퇴학당했다. 즉시 "한 명 제거, 여덟 명 남음"이라고 적힌 쪽지가 나붙었다.

흑인 학생들의 부모들 중 일부는 아이들이 감당해야 할 대가가 너무 크다고 걱정하며 학기 중에 자녀들을 다시 전학시키고 싶어했다. 하지만 데이지 베이츠는 굳건했다. 그녀는 아이들에게 그들이 하는 이 일이 자신들을 위해서가 아니라 아직 태어나지도 않은 이들을 포함한 다른 사람들을 위한 것임을 거듭 상기시켰다. 아이들은 이제 원하든 원하지 않든 도덕적 투쟁의 리더가 되었다. 그해 어니스트 그린이 졸업했고, 20년 후 그는 졸업생들 중에서 아마도 가장 성공한 인물이 되었다. 지미 카터 행정부에서 노동부 차관보를 지낸 그는 20주년 동창회에서 주요 연설자로 나섰다.

어떤 면에서는 모든 관계자들이 리틀록 사건에서 무언가를 얻었던 것 같다. 민권운동 지도자들은 현대 미디어, 특히 텔레비전 카메라 앞에서 인종차별 세력에 맞서는 방법을 배웠다. 새로운 매체로서 아직 자신들의 역할을 찾지 못했던 방송국들은 거의 순수하게 영상만으로 이루어진 연속적인 보도거리를 발견했는데, 이는 시청자들의 이목을 사로잡았을 뿐 아니라 초기 취재진들의 용기와 품격을 입증하는 계기가 되었다(마치 제2차 세계대전 당시 에드 머로우와 CBS 동료들의 보도가 라디오 저널리즘의 가치를 입증했던 것처럼). 퀴즈쇼 스캔들이 방송국들을 강타한 후, 이로 인해 실추된 위신을 회복하기 위해 리틀록과 같은 중대 사건들을 다루도록 뉴스 프로그램에 더 큰 자율성을 부여하는 전략적 시도가 이어졌다. 뉴스 프로그램뿐만 아니라 방송국들 자체가 갑자기 신뢰성 구축이라는 과제에 뛰어들었다. 이후 존 챈슬러는 투데이 쇼의 앵커, 보이스 오브 아메리카의 책임자, 그리고 마지막으로 NBC 뉴스의 앵커로서 미국 언론계와 공적 영역에서 가장 뛰어난 경력을 쌓게 되었다.

물론 오벌 포버스만큼 많은 것을 얻은 사람은 없었다. 그는 자신을 연방정부의 대대적인 개입의 희생자이자, 주 정부의 권리와 자기 주 시민들의 뜻을 믿었던 고독한 인물로 포장했다. 더 이상 아칸소의 선량한 (백인) 시민들은 인종분리를 지지하면서 포버스에 반대할 수 없게 되었다. 리틀록 사태 이전에는 가능성이 희박해 보였던 3선이 확실해졌다. 1958년 두 명의 온건파 후보가 도전했지만, 그는 두 후보의 득표를 합친 것보다 2배 이상 많은 표를 얻어 승리했다. 4선이 이어졌다.

1958년, 리틀록에서는 포버스 주지사의 지지자들이 결집하면서 인종분리 찬반 세력 간의 대립 구도가 명확해졌다. 연방 당국은 거의 무력을 동원하다시피 하면서 인종 통합을 추진해야 했고, 이는 정치적으로 주지사에게 유리하게 작용했다. 재선 가능성이 희박해 보였던 포버스는 백인 유권자들에게 자신을 통합론자들의 희생자로 포장했고, 이후 여러 차례 재선에 성공했다. (사진 출처 COSTA MANOS, MAGNUM PHOTOS, INC.)

그리고 5선. 마침내 6선까지 이르렀다. 가끔 은퇴설이 돌기도 했지만, 〈아칸소 가제트〉에서 썼듯이, 그는 톰 믹스(Tom Mix)[21]가 말을 타고 수 없이 석양 속으로 사라지듯이 떠날 듯 하다가도 떠나지 않았다. 그의 통합 저지 결정은 남부 정치인들, 특히 조지 월리스(George Wallace)와 같은 세대에게 발판을 마련해 줬는데, 이들은 리틀록 사태를 통해 남부의 분노를 조종하는 방법, 주를 계급과 인종으로 분열시키는 방법, 그리고 언론을 적으로 보이게 만드는 방법 등을 배웠다. 해리 애쉬모어가 1958년 〈라이프〉 지에 예언적인 기고를 했듯이, 리틀록에서 온 건파의 입지는 심각하게 훼손되었고, 대립의 시대가 도래할 것이었다.

리틀록 사건 1년 후, 데이지 베이츠는 9명의 학생들과 함께 백악관을 방문하겠다고 제안했다. 그토록 많은 증오와 폭력을 견뎌낸 아이들

---

21   (편집자 주) 톰 믹스(1880-1940)는 헐리우드의 초창기 서부 영화에 주로 출연한 배우로, 서부영화의 역사를 다룰 때에 결코 빼놓을 수 없는 인물이다.

이 미국 대통령을 만난다면 정말 의미 있는 일이 될 것이라는 게 그녀의 제안 이유였다. 아이젠하워의 백악관 참모진은 이 제안에 겁을 먹었다. 사실 거절하기 어려운 제안이었다. 백악관 비서실장이자 아이크의 유일한 흑인 참모였던 프레드릭 모로의 상관인 셔먼 애덤스는 영리하게 공을 모로에게 넘겼다. 애덤스는 모로에게 물었다. 베이츠 부인의 요청이 현명한 것이겠습니까? 모로는 이것이 대통령이 9명의 아이들에게 동정심을 가지고 있느냐의 문제가 아니라고 답했다. 오히려 대통령이 그들과 만난다면 남부의 지도자들을 격분시켜 향후 그와 같은 사안들에 대한 그의 지도력이 약화될 것이라고 했다. 또한 그는 이 만남이 학생들을 "그 어느 때보다도 더 심한 학대에 노출시킬 것이며, 분명 대통령은 이런 종류의 일에 연루되기를 원치 않을 것"이라고 덧붙였다. 애덤스는 모로에게 "당신 말이 전적으로 맞습니다. 내 생각도 그랬어요."라고 말했다. 애덤스는 마지막 수를 더 뒀다. 모로가 베이츠 부인에게 직접 전화해서 이런 말을 전해줄 수 있겠느냐는 것이었다. 모로는 전화 걸기가 두려웠지만, 규칙을 알았고 자신의 역할이 무엇인지도 알고 있었다. 그는 팀플레이어였기에 그 일을 해냈다. 그는 베이츠와 아이들이 워싱턴에 온다면 특별히 백악관 견학을 시켜주겠다고 제안했다.

마틴 루터 킹 주니어는 위기의 모든 측면을, 특히 오벌 포버스 주지사가 한 역할을 하나도 놓치지 않고 살펴보고 있었다. 그는 철저히 정치적인 인물이었으며, 새롭게 부상하는 시위의 정치학을 탁월하게 이해했다. 킹은 텔레비전 뉴스가 처음으로 영향력을 확대하던 몽고메리에서의 경험을 통해, 자신의 활동이 더 이상 단순히 지역에만 국한된 것이 아니며, 텔레비전으로 인해 처음으로 미 전역의 사람들이 매일 저녁 6시나 7시경에 한데 모이고 있다는 사실을 알고 있었다.

킹과 그의 동료들은 상상할 수 있는 가장 위험한 시도를 감행하고 있었다. 적들을 더 교묘하게 자극할수록 더 극적인 장면을 얻을 수 있고, 도덕적 우위를 차지할 가능성도 더 높아진다는 것을 알고 있었기 때문이다. 킹은 지역의 적대적인 권력 구조를 변화시키는 것은 어차피 어렵다고 보고 그것 대신에 전국의 유권자들에게 호소하는 방식을 선택했다. 그러기 위해서는 어느 정도 백인들의 반발이 필요했고, 무엇보다도 적절한 악역이 필요했다. 그는 평범한 백인들이 가정에서 텔레비전을 통해, 점잖게 행동하는 흑인들과, 킹이 혐오하는 체제를 지키려는 충동에 사로잡히 남부 관리들이 그들을 폭행하는 모습을 지켜보기를 원했다. 이처럼 그는 국가적 도덕극의 극작가였다. 흑인들은 선한 역할을 맡았고, 백인들은 놀랍게도 자신들이 악역을 맡게 된 것을 발견하게 될 것이었다. 연극에는 좋은 배역이 필요했고, 마틴 킹은 곧 공연 장소뿐만 아니라 악역도 신중하게 선택하는 법을 터득했다.

몽고메리에서는 완벽한 성공에도 불구하고 악역이 없었다. 물론 몽고메리의 지역 관리들이 흑인 시위자들을 학대했지만, 인종 분리의 악을 상징하는 잔혹한 인물도 없었고, 도발했을 때 운동의 의도대로 움직여줄 것으로 기대할 수 있는 인물도 없었다. 하지만 오벌 포버스는 달랐다. 그는 평범한 미국인들이라면 본능적으로 몸을 움츠리게 만드는 인물이었다. 운동이 확대되면서 킹은 여러 도시에서 시위 장소로 제안을 받았지만, 항상 버밍엄의 불 코너나 셀마의 보안관 짐 클라크 같은, 가장 혐오스럽고 노골적인 인종분리주의자들이 있는 곳을 신중하게 선택했다. 과거에는 인종 분리가 더 교묘한 방식으로, 주로 경제적 위협을 통해 시행되었다. 예를 들어 흑인들이 학교의 인종 분리 철폐를 요구하는 청원서에 서명하면 일자리를 잃을 수도 있었다. 인종적 편견은 낮에는 결코 모습을 드러내지 않는 거대한 짐승과도 같았다. 하지만 이제 킹과 그의 동료들이 그것을 밝은 빛과 신선한 공기, 그리고 텔레비전 카메라의 시선에 노출시키면서 그 짐승은 서서히 죽어가고 있었다.

킹이 항의를 시작한 시점은 결정적이었다. 1955년과 1956년은 특히 방송 뉴스 쇼 덕분에 방송사들이 진정한 의미의 방송국으로 거듭나던 시기였기 때문이다. 존 F. 케네디와 함께 킹은 텔레비전 영상용 장면을 만들어내는 방법, 즉 방송 제작자들이 마치 자신들이 각본을 쓴 것처럼 느낄 정도로 교묘하게 스토리를 구성하는 방법을 이해한 최초의 인물 중 하나였다. 킹에게 이는 끊임없는 도전이었다. 훌륭한 스토리, 극적인 장면, 끊임없는 대결, 뛰어난 영상, 그리고 풍부한 도덕적, 정신적 긴장감 등이 함께 펼쳐지는 광경은 보는 이들을 매혹시켰다. 킹은 자신을 담당하던 텔레비전 기자들을 잘 대우했다. 그는 방송 기자들이 영상에 담아 뉴욕으로 보낼 수 없는 대결은 결코 원하지 않았고, 가능한 한 방송국 뉴스 쇼의 마감 시간을 놓칠 정도로 늦은 시간에 행동하는 것도 피했다. 이렇게 운동이 시작되었고, 이렇게 텔레비전은 미국의 정치적, 사회적 변화의 과정을 증폭시키고 가속화했다.

1950년대 미국인의 삶에서 일어난 가장 큰 변화 중 하나는, 당시에는 거의 인식하지 못했지만, 흑인 문화가 미국인의 일상생활에 미치는 영향력과 중요성이 증가했다는 점이다. 이는 특히 미국 젊은이들에게 매우 중요했던 두 분야, 즉 음악과 스포츠에서 두드러졌다. 대중음악에서 흑인 문화의 영향은 매우 깊었으며, 이는 백인 십대들의 부모 세대를 크게 짜증나게 했다. 엘비스 프레슬리가 비트를 사용한 최초의 백인 컨트리 가수였지만, 이는 더 큰 혁명의 일부에 불과했다. 흑인 음악의 특징들이 백인 뮤지션들에 의해 차용되었을 뿐만 아니라, 흑인 뮤지션들 역시 점차 백인 관객들에게 받아들여졌다. 척 베리, 리틀 리처드, 샘 쿡, 아이크 터너, 패츠 도미노가 백인들의 히트 차트에 진입했다. 이와 마찬가지로 중요한 또 다른 변화가 스포츠 분야에서 일어났으며, 이는 사회에 큰 영향을 미쳤다. 텔레비전의 등장으로 프로 스포츠, 특히 미식축구와 농구는 이전과는 비교할 수 없을 정도로 큰 전국적 영향력을 갖게 되었다. 과거에는 비교적 적은 관중 앞에서 벌어지던 경기가 이제는 수백만 미국 가정에서 동시에 시청되면서, 스포츠는 문화의 주변부에서 중심부로 이동했다.

텔레비전 기술의 발전과 재능 있는 흑인 선수들의 등장이라는 두 가지 혁명이 미국 전역을 휩쓸고 있었다. 이러한 이중 혁명의 결과물은 선수들의 경기력 향상과 폭발적으로 증가한 시청자 수로 나타났다. 프로야구와 비교했을 때 텔레비전 등장 이전에는 사실상 마이너 스포츠에 불과했던 프로 미식축구는 이제는 카메라의 호의적인 시선을 통해 꽃을 피웠고, 전국의 도시들과 가정에 텔레비전이 보급되면서 그 인기는 더욱 폭발했다. 그리고 마침내 프로 미식축구는 새로운 슈퍼 스포츠로 부상하여, 메이저리그 야구에 도전하는 최초의 진정한 라이벌이 되면서 전 미국민의 사랑을 받게 되었다.

야구에서는 재키 로빈슨을 시작으로 윌리 메이스, 몬테 어빈, 어니 뱅크스, 헨리 애런과 같은 뛰어난 흑인 선수들이 잇달아 등장했다. 브루클린 다저스가 최초로 흑인 선수와 계약하면서 다른 내셔널리그 팀들도 같은 수준의 뛰어난 인재들을 영입할 수밖에 없었다. 반면 아메리칸리그는 과거의 편견에 사로잡혀 훌륭한 흑인 선수 영입에서 크게 뒤처졌다. 흑인 선수들은 내셔널리그의 약자인 'NL'이 이제는 니그로 리그(Negro[22] League)를 의미하게 되었다며 농담을 즐겼다. 윌리 메이스는 새로운 시대를 빛내는 탁월한 흑인 선수의 전형이었다. 그는 이전에는 볼 수 없었던 플레이를 선보였고, 우아하면서도 공격적인 플레이를 자신만의 활기찬 스타일로 펼쳤다. 특히 그는 새로운 시대 흑

22　니그로는 당시 아프리카계 미국인을 지칭하는 공식 용어였으며, 흑인을 비하하는 니거(nigger)와는 달리 중립적인 의미였다.

인 선수의 특징인 파워와 스피드를 모두 갖추고 있었다. 1955년에는 51개의 홈런을 치고 24개의 도루를 기록했다. 과거의 백인 슈퍼스타들과는 달리, 힘과 스피드를 겸비한 새로운 유형의 선수가 등장한 것이다. 사회학자, 생리학자, 역사학자들은 곧 이러한 현상의 원인, 즉 왜 흑인 선수들이 비슷한 체격의 백인 선수들보다 훨씬 빠르고 운동 능력이 뛰어난 것처럼 보이는지에 대해 논쟁을 시작했다. 미국의 모든 주요 스포츠에서 일어난 이러한 변화는 실로 극적이었다. 그리고 흑인 선수들은 속도나 점프력이 부족한 특정한 흑인 선수들에 대해 백인병에 걸렸다-이는 높이 뛰거나 빠르지 않다는 뜻이다-고 말하며 그 차이에 대해 웃었다.

분명 위대한 운동선수들에 의한 사회 혁명이 시작되고 있었고, 이는 여러 면에서 미국 대법원과 마틴 루터 킹 주니어가 미국 남부 도시들의 거리에서 이끌어낸 혁명보다도 더 큰 영향력을 미치고 있었다. 미국의 비즈니스 세계, 법조계, 금융계는 여전히 거의 전적으로 백인들의 영역이었지만, 음악과 스포츠에서 드러나는 미국의 정신은 빠르게 변화하고 있었다. 스포츠 종목마다 흑인 선수들이 주도적인 위치를 차지하기 시작했다. 이런 현상은 먼저 야구에서 시작되어, 1957년에는 프로 미식축구로 이어졌다. 시라큐스 대학에서 뛰던 위대한 러닝백 짐 브라운이 클리블랜드 팀의 지명을 받으면서부터였다. 라크로스 종목에서 당대 최고의 선수로 평가받을 만큼 뛰어난 운동선수였던 브라운은 야구와 농구에서도 프로 입단 제의를 받았지만, 결국 미식축구에서 명성을 떨치게 되었다. 프로 선수로서 그는 윌리 메이스와 마찬가지로 스피드와 파워를 모두 겸비한 선수였다. 과거의 뛰어난 러닝백들은 빠른 스피드로 외곽을 파고드는 유형이거나, 아니면 큰 체구와 힘으로 내부를 뚫는 유형이었다. 하지만 짐 브라운은 거의 유일하게 두 가지 능력을 모두 갖춘 새로운 유형의 선수였다.

하지만 가장 급격한 변화가 일어나고 가장 빠르게 완성된 스포츠는 농구였다. 농구는 얼마 지나지 않아 프로 스포츠 중에서 흑인 선수 비율이 가장 높은 종목이 되었다. 유명한 스포츠 저널리스트 존 건터가 흑인들은 대학 스포츠 중에서 미식축구는 할 수 있겠지만 농구는 어려울 것이라는 글을 썼던 게 불과 1947년이었다. 그는 그 이유로 "농구는 실내 스포츠라서, 체육관에서 반나체로 땀을 흘리며 이루어지는 신체 접촉에 대한 거부감이 강하다(비록 남부만큼 강하지는 않았지만)."라고 설명했다.

현대 농구의 혁명은 1956년 보스턴 셀틱스의 감독이었던 아놀드 (레드) 아우어바흐가 드래프트 당시 샌프란시스코 대학에서 스타로 활약하던 한 청년의 영입권을 얻기 위해 복잡한 거래를 하면서 시작되었다. 그 청년의 이름은 윌리엄 F. 러셀 주니어였다. 러셀은 루이지애나에서 태어났지만 어렸을 때 캘리포니아로 이주한, 이른바 흑인 대이동의 일원이었다. 그의 아버지 찰리 러셀은 자존심 강한 사람이었는데, 캘리포니아의 작은 운송회사에서 일했다. (나중에 1965년 프로농구 최고의 선수였던 윌리엄 F. 러셀 주니어가 연간 100,001달러—이는 그의 위대한 라이벌이었던 윌트 체임벌린보다 1달러 더 많은 금액이다—계약을 체결했을 때, 그는 아버지에게 더 이상 일하지 않아도 된다고 말했다. 이에 찰리 러셀은 "일은 당연히 해야지. 나는 내 인생의 18년을 성실하게 그곳에 헌신했단다. 이제부터는 불성실하게 몇 년을 더 보낼 거야."라고 장난스럽게 말했다.)

러셀과 계약하기 전부터 아우어바흐는 이미 리그 최고의 전략가로 명성을 얻고 있었다. 이 특별한 트레이드로 인해 그의 명성은 앞으로 몇 년 동안 크게 높아질 것이 분명했다. 러셀이 두 번의 전국대회 우승을 차지한 샌프란시스코 대학 팀의 주축 선수였고 그가 출전한 대학 경기에서 단 한 번만 패배했다는 뛰어난 기록은 고려 대상이 아니었다. 러셀의 수비력은 당연한 것이었지만 일부 프로 스카우트들은 그가 좋은 슈터가 아니었기 때문에 걱정했다. 물론 러셀의 플레이가 게임의 판도를 완전히 바꿀 것이라고 생각한 전문가는 거의 없었다. 그는 키가 6피트 9.5인치(약 207cm)로, 다른 선수들이 더 컸지만 그도 큰 편이었고, 순발력도 좋았지만, 당시는 순발력보다는 체격과 근력을 더 중요하게 여기던 시대였다. 그리고 자신보다 키가 클 뿐만 아니라 25파운드나 더 무거운 선수들과 정기적으로 경기를 해야 했기에 그의 프로 능력, 특히 체력에 대한 의문이 남아있었다. 아우어바흐는 대학 시절부터 러셀이 거칠고 육체적인 프로 경기에서 뛸 수 있는 배짱이 있는지 의문을 품고 있었다.

당시 8개 팀으로 구성된 리그에서 보스턴 셀틱스는 좋은 팀이었지만, 여전히 충분히 강하지는 않았다. 좋은 슈터들과 뛰어난 재능을 가진 볼 핸들러이자 패서인 밥 쿠시가 있었지만, 챔피언이 되지 못했고 지배적인 빅맨이 부족했다. 1955~1956년 시즌이 끝날 무렵, 아우어바흐는 좌절한 선수들에게 드래프트에서 어떻게든 빅맨을 영입하겠다고 약속했다. 그리고 그는 그 약속을 지켰다. 아우어바흐는 러셀을 드래프트했는데, 러셀은 대학 농구에서 압도적인 지배력을 보여줬다. 그의 인사이드 득점과 리바운드 능력이 워낙 탁월했기 때문에, 1955년 시즌이 끝날 무렵 대학체육협회(NCAA)는 그의 지배력을 제한하기 위해 이른바 "러셀 룰"이라 불리는 규정을 도입했다. 이 규정은 파울 라인을 6피트에서 12피트로 넓히는 방식으로 설계되었지만, 그의 영향력을 제한하려는 시도는 미흡한 결과에 그쳤다.

드래프트 날, 첫 번째 지명권을 가진 로체스터 로열스는 빌 러셀 대신 시후고 그린을 선택했다. 이는 러셀이 워낙 뛰어난 선수라, 전원이 흑인으로 구성된 순회공연 농구팀인 할렘 글로브트로터스 같은 다른 선택지를 택할 가능성이 높다고 판단했기 때문이다. 러셀은 당시로서는 전례 없는 금액인 연봉 25,000달러를 요구했다고 전해진다. 글로브트로터스는 러셀에게 50,000달러를 제안하겠다고 발표했지만, 실제 제안은 그 금액의 3분의 1에 불과했다. 상황을 더 악화시킨 것은 글로브트로터스의 유명한 구단주 에이브 사퍼스타인의 행동이었다. 그는 러셀과 그의 대학 코치를 만났을 때, 마치 러셀이 그 자리에 없는 것처럼 코치와만 협상을 진행했다. 이 만남에는 인종차별적 뉘앙스가 강하게 깔려 있었다. 러셀이 스스로 사업적 결정을 내릴 수 없는 어린 아이, 더 나아가 유색인종 어린 아이라는 암묵적인 전제를 드러냈기 때문이다. 이 만남이 끝난 후, 러셀이 글로브트로터스와 계약을 맺을 가능성은 완전히 사라졌다. 사실, 러셀처럼 자존심이 강한 사람이 미국 최고의 백인 프로 선수들과 겨루는 대신, 순회공연을 하며 쇼맨십 농구를 펼치는 흑인 선수들로 구성된 팀을 선택할 가능성은 처음부터 희박했다.

드래프트의 다음 지명권은 세인트루이스가 보유하고 있었다. 바로 이때 보스턴 셀틱스의 레드 아우어바흐가 트레이드를 단행했다. 그는 재능 있고 인기 있는 센터 에드 맥컬리와 또 다른 유망한 선수 클리프 헤이건의 드래프트 권리를 내주는 대가로 빌 러셀의 지명권을 확보했다. 맥컬리는 경기당 평균 약 20점을 기록하는 뛰어난 선수였지만, 체격이 왜소하여 파워 플레이어는 아니었고 정규 시즌 동안 체력이 떨어지는 모습을 보였다. 러셀은 연봉 22,500달러에 계약했다. (멜버른 올림픽에서 미국 대표팀을 이끌고 금메달을 딴 뒤에야 셀틱스에 합류했기 때문에 계약금 중 6,000달러 지급을 뒤로 미룰 예정이었지만, 셀틱스 구단주 월터 브라운은 이를 불공정하다고 판단해 3,000달러만 보류하기로 결정하여 사실상 러셀과 절충안을 마련했다.)

이 트레이드를 통해 레드 아우어바흐는 단순히 매우 똑똑한 감독에서 천재적인 감독으로 거듭났다. 그는 러셀에게 득점에 신경 쓰지 말고 리바운드에 집중하라고 말하며, "리바운드를 득점으로 인정해 주겠다."라고 약속했다. 러셀이 입단한 첫해, 셀틱스는 NBA 우승을 차지했고, 러셀은 단순히 리그 최고의 선수에 그치지 않고 현대 미국 스포츠 역사에서 가장 지배적인 팀 선수로서의 시대를 열었다. 그의 첫 경기는 12월 22일, 보스턴 가든에서 열린 세인트루이스 호크스와의 경기였으며, 이 경기는 미 전역에 텔레비전으로 중계되었다. 밥 쿠시는 이 경기를 생생히 기억했다. 러셀은 신인이었지만, 리바운드에 집중하라는 아우어바흐의 약속을 실현했을 뿐만 아니라 수비에서도 차원이 다른 모습을 보여줬다. 팀 동료들은 러셀로 인해 팀의 미래가 도래했고 농구 경기가 변했다는 것을 즉시 느꼈다. 당시 쿠시는 러셀에 대해 이렇게 회상했다. 러셀과 같은 선수는 전례가 없었다고 생각했으며, 그의 빠른 스피드, 뛰어난 타이밍, 그리고 큰 키에도 불구하고 작은 선수처럼 보여준 민첩성과 날렵함은 이전에는 누구도 본 적 없는 것이었다.

셀틱스는 갑자기 완전히 새로운 팀이 되었다. 러셀은 첫 경기에서 단 16분만 뛰었지만 21개의 리바운드를 잡아냈다. 며칠 후, 뉴욕에서 열린 더블헤더 경기에서는 당시 리그 득점 3위였던 워리어스의 닐 존스턴을 상대로 전반 42분 동안 단 한 개의 필드골도 허용하지 않았다. 그 경기에서 러셀은 18개의 리바운드를 잡아냈다. 다음 날 밤, 워리어스와의 또 다른 경기에서 러셀은 20분 동안 무려 34개의 리바운드를 기록하며 여러 차례 슛을 블록했고, 셀틱스의 속공을 주도했다. 새로운 시대가 도래한 것이다. 쿠시는, 아무리 영리했던 아우어바흐라 할지라도 러셀을 지명했을 때 자신이 얼마나 큰 가치를 얻게 될지 미처 깨닫지 못했을 것이라고 회상했다.

러셀이 대학 시절 신장을 측정했을 때, 신체 치수만으로는 그의 뛰어난 운동 능력을 온전히 알 수 없었다. 그는 자신의 실제 키보다 훨씬 더 큰 선수처럼 플레이했다. 대학 시절, 그는 자신이 다른 선수들이 할 수 없는 일들을 해낼 수 있다는 사실에 스스로도 놀라곤 했다. 리바운드를 잡으러 점프할 때, 그는 다른 선수들과 완전히 달랐다. 그는 단순히 더 높이 점프하는 것에 그치지 않았다. 어느 날 경기를 하던 중 바스켓이 자신의 눈 아래에 있는 것을 발견했는데, 이는 지면에서 최소 48인치(약 122cm) 이상 뛰어올랐다는 뜻이다. 또한, 그는 공중에서 더 오래 머무는 것처럼 보였다. 다른 선수들이 착지한 후에도 그는 여전히 공중에 있었다. 훗날 이러한 능력은 "공중 체류 시간(hang time)"이라는 개념으로 설명되었다. 러셀은 매우 민첩하면서도 강력한 선수였다. 뛰어난 점퍼일 뿐만 아니라 특별한 타이밍 감각을 지녔다. 그의 손과 눈의 조화로운 동작, 그리고 점프 타이밍은 보기 드문 수준의 운동 능력을 보여주었다. 그의 지능은 운동 능력과 조화를 이루었다. 훗날 그는 자신이 상대 선수가 다음에 무엇을 할지 예측할 수 있었다고 회상했다. 그의 수비는 테드 윌리엄스나 스탠 뮤지얼 같은 전설적인 야구 선수들의 타격만큼이나 예술적인 경지에 이르렀다. 무엇보다도 러셀은 왼손잡이였는데, 이는 그의 더 강한 손이 그가 맞서 수비하는 선수들 대부분의 슈팅 핸드[즉, 공을 던지는 오른손] 대응에 최적화되어있었다는 것을 뜻한다. 러셀은 매우 영리했고, 팀원들을 심리적으로 고무시키는 동시에 상대를 압도하는 데도 능숙했다. 그는 모든 스포츠를 통틀어 가장 자부심이 강한 선수 중 한 명으로 평가받는다.

그는 셀틱스에서 뛰었지만, 보스턴은 결코 그의 고향이 아니었다. 그는 보스턴에 만연한 편견을 예리하게 인식하고 있었다. 예를 들어, 셀틱스가 챔피언 팀임에도 불구하고 홈경기가 매진되는 경우가 거의 없다는 사실이 그랬다. 러셀은 사인은 받고 싶어하지만, -적어도 그의 견해로는- 흑인 이웃은 원하지 않는 백인 스포츠 팬들의 정신분열증적 태도에 대해 사인해주기를 거부하는 것으로 대응했다. 그는 대학생 시절 백악관에서 열린 컨퍼런스에 초대받은 적이 있었다. 하지만 행사를 마친 후, 인종별로 분리된 고속도로를 따라 고향인 루이지애나로 돌아가는 길에, 들르는 휴게소마다 "그저 또 하나의 흑인 소년일 뿐, 흙덩이 만도 못한 존재로 취급받으며, 나와 내 가족에게 인간으로서의 기본적인 예의나 품위조차 보여주지 않는" 대우를 받았다. 러셀은 프로 선수가 되기 전부터 이미 팬들에게 항상 예의 바르게 대하겠다고 결심했다. 다만, 누군가 먼저 말을 걸 때만 응답하고, 춤추고 농담하는 어릿광대 같은 흑인의 희화화된 모습으로 보이지 않겠다고 스스로 다짐했다.

백인 선수로서 패스에 관한 한 당대 최고였으며, 재능 있는 팀 동료였던 밥 쿠시는 러셀의 모순된 면들에 항상 흥미를 느꼈다. 러셀은 훌륭한 농구 선수였지만, 특별히 농구를 좋아하는 것 같지도 않았다. 그는 팀에서 가장 연습을 게을리했고, 무관심했다. 하지만 실제 경기에서는 특별한 분노를 품고 뛰었는데, 마치 농구가 내면에 쌓인 인종적 분노를 표출할 수 있는 유일한 출구인 것 같다고 쿠시는 생각했다. 그의 플레이의 강렬함은 편견과 차별, 그리고 흑인은 할 수 없지만 백인은 할 수 있다는 기존의 신화에 대한 그의 대답인 것 같았다. 경기 전에 너무 긴장해서 어쩔 수 없이 라커룸에 가서 팁오프 직전에 토할 수밖에 없었다는 얘기가 있을 정도로 그는 위대한 빅게임 플레이어였다. 당시 셀틱스의 라이벌은 세인트루이스 호크스였는데, 당시 남부 도시였던 세인트루이스의 관중들은 리그에서 가장 인종차별적이었고 그에게 가장 비열한 인종 비하 발언을 퍼부었다. 심지어 커피숍에서조차 그에게 서비스를 거부했다. 그는 세인트루이스에서 특히 좋은 활약을 펼쳤다.

과거의 주류 센터들은 보통 힘은 세지만 느린 백인 선수들이었다. 그들이 슛을 막는 경우는 대개 공격수가 잘못된 슛을 던졌을 때였다. 그러나 러셀은 완전히 새로운 유형의 선수였고, 새로운 시대를 열어간 선구자였다. 그는 장신 선수임에도 상대팀의 가드들보다도 빠르게 코트를 질주할 수 있었다. 그는 이전에는 아무도 막아내지 못했던 슛들을 막아냈다. 다른 팀의 선수들은 그를 상대할 때 단순히 슛의 궤적을 조정하는 수준이 아니라, 공격 방식 자체를 완전히 바꿔야 했다. 상대가 코트 위에서 공을 잡을 때면 언제나 러셀의 위치를 먼저 확인해야 했다. 러셀은 경기당 평균 20개 이상의 리바운드를 잡아냈으며, 그의 강력한 리바운드는 보스턴의 공격을 활성화시켰다. 이는 셀틱스의 속공과 쉬운 골밑 득점으로 이어졌다. 그는 가장 근본적인 의미에서 경기의 템포 자체를 변화시켰다. 과거에는 한 팀이 공을 천천히 운반하여 패스를 돌리고 슛을 시도하는 방식이었다. 슛이 시도된 뒤에는 공격과 수비 역할이 전환되었는데, 이 전환도 비교적 느리게 이루어졌다. 공격 팀은 수비로 돌아가기 위해 몇 초의 여유를 가질 수 있었고, 수비 팀도 공격으로 전환하기 전에 잠시 재정비할 시간이 있었다. 하지만 러셀의 등장 이후 경기 템포는 전혀 다른 양상으로 변모했다. 이제 공격은 곧바로 수비로 이어지며, 경기에는 쉴 틈이 없어졌다. 농구는 빠르고 민첩한 선수들을 위한 게임으로 변화했다. 러셀이 보스턴에 입단한 후 첫 10년 동안, 셀틱스는 9번의 챔피언십 우승을 차지했으며, 그중 8번은 연속 우승이었다. 그가 셀틱스에서 뛴 13시즌 동안 팀은 11번의 챔피언십 우승을 이루어냈다.

제45장

저무는 아이젠하워 시대

: U-2 사건과 흐루시초프

대통령 임기 후반에 드와이트 아이젠하워는 개인적으로 점점 더 많은 비판에 직면했다. 소련의 스푸트니크 인공위성 발사는 미국이 겪은 여러 심리적 좌절 중 첫 번째에 불과했으며, 대통령이나 그의 참모들은 그것이 미치는 영향을 제대로 이해하지 못했다. 얼마 지나지 않아 1957년 11월, '가이더 보고서'(the Gaither report)가 유출되었다. 이 보고서는 국방동원국 과학자문위원회의 안보자원 패널에서 작성했으며 공식 제목은 〈핵 시대의 억지력과 생존〉이었다. 위원회 위원장인 로완 가이더의 이름을 딴 이 보고서는 매우 충격적인 내용을 담고 있었다. 대부분의 일반인이 접근할 수 있는 정보에 근거하여, 그리고 U-2

정찰기가 포착한 소련의 취약점에 대해 전혀 알지 못한 상태에서 나온 이 보고서는 미국의 핵 능력이 점차 뒤처지고 있는 반면 소련은 계속 강해지고 있다고 지적했다. 보고서는 "1959년 또는 1960년 초에 위기 수준에 이를 수 있는 위협이 증가하고 있음을 분명히 보여준다."라고 주장했다. 보고서는 또한 소련은 국방과 무기 기술의 모든 측면에서 미국을 앞서고 있는 것처럼 보였으며, 더 심각하게는 소련의 GNP가 미국보다 더 빠른 속도로 성장하고 있다고 언급했다(이는 소련 산업의 낙후성을 고려하면 특히나 터무니없는 주장이었다). 위협은 이제 미국의 국경에만 머무는 것은 아니라, 미사일과 핵탄두가 미국 본토 상공을 날아다닐 수 있는 수준에 이르렀다는 점이 분명해졌다. 가이더 위원회는 전국의 방공호 건설에 250억 달러를, 무기 예산 증액에 190억 달러를 추가로 투입할 것을 권고했다. 위원회 위원이었던 올린 매티슨 케미컬의 대표 윌리엄 포스터는 "하루에 10시간씩 지옥을 똑바로 응시하는 것 같았다."라고 말했다. 아이젠하워는 이제 자신이 임명한 최고위급 위원회의 결론을 거부하거나 최소한 무시해야 하는 난처한 입장에 처했다. 이는 스푸트니크 발사와 리틀록 인종분리 사건 이후, 세상이 얼마나 빠르게 변화하고 있는지 알지 못하는 노년층으로 구성된 행정부의 모습을 재확인하는 것 같았다. 〈워싱턴 포스트〉의 재능 있고 영향력 있는 만화가 허블록은 아이젠하워를 약간 혼란스럽고 어리숙하며 무능한 인물로 묘사했는데, 자신이 무엇을 하고 있으며 왜 그러는지조차 모르는 듯한 모습이었다.

어떤 의미에서 U-2는 두 초강대국 간의 관계를 안정시키는 데 도움이 되었다. 하지만 민주주의 사회에서는 U-2가 수집한 정보를 공개할 수 없었기 때문에 아이젠하워는 묘한 딜레마에 빠졌다. 그가 알고 있던 정보를 일반 시민들은 알 수 없었다. 한때, 군비 경쟁을 강화하라는 국내의 압력에 좌절감을 느낀 아이젠하워는 "미국인들이 왜 저렇게 패닉 상태에 빠져 있는지 이해할 수 없다."며 짜증스럽게 말했다.

그럼에도 불구하고 아이젠하워 행정부 마지막 3년 동안 미사일 격차에 대한 논쟁이 시작되었는데, 이는 실제로는 존재하지 않는 것이었다. 어떤 면에서 이는 일정 부분 정당성이 있었다. 과거에 공화당이 승리한 이유는 여러 나라들이 공산주의에 넘어간 책임을 민주당에 뒤집어씌우고, 냉전 초기에 공화당이 냉전의 자연스러운 불안을 과장했기 때문이다. 그 결과 민주당은 다시는 공산주의에 유약하다는 비난을 받지 않겠다고 다짐했을 뿐만 아니라, 오히려 자신들이 더 강경하고 단호하다는 것을 보여줄 수 있는 이슈를 찾기로 결심했다. 매카시의 공격으로 인해 국가적 논쟁은 더욱 우경화되었다. 민주당은 스푸트니크와 이른바 미사일 격차 문제를 통해 대통령을 정면으로 공격하지는 않으면서도, 그가 한물갔다는 인상을 심는 데 성공했다.

아이젠하워는 자신의 정책을 방어하기 위해 자신의 발언 외에는 내세울 만한 것이 없었다. 그에게는 증거가 없었다. 그것은 CIA의 금고에 잠겨 있었다. 하지만 아무리 사랑받고 신뢰받는 인물이라 해도 이제 그의 말만으로는 충분하지 않을 수도 있었다. 이런 상황의 한 원인은 그의 건강이 점차 악화되었기 때문이었다. 그의 트레이드마크는 늘 강건한 체력과 붉은 혈색, 그리고 넘치는 활력이었지만, 그도 전임자 트루먼처럼 전후 시대의 미국 대통령직이 극도로 고된 자리라는 것을 깨닫게 되었다. 트루먼은 농부처럼 건강한 체질과 소박한 생활 방식 덕분에 육체적 소모를 놀라울 정도로 잘 견뎌냈지만, 아이젠하워는 그만큼 강하지 못했다. 1955년 9월, 아이젠하워는 처음으로 심장마비를 겪었고, 1년도 채 지나지 않아 회장염에 걸렸다. 의사들 사이에서는 심장마비를 겪은 지 얼마 되지 않은 사람에게 그렇게 큰 개복 수술을 하는 것에 대해 상당한 우려가 있었지만, 그는 장 절제 수술을 받아야 했다. 1957년 11월에는 경미한 뇌졸중을 겪었다. 고된 업무는 그의 건강을 크게 해쳤다. 의사들이 그에게 짜증, 좌절, 불안, 두려움, 그리고 무엇보다도 분노를 피하라고 조언하자, 그는 "대통령직이 무엇이라고 생각하십니까?"라고 되물었다.

사실 그는 처음부터 대통령직을 원하지 않았을 뿐만 아니라, 취임 후에도 그다지 좋아하지 않았다. 파리 시절부터의 오랜 친구였던 언론인 사이 설즈버거(Cy Sulzberger)는 취임 후 약 20개월이 지났을 때 그를 방문했다가 "불안해하고, 성급하며, 까칠하고, 자신감이 없어 보이는" 그를 보고 깜짝 놀랐다. 그는 "안타까운 마음이 들었다."라고 했다. 그는 자기들의 재선에 도움이 필요할 때만 찾아오면서 정작 그의 정책은 전혀 지지하지 않는, 그가 "개자식들"이라고 부르는 정치인들에 둘러싸여 있었다. 재임 기간이 길어질수록 그의 환멸은 더욱 깊어졌다. 임기 후반의 어느 날 의회 지도자들과의 회의를 마친 후, 그는 보좌관에게 "왜 공화당원이 되어야 하는지 모르겠다."라고 말했다. 그는 임기가 끝나고 다시 자유의 몸이 되는 날에 대해 자주 이야기했다. 상하원에서 공화당을 이끌던 에버렛 더크슨(Everett Dirksen)과 찰리 할렉(Charlie Halleck)이 수정헌법 제22조를 들먹이며 다시 출마할 수 없는 것을 아쉬워하자, 그는 즉시 자신은 3선에 대한 의향이 전혀 없음을 분명히 했다. 게다가 70세가 넘은 사람은 대통령이 되어서는 안 된다고 생각한다고 덧붙였다. 대통령직은 그의 심신을 갉아먹고 있었다.

소련의 스푸트니크 발사가 야기한 군비 경쟁 위기가 심화되면서, 그의 행동은 니키타 흐루시초프가 보여준 거의 본능적인 에너지에 비해 소극적으로 보였다. 미국인들에게 흐루시초프는 이전과는 다른 새로운 유형의 존재였다. 스탈린은 철저히 불길한 인물이었다. 최고 권력자의 자리에 오른 편집증 환자와도 같았던 그는 소련 제국의 통치하에 놓인 불운한 사람들에게 자신의 어두운 비전(dark vision)을 강요했다. 흐루시초프는 전혀 달랐다. 그는 사납고, 변덕스럽고, 영리하고, 복수심 강한, 말 그대로 분노한 농민의 전형이었다. 스탈린이 소련 공산주의의 최악의 모습을 대변했다면, 흐루시초프는 많은 미국인들에게 그보다 더 위협적인 존재였다. 이는 그가 이 새로운 국가의 농민의 활력을 보여주는 것처럼 보였기 때문이었다. 미국이 마침내 폭넓은 번영을 이루었지만, 중산층의 안락한 삶이 오히려 미국을 약화시키고 있는 것은 아닐까, 라는 의구심이 생겨나고 있었다. 거칠고 예측할 수 없으며 때로는 폭력적이었던 흐루시초프는 소련의 순수한 야수적 힘, 그 원초적인 힘, 그리고 아마도 많은 미국인들이 두려워했던 압도적인 의지를 구현한 존재처럼 보였다.

유엔에서 신발을 내리치며 자본주의를 매장시켜버리겠다고 위협하는 흐루시초프의 모습에서는 뭔가 서늘한 기운이 감돌았다. 그는 자신의 가난했던 젊은 시절과 자신이 상대하는 서구 인사들의 풍족한 배경을 대비하면서, 그들의 점잖은 매너가 약점이라고 암시하는 듯했다. 그는 서구의 외교관들을 향해 소리쳤다. "여러분은 모두 훌륭한 학교, 하버드, 옥스퍼드, 소르본 같은 유명한 대학들을 나왔죠? 나는 제대로 된 교육조차 받지 못했소. 맨발에 누더기를 걸치고 다녔죠. 당신들이 유아원에 다닐 때, 나는 두 코펙을 벌기 위해 소를 치고 있었소. …그런데도 보시다시피 우리는 여기 함께 있고, 내가 당신들을 농락할 수 있소. …신사 여러분, 그게 왜 그런 것 같소?"

많은 미국인들은 전후 시대의 물질적 성공, 즉 자동차와 새로운 주방 설비, 그리고 다양한 사치품들이 오히려 미국을 나약하게 만들고 소련에 대한 취약성을 키웠다고 우려했다. 미국인들이 보기에 소련인

들은 더 강인했고, 조국을 위해 기꺼이 희생할 준비가 되어 있는 듯 보였다. 가난 속에 강인함과 진정성이 있었던 걸까? 공화당 보수파 상원의원 스타일스 브릿지스(Styles Bridges)는 "미국인들은 새 차의 테일 핀의 높이(the height of the tail fin in the new car)[22]에 신경 쓰기보다는,

이 나라와 자유 세계가 살아남으려면 피땀 흘릴 각오를 훨씬 더 많이 해야 한다."라고 말했는데, 그의 말은 이런 맥락에서 나온 것이었다.

아이젠하워가 대통령직 마지막 시기에 직면한 문제 중 일부는, 그가 자신을 위해서든 심지어 자신의 정책을 위해서든 언론계의 가장 중요한 인사들에게 로비를 해야 한다는 생각 자체를 받아들이지 못했다는 점이었다. 텔레비전 방송국의 뉴스 프로그램들로 인해 전국 기자단의 영향력은 점점 더 커지고 있었다. 비록 정책 결정 과정에서는 아니었을지 몰라도, 적어도 일반 대중이 정책을 바라보는 방식에 있어서는 분명 그러했다. 그러나 언론을 대할 때면 아이젠하워는 여전히 자신을 장군으로 생각했고, 언론인들은 마치 자신을 개인적으로 좋아하고 전쟁에 대한 그의 비전에 동의하며 국가적 과업이라는 상황 속에서 거의 경례라도 할 것처럼 순종적인 사병들로 여겼다. 그래서 그는 자신이 일일이 현장에 나가서 설명할 필요가 없다고 생각했다. 그저 자신의 입장을 전달하기만 하면 된다고 여겼다. 그의 관점에서 볼 때 자신보다 경험이나 훈련량에서 10분의 1도 갖추지 못한, 외부인이자 어려운 결정을 내려본 적도 없는 사람들이 자신의 정책에 의문을 제기하면 그는 금세 분노했다. 그의 이런 태도는 이미 선거운동 기간부터 엿보였는데, 당시에는 페일리, 사르노프, 휘트니, 설즈버거 같은 언론사 수장들이 거의 간청하다시피 하며 그를 영입하려 했을 때였다. 그래서 더욱 그는 일선 기자들의 도움 따위는 필요 없다고 여겼다.

대통령으로서 그는 언론이 자신을 마땅히 존중해 줄 것이라고 생각했다. 그렇게 행동하지 않는 기자단은 신뢰할 수 없고 십중팔구 부정직한 자들이라고 그는 생각했다. 그가 언론을 포용할 기회가 없었던 것은 아니었다. 그가 취임했을 때, 여러 칼럼니스트들이 자원해서 내

---

23   (편집자 주) 테일핀은 미학적, 기능적(공기역학적 안정성) 목적으로 자동차 후미에 단 날개를 가리킨다. 여기서는 본질과 무관한 지엽적 항목을 의미한다.

부자가 되어 행정부가 공개할 수는 없지만 실제로 하고 있는 일들을 보도하겠다고 나섰다. 이 중에서 가장 먼저이자 아마도 가장 뻔뻔스러운 제안은 칼럼니스트 조셉 올솝(Joseph Alsop)의 제안이었는데, 그는 취임 초기에 아이크의 국가안보보좌관 로버트 커틀러(Robert Cutler)와 면담하기 위해 백악관에 들렀다. 커틀러는 올솝의 오랜 보스턴 친구이자 하버드 포셀리안 클럽의 동료 회원이었다. 올솝은 자신의 집안에 공화당 인맥이 많다는 점을 언급하며, 행정부의 특정한 인식과 생각들을 출처를 밝히지 않고 칼럼에 싣는 방식으로 행정부에 도움이 될 수 있다고 제안했다. "대통령이 신뢰하는 사람이 익명의 채널이 되어 여론 형성에 도움을 줄 수 있다."라고 올솝은 말했다. 하지만 커틀러는 올솝에게 다른 기자들처럼 기자회견에 참석하고 공보 비서관 짐 해거티를 통해 정보를 얻으라고 말했다. 그리고 행정부는 그런 거래에 관심이 없다고 덧붙였다. 올솝은 불쾌감을 감추지 않았다. 이런 대우는 분명 자신의 위상에 걸맞지 않다고 여겼다. 커틀러는 워싱턴 저널리즘의 새로운 위계질서를 전혀 이해하지 못하고 있었다.

이는 특이한 일이 아니었다. 아이크는 백악관을 매일 드나드는 기자들의 이름을 거의 알지 못했다. 그가 이름을 기억하는 기자들은 자신을 취재한 최고위급 기자들 뿐이었다. 그는 신문을 거의 읽지 않았고, 읽더라도 화를 낼 뿐이었다. 그가 보기에 〈뉴욕 타임스〉는 "세상에서 가장 신뢰할 수 없는 신문"이었다. 그는 이 신문사의 고위 인사들에게 거의 접근을 허용하지 않았다. 한번은 대통령이 사이 설즈버거에게 〈뉴욕 타임스〉의 보수 성향 칼럼니스트 아서 크록(Arthur Krock)이 요즘 무엇을 하고 있는지 물었다. 설즈버거가 일주일에 세 번 칼럼을 쓴다고 하자, "그래요?"라고 대통령이 말했다. 그러고는 자신이 크록을 좋아한다고 덧붙였는데, 이는 크록이 1년 넘게 대통령을 만나보려 헛되이 노력해왔다는 사실을 알고 있던 설즈버거에게 놀라운 일이었다. 대통령은 말을 이었다. "그리고 또 다른 훌륭한 기자가 있죠. 그 체구가 작은 사람 말입니다. 이름이 뭐였죠? 어디 소속이더라?" 설즈버거가 혹시 〈크리스천 사이언스 모니터〉 지의 로스코 드러먼드(Roscoe Drummond)를 말씀하시는 거냐고 물었다. "맞아요. 로스코, 바로 그 사람을 말한 겁니다."라고 대통령이 답했다.

아이젠하워는 당대의 저명한 지식인이었던 월터 리프만(Walter Lippmann)을 싫어했고, 대체로 그의 견해가 틀렸다고 생각했다. 그는 종군기자를 지냈던 저널리스트 에드 머로우(Ed Murrow)를 혐오했다. "나는 그 깡패 같은 머로우를 견딜 수가 없습니다. 그의 얼굴을 보는 것조차 참을 수 없어요. 그는 나에게 아무런 가치가 없는 인물입니다. 입에 늘 담배를 물고 있어 마치 깡패처럼 보여요." 하지만 아이젠하워의 국방 정책에 대한 최고의 언론 비평가로 자리매김하게 된 조셉 올솝이야말로, 그가 생각하는 가장 저열한 인물이었다.

아이젠하워가 언론의 지지, 특히 영향력 있는 칼럼니스트들의 지지를 가장 필요로 했던 것은 임기 마지막 3년의 국방 정책에 관해서였다. 그리고 이 정책들에 대한 가장 격렬한 비판자를 한 사람만 꼽자면, 그가 바로 올솝이었다. 올솝은 속물적이고 허영심 있으며, 재능 있고, 근면하며, 자기중심적이었다. 또한 사교클럽과 집안의 인맥을 통해, 또는 자신의 칼럼을 지렛대 삼아 압박을 가할 수 있는 능력으로 워싱턴의 권력자들과 긴밀한 관계를 유지했다. 애치슨과 같은 강경파 민주당 인사들과 가까웠던 올솝은 곧 막강한 영향력을 행사하게 되는데, 그는 아이젠하워가 다소 혼란스럽고 현실과 동떨어진 인물이며, 그의 국방 정책이 미국의 안보를 위태롭게 하고 있다는 인상을 만들어내는 데 주력했다. 1958년 4월, 아이젠하워는 친구였던 정치철학자 이사야 벌린(Isaiah Berlin)에게 보낸 편지에서 이렇게 썼다. "이상하게 들리겠지만, 이제는 자연의 순리에 따라 닉슨에게 이 짐이 넘겨지기만을 기도하고 있습니다. 그는 꼭 부유한 집안의 후계자 같아요. …노망든 아버지가 가산을 창밖으로 내던지듯 탕진하는 것을 보며 정신이 아득해진 그런 후계자 말입니다. 정말 그와 똑같아요. 얼마 전 그와 점심을 했는데, 상속권은 지키면서 어떻게 노망든 아버지와 맞설 수 있겠냐며 하소연하더군요!"

아이젠하워는 대통령 임기 마지막 3년 동안 이 문제에서 사실상 고립된 상태였다. 그는 미국의 국방력이 충분하고 미사일 격차가 없으며 국가 안보가 위험하지 않다고 주장하며, 강력한 비판 세력들과 맞서 싸워야 했다. 그를 압박한 것은 린든 존슨, 스튜어트 시밍턴, 존 F. 케네디와 같은 강력하고 영향력 있는 민주당 인사들이었는데, 그들은 대권에 도전하기 위해 분주히 움직이고 있었다. 그들은 이 이슈를 통해 자신들이 공산주의에 유화적이지 않을 뿐만 아니라, 실제로 미국을 더 강하게 만들고자 한다는 점을 보여줄 수 있었다. 그들은 정부 내에도 동맹이 있었는데, 특히 항상 더 많은 폭격기와 미사일을 원했던 공군이 대표적이었다. 민주당과 자유주의-중도 성향의 칼럼니스트들은 영향력 있는 군사 정보원들과 긴밀한 관계를 유지했다. 이 정보원들은 U-2 정찰기가 수집한 정보에 접근할 수 없었고, 소련이 미국을 앞서가고 있다고 확신했다. 조셉 올솝은 그 시기에 이런 칼럼을 썼다. "펜타곤 관계자들은 앞으로 다가올 격차의 시기, 즉 1960년부터 1961년, 1962년, 그리고 1963년까지의 시기를 언급할 때마다 전율을 느낀다. 그들이 두려워하는 이유는 이 시기 동안 미국 정부가 무기력하게 크렘린의 부상을 지켜볼 수밖에 없을 것이기 때문이다. 한때 우리가 가졌던 핵 타격력에서의 우위를 소련이 거의 도전받지 않고 차지하게 될 것이다." 냉전의 긴장이 고조되고 스푸트니크가 성공적으로 발사된 상황에서, 미국 정치권 중심부는 공포에 휩싸여 있었다. 이런 분위기 속에서 올숩과 같은 이들의 목소리는 강력한 영향력을 발휘했다.

사실 아이젠하워는 임기 말년에 자신의 정치적 유산에 주목했는데, 그것은 바로 군비 경쟁을 제한하는 것이었다. U-2 정찰기에서 촬영한 사진들을 통해 소련이 위협적이지 않다는 것을 알고 있었기에, 어떤 형태로든 핵실험 금지 조약을 체결하는 것이 논리적인 수순으로 보였다. 1959년, 그는 다소 우울한 어조로 이렇게 말했다. "우리는 7년 동안 아무런 진전도 이루어내지 못했소." 그의 최측근 보좌관들은 공군 장관을 지냈던 스튜어트 시밍턴을 비롯한 민주당 정치인들에게 U-2가 촬영한 사진들을 보여주라고 강력히 권했다. 그렇게 하면 비판의 상당 부분이 잠잠해질 것이라고 보았기 때문이다. 하지만 아이젠하워는 완강히 거부했다. 야당 지도부에게 공개하게 되면 비행 작전의 비밀을 유지할 방법이 없다고 판단했기 때문이다. 그래서 U-2의 비행은 계속해서 비밀리에 진행되었다. 전 세계를 감시할 수 있는 첩보 위성은 1961년이 되어서야 준비될 것으로 보였다.

아이젠하워를 비판하는 이들과 정적들은 점점 더 대담해졌다. 공군 장성들이 가장 문제라고 그는 생각했다. 그들은 군수업체들과 손을 잡고, 제1차 세계대전 때의 구식 표현을 사용하자면, 끊임없이 불필요하게 중복된 군사 시스템을 밀어붙이는 것처럼 보였다. "군수업체들의 로비 행위가 정말 지긋지긋합니다."라고 그는 공화당 지도자들에게 토로했다. "이 모든 것이 순전히 국가 방위를 위한 것이 아니라, 이미 배불리 먹은 자들에게 더 많은 돈을 안겨주기 위한 것임이 더 명확히 보입니다." 그는 그들의 주된 동기가 탐욕이라는 것을 간파하고 있었다.

스푸트니크 발사 이후 내각 구성원들이 국방비와 우주 예산의 대폭적인 증액을 추진하자, 그는 짜증을 드러냈다. "이보게," 그가 말했다. "달 반대편에 무엇이 있는지 알고 싶지만, 올해는 그걸 알아내기 위해 돈을 쓰지 않을 걸세." 군부와 방산업체들이 군비 경쟁을 확대하는 것

많은 미국인들에게 소련의 인공위성 발사 성공은 미국이 순수과학과 첨단 무기 개발 양쪽에서 러시아인들에게 뒤처졌다는 인상을 주었다. 그러나 실제로는 그 반대였다. 사진은 소련 최초의 인공위성 스푸트니크의 모형이다. (사진 출처 UPI/BETTMANN)

을 막기 위해서는 그의 모든 의지가 필요했다. 국방비를 대폭 증액했을 때조차 그는 국가안보 특별보좌관 앤드류 굿패스터에게 그 증액분의 3분의 2는 여론을 의식한 것이라고 말했다. 그는 "나처럼 군을 잘 아는 대통령이 없었다면 큰일이 났을 것"이라고 말하곤 했다.

우리 안의 여러 모순이 우리를 흥미로운 존재로 만든다. 유명한 장군이었던 아이젠하워는 전쟁의 사람보다 평화의 사람이 되기를 더 원했다. 다른 이들의 호전적인 애국주의는 늘 그를 불편하게 만들었다. 히로시마에 원자폭탄 투하가 성공했다는 소식을 들었을 때, 비록 그것으로 태평양 전쟁이 신속한 종결에 이르렀지만, 그는 인간이 인간을 파괴할 수 있는 능력에서 새롭고 끔찍한 장이 열렸다는 사실을 상기하며 깊은 우울감을 느꼈다. 한때 앨런 덜레스와 지적 교감을 나누는 연인 관계였던 메리 밴크로프트는 전쟁에 대한 아이젠하워의 증오가, 그녀의 표현에 따르면, 순결을 중시하는 매춘부와 다름없는 약점이라고까지 생각했다. 아이젠하워에게는 여러 자질들이 독특하게 뒤섞여 있었다. 영리하고 교활한 면이 있는가 하면, 때로는 순진하고 순수하게 남을 잘 믿었다. 그는 가장 정치적인 장군이었으면서도 다른 이들의 정치적 술수는 보기 싫어했다. 그는 미국뿐만 아니라 전 세계의 지도자로서, 자신의 가장 큰 자산이 전 세계인의 신뢰라는 것을 잘 알고 있으면서도, 저개발국에서 자신이 탐탁지 않게 여기는 정부들을 전복하기 위해 비밀 공작을 서슴없이 펼쳤다. 전쟁이 끝난 후 러시아와의 화해를 희망했으면서도, 그의 반공주의는 집권 기간 내내 더욱 강경해지는 듯했다. 1956년에는 핵실험 제한을 주장한 애들레이 스티븐슨을 향한 경멸감을 겨우 감추었으나, 임기 말년에 이르러서는 오히려 자신이 핵실험 제한, 더 나아가 핵무기 생산 제한에 관해 러시아와 어떤 형태로든 합의할 수 있기를 간절히 원했다.

1958년에 이르러 아이젠하워는 U-2 정찰기의 비행 횟수를 줄이기 시작했다. 그는 처음부터 이 비행에 대한 불안감을 가지고 있었다. 그는 이러한 비행이 도발적이라는 것을 알고 있었고, 미국이 소련 영공을 비행하며 사진을 찍고 있다는 사실만큼 미국을 전쟁으로 빠르게 이끌 수 있는 것은 없다고 스스로 지적하곤 했다. 1959년에 그의 태도는 더욱 신중해졌다. 그는 흐루시초프와 새로운 관계를 구축하기 시작했고, U-2 비행으로 인해 이 관계가 위태로워지는 것을 원치 않았다. 그는 비행을 담당했던 CIA 국장 앨런 덜레스, 부국장 리처드 비셀과 끊임없는 줄다리기를 벌였다. CIA는 항상 한 번 더 비행하거나, 더 많은 사진을 찍거나, 소련 영공의 더 깊숙한 곳까지 들어가는 새로운 비행 경로를 원했다. 결국 비셀과 덜레스는 더 많은 비행을 요구했고, 아이 크는 그들이 원하는 것보다는 적게, 자신이 원하는 것보다는 많이 허 용하며 균형을 맞추려 노력했다.

대통령이 몰랐던 것은 U-2 조종사들 스스로가 점점 더 불안감을 느 끼고 있다는 사실이었다. 1958년 가을이 되자 소련이 레이더로 추적 할 뿐만 아니라, 조종사였던 프랜시스 게리 파워스의 표현에 따르면 그들이 발사한 지대공 미사일(SAM)이 불안할 만큼 가까이 접근했다 는 증거가 있었다. 파워스가 나중에 언급한 바로는, U-2 조종사들은 소련의 유도 시스템에 문제가 있다는 것을 알고 있었지만, 1960년경 에는 새로운 SAM-2 미사일이 소련 전역에 설치되고 있었다. 이 미사 일은 이전 모델들보다 사거리가 훨씬 더 길었고, CIA는 이 미사일이 70,000피트 상공의 목표물을 타격할 수 있을 것으로 추정했다. 한편으로 는 더 많은 장비가 추가되면서 비행기 자체의 무게도 증가하고 있었다.

파워스는 신속하게 U-2 조종사 그룹에서 가장 경험이 많은 조종사 가 되어가고 있었다. 그의 개인 생활은 엉망이었고, 아내와는 이혼 애 기가 자주 오갔다. 화려한 공군 경력이 기다리고 있는 것도 아니었다. 그는 무엇보다도 인내를 요구하는, 이 고되고 단조로운 일에서 자신 의 자리를 찾은 듯했다. 그는 스파이라고 생각하기에는 너무나 평범 해 보이는 인물이었다. 훗날 그의 사건을 맡았던 정보 분야 인사 중 한 명인 제임스 도노반의 말처럼, 그는 CIA가 원하는 바로 그런 인물이었 다. "파워스는 적절한 보수만 주어진다면, 마치 글라이더 같은 비행기 를 타고 소련의 민스크 상공을 비행하면서도 태연하게 살라미 샌드위 치를 먹을 수 있는 사람이었죠." 물론 백악관의 세계와 U-2 조종사들 의 세계는 완전히 동떨어져 있었다. 드와이트 아이젠하워는 이 비행의 지속 가능성에 대해 의구심을 가졌고, 프랜시스 게리 파워스도 마찬가지였지만, 두 사람은 이러한 생각을 공유하지 않았다. 1959년에는 더 강력하고 더 높은 고도에서 비행할 수 있는 새로운 엔진이 도입되었지만, 조종사들 사이에서는 불안감이 커져갔다.

1959년 아이젠하워는 흐루시초프를 미국에 초청했다. 2~3일 정도 방문할 것이라 생각했지만, 의사소통 과정에서 약간의 혼선이 있었고 흐루시초프는 10일간의 방문을 수락했다. 누군가 대통령에게 소련 지도자에게 무엇을 보여주고 싶은지 물었고, 그에 대한 답변은 아이젠하워로서는 최선의 것, 즉 레빗타운(Levittown)이었다. 아이젠하워는 최초의 전원주택 단지였던 레빗타운을 "전적으로 노동자들만이 거주하는 마을"이라고 불렀지만, 이는 아주 정확한 설명은 아니었다. 그는 흐루시초프와 함께 헬리콥터를 타고 그 지역을 둘러보고 싶어했다. 또한 그는 흐루시초프를 "내가 태어난 작은 마을" 애빌린으로 데리고 가서 "내가 웨스트포인트에 진학한 스물한 살까지 얼마나 열심히 일했는지" 직접 보여주길 원했다. 대통령은 닉슨이 모스크바에서 흐루시초프와 토론할 때, 소련 지도자가 미국인들은 고된 노동이 무엇인지 전혀 모른다고 말했던 것을 기억했다. 대통령은 "내가 얼마나 열심히 일했는지 증거를 보여줄 수 있고, 그가 그것을 보길 원합니다."라고 말했다. 하지만 무엇보다도 그는 이렇게 덧붙였다. "나는 그가 행복한 미국인들을 만나보길 원합니다. 다른 이들의 권리를 침해하지 않는 한도 내에서 자신이 원하는 대로 행동하는 자유로운 사람들을 만나보길 원합니다."

마침내 흐루시초프가 도착했을 때, 그의 미국 방문은 하나의 쇼나 다름없었다. 미국인들은 소련의 독재자를 실제로 마주한 적이 없었고, 특히나 흐루시초프는 여느 소련 독재자와도 달랐다. 그는 언제나 보는 이들의 눈을 사로잡는 구경거리를 연출했으며, 따라서 미국의 모든 언

1959년, 니키타 흐루시초프는 소련 지도자 최초로 미국을 방문하면서 할리우드를 둘러봤다. 그는 셜리 매클레인(사진) 등 노출이 심한 의상을 입은 할리우드 여배우들을 만났을 때 당황스러운 모습을 감추지 못했다. (사진 출처 BOB HENRIQUES, MAGNUM PHOTOS, INC.)

론이 그에게 몰려들었다. 아이젠하워와 흐루시초프는 꽤 잘 지냈지만, 절제된 성격의 아이젠하워에게는 활달한 흐루시초프가 다소 버거웠던 듯했다. 비공개 회담에서 그들은 양국 간의 차이를 최소화했다. 흐루시초프는 전쟁 수행이 인생의 전체 사명이었던 장군이 어떻게 그토록 평화를 추구하는 데 전념할 수 있는지 물었다. 지난 전쟁 중에 짜릿했던 순간들도 있었지만, 이제 전쟁은 생존을 위한 투쟁에 지나지 않는다고 대통령은 대답했다. 그는 핵전쟁을 두려워한다고 말하는 것을 주저하지 않았고, 다른 모든 이들도 그래야 한다고 했다.

전반적으로 방문은 순조롭게 진행되었다. 흐루시초프는 아이젠하워에게 혼자가 아닌 온 가족과 함께 러시아를 방문하라고 초청했다. 기분이 한껏 좋아진 아이크는 "온 가족을 데리고 가겠소. 당신이 감당하기 힘들 만큼 많은 아이젠하워 가족을 보게 될 거요."라고 말했다. 아이젠하워에게 이는 그가 바라던 모든 것이었다. 그는 모스크바를 방문하여 제한적 핵실험 금지 조약을 이끌어내고, 개인적으로는 최악의 냉전 상황을 종식시키고자 했다. 이것이야말로 그가 대통령이 된 이유였다. 1960년 여름, 그는 파리에서 프랑스, 영국, 소련과의 정상회담에 참석한 뒤 모스크바로 향할 예정이었다. 진정한 평화의 과정이 시작될 수 있었고, 이는 틀림없이 그의 대통령 재임 기간 중 가장 큰 승리가 될 것이었다.

U-2 조종사들의 비행 빈도가 줄어들수록 매 비행의 난이도는 더욱 높아졌다. 프로그램의 기밀성이 점차 손상되고 있다는 징후들이 나타났다. 1958년 3월, 한 모형 항공기 전문 잡지가 U-2의 도면이 포함된 상세한 기사를 게재했다. 소련의 공군 기관지에서도 이 비행기에 대해 보도하면서 "검은 스파이 여왕"이라고 지칭했다. 소련 정보부에서 일하던 미국의 이중 스파이는 소련이 U-2에 대한 상당한 정보를 보유하고 있다고 보고했는데, 이는 덜레스와 비셀 모두를 놀라게 했다. 1958년 여름, 〈뉴욕 타임스〉의 군사 전문기자 핸슨 볼드윈은 서독의 활주로에 세워져 있던 U-2 한 대를 목격했고, 즉시 그 비행기의 용도를 파악했다. 그는 앨런 덜레스의 최측근 중 한 명인 로버트 에이모리와 점심을 함께 하면서 자신이 보안을 위반하지 않고 이 비행기를 목격했으니 기사를 쓰겠다고 했다. "맙소사, 핸슨, 안 됩니다!" 에이모리가 말했다. 기사화되면 미국의 가장 중요한 정보 프로그램이 훼손될 수 있다는 것이었다. 두 사람은 한동안 논쟁을 벌였고, 결국 앨런 덜레스가 〈뉴욕 타임스〉 발행인 아서 헤이즈 설즈버거와 대화를 나눈 끝에 설즈버거는 기사를 보류하기로 결정했다. 하지만 설즈버거는 덜레스에게, 폭로 전문 기자 드류 피어슨 같은 사람이 이 정보를 입수할 경우에 대비해 기사는 미리 조판해 놓겠다고 말했다. 〈뉴욕 타임스〉의 아서 크록과 스코티 레스턴, 〈워싱턴 포스트〉의 찰 로버츠처럼 워싱턴에 주재하

던 언론계의 최상위층 인사들도 점차 U-2에 대해 알게 되었지만, 이를 기사화하지는 않았다. 마이클 베슬로스가 지적했듯이, 워싱턴의 상류층 만찬 모임에서는 U-2에 대해 아는 것이 곧 자신의 지위를 과시하는 수단이 되어버렸다.

1960년 4월 말에 이르자, 워싱턴에서 정상회담을 준비하던 아이젠하워는 더 이상의 정찰비행을 원치 않았다. 그는 한 보좌관에게 "우리가 진지한 협상을 진행하는 중에 이 항공기들 중 하나라도 잃어버린다면, 모스크바에 전시되어 내 신뢰도를 완전히 무너뜨릴 수 있을 걸세."라고 말했다. 그러나 덜레스와 비셀은 마지막 한 번의 비행이 특별히 중요하다고 주장하며 간청했다. 그들은 투라탐에 있는 소련 미사일 기지를 한 번 더 자세히 살펴보길 원했다. 오랜 세월 부하들의 의견을 경청하는 데 익숙해져 있던 아이젠하워는 자신의 더 나은 판단을 거스르고 결국 이를 허락했다.

투르키에의 U-2 기지에서, 당시 초창기 멤버 중 유일하게 남아있던 파워스가 이 비행 임무를 배정받았다. 이는 U-2가 처음으로 소련 영토 전역을 횡단하는 비행이었다. 그 비행은 파키스탄의 페샤와르에서 시작하여 9시간 후에 3,800마일 떨어진 노르웨이의 보도에서 종결될 예정이었다.

조종사들의 표현을 빌리자면, 비행은 갈수록 위험해지고 있었고, 이번 비행은 그러한 불안감을 한층 더 고조시켰다. 조종사들은 격추됐을 경우 어떻게 해야 하는지에 대한 의문을 늘 품고 있었다. 파워스는 브리핑 담당관 중 한 명에게 연락할 수 있는 사람이 있는지 물었다. 없다는 답변이 돌아왔다. 그는 다시 얼마나 많은 정보를 밝혀야 하는지 물었다. "어차피 그들이 결국 알아내게 될 테니 모든 것을 말하는 게 낫다."라는 대답이 돌아왔다.

비행은 기상 조건으로 인해 여러 차례 연기되다가 마침내 4월 마지막 날로 결정되었다. 파워스는 잠을 설쳤다. 그는 자신에게 배정된 비행기가 마음에 들지 않았다. 잦은 고장에 시달리는 불량품이라고 생각했다. 그는 규정을 어기고 신분증을 소지했는데, 이는 조종사들이 안일해지고 있다는 징후였다. 그는 또한 새로 지급된 장비인 핀이 달린 은화 한 닢도 지니고 있었다. 소련군에게 체포될 경우, 조종사들이 홈에 핀을 꽂으면 끈적한 갈색 물질이 스며나오게 되어있었다. 이 물질을 자신의 몸에 주입하면 상한 새우를 먹고 사망한 것처럼 보이게 되는 독극물이었다. 하지만 조종사들은 최악의 상황이 와도 이 핀을 사용하지 않기로 서로 약속했다.

완벽하게 밀폐된 비행복을 착용한 파워스는 그날 오전 5시 20분에 비행기에 탑승한 후 백악관의 최종 승인을 기다렸다. 이 무렵 그는 워싱턴이 모든 비행을 직접 승인하고 있다는 것을 확실히 알고 있었다. 그가 땀을 흘리자 밖에 있던 한 친구가 자신의 셔츠를 벗어 조종석 위로 들어올려 햇빛을 가려주었다. 마침내 6시 26분에 이륙이 허가되었다. 그는 곧 러시아 제트기의 흔적을 발견했다. 소련 전투기가 초음속으로 그를 향해 접근하고 있었다. 하지만 그는 여전히 자신감이 있었다. 소련 비행기들은 여전히 그보다 훨씬 낮은 고도에서 비행하고 있었기 때문이다. 불행히도 얼마 지나지 않아 그의 비행기에 문제가 발생하기 시작했다. 자동조종장치를 작동시키자 오작동이 일어났고, 그는 수동으로 조종해야 했다. 그는 잠시 임무 중단을 고려했지만 계속 진행하기로 결심했다. 그가 스베르들롭스크(현재 예카테린부르크)를 향해 비행하던 중이었는데, 이는 U-2가 이 도시 상공을 처음으로 비행하는 순간이었다. 둔탁한 쿵 소리가 들렸다. 기체가 앞으로 기울었고, 엄청난 주황색 섬광이 조종석을 강타하며 주변 하늘을 밝혔다. 맙소사, 이제 끝이구나. 그는 속으로 생각했다. 후에 파워스는 자신이 근접 공격을 당했으며, 이로 인해 기체는 찢겨나갔지만 자신은 목숨을 건질 수 있었다고 말했다. U-2를 설계했던 켈리 존슨도 이에 동의했다.

그는 사출좌석을 작동시키는 것이 두려워 비행기와 씨름하듯 몸부림쳤다. 비행기는 완전히 통제 불능이 되어 격렬하게 회전하며 땅을 향해 돌진하고 있었다. 양쪽 날개가 모두 파손된 것 같았다. 마침내 그는 사출좌석 스위치를 눌렀고, 비행기에서 빠져나올 수 있었다. 그는 공중으로 빠르게 튕겨져 나갔는데, 수영장에 떠 있는 것보다도 더 짜릿한 기분이라고 생각했다. 드디어 낙하산을 펼쳤고, 착륙하자마자 현지 농부에게 발견되어 KGB에 인계되었다.

5월 1일 오후, 워싱턴에서 드와이트 아이젠하워는 국가안보 특별보좌관 앤드류 굿패스터로부터 U-2기가 실종되었으며 격추된 것으로 보인다는 보고를 받았다. 두 사람은 용감한 젊은 조종사의 죽음을 애도했다. 앨런 덜레스가 드와이트 아이젠하워에게 한 가지 약속했던 것

소련 농민들이 프랜시스 게리 파워스가 조종하던 U-2 정찰기의 잔해를 살펴보고 있다. 격추된 것은 비행기만이 아니었다. U-2 사건은 확대될 가능성이 있던 미국과 소련 간의 데탕트(긴장 완화)에 대한 모든 희망을 꺾었으며, 니키타 흐루시초프의 권력 유지에도 타격을 입혔다. (사진 출처 UPI/BETTMANN)

은 러시아가 비행기를 격추하더라도 조종사는 생존하지 않을 것이라는 점이었다. 이는 아이젠하워가 여러 차례 제기했던 의문이었다. 덜레스는 소련이 비행기를 격추할 가능성은 거의 없으며, 설사 격추하더라도 조종사들이 비행기를 폭파한 후 스스로 목숨을 끊을 것이라고 항상 답변했다. 당시 대통령실 보좌관으로 일하며 U-2 정찰비행 요청을 검토하던 대통령의 아들 존 아이젠하워는, 소련이 조종사를 생포하지 못할 것이라는 점을 기정사실로 여겼다. U-2가 실종되었다고 해서 큰 위기가 닥칠 것이라고 생각할 이유는 없었다. 대통령의 최측근이었던 앤드류 굿패스터는 파워스가 비행기에 탑재한 연료의 양을 고려할 때 "그가 살아있을 가능성은 없다."라고 말했다. 백악관에서는 참모들이 위장 스토리를 준비하기 시작했다.

처음에 파워스는 소련이 자신을 처형할 것이라고 확신했다. 하지만 스베르들롭스크에서 모스크바로 이송된 후, 그는 처음으로 자신이 살아남을 수 있을지도 모르며 소련이 자신을 선전전에 이용할 수도 있다고 생각하기 시작했다. 아마도 흐루시초프가 다가오는 정상회담에 자신을 데려가서 아이젠하워에게 그의 소유물인 양 자신을 넘겨줄 수도 있다고 생각했다.

시간이 지난 후, 미국의 저명한 크렘린 전문가 중 한 명인 칩 볼렌은 흐루시초프가 U-2 사건을 개인적 모욕으로 받아들였다고 말했다. 그가 정치국 동료들에게 아이젠하워를 신뢰할 수 있다고 장담했기 때문에, 이는 그에게 개인적 수치였다. (훗날 흐루시초프 자신이 U-2 사건이 자신의 권력 유지 능력 측면에서 종말의 시작이었다고 말했다.) 흐루시초프는 미국을 함정에 빠뜨리기로 결정했다. 5월 5일, 그는 러시아가 스파이 비행기를 격추했다고 발표했다. 하지만 그는 마치 아이젠하워 대통령이 CIA의 활동을 몰랐다고 변명할 수 있는 여지를 남겨두는 듯했다. 불행하게도 아이젠하워는 이미 자신의 행정부도 제대로 장악하지 못하고 있다는 심각한 비판을 받고 있던 상황이었다. 흐루시초프는 조종사가 생존해 있다는 사실을 밝히지 않았다. 워싱턴에서 행정부는 항로를 이탈한 기상 관측기라는 위장 설명을 내놓았고, 그렇게 해서 미끼가 설치된 함정에 그대로 걸려들고 말았다. 아이젠하워는 흐루시초프가 증거를 가지고 있지 않을 것이라고 확신했다. 기껏해야 레이더에 잠깐 포착된 섬광과 약간의 잔해가 전부일 것이라 생각했다.

파워스가 격추된 지 6일 후인 5월 7일, 흐루시초프는 소련 최고회의에서 비행기 잔해와 생존한 조종사, 그리고 비행기가 촬영한 필름까지 확보했다고 발표했다. "전 세계가 앨런 덜레스가 기상 전문가와는 담을 쌓은 사람이라는 것을 알고 있습니다."라고 그가 말했다. 그는 다른 U-2 조종사들처럼 파워스도 현지 주민들과 물물교환을 해야 할 상황에 대비해 금반지와 금시계를 소지하고 있었다고 언급했다. "어쩌면 그는 더 높이, 화성까지 날아가서 화성 여인들을 꼬셔야 했나 보군요!" 그는 비행기가 촬영한 사진들을 몇 장 보여주었다. "여기, 이것 좀 보시죠! 비행장이 여기 있습니다! 지상에는 전투기들이 대기하고 있고, 두 개의 작은 흰 활주로가 보이네요. 바로 여기요!"

다음 날 하루 종일, 미국 관리들은 안절부절못하며 서로를 비난하면서 어떤 변명거리를 만들어낼지, 누구를 희생양으로 삼을지 논의했다. 일부는 투르키에 기지의 사령관을 해임해야 한다고 제안했다. 또 다른 이들은 앨런 덜레스가 조국을 위해 사임한다면 대통령을 보호하고 정상회담도 살릴 수 있을 것이라고 생각했다. 하지만 아이젠하워는 희생양을 만드는 것을 좋아하는 사람은 아니었다. 그의 아들 존이 조종사의 생존 가능성이 없다면서 덜레스가 대통령을 오도했으니 그를 해임해야 한다고 말했을 때, 대통령은 매우 화를 냈다. "나는 내 부하들에게 책임을 전가하지 않을 것이다!"라고 그는 말했다. 점차 진실이 드러나기 시작했고, 대통령이 이런 비행에 대한 책임을 져야 한다는 성명이

나왔다.

그러나 해외에서 어떤 승리를 거두었든 간에, 흐루시초프는 국내에서는 자신이 패자라고 확신했다. 그는 신뢰를 강조하며 협력을 추구했지만, 정상회담과 같은 중요한 회의를 앞두고 미국인들에게 배신당했다고 느꼈다. 이제 그는 고립감을 느꼈고, 서방과의 협력 시도를 증오하던 강경파들의 압박 속에서 점점 더 취약해지는 자신을 실감했다.

미국은 선전전에서 심각한 타격을 입었고, 이제 문제는 정상회담을 살릴 수 있을지였다. 아이젠하워는 기자들에게 여전히 파리에는 갈 계획이지만 모스크바 방문은 불가능하다고 말했다. 앨런 덜레스는 엄선된 18명의 의회 지도자들과 만날 수 있었고, 그와 보좌관은 U-2 비행을 정당화하기 위해 정찰 사진 몇 장을 보여주었다. 소련의 위협이 과대평가되었다는 사실에서 얻은 안도감은 산산조각 난 외교의 잔해 속에서 사라져버렸다.

파리 정상 회담은 재앙으로 끝났다. 흐루시초프는 회담 내내 거칠고 소란스럽게 행동했다. 그가 지나치게 큰 소리로 고함을 치자, 주최자인 드골은 "이 방은 음향이 아주 훌륭합니다. 서기장님의 말씀은 아주 잘 들립니다."라며 그를 진정시키려 했다. 아이젠하워는 성난 흐루시초프가 자신과 미국을 호되게 비난하는 것을 들으며, 병으로 물러난 포스터 덜레스의 뒤를 이어 국무장관이 된 크리스티안 헤터에게 메모를 남겼다. 그는 냉소적으로 이렇게 썼다. "다시 담배를 피워야겠어." 흐루시초프는 드골에게 아이젠하워가 U-2 작전에 관여한 사실을 인정한 이유를 도저히 이해할 수 없다고 말했다. 그는 그것을 미국의 솔직함으로 받아들이기보다는, 자신과 러시아라는 국가에 대한 경멸의 표현으로 여겼다.

아이젠하워는 모스크바 방문도, 흐루시초프와의 관광도, 따뜻한 건배도, 핵실험 금지 조약도 건지지 못했다. 그가 가장 간절히 원했던 진

소련 감옥에서 복역한 뒤 석방된 프랜시스 게리 파워스가 미 상원 군사위원회 청문회에서 증언하던 도중 U-2 정찰기 모형을 들어 보이고 있다. (사진 출처 UPI/BETTMANN)

정한 평화의 시작은 파워스와 함께 추락한 셈이었다. 그는 자신의 행정부가 출범할 때처럼 실질적인 진전 없이 끝날 것이라고 다소 씁쓸하게 말했다. 그는 죽기 직전에 이렇게 회상했다. "나는 미국과 세계에 지속적인 평화를 가져다주기를 간절히 바랐다. 하지만 내가 할 수 있었던 것은 고작 교착 상태에 기여하는 것이 전부였다." 그러나 아이젠하워는 아마도 자신의 행정부에서 가장 중요한 업적이었을, 즉 최악의 상황을 막아냈던 자신의 업적을 과소평가했다. 그의 재임 기간 동안, 두 초강대국은 수소폭탄과 대륙 간 미사일 시스템을 개발했다. 하지만 그의 타고난 품위와 국민들의 존경 덕분에 그 시대의 극단적인 위협을 완화하고 비교적 안전하게 그 시기를 넘길 수 있었다.

일부에서는 그의 실패가 파워스의 실패 때문이라고 생각했다. 자유주의 교육자 로버트 허친스는 네이선 헤일(Nathan Hale)[24] 같은 위대한 애국자에게 무슨 일이 일어난 건지 궁금해 했다. 반면 군사 전문 기자 핸슨 볼드윈은 파워스가 자살하지 않았다는 사실에 충격을 받았다. 파워스는 너무 풍요로워진 미국의 또 다른 모습을 반영한 것일까? 작가 윌리엄 포크너는 소련이 그를 즉시 석방할지도 모른다고 생각했다. 그들의 미국에 대한 경멸을 담아서 말이다. 적어도 소련은 그를 처형하지는 않았다. 그들은 그에게 10년형을 선고했다.

24　(편집자 주) 18세기 후반 미국의 독립 전쟁 당시 첩보 임무에 자원했으나 영국군에 잡혀 처형된 애국자이며, 여기서는 파워스를 가리킨다.

제46장

혁명과 변화의 시대
: 카스트로와 케네디가 상상한 세상

피델 카스트로에 대한 미국의 비밀 작전은 극히 조심스럽게 시작되어서, 그 작전을 계획한 사람들조차 자신들이 중대한 발걸음을 내딛고 있다는 사실을 깨닫지 못했다. 1950년대 후반에 이르자 비밀 작전의 법적, 도덕적 문제를 제기하는 사람들은 순진한 사람 취급을 받았다. 과테말라 쿠데타가 성공하면서 이는 다른 곳에서도 은밀한 공작의 선례로 자리 잡았으며, 미국의 정책 방향 또한 분명해졌다. 그것은 유나이티드 프루트와 같은 미국 대기업의 이익을 위해 현지 주민들의 요청을 철저히 외면하는 것이었다. 현대적 통신 기술의 발달로 인해 지구촌 곳곳에서 민족주의 감정이 고조되고 있는 상황에서, 이런 미국의 정책은 지역 불안을 더욱 증폭시키는 결과를 낳았다.

과테말라 쿠데타를 설계했던 CIA 요원들은 이제 전문가로 인정 받았지만, 대체로 그 지역에 대한 지식이 얄팍했고, 스페인어를 할 줄 아는 이가 거의 없었으며, 극우파(far right-wing) 군인들만 협력자로 찾는 편이었다. 쿠바에서는 1950년대 후반에 이르러 풀헨시오 바티스타 정권이 와해 직전에 있었다. 바티스타는 그 어느 국가의 독재자보다도 탐욕스럽고 잔인했으며, 그의 대중적 지지 기반은 놀라울 정도로 취약했다. 한편, 쿠바는 라틴 아메리카 기준으로 볼 때 대단히 세련된 도시 중산층이 형성되고 있었다. 바티스타의 권력은 그의 손아귀에서 빠져나가고 있었으며, 그의 군대가 부패하고 충성심이 의심받고 있다는 사실은 아바나와 워싱턴 모두에서 공공연한 비밀이었다.

1950년대의 쿠바는 추하고 퇴폐적인 곳이었다. 미국의 금욕적 사회 분위기를 피해 자유를 만끽하고자 하는 부유한 미국인들에게, 쿠바는 합법적으로 도박을 즐기고 성적 만족을 위해 원하는 모든 것을 살 수 있는 놀이터 같은 장소였다. 쿠바는 도박과 음주, 섹스 쇼와 매춘으로 찌들어 있었다. 한 물라토(혼혈) 출신의 섹스 쇼 스타는 엄청난 크기의 성기로 인해 미국인들 사이에서 "슈퍼맨"으로 알려졌으며, 아바나를 찾는 많은 관광객들에게 꼭 봐야 할 구경거리로 여겨졌다. 슈퍼맨은 매일 밤 무대에서 여러 여성들과 성행위를 연출했다. 그는 자신의 일을 특별히 즐기지는 않았지만, 매일 밤 25달러를 벌었는데, 이는 유나이티드 프루트의 사탕수수 밭에서 일하며 버는 것보다 훨씬 많은 수입이었다.

카지노는 미국 마피아가 운영했으며, 수익의 상당 부분이 바티스타에게 흘러갔다. 뇌물과 리베이트 없이는 아무것도 돌아가지 않았다. 정권의 핵심 인물들, 즉 비밀 경찰, 군 최고위층, 그리고 자금을 전달하는 심부름꾼들은 독재자가 매달 직접 하사하는, 표시 없는 갈색 봉투에 담긴 거액의 현금을 보너스로 받았다. 이런 방식은 독재자가 마음에 들지 않는 일이 있으면 다음 달 뇌물을 끊을 수도 있음을 암시했다. 이 모든 것이 놀라울 정도로 체계적으로 조직되어 있었다. 존 도르슈너와 로베르토 파브리시오가 지적했듯이, 쿠바의 정치와 군사 과정을 장악한 바티스타의 통치는 "전통적인 정부라기보다는 거대한 범죄 조직에 더 가까웠다."

한 연대장은 자신의 관할 지역 내 도박장들로부터 받은 돈에서 매달 15,000달러를 바티스타에게 상납해야 했다. 이것만으로도 바티스타는 연간 100만 달러 이상을 챙길 수 있었다. 하지만 진짜 도박의 중심지(the heart of the action)는 아바나의 주요 카지노였다. 이곳들은 미국 마피아 두목 마이어 랜스키가 장악하고 있었으며, 독재자는 매달 정확히 128만 달러를 챙겼다. 돈은 어김없이 매주 월요일 정오에 전달되었다. 랜스키 조직원 중 한 명이 현금으로 가득 찬 서류가방을 들고 몰래 대통령궁으로 들어가곤 했다. 이 돈의 일부는 비밀 경찰과 고문 담당자들에게까지 흘러갔다.

바티스타는 20여 년간 합법과 불법을 넘나들며 직간접적으로 쿠바를 통치해왔다. 그는 1940년 하사관 시절 쿠데타를 일으켜 군대를 통해 권력을 장악했다. 영리하고 강인했던 그는 쿠바의 부패 가능성을 교묘하게 활용했다. 첫 임기를 마친 후 잠시 휴식기를 가졌다가 1950년대 초에 복귀했고, 첫 부인과 이혼한 뒤 아바나의 속물적인 상류층의 인정을 갈망하는 젊고 야망 있는 여성과 재혼했다. 바티스타가 사탕수수 농장 일꾼의 아들이자 혼혈이었기에, 그것은 실현 불가능한 염원에 불과했다. 고급스러운 아바나 요트 클럽은 투표를 통해 그의 회원 가입을 거부했는데, 아이러니하게도 이 반대 투표야말로 쿠바에서 치러진 몇 안 되는 진정한 자유 투표 중 하나였다고 전한다.

그는 목장, 설탕 농장, 그리고 자신의 항공사를 소유하며 엄청난 부를 축적함으로써 복수를 시작했다. 그와 그의 아내는 세계적인 쇼핑광이자 패션 애호가였다. 그는 먹는 것을 좋아했으며, 이를 일종의 예술적 형태(an art form)로 바꾸었다. 끝없는 식사 중간중간 구토를 한 뒤 다시 먹기를 반복했다. 그는 친구들과 카드 게임을 즐겼으며, 이미 부자였음에도 불구하고 웨이터들을 이용해 상대방의 카드 정보를 얻는 등의 속임수를 썼다. 그는 정치권을 쥐고 흔드는 것을 즐겼고, 매일 아침 비밀 경찰 출신의 신뢰할 만한 보좌관으로부터 도청으로 수집된 최신의 소문을 보고받는 것으로 하루를 시작했다. "소설(The novel)"로 불리던 이 브리핑은 독재자가 하루 중 가장 기다리는 순간이었다. 이런 사람에게는 적들이 있기 마련이어서, 바티스타는 어디를 가든 기관총으로 무장한 경호원 팀에 둘러싸여 다녔다.

그가 권력을 유지할 수 있었던 것은 미국이 그동안 한결같이 보내준 지원 덕분이었다. 이는 랜스키와 같은 범죄자들과 바티스타의 쿠바에서 이권을 챙기고 있던 유나이티드 프루트의 체면 있는 사업가들이 함께 만들어낸 정책이었다. 하지만 1957년이 되자 그의 권력은 쇠퇴하기 시작했다. 국무부 내에서는 바티스타가 미국 정책의 대리인으로서 가진 효율성에 대한 논쟁이 시작되고 있었다. 국무부 라틴아메리카 부서의 고위 관리들은 바티스타의 통치가 이미 황혼기에 접어들었으며, 미국은 그를 무비판적으로 지원하는 것에서 벗어나야 한다고 생각했다. 그들은 미국이 신속히 움직여 훨씬 더 자유롭고 민주적인 대안 정부, 즉 국가의 증가하는 사회 변화 요구에 부응할 수 있는 정부의 수립을 도와야 한다고 봤다. 그렇게 하지 않으면 바티스타의 후계자 선택이 미국의 통제력을 벗어날 수 있었다. 더 큰 우려는 폭력적이고 억압적인 우파 정권이 이와 대칭을 이루는 잔혹한 좌파 정권의 출현을 초래할 수 있다는 점이었다.

그러나 바티스타에게는 든든한 미국인 지지자가 한 명 있었다. 아이젠하워가 선거 운동을 할 때 거액의 기부를 했던 쿠바 주재 미국 대사 얼 E. T. 스미스(Earl E. T. Smith)였다. 스미스는 자신이 쿠바에서 두 번째로 강력한 인물이며, 때로는 가장 영향력 있는 인물이라고 자랑하곤 했고, 교회 지도자들을 비롯한 아바나의 온건파들이 바티스타의 온건한 후계자를 찾으려는 노력을 성공적으로 무산시키곤 했다.

스미스와 바티스타가 매우 막역했기 때문에, 스미스의 정책은 바티스타에게 이상적이었다. 스미스는 매우 보수적인 인물이었고, 그가 교류한 쿠바인들은 오직 부유한 우파 인사들뿐이었다. 그는 미국에 대해 이렇게 말하곤 했다. "나는 두 시대를 살아왔습니다. 하나는 상류층이 나라를 운영하던 시대였고, 다른 하나는 지금처럼 대중이 운영하는 시대입니다. 그 중간이 아마 가장 좋겠지만, 솔직히 말하자면 저는 상류층이 운영할 때가 더 좋았습니다." 대사관 직원들 대부분은 바티스타(또는 그의 대리인)가 미국 정책을 위한 적절한 수단이라는 스미스의 견해에 반대했지만, 스미스는 그들의 보고서를 승인하지 않음으로써 그들의 목소리를 막아버렸다. 바티스타의 퇴진이 확실해졌을 때조차 스미스는 쿠바의 온건파 지도자들이 온건 연립정부를 수립하려는 시도를 계속해서 방해했다. 수년 후, 당시 아바나 주재 미 대사관의 젊은 정무관이었던 웨인 스미스는 얼 스미스에 대해 이렇게 적었다. "그는 바티스타를 공산주의에 대항하는 보루로 여겼다. 하지만 실제로 바티스타는 정반대였다. 급진적 해결책의 문을 연 장본인이 바로 바티스타였다."

하지만 시대는 이미 바티스타를 지나쳐 버렸다. 그는 무력 통치를 일삼았고 농민들 사이에서 지지 기반이 없었으며, 그의 군대는 실력보다는 정치적 연줄로 진급한 이들이 지휘하고 있었다. 그의 정권이 자행한 잔혹 행위는 거의 모든 이들의 공분을 샀다. 현대적 통신 수단이 발달한 시대에 그의 여론 조작 시도는 한심하리만큼 뻔했다. 1958년, 바티스타 정권이 무너져가고 피델 카스트로가 최후의 군사 공격을 위해

병력을 모으고 있을 때조차, 바티스타는 자신이 매수한 언론인들에게 자신의 군대가 승리하고 있다는 보도자료를 배포하고 있었다. 반면 카스트로는 반군 라디오를 통해 쿠바 민중과 직접 소통했다. 아바나에서는 정권의 본질을 아는 터라 정부 발표를 믿는 이가 거의 없었던 반면, 독재자에 맞서 싸운다는 사실만으로도 카스트로의 라디오 방송은 거의 모든 내용이 신뢰를 얻고 있었다.

국무부의 카리브해 및 멕시코 담당국장이던 윌리엄 와일랜드는 바티스타를 축출하고 더 중도적인 인물로 교체하기를 열망하던 관리들 중 주도적인 인물이었다. 와일랜드가 바티스타의 퇴진을 원했던 주된 이유는 카스트로와 같은 인물의 등장을 우려했기 때문이었다. 1958년 그는 국무부 회의에서 동료들에게 "바티스타가 나쁜 약이라면, 카스트로는 더 독한 약이 될 것"이라고 말한 바 있었다.

그의 공포에는 근거가 있었다. 아바나에서는 바티스타와 그의 경찰이 벌인 잔혹 행위에 대한 혐오감이 커져가고 있었고, 내륙의 산간지대에서는 바티스타를 몰아낼 뿐만 아니라 그 자리에 혁명 정부를 세우겠다고 맹세한 게릴라 세력이 성장하고 있었다. 피델 카스트로가 권력을 잡은 지 삼십 년이 지난 다음에, 서구의 많은 사람들에게 그는 단지 시대착오적이며, 아직까지 살아있는 스탈린주의자이자 오랫동안 수염과 군복, 그리고 마르크스주의 수사를 과시해온 사람으로만 보였을 것이다. 하지만 그가 처음 권력을 잡았을 때만 해도 그는 목숨을 걸고 증오받는 독재자를 무너뜨린, 더 계몽되고 자유로운 쿠바를 약속한 용감한 젊은 반군의 신비로움을 지니고 있었다. 그는 바티스타 정권의 잔혹함 덕분에 엄청난 이득을 얻었다.

그가 산에서 내려왔을 때, 그의 신화적 이미지는 실제 군사력보다 훨씬 강력해져 있었다. 아이러니하게도, 바티스타와 달리 카스트로는 특권층 출신이었다. 그는 유나이티드 프루트에서 대규모 토지를 임대받아 사탕수수를 재배하고 이를 다시 회사에 판매하여 성공한 농장주의 아들이었다. 피델은 예수회 학교를 다녔고 아바나 대학 법대에 진학했지만, 어릴 때부터 반항적인 성향을 보였다. 학생 시절 그는 도미니카 독재자 트루히요를 타도하려는 모의에 가담한 적도 있었다. 1952년 바티스타가 쿠데타로 쿠바의 권력을 되찾은 후, 1953년 7월 26일, 젊은 카스트로는 반군을 이끌고 연대 주둔지를 공격했다. 그의 부하 대부분이 체포되었고, 69명이 감옥이나 병원에서 고문을 받다가 살해당했다. 이 잔혹한 행위는 많은 쿠바인들에게 충격을 주었고, 교회 지도자들은 바티스타에게 앞으로 체포되는 반군들은 재판을 받도록 보장하라고 요구했다. 그 덕분에 약 일주일 후에 체포된 카스트로는 목숨을 건질 수 있었다.

카스트로는 타고난 연극적인 감각을 지니고 있어서, 자신의 재판에서 직접 자신을 변호했다. 그는 국가 증인들에 대해 반대 심문을 할 기회를 얻었고, 재판을 바티스타의 잔혹성과 부패를 드러내는 기회로 활용했다. 그는 감옥에서 독서를 게을리하지 않았으며, 〈역사가 나를 무죄로 할 것이다〉라는 제목의 팸플릿을 써서 독재자를 전복시키는 것의 역사적, 법적 정당성을 설파했다. 약 2년 후, 그는 일반 사면으로 석방되었다. 이때쯤 그는 전국적인 인물이 되어 있었고, 바티스타의 입장에서는 제거 대상이 되었다. 1956년 12월, 그는 소수의 추종자들을 이끌고 오리엔테 주로 가서 게릴라 운동을 시작하고자 했다. 그러나 바티스타 군의 기습을 받았다. 그의 부하 약 60명이 사망하거나 포로로 잡혔고, 약 20명만이 험준한 산악 지대로 도피할 수 있었다.

매복 공격을 당한 뒤 맞이한 첫날 밤, 카스트로는 동료 두 명과 함께 몸을 숨기며 자신이 이끌어갈 혁명과 바티스타를 무너뜨릴 방법에 대해 이야기를 나누었다. 그날 밤 전멸 당할 가능성이 사라지지 않고 있었지만, 그는 자신을 의심하지 않았다. 분명 그는 스스로를 운명의 사람이라 여겼다. 그는 자신과 자신의 대의를 진심으로 믿었고, 시간이 흐르면서 그의 부하들도 그렇게 되었다. 첫 며칠 동안 소수의 부하들과 함께 내륙의 험준한 지형으로 이동하던 중, 그는 한 농민에게 물었다. "우리가 벌써 시에라 마에스트라에 도착한 겁니까?" 농민이 그렇다고 하자 카스트로는 "그렇다면 혁명은 이미 승리한 것입니다."라고 말했다. 아바나에서는 바티스타 군이 피델 카스트로의 사망을 발표했다. 이 소식은 UP통신을 통해 전 세계로 퍼져나갔고, 카스트로는 이 통신사를 결코 용서하지 않았다.

처음에 카스트로의 병력은 보잘 것 없었으나, 카스트로가 시에라 마에스트라에 도착한 지 두 달 만에 〈뉴욕 타임스〉 기자이자 논설위원인 허버트 매튜스가 그의 캠프에 찾아오면서 전환점을 맞았다. 타임스의 동료 타드 슐츠(Tad Szulc)가 보기에 매튜스는 낭만주의자였다. 그의 자유주의적 정치 성향은 스페인 내전을 취재하는 동안에 깊이 형성되었다. 그는 프랑코의 승리를 혐오했다. 매튜스는 카스트로를 보자마자 그에게 매료되었는데, 그는 카스트로를 폭압적 전제정치에 맞서 싸우는 용감하고 매력적인 젊은 민족주의자로 여겼다. 슐츠에 따르면, 매튜스에게 쿠바는 스페인의 재현이었다. 카스트로를 만났을 당시 그의 나이는 57세로, 카스트로의 아버지가 되기에 충분했고, 그는 이 젊은 쿠바 반군에게 거의 부성애를 느끼는 것 같았다.

카스트로는 자신의 작은 부대를 실제보다 훨씬 더 크게 보이도록 하는 데 탁월한 수완을 발휘했다. 그는 매튜스를 캠프에 머물게 하면서 병사들로 하여금 마치 다른 캠프에서 온 것처럼 카스트로에게 보고하게 했고, 이는 모두 매튜스가 보는 앞에서 이루어졌다. 타드 슐츠의 표현에 의하면, 이는 말 그대로 게릴라식 연극(guerrilla theater)이었다. 매튜스는 며칠간 머문 뒤 〈뉴욕 타임스〉에 기사를 송고했다. "쿠바 청년들의 반군 지도자 피델 카스트로는 살아있으며, 시에라 마에스트라의 험준하고 거의 접근할 수 없는 광활한 지역에서 강인하게 그리고 성공적으로 싸우고 있다."라고 그는 기사의 리드를 적었다. 그는 카스트로의 카리스마 넘치는 영향력에 좌절하는 바티스타 군대의 모습을 묘사했다. "그의 존재감은 압도적이다. 그를 숭배하는 그의 부하들과 쿠바 전역의 젊은이들의 상상력을 사로잡은 이유를 쉽게 이해할 수 있었다. 여기 교육받은, 헌신적인 이상주의자가 있었고, 그는 이상과 용기, 놀라운 지도력을 겸비한 사람이었다." 매튜스의 기사는 엄청난 반향을 일으켰다. 특히 바티스타가 주장했던 것처럼 카스트로가 죽은 것이 아니라 살아있다는 사실을 입증했다는 점에서 더욱 그러했다.

피델 카스트로의 전설이 만들어지는 과정에서 매튜스의 기사는 결정적인 역할을 했다. 특권적인 삶을 뒤로하고 소수의 부하들과 함께 산으로 들어가 혁명을 이끌고 아바나로 입성할 때까지 돌아오지 않겠다고 맹세한 젊은 지도자의 모습은 더없이 낭만적이었다. 이는 로빈 후드와 마오쩌둥의 모습이 혼합된 시대를 초월한 신화였고, 그의 행동은 바티스타의 폭정을 고려할 때 광범위한 공감을 얻었다. 피델 카스트로는 먼 산속 수백 마일 떨어진 곳에 있었지만, 그 기사들 덕분에 수백만 쿠바인의 마음속에서 살기 시작했다(he lived).

그는 산악 기지에서 마오쩌둥이 이끌던 중국 공산당이나 베트남의 베트민과 유사한 게릴라전을 전개했다. 그들은 전력의 우위가 확실할 때만 공격하고, 신속하게 산속으로 숨어들었다. 모든 전투의 목적은 살상이 아닌 더 많은 무기를 노획하는 것이었다. 그들은 주로 현지에서 나는 작물을 먹으며 검소하게 살았다. 장교들은 병사들이 먹은 뒤에 같은 배급량을 먹었다. 그들은 농민들을 잘 대우했으며 절대로 그들의 물건을 훔치지 않았다. 포로로 잡은 병사들도 관대하게 대했고, 그들을 쉽사리 전향시키곤 했다. 생활은 고단했지만 카스트로는 그것을 좋아했다. 그는 일시적인 투사가 아닌 신념과 목적을 가진 강인한 병사들을 원했다.

그의 부대는 점차 규모가 커져갔다. 1958년 3월, 시에라 마에스트라에 도착한 지 약 16개월이 지난 후 그는 오리엔테 북부 지역에 제2전선을 구축했다. 바티스타의 군대와 비교하면 그의 병력은 여전히 소규모였지만, 소문을 통해 그들의 활약상은 크게 부풀려졌다. 1958년 봄, 바티스타는 카스트로에 대한 대규모 공세를 개시했다. 약 10,000명의 병력을 동원해 카스트로의 부대를 좁은 방어선 안으로 밀어붙였으나, 그 결정적인 순간에 바티스타 군대는 더 이상 전진하지 못했다.

그때부터 복잡한 역학 관계가 작동하기 시작했다. 카스트로는 점점 더 강해지고, 바티스타는 점점 더 약해졌으며, 미국의 정책 입안자들은 점점 더 불안해하고 있다는 점이 분명해졌다. 미국은 더 이상 바티스타를 신뢰하지 않았지만 그를 대체할 인물도 없었다. 시간은 늦어져만 갔고, 시간이 흐를수록 카스트로의 명성은 더욱 커져갔을 뿐만 아니라 바티스타의 후계자가 되겠다는 그의 주장은 대다수 쿠바인들에게 점점 더 정당한 것으로 받아들여졌다. 국무부 중남미 담당국 고위층에서는 바티스타주의나 카스트로주의 양쪽 모두와 거리를 둔 민족주의적이고 자유주의적인 제3세력에 대한 논의가 여전히 활발하게 진행되고 있었다. 다른 나라들에서도 그랬지만, 특히 베트남의 경우처럼 제3세력은 미국이 위기 상황에서 갑자기 만들어낼 수 있는 것이 아니었다. 지도자의 위치는 스스로의 힘으로 쟁취해야 했으며, 쿠바 국민들의 신임과 존경, 그리고 사랑을 받은 인물은 피델 카스트로가 유일했다.

1958년 11월, 카스트로는 부하들과 함께 산악지대에서 내려오기 시작했다. 최후의 공격을 위한 완벽한 준비는 갖춰지지 않았지만, 그는 바티스타 정권이 거의 붕괴 직전이라는 것을 알고 있었고, 미국이 자신의 승리를 빼앗아 다른 세력에게 줘버릴 수도 있다는 점을 경계했다. 아바나에 대한 마지막 공격을 시작할 당시 카스트로군은 수천 명에 불과했고, 반면 바티스타는 40,000명의 군인과 30,000명의 경찰을 보유하고 있었다. 하지만 카스트로가 전진할수록 전세는 완전히 기울어졌다. 실제 전투는 거의 없었고, 대신 바티스타군이 집단으로 항복하는 일이 잦아졌다. 말기의 바티스타 정권은 한 관찰자의 표현에 따르면 "걸어 다니는 시체"처럼 보였다. 카스트로는 승승장구했다. 아바나 진격이 갈수록 수월해진 것은 반군의 뛰어난 군사 지도력 덕분이라기보다는, 낡은 체제가 스스로의 무게로 무너져 내린 결과였다. 말 그대로 정권의 속이 썩어 무너지고 있었다.

아바나에서 얼 스미스는 바티스타를 계속 지지하고 싶었지만, 12월에 바티스타에게 출국을 권고하라는 지시를 받았다. 바티스타 정권의 마지막 몇 시간 동안, 라몬 바퀸 대령을 반 카스트로 지도자로 내세워 정부를 장악하려는 필사적인 시도가 있었다. 하지만 한때 바티스타에 대항하는 쿠데타를 주도했던 영웅이었던 그는 운동의 실패와 바티스타 감옥에서 보낸 세월로 인해 영향력을 상실한 상태였다. 20개월 전이었다면 성공했을지도 모를 일이 이제는 급변하는 역사의 흐름 속에서 사소한 가십거리로 전락해버렸다. 이 사실을 바퀸만큼 잘 아는 사람은 없었다. 그는 CIA의 친구에게 이렇게 말했다. "내가 무엇을 할 수 있겠소? 그들이 내게 남긴 건 쓰레기뿐이지 않소."

결국 미국은 스스로의 업적으로 인정받고 카스트로에 견줄 만한 카리스마를 가진 인물을 찾지 못했다. 제3의 세력을 육성하려던 정책은 아무런 결실을 맺지 못했다. 아바나 주재 미 대사관 정무관이었던 웨인 스미스의 표현처럼, "미국은 마치 에이스를 너무 오래 들고 있다가 패배한 브리지 플레이어와 같았다."

1959년 1월 8일, 카스트로는 승리한 정복자로서 아바나에 입성했다. 현장에 있던 사람들은 이토록 성대한 축제를 본 적이 없다고 말했

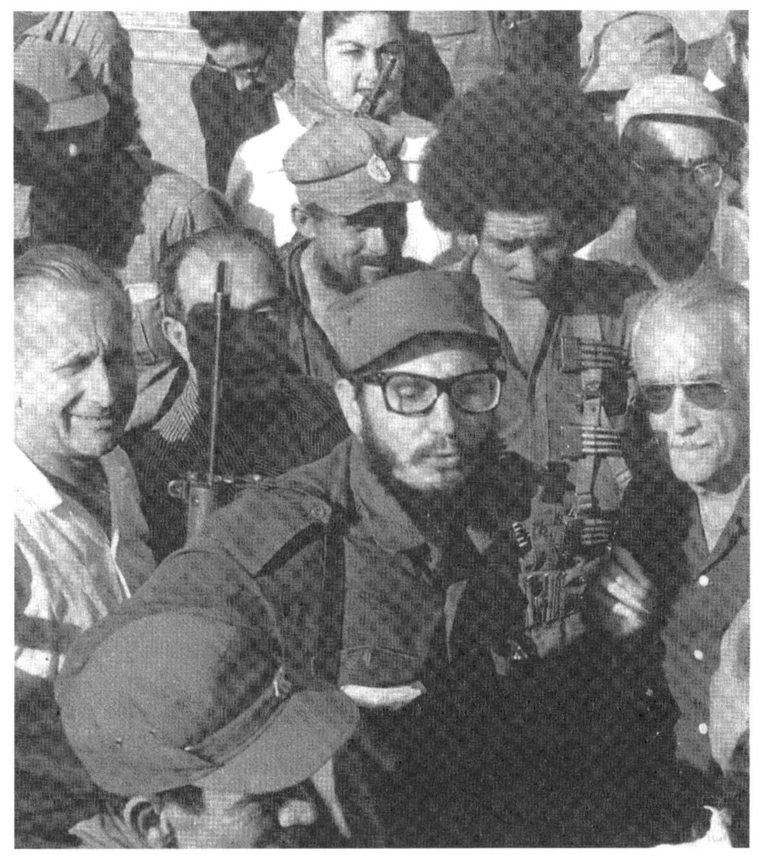

아바나를 향해 진격하던 1959년, 피델 카스트로는 쿠바 국민들의 증오의 대상이던 바티스타 정권에 맞서는 모든 세력의 지도자가 되었고, 그의 혁명 세력은 크게 확장되었다. (사진 출처: UPI/BETTMANN)

다. 한 언론인의 표현처럼 마치 모세가 홍해를 가르는 것 같았다. 카스트로가 입성할 당시 아바나에는 여전히 무장한 바티스타 충성파들이 있었다. 카스트로의 일부 병사들은 도시가 아직 위험하다며 그의 앞에서 행진하려 했지만, 카스트로는 이를 거부했다. 1945년 8월 비무장 상태로 도쿄에 상륙해 거리를 걸었던 맥아더처럼, 그는 주변에서는 잘 이해하지 못했던 상징적인 제스처의 힘을 알고 있었다. 그는 인민이 혁명가들을 지킬 것이라고 말했다. 대규모 행진의 선두에 서서 비무장으로 걷겠다고 했다. "나는 내가 인민을 알고 있다는 것을 증명하겠다."라고 그는 말했다. 온 나라를 휩쓴 환희와 그의 압도적인 인기는 의심할 여지가 없었고, 이는 곧 미국 정책입안자들에게 명백한 딜레마가 되었다.

카스트로는 어느 정도로 좌파적이며, 과연 공산주의자가 맞을까? 그리고 이제 미국은 어떤 정책을 취해야 할까? 이는 아이젠하워 행정부가 직면한 핵심적인 질문들이었다. 카스트로가 실제로 공산주의자라는 결정적인 증거는 거의 없었다. 적어도 초기에는 그가 특정 이념에 얽매이지 않는 민족주의자일 가능성이 컸다. 실제로 쿠바 공산당은 카스트로의 투쟁에 비교적 늦게 합류했다. 그의 성공은 대부분 자생적인 것이었고, 사용한 무기도 주로 바티스타 군대에서 노획한 것이었다. 카스트로가 공산주의자인지를 묻는 워싱턴의 질문에 대사관은 매우 신중한 보고서를 작성했는데, 카스트로는 공산당과 무관하며 공산당에 대한 동조도 거의 없다고 답했다. 하지만 우려할 만한 정황은 많았다. 당시 웨인 스미스의 분석에 따르면 "그는 엄청난 야망과 권위주의적 성향을 보였고, 뚜렷한 이념은 없어 보였다. 또한 그는 철저한 민족주의자였다." 양국 관계의 역사를 고려할 때 "그는 미국을 높이 평가하지 않았다. 그가 공산주의 진영으로 돌아설 가능성도 있었다. 모든 것은 그가 자신과 쿠바의 이익을 어떻게 해석하고 추구할 것인가에 달려 있었다." CIA도 이러한 분석에 대체로 동의했다. 1959년 11월 말, CIA 부국장은 상원 위원회에 출석하여 "카스트로는 공산당원이 아니며 스스로를 공산주의자로 여기지도 않는다고 믿는다."라고 증언했다.

1959년 4월, 카스트로는 미국신문편집인협회 초청으로 미국을 처음 방문했다. 이 초청은 드와이트 아이젠하워를 크게 불쾌하게 만들었지만, 카스트로는 방문 기간 내내 최선의 태도로 적절한 발언을 이어

갔다. 그는 독재에 반대한다고 밝혔으며, 독재 정권의 첫 번째 적이라
면서 자유 언론의 중요성을 강조했다. 보수 성향의 주최 측은 그의 발
언에 기립 박수로 화답했다. 그는 링컨기념관을 방문해 헌화했으며,
상원 외교위원회에서는 미국의 재산권을 존중하겠다고 약속했다. 아
이젠하워를 대신해 닉슨 부통령이 3시간 30분 동안 그를 면담했는데,
닉슨은 그의 매력에 넘어가지 않은 유일한 인물이었다. 영리하고 분석
적인 닉슨은 이 상황에서 자신의 정치 경력이 큰 위험에 처했음을 간
파했다. 그는 중국을 잃어버린 것에 대해 민주당을 맹렬히 공격해 왔
었고, 결국 이제는 불과 90마일 떨어진 곳에서 정체불명의 급진주의
자가 쿠바를 장악한 상황에 직면하게 된 것이다.

닉슨은 여러 측면에서 카스트로에게 깊은 인상을 받았다. 그는 카스
트로가 지적이며 강인한 성격의 소유자라고 판단했다. 카스트로가 쿠
바에서 큰 영향력을 발휘하는 것에 대해 충분히 이해할 수 있었지만,
몇 가지 사안에서 그의 답변은 우려스러웠다. 선거를 실시하지 않는
이유를 묻자 쿠바 국민이 원치 않는다고 답했고, 정적들을 공정한 재
판 없이 처형하는 이유에 대해서도 쿠바 국민이 재판을 원하지 않는다
고 답했다. 닉슨은 포스터 덜레스의 후임인 크리스천 허터 국무장관과
대통령에게 보낸 긴 메모에서 "카스트로는 공산주의에 대해 믿기 힘들
정도로 순진하거나, 아니면 이미 공산주의 통제 하에 있는 것"이라고
적었다. 닉슨에게는 걱정할 만한 이유가 있었다. 카스트로가 머지않아
자신이 책임져야 할 문제가 될 것이기 때문이었다.

닉슨에게는 1960년 대선 출마라는 정치 경력의 중대한 전환점이 다
가오고 있었다. 7년 가까이 부통령직을 수행하면서 그는 좌절과 불만
으로 가득 차 있었다. 부통령직은 최상의 조건에서조차 실질적 권한
이 거의 없는 자리였으며, 아이젠하워의 냉대에 분노한 닉슨에게는 최
상의 조건과는 거리가 멀었다. 1958년까지 닉슨은 일부는 자신이 초

래한 정치적 딜레마에 빠져 있었다. 그는 대통령으로서 손색없는 인물이란 이미지를 만들기 위해 스스로를 재정비해야 했다. 공화당 우파의 지지를 유지하면서 중도 노선으로 이동하는 미묘한 균형을 잡아야 했다. 그러나 통신 기술의 발달로 특정 청중만을 겨냥한 연설을 기록 없이 하는 것이 점점 더 어려워지고 있었다. 1956년 선거 운동 당시 로키산맥 지역에서의 일부 연설이 상당한 논란을 불러일으켰지만, 당시 지역 언론은 이를 심각하게 다루지 않았다.

1958년 〈뉴욕 타임스〉는 당시 젊은 기자였던 러셀 베이커에게 녹음기를 들고 닉슨을 취재하도록 보냈다. 베이커가 기자회견장에서 닉슨의 발언을 녹음하려고 녹음기를 들어 올리자, 닉슨은 녹음기를 보고 즉시 상황을 파악했고, 베이커의 첫 질문에 신문사를 맹렬히 비난하며 답했다. 미국 정치에서 여러 얼굴을 가진 정치인으로 살아남기가 과거보다 훨씬 더 어려워질 것이 분명했다. 닉슨은 과연 대선에서 어떤 모습을 보일 것인가? 이전처럼 전투적이고 거친 반공주의자의 모습을 보일 것인가, 아니면 중도적이고 당파성을 줄이며 전 국민의 지지를 얻으려는 새로운 닉슨이 될 것인가? 1960년 선거운동 기간에 존 F. 케네디의 핵심 고문단 중 한 명이던 존 케네스 갤브레이스(Ken Galbraith)는 케네디에게 물었다. 매일같이 이어지는 힘든 유세일정이 피곤하지 않으냐고. 케네디는 피곤하지 않다고 잘라 말했다. 그러면서 닉슨은 틀림없이 지쳐있을 것이며, 그가 안쓰럽다고 했다. 갤브레이스가 왜 그런지 물었다. "나는 내가 누구인지 알기에 상황에 맞춰 달라질 필요가 없습니다. 유세장에 서면 그저 나 자신이면 되니까요. 하지만 닉슨은 자기가 누구인지 모르니 연설할 때마다 어떤 닉슨으로 행동할지를 매번 고민해야 하지 않겠습니까? 그러니 피곤할 수밖에요."

리처드 닉슨처럼 정치 감각이 뛰어난 사람에게도, 과거를 청산하고 한 지지층에서 다른 지지층으로 옮겨가는 것은 쉽지 않은 일이었다.

닉슨은 영국의 언론인 데이비드 애스터(David Astor)[25]와 나눈 비공개 인터뷰에서 1950년 헬렌 가하간 더글러스를 상대로 한 선거운동의 추한 모습에 대해 이렇게 말했다. "그때 일은 유감입니다. 제가 매우 젊었을 때였죠." 하지만 이 인터뷰 내용이 〈뉴리퍼블릭〉에 실리자 닉슨은 격분하며 그런 말을 한 적이 없으며 사과할 이유도 없다고 주장했다.

그는 여전히 공산주의에 대해 지나치게 유화적이라는 비난을 받는 것을 경계했다. 1959년 7월, 그는 연설문 작성자들에게 메모를 보내 연설문에 절대로 넣어서는 안 될 것이 하나 있다고 했다. 바로 평화 공존이라는 개념을 지지하는 내용이었다. "이건 국무부의 애치슨식 노선이고, 절대로 받아들일 수 없음!!!!!! 쿠시먼(밥 쿠시먼 소령, 해병대 보좌관 겸 국가안전보장회의[NSC] 연락관), 모두에게 전하라. 다시는 이 표현을 쓰지 말라고. …누구든 이 문구를 또다시 쓴다면 다음 비행기로 추방될 것이다."

1959년 여름, 닉슨은 흐루시초프와의 이른바 '주방 논쟁'에서 의미 있는 성과를 거뒀다. 닉슨은 무역 박람회 개막을 위해 대규모 대표단을 이끌고 모스크바를 방문했다. 도착하자마자 모스크바 주재 미국 대사 르웰린 톰슨은 닉슨에게 소련이 싸움을 걸어올 것이라고 경고했다. 이는 워싱턴이 매년 발표하는 피억압국 주간 결의안(the Captive Day resolution)[12] 때문이었는데, 이 결의안은 소련을 제외하면 사실상 아무도 신경 쓰지 않는 것이었다. 닉슨이 소련 지도자와의 첫 만남을 위해 크렘린궁을 찾았을 때, 흐루시초프는 "매카시 상원의원은 죽었지만 그의 정신은 여전히 살아 있는 것 같소."라고 말했다. 닉슨이 화제를 돌리

25 (편집자 주) 데이비드 애스터(1912-2001)는 세계 최초의 일요 신문 〈옵저버〉지의 발행인이자 편집장(1948-1975)으로 재임하며 명망있는 언론인으로 자리매김했다. 또한 조지 오웰, 독일 출신 작가이자 언론인 제바스티안 하프너, 인도 출신 정치 만평가 아부 아브라함 등의 후원자로도 유명하다.

려 했지만, 흐루시초프는 늘 그렇듯 거침없이 말을 이었다. "밥상머리에서 용변을 보면 안 되는 법이지요. 이 결의안에서는 악취가 나는군요. 마치 신선한 말똥 냄새 같은데, 이보다 더한 악취는 없지요!" 닉슨은 소련 지도자가 과거에 양돈업자였다는 걸 떠올리며 "돼지 똥은 더 악취가 납니다."라고 받아쳤다. 이 말에 흐루시초프는 미소를 지으며 화제를 바꾸는 데 동의했다.

하지만 분위기는 이미 형성되어 있었다. 그때부터는 서로 자랑하기 경쟁을 벌이는 것처럼 보였다. 미국이 어떤 것을 해도 소련은 더 나은 성과를 보였다. 흐루시초프와 함께 전시회의 일부였던 미국식 주택 모형을 둘러보면서 닉슨은 소련이 로켓 기술에서는 앞설지 모르나 중산층 주택에서는 미국이 앞서 있다고 주장했다. 하지만 서기장에게 그 집은 충분히 좋아 보이지 않았다. 그는 소련이 서방보다 더 좋은 주택을 지을 것이며, 그것도 여러 세대에 걸쳐 지속될 주택을 지을 것이라고 자랑했다.

닉슨이 집안 생활을 편리하게 해주는 새로운 가전제품들을 소개하려 하자 흐루시초프는 이를 비웃었다. 그는 그중 몇몇은 아마도 고장 나 있을 것이며, 나머지는 쓸모없는 것들이라고 말했다. "음식을 입에 집어넣고 삼키게 해주는 기계는 없나요?" 그가 냉소적으로 물었다. 닉슨은 마침내 "당신만 계속 말하고 다른 사람은 말도 못 꺼내게 하는군요."라고 불만을 터뜨리고는 이어서 말했다. "한 가지 말씀드리고 싶습니다. 이 박람회가 소련 국민들을 깜짝 놀라게 하지는 못하겠지만, 관심은 끌 것입니다. …우리에겐 다양성이 있고, 선택할 자유가 있으며, 수천 명의 건축업자들이 있습니다. 이것이 바로 삶을 풍요롭게 만드는

---

26 동유럽의 소련 위성국가들의 자유와 독립을 지지한다는 결의안으로, -1953년 의회에 의해 결의되었고 1959년에 법으로 제정된- 미국의 공식 기념일인 피억압국가 주간(Captive Nations Week, 7월 셋째 주)에 선포된다.

것입니다. 우리는 정부 고위관료 한 사람이 위에서 어떤 집을 지을지 결정하는 것을 원치 않습니다. 바로 이것이 우리의 차이입니다."

1959년이 저물고 1960년이 되어 대통령 선거운동이 시작되자, 흐루시초프는 닉슨의 주요 관심사가 아니었다. 문제는 카스트로였다. 닉슨과 공화당의 약점이 있다면, 그것은 바로 쿠바 문제였다. 베트남 문제는 위태로웠지만, 대통령은 교묘히 동맹국들에게 책임을 떠넘겼다. 하지만 쿠바는 예측불가능한 변수였다. 카스트로가 권력을 잡았지만, 미국은 그에게 거의 영향력을 행사하지 못했다. 그런데도 아이젠하워 대통령은 쿠바에 큰 관심을 보이지 않았고, 그의 생각은 다른 곳에 쏠려 있었다. 리처드 닉슨과는 달리 그는 1960년 대선에 출마할 필요가 없었다. 드와이트 아이젠하워가 쿠바를 어떻게 생각하든, 그것은 그의 정치적 미래와 무관했다.

쿠바 주재 미국 대사가 얼 스미스에서 외교 경력이 풍부한 전문가 필립 본살로 교체되었다. 본살은 카스트로와 어떤 형태로든 대화를 나누고 싶다는 의사를 분명히 밝혔다. 그러나 1959년 가을이 되면서 카스트로가 점차 좌파 노선으로 기울고 있다는 점이 명확해졌다. 그의 언행은 점점 미국 당국을 불편하게 했다. 1959년 10월, 혁명 지도부의 핵심 인물 중 하나인 후버 마토스가 카스트로 측근들 사이에서 공산주의자들의 영향력이 커지고 있다고 비판했다. 그는 즉시 체포되어 20년 형을 선고받았다. 1959년 11월이 되면서 카스트로의 온건파 각료들은 거의 모두 물러났고, 그 자리는 공산당원이나 공산당 동조자들로 채워졌다. 1959년 11월에는 소련 무역사절단이 도착해 최고의 예우를 받았으며, 1960년 2월에는 소련 공산당 정치국원이었던 아나스타스 미코얀이 쿠바를 방문해 이례적으로 따뜻한 환영을 받았다. 카스트로는 점점 워싱턴과 의도적으로 충돌하려는 듯한 태도를 보였다.

카스트로는 바티스타 정권 협력자들에 대한 가혹한 처형을 이어갔으며, 그의 발언은 점차 반미적으로 변해갔다. 양측 모두 과거의 앙금이 깊어 이제 우호 관계를 맺기 어려웠던 것일지도 모른다. 군수품을 하역하던 프랑스 선박이 폭발하자 카스트로는 강하게 미국을 비난했지만, 미국이 개입했다는 증거는 당시에도 이후에도 발견되지 않았다. 아바나 주재 미 대사관 정무관 웨인 스미스는 평소 미국 정책을 비판하는 데 거리낌이 없었지만, 이 폭발은 부주의로 인한 사고일 가능성이 크다고 보았다. 그러나 이 사건은 돌이킬 수 없는 전환점으로 작용했다. 카스트로는 소련에서 석유를 들여오기 시작했고, 소련 유조선이 도착하자 현지 정유소 세 곳(미국계 두 곳, 영국계 한 곳)이 원유 정제를 거부했다. 결국 카스트로는 정유소를 국유화했다. 여름이 끝날 무렵 카스트로는 미국 자산의 상당수를 국유화했다. 이에 대한 보복으로 미국은 카스트로의 설탕 수입 할당량을 폐지하고, 남은 70만 톤의 설탕 구매도 거부했다.

두 번째 미국 방문 때 카스트로는 더 이상 이전처럼 우호적인 손님이 아니었다. 1960년 9월 유엔 총회 참석을 위해 뉴욕에 도착한 그는 할렘 지역에 위치한 테레사 호텔에 머물렀다. 이 선택은 그 자체로 중대한 정치적 메시지였다. 뉴욕 주재 소련 대표부에서 그는 흐루시초프와 만찬을 함께했다. 이러한 행보를 통해 카스트로는 쿠바 내 자신의 입지가 아니라 세계 무대에서의 위치를 고민하고 있었다. 웨인 스미스에 따르면, 카스트로에게 우호적이었던 〈뉴욕 타임스〉 기자 허버트 매튜스조차 피델의 '메시아 콤플렉스'를 지적했다. 매튜스는 "피델은 줄곧 자신을 구세주까지는 아니더라도 성스러운 전사로 여겨왔다"고 적었다. 이런 그에게 쿠바라는 무대는 너무 작았다. 그는 국제 무대의 주요 인물이 되길 원했으며, 이를 위해서는 미국으로부터 독립해야만 했다.

카스트로를 수년간 취재하고 이후 그의 전기를 쓴 〈뉴욕 타임스〉 기자 타드 슐츠는 이러한 설명이 가장 설득력이 있다고 보았다. 슐츠에 따르면, 카스트로는 이념적인 인물인 동시에 본능과 상황에 따라 움직이는 사람이었다. 그는 영리하면서도 감정적이고, 비범한 재능과 압도적인 야망을 지닌 인물이었다. 슐츠는 카스트로가 스스로를 바라보는 관점과 세계적인 혁명가가 되고자 했던 열망을 고려할 때, 그가 그런 길을 걸었던 것은 피할 수 없는 일이었다고 보았다. 카스트로가 시에라 마에스트라에서 내려온 지 오래되었음에도 불구하고 군복 차림과 수염을 유지한 것 또한 단순한 우연이 아니었다. 슐츠의 판단에 따르면, 이는 이념적인 결정이라기보다는 매우 실용적이고 본능적인 선택이었다. 따라서, 미국 정책 입안자들이 직면했던 핵심 문제는 아이젠하워 행정부가 초기 단계에서 카스트로를 잘못 다루었는지 여부가 아니었다. 애초에 그를 다룰 수 있는 올바른 방법이라는 것 자체가 존재하지 않았다. 그는 스스로 원하는 방향으로 나아가고 있었고, 그 방향은 미국이 원하는 것과 전혀 다른 방향이었다. 세계적인 혁명가가 되고자 했던 그가 자본주의 최강대국의 동맹이 될 수는 없었다.

그럼에도 미국은 뚜렷한 쿠바 정책을 마련하지 못했다. 급진적 좌파, 그것도 마르크스주의 정권이 들어섰다는 상상조차 할 수 없었던 상황이 벌어지자, 미국의 대응은 거의 기계적으로 이루어졌다. 1960년 1월 18일, CIA 미주 및 카리브해 지역 담당국은 카스트로와 쿠바에 관한 첫 회의를 열었다. 익숙한 멤버들이 모였고, 모두 들떠 있었다. 그들 중 다수는 6년 전 과테말라에서 좌파 하코보 아르벤스 정권을 축출하는 쿠데타를 성공적으로 수행했던 베테랑들이었고, 이번에도 비슷한 성공을 기대했다. 책임자 중 한 명인 제이크 엥글러(가명)는 아르벤스를 전복시킨 쿠데타 당시 라디오 방송국 운영을 맡았던 전직 배우 데이비드 아틀리 필립스에게 전화를 걸어 자신들의 새로운 대상이 무엇인지 세 가지를 맞혀보라고 했다. 답은 간단했다. "쿠바, 쿠바, 그리고 쿠바"라고 필립스가 말했다. 과테말라 쿠데타의 핵심 멤버였던 CIA 요원 하워드 헌트와 필립스가 재회했을 때, 헌트는 흥분된 목소리로 말했다. "오랜만이네, 치코." 그들은 모두 자신만만했다. 과테말라는 식은 죽 먹기였고, 이번 쿠바는 그보다 더 큰 규모의 작전이 될 것이라고 생각했다. 그러나 작전팀은 열정적으로 계획을 밀어붙이면서도, 카스트로 정권이 게릴라 봉기에 매우 강하다는 대사관과 CIA의 모든 분석 정보를 무시하고 있었다. 실제로 쿠바는 과테말라보다 훨씬 더 발전되고 세련된 나라였고, 카스트로는 아르벤스와는 비교도 안 될 만큼 강력한 인물이었다. 설혹 그가 자국의 모든 정치적 반대 세력을 탄압하는, 갈수록 잔혹한 전술로 인기를 잃었더라도, 자기 직속의 비밀경찰을 조직해 이[자국에서의 인기 혹은 자국 내 통제]를 보완했다.

1960년 여름, 마이애미에서 휴가를 보내던 웨인 스미스는 카스트로를 축출하려는 새로운 비밀 작전에 대한 놀랍도록 구체적인 소문이 도시를 떠돌고 있다는 사실을 알게 되었다. CIA 요원임이 분명해 보이는 한 남자가 스미스에게 말했다. "우리는 아르벤스를 처리했던 것처럼 카스트로도 처리할 겁니다. 그때도 별 거 아니었고, 이번에도 마찬가지일 겁니다." CIA 요원들의 잘난 체하는 태도는 스미스와 다른 이들을 깜짝 놀라게 했다. 특히 한 CIA 요원은 마이애미의 망명자 사회를 돌아다니며, 쿠바 망명자들에게 자신의 수표책 한 권으로 혁명을 일으킬 수 있다며 허세를 부렸다.

카스트로 축출 작전의 모든 계획은 서둘러 진행되었다. U-2 개발에서 큰 성공을 거둔 CIA 부국장 리처드 비셀이 이 작전의 핵심 인물이었다. 비셀은 이런 종류의 작전을 수행한 경험은 부족했지만, 강한 추진력과 무자비한 방식으로 일을 밀어붙였다. 시간이 관건이었다. 쿠바 조종사들이 소련에서 미그기 조종 훈련을 받고 있다는 소식이 전해졌고, 그들이 돌아오면 공중 지원이 필요한 작전의 이점을 상실할 위험이 있었다. 리처드 닉슨은 이 작전을 아이젠하워보다 훨씬 더 강력히 지지하며 압박을 가하고 있었다. 한편, 아이젠하워는 쿠바 문제에 대해 여전히 모호한 태도를 보였다. 그는 카스트로를 싫어했고, 카스트로의 행보에 분노했지만, 이미 자신의 두 번째 임기가 거의 끝나가고 있었다. CIA 요원들에게 그는 이전과 다르지 않은 경고를 남겼다. 작전을 한다면 반드시 성공해야 한다는 것이었다. 아이젠하워에게 있어서 완전한 성공이 아니라면 전부 다 실패였다. 그럼에도 그는 분명히 우려하고 있었다. 1960년 3월의 한 회의에서, 아이젠하워는 쿠바에서 "제2의 캘커타 참사(another black hole of Calcutta)[27]"가 벌어질 수 있다고 경고했다.

하지만 닉슨은 1960년 선거에서 카스트로의 쿠바가 쟁점으로 떠오르는 것을 원치 않았다. "연구소 직원들은 잘 지내나?" 닉슨은 국가안전보장회의(NSC) 연락관 로버트 쿠시먼에게 CIA의 쿠바 작전을 이렇게 돌려서 물었다. 쿠시먼이 보기에 닉슨은 분명 대선 전에 작전을 끝내길 바라는 눈치였다. 예상했던 대로 일은 순탄하게 풀리지 않았다. 당시 비셀과 권력 다툼을 벌이던 CIA의 실력자 딕 헬름스가 이 작전에 발을 들이려 하지 않았기 때문이다. CIA 내부에 헬름스가 쿠바 건에서 한 발 물러났다는 소문이 퍼졌고, 이는 다른 많은 CIA 고위층들에게도 거리를 두라는 신호로 읽혔다. 피터 와이든이 피그만 침공 사건(the Bay of Pigs) 관한 책에서 지적했듯, 헬름스는 "초기 실패(incipient failures)의 냄새를 맡아내는 코"로 유명했다.

이 작전은 네 부분으로 구성되어 있었다. 그 네 부분은 책임 있는 망명 정부 수립, 강력한 선전 활동, 쿠바 내 비밀 정보 수집, 그리고 가장 중요한 망명 쿠바인 준군사 부대 훈련이었다. 1960년 3월 17일, 아이젠하워는 준군사 부대 창설을 공식 승인했다. 계획은 25명의 쿠바 망

---

27   1756년 영국 식민지이던 인도 캘커타에서 당시 나와브 군대에 사로잡힌 영국인 포로들이 지하
      감옥(black hole of Calcutta)에 갇혀 집단 사망한 사건.

명자들을 훈련시키고, 이들이 다시 다른 망명자들을 훈련시켜 카스트로 정권을 전복한다는 것이었다. 그 이후 벌어진 일은 잘못된 발상이 관료조직의 관성에 의해 멈출 수 없게 된 대표적인 사례였다. 많은 이들이 이 계획이 어리석고 잘못된 발상이라고 생각했지만, 아무도 이를 중단시킬 책임을 지려 하지 않았고, 결국에는 이 계획을 더 이상 멈출 수 없게 되었다.

1960년 8월 중순, 아이젠하워는 비밀 작전을 위해 1,300만 달러의 예산을 승인했다. 하지만 일정은 계속 지연되고 있었다. 대통령 선거 열기가 달아오르고 있었기 때문이다. 비셀은 닉슨이라면 최종 계획을 승인할 것이라 확신했다. 반면 케네디에 대해서는 그다지 확신하지 못했다. 닉슨의 보좌관 로버트 쿠시먼이 보기에 닉슨은 매우 초조해하는 것 같았다. 그는 상황 진전을 계속 확인하라며 압박해왔다. 사실 쿠시먼이 판단하기에 상황은 그리 좋지 않았다. 쿠바에 요원들을 침투시킨 초기 작전은 실패로 돌아갔고, 요원들은 쉽게 체포되었다. 50킬로와트급 라디오 방송국 설치, 니카라과 기지의 반군 공군 창설, 1,000명이 넘는 병력의 쿠바 상륙 등 작전 규모를 키워야 한다는 결정이 내려졌다. 이제 이는 비밀 작전이라기보다는 침공에 가까웠다. 아이젠하워의 입장은 여전히 모호했다. "망명 정부는 어디에 있소?" 그는 앨런 덜레스에게 계속해서 물었다. 늦가을, 그는 덜레스, 비셀과의 회의에서 다시 회의적인 태도를 드러냈다. "당신들 계획대로 하시오. 하지만 그 빌어먹을 작전이 제대로 돌아가는지 확인하고 싶소."

곧 아이젠하워 임기 중에는 작전을 실행에 옮길 시간이 없다는 점이 분명해졌다. 이는 결과적으로 이 작전 계획을 완전히 취소할 수 있는 마지막 기회마저 사라졌음을 의미했다. 반공주의 신념이 확고한 노련한 군인 아이젠하워라면 자신이 시작한 계획을 취소하는 것이 어렵지 않았겠지만, 경험 부족과 반공 의지가 부족하다는 비판에 취약할 수

있는 젊은 민주당 대통령이라면 이미 상당히 진행된 계획을 중단하기
가 쉽지 않을 것이기 때문이었다.

계획은 계속 추진되었고, 규모가 점점 커져갔다. 처음 400명이었던
병력은 곧 600명이 되었고, 이어서 750명, 그리고 결국 1,000명을 넘
어섰다. 작전의 성격도 은밀한 게릴라 부대에서 소규모 공군력의 지원
을 받는 전면적인 해상 상륙 작전으로 변질되었다. 이는 군사 작전 중
에서도 가장 어려운 형태의 하나였다. 투입 병력이 늘어날수록 비밀
유지는 더욱 어려워졌고, 공군력에 대한 의존도는 더욱 높아질 수밖에
없었다. 실제로 이 작전은 1960년 가을이 되자 공공연한 비밀이 되어
있었다. 카스트로는 곳곳에 정보원을 심어두고 있었고, 설령 그렇지
않았더라도 대규모 병력과 대원들이 자신들의 임무를 과시하고 다닌
탓에 작전의 상당 부분이 그에게 알려졌을 것이다.

이러한 상황은 1960년 선거와 관련한 리처드 닉슨의 최악의 악몽이
현실이 되었음을 의미했다. 쿠바 문제는 여전히 해결되지 않은 상태였
다. 카스트로는 불과 90마일 떨어진 안전한 곳에서 미국을 향해 도발
을 계속했고, 망명 원정군(an exile expeditionary force)의 구성은 계획
된 일정에서 크게 늦어지고 있었다. 게다가 닉슨이 우려했던 대로 민
주당은 강력한 대항마가 될 존 F. 케네디를 대통령 후보로 지명하려 하
고 있었다.

케네디는 젊고 매력적이며 현대적인 감각을 지녔고, 동시대 정치인
들 중에서 드물게 텔레비전을 잘 활용했다. 또한 그는 강경파로 돌아
선 민주당의 부활을 상징하는 인물이었다. 과거 공산주의에 대해 유화
적이라는 비판을 받았던 민주당은 이제 오히려 공화당보다 더 강력한
반공주의자임을 보여주려 했다. 그들은 이를 교묘히 수행했다. 공화
당이 공산주의에 유약하다고 비난하기보다는, 아이젠하워 시기에 미

국이 예전의 날카로움을 잃었다고 주장했다. 미국이 자만하고 나태해진 사이에 세계는 미국을 앞지르고 있으며, 특히 제3세계 국가들의 신뢰를 얻기 위한 경쟁에서 뒤처졌다고 지적했다. 그들은 실제로 존재하지도 않는 미사일 격차를 언급하고, 카스트로의 쿠바 문제를 반복해서 제기했다.

존 F. 케네디는 냉철하고 매우 절제된 젊은이였다. 특권층에서 자라 좋은 교육을 받았지만, 어떤 면에서는 아일랜드 이민자의 아들다운 면모도 지니고 있었다. 아버지 조 케네디가 감정을 거침없이 드러냈던 것과 달리, 아들은 차분했다. 그는 분노에 찬 이민자가 아니라, 하버드의 세련된 교육 덕분에 과묵하고 귀족적인, 최초의 아일랜드계 보스턴 명문가 출신처럼 보였다. 1년 후 취임식에서 시인 로버트 프로스트는 케네디에게 하버드 졸업생으로 사는 것보다는 아일랜드인의 기질을 보여달라고 당부했다. 케네디를 특징짓는 것은 강인한 남성다움, 곧 육체적-정신적 단단함이었다. 케네디 가문의 남자들은 울지 않았고, 반공 문제에서도 약점을 보이지 않았다. "정말 대단하군요!" 케네디의 대선 출마 선언을 지켜본 후 조셉 올솝이 흥분된 목소리로 동료에게 말했다. "배짱 있는 스티븐슨[28]이로군요."

뛰어난 웅변가일 뿐만 아니라 훌륭한 경청자이기도 했던 케네디는 냉전에 대한 미국의 불안이 이제 흐루시초프보다는 카스트로와 더 깊이 연관되어 있다는 것을 곧 간파했다. 그는 연설 때마다 쿠바가 비행기로 고작 8분 거리인 90마일밖에 떨어져 있지 않다는 점을 자주 언급했고, 그때마다 청중은 분노와 좌절감으로 들끓었다. 10월 15일 펜실베이니아주 존스타운에서의 연설에서 그는 이렇게 말했다. "닉슨 씨는 이번 선거 운동에서 쿠바 문제를 거의 언급하지 않고 있습니다. 그

28　애들레이 스티븐슨은 1952년과 1956년 대선 때 민주당 후보였다.

는 베를린에서 단호하게 맞서겠다고 말하고, 극동에서 단호하게 맞서겠다고 말하며, 흐루시초프에게 단호하게 맞서겠다고 말하지만, 쿠바에서 단호하게 맞서겠다는 말은 하지 않습니다. 카스트로에게도 맞서지 못하는 사람이 어떻게 흐루시초프에게 맞설 수 있겠습니까?" 아이러니하게도 케네디는 카스트로에 대한 행정부의 유화책을 비판했지만, CIA의 비밀 작전 준비 상황을 알고 있던 닉슨은 이에 대응할 수 없었다.

이전 대통령 선거에서 텔레비전이 어느 정도 역할을 했다면, 1960년 대선은 텔레비전이 지배적인 영향력을 행사한 첫 번째 선거였다. 과거 같았다면, 당의 실세들(아이러니하게도 대부분이 가톨릭 신자였던)이 대중의 반가톨릭 정서를 이유로 케네디의 후보 지명을 저지했을 것이다. 하지만 케네디는 예비선거를 통해 개신교도가 다수인 지역에서도 승리할 수 있다는 것을 입증했다. 이러한 성공의 핵심에는 그의 뛰어난 텔레비전 활용 능력이 있었다.

케네디는 텔레비전에서 자연스러웠고, 텔레비전 카메라는 처음부터 그를 좋아했다. 그는 매력적이었고, 과장된 행동을 하지 않았으며, 본능적으로 쿨했다(he was cool by instinct). 텔레비전은 쿨미디어(cool media)[29]이기 때문에 후보자가 과열될수록 텔레비전에서 불리했다. 케네디의 제스처와 말하는 목소리는 자연스러워 보였다. 아마도 이는 아일랜드 노래를 부르며 선거 운동을 했던 그의 아일랜드계 미국인 할아버지[30]의 과장된 말재주에 대한 반발의 의미도 있었을 것이다. 존 F. 케네디는 화려한 연설을 하는 정치인을 좋아하지 않았고, 절제된 표현을

---

29   (편집자 주) 마셜 맥루언이 제시한 개념으로 핫미디어와 짝을 이룬다. 핫 미디어는 전달하는 정보량이 많은 반면 소비자의 적극적 참여를 요구하지 않는다(일방적인 정보 주입). 반면 쿨 미디어는 전달하는 정보량이 적은 만큼 소비자의 적극적 참여로 그 빈틈을 메울 것을 요구한다.
30   그의 외조부 존 프랜시스 피츠제럴드는 보스턴 시장을 역임했다.

크게 선호했다. 그의 연설은 유머, 아이러니, 자기 비하로 가득 차 있었고, 이는 1960년 선거 운동의 결정적 순간이 될 최초의 대통령 후보 토론에서 그에게 결정적으로 도움이 되었다.

반면 닉슨에게 텔레비전은 걸림돌(a problem)이었다. 그의 몸짓은 어색했고, 말투는 자의식이 지나치고 부자연스러웠다. 사람들은 그에게서 진정성이 부족하다고 자주 느꼈다. 아이젠하워의 비서관 앤 휘트먼은 이렇게 말했다. "부통령은 좋은 사람이기보다는 좋은 사람처럼 보이려고 연기하는 사람 같았다." 이런 차이는 텔레비전 시대를 맞이한 정치인들에게는 치명적이었다. 텔레비전 카메라의 날카로운 시선이 시청자들에게 전달할 수 있는 한 가지가 있다면, 바로 무엇이 진정성 있고, 무엇이 가식적인 지에 대해 보여주는 것이었기 때문이다.

첫 번째 대선 후보 토론은 미국 정치의 본질을 바꾸어 놓았고, 정치적으로나 문화적으로 텔레비전의 중요성을 확고히 했다. 이때부터 미국 정치는 텔레비전과 텔레비전 자문가들의 세계가 되었다. 텔레비전이 훨씬 더 큰 규모의 대중을 동원할 수 있게 되면서, 대규모 군중 동원력을 독점했던 대도시 정치 보스들의 영향력이 약화되었고, 이에 따라 정당 조직도 급격히 쇠퇴하기 시작했다. 텔레비전 토론이 있었던 시카고의 그날 밤 직전까지만 해도 케네디는 상원의원으로서 별다른 진지한 활동 모습을 보여주지 못했던, 잘 알려지지 않은 신예 상원의원에 불과했다. 반면 닉슨은 8년간의 부통령 경험이 있었고, 수많은 나라를 방문하여 세계 각국의 지도자들을 만난 노련한 정치인이었다. 게다가 그는 자신을 꽤 뛰어난 토론자라고 자부했고, 케네디를 상대로 충분히 잘해낼 수 있다고 확신했다.

닉슨을 우월감 섞인 냉소적인 시선으로 바라보던 케네디는 일찍 시카고에 도착했다. 그는 지난 주 대부분을 캘리포니아에서 보내 햇볕에 그을린 건강한 모습이었다. 그는 텔레비전 토론이 선거운동의 가장 중요한 순간임을 인식하고 있었고, 그래서 선거 일정을 최소화한 채 대부분의 시간 동안 호텔에서 휴식을 취했다. 그는 또한 참모들과 함께 예상 질문과 닉슨의 예상 답변을 준비했다.

그에 비해 닉슨은 최악의 상태로 시카고에 도착했다. 그는 선거운동 초반에 무릎 염증으로 고생했고, 완전히 회복되지 못한 상태였다. 참모들은 그에게 휴식을 취하며 준비하라고 조언했지만, 그 누구의 말도 그에게 먹히지 않았다. 한때 신뢰했던 오랜 참모들과도 연락이 끊긴 상태였다. 지난 7년 반 동안 아이젠하워의 대우에 좌절했던 닉슨은 1960년에 이르러 베테랑 참모들의 눈에 과대망상이라고 비칠 정도로 변해, 급기야 대통령 후보인 동시에 그 자신이 스스로를 위한 선거 사무장이 되기로 결심했다. 닉슨의 최고 텔레비전 자문역인 테드 로저스는 닉슨이 다가올 토론 계획에 대해 자신과 상의조차 하지 않는다는 사실을 알게 되었다. 로저스는 닉슨의 선거운동 전용기에 계속 전화를 걸어 후보의 상태와 안부를 물었지만, 항상 잘 지내고 있고 괜찮아 보인다는 답변만 돌아왔다.

한번은 로저스가 닉슨과 텔레비전 토론에 대해 논의하기 위해 캔자스시티까지 날아갔지만, 그를 만나는 것조차 불가능했다. "밀크셰이크라도 마시도록 하고는 있죠?" 로저스는 비행기에서 스태프들에게 물었지만, 후보가 매우 건강해 보인다는 답변만 돌아왔다. 첫 토론은 9월 26일 월요일로 예정되어 있었다. 병든 데다 지친 상태였던 닉슨은 일요일 밤늦게 시카고로 날아와 다섯 지역을 돌며 유세를 하고 나서야 아주 늦게 잠자리에 들었다. 그리고 월요일, 분명히 지쳐 있었음에도 불구하고 그는 노동조합 앞에서 또 한 번의 선거 연설을 했다. 참모들은 그를 위해 예상 질문과 답변을 준비했지만, 그는 그것들을 살펴볼 마음이 전혀 없었다. 월요일 늦은 오후, 로저스는 겨우 짧은 면담을 허락받았다. 그는 닉슨의 처참한 모습에 충격을 받았다. 얼굴은 잿빛으로 변해 있었고, 보좌관들이 새 셔츠를 챙겨주는 기본적인 일조차 하지 않았는지, 그의 셔츠는 마치 임종을 앞둔 환자처럼 목 주변이 축 늘어져 있었다. 로저스와의 면담에서 그가 궁금해한 것이라고는 호텔에서 스튜디오까지 가는 데 시간이 얼마나 걸리느냐는 것뿐이었다.

스튜디오에 도착한 두 후보 모두 방송국에서 제공한 메이크업을 거절했다. 이는 전략적인 판단이었다. 메이크업을 받으면 다음 날 신문에 이를 다룬 기사가 실리거나, 더 나쁘게는 메이크업을 받는 사진이 공개될 것을 우려했기 때문이었다. 하지만 케네디의 피부는 건강하게 잘 그을려 있었고, 그의 보좌관 빌 윌슨이 두 블록 떨어진 약국에서 산화장품으로 약간의 손질을 해주었다. 닉슨은 짙은 수염 자국을 가리기 위해 '쉐이브스틱(Shavestick)'이라고 불리는 면도용 고체 비누를 얼굴에 발랐다. 텔레비전 토론을 주관한 CBS의 전문가들은 테드 로저스처럼 닉슨의 외모에 충격을 받았다. 나중에 '60분'의 총괄 프로듀서가 된 프로듀서 돈 휴잇은 재앙이 임박했다고 느꼈고, CBS가 결국 닉슨의 메이크업 실패에 대한 비난을 받게 될 것이라고 확신했다(그리고 실제로 그렇게 되었다).

닉슨은 더위에 극도로 민감해서 텔레비전 조명이 켜지면 땀을 비 오듯 흘렸다(수년 후 대통령이 된 그는 백악관 노변담화 때마다 땀이 나지 않도록 에어컨을 최대한으로 가동했다). 토론 초반부터 그는 이미 창백하고 지쳐 보였는데, 약 8,000만 명의 미국인들이 지켜보는 가운데 상황은 더욱 악화되었다. 그는 땀을 흘리기 시작했다. 이내 그의 잿빛 얼굴에는 땀방울이 줄줄 흘러내렸고, 쉐이브스틱도 함께 녹아내렸다. 통제실에서는 로저스와 윌슨이 휴잇과 함께 앉아 있었는데, 로저스는 카메라를 통제하는 휴잇이야말로 그 순간 미국에서 가장 강력한 사람이라고 생각했다. 토론에 앞선 협상 과정에서 양측은 리액션 샷의 횟수, 즉 한 후보가 말할 때 상대 후보를 비추는 카메라 장면의 빈도에 대해 합의했다. 처음에 윌슨은 케네디의 리액션 샷을, 로저스는 닉슨의 리액션 샷을 더 많이 요구했다. 그러나 곧 입장이 바뀌었다. 닉슨의 화장이 무너지기 시작하자 윌슨은 오히려 닉슨을 더 많이 비추자고 했고, 로저스는 케네디의 리액션 샷을 더 요구했다. 땀으로 범벅이 된 닉슨의 잿빛 얼굴을 무자비하게 잡아내는 카메라를 떼어놓기 위해 로저스는 무엇이든 해야 했다. 30년 후, 당시를 취재했던 〈뉴욕 타임스〉 기자 러셀 베이커는 "그날 밤 이후로 정치의 언어는 활자에서 영상으로 자연스럽게 옮겨갔다."라고 회고했다.

닉슨은 상대를 너무 강하게 몰아붙이면 과거의 닉슨처럼 보일 것이라는 경고를 여러 사람에게서 들었다. 심지어 아이젠하워조차 그에게 너무 가볍게 말하지 말라고 충고했다. 이는 대통령이 자신을 너무 말재주만 부리는 사람으로 여긴다는 질책이나 다름없었기에 닉슨은 상처를 받았다. 게다가 아이크가 토론을 시청할 생각조차 하지 않았다는 사실을 알게 된 것은 더 큰 상처였다. 토론이 끝났을 때 닉슨은 자신이 이겼다고 생각했다. 하지만 케네디는 그렇지 않다는 것을 알았다. 특히 토론이 진행된 시카고 CBS 방송국 WBBM 스튜디오의 문이 열리고, 그동안 케네디를 외면해 왔던 시카고 민주당 정치 머신(the Chicago Democratic machine)의 보스 딕 데일리가 모습을 드러냈을 때 그의 생각은 확신으로 바뀌었다. 데일리는 서둘러 케네디에게 축하 인사를 건네며 그의 캠프에 합류하고 싶다는 뜻을 내비쳤다. 다음 날, 케네디가 가는 곳마다 엄청난 인파가 몰려들었고 사람들은 그에게 마치 오랜 친구에게 느끼듯 친근감을 표현했다. 반면 닉슨에게는 악재가 이어졌다. 닉슨의 오랜 비서 로즈 우즈의 부모가 오하이오에서 전화를 걸어와 닉슨의 건강이 괜찮은지 걱정스럽게 물었다. 심지어 닉슨의 어머니 한나도 로즈에게 전화를 걸어 아들의 건강을 염려했다.

테드 로저스는 나중에 닉슨이 부통령으로서 쌓은 8년간의 경험이 단 하루 저녁 만에 무너져버렸다고 회고했다. 그는 선거운동의 그토록 중요한 순간에 닉슨이 어떻게 그렇게 부주의할 수 있었는지 의아해했다. 결국 로저스는 이것이 그동안의 모든 일들이 누적된 결과라고 결론지었다. 부통령 시절 아이젠하워에게 받은 냉대에 대한 분노, 그로 인해 이번 선거에서는 모든 중요한 결정을 스스로 내리며 옛 참모들의 조언을 듣지 않겠다고 결심한 점, 그리고 체커스 연설의 성공 이후 스스로를 텔레비전 전문가라고 착각하게 된 점까지, 이 모든 것들이 누적되어 나타난 결과였다. 불행스러운 일이긴 했지만, 텔레비전에 대해 조금이라도 아는 사람이 있었더라면 케네디가 텔레비전 카메라 앞에서는 감당키 어려운 강적이라는 사실을 그에게 경고해 주었어야만 했다.

20세기에 태어나 아이젠하워의 아들뻘이었던 두 젊은 정치인의 토론은 사회가 얼마나 짧은 시간 안에 급변했는지를 보여주었다. 이는 전자 매체의 강력함뿐만 아니라, 미국 사회의 생활 속도가 얼마나 빨라졌는지도 드러냈다. 그러나 텔레비전이 가져온 정치의 변화가 모두에게 환영받은 것은 아니었다. 딘 애치슨은 토론을 보며 두 후보 누구에게도 감명을 받지 못한 채, 자신이 시대에 뒤처졌다는 기분을 느꼈다. 그의 눈에 두 후보는 여론조사 기관과 광고 회사의 도움을 받아 모든 이슈에 대해 철저하게 계산된 입장을 취하는 차갑고 기계적인 인물들이었다. 그는 해리 트루먼에게 이렇게 편지를 썼다. "지금까지 봤을 때, 이번 선거에는 인간다운 후보가 없다는 이상한 느낌이 들지 않으십니까? 그들은 어딘가 비인간적인 기술자들 같습니다. 둘 다 영리한 참모들에 둘러싸여 반짝이는 아이디어들을 쏟아내고 있지만, 누구도 그것들을 하나의 인간적 신념이나 비전으로 통합해내지 못하고 있습니다. 생각들이 지나치게 계산적입니다. …이 둘은 …정말이지 저를 지겹게 만드는군요."

Ralph Abernathy, Tom Adams, Naohiro Amaya, Michael Arlen, Harry Ashmore, Russell Baker, James Bassett, Laura Pincus Bernard, Hans Bethe, Stanley Booth, Herbert Brownell, Will Campbell, M.C. Chang, John Chancellor, David Cole, Bob Cousy, Geoff Cowan, Keith Crain, Robert Cumberford, Mike Dann, David E. Davis, Anthony De Lorenzo, Sophie Pincus Dutton, Jock Elliot, Dan Enright, Jerry Evans, Jules Feiffer, Estelle Ferkauf, Eugene Ferkauf, David Fine, Karl Fleming, Al Freedman, Don Frey, Betty Friedan, Betty Furness, Frank Gibney, Paul Gillian, Herman Goldstine, Dick Goodman, Dick Goodwin, Katharine Graham, Harold Green, Wayne Greenhaw, Sidney Gruson, Oscar Hechter, Thomas Hine, Mahlon Hoagland, Sandra Holland, Townsend Hoopes, Robert Ingram, Evelyn Pincus Isaacson, Joe Isaacson, Ray Jenkins, W. Thomas Johnson, Kensinger Jones, Chuck Jordan, Ward Just, Stanley Katz, Alfred Kazin, Murray Kempton, Bunkie Knudsen, Florence Knudsen, Julian Krainan, A.J. Langguth, William Levitt, Ira Lipman, Susan McBride, David McCall, Frank McCullough, Dick McDonald, Jay Milner, Frederic Morrow, Stan Mott, Leona Nevler, Stan Parker, Knox Phillips, Sam Phillips, John Alexis Pincus, Michael Pincus, Earl Pollock, Johnny Popham, Bill Porter, G.E. Powell, Waddy Pratt, Joel Raphaelson, Richard Rhodes, David Riesman, Matthew Ridgway, Kermit Roosevelt, Sr., Al Rothenberg, Harrison Salisbury, Gerald Schnitzer, Don Schwarz, Sheldon Segal, Joel Selvin, Robert Serber, Don Silber, Claude Sitton, Reggie Smith, Dick Stannann, Herb Stempel, Tad Szulc, Henry Turley, Fred Turner, Sander Vanocur, Bill Walton, Tom Watson, Jr., Thomas Weinberg, Victor Weisskopf, Wallace Westfeldt, Marina von Neumann .Whitman, Jerome Wiesner, Kemmons Wilson, Sloan Wilson, Bill Winter, Andy Young

Add itional Author Interviews

Roger Ailes, Louis Cowan, Helen Gahagan Douglas, Albert Gore, Leonard Hall, Averell Harriman, Don Hewitt, Larry L. King, Murrey Marder, Earl Mazo, Mollie Parnis, Rosser Reeves, James Reston, Ted Rogers, Pierre Salinger, David Schoenbrun, Dan Schorr, C.L. Sulzberger, Bill Wilson

참고문헌목록

Abernathy, Ralph. *And the Walls Came Tumbling Down*. New York: Harper Perennial, 1989.

Acheson, Dean. *Present at the Creation: My Years in the State Department*. New York: Norton, 1969.

Adams, Sherman. *First-Hand Report*. New York: Harper and Row, 1961.

Alabama Oral History Project: Interview with Virginia Durr, *Memoir Vol. ll*, November 24, 1976.

Allen, Fred. *Treadmill to Oblivion*. Boston: Little, Brown and Co., 1954.

Alsop, Joseph W. *I've Seen the Best of It: The Memoirs of Joseph W. Alsop*. New York: W.W. Norton & Co.

Alsop, Joseph and Stewart Alsop. *We Accuse!: The Story of the Miscarriage of American Justice in the Case of J. Robert Oppenheimer*. New York: Simon and Schuster, 1954.

Alvarez, Luis W. *Alvarez: Adventures of a Physicist*. New York: Basic Books, 1987.

Ambrose, Stephen. *Eisenhower, Vol. 2: The President*. New York: Simon & Schuster, 1984.

Ambrose, Stephen. *Nixon: The Education of a Politician, 1913-1962*. New York: Simon & Schuster, 1987.

Anderson, Kent. *The History and Implications of the Quiz Show Scandals*. Westport: Greenwood, 1978.

Andrews, Bart. *The I Love Lucy Book*. New York: Doubleday & Co., 1985.

Appelbaum, lrwyn. *The World According to Beaver*. New York: Bantam Books, Inc., 1984.

Appleman, Roy. *South to the Naktong, North to the Yalu. June-November, 1950*. Washington D.C.,: Office of the Chief of Military History, Department of the Army, 1961.

Ashmore, Harry. *Hearts and Minds: The Anatomy of Racism from Roosevelt to Reagan*. New York: McGraw Hill, 1982.

Aspery, William. *John von Neumann and the Origins of Modern Computing*. Cambridge, Massachusetts: Massachusetts Institute of Technology Press, 1990.

"Attack on the Conscience," *Time*. Vol LXIX: February 18, 1957.

Barmash, Isadore. *More than They Bargained ,: The Rise and Fall of Korvettes*. New York: Labhar-Friedman Books, 1981.

Bamouw, Erik. *A History of Broadcasting, Vol II: The Golden Web*. New York: Oxford University Press, 1968.

Bamouw, Erik. *A History of Broadcasting, Vol. III: The Image Empire*. New York: Oxford University Press, 1970.

Bates, Daisy. *The Long Shadow of Little Rock*. Fayetteville: The University of Arkansas Press, 1962.

Bayley, Edwin. *Joe McCarthy and the Press*. Madison, Wisconsin: University of Wisconsin Press, 1981.

Bayley, Stephen. *Harley Earl and the Dream Machine*. New York: Knopf, 1983.

Berg, Stacey Michelle. Undergraduate thesis, Harvard University.

Berghaus, Erik. *Reaching for the Stars*. New York: Doubleday, 1960.

Bernays, Edward. *Biography of an Idea: Memoirs of Public Relations Council Edward L. Bernays*. New York: Simon & Schuster, 1965.

Bernstein, Jeremy. *Hans Berthe: Prophet of Energy*. New York: Basic Books, 1980.

Beschloss, Michael. *The Crisis Years: Kennedy and Khrushchev, 1960-1963*. New York: HarperCollins, 1991.

Beschloss, Michael. *Mayday: Eisenhower, Khrushchev, and the U-2 Affair*. New York: Harper and Row, 1986.

Blair, Clay. *Ridgway's Paratroopers*. New York: Doubleday & Co., 1985.

Blair, Clay. *The Forgotten War: America in Korea, 1950-1953*. New York: New York Times Books, 1987.

Blossom, Virgil. *It Happened Here*. New York: Harper and Row, 1959.

Blumberg, Stanley and Gwinn Owens. *Energy and Conflict: The Life of Edward Teller*. New York: Putnam, 1976.

Booth, Stanley. *Rythym Oil*. New York: Pantheon, 1992. note: stet spelling.

Bradley, Omar with Clay Blair. *A General's Life*. New York: Simon & Schuster, 1983.

Branch, Taylor. *Parting the Waters: America in the King Years, 1954-1963*. New York: Simon & Schuster, 1988.

Brochu, Jim. *Lucy in the Afternoon: An Intimate Biography of Lucille Ball*. New York: William Morrow & Co., 1990.

Bundy, McGeorge. *Danger and Survival: Choices About the Bomb in the First Fifty Years*. New York: Random House, 1988.

Cal Fullerton Archives: Interviews with Jane Milhous Beeson, Elizabeth Cloes, Guy Dixon, Douglas Ferguson, Saragrace Frampton, Olive Mashburn, Oscar Mashbum, Charles Milhous, Dorothy Milhous, Lucile Parson, Hubert Perry, Paul Ryan, Ralph Shook, Paul Smith, Madeline Thomas, Lura Walfrop, Samuel Warner, Merel West, Marcia Elliot Wray, and Merton Wray.

Carey, Gary. *Marlon Brando: The Only Contender*. New York: St. Martin's Press, 1985.

Cassady, Carolyn. *Off the Road: My Years with Cassady, Kerouac, and Ginsberg*. New York: Morrow, 1990.

Caute, David. The *Great Fear: The Anti-Communist Purge Under Truman and Eisenhower*. New York: Simon & Schuster, 1978.

Chambers, Whittaker. *Witness*. New York: Random House, 1952.

Chrtenson, Cornelia V. *Kinsey: A Biography*. Bloomington: Indiana University Press, 1971.

City vs. Charlotte Colvin. Transcript from the circuit court of Juvenile Court and Court of Domestic Relations, Montgomery County, Alabama, March 18, 1955.

Clarke, Arthur, ed. *The Coming of the Space Age*. New York: Meredith Press, 1967.

Coffey, Thomas M. Iron Eagle: *The Turbulent Life of General Curtis LeMay*. New York: Crown Publishing Group, 1987.

Cohen, Marcia. *The Sisterhood: The True Story Behind the Women's Movement*. New York: Simon & Schuster, 1988.

Collins, Joseph Lawton. *War in Peacetime: The History and Lessons of Korea*. Boston: Houghton

Mifflin, 1969.

Cooke, Alistair. *A Generation on Trial*. New York: Knopf, 1982.

Costello, William. *The Facts About Nixon*. New York: Viking Press, 1960.

Cotten, Lee. *The Elvis Catalog*. New York: Charlton Associates, 1987.

Coughlin, Robert. "Dr. Edward Teller's Magnificent Obsession." *Life*, No. 37, September 6, 1954.

Cray, Ed. *Chrome Colossus: General Motors and its Times*. New York: McGraw Hill, 1980.

Cray, Ed. *General of the Army: George C. Marshall*. New York: W.W. Norton, 1990.

Currie, Majorie Dent, ed. *Current Biography Yearbook*. New York: H.W. Wilson Co., 1949.

Currie, Majorie Dent, ed. *Current Biography: Who's News and Why-1953*. New York: H.W. Wilson Co., 1954.

Currie, Majorie Dent, ed. *Current Biography Yearbook*. New York: H.W. Wilson Co., 1956.

Dalton, David. *James Dean: The Mutant King*. New York: St. Martin's Press, 1974

Davidson, Sarah. "Dr. Rock's Magic Pill." Esquire, December, 1983.

Davis, K. Charles. *Two-Bit Culture: The Paperbacking of America*. Boston: Houghton Mifflin Co., 1984.

Davis, Nuell Pharr. *Lawrence and Oppenheimer; The Da Capo Series in Science*. New York: Da Capo Press, 1986.

Dean, William with William Worden. *General Dean's Story*. New York: Viking, 1954.

Diamond, Edwin and Stephan Bates. *The Spot: The Rise of Political Advertising on Television*. Cambridge: MIT Press, 1988.

Diggins, John Partrick. *The Proud Decades*. New York: Norton, 1988.

Donovan, Robert J. *Conflict and Crisis: The Presidency of Harry S. Truman, 1945-1948*. New York: Norton, 1972.

Donovan, Robert J. *Tumultuous Years: The Presidency of Harry S. Truman. 1949-1953*. New York: Norton, 1982.

Dornberger, Walter. *V-2*. New York: Viking, 1952.

Dorschner, John and Robert Fabricio. *The Winds of December*. New York: Coward, McCann and Geoghegan, 1980.

Dulles, Eleanor L. Eleanor Lansing Dulles: *Chances of a Lifetime: A Memoir*. New York: Prentice Hall, 1980.

Dundy, Elaine. *Elvis and Gladys*. New York: Macmillan, 1988.

Dunleavy, Steve. *Elvis: What Happened*. New York: Ballantine, 1982.

Edwards, Anne. *Vivien Leigh*. New York: Simon & Schuster, 1977.

Eisenhower, Dwight D. *Mandate for Change*. New York: Doubleday, 1963.

Escot, Colin and Martin Hawkins. *Sun Records: The Brief History of a Legendary Record Label*. New York: Quick Fox, 1975.

Fall, Bernard. *Hell in a Very Small Place: The Siege of Dien Bien Phu*. Philadelphia: J. B. Lippincott Co., 1967.

Farre, Robert, ed. *The Diaries of James C. Hagerty*. Bloomington, Indiana: Indiana University Press, 1983.

Faubus, Orval. *Down from the Hills, Vol I*. Little Rock: Pioneer Press, 1980.

FBI Documents on J. Robert Oppenheimer, May 27, 1952- Albuquerque Office.

Fherenbach, T.R. *This Kind of War: A Study in Unpreparedness*. New York: Macmillan, 1954.

Fenton, John. *In Your Opinion*. Boston: Little, Brown, 1960.

Ferrell, Robert H., ed. Dear Bess: The Letters from Harry to Bess Truman, 1910-1959.

New York: Norton, 1983.

Ferrell, Robert H., ed. *Off the Record: The Private Papers of Harry S. Truman*. New York: Harper & Row, 1980.

Fiore, Carlo. *Bud: The Brando I Knew*. New York: Delacorte Press, 1974.

Fox, Stephen. *The Mirror Makers*. New York: Morrow, 1984.

F riendly, Fred. *Due to Circumstances Beyond Our Control*. New York: Random House, 1967.

Gans, Herbert J. *The Levittowners: Ways of Life and Politics in a New Suburban Community*. New York: Pantheon, 1967.

Garrow, David. *Bearing the Cross*. New York: William Morrow & Co., 1986.

Geller, Larry and Joel Specter with Patricia Romanowski. *"If I Can Dream": Elvis's Own Story*. New York: Simon & Schuster, 1989.

Gifford, Barry and Lawrence Lee. *Jack's Book*. New York: St. Martin's Press, 1978.

Goldman, Albert. *Elvis*. New York: McGraw-Hill, 1981.

Goldm an, Eric. *The Crucial Decade: America 1945-1955*. New York: Knopf, 19S6.

Goodchild, Peter. J. Robert Oppenheimer: Scatterer of Worlds. Boston: Houghton Mifflin, 1981.

Goodwin, Richard N. *Remembering America: A Voice from the Sixties*. Boston: Little, Brown & Co., 1988.

Gorman, Joseph Bruce. *Kefauver*. New York: Oxford University Press, 1971.

Goulden, Joseph. *The Best Years: 1945-1950*. New York: Atheneum, 1976.

Goulden, Joseph C. *Korea: The Untold Story*. New York: Times Books, 1982.

Gray, Madeline. *Margaret Sanger: A Biography of the Champion of Birth Control*. New York: R. Malek, 1979.

Green, Harold P. "The Oppenheimer Case: A Study into the Abuse of Law." *The Bulletin of the Atomic Scientist*, September, 1977.

Greenshaw, Wayne. *Alabama on My Mind*. Boulder: Sycamore Press, 1987.

Grossman, James K. *Black Southerners and the Great Migration*. Chicago: University of Chicago Press, 1989.

Guiles, Fred L. *Legend: The Life and Death of Marilyn Monroe*. Toronto: Madison Press Books, 198S.

Guiles, Fred L. *Norma Jean: The Life of Marilyn Monroe*. New York: Paragon House, 1993.

Gunther, John. *Inside USA*. New York: Harper, 1947.

Guralnick, Peter. *Feel Like Going Home*. New York: Perennial Library, 1989.

Hagerty, James C. *The Diary of James C. Hagerty: Eisenhower in Mid Course*. Bloomington: Indiana University Press, 1983.

Haining, Peter, ed. *Elvis in Private*. New York: St. Martin's Press, 1987.

Halberstam, David. *The Reckoning*. New York: Morrow, 1986.

Halberstam, David. *The Powers that Be*. New York: Knopf, 1979.

Harris, Warren G. *Lucy & Desi*. New York: Doubleday & Co., 1990.

Hastings, Max. *The Korean War*. New York: Simon & Schuster, 1987.

Hearings of the Subcommittee of the Committee on Interstate and Foreign Commerce, Eighty-Sixth

Congress, II, Vol. SI.

Hendrik, George. *The Selected Letters of Mark Van Doren*. Baton Rouge: LSU Press, 1987.

Hewle tt, Richard and Francis Duncan. *Atomic Shield: A History of the U.S. Atomic Energy Commission*. University Park: Pennsylvania State University Press, 1969.

Higham, Charles. *Brando: The Unauthorized Biography*. New York: New American Library, 1987.

Hine, Thomas. *Populuxe*. New York: Knopf, 1986.

Hiss, Tony. *Laughing Last: Alger Hiss*. Boston: Houghton Mifflin Co., 1977.

Holmes, John Clellon. *Go*. New York: Thunder's Mouth Press, 1988.

Hopkins, Jerry. *Elvis: The Final Years*. New York: Berkley, 1983.

Hoopes, Townsend. *The Devil and John Foster Dulles*. Boston: Little, Brown and Co., 1973.

Hoover, J. Edgar. *Masters of Deceit: The Story of Communism in America and How to Fight It*. New York: Henry Holt, 1958.

Horowitz, Irving L. *C. Wright Mills: An American Utopian*. New York: The Free Press, 1983.

Huckaby, Elizabeth. *Crisis at Central High: Little Rock 1957-1958*. Baton Rouge: LSU Press, 1980.

Hughes, John Emmet. *The Ordeal of Power*. New York: Atheneum, 1963.

Huie Letters at Ohio State University.

Hunt, Howard. *Give Us This Day*. New Rochelle: Arlington House, 1971.

Immerman, Richard. *The CIA in Guatamala: The Foreign Policy of Intervention*. Austin: University of Texas Press.

Institutional VFM Interview

Jackson, Kenneth T. *Crabgrass Frontier: The Suburbanization of the United States*. New York: Oxford University Press, 1985.

James, Clayton D. *The Years of MacArthur: Triumph and Disaster, 1945-1964*, Vol. III. Boston: Houghton Mifflin, 1985.

Johnson, Haynes. *The Bay of Pigs*. New York: Norton, 1964.

Kazan, Elia. *A Life*. New York: Knopf, 1988.

Keats, John. *The Crack in the Picture Window*. Boston: Houghton Mifflin, 1957.

Kempton, Murray. *Part of Our Time*. New York: Delta Books, 1955.

Kennan, Erland A. and Edmund H. Harvey. *Mission to the Moon*. New York: Morrow, 1969.

Kennedy, David. *Birth Control in America*. New Haven: Yale University Press, 1970.

Kerouac, Jack. *On the Road*. New York: NAL/Dutton, 1958.

King, Martin Luther, Sr. and Clayton Riley. *Daddy King: The Autobiography of Martin Luther King, Sr*. New York: William Morrow & Co., 1980.

Kluger, Richard. *Simple Justice: The History of Brown vs. the Board of Education & Black America's Struggle for Equality*. New York: Alfred A. Knopf, 1975.

Knox, Donald with additional text by Alfred Coppel. *The Korean War: An Oral History Pusan to Chosin*. San Diego, California: Harcourt Brace Jovanovich, 1985.

Kroc, Ray with Robert Anderson. *Grinding It Out: The Making of McDonald's*. Chicago: Contemporary Books, 1977.

Lamm, Michael. *Chevrolet 1955: Creating the Original*. Stockton, CA: Lamm-Morada Inc., 1991.

Lamont, Lansing. *Day of Trinity*. New York: Atheneum, 1965.

Lapp, Ralph. *The Voyage of the Lucky Dragon*. New York: Harper and Row, 1958.

Larrabee, Eric. "Six Thousand Houses That Levitt Built." *Harper's*, No. 1971: September, 1948.

Lewis, Richard. Appointment on the Moon. New York: Viking, 1968.

Lilienthal, David. *The Journals of David Lilienthal: The Atomic Energy Years, 1945-1950*, Vol. 2. New York: Harper and Row, 1964-1983.

Love, John. *McDonald's: Behind the Arches*. New York: Bantam, 1986.

Lurie, Leonard. *The Running of Richard Nixon*. New York: Coward, McCann, and Geoghegan, 1972.

Lyon, Peter. *Eisenhower: Portrait of a Hero*. New York: Little, Brown, 1974.

Maharidge, Dale and Michael Williamson. *And Their Children Came After Them*. New York: Pantheon, 1990.

Mailer, Norman. *Marilyn*. New York: Warner Books, 1975.

McCann, Graham. *Marilyn Monroe: The Body in the Library*. New Brunswick.: Rutgers University Press, 1988.

McCullough, *David*. Truman. New York.: Simon & Schuster, 1992.

The McDonald's Museum, Oak. Park., CA; Tapes and letters.

McDougall, Walter A. *The Heavens and the Earth*. New York.: Basic Books, 1985.

McKeever, Porter. *Adlai Stevenson: His Life and Legacy*. New York.: William Morrow, 1989.

McLcllan, David and Dean Acheson, eds. *Among Friends: The Personal Letters of Dean Acheson*. New York: Dodd Mead, 1980.

Manchester, William. *The Glory and the Dream: A Narrative History of america 1932-1972*. Boston: Little, Brown and Co., 1973.

Manchester, William Raymond. *American Caesar: Douglas MacArthur*. Boston: Little, Brown, 1978.

Marshall, S.L.A. *The River and the Gauntlet*. New York: William and Co., 1953.

Martin, John Bartlow. *Adlai Stevenson of Illinois: The Life of Adlai Stevenson*. New York: Doubleday, 1976.

Mathews, Herbert L. *A World in Revolution*. New York: Scribners, 1971.

Mayer, Martin. *Madison Avenue, USA*. New York: Harper and Bros., 1954.

Mazo, Earl. *Nixon: A Political and Personal Portrait*. New York: Harper and Bros., 1959.

Mcdaris, John B. *Countdown for Decision*. New York: G.P. Putnam's Sons, 1960.

Meehan, Diana. *Ladies of the Evening: Women Characters of Prime-Time Television*. Metchuen, NJ: Scarecrow Press, 1983.

"Meeting of Minds," *Time*. Vol LXXII: September 15, 1958.

Michelmore, Peter. *The Swift Years: The Robert Oppenheimer Story*. New York: Dodd, Mead, and Co., 1969.

Miles, Barry. *Ginsberg: A Biography*. New York: Simon & Schuster, 1989.

Miller, Arthur. *Timebends: A Life*. New York: Grove Press, 1987.

Miller, Merle. *Plain Speaking*. New York: G.P. Putnam's Sons, 1974.

"Mr. Little 01' Rust," *Fortune*. Vol XLVI: December, 1952.

The Montgomery Advertiser, July 10, 1954.

Morella, Joe and Edward Z. Epstein. *Forever Lucy: The Life of Lucille Ball*. New York: Carol

Publishing Group, 1986.

Morgan, Ted. Literary Outlaw. New York: Henry Holt, 1988.

Moritz, Michael. *Going for Broke: The Chrysler Story*. Garden City, New York: Doubleday, 1981.

Morris, Roger. *Richard Milhous Nixon*. New York: Henry Holt, 1989.

Morris, Roger. *Richard Nixon: The Rise of an American Politician*. New York: Henry Holt, 1990.

Mosley, Leonard. *Dulles: A Biography of Eleanor, Allen, and John Foster Dulles and their Family Network*. New York: Dial Press, 1978.

Moss, Norman. *Men Who Play God: The Story of the H-bomb and How the World Came to Live With It*. New York: Harper and Row, 1968.

"Most House for the Money," *Fortune*. Vol. XLVI: October, 1952.

Museum of Radio and Television Broadcasting; Tapes.

Nader, Ralph. *Unsafe at Any Speed*. New York: Grossman, 1965.

Nelson, N. Walter Henry. *Small Wonder: The Amazing Story of Volkswagen*. New York: Little, Brown & Co., 1967.

The New York Times, Vol. VIII: April 8, 1934, 6:4.

Nicosia, Gerald. *Memory Babe: A Critical Biography of Jack Kerouac*. Fred Jordan, ed. New York: Grove Press, 1983.

Nixon, Julie. *Pat Nixon: The Untold Story*. New York: Simon & Schuster, *1986*.

Norton-Taylor, Duncan. "The Controversial Mr. Strauss." *Fortune*. Vol. L: January, 1955.

Oates, Stephen B. *Let the Trumpet Sound: The Life of Martin Luther King, Jr.*, New York: Harper & Row, 1982.

O'Reilly, Kenneth. Hoover and the Un-Americans: The FBI, HUAC, and the Red Menace. Philadelphia: Temple University Press, 1983.

Oshinsky, David. A Conspiracy So Immense. New York: Free Press, 1983.

Ottley, Roi. The Lonely Warrior: The Life and Times of Robert S. Abbot. Chicago: Henry Regnery, 1955.

Packard, Vance Oakely Packard. The Hidden Persuaders. New York: Pocket Books, 1981.

Parry, Albert. Russia's Rockets and Missiles. New York: Doubleday, 1960.

Patterson, James T. Mr. Republican. Boston: Houghton Mifflin, 1972.

Pauly, Phillip. Controlling Life: Jacques Loeb and the Engineering Ideal in Biology. New York: Oxford University Press, 1987.

Pepitone, Lena and William Stadiem. *Marilyn Monroe Confidential*. New York: Simon & Schuster, 1979.

Phillips, David Atlee. *The Night Watch*. New York: Atheneum, 1972.

Pomeroy, Wardell B. *Dr. Kinsey and the Institute for Sex Research*. New York: Harper and Row, 1972.

Potter, David. *People of Plenty*. Chicago: University of Chicago Press, 1954.

Powers, Francis Gary with Curt Gentry. *Operation Overflight*. New York: Holt Rinehart and Winston, 1970.

Powers, Richard. *G-Men: Hoover's FBI in American Popular Culture*. Carbondale: Southern

Illinois University Press, 1983.

Powers, Richard. *Secrecy and Power: The Life of J. Edgar Hoover*. New York: Free Press, 1987.

Prados, John. *The Sky Would Fall*. New York: Dial Press, 1983.

Prados, John. *The Soviet Estimate*. New York: Dial Press, 1982.

Presley, Dee and Billy, Rich, and David Stanley with Martin Torgoff. *We Love You Tender*. New York: Delacorte Publishing, 1980.

Press, Howard. *C. Wright Mills*. Boston: Twayne Publishers, 1978.

Pringle, Peter and James Spigelman. *The Nuclear Barons*. New York: Holt, Rinehart, and Winston, 1981.

Quain, Kevin, ed. *The Elvis Reader*. New York: St. Martin's Press, 1992.

Raines, Howell. *My Soul is Rested: Movement Days in the Deep South Remembered*. New York: Putnam Publishing Group, 1977.

Ratcliff, J. D., "No Father to Guide Them," *Colliers*. March 20, 1937.

Reed, James. *From Private Vice to Public Virtue*. New York: Basic Books, 1978.

Rhodes, Richard. *The Making of the Atomic Bomb*. New York: Simon & Schuster, 1986.

Ridgway, Matthew. *The Korean War*. New York: Doubleday & Co., 1967.

Roosevelt, Kermit. *Countercoup: The Struggle for the Control of Iran*. New York: McGraw Hill, 1979.

Rosenbaum, Ron. "The House that Levitt Built." *Esquire*, No. 100, December, 1983.

Rothe, Anna and Evelyn Lohr, eds. *Current Biography: Who's News and Why, 1952*. New York: H. W. Wilson Co., 1953.

Rovere, Richard. "What Course for the Powerful Mr. Taft?" *The New York Times Magazine*, March 22, 1953.

Roy, Jules. The Battle of Dien Bien Phu. London: Faber, 1965.

Rubin, Barry. *Paved With Good Intention: The American Experience and Iran*. New York: Oxford University Press, 1980.

Russell, Bill. *Go Up for Glory*. New York: Berkley Publishing, 1980.

Ryan, Mary P. *Womanhood in America: From Colonial Times to the Present*. Danbury, CT: Franklin Watts, Inc., 1975.

Sakharov, Andrei, trans. Richard Lourie. *Memoirs*. New York: Knopf, 1990.

Salisbury, Harison. *Without Fear of Favor: The New York Times and Our Times*. New York: Times Books, 1980.

Schlesinger, Stephen and Stephen Kinzer. *Bitter Fruit: The Untold Story of the American Coup in Guatamala*. New York: Doubleday, 1982.

Schwartz, Bernard and Stephan Lesher. *Inside the Warren Court, 1953-1969*. New York: Doubleday & Co., 1983.

Schwartz, Bernard. *Super Chief Earl Warren and His Supreme Court, A Judicial Biography*. New York: New York University Press, 1983.

Selvin, Joel. *Ricky Nelson: Idol for a Generation*. Chicago: Contemporary Books, 1990.

Selznick, Irene Mayer. *A Private View*. New York: Knopf, 1983.

Serrin, William. *The Company and the Union: The Civilized Relationship of the General Motors Corporations and the United Automobile Workers*. New York: Knopf, 1973.

Sheehan, Robert. "How Harland Curtice Earns his $750,000." *Fortune*, No. 53, February, 1956.

Shepley, James and Clay Blair. *Hydrogen Bomb: The Men, The Menace, The Mechanism*. Westport, CT: Greenwood Publishing Group, 1971.

Shickel, Richard. *Brando: A Life in Our Times*. New York: Atheneum, 1991.

Simon, James F. *The Antagonists: Hugo Black, Felix Frankfurter, and Civil Liberties in Modern America*. New York: Simon & Schuster, 1989.

Smith, Alice Kimball and Carles Weiner, eds. *J. Robert Oppenheimer: Letters and Recollections*. Cambridge, Mass.: Harvard University Press, 1980.

Smith, Richard Norton. *Thomas Dewey and His Times*. New York: Simon & Schuster, 1982.

Smith, Wayne. *The Closest of Enemies*. New York: Norton, 1987.

Sochen, June. *Movers & Shakers: American Women Thinkers and Activists, 1900-1970*. New York: Times Books, 1974.

Stern, Philip M. *The Oppenheimer Case: Security on Trial*. with the collaboration of Harold P. Green, special commentary by Lloyd K. Garrison. New York: Harper & Row, 1969.

Stone, Joseph and Tim Yohn. Prime Time and Misdemeanors. New Brunswick: Rutgers University Press, 1992.

Strauss, Lewis. *Men and Decisions*. Garden City, N.Y.: Doubleday, 1962.

Street, James H. *The New Evolution in Cotton Economy*. Chapel Hill: University of North Carolina Press, 1957.

Sullivan, William C. *The Bureau: My Thirty Years in Hoover's FBI*. New York: Norton, 1979.

Sulzberger, C.L. *The Last of the Giants*. Boston: Macmillan, 1970.

Sulzberger, C.L. *A Long Row of Candles: Memoirs and Diaries 1934-1954*. New York: Macmillan, 1969.

Summers, Anthony. *Goddess: The Secret Lives of Marilyn Monroe*. New York: NALi Dutton, 1986.

Szasz, Verene Morton. *The Day the Sun Rose Twice: The Story of the Trinity Site Nuclear Explosion, July 16, 1945*. Albequerque: Univerisity of New Mexico Press, 1984.

Szulc, Tad. *Fidel: A Critical Portrait*. New York: Morrow, 1986.

Talese, Gay. *Thy Neighbor's Wife*. New York: Doubleday & Co., 1980.

Taylor, Robert. *Fred Allen: His Life and Wit*. Boston: Little, Brown and Co., 1989.

Theoharis, Athan G. and John Stuart Cox. *The Boss: J. Edgar Hoover and the Great American Inquisition*. Philadelphia: Temple University Press, 1988.

Theoharis, Athan G. *The Yalta Myths: An Issue in U.S. Politics, 1945-1955*. Columbia, Mo.: University of Missouri Press, 1970.

Thomas, Evan and Walter Issacson. *The Wise Men: Six Friends and the World they Made*. New York: Simon & Schuster, 1988.

Tilman, Rick. *C. Wright Mills: A Native Radical and His American Intellectual Roots*. University Park: Penn State University Press, 1984.

Truman, Margaret. *Harry S. Truman*. New York: William Morrow and Co., 1973.

Ulam, S.M. *Adventures of a Mathematician*. New York: Scribner's, 1976.

Van Doren, *Mark. The Autobiography of Mark Van Doren*. New York: Harcourt, Brace, Jovanovich, 1958.

Vaughan, Paul. *The Pill on Trial*. New York: Coward-McCann Inc., 1970.

Vineberg, Steven. *Method Actors*. New York: Schirmer Books, 1991.

Wakefield, Dan. *New York in the Fifties*. New. York: Houghton Mifflin, Seymour, Lawrence, 1992.

Ward, Ed and Geoffrey Stokes and Ken Tucker. *Rock of Ages: The Rolling Stone History of Rock & Roll*. New York: Simon & Schuster, 1986.

Warren, Earl. *The Memoirs of Earl Warren*. New York: Doubleday & Co., 1977.

Watson, Thomas H. and Peter Petre. *Father, Son and Co.* New York: Bantam, 1990.

Weaver, John D. *Earl Warren: The Man, The Court, The Law*. Boston: Little, Brown, Inc., 1967.

Weinstein, Allen. *Perjury: The Hiss-Chambers Case*. New York: Knopf, 1978.

Wertheim, Arthur. *The Rise and Fall of Milton Berle in American History, American Television*. New York: Times Books, 1978.

Weyr, Thomas. *Reaching for Paradise: The Playboy Vision of America*. New York: Times Books, 1978.

White, G. Edward. *Earl Warren: A Public Life*. New York: Oxford University Press, 1987.

Whitfield, Stephen. *A Death in the Delta*. New York: Free Press, 1988. "Who's a Liar," Life. Vol. 30, No. 14: April 2, 1951.

Wickware, Francis Still. "Report on Kinsey." *Life*, August 2, 1948.

Wilford, John Noble. "Wernher von Braun, Rocket Pioneer Dies," *The New York Times*. Vol. CXXVI: June 18, 1977.

Williams, Edwina Dakin as told to Lucy Freedman. *Remember me to Tom*. New York: G. P. Putnam's Sons, 1963.

Williams, Robert Chadwell. *Klaus Fuchs, Atom Spy*. Cambridge, Massachusetts: Harvard University Press, 1987.

Williams, Tennessee. Memoirs. Garden City, New York: Doubleday and Co., 1975.

Wilson, Sloan. *The Man in the Gray Flannel Suit*. New York: Simon & Schuster, 1955.

Windham, Donald. *Lost Friendships*. New York: William Morrow and Co., 1983.

Wise, David and Tom Ross. *The Invisible Government*. New York: Bantam, 1964.

Wise, David and Tomas B. *The U-2 Affair*. New York: Random House, 1962.

Wyden, Peter. *Bay of Pigs*. New York: Simon & Schuster, 1979.

Ydigoras, Miguel Fuentes. *My War with Communism*. Englewood Cliffs, NJ: Prentice Hall, 1963.

Yeakey, Lamont. *The Montgomery Bus Boycott, 1955-1956*. Unpublished Phd. thesis, Columbia University.

Yergin, Daniel. *Shattered Peace*. New York: Penguin, 1990

Yergin, Daniel. *The Prize: The Epic Quest for Oil, Money and Power*. New York: Simon & Schuster, 1991.

York, Herbert F. *The Advisors: Oppenheimer, Teller and the Superbomb*. Stanford, Ca.: Stanford University Press, 1989.

랠프 애버내시-Abernathy, Ralph 838
러셀 레핑웰-Leffingwell, Russell 193
러셀 리더-Reeder, Russell 175
레너드 번스타인-Bernstein, Leonard 696, 697
레베카 웨스트-West, Rebecca 571
레슬리 그로브스-Groves, Leslie 62, 63
레오 버넷-Burnett, Leo 775, 969
레오니드 세도프-Sedov, Leonid 964
레이먼드 로위-Loewy, Raymond 200
레이먼드 매시-Massey, Raymond 741, 744
레이 크록-Kroc, Ray 248, 249, 251, 252, 257, 259, 260, 261, 263
로드 설링-Serling, Rod 740, 791
로렌스 로웰-Lowell, A. Lawrence 60
로렌 스미스-Smith, Loren 120
로레트 테일러-Taylor, Laurette 281
로버트 S. 애보트-Abbott, Robert S. 678-681
로버트 밀리칸-Millikan, Robert 60
로버트 차드웰 윌리엄스-Williams, Robert Chadwell 73
로버트 태프트-Taft, Robert 19, 95, 97, 315, 316, 319, 343
로버트 페인-Payne, Robert 185
로베르 귈랭-Guillain, Robert 616
로엘라 파슨스-Parsons, Louella 391
로이 오틀리-Ottley, Roi 680
로이 헨더슨-Henderson, Loy 554, 556
로자 파크스-Parks, Rosa 829, 830, 831, 832, 833, 835, 839, 840, 863
로저 리브스-Reeves, Rosser 347, 348, 356, 770, 771, 775
로저 에일스-Ailes, Roger 483
루돌프 파이얼스-Peierls, Rudolph 81
루돌프 할리-Halley, Rudolph 96
루이스 B. 메이어-Mayer, Louis B. 401
루이스 소모사-Somoza, Luís 578, 580
루이스 앨버레즈-Alvarez, Luis 535
루이스 존슨-Johnson, Louis 80
루퍼스 토마스-Thomas, Rufus 702
르네 플레벵-Pleven, Rene 616

르웰린 톰슨-Thompson, Llewellyn 1111
리 듀브리지-DuBridge, Lee 76, 524
리 스트라스버그-Strasberg, Lee 408
리오나 네블러-Nevler, Leona 899
리처드 N. 굿윈-Goodwin, Richard N. 1016-1021
리처드 기드 파워스-Powers, Richard Gid 519
리처드 닉슨-Nixon, Richard 29, 30, 96, 326, 328, 330, 356, 357, 365, 373, 478, 479, 486, 490, 500, 509, 526, 1052, 1110, 1113, 1116, 1119
리처드 로저스-Rodgers, Richard 727
리처드 로즈-Rhodes, Richard 56
리처드 임머맨-Immerman, Richard 579
리처드 클루거-Kluger, Richard 632, 642
리처드 허드슨-Hudson, Richard 860
리처드 호프스태터-Hofstader, Richard 821, 822
리키 넬슨-Nelson, Ricky 791, 792, 794, 797, 798, 799, 800
리틀 리처드-Little Richard 722, 723
린든 존슨-Johnson, Lyndon 90, 619, 622, 963, 1080
릴리안 다익스트라-Dykstra,, Lillian 20

ㅁ

마거릿 생어-Sanger, Margaret 433, 434, 435, 437, 438, 439, 442, 448, 449, 452, 924, 931, 932, 933, 934
마그누스 폰 브라운-von Braun, Magnus 937
마리온 이스벨-Isbell, Marion 276
마사 태프트-Taft, Martha Bowers 20
마샬 미트로판 네델린-Nedelin, Marshall Mitrofan 161
마이어 랜스키-Lansky, Meyer 1098
마이크 마이켈리스-Michaelis, John "Mike" 178
마이크 월리스-Wallace, Mike 931
마이클 레빈-Levin, Michael 351
마크 레디-Leddy, Mark 727
마크 밴 도런-Van Doren, Mark 1002, 1005,

나는 1950년대에 자라난 사람이다. 1951년에 고등학교를 졸업했고, 1955년에 대학을 졸업했으며, 내 가치관은 그 시대에 형성되었다. 나는 대부분의 사람들이 상상하는 것보다 훨씬 더 흥미롭고 복잡한 10년이었던 1950년대에 일어났던 일들을 탐구할 뿐 아니라, 왜 1960년대가 도래하게 되었는지까지도 보여주는 책을 쓰고 싶었다. 1960년대에 분출한 수많은 동력들이 이미 1950년대부터 결집되기 시작했으며, 그 무렵 미국 사회의 삶의 속도 또한 점점 빨라지고 있었기 때문이다. 이 책은 어렸을 때 일어났던 일들을 이제 성인이 된 입장에서 되돌아보고자 하는 나의 욕망을 상당부분 반영하고 있다. 나는 흑인 민권운동이 막 시작되던 시절에 남부에서 기자 생활을 했다. 1955년 대학을 졸업한 직후 미시시피로 간 것은, 전년도에 대법원이 브라운 판결을 내렸기 때문이었다. 나는 딥 사우스 지역이 저널리스트로서 수습기간을 지내기에 최적의 장소라고 생각했다. 그해 여름 섬너에서 에멧 틸 재판이 열렸을 때, 나는 미시시피 주 웨스트 포인트에서 기자로 일하고 있었다. 이 사건을 취재하기 위해 탤러해치 카운티로 들이닥친 거대한 기자단을 보면서, 나는 본능적으로 뭔가 중요한 일이 일어나고 있음을 느꼈다. 나는 지금은 폐간한 〈리포터〉(The Reporter) 지로부터 그 재판에 관한 기사를 써달라는 요청을 받았고, 현장에 온 기자들이 쓴 다양한 신문 기사들을 숙독했다. 휴일에는 현장을 찾아 그들이 일하는 모습을 지켜보기도 했다. (나는 또한 지역 보안관 클래런스 스트라이더에게서 가능한 한 멀리 떨어져 있으려고 했는데, 그의 위협적인 인상이 아직도 기억에 남아 있다.) 하지만 그 당시 나는 앉아서 글을 쓰려고 했지만, 내가 원했던 기사를 끝내 써내지 못했고, 결국 그 기획은 흐지부지되고 말았다. 그로부터 약 38년이 지난 지금에야 나는 당시 느끼기만 하고 말로 표현할 수 없었던 것을 이 책의 한 부분에 담아보려 했다. 그 시절에 내가 겪었던 다른 경험들도 마찬가지다. 나는 내슈빌, 멤피스, 그리고 미시시피 주 잭슨의 버스 정류장을 수없이 오가며 지켜봤던 장면을 또렷이 기억한다. 흑인 대가족이 모든 소지품을 챙겨 북부로 떠나는 모습들이었다. 분명 당시에도 대이주가 한창 진행 중이었고 나는 그 광경을 보았지만, 실은 보지 못했다고 해야 맞을 것이다. 엄청나게 중요한 역사적 사건이 내 눈앞에서 지나갔지만, 그 의미를 제대로 깨달은 건 훨씬 나중이었다. 그로부터 12년이 지난 어느 날, 마틴 루터 킹을 취재하던 중 앤디 영[Andy Young, 흑인 민권운동 지도자로 후일 흑인 최초의 주유엔 대사를 지냈다]의 설명을 듣고서야 나는 마침내 그 의미를 이해할 수 있었다. 나중에 내슈빌에서 기자로 일하면서 나는 컨트리 음악 분야를 담당하게 되었다. 그 일을 계기로 나는 저명한 기타리스트이자 RCA 스튜디오를 책임지고 있던 쳇 앳킨스와 친분을 쌓게 되었고, 그의 배려로 젊은 엘비스가 그곳에서 녹음할 때 조심스럽게 지켜볼 수 있었다. 하지만 이 새로운 음악이 젊은 세대의 정치적, 경제적, 사회적 급부상을 드러내는 신호였다는 사실을 나는 훨씬 나중이 되어서야 온전히 깨달았다.

이처럼 방대하고 까다로운 책을 쓰기 위해 많은 동료들의 도움이 필요했다. 그중에서도 특히 이 책의 편집자 더글러스 스텀프 및 그와 함께 작업한 레슬리 창, 에릭 팔마, 제러드 스탬에게 깊이 감사드린다. 또한 랜덤하우스의 카르스텐 프리스, 베로니카 윈드홀츠, 패티 오코넬, 페르난도 빌라그라, 아만다 얼, 대니 프랭클린, 마틴 가버스, 밥 솔로몬, 게리 슈워츠, 켄 스타, 필립 룸, 그리고 내가 오랜 시간을 즐겁게 보냈던 뉴욕 소사이어티 도서관의 직원들, 우스터 재단의 팻 마틴, 빌 휴이의 서류를 찾아보는 데 도움을 준 오하이오 주립대 기록 보관소의 제프리 스미스, 방송 박물관의 비키 렘 맥도널드, 그리고 퀴즈 쇼 청문회 기록을 구하는 데 도움을 준 빌 브래들리 상원의원 사무실의 키스 로치포드에게도 감사의 인사를 전한다.

"나는 1950년대에 자라난 사람이다."라는 핼버스탬의 저자노트 첫 문장을 원용하자면, 역자는 1980년대에 자라난 사람이다. 그런 내게 미국의 이미지는 늘 양가적이었다. 한편에는 풍요롭고 자유로운, 세계인들의 이상향으로 여겨지던 초강대국이 있었다. 더 나은 삶을 꿈꾸는 이들에게 미국은 언제나 지향해야 할 목적지이자 모델이었다. 할리우드 영화와 팝 음악, 청바지와 코카콜라로 상징되는 문화는 우리에게 희망과 풍요의 약속처럼 다가왔다. 그러나 다른 한편에는 냉전의 갈등 속에서 독재 정권을 지원하는 모습이 외신면을 통해 잊혀질 만하면 등장하곤 했다. 베트남전쟁, 이란과 남미의 쿠데타 등 미국의 개입이 초래한 세계 곳곳의 분란들은 우리가 동경하던 이미지와 뚜렷한 대조를 이루었다. 마치 지킬 박사와 하이드처럼, 미국은 늘 두 얼굴을 동시에 지니고 있었다.

어떤 게 진짜 미국의 얼굴일까. 시간이 지나고 세상을 더 경험하면서 깨달은 것은 두 얼굴 모두 미국의 진짜 모습이라는 사실이었다. 미국은 단순한 일면적 대국이 아니라, 냉혹한 현실정치와 이상주의가 충돌하는, 복잡하고 입체적인 제국이었다. 그리고 트럼프가 등장하여 미국을, 그리고 세계를 다시 고립주의의 터널로 끌고 들어가기 전까지, 미국은 언제나 국제주의의 전면에 서서 책임을 떠안았던 나라였다.

데이비드 핼버스탬의 〈1950년대 현대 미국의 탄생〉(The Fifties)은 바로 그 양가적이었던 미국의 기원을 탐사하는 책이다. 20세기의 유일한 초강대국이 된 미국도 처음부터 자신들의 위상을 자각했던 것은 아니었다. 제2차 세계대전이 끝나고 세계 질서는 미국 중심으로 재편되고 있었지만, 그들 역시 그 막대한 비용과 책임을 선뜻 떠안으려 하지 않았다. 많은 미국인들은 전쟁이 끝난 후 평온한 일상으로 돌아가기를 원했고, 정치권 역시 세계의 경찰 노릇을 맡아야 한다는 것에 회의적이었다. 갈등과 망설임, 시행착오와 실험이 뒤엉킨 가운데 미국은 서서히 세계질서를 이끄는 리더로 변모해 갔다.

이런 변모가 단순히 외교정책이나 군사력만으로 이루어진 것은 아니다. 핼버스탬이 이 책에서 보여주듯, 전환은 사회 전반에서 동시다발적으로 일어났다. 제2차 세계대전이 끝나고 제대군인들이 돌아오자 급속한 변화가 시작되었다. 교외에 새로운 타운들이 들어서고, 자가용 자동차와 텔레비전이 보편화되면서 풍요로운 소비문화가 삶의 모습을 바꾸어놓았다. 그 와중에 매카시즘의 광풍이 몰아쳤고, 흑인 민권운동의 싹이 텄으며, 기업 문화의 혁신이 이뤄졌다. 전후 미국의 총체적 변화가 서로 맞물리며 현대 미국을 만들어낸 것이다.

핼버스탬은 바로 이 1950년대를 통해, 조지 워싱턴과 토마스 제퍼슨, 에이브러햄 링컨이 만들었던 공화국과는 차원을 달리하는, 현대 자본주의의 총화가 된 '제국'이 어떻게 형성되었는지를 보여준다. 이 책은 정치사만을 다루는 것이 아니다. 일상과 대중문화, 기업과 노동에서 인종 문제와 냉전에 이르기까지 미국인들의 삶 전반을 포괄하는 광범위한 사회사적 저술에 가깝다. 1,000쪽이 넘는 방대한 분량 속에서 핼버스탬은 한국전쟁부터 맥도널드의 탄생, 엘비스 프레슬리의 등장부터 CIA의 비밀 공작까지, 1950년대를 구성한 무수한 조각들을 생생하게 복원해낸다.

개인적으로 나는 이 책을 번역하면서, 전쟁에서 승리한 나라가 어떻게 정치–사회–문화의 모든 영역에서 완전히 다른 국가로 재탄생할 수 있었는지, 그 역동적인 과정을 흥미롭게 지켜볼 수 있었다. 특히, 거대한 변화의 물결 속에서 개인의 욕망과 문화, 산업의 진화가 어떻게 미국적 정체성을 형성해 갔는지 살펴보는 작업은 역자로서도 큰 즐거움이었다. 핼버스탬 특유의 생생한 인물 묘사와 세밀한 장면 연출은 독자들로 하여금 마치 그 시대를 직접 경험하는 듯한 느낌을 준다.

미국의 1950년대는 더 이상 과거가 아니다. 오늘날 우리가 목도하는 세계 정치와 사회의 균열, 냉전의 유산, 기술과 자본이 만들어내는 삶의 변화는 바로 그 시기에서 비롯되었기 때문이다. 독자 여러분이 이 책을 통해 미국이라는 나라의 양면성과 그 토대를 이루는 시대적 역동성을 더 깊게 이해하게 되기를 바란다. 그리고 그런 이해를 바탕으로 오늘날 우리가 살아가는 세계를 더욱 명확하게 바라볼 수 있기를 기대한다.

2025년 12월

안철흥

1950년대
현대 미국의 탄생

초판 1쇄 발행 2025년 12월 17일

지 은 이 데이비드 핼버스탬
옮 긴 이 안철홍

펴 낸 이 최용범
편집기획 이원석
관　　리 이영희
마 케 팅 강은선
표지 디자인 장원석
내지 디자인 이춘희
인　　쇄 ㈜다온피앤피

펴 낸 곳 페이퍼로드
paperroad
출판등록 제2024-000031호(2002년 8월 7일)
주　　소 서울시 관악구 보라매로5가길 7 1309호
이 메 일 book@paperroad.net
페이스북 www.facebook.com/paperroadbook
전　　화 (02)326-0328
팩　　스 (02)335-0334

ISBN 979-11-92376-63-9 (03940)